Defective copy

Tell ʿAtij, Moyen Khabour (Syrie)

SUBARTU L

Subartu — a peer-reviewed series — is edited by the European Centre for Upper Mesopotamian Studies.

General Editor
Marc Lebeau

Editorial Board
M. Conceição Lopes
Lucio Milano
Adelheid Otto
Walther Sallaberger
Véronique Van der Stede

With the support of the following institutions
Università Ca' Foscari Venezia
Université Libre de Bruxelles
Universidade de Coimbra
Ludwig-Maximilians-Universität München

Subartu is a part of The ARWA Collection

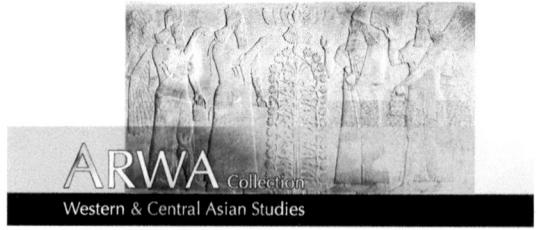

Image de couverture : vue vers le nord du niveau XI de Tell 'Atij en cours de fouille, juxtaposée au plan.

VOLUME 50

Previously published volumes in this series are listed at the back of the book.

Tell 'Atij Moyen Khabour (Syrie)

Rapport final de fouilles (1986-1993)

Michel Fortin

Avec la participation de

Joy McCorriston, Lucas Proctor, David Reese,
Scott Rufolo, Martin Sauvage

BREPOLS

British Library Cataloguing in Publication Data

A catalogue record for this book is available from the British Library.

Mots-clés : Syrie, Khabour, Tell 'Atij, Ninive 5, Early Jezirah 1-2, dispositifs d'entreposage, mur d'enceinte, architecture domestique, tombes, culture matérielle.

© 2023, Brepols Publishers n.v., Turnhout, Belgium

All rights reserved. No part of this publication may be reproduced, stored in a retrieval system, or transmitted, in any form or by any means, electronic, mechanical, photocopying, recording, or otherwise, without the prior permission of the publisher.

D/2023/0095/70
ISBN: 978-2-503-60209-7
ISSN: 1780-3233

Printed in the EU on acid-free paper.

Table des matières

Liste des illustrations xi

Avant-propos 1
   Remerciements 1

Introduction 3
   Recherches antérieures 3
   Historique des fouilles 3
   Publications antérieures 7
   La moyenne vallée du Khabour au IIIe millénaire 8
   Plan du présent rapport 8

Chapitre 1. Contexte environnemental 11
   Contexte géographique 11
   Contexte géomorphologique 12
   Contexte climatique et végétal 16
   Érosion du site après son abandon 17

Chapitre 2. Description du site, méthodologie de fouilles et chronostratigraphie 19
   Description du site 19
   Méthodes de fouille et d'enregistrement 21
   Stratigraphie 24
   Chronologie 25

Première partie
Description stratigraphique

Chapitre 3. Niveau XIII 41
   Centre du tell 41
   Base du flanc occidental 48
   Extrémité septentrionale 49
   Mur d'enceinte 51
   Datation 56
   Interprétation 56

Calcul du nombre de journées de travail nécessaires à la construction du rempart de Tell ʿAtij 61
    Martin Sauvage
   Le rempart 61
   La zone de préparation des matériaux 61

    Les tâches envisagées pour la construction du rempart 62
    Les données utilisées pour les calculs 62
    Mortier et enduit 64
    Briques 64
    Nombre de journées de travail et durée de la construction 64

Chapitre 4. Niveau XII 67
    Centre du tell 67
    Base du versant méridional 74
    Extrémité septentrionale 75
    Datation 76
    Interprétation 76

Chapitre 5. Niveau XI 79
    Centre du tell 79
    Base du versant méridional 90
    Extrémité septentrionale 91
    Datation 91
    Interprétation 91

Chapitre 6. Niveau X 95
    Centre du tell 95
    Extrémité septentrionale 100
    Datation 100
    Interprétation 101

Chapitre 7. Niveau IX 103
    Centre du tell 103
    Extrémité septentrionale 118
    Datation 118
    Interprétation 119

Chapitre 8. Niveau VIII 123
    Centre du tell 123
    Versant méridional 128
    Extrémité septentrionale 131
    Datation 133
    Interprétation 133

Chapitre 9. Niveau VII 135
    Centre du tell 135
    Versant méridional du tell 140
    Extrémité septentrionale 140
    Datation 141
    Interprétation 141

Chapitre 10. Niveau VI 143
Centre et versant méridional du tell 143
Extrémité septentrionale 158
Datation 171
Interprétation 171

Chapitre 11. Niveau V 177
Centre et versant méridional du tell 177
Versant méridional du tell 192
Extrémité septentrionale 195
Datation 195
Interprétation 195

Chapitre 12. Niveau IV 199
Centre et versant méridional du tell 199
Extrémité septentrionale 216
Datation 217
Interprétation 218

Chapitre 13. Niveau III 221
Centre et versant méridional du tell 221
Extrémité septentrionale 236
Datation 236
Interprétation 236

Chapitre 14. Niveau II 239
Centre et versant méridional du tell 239
Extrémité septentrionale 258
Datation 258
Interprétation 258

Chapitre 15. Niveau I 261
Centre du tell 261
Versant méridional 273
Extrémité septentrionale 291
Datation 307
Interprétation 307

Chapitre 16. Niveau « 0 » 309
Datation et interprétation 311

Chapitre 17. Tombes 317
Tell principal 317
Tell secondaire – Nécropole 329

Chapitre 18. Occupation romaine 351
    Sommet du tell principal...351
    Tell secondaire : établissement...357
    Tell secondaire : tombes (romaines)...361

Deuxième partie
Analyses

Chapitre 19. Éléments architecturaux 369
    Matériaux de construction..369
    Structures de combustion..370
    Banquettes et autres aménagements intérieurs......................................371
    Plan et superficie habitable 371
    Bâtiments domestiques (?)..371
    Structures d'entreposage...372
    Greniers...373
    Traitement des grains 374
    Urbanisme : cours et ruelles..374
    Mur d'enceinte 375
    Conclusions 378

Chapitre 20. Objets en terre cuite..381
    Tablette numérique 382
    Jetons/*calculi*..382
    Figurines anthropomorphes 388
    Figurines zoomorphes...394
    Caisses de chariot...406
    Roues de chariot...408
    Fusaïoles...420
    Tessons circulaires perforés et non perforés 424
    Pesons...427
    Andiron 429
    Pieds de récipients culinaires...430
    Bouchons 432
    Maquette architecturale..433

Chapitre 21. Objets en plâtre 435
    Couvercles 437
    Bouchons 442
    Scellement..444
    Récipients...444
    Lissoir (?) 445

Chapitre 22. Mobilier en pierre polie 447
Outils de mouture/broyage 449
Outils à percussion 483
Pièces d'architecture 491
Poids 499
Objets liés à la production textile : pesons, fusaïoles et poids de balance 515
Objets divers 517

Chapitre 23. Artéfacts en métal 521
Épingles 523
Aiguilles 528
Bracelets 529
Anneaux 529
Alènes 530
Poignard 530
Amas métallique (restes de coulée ?) 531
Fragments de creusets 532

Chapitre 24. Éléments de parure (en différents matériaux) 533
Colliers formés d'éléments en différents matériaux 535
Perles discoïdes 538
Perles cylindriques 540
Perles sphériques 544
Pendeloques 545
Anneaux 547
Élément d'incrustation 547
Intaille (romaine) 547

Chapitre 25. Artéfacts en MDA (os et coquille) 549
Os 549
Coquille 556

Shells from Tell 'Atij 559
David S. Reese
Marine shells 559
Fresh-water shells 560
Land snails 563
Fossils 563

Chapitre 26. Glyptique 565

Chapitre 27. Archaeobotanical Remains 567
Lucas Proctor and Joy McCorriston
Introduction 567
Materials and Methods 568

Results 569
Discussion 574
Conclusions 578

Chapitre 28. Animal Bone Assemblage 591
Scott Rufolo

Introduction 591
Previous Zooarchaeological Analysis 594
The Zooarchaeological Dataset: Assemblage Provenience, Taphonomic Concerns, and
    General Parameters 595
Analytical Methods and Presentation of Data 603
Species Identification and Taxonomic Composition 604
Mortality Profiles and Survivorship Curves 616
Body Part Distributions 618
Discussion 622
Conclusion 625

Chapitre 29. Conclusions : fonction et contexte historique 627
Petit établissement 627
Peu peuplé 627
Habitations en dur 627
Brève occupation 628
Localisation insulaire 628
Vocation fluviale 628
Zone pluviométrique 628
Dispositifs d'entreposage 629
Outils de gestion 631
Ossements d'animaux 631
Organisation socio-politique 631
Population dimorphique 632
Lien avec une cité-État 632
Échanges 632
Enceinte fortifiée 633
Au sein d'un réseau 633
Nagar/Tell Brak, au nord 634
Mari/Tell Hariri, au sud 635
Le royaume de Mari : données historiques 636
Pasteurs nomades au temps de Mari 640
Dimorphisme socio-économique 641
Abandon de Tell 'Atij 643
En résumé 643

Bibliographie 645

Liste des illustrations

Introduction

Figure 1 — Carte de la Syrie montrant la position de Tell 'Atij sur la rive orientale du Khabour, juste au sud du triangle du Khabour. 4

Figure 2 — Tesson de *Ninive 5 incisée/excisée* trouvé à la surface du sommet de Tell 'Atij lors de la prospection qui a précédé le début des fouilles, en 1985. 5

Figure 3 — (a) Flanc occidental de Tell 'Atij avant le début des fouilles ; (b) des parements de murs y apparaissent distinctivement, au-dessus d'une couche de terre grise et de l'assise naturelle du tell principal. 5

Figure 4 — Vue du campement de la mission archéologique canadienne, sur le tell secondaire d'Atij. 6

Figure 5 — Fabrication traditionnelle de briques crues dans le village à proximité de Tell 'Atij. 6

Figure 6 — Four à pain en terre (*tannur*) utilisé par les habitants du village voisin de Tell 'Atij. 6

Figure 7 — Utilisation d'une meule rotative en basalte par une villageoise de Tell 'Atij. 7

Figure 8 — Filage avec une fusaïole traditionnelle par une femme du village de Tell 'Atij. 7

Figure 9 — Fabrication de claies en tiges végétales nouées pour servir d'enclos à de petits animaux, par la femme du gardien du site de Tell 'Atij. 7

Figure 10 — Carte de la moyenne vallée du Khabour montrant les sites du IIIe millénaire qui ont fait l'objet d'une fouille programmée dans les années 1980 et 1990. 8

1. Contexte environnemental

Figure 1.1 — Tell 'Atij sur la rive gauche du Khabour, vu vers le sud. Au second plan, Tell Tuneinir. 11

Figure 1.2 — Tell 'Atij sur la rive gauche du Khabour, vu vers le nord ; le site est entouré de champs en culture. 12

Figure 1.3 — Tell 'Atij, à gauche, au cœur de la verdoyante et fertile vallée du moyen Khabour ; à l'horizon, vers le nord, se dresse le volcan Kaukab et s'étend la steppe semi-désertique de la Djézireh. 12

Figure 1.4 — Tell 'Atij, sis sur la plaine alluviale du Khabour, en rive gauche. Au milieu de la rivière, des îlots se sont formés ici et là. 13

Figure 1.5 — Flanc occidental de Tell 'Atij où furent prélevés des échantillons de terre de son assise naturelle. 13

Figure 1.6 — Carte montrant Tell 'Atij sis sur un îlot au moment de son occupation durant la première moitié du début du IIIe millénaire. 14

Figure 1.7 — Tranchée ouverte en travers du chenal secondaire situé entre le tell principal (à droite) et le tell secondaire (à gauche) d'Atij. 14

Figure 1.8	Tranchée ouverte en travers d'un présumé canal d'irrigation situé à proximité de Tell 'Atij.	15
Figure 1.9	Carte des précipitations dans la région de Tell 'Atij.	16
Figure 1.10	Vue, prise en 1999, de Tell 'Atij dressé sur la rive gauche de la rivière Khabour asséchée à la suite de la construction de barrages en amont.	17

2. Description du site, méthodologie de fouilles et chronostratigraphie

Figure 2.1	Carte montrant l'emplacement de Tell 'Atij sur la rive orientale du Khabour.	19
Figure 2.2	Vue des versants méridional et occidental du tell principal d'Atij.	20
Figure 2.3	Vue du flanc oriental du tell principal d'Atij.	20
Figure 2.4	Tell secondaire d'Atij, vu vers l'est. Au premier plan, indiqué par une bande de verdure s'étirant du nord au sud, un chenal secondaire du Khabour passait entre les tells secondaire et principal.	21
Figure 2.5	Plan de Tell 'Atij montrant l'étendue des fouilles réalisées entre 1986 et 1993.	22
Figure 2.6	Fouille stratigraphique au centre du tell principal d'Atij.	23
Figure 2.7	Positionnement des six coupes stratigraphiques dans le secteur au centre du tell principal d'Atij.	24
Figure 2.8	Coupe **13-Nord**, dessinée à partir de la paroi septentrionale des carrés D-E-F13. Comprend les niveaux XIII à I.	26
Figure 2.9	Coupe **14-Nord**, dessinée à partir de la paroi septentrionale des carrés D-E-F-G14. Comprend les niveaux XIII à I.	27
Figure 2.10	Coupe **15-Nord**, dessinée à partir de la paroi septentrionale des carrés D-E-F-G15. Comprend les niveaux XIII à I.	28
Figure 2.11	Coupe **15-Sud**, dessinée à partir de la paroi méridionale des carrés E-F-G15. Comprend les niveaux XIII à VI.	29
Figure 2.12	Coupe **E-Est**, dessinée à partir de la paroi orientale des carrés E13-14-15. Comprend les niveaux XIII à I.	30
Figure 2.13	Coupe **F-Est**, dessinée à partir de la paroi orientale des carrés F13-14-15. Comprend les niveaux XIII à VI.	31
Figure 2.14	Datation de différents niveaux d'occupation de Tell 'Atij à partir de l'analyse archéomagnétique de certains fragments de céramique.	37
Figure 2.15	Répartition des niveaux de Tell 'Atij, à partir de l'analyse archéomagnétique de certains tessons, entre les périodes chronologiques *Early Jezirah* 1 (niv. XIII-IX) et 2 (niv. VI-I), les niveaux intermédiaires VIII et VII se rattachant soit à la période EJZ 1 (VIII), soit EJZ 2 (VII).	38
Tableau 2.1	Liste des unités de fouilles et des structures (pièces, cours, allées, ruelles, etc.) en lien avec chacun des treize niveaux d'occupation de Tell 'Atij.	32

LISTE DES ILLUSTRATIONS xiii

3. Niveau XIII

Figure 3.1   Plan du niveau XIII dans le secteur au centre du tell. 42

Figure 3.2   Niveau XIII dégagé au centre du tell principal, vu vers le nord. L'édifice au plan en gril, à gauche, appartient au niveau XII. 43

Figure 3.3   Pièces 606, au premier plan, et 607, au second plan, vues vers le nord. La paroi septentrionale du carré E13 présente de multiples couches de cendres recouvrant la fosse dans laquelle fut inhumé le squelette d'un ânon. 43

Figure 3.4   Vue plongeante sur la pièce 606, au second plan, et la 607, au premier plan ; dans cette dernière est creusée une fosse contenant le squelette d'un ânon. 45

Figure 3.5   Fosse rectangulaire [ATJ93.E13A33] creusée dans le sol vierge et contenant le squelette d'un ânon ou d'un onagre. 45

Figure 3.6   Berme au centre de la cour 620 montrant une alternance de couches de terre brune et grise, vestiges de l'occupation de cette cour 620 ; vue vers le nord-est. 46

Figure 3.7   Fragments de céramique retirés du comblement de la cour 620. 47

Figure 3.8   Paroi stratigraphique formant la limite orientale du secteur fouillé au centre du tell. Le mur 127, fondé sur le sol vierge, fait saillie de la berme. Au premier plan : la pièce 606, au centre, et la 607, à gauche. 48

Figure 3.9   Partie méridionale du secteur fouillé au centre du tell, vue vers le sud. Au premier plan, la cour 620. Le mur 134, à gauche, fait saillie à la base de la berme orientale et, en face, se trouvent les traces d'un foyer à même le sol vierge. 48

Figure 3.10   Vase ATJ86.CG.C412 de fabrique *Commune*, apparemment un raté de cuisson, extrait de la couche grise qui recouvre l'assise naturelle du tell. 49

Figure 3.11   Flanc occidental du tell principal et du sentier aménagé à sa base, vus vers le sud. 50

Figure 3.12   Parement interne du mur d'enceinte [404] dégagé dans le sondage E5 pratiqué en travers de l'extrémité septentrionale du tell principal d'Atij ; vue vers le nord-est. La couche grise qui se prolonge sous le mur d'enceinte correspond à la première occupation du site puisqu'elle repose directement sur le sol vierge. 50

Figure 3.13   Portion du mur d'enceinte 404 dégagée à la limite septentrionale du tell principal d'Atij, vue vers le nord-ouest. 51

Figure 3.14   Coupe stratigraphique méridionale du sondage E5. 52

Figure 3.15   Segment du mur d'enceinte 310 dégagé dans un chantier au sud du tell principal d'Atij, vu vers le sud. 52

Figure 3.16   Portion du sommet du mur d'enceinte 466 mis au jour au centre du tell principal, vu vers l'ouest. 53

Figure 3.17   Tracé du mur d'enceinte entourant le tell principal d'Atij, reconstitué à partir de trois segments découverts dans différents chantiers de fouilles du site. 54

Figure 3.18   Plan topographique du tell principal d'Atij avec la reconstitution du tracé du rempart et une hypothèse de localisation de la zone de préparation de la terre à bâtir. 61

Figure 3.19	Préparation de la terre à bâtir pour la confection de briques crues pour l'installation de la maison de fouilles de Tell 'Atij.	62
Figure 3.20	Démoulage des briques pendant la construction de la maison de fouilles à Tell 'Atij.	65
Figure 3.21	Construction d'une annexe à la maison de fouilles de la mission canadienne de Tell 'Atij, en 1987.	65
Tableau 3.1	Distribution par structure des unités de fouilles du niveau XIII.	41
Tableau 3.2	Inventaire céramique de la pièce 606.	44
Tableau 3.3	Inventaire céramique de la pièce/cour 607.	44
Tableau 3.4	Inventaire céramique de la cour 620.	45
Tableau 3.5	Quelques unités de mesures mésopotamiennes.	62
Tableau 3.6	Quelques exemples de quotas journaliers (iškarum).	63
Tableau 3.7	Quotas journaliers de transport pour les matériaux de construction.	63
Tableau 3.8	Types de briques attestés dans les textes.	65

4. Niveau XII

Figure 4.1	Plan du niveau XII dans les secteurs au centre et à la base du versant méridional du tell.	68
Figure 4.2	Niveau XII dégagé au centre du tell principal d'Atij, vu vers le nord.	69
Figure 4.3	Édifice au « plan en gril » composé de deux bâtiments placés en enfilade : le 573, au premier plan, et le 599, au second plan ; vu vers le sud.	69
Figure 4.4	Marque de potier sur le tesson ATJ93.F14D3.C9237 formée d'une triple ligne parallèle en diagonale.	70
Figure 4.5	Traces de roseaux visibles sur le sommet de traverses en pisé à l'intérieur d'un bâtiment au plan en gril.	70
Figure 4.6	Détail d'empreintes de tiges de roseaux au sommet de traverses d'un édifice au plan en gril.	70
Figure 4.7	Restes de foyers visibles dans la paroi septentrionale du carré E13.	71
Figure 4.8	Sélection de fragments de céramique retirés des débris de la cour 605.	73
Figure 4.9	Pièce 534, à gauche, au pied du versant méridional ; vue vers le nord-ouest. À droite du cliché : la pièce 535, du niveau XI.	74
Figure 4.10	Fragments de céramique provenant des couches ATJ87.E5A13-14-15-16-17-18.	75
Tableau 4.1	Distribution par structure des unités de fouilles du niveau XII.	67
Tableau 4.2	Inventaire céramique de la structure 573.	69
Tableau 4.3	Inventaire céramique du bâtiment 599.	71
Tableau 4.4	Inventaire céramique de la cour 605.	73

LISTE DES ILLUSTRATIONS   XV

Tableau 4.5   Inventaire céramique des unités de fouilles ATJ93.E13A30 et E14A29, recouvrant la plateforme 127.. 74

Tableau 4.6.   Inventaire céramique des couches ATJ87.E5A13-14-15-16-17-18............................ 75

5. Niveau XI

Figure 5.1   Plan du niveau XI dans les secteurs au centre (à droite) et à la base du versant méridional (à gauche) du tell.. 80

Figure 5.2   Niveau XI au centre du tell, vu vers le nord-ouest. Au premier plan, le bâtiment 585, accessible par la ruelle pavée 589, et, au second plan, la pièce 587 qui donne sur la cour 588 en terre battue, équipée d'une structure à casiers : 618... 82

Figure 5.3   Niveau XI au centre du tell, vu vers le sud. Au premier plan, le bâtiment 587 qui donne sur la cour 588 en terre battue, à gauche, et, au second plan, la pièce 585 qui elle s'ouvre au sud sur la ruelle pavée 589.. 82

Figure 5.4   Couche de préparation sous le sol plâtré du bâtiment 585 avec les fondations du mur 455, à gauche.. 83

Figure 5.5   Remplissage intentionnel sous le sol de la pièce 585, au premier plan, visible dans la coupe est-ouest pratiquée en travers du sol de ce bâtiment ; vu vers le nord........................ 83

Figure 5.6   Bâtiment 585, vu vers le nord. Il est accessible par une porte pratiquée dans le mur méridional qui donne sur une ruelle pavée : 589.. 83

Figure 5.7   Ruelle 589 dallée de pierres plates, au sud du bâtiment 585, ici, à gauche ; vue vers l'est......... 84

Figure 5.8   Structure de combustion semi-circulaire située dans la ruelle 589 ; (a) vue de face, vers le sud-ouest ; (b) vue de profil, vers l'est... 85

Figure 5.9   Vase retiré de la pièce 590... 85

Figure 5.10   Pièce 608, en limite d'érosion du tell, vue vers le nord-ouest. Pièce 587, au second plan........ 86

Figure 5.11   Plateforme 594, vue vers le nord. Les murs érigés à son sommet appartiennent au niveau IX (= pièce 570) ; ils masquent aussi la pièce triangulaire 596 aménagée au niveau XI, entre la plateforme et la pièce 585 à l'est ici recouverte par la pièce 571 du niveau IX.................. 87

Figure 5.12   Bâtiment 587, vu vers l'ouest. Au premier plan, la cour 588.............................. 87

Figure 5.13   Sélection de vases provenant de la pièce 587.. 88

Figure 5.14   Structure à casiers 618, vue vers le nord. Devant, s'étire la cour 588 et, à gauche, se dresse le bâtiment 587... 89

Figure 5.15   Cour 588, vue vers le nord-est. À gauche, la petite structure à casiers 618 et, au centre, le bout de mur 229 s'enfonçant dans la paroi occidentale du carré D13................. 89

Figure 5.16   Vase retiré du comblement de la pièce 535... 91

Tableau 5.1   Distribution par structure des unités de fouilles du niveau XI........................... 79

Tableau 5.2   Inventaire céramique de la pièce 585.. 84

Tableau 5.3   Inventaire céramique de la pièce 590.. 85

Tableau 5.4	Inventaire céramique de la pièce 608.	86
Tableau 5.5	Inventaire céramique de la pièce 586.	86
Tableau 5.6	Inventaire céramique de l'espace 596.	86
Tableau 5.7	Inventaire céramique de la pièce 587.	88
Tableau 5.8	Inventaire céramique de la cour 588.	89
Tableau 5.9	Inventaire céramique de la pièce 535.	91
Tableau 5.10	Inventaire céramique des couches ATJ87.E5A11-12.	91

6. Niveau X

Figure 6.1	Plan du niveau X dans le secteur au centre du tell.	91
Figure 6.2	Pièces 584, au centre, et 578, à gauche, vues vers le nord.	97
Figure 6.3	Pièce 584, vue vers le nord. Son sol plâtré, recouvert de cendres (à gauche), apparaît ici sous le sol de la pièce 571 du niveau IX (à droite).	97
Figure 6.4	Pièce 578, à gauche, vue vers le sud. À droite, la petite plateforme de briques accolée à son mur 345 appartient sans doute à une structure qui a été emportée par l'érosion.	97
Figure 6.5	Sélection de fragments de céramique retirés d'entre les pavés de la ruelle 589.	99
Figure 6.6	Cour 598 en terre battue recouverte d'une importante couche de terre cendreuse, vue vers l'est.	99
Figure 6.7	Fragment de col d'une jarre à grande ouverture de fabrique *Commune* [ATJ923.E13A21.C8766]...	99
Figure 6.8	Marque de potier sur un fragment de céramique [ATJ87.E15A10.C1440] en forme de H gravé sur un fond arrondi	100
Figure 6.9	Vase provenant de la couche ATJ87.E5A10 du sondage E5.	101
Tableau 6.1	Distribution par structure des unités de fouilles du niveau X.	95
Tableau 6.2	Inventaire céramique de la pièce 584.	97
Tableau 6.3	Inventaire céramique de la ruelle 589.	98
Tableau 6.4	Inventaire céramique du passage 595.	98
Tableau 6.5	Inventaire céramique de la cour 598.	100
Tableau 6.6	Inventaire céramique de la couche ATJ87.E5A10.	100

7. Niveau IX

Figure 7.1	Plan du niveau IX dans le secteur au centre du tell.	104
Figure 7.2	Niveau IX, au centre du tell, vu vers le nord-ouest. Au premier plan : les pièces 570 (à droite), 571 (au centre) et 572-578 (à gauche). Au second plan : la cour 577 avec les pièces 583 (à gauche) et 597 (à droite).	105

LISTE DES ILLUSTRATIONS   xvii

Figure 7.3   Pièce 571 avec, à gauche, les pièces 572 et 578 ; vues vers le nord. 105

Figure 7.4   Pièce 571 dont le sol plâtré se situe à une quarantaine de centimètres au-dessus de celui de
                la pièce 584 du niveau X (au premier plan), vue vers l'est. 106

Figure 7.5   Tesson orné d'un motif peint rappelant des festons [ATJ92.E15A21.C6243], provenant de la pièce 571. . 106

Figure 7.6   Les pièces 572, au centre, et 578, à gauche, accolées à la pièce 571, à droite ; vues vers le nord. . 107

Figure 7.7   Deux fragments de petits bols [ATJ92.F15B2.C6238 et 6239] de fabrique *Grise incisée*,
                provenant de la ruelle 568. 108

Figure 7.8   Pièce 570 en cours de fouille, vue vers le nord-est. Elle se prolonge dans la berme orientale
                du carré D15. 109

Figure 7.9   Flacon [ATJ92.E15A26.C6220] de fabrique *Commune*, provenant de la pièce 570. 110

Figure 7.10   Structure carrée 569, à droite, dans la partie orientale de la pièce 570, vue vers le nord. La
                pièce 570 est ici obstruée par une berme. 111

Figure 7.11   Cour 577 au sol en terre battue recouvert de plusieurs couches de terre cendreuse ; vue vers
                le sud-est. 112

Figure 7.12   Petit bol [ATJ92.F14A4.C6237] incomplet provenant de la cour 577. 114

Figure 7.13   Niveau IX au centre du tell, vu vers le sud. Au premier plan : la cour 577 avec la pièce 583, à
                droite, et la 597, à gauche. Au second plan : la pièce 571 avec, à droite, les pièces 572 et 578,
                et, à gauche, la pièce 570. 114

Figure 7.14   Pièce 583, vue vers le nord. 115

Figure 7.15   La marque de potier gravée à l'extérieur du fond arrondi du vase ATJ93.F13A6.C9402
                reproduit le motif de la croix de Saint-André. 116

Figure 7.16   Petit fragment de fabrique *peinte* ATJ92.F13A4.C6245 retrouvé dans la pièce 583. 116

Figure 7.17   Cour 577, vue vers l'est. Au premier plan, l'angle sud-est de la pièce 583 où se trouve un
                dispositif de combustion et, au second plan, les murs de la pièce 597 qui se prolonge vers
                l'est, dans la berme du carré E13 ; le pan du mur 220 effondré apparaît au bas de cette berme. . 116

Figure 7.18   Pan du mur 220 de la pièce 597 effondré dans la cour 577, au pied de la berme orientale du
                carré E14 ; vu vers le sud-est. 117

Figure 7.19   Berme laissée en travers de la pièce 571, vue vers le nord. Le sol plâtré de la pièce 571
                est enfoui sous une couche de destruction comprise entre les murs 341 (droite) et 342
                (gauche) ; par-dessus, passe une seconde couche, cendreuse et plus épaisse, qui recouvre
                également le sommet des murs de la pièce 571. 118

Tableau 7.1   Distribution par structure des unités de fouilles du niveau IX. 103

Tableau 7.2   Inventaire céramique de la pièce 571. 105

Tableau 7.3   Inventaire céramique de la pièce 578. 107

Tableau 7.4   Inventaire céramique de la ruelle 568. 108

Tableau 7.5   Inventaire céramique de la pièce 570. 110

Tableau 7.6   Inventaire céramique de la pièce 569. 111

Tableau 7.7   Inventaire céramique de la pièce 619. 112

Tableau 7.8	Inventaire céramique de la cour 577.	113
Tableau 7.9	Inventaire céramique de la pièce 583.	115
Tableau 7.10	Inventaire céramique de la pièce 597.	117
Tableau 7.11	Inventaire céramique des couches ATJ87.E5A6-7-8-9.	118

8. Niveau VIII

Figure 8.1	Plan du niveau VIII dans les secteurs au centre du tell et sur son versant méridional.	124
Figure 8.2	Paroi orientale des carrés F13-14-15 montrant l'accumulation, sur un sol en terre battue, de couches cendreuses formant le comblement de la cour 576 ; la cour 575 du niveau VII se trouve au sommet de cette accumulation. Au second plan, vers la gauche, les murs 261 et 262.	124
Figure 8.3	Vue générale du niveau IX, vers le nord.	125
Figure 8.4	Vue rapprochée d'une partie de la paroi ouest des carrés D13-14 (non fouillés) bordant à l'est la cour 576, au premier plan.	125
Figure 8.5	Sélection de vases provenant de la cour 576.	127
Figure 8.6	Parement méridional du mur 262, à gauche, et de celui du mur 261, à droite ; vus vers le nord. Au pied du mur 262, une partie de la première strate du niveau VIII vient buter contre ses assises inférieures.	128
Figure 8.7	Pièces 520 (gauche) et 521 (droite), accolées l'une à l'autre à mi-pente du versant méridional ; vues vers le nord.	129
Figure 8.8	Sélection de vases provenant de la pièce 520.	130
Figure 8.9	Pièce 521, vue vers le nord-ouest.	130
Figure 8.10	Sélection de vases provenant de la pièce 521.	132
Tableau 8.1	Distribution par structure des unités de fouilles du niveau VIII.	123
Tableau 8.2	Inventaire céramique de la cour 576.	125
Tableau 8.3	Inventaire céramique de la pièce 520.	129
Tableau 8.4	Inventaire céramique de la pièce 521.	131
Tableau 8.5	Inventaire céramique des couches ATJ87.E5A4-5.	133

9. Niveau VII

Figure 9.1	Plan du niveau VII dans les secteurs au centre du tell et sur son versant méridional.	136
Figure 9.2	La cour 575, vue vers le sud-ouest.	136
Figure 9.3	Marque de potier sur le vase ATJ92.E15A17.C6361.	138
Figure 9.4	Sélection de vases provenant de la cour 575.	139
Figure 9.5	Pièce 536, vue vers le sud.	140

Figure 9.6	Le grenier septentrional, vu vers le sud, avec la tranchée E5 au premier plan.	141
Tableau 9.1	Distribution par structure des unités de fouilles du niveau VII.	135
Tableau 9.2	Inventaire céramique de la cour 575.	137
Tableau 9.3	Inventaire céramique de la pièce 536.	141
Tableau 9.4	Inventaire céramique des couches ATJ87.E5A3 et ATJ86.E6A5.	141

10. Niveau VI

Figure 10.1	Plan du niveau VI dans le secteur au centre (droite) et sur le versant méridional (gauche) du tell.	144
Figure 10.2	Niveau VI, au centre du tell, vu vers le sud. Au premier plan : pièces 561 et 559 avec, à l'ouest, la cour en cailloutis 574 en partie occupée sur ce cliché par un bâtiment [558] construit au niveau V (à droite) ; la cour 580-581-582, qui s'étend vers le sud, est également masquée par un grand édifice [555] du niveau V.	145
Figure 10.3	Niveau VI, partie septentrionale du secteur au centre du tell ; vu vers le sud-ouest. Les pièces 561b (droite) et 559a (gauche), au premier plan, donnent à l'ouest sur la cour en cailloutis 574 et, vers le sud, sur la cour en terre battue 580-581-582. À droite, se dresse le parement des murs 261-262.	146
Figure 10.4	Pièce 561b, vue vers l'est, avec des vases écrasés au sol. Pièce 559a, à droite, accessible depuis la pièce 561b par une porte pratiquée dans le mur mitoyen.	146
Figure 10.5	Sélection de vases provenant de la pièce 561b.	148
Figure 10.6	Pièce 559a, au centre du cliché, vue vers le nord-ouest.	150
Figure 10.7	Plan de la pièce 559a avec des vues en profil de ses contreforts intérieurs arqués qui auraient servi de départ à un toit voûté.	150
Figure 10.8	Pièce 559a, vue vers l'est.	151
Figure 10.9	Pièce 559a, vue vers le nord.	151
Figure 10.10	Vase provenant de la pièce 559a.	152
Figure 10.11	Au premier plan, cour 574, vue vers l'est, devant les pièces 561b (gauche) et 559a (droite). À gauche, se dressent les murs 261 et 262.	153
Figure 10.12	Superposition de sols dans la cour 574.	153
Figure 10.13	Four construit dans la cour 574, vu vers l'est. Au second plan, une portion du sol en cailloutis de la cour 574.	153
Figure 10.14	Pièce 621 vraisemblablement présente sous le sol en briques crues de la pièce 516 du niveau V ; vue vers le nord-est.	155
Figure 10.15	Porte pratiquée dans le mur 307 (en haut du cliché) de la pièce 538 permettant ainsi l'accès à celle-ci depuis la pièce voisine 621, à l'ouest ; vue vers le nord-ouest.	155
Figure 10.16	Épais contrefort arqué, dressé contre le parement interne du mur 307 de la pièce 538 et enduit d'une couche de plâtre de gypse ; vu vers le nord-ouest.	156

Figure 10.17	Pièce 538, vue vers le sud-ouest.	156
Figure 10.18	Sélection de vases retirés de la pièce 538.	156
Figure 10.19	Trois grosses jarres d'entreposage [ATJ86.D17A11.C28-29-30] découvertes *in situ* et alignées au nord de la pièce 538.	157
Figure 10.20	Grande jarre de fabrique *Commune* ATJ86.D17A11.C29 remontée presqu'en entier à partir de fragments.	158
Figure 10.21	Marmite *Culinaire* ATJ86.D17A11.C29' retirée de la jarre de stockage C29.	158
Figure 10.22	Grande jarre d'entreposage ATJ86.D17A11.C30 entièrement restaurée.	158
Figure 10.23	Plan du niveau VI, à l'extrémité septentrionale du tell.	160
Figure 10.24	Plateforme massive 622, vue vers le nord.	161
Figure 10.25	Une partie du grenier septentrional de Tell 'Atij formée d'un alignement de trois silos semi-voûtés, au centre du cliché, et, à gauche, d'un réduit avec trois contreforts ; vue vers le nord. À droite : deux espaces laissés entre le grenier et le mur d'enceinte qui passe tout à fait à droite. Au premier plan : la plateforme 622.	161
Figure 10.26	Partie sommitale d'un silo semi-voûté.	162
Figure 10.27	Coupes en travers des silos du grenier septentrional montrant clairement leur profil en forme de bouteille.	163
Figure 10.28	Représentations de greniers sur des sceaux-cylindres contemporains. La partie sommitale des silos est voûtée et on y accède par le toit, au moyen d'une échelle.	164
Figure 10.29	Parois d'un silo semi-voûté enduites de plâtre de gypse ; le fond du silo l'était aussi mais le revêtement a disparu, révélant ainsi une infrastructure en briques crues.	164
Figure 10.30	Pièce 506 du grenier septentrional munie de trois contreforts intérieurs, vue vers l'est.	165
Figure 10.31	Pièces 523, 524 et 525 au sud de la plateforme 622 depuis laquelle elles sont accessibles par leur toiture en raison de l'absence de portes dans leurs murs ; vues vers le nord.	166
Figure 10.32	Pièces au sud de la plateforme 622 : 523, 524, 525 (à droite) et 522, 526 (à gauche), avec le mur 422 séparant les deux ensembles ; vues vers le nord.	166
Figure 10.33	Cloison arquée 319 entre les pièces 524 et 525, vue vers le sud. Le mur 421 passe à gauche. La base du mur 320 apparaît en haut du cliché.	167
Figure 10.34	Structures à l'ouest [548] de la plateforme 622 (au second plan), vues vers le nord. Au premier plan : l'entrée en chicane menant au corridor qui débouche sur le tunnel ménagé dans la plateforme 622.	168
Figure 10.35	Étapes dans l'occupation de l'espace à l'ouest de la plateforme 622 : pièce 548.	169
Figure 10.36	Tunnel voûté 547 aménagé dans le parement occidental de la massive plateforme 622, vu vers l'est.	169
Figure 10.37	Double mur 323, au premier plan, créant une entrée en chicane pour la pièce 548, au second plan ; vue prise vers le nord-ouest.	170
Figure 10.38	Voûte recouvrant la pièce 507 (en limite d'érosion), vue vers le sud.	170

LISTE DES ILLUSTRATIONS   xxi

Figure 10.39	Mur 424, à droite, accolé au mur 440, à gauche ; vus vers le nord-ouest. Le mur 424 est fondé sur une assise de pierres plates. Pareillement, la structure 471, à gauche, accolée au mur 440, repose sur une assise de moellons qui fut exposée suite à l'enlèvement d'une partie des briques. La pièce 507 se trouve à droite du cliché.	170
Figure 10.40	Le « grenier septentrional » de Tell 'Atij, vu vers le sud. Une couche cendreuse de couleur grise [ATJ86.E6A5], appartenant au niveau VII, passe sous le mur 403 qui forme la limite orientale du grenier.	172
Tableau 10.1	Distribution par structure des unités de fouilles du niveau VI, au centre du tell et sur son versant méridional.	143
Tableau 10.2	Inventaire céramique de la pièce 561b.	147
Tableau 10.3	Inventaire céramique de la pièce 559a.	152
Tableau 10.4	Inventaire céramique des cours 574 et 579.	154
Tableau 10.5	Inventaire céramique de la pièce 532.	155
Tableau 10.6	Inventaire céramique de la pièce 538.	156
Tableau 10.7	Distribution par structure des unités de fouilles du niveau VI à l'extrémité septentrionale du tell.	159

11. Niveau V

Figure 11.1	Plan du niveau V dans le secteur au centre et sur le versant méridional du tell.	178
Figure 11.2	Niveau V, partiellement dégagé au centre du tell, vu vers le sud. Au premier plan : à gauche, les pièces adjacentes 561a et 559b séparées de la pièce 555, à droite, par la ruelle/cour 562 (en partie masquée par la pièce 554 du niveau IV). Au second plan : la pièce 558, elle aussi partiellement dégagée.	180
Figure 11.3	Pièce 558, vue vers le sud. Les subdivisions intérieures sont du niveau IV.	181
Figure 11.4	Pièce 558, vue vers l'ouest. Au premier plan : la porte qui lui donne accès est indiquée par un seuil, un marchepied et une crapaudine. Les subdivisions intérieures sont du niveau IV.	181
Figure 11.5	Vases retirés de la pièce 558.	182
Figure 11.6	Sélection de vases provenant du comblement de la pièce 561a.	184
Figure 11.7	Sol en terre battue de la pièce 559b, au-dessus du comblement de la pièce 559a (niveau VI), vu vers le nord dans l'embrasure de la porte dans le mur mitoyen 270 qui est murée à ce niveau-ci.	185
Figure 11.8	Sélection de vases retirés de la pièce 559b.	186
Figure 11.9	Fragments de céramique retrouvés dans la ruelle 562.	186
Figure 11.10	La pièce 555, au second plan, est séparée des pièces 561a et 559b, au premier plan, par la ruelle 562 en terre battue qui se prolonge vers le sud et se transforme en une petite cour.	187
Figure 11.11	Partie septentrionale du niveau V dans le secteur au centre du tell, vue vers le nord. À gauche, la pièce 555 est dressée contre le parement du grand mur 261-262, en face des pièces 561a et 559b qui se trouvent à droite du cliché.	188

Figure 11.12	Intérieur de la pièce 555, vu vers le sud-est. À gauche, le mur 266 dans lequel est aménagée une porte qui sera murée au niveau suivant (IV) ; l'emplacement de cette porte est clairement indiqué par la présence *in situ* d'une crapaudine.	187
Figure 11.13	Intérieur de la pièce 555, vu vers le nord. Le sol est revêtu d'une couche de plâtre de gypse et une porte est aménagée dans le mur 156, à droite. Au fond, le mur 265 présente une rainure à sa base qui marque le niveau du sol du niveau supérieur (IV).	188
Figure 11.14	Vases retirés du comblement de la pièce 555.	189
Figure 11.15	Les pièce 600, à gauche, et 601-601′, à droite ; vues vers le nord. Elles sont accolées au parement méridional du mur 261 qui vient buter contre le mur d'enceinte incurvé, à droite.	190
Figure 11.16	Vue de l'intérieur du silo 600, en usage aux niveaux V et IV.	190
Figure 11.17	Accumulation de débris sous les assises inférieures du mur 201 qui montre que ce dernier, muni d'imposants contreforts, ne sera mis en place qu'au niveau III.	191
Figure 11.18	Les pièces 602 et 603, à droite, au nord du double mur 201-261 qui vient buter contre le parement intérieur du mur d'enceinte incurvé ; vues vers l'ouest.	191
Figure 11.19	La pièce 603, à gauche, et la 602, à droite, accolées au parement septentrional du mur 201-261 ; vues vers le sud-ouest.	192
Figure 11.20	Pièces contiguës 517 et 517′, vues vers le sud. Elles sont séparées par le mur mitoyen 408 qui repose sur une couche de sable fin recouvrant une épaisse couche cendreuse grisâtre (destruction du niveau VI). À gauche, le mur d'enceinte 310 et, à droite, le départ de la pièce 516.	193
Figure 11.21	Amoncellement de moellons, sans liant, dans l'angle nord-ouest de la pièce 517 ; vu vers l'ouest.	193
Figure 11.22	Structure 308, dressée contre le mur 407 et qui aurait pu servir d'escalier pour accéder par le toit à la pièce 517′, vue vers le sud.	194
Figure 11.23	Pièce 516, en partie (angle sud-ouest) détruite par l'érosion, vue vers le sud-ouest. À gauche, le mur 306 et sa suite de contreforts. Au premier plan : mur 410 construit au niveau IV et, derrière, un empilement de briques mis en place au niveau III [429].	194
Tableau 11.1	Distribution par structure des unités de fouilles du niveau V, au centre du tell et sur son versant méridional.	179
Tableau 11.2	Inventaire céramique de la pièce 558.	182
Tableau 11.3	L'inventaire céramique des ruelles 580-581-582.	183
Tableau 11.4	Inventaire céramique de la pièce 561a.	183
Tableau 11.5	Inventaire céramique de la pièce 559b.	185
Tableau 11.6	Inventaire céramique de la ruelle/cour 562.	187
Tableau 11.7	Inventaire céramique de la pièce 555.	188

12. Niveau IV

Figure 12.1	Plan du niveau IV dans le secteur au centre et sur le versant méridional du tell.	201
Figure 12.2	Niveau IV dans le secteur au centre du tell, vu vers le nord.	202

Figure 12.3	Pièce 556, vue vers l'ouest, avec son sol plâtré et le mur 159 au premier plan.	203
Figure 12.4	Pièce 567 en cours de dégagement, au premier plan, vue vers l'ouest. Au second plan : la pièce 556, à droite, et le bassin ATJ88.D15A28, à gauche. À droite du cliché se dresse le mur 257 du niveau III.	203
Figure 12.5	Bassin en plâtre de gypse ATJ88.D15A28, vu vers le sud.	203
Figure 12.6	Fragments de céramique provenant de la pièce 567.	205
Figure 12.7	Vases provenant de la ruelle 545.	206
Figure 12.8	L'étroite pièce 515, au nord de la 516, vue vers l'ouest. Elle est comprise entre les murs 410 à gauche et 411 à droite. Au premier plan, la pièce 517.	207
Figure 12.9	Partie du niveau IV au centre du tell, vue vers l'ouest. Au centre du cliché se trouve la cour 550 dont une partie est recouverte d'un cailloutis (ici masqué par un mur des niveaux supérieurs). Elle donne accès, à droite, aux pièces 554 et 555, accolées au grand mur 261-262, et à l'est, à la pièce 557 et à la cour 550.	208
Figure 12.10	Fragments de céramique trouvés dans la cour 550.	209
Figure 12.11	Vases provenant de la pièce 555.	209
Figure 12.12	Fondations du sol de la pièce 554, vues vers l'est. Mur 160, au second plan.	210
Figure 12.13	Fragment de céramique provenant de la pièce 554.	211
Figure 12.14	Pièce 557, vue vers l'est. Au fond, le mur 163 et ses multiples contreforts intérieurs arqués et plâtrés. Derrière le mur 163 s'étend la pièce 560 qui se prolonge au-delà de la zone fouillée.	211
Figure 12.15	Pièce 557, vue vers le nord. Départ du mur 161 contre le mur 274. À droite, le mur 163 avec ses nombreux contreforts.	212
Figure 12.16	Vases provenant de la pièce 557.	213
Figure 12.17	Vase retiré du silo 600.	214
Figure 12.18	Pièce 546 en cours de dégagement, au centre de la photo, vue vers le sud.	215
Figure 12.19	Fours à cuisson du type *tannur* (four à pain) trouvés dans la pièce 546 en association avec des vasques plâtrées enfoncées dans le sol.	215
Figure 12.20	Vase retrouvé dans la pièce 546.	217
Tableau 12.1	Distribution par structure des unités de fouilles du niveau IV, au centre du tell et sur son versant méridional.	200
Tableau 12.2	Inventaire céramique de la pièce 556.	202
Tableau 12.3	Inventaire céramique de la pièce 567.	204
Tableau 12.4	Inventaire céramique de la ruelle 545.	204
Tableau 12.5	Inventaire céramique de la cour 550.	207
Tableau 12.6	Inventaire céramique de la pièce 555.	208
Tableau 12.7	Inventaire céramique de la pièce 554.	211

Tableau 12.8   Inventaire céramique de la pièce 557. ... 212

Tableau 12.9   Inventaire céramique de la pièce 560. ... 213

Tableau 12.10 Inventaire céramique du silo 600. ... 214

Tableau 12.11 Inventaire céramique de la pièce 601-601'. ... 216

Tableau 12.12 Inventaire céramique de la pièce 603. ... 216

Tableau 12.13 Inventaire céramique de la pièce 546. ... 217

13. Niveau III

Figure 13.1   Plan du niveau III dans le secteur au centre et sur le versant méridional du tell. ... 223

Figure 13.2   Niveau III au centre du tell, vu vers le sud. La pièce 553, au centre, est entourée par la cour 565-566b, au premier plan, et, à gauche, par la venelle 564b qui se transforme en ruelle 529 vers le sud. ... 224

Figure 13.3   Niveau III au centre du tell, vu vers le nord. La pièce 553, au premier plan, s'ouvre sur la ruelle 564b à droite. Au sud de la pièce 553, s'étend la pièce ou cour 531b. Au nord, on aperçoit les pièces 554 et 555 du niveau antérieur et le mur 201 avec ses imposants contreforts, accolé au mur 261. ... 224

Figure 13.4   Pièce 553, vue vers l'ouest ; son sol plâtré a disparu en grande partie. ... 225

Figure 13.5   Pièce 553, vue vers l'ouest. ... 225

Figure 13.6   Vase provenant de la pièce 553. ... 226

Figure 13.7   Fragments de céramique provenant de la ruelle 564b. ... 226

Figure 13.8   Vases provenant de la ruelle 529. ... 228

Figure 13.9   Empilement de briques dans l'étroite pièce 515, vu vers l'ouest. Au premier plan : la pièce 517. ... 228

Figure 13.10   Vases provenant de la pièce 540. ... 230

Figure 13.11   Cour 565-566b, au nord de la pièce 553, vue vers l'ouest. Au premier plan : le muret 154 (nord-sud), avec deux embrasures à ses extrémités afin de permettre l'accès à la cour 563b, à l'est. ... 231

Figure 13.12   Double contrefort dressé contre le parement méridional du mur 201, vu vers le nord-est. En face, les murets 154, à droite, et 158, à gauche de la cour 565-566b. ... 231

Figure 13.13   Mur 201 avec trois contreforts contre son parement méridional, dans le carré C13, vu vers le nord. ... 231

Figure 13.14   Fragments de céramique provenant de la cour 565-566b. ... 233

Figure 13.15   Pièce 617, longeant le mur 261 à gauche, vue vers l'ouest. Au second plan, se devine la pièce 542, contiguë mais non communicante avec la pièce 617. ... 234

Figure 13.16   Pièce 542, vue vers le sud. Installations en plâtre de gypse aménagées dans son angle sud-ouest, à proximité d'une jarre enfoncée dans le sol plâtré de la pièce. ... 235

LISTE DES ILLUSTRATIONS

Figure 13.17	Marque de potier sur la jarre ATJ87.D12A13.C2325 sous la forme d'un croissant au sommet d'une hampe.	236
Tableau 13.1	Distribution par structure des unités de fouilles du niveau III, au centre du tell et sur son versant méridional.	222
Tableau 13.2	Inventaire céramique de la pièce 553.	224
Tableau 13.3	Inventaire céramique de la ruelle 564b.	227
Tableau 13.4	Inventaire céramique de la ruelle 529.	227
Tableau 13.5	Inventaire céramique de la pièce/cour 531b.	229
Tableau 13.6	Inventaire céramique de la pièce 540.	229
Tableau 13.7	Inventaire céramique de la cour 565-566b.	232
Tableau 13.8	Inventaire céramique de la cour 563b.	234
Tableau 13.9	Inventaire céramique de la pièce 617.	234
Tableau 13.10	Inventaire céramique de la pièce 542.	235

14. Niveau II

Figure 14.1	Plan du niveau II dans le secteur au centre et sur le versant méridional du tell.	241
Figure 14.2	Bâtiment 552, vu vers l'ouest. Les trous dans le mur au premier plan [152] et dans le sol plâtré correspondent à des fosses creusées depuis le niveau supérieur (I).	242
Figure 14.3	Coupe nord-sud en travers de la pièce 552 montrant les différentes phases de transformation de son sol plâtré.	242
Figure 14.4	Différentes phases de construction du sol du bâtiment 552, vu vers l'ouest.	243
Figure 14.5	Fragments de céramique provenant de la pièce 552.	243
Figure 14.6	Sélection de vases provenant des ruelles 564a et 260.	245
Figure 14.7	Pièce 539b au sol plâtré, vue vers le sud. Le mur 324 qui la bordait à l'est n'apparaît pas sur cette photo. La venelle en cailloutis 260 est visible au bas de la photo et la pièce 531a se trouve à droite.	246
Figure 14.8	Pièce 539a, vue vers le sud-ouest.	246
Figure 14.9	Vase provenant de la pièce 539a-b.	247
Figure 14.10	Sélection de vases provenant de la pièce 531a.	248
Figure 14.11	Sélection de vases provenant de la pièce 528.	250
Figure 14.12	Sélection de vases provenant de la cour 565-566a.	253
Figure 14.13	Vase provenant de la pièce 616.	254
Figure 14.14	Sommet du tell, vu vers le sud. En bas du cliché, au nord du mur 261, juxtaposition de trois petites pièces adjacentes : 508, 509, 510 (de gauche à droite).	254

Figure 14.15	Sélection de vases provenant de la pièce 508.	243
Figure 14.16	Aménagement intérieur de la pièce 509, vu vers le nord : un premier four circulaire, précédé d'une espèce de caniveau en briques crues, et un second four, encore plus fragmentaire ; à côté de ces deux dispositifs de cuisson, se trouve une banquette pour servir de tablette.	256
Figure 14.17	Sélection de vases provenant de la pièce 509.	257
Figure 14.18	Sélection de vases provenant de la pièce 510.	257
Tableau 14.1	Distribution par structures des unités de fouilles du niveau II, au centre du tell et sur son versant méridional.	240
Tableau 14.2	Inventaire céramique de la pièce 552.	244
Tableau 14.3	Inventaire céramique des ruelles 564a-260.	244
Tableau 14.4	Inventaire céramique de la pièce 539a-b.	247
Tableau 14.5	Inventaire céramique de la pièce 531a.	248
Tableau 14.6	Inventaire céramique de la pièce 528.	249
Tableau 14.7	Inventaire céramique de la cour 565-566a.	252
Tableau 14.8	Inventaire céramique de la pièce/cour 563a.	252
Tableau 14.9	Inventaire céramique de la pièce 616.	253
Tableau 14.10	Inventaire céramique de la pièce 508.	254

15. Niveau I

Figure 15.1	Plan du niveau I dans le secteur au centre du tell.	262
Figure 15.2	Secteur de fouilles au sommet du tell, vu vers le nord.	263
Figure 15.3	Partie méridionale du secteur de fouilles au sommet du tell, vu vers le sud.	263
Figure 15.4	Plaque en plâtre de gypse, dans la cour 513, donnant sur deux jarres enfouies dans le sol, vue vers le sud.	263
Figure 15.5	Marque de potier sur la jarre ATJ86.D15A3.C352.	264
Figure 15.6	Sélection de vases provenant de la cour 513-512.	265
Figure 15.7	Sélection de vases provenant de la pièce 514.	268
Figure 15.8	Secteur au centre du tell, vu vers le sud.	269
Figure 15.9	Sélection de vases retirés de la cour 511.	271
Figure 15.10	Marque de potier sur le fragment de céramique ATJ87.D12A1.C1297.	273
Figure 15.11	Sélection de vases provenant de la pièce 517.	277
Figure 15.12	Sélection de vases provenant de la pièce 517'.	281
Figure 15.13	Sélection de vases provenant de la pièce 516.	286

Figure 15.14	Sélection de vases provenant de la pièce 515.	289
Figure 15.15	Marque de potier sur le vase ATJ86.E7A6.C3412	292
Figure 15.16	Sélection de vases provenant des silos 502-503-504-505-506.	293
Figure 15.17	Sélection de vases provenant des pièces 522-523-524-525-526 et 613-614-615.	299
Figure 15.18	Marques de potier sur les vases ATJ87.E9A3.C1502 et ATJ87.E9A1'.C2003.	301
Figure 15.19	Sélection de vases provenant des pièces 507, 533, 547-548-549.	302
Figure 15.20	Sélection de vases provenant des espaces 501-501'.	304
Tableau 15.1	Distribution par structure des unités de fouilles du niveau I, au centre du tell.	261
Tableau 15.2	Inventaire céramique de la cour 513-512.	264
Tableau 15.3	Inventaire céramique de la pièce 514.	267
Tableau 15.4	Inventaire céramique de la cour 511.	270
Tableau 15.5	Inventaire céramique des pièces 508, 509 et 510.	274
Tableau 15.6	Distribution par structure des unités de fouilles du niveau I, sur le versant méridional du tell.	274
Tableau 15.7	Inventaire céramique de la pièce 517.	274
Tableau 15.8	Inventaire céramique de la pièce 517'.	275
Tableau 15.9	Inventaire céramique de la pièce 516.0	276
Tableau 15.10	Inventaire céramique de la pièce 515.	288
Tableau 15.11	Distribution par structure des unités de fouilles du niveau I, à l'extrémité septentrionale du tell.	290
Tableau 15.12	Inventaire céramique de la plateforme 622.	291
Tableau 15.13	Inventaire céramique des silos 502-503-504-505-506.	292
Tableau 15.14	Inventaire céramique des pièces 522-523-524-525-526 et 613-614-615.	298
Tableau 15.15	Inventaire céramique des pièces 507, 533, 547-548-549.	300
Tableau 15.16	Inventaire céramique des espaces 501-501'.	303

16. Niveau « 0 »

Figure 16.1	Plan des structures mises au jour au pied du versant méridional.	310
Figure 16.2	Structures dégagées au pied du versant méridional du tell, vues vers le sud.	311
Figure 16.3	Paroi septentrionale des carrés D-C20 montrant l'importante accumulation de terre d'érosion au-dessus des structures dégagées au pied du versant méridional du tell.	312
Figure 16.4	Coupe stratigraphique septentrionale du carré C19 montrant la continuité du mur 311 vers le nord-est et les couches de terre de colluvionnement du versant méridional du tell venant buter contre son parement occidental.	312

Figure 16.5	Structures mises au jour dans les carrés C-D20, et notamment le mur 311, vues vers l'ouest.	313
Figure 16.6	Paroi méridionale du carré C21 montrant une superposition de minces couches de sable fin bien étalées horizontalement, correspondant à des débordements du chenal à proximité.	315
Tableau 16.1	Distribution par structure des unités de fouilles du niveau « 0 » au pied du versant méridional du tell, à l'extérieur du mur d'enceinte.	309
Tableau 16.2	Inventaire céramique du niveau « 0 ».	313
Tableau 16.3	Inventaire céramique des carrés D29-30-31.	315

17. Tombes

Figure 17.1	Tombe ATJ93.C13A17.	319
Figure 17.2	Tombe ATJ93.C13A19.	320
Figure 17.3	Une partie du mobilier funéraire de la tombe ATJ93.C13A19 : vases C6253, C6254 et C6255 (de gauche à droite).	320
Figure 17.4	Tombe ATJ86.D13A3'.	321
Figure 17.5	Une partie du mobilier funéraire de la tombe ATJ86.D13A3'.	322
Figure 17.6	Une partie du mobilier funéraire de la tombe ATJ86.D13A3'.	323
Figure 17.7	Tombe ATJ87.D13A15 repérée dans la paroi occidentale du carré D12.	323
Figure 17.8	Vases composant le mobilier funéraire de la tombe ATJ87.D13A15.	324
Figure 17.9	Tombe ATJ88.D14A29 dans une jarre [ATJ88.C1126].	325
Figure 17.10	Tombe ATJ88.D15A31.	326
Figure 17.11	Mobilier funéraire de la tombe ATJ88.D15A31.	327
Figure 17.12	Tombe ATJ86.D17A10.	327
Figure 17.13	Mobilier funéraire de la tombe ATJ86.D17A10.	327
Figure 17.14	Tombe ATJ87.E15A18.	328
Figure 17.15	Mobilier funéraire de la tombe ATJ87.E15A18.	328
Figure 17.16	Tombe ATJ87.E16A8.	329
Figure 17.17	Vases en céramique faisant partie du mobilier funéraire de la tombe ATJ87.E16A8.	330
Figure 17.18	Plan de la nécropole EJZ sur le tell secondaire de Tell 'Atj.	330
Figure 17.19	Mobilier funéraire de la tombe ATJ88.FF17A5.	332
Figure 17.20	Tombe ATJ92.MM14A3.	332
Figure 17.21	Vases en céramique faisant partie du mobilier funéraire de la tombe ATJ92.MM14A3.	333
Figure 17.22	Tombe ATJ92.MM16A2.	334

Figure 17.23	Vases en céramique faisant partie du mobilier funéraire de la tombe ATJ92.MM16A2.	334
Figure 17.24	Tombe ATJ92.MM16A5.	335
Figure 17.25	Vases en céramique faisant partie du mobilier funéraire de la tombe ATJ92.MM16A5.	336
Figure 17.26	Tombe ATJJ88.NN17A4.	337
Figure 17.27	Mobilier funéraire de la tombe ATJJ88.NN17A4.	338
Figure 17.28	Vases en céramique faisant partie du mobilier funéraire de la tombe ATJ88.NN17A5.	341
Figure 17.29	Tombe ATJ87.NN18A4.	342
Figure 17.30	Mobilier funéraire de la tombe ATJ87.NN18A4.	343
Figure 17.31	Tombe ATJ87.NN18A5.	344
Figure 17.32	Vases en céramique faisant partie du mobilier funéraire de la tombe ATJ87.NN18A5.	345
Figure 17.33	Tombe ATJ87.NN19C1.	347
Figure 17.34	Vases en céramique faisant partie du mobilier funéraire de la tombe ATJ87.NN19C1.	347
Figure 17.35	Tombe ATJ88.PP19A4.	348
Figure 17.36	Vases en céramique faisant partie du mobilier funéraire de la tombe ATJ88.PP19A4.	349
Tableau 17.1	Liste des tombes découvertes sur le tell principal de Tell 'Atij avec les caractéristiques et le mobilier de chacune.	318
Tableau 17.2	Liste des tombes EJZ découvertes sur le tell secondaire de Tell 'Atij avec les caractéristiques et le mobilier funéraire de chacune.	331

18. Occupation romaine

Figure 18.1	Partie sommitale du tell principal, vue vers le sud.	352
Figure 18.2	Dans la partie sommitale du tell principal, la structure 551 en pierres est accolée, au nord, au bassin 519 en plâtre du gypse ; quelque sept mètres encore plus au nord, se trouvent deux murs en moellons parallèles : 216 et 211.	353
Figure 18.3	Tour 551 avec ses fondations de murs en moellons, vue vers le sud.	354
Figure 18.4	Bassin 519, une fois vidé de ses matériaux de remplissage, vu vers le nord-est.	354
Figure 18.5	Tranchée au sommet du tell principal (carrés D11-12), vue vers le sud. Au nord de la tranchée, se dressent les murs en pierres 211 (au premier plan) et 216 (au second plan). À droite, la paroi occidentale montre une série d'épaisses couches pentues de terre d'érosion.	356
Figure 18.6	Coupe stratigraphique occidentale des carrés D11-12-13 montrant l'étalement en pente régulière d'épaisses couches de briques effondrées et de terre d'érosion venant recouvrir, au nord, les murs en moellons de pierres 216 et 211.	358
Figure 18.7	Amoncellement de petites pierres plates dans l'angle nord-ouest de la pièce 517 du niveau V, vu vers l'ouest. À proximité, tombe à ciste de l'époque *Early Jezirah* [ATJ86.D17A10].	358

Figure 18.8	Chantier de fouilles sur le tell secondaire, vu vers l'est.	359
Figure 18.9	Maison mise au jour sur le tell secondaire, vue vers le nord-est.	359
Figure 18.10	Plan général des maisons tardives mises au jour sur le tell secondaire.	360
Figure 18.11	Emplacement des tombes romaines sur le tell secondaire d'Atij.	361
Figure 18.12	Tombe ATJ88.NN18-19B1, vue vers l'est.	362
Figure 18.13	Tombe ATJ87.NN19D1, vue vers le nord-ouest.	363
Figure 18.14	Tombe ATJ87.NN20B1, vue vers le nord.	363
Figure 18.15	Tombe ATJ87.PP18A3, vue vers le nord-ouest.	364
Figure 18.16	Tombe ATJ92.PP20B2, vue vers l'ouest.	365
Figure 18.17	Tombes romaines dans les carrés PP18-19-20, avec à proximité (au premier plan) une zone noircie où du plâtre de gypse semble avoir été préparé.	366
Tableau 18.1	Distribution par structure des unités de fouilles au sommet du tell principal.	351
Tableau 18.2	Inventaire céramique du bassin 519 et de la tour 551.	355
Tableau 18.3	Inventaire céramique associée aux murs en moellons de pierres 211 et 216.	357

19. Éléments architecturaux

Tableau 19.1	Caractéristiques des constructions EJZ de Tell 'Atij.	376

20. Objets en terre cuite

Figure 20.1	Tessons circulaires perforés.	424
Figure 20.2	Tessons circulaires non perforés.	424
Figure 20.3	Tessons circulaires non entièrement perforés.	424
Tableau 20.1	Distribution, par niveau et par contexte de découverte, des jetons/*calculi*, de la tablette numérique et du sceau-cylindre de Tell 'Atij.	381
Tableau 20.2	Distribution, par niveau et par contexte de découverte, des figurines anthropomorphes et zoomorphes en terre cuite de Tell 'Atij.	390
Tableau 20.3	Distribution, par niveau et par contexte de découverte, des roues et des caisses de chariot en terre cuite de Tell 'Atij.	409
Tableau 20.4	Distribution, par niveau et par contexte de découverte, des fusaïoles, des tessons perforés, des tessons circulaires (non perforés) et des pesons en terre cuite de Tell 'Atij. Les fusaïoles et pesons en pierre (L) ont été ajoutés au tableau, ainsi que le poids de balance, tous ces artéfacts étant liées à la production textile.	423
Tableau 20.5	Distribution, par niveau et par contexte de découverte, des pieds de récipients culinaires et du *andiron* en terre cuite grossière de Tell 'Atij.	430

LISTE DES ILLUSTRATIONS   xxxi

21. Objets en plâtre

Figure 21.1   Fabrication de plâtre de gypse (*djuss*) dans le village à proximité de Tell ʿAtij où les affleurements gypseux sont omniprésents. 435

Figure 21.2   Couvercle en plâtre de gypse posé sur une marmite culinaire de Tell ʿAtij. 437

Tableau 21.1   Distribution, par niveau et par contexte de découverte, des différentes catégories d'artéfacts en plâtre de gypse (P) de Tell ʿAtij. Des objets en terre cuite (Tc) ont été ajoutés au présent tableau au vu de l'affinité de fonction (bouchon). 436

22. Mobilier en pierre polie

Figure 22.1   Plan d'échantillonnage des affleurements basaltiques situés dans le voisinage de Tell ʿAtij. 448

Tableau 22.1   Distribution, par niveau et par contexte de découverte, des meules et des broyeurs de Tell ʿAtij. 450

Tableau 22.2   Distribution, par niveau et par contexte de découverte, des pilons et des mortiers découverts à Tell ʿAtij. 475

Tableau 22.3   Distribution, par niveau et par contexte de découverte, de l'herminette, des percuteurs, des houes de Tell ʿAtij. 483

Tableau 22.4   Distribution, par niveau et par contexte de découverte, des crapaudines de Tell ʿAtij. 492

Tableau 22.5   Classification formelle des trente-huit ancres en pierre de Tell ʿAtij. 500

Tableau 22.6   Distribution, par niveau et par contexte de découverte, des ancres et des poids de Tell ʿAtij. ... 511

23. Artéfacts en métal

Tableau 23.1   Distribution, par niveau et par contexte de découverte, des objets en métal de Tell ʿAtij. 522

24. Éléments de parure (en différents matériaux)

Tableau 24.1   Distribution, par niveau et par contexte de découverte, des colliers/bracelets, perles, pendeloques et autres parures de Tell ʿAtij. 534

25. Artéfacts en MDA (os et coquille)

Tableau 25.1   Distribution, par niveau et par contexte de découverte, des objets en MDA de Tell ʿAtij. 550

26. Glyptique

Figure 26.1   Sceau-cylindre [ATJ86.D15A4.L28] retrouvé sur le sol de la cour 512-513 du niveau I de Tell ʿAtij. 566

27. Archaeobotanical Remains

Figure 27.1	Median barley:wheat ratio across samples from all excavation levels examined.	571
Figure 27.2	Ubiquity of cereal grains at Tell 'Atij over the course of the three time periods examined.	571
Figure 27.3	Ubiquity of processing debris categories at Tell 'Atij over the course of the three time periods examined.	572
Figure 27.4	Ubiquity of non-cereal economic taxa over the course of the three time periods examined.	572
Figure 27.5	Relative proportion of major ecological categories of wild/weedy taxa (by count) at Tell 'Atij over the course of the three time periods examined.	572
Figure 27.6	CA Scattergram of samples coded by Period.	573
Figure 27.7	CA Scattergram of samples as in Fig. 27.5, but each sample point is shown as pie values for composition of classes of taxa.	573
Figure 27.8	A CCA biplot shows the weighted averages of taxa-classes scores with respect to Period. Scores for Period are plotted as centroids of each variable (Early, Middle, Late).	574
Figure 27.9	The median seed:wood (ct./g) ratio across each excavation level represented in this study.	575
Figure 27.10	Ternary diagram comparing the relative proportion of crops (all cereal grains, legumes, fruits, and oilseeds), cereal chaff and processing debris, and wild/weedy taxa for each sample examined.	576
Table 27.1	Summary of flotation samples examined from Tell 'Atij, according to chronological group.	570
Table 27.2	All identified remains from each of the Tell 'Atij samples examined, according to taxonomic category. Wild/Weedy taxa are presented according shown by ecological category.	579

28. Animal Bone Assemblage

Figure 28.1	Percentages of wild versus domestic animal taxa recovered from various Khabur Basin sites as reported by Zeder (1995) [upper graph] and Zeder (1998a) [lower graph].	594
Figure 28.2	Percentages of wild versus domestic fauna by level for the sites of Tell 'Atij and Tell Raqa'i as reported by Zeder (1998a).	595
Figure 28.3	Basic taxonomic breakdowns of the identified material for the Tell 'Atij animal bone assemblage considered as a whole (primary mound, Levels I-XIII).	608
Figure 28.4	Basic taxonomic breakdowns for the identifiable faunal remains recovered from the central slope excavation units of the primary mound of Tell 'Atij by level grouping.	611
Figure 28.5	Box-and-whisker plot for the 12 distal breadth measurements recorded for caprine humeri from Tell 'Atij (identified assemblage, Levels I-XIII).	614
Figure 28.6	Greatest distal breadth plotted against the greatest breadth of the trochlea of the distal articulation for the eleven caprine humeri from Tell 'Atij (identified assemblage, Levels I-XIII) that provided both measurements.	614
Figure 28.7	Occlusal ridge patterns of four series of equid dentition from Tell 'Atij.	615

LISTE DES ILLUSTRATIONS   xxxiii

Figure 28.8	Survivorship curve based on caprine limb bone fusion data for Tell ʿAtij (156 specimens from the identified assemblage of the primary mound, Levels I–XIII).	616
Figure 28.9	Mortality profile based on caprine dentition for Tell ʿAtij (34 undifferentiated mandibles tagged as sheep/goat from the identified assemblage of the primary mound, Levels I–XIII).	617
Figure 28.10	Survivorship curve based on caprine dentition for Tell ʿAtij (34 undifferentiated mandibles tagged as sheep/goat from the identified assemblage of the primary mound, Levels I–XIII).	617
Figure 28.11	Survivorship curves based on post-cranial element fusion data for (A) fifty-one sheep specimens and (B) twenty goat specimens from Tell ʿAtij (identified assemblage of the primary mound, Levels I-XIII).	618
Figure 28.12	Survivorship curve based on post-cranial element fusion data for gazelle remains from Tell ʿAtij (81 specimens from the identified assemblage of the primary mound, Levels I–XIII).	619
Figure 28.13	Profile of the three basic anatomical regions represented by all large- and medium-sized mammal specimens present in the entire Tell ʿAtij assemblage (primary mound, Levels I-XIII), combining both the unidentifiable and identifiable prioritized remains.	619
Figure 28.14	Profile of the three basic anatomical regions represented by the caprine, cattle, and gazelle specimens present in the identifiable Tell ʿAtij assemblage (primary mound, Levels I-XIII).	619
Figure 28.15	Profile of the three basic anatomical regions represented by the pig specimens present in the identifiable Tell ʿAtij assemblage (primary mound, Levels I-XIII).	620
Figure 28.16	Profile of the three basic anatomical regions represented by the equid specimens present in the identifiable Tell ʿAtij assemblage (primary mound, Levels I-XIII).	621
Figure 28.17	Limb-category part profiles for all caprine specimens (sheep, goat, and sheep/goat combined) from the identified assemblage by level grouping for Tell ʿAtij.	621
Figure 28.18	Limb-category part profiles for the specimens of non-caprine bovid taxa (cattle and gazelle) present in the identified faunal assemblage from Tell ʿAtij (primary mound, Levels I–XIII).	621
Figure 28.19	Limb-category part profiles for the pig specimens in the identified faunal assemblage from Tell ʿAtij (primary mound, Levels I–XIII).	621
Figure 28.20	Limb-category part profiles for the equid specimens in the identified faunal assemblage from Tell ʿAtij (primary mound, Levels I–XIII).	622
Figure 28.21	Limb element proportions based on relative meat yield for specimens of the major taxa from the identified assemblage as a whole for Tell ʿAtij (primary mound, Levels I–XIII).	622
Figure 28.22	Percentages of domestic versus wild taxa identified in the zooarchaeological assemblages from Tell ʿAtij and Tell Raqaʾi, grouped by occupation phases and arranged in chronological order with the oldest phases charted at the bottom.	623
Figure 28.23	Breakdown of domestic taxa identified in the zooarchaeological assemblages from Tell ʿAtij and Tell Raqaʾi, grouped by occupation phases and arranged in chronological order with the oldest phases charted at the bottom. The Other category includes dog and cat remains.	623
Map 28.1	Map of north-eastern Syria showing geographic features and important Early Bronze Age archaeological sites, including those mentioned in the text.	592
Table 28.1	Distribution of faunal remains by level for the *primary mound* of Tell ʿAtij and the proportions prioritized for analysis.	596

Table 28.2	Distribution of faunal remains by level for the *secondary mound* of Tell ʿAtij and the proportions prioritized for analysis.	597
Table 28.3	Breakdown of analyzed faunal assemblage for Tell ʿAtij by context code and level grouping.	598
Table 28.4	Breakdown of the analyzed faunal assemblage for Tell ʿAtij by level grouping and main excavation areas of the primary mound.	599
Table 28.5	Distribution of skeletal element completeness estimates by level for the caprine specimens (615 specimens in total, representing the sheep/goat remains that could not be differentiated as belonging to one taxon over the other) identified in the analyzed faunal assemblage from the Tell ʿAtij primary mound.	600
Table 28.6	Summary fragmentation statistics for the Tell ʿAtij animal bone assemblage.	601
Table 28.7	Fragmentation indices for the Tell ʿAtij animal bone assemblage based on the completeness of recovered caprine first phalanges, second phalanges, and calcanei.	601
Table 28.8	Specimen counts and average weight of fragments for sheep and goat material from Tell ʿAtij ordered by bone density value in the fashion of Brain (1976); density values used here are those reported by Binford and Bertram (1977).	602
Table 28.9	Taxonomic composition of the identifiable component of the Tell ʿAtij faunal assemblage by excavation area of the primary mound.	605
Table 28.10	Taxonomic composition of the unidentifiable component of the Tell ʿAtij faunal assemblage by excavation area of the primary mound.	607
Table 28.11	Minimum number of individual (MNI) counts for various taxa identified in the prioritized and analyzed faunal assemblage from the primary mound of Tell ʿAtij.	607
Table 28.12	Taxonomic composition of the identifiable component of the Tell ʿAtij faunal assemblage by level for the central slope excavation units of the primary mound.	609
Table 28.13	Specimen counts and associated values for the entire identified assemblage from the primary mound of Tell ʿAtij, used for determining richness (H') and evenness (V') scores through the Shannon-Wiener Information Function.	612

29. Conclusions : fonction et contexte historique

Figure 29.1	Zone propice au développement de l'élevage des ovins	629
Figure 29.2	Zone dimorphique selon Rowton	630
Figure 29.3	Mari à la croisée des routes d'échanges au IIIe millénaire ; Tell ʿAtij est situé le long de l'une de ces routes menant au nord	636
Figure 29.4	Le royaume de Mari sous Zimrī-Lîm	637
Figure 29.5	La province de Qaṭṭunân	638

*À la mémoire de Jean-Claude Margueron,
à l'origine de cette mission*

Avant-propos

Les fouilles archéologiques sur le site de Tell 'Atij se sont terminées en 1993. L'année suivante, lors d'une brève saison d'étude sur place, les trouvailles faites durant nos cinq campagnes furent remises aux autorités archéologiques syriennes, au Musée de Deir ez-Zor, tandis qu'une petite partie de ces artéfacts, pour la plupart fragmentaires, ainsi que tous les tessons de céramique diagnostiques étaient expédiés à mon laboratoire de recherches à l'Université Laval (Québec, Canada). La maison de fouilles de notre mission fut alors désaffectée en prévision de l'inondation qui devait être créée par le lac de retenue du barrage sur le Khabour. Ainsi se terminait sur le terrain la mission archéologique canadienne de Tell 'Atij entreprise en 1986.

Dans les années qui suivirent, furent réalisées, outre les rapports préliminaires annuels, plusieurs études analytiques sur différentes catégories de données issues de ces fouilles de même que des tentatives de synthèses interprétatives, en particulier à propos de la fonction de ce site. Pour ma part, responsable de la reconstitution stratigraphique du site eu égard à ses vestiges architecturaux et aux artéfacts qui leur sont associés, je me suis lancé dans la préparation du présent rapport définitif : constitution et peuplement de bases de données, préparation de plans détaillés par niveau, classement de la documentation graphique et photographique, étude du matériel archéologique, etc. Cependant, la rédaction de ce rapport final fut retardée, comme c'est courant dans la profession, par de nouveaux engagements scientifiques et des tâches administratives en lien avec mon poste d'enseignant universitaire : [1995-2001] commissaire pour une exposition internationale itinérante sur la *Syrie, terre de civilisations*, incluant la rédaction de son catalogue (Fortin 1999b) ; [1998-2011] direction d'un nouveau chantier de fouilles en Syrie, à Tell 'Acharneh (Fortin 2006 ; Fortin *et al.* 2014), et de la prospection de la moyenne vallée de l'Oronte (Fortin 2016b) ; [2011-2019] direction de mon département universitaire. C'est alors seulement que le travail de rédaction proprement dit put réellement être entrepris sans relâche.

Remerciements

Mes premiers remerciements vont aux organismes subventionnaires sans lesquels ce projet n'aurait jamais pu être réalisé : le Conseil de recherches en sciences humaines du Canada (CRSH) et le Fonds pour la formation des chercheurs et l'aide à la recherche du Québec (FCAR). Je suis également reconnaissant envers les autorités archéologiques syriennes qui m'ont attribué le permis de fouilles, notamment les directeurs de la Direction Générale des Antiquités et des Musées de Syrie (DGAM) : le Dr. Afif Bahnassi (1986-1987) et le Dr. Ali abou Assaf (1988, 1992-1993), celui du Service des fouilles : le Dr Adnan Bounni, et son adjoint, le Dr Nassib Saliby, celui du département des antiquités pour la région de Hasseké : M. Jean-Simon Lazarre, et le personnel de son bureau, celui du musée de Deir ez-Zor, M. Muayin Ali, qui m'a accueilli pendant un mois durant l'automne 2009 pour un réexamen des artéfacts qui y sont conservés. Enfin, M. Hani abou Assaf a agi comme représentant de la DGAM auprès de notre mission durant quatre campagnes de fouilles ; nous lui sommes redevables d'innombrables services qui nous ont facilité la vie durant toutes ces campagnes.

Notre mission a grandement profité de l'aide logistique de l'Institut français d'archéologie du Proche-Orient (IFAPO) à Damas pour le logement des membres de la mission à l'arrivée et au départ de Syrie ; ce fut une aide très appréciée. Je voudrais aussi signaler la collaboration empressée et cordiale de plusieurs membres de la mission diplomatique canadienne à Damas au fil des ans dont certains nous ont fait le plaisir de leur visite en cette région éloignée du pays.

À titre de directeur de la mission de Tell 'Atij, je suis très heureux de reconnaître ici le travail assidu et énergique des membres de la mission qui ont contribué au succès de cette entreprise :

— 1ère campagne (1986) : Doris Bertrand et Philippe Slater (archéologues), Alain Delisle (archéologue et dessinateur d'objets), Dominique Martin (archéologue et architecte), Josée Marchand (archéologue et responsable de l'enregistrement de la céramique et du matériel archéologique), Michel Blackburn (pédologue), Hassan Maamo (intendant) et 35 ouvriers embauchés dans le village voisin de Saba Skour.

- 2e campagne (1987) : Josée Marchand (enregistrement de la céramique et du matériel archéologique), Michel Blackburn (pédologue), Claude Richard (photographe), Elias Markou (dessinateur et architecte), Robert Mary (assistant-architecte), Lise Jodoin (restauratrice), Philippe Picard, Dominique Lalande et Jacques Guimont (archéologues), Nathalie Diguer, France Bellemare, Anne Desgagnés et Marie-Claude Morin (stagiaires-archéologues), Caroline Smith (anthropologue), Gilles Babin (cuisinier), Hassan Maamo (intendant) et 80 ouvriers locaux.
- 3e campagne (1988) : Hilary Gopnik et Denis Leclerc (fouilleurs), Elias Markou (architecte et dessinateur), Philippe Slater (architecte-assistant), Paul Laliberté (photographe), Josée Marchand (enregistrement de la céramique et du matériel archéologique), Francine Lettre (catalogage des artéfacts), Michel Blackburn (pédologue), Gilles Babin (intendant et cuisinier) et 60 travailleurs manuels.
- 4e campagne (1992) : Lisa Cooper, Emerson Grossmith et Linda Wilding (archéologues), Elias Markou et Julie Lafrenière (architectes), Paul Laliberté (photographe), Josée Marchand (enregistrement de la céramique), Joy McCorriston (paléobotaniste), ainsi que 60 ouvriers du village voisin.
- 5e campagne (1993) : Lisa Cooper, Sylvie Laliberté, Jacques Chabot, Johnny B'naity (archéologues), Julie Lafrenière et Leslie-Ann Hale (architectes), Elias Markou (dessinateur), Julie Leclerc (photographe), François Lafrenière (enregistrement de la céramique), Joy McCorriston (paléobotaniste), en plus d'une cinquantaine d'ouvriers locaux.
- Saison d'étude et d'exploration pédologique (1994) : Manon Robert (stagiaire-archéologue), Michel Blackburn et Gino Guénard (pédologues).

Mes plus sincères remerciements vont aussi à plusieurs collègues qui m'ont grandement aidé dans la réalisation de cette mission archéologique : Roland Sanfaçon, directeur de mon département universitaire en 1985, qui m'a accordé les crédits nécessaires à la visite exploratoire du site ; Jean-Claude Margueron, qui m'a incité à entreprendre ce projet, lors d'une visite à l'université Laval à Québec en 1983, et m'a constamment prodigué de multiples conseils avisés en cours de réalisation ; Jean-Yves Monchambert, qui m'a permis d'utiliser les résultats inédits de sa prospection de la moyenne vallée du Khabour afin de guider mon choix parmi les sites voués à l'inondation et qui m'a même accompagné lors de ma première visite de Tell 'Atij en 1985 ; Marc Lebeau, qui m'a été d'un grand secours avec l'organisation logistique de ma mission et l'identification de la céramique, et qui au terme de ce projet accueille mon rapport dans la collection qu'il dirige.

Lors de la préparation de la présente publication, j'ai bénéficié de l'aide d'Andrée Héroux pour la confection des cartes, plans et coupes stratigraphiques, à partir de brouillons précédemment préparés par Elias Markou, Julie Lafrenière et Dominique Martin, d'Elias Markou pour le dessin des artéfacts, d'Alain Delisle pour le dessin des céramiques, et enfin de Bernard Lachance pour la fabrication de bases de données informatisées ; je les en remercie bien chaudement, ainsi que James Woollett, pour avoir identifié les ossements d'animaux de certains artéfacts.

Finalement, je suis très reconnaissant envers l'administration de mon université de m'avoir libéré de mes tâches d'enseignement et d'administration (congé sabbatique), d'abord en 2008-2009, puis à nouveau en 2019-2020, afin de me permettre de me consacrer à temps plein à la rédaction du rapport final de mes fouilles à Tell 'Atij. Ma seconde année sabbatique s'est déroulée à l'université de Paris-Sorbonne, au sein de l'équipe dirigée par Pascal Butterlin et Camille Lecomte, où j'ai côtoyé Martin Sauvage avec qui j'ai pu échanger, en dépit du début de la pandémie de la COVID-19, au sujet de la construction du mur d'enceinte de Tell 'Atij.

Introduction

Tell 'Atij (la *vieille colline*, en arabe) est un petit site archéologique, de moins d'un hectare, qui se trouve au nord-est de la Syrie (λ = 36.43°N, φ = 40.86°E), à quatorze kilomètres à vol d'oiseau au sud de la ville moderne de Hassaké, le chef-lieu de la région du même nom (Fig. 1). De cette ville, le site est facilement accessible par la route qui suit, à l'est, le tracé du Khabour; il est situé immédiatement sur la rive gauche de cette rivière qui est le plus important affluent de l'Euphrate.

Le présent rapport rend compte des résultats définitifs des cinq campagnes de fouilles qui y furent menées, entre 1986 et 1993, par une mission archéologique canadienne de l'Université Laval (Québec) dirigée par l'auteur. Nos fouilles ont révélé l'existence, à l'emplacement du tell principal, d'un hameau fortifié d'un tiers d'hectare qui fut habité pendant trois siècles (2900-2600 av. J.-C. – période *Early Jezirah* 1-2/Ninive 5), par approximativement une cinquantaine de personnes. Grâce aux données recueillies dans 10% environ[1] des espaces occupés par les habitants de cet établissement, il nous a été possible de reconstituer le mode de vie de ces villageois sédentaires au fil de treize niveaux d'occupation dans une accumulation de neuf mètres de débris.

Recherches antérieures

Tell 'Atij n'avait jamais fait l'objet de fouilles archéologiques avant la venue de notre mission. Le site n'avait été que récemment identifié, sous des toponymes différents de celui retenu par la mission canadienne – qui est celui qui a été donné par la Direction Générale des Antiquités et des Musées (DGAM) sur le permis de fouilles officiel –, lors de deux prospections archéologiques. D'abord, celle de l'ensemble de la vallée du Khabour réalisée en 1975 et 1977 par une équipe allemande dirigée par Hartmut Kühne (1988; Kühne & Röllig 1974-1977; 1977-1978; 1978-1979, K56 et K57; 1983) pour le *Tübingen der Atlas des Vorderen Orients*; le site y est nommé tell *Ga'bi*, une dénomination ancienne du tell maintenant rarement utilisée, selon la population locale. Puis, celle menée en 1983 par Jean-Yves Monchambert (1983; 1984a; 1984b, 200 n° 36), mais que dans la portion de la moyenne vallée vouée à l'inondation par le barrage; il retint un toponyme bédouin pour désigner le site: *al-Tayiš*, en fait une prononciation locale et déformée du mot 'Atij.

Bien avant eux, en 1907, deux archéologues allemands avaient signalé l'existence de ce tell lors d'un voyage dans la région sans toutefois lui assigner un toponyme en particulier (Sarre & Herzfeld 1911, 171-196). Pareillement, plusieurs autres prospections archéologiques ont été menées dans la région du Khabour (Fortin 1991b, 5-10) sans que Tell 'Atij soit nommément désigné, telle celle de Poidebard (1927) qui fait simplement référence à un alignement de tells entre Hassaké et Tell Tuneinir.

Historique des fouilles

Répondant à un appel international lancé en 1984 par la DGAM de la République Arabe Syrienne en vue de la sauvegarde des sites archéologiques de la moyenne vallée du Khabour menacés d'inondation à la suite de la construction d'un barrage[2] sur cette rivière (Bahnassi 1984; Tell 'Atij correspond au numéro 5 et y est désigné sous le toponyme *Jabi*), j'ai choisi le site de Tell 'Atij au cours d'une brève reconnaissance menée entre le 8 et le 25 avril 1985. Je l'ai visité en compagnie de Jean-Yves Monchambert qui avait fait la prospection de la moyenne vallée en 1983 et qui entreprenait cette année-là sa première campagne de fouilles à Mashnaqa (Monchambert 1985).

Lors de cette visite exploratoire, j'ai ramassé en surface des tessons de céramique qui m'ont permis de situer chronologiquement l'occupation de Tell 'Atij, notam-

---

1 Mais à peu près 25% du tell actuel puisqu'une portion représentant 60% du site d'origine a été emportée par l'érosion.

2 Dans le cadre d'un projet d'irrigation de la région (Hopfinger 1984), issu d'une préoccupation de longue date du gouvernement syrien (Gibert & Fevret 1953), qui comprenait trois barrages sur le Khabour, soit deux au nord-ouest d'Hassaké et un troisième à 25 km au sud d'Hassaké. La construction de ce dernier en aval de Tell 'Atij a été terminée en 1997.

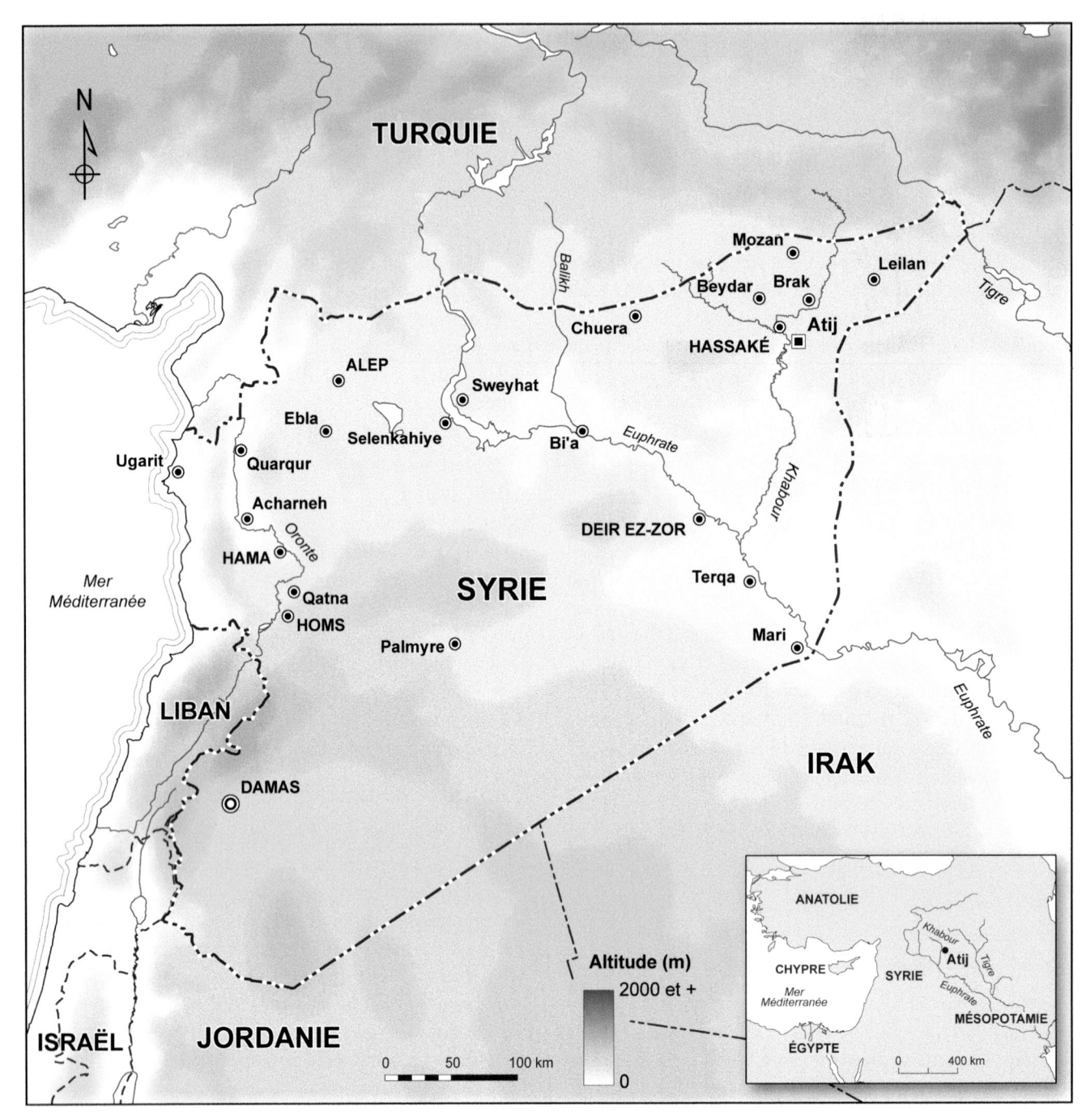

Figure 1 : Carte de la Syrie montrant la position de Tell ʿAtij sur la rive orientale du Khabour, juste au sud du triangle du Khabour.

ment un fragment de rebord d'un bol de fabrique *Ninive 5* (Fig. 2) orné d'un motif incisé/excisé typique de la fin de la période *Early Jezirah* 2, soit celui des métopes incisées séparées par des cannelures excisées (Schwartz 1988, 84, fig. 31/11 et 14 ; Calderone & Weiss 2003, 207/1-4 ; Schwartz & Chomowicz 2015, 280, figs 4.30/1-5 et 4.34).[3]

J'ai pu alors aussi observer le long de l'abrupt flanc occidental du tell, entaillé par la rivière qui coulait à ses pieds, l'assise naturelle du tell surmontée d'une couche sédimentaire de couleur grise qui marquait le départ de l'occupation du site clairement matérialisée, juste au-dessus, par la présence de briques crues formant l'appareil d'un mur d'habitation (Fig. 3).

S'en suivirent cinq campagnes de fouilles entre 1986 et 1993 :

---

3 Publ. : Fortin & Schwartz 2003, 240/ATJ85.SF. Cf. Smogorzewska 2019, 387.

INTRODUCTION

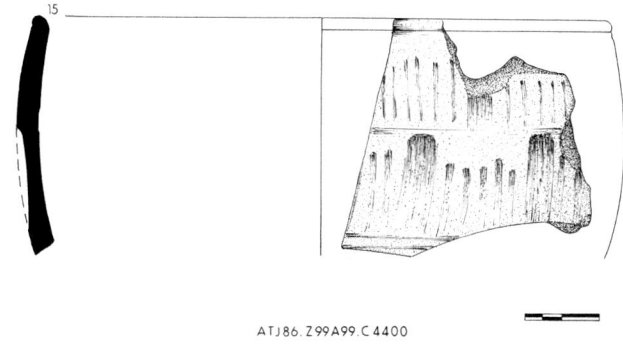

Figure 2 : Tesson de *Ninive 5 incisée/excisée* trouvé à la surface du sommet de Tell 'Atij lors de la prospection qui a précédé le début des fouilles, en 1985, et dont le décor est caractéristique de la phase finale de la période EJZ 2 (*c.* 2600 av. J.-C.).

Figure 3 : (a) Flanc occidental de Tell 'Atij avant le début des fouilles ; (b) des parements de murs y apparaissent distinctivement, au-dessus d'une couche de terre grise et de l'assise naturelle du tell principal.

1ère en 1986 (19 avril-12 juin, 8 semaines)

2e en 1987 (5 septembre-8 novembre, 9 semaines)

3e en 1988 (27 août-27 octobre, 9 semaines)

4e en 1992 (10 avril-25 juin, 10 semaines)

5e en 1993 (14 avril-24 juin, 10 semaines)

et deux courtes saisons d'étude du matériel sur place, en 1990 et en 1994.

La mission était installée sur le site même, plus précisément sur la moitié septentrionale du tell secondaire (Fig. 2.1). Dans la tradition des missions archéologiques occidentales en Orient, les membres de l'équipe vivaient sous la tente alors que les installations communes – salle de travail, salle à manger, cuisine et sanitaires – étaient aménagées dans un bâtiment, la « maison de fouilles », entièrement construite en briques crues (Fig. 4), selon des techniques de construction ancestrales encore pratiquées dans le village bédouin voisin d'où provenaient nos ouvriers (Fig. 5). La fabrication des briques crues par ces derniers et leur assemblage pour construire notre maison de fouilles nous permirent de mieux comprendre les caractéristiques de ce matériau que nous dégagions à tous les niveaux de notre chantier de fouilles.

En outre, le fait de vivre à la lisière d'un village bédouin nous donna l'occasion de nous familiariser avec les us et coutumes de ces populations récemment sédentarisées qui pratiquaient encore la transhumance de leurs troupeaux. Cela nous permit aussi d'observer l'utilisation de certains aménagements domestiques que nous trouvions sur notre chantier de fouilles, tels des fours à pain (*tannur*) (Fig. 6), ou l'exécution de travaux domestiques nécessitant le recours à des usten-

Figure 4 : Vue du campement de la mission archéologique canadienne, sur le tell secondaire d'Atij, devant la maison de fouilles en briques crues, accolée à la maison du gardien du site.

Figure 5 : Fabrication traditionnelle de briques crues dans le village à proximité de Tell 'Atij.

Figure 6 : Four à pain en terre (*tannur*) utilisé par les habitants du village voisin de Tell 'Atij.

siles traditionnels : la mouture des grains à l'aide de meules en basalte (Fig. 7), le tissage au moyen d'une fusaïole (Fig. 8) ou la fabrication de claies en tiges végétales nouées (Thévenin 2021) avec des pesons improvisés (Fig. 9).

Publications antérieures

Après chacune des cinq campagnes de fouilles, le directeur de mission a fait paraître des rapports préliminaires circonstanciés rendant compte des principales découvertes :

1ère en 1986 (Fortin 1987 ; 1988a ; 1998c)

2e en 1987 (Fortin 1988b ; 1990a)

3e en 1988 (Fortin 1989 ; 1990b ; 1990c ; 1992)

4e en 1992 (Fortin 1993 ; 1994a)

5e en 1993 (Fortin 1994b ; 1995 ; Fortin & Cooper 1994)

Au terme de celles-ci, des articles-synthèses ont été publiés afin d'analyser les résultats des fouilles en regard de leur contexte historique et en fonction d'un modèle interprétatif intégrateur (Fortin 1996 ; 1997 ; 1998a ; 1998b ; 1999a ; 2000 ; 2001 ; 2003 ; Fortin & Schwartz 2003).

Diverses catégories d'éléments de la culture matérielle ont été étudiées par des étudiants de l'Université Laval, sous la supervision du directeur de mission, dans le cadre de leur mémoire de maîtrise ou de leur thèse de doctorat (Bellemare 1989 ; Robert 1995 ; Boileau 1997 ; 2001 ; Chabot 1999 ; Lease 2000 ; Carrera 2001 ; Chénier 2002 ; Gagnon 2002) dont plusieurs ont donné lieu à des publications (Boileau 2005 ; Boileau & Fortin 2000 ; Boileau *et al.* 2001 ; Chabot 1998 ; 2002 ; Chabot *et al.* 2001 ; Chabot & Pelegrin 2012 ; Lease & Laurent 1998 ; Lease *et al.* 2001a ; 2001b ; Chénier *et al.* 2001).

Le matériel archéologique issu des fouilles de Tell 'Atij a été déposé au Musée de Deir ez-Zor. Par contre, tous les tessons diagnostiques ainsi que quelques artéfacts fragmentaires en pierre, en terre cuite, en métal et en MDA ont été rapportés à l'Université Laval où ils sont conservés dans les laboratoires d'archéologie, avec les archives de la mission disponibles pour consultation : les carnets de fouilles, les photographies, les dessins de même que les bases de données du projet (Fortin & Bouchard 1995).

Figure 7 : Utilisation d'une meule rotative en basalte par une villageoise de Tell 'Atij.

Figure 8 : Filage avec une fusaïole traditionnelle par une femme du village de Tell 'Atij.

Figure 9 : Fabrication de claies en tiges végétales nouées pour servir d'enclos à de petits animaux, par la femme du gardien du site de Tell 'Atij.

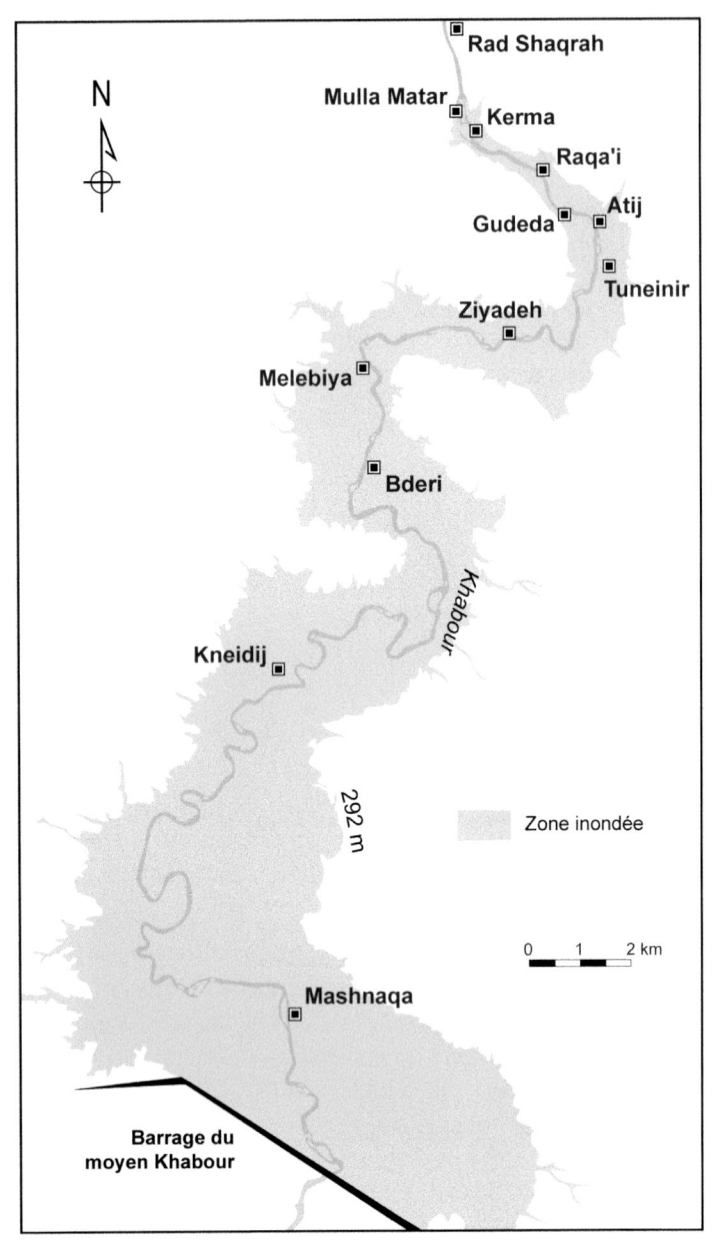

Figure 10 : Carte de la moyenne vallée du Khabour montrant les sites du ᵉ millénaire qui ont fait l'objet d'une fouille programmée dans les années 1980 et 1990, avant d'être inondés par le lac de retenue du barrage sur le Moyen Khabour, au sud de Hassaké.

La moyenne vallée du Khabour au IIIe millénaire

Les recherches archéologiques de la mission canadienne à Tell 'Atij ont été réalisées dans le cadre d'un programme de sauvetage international au cours duquel onze autres sites[1] de la moyenne vallée du Khabour, datés en tout ou en partie du IIIe millénaire avant notre ère, ont fait l'objet de fouilles programmées (Fig. 10) :

- Bderi (Pfälzner 1986a ; 1986b ; 1988 ; 1990)
- Gudeda (Fortin 1988b ; 1990a ; 1990b ; 1990c ; 1991a ; 1993 ; 1994a ; 1994b ; 1995 ; 2003 ; Fortin et al. 1994 ; Routledge 1998)
- Kerma (Saghieh 1991)
- Kneidij (Klengel-Brandt et al. 2005)
- Raqa'i (Curvers & Schwartz 1990 ; Schwartz & Curvers 1992 ; 1993-1994 ; Schwartz 2015)
- Mashnaqa (Monchambert 1985 ; 1987 ; Thuesen 1991 ; 2000 ; Beyer 1998)
- Melebiya (Lebeau et al. 1985 ; 1986 ; 1987 ; 1989 ; Lebeau 1993)
- Mulla Matar (Sürenhagen 1990 ; 1991)
- Rad Shaqrah (Bieliński 1992 ; 1993 ; 1994 ; 1995 ; 1996 ; 2005b ; Koliński 1996b)
- Tuneinir (Fuller & Fuller 1987-1988 ; 1991 ; 1994 ; 1997 ; 1998 ; Fuller et al. 2018)
- Ziyadeh (Buccellati et al. 1991 ; Hole 1999 ; Hole & Tonoike 2016).

De ces sites, seuls Raqa'i, Melebiya, Kneidij, Bderi et Rad Shaqrah comportent des niveaux incontestablement contemporains (EJZ 1-2) de ceux de Tell 'Atij et suffisamment publiés pour fournir des points de comparaison (Quenet 2011, 45, table 5).

Plan du présent rapport

Après une description du contexte environnemental de Tell 'Atij (Chapitre 1) ainsi que de la méthodologie de fouilles et d'enregistrement des données, de la stratigraphie du site et de sa chronologie (Chapitre 2), chacun des treize niveaux du tell principal est analysé dans un chapitre distinct (3-16), suivant le même schéma :

- Les altitudes au sommet et à sa base, nous donnant ainsi son épaisseur moyenne.
- La liste des secteurs du site où ce niveau a été identifié, avec les références bibliographiques pertinentes.

---

1 Je n'ai pas pris en compte Umm Qseir, car même si la mission américaine dirigée par Frank Hole avait fait référence dans son rapport préliminaire à une brève période d'occupation durant l'âge du Bronze Ancien, aucune trace d'architecture ni de céramique ni d'artéfact n'y avaient été clairement signalées (Hole & Johnson 1987). Plus tard, quand une mission japonaise reprit les fouilles, aucune structure ni élément de la culture matérielle du IIIe millénaire ne furent découverts, forçant Akira Tsuneki & Yutaka Miyake (1998, 203) à conclure que « the existence of third millennium layers in the Yale University report must be amended ».

– Puis, en procédant par chantier de fouilles, suit une description des vestiges architecturaux du niveau en question en débutant avec un tableau synoptique présentant les numéros des pièces ou des cours, les murs les délimitant et les « unités de fouilles » associées à chaque composante architecturale ou aire d'activités ; les descriptions des structures sont complétées par un inventaire des éléments de la culture matérielle (céramique et artéfacts en matériaux divers) retirés de chacune d'entre elles. Au vu de l'importance de la céramique qui a été publiée séparément mais suivant une approche plus technologique (Boileau 2005), des dessins de profils de vases représentatifs retrouvés dans certaines structures sont fournis en complément aux descriptions.
– Une datation est attribuée à chacun des niveaux, notamment grâce à l'analyse archéomagnétique de tessons provenant de ces derniers.
– Enfin, une interprétation fonctionnelle de chaque niveau est proposée en regard de la nature des structures mises au jour et des éléments de la culture matérielle qui y sont associés.

Les tombes, aussi bien celles exhumées sur le tell principal que sur le tell secondaire, font l'objet d'un chapitre particulier (Chapitre 17) ; outre la structure comme telle de ces inhumations, les éléments du mobilier funéraire qu'elles contenaient sont décrits et illustrés dans le cas des céramiques, les autres artéfacts étant illustrés dans les chapitres les analysant par catégorie.

Le tell principal et le tell secondaire ayant été réoccupés à l'époque romaine, cette occupation tardive est traitée dans un chapitre à part (Chapitre 18).

Tous ces chapitres forment la première partie du présent rapport. Dans une deuxième partie, suit une série d'analyses consacrées à l'architecture du tell principal (EJZ 1-2) et aux diverses catégories d'artéfacts provenant aussi bien du tell principal que du tell secondaire :

– Éléments architecturaux (Chapitre 19)
– Objets en terre cuite (Chapitre 20)
– Objets en plâtre de gypse (Chapitre 21)
– Mobilier en pierre polie (Chapitre 22)
– Artéfacts en métal (Chapitre 23)
– Éléments de parure (Chapitre 24)
– Artéfacts en MDA (Chapitre 25), incluant une annexe sur les coquillages naturels (par David Reese)
– Glyptique (Chapitre 26).

Cette deuxième partie comporte également deux chapitres portant sur les écofacts qui ont été rédigés par des spécialistes :

– Plant Remains (par Lucas Proctor & Joy McCorriston) (Chapitre 27)
– Animal Bone Assemblage (par Scott Rufolo) (Chapitre 28).

Ne sont pas incluses dans ce rapport définitif les études spécialisées portant sur la céramique et les artéfacts en pierre sur éclat (silex) puisque ces éléments de la culture matérielle de Tell 'Atij ont déjà fait l'objet de publications finales : la céramique, par Marie-Claude Boileau (2005), et les artéfacts en pierre éclatée (silex), par Jacques Chabot (2002).

Concernant la céramique, si la datation mise de l'avant par M.-C. Boileau (2005) s'est avérée trop basse à la suite d'études postérieures, et notamment celle par paléomagnétisme de tessons stratifiés (Gallet, Fortin *et al.* 2020), sa classification typologique et sa distribution de la céramique par niveau demeurent, quant à elles, inchangées et toujours valables. Néanmoins, afin de compléter son étude plutôt axée sur les modes de fabrication, des dessins et des photographies de plusieurs récipients en céramique ont été insérés au fil des descriptions de nombreuses pièces et aires d'activités afin d'étayer la fonction attribuée à certaines structures et d'associer des types formels à la séquence stratigraphique du site. Cependant, l'ensemble du corpus céramique étalé sur une période de trois siècles seulement est plutôt cohérent et ne présente que peu de changements depuis le début de l'occupation du site jusqu'à son abandon. Ainsi, presque tous les types formels de la céramique de fabrique *Commune* comme de la *Culinaire* et de la *Fine* se retrouvent à tous les niveaux de Tell 'Atij. En revanche, la fabrique dite *Ninive 5 incisée/excisée* va graduellement laisser la place à la *Métallique* au fil du temps.

Au sujet des artéfacts en silex et en obsidienne, ils sont également signalés, le cas échéant, en lien avec les structures décrites niveau par niveau. Une attention particulière a été accordée aux nucléus à éclats, ces éléments confirmant la taille du silex sur place, et aux grandes lames « cananéennes » qui ont servi, comme les analyses microscopiques de Jacques Chabot (2002) l'ont révélé, à garnir des planches à dépiquer (*tribulum*) dont l'usage était indubitablement en relation directe avec la raison d'être de ce bourg rural. De plus, la présence de ces matériaux (silex et obsidienne) exogènes à Tell 'Atij est importante puisqu'elle confirme l'existence d'activités d'importation, voire d'échanges.

Finalement, en conclusion (Chapitre 29), est proposée une interprétation de la fonction de Tell 'Atij eu égard au contexte historique de la première moitié du IIIe millénaire avant notre ère en Mésopotamie septentrionale.

Chapitre 1

Contexte environnemental

Contexte géographique

Tell 'Atij est situé à une quinzaine de kilomètres au sud de la ville moderne de Hassaké, c'est-à-dire immédiatement au sud de l'endroit où le Khabour se ramifie pour former « le triangle du Khabour » (Fig. 1 – introduction). Le site se dresse directement sur sa berge orientale ou, si l'on veut, sur sa rive gauche puisqu'il coule du nord au sud. À la hauteur de Tell 'Atij, le Khabour atteignait, au moment de nos fouilles, une largeur de 50-55 mètres et une profondeur d'un peu moins de deux mètres (Fig. 1.1). Avec un débit moyen de 50 m^3/sec (Kühne 1990a, 16), la vitesse d'écoulement de ses eaux est plutôt lente ; il en résulte la formation de méandres qui seraient apparus il y a 6000 ans environ (Ergenzinger 1991, 49). Juste en amont de Tell 'Atij, le cours de la rivière est contrôlé par une série de sept petites digues artificielles, la dernière se trouvant à la hauteur de Tell Al-Raqa'i : ce sont des seuils basaltiques naturels qui, rehaussés avec de simples moellons de basalte (Kühne

Figure 1.1 : Tell 'Atij sur la rive gauche du Khabour, vu vers le sud. Au second plan, Tell Tuneinir.

Figure 1.2 : Tell 'Atij sur la rive gauche du Khabour, vu vers le nord ; le site est entouré de champs en culture.

Figure 1.3 : Tell 'Atij, à gauche, au cœur de la verdoyante et fertile vallée du moyen Khabour ; à l'horizon, vers le nord, se dresse le volcan Kaukab et s'étend la steppe semi-désertique de la Djézireh.

2018, 177), créent des chutes ou des cascades, d'où la dénomination actuelle *Saba'a Skour* pour désigner cette partie de la moyenne vallée du Khabour occupée par un regroupement éparpillé de hameaux. Certaines cascades auraient été construites à l'époque romaine afin d'irriguer les champs avoisinants (Ergenzinger & Kühne 1991, 164 ; Schwartz 2015, 10). Aux époques médio- et néo-assyrienne, voire avant, c'est de cette région que serait parti un grand canal d'irrigation qui aurait longé la rive orientale du Khabour jusqu'à sa confluence avec l'Euphrate (Kühne 2018).

Le Wadi Frati coule au nord de Tell 'Atij, tout juste à la pointe septentrionale du tell secondaire. Il s'agit d'un oued saisonnier qui ne se remplit d'eau que lors des fortes précipitations automnales et hivernales.

Le Khabour, principal affluent de l'Euphrate, coule vers le sud sur plus de 200 km, depuis des dolines karstiques situées à Ras al-Ain, près de la frontière entre la Syrie et la Turquie, jusqu'à l'Euphrate (Fig. 1 – introduction). En sa partie médiane, il traverse une vallée verdoyante dont la largeur moyenne atteint près d'un kilomètre à la hauteur de Tell 'Atij (Fig. 1.2). À cet endroit, la moyenne vallée du Khabour est encaissée dans la plaine légèrement ondulée de la Djézireh, une plaine semi-désertique disséquée par une multitude d'oueds et de ravins qui aurait été épisodiquement occupée par des groupes de pasteurs nomades (Hole 1991, 17-19).

La moyenne vallée du Khabour est encadrée par une série de chaînes de montagnes : le Djebel Abd el-Aziz (+920 m) à l'ouest, le Djebel Sinjar (+1460 m) à l'est (en territoire iraquien), et le Kaukab (+534 m) au nord (Fig. 1.3) ; ce dernier est un regroupement de sept volcans éteints mis en place durant l'Holocène, il y a donc moins de dix mille ans (Ponomarev & Biushev 1966,

36-40), et qui ont produit trois coulées de lave basaltique que les habitants de Tell 'Atij n'ont toutefois pas exploitées pour la fabrication de leur outillage lithique (Lease 2000 ; Lease & Laurent 1998 ; Lease *et al.* 2001a).

Contexte géomorphologique

Les assises rocheuses du secteur de Tell 'Atij appartiennent en grande partie à la formation géologique de Fars, mise en place durant le Miocène supérieur, entre douze et cinq millions d'années ; elles se composent surtout de gypse, de grès, de calcaire, de marbre et de pélites gréseuses. Ces assises sont recouvertes de dépôts alluvionnaires du Pléistocène (entre deux millions et demi et douze mille années avant le présent) et de l'Holocène (au cours des douze mille dernières années) qui forment trois terrasses superposées (Ponomarev & Biushev 1966, 34-36). La première, la plus basse, entre 287 et 289 mètres d'altitude, longe le lit actuel du Khabour et est formée, à sa base, de sable gypseux contenant des graviers et des cailloux, et, au sommet, d'un loam gypseux. La seconde, entre 289 et 290 mètres d'altitude, constituée de sable, de graviers et de cailloux, est répartie de façon plus éparse dans le paysage riverain. Par endroits, ces matériaux meubles se sont consolidés sous l'action d'un ciment calcaire et se sont transformés en grès et en conglomérat. La troisième terrasse géologique, la plus haute, au-delà de 290 m d'altitude, se compose également de sable, de graviers et de cailloux cimentés par des matériaux calcaire, mais elle est moins bien préservée. Le site de Tell 'Atij, immédiatement sis sur la berge orientale du Khabour, se trouve donc sur la première terrasse, c'est-à-dire dans la plaine d'inondation de la rivière constituée d'alluvions : des

CONTEXTE ENVIRONNEMENTAL

Figure 1.4 : Tell 'Atij, sis sur la plaine alluviale du Khabour, en rive gauche. Au milieu de la rivière, des îlots se sont formés ici et là.

Figure 1.5 : Flanc occidental de Tell 'Atij où furent prélevés des échantillons de terre de son assise naturelle.

dépôts de chenal composés de cailloux, de graviers et de sable ainsi que des dépôts de débordement dominés par du limon et de l'argile (Fig. 1.4).

Le flanc occidental du tell principal ayant été considérablement érodé par la rivière, il nous fut possible d'étudier son assise de formation naturelle (Blackburn & Fortin 1994 ; Blackburn 1995 ; 1998) (Fig. 1.5). Nos travaux de rectification de la paroi naturelle sur vingt-cinq mètres de longueur et six de hauteur, nous ont permis d'observer que cette assise est formée de couches de graviers et de cailloux gypseux alternant régulièrement avec des couches de sable disposées horizontalement ou de manière entrecroisée ; ici et là, se trouvent de petits dépôts lenticulaires de gravier ou de sable. Ce sont manifestement des matériaux fluviatiles stratifiés qui ont été déposés dans l'ancien lit de la rivière. Cette analyse visuelle fut complétée par une prise systématique d'échantillons sur l'ensemble de l'abrupte paroi du flanc occidental de Tell 'Atij, depuis sa base actuellement accessible jusqu'aux premières couches archéologiques, qui firent ensuite l'objet d'une description micro-morphologique détaillée en laboratoire.

Les matériaux fluviatiles stratifiés atteignant la cote altimétrique +289 m à peu près, force est de conclure que le lit du Khabour s'est donc déjà trouvé à cette altitude, soit quatre ou cinq mètres plus haut que ce qu'il est aujourd'hui : *c.* 285-284 m au-dessus du niveau moyen de la mer. Si on imagine au moins un mètre d'eau dans cette rivière, la surface des eaux de cette dernière dépassait alors la cote de niveau +290 m, créant ainsi une rivière qui devait être beaucoup plus large qu'elle l'est maintenant ; le site naturel de Tell 'Atij était alors submergé puisqu'il faisait alors partie du lit de la rivière.

À l'Holocène, plus précisément vers 4000 av. J.-C., les conditions climatiques plus sèches, qui ont réduit l'apport d'eau, combinées au vieillissement de la rivière ont entraîné la réduction de la largeur de cette dernière au fur et à mesure de son encaissement et la formation de méandres (Ergenzinger 1991, 49). La baisse du niveau d'eau fit également apparaître en surface les sommets des tells principal et secondaire d'Atij qui devaient alors ressembler à deux îlots bas et plats, semblables à ceux qui sont encore visibles de nos jours en différents endroits de la rivière (Fig. 1.4). Selon nos estimations, lorsque Tell 'Atij commença à être occupé au début du troisième millénaire, le lit de la rivière devait se situer autour de +286,50 mètres d'altitude alors que la surface des eaux devait atteindre +288 m, créant ainsi une rivière suffisamment profonde pour être facilement navigable d'autant qu'elle était large de 600 mètres. Le bourg de Tell 'Atij, dont le premier niveau d'occupation se trouve à +289,00 mètres d'altitude, aurait dont été établi à la surface d'un îlot entouré d'eau de tous les côtés[1] (Fig. 1.6).

Le lit de la rivière fut retrouvé à la même altitude (+289 m) au fond de la longue – quarante mètres – et étroite – un seul mètre – tranchée (PDO 1) ouverte sur deux mètres de profondeur, depuis la base du versant oriental du tell principal jusqu'au tell secondaire, en travers de la dépression de terrain séparant les deux tells (Fig. 1.7). En outre, l'examen de ses parois révéla des dépôts lenticulaires sableux, graveleux ou caillouteux qui reflètent la variation du débit d'une voie d'eau

---

1 Un scénario mis en doute par Frank Hole (1999, 276-277 ; Hole & Tonoike 2016, 27) qui, plutôt qu'un haut niveau d'eau constant durant le IIIe millénaire, propose une ou deux inondations soudaines et majeures avant le début du IIIe millénaire.

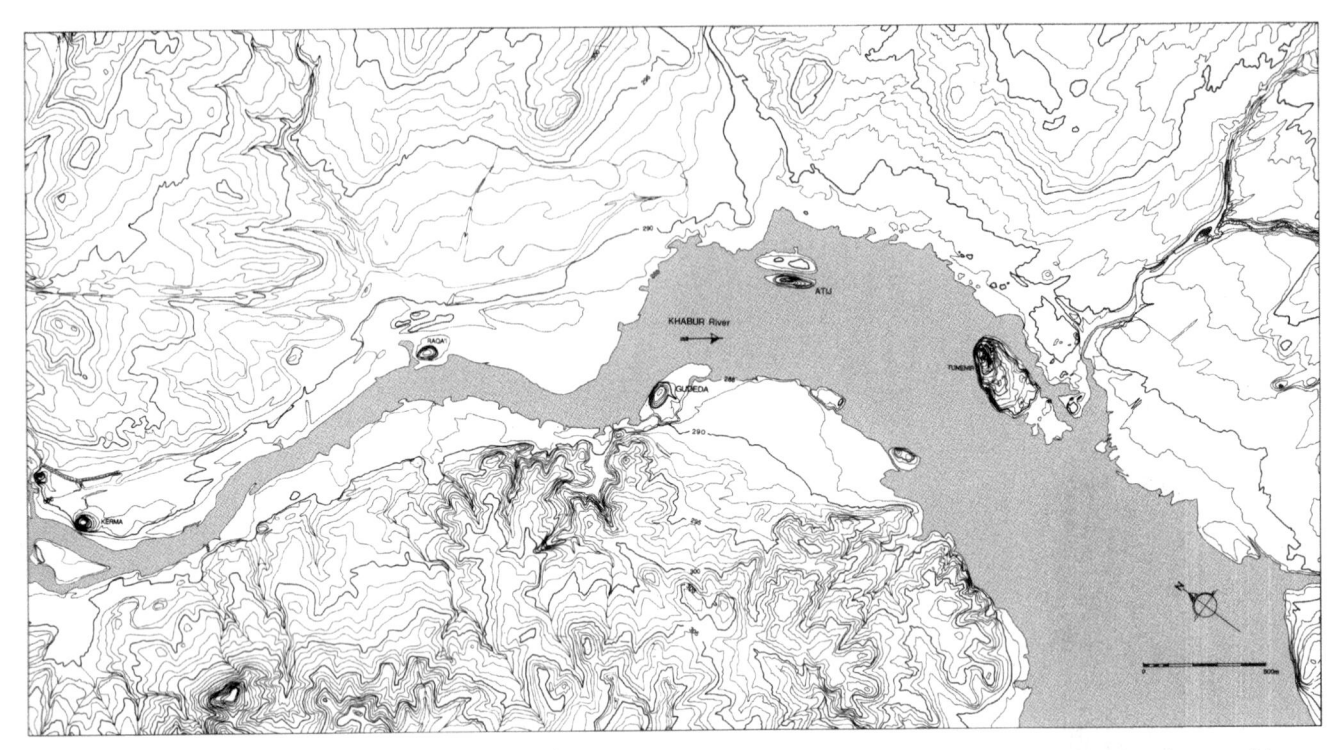

Figure 1.6 : Carte montrant Tell 'Atij sis sur un îlot au moment de son occupation durant la première moitié du début du ᵉ millénaire (reproduite de Blackburn & Fortin 1994, 67, fig. 10).

Figure 1.7 : Tranchée ouverte en travers du chenal secondaire situé entre le tell principal (à droite) et le tell secondaire (à gauche) d'Atij.

Figure 1.8 : Tranchée ouverte en travers d'un présumé canal d'irrigation situé à proximité de Tell 'Atij.

peu profonde séparant les deux îlots : un chenal secondaire. La présence dans cette tranchée de fragments de céramique appartenant aux mêmes fabriques que celles découvertes dans les couches archéologiques du tell principal permet d'établir la contemporanéité de ce chenal avec l'occupation de Tell 'Atij (Blackburn & Fortin 1994, 68-70).

Même s'il est impossible de dater précisément l'ensablement de ce chenal, conséquence d'une baisse prononcée des eaux du Khabour qui avec le temps n'a cessé de s'encaisser au centre de la vallée au point de le rendre moins navigable, il est probablement récent et en partie attribuable au pompage mécanisée des eaux de la rivière.

Une seconde tranchée pédologique : 45 (lo.) × 2,20 (la.) × 1,70 m (prof.) (Fig. 1.8), fut ouverte à 400 mètres au nord-est du tell principal d'Atij (Fig. 2.1), en travers du tracé d'un hypothétique canal d'irrigation que des membres de l'équipe allemande de Tell Sheikh Hamad/ Dūr-Katlimmu, une centaine de kilomètres en aval sur la même rive du Khabour, avaient cru discerner au sol (Ergenzinger, 1987 ; Ergenzinger *et al.* 1988 ; Kühne 1988 ; 1990a ; 1990b ; Ergenzinger & Kühne 1991, 170-171). Ce canal ayant été en usage aux époques médio- et néo-assyrienne au cours desquelles Sheikh Hamad fut occupé, ils ont présumé qu'il aurait été mis en place dès l'âge du Bronze Ancien, c'est-à-dire à une époque où la moyenne vallée du Khabour, une zone nécessitant une forme d'irrigation quelconque pour y pratiquer l'agriculture, connut une soudaine et intensive phase d'occupation (Ergenzinger *et al.* 1988, 118 ; Kühne 1990a, 23-24). Cette tranchée n'a toutefois fourni aucun élément géomorphologique ou archéologique pouvant confirmer l'existence d'un tel canal à cet endroit (Blackburn & Fortin 1994, 70-73) qui aurait dû être large de trois mètres dans ce secteur (Kühne 2018, 169). Mais cela ne signifie pas pour autant que ce canal n'a pas existé, comme des chercheurs l'ont proposé (Wossink 2009, 97 ; Göyünç & Hütteroth 1997, 75-76), d'autant que le récent rapport de Hartmut Kühne (2018) est plutôt convaincant. Cependant, ce dernier conclut que ce canal aurait été construit durant l'âge du Bronze récent, et pas avant (Kühne 2018, 188). Il n'existait donc pas à l'époque de Tell 'Atij.

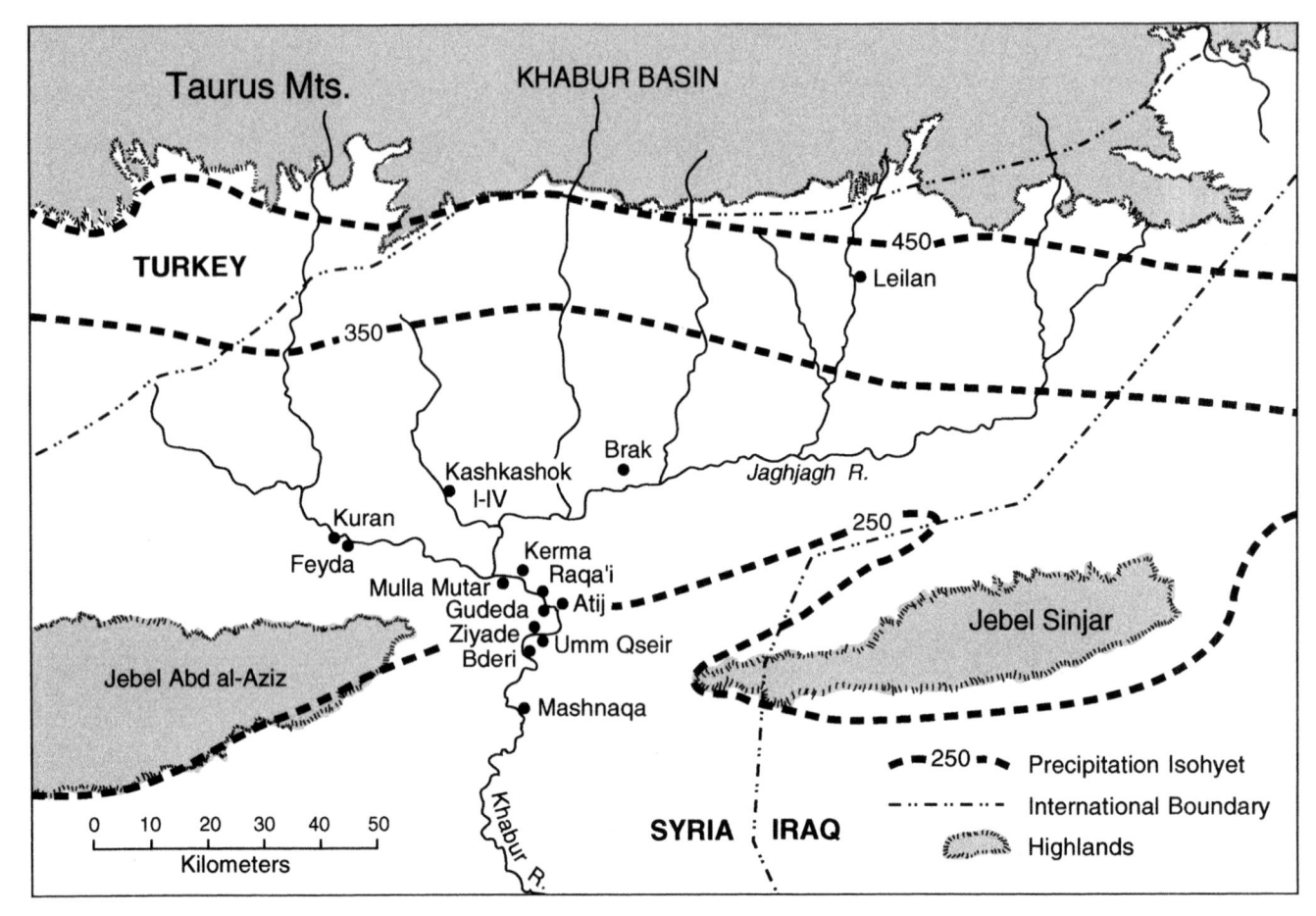

Figure 1.9 : Carte des précipitations dans la région de Tell 'Atij (reproduite de Zeder 1998a, 57, fig. 1).

Contexte climatique et végétal

Les conditions climatiques actuelles de la vallée du Khabour n'auraient pas changé de manière significative durant les six derniers millénaires (Zeist & Bottema 1982 ; Gremmen & Bottema 1991, 105-116 ; Ergenzinger 1991), le troisième millénaire en particulier ayant été marqué par la mise en place de conditions comparables à celles de maintenant (Courty 1994, 50). Il y eut toutefois une période de réchauffement et d'assèchement graduel du IVe au IIe millénaire marquée par une phase particulièrement sèche entre 3500 et 2500 av. J.-C. (Gruchy *et al.* 2016, 252) et une diminution des précipitations à partir du milieu du IIIe millénaire (Hole 1997, 52 ; Kuzucuoglu 2007, 476 ; Wossink 2009, 24 ; Reculeau 2011, 51).

Tell 'Atij se trouve dans une zone pluviométrique qui reçoit en moyenne entre 250 et 200 mm de précipitations annuelles (Fig. 1.9), mais moins certaines années : 150-100 mm (Wirth 1971, carte 3), y rendant ainsi la pratique de l'agriculture très à risque (Jas 2000, 250-257) ; il s'agit donc, à cet égard, d'une « zone incertaine » (*Zone of Uncertainty*) (Wilkinson 2000 ; Wilkinson *et al.* 2014, 53-54). Par conséquent, comme il était quasi impossible d'y pratiquer l'agriculture pluviale, il fallait avoir recours à une forme primitive d'irrigation (van Zeist 2003, 18, 42) ; ce qui fut le cas à Tell 'Atij (McCorriston 1995 ; 1998 ; Proctor & McCorriston ce volume : Chapitre 27).

Durant la période d'occupation de Tell 'Atij, la région de la moyenne vallée du Khabour est décrite comme une steppe arbustive (*dry shrub steppe*) (Gruchy *et al.* 2016, 263-264, fig. 17), c'est-à-dire une prairie à faibles précipitations où il y a néanmoins suffisamment d'humidité pour qu'y poussent naturellement des graminées et des arbustes vivaces. Son couvert végétal était plus diversifié que de nos jours et on y trouvait même une forêt riveraine, notamment de chênes mais de petits diamètres (Deckers & Pessin 2010, 225 ; 2011, 45 ; Gruchy *et al.* 2016, 260-261, fig. 12). De fait, la déforestation de la vallée doit être relativement récente puisqu'un géographe syrien du XIIIe siècle de notre ère, Yaqout al-Rumi (1179-1229), la décrit couverte d'une forêt et précise que dans les champs en bordure de rivière les paysans y cultivent des arbres fruitiers et du coton (Fuller & Fuller 1987-

CONTEXTE ENVIRONNEMENTAL

Figure 1.10 : Vue, prise en 1999, de Tell 'Atij dressé sur la rive gauche de la rivière Khabour asséchée à la suite de la construction de barrages en amont.

1988, 279). Toutefois, des études paléobotaniques font référence à une dégradation de l'environnement naturel de la région de Tell 'Atij, à partir de 2600 av. J.-C. environ, causée par la croissance du pâturage extensif de troupeaux de chèvres et de moutons (Riehl 2012, 116-117 ; 2017, 244 ; Riehl & Deckers 2012, 20 ; Gruchy *et al.* 2016, 265), ce qui a été confirmé par l'étude des ossements d'animaux de Tell 'Atij (Zeder 1995 ; 1998a ; 2003 ; Ruffolo 2011) (Chapitre 28). Des grains d'un arbuste épineux (*Carthamus tinctorius*) d'habitude planté en haie en bordure de champs cultivés (ex. orge) pour empêcher l'intrusion des animaux ont même été identifiés à Tell 'Atij (McCorriston 1998, 51).

L'abandon pacifique de Tell 'Atij serait survenu peu après 2600 av. J.-C. D'après la récente étude archéomagnétique de tessons provenant des différents niveaux de Tell 'Atij (Gallet, Fortin *et al.* 2020, fig. 8), son abandon coïnciderait avec une variation notable du champ magnétique terrestre. Par ailleurs, Tell 'Atij étant situé dans un zone pluviométrique « incertaine » (Wilkinson *et al.* 2014, 53-54), il aurait suffi d'une série d'années de sécheresse ou de faible pluviométrie pour forcer ses habitants à délaisser les dispositifs d'entreposage du site qu'ils peinaient à approvisionner en grains et à quitter la région avec leurs troupeaux vers des pâturages mieux arrosés.

Érosion du site après son abandon

Le raccord de trois segments du mur d'enceinte mis au jour à Tell 'Atij a permis d'établir que les crues de la rivière avaient emporté 60% du tell principal (Chapitre 3). Il est impossible de dater et de documenter cet événement naturel survenu après l'abandon du site et étalé sur plusieurs siècles. Néanmoins, il semble pertinent de signaler ici que de fortes pluies et de hautes crues du Khabour, deux mètres au-dessus du niveau d'inondation saisonnier de la vallée, ont été rapportées dans vingt-cinq lettres adressées au roi de Mari Zimrī-Lîm (1774-1761), obligeant ce dernier à renforcer digues et barrages, ce qui n'aurait pas empêché l'écroulement d'une partie du mur d'enceinte de la citadelle de Saggâratum, sur les rives du Khabour (Cole & Gasche 1998, 9). Bien que Saggâratum ait été située dans la basse vallée du Khabour, il est tout à fait plausible que cet épisode pluvieux ait été la cause de l'effondrement du mur d'enceinte de Tell 'Atij, alors abandonné bien sûr, vu que selon de récentes études environnementales, la première moitié du IIe millénaire aurait été marquée par de fortes précipitations et beaucoup de ruissellement sur les berges du Khabour (Deckers & Riehl 2007, 346).

Enfin, le prochain événement anthropique qui devrait éventuellement modifier considérablement l'intégrité des ruines du site de Tell 'Atij sera son inondation par les eaux du lac de retenu du barrage Bassel al Assad construit dans les années 1980 et 1990, à 25 km au sud de Hassaké ; mais pour l'instant, le site est toujours accessible (Fig. 1.10).

Chapitre 2

Description du site, méthodologie de fouilles et chronostratigraphie

Description du site

Le site de Tell 'Atij est constitué de deux tells, un principal et un secondaire, séparés par une dépression de terrain d'une trentaine de mètres de largeur (Fig. 2.1).

Le tell principal, de forme ovale, mesure 150 m de long sur 40 m de large à sa base ; il possède un sommet étroit, entre 6 et 8 mètres, s'étirant sur une quarantaine de mètres, qui culmine autour de 8 mètres au-dessus du niveau de la plaine avoisinante. Presque toutes ses pentes sont raides, résultant d'une forte érosion du tell depuis son sommet vers sa base.

Ainsi, l'extrémité septentrionale du tell se présente comme une longue et étroite pente régulière, mais plutôt raide (Fig. 3 – introduction). À l'opposé, le versant

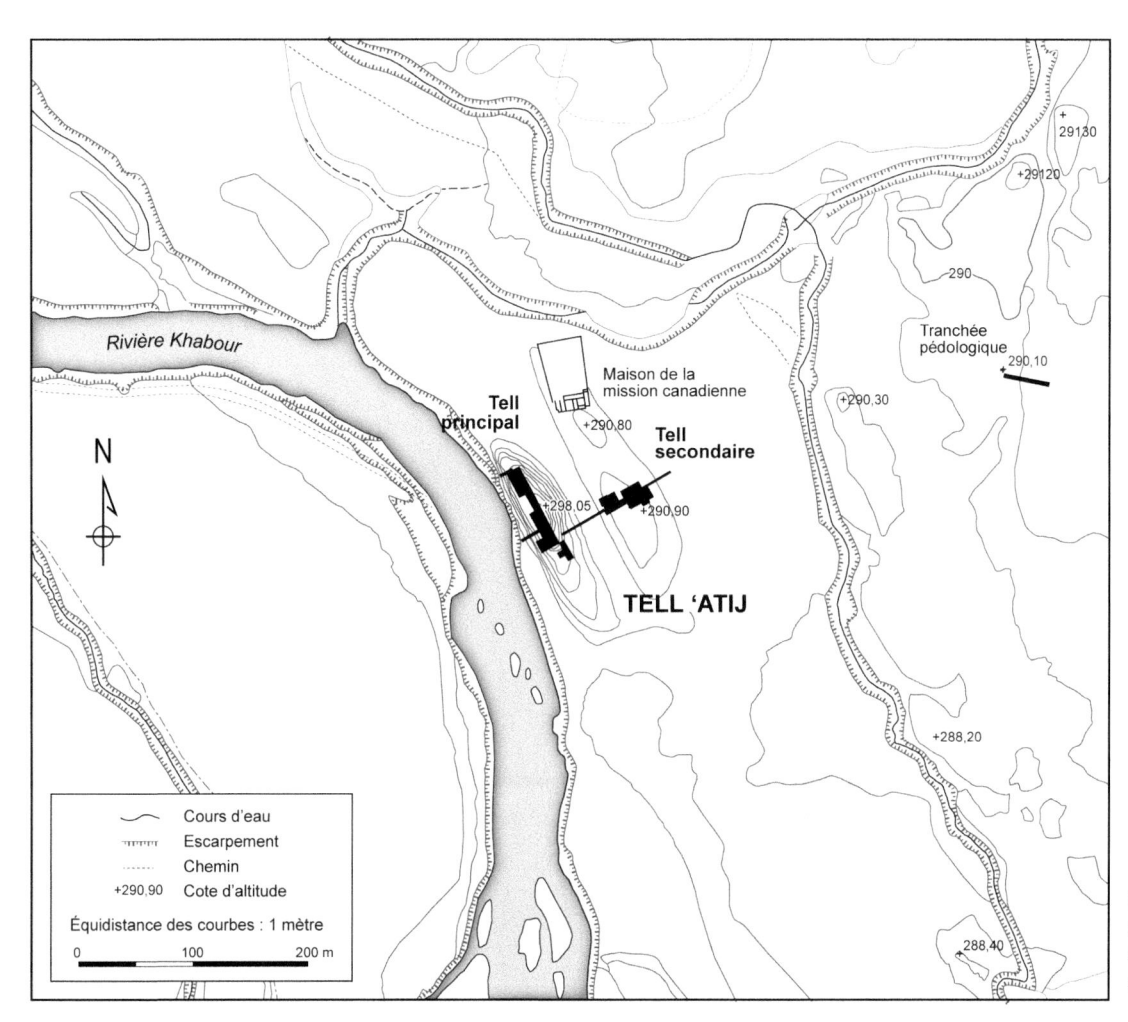

Figure 2.1 : Carte montrant l'emplacement de Tell 'Atij sur la rive orientale du Khabour.

Figure 2.2 : Vue des versants méridional et occidental du tell principal d'Atij.

Figure 2.3 : Vue du flanc oriental du tell principal d'Atij.

méridional est aussi très allongé, mais en pente douce ; il s'élargit à sa base en raison, comme il nous sera donné de le constater par nos fouilles, des effets de l'érosion et du colluvionnement (Fig. 2.2).

Le flanc oriental avait été taillé en petites terrasses étroites avant le début de nos fouilles afin d'y faire des cultures et ainsi enrayer l'érosion (Fig. 2.3). Vu sous cet angle, on peut voir que le sommet du tell comporte deux promontoires : l'un au sud, l'autre au nord, avec une dépression marquée entre les deux.

Enfin, le côté ouest du tell, quant à lui, a été considérablement miné par le cours de la rivière, révélant ainsi des bouts de murs en briques crues et des couches de terres cendreuses grisâtres bien visibles dans la paroi abrupte avant même le début des fouilles (Fig. 3) ; ce qui constitua un incitatif décisif pour y entreprendre des fouilles.

Le tell secondaire, 30 m à l'est du précédent et séparé de ce dernier par un ancien chenal de la rivière maintenant ensablé, correspond à un faible exhaussement du terrain : long de 200 m et large de 40 m, il n'excède pas 2 mètres en hauteur en son point le plus élevé (Fig. 2.4).

Méthodes de fouille et d'enregistrement

La surface du site, aussi bien celle du tell principal que du tell secondaire, a été quadrillée de manière à former de carrés de fouilles de 5 sur 5 mètres (Fig. 2.5). Chaque carré est numéroté à l'aide d'une lettre, en abscisse, et d'un chiffre, en ordonnée : ex. D14. Pour le tell secondaire, les lettres sont doubles. Aucune berme ne fut conservée entre les carrés afin de ne pas entraver la lecture des vestiges mis au jour. Toutefois, les dessins des parois des carrés, donc des coupes stratigraphiques, ont été réalisés au fur et à mesure que progressait la fouille et, évidemment, avant le début des travaux d'excavation dans les carrés adjacents.

Au fil des cinq campagnes qui se sont succédé entre 1986 et 1993, de nombreux carrés de fouilles (Fig. 2.5) ont été ouverts afin d'établir :

- l'étendue de l'occupation humaine du site,
- la nature de son peuplement par époque/niveau (approche synchronique),
- la durée de cette présence humaine grâce à la séquence stratigraphique complète du tell principal (approche diachronique).

Figure 2.4 : Tell secondaire d'Atij, vu vers l'est. Au premier plan, indiqué par une bande de verdure s'étirant du nord au sud, un chenal secondaire du Khabour passait entre les tells secondaire et principal ; il se remplissait d'eau au moment des crues.

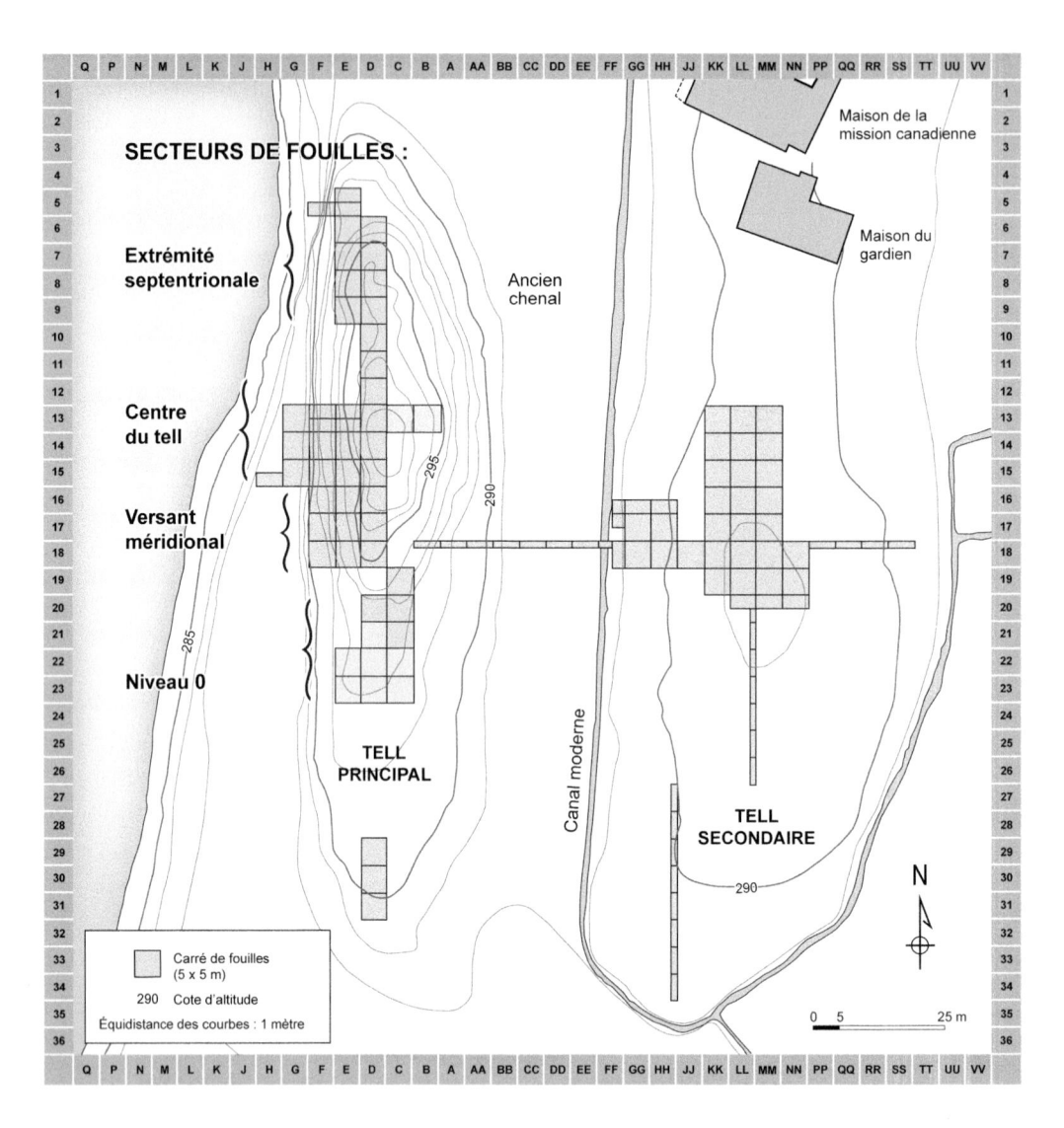

Figure 2.5 : Plan de Tell 'Atij montrant l'étendue des fouilles réalisées entre 1986 et 1993 sur l'ensemble de la surface du site.

Si la surface fouillée semble considérable à première vue (Fig. 2.5), en revanche la profondeur des tranchées diffère énormément d'un secteur à l'autre.

Sur le terrain, les fouilleurs, des étudiants universitaires de cycles supérieurs en archéologie à la tête d'une équipe de huit à douze ouvriers locaux chacun, ont procédé par « unité de fouilles » – équivalent du système par lot ou locus –, c'est-à-dire par volume tridimensionnel du terrain défini en regard d'un changement dans la couleur et la texture de la terre, de la présence d'un mur ou d'un élément structurel (ex. four, cailloutis, sol en plâtre, sol en terre battue, etc.). Le volume des unités de fouilles varie donc considérablement. Chaque « unité de fouilles » a été numérotée de la manière suivante : par exemple l'unité ATJ87.D14A8 est la huitième unité de fouilles à avoir été identifiée dans le carré D14 et elle l'a été en 1987. La lettre majuscule insérée entre le numéro de carré et d'unité de fouilles correspond à une subdivision du carré, la lettre A signifiant une absence de subdivision. Enfin, ATJ est l'abréviation retenue pour désigner Tell 'Atij.

Les « unités de fouilles » ont été décrites avec les termes usuels sur des fiches appropriées, soit une fiche pour la matrice de terre, une pour les murs et une autre pour les éléments structuraux (ex, four, tombe, fosse, etc.) observés dans la matrice de terre. Des croquis en plan et en coupe, annotés, complètent les fiches descriptives des unités de fouilles ; les numéros de photos correspondantes y sont aussi indiqués. Chaque fiche d'enregistrement d'une unité de fouilles est accompagnée d'une fiche-inventaire des tessons de céramique et des fragments d'éléments de la culture matérielle contenus dans l'unité de fouilles en question (Fortin & Bouchard 1995). Toutes ces informations furent ensuite recopiées dans une base de données (ACCESS) afin d'en faciliter le traitement et l'analyse. Plus tard, on ajouta à chacune des unités de fouilles la liste de tous les artéfacts et céramiques cataloguées qu'elles avaient produites.

Figure 2.6 : Fouille stratigraphique au centre du tell principal d'Atij où treize niveaux d'occupation furent identifiés dans neuf mètres d'accumulation de débris archéologiques.

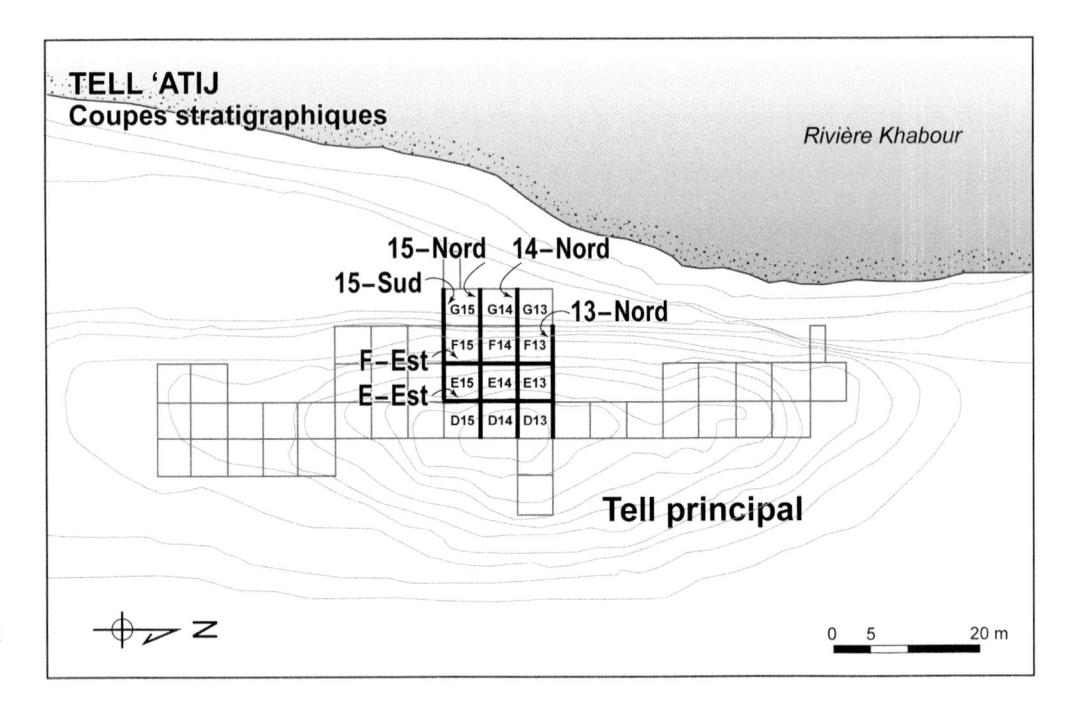

Figure 2.7 : Positionnement des six coupes stratigraphiques dans le secteur au centre du tell principal d'Atij.

Chaque fouilleur tenait un journal de bord quotidien dans lequel étaient notés, entre autres, les éléments qui ne pouvaient être insérés dans les fiches d'enregistrement. En fin de campagne, chaque superviseur de chantier a rédigé un rapport synthétisant les résultats de ses travaux, notamment en regard de la stratigraphie. Tous les dessins, aussi bien en plan qu'en coupe, ont été exécutés à l'échelle 1:20 par une équipe de deux architectes, tandis que les photographies, noir/blanc et diapositives à l'époque…, ont été prises par un professionnel dédié à cette tâche.[1]

Stratigraphie

La stratigraphie complète de Tell 'Atij a été établie grâce à la fouille de sa colline principale (Fig. 2.5) et notamment des carrés qui se trouvent en son centre, c'est-à-dire à l'endroit où l'accumulation de terres archéologiques est la plus élevée, soit neuf mètres (Fig. 2.6).

Nous avons pu y identifier une superposition de treize niveaux d'occupation numérotés au fil des campagnes depuis le sommet du tell principal (+298,00 m) jusqu'au sol vierge (+289,00 m) :

	+298,00 m (surface)
I	+296,70-90 m
II	+296,10-30 m
III	+295,10-60 m
IV	+294,50-80 m
V	+294,00-30 m
VI	+293,60-90 m
VII	+293,30-50 m
VIII	+292,60-90 m
IX	+291,40-60 m
X	+291,30 m
XI	+290,30-80 m
XII	+289,20-80 m
XIII	+289,00 m (sol vierge)

L'entière stratigraphie du tell principal d'Atij est représentée graphiquement sur une série de six dessins des parois de certains carrés de fouilles dans le secteur au centre du tell ; les tracés de ces coupes sont indiqués sur la Figure 2.7.

Si la plupart des coupes stratigraphiques montrent une séquence intégrale des couches depuis le sol vierge (niveau XIII) jusqu'au sommet du tell (niveau I), quelques-unes sont incomplètes, soit que la fouille a été interrompue dans ce secteur avant d'atteindre le sol vierge, soit que les carrés dont les parois étaient dessinées étaient situés en pente et que les niveaux supérieurs avaient été emportés par l'érosion à ces endroits :

---

1 Toute la documentation relative aux fouilles de Tell 'Atij est conservée dans les laboratoires d'archéologie de l'Université Laval (Québec, Canada) où le directeur de mission a occupé un poste de professeur-chercheur de 1981 à 2021.

DESCRIPTION DU SITE, MÉTHODOLOGIE DE FOUILLES ET CHRONOSTRATIGRAPHIE

Coupe 13-Nord	=	paroi nord des carrés D-E-F13	[niv. XIII-I]	(Fig. 2.8)
Coupe 14-Nord	=	paroi nord des carrés D-E-F-G14	[niv. XIII-I]	(Fig. 2.9)
Coupe 15-Nord	=	paroi nord des carrés D-E-F-G15	[niv. XIII-I]	(Fig. 2.10)
Coupe 15-Sud	=	paroi sud des carrés E-F-G15	[niv. XIII-VI]	(Fig. 2.11)
Coupe E-Est	=	paroi est des carrés E13-14-15	[niv. XIII-I]	(Fig. 2.12)
Coupe F-Est	=	paroi est des carrés F13-14-15	[niv. XIII-VI]	(Fig. 2.13)

Le Tableau 2.1 détaille la stratigraphie complète du tell principal d'Atij ; on y trouve la liste exhaustive des unités de fouilles et des structures compilées niveau par niveau. À propos de ces niveaux, il convient de faire remarquer que la stratigraphie décrite ici, établie lors de la préparation du présent rapport final, diffère légèrement de celle présentée il y a quelques années dans le cadre du projet ARCANE (Quenet 2011, 33, 45 table 5) ; cette divergence ne concerne toutefois que les trois niveaux supérieurs du Tableau 2.1.

À l'époque du projet ARCANE, un niveau arbitraire « 0 » avait été créé, avec quatre subdivisions :

- ARCANE 0.4 = tombes EJZ
- ARCANE 0.3 = occupation romaine
- ARCANE 0.2 = tombes islamiques
- ARCANE 0.1 = période moderne.

Dans la nouvelle mouture de la stratigraphie de Tell 'Atij présentée dans ce rapport-ci (Tableau 2.1) :

- Le niveau « 0 » (sans aucune subdivision) (Chapitre 16) correspond uniquement aux vestiges dégagés en dehors et au pied du mur d'enceinte, au sud du tell principal : il s'agit d'une tentative d'installation qui fut rapidement oblitérée par la montée des eaux du Khabour (absent dans le projet ARCANE).
- Les tombes EJZ du tell principal (= ARCANE Level 0.4) et du tell secondaire (= ARCANE secondary tell Level III) sont toutes regroupées en un seul chapitre (Chapitre 17), dissocié de la stratigraphie, car elles ne peuvent pas être attribuées, stratigraphiquement et chronologiquement, à un niveau en particulier.
- Une occupation romaine ayant été sommairement reconnue dans certains carrés (= ARCANE Level 0.3), elle est décrite dans un chapitre distinct (Chapitre 18), avec les tombes de même époque mises au jour sur le tell secondaire (= ARCANE secondary tell Level II), mais elle n'est associée à aucun niveau stratigraphique.
- Les quelques tombes islamiques et traces d'une présence moderne sur le site (= ARCANE Level 0.2 et 0.1 »), ne sont pas incluses dans le présent rapport.

Chronologie

La datation absolue des treize niveaux d'occupation de Tell 'Atij a récemment été établie par une analyse archéomagnétique de nombreux fragments de céramique provenant de plusieurs de ses différents niveaux stratigraphiques (Fig. 2.14) (Gallet, Fortin et al. 2020).[2] Les tessons utilisés pour ce type d'analyse appartiennent à des vases de fabrique *Commune* car c'est la catégorie de céramique la plus susceptible d'avoir été fabriquée sur place, avec de l'argile locale ; on peut présumer que ce n'est pas un produit exogène, comme le sont sans doute les fabriques *Métallique* et *Ninive 5 incisé/excisée*. Comme ce type d'analyse est résolument destructif, seuls des tessons sans profil, provenant généralement du corps de certains vases[3], essentiellement des jarres de bonnes dimensions, ont été retenus pour les fins de cette étude.

D'après cette récente analyse, Tell 'Atij aurait donc été fondé vers 2900 av. J.-C., puis abandonné autour de 2600 av. J.-C. ; il aurait donc été occupé pendant trois siècles seulement, soit durant les périodes dites *Early Jezirah* (EJZ) 1 et 2 qui correspondent à la phase chronologique auparavant appelée *Ninive 5* (Lebeau 2011, 1-17). Ainsi, suivant la chronologie ARCANE (Lebeau 2011, 379), la fondation de Tell 'Atij remonterait au début de la période EJZ 1 et son abandon serait à situer vers la fin de l'EJZ 2, c'est-à-dire durant l'EJZ 2 final.

Cette nouvelle chronologie de Tell 'Atij ne correspond pas tout à fait à celle proposée par Philippe Quenet

---

2 Aucune autre méthode de datation absolue n'a été utilisée à Tell 'Atij, non sans que certaines tentatives aient été faites : les échantillons prélevés pour des analyses au radiocarbone se sont révélées contaminées une fois en laboratoire.

3 D'où l'absence de dessins de ces tessons dans la publication mentionnée plus haut.

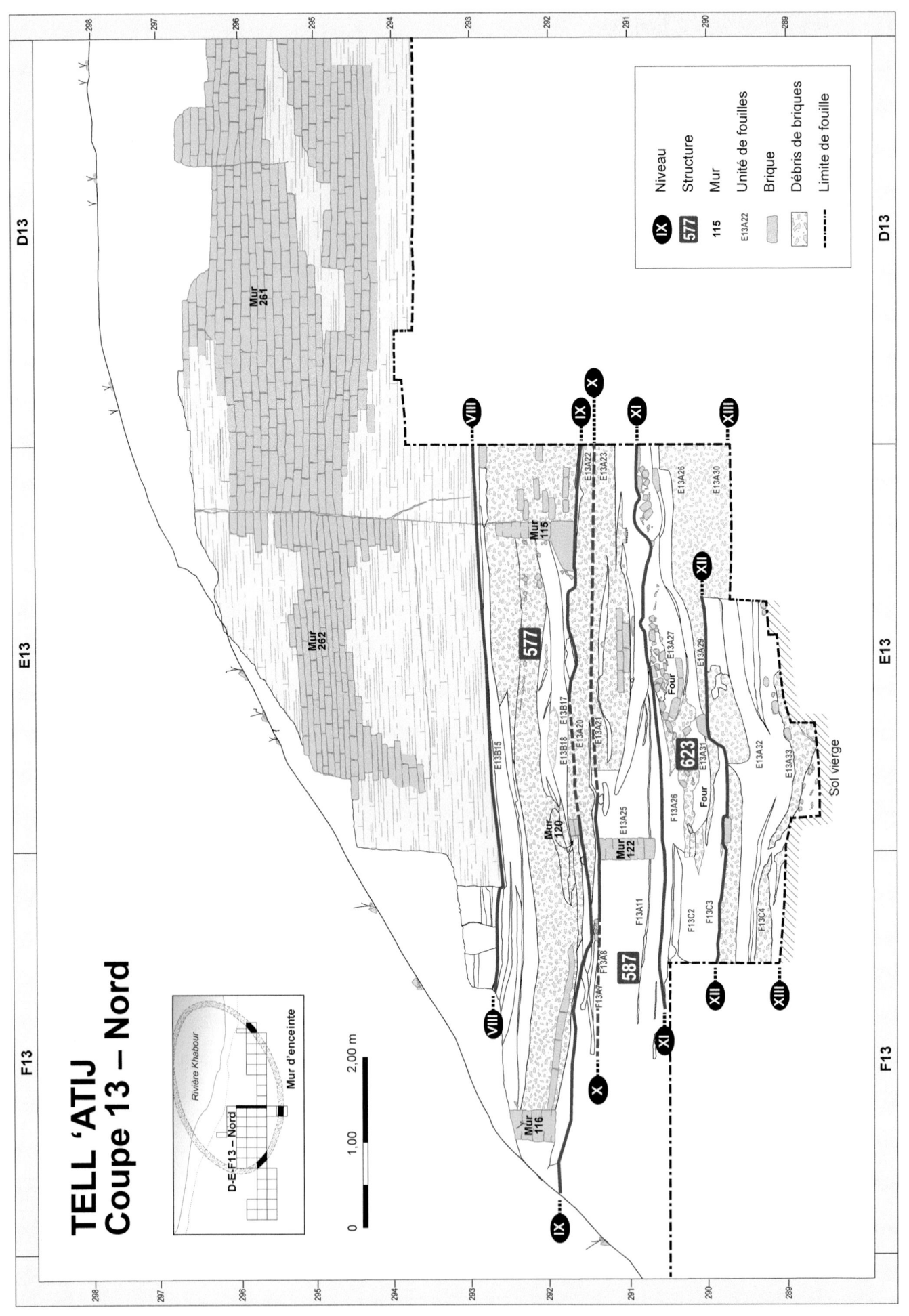

Figure 2.8: Coupe 13-Nord, dessinée à partir de la paroi septentrionale des carrés D-E-F13. Comprend les niveaux XIII à I.

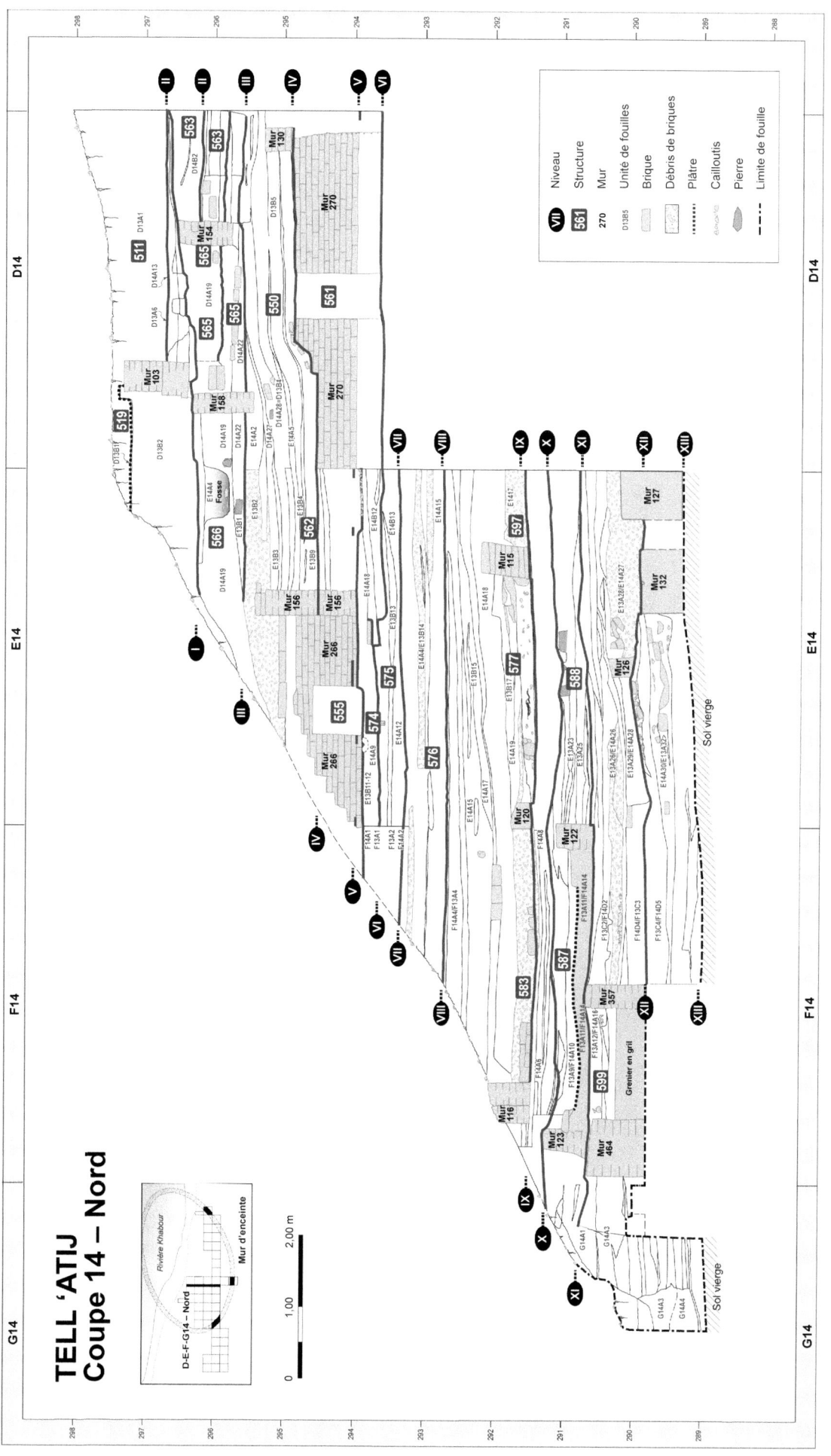

Figure 2.9 : Coupe 14-Nord, dessinée à partir de la paroi septentrionale des carrés D-E-F-G14. Comprend les niveaux XIII à I.

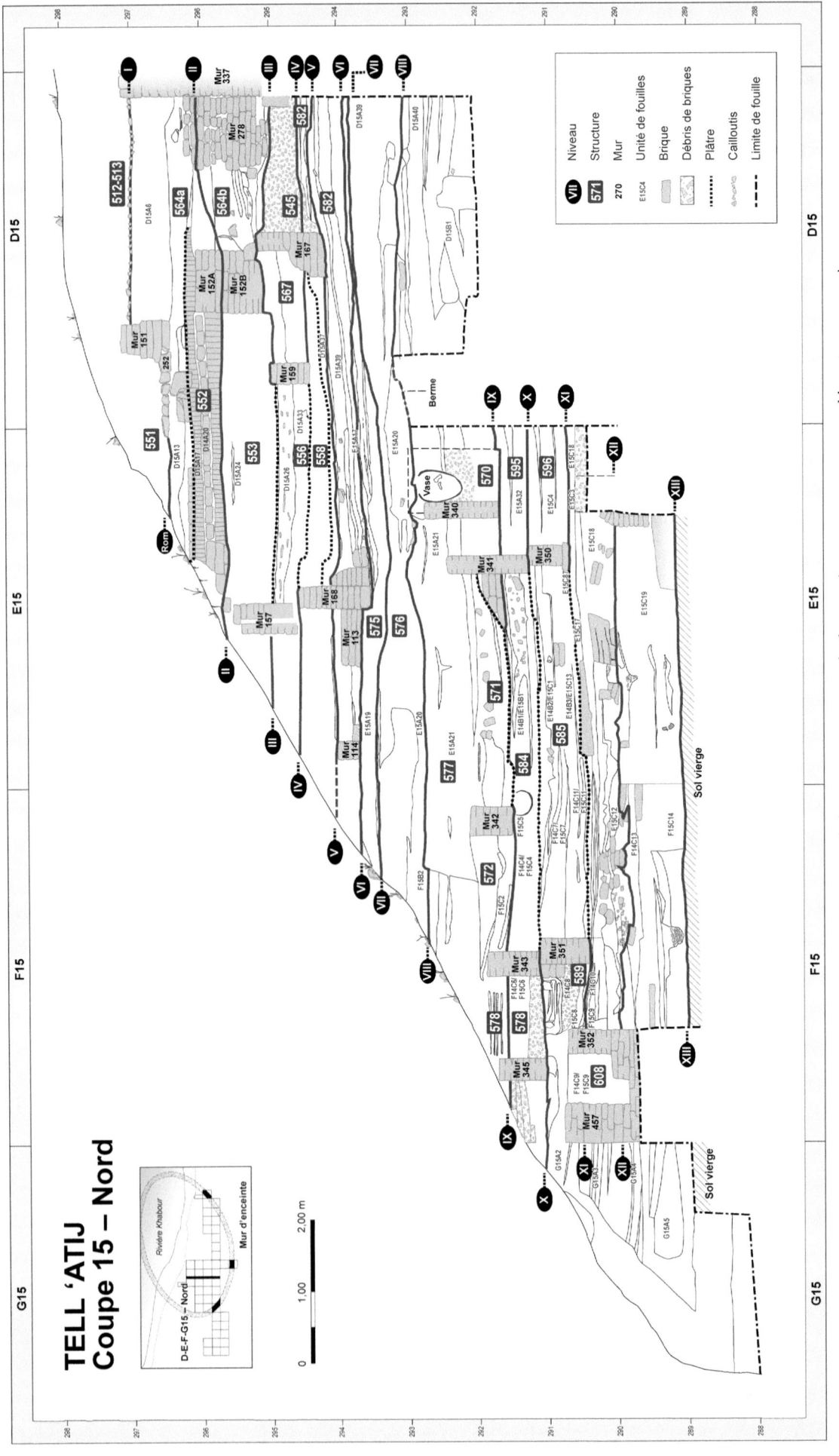

Figure 2.10 : Coupe 15-Nord, dessinée à partir de la paroi septentrionale des carrés D-E-F-G15. Comprend les niveaux XIII à I.

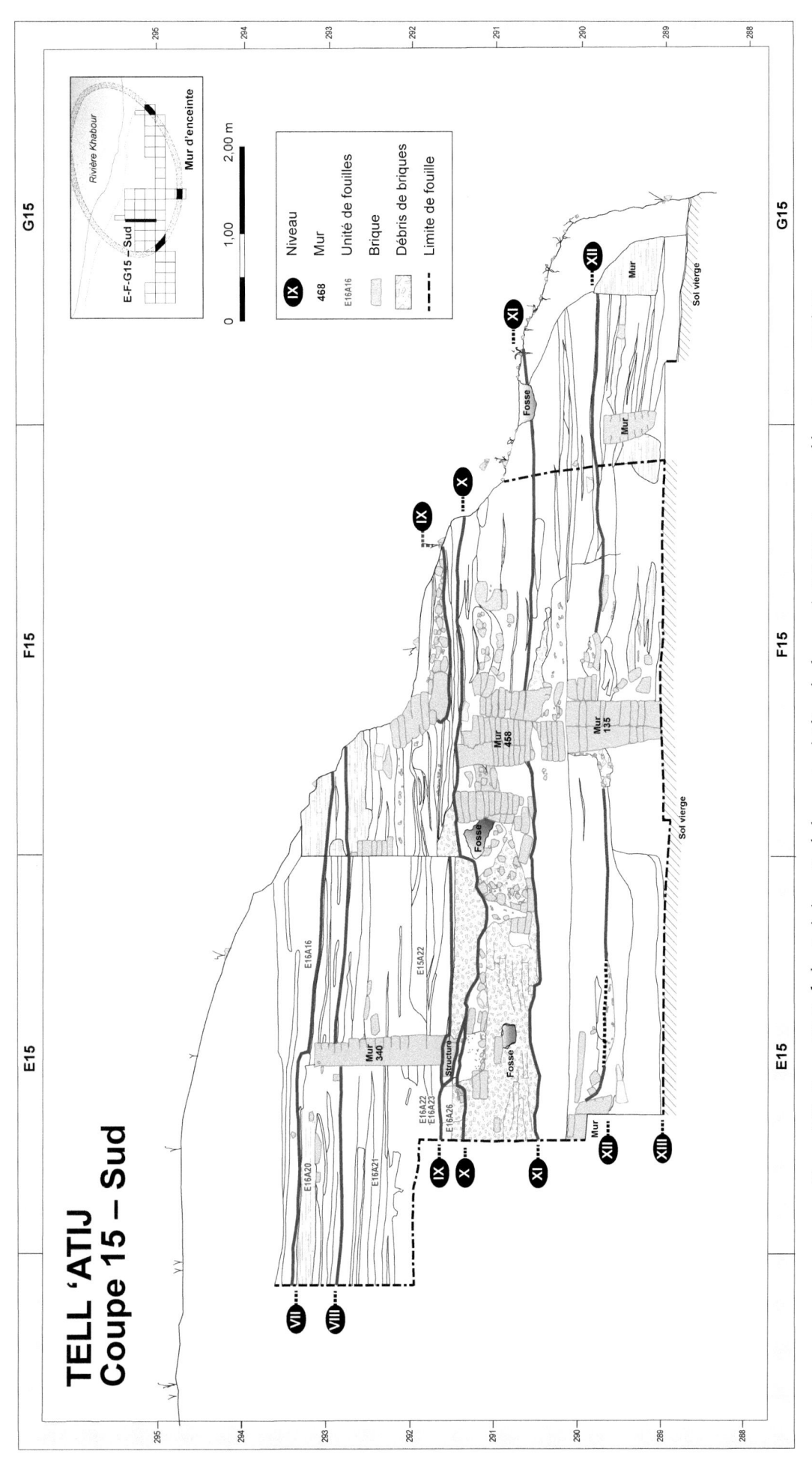

Figure 2.11: Coupe 15-**Sud**, dessinée à partir de la paroi méridionale des carrés E-F-G15. Comprend les niveaux XIII à VI.

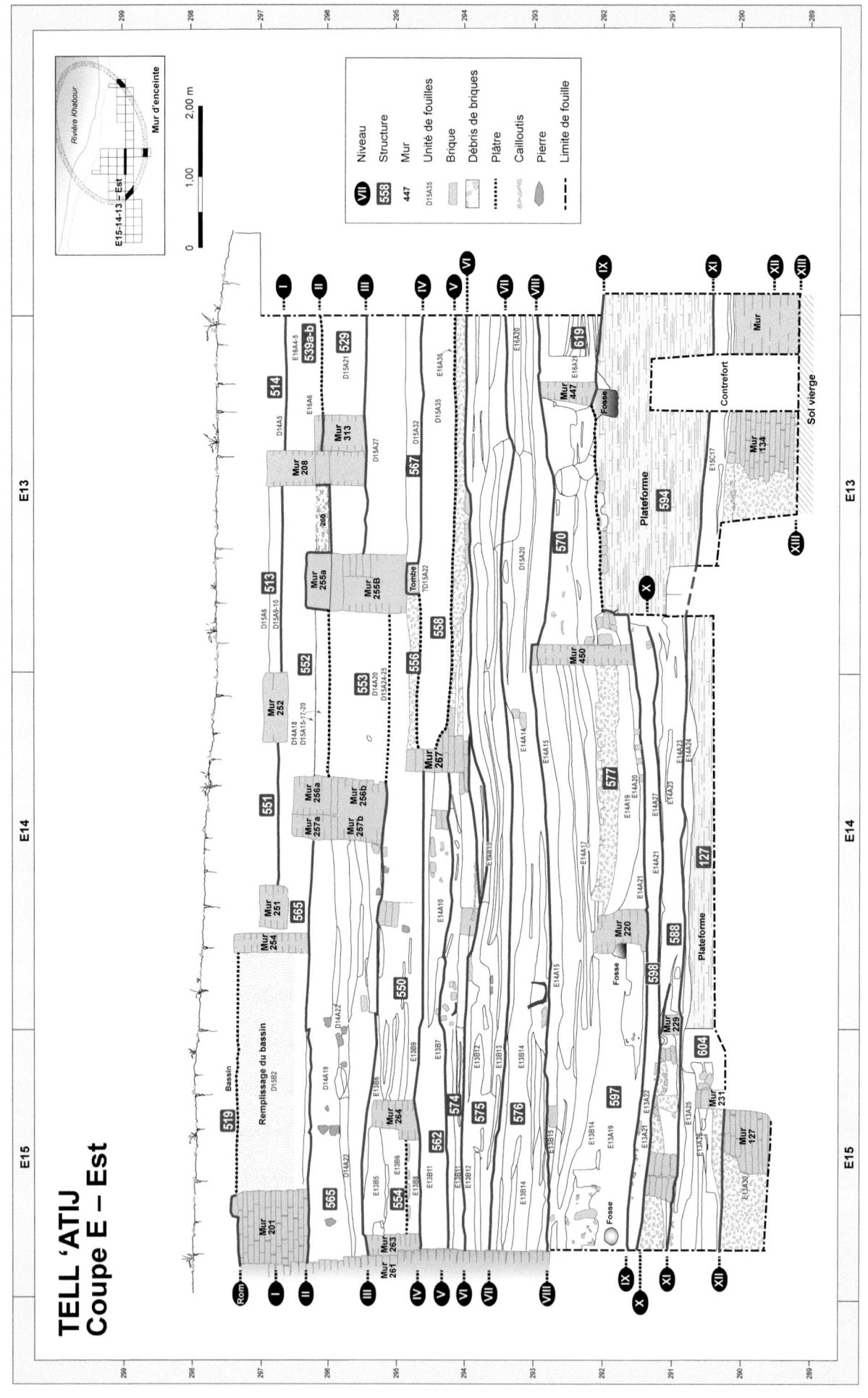

Figure 2.12: Coupe **E-Est**, dessinée à partir de la paroi orientale des carrés E13-14-15. Comprend les niveaux XIII à I.

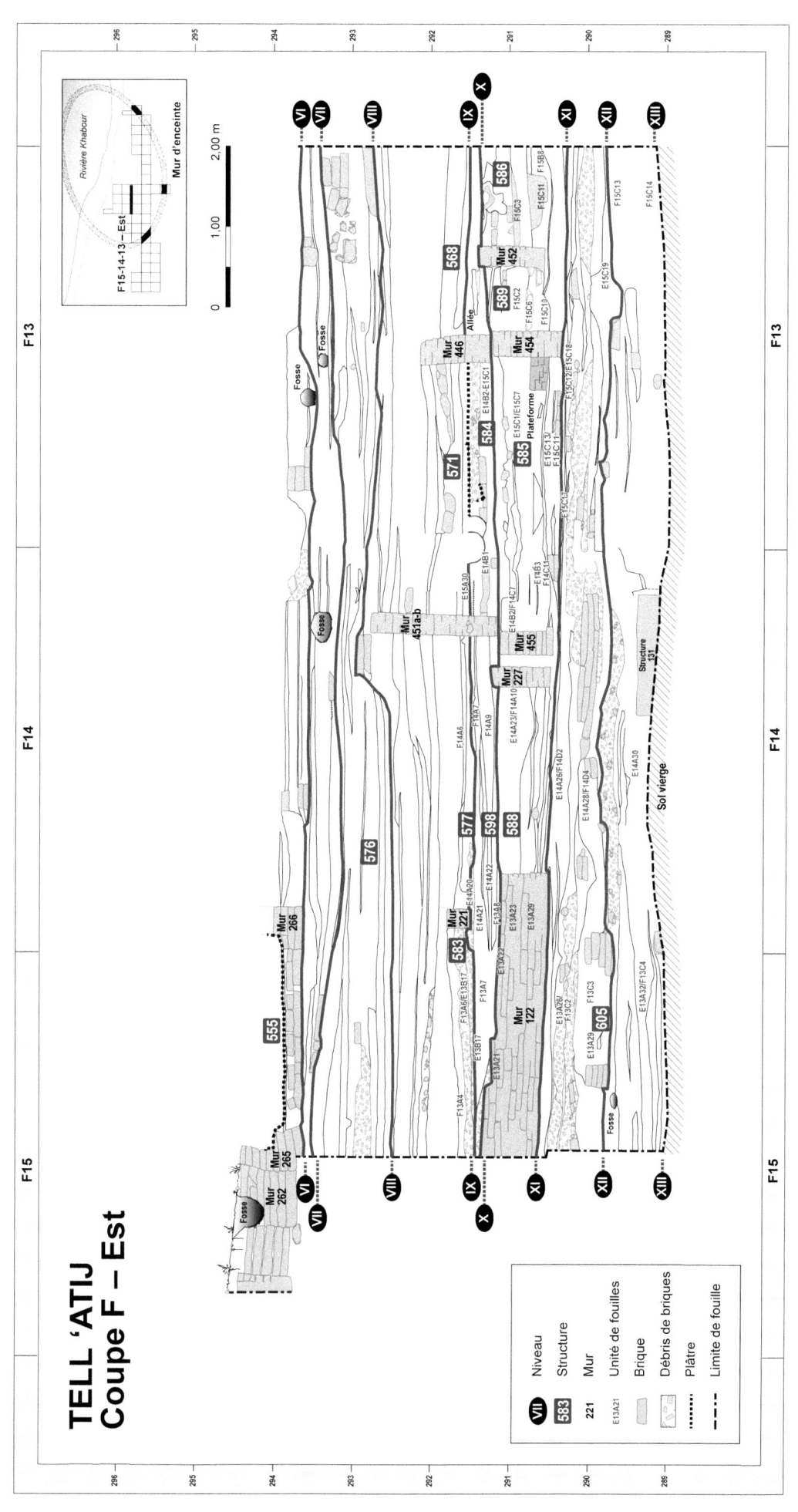

Figure 2.13 : Coupe F-**Est**, dessinée à partir de la paroi orientale des carrés F13-14-15. Comprend les niveaux XIII à VI.

Tableau 2.1 : Liste des unités de fouilles et des structures (pièces, cours, allées, ruelles, etc.) en lien avec chacun des treize niveaux d'occupation de Tell 'Atij.

Romain		519, 551	ATJ87.D11A1^(?)-27-29-30-31-32-33-34 ATJ87.D12A11-12-13 ATJ88.D13B1-2 ATJ86.D14A14 ATJ86.E14A1-2 <div align="center">Tell secondaire – tombes</div>ATJ88.NN18-19B1 ATJ87.NN19D1 ATJ87.NN20B1 ATJ87.PP18A3 ATJ92.PP20B2
Tombes EJZ			ATJ93.C13A17 ATJ93.C13A19 ATJ86.D13A3' ATJ87.D13A15 ATJ88.D14A29 ATJ88.D15A31 ATJ86.D17A10 ATJ92.E15A18 ATJ87.E16A8 <div align="center">Tell secondaire</div>ATJ88.FF17A5 ATJ92.MM14A3 ATJ92.MM16A2 ATJ92.MM16A5 ATJ88.NN17A4 ATJ88.NN17A5 ATJ87.NN18A4 ATJ87.NN18A5 ATJ87.NN19C1 ATJ88.PP19A4
0	Hors mur d'enceinte	518, 591, 592, 593	ATJ87.C19A1-2-3-4-5-6-7-8 ATJ86.C20A1-2-3-4-5 ATJ87.C20A6-7-8 ATJ87.C21A1-2-3-4-5-6-7 ATJ93.C22A1-2-3 ATJ93.C23 (aucun inventaire) ATJ86.D6A1 ATJ86.D7A1 ATJ86.D18A2 ATJ86.D20A1-2-3-4-5 ATJ93.D20B1 ATJ93.D21A1-2-3-4-5-6-7-8 ATJ93.D22A1-2 ATJ93.D23 (aucun inventaire) ATJ93.E22A1-2 ATJ93.E23 (aucun inventaire)

DESCRIPTION DU SITE, MÉTHODOLOGIE DE FOUILLES ET CHRONOSTRATIGRAPHIE

I	+296,70-90 m	Pièces : 508, 509, 510, 514, 515, 516, 517-517' Cours : 511, 512-513 Grenier septentrional Silos : 502, 503, 504, 505, 506 Entrepôts : 507, 522, 523, 524, 525, 526, 533, 548, 549, 613, 614(?), 615(?) Plateforme : 622 Tunnel : 547 Indéterminé : 501-501'	ATJ93.C13A1, 3 ATJ86.D7A1-2 ATJ87.D8A1, 8, 10-11-12-13-14-15-16-17-18-19-20-21 ATJ87.D9A1, 7, 13, 16-17-18-19-20-21-22-23-24-25-26-27-28 ATJ87.D10A1 ATJ87.D12A1 ATJ86.D13A1, 3, 6 ATJ86.D14A1, 13 ATJ86.D15A1-2-3-4-5-6-7-8 ATJ87.D15A9-10 ATJ86.D17A1-2(?)-3-4, 6-7-8 ATJ86.E6A1, 2-3-4 ATJ86.E7A1-2-3-4-5-6-6' ATJ86.E8A1-2-3 ATJ87.E8A4 ATJ87.E8B1-2-3-4 ATJ86.E9A1(?) ATJ87.E9A1'-2-3-4-5 ATJ87.E9B1-2-3-4-5 ATJ87.E15A1-2 ATJ87.E16A2-3, 9 ATJ86.E17A1(?)-2-3-4-5 ATJ87.E17A6, 11 ATJ87.E17B1-2-3-4
II	+296,10-30 m	Pièces : 508, 509, 510, 528, 539a-b, 541, 552, 616 Cours : 531a, 563a, 565-566a Ruelles : 260, 564a Grenier septentrional Pièces : 515, 516, 517-517' Silos : 502, 503, 504, 505, 506 Entrepôts : 507, 522, 523, 524, 525, 526, 533, 548, 549, 613, 614(?), 615(?) Plateforme : 622 Tunnel : 547 Indéterminé : 501-501'	ATJ93.C13A4-5-6(sol), 12, 16'(sol) ATJ87.D12A6, 8-9 ATJ86.D13A7-8-9 ATJ87.D13A10-11-12-13-14 ATJ86.D14A6, 9 ATJ88.D14A15-16-17-18-19 ATJ86.D14B1-2 ATJ87.D15A12 ATJ88.D15A13-14-15-16-17-18, 20-21 ATJ86.D16A1 ATJ87.D16A1', 6 ATJ92.D16A6' ATJ87.D16B1 ATJ86.D17A5 ATJ87.E15A3-4-5 ATJ87.E16A5-6
III	+295,10-60 m	Pièces : 540, 541, 542, 553, 617 Cours : 529, 531b, 563b, 565-566b Ruelle : 564b Grenier septentrional Pièces : 515, 516, 517-517' Silos : 502, 503, 504, 505, 506 Entrepôts : 507, 522, 523, 524, 525, 526, 533, 548, 549, 613, 614(?), 615(?) Plateforme : 622 Tunnel : 547 Indéterminé : 501-501'	ATJ93.C13A2, 7-8-9-10, 16, 18 ATJ93.C13C1-2 ATJ87.D12A13-14-15-16-17 ATJ87.D13A16-17-18-19-20 ATJ88.D13B3 ATJ93.D13D1-2 ATJ88.D14A20-21-22, 25, 27 ATJ88.D15A19, 22-23-24-25 ATJ87.D16A4-5 ATJ88.E13B1-2-3 ATJ88.E14A2-3-4 ATJ87.E15B3 ATJ87.E16A4

IV	+294,50-80 m	Pièces : 515, 532, 546, 554, 555, 556, 557, 560, 567, 601-601', 602, 603 Silo : 600 Ruelle : 545 Cour : 550 Grenier septentrional Pièces : 516, 517-517' Silos : 502, 503, 504, 505, 506 Entrepôts : 507, 522, 523, 524, 525, 526, 533, 548, 549, 613, 614(?), 615(?) Plateforme : 622 Tunnel : 547 Indéterminé : 501-501'	ATJ93.C13A11, 13-14-15, 20 ATJ87.D12A18-19-20-21-22-23 ATJ88.D13B4-5 ATJ88.D14A23-24 ATJ93.D14D1-2-3-4-5 ATJ88.D15A26-27-28-29-30, 33-34, 36 ATJ88.E13B5-6-7-8-9 ATJ88.E14A5-6 ATJ92.E14A5' ATJ87.E16A1[(?)], 7, 10-11
V	+294,00-30 m	Pièces : 516[↑I], 517-517'[↑I], 532[↑IV], 555[↑IV], 558, 559b, 561a, 601-601'[↑IV], 602[↑IV], 603[↑IV] Silo : 600[↑IV] Cour/ruelle : 562 Ruelles : 580-581-582 Grenier septentrional Silos : 502, 503, 504, 505, 506 Entrepôts : 507, 522, 523, 524, 525, 526, 533, 548, 549, 613, 614(?), 615(?) Plateforme : 622 Tunnel : 547 Indéterminé : 501-501'	ATJ88.D13B6 ATJ88.D14A28, 30-31 ATJ92.D14A34 ATJ93.D14D6-7 ATJ88.D15A32, 33[IV], 35-36[IV] ATJ92.D15A37-38 ATJ92.D16C1 ATJ88.E13B4, 10-11 ATJ92.E13B10', 12 ATJ88.E14A7
VI	+293,60-90 m	Pièces : 532[↑IV], 538, 559a, 561b, 621 Cours : 580-581-582, 574, 579 Grenier septentrional Silos : 502, 503, 504, 505, 506 Entrepôts : 507, 522, 523, 524, 525, 526, 533, 548, 549, 613, 614(?), 615(?) Plateforme : 622 Tunnel : 547 Indéterminé : 501-501'	ATJ88.D13B7-7'-8 ATJ92.D14A32-33-33' ATJ86.D17A9, 11 ATJ92.E13B11' ATJ92.E14A7'-8-9-10 ATJ87.E16A12-13 ATJ92.E16A12' ATJ87.E17A7 ATJ92.F13A1
VII	+293,30-50 m	Pièces : 532[↑IV], 536 Cour : 575	ATJ92.D16C2-3-4 ATJ87.E5A3 ATJ86.E6A5 ATJ92.E13B12-13 ATJ92.E14A11-12-13 ATJ92.E14B12 ATJ92.E15A17, 19 ATJ92.E16A15-16, 20 ATJ87.E17A8-9-10 ATJ92.F13A2 ATJ87.F14A1[(?)] ATJ92.F14A2 ATJ87.F15A1[(?)] ATJ92.F15A2 ATJ87.F16A1[(?)]-2-3

DESCRIPTION DU SITE, MÉTHODOLOGIE DE FOUILLES ET CHRONOSTRATIGRAPHIE

VIII	+292,60-90 m	Pièces : 520, 521, 609 Cour : 576	ATJ92.D15A39 ATJ87.E5A4-5 ATJ92.E13B14 ATJ92.E14A14-15-16 ATJ92.E15A20 ATJ87.E18A3[?]-4-5-6-7-8[?]-9[?] ATJ92.F13A3 ATJ92.F14A3 ATJ92.F15A3
IX	+291,40-60 m	Pièces : 569, 570, 571, 572, 578, 583, 597, 619 Cours : 568, 577	ATJ92.D15A40 ATJ92.D15B1-2-3-4 ATJ93.D15B5 ATJ87.E5A6-7-8-9 ATJ92.E13B15-16 ATJ93.E13B17-18-19 ATJ92.E14A17-18 ATJ93.E14A19-20 ATJ92.E15A21-22-23-24-25-26-27-28, 30 ATJ92.E16A21-22-23-24 ATJ92.F13A4-5 ATJ93.F13A6 ATJ92.F14A4-5-6-7 ATJ93.F14A19 ATJ93.F14C6 ATJ92.F15B1-2-3-4
X	+291,30 m	Pièces : 578[↑IX], 584 Cour : 598 Ruelles : 589 + foyer, 595 Plateforme : 594	ATJ87.E5A10 ATJ93.E13A20-21-22 ATJ93.E13B18 ATJ92.E14A7-8 ATJ93.E14A21-22 ATJ93.E14B1 ATJ93.E15A29, 31-32 ATJ93.E15B7 ATJ93.E15C2, 6, 10, 12, 14-15 ATJ93.F13A7-8 ATJ93.F14A8-9 ATJ93.F14C8 ATJ93.F15B5-6-7 ATJ87.F15C1 ATJ92.F15C2 ATJ93.F15C4-5-6, 8, 10

XI	+290,30-80 m	Pièces : 535, 585, 586, 587, 590, 596, 608 Cour : 588 Plateforme : 594[TX] Ruelle : 589[TX] + foyer	ATJ93.D15B7 ATJ87.E5A11-12 ATJ93.E13A23-24-25 ATJ93.E14A23-24-25 ATJ93.E14B2-3 ATJ93.E15C1, 3-4-5,7-8, 11, 13, 16 ATJ93.F13A9-10-11 ATJ93.F14A10-11-12-13-14-15 ATJ93.F14C7, 9, 11 ATJ93.F15B8 ATJ93.F15C3, 7, 9, 11 ATJ93.F15D1-2-3, 5 ATJ87.F18A1(?)-2-3 ATJ92.G13A1(?) ATJ92.G14A1(?) ATJ92.G15A1(?)-2(?)-3(?)
XII	+289,20-80 m	Greniers « en gril » : 573, 599 Pièces : 534, 604 Cour : 605 Four : 623	ATJ87.E5A13-14-15-16-17-18 ATJ93.E13A26-27-28-29-30-31 ATJ93.E14A26-27-28-29 ATJ93.E15C9, 17-18 ATJ93.F13A12 ATJ93.F13C1-2-3 ATJ93.F14C10 ATJ93.F14D1-2-3-4 ATJ93.F15C12 ATJ93.F15D4 ATJ87.F18B1-2-3 ATJ92.G13A2(?)-3(?) ATJ92.G14A2(?)-3(?) ATJ92.G15A4(?) ATJ92.G15B1(?)
XIII	+289,00 m [sol vierge]	Pièces : 606, 607 Cour : 620	ATJ87.E5A19-20-21 ATJ93.E13A32-33-34 ATJ93.E14A30-31-32-33 ATJ93.E15C19 ATJ93.F13C4 ATJ93.F14D5 ATJ93.F15C13-14 ATJ88.G6-7-8-9-10-11-12A1(?) ATJ92.G13A4(?) ATJ92.G14A3-4-5-6(?) ATJ92.G15A5(?)

Le symbole (?) indique les unités de fouilles dont le matériel archéologique a pu être contaminé en raison de leur proximité d'avec la limite d'érosion du tell dont les versants sont très pentus ; par conséquent, leur matériel n'a pas été pris en compte dans les inventaires des structures au sein desquelles ces tessons et artéfacts ont été trouvés. Si une unité de fouilles chevauche deux niveaux, son matériel est inventorié avec le niveau plus récent qui est précisé en exposant lorsque cette unité est répétée au niveau plus ancien : [XX]. En ce qui concerne les structures, si l'une d'entre elles reste en usage sur plus d'un niveau, cette structure apparaît à son niveau de fondation avec l'indication de son dernier niveau d'occupation [TXX] ; le numéro de cette structure est répété à chacun de ses niveaux d'occupation. En revanche, les unités de fouilles desquelles fut retiré le mobilier d'une telle structure ne sont associées qu'avec son dernier niveau d'occupation.

(2011, 33, 45) et Marc Lebeau (2011, 345) qui font terminer l'occupation de Tell 'Atij (niveaux II-I) à la fin de l'EJZ 3a, c'est-à-dire vers 2500 av. J.-C. Leur schéma chronostratigraphique attribue à Tell 'Atij une période d'oc-

représentatif de la période EJZ 1 (2900-2750 av. J.-C.) (Rova 2011, 52-56). Pareillement, la céramique de fabrique *Ninive 5 incisée* qui fait son apparition au niveau XII (Boileau 2005, 60) est également désignée à l'heure actuelle comme un marqueur chronologique significatif de la période EJZ 1 (Rova 2011, 52-56) ; ce style de décoration disparaît au niveau VI (Boileau 2005, 60), soit durant la période EJZ 2 (2750-2600/2550 av. J.-C.), si on s'en fie aux observations faites sur d'autres sites de la région (Rova 2011, 57-58). Enfin, la céramique de fabrique *Ninive 5 excisée* présente à Tell 'Atij dans les niveaux X à I (Boileau 2005, 60) est, quant à elle, reconnue comme étant caractéristique de la période EJZ 2 (Rova 2011, 57-58). Par ailleurs, la majorité des tessons de la classe céramique de fabrique dite *Métallique* – renommée maintenant *North-Mesopotamian Metallic Ware* (Falb *et al.* 2014, 171-181) – retrouvés à Tell 'Atij l'ont été dans le tout dernier niveau d'occupation du site, juste avant son abandon pacifique puisqu'aucune trace de destruction violente n'y a été décelée. Or, l'apparition de cette céramique fine dans la région n'est attestée qu'à la toute fin de la période EJZ 2 (Rova 2011, 57 ; Falb *et al.* 2014, 180) et aurait été « diffusée dans la Djézireh et l'Euphrate moyen… à la fin de *EJ 2* et au début de *EJ 3* » (Alachkar 2017, 167), soit aux alentours de 2600 av. J.-C. (Pruß 2000) ; sa présence est fréquente durant l'EJZ 3 (Falb *et al.* 2014, 181). En outre, à Tell 'Atij, cette céramique *Métallique* est associée à des tessons appartenant à la fabrique *Late Ninevite 5 Excised*, comme cela est commun sur les sites de la région (Rova 2013, 109 ; par exemple, à Tell Arbid : Smogorzewska 2016, 175-177). Or, ce style de décoration excisée est habituellement daté d'entre 2600 et 2550 avant notre ère (Rova 2013, 110) ; il disparaît totalement au début de la période EJZ 3 (2550-2350 av. J.-C.) (Rova 2011, 57).

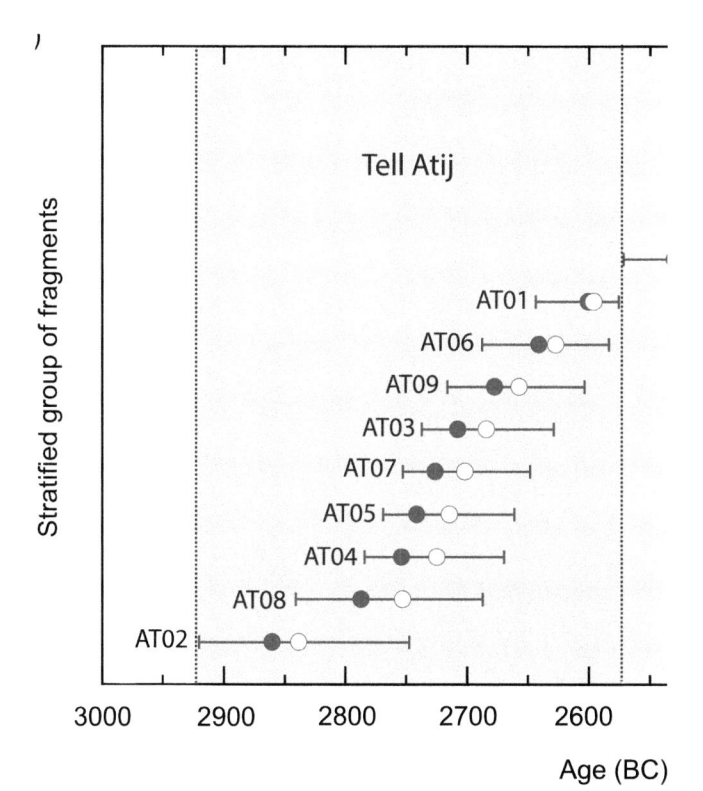

Enfin, la distribution sur un graphique des résultats de l'analyse archéomagnétique des tessons de Tell 'Atij fait clairement ressortir deux regroupements de dates qui correspondent avec les datations attribuées aux périodes EJZ 1, d'une part, et EJZ 2, d'autre part (Gallet, Fortin *et al.* 2020, fig. 6). Or, ces deux ensembles chronologiques sont en adéquation avec les deux grandes phases stratigraphiques du site[4], à savoir (Fig. 2.15) :

– niveaux XIII à IX = EJZ 1 (2900-2750 av. J.-C.)

Figure 2.14 : Datation de différents niveaux d'occupation de Tell 'Atij à partir de l'analyse archéomagnétique de certains fragments de céramique provenant de ces niveaux du tell principal (reproduit de Gallet, Fortin *et al.* 2020, tab. 1 & fig. 9).

cupation de 400-450 ans alors qu'une analyse spécialisée et détaillée de la céramique de Tell 'Atij, réalisée par Marie-Claude Boileau (2005), avait déjà démontré que ce site n'aurait été habité que durant 300 ans.

Toutefois, cette dernière avait conclu que la fondation de Tell 'Atij ne remontait qu'à 2700 av. J.-C. et que son abandon était survenu peu après 2400 av. J.-C.. Le report de la fondation du site à une date plus ancienne de 200 ans s'explique en partie par l'importance maintenant accordée à la présence de fragments de céramique de fabrique *Ninive 5 peinte* dans le niveau XIII, le premier niveau d'occupation du site ; Boileau (2005) les avait écartés parce qu'elle les croyait intrusifs alors que ce type de céramique est maintenant considéré comme

---

[4] Ces deux phases ayant été observées sur le terrain grâce notamment au changement notoire dans l'organisation architecturale du secteur fouillé au centre du tell, elles sont décrites dans le Chapitre 19 portant sur les éléments architecturaux. D'ailleurs, les niveaux VIII et VII, dépourvus de constructions majeures, coïncident avec le passage de la période EJZ 1 à EJZ 2.

– niveaux VI à I = EJZ 2 (2750-2600/2550 av. J.-C.).

Les niveaux intermédiaires VIII et VII sont peut-être, selon moi, à partager également entre les périodes EJZ 1 (niveau VIII) et 2 (niveau VII), quoique Philippe Quenet (2011, 33, 45) et Marc Lebeau (2011, 345) les rattachent plutôt à la période EJZ 2.

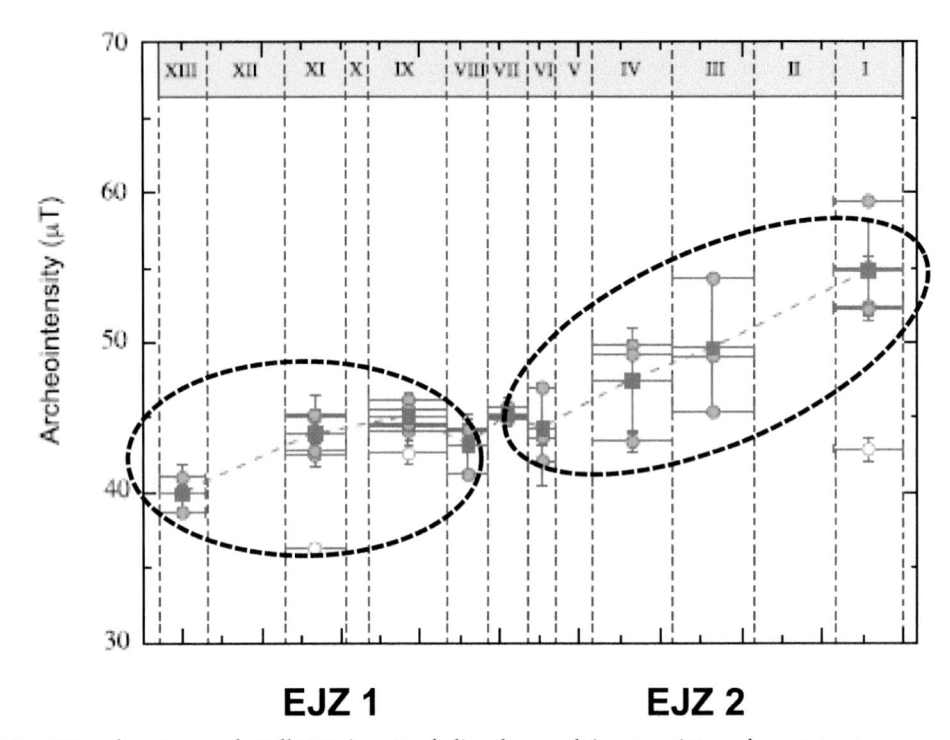

Figure 2.15 : Répartition des niveaux de Tell ʿAtij, à partir de l'analyse archéo-magnétique de certains tessons, entre les périodes chronologiques *Early Jezirah* 1 (niv. XIII-IX) et 2 (niv. VI-I), les niveaux intermédiaires VIII et VII se rattachant soit à la période EJZ 1 (VIII), soit EJZ 2 (VII) (reproduit de Gallet, Fortin *et al.* 2020, fig. 6).

PREMIÈRE PARTIE
DESCRIPTION STRATIGRAPHIQUE

Chapitre 3
Niveau XIII

Altitude supérieure : +289,80 m.
Altitude inférieure : +289,00 m (sol vierge).
Épaisseur moyenne : environ 0,60 m.

Le niveau XIII, le premier niveau d'occupation reposant directement sur le sol vierge, a été fouillé dans les secteurs suivants :

- **Centre du tell** : carrés E-F-G13-14-15 (Fortin 1994a, 375-376 ; 1995, 34-36, figs 9-11).
- **Base du flanc occidental** : carrés G6-7-8-9-10-11-12 (Fortin 1988a, 147).
- **Extrémité septentrionale** : carré E5 (Fortin 1990a, 230-233, fig. 13 ; 1994a, 377, fig. 15).

Centre du tell

Le niveau XIII n'est représenté que par très peu de structures dans le secteur de 144 m² (12 × 12 m) – soit 6% de la surface habitable du site *intra-muros* – fouillé au centre du tell principal (Figs 3.1 et 3.2) : deux petites pièces [**606** et **607**] séparées par un corridor qui s'ouvrent sur une vaste cour [**620**], à l'ouest. À la limite orientale de ce chantier, se dressent deux murs : un premier [**127**], représentant peut-être le rebord d'une plateforme s'étendant au-delà de la

Tableau 3.1 : Distribution par structure des unités de fouilles du niveau XIII.

Structures	Murs	Unités de fouilles associées
Pièce 606	131 132 235 236	ATJ93.E14A31-32
Pièce/cour 607	132 280	ATJ93.E13A32-34 ATJ93.E13A33 (fosse ânon)
Cour 620	134	ATJ93.E14A30 ATJ93.E15C19 ATJ93.F13C4 ATJ93.F14D5 ATJ93.F15C13-14 ATJ92.G13A4[?] ATJ92.G14A3[?]-4[?]-5[?]-6[?] ATJ92.G15A5[?]
Plateforme ? [↑ XII]	127	Aucune
Plateforme ? [↑ XII]	134	Aucune
Mur d'enceinte	404	ATJ88.G6[?]-7[?]-8[?]-9[?]-10[?]-11[?]-12A1[?] ATJ87.E5A19-20-21

Le point d'interrogation en exposant [?] indique une unité de fouilles contaminée étant donné qu'elle se trouve trop près de la limite d'érosion du tell ; son inventaire n'est donc pas pris en compte. Le symbole [↑ XII] signifie que cette structure restera en usage au niveau supérieur : XII.

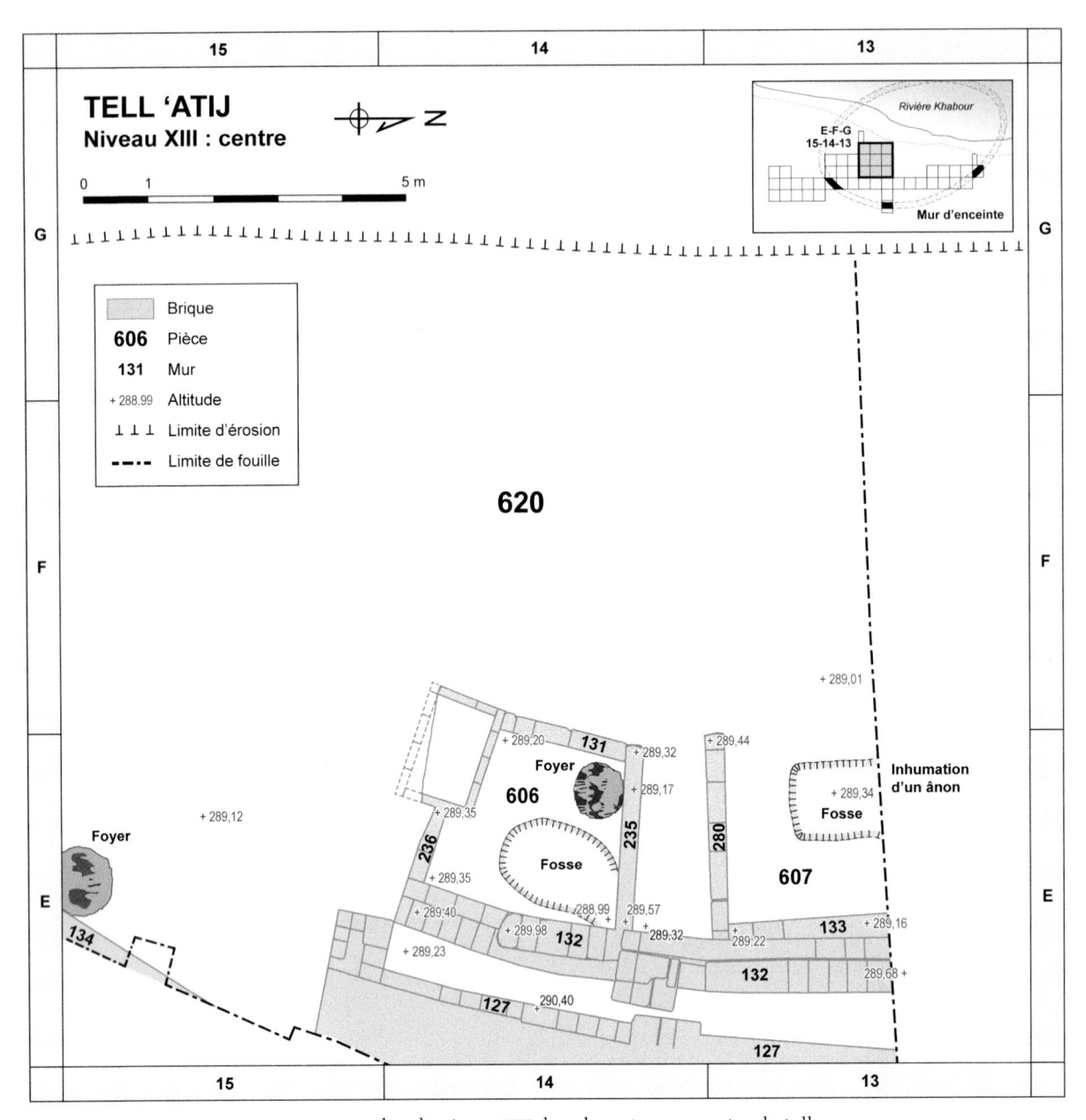

Figure 3.1 : Plan du niveau XIII dans le secteur au centre du tell.

zone fouillée, vers l'est, et un second [**134**], qui appartient à une autre structure se prolongeant aussi vers l'est, dans la berme. Toutes ces constructions sont fondées directement sur le sol vierge qui se situe en moyenne à une altitude de +289,00 m au-dessus du niveau moyen de la mer.

La pièce **606** (Figs 3.1, 3.2 et 3.3), de plan carré : 2,60 × 2,80 m, ne couvre qu'une superficie de 7 m². Elle est délimitée par trois murs étroits dont il ne reste plus qu'une seule assise de briques crues posées en panneresses directement sur le sol vierge :

- Mur 235, au nord : 2,70 (lo.) × 0,30 (la.) × 0,20 m (h.).
- Mur 236, au sud : 1,10 (lo.) × 0,24 (la.) × 0,25 m (h.).
- Mur 131, à l'ouest : 2,00 (lo.) × 0,30 (la.) × 0,10 m (h.).
- Mur 132, à l'est : 3,50 (lo.) × 0,70 (la.) × 0,50 m (h.) ; ce dernier se distingue des précédents en raison de sa largeur et de son appareil qui combine des briques en boutisses et en panneresses. En outre, il se prolonge au-delà de la pièce, vers le nord, de manière à former la limite orientale d'autres structures adjacentes, notamment la pièce/cour 607 ; il s'enfonce ensuite dans la berme septentrionale du carré de fouilles.

Aucune trace de seuil n'est visible dans l'un de ces quatre murs, mais comme ces derniers ne sont préservés que sur une seule assise, on ne peut pas présumer que cette pièce était dépourvue de porte.

NIVEAU XIII

Figure 3.2 : Niveau XIII dégagé au centre du tell principal, vu vers le nord. L'édifice au plan en gril, à gauche, appartient au niveau XII.

Figure 3.3 : Pièces 606, au premier plan, et 607, au second plan, vues vers le nord. La paroi septentrionale du carré E13 présente de multiples couches de cendres recouvrant la fosse dans laquelle fut inhumé le squelette d'un ânon. À droite, le mur 127 émerge de la berme orientale des carrés E13-14.

Cette modeste pièce 606, au sol en terre battue, est équipée de trois installations :

– Un foyer circulaire, dans l'angle nord-ouest, dont le fond (0,70 m de diamètre), clairement indiqué par des traces de feu au sol, est constitué d'une couche de plâtre ou plutôt d'argile durcie mêlée à du gravier, comme c'est souvent le cas avec ce type d'installation domestique (Gur-Arieh 2018) ; il est légèrement surélevé par rapport au sol de la pièce sans être toutefois encerclé par une bordure quelconque, à en juger par les traces de feu sur le parement du mur qui le borde au nord.

– Une grande fosse oblongue (2,00 × 1,50 m) creusée, sur une trentaine de centimètres de profondeur à même le sol vierge, dans le quart nord-est de la pièce.

– Une petite structure rectangulaire (1,75 × 1,20 m), aux parois très minces, érigée à la jonction des murs 236 et 131.

L'inventaire céramique de la pièce **606** (Tableau 3.2) est très modeste et les seuls autres éléments de la culture matérielle qui en furent retirés consistent en six fragments de silex, dont un nucléus à éclats.

Tableau 3.2: Inventaire céramique de la pièce 606.

Fabriques	Fragments	Formes/vases	Numéros catalogue/C
Fine	3	1 bol	9014
Commune	85	1 grand bol	8721
		1 jatte	9025
		1 jarre à petite ouverture	9011
		1 jarre à grande ouverture	9019
		1 forme indéterminée	9026
Culinaire	59	5 marmites	9012-3-4-5, 9027
		1 jatte	9028
TOTAL	**147**		

Tableau 3.3 : Inventaire céramique de la pièce/cour 607.

Fabriques	Fragments	Formes/vases	Numéros catalogue/C
Fine	2		
Commune	60	1 grand bol	9330
		1 jatte	9329
Culinaire	11	2 marmites	9515, 9528
TOTAL	**73**		

Au nord de cette pièce 606, passe une sorte de corridor orienté est-ouest dont la largeur varie entre 1,00 et 1,20 m, sur une longueur de trois mètres. Il sépare la pièce 606 d'une seconde pièce, au nord, la **607**, pour laquelle nous n'avons que deux murs limitrophes formés d'une seule assise de briques crues disposées en panneresses directement sur le sol vierge :

- Mur 280, au sud : 2,90 (lo.) × 0,30 (la.) × 0,10 m (h.).
- Mur 133, à l'est : 2,40 (lo.) × 0,25 (la.) × 0,15 m (h.) ; il longe le mur 132 passant à l'est et se prolonge dans la berme septentrionale du carré E13.

L'absence de mur du côté ouest donne à penser que la pièce 607 serait peut-être plutôt une cour. Vers le nord, sa limite est inconnue ; elle donne l'impression de se prolonger au-delà de la zone fouillée. La stratigraphie de la paroi septentrionale du carré E13 (Figs 3.3 et 2.8 : coupe 13-Nord) révèle une utilisation intensive des lieux, si on en juge par les multiples couches de terre cendreuse grisâtre qui résulteraient des rejets de cendres générées par les fours et foyers en activité dans le secteur.

La pièce/cour **607** n'a produit que très peu de fragments de céramique (Tableau 3.3) et aucun artéfact.

L'élément le plus intéressant de cette pièce/cour 607 est apparu sous son sol en terre battue. En effet, une fosse [**ATJ93.E13A33**] rectangulaire (1,40 × 1,20 m) y a été creusée à même le sol vierge. Au moment de sa découverte, elle était remplie de cendres (Fig. 3.4). En la vidant, fut mis au jour, à une cinquantaine de centimètres sous le sol en terre battue, le squelette entier d'un âne/ânon, ou d'un onagre (?), sur lequel avait été déposé une meule en basalte renversée et le fragment d'une autre, comme pour le retenir dans sa fosse (Fig. 3.5). Outre deux éclats de silex, la fosse ne contenait, en tout et pour tout, que trois tessons de céramique sans forme : un de fabrique *Ninive 5*, un de *Commune* et un dernier de *Culinaire*.

La pièce/cour 607 donne, vers l'ouest, sur une autre cour [**620**] qui couvre le reste de l'espace fouillé dans ce secteur au centre du tell : 78 m². Elle ne comporte aucune structure, mais que des couches de terre argileuse de couleur brun rougeâtre alternant avec des couches grisâtres que l'on identifie volontiers à des cendres (Fig. 3.6). Ce type de stratigraphie résulte de l'accumulation de couches de débris de briques et de revêtements de murs en argile érodés par les pluies hivernales alternant avec des couches de cendres retirées des fours ou des foyers et ensuite rejetées dans les cours avoisinantes (Schwartz 2015, 22-23). Certaines des couches brunes, parfois minces, pourraient également correspondre à des sols en terre battue sur lesquels se sont accumulés des rejets de cendres. Quant aux cendres elles-mêmes, elles ne sont

Figure 3.4 : Vue plongeante sur la pièce 606, au second plan, et la 607, au premier plan ; dans cette dernière est creusée une fosse contenant le squelette d'un ânon. À droite, se dresse le mur du grenier au plan en gril du niveau XII.

Figure 3.5 : Fosse rectangulaire [ATJ93.E13A33] creusée dans le sol vierge et contenant le squelette d'un ânon ou d'un onagre.

Tableau 3.4 : Inventaire céramique de la cour 620.

Fabriques	Fragments	Formes/vases	Numéros catalogue/C
Ninive 5	7		
Peinte	7	1 calice	6232
		1 forme indéterminée	9596
Fine	31	1 coupelle	9383
		10 bols	8988, 9064, 9396, 9397, 9405, 9406, 9434, 9435, 9442, 9602
		1 bouteille	9471
Commune	339	3 bols	9534, 9549, 9564
		9 grands bols	6256-7, 9003, 9108, 9400, 9440, 9548, 9550, 9554
		4 jattes	9111-2-3, 9553
		3 jarres à petite ouverture	8736, 9303, 9385
		2 grandes jarres	8954, 10049
		1 jarre à bec verseur	9375
Culinaire	288	2 bols	9546-7
		1 pot	9379
		31 marmites	6248, 8374, 9070-1, 9306-7-8, 10, 9312, 9322, 9373-74, 9376, 9378, 9382, 9387-88, 9390-1-2-3, 9399, 9401, 9441, 9443, 9447, 9463, 9483-84, 9486, 9524
TOTAL	673		

pas complètement pures ; elles comportent des matériaux pédologiques, comme des analyses chimiques l'ont démontré (Lease *et al.* 2001b). En effet, leur teneur en carbone est plutôt faible en dépit de la couleur grise dominante dans la matrice de sol. Ces cendres ont vraisemblablement été mélangées à de la terre afin d'éviter qu'elles ne s'envolent en poussière lorsqu'elles étaient dispersées dans une cour. Il fut toutefois impossible d'établir, à partir de l'examen des lames minces faites dans ces couches cendreuses, si l'accumulation des cendres s'est étalée sur plusieurs années, laissant ainsi le temps aux processus d'érosion – vents et pluies – d'intervenir. Aucune trace importante non plus de compactage n'a été observée, ce qui aurait été un indice de passages répétés aux endroits où les cendres étaient épandues. Après un certain laps de temps, les habitants devaient juger plus utile d'étaler une mince couche de terre argileuse brune sur les accumulations de rejets cendreux et de recommencer le

Figure 3.6 : Berme au centre de la cour 620 montrant une alternance de couches de terre brune et grise, vestiges de l'occupation de cette cour 620 ; vue vers le nord-est.

processus de déposition de cendres. Ces couches passent sous les édifices au plan en gril qui appartiennent, par conséquent, au niveau supérieur (XII).

Le riche inventaire céramique de la cour **620**[1] est présenté de manière détaillée dans le Tableau 3.4 et quelques fragments représentatifs sont illustrés dans la Figure 3.7.

Autres éléments de la culture matérielle de la cour 620[2] :

- 25 fragments de silex, dont un nucléus à éclats et trois tronçons de lame lustrée ;
- 1 tronçon de lamelle en obsidienne ;
- 2 meules en basalte alvéolé, incomplètes [ATJ93.E15C19.L271 et ATJ93.F15C13.L272] ;
- 1 crapaudine en calcaire, complète [ATJ93.F15C13.L279] ;
- 1 petite perle en cristal de roche, en forme de disque perforé au centre, complète [ATJ93.F13C4.B81].

La zone fouillée au centre du tell est délimitée à l'est par une longue berme qui correspond à la bordure orientale des carrés E13-14-15 (Figs 3.8 et 2.12 : coupe E-Est). Nous pouvons y deviner la présence de structures qui, malheureusement, n'ont pas pu être fouillées. C'est le cas du mur **127** qui se profile hors de la berme sur une longueur de neuf mètres, atteignant 1,30 m de largeur à l'une de ses extrémités où se dresse un contrefort large de 0,90 m qui fait saillie de 0,70 m. Comme ce mur 127 est constitué de briques crues sur toute sa largeur, il se pourrait que ce soit la bordure occidentale d'une grande structure (édifice ? plateforme ?) en briques crues qui s'étendrait vers l'est, hors du secteur de fouilles.

Plus au sud, le long de cette même berme, dans le carré E15, apparaît partiellement un autre bout de mur, le **134** : long de 2,50 m et large de 0,35 m à son endroit le plus visible hors de la berme, lui aussi est fondé directement sur le sol vierge (Figs 3.8, 2.10 : coupe 15-Nord et 2.12 : coupe E-Est). Et lui aussi doit appartenir à un bâtiment (?) qui s'étend vers l'est, dans la zone non fouillée. Comme ce mur restera en usage au niveau suivant (XII), puis laissera la place à une plateforme [594] dans les niveaux XI à IX, il est donc raisonnable d'y voir la bordure d'une telle plateforme dès ce niveau-ci.

---

1 Ont été écartés de cet inventaire les tessons et artéfacts provenant des unités de fouilles qui se trouvaient trop près de la ligne d'érosion du tell et qui par conséquent risquaient d'avoir été contaminées par des éléments de la culture matérielle qui auraient pu glisser le long de la pente occidentale très abrupte dans ce secteur : ATJ92.G13A4, ATJ92.G14A3-4-5-6, et ATJ92.G15A5. Ces unités de fouilles ont néanmoins produit trois artéfacts qui méritent d'être signalés, car même si leur provenance exacte pose problème, leur appartenance à la culture matérielle de Tell 'Atij ne fait aucun doute :
- 1 houe en basalte alvéolé, complète [ATJ92.G15A5.L245] ;
- 1 poids circulaire à perforation centrale en basalte alvéolé, complet [ATJ92.G15A5.L246] ;
- 1 percuteur en calcaire rouge, incomplet [ATJ92.G15A5.L247].

2 Tous les artéfacts portant un numéro de catalogue sont décrits et illustrés dans les chapitres de la deuxième partie du présent rapport décrivant et analysant les différentes catégories d'éléments de la culture matérielle de Tell 'Atij.

NIVEAU XIII

Figure 3.7 : Fragments de céramique retirés du comblement de la cour 620.

ATJ93.E15C19.C6232 : Tesson peint de lignes horizontales courbes et d'un motif en quadrillé (cf. Schwartz 1988, fig. 37/1). Provient de la partie centrale d'une petite jarre biconique à la panse carénée (cf. type 21 de Rova 2011, 68). Les épaisses lignes ondulées couvraient la partie inférieure du vase tandis que l'épaule, prononcée et courbe, était ornée d'une large métope hachurée qui devait occuper toute la partie supérieure de la panse.

ATJ93.F15C13.C6248 : Fragment d'une marmite de fabrique *Culinaire*. 16 cm (dia.). Pâte de couleur *reddish yellow* (5YR6/6) à *light reddish brown* (5YR6/4), dure (Mohs 5), de texture très grossière avec plusieurs inclusions minérales. Rebord droit/rentrant, lèvre arrondie, tenons arqués au rebord. Traces de cuisson (cf. Schwartz 1988, fig. 45/3).

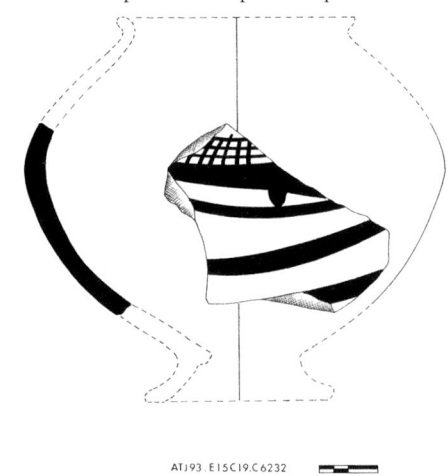

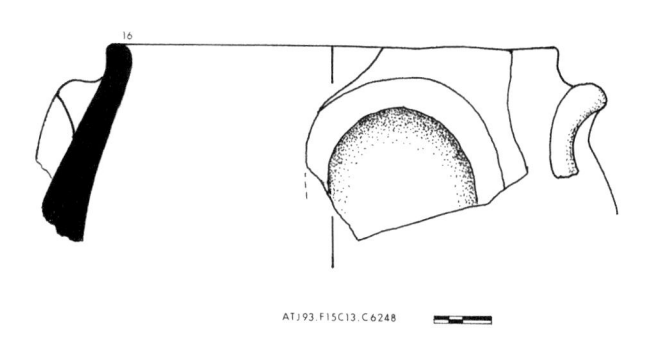

ATJ93.F15C13.C6256+F15C14.C6257 : Deux fragments, qui recollent, de la partie inférieure de grands bols de fabrique *Commune* caractérisés par une petite base annulaire (cf. ARCANE EJZ type 5 : Rova 2011, 66, 81, pl. 1/6-7).

ATJ93.E14A30.C9382 : Petite marmite de fabrique *Culinaire*, fragmentaire. 14 cm (dia.). Pâte de couleur *reddish yellow* (5YR6/6) à *light reddish brown* (5YR6/4), dure (Mohs 5), de texture très grossière avec plusieurs inclusions minérales. Paroi carénée, rebord droit/rentrant, lèvre carrée, bec tubulaire au rebord. Traces de cuisson.

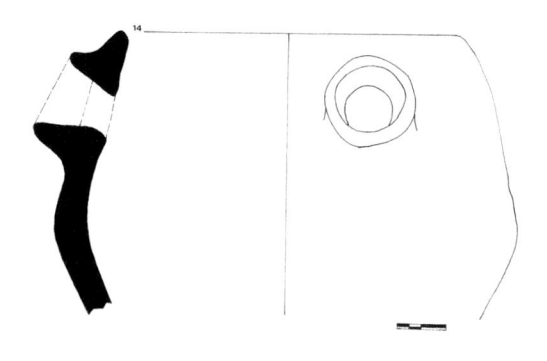

Figure 3.8 : Paroi stratigraphique formant la limite orientale du secteur fouillé au centre du tell. Le mur 127, fondé sur le sol vierge, fait saillie de la berme. Au premier plan : la pièce 606, au centre, et la 607, à gauche.

Figure 3.9 : Partie méridionale du secteur fouillé au centre du tell, vue vers le sud. Au premier plan, la cour 620. Le mur 134, à gauche, fait saillie à la base de la berme orientale et, en face, se trouvent les traces d'un foyer à même le sol vierge.

Finalement, au sud de la cour 620 (Fig. 3.9), dans l'angle formé par les bermes méridionale et orientale, le sol en terre battue porte la marque noircie par le feu d'un cercle plein dont le diamètre atteint pratiquement un mètre. Il pourrait s'agir des restes d'un foyer sans bordure plutôt que d'un four puisqu'aucune trace de paroi en briques crues n'apparaît dans la berme méridionale (Fig. 2.11 : coupe 15-Sud). Toujours dans cette même berme, on peut percevoir la présence d'un mur qui toutefois n'a pas été décelé lors de la fouille. Mais au vu de son épaisseur, on peut soupçonner l'existence d'une structure consistante au sud du secteur fouillé.

Base du flanc occidental

La base du flanc occidental du tell principal d'Atij a été l'objet de deux opérations de terrassement lors de nos campagnes qui nous ont permis de faire néanmoins des observations de nature archéologique.

Tout d'abord, au cours de l'examen pédologique de l'assise naturelle du tell (Chapitre 1) (Fig. 1.5), et notamment de la « couche cendreuse grise, épaisse en moyenne de 10 cm, posée sur un dépôt alluvionnaire de 6 mètres environ » (Fortin 1988a, 147) qui, selon toute vraisemblance, correspond à la première couche d'oc-

NIVEAU XIII

Figure 3.10 : Vase ATJ86.CG.C412 de fabrique *Commune*, apparemment un raté de cuisson, extrait de la couche grise qui recouvre l'assise naturelle du tell.

cupation du site, les fragments d'un vase très particulier [ATJ86.CG.C412] en furent retirés (Fig. 3.10). Ils appartiennent à une petite jarre de fabrique *Commune* qui a été remontée mais dont il est difficile de reconstituer la forme originelle puisque ce vase a été déformé. Il rappelle un raté de cuisson, c'est-à-dire une céramique qui se serait affaissée lors de sa cuisson. Comme les ratés de cuisson sont normalement rejetés à proximité du lieu où ils sont cuits, faudrait-il alors subodorer la présence, au niveau XIII de Tell 'Atij, d'un four de potier associé à un atelier de fabrication de la céramique ?

Lors d'une campagne ultérieure, la base du flanc occidental du tell fut légèrement entaillée sur une longueur de trente mètres afin d'y aménager un étroit sentier menant au chantier situé au centre du tell (carrés G6-7-8-9-10-11-12) (Fig. 2.6, à gauche du cliché montrant l'ensemble du flanc ; Fig. 3.11). Aucune structure n'y fut dégagée. Les quelques tessons de céramique et fragments de silex3 qui furent recueillis lors de cette opération sont ici signalés par souci d'exhaustivité, même s'ils ne peuvent pas être pris en considération étant donné qu'ils ont été trouvés en limite d'érosion du tell et, de surcroît, au pied de l'un de ses flancs très pentu le long duquel ils ont très bien pu glisser sous l'effet de l'érosion.

Extrémité septentrionale

Une petite surface du niveau XIII, environ 2,00 × 1,50 m, fut dégagée tout au fond d'une profonde (5,50 m) et étroite (2,00 m) tranchée de sondage ouverte sur une dizaine de mètres de long en travers de l'extrémité septentrionale du tell principal ; comme elle a été entreprise dans le carré E5, elle fut donc désignée : « sondage E5 » (Fortin 1990a, 230-233, fig. 13), même si en réalité elle se prolonge vers l'ouest, dans le carré F5. Les traces du niveau XIII consistent ici en une mince couche de terre grisâtre [ATJ87.E5A19] (Figs 3.12 et 3.14), d'épaisseur variable, qui ne s'étend toutefois pas à l'ensemble du sondage. Elle est associée à deux petites

---

3 L'inventaire céramique des unités de fouilles ATJ88.G6-7-8-9-10-11-12A1 :

Fabriques	Fragments	Formes/vases	Numéros catalogue/C
Grise incisée	1	1 bol	2664
Commune	30	6 grands bols	2652, 2655, 2659, 2671, 2673, 3921,
		1 jatte	2627
		4 jarres	2553, 2626, 2674, 2693,
		15 jarres à grande ouverture	1798, 2622, 2624-5, 2628, 2633, 2635, 2642, 2645, 2658, 2672, 2676-7, 2683
		1 jarre à petite ouverture	2666
		2 grandes jarres	2640, 10101
Culinaire	33	29 marmites	2623, 2631-2, 2637-8, 2641, 2643-4, 2646-7-8-9, 2650, 2654, 2656-7, 2660-1-2, 2665, 2667, 2668-9, 2670, 2675, 2678-9, 2680, 2685
		1 couvercle	2651
		1 jatte	2663
		1 grand bol	2634
TOTAL	**64**		

Autres éléments de la culture matérielle des unités de fouilles ATJ88.G6-7-8-9-10-11-12A1 :
- 24 fragments de silex, dont quatre nucléus à éclats et deux tronçons de lame lustrée.

Figure 3.11 : Flanc occidental du tell principal et du sentier aménagé à sa base, vus vers le sud.

Figure 3.12 : Parement interne du mur d'enceinte [404] dégagé dans le sondage E5 pratiqué en travers de l'extrémité septentrionale du tell principal d'Atij ; vue vers le nord-est. La couche grise qui se prolonge sous le mur d'enceinte correspond à la première occupation du site puisqu'elle repose directement sur le sol vierge.

plaques en plâtre de gypse [ATJ87.E5A20] et, aménagé à même le sol vierge, à une sorte de support, fabriqué dans le même matériau, pour un vase [ATJ87.E5A21]. Seuls deux tessons de céramique non diagnostiques et huit fragments de silex, dont un nucléus à éclats et un tronçon de lame lustrée, furent extraits de cette couche grisâtre.

La superficie dégagée au fond de ce sondage est beaucoup trop restreinte pour être en mesure d'en fournir une interprétation quelconque, et encore moins d'en établir un lien, autrement que par les cotes altimétriques, avec le secteur fouillé au centre du tell, quarante mètres plus au sud. Néanmoins, son association avec le niveau XIII est indéniable du fait que la couche de terre grisâtre recouvre la surface de l'assise naturelle du tell, c'est-à-dire le paléosol (Blackburn 1998).

Figure 3.13 : Portion du mur d'enceinte 404 dégagée à la limite septentrionale du tell principal d'Atij, vue vers le nord-ouest.

Mur d'enceinte

En plus de ne pas s'étendre à l'ensemble du sondage, cette couche grisâtre juste mentionnée passe sous une partie d'un imposant et massif mur de briques crues [**404**], épais de 3,00 m et haut de plus de 5,00 m à cet endroit, contre la face interne duquel le sondage fut pratiqué (Fig. 3.12). Était-ce une couche de nivellement intentionnellement étalée à cet endroit afin de combler une dépression à la surface du sol vierge et servir en quelque sorte de fondation au mur 404 ? Dans le reste de la tranchée, ce mur repose directement sur le sol vierge. L'analyse de la composition chimique de cette couche grisâtre, en apparence cendreuse, a révélé que son contenu en carbone organique, bien qu'humifié, n'est pas suffisant pour y voir les simples restes d'une installation domestique à cet endroit, antérieure à la construction du mur (Lease *et al.* 2001b, 208). Son étalement précisément à cet endroit a donc été planifié et est sans doute à mettre en relation avec la construction de l'imposant mur 404 : une opération de nivellement préparatoire à l'édification du rempart.

Sur la portion du parement interne de ce dernier mis au jour dans le sondage E5 (Fig. 3.12), les briques crues, 0,48 (lo.) × 0,28 (la.) × 0,07 m (h.), sont disposées en panneresses, formant ainsi un appareil régulier. Toute l'épaisseur du mur, sur trois mètres, est formée d'une succession d'alignements parallèles de briques crues en panneresses, comme cela peut être observé dans la coupe pratiquée en travers du mur (Fig. 3.12) et à son sommet qui fut minutieusement déblayé dans le carré E5 sur une longueur de cinq mètres (Fig. 3.13).

Le point le plus élevé du sommet du mur dégagé dans le carré E5 atteint la cote d'altitude +294,50 m, ce qui lui donne donc une hauteur de 5,50 m puisque le sol vierge sur lequel il est fondé se situe à +289 mètres d'altitude. Or, considérant son positionnement sur le versant septentrional du tell, en pente douce, il est manifeste qu'une bonne portion de sa partie supérieure a été emportée par l'érosion. Ce qui a été noté lors du dégagement de son prolongement vers le sud, dans les carrés D6-7-8 et E6 (Fig. 10.23), où son sommet avoisine la cote altimétrique +296,00 m, lui conférant ainsi une hauteur de sept mètres. Comme il s'agit d'une hauteur calculée à partir d'altitudes enregistrées au sommet des restes préservés d'un mur construit en un matériau friable qui a subi les effets de l'érosion – grands vents de sable et fortes pluies – pendant près de cinq millénaires, il est permis d'imaginer qu'il devait être plus élevé lorsqu'il était en usage. De fait, il est tout à fait logique de supposer que son sommet devait atteindre, au minimum, l'altitude du dernier niveau d'occupation (niveau I)

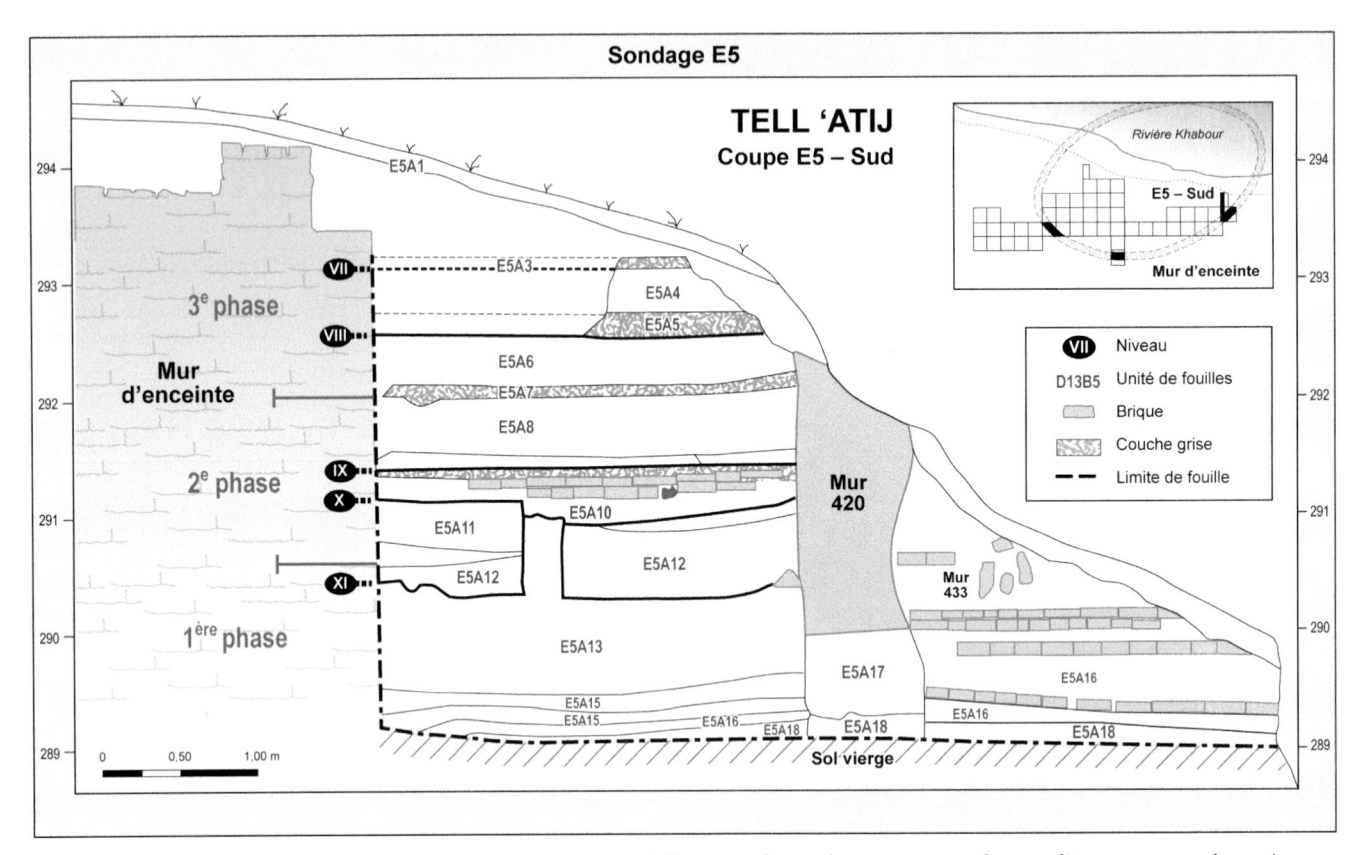

Figure 3.14 : Coupe stratigraphique méridionale du sondage E5 ; différentes phases de construction du mur d'enceinte 404, observées sur son parement interne, peuvent être mises en correspondance avec les couches stratigraphiques qui viennent buter contre son parement.

Figure 3.15 : Segment du mur d'enceinte 310 dégagé dans un chantier au sud du tell principal d'Atij, vu vers le sud. Son tracé a fait l'objet de plusieurs vérifications, au moment de son dégagement, qui en ont un peu transformé l'aspect. Il est accolé à un imposant bâtiment, à droite, qui jouxte directement son parement interne et qui appartient aux niveaux supérieurs.

du site et des débris qui le recouvraient, c'est-à-dire le sommet du tell lorsque nous y avons entrepris nos fouilles, soit environ +298,00 m. Ce qui lui donnerait, par conséquent, une hauteur de neuf mètres ; voire davantage (2-3 mètres) puisqu'il devait fournir une protection aux installations du niveau I à l'intérieur du hameau.

Cependant, le mur d'enceinte 404 n'a pas été érigé en une seule opération ; il a été rehaussé au fur et à mesure de l'accumulation des débris des niveaux antérieurs, comme on a pu l'observer sur son parement méridional mis au jour dans le sondage E5 : différentes phases de construction correspondent à des changements stratigraphiques (Fig. 3.14).

Une autre caractéristique de ce mur dégagé en limite septentrionale du tell est que son tracé épouse une courbe régulière (Fig. 3.13), ce qui n'a rien d'étonnant si on conçoit que ce mur devait encercler l'ensemble du tell. Or, outre cette section d'une quinzaine de mètres identifiée au nord du tell principal (Fig. 10.23), des segments de ce même mur ont été mis au jour sur deux autres chantiers de fouilles :

– Au sud du tell, dans les carrés D17-18 (Fortin 1988a, 163-164, fig. 27) : le mur 310, dont l'épaisseur de trois mètres légèrement courbe est entièrement

Figure 3.16 : Portion du sommet du mur d'enceinte 466 mise au jour au centre du tell principal, vu vers l'ouest. Deux murs parallèles [201 et 261], des niveaux supérieurs, viennent buter contre son parement interne incurvé.

faite de briques crues disposées en panneresses sur des alignements parallèles, longe la face orientale d'une grande structure également en briques crues (Figs 3.15 et 11.1) ; l'altitude calculée à son sommet n'est que de +294,85 m, tandis que celle prise sur les murs du bâtiment avoisinant qui est accolée à son parement intérieur est de l'ordre de +295,20 m, voire +296 m par endroits, selon l'intensité de l'érosion dans ce secteur très pentu. Le sommet du mur d'enceinte 310 a donc été sévèrement érodé le long du versant méridional du tell.

- À l'est du tell, dans les carrés B-C13 (Fortin 1995, 37-39) : le mur 466, en briques crues et large d'un peu plus de 2,50 m, est disposé transversalement à deux imposants murs [201 et 261] orientés est-ouest qui viennent buter contre son parement interne qui présente une certaine courbure (Figs 3.16 et 11.1). Seul son sommet a été déblayé afin d'en déterminer le tracé. Le point le plus élevé de sa surface préservée se situe à +295,30 m environ tandis que le sommet des murs 261 et 201 atteint +297,00 m. Il est manifeste ici aussi que la partie sommitale du mur 466 a considérablement souffert des effets de l'érosion le long du flanc oriental du tell où la pente est très raide.

Aucune des sections dégagées du mur d'enceinte n'a révélé la présence d'une porte.

Comme ces trois différents segments de murs [404, 466 et 310] forment chacun un arc de cercle peu prononcé, il devient possible, en les reliant entre eux, de reconstituer le tracé original de cet imposant mur massif de trois mètres d'épaisseur qui ceinturait l'ensemble du tell principal (Fortin 1995, 39-41, fig. 13) (Fig. 3.17). L'enceinte de Tell 'Atij avait donc une forme ovale allongée ; le rempart, dont le périmètre devait atteindre 180-200 mètres, encerclait une superficie elliptique de 2 400 m^2 : 44 mètres de largeur en sa partie maximale sur 71 mètres de longueur à son maximum, soit un peu moins d'un quart d'hectare seulement. Si on y ajoute l'épaisseur du mur lui-même, la superficie du

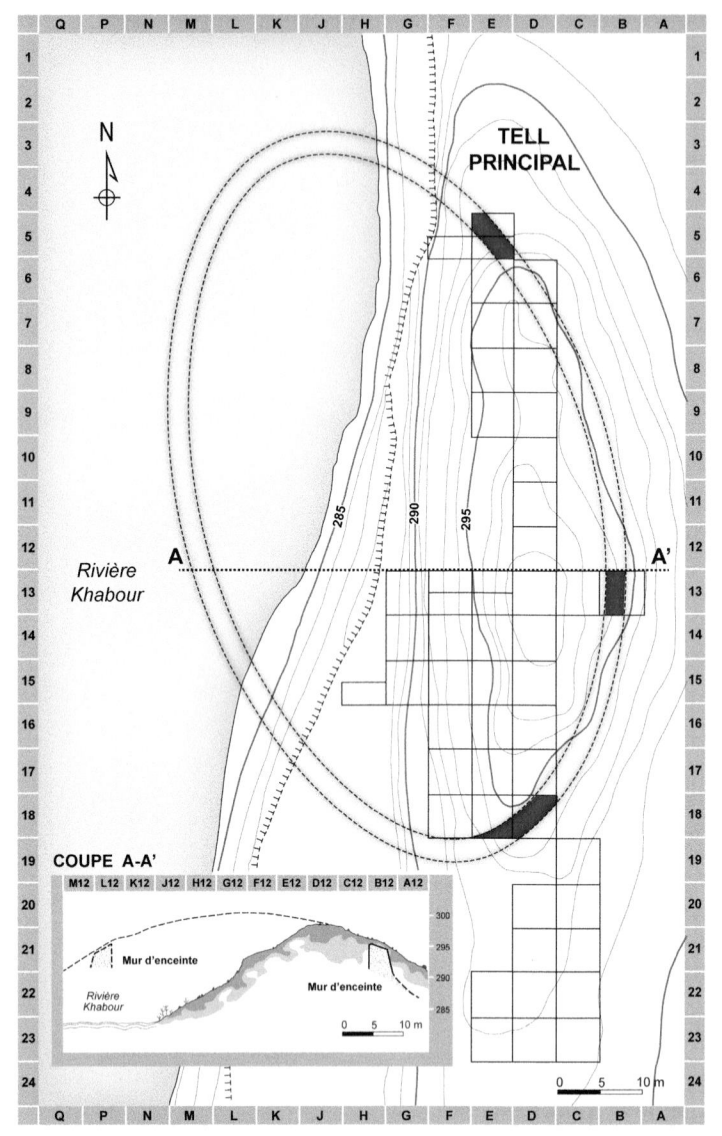

Figure 3.17 : Tracé du mur d'enceinte entourant le tell principal d'Atij, reconstitué à partir de trois segments découverts dans différents chantiers de fouilles du site.

volume équivalent à 27 000 m³, que l'érosion a réduit à 10 800 m³. Nos fouilles ont donc porté sur à peu près 25% du volume du tell actuel mais que sur 10% du volume initial du site, avant érosion.

Le mur d'enceinte de Tell 'Atij n'est pas un cas isolé. Des remparts semblables ont été identifiés sur d'autres sites contemporains (EJZ 1-2) dans la moyenne vallée du Khabour (Pfälzner 2011, 138-142)[4] :

– *Bderi* : à partir du début de la période EJZ 2 (niveau 27) et jusque durant l'EJZ 3, la ville entière – 6,8 ha de superficie – fut défendue par un massif mur d'enceinte en briques crues, large de deux mètres, posé sur une fondation en briques crues également. Un glacis de pisé large de deux mètres protégeait son soubassement externe des fréquentes inondations du Khabour, selon le fouilleur (Pfälzner 2011, 140). Ce mur était renforcé par des contreforts de briques crues disposés à chaque deux mètres sur son parement intérieur ; par la suite, les espaces entre les contreforts furent fermés par un mur créant de la sorte une série de casemates. Ce mur d'enceinte, retracé sur une longueur de 17 mètres dans la grande tranchée en escalier le long de la pente méridionale du site, était percé d'une baie de trois mètres, bordée de chaque côté par des blocs orthostates en calcaire (1,25 × 1,25 × 0,20 m). Cette porte était défendue sur un côté par une tour de 1,80 × 1,80 m. Une allée de pavés délimitée de part et d'autre, sur une distance de quatre mètres, d'un muret en briques crues, conduisait à cette porte (Pfälzner 1986a, 277 ; 1986b, 294 ; 1988, 66-67 ; 1990, 236-238 ; 1997, 244-246 ; 2011, 139-140).

– *Rad Shaqrah* : un épais (3,9 m) mur de briques crues préservé sur une hauteur de quatre mètres, massif par endroits et à casemates remplies de fragments de briques et de débris dans d'autres secteurs, ceinturait ce petit site (100 × 50 m) suivant un plan polygonal. Son soubassement était consolidé par un glacis : un amoncellement de couches com-

site atteint 3 000 m² (50 × 77 m), soit un tiers d'hectare. Des dimensions qui restent très modestes. Et qui le sont davantage lorsque l'on constate que le tell principal d'Atij, à l'heure actuelle, ne représente qu'une petite portion (40%) de l'établissement d'origine à ne pas avoir été emporté par l'érosion (Fig. 3.17).

Par ailleurs, ces données métriques nous ont permis d'établir que les 28 carrés de fouilles (5 × 5 m) ouverts à la surface du tell principal, à l'emplacement de la zone habitée délimitée par ce mur d'enceinte, couvrent une superficie de 700 m², soit 23% environ de la surface du hameau d'origine mais 58% de celle du tell actuel. Si on ajoute à ces superficies une accumulation de 9 mètres de débris, nous obtenons pour cet établissement un

---

[4] En revanche, certains sites contemporains dans la moyenne vallée du Khabour n'étaient pas défendus par un mur d'enceinte :
- *Raqa'i* : l'épais mur externe du bâtiment circulaire (*Round Building*) était peut-être prévu pour dissuader toutes intrusions dans les installations industrielles qui se trouvaient à l'intérieur mais il n'encerclait pas l'ensemble du site et n'était pas destiné à protéger l'ensemble du site (Pfälzner 2011, 141 ; Schwartz 2015, 38-43).
- *Mashnaqa* : après avoir pensé que les imposants murs massifs de briques crues au sommet du tell, associés à des silos, auraient pu avoir été des murs de fortification, la découverte de multiples ouvertures pratiquées dans ces derniers sont venus infirmer cette interprétation (Beyer 1998, 10-11).

pactes de terre et de pierres, haut de cinq mètres et dont la largeur pouvait en atteindre six à sa base. Une phase antérieure de ce mur, confondue au début avec de possibles fondations du rempart, construite en blocs de basalte, ne mesurait que deux mètres de largeur et s'enfonçait sur au moins 1,6 m dans le sol (Bieliński 1992, 79-81 ; 1993, 123-125 ; 1994, 155-159 ; 1996, 162-163 ; Kolinski 1996b, 67).

– *Kneidij* : un mur de fortification en briques crues, érigé sur le sol vierge (EJZ I – niveau XVI), fut d'abord détecté au fond d'un sondage (Klengel-Brandt *et al.* 2005, 14). Puis, une section de 14 mètres d'un mur d'enceinte construit en briques crues fut mise au jour au niveau XIII (EJZ 2) (Klengel-Brandt *et al.* 2005, 33, pl. 40). Ce dernier, large de 2,40 m, possédait la particularité d'être protégé sur sa face externe par un glacis de même épaisseur. La section de mur dégagée étant rectiligne, et au vu de la topographie du site, les fouilleurs ont présumé que son tracé était rectangulaire ou polygonal et qu'il entourait le site qui couvrait alors une superficie de trois hectares.

– *Mulla Matar* : l'imposant mur de soutènement en briques crues dégagé au milieu de la tranchée de sondage sur le flanc est du tell opposé à la rivière pourrait avoir aussi servi à décourager toute attaque venant de ce côté (Sürenhagen 1990, 137-138 ; 1991).

– *Kerma* : un mur de briques crues de cinq mètres d'épaisseur borde trois des côtés du site, mais il aurait été plutôt destiné à préserver le site des crues du Khabour, selon la fouilleuse (Saghieh 1991, 173-174).

– *Melebiya* (?) : le plus grand site de la vallée (7 ha) aurait été défendu par un périmètre défensif qui aurait été complètement érodé par la rivière dont le cours aurait changé après l'abandon du site (Lebeau 1993, 46).

– *Ziyadeh* (?) : un modeste glacis aurait certes été mis en place en bordure du tell, du moins à un endroit, quoique selon les fouilleurs il aurait été destiné à protéger les bâtiments du site des inondations plutôt que d'éventuels assaillants (Buccellati *et al.* 1991, 57 ; Hole & Tonoike 2016, 109-117).

À cette liste, il conviendrait d'ajouter des traces d'enceintes repérées sur des sites contemporains qui ont été fouillés le long du Khabour, mais immédiatement au nord de Hassaké :

– *Abu Hujeira I* : bien que très peu documentée, l'existence d'une enceinte autour de ce site semble assurée pour les fouilleurs (Suleiman & Quenet 2003, 22 ; 2004, 9-11, 28 figs 14-15). De simples traces d'un mur épais de 2,50 m ont été observées en surface au pied du tell, en contrebas d'un sondage ; l'embrasure d'une porte y était même visible. Ce mur de fortification a également été identifié dans une tranchée pédologique (Courty 1994, 42 fig. 15). Enfin, un massif de briques crues, large de cinq mètres et haut de 2,40 m, mis au jour sur un chantier du site, aurait aussi fait partie du tracé de cette enceinte (Martin & Wartke 1993-1994, 204).

– *Abu Hafur* : un mur épais de six mètres au moins et haut de dix, construit en très grandes briques crues, était plutôt destiné, selon le fouilleur, à endiguer les crues du Wadi Awayj à proximité, car il a été retracé uniquement au nord du site (Bieliński 1990, 24 ; 1991, 100-101), face à la rivière. Connaissant la situation de Tell 'Atij, on peut très bien imaginer que Tell Abu Hafur a été entièrement entouré d'un mur défensif à l'origine, mais que seule une partie de ce mur a survécu aux crues débordantes du wadi après l'abandon du site (Suleiman & Quenet 2004, 12).

Enfin, signalons un autre site de la même période, situé cependant dans le triangle du Khabour, sur lequel un mur d'enceinte aurait été identifié :

– *Hazna I* : un mur d'enclos circulaire en briques crues dont l'épaisseur varie entre deux et six mètres, préservé sur sept mètres de hauteur. Le diamètre de l'enclos atteint 80 mètres environ, ce qui donne 5 000 m^2 pour l'aire entourée d'un enclos, soit un demi-hectare : le double de Tell 'Atij. Selon les fouilleurs, ce mur aurait servi « as a lee from the winter cold piercing wind, rain and snow » (Munchaev & Amirov 2016, 578).

Donc, selon certains fouilleurs, plusieurs de ces épais murs d'enceinte cités plus haut auraient été des espèces de digues érigées pour retenir les crues de la rivière sur les berges de laquelle ils ont été érigés. Or, la relation graphique des trois segments du mur d'enceinte de Tell 'Atij mis au jour au nord, à l'est et au sud de son tell principal (Fig. 3.17) nous a permis d'établir qu'une bonne partie – environ 60% – du tell principal d'Atij et de son mur d'enceinte a été emportée par les crues du Khabour dont le cours passe maintenant à l'endroit où se dressait la partie occidentale du mur d'enceinte. Par conséquent, il me semble justifié de mettre en doute l'efficacité d'une telle construction en briques crues face aux débordements saisonniers d'une rivière au cours méandreux.[5]

Datation

La récente analyse archéomagnétique de fragments de céramique de fabrique *Commune* provenant de ce niveau est venue confirmer la date de fondation de Tell Atij : 2865 ± 61 av. J.-C. (Gallet, Fortin *et al.* 2020, table 1).

En effet, des tessons diagnostiques ramassés à la surface même du sol vierge avaient déjà permis d'avancer une datation pour le premier niveau d'occupation de Tell 'Atij. Ainsi, le décor ornant un fragment d'un calice de fabrique *Ninive 5 peinte* [ATJ93.E15C19.C6232] (Fig. 3.7) est typique du début de la période EJZ 1 : *c.* 2900 av. J.-C. (cf. Schwartz 1988, fig. 37/1 ; Rova 2011, 85/2 ; Grossman 2014a, 97/2). Pareillement, un fragment de marmite *Culinaire* [ATJ93.F15C13.C6248] doté d'un tenon arqué au rebord s'apparente à un tesson identique provenant d'une strate de Leilan IIIb (Schwartz 1988, fig. 45/3) que l'on situe chronologiquement durant l'époque EJZ 1 (Quenet 2011, 46). Enfin, deux fragments de bols de fabrique *Commune* munis d'une base annulaire [ATJ93.F15C13.C6256 et ATJ93.F15C14.C6257] se comparent à des spécimens qui eux sont plutôt datés de la période EJZ 0 (Rova 2011, 55, 66 : type 5).

Interprétation

Reposant directement sur le sol vierge, le niveau XIII de Tell 'Atij correspond clairement au premier niveau d'occupation de ce site. Environ 6% seulement de sa surface habitable a été dégagée dans le secteur ouvert au centre du tell principal.

Les modestes vestiges architecturaux [pièces 606 et 607] mis au jour en bordure d'une vaste cour [620] en terre battue, d'une part, et, de l'autre, d'un départ de structure massive (une plateforme ?) dont seulement un grand mur fut dégagé [127], ne permettent pas d'attribuer une fonction bien définie à ce petit établissement d'une superficie d'un quart d'hectare seulement, délimitée par le périmètre d'un mur d'enceinte qui lui, par contre, constitue une structure vraiment imposante, voire étonnante pour un si petit bourg rural.

Plateforme 127

Le mur 127 faisant saillie d'une berme du secteur de fouilles pourrait correspondre au rebord d'une plateforme massive qui se prolongerait vers l'est, au-delà de la zone fouillée. Si ce mur appartenait à un édifice, il aurait été moins large et on aurait pu observer un espace entre lui et la berme. Or, cet espace est occupé par des briques bien disposées en panneresses. Nous sommes donc en présence de l'angle d'une structure massive, telle une plateforme. Il est pertinent de signaler que cette même structure restera en usage au niveau suivant (XII) et qu'ensuite, aux niveaux XI-X-IX, une véritable plateforme massive en briques crues sera identifiée tout juste à côté de celle-ci. Du reste, le mur 134, qui lui aussi émerge de la berme orientale, se retrouve à l'emplacement de cette plateforme qui apparaîtra nettement aux niveaux XI-X-IX ; lui aussi pourrait donc appartenir à une seconde plateforme.

Ce type de plateforme massive en briques crues aurait très bien pu servir à y faire sécher et trier des grains récoltés dans les champs avoisinants, comme cela a été noté sur d'autres sites de la Djézireh (Smogorzewska 2019, 61-62). Est-ce que les grains une fois asséchés et mis en sacs ou récipients de terre cuite n'auraient pas pu être entreposés dans des pièces voisines, telle la 606 qui lui est adjacente ? D'autant plus qu'un foyer installé à l'intérieur de cette dernière y aurait asséché l'air : une situation idéale pour en assurer la conservation. L'assèchement des grains aurait pu être poussé encore plus loin en les faisant cuire légèrement au feu afin de leur procurer une plus longue période de conservation.

Pièce 606

La structure de combustion dans l'angle nord-ouest de la pièce 606 se compare au type de foyer circulaire le plus simple, sans bordure, de Tell Arbid (Ławecka 2008, 562) alors que le type avec bordure est plus courant (Smogorzewska 2012, 237 ; 2019, 93). C'est le type de foyer intérieur dit « posé », par opposition au type « construit » (Aurenche 1981, 242-246). Il aurait pu aussi bien servir à cuire de la nourriture qu'à simplement réchauffer la pièce, comme Anna Smogorzewska (2019, 97) le précise dans son analyse des foyers de Tell Arbid. Par ailleurs, le mobilier de cette pièce dédié à la préparation de la nourriture est très pauvre : seulement 40% de la céramique qui en fut retirée est de fabrique *Culinaire*, incluant cinq marmites ; aucun autre élément de la culture matérielle ne peut être relié à une fonction domestique.

---

[5] Si le mur de la couronne externe de Mari a bien servi de digue (Margueron 2013, 37), il faut tenir compte du fait qu'il reposait sur une âme en pierres et comportait un glacis (Margueron 2004, 85-86).

L'absence de traces de feu à l'intérieur de la fosse creusée dans le sol de la pièce 606, à proximité du foyer décrit plus haut, ne nous permet pas de l'interpréter comme une installation pour la cuisson des aliments du type « fosse-foyer » (Aurenche 1977, 88) ou « heating pit » (ex. Tell Arbid : Smogorzewska 2012, 258-259 ; 2019, 97-99). Cette fosse ne peut pas non plus être considérée comme une réserve alimentaire pour le foyer circulaire voisin, à défaut d'un enduit hermétique appliqué sur ses parois intérieures. Quant à la petite structure rectangulaire érigée à la jonction de deux de ses murs, sa fonction nous échappe totalement.

Avec ses 7 m² de superficie, la pièce 606 a difficilement pu servir d'habitation, car d'après des études ethnoarchéologiques une personne a besoin d'un espace vital variant entre 6 m² (Marfoe 1980 ; Kolb 1985 ; Postgate 1994) et 10 m² (Naroll 1962). De plus, aucune porte n'a été décelée dans l'un de ses murs, quoique le piètre état de préservation des murs empêche peut-être cette observation. En revanche, si on voulait y voir un lieu d'entreposage, adjacent à la plateforme qui se développe vers l'est, avec des murs dont la hauteur aurait pu atteindre entre deux et trois mètres, son volume intérieur aurait avoisiné les 14 ou 21 m³, desquels il faudrait déduire des espaces pour la circulation et la ventilation d'autant qu'un foyer y prenait place : 10,5-16 m³, selon une méthode d'estimation développée par Tate Paulette (2015, 45, 322 note b, 324 note c) dans sa thèse : *Grain Storage and the Moral Economy in Mesopotamia (3000-2000 BC)*. Par conséquent, la petite pièce 606 aurait pu recevoir entre 4 666 et 14 953 kg de grains mis en sacs, prenant comme base de calcul qu'un mètre cube peut contenir entre 444,4 et 934,6 kg (Paulette 2015, 46 – avec références à des études antérieures –, 322 note c), soit des quantités suffisantes pour nourrir pendant une année entre 23 et 96 personnes, suivant le modèle prévisionnel adopté (Paulette 2015, 47-49, 326), c'est-à-dire 200 kg/pers. en moyenne (Mazar 2001, 458 ; Garfinkel *et al.* 2009, 322) ou une famille de 5-6 personnes par mètre cube (Kramer 1980, 319). Ce qui aurait suffi à nourrir la population du hameau de Tell 'Atij (voir plus loin).

Pièce/cour 607

Quant à la pièce/cour 607, dépourvue de toutes installations domestiques, il est également impossible de l'interpréter avec assurance. En l'absence de deux de ses murs, il est même permis de se demander s'il ne s'agissait pas plutôt d'une aire d'activités sur terre battue, largement ouverte sur la cour 620 qui la borde à l'ouest. La fosse qui y avait été aménagée était évidemment comblée au moment de l'usage de la cour.

Étant donné le contexte stratigraphique particulier de cette fosse, creusée dans le sol vierge et contenant le squelette d'un âne, il serait tout à fait vraisemblable de l'interpréter comme un dépôt de fondation propitiatoire, visant donc à rendre l'endroit, alors inoccupé, propice à une installation humaine et à placer ses habitants sous une protection divine (Way 2011, 157 ; Ramos Soldado 2016, 38 ; Greenfield *et al.* 2018, 209). Le choix de l'animal sacrifié ici est très significatif puisque l'âne, qui venait d'apparaître dans la région, était utilisé à l'époque comme bête de somme ou animal de charge (Epstein 1985 ; Davis 1987, 152 ; Ovadia 1992 ; Michel 1996, 404) ; par conséquent, il devait être hautement estimé, surtout si on accorde à l'établissement de Tell 'Atij une fonction commerciale. À ce jour, le plus ancien squelette d'âne domestiqué de la région a été identifié dans le niveau inférieur de Mari, daté des alentours de 2900 av. J.-C. (Zeder 2006, 141 ; Vila 2014), tandis que 26 spécimens d'équidés hybrides ont été découverts, beaucoup plus à l'ouest, à Umm el-Marra, dans un complexe funéraire qui fut utilisé durant la deuxième moitié du IIIe millénaire (Weber 2008, 2017). Du reste, deux auteurs ont récemment proposé de voir dans ces « donkey burials » une marque de reconnaissance rituelle envers cet animal, récemment domestiqué, qui, à partir du début de l'âge du Bronze Ancien, était couramment utilisé pour former des caravanes de marchandises ; l'âne jouissait donc d'un statut particulier en lien avec les échanges commerciaux qui prenaient alors une grande importance dans la vie économique des populations (Milevski & Horwitz 2019, 114-121). Au vu donc du rôle économique joué par cet animal alors récemment domestiqué, et conséquemment de sa grande valeur commerciale aux yeux de ses propriétaires, on peut en conclure que le modeste hameau de Tell 'Atij, d'une superficie habitable de moins d'un hectare, n'était pas un village agricole ordinaire ; dès sa fondation, il a dû avoir une fonction liée au transport et aux échanges dont l'âne était alors un acteur important.

Bien que nous soyons ici à une époque plus ancienne, il est tentant de faire un rapprochement entre cet âne enterré dans le sol vierge de Tell 'Atij et le rite d'immolation d'un ânon (Durand 1992, 117 ; Charpin 1993, 182-188 ; Durand & Guichard 1997, 40 ; Laffont 2001, 262-271) à l'époque amorrite qui « accompagne la promesse de don d'une terre dans le cadre d'une alliance » (Charpin 2019, 256) entre nomades et sédentaires, et à la suite de laquelle les troupeaux sont autorisés à paître sur les terres appartenant aux sédentaires et à s'y abreuver (Guichard 2014, 153). « Mais cette hypothèse, si séduisante soit-elle, n'a pas encore été confirmée » (Charpin 2019, 55), par un texte, bien sûr...

Mur d'enceinte

Si les installations du niveau XIII de Tell 'Atij sont indéniablement très modestes et difficiles à interpréter, il n'en est rien de l'imposant mur qui encercle tout le tell principal. Au vu de sa méthode de construction et de son tracé, il me semble tout à fait raisonnable de l'interpréter comme un mur d'enceinte destiné à protéger les habitants qui vivaient dans ce petit bourg rural, leurs installations et le contenu de ces dernières. D'autant que son tracé circulaire correspond au type de plan d'établissements le plus répandu dans le monde syro-mésopotamien (Margueron 2013, 377).

La reconstitution du tracé originel du mur d'enceinte a permis de calculer la superficie habitable du site : à peine un quart d'hectare. Suivant le mode de calcul le plus couramment utilisé en archéologie orientale afin d'établir le nombre de personnes ayant occupé une aire d'habitation – basé sur des analyses ethnographiques de villages actuels du Proche-Orient (Birch-Chapman *et al.* 2017, 2-3, avec références aux nombreuses études antérieures sur le sujet et notamment Naroll 1962 ; LeBlanc 1971 ; Sumner 1979 ; Kramer 1980 ; Postgate 1994 ; Zorn 1994) –, soit entre 100 et 200 personnes par hectare, avec un maximum fixé à 294, le hameau de Tell 'Atij n'aurait donc pu accueillir qu'entre 25 et 50 individus, voire 75 tout au plus.[6] Une estimation comparable a été établie pour le site voisin de Raqa'i : entre 40 et 65 habitants pour le niveau 3 (Klucas & Schwartz 2015, 177), voire 55 à 100 selon un autre mode de calcul (Klucas & Schwartz 2015, 186).[7]

La restitution du tracé originel du rempart nous a aussi fourni son périmètre : entre 180 et 200 mètres. Avec cette longueur estimée, combinée à sa largeur connue et sa hauteur présumée, il a été possible de calculer le nombre d'heures de travail que la construction de ce rempart a nécessité (voir l'annexe préparée par Martin Sauvage à la fin du présent chapitre).[8] Ainsi, pour chaque hauteur d'un mètre, il aurait fallu une centaine de jours de travail à une équipe de dix briqueteurs et maçons, soit plus de trois mois, sans jour de congé ; avec une équipe plus nombreuse, de 50 manœuvres par exemple, ce temps peut être ramené à trois semaines. Si on suppose qu'au départ ce mur devait atteindre au moins deux mètres de hauteur, voire plutôt trois mètres afin de protéger convenablement les habitants et leurs installations, sa construction représente un investissement initial de trois cent jours de labeur pour une équipe de dix ouvriers, spécialisés de surcroît, ou neuf semaines pour une cinquantaine de journaliers. Et cette opération fut répétée à quelques reprises au fur et à mesure de l'accumulation des débris des treize niveaux d'occupation de Tell 'Atij car il est resté en usage jusqu'à l'abandon du site, vers 2600/2550 av. J.-C. ; il a donc servi pendant un peu plus de trois siècles environ (EJZ 1-2).

La construction et l'entretien d'une telle enceinte en briques crues représente donc une somme considérable de temps et d'énergie, ainsi que de compétences. Un tel investissement sociétal pour une installation en dur, entretenue pendant des siècles, ne correspond pas du tout à un mode de vie nomade, reconnaissons-le.

La présence de cet imposant mur de défense érigé tout autour du hameau de Tell 'Atij dès sa fondation et maintenu en usage pendant toute sa période d'occupation, soit trois siècles, me porte à croire que nous serions ici dans un contexte d'urbanisation et de mise en place de routes commerciales propre au IIIe millénaire nord mésopotamien, à l'instar de ce qui a été observé dans la moyenne vallée de l'Euphrate voisine pour la même période (Peltenburg 2013). Ce scénario m'apparaît beaucoup plus réaliste que celui d'un entreposage saisonnier par des pasteurs nomades. D'autant que le cas de Tell 'Atij n'est pas unique : « Why anyone at a poverty-stricken site in an area of collapse in one of the obscurest corners of the world would want to build a wall to protect goods? » (Warburton 2013, 504), à moins que ce petit site fortifié n'ait pas été isolé mais intégré à un réseau. Lequel, de surcroît, aurait été mis en place dans le cadre d'une incorporation de cette région dans

---

6 D'après la méthode développée par Nicholas Postgate (1994) à Abu Salabikh, le nombre d'habitants à Tell 'Atij aurait pu osciller entre 62 et 300 individus ; c'est la méthode la plus généreuse. La grande diversité dans les résultats obtenus par les différents modes de calcul utilisés afin d'établir le nombre d'habitants pour une superficie donnée, notamment fondés sur des comparatifs ethnoarchéologiques, incite à y avoir recours avec beaucoup de circonspection (Battini 2010).

7 Des estimations encore plus basses ont d'abord été fournies par les fouilleurs de Raqa'i pour le niveau 3 : 33-54 habitants (Schwartz & Klucas 1998, 200).

8 Je remercie bien amicalement mon collègue Martin Sauvage d'avoir fait ce calcul pour moi lors de mon séjour de recherche (année sabbatique) à la Maison Archéologie et Ethnologie à Nanterre pendant l'année universitaire 2019-2020 afin d'y préparer la rédaction du présent rapport.

un processus socio-économique exogène : « In effect, it was the Uruk impetus which changed the history of the Jazirah – and it was the South Mesopotamian interventions in the ED and Akkadian periods which brought the region back into the fold » (Warburton 2013, 506). Une vision de la situation qui s'accorde bien avec les propos de Peter Pfälzner (2011, 138) au sujet du mur d'enceinte de Tell 'Atij : « it must have been primarily intended for the protection of stored goods rather than of the people living in this tiny settlement ».

Dans la foulée d'une hypothèse voulant que le mur d'enceinte de Tell 'Atij ait été conçu afin de protéger des produits qui y étaient stockés au sein d'un vaste réseau d'échanges, nous pourrions supputer, en raison de la présence sur place d'une vraisemblable forme d'organisation politique exogène, que la construction de l'enceinte défensive de Tell 'Atij représente une manifestation tangible et même disproportionnée du pouvoir naissant d'une nouvelle élite administrative qui auraient ainsi imposé son plein contrôle sur ce hameau perdu en entreprenant un travail communautaire d'envergure, comme cela a été récemment suggéré pour les murs de fortifications du Bronze Ancien au Levant sud (Ashkenazi 2019) : une œuvre collective d'envergure visant à consolider les liens sociaux et conforter le statut des leaders.

Nous pourrions même aller plus loin en attribuant aux enceintes de Tell 'Atij et des autres sites contemporains voisins, outre une utilité pratique certaine – défensive –, une valeur également symbolique. Des murs de défense aussi imposants pour des bourgs isolés de si petites dimensions pourraient être interprétés comme « l'indice d'une appartenance à une communauté urbaine » (Suleiman & Quenet 2004, 11) qui aurait ainsi ostensiblement exprimé sa mainmise sur ce territoire qu'elle se serait récemment approprié. De plus, ces enceintes, érigées directement sur le sol vierge et non à l'emplacement de villages déjà existants, seraient l'expression tangible, dans le paysage, d'un nouveau schéma d'occupation du territoire. Cette prise de possession du territoire se serait peut-être accompagnée d'un rituel de fondation dont on aurait la trace sous la forme d'une couche cendreuse recouvrant le sol vierge et au-dessus de laquelle les fondations du mur de défense de Tell 'Atij auraient été posées. Un rituel de fondation qui aurait été complété par l'inhumation d'un équidé à même le sol vierge à l'intérieur de l'enceinte.

Il va sans dire que l'enceinte défensive de Tell 'Atij, comme celles des autres petits établissements voisins dans la moyenne vallée du Khabour, n'ont rien à voir avec les grands enclos fortifiés circulaires (Helms & Quenet 2000) qui apparaissent au début du IIIe millénaire en Haute Mésopotamie et qui sont l'apanage d'un nouveau modèle urbain de l'ordre de plusieurs hectares (Helms 2018 ; Castel 2020 ; Quenet 2020 ; Meyer 2020 ; Hempelmann 2020).

En ce qui concerne la disparition partielle de ce mur d'enceinte, et de plus de la moitié du hameau après son abandon causée, par les crues de la rivière, un phénomène observé sur plusieurs autres sites syro-mésopotamiens (Margueron 2013, 30, 392-393), il est impossible de dater et de documenter cet événement naturel qui s'est vraisemblablement étalé sur plusieurs siècles. Toutefois, il est pertinent de signaler ici que de fortes pluies et de hautes crues du Khabour, deux mètres au-dessus du niveau d'inondation saisonnier de la vallée, ont été rapportées dans 25 lettres au dernier roi de Mari, Zimrī-Lîm (1774-1761), l'obligeant à renforcer des digues et des barrages, ce qui n'aurait pas empêché l'écroulement d'une partie du mur d'enceinte de la citadelle de Saggâratum, sur les rives du Khabour (Cole & Gasche 1998, 9). Bien que Saggâratum ait été située dans la basse vallée du Khabour, à l'embouchure de l'Euphrate et du Khabour (Durand 2009, 43-50), il est tout à fait plausible que cet important et dévastateur épisode pluvieux soit également à l'origine de l'effondrement d'une bonne partie du mur d'enceinte et du site de Tell 'Atij sachant, par de récentes études environnementales, que la première moitié du IIe millénaire aurait été marquée par de fortes précipitations et beaucoup de ruissellement sur les berges du Khabour (Deckers & Riehl 2007, 346).

La présence d'un tel mur d'enceinte, disproportionné en regard des modestes dimensions de ce hameau d'un quart d'hectare seulement et fondé directement sur le sol vierge, nous oblige à reconnaître que Tell 'Atij a été fondé *ex nihilo* pour une raison précise qui va bien au-delà de la simple et paisible exploitation des terres agricoles de la vallée, surtout si on prend en compte l'existence d'autres sites voisins contemporains également protégés par de tels remparts. Le bourg rural fortifié de Tell 'Atij n'était pas un cas isolé, mais faisait partie d'un réseau d'établissements ruraux dès sa fondation, au début du IIIe millénaire av. J.-C., soit vers 2900 av. J.-C., c'est-à-dire au moment même où la cité-état de Mari était fondée, quelque 250 km plus au sud, sur les berges de l'Euphrate.

Calcul du nombre de journées de travail nécessaires à la construction du rempart de Tell 'Atij

Martin Sauvage

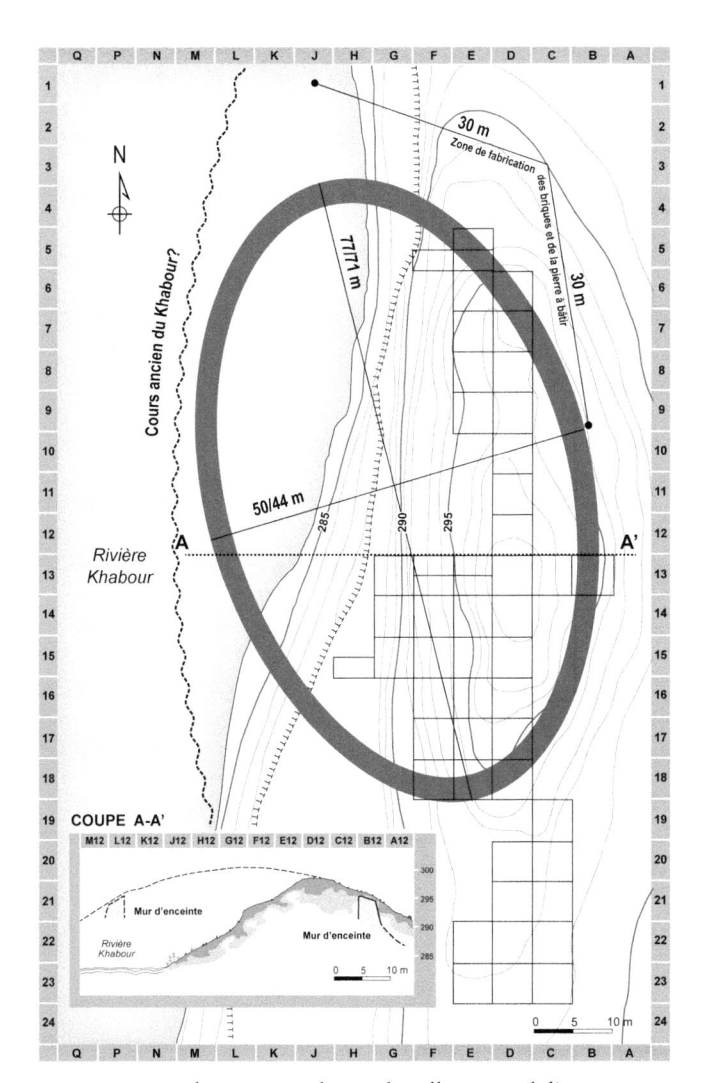

Figure 3.18: Plan topographique du tell principal d'Atij avec la reconstitution du tracé du rempart et une hypothèse de localisation de la zone de préparation de la terre à bâtir permettant un calcul de la distance moyenne à parcourir pour le transport des matériaux de construction.

Le rempart

On reconstitue un rempart en forme d'ellipse avec un petit axe de 50 m, un grand axe de 77 m et une épaisseur moyenne de 3 m (Fig. 3.18). Le rempart couvre une surface d'environ 600 m² et occupe donc un volume de 600 m³ par mètre de hauteur. Son périmètre externe est d'environ 203 m et son périmètre interne d'environ 183 m. La surface de la face externe du rempart par mètre de hauteur est donc de 203 m² et la surface interne de 183 m². Le volume total du rempart par mètre de hauteur étant de 600 m³, avec une proportion de 5/6 de briques et 1/6 de mortier, nous aurions 500 m³ de volume pour les briques et 100 m³ pour le mortier.[1]

La zone de préparation des matériaux

À titre d'hypothèse, on place la zone de préparation de la terre à bâtir[2] et des briques à proximité du cours ancien du Khabour (sur la Figure 3.18, au nord du site; voir la Figure 3.19 pour un exemple moderne). L'eau, du fait de sa masse volumique, étant le matériau le moins rentable à transporter[3], les opérations de préparation de la terre à bâtir et des briques se faisaient en général à proximité d'un point d'eau (rivière ou canal), hors les murs, à un endroit où l'on pouvait avoir suffisamment

---

1 Cette proportion de 5/6 de briques pour 1/6 de mortier est celle qui était utilisée par les scribes mésopotamiens pour calculer le volume de briques par rapport à un volume de mur (Robson 1999, p. 68).

2 À la suite d'Olivier Aurenche (1981, 45-49) nous appelons « terre à bâtir » le mélange de terre argileuse, d'eau et de paille à la base des différentes techniques de construction en terre crue (clayonnage, torchis, bauge, briques crues, mortier et enduit).

3 Voir *infra*, Tableau 3.7.

de place pour faire sécher les briques au soleil. Dans cette hypothèse, nous aurions une distance à parcourir entre la zone de préparation et la partie de rempart à construire d'environ 60 m en moyenne (soit 10 ninda).[4]

Figure 3.19 : Préparation de la terre à bâtir pour la confection de briques crues pour l'installation de la maison de fouilles de Tell 'Atij : les techniques n'ont pas changé depuis l'Antiquité.

Les tâches envisagées pour la construction du rempart

À partir de ces données, on peut chercher à calculer l'investissement en main d'œuvre nécessaire à la construction d'un mètre de hauteur de rempart, avec les tâches suivantes :

- préparation de la terre à bâtir pour le mortier et l'enduit du mur ;
- préparation de la terre à bâtir et moulage des briques ;
- transport de la terre à bâtir ;
- transport des briques ;
- maçonnage des briques ;
- enduit du mur.

On ne prendra pas ici en compte les travaux préparatoires éventuels.[5]

Les données utilisées pour les calculs

Les textes d'apprentissage des scribes mésopotamiens (textes « mathématiques »), essentiellement de l'époque paléo-babylonienne (début du IIe millénaire av. J.-C.), ainsi que les textes administratifs, essentiellement de l'époque de la Troisième dynastie d'Ur (extrême fin du IIIe millénaire av. J.-C.), documentent abondamment des données relatives aux tâches journalières demandées aux ouvriers non spécialisés (manœuvres, hommes ou femmes) notamment dans le cadre d'opérations de construction.[6] Les unités de mesure mésopotamiennes sont bien connues et ont été standardisées probablement dans le courant du IIIe millénaire av. J.-C.,[7] on en

Tableau 3.5 : Quelques unités de mesures mésopotamiennes (d'après Powell 1987-1990).

Distances
1 danna (*bêru*) = 180 éše ≈ 10,8 km
1 éše (*ašlu*) = 10 ninda ≈ 60 m
1 ninda (*nindânu*) = 12 kùš ≈ 6 m
1 gi (*qanû*) = 6 kùš ≈ 3 m
1 kùš (*ammatu*) = 30 šu-si ≈ 50 cm
1 šu-si (*ubânu*) = 6 še ≈ 1,66 cm
1 še (*uṭṭetu*) ≈ 0,28 cm
Surfaces
1 bùr (*buru*) = 18 iku ≈ 6,48 ha
1 iku (*kû*) = 100 sar ≈ 0,36 ha
1 sar (*mušaru*) ≈ 36 m² (0,0036 ha)
Volumes
1 iku (*kû*) = 100 sar ≈ 1 800 m³
1 sar (*mušaru*) ≈ 18 m³
1 sar = 5,00,00 [= 18 000] sìla (≈ 180 hl)
Briques
1 bùr = 1 800 sar = 1 296 000 briques
1 ešè = 600 sar = 432 000 briques
1 iku = 100 sar = 72 000 briques
1 sar = 60 gín = 720 briques
1 gín = 12 briques

---

4 Voir le Tableau 3.5 pour des exemples des unités de mesure en usage en Mésopotamie à la fin du IIIe et au début du IIe millénaire av. J.-C.

5 Il n'a été noté (dans un sondage à l'extrémité nord du tell) aucune tranchée de fondation pour le rempart mais que de simples et modestes travaux d'aplanissement et de nivellement du sol vierge dont la surface devait être plutôt plane puisqu'il s'agissait d'un ancien lit de rivière (voir *supra* dans ce chapitre).

6 Sur ce sujet voir Powell 1982, Robson 1999, Friberg 2001, Proust 2007, Heimpel 2009 et, en dernier lieu, Sauvage 2020 où l'on trouvera la plus grande partie des données utilisées ici.

7 Voir Powell 1987-1990 pour une synthèse sur ce sujet.

Tableau 3.6 : Quelques exemples de quotas journaliers (iškarum).

Tâches	Quota journalier (SPVN)	Quota journalier en m³ ou m²
Empiler les briques	0;04,10 sar$_v$	1,13
Construire un mur de terre	0;03,45 sar$_v$	1,125
Construire une levée de terre	0;10 sar$_v$	3
Couper des roseaux	0;10 sar$_v$	3
Creuser à moins d'une coudée	0;20 sar$_v$	6
Creuser à plus d'une coudée	0;10 sar$_v$	3
Démolir un mur	0;15 sar$_v$	4,5
Préparer la terre à bâtir	0;10 sar$_v$	3
Mouler des briques (coup d'eau ?)	0;25 sar$_v$	7,5 m³ (2 161 briques de type 2, 809 de type 8)
Mouler des briques (coup de sable ?)	0;20 sar$_v$	6 m³ (1 729 briques de type 2, 647 de type 8)
Maçonner des briques	80 briques	
Mettre des bottes de roseau en meule	0;40 sar$_v$	12
Enduire un mur de terre (sur une épaisseur d'un šu-si soit ± 1,7 cm)	1 sar$_a$	36 m²

SPVN : Sexagesimal Place Value Notation (système mésopotamien de notation des nombres en base 60 avec valeur relative à la position). sar$_v$ = sar de volume ; sar$_a$ = sar de surface

Tableau 3.7 : Quotas journaliers de transport pour les matériaux de construction.

Transports de matériaux	Volume d'un chargement en sar de volume (SPVN)	Volume rapporté à un panier de terre	Volume journalier par ninda en sar de volume (SPVN)	Volume journalier pour 30 ninda (180 m) en m³
Terre	0;00,02,13,20	1	1;40	1
Briques	0;00,04,10	1 7/8	3;07,30	1,875
Paille	0;00,04,26,40	2	3;20	2
Roseaux	0;00,06,40	3	5;00	3
Eau	0;00,01,46,40	4/5	1;20	0,7798 (800 l.)

SPVN : Sexagesimal Place Value Notation (système mésopotamien de notation des nombres en base 60 avec valeur relative à la position)

présente ici une partie dans le Tableau 3.5. Nous connaissons la valeur absolue de la coudée (kùš en sumérien) car des étalons gravés ont été retrouvés, elle mesurait environ 50 cm ; il est alors possible de transcrire dans notre système de mesure les données métriques des textes mésopotamiens. Il est également possible de comparer ces données anciennes avec celles provenant du matériel archéologique (dimensions des briques par exemple) ou avec les données ethnographiques (tâches journalières par exemple), ce qui nous permet de remarquer que les données provenant des textes sont bien réalistes et correspondent, pour les tâches journalières demandées aux manœuvres, à des valeurs encore en vigueur jusqu'à une époque récente, c'est-à-dire avant la mécanisation.

Les calculs sont le plus souvent faits à partir des unités suivantes : distance en ninda, capacité en silà, surface en sar (de surface = 1 ninda²), volume en sar (de volume = 1 ninda² × 1 kùš), masse en mana. Les briques sont comptées en sar de brique (un sar de brique étant invariable et égal à 720 briques quelles que soient leurs dimensions).

Il est donc possible d'utiliser pour nos calculs les données fournies par les textes mathématiques et administratifs mésopotamiens qui détaillent les tâches journalières demandées aux manœuvres employés sur des opérations de construction. Pour le confort du lecteur moderne, les calculs sont faits à partir des transcriptions dans notre système métrique.[8]

---

8 Le lecteur intéressé par les modes de calculs en usage chez les scribes mésopotamiens pourra consulter avec profit Proust 2007 ou

Mortier et enduit

La surface de la face externe du rempart par mètre de hauteur est de 203 m² et la surface interne de 183 m² ce qui correspond respectivement à environ 3,4 et 3 m³ d'enduit (soit 6,4 m³).[9] Avec les 100 m³ de mortier, il faudra donc préparer et transporter 106,4 m³ de terre à bâtir pour le mortier et l'enduit de chaque mètre de hauteur du rempart (Tableau 3.6).

Pour la préparation du mélange terre, eau et paille qui constitue la « terre à bâtir » utilisée comme mortier ou comme enduit, un volume de 3 m³ peut être traité par jour par un ouvrier soit environ 35,5 jours de travail pour 106,4 m³.

Le transport de ces 106,4 m³ sur 60 m, rapporté à la tâche journalière habituellement demandée de 1 m³ pour 30 ninda (180 m), soit ici 3 m³ pour 10 ninda (60 m), donne là aussi 35,5 jours (Tableau 3.7).

La surface totale à enduire (par mètre de hauteur) est de 383 m², à raison de 36 m² de tâche journalière cela représente environ 11 jours de travail pour un ouvrier.

Briques

Les briques du rempart d'Atij mesurent en moyenne 42 × 26 × 8 cm[10], ce qui ne correspond pas à un type de brique attesté en basse Mésopotamie dans les textes de la troisième dynastie d'Ur ou paléo-babyloniens (Tableau 3.8), mais se rapproche en volume du type 4 de la tablette YBC 4608 (= type 8 de M. Powell dans *ZA* 72) mesurant 33 × 33 × 8 cm (respectivement 0,00873 et 0,009 m³) (Fig. 3.20 : exemple de briques moulées modernes). Nous utiliserons donc ici les valeurs des coefficients utilisés pour ce type de brique : le nombre de briques par sar de volume (1 sar = environ 18 m³) est de 1 944, le nombre de briques transportées par jour sur 60 ninda (360 m) est de 202,5 (soit pour 10 ninda ou 60 m : 1 215 briques).

Le volume d'un mètre de rempart hors mortier est de 500 m³, soit 27,77 sar de volume, ce qui représente environ 54 000 briques. On trouve fréquemment dans les textes mésopotamiens une valeur de 240 briques par jour pour la tâche cumulée de la préparation de la terre à bâtir et du moulage, ce qui représenterait 225 jours de travail pour un ouvrier pour confectionner nos 54 000 briques.[11]

Il faudrait environ 44,5 jours de travail pour un ouvrier pour transporter ces 54 000 briques sur 60 m (10 ninda) à raison de 1 215 briques par jour (Fig. 3.21 : exemple moderne de briques séchées, prêtes à être transportées).

La tâche journalière demandée à un ouvrier pour le maçonnage des briques était probablement de l'ordre de 80 briques par jour[12] ; il faudrait donc 675 jours pour maçonner l'ensemble du rempart sur un mètre de hauteur.

Nombre de journées de travail et durée de la construction

Au total, nous pouvons donc estimer les journées de travail nécessaires comme suit :

- préparation de la terre à bâtir pour le mortier et l'enduit du mur (35,5 jours de travail d'un ouvrier) ;
- préparation de la terre à bâtir et moulage des briques (225 jours) ;
- transport de la terre à bâtir (35,5 jours) ;
- transport des briques (44,5 jours) ;
- maçonnage des briques (675 jours) ;
- enduit du mur (11 jours).

Pour un mètre de hauteur de rempart, on aurait donc eu besoin d'environ 350 journées de travail d'ouvrier sans le maçonnage qui représente à lui seul 675 journées de travail d'ouvrier, le total étant de 1 025 jours (soit plus de trois mois de travail – 100 jours – pour 10 ouvriers ou près de trois semaines – 20,5 jours – pour 50 personnes), toujours par mètre de hauteur du rempart.

Sauvage 2020 (avec des références à des contributions récentes sur ce sujet à paraître prochainement).

9 Voir le Tableau 3.6 pour les tâches journalières (données extraites de Robson 1999) ou Sauvage 2020. Pour les enduits de mur, le texte Haddad 104 (Robson 1999, 70), indique qu'un sar de surface (= environ 36 m²) est la surface à enduire en une journée avec une épaisseur d'1 šu-si (= environ 17 mm), soit environ 16,64 l par m², 1 m³ de terre à bâtir permet d'enduire environ 60 m² de mur.

10 Voir *supra* dans ce chapitre.

11 On pourrait également faire ici un calcul beaucoup plus complet en détaillant les différentes tâches (creuser, mélanger, mouler, faire sécher) et en prenant en compte les coefficients attachés au type de brique choisi (cf. Sauvage 2020 pour ces types de calculs), mais ce n'est pas nécessaire pour notre présent propos qui est seulement de calculer un ordre de grandeur.

12 Sauvage 1998, 59.

Tableau 3.8 : Types de briques attestés dans les textes (ZA 72 : Powell 1982 ; YBC 4608 : voir en dernier lieu Sauvage 2020).

Types de briques ZA 72	YBC4608	Dimensions en kùš	Dimensions approximatives en cm	Nombre de briques par sar de volume	Nombre de briques transportées par jour sur 60 ninda (360 m)
1		1/3 × 1/3 × 1/10	16,66 × 16,66 × 10	6 480	675
2	1	1/2 × 1/3 × 1/12	25 × 16,66 × 8,33	5 184	540
3	3	2/3 × 1/3 × 1/12	33 × 16,66 × 8,33	3 888	405
4	2	3/5 × 2/5 × 1/12	30 × 20 × 8,33	3 600	375
5		1/2 × 1/2 × 1/12	25 × 25 × 8,33	3 456	360
6		2/3 × 1/3 × 1/10	33 × 16,66 × 10	3 240	337,5
7		3/5 × 3/5 × 1/12	30 × 30 × 8,33	2 400	250
8	4	2/3 × 2/3 × 1/12	33 × 33 × 8,33	1 944	202,5
8a		1 × 1/2 × 1/12	50 × 25 × 8,33	1 728	180
9		2/3 × 2/3 × 1/10	33 × 33 × 10	1 620	208,75
10		4/5 × 4/5 × 1/12	40 × 40 × 8,33	1 350	140,625
11	5	1 × 1 × 1/12	50 × 50 × 8,33	864	90
12		1 × 1 × 1/10	50 × 50 × 10	720	75

Figure 3.20 : Démoulage des briques pendant la construction de la maison de fouilles à Tell 'Atij.

Figure 3.21 : Construction d'une annexe à la maison de fouilles de la mission canadienne de Tell 'Atij, en 1987.

Chapitre 4

Niveau XII

Tableau 4.1 : Distribution par structure des unités de fouilles du niveau XII.

Structures	Murs	Unités de fouilles associées
Grenier 573	352 356 457 463	ATJ93.F14D1, 3
Grenier 599	357 358 464 465	ATJ93.F13A12 ATJ93.F13C1
Cour 605	126 127 134 murets	ATJ93.E13A26-27, 29 ATJ93.E14A26, 28 ATJ93.E15C9, 17-18 ATJ93.F13C2-3 ATJ93.F14C10 ATJ93.F14D4 ATJ93.F15C12 ATJ93.F15D4 ATJ92.G13A2[(?)]-3[(?)] ATJ92.G14A2[(?)]-3[(?)] ATJ92.G15A4[(?)] ATJ92.G15B1[(?)]
Four 623		ATJ93.E13A31
Pièce 604	126 127 230 231	ATJ93.E13A28 ATJ93.E14A27
Plateforme ? [XIII ↓]	127	ATJ93.E13A30 ATJ93.E14A29
Plateforme ? [XIII ↓]	134	Aucune
Pièce 534	331 434 435	ATJ87.F18B1-2-3(sol)
Mur d'enceinte	404 329	ATJ87.E5A13-14-15-16-17-18

Le point d'interrogation en exposant [(?)] indique une unité de fouilles contaminée car elle se trouve trop près de la limite d'érosion du tell ; son inventaire n'est donc pas pris en compte. Le symbole [XIII ↓] signifie que cette structure a été mise en place au niveau inférieur (XIII).

Altitude supérieure : +290,30-80 m.

Altitude inférieure : +289,20-80 m.

Épaisseur moyenne : *c.* 1,00 m.

Le niveau XII a été fouillé dans les secteurs suivants :

– **Centre du tell** : carrés E-F-G13-14-15 (Fortin 1995, 31-34, figs 6-7).
– **Base du versant méridional** : carré F18 (Fortin 1990a, 234-236, figs 14-16).
– **Extrémité septentrionale** : carré E5 (Fortin 1990a, 230-233, fig. 13).

Centre du tell

Dans le secteur au centre du tell dont la superficie dégagée atteint 137 m² (11 × 12,5 m), c'est-à-dire un peu moins de 6% de la surface habitable du site *intra-muros*, le niveau XII (Figs 4.1 et 4.2) est clairement caractérisé par la présence d'un grand bâtiment de plan rectangulaire incorporant deux structures trapézoïdales indépendantes [**573** et **599**], aboutées l'une à l'autre (Fig. 4.3). Cette construction se dresse à la lisière d'une cour [**605**] au sol en terre battue équipée de foyers circulaires séparés par des cloisons et d'un four [**623**] un peu plus consistant. À l'est de cette cour, se dresse une petite pièce carrée [**604**] appuyée contre un épais mur [**127**] qui serait la bordure d'une massive plateforme de briques crues qui se prolongerait vers l'est, au-delà du secteur de fouilles. Un autre mur semblable [**134**] se détache de la berme orientale, indiquant la présence, soit d'une seconde plateforme, soit d'un bâtiment également situé en dehors de la zone fouillée (Tableau 4.1).

Le bâtiment **573**[1], le plus grand des deux édifices au plan en gril placés bout-à-bout et le plus au sud, est de

---

1 L'angle sud-est de cette structure a d'abord été repéré au moment de la rectification de la base du versant occidental du tell principal et alors attribué erronément au niveau XI, en l'absence d'une fouille appropriée (Fortin 1994a, 375-376, fig. 14) qui n'eut lieu que durant la campagne suivante.

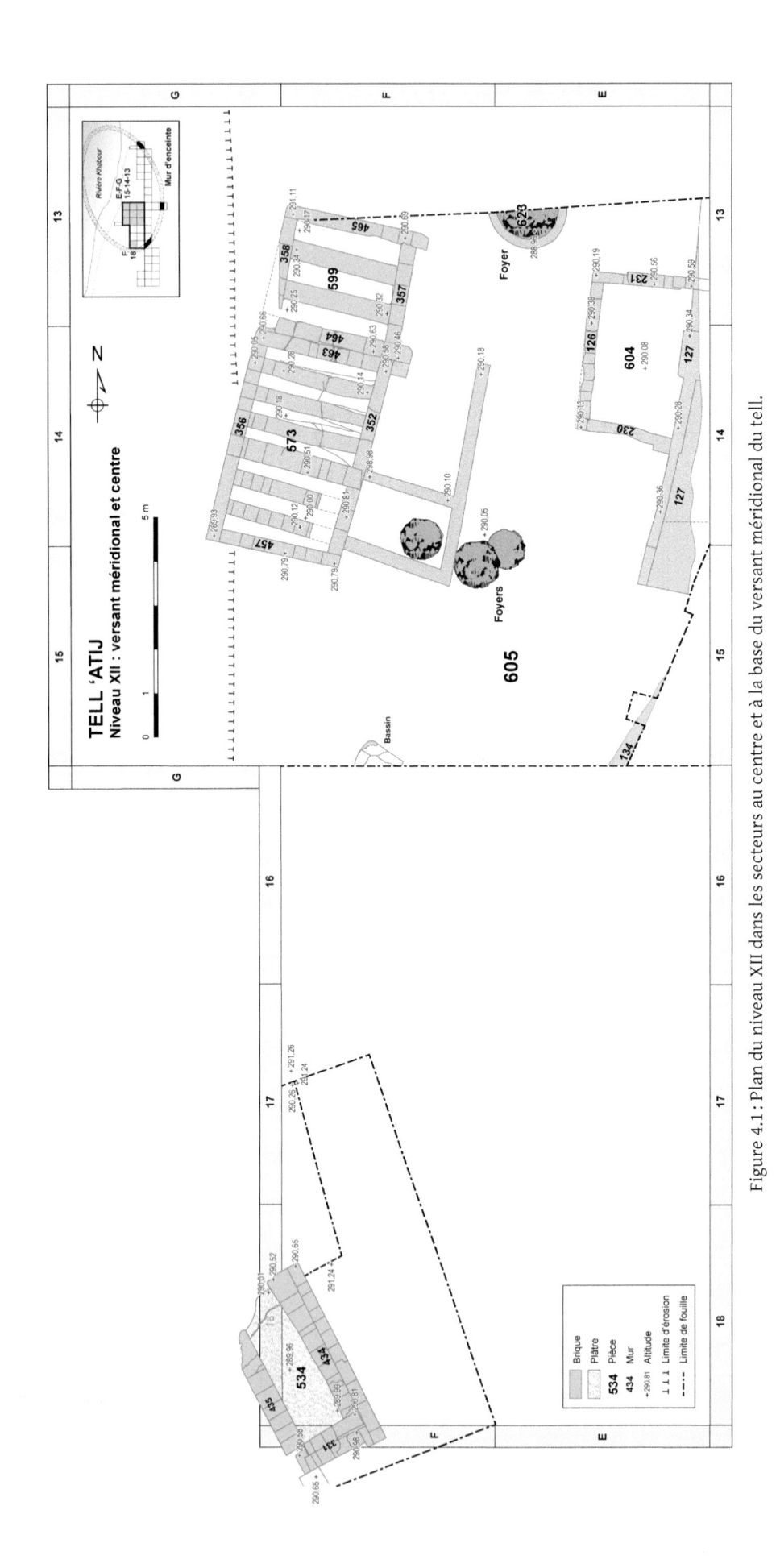

Figure 4.1 : Plan du niveau XII dans les secteurs au centre et à la base du versant méridional du tell.

NIVEAU XII

Figure 4.2 : Niveau XII dégagé au centre du tell principal d'Atij, vu vers le nord. La structure dominante est le bâtiment à gauche constitué de deux greniers au « plan en gril » placés en enfilade.

Tableau 4.2 : Inventaire céramique de la structure 573.

Fabriques	Fragments	Formes/vases	Numéros catalogue/C
Fine	2		
Commune	82	1 grand bol	8739
		2 grandes jarres	9223, 9235
		2 jarres à grande ouverture	7011, 7713
		1 forme indéterminée	9237 (marque de potier)
Culinaire	71	1 jatte	7706
		4 marmites	7001, 7005, 7021, 9533
TOTAL	155		

Figure 4.3 : Édifice au « plan en gril » composé de deux bâtiments placés en enfilade : le 573, au premier plan, et le 599, au second plan ; vu vers le sud. Des traces de roseaux, vestiges d'un plancher, sont visibles sur les traverses.

plan rectangulaire : 5,00 (lo.) × 3,30 m (la.) (= 16,5 m²), murs extérieurs compris (Fig. 4.3). Il est délimité par quatre murs d'une épaisseur moyenne de 0,30 m, constitués d'un seul rang de briques crues disposées en panneresses : mur 352, à l'est ; mur 356, à l'ouest ; mur 457, au sud et mur 463, au nord. Étant donné que seules les quatre ou cinq assises inférieures ont été préservées, aucune trace d'une ouverture pouvant donner accès à la structure n'a pu être observée. Il convient de signaler ici que le mur extérieur septentrional [463] n'est pas un mur mitoyen avec l'édifice voisin [599] mais bel et bien un mur distinct. À l'intérieur, le bâtiment 573 comprend six murets transversaux dont les épaisseurs varient entre 0,35 et 0,45 m et les espaces entre eux atteignent une trentaine de centimètres. Les extrémités de ces murets intérieurs n'étant pas imbriquées aux murs externes, ils ont donc été ajoutés à la structure après la construction de ces derniers. Les sommets de ces murets en pisé, hauts d'une dizaine de centimètres seulement en moyenne, sont recouverts d'un enduit de boue, preuve que ces murets n'allaient pas plus haut. En outre, cet enduit porte les traces de nombreuses tiges de roseaux parallèles, vestiges indéniables d'un plancher léger en cannes qui prenait appui sur ces traverses.

L'inventaire des fragments de céramique extraits des débris de la structure **573** est détaillé dans le Tableau 4.2 ; l'un des tessons porte une marque de potier (Fig. 4.4). Le seul autre artéfact retrouvé dans cette structure est une houe en basalte fabriquée dans une ancienne meule [ATJ93.F14D1.L268].

L'autre bâtiment abouté au nord du précédent, le **599**, est plus petit et de plan quadrangulaire : 3,00 (lo.) × 3,20 m

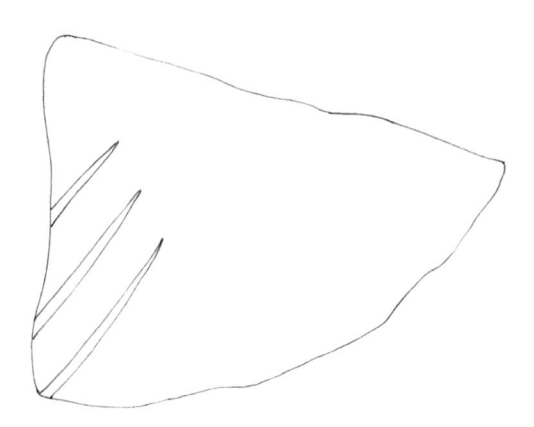

Figure 4.4 : Marque de potier sur le tesson ATJ93.F14D3.C9237 formée d'une triple ligne parallèle en diagonale (cf. Abd : Sconzo 2013, 234 – type II.03, pl. 140).

Figure 4.5 : Traces de roseaux visibles sur le sommet de traverses en pisé à l'intérieur d'un bâtiment au plan en gril.

Figure 4.6 : Détail d'empreintes de tiges de roseaux au sommet de traverses d'un édifice au plan en gril.

(la.) (= 9,6 m^2), murs externes compris (Fig. 4.3). Il est délimité par quatre murs, larges de 0,30 m, formés d'une seule rangée de briques crues disposées en panneresses : le mur 357, à l'est, le 358, à l'ouest, le 465, au nord et enfin le mur 464, au sud. Ce dernier longe le mur 463 de l'édifice voisin [573], mais ne forme pas avec lui un mur mitoyen ; il y a un interstice entre les deux. Aucune trace de porte n'a été décelée dans l'un de ces murs qui ne sont conservés que sur une hauteur moyenne de 0,50 m. Le bâtiment 599 ne comporte que deux murets intérieurs en pisé, larges de 0,40 m, avec des espaces de 0,40 m environ entre chacun. Aucune de ces traverses n'est imbriquée dans les murs extérieurs, confirmant ainsi leur ajout après la construction de l'enveloppe externe du bâtiment. Hauts de 0,10 m en moyenne, ces murets en pisé[2] portent, sur l'enduit de boue qui recouvre leur sommet, de multiples empreintes de tiges de roseaux parallèles (Figs 4.5 et 4.6) ayant manifestement servi à former un plancher, comme cela a été observé sur certains sites contemporains : ex. Tell Karrana 3 (Zaccagnini 1993 ; Wilhem & Zaccagnini 1993, 21-26, pls 5-7, 15, 88-90) ou Telul eth-Thalathat V (Fukai *et al.* 1974, 21-22, pl. 7/2).

Outre quelques tessons de différentes fabriques (Tableau 4.3), le bâtiment **599** n'a produit que huit éclats de silex.

Des bâtiments au plan en gril (*grill-plan building*) semblables ont été dégagés sur d'autres sites de la moyenne vallée du Khabour, voisins et contemporains de Tell 'Atij :[3]

– *Raqa'i* (Schwartz & Curvers 1992, 415-416 ; 1993-1994, 247-248 ; Schwartz 2015, 23, 26-34, 81-82) : dans le niveau 5 surtout – « striking is the frequent attestation of grill architecture » en différents secteurs de ce niveau (Schwartz 2015, 23) –, qui correspond au premier niveau d'occupation, juste au-dessus du sol vierge. Mais comme ces struc-

---

2 Ils auraient pu être aussi en briques crues, comme cela a été observé sur d'autres sites.

3 Le grand édifice, 6 × 8 m au moins, au plan dit en gril (*grill building*) mis au jour à Tell *Ziyadeh* ne peut pas être comparé à ceux de Tell 'Atij du fait que ses murs, à la fois externes et internes, sont conservés sur une hauteur de deux mètres (Hole 1999, 269-270 ; Hole & Tonoike 2016, 110-113) ; il s'agirait plutôt des fondations d'un entrepôt comparable à celui qui fut retrouvé à l'extrémité septentrionale du tell principal à Tell 'Atij, dans les carrés D-E9 (Chapitre 10 : niveau VI).

Tableau 4.3 : Inventaire céramique du bâtiment 599.

Fabriques	Fragments	Formes/vases	Numéros catalogue/C
Ninive 5	3		
Fine	1		
Commune	42	4 grands bols	8741, 9036, 9043, 10010
		1 grande jarre	8742
		2 jarres à grande ouverture	8733, 8744
		3 jarres à petite ouverture	8735, 8738, 9516
Culinaire	37	5 marmites	8734, 8740, 8749, 8750, 8756
TOTAL	**83**		

Figure 4.7 : Restes de foyers visibles dans la paroi septentrionale du carré E13.

tures au plan en gril ont été identifiées au fond de tranchées de sondage, aucune d'entre elles n'a été entièrement dégagée ; seules des portions de bâtiments nous sont connues. Les traverses des greniers de Tell 'Atij sont un peu plus larges et faites de pisé plutôt que de briques crues ; les espaces entre les traverses sont également un peu plus larges que ceux de Raqa'i. Une partie d'un autre bâtiment de ce type a été retrouvée au niveau 4 (Schwartz & Curvers 1993-1994, 250-251 ; Schwartz 2015, 80-82).

– *Mashnaqa* (Beyer 1993, 7 ; 1995, 44 ; 1996, 10 ; 1997, 4 ; 1998, 10) : les brefs rapports sommaires publiés font état de trois (?) bâtiments de ce type dont l'un, large de cinq mètres et long de neuf, comportait « 7 murs de partition internes, ménageant 8 espaces allongés, parallèles » (Beyer 1993, 7). Ces derniers, en pisé, sont identiques aux murets intérieurs parallèles des greniers de Tell 'Atij.

– *Kneidij* (Klengel-Brandt *et al.* 1997, 54-58 ; 2005, 24 et 29, figs 26, 34 et 38) : au niveau XIII, le plus ancien, deux petites structures au plan en gril ont été mises au jour à l'intérieur de complexes domestiques multicellulaires au sein d'un quartier d'habitations de la ville basse.

Contrairement à ceux de Kneidij trouvés dans un quartier d'habitations, les bâtiments au plan en gril de Tell 'Atij se dressent en bordure d'une cour [**605**] en terre battue : ce qui en rend l'accès très facile et leur confère, en quelque sorte, un caractère public plutôt que domestique. Longue de 12,50 m, du nord au sud, et large de 4,00 à 7,00 m, d'est en ouest, cette vaste cour de 70 m² est occupée par quelques foyers circulaires, entre 0,80 et 1,00 m de diamètre, dont seuls les fonds calcinés ont pu être identifiés ; nous ignorons s'ils étaient pourvus de parois d'une certaine hauteur. Cependant, le sol de la cour autour de ces foyers est recouvert de multiples épandages de cendres, superposés les uns aux autres, qui témoignent indubitablement de leur usage. Certains de ces foyers sont adossés à de minces (0,20-30 m) murets constitués d'un seul alignement de briques ; ils devaient servir à protéger les foyers du vent. Ces murets au tracé incertain créent des subdivisions un peu imprécises dans la cour.

L'un de ces foyers [**623**] se démarque des autres par ses dimensions et son état de conservation. Situé au nord de la partie fouillée de la cour 605, il apparaît nettement dans la berme septentrionale du carré E13 (Figs 4.7 et 2.8 : coupe 13-Nord). Il prend la forme d'une assez grande structure circulaire, 1,80 m de diamètre, délimitée par des parois en pisé dont l'épaisseur et la hauteur n'excèdent pas une vingtaine de centimètres. Sa présence est également indiquée par une accumulation, à l'intérieur de son périmètre, d'une multitude de couches de cendres grises superposées les unes aux autres. La zone dégagée autour de ce foyer comportait de nombreuses strates de cendres grisâtres alternant avec des couches de terre brune, nous révélant ainsi son mode d'utilisation, à savoir que les résidus de combustion rejetés tout autour étaient recouverts de temps en temps d'une couche de terre argileuse afin de garder au sol la poussière (Smogorzewska 2019, 91).

L'accumulation de cendres dans cette partie du secteur fouillé du niveau XII s'expliquerait par la présence d'autres structures de combustion voisines du foyer 623, facilement discernables dans la paroi septentrionale du carré E13 (Figs 4.7, à droite, et 2.8 : coupe 13-Nord).

Enfin, il est à noter que ce foyer 623 se retrouve, stratigraphiquement parlant, immédiatement au-dessus de la fosse d'inhumation de l'âne ou ânon du niveau inférieur (XIII). Est-ce que les habitants du niveau XII en étaient conscients ?

L'inventaire céramique de la cour 605 (incluant le four 623)[4] est présenté dans le Tableau 4.4, tandis que certains fragments de marmites sont illustrés dans la Figure 4.8.

Autres éléments de la culture matérielle de la cour 605 (incluant le four 623) :

- 28 fragments de silex, dont quatre nucléus et un tronçon de lame lustrée ;
- 1 tronçon de lamelle en obsidienne ;
- 1 percuteur cylindrique en basalte aux grains fins, complet [ATJ93.F14D4.L269] ;
- 1 poids (250 gr) en pierre, de forme circulaire avec perforation centrale, incomplet [ATJ93.F14D4.L270].

À l'opposé des greniers en gril, à l'est de la cour 605, se dresse la petite pièce **604**. De plan quadrangulaire : 2,50 × 3,70 m (= 9 m²), elle est formée sur trois de ses côtés d'étroits (0,30 m) murs constitués d'un seul rang de briques crues disposées en panneresses : 230, 231 et 126. Vers l'est, elle est délimitée par le mur 127 qui semble correspondre au rebord d'une massive plateforme de briques crues, érigée directement sur le sol vierge, donc dès le niveau inférieur (XIII) (Fig. 2.10 : coupe 15-Nord). Aucun des murs de la pièce 604, dont une seule assise est préservée toutefois, ne présente une porte ; on peut donc s'interroger sur son accès. Cette petite pièce, au sol en terre battue dépourvu de traces de foyer et d'installations domestiques quelconque, n'a livré que neuf fragments de céramique sans forme : six de fabrique *Commune* et trois de *Culinaire*. De plus, elle n'a produit qu'un seul artéfact, complet, qui mérite attention toutefois : un petit poignard en bronze muni d'une longue soie mieux préservée que la lame en raison vraisemblablement de la présence d'un manche en matériau périssable [ATJ93.E14A27.M38] ; d'après sa forme, ce poignard a probablement servi davantage d'outil que d'arme.

Les murs 230 et 231 étant imbriqués dans le mur **127**, la pièce 604 n'est donc pas simplement accolée à la plateforme dont le mur 127 constitue la bordure occidentale ; elle y est intégrée. En plus de s'étendre à l'est

---

[4] Le matériel trouvé dans les unités de fouilles suivantes : ATJ92.G13A2-3/G14A2-3/G15A4 et G15B1, n'est pas inclus dans l'inventaire de la cour 605, ces unités de fouilles se trouvant trop près de la limite d'érosion du tell au pied du versant occidental très en pente ; leur inventaire contient sûrement des tessons et des artéfacts provenant de niveaux supérieurs et qui ont glissé le long de la pente sous les effets de l'érosion.

Fabriques	Fragments	Formes/vases	Numéros catalogue/C
Métallique ?	11		Hors contexte !
Peinte	2		
Fine	64		
Commune	599	1 vase miniature	8503
		1 grand bol	9996
		1 jatte	8620
		4 jarres à grande ouverture	7014-5, 8176, 8537
		1 jarres à petite ouverture	8169
Culinaire	455	18 marmites	7006-7, 7013, 8166, 8171, 8535-6, 8538, 8540, 8543, 8545, 8555-6, 8564, 8583-4, 9797, 9832
		5 grands bols	8539, 8165-6-7, 8175
		2 bols	8153, 8542
TOTAL	1131		

Trois objets en basalte complètent cet inventaire :
- 1 ancre en grès, incomplète [ATJ92.G13A2.L239] ;
- 1 crapaudine en calcaire, complète [ATJ92.G13A3.L243] ;
- 1 crapaudine en basalte alvéolée, faite à partir d'une ancienne meule, complète [ATJ93.G14A2.L240].

NIVEAU XII

Tableau 4.4 : Inventaire céramique de la cour 605.

Fabriques	Fragments	Formes/vases	Numéros catalogue/C
Peinte	7		
Fine	23		
Commune	300	1 récipient miniature	9215
		4 grands bols	8950, 9108, 9315, 9320
		3 jattes	9111-2-3
		1 grande jarre	9573
		3 moyennes jarres	9227, 9343, 9358
		1 jarre à bec verseur	9231
		7 jarres à grande ouverture	8684, 9309, 9316, 9344, 9350, 9363, 9599
		8 jarres à petite ouverture	9200-1, 9233, 9313, 9345, 9352, 9557, 10024
Culinaire	150	14 marmites	6247, 6249, 6250, 8636, 8640, 8672, 9082, 9211, 9217, 9311, 9328, 9357, 9501, 9567
		1 bol	8682
TOTAL	**480**		

Figure 4.8 : Sélection de fragments de céramique retirés des débris de la cour 605.

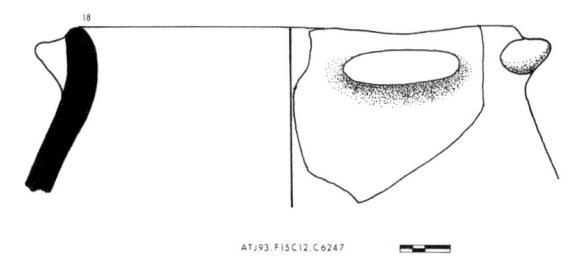

ATJ93.F15C12.C6247 : Marmite de fabrique *Culinaire*, fragmentaire. 18 cm (dia.). Pâte de couleur *red* (2.5YR5/6), dure (Mohs 5), de texture très grossière avec plusieurs inclusions minérales. Rebord légèrement évasé, lèvre arrondie, tenons rectangulaires horizontaux au rebord, juste sous la lèvre. Traces de cuisson.

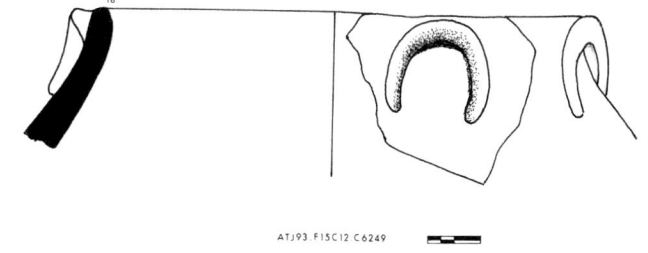

ATJ93.F15C12.C6249 : Marmite de fabrique *Culinaire*, fragmentaire. 18 cm (dia.). Pâte de couleur *yellow* (5YR5/8) à *reddish yellow* (5YR6/6), dure (Mohs 5), de texture très grossière avec plusieurs inclusions minérales. Rebord légèrement évasé, lèvre arrondie, tenons arqués au rebord. Traces de cuisson.

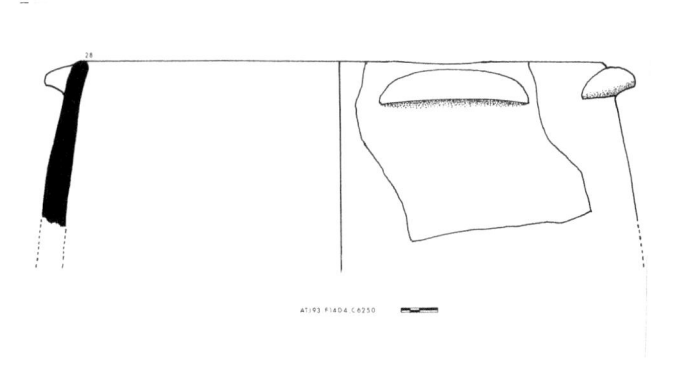

ATJ93.F15C12.C6250 : Marmite de fabrique *Culinaire*, fragmentaire. 28 cm (dia.). Pâte de couleur *dark reddish gray* (5YR4/2) à *yellowish red* (5YR5/6), dure (Mohs 5), de texture très grossière avec plusieurs inclusions minérales. Rebord rentrant, lèvre arrondie, tenons rectangulaires horizontaux au rebord, immédiatement sous la lèvre. Traces de cuisson.

Figure 4.9 : Pièce 534, à gauche, au pied du versant méridional ; vue vers le nord-ouest. À droite du cliché : la pièce 535, du niveau XI.

Tableau 4.5 : Inventaire céramique des unités de fouilles ATJ93. E13A30 et E14A29, recouvrant la plateforme 127.

Fabriques	Fragments	Formes/vases	Numéros catalogue/C
Peinte	1	1 forme indéterminée	9491 (motif de cercle avec une croix à l'intérieur)
Fine	1		
Commune	15	1 jarre	9021
Culinaire	13		
TOTAL	**30**		

du chantier de fouilles, cette plateforme 127 se prolonge vers le sud, au-delà de la pièce 604, sur une distance de trois mètres tout en faisant saillie de la berme sur presque deux mètres (Figs 3.2 et 3.3).

Les unités de fouilles [ATJ93.E13A30 et E14A29] recouvrant le mur 127 ne contenaient que quelques tessons (Tableau 4.5) ainsi qu'un percuteur sphérique en calcaire [ATJ93.E14A29.L281] et quatre fragments de silex, dont un tronçon de lame lustrée.

À l'instar du mur 127 qui s'enfonce dans la paroi orientale des carrés E13-14-15, se trouve, dans le carré E15, un second mur [**134**] qui fait saillie de la berme et qui lui aussi repose sur le sol vierge (Chapitre 3) (Figs 2.12 : coupe E-Est, et 4.2). Fondé donc au niveau précédent (XIII), il aurait encore été utilisé à ce niveau-ci. Il sera détruit à la fin de la période d'occupation du présent niveau, comme en témoigne une épaisse couche cendreuse grise qui passe par-dessus (Figs 2.12 : coupe E-Est, et 3.9). Au niveau suivant (XI), il sera remplacé par la plateforme 594 qui repose sur la couche grise qui le recouvre.

Base du versant méridional

D'après l'altitude de son sol (+289,96 m), l'étroite pièce **534**, dégagée dans le carré F18 au pied du flanc méridional du tell (Fortin 1990a, 234-235, figs 14, 15 et 16), serait à associer à ce niveau-ci (Fig. 4.9) (Tableau 4.1). Sinon, aucun lien stratigraphique tangible ne peut relier cette pièce à celles mises au jour dans le secteur au centre du tell, quinze mètres plus au nord. De plan rectangulaire, probablement incomplet à cause de l'érosion : 4,50 (lo.) × 2,30 m (la.), elle est délimitée sur trois de ses côtés par des murs dont les assises préservées indiquent clairement qu'ils sont imbriqués les uns aux autres :

– Mur 434, au nord-est : 3,60 (lo.) × 0,50 m (la.), constitué d'une seule rangée de briques crues placées en boutisses.

– Mur 435, au sud-ouest : 3,00 (lo.) × 0,70 m (la.), une rangée de briques disposées en boutisses.

– Mur 331, au sud-est : 2,30 (lo.) × 0,70 m (la.), formé de deux rangées de briques appareillées soit en boutisses, soit en panneresses.

Tableau 4.6: Inventaire céramique des couches ATJ87.E5A13-14-15-16-17-18.

Fabriques	Fragments	Formes/vases	Numéros catalogue/C
Grise incisée	1	1 forme indéterminée	1463
Fine	9		1476
Commune	170	1 fragment de piédestal	1402
		4 bols	1439, 1470, 1491, 1413
		1 grand bol	1430
		2 marmites	1461, 1477
		3 jarres	10041, 1427, 1443
		5 jarres à grande ouverture	1401, 1444, 1446, 1448, 1483
		2 jarres à petite ouverture	1317, 1418
Culinaire	160	11 marmites	1412, 1415, 1421, 1433, 1434, 1445, 1458, 1466, 1468, 1473, 1474
		1 couvercle de marmite	1469
TOTAL	**340**		

Figure 4.10: Fragments de céramique provenant des couches ATJ87.E5A13-14-15-16-17-18.

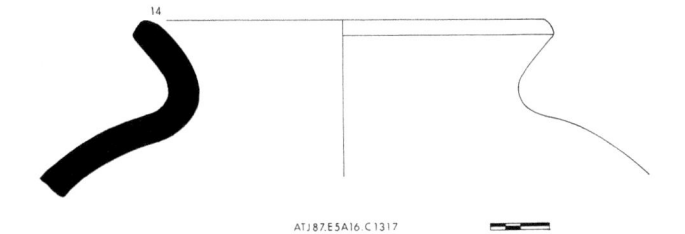

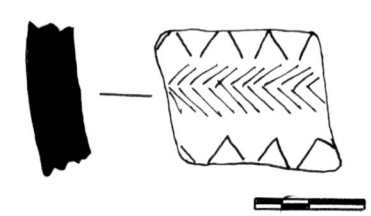

ATJ87.E5A17.C1463 : Tesson sans profil de fabrique *Grise incisée* de motifs de chevrons et de triangles.

ATJ87.E5A16.C1317 : Fragment d'une jarre à petite ouverture de fabrique *Commune*. 14 cm (dia.). Petit col très concave, rebord évasé, lèvre simple carrée.

Le mur au nord-ouest a été éradiqué par l'érosion, comme du reste les extrémités des murs 434 et 435. Aucune porte n'ayant été décelée dans les trois murs conservés, on peut supposer qu'elle était aménagée dans le mur qui fut emporté par l'érosion.

Sur le sol plâtré de la pièce 534 ont été ramassés quatre tessons de fabrique *Commune* et un de fabrique *Culinaire* ; ils n'ont pas été catalogués car aucun ne comporte un profil reconnaissable.[5]

---

5 L'inventaire du mobilier de la pièce 534 n'inclut pas le matériel archéologique retrouvé dans la couche de surface [ATJ87.F18A1] qui recouvrait cette pièce, car manifestement elle contient des tessons et des artéfacts provenant des niveaux supérieurs et qui ont glissé le long du versant méridional très pentu du tell. Comme cette couche recouvrait également la pièce voisine 535 du niveau XI, supérieur, son inventaire « contaminé » est signalé avec la description de la pièce 535 (Chapitre 5).

Extrémité septentrionale

Les couches ATJ87.E5A13-14-15-16-17-18 identifiées dans la tranchée de sondage du carré E5 seraient à associer à ce niveau XII en raison uniquement de leurs cotes altimétriques (Fig. 3.14), aucune relation physique ne pouvant être établie avec les restes architecturaux dégagés dans le secteur au centre du tell, quarante mètres plus au sud. Il en est de même d'un segment de deux mètres d'un étroit (0,38 m) mur, le 329, constitué d'un seul rang de briques crues préservées sur six assises, mis au jour à l'extrémité ouest de la tranchée (Tableau 4.1).

Les unités de fouilles ATJ87.E5A13-14-15-16-17-18 ont donné plusieurs tessons de différentes fabriques (Tableau 4.6 ; Fig. 4.10) en plus d'un petit jeton conique en pierre de couleur blanche [ATJ87.E5A17.L100] et deux éclats de silex.

Datation

En l'absence de tessons diagnostiques et de résultats d'analyse archéomagnétique de fragments de fabrique *Commune*, comme c'est le cas pour plusieurs niveaux, le positionnement chronologique du niveau XII doit forcément venir s'insérer entre les datations obtenues pour les niveaux XIII (2865 ± 61 av. J.-C.) et XI (2836 ± 81 av. J.-C.) (Gallet, Fortin *et al.* 2020, table 1), soit au début de la période EJZ 1.

Interprétation

La présence de deux édifices « au plan en gril » [573 et 599] érigés en bordure d'une grande cour [605] dans laquelle se trouvent des fours, nous amène à penser que les habitants de Tell 'Atij se sont dotés, dès le début de l'occupation de ce modeste hameau, d'importants dispositifs d'entreposage afin de traiter et de stocker des grains récoltés dans les champs avoisinants d'autant qu'une massive plateforme [127] à proximité aurait pu servir à y sécher et trier les grains avant leur entreposage. Elle aurait même été dotée d'une annexe [604] accolée à l'un de ses flancs dans le but de servir d'entrepôt.

En l'absence de toutes installations intérieures particulières, la fonction de la pièce 534 nous échappe d'autant que son pauvre mobilier (cinq tessons) n'est guère plus évocateur. Bien que peu révélatrice en soi, la pièce 534 au pied du versant méridional du tell nous confirme néanmoins l'étendue de l'occupation jusqu'à cette partie du site. Les couches repérées dans le sondage à l'extrémité septentrionale du tell viennent également attester la présence humaine dans ce secteur.

Greniers 573 et 599

Les édifices « au plan en gril », comme le 573 et le 599 de Tell 'Atij, sont considérés depuis longtemps comme « des greniers surélevés, aérés contre l'humidité du sol » (Leroi-Gourhan 1945, 177, fig. 899) ; du reste, on décrit ces greniers comme des dispositifs de stockage en « atmosphère aérée » (Garcia 1997, 92). En effet, des sacs contenant des grains pouvaient être déposés sur des planchers en roseaux qui permettaient une circulation d'air venant de l'espace libre laissé entre les murets parallèles soutenant le plancher (Stede 2010, 351-354) : un vide sanitaire tout à fait approprié à la conservation des grains. En outre, l'utilisation du roseau pour la fabrication des planchers de tels greniers était destinée à éloigner les rongeurs « qui n'apprécient que très

peu son goût » (Stede 2010, 359). Les superstructures qui chapeautaient de tels soubassements de greniers à murets parallèles n'ont jamais été préservées, soit en raison des effets de l'érosion auxquels elles ont été particulièrement exposées, soit parce qu'elles étaient constituées de matériaux périssables (Stede 2010, 351). Leurs reconstructions demeurent donc tout à fait hypothétiques (ex. Fukai *et al.* 1974, pl. XLVI/3 ; Stede 2010, pl. 191 ; Stuart & Curvers 1994, 25-27, figs 5-6).

Le plancher en roseaux du grenier 573 couvre une surface de 11,5 m^2, tandis que celui du grenier 599 atteint 6 m^2. Avec des murs hauts de deux ou trois mètres, leurs capacités de stockage varient de 23 à 34,5 m^3 [573] et de 12 à 18 m^3 [599], ce qui donne un volume total pouvant aller de 35 à 52,5 m^3 et contenir entre 15 554 et 49 067 kg de grains (Paulette 2015, 323, note a, table 4.6). En estimant qu'une personne consomme en moyenne 200 kg de céréales par année (Mazar 2001, 458 ; Garfinkel *et al.* 2009, 322)[6], ces greniers peuvent donc, théoriquement, conserver suffisamment de grains pour subvenir aux besoins d'une population oscillant entre 78 et 233 individus, donc supérieure à celle estimée pour le hameau de Tell 'Atij. Ou, selon un mode de calcul encore plus simple qui consiste à convenir, sur la base d'études ethnoarchéologiques, que l'approvisionnement annuelle d'une famille de 5-6 personnes exige un dispositif d'entreposage domestique de 1 m^3 (Kramer 1980, 319), ces greniers peuvent donc répondre aux besoins annuels de 15 à 49 familles, soit 90-294 villageois. Si on veut être plus précis dans nos évaluations, il faudrait soustraire des quantités stockées un pourcentage (15-25%) représentant les pertes dues à une conservation prolongée et les réserves en prévision d'un ensemencement l'année suivante (Paulette 2015, 326, table 4.7).

Ce type d'édifice « au plan en gril » est habituellement considéré comme un élément architectural à caractère public (Schwartz 1987), rarement domestique (Pfälzner 2011, 145-147). Qui plus est, des auteurs font un lien direct entre leur construction et l'apparition de sociétés complexes en Mésopotamie septentrionale durant la période de Ninive 5 (EJZ 1-2)[7], lesquelles vont

---

6 Les estimations avancées à ce propos se situent en général entre 160 kg (Kramer 1980, 319) et 250 kg (Wilkinson 1994, 495 ; Ur & Wilkinson 2008, 313), voire un peu plus parfois (Schwartz 1994b, 27, table 2 pour plus de références).

7 Même si ce type de bâtiment fut en usage dès le Néolithique (Stede 2010, 351-354) et le restera longtemps par la suite : par exemple, pendant le Ier millénaire av. J.-C. en Europe (Garcia 1997, 93 ; Ferdière 2015 : son type 5, à murets parallèles internes ; Morillon, Fouillet & Poux 2017 ; Poux 2017), ou durant toute l'époque

rapidement se développer vers l'urbanisation et l'étatisation (Schwartz 1985 ; 1987 ; Akkermans & Schwartz 2003, 221-224). D'autres se contentent d'y voir des éléments architecturaux faisant partie d'un système d'entreposage communautaire intégré à une organisation villageoise collective préurbaine (Pfälzner 2002).

Cour 605

À proximité de ces greniers en gril, la cour 605 est occupée par des foyers dont l'utilisation serait à mettre en relation avec la présence de ces greniers puisque des études ethnoarchéologiques ont montré que les grains devaient être asséchés dans des fours avant d'être mis en sac et stockés dans des greniers, tels ceux-ci aux infrastructures constituées de murets parallèles (Hillman 1984b, 129 ; Curvers & Schwartz 1992, 416-417 ; Szeląg 2011, 118). Cependant, aucune des structures de combustion du niveau XII de Tell 'Atij n'a ni les dimensions ni les caractéristiques structurelles (ex. dôme) des grands fours de Tell Arbid (Szeląg 2011) ou de Tell Hamoukar qui eux sont incontestablement associés au traitement des grains récoltés en vue de leur conservation à long terme, voire de la fabrication de la bière (Grossman 2014b).

Parmi ces foyers de la cour 605, la structure de combustion 623 est mieux construite que les autres. Il faudrait davantage l'interpréter comme un simple foyer circulaire construit (Aurenche 1981, 243-244 ; Smogorzewska 2012, 237 ; 2019, 93), caractérisé par une bordure de faible hauteur en briques crues ou en pisé entourant la zone de combustion, plutôt qu'un four, notamment à pain (*tannur*), qui lui possède un dôme.[8]

Les foyers de la cour 605 sont toujours disposés à proximité de murets vraisemblablement afin d'être à l'abri du vent. Au vu de leur positionnement dans la cour, on peut présumer qu'ils sont d'usage communautaire plutôt qu'individuel.

La cour 605, et en particulier la zone située immédiatement à l'ouest des bâtiments au plan en gril, aurait pu avoir été utilisée pour y tailler du silex, selon Jacques Chabot (2002, 166) qui a fait l'analyse de l'industrie de la pierre taillée à Tell 'Atij, en raison de la présence de nucléus côtoyant des éclats de décorticage et de débitage ainsi que des esquilles.[9] Ce fut donc une cour dans laquelle se sont déroulés différents types d'activités.

Pièce 604

Dans sa typologie[10] des maisons du nord de la Mésopotamie au IIIe millénaire av. J.-C., Peter Pfälzner (2001, 147) inscrit la pièce 604 dans sa catégorie des maisons à pièce unique (*single-room house*), essentiellement en raison de son plan. Pourtant, elle est dépourvue de porte et n'a livré ni traces de foyer ou d'installations domestiques quelconque, ni ustensiles de mouture, mais uniquement trois tessons sans profil de fabrique *Culinaire*. Enfin, avec sa superficie de 9 m², elle ne peut accueillir qu'une personne, voire peut-être deux, mais certainement pas une famille.[11] Pour toutes ces raisons, il me semble tout à fait irréaliste de considérer la pièce 604 comme une structure domestique.

Plateforme 127

En revanche, contrairement aux maisons isolées que décrit Pfälzner (2001), la pièce 604 est directement accolée à une autre construction dont on n'a malheureusement dégagé qu'un angle : la massive plateforme en briques crues 127, érigée sur le sol vierge dès le premier niveau d'occupation du site (Chapitre 3). Or, cette dernière, de grandes dimensions à en juger par la partie dégagée qui se prolonge au-delà de la zone fouillée, aurait pu exercer une fonction publique, surtout si on

---

romaine (Rickman 1971, 215-227 ; 1980, 134-138 ; Morris 1979, 29-39 ; Black 1981).

8 Pour la distinction entre four et foyer, voir : Aurenche 1977, 89-91 ; 1981, 241-256 ; Schwartz 2015, 91-95, pour les fours et foyers de Raqa'i ; Hole & Tonoike 2016, 125-132, pour des exemples provenant de Tell Ziyadeh ; Ławecka 2008, 564-569 ; Smogorzewska 2012, 233-236 ; 2019, 87-93, pour les exemplaires bien préservés de Tell Arbid ; Gur-Arieh 2018, pour le Levant au Bronze Ancien. Voir aussi plusieurs articles dans le numéro thématique « Pain, fours et foyers des temps passés » de la revue *Civilisations* 49/1-2 (Fechner & Mesnil 2002), et notamment celui de Mulder-Heymans. La plus récente et complète synthèse sur les *tannurs* (fours à pain) trouvés sur des sites archéologiques au Proche-Orient, et notamment du IIIe millénaire av. J.-C., demeure celle d'Elena Rova (2014). Ce type de four pour la cuisson du pain est encore en usage de nos jours dans plusieurs villages traditionnels de la Djézireh (Martin Galán & Othman 2003 ; Parker & Uzel 2007 ; Parker 2011 ; voir aussi l'introduction du présent volume).

9 Les inventaires des fragments de silex cités dans son étude diffèrent parfois des inventaires du présent rapport, certaines unités de fouilles ayant changé de contexte stratigraphique suite à un nouvel examen de la stratigraphie du site dans le cadre de la préparation du présent rapport final.

10 Fort critiquée, voire mise en doute par certains (Bernbeck 2006 ; Warburton 2015, 166-173).

11 Une personne a besoin d'un espace vital de 6 à 10 m² (Naroll 1962 ; Marfoe 1980 ; Kolb 1985 ; Postgate 1994).

lui reconnaît un lien avec les greniers en gril voisins : elle aurait pu servir de lieu de séchage et de préparation des grains (Chapitre 3) avant qu'ils soient stockés dans les greniers, à six mètres de là. La petite pièce 604, ainsi appuyée tout contre le parement occidental de la plateforme 127 qui lui sert de mur oriental, pourrait être interprétée comme une annexe de la plateforme 127, un petit entrepôt d'appoint pour y conserver en vrac, considérant qu'elle ne possède ni porte ni aménagement domestique intérieur, des grains provenant de la plateforme de séchage et de traitement de grains. Si on lui restitue des murs de 2 à 3 mètres de hauteur, son volume pouvait atteindre entre 18 et 27 m^3, ce qui aurait permis d'y entreposer entre 7 999 et 25 234 kg de grains, à raison de 444,4-934,6 kg/m^3 (Paulette 2015, 46, 322 note c). Ces quantités auraient pu satisfaire les besoins alimentaires annuels en céréales de 40 à 162 personnes, suivant la méthode de calcul adoptée (Paulette 2015, 47-49, 326) : 200 kg/pers. en moyenne (Mazar 2001, 458 ; Garfinkel *et al.* 2009, 322) ou une famille de 5-6 personnes par mètre cube (Kramer 1980, 319). Si on veut prendre en compte les pertes dues aux problèmes de conservation pendant toute une année et les réserves pour les semailles de l'année suivante, ces nombres devraient être réduits de 15 à 25% (Paulette 2015, 49, 326 note d).

Le mur 127 qui fait saillie d'une berme du secteur de fouilles ne peut pas avoir appartenu à un édifice car, dans ce cas, il aurait été moins large et il y aurait eu un espacement entre lui et la berme. Or, cet intervalle est comblé par des briques en panneresses. Nous sommes donc réellement en présence de l'angle d'une structure massive, telle une plateforme. Il est pertinent de signaler qu'il s'agit de la même structure qui a été fondée au niveau inférieur (XIII) et qu'ensuite, aux niveaux XI-X-IX, une véritable plateforme massive en briques crues sera identifiée tout juste à côté de celle-ci.

Chapitre 5

Niveau XI

Tableau 5.1 : Distribution par structure des unités de fouilles du niveau XI.

Structures	Murs	Unités de fouilles associées
Pièce 585	350 351 454 455	ATJ93.E14B2-3 ATJ93.E15C1, 5, 7, 13$^{(sol)}$ ATJ93.F14C7, 11$^{(sol)}$ ATJ93.F15C7, 11$^{(sol)}$
Ruelle 589 [↑ X]	344 452 454 458	Voir niveau X
Pièce 590	458	ATJ93.F15D1-2-3, 5$^{(foyer)}$
Pièce 608	352 457 135	ATJ93.F14C9$^{(sol)}$ ATJ93.F15C9
		ATJ92.G13A1$^{(?)}$ ATJ92.G14A1$^{(?)}$ ATJ92.G15A1$^{(?)}$-2$^{(?)}$-3$^{(?)}$
Pièce 586	344 452	ATJ93.E15C3, 11 ATJ93.F15B8 ATJ93.F15C3
Pièce 596	350 456 461	ATJ93.D15B7 ATJ93.E15C4, 8$^{(sol)}$
Plateforme 594 [↑ X]		Aucune
Pièce 587	122 123 227 228 226	ATJ93.F13A9$^{(sol)}$-10-11 ATJ93.F14A10$^{(sol)}$-11$^{(foyer)}$-12-13-14-15$^{(foyer)}$
Cour 588	122 229 350 455 456 229 618 $^{(casiers)}$	ATJ93.E13A23-24-25$^{(sol)}$ ATJ93.E14A23-24$^{(sol)}$-25 ATJ93.E15C16
Pièce 535	330 436 437	ATJ87.F18A1$^{(?)}$-2-3$^{(sol)}$
Mur d'enceinte	404	ATJ87.E5A11 et 12

Le point d'interrogation en exposant $^{(?)}$ indique une unité de fouilles contaminée en raison de sa proximité d'avec la limite d'érosion du tell ; son inventaire n'est donc pas pris en compte. Le symbole [↑ X] signifie qu'une structure restera en usage au niveau suivant (X).

Altitude supérieure : +291,30 m.

Altitude inférieure : +290,30-80 m.

Épaisseur moyenne : entre 0,50 m et 1,00 mètre.

Le niveau XI a été fouillé dans les secteurs suivants :

- **Centre du tell** : carrés D15 et E-F-13-14-15 (Fortin 1995, 28-31, figs 4-5).
- **Base du versant méridional** : carré F18 (Fortin 1990a, 234-236, figs 14-16).
- **Extrémité septentrionale** : carré E5 (Fortin 1990a, 230-233, fig. 13).

Centre du tell

Le niveau XI (Figs 5.1, 5.2 et 5.3) se démarque nettement par la présence, dans le secteur au centre du tell (142 m² qui ne représentent que 6% de la superficie habitable *intra-muros* du site), de deux grands bâtiments rectangulaires [**585** et **587**] disposés perpendiculairement l'un à l'autre. L'un d'eux [**585**] s'ouvre, au sud, sur une étroite ruelle pavée [**589**] qui mène, vers l'est, à un espace triangulaire fermé [**596**] et une massive plate-forme en briques crues [**594**], tandis que vers l'ouest, après être passée devant un four, elle s'élargit avant d'atteindre une petite pièce [**608**] en limite d'érosion. La venelle **589** est bordée au sud par deux petites pièces [**586** et **590**] qui se prolongent en dehors de la zone fouillée. L'autre bâtiment majeur [**587**], perpendiculaire au premier, débouche à l'est sur une grande cour [**588**] en terre battue munie d'une structure à casiers [**618**].

D'entrée de jeu, il convient de faire remarquer que toutes les structures du niveau XI sont érigées sur une couche compacte de terre grisâtre dont l'épaisseur varie d'un carré de fouilles à l'autre : signe manifeste d'un nivellement intentionnel de la surface à bâtir qui prend en compte l'accumulation des débris du niveau inférieur (XII). Une préparation aussi soignée du terrain à construire montre bien l'importance accordée

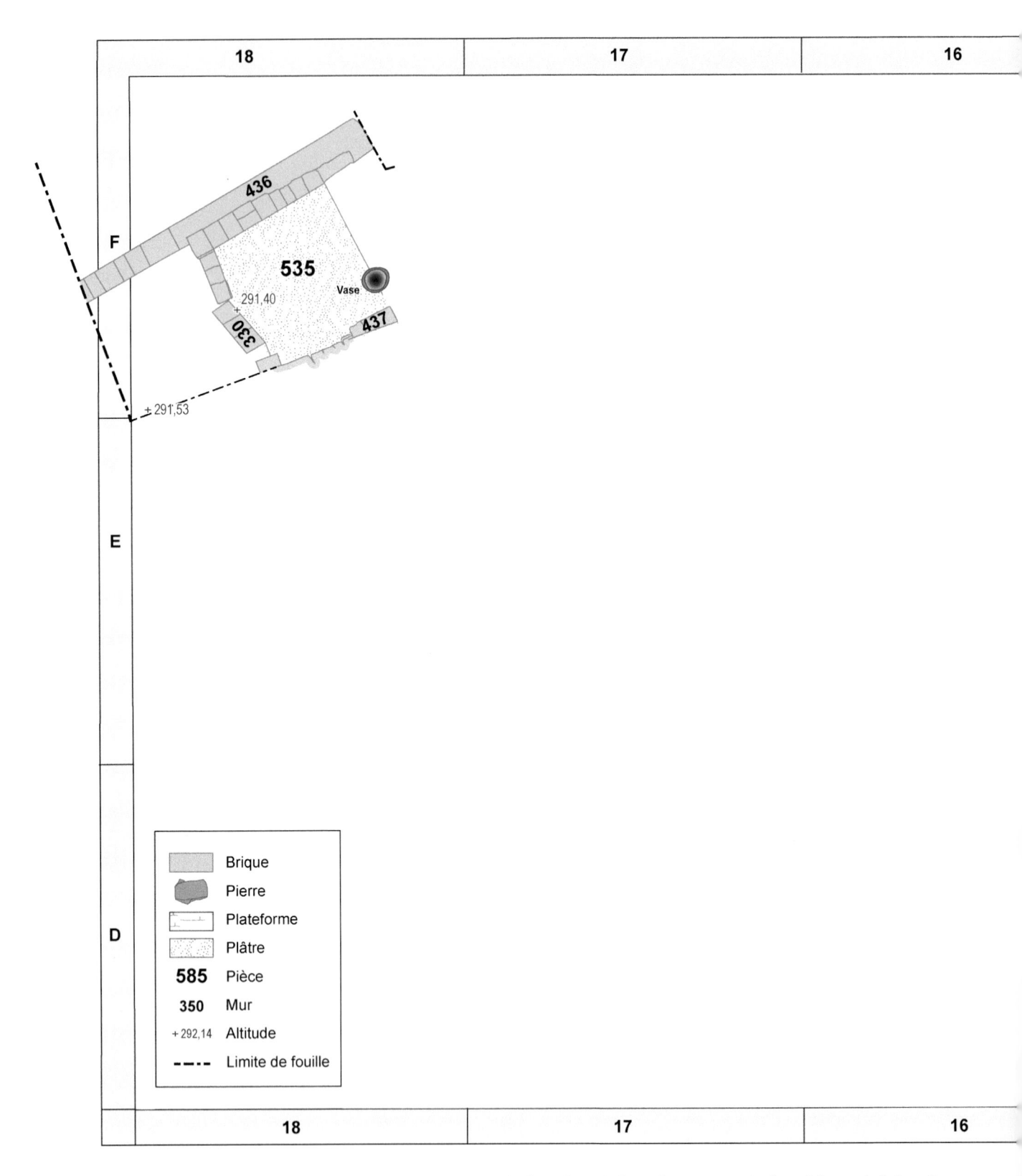

Figure 5.1: Plan du niveau XI dans les secteurs au centre (à droite) et à la base du versant méridional (à gauche) du tell.

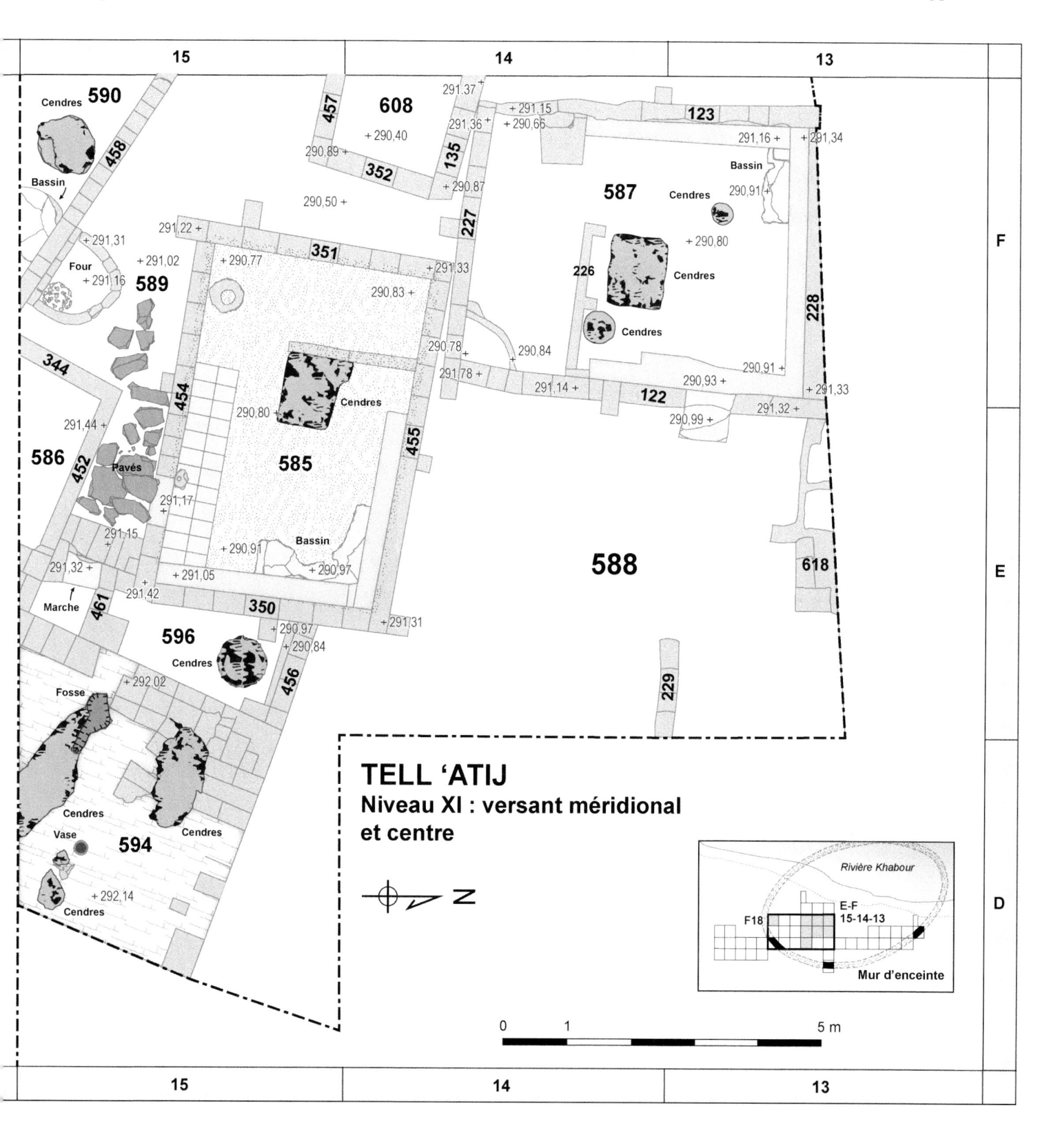

TELL 'ATIJ
Niveau XI : versant méridional et centre

Figure 5.2 : Niveau XI au centre du tell, vu vers le nord-ouest. Au premier plan, le bâtiment 585, accessible par la ruelle pavée 589, et, au second plan, la pièce 587 qui donne sur la cour 588 en terre battue, équipée d'une structure à casiers : 618.

Figure 5.3 : Niveau XI au centre du tell, vu vers le sud. Au premier plan, le bâtiment 587 qui donne sur la cour 588 en terre battue, à gauche, et, au second plan, la pièce 585 qui elle s'ouvre au sud sur la ruelle pavée 589.

par les habitants de Tell 'Atij aux bâtiments à ériger à ce niveau-ci. Une présomption confirmée également par l'application apportée à l'agencement des briques crues des fondations des murs de la pièce 585 (Fig. 5.4) et à l'épandage d'une couche de comblement d'épaisseur variable afin de procurer à la pièce 585 un sol plâtré de niveau égal (Fig. 5.5). Le bâtiment 587, quant à lui, repose directement sur les vestiges de l'édifice au plan en gril qui a été arasé pour faire place à la nouvelle construction.

Le bâtiment **585**, de plan rectangulaire (4,00 × 5,50 m), couvre une superficie de 23 m² (Fig. 5.6). Il est délimité par quatre murs qui sont tous imbriquées les uns aux autres et formés d'un seul rang de briques crues (0,47 × 0,28-30 × 0,08 m) appareillées en panneresses :

— Mur 455, au nord : 5,84 (lo.) × 0,28-30 (la.) × 0,45 m (h.), sept assises conservées.

— Mur 350, à l'est : 4,90 (lo.) × 0,28-30 (la.) × 0,40-50 m (h.), entre six et huit assises préservées ; son extrémité méridionale fait saillie de 0,55 m et la sep-

Figure 5.4 : Couche de préparation sous le sol plâtré du bâtiment 585 avec les fondations du mur 455, à gauche.

Figure 5.5 : Remplissage intentionnel sous le sol de la pièce 585, au premier plan, visible dans la coupe est-ouest pratiquée en travers du sol de ce bâtiment ; vu vers le nord.

Figure 5.6 : Bâtiment 585, vu vers le nord. Il est accessible par une porte pratiquée dans le mur méridional qui donne sur une ruelle pavée : 589.

tentrionale de 0,44 m ; son parement méridional possède en son centre un contrefort qui excède de 0,36 m.

- Mur 351, à l'ouest : 4,34 (lo.) × 0,28-30 (la.) × 0,45-50 m (h.), entre sept et huit assises conservées en moyenne ; son extrémité méridionale se projette sur 0,35 m ; son parement occidental présente un petit contrefort large de 0,28 m qui fait saillie de 0,40 m.
- Mur 454, au sud : 5,90 (lo.) × 0,28-30 (la.) × 0,45-50 m (h.), entre sept et huit assises préservées ; son parement méridional comporte un contrefort en son centre qui ressort de 0,20 m.

C'est dans ce dernier mur qu'une porte, large de 0,80 m, est aménagée ; une crapaudine en pierre [L267] se trouve au pied de son jambage gauche, vers l'intérieur.

Plusieurs installations sont aménagées au sein du bâtiment 585 :

- Un sol en plâtre de gypse, conservé par endroits seulement ; sa surface avoisine la cote altimétrique +290,80 m. Il repose sur une épaisse couche de remplissage destinée à niveler le secteur, comme les coupes stratigraphiques passant transversalement dans cette pièce l'illustrent bien (Figs 2.9 : coupe 15-Nord et 2.13 : coupe F-Est) : un procédé qui confirme les intentions des occupants du niveau XI de reconstruire à neuf le secteur, contrairement à ce qui sera fait aux niveaux subséquents où l'on se contentera de dresser de nouveaux murs sur les vestiges des précédents (niveau X) et ensuite de tout simplement les réutiliser en association avec de nouveaux sols (niveau IX).
- Deux alignements de briques crues disposées le long du mur 454 dans lequel est pratiquée la porte ; il s'agit manifestement d'un aménagement faisant partie du soubassement pour soutenir le sol en plâtre de gypse qui a disparu à cet endroit peut-être à cause de sa proximité d'avec la porte, un lieu de passage très fréquenté.
- Une surface circulaire en plâtre (0,50 m dia.), dans l'angle sud-ouest ; serait-ce une surface de travail pour la préparation de la nourriture ?
- Un bassin rectangulaire, 1,50 × 1,20 m, également en plâtre de gypse, dans l'angle nord-est, avec une étroite bordure en pisé au sud ; probablement lui aussi associé à la préparation des repas.

Tableau 5.2 : Inventaire céramique de la pièce 585.

Fabriques	Fragments	Formes/vases	Numéros catalogue/C
Fine	1	1 bol	9274
Commune	248	5 grands bols	8649, 8664, 8668, 9462, 9503
		1 jatte	8697
		1 jarre	9107
		2 grandes jarres	9104, 9569
		11 jarres à grande ouverture	8645, 8654, 8657, 8666, 8698, 8720, 9260, 9265, 9279, 9492, 9650
		6 jarres à petite ouverture	8651, 8696, 8703, 9259, 9504, 10026
Culinaire	93	21 marmites	8652-3, 8655-6, 8658-9, 8660-1-2-3, 8667, 8669, 8672, 8700, 8713, 9253-4, 9261, 9266, 9482, 9529
TOTAL	**342**		

Figure 5.7 : Ruelle 589 dallée de pierres plates, au sud du bâtiment 585, ici, à gauche ; vue vers l'est. Le foyer semi-circulaire installé dans cette ruelle n'apparaît pas sur ce cliché.

- Des banquettes à la base de deux murs [455 et 350], profondes d'une trentaine de centimètres et hautes d'une dizaine, enduites de plâtre de gypse.
- Et, finalement, un foyer central de forme carrée, 1,00 × 1,10 m, facilement identifiable aux cendres recouvrant son fond. Il est accolé à une courte (2,00 m) et mince (0,20 m) cloison interne en pisé et est entouré sur ses trois autres côtés d'une bordure basse, maintenant disparue, mais dont le tracé au sol est encore visible.

Le modeste inventaire céramique retiré de la pièce 585 est présenté dans le Tableau 5.2.

Autres éléments de la culture matérielle de la pièce 585 :

- 19 fragments de silex, dont quatre nucléus ;
- 2 meules en basalte alvéolé, l'une complète [ATJ93.F15C11.L262], l'autre fragmentaire [ATJ93.E15C1.L265] ;
- 1 crapaudine en gypse, complète [ATJ93.E15C13.L267], trouvée *in situ* près de la porte.

La porte pratiquée dans le mur 454, au sud de la pièce 585, donne sur une étroite ruelle pavée [**589**], orientée est-ouest (Fig. 5.7). Sa largeur varie d'un mètre, vis-à-vis de la porte, à 0,75 m, vers l'ouest ; en longueur, elle atteint plus de quatre mètres.

Dans cette venelle 589 est aménagée une petite structure de combustion [**ATJ93.F15B6**], de forme semi-circulaire : le diamètre interne fait 1,10 m et la

NIVEAU XI

Tableau 5.3 : Inventaire céramique de la pièce 590.

Fabriques	Fragments	Formes/vases	Numéros catalogue/C
Fine	1		
Commune	15	3 jarres	6227, 9326, 9484
Culinaire	4	2 marmites	9365, 9367
TOTAL	**35**		

médiatrice atteint 0,86 m (Fig. 5.8). L'épaisseur des étroites parois en briques crues varie entre 16 et 18 centimètres ; elles ne sont conservées que sur une hauteur de 15 centimètres, mais on peut penser qu'elles furent plus hautes à l'origine sans toutefois pouvoir établir si elles formaient un dôme, comme pour un four. Quant à son fond, il est tapissé de briques crues recouvertes d'un cailloutis dont seulement une infime partie est encore visible dans l'un des angles de la structure. Aucune trace d'enduit quelconque n'a été observée ni sur le fond ni sur la face interne des parois latérales.

Les grosses pierres plates formant le pavement de la ruelle 589 sont enfouies dans une importante accumulation de cendres qui, selon toute vraisemblance, proviennent de la structure de combustion semi-circulaire ATJ93.F15B6 qui s'y trouve. Les tessons de céramique et fragments d'artéfacts retirés d'entre ces dalles sont inventoriés au niveau X (Chapitre 6) puisque cette ruelle restera en usage au niveau suivant.

Figure 5.8 : Structure de combustion semi-circulaire située dans la ruelle 589 ; (a) vue de face, vers le sud-ouest ; (b) vue de profil, vers l'est.

Le foyer semi-circulaire ATJ93.F15B6 s'appuie contre le parement externe du mur 458 bordant au sud la ruelle dallée 589. Formé d'une simple rangée de briques crues en panneresses, ce mur 458, long de quatre mètres, appartient à la pièce **590** qui s'étend vers le sud mais qui n'a pas pu être vraiment fouillée puisqu'elle se prolonge au-delà du secteur de fouilles (Figs 5.1 et 5.3). Apparemment, elle est équipée d'au moins un bassin circulaire en plâtre et d'une structure de combustion de même forme d'après la concentration de cendres au sol.

La partie fouillée de la pièce 590 n'a produit que très peu de céramique (Tableau 5.3 ; Fig. 5.9) et un seul artéfact : une figurine zoomorphe fragmentaire, en terre cuite [ATJ93.F15D3.Tc92].

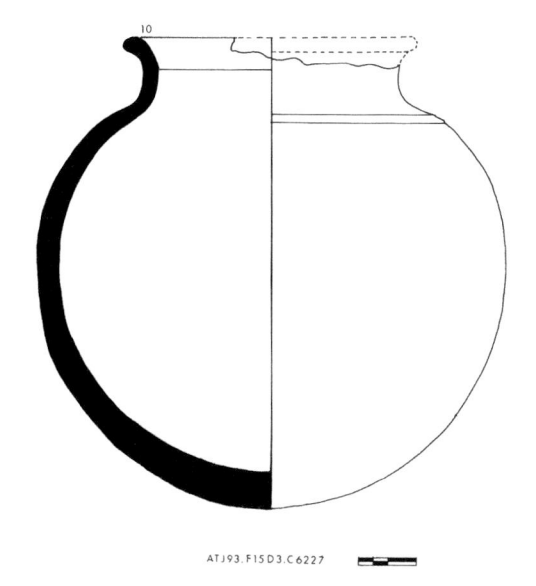

Figure 5.9 : Vase retiré de la pièce 590.

ATJ93.F15D3.C6227 : Jarre de fabrique *Commune*, incomplète. 10 (dia.) × 15,7 cm (h.). Fond arrondi, anse globulaire, petit col concave, rebord évasé, lèvre arrondie.

La venelle 589 s'élargit vers l'ouest, avant d'atteindre la pièce **608**, en bonne partie emportée par l'érosion (Fig. 5.10). De petites dimensions (1,60 × 1,30 m), cette dernière est formée par trois murs imbriqués les uns aux autres, le quatrième, à l'ouest, ayant glissé dans la rivière. Ils sont tous les trois constitués d'une seule

Tableau 5.4 : Inventaire céramique de la pièce 608.

Fabriques	Fragments	Formes/vases	Numéros catalogue/C
Fine	1		
Commune	46	2 jarres à petite ouverture	9332, 9518
		2 jarres à grande ouverture	9334, 9347
Culinaire	8		
TOTAL	55		

Tableau 5.5 : Inventaire céramique de la pièce 586.

Fabriques	Fragments	Formes/vases	Numéros catalogue/C
Fine	1	1 bol	9346
Commune	65	1 jarre à petite ouverture	8694
		2 jarres à grande ouverture	8693, 8701
Culinaire	7	2 marmites	8692, 9341
TOTAL	73		

Tableau 5.6 : Inventaire céramique de l'espace 596.

Fabriques	Fragments	Formes/vases	Numéros catalogue/C
Commune	34	1 grand bol	10012
		1 jatte	8695
		1 jarre à petite ouverture	8691
Culinaire	8	1 grand bol	9502
TOTAL	42		

Figure 5.10 : Pièce 608, en limite d'érosion du tell, vue vers le nord-ouest. Pièce 587, au second plan. À gauche, en contrebas, on peut distinguer l'angle de l'édifice au plan en gril du niveau XII.

rangée de briques crues disposées en panneresses, sauf pour le mur 135 pour lequel elles sont en boutisses :

- Mur 352, à l'est : 2,40 (lo.) × 0,30 (la.) × 0,40-50 m (h.).
- Mur 457, au sud : 1,50 (lo.) × 0,28 (la.) × 0,40 m (h.).
- Mur 135, au nord : 1,90 (lo.) × 0,46 (la.) × 0,90 m (h.).

Son sol est en terre battue ; il est très mal préservé.

L'inventaire céramique de la pièce 608 est très pauvre (Tableau 5.4) et le reste de son mobilier ne comprend qu'une crapaudine en gypse [ATJ93.F15C9.L260] et sept éclats de silex.[1]

À l'opposé, vers l'est, la ruelle dallée 589 longe les murs 452 et 344 qui forment l'angle d'une pièce [**586**] qui malheureusement n'a pas été vraiment explorée puisqu'elle se prolonge au-delà de la zone fouillée (Figs 5.2 et 5.3). Cette dernière n'a révélé que peu de tessons (Tableau 5.5) et aucun artéfact.

Puis, en continuant en direction de l'est, la venelle 589 monte en pente douce jusqu'à la pièce **596** dont le plan est assez particulier. En effet, comme elle est aménagée entre le mur 350 de la pièce 585, à l'ouest, et la massive plateforme 594, à l'est, elle épouse donc une forme triangulaire (Fig. 5.2) : 2,90 m en longueur, avec une largeur qui varie d'une extrémité à l'autre de 1,00 à 1,50 m. Au nord, elle est fermée par le muret 456 et au sud par le 461, tous deux construits d'une seule rangée de briques crues appareillées en panneresses, dont les extrémités viennent buter contre les parements des murs avoisinants, sans y être imbriquées, indice d'un ajout postérieur à la mise en place de la pièce 585 et de la plateforme 594. L'accès se fait depuis la venelle, via une porte aménagée dans le muret 461, et le fond de la

---

1 Il convient de préciser ici, par souci d'exhaustivité, qu'une rectification du flanc occidental du tell à la hauteur de l'allée 589 et de la pièce 608 a été réalisée en 1992 en vue de préparer la campagne de 1993 et que les unités de fouilles correspondant à cette opération [ATJ92.G13A1/G14A1/G15A1-2-3] sont considérées comme contaminées, le flanc du tell étant très abrupt dans ce secteur : il est évident que le matériel archéologique qu'elles contiennent a

glissé le long de cette pente, depuis des niveaux supérieurs. Néanmoins, les artéfacts suivants en pierre polie, recueillis dans l'unité de fouilles ATJ92.G13A1, furent catalogués, car s'ils ne peuvent pas être associés spécifiquement au niveau XI, ils sont quand même représentatifs du matériel lithique propre à Tell 'Atij :
- 1 percuteur oblong en basalte aux grains fins, complet [ATJ92.G13A1.L242] ;
- 1 pilon de forme conique en grès, complet [ATJ92.G13A1.L238] ;
- 1 poids de forme circulaire à perforation centrale en basalte alvéolé, incomplet [ATJ92.G13A1.L241] ;
- 1 ancre circulaire en basalte alvéolée, complète, faite à partir d'une meule réutilisée [ATJ92.G13A1.L236].

Figure 5.11 : Plateforme 594, vue vers le nord. Les murs érigés à son sommet appartiennent au niveau IX (= pièce 570) ; ils masquent aussi la pièce triangulaire 596 aménagée au niveau XI, entre la plateforme et la pièce 585 à l'est ici recouverte par la pièce 571 du niveau IX.

Figure 5.12 : Bâtiment 587, vu vers l'ouest. Au premier plan, la cour 588. N'apparaissent pas sur ce cliché, la marche menant à la porte ni la structure en casiers qui se trouve à droite de la porte.

pièce est occupé par une structure de combustion circulaire qui a produit une grande quantité de cendres.

Outre quelques tessons (Tableau 5.6), l'espace 596 n'a fourni que quatre fragments de silex, dont un tronçon de lame lustrée.

À l'est de cet espace triangulaire 596, se dresse une impressionnante et massive plateforme de briques crues : **594** (Fig. 5.11). Sa fondation est à situer à ce niveau-ci étant donné qu'une épaisse couche grise d'apparence cendreuse du niveau XII passe juste en dessous (Figs 3.8 et 3.9), comme il est possible de l'observer distinctement sur la coupe stratigraphique E-Est (Fig. 2.12). Sa hauteur préservée atteint 1,50 m. Elle restera en usage jusqu'au niveau X, comme cela est aussi clairement attesté sur le dessin de la stratigraphie de la paroi orientale du carré E15 (Fig. 2.12). Aucun mobilier ne peut être associé à la présente phase d'occupation de cette plateforme.

Bien que nous n'ayons pas eu le temps de la démanteler pour en étudier les modes de construction, il est quand même possible de constater, à en juger par sa surface apparente dans les carrés D15 et partiellement E15, que la plateforme 594 est entièrement constituée de briques crues (Fig. 5.11).

Plusieurs amoncellements de cendres jonchent sa surface ici et là et on peut noter une cavité pour recevoir un vase à un endroit. Elle n'a été dégagée qu'en partie du fait qu'elle s'étire sur quatre mètres d'ouest en est, avant de disparaître dans la berme ; d'une largeur variant entre 4,50 et 2,90 m du nord au sud, sa superficie dégagée atteint 15 m². Puisque des murs de pièces voisines à l'ouest de cette plateforme viennent buter contre sa face occidentale, son rattachement structurel à ces dernières ne fait aucun doute.

Un second bâtiment rectangulaire [**587**] se dresse perpendiculairement à l'édifice 585. Il possède à peu près les mêmes dimensions : 4,60 × 5,60 m, ce qui lui donne une superficie de pratiquement 26 m² (Fig. 5.12). Il est délimité par quatre murs, tous interreliés, en briques crues placées en panneresses dont seules les assises inférieures sont préservées :

– Mur 122, à l'est : 5,86 (lo.) × 0,28 (la.) × 0,50 m (h.), avec un petit contrefort de la largeur d'une brique qui fait saillie de 0,20 m au milieu du parement externe.

– Mur 123, à l'ouest : 5,80 (lo.) × 0,28 (la.) × 0,40-50 m (h.), avec un petit contrefort qui excède d'une vingtaine de centimètres au centre du parement extérieur.

– Mur 227, au sud : 4,60 (lo.) × 0,28 (la.) × 0,50-70 m (h.), avec une extension de son extrémité orientale de 0,30 m et un contrefort large de 0,20 m qui projette de 0,30 m au milieu de son parement externe.

– Mur 228, au nord : 4,70 (lo.) × 0,28 (la.) × 0,45 m (h.), en bonne partie enfoui dans la berme septentrionale du carré F13.

Les aménagements intérieurs du bâtiment 587 rappellent ceux de l'édifice 585 (Fig. 5.12) :

– Un foyer central quadrangulaire (0,90 × 1,05 m) dont l'emplacement est marqué par la présence de cendres ; il est dépourvu de bordure.

Tableau 5.7 : Inventaire céramique de la pièce 587 (Fig. 5.13).

Fabriques	Fragments	Formes/vases	Numéros catalogue/C
Grise incisée	1	1 bol	9412
Fine	8	2 bols	9099, 9421
Commune	221	1 forme indéterminée	9277 (marque de potier)
		8 grands bols	6229, 9034, 9226, 9276, 9419, 9422, 9426, 9561
		1 jatte	9280
		1 jarre	9278
		1 jarre à petite ouverture	9425
		9 jarres à grande ouverture	9264, 9267-8, 9321, 9368, 9418, 9423, 9552, 10018
		1 jarre à tenons verticaux	9403
		1 grande jarre	9414
Culinaire	311	20 marmites	6246, 6251, 9193, 9202-3, 9275, 9364, 9420, 9464, 9520, 9528, 9531, 9537, 9542, 9572, 9575, 9578, 9580, 9604, 9839
		1 jatte	9317
		1 grand bol	9319
TOTAL	**541**		

- Ce foyer se trouve à proximité d'un étroit (0,15 m) mur de refend [226] qui s'étire sur 2,30 m de manière à subdiviser l'espace intérieur de la pièce. Cette cloison est munie de deux contreforts entre lesquels prend place le foyer, sans qu'il vienne toutefois s'appuyer directement contre le parement du mur, vraisemblablement pour ne pas le noircir, comme cela a été observé à Tell Arbid (Ławecka 2008, 564).

- Des banquettes à la base de trois des murs de la pièce [122, 123 et 228], profondes de 0,30 m et hautes de 0,10 m seulement ; elles sont enduites d'une couche de plâtre de gypse.

- Un petit bassin plâtré, dans l'angle nord-ouest.

- Un sol en terre battue (+290,80 m) posé sur une épaisse (0,20 m) couche de terre de nivellement (Fig. 2.8 : coupe 14-Nord).

Figure 5.13 : Sélection de vases provenant de la pièce 587.

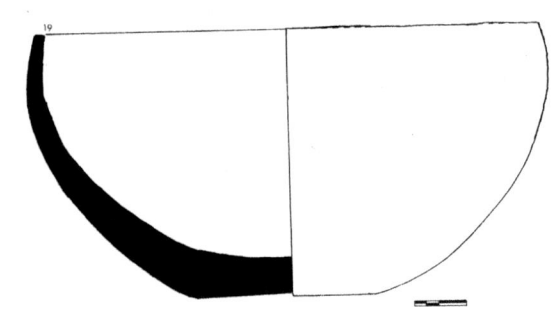

ATJ93.F13A11.C6229 : Grand bol de fabrique *Commune*, complet. 19 (dia.) × 10 cm (h.). Pâte de couleur *reddish yellow* (5YR7/6), dure (Mohs 5), de texture grossière avec des inclusions minérales.

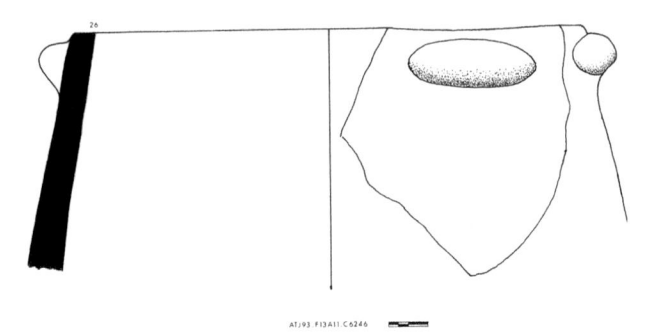

ATJ93.F13A11.C6246 : Marmite de fabrique *Culinaire*, fragmentaire. 26 cm (dia.). Pâte de couleur *very dark gray* (5YR3/1) à *red* (2.5YR5/6), dure (Mohs 5), de texture très grossière avec plusieurs inclusions minérales. Rebord droit/rentrant, lèvre carrée, tenons rectangulaires horizontaux au rebord. Traces de cuisson.

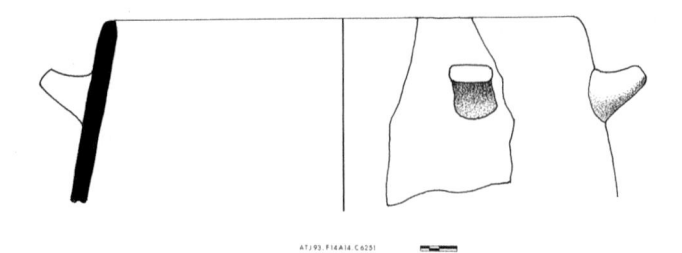

ATJ93.F14A14.C6251 : Marmite de fabrique *Culinaire*, fragmentaire. 25,5 cm (dia.). Pâte de couleur *red* (2.5YR5/6) à *stong brown* (7.5YR4/6), dure (Mohs 5), de texture très grossière avec plusieurs inclusions minérales. Rebord droit/rentrant, lèvre arrondie, tenons pointus au rebord. Traces de cuisson.

Une porte, large de 0,80 m environ, est aménagée dans le mur 122 ; elle donne accès, grâce à des degrés, à la cour 588 qui s'étire à l'est.

L'inventaire céramique de la pièce **587** est plutôt riche (Tableau 5.7 ; Fig. 5.13), tandis que le reste de son mobilier ne compte que quarante-quatre fragments de

NIVEAU XI

Figure 5.14 : Structure à casiers 618, vue vers le nord. Devant, s'étire la cour 588 et, à gauche, se dresse le bâtiment 587.

Figure 5.15 : Cour 588, vue vers le nord-est. À gauche, la petite structure à casiers 618 et, au centre, le bout de mur 229 s'enfonçant dans la paroi occidentale du carré D13.

Tableau 5.8 : Inventaire céramique de la cour 588.

Fabriques	Fragments	Formes/vases	Numéros catalogue/C
Grise incisée	1	1 forme incertaine	8677
Fine	1	2 bols	9099, 9421
Commune	417	8 grands bols	8673, 8680, 8687-8-9, 8726, 9430, 9495
		5 jarres à petite ouverture	8675, 8683, 8709, 8730, 9496
		10 jarres à grande ouverture	8671, 8679, 8681, 8705, 8708, 8710, 8712, 8714, 9555, 10028
		6 jarres	8685, 8711, 8727, 8729, 9353, 10016
		1 grande jarre	8819
Culinaire	87	15 marmites	8674, 8676, 8686, 8728, 9351, 9424, 9427, 9429, 9431, 9465, 9469, 9510, 9526-7, 9576
		4 couvercles	8722-3, 9467, 9543
TOTAL	**506**		

silex, dont trois nucléus à éclats et un tronçon de lame lustrée.

Le tesson ATJ93.F14A10.C9277 porte une marque de potier : trois lignes qui semblent avoir fait partie d'une étoile à plusieurs branches.

À l'est du bâtiment 587, s'étire une cour en terre battue [**588**] qui n'a été que partiellement dégagée parce qu'elle se continue, apparemment, dans les bermes des carrés E13-14. Néanmoins, elle couvre une superficie de 35 m² : 5 mètres, d'est en ouest, sur 18 mètres, du sud au nord. Cette cour ne comporte aucun aménagement particulier sauf, le long de la paroi septentrionale du carré E13, une petite structure à casiers [**618**] longue de 2,90 m et dont la largeur préservée varie de 0,40 à 0,80 m puisqu'elle s'enfonce dans la berme septentrionale du carré E13 (Fig. 5.14). Elle est formée de murets en pisé d'une dizaine de centimètres d'épaisseur seulement. Cette structure à casiers vient buter contre le mur 122 de la pièce 587. Des structures à casiers comparables ont été identifiées dans des niveaux du Chalcolithique de Tell Feres où les fouilleurs les ont interprétées comme des garde-mangers (Vallet 2014, 273, 282 fig. 4 ; 2018, 163-165).

Enfin, un bout de mur [229], 1,50 (lo.) × 0,30 m (la.), est apparu lors du déblaiement de la partie orientale de la cour 588. Il est formé d'une seule assise de quatre briques en panneresses. Il n'est associable à aucun bâtiment, car il se perd dans la berme bordant à l'est la cour 588 (Fig. 5.15). Cependant, la coupe stratigraphique orientale du carré E13 (Fig. 2.12 : coupe E-Est) indique la présence de ce qui semble être un mur à double rangée de briques, 1,70 m plus au nord, avec lequel ce mur 229 a peut-être un lien. Mais, il est possible également que ce soit un simple effondrement de briques parce qu'aucun autre alignement de briques n'a été décelé lors de la fouille de cette partie de la cour 588 et que les murs du présent niveau sont d'habitude formés d'un seul rang de briques.

Le riche inventaire de fragments de céramique recueillis dans la cour **588** est détaillé dans le Tableau 5.8.

Autres éléments de la culture matérielle de la cour 588 :

– 104 fragments de silex, dont sept nucléus à éclats et un tronçon de lame lustrée ;

- 1 perle en cristal de roche, en forme de petit disque plat, complète [ATJ93.E14A24.B82] ;
- 1 houe en basalte, complète [ATJ93.E13A23.L259] ;
- 1 crapaudine en basalte alvéolé, faite dans une ancienne meule, incomplète [ATJ93.E15C16.L266].

Base du versant méridional

D'après l'altitude de son sol, la pièce **535**, dégagée au pied du flanc méridional du tell (Figs 4.9 et 5.1) (Tableau 5.1), serait à associer au niveau XI. La partie fouillée[2] offre l'aspect d'une pièce au plan plutôt quadrangulaire : 3,00 (lo.) × 2,50-80 m (la.), délimitée par trois murs seulement, le quatrième, au nord, ayant été détruit par l'érosion :

- Mur 436, à l'ouest : 4,80 (lo.) × 0,60 (la.) × 0,70 m (h.), formé d'une double rangée de briques crues disposées en boutisses ; son extrémité septentrionale étant entièrement érodée, il était peut-être plus long à l'origine.
- Mur 437, à l'est : seule une partie de son parement occidental nous est connue grâce à la superposition de quelques assises de briques crues observées dans la paroi orientale du carré de fouilles F18.
- Mur 330, au sud : davantage un alignement discontinu de huit briques crues sur une seule assise qui pourrait n'être aussi que les restes d'un effondrement de briques. Le véritable mur méridional de la pièce se trouve peut-être au-delà de la zone fouillée à en juger par le mur 436 qui se prolonge sur 1,75 m, au-delà de cet alignement 330, et s'interrompt brusquement à la limite du carré de fouilles. Ainsi, la pièce 535 aurait plutôt eu un plan rectangulaire : 5,00 × 2,50 m, et une superficie de 12 m².

Aucune porte n'a été décelée dans les portions de murs préservées. Quant au sol, des fragments de plâtre de gypse retirés de la terre le recouvrant pourraient provenir du sol d'origine.

La pièce 535 a livré une bonne quantité de tessons de céramique de fabriques variées (Tableau 5.9 ; Fig. 5.16) et seulement trois fragments de silex.[3]

---

2 Son dégagement complet fut interrompu par un début prématuré de la saison des pluies cette année-là.

3 Cet inventaire de la pièce 535 ne tient pas compte des tessons et fragments d'artéfacts contenus dans la couche de surface [ATJ87.F18A1] qui la recouvrait, car ils proviennent manifestement de l'éboulis le long de la pente méridionale très prononcée du tell. L'inventaire de cette unité de fouilles est donc certainement « contaminé », à preuve la présence d'un fragment de céramique de fabrique *Métallique* :

Fabriques	Fragments	Formes/vases	Numéros catalogue/C
Métallique	1		Hors contexte !
Grise incisée	1	1 bol	2160
Fine	15	3 bols	2140-1, 3880
		2 bouteilles	2151, 2166
Commune	778	1 récipient miniature	9970
		2 bols	2080, 2593
		13 grands bols	1183, 1190, 3852, 3861, 3863, 3867, 3877, 3879, 3890, 3895, 3898, 4095, 10015
		1 jatte	3295
		5 grandes jarres	1172, 4091, 4096, 4204, 10093
		13 jarres à grande ouverture	1191, 1192, 3857, 3858, 3870, 3872, 4097, 5375)
		8 jarres à petite ouverture	1191, 1192, 3857, 3858, 3870, 3872, 4097, 5375)
Culinaire	213	25 marmites	1182, 3840, 3842-3, 3848-9, 3854, 3856, 3860, 3864, 3865, 3866, 3869, 3873, 3875-6, 3881, 3884-5-6, 3888, 3892, 4219, 9851, 9859
		1 couvercle	1185
		2 jattes	3889, 4090
		1 grand bol	3883
TOTAL	**1008**		

Autres éléments de la culture matérielle de l'unité de fouilles ATJ87.F18A1 :
- 1 crapaudine en calcaire, complète [ATJ87.F18A1.L69] ;
- 2 pilons, l'un en basalte [ATJ87.F18A1.L76] et l'autre en grès [ATJ87.F18A1.L85], complets ;
- 1 fusaïole conique en pierre de couleur verte (gypse ?), complète [ATJ87.F18A1.L84] ;
- 2 figurines en terre cuite, l'une humaine [ATJ87.F18A1.Tc22], l'autre animale [ATJ87.F18A1.Tc23], incomplètes.

Figure 5.16 : Vase retiré du comblement de la pièce 535.

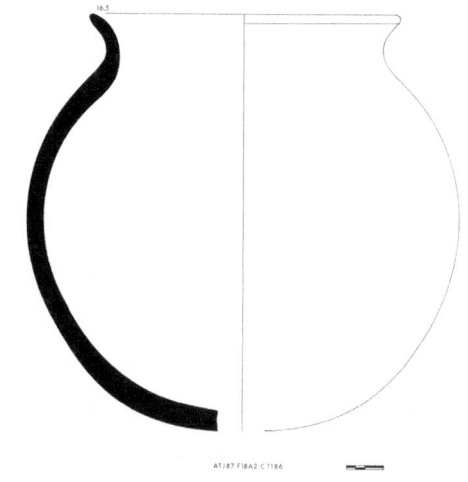

ATJ87.F18A2.C1186 : Jarre à grande ouverture de fabrique *Commune*, fragmentaire. 16,5 (dia.) × 21,5 cm (h.). Fond arrondi, paroi convexe, petit col concave, rebord évasé, lèvre arrondie.

Tableau 5.9 : L'inventaire céramique de la pièce 535.

Fabriques	Fragments	Formes/vases	Numéros catalogue/C
Fine	2	2 bols	4207, 4216
Commune	261	2 bols	4208-9
		2 grands bols	1187, 4203
		1 jatte	3894
		4 jarres à petite ouverture	4098, 4200, 4206, 10035
		11 jarres à grande ouverture	1186, 3887, 3889, 3891, 3896, 4201-2, 4211, 4217, 5382, 10051
		2 jarres	4218, 5338
		1 grande jarre	4099
Culinaire	112	1 bol	4223
		2 grands bols	4220, 4222
		1 couvercle	374
		7 marmites	3893, 3897, 4210, 4212, 4221, 4224, 4215
TOTAL	375		

Tableau 5.10 : Inventaire céramique des couches ATJ87.E5A11-12.

Fabriques	Fragments	Formes/vases	Numéros catalogue/C
Fine	1	1 bol	1442
Commune	2	1 grand bol	1441
	1		
TOTAL	4		

Extrémité septentrionale

Les couches ATJ87.E5A11-12 identifiées dans le sondage du carré E5 seraient à associer à ce niveau-ci en raison de leurs cotes d'altitude (Fig. 3.14), l'éloignement de ce sondage du chantier au centre du tell empêchant toute relation stratigraphique entre les deux. Ces couches viennent buter, à l'est, contre le parement intérieur du mur d'enceinte [404] et, à l'ouest, contre un mur très mal préservé [420] qui passe à environ 2,60 m du mur d'enceinte, mais que l'on ne peut relier à aucune structure. Elles ne renfermaient que quatre tessons (Tableau 5.10) et deux fragments de silex.

Datation

La datation archéomagnétique de tessons sans forme de fabrique *Commune* provenant d'unités de fouilles du niveau XI a donné comme résultat 2836 ± 81 av. J.-C. (Gallet, Fortin *et al.* 2020, table 1), ce qui correspond à la période EJZ 1.

Interprétation

Le secteur ouvert au centre du tell principal a révélé deux bâtiments monocellulaires [585 et 587], perpendiculaires l'un à l'autre et disposés en bordure d'une vaste cour en terre battue [588]. Leur aménagement intérieur pourrait laisser croire à des constructions domestiques, quoique certains indices autorisent également à penser qu'elles auraient également pu exercer d'autres fonctions, notamment d'entreposage. À cet égard, la plateforme massive en briques crues [594] érigée à proximité de l'une de ces maisons et de la cour aurait pu servir à y préparer des grains avant de les ensacher et de les conserver dans l'une de ces pièces. La ruelle pavée [589] menant à cette plateforme, en passant devant l'une des deux maisons, serait un indice d'une circulation importante dans le secteur, excédant un simple usage domestique.

Le seul intérêt de la pièce 535 fouillée à la base du versant méridional du tell, très mal préservée et à laquelle on ne peut attribuer une véritable fonction, est qu'elle confirme l'étendue de l'occupation du site jusque dans ce secteur. Une occupation qui s'étend également au nord du site, dans le sondage E5.

Bâtiments 585 et 587

Les deux bâtiments 585 et 587 ont été interprétés par certains auteurs comme de simples maisons monocellulaires en raison notamment de la présence à l'intérieur de ces structures de certains aménagements, tels que foyers, bassins et banquettes à la base des murs (Pfälzner 2001, 139-169; Zelsmann 2014, 126-131), et de certaines pièces de mobilier comme les meules et vases de fabrique dite *Culinaire* (Pfälzner 2001, 180-216). Du reste, ce type de maison est le plus simple et le plus ancien au Proche-Orient (Aurenche 1981, 185-190).

Mais si on y regarde de plus près, la situation n'est pas aussi évidente. En effet, si dans la pièce 587, au sol en terre battue, 57% de la céramique est de fabrique *Culinaire*, en revanche son mobilier ne compte aucun ustensile de mouture (Tableau 19.1). Cette proportion de céramique *Culinaire* tombe à 27% dans la pièce 585 dont le mobilier n'est composé que de deux meules en basalte seulement. Chacune des deux structures est certes équipée d'un foyer central rectangulaire, d'un bassin plâtré au sol et de banquettes au pied de plusieurs murs. Cependant, ce type de foyer, identifié sur plusieurs autres sites contemporains, n'aurait pas eu une fonction culinaire, mais aurait plutôt servi à réchauffer l'intérieur de ces pièces aux sols et aux murs recouverts d'un enduit en plâtre de gypse blanc (Ławecka 2008, 562-564; Smogorzewska 2012, 236-237; 2019, 93-94).

En outre, les dimensions intérieures de ces bâtiments sont plutôt réduites : 23 et 26 m² respectivement, de telle sorte qu'elles peuvent difficilement loger une famille nucléaire (5-6 personnes), si on s'appuie sur des études ethnographiques qui établissent l'espace vital d'un individu entre 6 et 10 m² (Naroll 1962; Marfoe 1980; Kolb 1985; Postgate 1994). Même avec des dimensions intérieures très restreintes, la présence de familles nucléaires dans ces habitations aurait pu se défendre si on avait pu établir l'existence d'un étage consacré à certaines activités familiales dont celle du couchage (Margueron 1980; 1996b; 1997, 5-6; 2004, 186-187; 2008, 93-94). Mais aucun indice d'étage n'a été décelé[4] : bien que munis de contreforts, les murs, formés d'une seule rangée de briques crues, sont trop minces pour avoir pu supporter un étage (Kramer 1982, 99, 132); la couche de débris recouvrant les sols plâtrés est aussi trop peu importante (*c.* 0,50 m) pour resulter de l'accumulation des murs et d'un plancher effondrés d'un étage; enfin, aucune trace de cage d'escaliers n'a été observée sur les sols.

Par ailleurs, il m'apparaît hasardeux d'attribuer un rôle d'atelier artisanal (*workshop*) à l'un de ces bâtiments, même si cela a été observé dans plusieurs structures domestiques de Haute Mésopotamie : comme la première moitié du IIIe millénaire en Djézireh (EJZ 1-2) est caractérisée par une économie rurale, plusieurs productions artisanales se déroulaient conséquemment dans des contextes domestiques (Mas 2014a; 2014b; 2020). L'absence d'ateliers au sein des maisons a aussi été notée à Raqa'i, niveau 3 (Mas 2020, 44). En revanche, de tels ateliers ont été observés dans des maisons à Bderi et à Melebiya (Lebeau 1993, 106-107; Mas 2020, 43) qui ont cependant été occupées à une époque postérieure : EJZ 3. Sans y voir des ateliers, les fouilleurs de Raqa'i ont proposé que les quelques occupants des petites maisons de leur niveau 3 étaient non pas des membres d'une même famille, mais plutôt des individus qui y séjournaient temporairement, au moment de participer aux activités spécialisées du site, telles que l'entreposage des grains et leur redistribution, ces travailleurs demeurant ailleurs le reste de l'année (Klucas & Schwartz 2015, 188).

Dans la foulée de cette ligne de pensée, il serait envisageable, selon moi, d'interpréter les pièces 585 et 587 comme des lieux d'entreposage. La pièce 585, avec un volume intérieur de 46 à 69 m³, selon la hauteur des murs, qu'il faudrait réduire de 25% (= 34,5-52 m³) afin de tenir compte des aires de circulation et de ventilation (Paulette 2015, 322, note b, 324, note c), aurait pu contenir, dans des sacs, entre 15 331 et 48 599 kg de grains, soit une quantité nécessaire aux besoins alimentaires en céréales de 77 à 312 personnes pour une année, selon le mode de calcul retenu (Paulette 2015, 322 note c, 326); un nombre qu'il faudrait diminuer de 15 à 25% en

---

4 La même situation a été observée à Raqa'i (Schwartz & Klucas 1998, 202).

raison des pertes liées aux problèmes de conservation et si on veut des réserves pour les semailles de l'année suivante (Paulette 2015, 326, note d). Quant à la pièce 587, son volume propice à l'entreposage, 39-58 m^3, aurait pu recevoir de 17 331 à 54 206 kg de grains, en sacs, soit une quantité suffisante pour nourrir entre 87 et 318 personnes (Tableau 19.1).

Cette hypothèse est d'autant plus plausible que le type de foyers rectangulaires installé à l'intérieur de ces bâtiments aurait été utilisé pour les chauffer (Ławecka 2008, 562-564 ; Smogorzewska 2012, 236-237 ; 2019, 93-94) et ainsi garder au sec les grains qui y étaient conservés, comme des études ethnographiques l'ont montré (Sigaut 1981, 162).

Après avoir analysé un très grand corpus de maisons de l'âge du Bronze Ancien fouillées dans le Moyen Euphrate et la Djézireh syrienne, Juliette Mas (2013 ; 2014a ; 2014b, 97) conclut qu'en se concentrant essentiellement sur les installations intérieures et le mobilier de ces structures, il est possible de leur attribuer plusieurs fonctions, outre celle d'un usage domestique. En fait, son étude a mis en évidence « que les maisons de Haute Mésopotamie de l'âge du Bronze regroupaient plusieurs fonctionnalités en leur sein » (Mas, sous presse a) et que les aménagements immobiliers à l'intérieur de ces maisons, notamment les banquettes au pied des murs, pouvaient faire l'objet d'interprétations variées, même contradictoires (Mas, sous presse b). Il serait donc sage de faire preuve d'une grande prudence dans l'attribution d'une fonction bien spécifique à ces deux bâtiments d'autant que « clearly the multivariate role that a house plays in society is very difficult, if not impossible, to identify from the archeological context » (Buccellati 2014, 35).

Plateforme 594 et pièce 596

En complément à une fonction d'entreposage des grains dans les bâtiments 585 et 587, la surface de la grande et massive plateforme 594, entièrement construite en briques crues, aurait très bien pu servir à y faire sécher et trier des grains récoltés, comme cela a été proposé sur d'autres sites de la Djézireh, mais plutôt de la période EJZ 2 (Smogorzewska 2019, 61-62, 76). D'autant que plusieurs plaques de cendres ont été observées à la surface de cette dernière de même que dans la pièce 596 adjacente dans laquelle on pourrait même imaginer la présence d'un four pour le séchage des grains récoltés. En tous cas, il devait y avoir une structure de combustion à en juger par la quantité de cendres accumulées. Vu sa situation, cette plateforme 568 aurait pu desservir les deux bâtiments voisins : 587, via la cour 568 en terre battue, et 585, par une allée pavée [589] qui passe précisément devant la porte de la maison 585. Est-ce que les grains une fois séchés et ensachés n'auraient pas pu être entreposés dans ces pièces dont on chauffait l'atmosphère avec un foyer central rectangulaire ?

Structure de combustion semi-circulaire dans la ruelle 589

Après avoir d'abord interprété la structure de combustion semi-circulaire [ATJ93.F15B6] qui se dresse dans la venelle dallée 589 comme un four pour la cuisson du pain, un *tannur*[5] (Fortin 1995, 28), je suis maintenant plutôt enclin à y voir un foyer en raison de sa forme semi-circulaire et de son mode de construction comparables aux foyers découverts à Tell Arbid (Smogorzewska 2019, 86, 93-97). Sa présence dans l'allée 589 expliquerait la quantité de terre cendreuse dans ce secteur, c'est-à-dire de cendres issues de ce foyer que l'on étendait aux alentours et que l'on recouvrait d'une couche de terre argileuse afin de retenir au sol la poussière provenant de ces cendres (Grossman 2014b, 51 ; Smogorzewska 2019, 91). Enfin, ce type de structure de combustion est d'habitude associé au séchage et à la cuisson des grains. Un ensemble de telles structures semi-circulaires, mais de plus importantes dimensions, a été identifié dans un complexe de pièces à Tell Hamoukar et a été interprété comme les vestiges d'une brasserie (Grossman 2014b), les foyers semi-circulaires fermés par un dôme ayant pu servir à sécher puis à cuire les grains dans un processus de fabrication de la bière. Ce qui n'est pas le cas ici.

Cour 588

Il me semble pertinent de faire remarquer que la cour 588 se trouve immédiatement au-dessus de la cour 605 du niveau XII et que plusieurs autres cours seront aménagées au-dessus d'elle : 598 (niveau X), 577 (niveau IX), 576 (niveau VIII), 575 (niveau VII), comme cela s'observe facilement à l'examen de coupes stratigraphiques qui s'entrecroisent dans le secteur : coupes 13-Nord

---

5 Les fours pour la cuisson du pain ou *tannurs* sont plutôt de forme circulaire, tels les nombreux exemplaires trouvés à Tell Arbid (Smogorzewska 2019, 86-93) ou Tell Beydar (Rova 2014) et ceux encore en usage de nos jours dans plusieurs villages traditionnels de la Djézireh (Martin Galán & Othman 2003 ; Parker & Uzel 2007 ; Parker 2011 ; voir aussi l'introduction du présent volume).

(Fig. 2.8), 14-Nord (Fig. 2.9), 15-Nord (Fig. 2.10), E-Est (Fig. 2.12) et F-Est (Fig. 2.13). Cette superposition de cours à tous les niveaux datés de l'EJZ 1 est sûrement significative puisque ce même secteur, dans les niveaux supérieurs correspondant à la période EJZ 2, fut plutôt occupé par des bâtiments, rompant ainsi avec la tradition établie à l'EJZ 1. Serait-ce le reflet d'un changement socio-économique à l'échelle du petit bourg rural qu'était Tell 'Atij ? Ou une simple reconfiguration de ce quartier à l'époque EJZ 2 ?[6]

La cour 588, en terre battue, est munie d'une structure à casiers multiples vraisemblablement conçue pour la conservation de denrées si on la compare à des structures semblables identifiées à Tell Feres, dans des niveaux du Chalcolithique cependant. Cependant, ceux de Feres sont situés à l'intérieur d'un bâtiment, contre un mur, et non dans une cour (Vallet 2014, 273, 282, fig. 4 ; 2018, 163-165).

Enfin, parmi les artéfacts recueillis dans cette cour, les nucléus et les nombreux éclats de débitage, de décorticage, d'entames, d'esquilles et de cassons en silex semblent indiquer que des activités de taille du silex s'y sont déroulées (Chabot 2002, 166).

---

6 Pour une réflexion sur les changements de fonctions des aires ouvertes dans un village antique au fil du temps, voir les propos de Issavi *et al.* 2020 au sujet du site de Çatalhöyük, en Turquie du sud-est.

Chapitre 6

Niveau X

Altitude supérieure : +291,40-60 m.

Altitude inférieure : +291,10-30 m.

Épaisseur moyenne : environ 0,30 m.

Le niveau X a été fouillé dans les secteurs suivants :

- **Centre du tell** : carrés D15 et E-F13-14-15 (Fortin 1995, 24-28).
- **Extrémité septentrionale** : carré E5 (Fortin 1990a, 230-233, fig. 13).

Centre du tell

Dans le secteur fouillé au centre du tell, d'une superficie de 142 m² qui ne représente que 6% de la surface habitable du site, le niveau X (Fig. 6.1) se caractérise par la présence d'une grande pièce rectangulaire au sol plâtré [**584**] et d'une plus petite adjacente [**578**]; toutes deux s'ouvrent, au sud, sur une ruelle dallée [**589**] qui conduit, vers l'est, à un étroit passage [**595**] laissé entre le bâtiment 584, à l'ouest, et, à l'est, une grande plateforme de briques crues [**594**] mise en place au niveau précédent (XI); le couloir 595 débouche, au nord, sur une grande cour en terre battue [**598**] dépourvue de toutes structures.[1]

De forme rectangulaire, la pièce **584** (Fig. 6.2) couvre une superficie d'environ 20 m² : 3,50-80 (la.) × 5,80 m (lo.). Elle est délimitée par quatre murs constitués d'une seule rangée de briques crues disposées soit en boutisses, soit en panneresses; leur hauteur préservée est difficile à établir puisqu'ils seront réutilisés pour former les pièces 571 et 572 au niveau supérieur (IX) :

- Mur 341, à l'est : 3,85 (lo.) × 0,28 m (la.), repose sur la moitié du mur 350 de la pièce 585 du niveau inférieur (XI).

Tableau 6.1 : Distribution par structure des unités de fouilles du niveau X.

Structures	Murs	Unités de fouilles associées
Pièce 584	341 343 446 451	ATJ93.E14B1 ATJ93.E15A31 ATJ93.F15C4$^{(sol)}$-5
Pièce 578 [↑ IX]	345 343 451	Voir niveau IX
Ruelle 589 [XI ↓]	446	ATJ93.E15B7$^{(sol)}$ ATJ93.E15C2$^{(sol)}$, 6$^{(sol)}$,10, 12, 14-15 ATJ93.F14C8 ATJ93.F15B5-6$^{(foyer)}$-7$^{(four)}$ ATJ87.F15C1 ATJ92.F15C2 ATJ93.F15C6$^{(pavés)}$, 8, 10
Plateforme 594 [XI ↓]		Aucune
Passage 595	341	ATJ93.E15A29, 32
Cour 598	220 115 451	ATJ93.E13A20-21-22 ATJ93.E13B18 ATJ92.E14A7-8 ATJ93.E14A21-22 ATJ93.F13A7-8 ATJ93.F14A8-9
Mur d'enceinte	404	ATJ87.E5A10

Le symbole [XI ↓] indique que cette structure fut mise en place au niveau inférieur (XI) tandis que [↑ IX] signifie qu'elle restera en usage au niveau supérieur (IX).

---

1 La composition de ce niveau diffère légèrement de celle qui a été proposée dans le rapport préliminaire (Fortin 1995, 26, fig. 2). Des précisions y furent apportées à la suite d'un examen détaillé des coupes stratigraphiques lors de la préparation du présent rapport final.

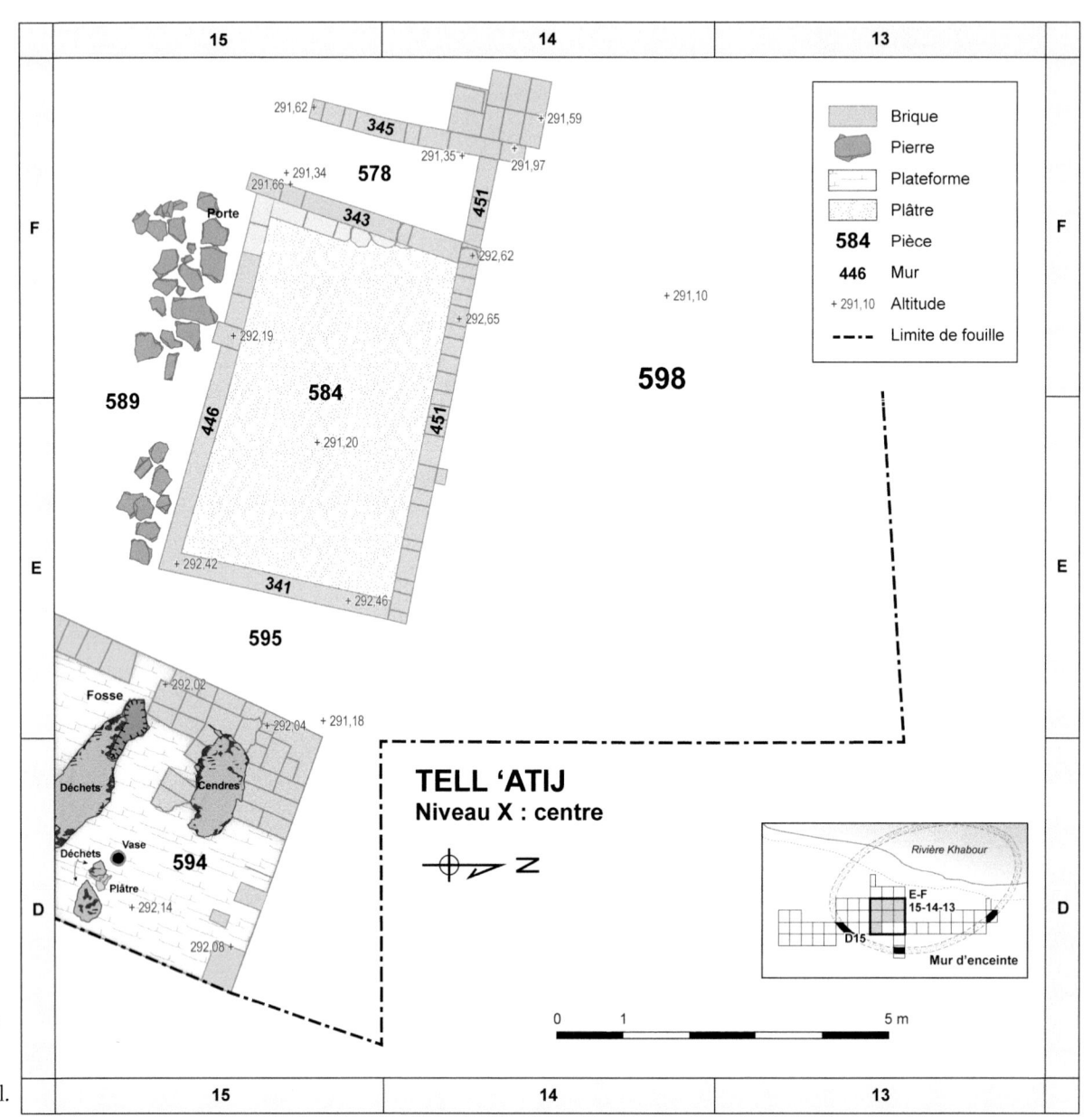

Figure 6.1: Plan du niveau X dans le secteur au centre du tell.

— Mur 343, à l'ouest : 3,60 (lo.) × 0,28 m (la.), s'appuie sur la moitié du mur 351 de la pièce 585 du niveau précédent (XI).

— Mur 451, au nord : 5,60 (lo.) × 0,28 m (la.), avec un minuscule contrefort vers le centre du parement externe ; il chevauche une partie du mur 455 de la pièce 585 du niveau inférieur (XI).

— Mur 446, au sud : 5,96 (lo.) × 0,28 m (la.), avec un petit contrefort au milieu à peu près du parement extérieur et une baie (0,80 m) laissée à son extrémité occidentale pour servir de porte ; il est érigé directement sur le mur 454 de la pièce 585 du niveau précédent (XI).

Les fondations de tous ces murs sont donc posées, partiellement ou entièrement, sur les sommets arasés des murs de la pièce 585 du niveau inférieur : XI (Fig. 2.10 : coupe 15-Nord). Plus tard, ils serviront eux-mêmes de fondations à des constructions du niveau supérieur (IX).

L'accès à la pièce 584 se fait par une étroite porte (0,80 m) aménagée à l'extrémité occidentale du mur 446, la porte dans le mur 454 de la pièce 585 du niveau précédent ayant été obstruée.

L'aménagement intérieur de la pièce 584 ne comporte ni foyer, ni bassin, ni banquette à la base de ses murs, mais uniquement un sol plâtré recouvert d'une couche de cendres (Fig. 6.3). Toutefois, ces installations

NIVEAU X

Figure 6.2 : Pièces 584, au centre, et 578, à gauche, vues vers le nord. À ce niveau-ci, la porte dans le mur 454 de la pièce 585 (niveau XI) est obstruée et une nouvelle porte a été pratiquée à l'extrémité occidentale de ce même mur (renuméroté 446 à ce niveau-ci). La ruelle pavée de dalles plates 589 du niveau XI est encore en usage. À droite, se trouve le passage 595.

Figure 6.3 : Pièce 584, vue vers le nord. Son sol plâtré, recouvert de cendres (à gauche), apparaît ici sous le sol de la pièce 571 du niveau IX (à droite).

Tableau 6.2 : Inventaire céramique de la pièce 584.

Fabriques	Fragments	Formes/vases	Numéros catalogue/C
Ninive 5	1		
Fine	6		
Commune	106	1 grand bol	8794
		1 jarre	8715, 8717
		1 jarre à grande ouverture	8716
Culinaire	26	4 marmites	6221-2, 8646, 8795
TOTAL	139		

Figure 6.4 : Pièce 578, à gauche, vue vers le sud. À droite, la petite plateforme de briques accolée à son mur 345 appartient sans doute à une structure qui a été emportée par l'érosion.

ont peut-être tout simplement disparu lors du réaménagement de cette pièce au niveau supérieur.

Quant au mobilier de la pièce 584, il est très modeste : quelques fragments de céramique (Tableau 6.2) et quinze de silex, dont un nucléus à éclats.

L'autre pièce fouillée à ce niveau-ci, la **578**, est accolée au flanc ouest de la 584 (Figs 6.2 et 6.4). Les deux pièces partagent un mur mitoyen [343]. En outre, le mur qui ferme la pièce 578 au nord est le mur 451 qui se trouve à être en réalité une prolongation, sur 1,30 m, du mur septentrional de la pièce 584, démontrant encore plus la contemporanéité de ces deux pièces adjacentes. Seul le mur 345, à l'ouest, est propre à la pièce 578. Ce dernier est très mal préservé et incomplet, car situé en limite d'érosion du tell : sa longueur n'a été conservée que sur 3,36 m ; il est constitué d'un seul rang de briques crues en panneresses, mais à son extrémité septentrionale se dresse, contre son parement externe, une petite plateforme de briques (vestiges d'un soubassement de sol ?) qu'il faudrait sans doute mettre en relation avec une autre structure qui a été emportée par l'érosion (Fig. 6.4). Le quatrième mur de la pièce 578, au sud, a disparu ; une porte devait s'y trouver à moins que ce mur n'ait jamais existé afin de donner plein accès à cette très petite pièce. En effet, elle s'étire sur environ trois mètres, du sud au nord, et sa largeur varie entre 1,00 et 1,20 m (= 3 m^2). Aucun sol ni aménagements intérieurs n'y ont été identifiés. Comme elle restera en usage au niveau supérieur (IX), son mobilier est décrit au Chapitre 7.

La ruelle dallée **589** qui passe au sud des pièces 584 et 578 donne accès à ces dernières (Fig. 6.2). De fait, elle a été mise en place au niveau antérieur (XI) (Chapitre

Tableau 6.3 : Inventaire céramique de la ruelle 589.

Fabriques	Fragments	Formes/vases	Numéros catalogue/C
Fine	13	3 bols	1179, 7043, 9339
		1 bouteille	9466
		1 flacon	7045
Commune	596	1 récipient miniature	7074
		2 bols	10008-9
		11 grands bols	7051, 7056-7, 7068, 7143, 8635, 9085, 9089, 9092, 9098, 9356
		4 jattes	7050, 7064, 7727, 9606
		2 jarres	6225 (décor pointillé), 7058
		3 grandes jarres	9118, 9325, 9337
		16 jarres à grande ouverture	6538, 6733, 7034, 7039, 7040-1-2, 7049, 7052, 7071, 7073, 7075, 7077, 7079, 8642, 9091, 9097, 9090, 9323-4, 9327, 9335-6, 9338, 9342, 9349, 9361, 9562
		6 jarres à petite ouverture	1177, 6726, 7053, 7080, 9117, 9340
Culinaire	113	20 marmites	6494, 6594, 7065-6, 7069, 7070, 7072, 7076, 7078, 7081, 7134-5, 7154, 8581, 9086-7, 9366, 9586, 9605, 9834
		1 couvercle	9088
TOTAL	**722**		

Tableau 6.4 : Inventaire céramique du passage 595.

Fabriques	Fragments	Formes/vases	Numéros catalogue/C
Fine	1	1 bol	9189
Commune	226	3 grands bols	8643, 8812, 9209
		3 jarres	8339, 9188, 9197
		6 jarres à grande ouverture	8639, 8644, 9199, 9207, 9210, 9355
		2 jarres à petite ouverture	8638, 9198
		2 grandes jarres	9600, 10097
Culinaire	59	6 marmites	8637, 8813, 9190, 9208, 9481, 9609
TOTAL	**286**		

5) et est toujours en fonction à ce niveau-ci. Les tessons de céramique et fragments d'artéfacts retirés d'entre ses grands pavés sont inventoriés ici (Tableau 6.3; Fig. 6.5) puisqu'il s'agit de sa plus récente période d'utilisation.

Autres éléments de la culture matérielle de la ruelle 589 :

– 165 fragments de silex, dont dix nucléus avec plusieurs éclats de décorticage, de débitage et de ravivage ainsi que deux tronçons de lame lustrée (Chabot 2002, 166);[2]
– 1 meule en basalte alvéolé, complète [ATJ92.F15C2.L221];
– 1 crapaudine en basalte alvéolé, fabriquée dans une ancienne meule, complète [ATJ92.F15C2.L224];
– 1 aiguille en os, incomplète [ATJ87.F15C1.Os2].

La ruelle 589 mène, vers l'est, à la massive plateforme **594** en briques crues qui, érigée au niveau précédent (XI), est encore en usage à ce niveau-ci. Aucun mobilier ne peut être y associé à ce niveau-ci du fait qu'elle sera réutilisée au niveau suivant (IX) afin de fournir une assise au sol plâtré et aux murs des pièces 570 et 569.

Un espace de 1,20-90 m sépare la plateforme 594 de la pièce 584 : il s'agit d'un étroit passage en terre battue [**595**] qui relie, sur une longueur de quatre mètres, la ruelle dallée 589 à la cour 598. Il a livré un bon inventaire céramique (Tableau 6.4) ainsi qu'un mortier en basalte, incomplet [ATJ93.E15A32.L258] et vingt-six

---

2 Au moment de son analyse de l'industrie lithique de Tell 'Atij, Jacques Chabot (2002, 166) a inclus le matériel de l'unité de fouilles ATJ92.F15C2 dans l'inventaire de la pièce 572 du niveau IX, alors qu'un nouvel examen de la stratigraphie en vue de la production du présent rapport final a permis de réaliser que cette unité de fouilles est plutôt à associer à la ruelle 589 du présent niveau, ce qui modifie légèrement le nombre du nucléus.

Figure 6.5 : Sélection de fragments de céramique retirés d'entre les pavés de la ruelle 589.

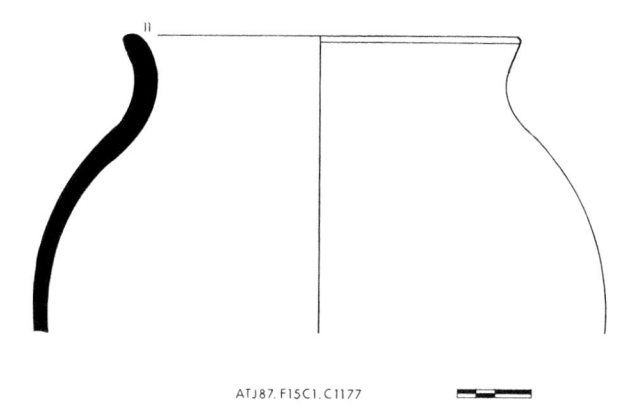

ATJ87.F15C1.C1177 : Jarre à petite ouverture de fabrique *Commune*, fragmentaire. 11 cm (dia.). Col concave, rebord évasé, lèvre simple arrondie.

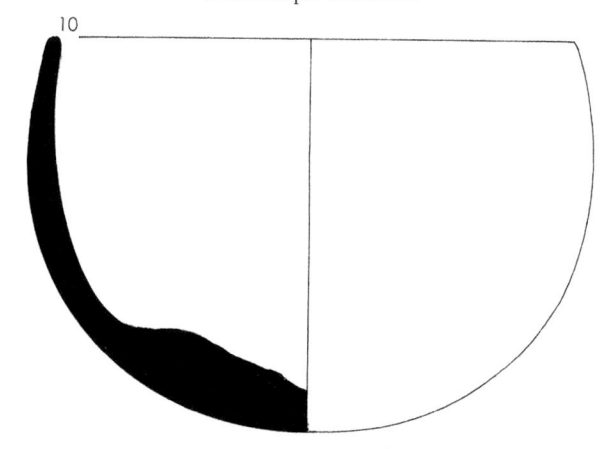

ATJ87.F15C1.C1179 : Petit bol de fabrique *Commune*, fragmentaire. 10 (dia.) × 7 cm (h.). Fond arrondi, paroi convexe, rebord rentrant, lèvre arrondie.

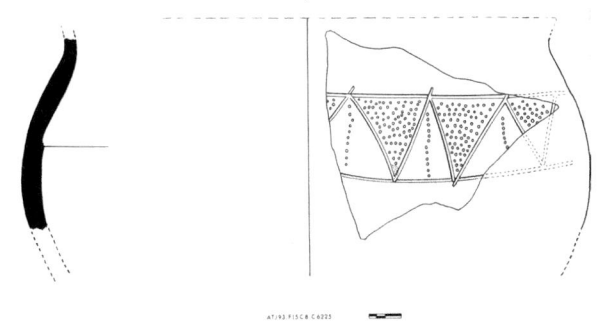

ATJ93.F15C8.C6225 : Tesson d'une jarre (?) de fabrique *Commune* dont la panse est ornée d'une frise de triangles incisés remplis de points et de lignes pointillées verticales entre les triangles (cf. Raqa'i 5 : Schwartz & Chomowicz 2015, 268, fig. 4.17/6). Pâte de couleur *olive yellow* (5Y 6/6), dure (Mohs 5), de texture fine.

Figure 6.6 : Cour 598 en terre battue recouverte d'une importante couche de terre cendreuse, vue vers l'est. Au fond : la paroi orientale des carrés E13-14 d'où émerge une structure appartenant au niveau supérieur (IX). À droite, passe le mur 451 du bâtiment 584.

Figure 6.7 : Fragment de col d'une jarre à grande ouverture de fabrique *Commune*, à lèvre simple carrée à face concave [ATJ923.E13A21.C8766] (cf. Raqa'i 4 : Schwartz & Chomowicz 2015, 270, fig. 4.19/6). 24 cm (dia.).

fragments de silex, dont deux nucléus à éclats et deux tronçons de lame lustrée.

Au nord de la pièce 584, s'étend la cour **598** : un grand espace de 65 m² (6,50 × 10,00 m), du moins dans sa partie dégagée ; elle pourrait très bien se prolonger au nord et à l'est, en dehors du secteur fouillé. Son sol en terre battue est recouvert d'une épaisse (0,20-30 m) couche de terre d'apparence grisâtre, très cendreuse (Figs 6.6, 2.9 : coupe 14-Nord et 2.12 : coupe E-Est), qui apparemment a été formée par l'accumulation de cendres rejetées de foyers à proximité. La cour 598 dessert la plateforme 594 et, via le passage 595, la pièce 584 même si celle-ci s'ouvre vers le sud. Le dégagement de cette cour 598 a donné une grande quantité de céramique variée (Tableau 6.5 ; Fig. 6.7).

Autres éléments de la culture matérielle de la cour 598 :

– 163 fragments de silex, dont onze nucléus et une multitude d'éclats de débitage et de ravivage, d'entames et de cassons ainsi que quatre tronçons de lame lustrée ;

Tableau 6.5 : Inventaire céramique de la cour 598.

Fabriques	Fragments	Formes/vases	Numéros catalogue/C
Métallique	11		Matériel intrusif
Fine	47	2 bols	8817, 8768
Commune	1512	18 grands bols	8754, 8757, 8763, 8765, 8996-7, 9000-1, 9005, 9017, 9020, 9047, 9057, 9270, 9272, 9283, 9291-2
		1 jatte	9053
		3 jarres	6223(complète), 8771, 9296
		27 jarres à grande ouverture	8751, 8759-60, 8762, 8764, 8766, 8793, 8998-9, 9002, 9008, 9022, 9052, 9054, 9056, 9060, 9062, 9066-7, 9273, 9288, 9290, 9293, 9299, 9408-9-10
		9 jarres à petite ouverture	8770, 8985, 9016, 9018, 9058, 9065, 9075, 9282, 9286
		1 grande jarre	9068
		1 jarre à tenons verticaux	8753
Culinaire	227	1 grand bol	9055
		1 jatte	9305
		9 marmites	8767, 9004, 9023, 9287, 9294, 9298, 9407, 9490, 9544
TOTAL	**1797**		

- 1 meule en basalte alvéolé, incomplète [ATJ93.F14A9.L261] ;
- 1 houe en basalte alvéolé, fabriquée dans une ancienne meule, complète [ATJ93.E14A21.L254] ;
- 1 tesson circulaire rogné sur les bords avec, au centre, l'ébauche d'une perforation [ATJ93.E14A21.C10102].

Extrémité septentrionale

Dans la tranchée de sondage ouverte dans le carré E5, le long de la paroi intérieure du mur d'enceinte, la couche

Tableau 6.6 : Inventaire céramique de la couche ATJ87.E5A10.

Fabriques	Fragments	Formes/vases	Numéros catalogue/C
Commune	164	1 entonnoir	1163(complet)
		3 grands bols	1437-8, 1490
		1 grande jarre	1394
		2 jarres à petite ouverture	1396, 1400
		7 jarres à grande ouverture	1395, 1397, 1403-4-5, 1414, 1429
		1 forme indéterminée	C1440(marque de potier)
Culinaire	38	5 marmites	1392, 1436, 1467, 1482, 1485
TOTAL	**202**		

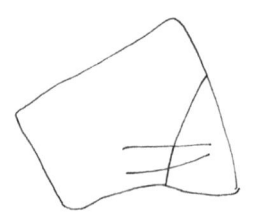

Figure 6.8 : Marque de potier sur un fragment de céramique [ATJ87.E15A10.C1440] en forme de H gravé sur un fond arrondi (Sconzo 2013, 242, type VI.04, pls 165-166). Cf. Melebiya (Lebeau 1993, 443, pl. 184/15).

ATJ87.E5A10 serait à associer au niveau X d'après son altitude (Fig. 3.14), mais uniquement, ce sondage étant trop excentré pour permettre d'établir un lien structurel avec les vestiges dégagés au centre du tell, quarante mètres plus au sud. Cette couche est comprise entre le mur d'enceinte [404], à l'est, et, à l'ouest, un mur très mal préservé [420], distant d'environ 2,60 du mur d'enceinte, qu'il est impossible de relier à une quelconque structure.

Cette couche ATJ87.E5A10 a produit un bon inventaire céramique (Tableau 6.6), dont un tesson portant une marque de potier (Fig. 6.8) et un entonnoir (Fig. 6.9), en plus de quatre éclats de silex.

Datation

Le col de jarre [C8766] à grande ouverture de fabrique *Commune* retrouvé dans la cour 598 (Fig. 6.7) se compare

NIVEAU X

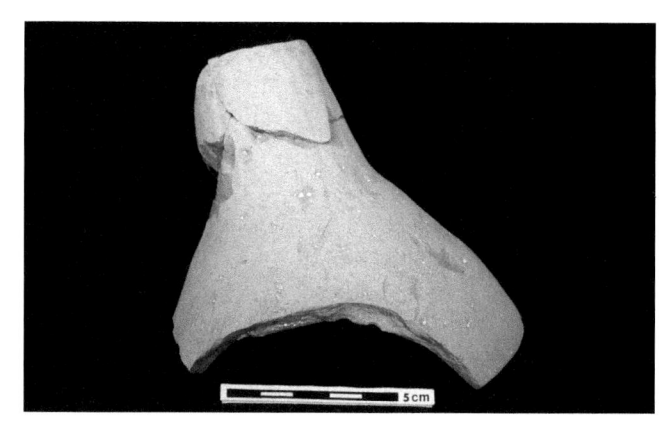

Figure 6.9: Vase provenant de la couche ATJ87.E5A10 du sondage E5.

ATJ87.E5A10.C1163: Entonnoir de forme conique, aux lèvres supérieure et inférieure arrondies; incomplet: manque les deux tiers de la panse et la moitié du rebord inférieur. 15 (dia. sup.) × 4,7 (dia. inf.) × 12 (h.) × 0,8 cm (ép.). Pâte de couleur *yellow* (7.5YR7/6) à *very pale brown* (10YR8/4) en surface, peu dure (Mohs 3), de texture mi-fine avec quelques inclusions minérales blanches de petit calibre.

assez bien au type 3271 de Raqa'i (Schwartz & Chomowicz 2015, 270, fig. 4.19/6) trouvé dans le niveau 4, lequel est daté de la période EJZ 1 (Schwartz 2015, 236).

Le fragment de jarre de fabrique *Commune* [C6225] retiré d'entre les dalles du passage 589 et qui est ornée d'une frise de triangles incisés remplis de points (Fig. 6.5) rappelle un fragment similaire retrouvé dans le niveau 5 de Raqa'i que le fouilleur attribue à la période EJZ 1 (Schwartz 2015, 235).

Enfin, même si aucun tesson provenant de ce niveau X n'a été soumis à une datation par paléomagnétisme, ceux des niveaux supérieur (IX) et inférieur (XI) ont donné des dates indiquant une occupation vers la fin de la période EJZ 1.

Interprétation

Le seul bâtiment [584] dégagé à ce niveau-ci dans le secteur ouvert au centre du tell se trouve à être isolé sur trois de ses côtés: au sud, par une ruelle dallée [589] sur laquelle il s'ouvre, à l'ouest, par une venelle [595] qui le sépare d'une plateforme massive en briques crues [594], et au nord, par une vaste cour en terre battue [598]. L'intérieur de ce grand bâtiment est plâtré, mais ne présente aucune installation domestique. Une petite pièce [578], sans caractéristiques particulières, est accolée à son mur occidental.

Le sondage à l'extrémité septentrionale du tell confirme l'étendue de l'occupation du site à cette époque jusque dans ce secteur.

Pièce 584

Le bâtiment 584, qui représente l'élément architectural dominant du niveau X, est dépourvu, à l'exception de son sol et de ses murs plâtrés, de tous les aménagements intérieurs qui pourraient être considérés comme domestiques. Quant à son mobilier, la céramique de fabrique *Culinaire* ne représente que 19% de son inventaire et aucun artéfact en lien avec la préparation de la nourriture n'y a été recueilli. Finalement, ses dimensions réduites (20 m^2) en font difficilement une habitation adéquate pour une famille nucléaire (5-6 personnes) sachant qu'une personne a besoin d'un espace vital variant entre 6 et 10 m^2 (Naroll 1962; Marfoe 1980; Kolb 1985; Postgate 1994).

L'importance de ce bâtiment 584 est clairement marquée par la présence d'une ruelle dallée [589] – du niveau inférieur – passant devant sa porte, légèrement déplacée vers l'ouest, et qui le relie à la plateforme 594 – elle aussi du précédent niveau. Par conséquent, si l'espace intérieur du bâtiment 584 est trop petit et pas adéquatement aménagé et meublé pour accueillir une famille nucléaire, il aurait très bien pu servir, en revanche, à y entreposer des sacs de grains séchés et triés sur la plateforme 594 voisine.[3] Son sol et les parements intérieurs de ses murs étant revêtus d'un enduit de plâtre de gypse, le bâtiment 584 aurait été tout à fait adapté à cette fonction.[4] Avec un volume de 40 à 60 m^3, si on restitue ses murs à deux ou trois mètres de hauteur, qu'il faut réduire de 25% afin de laisser de l'espace à la circulation et la ventilation (Paulette 2015, 45, 322 note b, 324 note c), on aurait pu y entreposer des sacs de grains totalisant entre 13 332 et 42 057 kg, de quoi nourrir pendant une année complète de 66 à 270 personnes, suivant différentes méthodes d'estimation (Paulette 2015, 47-49, 326), voire un peu moins si on tient compte des pertes et des provisions pour ensemencer les champs l'année suivante (Paulette 2015, 49, 326 note d) (Tableau 19.1).

Les quatre murs du bâtiment monocellulaire 584 ayant été érigés presque directement sur les sommets arasés de ceux du bâtiment 585 du niveau inférieur (XI), il est manifeste que cette partie du site a fait l'objet d'une réoccupation rapide qui a pris en compte des vestiges architecturaux alors encore en place. Plus intéressant encore: les murs de la pièce 584 vont être réutilisés en entier, mais en lien avec un nouveau sol plâ-

---

[3] Voir le chapitre précédent pour une discussion de cette possible fonction attribuable à la plateforme 594.

[4] Quoique certains auteurs (Schwartz 2015, 37; Pfälzner 2001) ont émis des doutes à ce sujet.

tré, pour former les pièces 571 et 572 du niveau suivant (IX) ! Une telle superposition des murs de ces bâtiments, telle qu'illustrée par le dessin de certaines coupes stratigraphiques (Figs 2.10 et 2.13), exprime clairement la constance dans l'occupation de ce secteur, depuis le niveau XI jusqu'au niveau IX, alors que ces trois niveaux (XI, X et IX), totalisant une accumulation de plus de 2,20 m de débris, sont pourtant bien distincts stratigraphiquement.

Cour 598

D'après les types de fragments de silex qui y furent découverts – nucléus, éclats de débitage et de ravivage, cassons et entames –, la cour 598 pourrait correspondre à une aire de taille du silex (Chabot 2002, 166). Des activités de débitage du silex se seraient aussi déroulées dans les ruelles qui y mènent : 595 et notamment 589 où ont été trouvés six nucléus sur lesquels neuf raccords d'éclats ont pu être effectués (Chabot 2002, 166).[5]

La cour 588 du niveau inférieur (XI) fait place, à ce niveau-ci, à une plus grande cour [598] en terre battue. Un phénomène qui va se répéter au niveau suivant : la cour 598 sera à son tour remplacée par une autre cour [577]. En somme, cette superposition ininterrompue de cours en terre battue, du niveau XI jusqu'au niveau IX, est un autre signe indéniable d'une intense continuité dans le schéma d'occupation de ce quartier du hameau de Tell 'Atij (Figs 2.8 : coupe 13-Nord, 2.9 : coupe 14-Nord, 2.10 : coupe 15-Nord, 2.12 : coupe E-Est et 2.13 : coupe F-Est).

Sachant que des cours vont également se succéder au même endroit dans les niveaux VIII [576] et VII [575], on peut en déduire, à observer cette constante superposition de cours à tous les niveaux EJZ 1, que ce quartier du bourg rural de Tell 'Atij est demeuré inchangé durant cette période alors qu'il sera occupé par des constructions dans les niveaux supérieurs correspondant à la période EJZ 2, rompant ainsi avec la tradition établie à l'EJZ 1. Serait-ce le reflet d'un changement socio-économique à l'échelle de l'ensemble du village ? Ou une simple reconfiguration de ce secteur qui ne représente toutefois que 6% de l'espace habitable de l'établissement à l'époque EJZ 2.[6]

Plateforme 594

Il s'agit de la même plateforme qu'au niveau précédent (Chapitre 5).

---

5 De fait, lorsque Jacques Chabot (2002) a réalisé son analyse du matériel lithique de Tell 'Atij, les unités de fouilles dans lesquels le matériel significatif d'une aire de taille a été découvert étaient rattachées au niveau IX. Depuis, le réexamen de la stratigraphie dans le cadre de la préparation du présent rapport définitif a montré qu'il fallait plutôt rattacher ces unités de fouilles au niveau X.

6 Pour une réflexion sur les changements de fonctions des aires ouvertes dans un village antique au fil du temps, voir les propos de Issavi *et al.* 2020 au sujet du site de Çatalhöyük, en Turquie du sud-est.

Chapitre 7

Niveau IX

Tableau 7.1 : Distribution par structure des unités de fouilles du niveau IX.

Structures	Murs	Unités de fouilles associées
Pièce 571	341 342 446 451	ATJ92.E15A21, 23, 28, 30[sol] ATJ92.F14A5
Pièce 572	451 343 342 446	Aucune
Pièce 578 [X ↓]	343 451 345	ATJ92.F14A6-7 ATJ93.F14C6
Ruelle 568	340 446	ATJ92.E15A22 ATJ92.E16A22-23-24 ATJ92.F15B1-2-3-4
Pièce 570	340 447 450	ATJ92.D15B2[sol], 4 ATJ93.D15B5 ATJ92.E15A24-25-26-27
Pièce 569	339 448 449	ATJ92.D15B1, 3
Pièce 619	447 340	ATJ92.E16A21
Cour 577	115 116 120 220 221 225 451	ATJ92.D15A40 ATJ92.E13B15-16 ATJ93.E13B17-18 ATJ92.E14A18 ATJ93.E14A19-20 ATJ92.F14A4 ATJ93.F14A19
Pièce 583	116 120 221	ATJ92.F13A4-5 ATJ93.F13A6[sol]
Pièce 597	115 220	ATJ93.E13B19 ATJ92.E14A17
Mur d'enceinte	404	ATJ87.E5A6-7-8-9

Le symbole [X ↓] indique que cette structure fut mise en place au niveau inférieur (X).

Altitude supérieure : +292,60-90 m.

Altitude inférieure : +291,40-60 m.

Épaisseur moyenne : environ 1,00 m, voire 1,20 m d'accumulation par endroits.

Le niveau IX a été fouillé dans les secteurs suivants :

- **Centre du tell** : carrés D15 et E-F13-14-15 (Fortin 1994a, 371-374 ; 1995, 24).
- **Extrémité septentrionale** : carré E5 (Fortin 1990a, 230-233, fig. 13).

Centre du tell

Dans le secteur au centre du tell, le niveau IX (Figs 7.1 et 7.2) est constitué d'une enfilade de cinq pièces de différentes dimensions [**569, 570, 571, 572** et **578**] dont certaines ont un sol enduit de plâtre.[1] Les deux pièces les plus à l'ouest s'ouvrent vers le sud sur une allée [**568**] en terre battue, tandis que la pièce 571, la plus importante de toutes, communique par une porte avec une grande cour en terre battue [**577**], au nord. Cette dernière dessert également deux petites pièces : **583** et **597**, au nord. Enfin, les pièces **570** et **569**, cette dernière étant incluse dans la précédente, sont érigées directement sur les vestiges de la plateforme 594 des niveaux précédents (X et XI) qui leur sert ainsi de fondation ; un bâtiment [**619**] leur est adjacent, côté sud, mais il disparaît dans la berme.

Avec ses dimensions de trois mètres sur trois (= 9 m²), la pièce **571** est de plan parfaitement quadrangulaire (Fig. 7.3). En fait, il s'agit d'une réutilisation d'une partie de la pièce 584 du niveau inférieur (X) dont la superficie est réduite par l'ajout d'une cloison intérieure [mur 342] qui devient ainsi le mur occidental de la nouvelle pièce 571 :

---

[1] La composition de ce niveau-ci diffère un peu de celle publiée dans le rapport préliminaire de la quatrième campagne, en 1992 (Fortin 1994a, 373, fig. 11).

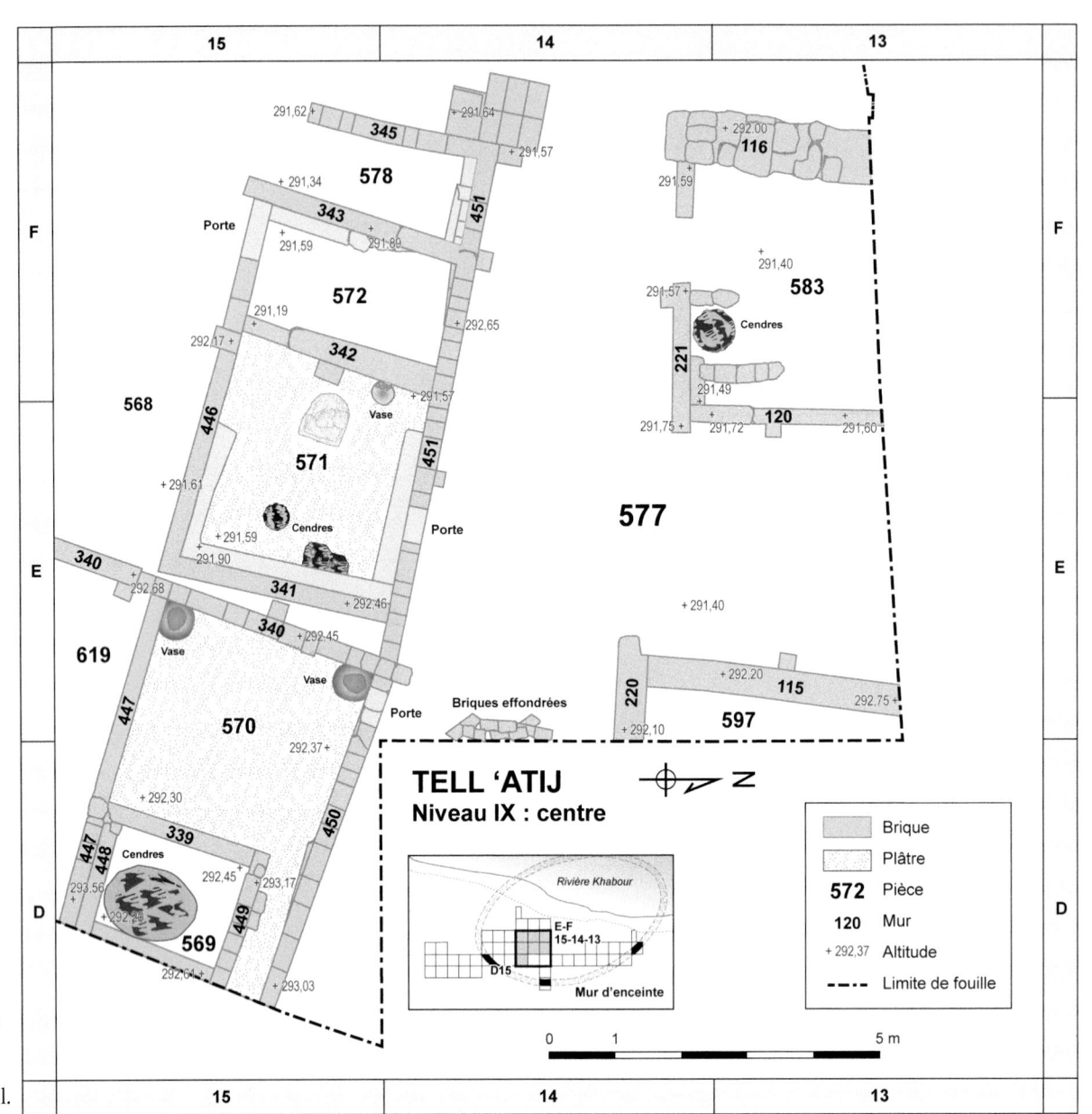

Figure 7.1 : Plan du niveau IX dans le secteur au centre du tell.

– Mur 342, à l'ouest : 3,00 (lo.) × 0,40 m (la.), avec un large (0,40 m) contrefort faisant saillie de 0,20 m au centre de son parement oriental, donc à l'intérieur de la pièce.

Les trois autres murs de la pièce 571 [341, 446 et 451] demeurent les mêmes que ceux de la pièce 584 du niveau X (Figs 6.2 et 6.3). Toutefois, des banquettes plâtrées (0,20 × 0,30 m) sont ajoutées à leur base et une étroite (0,50 m) porte est pratiquée dans le mur 451. Le sol de la nouvelle pièce 571, surélevé de quarante centimètres par rapport à celui de la pièce 584 du niveau précédent (X) (Figs 6.3 et 7.4), est enduit d'une couche de plâtre de gypse. Il porte ici et là des traces de concentrations de cendres marquant les emplacements de structures de combustion (Fig. 7.4). Dans un angle de la pièce, un vase est enfoncé dans le sol jusqu'à la hauteur de son col.

L'inventaire céramique de la pièce 571, détaillé dans le Tableau 7.2, est très riche et comporte notamment un tesson peint (Fig. 7.5).

Autres éléments de la culture matérielle de la pièce 571 :

– 118 fragments de silex, dont neuf nucléus à éclats et deux tronçons de lame lustrée ;
– 1 fragment d'obsidienne (débitage) ;
– 5 fragments de couvercles en plâtre de gypse (non catalogués) ;

Figure 7.2: Niveau IX, au centre du tell, vu vers le nord-ouest. Au premier plan : les pièces 570 (à droite), 571 (au centre) et 572-578 (à gauche). Au second plan : la cour 577 avec les pièces 583 (à gauche) et 597 (à droite). Les pavés dans la ruelle 568, à gauche, sont à ce niveau-ci enfouis sous une couche de terre battue. Pareillement, les briques de la plateforme 594, à droite, sont alors dissimulées sous une couche de plâtre qui sert de sol à la pièce 570.

Figure 7.3 : Pièce 571 avec, à gauche, les pièces 572 et 578 ; vues vers le nord. Au premier plan : les moellons formant le pavement de la venelle 568 sont, à ce niveau-ci, enfouis sous une couche de terre. Au second plan : la cour 577 avec les pièces 583 (à gauche) et 597 (à droite).

Tableau 7.2 : Inventaire céramique de la pièce 571.

Fabriques	Fragments	Formes/vases	Numéros catalogue/C
Métallique	1	1 gobelet	6277 (hors contexte)
Grise incisée	2	2 formes indéterminées	6589, 6601
		4 bols	6566, 6590, 6599, 6986,
Peinte	1	1 forme indéterminée	6243
Fine	21	2 formes indéterminées	7146, 8590
		7 bols	6276, 6562, 6578, 6591, 6598, 6600, 7168
		1 bouteille	6574
Commune	1029	1 bol	7596
		27 grands bols	6263, 6271-2-3-4, 6545, 6563-4, 6569, 6570, 6572, 6576, 6583, 6587, 6602, 6605, 6630, 6632-3, 6635-6, 6639, 6644, 6649, 6893, 8707, 8718
		2 jarres	6278, 6628
		11 jarres à petite ouverture	6266-7-8, 6547, 6629, 6634, 6641, 6685, 7598, 7603, 9765
		29 jarres à grande ouverture	6259, 6260-1-2, 6546, 6548, 6550, 6553, 6557, 6567-8, 6579, 6580, 6637, 6640, 6642-3, 6645-6, 6650, 6735, 7582, 7597, 7601-2, 7611, 7701, 8587, 8592
		9 jarres	6264, 6279, 6549, 6577, 6586, 6626, 6647, 6999, 7595
		1 jarre à tenons verticaux	6265
Culinaire	272	3 grands bols	6280, 6575, 6612
		24 marmites	6588, 6608-9, 6610-1, 6613, 6616-7-8-9, 6621-2, 6631, 6638, 6651, 7144-5, 7147, 7150, 7585, 7604, 7625, 8724, 9833
TOTAL	**1326**		

Figure 7.4 : Pièce 571 dont le sol plâtré se situe à une quarantaine de centimètres au-dessus de celui de la pièce 584 du niveau X (au premier plan), vue vers l'est. On y entre par la porte pratiquée dans le mur à gauche, celle dans le mur à droite étant alors obstruée.

- 1 bracelet formé de deux perles, l'une en coquillage percé et l'autre en cristal de roche en forme de disque plat [ATJ92.E15A21.B77] ;
- 1 perle cylindrique en terre cuite, complète [ATJ92.E15A23.B88] ;
- 1 perle en cristal de roche, complète [ATJ93.341.B79] ;
- 1 tesson de céramique circulaire, sans perforation centrale [ATJ92.E15A21.C10110].

Un tiers environ de la pièce 584 du niveau X est retranché, à l'ouest, du reste de la pièce par l'ajout d'une cloison interne :

- Mur 342, mitoyen aux pièces 571 et 572 : 3,00 (lo.) × 0,35-45 m (la.), formé d'une rangée de briques crues en panneresses qui vient buter contre les parements intérieurs des murs 451 et 446 ; présence d'un petit contrefort (0,40 × 0,26 m) vers l'intérieur de la pièce 571.

La pièce ainsi créée [572] est de dimensions très réduites : 2,90 (lo.) × 1,40 m (la.) (= 4 m²) (Fig. 7.6). Elle est toujours accessible par la porte pratiquée au niveau X dans le mur 446. La pièce 572 ne présente aucun aménagement intérieur particulier si ce n'est son sol en terre battue qui a été intentionnellement posé sur un remplissage afin qu'il soit de niveau avec celui de la pièce 571 voisine, à l'est (Fig. 7.6). Aucun mobilier n'est associé à cette pièce.

La pièce **578** (Fig. 7.6), à l'ouest de la 572, mise en place au niveau précédent (X), est encore en usage

Figure 7.5 : Tesson orné d'un motif peint rappelant des festons [ATJ92.E15A21.C6243], provenant de la pièce 571 (cf. Leilan IIIc : Schwartz 1988, 95 fig. 36).

à ce niveau-ci. Mais aucun indice stratigraphique ne permet de distinguer sa phase d'occupation du niveau X de celle du niveau IX, d'autant que cette petite pièce est dépourvue de tout aménagement intérieur. Conformément aux règles de chronostratigraphie, son mobilier (Tableau 7.3) est présenté à ce niveau-ci étant donné qu'il correspond à son niveau d'occupation le plus récent. À son inventaire céramique, il faut ajouter douze fragments de silex, dont un nucléus.

La marque de potier sur le tesson ATJ92.F14A7.C9269 est celle d'une croix de Saint-André formée de deux doubles lignes croisées (cf. Abd : Sconzo 2013, 237 – type IV.04, pl. 156).

Au sud des pièces 571, 572 et 578, passe la ruelle **568**, orientée est-ouest ; elle se situe juste au-dessus d'une voie de circulation antérieure [589 : niveaux XI et X]

Tableau 7.3 : Inventaire céramique de la pièce 578.

Fabriques	Fragments	Formes/vases	Numéros catalogue/C
Fine	2	1 bol	9289
Commune	225	4 grands bols	7576-7, 7580, 7583
		1 jarre	9269[(marque de potier)]
		3 jarres à petite ouverture	7465-6, 7575
		5 jarres à grande ouverture	7434-5, 7599, 7700, 7714
		3 formes indéterminées	7467, 7584, 7586
Culinaire	53	1 grand bol	7436
		4 marmites	7437, 7578, 7587, 8593
		1 couvercle	7579
TOTAL	280		

Figure 7.6 : Les pièces 572, au centre, et 578, à gauche, accolées à la pièce 571, à droite ; vues vers le nord. Au premier plan : la venelle 568 dont les pavés sont alors dissimulés sous une couche de terre cendreuse.

à la différence qu'à ce niveau-ci la venelle n'est plus pavée de gros blocs en pierre comme précédemment (Figs 7.2, 7.3 et 2.13 : coupe F-Est) : ces derniers sont maintenant recouverts d'une couche de terre grisâtre, plutôt cendreuse. Seules les pièces 572 et 578 s'ouvrent sur cette venelle, comme c'était le cas au niveau précédent (X).

Le matériel céramique recueilli à la surface de cette ruelle 568 est abondant (Tableau 7.4) et inclut notamment deux fragments de bols de fabrique *Grise incisée* (Fig. 7.7).

Tableau 7.4 : Inventaire céramique de la ruelle 568.

Fabriques	Fragments	Formes/vases	Numéros catalogue/C
Métallique	1		Hors contexte
Ninive 5 incisée/excisée	1	1 forme indéterminée	7116
Grise incisée	7	4 formes indéterminées	6585, 6974, 6977, 9947
		1 petit bol	6239
		4 bols	6238, 6584, 6596, 6973
Fine	15	4 bols	9255, 6592, 7087, 8600 (complet)
		2 fonds	7086, 7127
		2 formes indéterminées	6595, 6604
Commune	668	10 formes indéterminées	6296, 6298, 6300, 6627, 7019, 7027, 7106, 7115 (marque de potier), 7131, 7518
		21 grands bols	6291, 6308, 6307, 7012, 7017-8, 7024, 7029, 7031, 7089, 7105, 7107, 7118-9, 7120-1, 7123, 7126, 7129, 7130, 7233
		5 jattes	6305, 7030, 7110, 7108, 9258
		4 jarres	6295, 6305, 6597, 7157
		1 grande jarre	7022
		14 jarres à petite ouverture	6290, 6303-4, 6309, 6593, 6603, 7020, 7028, 7032, 7037, 7046, 7098, 7112, 7172
		26 jarres à grande ouverture	6288-9, 6306, 7023, 7025-6, 7035-6, 7038, 7047, 7099, 7100-1-2-3-4, 7109, 7111, 7113-4, 7117, 7124-5, 7128, 7230, 9250
Culinaire	132	1 grand bol	7159
		1 jatte	7096
		21 marmites	6292-3, 6297, 6299, 6301-2, 7082-3-4-5, 7088, 7090-1, 7094-5, 7097, 7122, 7152-3, 7160, 9256
TOTAL	**814**		

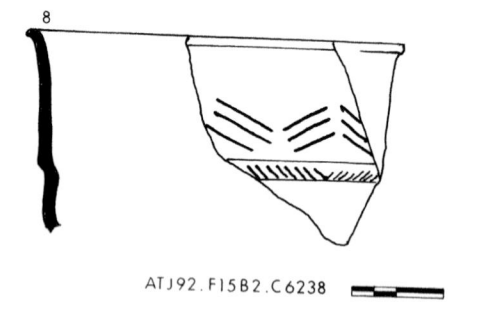

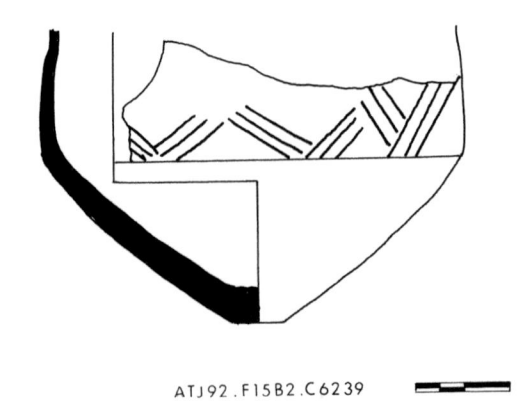

Figure 7.7 : Deux fragments de petits bols [ATJ92.F15B2.C6238 et 6239] de fabrique *Grise incisée*, provenant de la ruelle 568. Leurs rebords sont ornés d'une bande de triples chevrons incisés sur une pâte de texture minérale très fine, dure (Mohs 5), de couleur *light gray* (2.5Y7/2) (cf. types 31-32 de Rova 2011, 56, 69).

Figure 7.8 : Pièce 570 en cours de fouille, vue vers le nord-est. Elle se prolonge dans la berme orientale du carré D15. La porte de la pièce est visible à l'extrémité ouest du mur 450, au second plan.

La marque de potier sur le tesson ATJ92.F15B2.C7115 consiste en une croix de Saint-André représentée par deux petits traits entrecroisés (cf. Abd : Sconzo 2013, 237 – type IV.04, pl. 156).

Autres éléments de la culture matérielle de la ruelle 568 :

- 82 fragments de silex, dont quatre nucléus à éclats et un tronçon de lame lustrée ;
- 1 meule en basalte alvéolé, incomplète [ATJ92.E16A22.L244] ;
- 1 petit poinçon triangulaire en os (métatarse d'un petit équidé), complet [ATJ92.F15B3.Os15].

À l'est de la pièce 571, sur la massive plateforme 594 déjà présente dans les niveaux inférieurs (X et XI), se dresse maintenant la pièce **570** (Figs 7.2, à droite, et 7.8). Les briques crues qui constituent la plateforme 594 sont ici dissimulées sous un revêtement de plâtre de gypse qui sert de sol à la nouvelle pièce 570. Cette dernière, de plan rectangulaire : 2,50-80 (la.) × 5,00 m (lo.), couvre une superficie dégagée de 7,5 m^2 environ, comme elle se prolonge dans la berme orientale du chantier (Fig. 7.8). Nous ne connaissons donc que trois des murs limitrophes de la pièce 570, tous faits de briques crues appareillées en panneresses :

- Mur 450, au nord : 5,80 (lo.) × 0,28 (la.) × 0,70 m (h.), avec une ouverture laissée à son extrémité occidentale afin de permettre une communication avec la cour 577.
- Mur 340, à l'ouest : 5,80 (lo.) × 0,28 (la.) × 0,60-70 m (h.) ; son extrémité septentrionale fait saillie sur 0,20 m alors que vers le sud ce mur se prolonge de manière à former la limite occidentale de la pièce 619 voisine.
- Mur 447, au sud : 5,20 (lo.) × 0,28 (la.) × 1,00 m (h.).

Les parements internes de ces murs sont enduits d'un crépi de boue, mais ne possèdent aucune banquette à leur base.

Tableau 7.5 : Inventaire céramique de la pièce 570.

Fabriques	Fragments	Formes/vases	Numéros catalogue/C
Métallique	1	1 bol	9081
Grise incisée	6	4 bols	6624, 6790, 7162, 9084
		1 bouteille	9080
		1 forme indéterminée	7257
Fine	5	3 bols	6607, 6791-2
Commune	778	14 grands bols	6788-9, 6832, 6850, 6859, 6860, 6888, 6892, 7258, 7420-1, 9078, 9607, 10011
		1 jatte	6840, 8719
		1 flacon	6220(complet)
		1 récipient miniature	7253
		1 jarre	6794, 6940
		13 jarres à petite ouverture	6623, 6657, 6725, 6727-8, 6815, 6827-8-9, 6846, 6857, 6998, 7236
		33 jarres à grande ouverture	6620, 6663, 6712, 6718-9, 6720, 6722-3-4, 6814, 6820-1, 6823, 6830-1, 6835, 6837-8, 6841, 6843, 6851, 6866, 6885, 6939, 7033, 7259, 7260, 7475, 8627, 8633, 9077, 9079, 9768
		3 formes indéterminées	6625, 6839, 7516(marque de potier)
Culinaire	226	1 couvercle	6847
		32 marmites	6793, 6833-4, 6836, 6845, 6858, 6868-9, 6872, 6874-5, 6880-1-2, 6886, 6931-2-3-4-5-6-7-8, 7003, 7418, 7161, 7419, 9076, 9508, 9608, 9829, 9830
		1 jatte	9083
TOTAL	**1018**		

Figure 7.9 : Flacon [ATJ92.E15A26.C6220] de fabrique *Commune*, provenant de la pièce 570. 5 (dia.) × 7,3 cm (h.). Pâte de couleur *light brown* (7.5YR6/4), peu dure (Mohs 2), de texture mi-fine avec quelques inclusions minérales. Fond arrondi, panse globulaire, petit col concave, rebord évasé, lèvre arrondie.

Comme aménagement intérieur de la pièce 570, notons la présence de deux grandes jarres d'entreposage retrouvées *in situ* dans deux angles de la pièce (Figs 7.1 et 7.19). Elles viennent s'ajouter au riche mobilier céramique de cette pièce (Tableau 7.5 ; Fig. 7.9).

La marque de potier sur le tesson ATJ92.D15B2.C7516 est celle de la croix de Saint-André symbolisé par deux lignes entrecroisées (cf. Abd : Sconzo 2013, 237 – type IV.04, pl. 156).

Autres éléments de la culture matérielle de la pièce 570 :

- 32 fragments de silex, dont deux nucléus à éclats et un tronçon de lame lustrée ;
- 3 meules en basalte alvéolée, complètes [ATJ92.E15A24.L229-230-231] ;
- 1 petit poids sphérique pour une balance, en hématite, complet [ATJ93.D15B5.L252] ;
- 1 bouchon en terre cuite de forme conique, fragmentaire [ATJ92.D15B2.Tc91] ;
- 1 fusaïole en terre cuite, complète [ATJ92.E15A24.Tc85].

La partie orientale de la pièce 570 est occupée par une petite structure [**569**] carrée (1,50 × 1,80 m), érigée au sein même de la pièce 570. Elle est délimitée par des murs étroits, constitués d'une seule rangée de briques

NIVEAU IX

crues en panneresses très mal conservées, qui semblent imbriqués les uns aux autres (Fig. 7.10) :

- Mur 448, au sud : 2,20 (lo.) × 0,26 m (la.).
- Mur 339, à l'ouest : 2,60 (lo.) × 0,25 m (la.).
- Mur 449, au nord : 2,15 (lo.) × 0,26 m (la.).

Le quatrième mur, à l'est, se confond avec les débris accumulés dans la pièce qui forment une épaisse couche de destruction.

Au vu de la présence d'une structure en apparence circulaire (entre 1,10 et 1,40 m de diamètre) repérée au fond de la petite pièce carrée 569 (Fig. 7.10) et de la quantité de cendres accumulées dans celle-ci, il ne serait pas insensé d'y voir un enclos bas entourant un four à cuisson. Ce qui expliquerait la présence de nombreuses strates de terre cendreuse dans la pièce 571, à l'extérieur de ce petit enclos. Toutefois, son inventaire céramique (Tableau 7.6) compte peu de fragments de vaisselle culinaire. Le reste de son mobilier est composé de seize fragments de silex, dont un nucléus.

Au sud de la pièce 570, se profile l'angle d'une pièce [619] très partiellement fouillée. Il est formé par la jonction de deux murs de la pièce 570, soit les 447 et 340. Les autres murs sont inconnus, se trouvant en dehors du chantier de fouilles. Aucun sol ni aménagement inté-

Figure 7.10 : Structure carrée 569, à droite, dans la partie orientale de la pièce 570, vue vers le nord. La pièce 570 est ici obstruée par une berme. Au fond de la structure 569, sont visibles les restes cendreux d'une structure de combustion.

Tableau 7.6 : Inventaire céramique de la pièce 569.

Fabriques	Fragments	Formes/vases	Numéros catalogue/C
Métallique	1		
Fine	10		
Commune	141	1 récipient miniature	7008
		7 grands bols	6706, 6710, 6918-9, 6920-1-2
		1 jarre	6704
		4 jarres à petite ouverture	6702, 6708, 6929, 10031
		3 jarres à grande ouverture	6698, 6844, 7678
		1 fond plat	6700
Culinaire	40	6 marmites	6705, 6707, 6709, 6711, 6930, 7137
TOTAL	**195**		

Tableau 7.7 : Inventaire céramique de la pièce 619.

Fabriques	Fragments	Formes/vases	Numéros catalogue/C
Peinte	1		
Fine	2	4 bols	7263, 7278, 7307-8
Commune	486	1 récipient miniature	7280
		1 bol	7323
		13 grands bols	7274, 7297-8, 7303, 7315, 7318-9, 7321, 7324, 7431, 7235, 7238, 7692
		4 jarres	7244, 7311, 7320, 7986
		1 grande jarre	7317
		4 jarres à petite ouverture	7305, 7316, 7610, 7813
		11 jarres à grande ouverture	7234, 7314, 7237, 7239, 7241, 7300, 7304, 7309-10, 8628, 8631
Culinaire	156	1 grand bol	7395
		1 couvercle	7388
		10 marmites	7240, 7251, 7294, 7296, 7306, 7387, 7390-1, 7396, 8603
TOTAL	645		

Figure 7.11 : Cour 577 au sol en terre battue recouvert de plusieurs couches de terre cendreuse ; vue vers le sud-est. Le cumul de ces couches grisâtres est visible dans la berme au second plan ; un effondrement de briques sur ces couches grises peut être observé au pied de la berme. À droite, les couches grises viennent buter contre le mur 450 de la pièce 570.

rieure ne sont apparents. Cependant, son inventaire de fragments de céramique (Tableau 7.7) est bien fourni.

Autres éléments de la culture matérielle de la pièce 619 :

- 13 fragments de silex, dont deux nucléus à éclats et un tronçon de lame lustrée ;
- 2 ancres en basalte alvéolé, de forme circulaire avec une perforation centrale en sablier, complètes [ATJ92.E16A21.L233 et 234] ;
- 1 meule en basalte alvéolée, incomplète [ATJ92.E16A21.L237] ;
- 1 tesson de céramique circulaire, rogné sur les rebords, sans perforation centrale [ATJ92.E16A21.C10106].

À l'ouest de l'enfilade de pièces [569, 570, 571, 572 et 578] mises au jour dans le secteur ouvert au centre du tell, s'étend une grande cour [**577**] de 45 m^2 à peu près : sa longueur atteint dix mètres mais sa largeur varie de

Tableau 7.8 : Inventaire céramique de la cour 577.

Fabriques	Fragments	Formes/vases	Numéros catalogue/C
Métallique	6	2 formes indéterminées	6796, 6993
		1 bol	9494
Grise incisée	14	1 petit bol	6237[parois cannelées]
		6 bols	6980, 6996, 7453, 8609, 8755, 9160
		7 formes indéterminées	6975, 6984, 6994-5, 7448, 7459, 7460
Fine	125	23 bols	6803, 7439, 7443, 7445, 7457-8, 7463, 8012, 8302, 8316, 8505, 8533-4, 8788, 8796, 8804, 9138, 9165, 9169, 9172, 9175, 9301, 9888
		1 bouteille	8528
		4 formes indéterminées	6978, 6985, 6992, 9530
Commune	2622	17 formes indéterminées	6887, 7179, 7428, 7432, 7461, 7511, 7609, 7622, 7626, 7665, 7681, 7760, 8200, 8219[marque de potier], 8328, 8330, 8972
		1 récipient miniature	7456
		1 passoire ou hochet	7451
		2 bols	7139, 8326
		58 grands bols	6463, 6813, 6818, 6842, 6926, 7450, 7454, 7491, 7497, 7614, 7663, 7667-8, 7671-2-3, 7680, 7682, 7687, 7693, 8028, 8201-2, 8204, 8291, 8300-1, 8304-5, 8310-1, 8327, 8331, 8350, 8365, 8388, 8390, 8574, 8589, 8602, 8784, 8803, 9121, 9130-1-2, 9134-5, 9144, 9149, 9151, 9178-9, 9183, 9185, 9523, 9994, 10013
		1 jatte	9137
		27 jarres	6805, 6927, 7446-7, 7449, 7617, 7619, 7675, 7964, 8009, 8080, 8092, 8198, 8208, 8294, 8313, 8317, 8569, 8779, 8787, 8790, 9128, 9141, 9161, 9162, 9413 9536
		2 grandes jarres	8032, 8792
		1 jarre à tenons verticaux	7684
		1 jarre à bec verseur	9042
		31 jarres à petite ouverture	6344, 6786, 6795, 7163, 7442, 7666, 7669, 7674, 7699, 8022, 8206-7, 8209, 8290, 8293, 8295-6, 8299, 8303, 8306-7, 8315, 8319, 8370, 8375, 8483, 8778, 8783, 9125, 9140, 9145
		90 jarres à grande ouverture	6354, 6787, 6797-8, 6802, 6806-7-8, 6816, 6819, 7136, 7149, 7262, 7424, 7427, 7429, 7430, 7440-1, 7452, 7455, 7490, 7495-6, 7600, 7608, 7612-3, 7615, 7618, 7620, 7664, 7676-7, 7679, 7685-6, 7694, 7696-7, 7711, 7878, 8021, 8023-4, 8033, 8178, 8203, 8205, 8212-3, 8284, 8289, 8297, 8308-9, 8322, 8329, 8332, 8362, 8376, 8378, 8489, 8594, 8769, 8774, 8785, 8789, 9073-4, 9122-4, 9126-7, 9133, 9136, 9142, 9153, 9155-6, 9163, 9168, 9171, 9177, 9182, 9187, 9196, 9472, 9493, 10040
Culinaire	801	9 grands bols	6917, 7689, 8020, 8066, 8575, 9154, 9173-4, 9545
		1 bol	9158
		4 couvercles	6824, 7138, 7493, 8288
		99 marmites	6785, 6799, 6800, 6801, 6804, 6809, 6810-1-2, 6817, 6822, 6825-6, 6925, 6928, 7492, 7494, 7498-9, 7501-2, 7504-5-6-7-8-9, 7510, 7512-3, 7606-7, 7670, 7690, 7695, 8182, 8194, 8196-7, 8199, 8217-8, 8298, 8314, 8320, 8324-5, 8354, 8379, 8380-1-2, 8385, 8389, 8391-2, 8526, 8548, 8558, 8599, 8618, 8743, 8773, 8775-6, 8781-2, 8788, 8791, 8798, 8801-2, 9030-1, 9035, 9072, 9139, 9143, 9148, 9150, 9152, 9157, 9159, 9164, 9166-7, 9170, 9176, 9180-1, 9184, 9186, 9194-5, 9300, 9404, 9512, 9820, 9852
TOTAL	**3568**		

2,50 à 6,50 mètres, selon les endroits (Figs 7.2 et 7.3). Son sol en terre battue est recouvert d'une superposition de couches grisâtres d'apparence cendreuse (Fig. 7.11) qui peut atteindre jusqu'à 1,20 m, voire 1,40 m en hauteur (Figs 2.9 : coupe 14-Nord, et 2.12 : coupe E-Est). L'analyse chimique des matériaux pédologiques de ces couches a révélé que leur teneur en carbone est plutôt faible en dépit de la couleur grise dominante dans la matrice sédimentaire (Lease *et al.* 2001b), vraisemblablement parce que les cendres ont été mélangées à de la terre afin d'éviter qu'elles ne s'envolent en poussière lorsqu'elles sont dispersées au sol (Grossman 2014b, 51 ; Smogorzewska 2019, 91). L'examen des lames minces des échantillons de terre prélevés dans les couches de cette cour n'a pas permis d'établir si l'accumulation des cendres s'est étalée sur plusieurs années ni d'observer des traces importantes de compactage produites par des passages répétés (Lease *et al.* 2001b). Les cendres proviendraient de structures de combustion à proximité.

Le nombre de tessons de céramique retirés des couches de terre et de cendres recouvrant cette cour **577** est impressionnant (Tableau 7.8 ; Fig. 7.12).

La marque de potier sur le tesson ATJ92.E13B15.C8219 représente une croix de Saint-André gravée à l'aide de deux petits traits entrecroisés (cf. Abd : Sconzo 2013, 237 – type IV.04, pl. 156).

Autres éléments de la culture matérielle de la cour 577 :

– 680 fragments de silex, dont une douzaine de tronçons de lame lustrée et quarante-sept nucléus sur lesquels des raccords d'éclats de débitage, nombreux à cet endroit, ont pu être effectués (Chabot 2022, 166) ;
– 6 fragments d'objets en plâtre (non catalogués) :
– 1 ancre faite à partir d'une meule en basalte réutilisée, incomplète [ATJ92.D15A40.L232] ;
– 1 crapaudine circulaire faite à partir d'une meule en basalte alvéolé, complète [ATJ92.D15A40.L235] ;
– 3 meules en basalte alvéolé, complètes [ATJ92.E13B16.L228, ATJ93.E14A19.251, ATJ93.E14A20.253] ;
– 1 perle en pierre blanche, en forme de petit disque plat, complète [ATJ92.E13B15.B70].

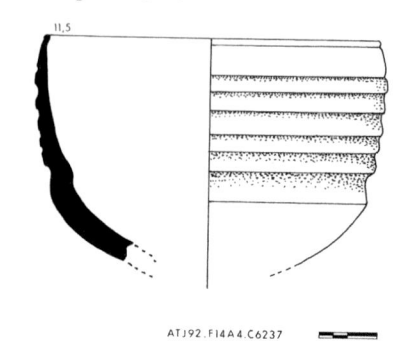

Figure 7.12 : Petit bol [ATJ92.F14A4.C6237] incomplet provenant de la cour 577. 11,5 (dia.) × 8 cm (h.), de fabrique *Grise incisée*, dont les parois carénées sont ornées de cannelures horizontales (Type 29 de Rova 2011, 68 ; Cf. Raqa'i 4 : Schwartz & Chomowicz 2015, 271, fig. 4.20/8). Pâte de couleur *pale yellow* (5Y7/3), dure (Mohs 5), de texture fine.

Figure 7.13 : Niveau IX au centre du tell, vu vers le sud. Au premier plan : la cour 577 avec la pièce 583, à droite, et la 597, à gauche. Au second plan : la pièce 571 avec, à droite, les pièces 572 et 578, et, à gauche, la pièce 570.

NIVEAU IX

Tableau 7.9 : Inventaire céramique de la pièce 583.

Fabriques	Fragments	Formes/vases	Numéros catalogue/C
Peinte	1	1 forme indéterminée	6245
Grise incisée	2	2 bols	8473, 8477
Fine	13	4 bols	8470, 8475, 8521, 8527
Commune	714	4 formes indéterminées	8431, 8463[marque de potier], 8465, 8507
		1 bol	8428
		10 grands bols	8413, 8422, 8426, 8435, 8480, 8482, 8486, 8496, 8616, 9581
		3 jarres	8387, 8402, 8597
		7 jarres à petite ouverture	8404, 8414-5, 8423, 8425, 8456, 8460
		30 jarres à grande ouverture	7312, 7560, 8352, 8384, 8394, 8403, 8412, 8416-7, 8419, 8429, 8430, 8447-8, 8455, 8464, 8469, 8485, 8629, 8424, 8420, 8457-8-9, 8461-2, 9415-6, 9577, 10023
		1 forme indéterminée	9402[marque de potier]
Culinaire	173	1 grand bol	8439
		19 marmites	6915, 7500, 8418, 8421, 8427, 8432, 8433-4, 8436-7-8, 8445-6, 8472, 8604, 8611, 9411, 9417, 9470
		1 forme indéterminée	9579
TOTAL	903		

Figure 7.14 : Pièce 583, vue vers le nord. Elle se continue dans la berme septentrionale des carrés E-F13 sur laquelle on peut voir distinctement, à environ un mètre du sol, le départ du mur 262 (niveau VIII) qui chapeaute les couches de cendres du niveau IX.

Dans l'angle nord-ouest de la cour 577 (Figs 7.2 et 7.13), prend place[2] une petite pièce [**583**] qui fait 3,30-50 m, d'est en ouest, et 2,80 m, du nord au sud ; ce qui lui donne une superficie de pratiquement 10 m² quoiqu'elle dût être plus grande à l'origine puisqu'elle se prolonge dans la berme septentrionale du chantier. Seuls trois de ses murs ont été dégagés (Fig. 7.14) :

– Mur 116, à l'ouest : 3,00 (lo.) × 0,80 (la.) × 0,60 m (h.), dont l'appareil est tout à fait hors de l'ordinaire avec des briques crues de différentes dimensions disposées de manière irrégulière. Son extrémité méridionale excède de quelques centimètres le mur 221 avec qui il forme un angle droit ; ce dernier ne vient que s'appuyer contre sa paroi interne.

– Mur 221, au sud : 4,64 (lo.) × 0,28 (la.) × 0,20-35 m (h.), formé d'une seule rangée de briques placées en panneresses avec un petit contrefort épais de 0,26 m qui projette de son parement externe sur à peine 0,20 m, tout juste à côté d'une ouverture large d'un mètre laissée dans ce mur pour servir de porte (aucun seuil) ; son extrémité orientale dépasse de 0,18 m le mur 120 qui vient buter contre son parement interne.

– Mur 120, à l'est : 3,14 (lo.) × 0,28 (la.) × 0,22 m (h.), une unique rangée de briques en panneresses avec, au milieu de son parement externe, un petit contrefort qui fait saillie de 0,20 m.

L'espace intérieur de la pièce 583 au sol en terre battue comporte, dans l'angle sud-est, un premier muret long de 1,30 m, formé d'un simple alignement de quelques briques crues disposées en panneresses sur une seule

---

2 Cette pièce n'apparaît pas sur le plan de ce niveau publié dans le rapport préliminaire de 1992 (Fortin 1994a, 373, fig. 11) pour la bonne raison qu'elle ne fut mise au jour qu'au cours de la campagne de l'année suivante.

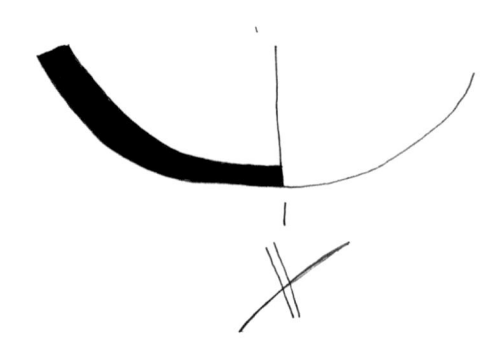

Figure 7.15 : La marque de potier gravée à l'extérieur du fond arrondi du vase ATJ93.F13A6.C9402 reproduit le motif de la croix de Saint-André (cf. Abd : Sconzo 2013, 238 – type IV.04, pl. 1565).

ATJ92.F13A4.C6245

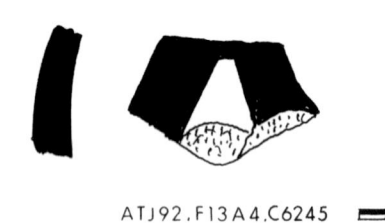

Figure 7.16 : Petit fragment de céramique peint ATJ92.F13A4.C6245 retrouvé dans la pièce 583. Pâte de couleur *pinkish gray* (7.5YR6/2), dure (Mohs 5), de texture fine. Décor, dont le motif est impossible à identifier, peint en *dark reddish brown* (2.5YR3/4) sur un engobe de couleur *very pale brown* (10YR7/3).

Figure 7.17 : Cour 577, vue vers l'est. Au premier plan, l'angle sud-est de la pièce 583 où se trouve un dispositif de combustion et, au second plan, les murs de la pièce 597 qui se prolonge vers l'est, dans la berme du carré E13 ; le pan du mur 220 effondré apparaît au bas de cette berme.

assise ; il vient s'appuyer, au sud, sur une sorte de banquette ajoutée à la base du parement intérieur du mur 221. Cet étroit (0,28 m) muret est parallèle au mur 120, créant ainsi un petit réduit qui aurait pu servir de garde-manger puisque du côté ouest de ce muret se trouvent les restes d'un foyer, à en juger par les traces de

cendres au sol situées juste à côté de la porte (Fig. 7.14). Ce dispositif de combustion aurait même été séparé du passage de la porte par un autre muret, parallèle au premier, dont seules deux briques ont été retrouvées.

L'inventaire céramique de la pièce 583 est plutôt conséquent (Tableau 7.9) et comporte notamment une marque de potier à la surface d'un fragment (Fig. 7.15) et un décor peint sur un autre (Fig. 7.16). Le reste du mobilier compte 137 fragments de silex, dont sept nucléus à éclats, mais aucun autre artéfact.

La marque de potier sur le fragment ATJ92.F13A4. C8463 est constituée de deux lignes parallèles horizontales et d'une ligne verticale ; des lignes qui ont été tracées après la cuisson du vase.

À l'opposé de la pièce 583, dans l'angle nord-est de la partie dégagée de la cour 577, sont apparus deux bouts murs en briques crues disposées en boutisses qui se rencontrent à angle droit et dont les extrémités sont imbriquées l'une dans l'autre (Figs 7.13 et 7.17) :[3]

– Mur 115, à l'ouest : 4,30 (lo.) × 0,45 (la.) × 0,80-1,35 m, avec un mince (0,25 m) contrefort qui fait saillie de 0,22 m au milieu de son parement extérieur.

– Mur 220, au sud : 1,50 (lo.) × 0,45 (la.) × 0,70 m (h.), son extrémité occidentale excède de 0,25 m l'autre mur.

Ces deux segments de murs, perpendiculaires l'un à l'autre, semblent former l'angle d'une structure [597] dont on ne sait rien puisqu'elle se prolonge dans la berme orientale du carré E13 (Figs 2.12 : coupe E-Est et 7.17). En revanche, sa partie fouillée a révélé une grande quantité de tessons appartenant à différentes fabriques (Tableau 7.10) et 89 fragments de silex, dont six nucléus à éclats et deux tronçons de lame lustrée.

Au sud du mur 220 de la pièce 597, le long de la berme orientale du carré E14 (Fig. 2.12 : coupe E-Est), fut déblayée une série de briques crues posées de chant, avec des interstices d'inégales largeurs entre chacune (Fig. 7.18) ; il s'agit clairement d'un pan effondré du mur 220. Cet écroulement de mur témoigne d'une destruction du bâtiment 597 et, par extrapolation, du niveau IX d'autant que les briques renversées sur leurs petits côtés et les bases des murs de la pièce 597 sont recouvertes de plusieurs couches cendreuses de couleur grise

---

3 Ces murs ont été attribués au niveau X dans le rapport préliminaire de la cinquième campagne de fouilles (Fortin 1995, 26, fig. 2). Un nouvel examen des coupes stratigraphiques m'a convaincu qu'ils appartiennent plutôt au niveau IX. Mais il est vrai que les niveaux XI-X-IX sont si étroitement liés.

NIVEAU IX

Tableau 7.10 : Inventaire céramique de la pièce 597.

Fabriques	Fragments	Formes/vases	Numéros catalogue/C
Grise incisée	6	1 bol	7902
Fine	9	2 bols	7912, 8090
		1 bouteille	7787
		1 forme indéterminée	7882
Commune	413	1 bol	7883
		12 grands bols	7745, 7879, 7885-6, 7961-2, 7966, 7972-3, 7977, 7988, 8560
		3 jarres	7746, 7865, 7976
		4 jarres à petite ouverture	7761, 7963, 7970, 7985
		8 jarres à grande ouverture	7742, 7764, 7876, 7888, 7891, 7959, 8076, 8112
		1 forme indéterminée	7901
Culinaire	102	2 grands bols	7967-8
		1 couvercle	7975
		8 marmites	7955-6-7, 7965, 7969, 7971, 9791, 9795
TOTAL	530		

Figure 7.18 : Pan du mur 220 de la pièce 597 effondré dans la cour 577, au pied de la berme orientale du carré E14 ; vu vers le sud-est. Les couches grisâtres de cette berme immédiatement au-dessus des briques effondrées correspondent à la destruction du niveau IX ; elles viennent buter contre le mur 451 de la pièce 571, à droite. Plus haut dans la paroi stratigraphique, les deux épaisses couches brunes correspondent aux sols des niveaux VIII et VII.

qui s'étendaient sur toute la surface de la cour 577. Cependant, ces couches grisâtres ne sont pas nécessairement le résultat d'une seule destruction ; elles sont peut-être aussi le signe d'une continuité dans l'utilisation de la cour pour y déverser des résidus de combustion provenant, par exemple, de l'importante structure de combustion installée dans la pièce 569, à proximité.

Ce même agencement stratigraphique peut être observé dans une berme qui traverse la pièce 571, suivant un axe est-ouest (Fig. 7.19). En effet, le sol plâtré de cette pièce est enfoui sous une épaisse (0,50 m) couche grisâtre dans laquelle on peut facilement noter la présence de morceaux de briques effondrées. Cette couche est circonscrite à l'intérieur de la pièce par les murs 341 et 342 ; elle résulte manifestement de la destruction du bâtiment. Cette couche de destruction est recouverte d'une plus importante (0,60-80 m d'épaisseur) couche de couleur grise et homogène de texture :

Figure 7.19 : Berme laissée en travers de la pièce 571, vue vers le nord. Le sol plâtré de la pièce 571 est enfoui sous une couche de destruction comprise entre les murs 341 (droite) et 342 (gauche) ; par-dessus, passe une seconde couche, cendreuse et plus épaisse, qui recouvre également le sommet des murs de la pièce 571. Le niveau VIII commence avec la limite supérieure de cette dernière épaisse couche grise. À droite, la pièce 570 est traversée également par une berme présentant le même schéma : une couche de destruction surmontée d'une épaisse couche de terre grisâtre.

Tableau 7.11 : Inventaire céramique des couches ATJ87.E5A6-7-8-9.

Fabriques	Fragments	Formes/vases	Numéros catalogue/C
Fine	2		
Commune	87	1 bol	1486
		1 jatte	1416
		1 grande jarre	1406
		1 jarre à petite ouverture	1410
		2 jarres à grande ouverture	1432, 1447
Culinaire	10		
TOTAL	**99**		

elle ne contient aucun débris de briques ; elle est plutôt formée d'une superposition de plusieurs petites strates de terre cendreuse grisâtre, uniformément étalées, qui viennent passer sur les restes des murs [341 et 342] du bâtiment 571 (Fig. 2.10 : coupe 15-Nord).

Extrémité septentrionale

Dans le sondage pratiqué dans le carré E5 le long du mur d'enceinte à l'extrémité septentrionale du tell, les couches ATJ87.E5A6-7-8-9 seraient à associer au niveau IX d'après leurs cotes altimétriques (Fig. 3.14), bien que nous ne puissions pas établir de liens avec les vestiges dégagés dans le secteur de fouilles au centre du tell en raison de la distance – quarante mètres – qui sépare ces deux chantiers. Vers l'est, ces couches s'appuient sur le parement intérieur du mur d'enceinte [404] alors que vers l'ouest, à 2,60 m de là, elles viennent buter contre un mur très mal préservé [420] qui ne peut être mis en relation structurelle avec aucun autre élément architectural.

Les couches ATJ87.E5A6-7-8-9 de ce sondage n'ont produit qu'une centaine de tessons (Tableau 7.11) et cinq fragments de silex en plus d'une pierre à affûter en andésite, incomplète [ATJ87.E5A9.L67].

Datation

Des tessons sans profil de fabrique *Commune* provenant du niveau IX ont été soumis à une datation archéomagnétique et ont donné comme résultat 2798 ± 81 av. J.-C. (Gallet, Fortin *et al.* 2020, table 1), soit vers la fin de la période EJZ 1.

Cette datation s'accorde avec les deux fragments de petits bols [ATJ92.F15B2.C6238 et 6239] (Fig. 7.7), de fabrique décrite ici comme *Grise incisée* (Boileau 2005), qui se comparent très bien aux petits bols carénés à fond pointu de fabrique *Ninevite 5 Incised* d'Elena Rova (2011, 69 ; cf. ses types 31 et 32) dont les parois sont décorées de motifs linéaires incisés qui sont typiques de la période EJZ 1 (Grossman 2014a, 90), et plus précisément de la fin de cette période (Rova 2011, 56, 58, 69).

Pareillement, les parois du petit bol fragmentaire ATJ92.F14A4.C6237 de fabrique *Grise incisée* sont ornées de cannelures horizontales (Fig. 7.12) qui sont communes durant la période EJZ 1 et disparaissent au début du EJZ 2 (Rova 2011, 68).

Enfin, le décor peint sur le tesson ATJ92.E15A21.C6243 (Fig. 7.5) s'apparente aux festons représentés sur les calices à piédestal de Leilan qui remontent à la période EJZ 1 (Rova 2011, 56).

Interprétation

Le secteur dégagé au centre du tell présente une enfilade de petites pièces, ne communiquant pas entre elles, délimitée au sud par une ruelle [568] et au nord par une cour/ruelle en terre battue [577]. Cette dernière, en effet, est perçue comme une cour au premier coup d'œil en raison de la présence à cet endroit de cours aux niveaux inférieurs. Cependant, la présence de deux nouvelles pièces [583 et 597] vient modifier sa configuration par rapport aux cours antérieures et lui donne plutôt l'aspect d'une ruelle.

Même si le sondage ouvert au nord du tell n'a révélé aucune structure pouvant nous renseigner sur la nature de l'occupation du site, il est venu confirmer la présence d'activités humaines dans ce secteur éloigné du centre du tell.

Pièces 571 et 572

La pièce 571, la mieux conservée de toutes les constructions de ce niveau-ci, pourrait être interprétée comme une simple maison en raison de ses aménagements intérieurs : structures de combustion, banquettes plâtrées au pied des murs, vase enfoncé dans le sol, et de son mobilier dédié à la préparation de nourriture : cinq plaques circulaires en plâtre qui auraient pu servir de couvercles à des vases et 20% de son inventaire céramique étant de fabrique *Culinaire*. Cependant, en raison de ses dimensions très réduites, 9 m² seulement, elle n'aurait pu loger convenablement qu'une seule personne d'après les estimations d'un espace vital individuel qui varient entre 6 et 10 m² (Naroll 1962 ; Marfoe 1980 ; Kolb 1985 ; Postgate 1994).

Par ailleurs, on ne peut pas vraiment l'associer à la pièce 572, adjacente, afin d'en faire une seule et même unité d'habitation parce qu'il n'y a pas de porte dans le mur mitoyen qui les sépare, d'une part, et que d'autre part, la pièce 571 s'ouvre sur la cour 577 au nord, tandis que la pièce 572 est accessible depuis la ruelle 568, au sud.

Par contre, si on voulait voir en la pièce 571 un lieu d'entreposage en raison notamment de son sol et des parements de ses murs enduits de plâtre, son volume utile[4] (13,5-20 m³) aurait pu recevoir entre 5 999 et 18 972 kg de céréales en sacs[5], ce qui représente une réserve annuelle pour 30 ou 120 personnes, selon le mode de calcul utilisé[6] (Paulette 2015, 47-49, 326) (Tableau 19.1). Quant à la pièce 572, avec un volume utile de 6 à 9 m³, on aurait pu y stocker seulement entre 2 666 et 8 411 kg de grains dans des sacs, ce qui aurait été suffisant toutefois pour répondre aux besoins de 13 à 54 personnes pendant une année complète (Tableau 19.1).

Il convient de faire remarquer que les pièces 571 et 572 ne sont pas vraiment de nouvelles structures étant donné qu'elles réutilisent des murs de la pièce 584 du niveau inférieur (X) auxquels ont été ajoutés : un mur mitoyen [342], afin de créer deux pièces au lieu d'une seule, et un sol plâtré surélevé par rapport à celui de la pièce 584. À en juger par ces deux pièces adjacentes, l'occupation des lieux, n'a donc pas connu d'interruption du niveau X au niveau IX. De fait, cette continuité structurelle d'un niveau à l'autre devient encore plus

---

4 C'est-à-dire son volume brut (18-25 m³), établi à partir de sa superficie et de la hauteur de ses murs qui peut varier entre deux et trois mètres, duquel il faut soustraire des aires de circulation et de ventilation, soit 25% (Paulette 2015, 45, 322 note b, 324 note c). Les nombres utilisés ici diffèrent de ceux produits par Tate Paulette (2015, 323 table 4.6) dans sa thèse, car la configuration de cette pièce 571 a changé depuis sa publication dans le rapport préliminaire (Fortin 1994a, 373, fig. 11) sur lequel il a basé son calcul.

5 Soit entre 444,4 et 934,6 kg par mètre cube (Paulette 2015, 46 – avec références à des études antérieures –, 322 note c).

6 Une personne consomme en moyenne 200 kg de céréales par année (Mazar 2001, 458 ; Garfinkel *et al.* 2009, 322) ; les estimations avancées à ce sujet se situent en général entre 160 kg (Kramer 1980, 319) et 250 kg (Wilkinson 1994, 495 ; Ur & Wilkinson 2008, 313), voire un peu plus parfois (Schwartz 1994b, 27, table 2 pour plus de références). D'après un autre procédé, l'approvisionnement annuelle d'une famille de 5-6 personnes exige un dispositif d'entreposage domestique d'un mètre cube (Kramer 1980, 319).

évidente et plus étendue lorsque nous étudions en coupe certains des murs externes des pièces 571 et 572 :

- le mur 341, à l'est, une réutilisation du mur de la pièce 584, repose directement sur le sommet arasé du mur 350 de la pièce 585 du niveau XI (Fig. 2.10 : coupe 15-Nord) ;
- le mur 343, à l'ouest, le même que pour la pièce 584, prend partiellement appui sur la partie supérieure du mur 351 de la pièce 585 du niveau XI (Fig. 2.10 : coupe 15-Nord) ;
- le mur 446, au sud, un autre réemploi d'un mur de la pièce 584, est érigé directement sur les restes du mur 454, appartenant lui aussi à la pièce 585 du niveau XI (Fig. 2.13 : coupe F-Est) ;
- les fondations du mur 451, au nord, chevauchent en partie la crête du mur 455 de la pièce 585 du niveau XI (Fig. 2.13 : coupe F-Est).

Ces chevauchements et réutilisations de murs au fil des niveaux XI-X-IX confirment indubitablement une constance dans le mode d'occupation des espaces pendant ces trois niveaux, du moins dans ce secteur fouillé au centre du tell. Ainsi, ces trois niveaux, stratigraphiquement distincts au sein d'une accumulation de deux mètres de débris, forment néanmoins un ensemble d'une indéniable continuité temporelle et probablement aussi d'une certaine cohérence fonctionnelle.

Pièce 570

Avec sa superficie de 7,5 m², la pièce 570 est également trop petite pour loger plus d'une personne, d'autant que seulement 10% de son inventaire céramique est de fabrique *Culinaire*. Cependant, son volume utile (11-17 m³) lui aurait permis d'abriter entre 4 888 et 15 888 kg de grains, en sacs, suffisamment pour nourrir entre 24 et 102 individus pendant un an (Tableau 19.1). De plus, cette petite pièce au sol plâtré, pourvue d'une porte qui donne sur la cour 577, comprend une grande structure de combustion circulaire (1,10-40 m dia.) délimitée par un enclos bas [569] : une installation idéale pour le traitement des grains avant de les entreposer. De surcroît, cette pièce 570 est érigée exactement par-dessus l'ancienne plateforme 594 des niveaux inférieurs (X et XI) qui alors a fort probablement servi à faire sécher les grains en vue de leur conservation. Ici aussi, la persistance structurelle des niveaux XI à IX est manifeste (Chapitres 5 et 6).

Pièces 583 et 597

Les autres constructions [597 et 583] mises au jour à ce niveau-ci sont plus difficiles à interpréter, ne disposant d'aucun plan complet ; en effet, elles se prolongent dans des bermes du secteur fouillé. Si la fonction du bâtiment 597 nous échappe totalement puisque nous n'en avons qu'un angle, la structure 583, fouillée sur une superficie de 10 m², aurait pu avoir été plus grande et utilisée comme habitation, notamment en raison de la présence d'une structure de combustion à proximité de sa porte. Cependant, le mobilier de cette dernière ne vient pas conforter cette hypothétique interprétation : il ne comprend aucun ustensile de mouture et seulement 19% de céramique *Culinaire*. Par contre, son volume utile (15-22 m³) aurait permis d'y conserver entre 6 666 et 20 561 kg de céréales, en sacs, qui auraient pu convenir aux besoins annuels de 33 à 132 personnes (Tableau 19.1).

Cour 577

Toutes les constructions mentionnées plus haut s'organisent autour d'une aire ouverte, la cour 577, qui permet le passage de l'un à l'autre de ces bâtiments dont plusieurs ont des portes donnant directement sur cette cour. Cependant, elle n'a probablement pas uniquement servi de voie de circulation. En effet, la cour 577 a livré tellement de fragments de silex (680), notamment des nucléus sur lesquels des raccords d'éclats de débitage ont pu être effectués, qu'il faut envisager la possibilité qu'une partie de cette cour ait pu être une aire de taille du silex (Chabot 2022, 166).

La présence de la cour 577, à l'emplacement même des cours 588 et 598 des niveaux inférieurs (XI et X), témoigne encore une fois de la longue durée d'utilisation de cet espace ouvert dans ce quartier du hameau de Tell 'Atij.

Enfin, l'importante accumulation de couches grisâtres et cendreuses sur le sol en terre battue de la cour 577 résulte vraisemblablement du déversement de cendres provenant de structures de combustion situées à proximité. Cependant, le déroulement de cette activité humaine se comprend mieux en observant la stratigraphie présente dans les constructions voisines.

Stratigraphie et séquence événementielle

En effet, l'espace intérieur des bâtiments 570 et 571 a été comblé par deux épaisses couches stratigraphiques bien distinctes (Fig. 7.19), correspondant à deux événements successifs :

- une première, comprise entre les murs de ces bâtiments, témoigne de la destruction des murs de ces bâtiments en raison de la présence de nombreux débris de briques crues ;
- une seconde, recouvrant à la fois cette première couche et les vestiges des murs des bâtiments 570 et 571, est constituée de plusieurs minces strates cendreuses et grisâtres qui ne sont pas associables à la destruction de ces constructions, mais plutôt à une réutilisation des lieux pour y rejeter des matières cendreuses provenant de structures à combustion voisines.

Cette dernière accumulation de matériaux pédologiques cendreux, entre et sur des bouts de murs en ruines, mais encore apparents dans ce secteur, n'est pas entièrement attribuable à une nouvelle utilisation de la cour 577 qui recevait déjà des rejets de cendres lorsque les bâtiments 570 et 571 étaient en usage. Cependant, suite à la destruction de ces bâtiments situés en bordure de cette cour, ce déversement a pris plus d'ampleur et a couvert une plus grande superficie.

Enfin, un effet secondaire et non intentionnel de ce cumul des rejets cendreux de structures de combustion fut de niveler la surface inégale et encombrée du secteur afin d'y établir, après un certain temps, une nouvelle cour [576], facilement reconnaissable à son sol en terre battue (= niveau VIII).

Chapitre 8
Niveau VIII

Altitude supérieure : +293,30-50 m.
Altitude inférieure : +292,60-90 m.
Épaisseur moyenne : entre 0,50 et 1,00 mètre.

Le niveau VIII a été fouillé dans les secteurs suivants :
- **Centre du tell** : carrés D15-16, E-F-13-14-15 et E16 (Fortin 1994a, 369-371, fig. 6).
- **Versant méridional** : carrés E17-18 et F17 (Fortin 1990a, 232-235, fig. 14).
- **Extrémité septentrionale** : carré E5 (Fortin 1990a, 230-233, fig. 13).

Centre du tell

Au centre du tell principal, le niveau VIII (Fig. 8.1) s'apparente aux niveaux précédents avec la présence d'une vaste cour [576]. Il s'en distingue toutefois par l'absence de bâtiments sur le pourtour de cette cour, du moins dans le secteur fouillé qui couvre une superficie d'environ 120 m², soit 5% de la surface habitable du site à l'intérieur du mur d'enceinte ; elle est néanmoins délimitée au nord par deux murs érigés bout-à-bout [261 et 262]. À environ cinq mètres au sud de la zone dégagée de cette cour, soit vers le bas de la pente méridionale du tell, se dressent trois pièces accolées les unes aux autres [520, 521, 609], mais sans aucun lien stratigraphique avéré avec la cour 576.

La cour **576** couvre une superficie de 104 m² : treize mètres du nord au sud sur huit d'est en ouest. Son sol en terre battue, constitué d'une épaisse (0,20 m en moyenne) couche de terre de couleur brun-rouge, est recouvert d'une superposition de minces strates de matériaux pédologiques cendreux, homogènes avec parfois de petits fragments de briques crues, dont l'épaisseur totale oscille entre 0,50 et 1,00 m, selon les endroits (Fig. 8.2).

Le sol en terre battue de la cour 576 et les multiples strates cendreuses et grisâtres qui le recouvrent appa-

Tableau 8.1 : Distribution par structure des unités de fouilles du niveau VIII.

Structure	Murs	Unités de fouilles associées
Cour 576	261-262	ATJ92.D15A39 ATJ92.D16C4[VII] ATJ92.E13B13[VII]-14 ATJ92.E14A14-15-16 ATJ92.E15A20 ATJ92.E16A20[VII] ATJ92.F13A2[VII]-3 ATJ92.F14A2[VII]-3 ATJ92.F15A2[VII] ATJ93.F15A3
Pièce 520	314-310 317 417	ATJ87.E18A3(?)-4, 6-7-8(?)
Pièce 521	315 316 418-438 419	ATJ87.E18A3(?), 5, 9(?)
Pièce 609	316 333 441	Aucune
Mur d'enceinte	404	ATJ87.E5A4-5

Le point d'interrogation en exposant (?) indique une unité de fouilles contaminée, car trop près de la limite d'érosion du tell ; son contenu est donc exclu des inventaires. Le symbole [VII] signifie que cette une unité de fouilles fait également partie du niveau VII, supérieur ; son inventaire est par conséquent inclus dans ce niveau (VII) puisque que c'est le plus récent. Ce chevauchement de certaines unités de fouilles sur deux niveaux successifs montre bien la proximité stratigraphique des cours 576 et 575 des niveaux VIII et VII.

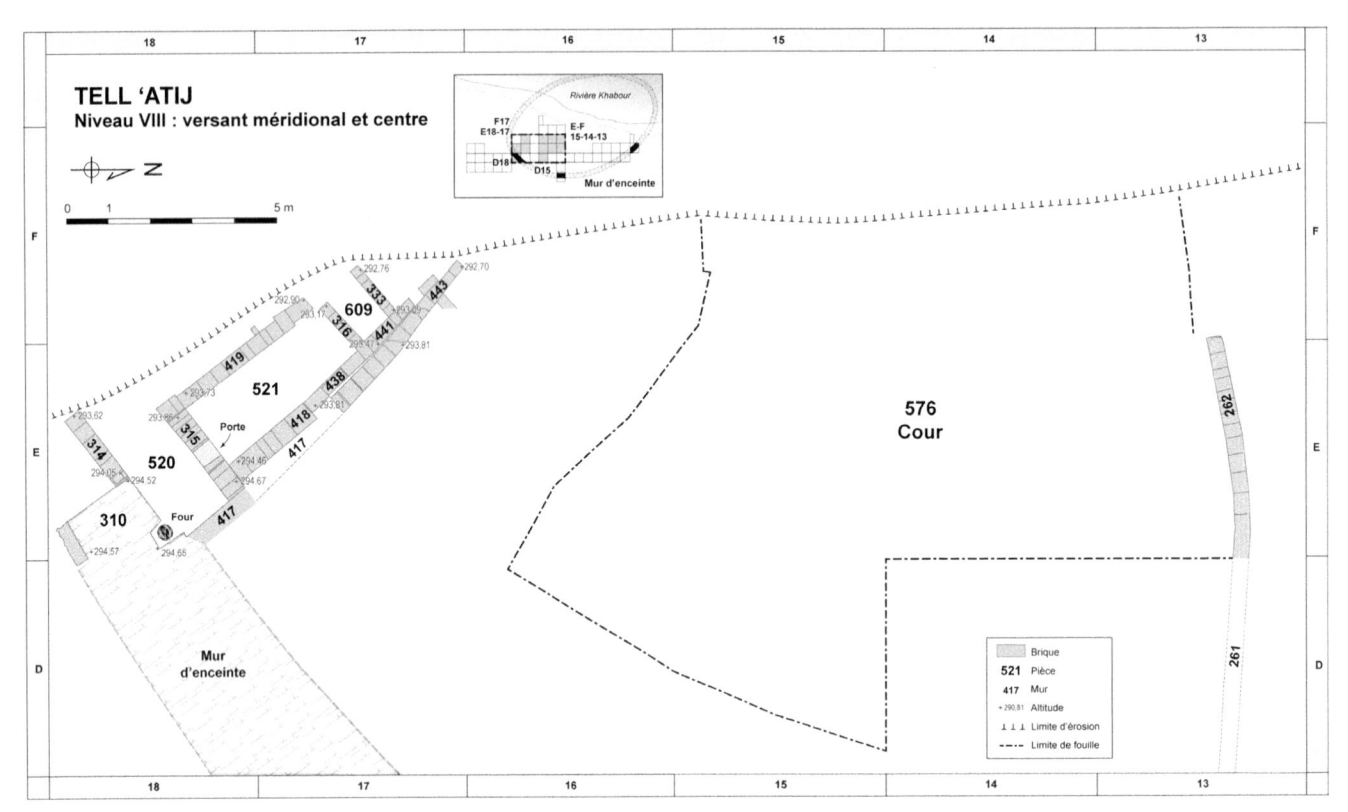

Figure 8.1 : Plan du niveau VIII dans les secteurs au centre du tell et sur son versant méridional.

Figure 8.2 : Paroi orientale des carrés F13-14-15 montrant l'accumulation, sur un sol en terre battue, de couches cendreuses formant le comblement de la cour 576 ; la cour 575 du niveau VII se trouve au sommet de cette accumulation. Au second plan, vers la gauche, les murs 261 et 262.

raissent clairement dans certaines bermes limitrophes du secteur de fouilles (Figs 8.3 et 8.4) ainsi que sur plusieurs dessins de coupes stratigraphiques transversales (Figs 2.9 : coupe 14-Nord, 2.10 : coupe 15-Nord, 2.12 : coupe E-Est et 2.13 : coupe F-Est). Ce sol vient en quelque sorte sceller uniformément les vestiges architecturaux des constructions du niveau IX enfouies dans un comblement constitué de couches cendreuses ; un changement stratigraphique frappant, accentué par l'absence de nouvelles constructions associées à ce sol. Du moins, dans ce quartier du hameau.

Des analyses chimiques des terres cendreuses accumulées sur et sous le sol en terre battue du niveau VIII ont révélé qu'en dépit de la couleur grise très prononcée de ces couches, leur teneur en carbone est faible (Lease *et al.* 2001b). Probablement parce que les résidus de combustion rejetés dans la cour ont été mélangés à des matériaux sédimentaires pour éviter que les cendres ne s'envolent en poussière au moment de leur étalement au sol. Par ailleurs, l'examen microscopique des lames minces des échantillons prélevés sur le terrain a montré que ces couches cendreuses n'ont pas été compactées par des passages répétés. Ce ne fut donc pas une cour très fréquentée, mais davantage une aire ouverte pour recueillir les résidus des structures de cuisson installées dans le voisinage.

Enfin, l'analyse paléobotanique des résidus végétaux provenant de Tell 'Atij nous a appris qu'à cette époque on utilisait plus du bois que des matières fécales animales comme combustible pour les foyers et fours à cuisson (McCorriston & Weinberg 2002, 490), ce qui expliquerait l'impressionnante quantité de couches cendreuses, le bois produisant plus de cendres que les fèces animales.

NIVEAU VIII

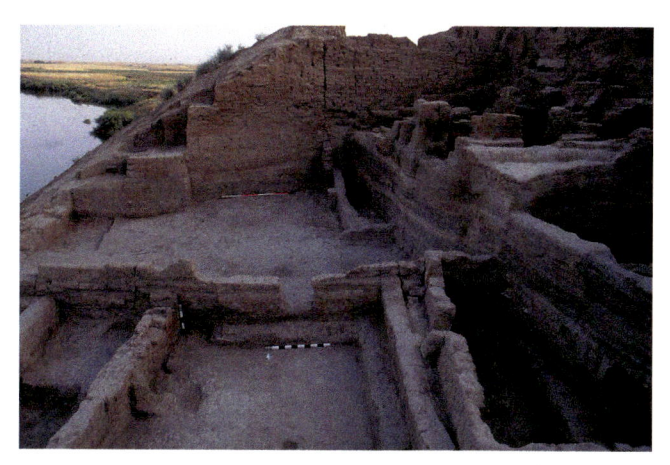

Figure 8.3 : Vue générale du niveau IX, vers le nord. À droite, la berme orientale des carrés E13-14-15 montre clairement une couche de terre brun-rouge, représentant le départ du niveau VIII, surmontée de plusieurs strates grisâtres.

Figure 8.4 : Vue rapprochée d'une partie de la paroi ouest des carrés D13-14 (non fouillés) bordant à l'est la cour 576, au premier plan. Sont clairement visibles, de bas en haut, les couches d'apparence cendreuse des niveaux IX, VIII et VII.

Tableau 8.2 : Inventaire céramique de la cour 576.

Fabriques	Fragments	Formes/vases	Numéros catalogue/C
Métallique	6	2 gobelets	6988, 8579
		2 fonds	6979, 7222
		1 forme indéterminée	7171
Peinte	4	2 jarres	6233, 6242
Grise incisée	9	4 bols	6236, 6977, 7906, 8580
		1 bouteille	7924
		3 formes indéterminées	8088, 8210, 8358
Fine	59	12 bols	7556, 7645, 7911, 7915, 7940, 7944, 8095, 8471, 8474, 9776, 9886
		2 fonds	6443, 8591
		1 jarre	9870
Commune	3256	9 récipients miniatures	6207 (décor pointillé), 7565, 7896-7, 8400, 8493, 8150, 8577, 9395
		1 fond	6673
		2 bouteilles ?	6987, 8478
		7 bols	6889, 7483, 7573, 7791, 7825, 7938, 8243
		131 grands bols	6312, 6335, 6341, 6436, 6438, 6461, 6465, 6467, 6469, 6658, 6666, 6688, 6693, 6695, 6730, 6732, 6737-8, 6741, 6894, 6896, 6898, 6902, 7180, 7191, 7195, 7200, 7207, 7444, 7541, 7545, 7547-8-9, 7552, 7555, 7557-8, 7562-3, 7568, 7570-1-2, 7574, 7591, 7593, 7616, 7640, 7644, 7646, 7649, 7650, 7653, 7655, 7660, 7662, 7703, 7747, 7769, 7770-1, 7773, 7777, 7781, 7789, 7816, 7827-8, 7831, 7833-4, 7835-6-7, 7843-4, 7846-7, 7851-2, 7854, 7859, 7863, 7873, 7898-9, 7900, 7907, 7909-10, 7913, 7916, 7922, 7926-7, 7928, 7939, 7942, 7946-7, 8002-3, 8006, 8010, 8016, 8223-4, 8226-7, 8236, 8273, 8280-1-2, 8286-7, 8292, 8399, 8488, 8494-5, 8498, 8504, 8520, 8554, 8578, 9999, 10005, 10007, 10014
		3 jattes	7647, 7656, 7743
		1 marmite	8000
		23 jarres	6281, 6444, 6653, 6662, 6684, 6697, 6897, 7193, 7561, 7636, 7779, 7812, 7814, 7817, 7839, 7842, 7845, 7908, 7920, 7925, 8162, 8228, 8479
		5 grandes jarres	6655-6, 6997, 8232, 8625

Fabriques	Fragments	Formes/vases	Numéros catalogue/C
		1 jarre à tenons verticaux	7793
		4 jarres à double ouverture	6743, 7000, 7470, 8041
		53 jarres à petite ouverture	6282, 6338, 6342, 6347, 6353, 6660, 6667, 6679, 6683, 6690, 6696, 6699, 6739, 6873, 6876, 6878, 6959, 6966, 6968, 6972, 7133, 7181, 7205, 7471, 7554, 7638, 7643, 7648, 7698, 7762, 7766, 7790, 7803, 7895, 7943, 7945, 7960, 7974, 8025, 8051, 8057, 8268-9, 8274, 8481, 8491, 8622, 8725, 8917, 9129, 9147, 10098
		128 jarres à grande ouverture	6283-4-5-6-7, 6331-2-3-4, 6336-7, 6340, 6343, 6345-6, 6349, 6350-1, 6355-6, 6435, 6440, 6446, 6452, 6460, 6468, 6571, 6606, 6654, 6659, 6661, 6665, 6668, 6670-1-2, 6674-5-6, 6680-1-2, 6687, 6731, 6736, 6742, 6744, 6867, 6877, 6879, 6884, 6890-1, 6907, 6965, 6967, 6970-1, 7141, 7341, 7485-6, 7514, 7539, 7540, 7544, 7546, 7553, 7627, 7631, 7633, 7637, 7651, 7661, 7712, 7748, 7767, 7780, 7785, 7788, 7794, 7796-7-8, 7830, 7838, 7840-1, 7848-9, 7850, 7855-6, 7923, 7941, 8001, 8005, 8008, 8037, 8039, 8050, 8052-3-4-5-6, 8058, 8097, 8144, 8152, 8229, 8270-1, 8283, 8476, 8490, 8492, 8497, 8499, 8563, 8570, 9738, 9769, 9775, 10021, 10033-34, 10036, 10038
		32 formes indéterminées	6339, 6352, 6442, 6448, 6466, 6664, 6669, 6677-8, 6899, 7002, 7212, 7472, 7482, 7528, 7550-1, 7559, 7639, 7716-7, 7778, 7795, 7799, 7826, 7829, 7832, 7917, 7992, 8106, 8363, 8373
Culinaire	594	1 bol	6983
		3 grands bols	6450, 6903, 7654
		2 couvercles	7641, 7802
		79 marmites	6310-1, 6437, 6439, 6441, 6447, 6449, 6451, 6453-4, 6456-7, 6462, 6464, 6689, 6691-2, 6694, 6715, 6729, 6901, 6904-5-6, 6908-9, 6911-2-3-4, 6916, 7132, 7166-7, 7169, 7194, 7569, 7587, 7590, 7592, 7630, 7652, 7659, 7768, 7776, 7782, 7800-1, 7806, 7808-9-10-11, 7815, 7818-9, 7820, 7862, 7874-5, 7954, 7958, 7996, 8072, 8158, 8272, 8275-6-7, 8279, 8351, 8508, 8566, 8585, 8596, 9146, 9589, 9837
		1 forme indéterminée	6455
TOTAL	3256		

L'inventaire céramique de la cour 576 est très riche et varié (Tableau 8.2); il comporte notamment des fragments ornés d'un décor peint ou incisé, typiques de l'époque (Fig. 8.5).

Autres éléments de la culture matérielle de la cour 576 :

– 581 fragments de silex, dont trente-six nucléus à éclats et une dizaine de tronçons de lame lustrée ;
– 3 meules en basalte alvéolé, incomplètes [ATJ92.E15A20.L217, 220], complète [ATJ92.E14A16.L225] ;
– 2 crapaudines en calcaire, complètes [ATJ92.E14A16.L226-227] ;
– 1 ancre – meule recyclée – en basalte alvéolé, complète [ATJ93.F15A3.L255] ;
– 4 figurines animales en terre cuite, incomplètes [ATJ92.E14A14.Tc81, 116-117, ATJ92.E13B14.Tc82] ;
– 1 tesson de céramique circulaire, avec ébauche de perforation centrale [ATJ92.E14A16.C10104] ;
– 1 tesson de céramique circulaire, sans perforation centrale [ATJ92.E14A14.C10115] ;
– 3 roues de chariot en terre cuite, incomplètes [ATJ92.E13B14.Tc83-84 ; ATJ92.F13A3.Tc86] ;
– 1 petite perle en quartz cylindrique perforée en son centre et décorée sur ses faces de rainures incisées formant des chaînes de triangles de part et d'autre d'une ligne horizontale, incomplète [ATJ92.E15A20.B67] – il n'est pas impossible que cette perle ait pu servir de sceau ;
– 1 anneau (bague ?) à section circulaire en pierre blanche avec nervures foncées (quartz ?), incomplet [ATJ92.E13B14.B87] ;
– 1 longue épingle en bronze, terminée par une large tête plate surmontée de deux volutes opposées, complète [ATJ92.E14A15.M31] ;
– 1 long et étroit poinçon en os (du métatarse d'une *Capra hircus*), complet [ATJ92.E13B14.Os16].

Figure 8.5 : Sélection de vases provenant de la cour 576.

ATJ92.D15A39.C6233 : Jarre de fabrique *Peinte*, incomplète. Épaule arrondie. Pâte de couleur *reddish yellow* (5YR7/6), dure (Mohs 5), de texture très fine recouverte d'un engobe *pale yellow* (2.5YR8/4) et d'un décor peint en *light brown* (7.5YR6/4) sur l'épaule : bandeau de triangles pleins à l'épaule et triple ligne ondulée verticale sur la panse (cf. Raqa'i 4 : Schwartz & Chomowicz 2015, 273, fig. 4.22).

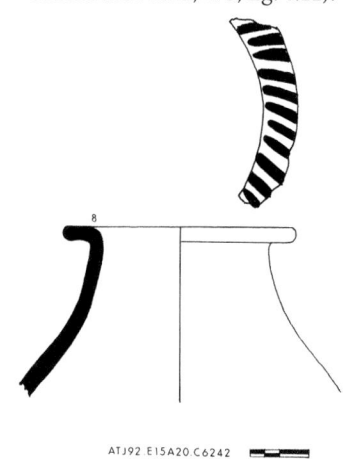

ATJ92.E15A20.C6242 : Jarre de fabrique *Peinte*, incomplète. 8 cm (dia.). Haut col avec rebord étalé et lèvre carrée. Pâte de couleur *light red* (2.5YR6/8), dure (Mohs 5), de texture fine avec des inclusions minérales, recouverte d'un engobe *white* (10YR8/2) et d'un décor peint en *red* (2.5YR4/6). Traits parallèles peints sur le rebord.

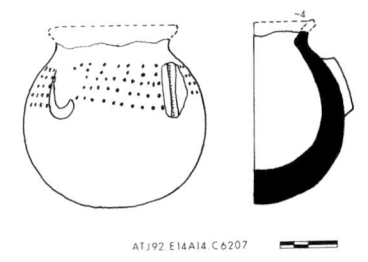

ATJ92.E14A14.C6236 : Bol de fabrique *Grise incisée*, fragmentaire. 10 (dia.) × 5 cm (h.). Pâte de couleur *pale yellow* (5Y8/3), dure (Mohs 5), de texture fine sans inclusions. Fond plat, parois droites légèrement divergentes, lèvre en bourrelet. Décor incisé de chevrons.

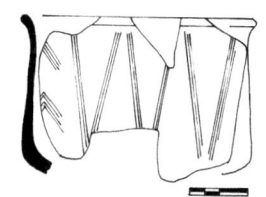

ATJ92.E15A20.C6977 : Bol de fabrique *Grise incisée*, fragmentaire. 8 (dia.) × 5 cm (h.). Parois droites et légèrement rentrantes au rebord, lèvre arrondie. Décor incisé de triples diagonales et chevrons.

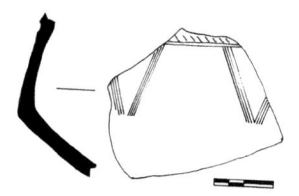

ATJ92.F14A3.C8358 : Tesson d'une bouteille (?) de fabrique *Grise incisée*, avec une épaule angulaire. Décor de groupes de lignes parallèles obliques (cf. Leilan IIIc : Schwartz 1988, 87 fig. 32).

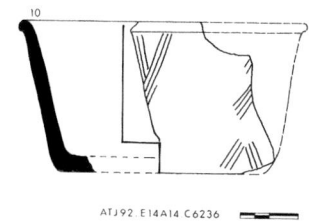

ATJ92.E14A14.C6207 : Récipient miniature de fabrique *Commune*, incomplet : lèvre manquante. 4 (dia.) × 6 cm (h.). Corps globulaire avec des tenons verticaux perforés sur la partie supérieure. Décor en pointillé à l'épaule.

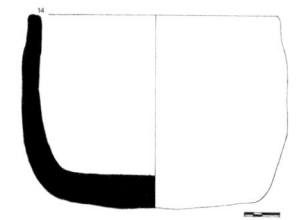

ATJ92.E14A14.C7444 : Grand bol de fabrique *Commune*, complet. 14 (dia.) × 10,5 cm (h.). Fond plat, rebord droit, lèvre arrondie (cf. Raqa'i 4 : Schwartz & Chomowicz 2015, 271 fig. 4.20/9, 276, fig. 4.26/14).

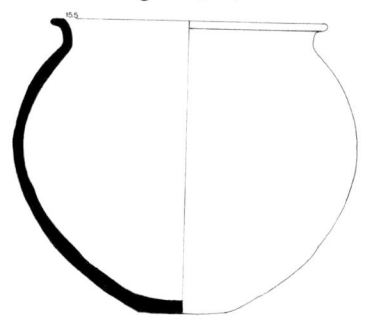

ATJ92.E15A20.C6283 : Jarre à grande ouverture de fabrique *Commune*, complète. 15,5 (dia.) × 16 cm (h.). Fond aplati, panse globulaire, petit col concave, rebord étalé, lèvre arrondie.

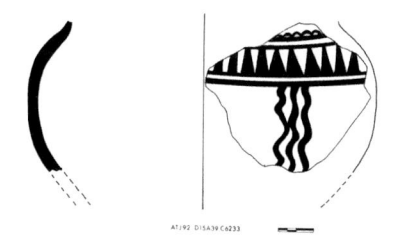

ATJ92.E15A20.C6333 : Jarre à grande ouverture de fabrique *Commune*, fragmentaire. 16 cm (dia.). Petit col concave, lèvre simple arrondie. Inclusions minérales.

Figure 8.6 : Parement méridional du mur 262, à gauche, et de celui du mur 261, à droite ; vus vers le nord. Au pied du mur 262, une partie de la première strate du niveau VIII vient buter contre ses assises inférieures.

La cour 576 est bordée au nord par le mur **262** (Fig. 8.6) ou plus exactement par son parement méridional étant donné que son parement septentrional ne fut jamais dégagé puisqu'il se trouve en dehors du secteur de fouilles. Le mur 262 s'étire sur une longueur de 4,40 m tandis que son épaisseur correspond à celle d'une brique du fait qu'il est constitué d'une seule rangée de briques crues disposées en panneresses. Sa fondation à ce niveau-ci ne fait aucun doute : les couches du niveau IX passent juste en-dessous (Figs 7.14 et 2.8 : coupe 13-Nord) alors que celles du niveau VIII viennent buter contre sa base.

L'extrémité orientale du mur 262 s'appuie contre le mur 261 dont un segment de 0,90 m de sa partie inférieure apparaît dans l'angle nord-est du carré E13. Le mode de construction des deux murs est identique. En outre, ces deux murs alignés dans le même axe sont aboutés l'un à l'autre, mais pas imbriqués. Leur hauteur préservée atteint environ quatre mètres (Fig. 2.8 : coupe 13-Nord). Ils resteront en usage jusqu'au dernier niveau d'occupation du site.

Aucune ligne de démarcation ni changement dans l'appareil de ces deux murs ne sont visibles sur leur parement méridional (Figs 2.8 : coupe 13-Nord, et 8.6) qui, à l'origine, devait être protégé par un crépi de terre crue. En l'absence de tels indices de phases de construction, il faudrait en conclure que les murs 261 et 262 ont été construits en une seule fois, dès le niveau VIII, et qu'ils n'ont pas été rehaussés ou réparés au fur et à mesure de l'accumulation des débris des différents niveaux d'occupation, jusqu'à l'abandon du hameau.

Versant méridional

À environ cinq mètres au sud du chantier au centre du tell, vers le bas du versant méridional (carrés E17-18 et F17), trois petites pièces [**520**, **521** et **609**], accolées les unes aux autres, sont alignées suivant un axe nord-ouest–sud-est (Figs 8.1 et 8.7). Leurs sols étant à peu près à la même altitude que celle de la cour 576 au centre du tell, il est raisonnable de les associer à cette cour quoiqu'aucun lien stratigraphique tangible avec le secteur ouvert au centre du tell n'a été établi sur le terrain. Comme elles sont situées en limite d'érosion du tell, ces pièces ont perdu, en partie ou entièrement, plusieurs de leurs murs. L'érosion est aussi responsable de l'introduction de matériel archéologique provenant des niveaux supérieurs qui a glissé avec les dépôts sédimentaires tout le long de la pente du tell, prononcée à cet endroit. Malgré tout, l'intérêt de ces pièces est évident : bien que d'une superficie de 21 m^2 seulement, leur présence témoigne d'une continuité architecturale à ce niveau-ci, contrairement à ce qui peut être observé dans les carrés ouverts au centre du tell, la cour 576 étant dépourvue de toutes constructions.

La pièce **520**, de plan rectangulaire, 1,50 (la.) × 4,00 m (lo.), si on prend en compte la longueur préservée du mur 314 qui la borde au sud. À l'instar de ce mur, cette pièce n'est probablement pas entière du fait qu'elle se trouve en limite d'érosion du tell ; il est vraisemblable qu'elle a occupé une superficie plus grande que les 6 m^2 actuels. Elle est délimitée par :

Figure 8.7 : Pièces 520 (gauche) et 521 (droite), accolées l'une à l'autre à mi-pente du versant méridional ; vues vers le nord. À droite, une coupe a été pratiquée en travers du mur d'enceinte [310].

Tableau 8.3 : Inventaire céramique de la pièce 520.

Fabriques	Fragments	Formes/vases	Numéros catalogue/C
Fine	1	1 bouteille	353[complète]
Commune	196	1 bol	3810
		7 grands bols	1203, 3791, 3806, 3822, 3836, 3839, 3851
		3 jarres	3799, 3800, 3845
		1 grande jarre	3840
		2 jarres à petite ouverture	3805, 3850
		13 jarres à grande ouverture	1160, 3780, 3789, 3794, 3798, 3801, 3809, 3812-3, 3824, 3831, 3832, 3837
		3 formes indéterminées	9721-2, 9724
Culinaire	78	1 grand bol	3816
		9 marmites	1238, 3808, 3814, 3817-8, 3827, 3830, 3841, 9792
TOTAL	275		

– Murs 310-314, au sud : l'étroit (0,40 m) mur 310, formé d'un alignement de briques crues disposées en boutisses et mal conservé sur une hauteur variant de 0,40 à 0,75 m, est abouté au mur 310, beaucoup plus massif puisqu'il s'agit du mur d'enceinte du site à cet endroit.

– Mur 315, au nord : 2,70 (lo.) × 0,50 (la.) × 0,60-1,40 m (h.), constitué d'une seule rangée de briques crues appareillées en boutisses et recouvertes d'un crépi d'argile ; il est imbriqué dans le mur 417. Une ouverture d'un peu plus de 0,60 m y a été pratiquée afin d'établir un passage vers la pièce 521, adjacente, puis elle fut bloquée, rendant les deux pièces indépendantes.

– Mur 417, à l'est : 1,50 m (lo.), dont la largeur est inconnue, car incomplètement dégagée ; il vient buter contre le mur d'enceinte 310, à l'est, tandis que vers le nord-ouest, il donne l'impression de se prolonger jusqu'au mur 443 quoique ce secteur n'a pas été fouillé.

Aucun mur n'a été repéré à l'ouest ; il a fort vraisemblablement été emporté par l'érosion.

Le sol en terre battue de la pièce 520 est enfoui sous une accumulation de cendres provenant certainement du four ou du foyer placé dans la niche aménagée dans le mur 310, dans l'angle nord-est de la pièce.

Figure 8.8 : Sélection de vases provenant de la pièce 520.

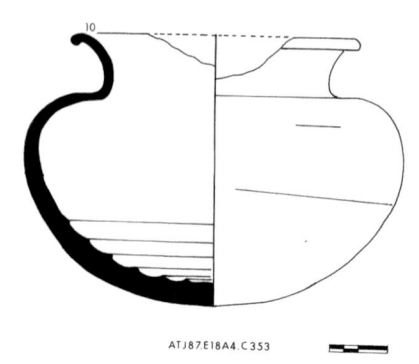

ATJ87.E18A4.C353 : Bouteille de fabrique *Fine*, complète. 10 (dia.) × 9 cm (h.). Pâte peu dure (Mohs 3), de couleur brun très pâle (10YR7/4), de texture fine, avec peu de très petites inclusions minérales. Fond rond, paroi convexe, épaule prononcée et bien arrondie, petit col concave, rebord très évasé, lèvre ronde.

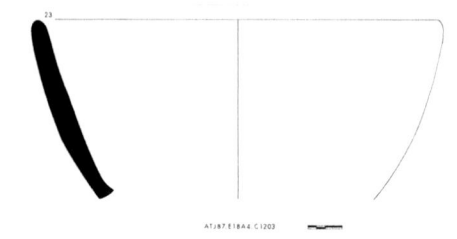

ATJ87.E18A4.C1203 : Grand bol de fabrique *Commune*, incomplet. 23 (dia.) × 10 cm (h.). Parois convexes, lèvre arrondie.

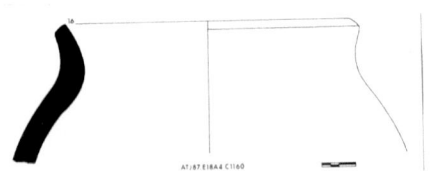

ATJ87.E18A4.C1160 : Jarre à grande ouverture de fabrique *Commune*, incomplète. 16 cm (dia.). Col concave, lèvre simple carrée.

Ces couches cendreuses de la pièce 520 renfermaient une bonne quantité de tessons de céramique (Tableau 8.3 ; Fig. 8.8).

Autres éléments de la culture matérielle de la pièce 520 :

– 2 fragments de silex (éclats) ;
– 1 meule en basalte alvéolé, incomplète [ATJ87.E18A4.L55] ;
– 2 figurines animales en terre cuite, incomplètes [ATJ87.E18A4.Tc10-11] ;
– 1 support à cuisson (*andiron*), en argile très grossière, presque complet [ATJ87.E18A4.Tc12] ;
– 1 petite perle en pierre (indéterminée), perforée au centre, incomplète [ATJ87.E18A4.B27].

Figure 8.9 : Pièce 521, vue vers le nord-ouest. La porte aménagée dans le mur 315 pour permettre la communication avec la pièce 520, au premier plan, fut par la suite murée.

La pièce **521** (Fig. 8.9), de plan rectangulaire, couvre une superficie de 6 m² seulement : 4,00 (lo.) × 1,50 m (la.). Elle est formée par :

– Mur 315, au sud : mitoyen avec la pièce 520 (voir plus haut).
– Mur 316, au nord : 1,60 (lo.) × 0,20 m (la.), un simple rang de briques très mal préservées qui vient s'imbriquer dans le mur 438.
– Mur 418, à l'est : 2,85 (lo.) × 0,50 (la.) × 1,15 m (h.), un rang de briques crues placées en boutisses ; il vient s'accoler au mur 315, au sud, et au mur 438, au nord.
– Mur 438, à l'est : 1,80 (lo.) × 0,30 (la.) × 0,60 m (h.), une rangée de briques crues disposées en panneresses qui s'appuie contre le mur 418. Ces deux murs, 418 et 438, sont en quelque sorte doublés par le mur 443, incomplètement dégagé, qui longe leur parement septentrional.
– Mur 419, à l'ouest : 4,20 (lo.) × 0,40 (la.) × 0,60 m (h.), un simple alignement de briques crues appareillées soit en panneresses, soit en boutisses.

Tableau 8.4 : Inventaire céramique de la pièce 521.

Fabriques	Fragments	Formes/vases	Numéros catalogue/C
Fine	5	1 bol	3823
		1 gobelet	1159
		1 fond	9684
Commune	383	2 récipients miniatures	4093, 9963
		1 gobelet ?	3838
		3 grands bols	3804, 3820, 3828
		2 jattes	1200, 3825
		3 jarres	392, 1198(complète), 4053
		3 grandes jarres	3835, 4048, 4052
		4 jarres à petite ouverture	3819, 3821, 3834, 4044
		16 jarres à grande ouverture	1166, 1199, 1204, 3802, 3803, 3811, 3829, 3833, 4042, 4045, 4046, 4047, 4049, 4050, 4051, 4054
		1 forme indéterminée	9690
Culinaire	57	3 grands bols	3826, 6042, 6045
		1 couvercle	3807
		12 marmites	1189, 3815, 6037-8-9, 6040-1, 6043-4, 9804, 9848-9
TOTAL	**445**		

Aucun accès, autre que la porte obstruée dans le mur 315, ne fut identifié dans les murs délimitant cette pièce. Cela est compréhensible dans la mesure où il est clair que cette pièce a connu plusieurs phases d'aménagements : les murs 438 et 316, imbriqués l'un dans l'autre, sont plus étroits que les autres murs [418, 315 et 419] et probablement postérieurs. De plus, le mur 315 est structurellement lié au mur 417 de la pièce 520 qui passe à l'est des murs 418-438 (il porte un autre numéro en sa partie septentrionale : 443, bien qu'il s'agisse du même mur) ; il aurait pu former la limite orientale d'une pièce 521 plus grande à l'origine. Le sol de la pièce 521 est en terre battue.

Sur ce sol de la pièce 521 fut ramassée une grande quantité de fragments de céramique appartenant à différentes fabriques (Tableau 8.4 ; Fig. 8.10).

Autres éléments de la culture matérielle de la pièce 521 :
– 13 fragments de silex, dont un nucléus à éclats et six tronçons de lame lustrée ;
– 1 figurine animale en terre cuite, complète [ATJ87.E18A5.Tc15] ;
– 1 ancre en basalte alvéolé, complète [ATJ87.E18A5.L60] ;
– 1 perle en terre cuite, complète [ATJ87.E18A5.B36].

La pièce **609**, au nord de la pièce 521, est de très petites dimensions : 1,40 (lo. prés.) × 0,86 m (la.) ; il est manifeste qu'une partie de cette pièce a été détruite par l'érosion. Elle est formée par :

– Mur 316, au sud : mitoyen avec la pièce 521 (voir plus haut).
– Mur 441, à l'est : un simple alignement de briques crues large de 0,30 m.
– Mur 333, au nord : une étroite (0,20 m) rangée de briques.

Son quatrième mur, dans lequel devait sans doute se trouver la porte, en l'absence d'ouvertures visibles dans les autres murs préservés, a disparu. Aucun inventaire, ni céramologique, ni artéfactuel, n'est disponible.

Au-delà de la pièce 609, vers le nord-ouest, de petits bouts de murs très mal préservés ont été déblayés dans la pente du tell ; ils devaient appartenir à d'autres pièces que l'érosion a complètement fait disparaître.

Extrémité septentrionale

Dans le sondage ouvert dans le carré E5 en 1987, le long du mur d'enceinte, deux couches [ATJ87.E5A4 et E5A5] seraient associables à ce niveau VIII d'après leurs

Figure 8.10 : Sélection de vases provenant de la pièce 521.

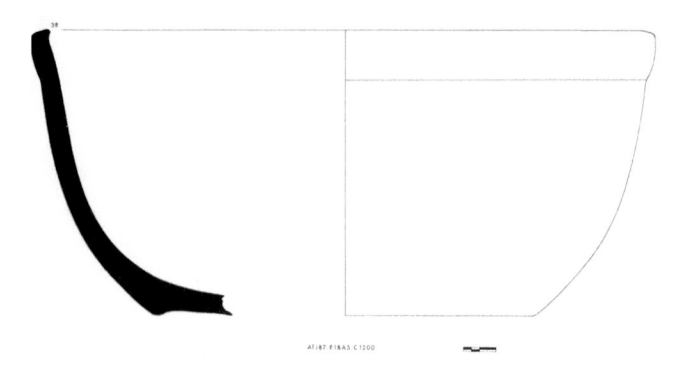

ATJ87.E18A5.C1200 : Jatte de fabrique *Commune*, incomplète. 38 (dia.) × 17 cm (h.). Fond plat, paroi convexe, rebord droit, lèvre carrée.

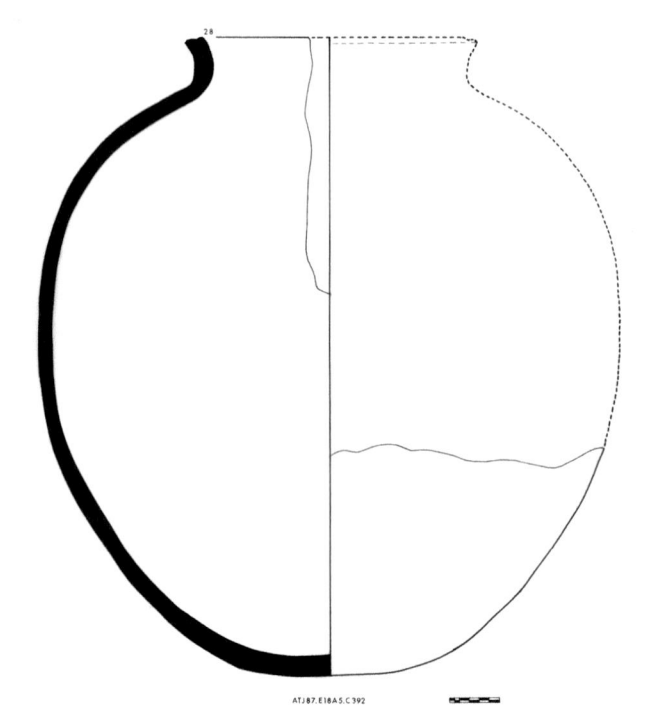

ATJ87.E18A5.C392 : Jarre de fabrique *Commune*, incomplète. 28 (dia.) × 30,5 cm (h.). Pâte de couleur *very pale brown* (10YR8/3), dure (Mohs 4), de texture mi-fine, avec peu de petites inclusions minérales. Fond aplati, panse globulaire, petit col droit, rebord légèrement évasé, lèvre à collet.

ATJ87.E18A5.C1166 : Jarre à grande ouverture de fabrique *Commune*, fragmentaire. 30 (dia.). Petit col concave, rebord évasé, lèvre simple carrée.

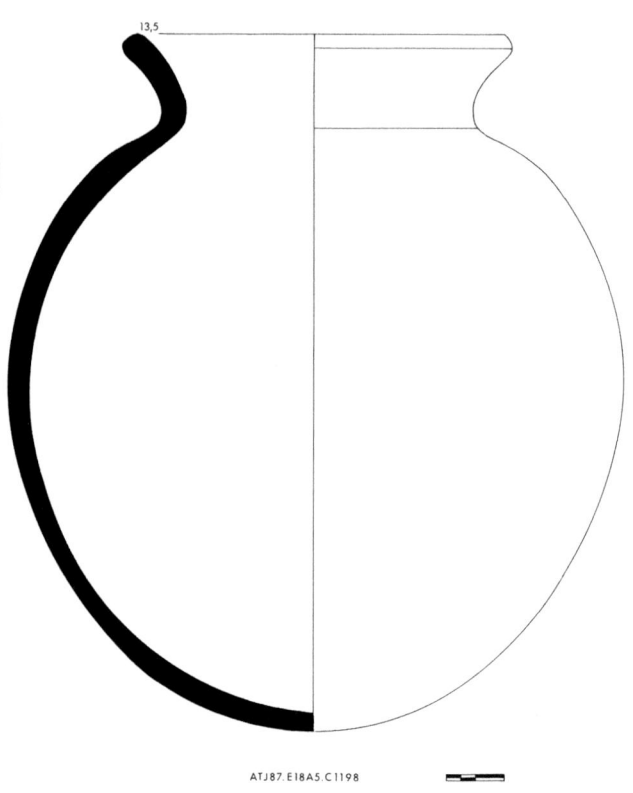

ATJ87.E18A5.C1198 : Jarre de fabrique *Commune*, complète. 13,5 (dia.) × 23,2 cm (h.). Fond rond, panse globulaire, légère dépression à la base du col qui est rétréci, rebord évasé, lèvre biseautée vers l'extérieur.

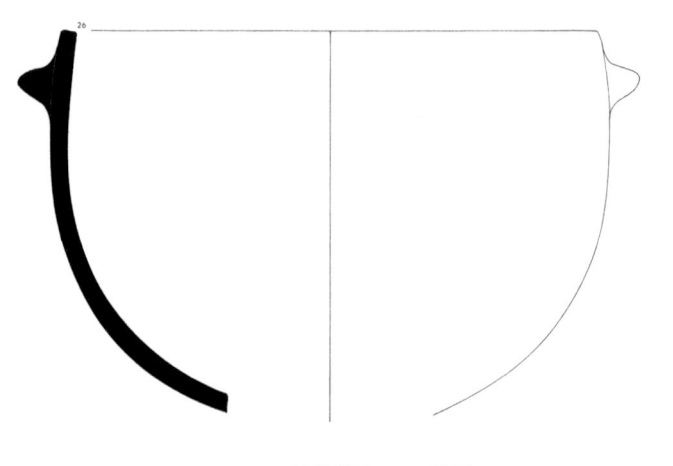

ATJ87.E18A5.C1189 : Marmite de fabrique *Culinaire*, fragmentaire. 26 (dia.) × 18,5 cm (h.). Panse globulaire, rebord légèrement rentrant, lèvre carrée, tenon droit horizontal. Restes de bitume à l'intérieur.

cotes de niveau (Fig. 3.14). Cependant, elles sont trop éloignées du secteur fouillé au centre du tell pour pouvoir établir une relation structurelle quelconque avec ce chantier.

Outre un inventaire céramique limité (Tableau 8.5), les couches ATJ87.E5A4-5 n'ont donné que trois fragments de silex.

Datation

La datation archéomagnétique de tessons sans forme de fabrique *Commune* provenant d'unités de fouilles du niveau VIII a donné comme résultat : 2774 ± 79 av. J.-C. (Gallet, Fortin *et al.* 2020, table 1), soit la fin de la période EJZ 1, voire à la transition des périodes EJZ 1 et 2.

Cette datation est corroborée par les fragments de céramique peinte de triangles pleins dans un style local imitant celui de Karababa (Fig. 8.5) qui est typique de la période EJZ 1 mais qui peut aussi se continuer au début de l'EJZ 2 (Rova 2011, 68). Elle l'est aussi par les fragments de petits bols aux parois décorées de motifs linéaires incisés qui sont courants au cours de la période EJZ 1 (Grossman 2014a, 90) et plus précisément à la fin de cette époque (Rova 2011, 56, 58, 69).

Interprétation

Le remplacement de plusieurs constructions au centre du tell par une vaste cour [576] dépourvue de bâtiments semble indiquer, à prime abord, un changement majeur dans la configuration de ce quartier du bourg de Tell 'Atij et, par conséquent, de sa fonction. Mais pas réellement puisque la cour 576 se trouve à être superposée à plusieurs autres cours antérieures. Sauf qu'ici elle est plus grande que les précédentes. Il se peut qu'il y ait eu des bâtiments érigés à proximité de cette cour qui sont tout simplement situés en dehors de la zone fouillée. À preuve, les murs 261 et 262 repérés en bordure septentrionale de cette cour et l'alignement de pièces très mal préservées dans la tranchée vers le bas du versant méridional du tell. Il faudrait sans doute plutôt en conclure que la cour 576 est sûrement à associer à des bâtiments voisins dont les murs 261 et 262 sont des vestiges, mais qui restent à fouiller. D'après l'importante accumulation de couches d'apparence cendreuse sur le sol en terre battue de la cour 576, résultant du nettoyage de structures de combustion, on peut raison-

Tableau 8.5 : Inventaire céramique des couches ATJ87.E5A4-5.

Fabriques	Fragments	Formes/vases	Numéros catalogue/C
Fine	1		
Commune	101	1 bol	1480
		4 grands bols	1409, 1425, 1426, 1464
		5 grandes jarres	1388, 1390, 1465, 1481, 1488
		2 jarres à grande ouverture	1398, 1489
		1 fond	1453
Culinaire	11	4 marmites	1422, 1431, 1435, 1487
TOTAL	**113**		

nablement conjecturer la présence de bâtiments voisins et, par conséquent, une continuité architecturale dans l'occupation des lieux. Ce qui sera confirmé, en quelque sorte, par la réapparition de bâtiments dans ce secteur à partir du niveau VI. Une autre confirmation, encore plus tangible, nous est fournie par la présence des murs 261 et 262 à tous les niveaux, jusqu'à l'abandon du site.

Au sujet de l'enfilade de trois petites pièces [520-521-609] à quelques mètres plus au sud de la cour 576, il est envisageable qu'elles aient fait partie d'un seul et même bâtiment puisque les murs 417-418-438-441-443 qui en constituent la limite septentrionale sont aboutés les uns aux autres. On peut ainsi en déduire que la longueur de cet édifice multicellulaires devait atteindre au moins neuf mètres et qu'il venait s'appuyer contre le mur d'enceinte. Sa largeur, par contre, nous est inconnue en raison des effets de l'érosion très sévère à cet endroit pentu du tell. Il serait donc présomptueux de proposer une ou des fonctions à ces pièces si mal conservées.

Finalement, les résidus cendreux rejetés dans la cour 576 et mélangés à des matériaux pédologiques pour éviter leur dispersion dans l'air n'auraient pas été compactés par des passages répétés, d'après l'examen microscopique des lames minces réalisées sur les échantillons prélevés dans ces terres de comblement de la cour 576. Cette dernière fut donc plutôt et uniquement un lieu pour y déverser les cendres provenant de structures de combustion situées tout près.

Chapitre 9
Niveau VII

Altitude supérieure : +293,60-90 m.

Altitude inférieure : +293,30-50 m.

Épaisseur moyenne : environ 0,50 m.

Tableau 9.1 : Distribution par structure des unités de fouilles du niveau VII.

Structures	Murs	Unités de fouilles associées
Cour 575	261-262	ATJ92.D16C2-3-4 ATJ92.E13B12-13 ATJ92.E14A11-12-13 ATJ92.E14B12 ATJ92.E15A17, 19 ATJ92.E16A15-16, 20 ATJ92.F13A2 ATJ87.F14A1[(?)] ATJ92.F14A2 ATJ87.F15A1[(?)] ATJ92.F15A2
Pièce 536	312	ATJ87.E17A8-9-10[(four)]
Mur d'enceinte	404	ATJ86.E6A5 ATJ87.E5A3

Le point d'interrogation en exposant [(?)] désigne une unité de fouilles contaminée en raison de sa proximité d'avec la limite d'érosion du tell ; son inventaire n'est donc pas pris en compte.

Le niveau VII a été fouillé dans les secteurs suivants :

- **Centre du tell** : carrés D15-16, E-F13-14-15 (Fortin 1994a, 368).
- **Versant méridional** : carrés D-E17 (Fortin 1990a, 232-234, fig. 14).
- **Extrémité septentrionale** : carré E5 (Fortin 1990a, 230-233, fig. 13).

Centre du tell

Le niveau VII, à l'instar du précédent (VIII), comprend, dans le secteur fouillé au centre du tell – environ 120 m^2, soit 5% de la surface habitable du site –, une grande cour [575] bordée au nord par les murs 261 et 262 ; elle se trouve immédiatement au-dessus de la cour 576 du niveau VIII et en occupe la même superficie (Fig. 9.1). Au sud de cette cour, dans la zone ouverte le long du versant méridional du tell, sont apparus les restes très incomplets d'une petite pièce [536].

La cour **575** est limitée au nord par les murs 262 et 261 mis en place au niveau VIII et, seize mètres plus au sud, par un bout de mur en briques crues très abîmé par l'érosion [428]. Même si ses limites occidentale et orientale ne sont pas clairement définies par la présence de murs, cette cour devait couvrir une superficie de 100 à 160 m^2, soit seize mètres du nord au sud et entre six et dix mètres d'est en ouest ; ce qui représente environ 5% de l'espace habité du site, *intra muros*.

La cour 575 est identifiable à son sol en terre battue, d'une vingtaine de centimètres d'épaisseur en moyenne, sur lequel se sont accumulées des couches cendreuses grisâtres alternant avec des strates de terre brun-rouge dont l'épaisseur totale oscille entre 0,40 et 0,80 m (Figs 9.2, 8.4, 2.9 : coupe 14-Nord et 2.12 : coupe E-Est).[1] Les cendres qui y ont été déversées en minces couches régulièrement étalées les unes sur les autres et mêlées à des matériaux pédologiques, devaient nécessairement provenir de structures de combustion situées à proximité et vraisemblablement associées à des bâtiments.

---

1 Néanmoins, la similitude entre les couches du niveau VII et celles du niveau VIII, inférieur, est telle que quelques unités de fouilles chevauchent les deux niveaux tant il n'y avait pas de différences facilement perceptibles sur le terrain au moment de la fouille.

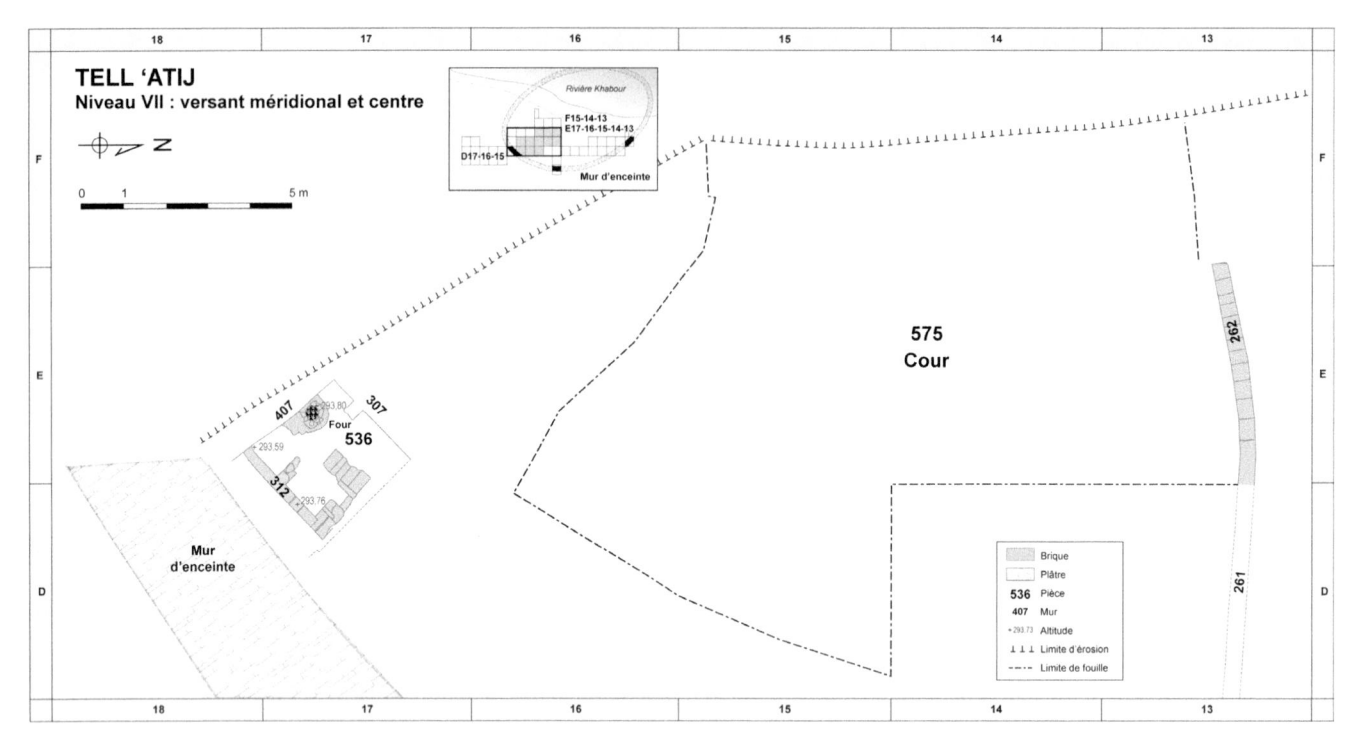

Figure 9.1 : Plan du niveau VII dans les secteurs au centre du tell et sur son versant méridional.

Figure 9.2 : La cour 575, vue vers le sud-ouest. Les couches inférieures correspondent au comblement de la cour 576 du niveau VIII qui se trouve juste en-dessous.

NIVEAU VII

Tableau 9.2 : Inventaire céramique de la cour 575.

Fabriques	Fragments	Formes/vases	Numéros catalogue/C
Métallique	2	1 fond plat	6396
		1 bol	7868
Peinte	9	4 formes indéterminées	6234-5, 6240, 6244
		1 jarre	6241
Ninive 5 incisée / excisée	2	1 forme indéterminée	8411
Grise incisée	2	2 bols	7226, 8613
Fine	174	1 flacon	6397
		3 bouteilles	7921, 8110, 9867
		5 fonds	6395, 7931, 8125, 8129, 9935
		36 bols	5470, 6388, 6390-1, 6393-4, 6398, 6402, 6410, 6533, 6540, 6554-5, 7164, 7228, 7519, 7718, 7720, 7722-3-4, 7726, 7868, 7929, 7949, 8102, 8107, 8108-9, 8124, 8126-7-8, 8359, 8410, 8484
Commune	4043	4 formes indéterminées	7210, 7536, 7542, 9281[marque de potier]
		1 godet (?)	6407
		16 récipients miniatures	6404, 6541, 6910[complet], 7383, 7536, 7542-3, 7933, 8049, 8368, 8377, 8401, 8450, 8513, 8516, 9281
		1 support	7381
		16 fonds	6322, 6326, 6487, 6489, 6512, 6527, 6535, 6543, 6560, 6900. 7406-7-8, 7417, 7918, 8030, 9987
		5 bols	6384, 6511, 7273, 7476, 7783
		72 grands bols	5249, 6357, 6372, 6375, 6380, 6392, 6488, 6490, 6491, 6493, 6497, 6499, 6501, 6506-7, 6510, 6513-4-5, 6517, 6522-3-4, 6528, 6530, 6539, 6551, 7151, 7155, 7183, 7185, 7187, 7199, 7271, 7332, 7337, 7340, 7363, 7373, 7375, 7380, 7401-2, 7404-5, 7413, 7477-8, 7526, 7531, 7623, 7725, 7727, 7919, 7936, 7950, 7951, 8027, 8046-7, 8105, 8111, 8121-2, 8130, 8396, 8454, 8487, 8511, 8514-5, 9284
		1 jatte	3942
		22 jarres	1441, 6330, 6350, 6389, 6403, 6421, 6509, 6525, 6556, 6559, 7384, 7400, 7438, 7527, 7642, 7930, 7937, 8040, 8104, 8441, 8502, 8506
		6 jarres à double ouverture	6313, 6480, 6648[complet], 7473, 7935, 8407
		10 grandes jarres	6269, 6270, 6383, 6418, 6473-4, 7411, 7418, 7741, 8408
		62 jarres à petite ouverture	6314, 6315, 6317, 6366, 6368, 6373, 6376, 6385, 6386, 6409, 6424, 6427, 6430, 6472, 6475-6-7, 6479, 6481-2, 6495, 6498, 6500, 6518, 6529, 6531, 7177-8, 7184, 7186, 7189, 7192, 7256, 7352, 7354, 7356, 7358, 7360, 7361, 7367, 7370-1, 7379, 7397-8, 7487, 7522, 7534, 7537, 7728, 7758, 7805, 7807, 7823, 8038, 8119, 8222, 8235, 8449, 8452, 8466, 8607
		158 jarres à grande ouverture	1408, 1417, 4826, 6316, 6318-9, 6320-1, 6323-4-5, 6327-8-9, 6358-9, 6360, 6362-3, 6365, 6369, 6370-1, 6374, 6378-9, 6382, 6401, 6405-6, 6411, 6417, 6419, 6420, 6422-3, 6425, 6428-9, 6431-2-3-4, 6471, 6478, 6483-4, 6486, 6492, 6502, 6503-4-5, 6508, 6521, 6526, 6534, 6542, 6558, 6581, 6615, 6784, 7174-5-6, 7182, 7196-7-8, 7203, 7209, 7211, 7345, 7348-9, 7351, 7353, 7355. 7357, 7359, 7362, 7368, 7369, 7372, 7374, 7382, 7385, 7386, 7389, 7399, 7403, 7409, 7410, 7412, 7414-5-6, 7422-3, 7425, 7479, 7489, 7503, 7520, 7523-4-5, 7529, 7530, 7532-3, 7535, 7621, 7624, 7628-9, 7632, 7691, 7702, 7708, 7715, 7731, 7774-5, 7792, 7804, 7824, 7866, 8013, 8026, 8043, 8048,, 8231, 8371, 8395, 8397, 8405, 8440, 8442-3-4, 8451, 8453, 8467-8, 8522-3, 8595, 8601, 8605, 8619, 9563, 9574, 9766, 10017, 10019, 10020, 10039

Fabriques	Fragments	Formes/vases	Numéros catalogue/C
		8 formes indéterminées	6361[marque de potier], 6496, 6516, 6982, 6990, 7515[marque de potier], 7517, 8409
Culinaire	533	2 bols	7469, 9767
		4 grands bols	1399, 7821, 8042, 8588
		1 jatte	7853
		54 marmites	1407, 1420, 1472, 1475, 6367, 6377, 6381, 6400, 6408, 6412-3-4-5-6, 6519, 6520, 6536-7, 6544, 6552, 6561, 7158, 7165, 7173, 7190, 7201-2, 7204, 7331, 7336, 7364-5-6, 7376-7-8, 7394, 7468, 7538, 7721, 7744, 7772, 7822-3, 8230, 8234, 8383, 8398, 8510, 8532, 8557, 8561, 8606, 9285, 9831
		2 couvercles	7393, 8233
TOTAL	4 765		

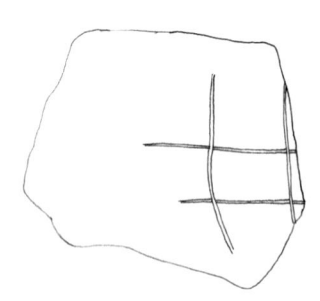

Figure 9.3 : Marque de potier sur le vase ATJ92.E15A17.C6361, en forme d'un dièse ou d'une échelle (cf. Abd : Sconzo 2013, 244 – type VII.09, pl. 181), ou de deux lignes parallèles croisées (cf. Djassa al-Gharbi : Koliński, 1933-1994, 8 – type 14, 21, fig. 5f).

L'inventaire céramique de la cour 575[2] est très abondant (Tableau 9.2) et inclut, entre autres, un fragment portant une marque de potier (Fig. 9.3) et quelques tessons ornés d'un décor peint (Fig. 9.4).

Le tesson ATJ92.D16C2.C7515 porte une marque de potier qui consiste simplement en une croix de Saint-André formée de deux lignes entrecroisées (cf. Abd : Sconzo 2013, 237 – type IV.04, pl. 156). Le même motif est répété sur le fragment ATJ92.F14A2.C9281 mais accompagné d'une triple ligne parallèle à proximité (cf. Abd : Sconzo 2013, 234 – type II.03, pls 144-145).

Autres éléments de la culture matérielle de la cour 575 :

- 366 fragments de silex, dont vingt-six nucléus à éclats et une dizaine de tronçons de lame lustrée ;
- 1 tronçon de lamelle en obsidienne ;

- 3 couvercles en plâtre de gypse, complets [ATJ92.E15A7.P48-49], dont un perforé au centre [ATJ92.E15A19.P202] ;
- 4 meules en basalte alvéolé, incomplètes [ATJ92.E15A17.L212, 215 ; ATJ92.E16A20.L222, 223] ;
- 2 pilons en grès, l'un complet [ATJ92.E14A12.L280], l'autre incomplet [ATJ92.E15A17.L216] ;
- 1 broyeur en grès rose, incomplet [ATJ92.E16A15.L209] ;
- 3 roues de chariot en terre cuite, incomplète [ATJ92.D16C2.Tc77, ATJ92.E14A11.Tc114 ATJ92.E13B13.Tc115] ;
- 3 figurines animales en terre cuite, incomplètes [ATJ92.E16A15.Tc78, ATJ92.E14A13.Tc80 ; ATJ92.E13B13.Tc79] ;
- 3 tessons de céramique circulaires, un avec ébauche de perforation centrale [ATJ92.E15A19.C10105] et deux sans perforation [ATJ92.E15A17.C10108 et 10109] ;
- 1 alène en bronze, incomplète [ATJ92.E16A16.M30] ;
- 1 court poinçon de forme triangulaire en os (métatarse d'une *Capra hircus* adulte), complet [ATJ92.E15A17.Os14] ;
- 51 perles en cristal de roche en forme de petits disques plats, complètes, ayant probablement appartenu à un seul et même collier [ATJ92.E16A20.B68] ;
- 57 perles cylindriques perforées en leur centre, en stéatite faïence, complètes, ayant probablement appartenu au même collier [ATJ92.E16A20.B69].

Si les fouilles au nord des murs 261 et 262 (carré D13) n'ont pas été suffisamment approfondies pour révéler des structures associables à ce niveau-ci, en revanche, au sud de la cour 575, une petite pièce [**536**] a été repérée sur le versant méridional du tell.

---

[2] Dans le respect des règles chronostratigraphiques, il convient de préciser ici que les inventaires de céramiques et d'artéfacts des unités de fouilles chevauchant les niveaux VIII et VII sont comptabilisés ici, le niveau VII étant le plus récent niveau d'occupation.

Figure 9.4: Sélection de vases provenant de la cour 575.

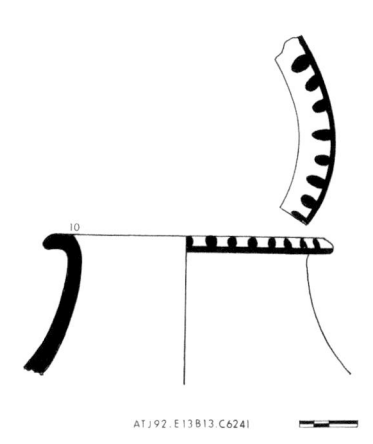

ATJ92.E13B13.C6241 : Jarre de fabrique *Peinte*, incomplète. 10 cm (dia.). Haut col avec rebord étalé et lèvre carrée. Pâte de couleur *reddish brown* (5YR5/4), dure (Mohs 5), de texture fine ne contenant que quelques inclusions minérales. Ligne peinte sur la lèvre et traits parallèles sur le rebord.

ATJ92.E15A17.C6234 : Tesson de fabrique *Peinte*. Pâte de couleur *reddish brown* (5YR5/4), de texture fine, avec des inclusions minérales. Décor peint en *dark reddish brown* (5YR3/4) sur un engobe blanc (2.5YR8/2).

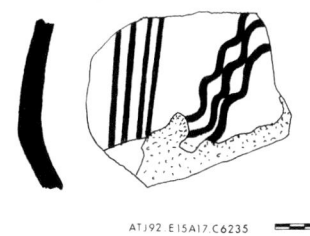

ATJ92.E15A17.C6235 : Tesson de fabrique *Peinte*. Pâte de couleur *reddish brown* (5YR6/6), de texture fine, avec des inclusions minérales. Décor peint en *pale olive* (5Y6/3) sur un engobe *pale yellow* (5Y8/3) (cf. Leilan : Schwartz 1988, 60 pl. 17/b).

ATJ92.E15A19.C6240 : Tesson de fabrique *Peinte*. Pâte de couleur *light brown* (7.5YR6/4), de texture fine, avec des inclusions calcaires. Décor peint en *brown* (7.5YR5/4) sur un engobe blanc (10YR8/2). Série de lignes parallèles horizontales.

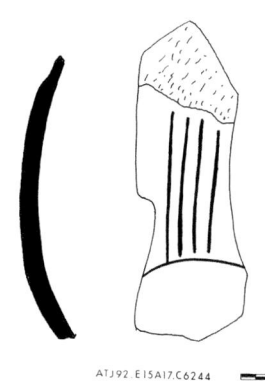

ATJ92.E15A17.C6244 : Tesson de fabrique *Peinte*. Pâte de couleur *reddish brown* (5YR6/6), de texture fine, avec des inclusions minérales. Décor peint en *olive* (5Y5/3) sur un engobe blanc (5Y8/2).

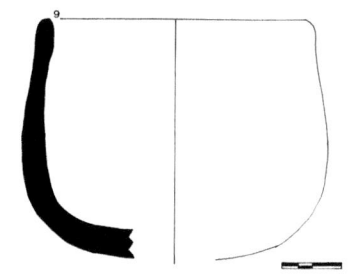

ATJ92.E15A17.C9767 : Bol de fabrique *Culinaire*, incomplet. 9 (dia.) × 8 cm (h.). Fond plat, paroi plutôt droite et légèrement rentrante au rebord, lèvre arrondie. Inclusions minérales.

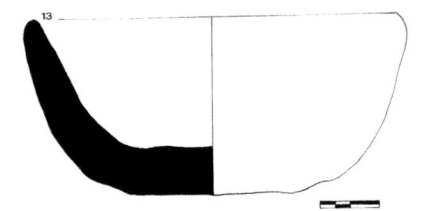

ATJ92.D16C4.C7469 : Bol de fabrique *Culinaire*, incomplet. 13 (dia.) × 6 cm (h.). Fond plat, paroi rectiligne évasée, lèvre irrégulière. Inclusions minérales.

Figure 9.5 : Pièce 536, vue vers le sud. Elle est délimitée par le muret 312 à gauche qui forme un angle droit vers l'ouest, de manière à créer l'angle d'une pièce. Ce muret passe au sud sous le mur 407 de la pièce 517' du niveau VI.

Versant méridional du tell

En effet, sous les vestiges d'un bâtiment substantiel [538 et 517-517'] appartenant aux niveaux supérieurs, est apparue une petite structure [**536**] (Fig. 9.5) dont seulement un mur a été dégagé [312] ; il s'étire sur 2,70 m, suivant un axe nord-sud, puis, à son extrémité septentrionale, fait un angle droit vers l'ouest sur une distance de 1,60 m d'après les traces laissées au sol, les briques ayant disparu. Ce mur 312 est constitué d'une seule rangée de briques crues, disposées en panneresses sur deux assises ; sa largeur atteint une vingtaine de centimètres. Son parement intérieur comporte un contrefort arqué qui ne fait saillie que sur quelques centimètres. Au sein de la pièce 536, prend place une structure en briques crues de forme circulaire dont le diamètre fait 0,36 m à l'intérieur et 0,60 m à l'extérieur. Au vu de sa paroi formant une sorte de dôme et de la présence d'une couche cendreuse tout autour, il pourrait s'agir d'un four.

Puisque le mur 312 se continue vers le sud-ouest sous le mur 407 de la pièce 517' du niveau VI et que le four est en partie recouvert par ce même mur 407, force est de conclure que ces deux structures sont antérieures au mur 407 ; elles appartiennent donc au niveau VII. Ce positionnement stratigraphique est confirmé par les coordonnées altimétriques de ces éléments architecturaux. Ces derniers sont enfouis dans une couche de terre brune [ATJ87. E17A8] dont la texture ainsi que la couleur rappellent tout à fait celles des briques du muret 312 ; cette couche résulterait donc de la désintégration des briques du muret.

Le mobilier de la pièce 536 n'est constitué que de quelques tessons de céramique (Tableau 9.3).

Extrémité septentrionale

Dans l'étroite tranchée de sondage E5 ouverte à l'extrémité septentrionale du tell, la couche cendreuse grise ATJ87.E5A3 est associable au niveau VII en raison de ses cotes d'altitude (Fig. 3.14). Même si cette tranchée est trop éloignée du secteur au centre du tell pour y déceler un lien physique probant, en revanche, immédiatement au sud de ce sondage, se trouve l'ensemble

NIVEAU VII

Figure 9.6 : Le grenier septentrional, vu vers le sud, avec la tranchée E5 au premier plan. La couche cendreuse grise qui passe sous le grenier [ATJ86.E6A5] et qui vient buter contre le parement interne du mur d'enceinte, à gauche, correspond à la couche de même couleur et de même composition [ATJ87.E5A3] identifiée dans la berme méridionale de la tranchée E5 (Fig. 3.14) mais qui a été enlevée avant la prise de cette photo.

architectural dit du « grenier septentrional ». Or, cette couche grise se prolonge sous ce grenier, indiquant ainsi que ce complexe d'entreposage a été érigé juste après le niveau VII, donc au niveau VI (Fig. 9.6). Cette couche grise avait déjà été identifiée en 1986, au moment de la découverte du grenier septentrional [ATJ86.E6A5] : elle passe sous cet ensemble architectural, plus précisément sous son mur 403 (Fig. 10.40 : niveau VI).

L'inventaire céramique des couches ATJ87.E5A3 et ATJ86.E6A5 est très modeste (Tableau 9.4). Aucun autre élément de la culture matérielle n'a été retiré de ces couches.

Datation

La datation archéomagnétique de tessons sans profil de fabrique *Commune* provenant d'unités de fouilles du niveau VII a donné comme résultat : 2758 ± 79 av. J.-C. (Gallet, Fortin *et al.* 2020, table 1), soit une date qui se situe à la transition des périodes EJZ 1 et 2.

Interprétation

En dépit de l'absence de structures dégagées à ce niveau-ci sur le chantier situé au centre du tell, l'accu-

Tableau 9.3 : Inventaire céramique de la pièce 536.

Fabriques	Fragments	Formes/vases	Numéros catalogue/C
Fine	1	1 fond arrondi	9671
Commune	67	2 grands bols	3141, 5377
Culinaire	1		
TOTAL	**69**		

Tableau 9.4 : Inventaire céramique des couches ATJ87.E5A3 et ATJ86.E6A5.

Fabriques	Fragments	Formes/vases	Numéros catalogue/C
Commune	88	2 grands bols	
Culinaire	16		
TOTAL	**105**		

mulation de strates cendreuses sur un épais sol en terre battue semble indiquer que cette partie du hameau de Tell 'Atij, qui représente environ 5% de sa surface habitable, continue à être intensivement occupée à cette époque par une cour [575] dans laquelle sont déversées des cendres provenant de structures de combustion qui doivent vraisemblablement se trouver en dehors de la zone fouillée. Rappelons qu'une telle stratification de couches cendreuses déposées sur un sol en terre battue a déjà été observée dans les niveaux inférieurs de ce même secteur : les cours 576, du niveau VIII, et 577, du niveau IX. La superposition de ces trois cours se traduit en stratigraphie (Figs 2.9 : coupe 15-Nord et 2.13 : coupe F-Est) par une accumulation totalisant plus de deux mètres de couches cendreuses alternant avec des sols en terre battue, témoins indiscutables d'une constance dans l'occupation des lieux. Cependant, le compactage des strates n'a pas été confirmé par l'examen microscopique des lames minces produites à partir d'échantillons de terre prélevés dans ces couches. À l'instar de la cour 576 du niveau inférieur, la cour 575 aurait donc elle aussi servi de décharge pour les cendres provenant de structures de combustion situées tout près, probablement à proximité de bâtiments érigés en dehors de la zone fouillée.

La petite structure 536 identifiée sur le versant méridional du tell et sous des vestiges plus substantiels des niveaux supérieurs est trop incomplète pour faire l'objet d'une interprétation sensée.

Chapitre 10
Niveau VI

Tableau 10.1 : Distribution par structure des unités de fouilles du niveau VI, au centre du tell et sur son versant méridional.

Structures	Murs	Unités de fouilles associées
Cour 580-581-582 [↑ V]	113 114 409 411 428	Voir niveau V
Pièce 561b	165 170 270 271 561c	ATJ88.D13B7-8 ATJ92.D13B7'
Pièce 559a	163 250a 269 270 273 274 277	ATJ92.D14A32-33(sol)-33'(foyer)
Cour 574-579	170 261-262 270 338	ATJ92.E13B11' ATJ92.E14A7'-8-9-10(foyer) ATJ92.F13A1
Pièce 532	325 326 428	ATJ87.E16A12-13(sol) ATJ92.E16A12'
Pièce 621	325 306 411 443	Aucune
Pièce 538	307 309 407 409	ATJ86.D17A9, 11[3 jarres] ATJ87.E17A7

Le symbole [V] indique une unité de fouilles qui fait également partie du niveau V ; son inventaire est associé à ce dernier niveau, étant le plus récent. Le symbole [↑ V] signifie que cette structure continuera à être occupée au niveau supérieur (V) ; son mobilier est associé à sa plus récente phase d'occupation. Dans le cas de quelques pièces, leur chevauchement sur deux niveaux a pu être différencié : il est signalé par une lettre (a, b), ajoutée au numéro d'identification de la pièce, qui correspond, en fait, à une phase de construction associable à des unités de fouilles distinctes.

Altitude supérieure : +294,00-30 m.
Altitude inférieure : +293,60-90 m.
Épaisseur moyenne : entre 0,30 et 0,40 m.

Le niveau VI a été fouillé dans les secteurs suivants :
- **Centre du tell** : carrés D-E13-14-15-16 (Fortin 1990c, 538-540 ; 1994a, 364-368).
- **Versant méridional** : carrés D-E16-17-18 (Fortin 1990a, 233-234, fig. 14).
- **Extrémité septentrionale** : carrés D-E6-7-8-9 (Fortin 1988a, 155-162 ; 1990a, 221-232).

Centre et versant méridional du tell

Dans le secteur ouvert au centre du tell et sur son versant méridional, sur une superficie de 250 m² (10 × 25 m), le niveau VI (Figs 10.1 et 10.2), à l'instar des niveaux VIII et VII inférieurs, est marqué par la présence d'une vaste cour en terre battue [**580-581-582**] qui, en gros, occupe le même espace que les cours des niveaux inférieurs. Mais il s'en distingue par l'apparition, au nord de ce secteur, d'un bâtiment formé de deux pièces contiguës et communicantes [**561b** et **559a**] s'ouvrant, vers l'ouest, sur une cour en cailloutis et terre battue [**574-579**] (Fig. 10.3) ; cette partie septentrionale du chantier de fouilles est bordée, au nord, par les murs 261 et 262. Au sud de la grande cour **580-581-582**, se dresse une enfilade de trois bâtiments plus ou moins bien préservés à cause de l'érosion : l'angle de la pièce **532**, carrément en limite d'érosion, est accolé à la présumée pièce **621** qui elle-même mène à la pièce **538**, la mieux conservée avec sa rangée de trois jarres d'entreposage ; cette dernière est érigée tout contre le parement intérieur du mur d'enceinte.[1]

---

1 Le plan du niveau VI présenté ici diffère de celui publié dans le rapport préliminaire de la campagne de 1992 (Fortin 1994a, 365 fig. 3) : certains bâtiments se sont révélés appartenir plutôt au niveau V. De plus, les bâtiments du versant méridional n'apparaissaient pas sur le plan publié dans le rapport préliminaire.

144 CHAPITRE 10

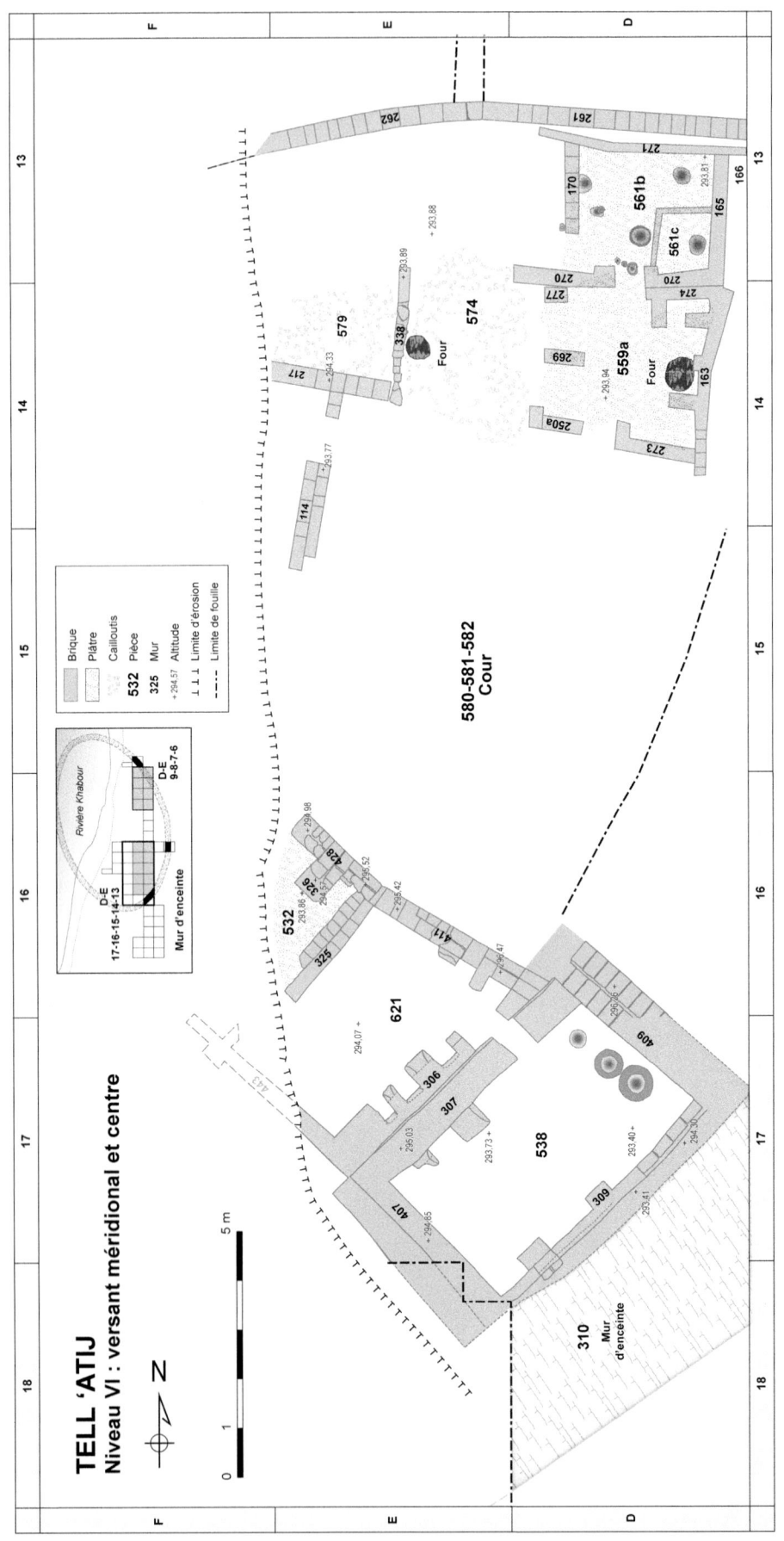

Figure 10.1 : Plan du niveau VI dans le secteur au centre (droite) et sur le versant méridional (gauche) du tell.

Figure 10.2 : Niveau VI, au centre du tell, vu vers le sud. Au premier plan : pièces 561 et 559 avec, à l'ouest, la cour en cailloutis 574 en partie occupée sur ce cliché par un bâtiment [558] construit au niveau V (à droite) ; la cour 580-581-582, qui s'étend vers le sud, est également masquée par un grand édifice [555] du niveau V.

Le niveau VI s'organise autour d'une cour en terre battue [**580-581-582**][2] insérée entre deux groupements de bâtiments, au nord et au sud, tandis que ses limites occidentale et orientale ne sont pas connues puisqu'elle s'arrête avec la limite d'érosion du tell, à l'ouest, et se prolonge au-delà de la zone fouillée, à l'est. En son état, elle s'étire sur six à huit mètres, d'est en ouest, et entre huit et dix mètres, du nord au sud, ce qui lui donne une superficie de 60 m² environ. Il est impossible de bien la visualiser parce qu'un bâtiment du niveau suivant (V) sera construit à cet emplacement et ses fondations s'enfonceront jusqu'au niveau de cette cour (Fig. 10.2).[3]

Cette cour 580-581-582 restera en usage au niveau V, mais avec une superficie réduite, notamment par l'ajout du bâtiment juste mentionné. Son comblement à ce niveau-ci se confond avec celui du niveau suivant (V). Par conséquent, les inventaires de son mobilier sont inclus dans le Chapitre 11 traitant du niveau V, plus récent.

Au nord de la cour 580-581-582, se trouvent les bâtiments 561b, 559a et 579 ainsi que la cour 574 (Fig. 10.3). Cet ensemble est limité par les murs 261-262 qui passent au nord de ce secteur.

La pièce **561**, de plan quadrangulaire, couvre une superficie de 6,5 m² : 2,50 × 2,70 m (Fig. 10.3). Lors de sa première phase d'occupation[4] [= **561b**], à ce niveau-ci, elle est délimitée par :

– Mur 271, au nord : 3,90 (lo.) × 0,25 m (la.), une seule rangée de briques disposées en panneresses, avec un crépi de plâtre sur son parement intérieur ; il longe l'imposant mur 261 qui passe au nord.

– Mur 165, à l'est : 2,90 (lo.) × 0,30 m (la.), en briques crues sur un seul alignement ; son parement intérieur est enduit de plâtre.

– Mur 170, à l'ouest : 1,85 (lo.) × 0,28 m (la.), un unique rang de briques crues disposées en panneresses dont une seule assise est préservée.

– Mur 270, au sud : 3,30 m (lo.) × 0,25 m (la.), un rang de briques crues plâtré sur son parement interne, avec une embrasure de porte au centre qui sera murée lors d'une phase d'occupation subséquente (niveau V).

La pièce 561b possède deux issues : une première donne sur la cour 574 en cailloutis, à l'ouest, et une seconde sur la pièce 559a voisine, au sud. La première porte correspond à une baie de 0,78 m environ laissée entre l'extrémité méridionale du mur 170 et le parement externe du mur 270, mitoyen avec la pièce 559 ; la position de cette

---

2 Sa triple numérotation s'explique par le fait qu'elle a été mise au jour dans différents carrés de fouilles et qu'elle a reçu une numérotation différente dans chaque carré.

3 Ce qui m'avait amené à affirmer prématurément dans le rapport préliminaire de la campagne de 1992 (Fortin 1994, 367-368) que ce bâtiment [558] appartenait au niveau VI.

4 Elle connaîtra une seconde phase d'occupation, au niveau V : 561a.

Figure 10.3 : Niveau VI, partie septentrionale du secteur au centre du tell ; vu vers le sud-ouest. Les pièces 561b (droite) et 559a (gauche), au premier plan, donnent à l'ouest sur la cour en cailloutis 574 et, vers le sud, sur la cour en terre battue 580-581-582. À droite, se dresse le parement des murs 261-262.

Figure 10.4 : Pièce 561b, vue vers l'est, avec des vases écrasés au sol. Pièce 559a, à droite, accessible depuis la pièce 561b par une porte pratiquée dans le mur mitoyen.

NIVEAU VI
147

Tableau 10.2 : Inventaire céramique de la pièce 561b.

Fabriques	Fragments	Formes/vases	Numéros catalogue/C
Ninivite	1	1 bouteille	
Fine	8	2 bols	1169, 4522
		3 bouteilles	1153(complète), 1154(complète), 6201
Commune	211	3 grands bols	4523, 8015, 8615
		1 marmite	4525
		5 jarres	1155, 1156(complète), 4524, 4527, 4534
		3 grandes jarres	4531-2-3
		1 jarre à double ouverture	1273
		4 jarres à petite ouverture	4526, 5466, 8334, 8349
		11 jarres à grande ouverture	1157(complète), 1158(complète), 1291, 4521, 4529, 4530, 5434, 5474, 8333, 8367, 10094
Culinaire	19	1 grand bol	1266
		1 couvercle	1170
TOTAL	**239**		

porte peut paraître un peu singulière mais son existence est confirmée par la présence, à l'extérieur du mur 170, d'une crapaudine en pierre. La seconde porte est pratiquée au centre du mur 270 ; bien qu'étroite (0,60 m), cette porte est clairement indiquée par deux larges (0,30 m) jambages saillants : ils excèdent de quinze centimètres le mur 270 et sont préservés sur une hauteur de 1,40 m. Le mur 270 étant mitoyen avec la pièce 559a au sud, cette porte relie donc ces deux pièces contiguës : 561b et 559a, qui appartiennent, de fait, au même bâtiment.

Outre les parements internes de ses murs, le sol de la pièce 561b est plâtré. L'angle sud-est est occupé par une petite structure carrée [**561c**], 1,30 × 1,20 m, délimitée par deux petits murets hauts de 0,20 m qui viennent buter contre les parements intérieurs des murs 165 et 270 ; ils reposent sur le sol plâtré de la pièce (Fig. 10.4). Un vase complet [ATJ88.D13B7.C1157] fait partie du comblement de cette petite structure.

Quant au reste de la pièce, une accumulation de trente à quarante centimètres de débris de briques effondrées en recouvre le sol. Parmi ces débris, comme en témoigne l'inventaire céramique de la pièce 561b (Tableau 10.2), au moins sept vases complets ou quasi complets ont été recueillis directement sur son sol : ATJ88.D13B8C1153-4-5-6-7-8, ATJ92.D13B7'.C6201 (Fig. 10.5), écrasés sur place sous l'effondrement d'une partie des murs et l'affaissement du toit.

Autres éléments de la culture matérielle de la pièce 561b :

- 20 fragments de silex, dont un nucléus et plusieurs éclats de débitage (Chabot 2002, 165-166) ;
- 1 court poinçon au fût triangulaire en os, complet [ATJ88.D13B7.Os11] ;
- 1 tesson de céramique circulaire, sans perforation centrale [ATJ88.D13B7.C5358].

La pièce **559**, de plan quadrangulaire, couvre une superficie d'environ 9 m² : 3,20-40 × 2,60-3,00 m ; il s'agit de sa première phase d'occupation [= **559a**][5] (Fig. 10.6). Sa construction est très particulière en ce sens que dans sa moitié orientale, elle est formée de murs pleins, munis de contreforts intérieurs arqués et plâtrés, tandis que dans sa partie occidentale, ce sont uniquement des départs d'arches, également plâtrées mais ici séparées par des baies, de telle sorte que toutes ces ouvertures en rendent l'accès très facile depuis la cour 574, à l'ouest (Fig. 10.7). De fait, les accès à cette pièce sont multiples : on peut observer une autre ouverture entre les murs 273 et 250, vers le sud, soit vers la cour 581-582-583, et une dernière dans le mur 270, la reliant à la pièce adjacente 561b.

La moitié orientale de la pièce 559a (Fig. 10.8) est délimitée par les murs suivants qui sont préservés sur une hauteur avoisinant 1,50 m en moyenne :

- Mur 274, au nord : 1,50 (lo.) × 0,25 m (la.), longe le mur 270 de la pièce 561b voisine et vient buter contre le

---

[5] Elle connaîtra une seconde phase d'occupation, au niveau V : 559b.

Figure 10.5 : Sélection de vases provenant de la pièce 561b.

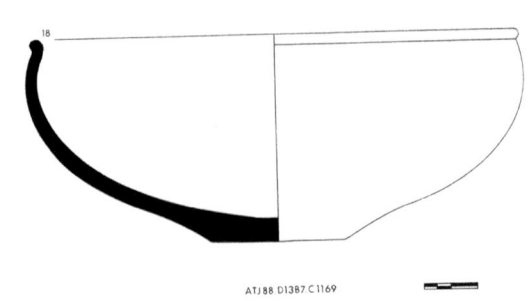

ATJ88.D13B7.C1169 : Bol de fabrique *Fine*, fragmentaire. 18 (dia.) × 7,5 cm (h.). Lèvre en bourrelet, rebord légèrement rentrant, panse convexe, fond plat.

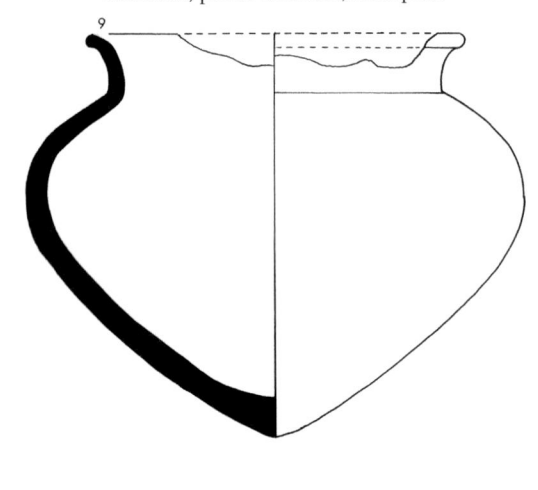

ATJ88.D13B7.C1153 : Bouteille de fabrique *Fine*, complète. 9 (dia.) × 9,5 cm (h.). Pâte de couleur *pink* (7.5YR7/4) à *very pale brown* (10YR8/3), dure (Mohs 4), de texture fine, avec quelques inclusions minérales. Petit col concave, fond pointu/arrondi, panse ovoïde, épaule très prononcée, col concave, rebord étalé, lèvre arrondie.

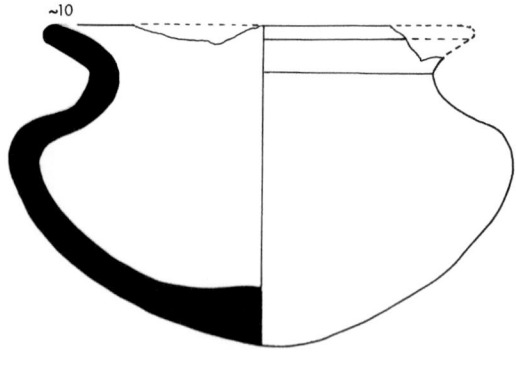

ATJ88.D13B7.C1154 : Bouteille de fabrique *Fine*, complète. 10 (dia.) × 7,4 cm (h.). Pâte de couleur *pink* (7.5YR7/4) à *very pale brown* (10YR8/3), peu dure (Mohs 3), de texture mi-fine avec des inclusions minérales. Petit col concave, fond pointu/arrondi, panse ovoïde, épaule très prononcée, col concave, rebord étalé, lèvre arrondie.

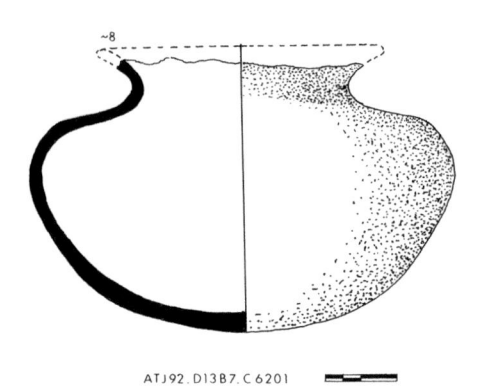

ATJ92.D13B7.C6201 : Bouteille de fabrique *Fine*, incomplète : rebord manquant. 8 (dia.) × 7,7 cm (h.). Pâte de couleur *light gray* (5Y7/2), dure (Mohs 4), de texture fine avec très peu d'inclusions minérales de petit calibre. Fond arrondi, épaule prononcée, col concave.

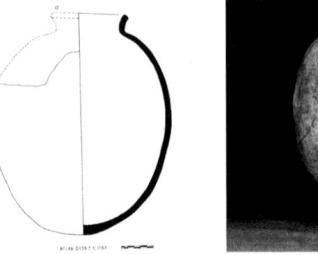

ATJ88.D13B7.C1155 : Jarre de fabrique *Commune*, incomplète : manque une partie de la panse et du col. 28 (dia.) × 33,5 cm (h.). Pâte de couleur *light gray* (2.5Y7/2), dure (Mohs 4), de texture mi-fine, avec quelques inclusions minérales de petit calibre, plusieurs inclusions végétales de petite grosseur. Fond rond, panse ovoïde, col concave, rebord évasé, lèvre carrée.

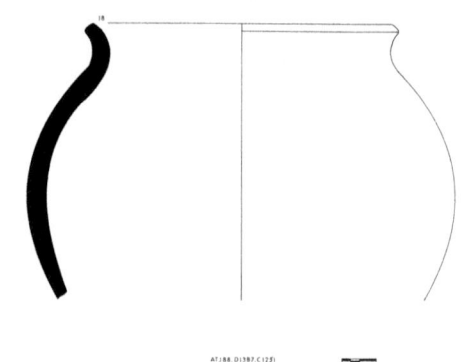

ATJ88.D13B7.C1291 : Jarre de fabrique *Commune*, incomplète. 18 (dia.) × (15,5 cm (h.). Panse ovoïde, col concave, rebord évasé, lèvre carrée. Traces de plâtre à l'intérieur.

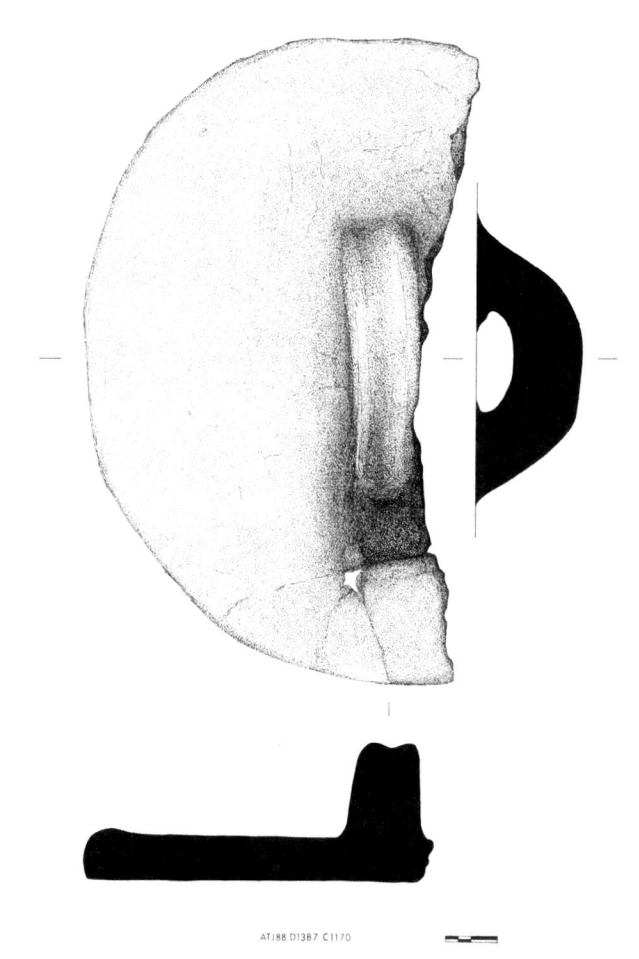

ATJ88.D13B7.C1170 : Couvercle de fabrique *Culinaire*, incomplet. 24 (dia.) × 1,7 cm (ép.). Anse à section ronde et rainure médiane, au centre.

mur 163 ; son parement intérieur est enduit d'une couche de plâtre et comporte un contrefort arqué large de 0,30 m qui fait saillie sur 0,50 m ;

- Mur 163, à l'est : 3,50 (lo.) × 0,30 m (la.), formé d'une seule rangée de briques crues ; son parement intérieur est revêtu d'un crépi de plâtre et présente trois contreforts dont un, large de 0,30 m, excède de 0,50 m du parement.
- Mur 273, au sud : 1,70 (lo.) × 0,30 m (la.), un alignement de briques crues en panneresses dont le parement intérieur est plâtré ; vient buter contre le mur 163, à l'est, tandis qu'à son extrémité ouest il fait un angle de 90° de manière à former un jambage de porte large de 0,25 m et en saillie de 0,30 m, à peu près en ligne avec le contrefort du mur 274 qui lui fait face deux mètres plus loin.

Sa limite occidentale est constituée uniquement par des contreforts arqués, préservés sur une hauteur d'un mètre environ :

- Mur 250, au sud : une unique rangée de briques, de 0,30 m d'épaisseur, qui s'étire vers l'ouest sur 1,10 m avant de tourner à angle droit vers le nord et faire saillie sur quinze centimètres environ ; ce mur est placé dans un alignement avec le 273 dont il est séparé de 0,70 m, formant ainsi une porte d'accès à la pièce 559a.
- Mur 269, au centre : 0,80 (lo.) × 0,30 m (la.) ; vis-à-vis un contrefort arqué au centre du mur 163 opposé, comme pour soutenir un plafond voûté puisque les deux contreforts forment une sorte de demi-arche centrale ;
- Mur 277, au nord : 0,50 (lo.) × 0,30 m (la.) ; plâtré sur son parement méridional.

Il convient de noter que tous les parements internes des murs de la pièce 559a et ses contreforts intérieurs sont enduits de plâtre de gypse, depuis leur base jusqu'à leur partie supérieure préservée (Fig. 10.9). Le plafond, bien que non conservé, aurait très bien pu être voûté en raison de l'existence de plusieurs contreforts arqués et de départs d'arches. Du reste, dans les débris de destruction de cette pièce furent retirés des pans d'arches en briques crues effondrés.

Le sol de la pièce 559a est également enduit d'une épaisse couche de plâtre de gypse posée sur une fondation de briques crues. En un endroit, contre le mur 163, ce sol porte encore clairement les traces du fond circulaire d'un foyer près duquel furent ramassés des morceaux de charbon et de bitume (Fig. 10.9).

L'inventaire céramique de la pièce 559a (Tableau 10.3 ; Fig. 10.10) est un peu limité pour une pièce d'une telle qualité de construction.

Autres éléments de la culture matérielle de la pièce 559a :

- 52 fragments de silex, dont trois éclats qui ont été raccordés sur l'un des quatre nucléus retirés des débris (Chabot 2002, 165) et deux tronçons lustrés de lames cananéennes qui devaient faire partie de l'armature d'un *tribulum* au vu des traces de bitume ;
- 1 broyeur de forme ovale en tuf, incomplet [ATJ92.D14A32.L202] ;
- 1 percuteur en basalte aux grains fins, complet [ATJ92.D14A32.L204] ;
- 1 percuteur de forme à peu près sphérique en calcaire, complet [ATJ92.D14A32.L205] ;
- 1 poinçon en os, fragmentaire [ATJ92.D14A32.Os13] ;
- 1 tessons de céramique circulaire, sans perforation centrale [ATJ92.D14A32.C10111].

Figure 10.6 : Pièce 559a, au centre du cliché, vue vers le nord-ouest. Elle donne sur la cour 574, en haut du cliché et à gauche, et la pièce 561b, au second plan ; la cour 580-581-582 se trouve à gauche mais sur ce cliché elle est occupée par un bâtiment du niveau V.

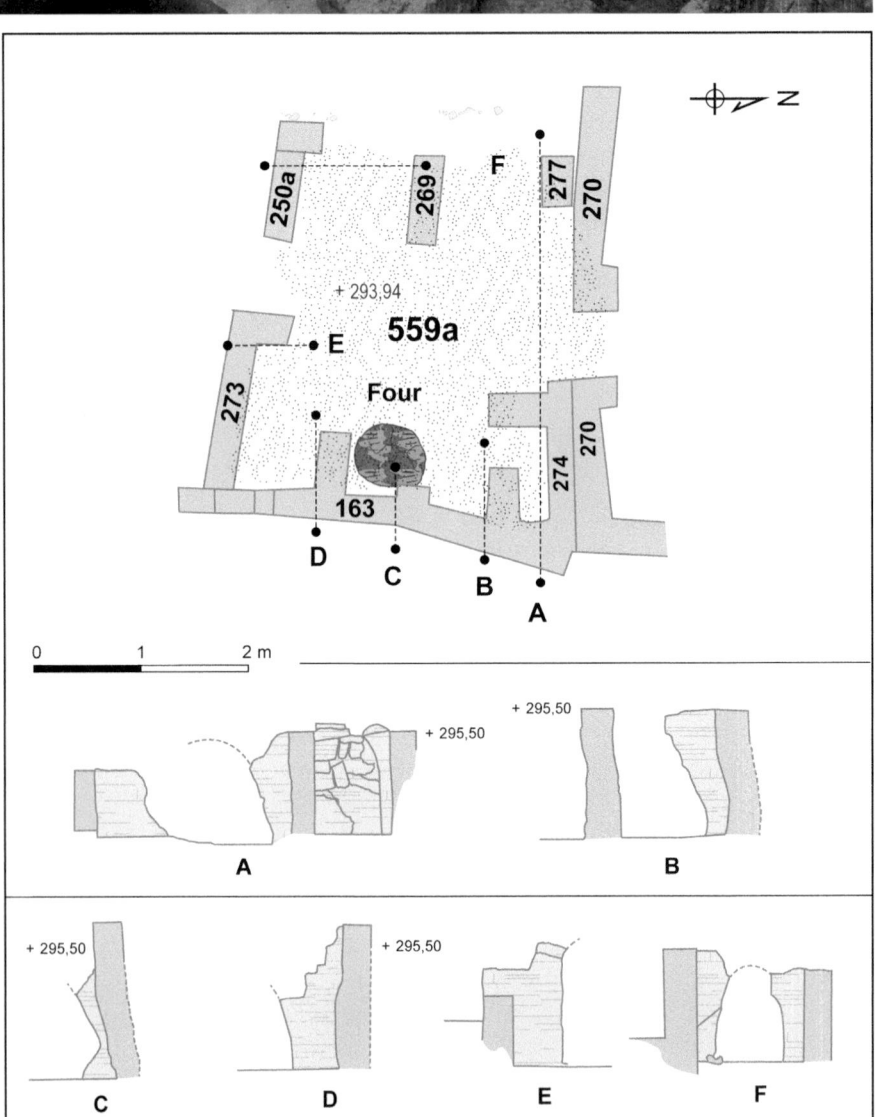

Figure 10.7 : Plan de la pièce 559a avec des vues en profil de ses contreforts intérieurs arqués qui auraient servi de départ à un toit voûté.

Figure 10.8 : Pièce 559a, vue vers l'est.

Figure 10.9 : Pièce 559a, vue vers le nord. On y distingue clairement son sol plâtré avec des traces de cendres. Ses murs possèdent des contreforts intérieurs arqués et plâtrés.

Tableau 10.3 : Inventaire céramique de la pièce 559a.

Fabriques	Fragments	Formes/vases	Numéros catalogue/C
Noire polie	2	1 bouteille	8572
		1 forme indéterminée	8573
Fine	23	6 bols	7983-4, 7993-4, 8571, 9742
		2 bouteilles	7997, 9731
		1 fond	7995
Commune	375	2 formes indéterminées	7707, 9740
		2 récipients miniatures	6202, 9741
		3 grands bols	7989. 8014, 9760
		2 jarres	7980, 9751
		2 grandes jarres	9733, 9758
		6 jarres à petite ouverture	8004, 9739, 9745, 9752-3-4
		12 jarres à grande ouverture	8007, 9730, 9732, 9734-5-6-7, 9743-4, 9746, 9759, 9761
Culinaire	70	2 grands bols	9748-9
		7 marmites	7978, 8011, 9747, 9750, 9755-6-7
TOTAL	**470**		

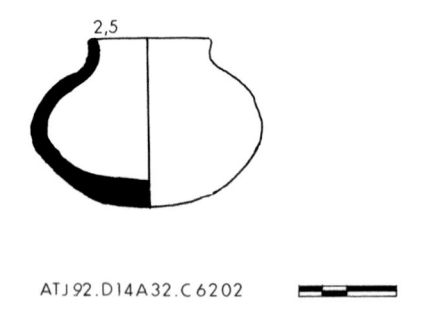

Figure 10.10 : Vase provenant de la pièce 559a.

ATJ92.D14A32.C6202 : Récipient miniature de fabrique *Commune*, fragmentaire. 2,5 (dia.) × 3,2 cm (h.). Pâte de couleur *very pale brown* (10YR7/3), peu dure (Mohs 3), de texture fine avec quelques inclusions minérales.

Les deux pièces 559a et 561b donnent, à l'ouest (Fig. 10.6), sur une cour dont le sol est en partie en cailloutis et en partie en terre battue : **574** (Fig. 10.11). En effet, cette cour a livré une superposition de sols en terre battue, dans sa partie septentrionale, et en cailloutis, dans sa moitié méridionale (Fig. 10.12).[6]

Sur la partie en cailloutis de la cour 574, repose une petite structure en pisé circulaire (0,50-60 m dia.) qui ressemble à un four à cuisson d'autant que son fond est couvert d'une couche de cendres [ATJ92.E14A10] (Fig. 10.13). Derrière, passe un muret [338], 1,70 (lo.) × 0,18-20 m (la.), dont une seule assise de quelques briques crues et blocs de pierre est préservée. Au vu de sa localisation, il a dû servir à protéger le four du vent.

Ce muret 338, dont nous n'avons que des traces au sol, n'a aucun lien structurel avec le bout de mur 217 (voir plus loin), en grande partie emporté par l'érosion, qui sert de limite méridionale à la cour **579**. Cette dernière, en cailloutis, s'avère donc tout simplement la prolongation de la cour 574 vers l'ouest. En somme, les cours 574 et 579 s'étendent sur 5,50 m, depuis les bâtiments 561b-559a jusqu'à la limite d'érosion du tell (est-ouest), et sur 6,00 m, entre la cour 580-581-582 et le pied du grand mur 261-262 (nord-sud) (Fig. 10.11). Elles couvrent donc une superficie totale de 33 m².

L'inventaire céramique des cours 574 et 579 (Tableau 10.4) est très conséquent avec les dimensions de cet ensemble et la qualité de ses sols.

Autres éléments de la culture matérielle de la cour 574-579 :

– 70 fragments de silex, dont trois tronçons de lame lustrée et cinq nucléus associés à une grande

---

6 Contrairement à ce qui a été publié dans le rapport préliminaire de la campagne de 1992 (Fortin 1994a, 365-367), après un nouvel examen stratigraphique, il ressort que le cailloutis de la cour 574 passe bel et bien sous la pièce 555 qui appartient au niveau V au vu des cotes d'altitude de son sol en plâtre.

Figure 10.11 : Au premier plan, cour 574, vue vers l'est, devant les pièces 561b (gauche) et 559a (droite). À gauche, se dressent les murs 261 et 262.

Figure 10.12 : Superposition de sols dans la cour 574.

Figure 10.13 : Four construit dans la cour 574, vu vers l'est. Au second plan, une portion du sol en cailloutis de la cour 574.

concentration de produits de débitage qui en ferait une aire de taille du silex (Chabot 2002, 165) ;
- 1 broyeur en grès, complet [ATJ92.E14A9.L201] ;
- 1 pilon en andésite, incomplet [ATJ92.E14A9.L210] ;
- 1 épingle en bronze, incomplète [ATJ92.E14A7'.M28] ;
- 2 pieds de récipient *Culinaire* en terre cuite, incomplets [ATJ92.E14A10.Tc118 ; ATJ92.E13B11'.C9773] ;
- 2 tessons de céramique circulaires, sans perforation centrale [ATJ92.E14A8.C10113-14].

Le mur 217 signalé plus haut en lien avec la cour 579 pour laquelle il sert de limite méridionale, doit plutôt être relié à une structure érigée au sud de la cour 579, maintenant disparue. Le mur 217, 2,38 (lo.) × 0,40 m (la.), est formé d'une rangée de briques crues disposées en boutisses sur cinq ou sept assises ; son extrémité occidentale a été éradiquée par l'érosion. Son parement méridional possède un contrefort, large de 0,28 m, qui fait saillie de 0,50 m. Or, ce contrefort est précisément dans l'axe du mur 114, perpendiculaire au 217, qui ressemble plus à un amas de briques effondrées en limite d'érosion. Comme un espace d'un mètre de largeur sépare ce mur 114 du redan dans le mur 217, cet arrangement forme une sorte de baie qui aurait pu corres-

Tableau 10.4 : Inventaire céramique des cours 574 et 579.

Fabriques	Fragments	Formes/vases	Numéros catalogue/C
Métallique	1	1 forme indéterminée	8582
Ninive 5 incisée/ excisée	9	6 formes indéterminées	6989, 8089, 8096, 8099. 8120, 8336
Fine	199	44 bols	7474, 7709, 7884, 7889, 7998-9, 8062, 8069, 8074-5, 8077-8-9, 8081-2-3, 8085-6-7, 8093-4, 8100-1, 8113-4-5-6-7-8, 8123, 8132-3, 8136-7, 8142-3, 8318, 8321, 8337, 8344, 8346, 8608, 8614, 9937
		1 flacon	7755
		2 bouteilles	7658, 8135
		14 fonds	6275, 7481, 7753, 7756, 7987, 8063, 8071, 8073, 8091, 8098, 8131, 8138, 8338, 8531
Commune	642	5 récipients miniatures	7750-1, 7754, 7757, 8567
		17 grands bols	7729, 7892-3-4, 7903, 7905, 8064, 8084, 8323, 8348, 8518-9, 8524, 8610, 8777, 9271, 9297
		17 jarres	7566, 7657, 7704, 7732, 7737, 7858, 7867, 7870, 7880-1, 7890, 7934, 8061, 8068, 8340, 8343, 10032
		17 jarres à petite ouverture	7480, 7588, 7634-5, 7734-5, 7738, 7749, 7752, 7861, 7869, 7877, 8017, 8134, 8264, 8335, 8341
		13 jarres à grande ouverture	7564, 7730, 7733, 7739, 7740, 7784, 7857, 7871, 7904, 7952-3, 7948, 8065
		2 formes indéterminées	7736, 7887
Culinaire	140	2 couvercles	8345, 8347
		7 marmites	7589, 7705, 7786, 7872, 8070, 8357, 9794
		1 grand bol	7567
TOTAL	991		

pondre à une porte menant à un bâtiment qui aurait été entièrement détruit par l'érosion.

Du côté sud de la cour 581-582-582, s'étire, suivant un axe nord-ouest–sud-est, une enfilade de pièces plus ou moins bien préservées : 532, 621 et 538.

La pièce **532** a été en grande partie détruite par l'érosion : seule a survécu une portion (2,00 × 1,50 m) de son sol en plâtre de gypse, posé sur un cailloutis et compris dans un angle formé par deux segments de murs :

— Mur 428, au nord : 2,20 (lo.) × 0,50 (la.) x 1,30 m (h.), constitué d'une double rangée de briques crues grandement altérées par l'érosion ; un contrefort [326], large de 0,60 m, excède de 0,70 m de son parement interne.

— Mur 325, à l'est : 2,50 (lo. prés.) × 0,57 m (la.), formé lui aussi d'une double rangée de briques crues très mal préservées ; on présume qu'il devait venir rejoindre le mur 428 avec lequel il forme un angle bien que les briques à cet endroit aient disparu, vraisemblablement arrachées par l'érosion.

Les tessons de céramique retirés de l'angle de cette pièce 532 sont peu nombreux (Tableau 10.5) et le reste du mobilier n'est constitué que d'une meule en basalte alvéolé, incomplète [ATJ92.E16A12'.L206] et de quatre fragments de silex.

À l'est de la pièce 532, devait se trouver une autre pièce [**621**] qui n'a pas été fouillée mais dont la présence peut être raisonnablement présumée grâce à quelques sondages très étroits pratiqués dans le sol en briques crues de la pièce 516 du niveau V (Fig. 10.14). La pièce 621 aurait été délimitée par les mêmes murs que ceux de la pièce 516, à savoir le mur 325, à l'ouest, le 306, à l'est, le 443, au sud, et le 411 au nord (Chapitre 11) ; ce qui lui donne une forme trapézoïdale (3,00 × 4,00-80 m) totalisant une superficie d'environ 14 m². Aucun mobilier ne peut évidemment être relié à cette pièce dont la présence n'est que subodorée.

La pièce **538** est la plus méridionale des trois pièces en enfilade mises au jour sur le versant méridional du tell et qui font certainement partie du même bâti-

Tableau 10.5 : Inventaire céramique de la pièce 532.

Fabriques	Fragments	Formes/vases	Numéros catalogue/C
Fine	4	1 bol	9892
		1 fond	3715
Commune	85	1 grand bol	3705
		1 jarre	7268
		3 jarres à petite ouverture	7264-5, 7272
		3 jarres à grande ouverture	7266-6, 7269
Culinaire	15	2 marmites	3704, 7270
TOTAL	**104**		

Figure 10.14 : Pièce 621 vraisemblablement présente sous le sol en briques crues de la pièce 516 du niveau V ; vue vers le nord-est.

Figure 10.15 : Porte pratiquée dans le mur 307 (en haut du cliché) de la pièce 538 permettant ainsi l'accès à celle-ci depuis la pièce voisine 621, à l'ouest ; vue vers le nord-ouest.

ment (Fig. 10.1). Dans le cas de la pièce 538, il s'agit, en fait, d'une phase de construction antérieure de la grande structure rectangulaire [517-517'] du niveau V (Fig. 11.23). À ce niveau-ci (VI), elle est de plan rectangulaire : 5,40-70 m (nord-sud) × 3,20-30 m (est-ouest), et offre une superficie habitable de 18 m².

La pièce 538 est délimitée par quatre murs de briques crues rectangulaires (0,48 × 0,28 × 0,08 m), tous imbriqués les uns aux autres et plâtrés sur leur parement intérieur :

– Mur 307, à l'ouest : 5,50 (lo.) × 0,70 m, double alignement de briques, avec trois contreforts arqués et plâtrés contre son parement interne ; l'un de ces contreforts est masqué par le mur 408 qui sera érigé au niveau suivant (V).
– Mur 309, à l'est : 5,70 (lo.) × 0,25 m (la.), une simple rangée de briques en panneresses, avec deux piliers arqués et plâtrés, plaqués contre son parement interne, vis-à-vis de ceux qui se dressent contre le mur 307 en face ; ce mur est accolé directement au parement interne du mur d'enceinte large de trois mètres à cet endroit.
– Mur 407, au sud : 4,30 (lo.) × 1,00 m (la.), double rang de briques disposées en boutisses.
– Mur 409, au nord : 4,50 (lo.) × 1,00 m (la.), deux rangées parallèles de briques appareillées en boutisses.

La hauteur préservée de ces murs varie énormément, ce bâtiment ayant été fouillé dans une pente prononcée et très érodée du tell : de moins d'un mètre au sud, vers le bas de la pente, à pratiquement trois mètres, en haut de la pente, au nord. Une étroite (0,50 m) porte semble être aménagée dans le mur 307 (Fig. 10.15) afin de permettre la communication avec la pièce 621 voisine. Les nombreux contreforts arqués érigés contre les parements intérieurs des murs 307 et 309 qui se font face seraient des indices de l'existence d'un toit voûté (Fig. 10.16).

Le sol de la pièce 538, en terre battue, correspond à la surface (+293,70 m) d'une couche de terre brune

Figure 10.16 : Épais contrefort arqué, dressé contre le parement interne du mur 307 de la pièce 538 et enduit d'une couche de plâtre de gypse ; vu vers le nord-ouest. Le mur à droite [408] a été ajouté au niveau suivant (V) afin de diviser en deux parties égales l'espace intérieur de la pièce 538 [= pièces 517 et 517′, du niveau V].

Figure 10.17 : Pièce 538, vue vers le sud-ouest. Le sol de cette pièce est recouvert d'une épaisse couche cendreuse grise qui ici passe sous la cloison 408, laquelle divisera en deux cet espace intérieur au niveau supérieur [= 517-517′, du niveau V]. La couche brune de sable fin sous le mur 408 est le lit de pose de ce dernier.

Tableau 10.6 : Inventaire céramique de la pièce 538.

Fabriques	Fragments	Formes/vases	Numéros catalogue/C
Grise incisée	1	1 bol	653
Fine	1		
Commune	247	3 récipients miniatures	652, 3734, 3737
		1 bol	1168
		7 grands bols	651, 656, 3725-6, 3728, 3732-3
		1 jatte	3724
		1 marmite	350(complète)
		1 jarre	3736
		1 jarre à tenons verticaux	319
		4 grandes jarres	28, 29, 30, 3735
		4 jarres à petite ouverture	650, 3730, 3739, 3740
		3 jarres à grande ouverture	649, 3727, 3731
		2 formes indéterminées	3517, 9683
Culinaire	23	4 marmites	29′, 654-5, 3729
TOTAL	**272**		

Figure 10.18 : Sélection de vases retirés de la pièce 538.

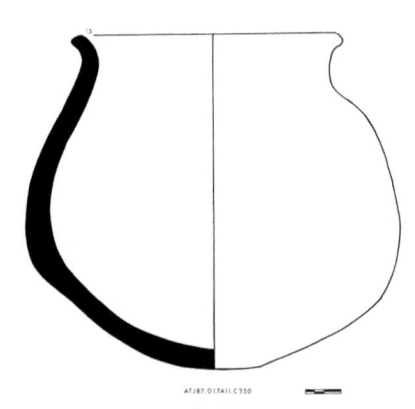

ATJ87.D17A11.C350 : Marmite de fabrique *Commune*, complète. 15 (dia.) × 18,3 cm (h.). Pâte de couleur *very pale brown* (10YR7/3) à *pale yellow* (5Y8/3), peu dure (Mohs 3), de texture mi-fine avec peu de très petites inclusions minérales. Fond rond, paroi convexe, panse trapue, petit col concave, rebord évasé, lèvre biseautée.

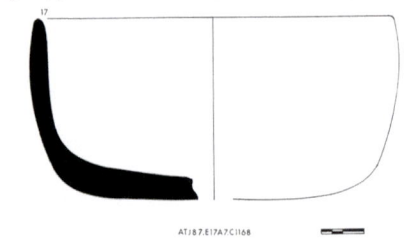

ATJ87.E17A7.C1168 : Bol de fabrique *Commune*, fragmentaire. 17 (dia.) × 8,3 cm (h.). Fond plat, rebord droit, lèvre arrondie.

Figure 10.19 : Trois grosses jarres d'entreposage [ATJ86.D17A11.C28-29-30] découvertes *in situ* et alignées au nord de la pièce 538 ; elles sont légèrement enfoncées dans le sol de terre brune de la pièce. Les petits vases à proximité font partie du mobilier funéraire d'une tombe [ATJ86.D17A10] qui fut y creusée après l'abandon des lieux. Les pierres au-dessus des jarres sont également intrusives.

compacte recouverte d'une épaisse (0,25 m) couche cendreuse de couleur gris foncé [ATJ87.E17A7 et ATJ86.D17A9] qui résulte de l'occupation et de l'abandon de la pièce (Figs 10.17 et 10.19).

L'inventaire céramique de la pièce 538 (Tableau 10.6) est à prime abord peu significatif (Fig. 10.18).

Cependant, il comprend trois grosses jarres d'entreposage de fabrique *Commune*, à peu près complètes bien que fragmentaires, disposées en rangée le long du mur 409 (Fig. 10.19) :

– ATJ86.D17A11.C28 : Jarre de fabrique *Commune*, fragmentaire. Hauteur inconnue, diamètre à l'ouverture de 0,30 m ; épaisseur de la paroi 1,7 cm. Pâte de couleur *reddish yellow* (7.5YR6/6) à *white* (10YR8/2) pour l'engobe extérieur, dure (Mohs 4), de texture grossière avec des inclusions minérales. Très petit col concave, rebord évasé, lèvre simple carré à face concave.

– ATJ86.D17A11.C29 (Fig. 10.20) : Jarre de fabrique *Commune*, fragmentaire. Haute de 0,81 m, avec un diamètre à l'ouverture de 0,43 et de 0,84 m à la panse dont l'épaisseur de la paroi atteint 1,8 cm. Pâte de couleur *pink* (7.5YR7/4) à *white* (10YR8/2) pour l'engobe extérieur, dure (Mohs 4), de texture grossière avec des inclusions minérales. Fond arrondi, corps de forme ovale allongée, très petit col concave, rebord évasé, lèvre biseautée vers l'extérieur. À l'intérieur de cette jarre fut découvert un autre vase entier :

– ATJ86.D17A11.C29' (Fig. 10.21) : Marmite *Culinaire*, fragmentaire. Haute de 14,6 cm, avec un diamètre à l'ouverture de 12 cm et de 13,8 cm au milieu de la panse. Pâte de couleur *light brownish gray* à *very pale brown* (10YR6/2 à 7/3), dure (Mohs 4), de texture grossière avec des inclusions minérales. Fond plat, panse globulaire allongée, rebord droit légèrement rentrant avec deux tenons verticaux arqués et perforés, lèvre arrondie.

– ATJ86.D17A11.C30 (Fig. 10.22) : Jarre de fabrique *Commune*, remontée au complet à partir de fragments. Haute de 0,59 m, avec un diamètre à l'ouverture de 0,39 et de 0,59 m à la panse dont l'épais-

Figure 10.20: Grande jarre de fabrique *Commune* ATJ86.D17A11.C29 remontée presqu'en entier à partir de fragments.

Figure 10.21: Marmite *Culinaire* ATJ86.D17A11.C29' retirée de la jarre de stockage C29. 12 (dia.) × 14,7 cm (h.). Pâte de couleur *very pale brown* (10YR7/3), dure (Mohs 4), de texture grossière avec des inclusions minérales. Lèvre arrondie, rebord droit/rentrant, panse globulaire, deux tenons arqués au rebord, perforés de haut en bas.

Figure 10.22: Grande jarre d'entreposage ATJ86.D17A11.C30 entièrement restaurée.

seur de la paroi atteint 1,6 cm. Pâte de couleur *light brown* (7.5YR6/4) à *white* (10YR8/2) pour l'engobe extérieur, dure (Mohs 4), de texture grossière avec des inclusions minérales. Fond arrondi, corps bien globulaire, petit col concave, rebord légèrement évasé, lèvre biseautée vers l'extérieur.

Au vu des dimensions de ces trois vases, il est clair qu'il s'agit de jarres de stockage ou d'entreposage d'autant que leur large ouverture permettait d'y puiser commodément (Thalmann 2003 ; 2007) des denrées sèches, étant donné que l'intérieur de leurs parois n'est pas enduit d'un revêtement pour les rendre étanches. Avec des contenances allant de 120 à 200 litres, une fois remplies, le poids de ces jarres empêchait tout déplacement, même au sein de la pièce. De fait, pour bien les asseoir, leurs fonds étant arrondis, on a un peu creusé dans la couche de terre brune qui a servi de sol à la pièce (Fig. 10.19). Ces jarres furent ensuite graduellement enterrées dans la couche cendreuse qui correspond à l'occupation et à l'abandon de la pièce 538. Lorsqu'elles ne furent plus en usage, elles furent tout simplement laissées sur place et recouvertes d'une couche sableuse, celle-là même qui a servi de lit de pose au muret 408 et au sol de la nouvelle pièce 517-517' du niveau V.

Autres éléments de la culture matérielle de la pièce 538 :

- 3 fragments de silex, dont un tronçon de lame ;
- 1 figurine humaine en terre cuite, incomplète [ATJ86.D17A9.Tc54] ;
- 1 fusaïole en terre cuite, incomplète [ATJ86.D17A9.Tc55] ;
- 1 perle cylindrique en pierre blanche (?), complète [ATJ87.E17A7.B26].

Extrémité septentrionale

Au niveau VI, à l'extrémité septentrionale du tell, sur une superficie de 200 m² (10 × 20 m), fut mis au jour un complexe architectural comprenant une vaste et massive plateforme centrale en briques crues [**622**][7] sur trois côtés de laquelle sont regroupées plusieurs petites pièces accolées les unes aux autres (Fig. 10.23) :

- au nord : **502, 503, 504, 505** et **506**
- au sud : **523, 524, 525, 522, 526, 613, 614** et **615**
- à l'ouest : **548, 547, 533, 507** et **549**.

La limite orientale de cette plateforme se fond avec le mur d'enceinte [**404**] entourant le site. En revanche, deux petits espaces étroits [**501** et **501'**] sont aménagés entre les pièces au nord de la plateforme et le mur d'enceinte.

---

[7] Dans les rapports préliminaires, cette plateforme est tout simplement désignée par son numéro d'unité de fouilles : ATJ87.D8A15. Un numéro de structure lui a été attribué lors de la préparation du rapport final.

Tableau 10.7 : Distribution par structure des unités de fouilles du niveau VI à l'extrémité septentrionale du tell.

Structures	Murs	Unités de fouilles associées
Plateforme 622	404 431	ATJ86.D7A1[?] ATJ87.D8A1[?], 11, 15
Silo 502	402 403	ATJ86.E6A1[?], 4
Silo 503	402 403	ATJ86.E6A3 ATJ86.E7A2
Silo 504	402 403	ATJ86.E7A4
Silo 505	401	ATJ86.E7A6-6'
Pièce 506	401 302	ATJ86.E7A1[?], 3 ATJ86.E8A2
Espace 501	301 403 404	ATJ86.E6A2
Espace 501'	301 403 404	ATJ86.D7A2 ATJ86.E7A5
Pièce 523	317 318 421 422	ATJ87.D9A1[?], 13, 16, 18-19
Pièce 524	318 319 421 422	ATJ87.D9A1[?], 13, 16, 18, 20[sol], 23
Pièce 525	319 320 421 422	ATJ87.D9A1[?], 13, 16, 18, 20[sol], 23
Pièce 522	317 321 422 423	ATJ87.D9A1[?], 17, 21, 27-28

Structures	Murs	Unités de fouilles associées
Pièce 526	321 422 423	ATJ87.D9A1[?], 7, 24 ATJ87.D10A1[?]
Pièce 613	106 323 423	ATJ87.D9A26
Pièce 614	328 430	ATJ87.D9A25
Pièce 615	421 404	ATJ87.D9A22
Pièce 548	304 322 431 440	Aucun
Tunnel 547	431	ATJ87.D8A16
Pièce 533	304 332 406 431	ATJ87.D8A14, 17 ATJ87.E8B1-2-3-4
Pièce 507	304 406 424 438 440	ATJ86.E8A1, 3 ATJ87.E8A4
Passage 549	322 323 332 336 431 424-439 471	ATJ87.D8A8, 10, 12-13[336]-14, 18-19-20[sol]-21 ATJ87.E9A1-2[calculi]-3[439]-4-5[sol] ATJ87.E9B1-2-3-4[440]-5

Le symbole [?] indique des unités de fouilles contaminées en raison de leur proximité d'avec la limite d'érosion du tell ; par conséquent, leur contenu n'a pas été inclus dans la compilation des inventaires du mobilier.[8]

La plateforme **622**, de plan rectangulaire : 6,00 × 8,00 m, couvre une superficie de 50 m² environ (Fig. 10.24). Elle est entièrement constituée de briques crues appareillées en panneresses. Comme cette plateforme massive vient se joindre au mur d'enceinte qui passe à l'ouest, sans qu'aucune césure entre les deux éléments architecturaux ne soit visible, force est de conclure qu'elle a été érigée en même temps que le rempart, lors de sa dernière phase de construction. En raison de la présence au nord et au sud de petites cellules dépourvues de portes, il semble justifié de voir en cette structure pleine une espèce de plateforme qui aurait permis d'accéder par le toit aux pièces avoisinantes sans portes.[8]

Au nord de la plateforme 622, se trouve une singulière structure comportant une série de petites cellules

---

8 Comme ces structures, mises en place à ce niveau-ci, resteront en usage jusqu'à l'abandon du site, les inventaires de la céramique et des artéfacts provenant des unités de fouilles qui leur sont associées seront détaillés dans le Chapitre 15 traitant du niveau I puisqu'il s'agit de leur dernière période d'occupation.

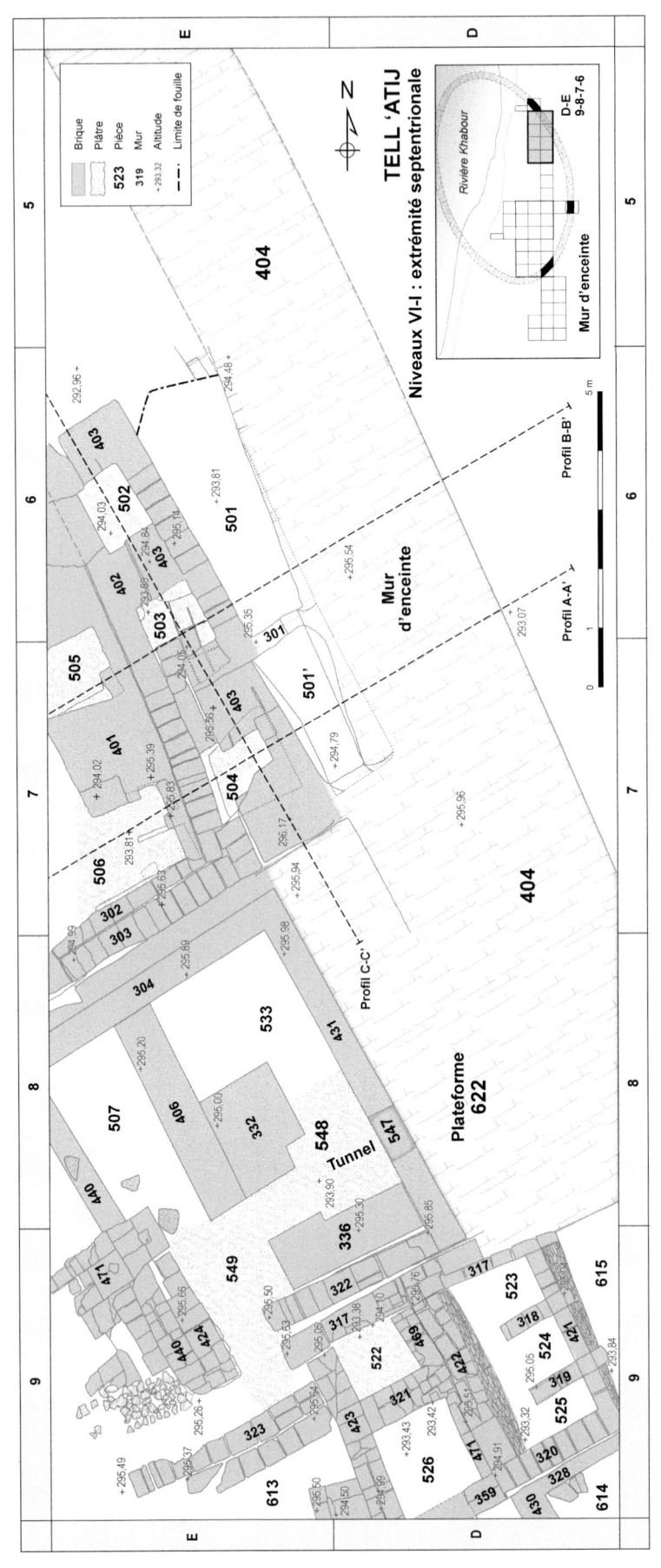

Figure 10.23 : Plan du niveau VI, à l'extrémité septentrionale du tell.

Figure 10.24 : Plateforme massive 622, vue vers le nord.

Figure 10.25 : Une partie du grenier septentrional de Tell 'Atij formée d'un alignement de trois silos semi-voûtés, au centre du cliché, et, à gauche, d'un réduit avec trois contreforts ; vue vers le nord. À droite : deux espaces laissés entre le grenier et le mur d'enceinte qui passe tout à fait à droite. Au premier plan : la plateforme 622.

Figure 10.26 : Partie sommitale d'un silo semi-voûté.

de forme particulière (Fig. 10.25). Depuis la plateforme, cette construction s'étend vers le nord sur huit mètres, tout en s'amenuisant graduellement : étant située tout à fait à l'extrémité septentrionale du tell, elle a manifestement subi les effets de l'érosion. En largeur, elle est préservée sur quatre mètres seulement, ayant été en partie emportée par l'affaissement de la moitié du tell dans la rivière. Par conséquent, ce bâtiment pluricellulaires (4.00 × 8,00 m) devait être plus grand à l'origine. Quant à sa hauteur initiale, elle devait atteindre au moins deux mètres puisque c'est celle des murs les mieux préservés au moment de sa découverte.

Les quatre cellules **502**, **503**, **504** et **505**, dont trois sont disposées côte à côte dans le même axe, constituent sans aucun doute la composante la plus remarquable de ce complexe architectural. Leur fond, de forme trapézoïdale, mesure 1,00-40 m × 1,20-60 m. Grâce aux cellules conservées sur une bonne hauteur, entre 0,80 m et deux mètres, nous sommes en mesure de constater que leurs parements intérieurs oriental et occidental sont rectilignes, tandis que ceux au nord et au sud ne le sont que sur un tiers de leur largeur, les deux autres tiers étant arqués. Si on prolonge en imagination ces départs d'arcs opposés vers le sommet, il en résulte des structures voûtées sur les deux tiers seulement de leur largeur (Fig. 10.26) et présentant un profil général en forme de bouteille (Fig. 10.27). Le tiers de la partie sommitale qui n'est pas voûté aurait été laissé ouvert afin de permettre à une personne de se glisser à l'intérieur. Cette ouverture aurait été simplement fermée par une espèce de couverture amovible.

Ce type de structures est connu et sa fonction bien établie : ce sont des silos coniques ayant fait partie d'un grenier comme on peut en voir sur des sceaux-cylindres de l'époque (Fig. 10.28).[9] Par ailleurs, jusqu'à tout récemment encore, des villageois de la Djézireh utilisaient des dispositifs d'entreposage de forme comparable pour ensiler leurs grains (Aurenche 1981, 257 ; Seeden & Kaddour 1984 ; Seeden 1985), quoique la plupart des exemples ethnographiques connus consistent plutôt en fosses piriformes à embouchure rétrécie creusées dans le sol (Sigaut 1978 ; 1979 ; 1981 ; Ayoub 1985 ; Gronenborn 1997). De fait, pour l'aire culturelle qui nous intéresse, les fouilles ont davantage livré des silos souterrains que construits (Stede 2010, 363-367), d'où l'intérêt de ce complexe unique de structures d'entreposage mises au jour à l'extrémité septentrionale du tell principal de Tell 'Atij.[10]

---

[9] Cette forme conique n'est pas non plus sans rappeler les reconstitutions proposées pour les énigmatiques greniers en forme de « ruche d'abeille » de la même époque fouillés à Bet Yerah, sur les rives du lac de Tibériade (Currid 1985 ; Mazar 2001, Greenberg et al. 2017).

[10] Les silos de Raqa'i (Schwartz 2015, 34-37, 45-55 [level 4], 97, 105-107 [level 3]), le site avec lequel Tell 'Atij a le plus de traits en commun, sont différents et leurs regroupements au sein d'ensembles architecturaux ne se présentent pas comme celui du grenier septentrional de Tell 'Atij.

NIVEAU VI

Profil A-A'

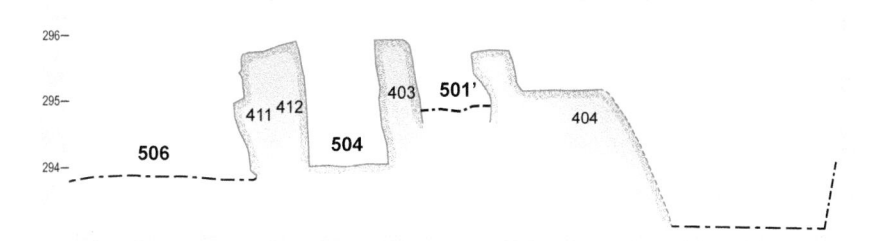

Profil B-B'

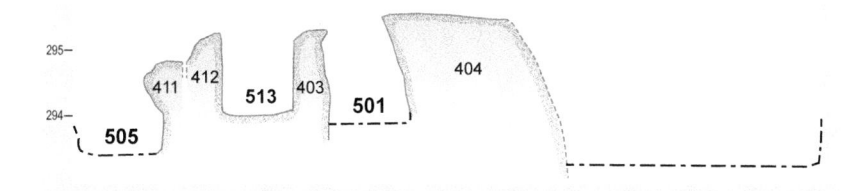

Profil C-C'

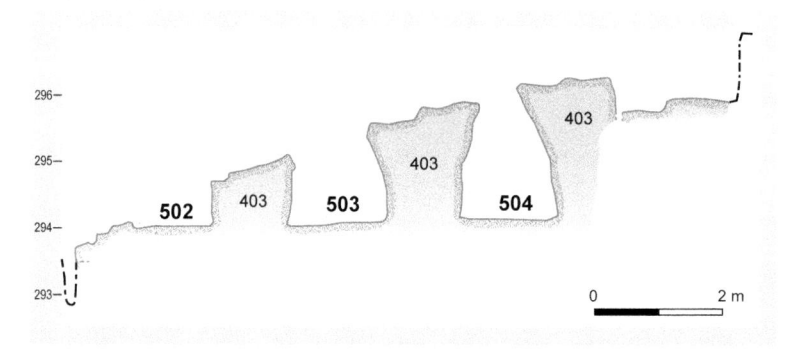

Figure 10.27 : Coupes en travers des silos du grenier septentrional montrant clairement leur profil en forme de bouteille.

Les parois internes des silos semi-voûtés de Tell 'Atij sont enduits d'une épaisse couche de plâtre de gypse, vraisemblablement afin de les rendre étanches à l'humidité et empêcher les petits rongeurs d'y pénétrer (Fig. 10.29). Les fonds des silos le sont également, mais ce revêtement a disparu dans bien des cas, laissant entrevoir la présence d'un soubassement en briques crues pour soutenir le grenier.

Le silo **502** est formé par les murs 402 et 403 ; la superficie de son sol couvre 1,1 m² (0,90 × 1,20 m) ; sa paroi méridionale est préservée jusqu'à une hauteur de 0,70 m, tandis que la septentrionale se trouve au ras du sol en raison de la forte érosion à cet endroit de la pente du tell ; son volume peut être établi à environ 2 m³ en tenant compte de la partie voûtée (2/3) et en présumant une hauteur d'origine de 2,20 m semblable à celle du silo le mieux préservé [504], ce qui lui procure une capacité de stockage se situant entre 889 et 1 869 kg d'orge battue, selon le mode de calcul utilisé (Paulette 2015, 319-320, table 4.4, note a).

Le silo **503** est compris entre les murs 402 et 403 ; son fond représente une superficie de 1,9 m² (approximativement 1,10 × 1,50 m) et sa profondeur préservée atteint pratiquement 1,50 m ; son volume est estimé à 3,30 m³, en supposant une hauteur originelle de 2,20 m et une partie voûtée, soit une capacité de stockage variant de 1 467 à 3 084 kg (Paulette 2015, 319-320, table 4.4, note a).

Le silo **504**, le mieux préservé des quatre silos semi-voûtés du grenier septentrional, est délimité par les murs 402 et 403 ; ses dimensions au sol font 1,50 × 1,30-50, pour une superficie de 2,1 m², avec 1,85 m de hauteur préservée ; son volume peut être évalué à 3,60 m³ en tenant compte de la partie voûtée et de la présumée hauteur initiale des murs à 2,20 m, ce qui lui procure une capacité de stockage allant de 1 600 à 3 365 kg (Paulette 2015, 319-320, table 4.4, note a).

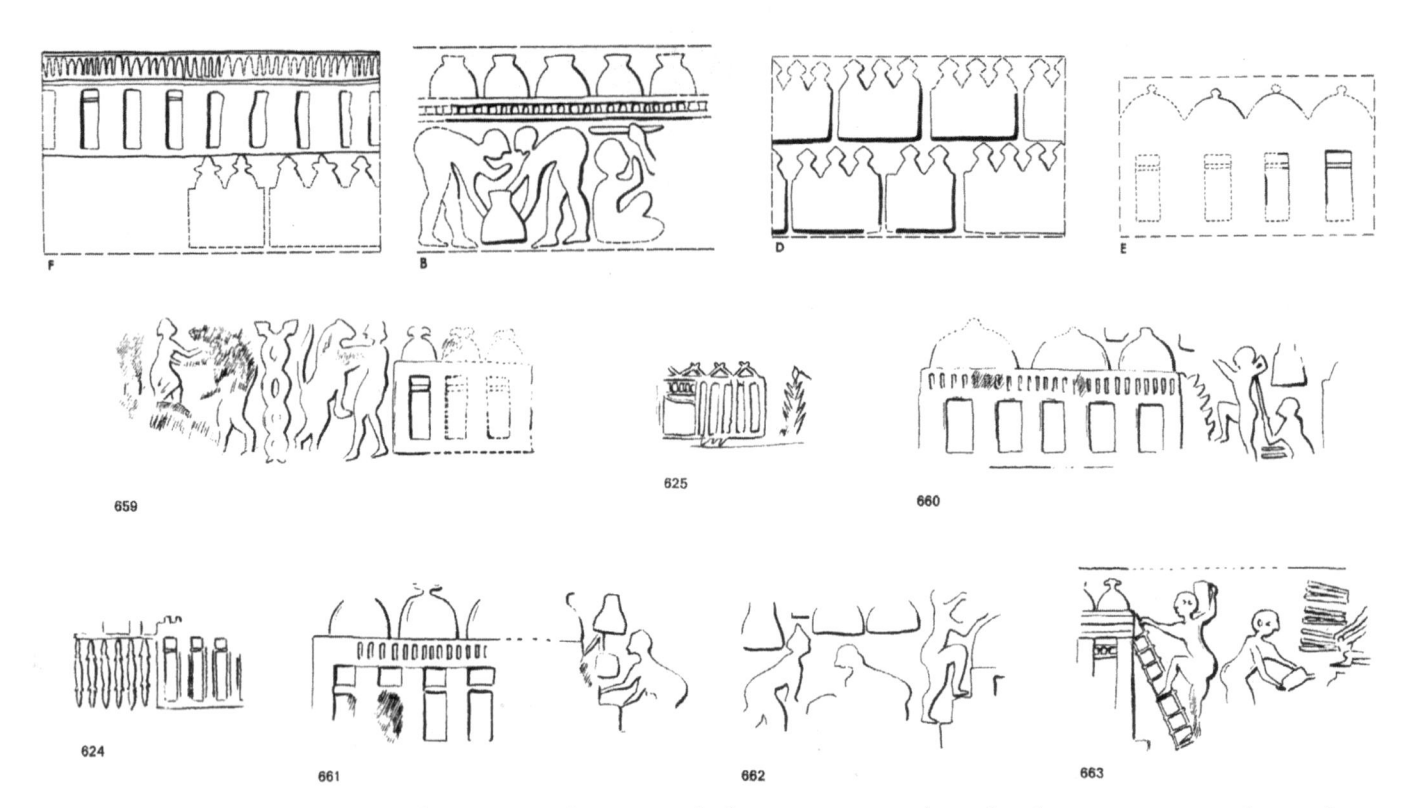

Figure 10.28 : Représentations de greniers sur des sceaux-cylindres contemporains (reproduit de Pittman 2013, 315, fig. 16.16). La partie sommitale des silos est voûtée et on y accède par le toit, au moyen d'une échelle.

Figure 10.29 : Parois d'un silo semi-voûté enduites de plâtre de gypse ; le fond du silo l'était aussi mais le revêtement a disparu, révélant ainsi une infrastructure en briques crues.

Le silo **505** a plutôt l'aspect d'une niche pratiquée dans le mur 401 car, étant en limite d'érosion, toute sa moitié occidentale a été emportée par la rivière ; si en largeur il fait 1,20 m, dans l'autre direction on peut facilement présumer qu'il atteignait au moment de sa construction 1,40 m, pour une superficie au sol estimée à 1,68 m² ; sa profondeur préservée atteint 1,40 m en un endroit ; son volume, calculé avec des murs originaux partiellement voûtés atteignant 2,20 m de hauteur, a été fixé à 3,10 m³, pour une capacité de stockage oscillant entre 1 378 et 2 897 kg (Paulette 2015, 319-320, table 4.4, note a).

Outre ces quatre silos semi-voûtés, le grenier septentrional de Tell 'Atij comprend une très petite pièce carrée [**506**], 1,50 × 1,50 m (= 2,25 m²), du moins en son état actuel de conservation (Fig. 10.23), parce qu'étant située en limite d'érosion du tell, elle devait clairement se prolonger vers l'ouest à l'origine (Fig. 10.30). Son volume peut donc être établi minimalement à presque 5,00 m³ avec des murs préservés sur une hauteur de 1,80 m mais qui devaient atteindre 2,20 m au départ. Par conséquent, sa capacité de stockage est estimée entre 2 222 et 4 673 kg. Même si cette pièce ne semble pas voûtée de la même manière que les précédentes, il n'en demeure pas moins que ses contreforts intérieurs sont arqués comme pour former une voûte qui devait recouvrir l'ensemble

Figure 10.30 : Pièce 506 du grenier septentrional munie de trois contreforts intérieurs, vue vers l'est.

de la pièce. En outre, considérant son positionnement au sein de cet ensemble architectural, il nous apparaît logique de lui attribuer également une fonction d'entreposage d'autant que les parements internes de ses murs et ses contreforts sont enduits de plâtre.

Toutes les briques crues qui ont été utilisées pour la construction des murs 302, 303, 401, 402 et 403, possèdent à peu près le même gabarit : 0,30 × 0,48 × 0,08 m. En revanche, elles sont disposées différemment selon les murs ; en boutisses pour les murs 303, 402 et 403, en panneresses pour les murs 401 et 302. Ces murs ayant été très dégradés par l'érosion – ils sont apparus immédiatement sous la couche de surface à l'extrémité septentrionale du tell fortement arrondie et pentue à cet endroit avant le début de nos fouilles –, leur hauteur varie donc de quelques centimètres à une extrémité, à deux mètres, à l'autre, comme cela peut s'observer sur la coupe C-C', dessinée transversalement au grenier selon un axe nord-sud (Fig. 10.27).

Une particularité doit être signalée au sujet de la construction de ces murs : il est fréquent qu'ils soient doublés par l'accolement d'une seconde rangée de briques, tel le mur 302 qui a été doublé par le mur 303, avec cependant un interstice laissé entre les deux qui nous permet de constater qu'il s'agit bel et bien de deux murs distincts. Par conséquent, en étudiant minutieusement les murs de ce grenier, on peut se rendre compte

qu'il aurait été construit en deux étapes : d'abord, une première partie comprenant les silos 502-3-4 et incluant le mur 303, puis, dans un second temps, la portion occidentale avec les silos 505 et 506, car les murs 401 et 302 de cette section du grenier viennent s'adosser aux parements de murs déjà existants, avec un espace laissé entre les deux qui s'est peut-être accentué avec le temps et les glissements de terrain. En effet, nous savons que plus de la moitié du tell a été emportée par le courant de la rivière après l'abandon du site (Chapitre 3) ; par conséquent, il est tout à fait raisonnable de présumer qu'une partie du grenier s'est éboulée dans la rivière qui coule quelques mètres plus bas, à l'ouest.

Par contre, du côté est, entre le massif mur d'enceinte 404 et le mur oriental externe des silos [403], deux espaces de forme trapézoïdale sont aménagés : **501** (4,50 × 1,10-80 m) et **501'** (2,50 × 0,75-1,10 m), séparés l'un de l'autre par le mur 301 (Figs 10.23 et 10.25, à droite). Étant donné leur proximité d'avec le mur d'enceinte [404], ainsi que l'absence de revêtements intérieurs plâtrés, il pourrait s'agir de casemates plutôt que de dispositifs d'entreposage.

Au sud de la plateforme 622 (Fig. 10.31), est accolé un grand bâtiment à peu près carré qui fait 4,70 m, d'est en ouest, sur 4,20 m, du nord au sud. Il comprend cinq petites pièces rectangulaires ou à peu près carrées : **522, 523, 524, 525** et **526** (Fig. 10.32), disposées sur deux ran-

Figure 10.31 : Pièces 523, 524 et 525 au sud de la plateforme 622 depuis laquelle elles sont accessibles par leur toiture en raison de l'absence de portes dans leurs murs ; vues vers le nord. Le mur mitoyen 422 se trouve à gauche du cliché.

Figure 10.32 : Pièces au sud de la plateforme 622 : 523, 524, 525 (à droite) et 522, 526 (à gauche), avec le mur 422 séparant les deux ensembles ; vues vers le nord. Sous le sol des pièces 522 et 526, à gauche, on peut apercevoir des restes de soubassements de ces pièces.

gées parallèles, de part et d'autre d'un mur mitoyen : 422.[11]

Ce bâtiment multicellulaire est délimité par les murs extérieurs suivants :

- Mur 317, au nord : 5,30 (lo.) × 0,60 (la.) × 2,40 m (h.), formé d'une double rangée de briques disposées en passeresses alternant avec des briques en boutisses et préservée sur une trentaine d'assises avec un élargissement à sa base sur trois assises ; érigé tout contre le parement méridional de la massive plateforme 622.
- Mur 423, à l'ouest : 3,00 (lo.) × 0,50 (la.) × 2,30 m (h.), construit de briques en boutisses alternant avec des briques en panneresses placées en double rangée ; se prolonge vers le sud au-delà de la zone de fouilles alors qu'au nord il est imbriqué dans le mur 317.
- Mur 320, au sud : 3,00 (lo.) × 0,46 (la.) × 1,50 m (h.), constitué de briques crues en boutisses ; donne l'impression de se continuer vers l'est, au-delà du carré de fouilles, mais vers l'ouest, il devient le mur 359 dont nous n'avons que le départ : 0,60 (lo.) × 0,50 (la.) m, soit deux briques parallèles en panneresses, puisqu'il se prolonge dans la berme.
- Mur 421, à l'est : 2,90 (lo.) × 0,28 (la.) ×1,64 m (h.), une simple rangée de briques placées en panneresses ; son parement externe présente un fruit marqué et deux petits contreforts vis-à-vis deux murets arqués parallèles [318 et 319] dressés contre le parement intérieur ; vient buter, au nord, contre le mur 317 et au sud contre le mur 320.

Cette structure au sud de la plateforme 622 est divisée en deux parties à peu près égales par un mur médian :

- Mur 422 : 3,10 (lo.) × 0,50 (la.) × 2,00 m (h.), formé au départ d'une double rangée de briques disposées en panneresses ; il est imbriqué aux murs 317, au nord, et 320, au sud ; une troisième rangée de briques sera ajoutée plus tard à son parement occidental.

La moitié orientale de ce bâtiment est constituée d'une enfilade de trois minuscules pièces : **523** (1,40 × 0,80-1,00 m), **524** (1,30 × 0,90 m) et **525** (1,40 × 0,60 m) (Fig. 10.31), au sol en terre battue, séparées les unes des autres par de

---

11 Avec ses murs préservés sur deux mètres de hauteur, le grand édifice (6 × 8 m) au plan en gril mis au jour à Tell *Ziyadeh* (Hole 1999, 269-270 ; Hole & Tonoike 2016, 110-113) pourrait être comparé à ce regroupement de petites pièces au sud de la plateforme 622.

Figure 10.33 : Cloison arquée 319 entre les pièces 524 et 525, vue vers le sud. Le mur 421 passe à gauche. La base du mur 320 apparaît en haut du cliché.

minces (0,28 m) cloisons mitoyennes arquées [318 et 319] constituées de briques placées en panneresses qui étaient recouvertes de plâtre dont seules quelques plaques ont survécu (Fig. 10.33). Ces cloisons sont imbriquées dans le mur 421 qui borde ces pièces vers l'est tandis que vers l'ouest, elles devaient venir buter contre le parement oriental du mur 422 qui présente un fruit, bordant ces pièces à l'ouest. Si on projette leur pente jusqu'à ce mur 422, on peut estimer leur hauteur initiale à 2,20 m alors que la hauteur préservée atteignait 1,60 m au moment des fouilles. Elles devaient créer un passage d'une pièce à l'autre haut de deux mètres.

À l'ouest du mur mitoyen 422, se dressent deux petites pièces contiguës qui ne communiquent toutefois pas entre elles : 522 et 526 (Fig. 10.32).

La pièce **522** est de forme carrée : 1,10 × 1,10 m. Sa construction est postérieure à la mise en place du mur mitoyen 422 étant donné que sa limite orientale est formée par le mur 469 : 1,60 (lo.) × 0,40 (la.) × 1,60 m (h.), une rangée de briques en boutisses qui longe le parement intérieur du mur 422 avant de s'imbriquer à angle droit dans le mur 321. Ce dernier : 1,30 (lo.) × 0,58 (la.) × 1,60 m (h.), est constitué d'une double rangée de briques en panneresses qui vient s'appuyer sur le mur 423, à l'ouest, et qui ainsi délimite la pièce 522 au sud. Les parements et le sol sont plâtrés, d'après des plaques observées ici et là.

Au sud de la pièce 522, la pièce **526** est elle aussi de plan quadrangulaire : 1,60 × 1,50 m. Elle est comprise entre les murs 321, au nord, 423, à l'ouest, 470, à l'est– en fait, une étroite rangée de briques appuyée contre le parement occidental du mur 422 –, et 359, au sud : uniquement deux briques parallèles disposées en panneresses ont été retracées du fait que nous étions en limite de fouille.

Figure 10.34 : Structures à l'ouest [**548**] de la plateforme 622 (au second plan), vues vers le nord. Au premier plan : l'entrée en chicane menant au corridor qui débouche sur le tunnel ménagé dans la plateforme 622.

À l'extérieur du grand bâtiment accolé au sud de la plateforme 622 (Fig. 10.23) se trouvent des pièces : **613**, à l'ouest, **614**, au sud, et **615**, à l'est, qu'il est impossible de décrire parce qu'elles sont situées à la limite du secteur de fouilles ; elles n'ont donc pas été vraiment fouillées. Nous ne disposons que de quelques bouts de murs qui nous indiquent leur présence au-delà des bermes. Toutefois, certains de ces murs sont plutôt imposants et devaient appartenir à de grandes pièces, tel le mur 323 : 3,70 (lo.) × 0,88 m (la.), formé d'une double rangée de briques crues appareillées soit en panneresses, soit en boutisses ; il vient prendre appui sur le mur 423, à l'est.

À l'ouest de la massive plateforme 622 (Fig. 10.34), se dresse également une autre grande structure de plan rectangulaire [**548**] de 26 m² : 5,70 × 4,50 m, au sol plâtré – que des traces par endroits –, qui sera par la suite subdivisée par l'ajout de nouveaux murs (Fig. 10.35).

La pièce 548 est délimitée par des murs dont les parements sont généralement enduits d'une couche de plâtre de gypse :

– Mur 431, à l'est : 6,50 (lo.) × 0,46 (la.) × 2,00 m (h.), une rangée de briques crues (0,46 × 0,28 × 0,08 m) disposées en boutisses ; correspond en réalité à la bordure occidentale de la plateforme 622.

– Mur 304, au nord : 4, 00 (lo.) × 0,46 m (la.), un seul rang de briques en boutisses ; à une extrémité, il s'imbrique au mur 431, c'est-à-dire à la plateforme 622 avec laquelle il est contemporain ; vers l'ouest, il disparaît dans la pente érodée du tell et du coup sa hauteur préservée décroît régulièrement depuis les deux mètres calculés à son extrémité orientale.

– Mur 440, à l'ouest : 4,50 (lo.) × 0,50 m (la.), constitué de briques disposées en boutisses par endroits et en panneresse ailleurs ; devait rejoindre le mur 340, mais a été emporté par l'érosion comme tout l'angle nord-ouest de la pièce.

– Mur 322, au sud : 3,22 (lo.) × 0,50 m (la.), une seule rangée de briques en boutisses conservée sur une hauteur variant de 2,00 à 1,50 m ; parallèle au mur 317 et vient s'appuyer sur le mur 431, c'est-à-dire la plateforme 622.

Outre l'imbrication de certains des murs de la pièce 548 à la plateforme 622, les deux structures sont liées par la présence d'un tunnel [**547**] pratiqué dans la plateforme et accessible par la pièce 548 (Fig. 10.34). Ce tunnel, construit en encorbellement, fait 1,80 m en hauteur et 1,00 m en largeur (Fig. 10.36). Il s'enfonce dans la plateforme sur une longueur inconnue, le dégagement de cette galerie ayant été entamé, mais jamais poursuivi.

L'accès à la pièce 548 se fait par un passage de 0,80 m ménagé entre l'extrémité occidentale du mur 322 – et du mur 347 qui lui est parallèle – et le parement oriental du mur 440 (Fig. 10.37). Mais comme un mètre plus loin, en direction du sud, ce couloir vient buter contre le parement septentrional du mur 323 – qui délimite au nord la pièce 613 voisine –, il bifurque donc vers l'ouest, créant ainsi une entrée en chicane large d'à peine un mètre.

NIVEAU VI   169

PHASE 1

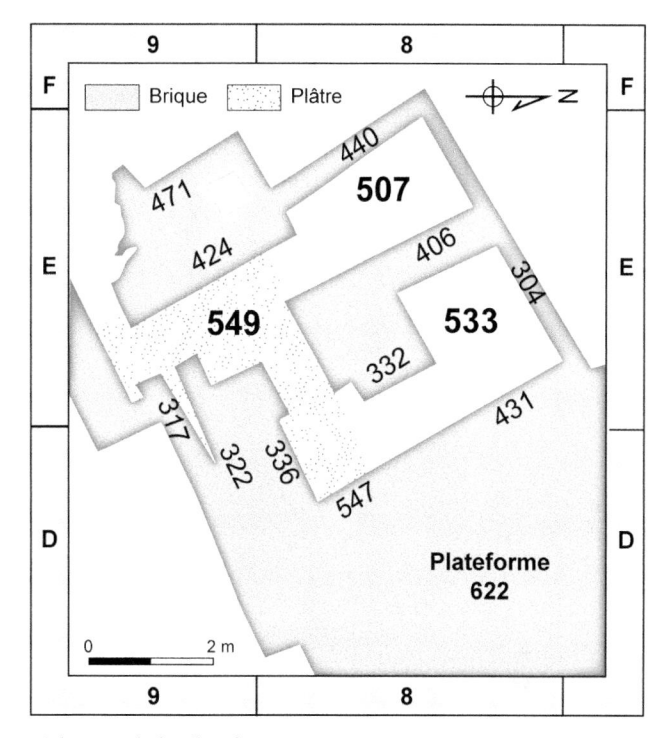

Figure 10.35 : Étapes dans l'occupation de l'espace à l'ouest de la plateforme 622 : pièce 548.

Puis, dans un second temps (Fig. 10.35 : phase 2), la grande pièce 548 est séparée en trois plus petites : **533**, **507** et **549**.

D'abord, un pilier massif [332] en briques crues : 1,40 (lo.) × 1,80 (la.) × 1,10 m (h.), est érigé en plein centre de la pièce 548 et, simultanément, un mur [406] : 3,70 (lo.) × 0,75 (la.) × 1,30 m (h.), est construit depuis ce pilier, dans lequel il est imbriqué, vers le mur 304 sur le parement méridional duquel il vient s'appuyer. L'adjonction du pilier 332 et du mur 406 donne alors lieu à la création de deux nouvelles pièces, plus petites : **533** et **507**, situées de part et d'autre du mur 406.

La pièce **533**, de forme plutôt quadrangulaire, 2,30 × 2,00 m, est accessible par un corridor large d'un mètre laissé entre la plateforme 622 et le pilier 332. Ce passage aurait été voûté d'après le départ d'un arc noté sur la face orientale du pilier.

La pièce **507**, de plan rectangulaire, 1,50 × 3,00 m, est indéniablement recouverte par un plafond voûté, comme l'indique le départ d'arc observé sur le parement occidental du mur 406 (Fig. 10.38). Son accès, au sud, est rétréci par l'ajout du mur 424, épais de 0,50 m et composé de briques en boutisses et en passeresses, sur une distance de 3,20 m le long de la moitié méridionale du mur 440 (Fig. 10.39). Exceptionnellement, le mur 424 est

Figure 10.36 : Tunnel voûté 547 aménagé dans le parement occidental de la massive plateforme 622, vu vers l'est.

Figure 10.37 : Double mur 323, au premier plan, créant une entrée en chicane pour la pièce 548, au second plan ; vue prise vers le nord-ouest.

Figure 10.38 : Voûte recouvrant la pièce 507 (en limite d'érosion), vue vers le sud.

Figure 10.39 : Mur 424, à droite, accolé au mur 440, à gauche ; vus vers le nord-ouest. Le mur 424 est fondé sur une assise de pierres plates. Pareillement, la structure 471, à gauche, accolée au mur 440, repose sur une assise de moellons qui fut exposée suite à l'enlèvement d'une partie des briques. La pièce 507 se trouve à droite du cliché.

fondé, mais qu'en partie, sur une assise de pierres plates ; une telle fondation en pierres pour un mur en briques crues est un cas de figure unique à Tell 'Atij. En même temps, de l'autre côté du mur 440 et en parallèle avec le mur 424, est plaquée, contre le parement occidental du mur 424, une structure [471] composée de briques crues disposées dans tous les sens qui, elles aussi, reposent sur une assise de moellons, surtout du basalte (Fig. 10.39). Longue de 3,30 m, elle atteint en un endroit une largeur de 1,50 m. Mais comme cette structure 471 était en limite d'érosion, il nous fut impossible de bien l'articuler.

L'adjonction des murs 424 et 471 de part et d'autre du mur 440 vient renforcer l'entrée en chicane et allonger le passage qui y mène.

Par ailleurs, un nouveau mur [336] : 0,80-1,00 (la.) × 1,40 m (h.), fut plaqué sur 2,50 m tout le long du parement septentrional du mur 322. Ce faisant, la largeur du corridor **549**, menant au tunnel 547 ménagé dans la plateforme 622, est réduite d'autant. Le passage 549 ainsi créé aurait été lui aussi voûté à en juger par les départs d'arcs encore en place à la fois sur le pilier 332 et le mur 336 qui lui fait face. Le sol de ce passage aurait été plâtré.

Les inventaires du mobilier retiré des structures du « grenier septentrional » sont présentés dans le Chapitre 15 décrivant le niveau I. En effet, bien que cet ensemble architectural ait été mis en place au niveau VI (voir plus bas), il restera en usage jusqu'au niveau I, soit la dernière phase d'occupation du site. Il tombe sous le sens que toutes les composantes structurelles de ce grenier ont été régulièrement vidées de leur contenu et nettoyées durant toute leur période d'utilisation ; les jalons chronologiques de cette période ont donc disparu. En revanche, les fragments de céramique et les éléments de culture matérielle qui en ont été retirés correspondent à leur dernière phase d'utilisation alors que le bourg était en train d'être délaissé par ses habitants.

Datation

La datation archéomagnétique de tessons sans profil de fabrique *Commune* provenant d'unités de fouilles situées dans le secteur au centre du tell et associées stratigraphiquement au niveau VI a donné comme résultat 2743 ± 79 av. J.-C. (Gallet, Fortin *et al.* 2020, table 1). Une telle date correspondrait au début de la période EJZ 2.

La construction du grenier à l'extrémité septentrionale du tell remonterait au niveau VI dans la mesure où une couche cendreuse de couleur grise [ATJ86.E6A5], associée au niveau VII (Fig. 9.6), passe tout juste sous le mur 403 qui forme la limite orientale du grenier (Fig. 10.40).[12] L'altitude au sommet de cette couche se situe à +293,60 m, soit celle à laquelle débute le niveau VI dans le secteur ouvert au sommet du tell. Même si la surface des sols des silos en plâtre se situe à +294,00 m, qui est l'altitude du niveau V ailleurs sur le site, il faut prendre en considération le fait que ces silos sont posés sur une infrastructure en briques crues qui repose directement sur cette couche grise. L'attribution de ce grenier septentrional au niveau VI ne fait donc aucun doute.

Par ailleurs, il est tout à fait acceptable de considérer que ce grenier ait été en usage jusqu'à la fin de l'occupation du site puisqu'il n'était recouvert d'aucune structure lorsque nous avons entrepris nos fouilles. De plus, la plateforme d'accès du grenier septentrional est structurellement rattachée au mur d'enceinte [404] qui lui protégea l'établissement jusqu'à son abandon par ses habitants.

Interprétation

Plusieurs des constructions mises au jour au niveau VI de Tell 'Atij ressemblent davantage à des structures destinées à l'entreposage, en l'occurrence de grains de céréales récoltées dans les champs avoisinants, qu'à des bâtiments d'habitation, tels que des maisons de villageois (Tableau 19.1). En outre, la grande et massive plateforme 622, en plus d'avoir servi à donner accès aux multiples dispositifs d'entreposage l'entourant sur trois de ses côtés, aurait aussi très bien être utilisée pour y faire sécher et trier des grains avant de les ensiler, comme cela a été proposé sur d'autres sites contemporains (EJZ 2) de la Djézireh (Smogorzewska 2019, 61-62, 76).

Pièces 559a et 561b

Les pièces 559a et 561b, étant contiguës et surtout communicantes par une porte pratiquée dans le mur mitoyen 270, appartiennent clairement à même bâtiment. Selon Peter Pfälzner (2011, 147-148 ; 2001, 310-312, pls 32-33), il s'agirait d'une maison à deux pièces : une salle de séjour [561b], où l'on consommait de la nourriture à en juger par les vases en céramique retrouvés *in situ*, accolée à une pièce de stockage [559a] caractérisée par de multiples contreforts intérieurs arqués et un foyer au sol pour garder au sec les grains qui y étaient conservés (Sigaut 1981, 162).

La fonction de la pièce 559a comme structure de stockage ne pose pas problème : plusieurs sites contemporains dans la région ont livré de telles structures à arcades intérieures (Quenet 2012) qui sont considérées par les fouilleurs comme des constructions qui « faisaient office de réserve » (Suleiman & Quenet 2003, 22 – Abu Hujeira I ; Bieliński 2005b, 36 – Djassa el-Gharbi

---

12 Cette couche ATJ86.E6A5 correspond à la couche ATJ87.E5A3 qui fut fouillée l'année suivante, dans le sondage stratigraphique E5 (Figs 3.14 et 9.7). Toutes deux sont associées au niveau VII (Chapitre 9).

Figure 10.40 : Le « grenier septentrional » de Tell 'Atij, vu vers le sud. Une couche cendreuse de couleur grise [ATJ86.E6A5], appartenant au niveau VII, passe sous le mur 403 qui forme la limite orientale du grenier.

et Rad Shaqrah), notamment de grenier. Les contreforts intérieurs arqués et posés contre les parements intérieurs de murs sont des signes évidents d'encorbellement qui se traduit, au final, par une toiture voûtée, comme cela est visible sur des empreintes de sceaux-cylindres (Fig. 10.28) et encore aujourd'hui dans certains villages ruraux du Proche-Orient où ces bâtiments, de plan carré ou circulaire, aux toits voûtés, dits aussi en coupole ou coniques, sont destinés à l'entreposage (Aurenche 1981, 150-153 ; 1977, 61, 64 ; Hole & Tonoike 2016, 133), quoique certains auraient pu également servir de simples habitations domestiques en forme de dôme (Pfälzner 2001, 374 ; 2002b, 233-234). Même si les contreforts intérieurs arqués indiquent une forme d'encorbellement, cela ne signifie pas pour autant, aux yeux de Pfälzner (2011, 148 ; 2001, 310), que la pièce était voûtée ; ce dispositif permettait tout simplement, selon lui, de raccourcir les poutres d'un toit plat puisqu'elles reposaient sur des demi-arches qui s'avançaient vers l'intérieur. Enfin, le revêtement de plâtre de gypse appliqué aux murs de la pièce à arcades 559a aurait préservé de l'humidité les denrées périssables qui y étaient stockées, ce n'est pourtant pas un indice probant pour en faire un entrepôt, selon certains (Pfälzner 2001 ; Schwartz 2015, 37). Dans ce cas-ci, en plus du revêtement de plâtre sur les murs, le sol, également plâtré, porte les traces d'un foyer destiné à réchauffer l'air de la pièce et ainsi d'éviter la formation d'humidité. Sans compter qu'on aurait très bien pu y faire rôtir les grains qui y étaient stockés afin de prolonger leur conservation. Enfin, la pièce 559a n'est pas une pièce ordinaire considérant que son sol plâtré a soigneusement été posé sur des fondations de briques crues.

Avec une superficie de 9 m², la pièce 559a aurait pu abriter entre ses murs, en restituant leur hauteur à deux ou trois mètres (Paulette 2015, 44, 322 note a), de 13,50 à 20 m³ de grains conservés en sacs[13], soit entre 6 000 et 18

---

13 Les nombres de Tate Paulette sont légèrement différents car il a utilisé des plans moins précis publiés dans les rapports préliminaires. Le volume brut d'une pièce comme la 559 (18-27 m³) doit être réduit de 25% environ afin de tenir compte des aires de circu-

692 kg (Paulette 2015, 46, 322 note c); ce qui aurait été suffisant pour la consommation annuelle de 30 à 93 personnes, en supposant qu'elles consommaient chacune 200 kg de céréales par année, en moyenne (Mazar 2001, 458; Garfinkel *et al.* 2009, 322).[14] Ou, considérant qu'une famille de 5-6 personnes a besoin d'un dispositif d'entreposage d'un mètre cube (Kramer 1980, 319), l'entrepôt 559 aurait pu convenir à 13 ou 20 familles, c'est-à-dire à 65 ou 120 habitants du hameau. Il est évident que l'entrepôt 559 a une capacité de stockage qui dépasse largement les besoins d'une seule maisonnée. De fait, elle aurait même suffi à nourrir tous les villageois du bourg qui était peu peuplé : environ une cinquantaine de personnes.

Quant à la pièce 561b, interprétée comme une salle de séjour, sa superficie de 6,5 m^2 n'aurait pu accueillir qu'une seule personne (!), sachant que le besoin vital d'un individu est habituellement estimé entre 6 et 10 m^2 (Naroll 1962; Marfoe 1980; Kolb 1985; Postgate 1994). En outre, l'inventaire céramique de cette pièce, pourtant riche, ne comprend que 8% de céramique *Culinaire* et aucun ustensile de mouture, ni foyer, ni bassin. Il est donc difficile d'imaginer la préparation de repas dans une telle structure. En revanche, la capacité de stockage de la pièce 561b étant estimée entre 10 et 14,50 m^3, elle aurait pu accueillir entre 4 444 et 13 552 kg de céréales, conservés en sacs ou dans d'autres types de récipients, suffisamment pour nourrir de 22 à 87 personnes pendant une année.

Et si on combine les capacités des deux pièces communicantes : 559a et 561b, entre 52 et 207 individus auraient pu s'y approvisionner en céréales pendant une année (Tableau 19.1).

L'analyse du matériel lithique de la pièce 559a a révélé que des objets en silex y auraient été taillés en raison de la présence de trois éclats qui raccordent sur l'un des quatre nucléus retirés des débris de cette pièce (Chabot 2002, 165) et de deux tronçons lustrés de lames cananéennes portant des traces de bitume qui auraient sans doute servi d'armature pour un *tribulum*, d'après leur analyse tracéologique. Des indices de taille ont aussi été recueillis dans la pièce 561b : un nucléus et les éclats de décorticage (Chabot 2002, 165-166). Enfin, la grande concentration de produits de débitage, associée à la présence de cinq nucléus dans la cour 574 voisine y « témoigne de la présence d'activités de taille » (Chabot 2002, 165).

Pièces 538 et 621

L'attribution d'une fonction d'entreposage à la pièce 538 s'appuie sur la présence, le long de l'un de ses murs, de trois grandes jarres d'entreposage disposées sur une seule rangée. En outre, les parements intérieurs des murs de cette pièce comportent des contreforts arqués, plus imposants que ceux de la pièce 559a, qui auraient pu servir à soutenir un toit voûté. Enfin, tous les parements intérieurs de la pièce sont recouverts d'un crépi de plâtre de gypse, même si ce dernier élément est remis en question comme indice en faveur d'une fonction d'entreposage (Pfälzner 2001; Schwartz 2015, 37). Avec ses 18 m^2 de superficie, le volume de la pièce 538 oscille entre 36 et 54 m^3, selon la hauteur reconstituée des murs (2-3 m), pour une capacité de stockage allant de 26,90 à 40,30 m^3 si on entreposait dans des sacs (Paulette 2015, 45, 322 note b); ce qui aurait théoriquement permis d'y conserver entre 11,954 et 37,664 kg de grains, selon les modes de calcul retenus (Paulette 2015, 46, 322 note c), et de nourrir entre 60 et 188 personnes durant une année à raison d'une consommation annuelle moyenne de 200 kg (Mazar 2001, 458; Garfinkel *et al.* 2009, 322). Mais si on se fonde sur des observations ethnographiques, une famille de 5 à 6 individus aurait besoin annuellement d'un dispositif d'entreposage d'un mètre cube (Kramer 1980, 319), entre 26 et 40 familles auraient pu utiliser cet entrepôt, soit de 156 à 240 villageois, mais peut-être un peu moins (15-25%), si on prend en considération les provisions pour le prochain ensemencement et les dégradations pendant la durée de conservation (Paulette 2015, 326, note d).

La pièce 621, voisine de la pièce 538 avec qui elle communique par une porte et qui devait faire partie du même bâtiment, n'a pas été fouillée. Néanmoins, d'après sa surface présumée (14 m^2), on peut calculer qu'elle aurait avoir une capacité de stockage de 21 à 31,50 m^3, soit entre 9 332 et 29 440 kg de céréales, c'est-à-dire une quantité suffisante pour nourrir annuellement de 47 à 189 personnes. Les pièces 621 et 538 étant communicantes, si on additionne les quantités qui pouvaient y être stockées, elles auraient pu assurer les besoins en céréales d'une collectivité de 107 à 429 individus, c'est-à-dire supérieure à celle du hameau de Tell 'Atij (Tableau 19.1).

---

lation et des espaces pour la ventilation (Paulette 2015, 45, 322 note b, 324 note c).

14 Les estimations se situent en général entre 160 kg (Kramer 1980, 319) et 250 kg (Wilkinson 1994, 495; Ur & Wilkinson 2008, 313), voire un peu plus parfois (Schwartz 1994b, 27, table 2 pour plusieurs différentes sources).

Grenier septentrional

Le complexe architectural à l'extrémité septentrionale du tell, dit le « grenier septentrional », présente un potentiel d'entreposage impressionnant. En effet, dans leur état actuel de préservation, les cinq silos [502-503-504-505-506] au nord de la plateforme 622 totalisent un volume de 17 m³ et possèdent une capacité de stockage globale allant de 7 556 à 15 888 kg, selon le mode de calcul utilisé.[15] Si on assume, en s'appuyant sur des études ethnographiques notamment, qu'une personne consomme en moyenne 200 kg de céréales par année (Mazar 2001, 458 ; Garfinkel *et al.* 2009, 322)[16], ces silos auraient pu à eux seuls assurer la survie de 38 à 80 individus annuellement. Un autre type d'estimation, plus simple, consiste à convenir que l'approvisionnement annuelle d'une famille de 5-6 personnes exigeait un dispositif d'ensilage domestique de 1 m³ (Kramer 1980, 319) ; les silos décrits plus haut auraient donc pu satisfaire les besoins annuels de 17 familles, soit de 85 à 102 villageois. Mais quelle que soit la méthode retenue, cette estimation des capacités de stockage des seuls silos du grenier septentrional demeure sous-évaluée, considérant l'importance de l'érosion dans cette partie du tell qui a sûrement fait disparaître une bonne portion du grenier.

Les petites pièces d'entreposage situées au sud de la plateforme 622 du même grenier septentrional [522-523-524-525-526] disposent de volumes d'entreposage pouvant atteindre entre 6 799 et 15 982 kg (Paulette 2015, 319, 321, table 4.4) ; assez pour subvenir aux besoins en céréales de 34 à 80 personnes sur une base annuelle, à raison de 200 kg/personne, ou à ceux de 15-17 familles, soit 75-102 villageois, si on estime que l'approvisionnement annuel d'une famille de 5-6 personnes requiert un espace de 1 m³ (Kramer 1980, 319).

Finalement les volumes des pièces situées à l'ouest de la plateforme 622 [507, 533, 548] permettent d'y stocker entre 6 977 et 21 870 kg de grains (Paulette 2015, 319, 321, table 4.4), ce qui aurait suffi à nourrir entre 35 et 109 personnes durant une année, à raison de 200 kg par personne, voire entre 90-138 individus, si on estime à 1 m³ le volume nécessaire pour approvisionner pendant un an une famille de 5-6 personnes (Kramer 1980, 319).

En additionnant tous les volumes et capacités de stockage des diverses structures d'entreposage agglomérées autour de la plateforme 622 du grenier septentrional, on arrive à un volume global variant entre 48 et 57,5 m³, pour une capacité allant de 21 332 à 53 740 kg. Selon les minima et maxima retenus, on peut en conclure que le grenier septentrional, en l'état de préservation dans lequel il fut mis au jour, pouvait assurer un approvisionnement annuel à une population de 106 à 268 personnes, eu égard à la consommation personnelle annuelle de 200 kg en moyenne, ou de 48 à 57 familles : 288-342 villageois, si on calcule plutôt en fonction du volume d'entreposage requis chaque année par famille. Les estimations plus poussées de Tate Paulette (2015, 325, table 4.7) donne une fourchette qui va de 45 à 411 individus en prenant en compte les pertes et les réserves pour l'ensemencement. Mais ces nombres sont certainement en deçà de la réalité puisque le grenier n'a pas été conservé dans son entièreté.

Maintenant, si on compile les capacités de stockage de toutes les installations d'entreposage du niveau VI, soit le grenier septentrional, les pièces au centre du tell et celles à mi-pente méridionale, elles auraient pu répondre aux besoins d'une population de 200 à un millier d'individus (Tableau 19.1). Ce qui dépasse largement les besoins alimentaires de la population de ce petit bourg rural qui devait compter une cinquantaine de villageois seulement. Et encore, l'estimation des capacités de stockage à l'échelle du hameau demeure sous-évaluée puisque plus de la moitié du site a été emporté par l'érosion, d'une part, et, d'autre part, une infime portion (5-6%) de la partie préservée du site a été fouillée.[17]

Finalement, le type de dispositifs de stockage du grenier septentrional, entièrement construits en briques crues, nous renseigne sur la fonction même de ce hameau. En effet, les installations d'entreposage de Tell 'Atij ne sont pas hermétiquement fermées. Un silo, une fois scellé afin d'isoler son contenu de l'air extérieur, de l'humidité et des insectes, constitue le mode de conservation des céréales le plus approprié (Sigaut 1978 ; 1979 ; 1981) car, après avoir consommé l'oxygène contenu dans le silo, « les grains vont entrer dans une phase de dormance qui favorisera une conservation de longue durée tout en gardant leurs capacités germinatives » (Garcia 1997, 88). Mais pour permettre une

---

15 Tate Paulette (2015, 319) arrive à des résultats inférieurs parce qu'il n'a pas pris en compte la pièce 506.

16 Les estimations publiées sur le sujet se situent en général entre 160 kg (Kramer 1980, 319) et 250 kg (Wilkinson 1994, 495 ; Ur & Wilkinson 2008, 313), voire un peu plus parfois (Schwartz 1994b, 27, table 2 pour plusieurs différentes sources).

---

17 Il m'est apparu illusoire d'essayer d'évaluer les surfaces à cultiver pour remplir ces installations d'ensilage (Schwartz 1994b, 28) à la lumière des grands écarts de potentialité fournis par de récentes études réalisées sur la productivité des terroirs aux époques anciennes (Araus *et al.* 2001) et modernes (Cocks & Osman 1996).

conservation en atmosphère confinée ou anaérobie, sur une longue période, il faut que ces silos soient enterrés, comme des études ethnographiques (Sigaut 1978 ; 1979 ; 1981) et d'archéologie expérimentale (Reynolds 1974 ; 1979a ; 1979b, 71-82) l'ont démontré, et non construits hors-terre comme ceux du grenier septentrional de Tell 'Atij. Ces derniers, n'étant pas hermétiquement scellés, étaient facilement accessibles pour une consommation prochaine, c'est-à-dire dans l'année (Reynolds 1974, 124 ; Jiménez-Jáimez & Suárez-Padilla 2019, 8). En outre, de tels silos construits en briques crues et aux parements internes enduits de plâtre de gypse, fréquemment utilisés, nécessitent un entretien en toutes saisons, ce qui n'aurait pas été très pratique pour des populations nomades. De fait, le recours à des silos indique un certain degré de sédentarité (Testart 1982b, 524 ; Gronenborn 1997).[18]

---

18 Une assertion contestée par certains (Ingold 1983).

Chapitre 11
Niveau V

Altitude supérieure : +294,50-60 m.

Altitude inférieure : +294,00 m.

Épaisseur moyenne : entre 0,30 et 0,60 m, selon les endroits.

Le niveau V a été fouillé dans les secteurs suivants :

- **Centre du tell** : carrés D-E13-14-15-16 (Fortin 1990c, 541-544) et B-C13 (Fortin 1995, 37-38).
- **Versant méridional** : carrés D-E16-17-18 (Fortin 1988a, 162-165 ; 1990a, 232-235).
- **Extrémité septentrionale** : carrés D-E6-7-8-9 (Fortin 1988a, 155-162 ; 1990a, 221-232).

Centre et versant méridional du tell

Dans le secteur fouillé (325 m²) au centre du tell et sur son versant méridional (Fig. 11.1), le niveau V se démarque par la présence, au milieu de la zone fouillée (325 m²), d'un grand bâtiment au sol plâtré [**558**] entouré de ruelles [**580, 581, 582 et 562**] et inséré entre deux zones bâties, au nord et au sud. Au nord (Fig. 11.2), s'alignent de petits bâtiments [**555, 561a, 559b, 600, 601-601', 602 et 603**] le long d'un grand mur est-ouest [**261-262**] qui va rejoindre à l'est le mur d'enceinte du site. Au sud, le bâtiment 538 (niveau VI) est subdivisé en deux petites pièces [**517 et 517'**] qui viennent s'ajouter à la pièce 516 [= 621 du niveau VI]. Une autre pièce se profile à l'ouest [**532**], mais elle a été emportée par l'érosion.

Le bâtiment **558**, le plus important élément architectural du niveau V dans le chantier au centre du tell (Fig. 11.2), est construit à ce niveau-ci comme nous l'indiquent les cotes altimétriques de la surface de son sol en plâtre de gypse (+294,10-30 m) qui correspondent à celles des sols des bâtiments voisins du même niveau. L'épaisse couche de plâtre formant son sol revêt un substantiel substrat composé d'une double assise de briques crues qui s'enfonce dans les débris du niveau VI.[1] Manifestement, les occupants du niveau V ont creusé dans le comblement de la cour 580-581-582 du niveau VI afin de procurer de solides fondations à cette nouvelle structure. Ils ont même pris la peine d'ajouter aux fondations des murs, contre leur face interne, de petits murets afin de supporter des banquettes qui courent au pied du parement intérieur de certains murs et qui reposent sur le sol plâtré. Enfin, lorsque les murs 168 et 167, formant les limites orientale et occidentale du bâtiment 558, ont été fondés, le terrain était en forte pente vers l'ouest : il y a un écart de quelque soixante centimètres entre les semelles de fondation des deux murs ! En dépit de ces efforts de nivellement, le sol de la pièce accuse une dénivellation d'une vingtaine de centimètres d'est en ouest (Fig. 2.10 : coupe 15-Nord).

La pièce 558, de plan rectangulaire (Figs 11.3 et 11.4), possède une superficie plâtrée intérieure de 25 m² : 4,20 (la.) × 6,00 m (lo.), délimitée par :

- Mur 168, à l'ouest : formé d'une rangée (0,30 m la.) de briques en panneresses préservée sur quelques assises seulement (0,30 m h.) et que sur une partie (2,50 m) de sa longueur initiale (6,50 m) puisque son extrémité méridionale a été détruite par l'érosion ; ses fondations sont renforcées, à l'intérieur comme à l'extérieur, par l'ajout de briques bien alignées[2] (Fig. 2.10 : coupe 15-Nord).

---

1 D'où l'attribution erronée de cette pièce au niveau VI dans le rapport préliminaire (Fortin 1994a, 364-368).

2 L'un de ces alignements fut confondu avec un mur [113 : 2,67 (lo.) × 0,60 m (la.)] lors de la publication du rapport préliminaire (Fortin 1994a, 365 fig. 3).

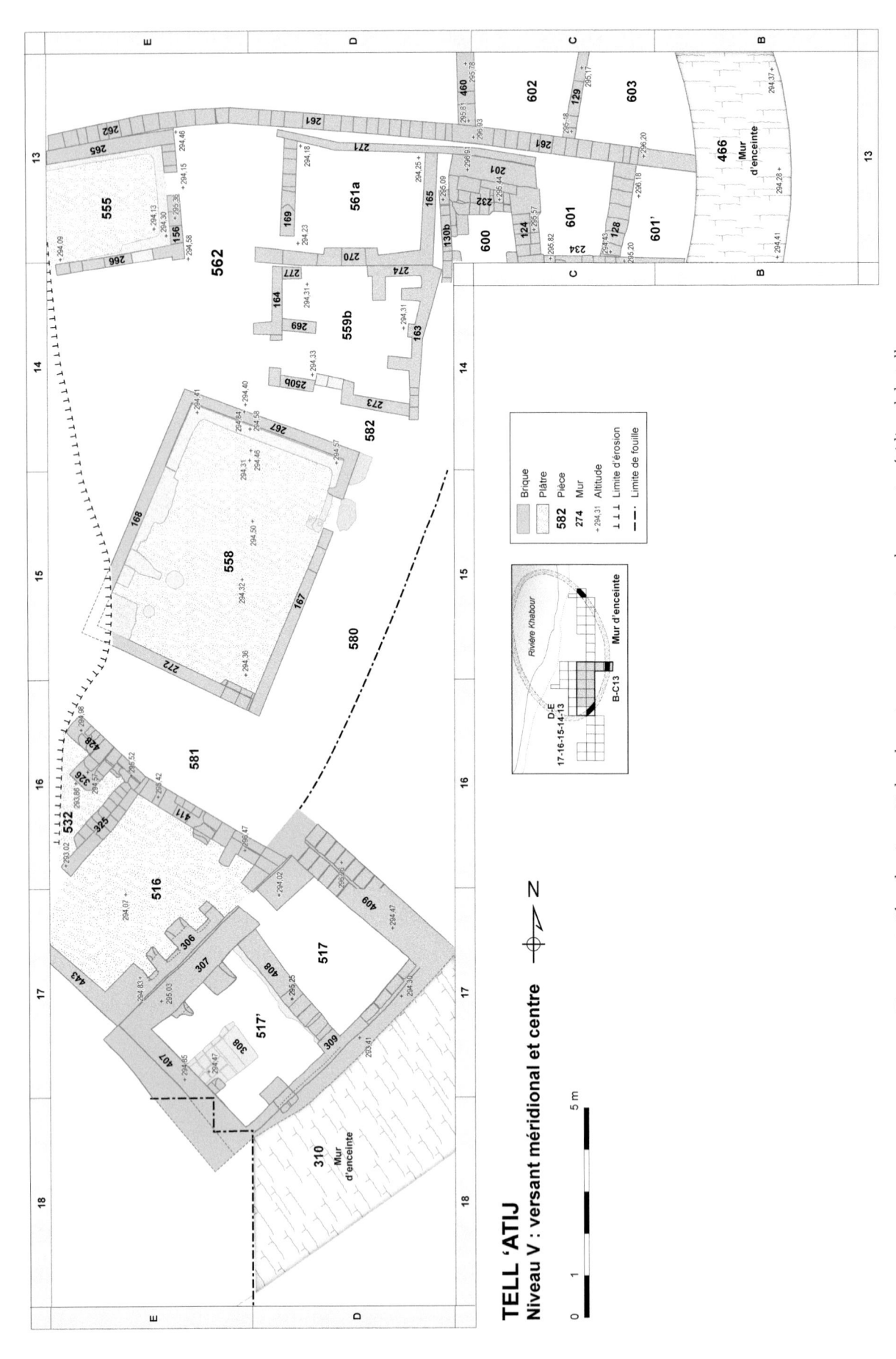

Figure 11.1 : Plan du niveau V dans le secteur au centre et sur le versant méridional du tell.

NIVEAU V

Tableau 11.1 : Distribution par structure des unités de fouilles du niveau V, au centre du tell et sur son versant méridional.

Structures	Murs	Unités de fouilles associées
Pièce 558	167 168 267 272	ATJ88.D15A32-33(sol) [IV], 35-36(sol) [IV]
Ruelles 580-1-2 [VI ↓]	163 167 272 273 250b 411 428	ATJ92.D14A34 ATJ93.D14D6-7 ATJ92.D15A37-38 ATJ92.D16C1
Pièce 561a	165 169 270 271	ATJ88.D13B6
Pièce 559b	163 164 250b 269 270 273 274 277	ATJ88.D14A28, 30-31(sol)
Ruelle/cour 562	156 164 169 261-262	ATJ88.E13B4 ATJ88.E14A7
Pièce 555 [↑ IV]	156 265 266	ATJ88.E13B10-11 ATJ92.E13B10'(sol), 12(fondations)

Structures	Murs	Unités de fouilles associées
Silo 600 [↑ IV]	124 130 232	ATJ93.C13A11, 13-14[IV]
Pièce 601-601'[↑ IV]	124 201 234 466 (enceinte)	ATJ93.C13A15[IV]
Pièce 602 [↑ IV]	129 261 460	Aucun
Pièce 603 [↑ IV]	129 261 466(enceinte)	ATJ93.C13A20[IV]
Pièce 517 [↑ I]	307 309 409 408	ATJ86.D17A1-2(?)-3, 7-8[I] ATJ87.E17A11[I]
Pièce 517' [↑ I]	307 309 407 308 408	ATJ86.D17A4[I] ATJ86.E17A1(?)-2-3-4[I] ATJ87.E17A6[I]
Pièce 516 [↑ I]	306 325 411 443	ATJ87.E16A3[I] ATJ86.E17A5[I] ATJ87.E17B1-2-3(sol)-4[I]
Pièce 532 [VI ↓]	428 326 325	Aucun

Le point d'interrogation en exposant (?) indique une unité de fouilles contaminée parce que située trop près de la limite d'érosion du tell ; conséquemment, son contenu n'est pas pris en compte dans les inventaires des structures du présent niveau. Les symboles [IV] et [I] indiquent des unités de fouilles qui font également partie des niveaux IV ou I ; l'inventaire de l'unité est associé au niveau supérieur inscrit en exposant puisque c'est le plus récent. Le symbole [VI ↓] signifie que cette structure fut mise en place dès le niveau inférieur (VI) tandis que [↑ IV] signale qu'elle continuera à être occupée au niveau supérieur (IV) ; son mobilier est inventorié avec sa phase d'occupation la plus récente. Certaines structures sont même restées en usage jusqu'à l'abandon du site : [↑ I] ; l'inventaire de leur mobilier se trouve donc au niveau I. Dans le cas de quelques pièces, leur chevauchement sur deux niveaux a pu être différencié : il est signalé par une lettre (a, b) ajoutée au numéro de la pièce qui correspond à une phase de construction, associable à des unités de fouilles distinctes.

– Mur 272, au sud : constitué d'un simple rang (0,30 m la.) de briques en panneresses dont une seule assise est préservée ; il porte encore son crépi de plâtre sur une longueur de 3,40 m alors qu'à l'origine ce mur devait atteindre environ 4,80 m.

– Mur 267, au nord : 4,60 (lo.) × 0,30 m (la.), a presque totalement disparu, arasé par les constructions postérieures ; son tracé au sol est encore visible grâce à la couche de plâtre dont son parement méridional est enduit ; la banquette à sa base, large de 0,30 m et haute de 0,12 m, est elle aussi plâtrée.

– Mur 167, à l'est : 6,80 (lo.) × 0,30 m (la.), un alignement de briques en panneresses dont une seule assise a survécu ; son parement intérieur est revêtu d'une couche de plâtre avec à sa base une banquette ; une porte de 0,80 m, avec crapaudine, seuil et marchepied, est percée dans ce mur, vers son extrémité septentrionale.

Toute la surface du sol de la pièce 558 devait être plâtrée à l'origine, même si au moment de son dégagement seulement une toute petite partie était préservée en raison de subdivisions ultérieurement apportées à l'intérieur

Figure 11.2 : Niveau V, partiellement dégagé au centre du tell, vu vers le sud. Au premier plan : à gauche, les pièces adjacentes 561a et 559b séparées de la pièce 555, à droite, par la ruelle/cour 562 (en partie masquée par la pièce 554 du niveau IV). Au second plan : la pièce 558, elle aussi partiellement dégagée.

de cette pièce au niveau IV. Les parements intérieurs de tous ses murs sont également enduits d'une couche de plâtre de gypse et trois d'entre eux [167, 168, 267] possèdent à leur base des ressauts de quelques centimètres, faisant penser à des banquettes.

L'inventaire céramique de la pièce 558 (Tableau 11.2) est plutôt riche et varié ; il comporte notamment un fragment de bol décoré d'un motif incisé/excisé (Fig. 11.5).

Autres éléments de la culture matérielle de la pièce 558 :

- 35 fragments de silex, dont deux nucléus à éclats accompagnés de nombreux éclats de débitage et de ravivage ainsi que cinq tronçons de lame lustrée ;
- 1 tronçon de lame en obsidienne ;
- 1 épingle à tige ronde et tête repliée, en bronze, incomplète [ATJ88.D15A32.M21].

La présence d'une sorte de marchepied en pierre monolithique placé devant une ouverture de 0,80 m pratiquée dans le mur 167 et de deux crapaudines en pierre disposées à l'intérieur de cette même ouverture indiquent clairement l'existence d'une porte très bien aménagée dans ce mur (Fig. 11.4). À en juger par la différence d'altitude entre le marchepied, le seuil et le sol de la pièce 558, il est manifeste qu'un visiteur devait descendre dans cette pièce dont le sol est un peu plus bas que le niveau de la ruelle [580] qui passe devant.

En fait, cette ruelle en terre battue [580], longue de 9,00 m et large de 2,50 m – peut-être plus mais la fouille ne s'est pas poursuivie vers l'est –, se trouve à correspondre à la partie orientale de la cour 580-581-582 du niveau précédent (VI). Elle débouche, au sud, sur la ruelle **581** (2,50 m la.) qui passe entre les pièces 558 et 515-516, et, au nord, sur une seconde ruelle [**582**] plus étroite (1,00 m) qui sépare la pièce 558 des pièces 559b-561a plus au nord et qui mène à la cour 562. En somme, le bâtiment 558 est accessible depuis l'ouest par deux venelles qui le contournent par le nord et par le sud avant d'atteindre la ruelle 580 en façade. L'espace

Figure 11.3 : Pièce 558, vue vers le sud. Les subdivisions intérieures sont du niveau IV.

Figure 11.4 : Pièce 558, vue vers l'ouest. Au premier plan : la porte qui lui donne accès est indiquée par un seuil, un marchepied et une crapaudine. Les subdivisions intérieures sont du niveau IV.

dégagé entre le bâtiment 558 et la limite d'érosion occidentale du tell n'ayant révélé aucune structure, on peut en conclure que la cour 562 doit s'étendre dans cette direction et que par conséquent le bâtiment 558 est un édifice isolé, qui n'est accolé à aucun autre édifice. Il est néanmoins entouré de constructions, du moins au nord et au sud, érigées à quelques mètres de distance.

Les fragments de céramique recueillis à la surface de ces ruelles 580-581-582 sont nombreux et appartiennent à diverses fabriques (Tableau 11.3).

Autres éléments de la culture matérielle des ruelles 580-581-582 :

- 34 fragments de silex, dont deux tronçons de lame lustrée ;
- 5 fragments d'objets en plâtre de gypse (non catalogués) ;
- 1 tesson de céramique circulaire, sans perforation centrale [ATJ92.D14A34.C10112] ;
- 1 broyeur en tuf, complet [ATJ92.D14A34.L203] ;

Tableau 11.2 : Inventaire céramique de la pièce 558.

Fabriques	Fragments	Formes/vases	Numéros catalogue/C
Ninive 5 incisée/excisée	2	1 bol	1322
Fine	49	10 bols	1325, 5305, 5309, 5320, 5333-4, 5336, 5387, 9921, 9938
		1 bouteille	1152(complète)
		2 formes indéterminées	9699, 9986
Commune	453	1 récipient miniature	5366
		5 grands bols	5170, 5175, 5196, 5306, 5324
		3 jarres	5174, 5312, 5331
		1 grande jarre	5168
		1 jarre à 2 ouvertures	5326
		3 jarres à petite ouverture	5177, 5183, 5189
		23 jarres à grande ouverture	1254, 1268, 5172, 5176, 5178-9, 5182, 5187, 5194, 5301, 5304, 5307-8, 5310, 5313, 5315, 5318, 5322, 5328-9, 5330, 5367, 7759
Culinaire	78	2 grands bols	5173, 5323
		7 marmites	5193, 5296-7-8, 5319, 5327, 9801
TOTAL	**582**		

Figure 11.5 : Vases retirés de la pièce 558.

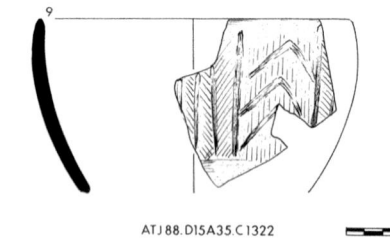

ATJ88.D15A35.C1322 : Fragment d'un bol de fabrique *Ninive 5 incisée/excisée*. Décor de petits trait obliques incisés entre des cannelures verticales alternant avec des traits verticaux incisés entre des chevrons excisés.

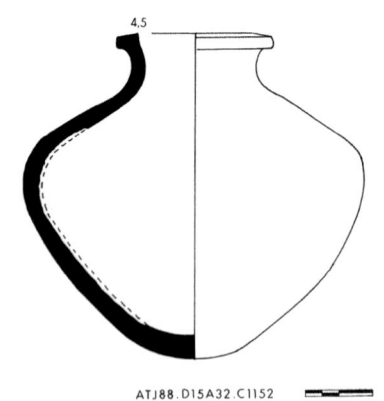

ATJ88.D15A32.C1152 : Bouteille de fabrique *Fine*, complète. 4,5 (dia.) × 9 cm (h.). Pâte de couleur *white* (10YR8/2), dure (Mohs 4), de texture fine avec des inclusions minérales. Petit col concave, fond pointu/arrondi, panse ovoïde, épaule très prononcée, col concave, rebord étalé, lèvre arrondie.

– 1 percuteur en basalte aux grains fins, complet [ATJ92.D15A37.L211] ;
– 1 meule en basalte alvéolé, complète [ATJ93.D14D7.L264] ;
– 1 crapaudine en gypse, incomplète [ATJ92.D15A37.P201].

Au nord du bâtiment 558, nous retrouvons deux pièces [561 et 559] du niveau VI qui sont légèrement transformées à ce niveau-ci ainsi qu'une nouvelle pièce [555] séparée des précédentes par une ruelle ou une cour : 562.

La pièce **561**, lors de sa réoccupation au niveau V [= **561a**], occupe un plus grand espace intérieur (Fig. 11.2) : 7,5 m² (2,40 × 3,10 m). Elle est formée des mêmes murs qu'au niveau VI [= 561b] sauf pour le 170, à l'ouest, qui a été arasé et remplacé par le mur 169 ; ce dernier ayant été érigé un peu plus à l'ouest, la superficie de la pièce s'en est trouvée agrandie.

Ce mur 169 : 2,20 (lo.) × 0,30 m (la.), est constitué d'une seule rangée de briques crues dont il est impossible d'établir la forme et les dimensions exactes tant il est mal préservé. Il a probablement été détruit lors de la construction de la pièce 554 au niveau suivant (IV) (Fig. 11.2), puisque nous n'en n'avons retrouvé qu'une assise ; aucun enduit sur ses parements n'a été noté. À son extrémité septen-

NIVEAU V

Tableau 11.3. : Inventaire céramique des ruelles 580-581-582.

Fabriques	Fragments	Formes/vases	Numéros catalogue/C
Grise incisée	1	1 bol	6765
Fine	68	1 forme indéterminée	7140
		10 bols	6749, 6750, 6761-2, 6767-8-9, 6778, 6865, 8973
		1 bouteille	6780
		11 fonds	6756, 6758-9, 6770-1, 6774, 6779, 6783, 6848, 6856, 7327
Commune	729	2 formes indéterminées	6745, 6757
		3 récipients miniatures	6763-4, 6772
		9 grands bols	6775, 6777, 6854, 6862, 6864, 6958, 7991, 8992, 10003
		1 jatte	6883
		4 jarres	6753, 6776, 6782, 7932
		3 grandes jarres	6716, 6721, 6751
		1 jarre à 2 ouvertures	8044
		7 jarres à petite ouverture	6773, 6950, 6960, 7276, 8018, 8041, 9006
		43 jarres à grande ouverture	6713-4-5, 6717, 6734, 6752, 6754-5, 6852-3, 6855, 6863, 6944-5-6-7-8-9, 6951-2-3-4-5-6-7, 6961-2-3-4, 6969, 7275, 7277, 7281, 7710, 7981, 8031, 8034, 8036, 8045, 8059, 8993, 9024, 9275
Culinaire	102	1 grand bol	6748
		1 couvercle	6861
		14 marmites	6146, 6746-7, 6766, 6849, 6870-1, 6895, 6942-3, 7231, 7982, 7990, 9519
TOTAL	**900**		

Tableau 11.4 : Inventaire céramique de la pièce 561a.

Fabriques	Fragments	Formes/vases	Numéros catalogue/C
Ninive 5 incisée/excisée	3	3 bols	1324, 1331, 1336
Fine	105	19 bols	1261[complet], 1262, 4491, 4515, 5384, 5397, 5408, 5421, 5426, 5428, 5468-9, 5478, 9906, 9910, 9912, 9916, 9925, 9927
		2 bouteilles	4474, 4517
		1 jarre	4482
		2 fonds	9714, 9725
Commune	284	1 forme indéterminée	9702
		1 bol	5462
		4 grands bols	4484, 4493, 5417, 5467
		2 jarres	5406, 5437
		1 grande jarre	10077
		2 jarres à petite ouverture	4511, 5449
		11 jarres à grande ouverture	1272, 4483, 4495, 4498, 4514, 4516, 4518, 5410, 5419, 5443, 5465
Culinaire	44	2 marmites	4494, 5438
TOTAL	**436**		

Figure 11.6 : Sélection de vases provenant du comblement de la pièce 561a.

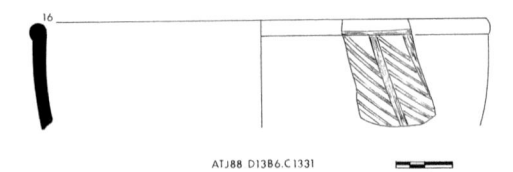

ATJ88.D13B6.C1331 : Bol de fabrique *Ninive 5 incisée/excisée*, fragmentaire. 16 cm (dia.). Rebord droit, lèvre en bourrelet. Au rebord, décor de petits traits obliques tous pareillement orientés et disposés entre de petites cannelures verticales (cf. Raqa'i : Schwartz & Chomowicz 2015, 211, fig. 4.13/605 : *hatched vertical grooves (excised)*, fig. 4.30/13 et 16 ; Rova 2011, pls 5/7 et 8).

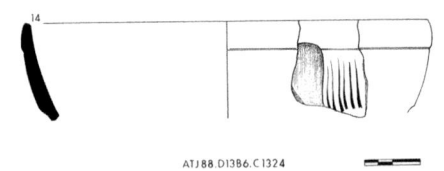

ATJ88.D13B6.C1324 : Bol de fabrique *Ninive 5 incisée/excisée*, fragmentaire. 14 cm (dia.). Rebord convexe, lèvre arrondie. Motif de cannelures alternant avec des métopes incisées (cf. Raqa'i : Schwartz & Chomowicz 2015, fig. 4.13/606 : *panels (excised)*, 280, fig. 4.30/1-5, fig. 4.34 ; Leilan : Schwartz 1988, fig. 31/11 et 14).

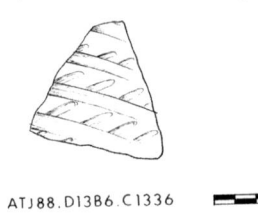

ATJ88.D13B6.C1336 : Bol de fabrique *Ninive 5 incisée/excisée*, fragmentaire.

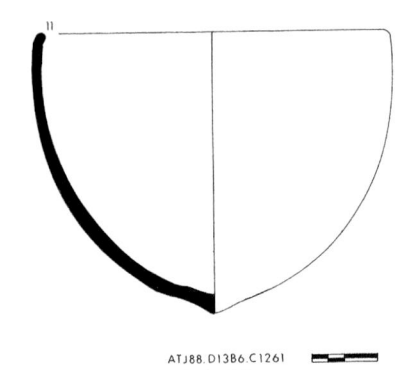

ATJ88.D13B6.C1261 : Bol de fabrique *Fine*, complet. 11 (dia.) × 8,5 cm (h.). Fond pointu, panse convexe, rebord droit, lèvre simple arrondie.

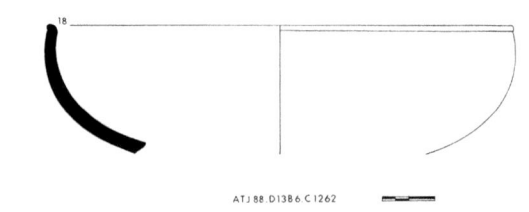

ATJ88.D13B6.C1262 : Bol de fabrique *Fine*, fragmentaire. 18 (dia.) × 5 cm (h.). Panse convexe, rebord légèrement rentrant, lèvre en bourrelet.

ATJ88.D13B6.C1272 : Jarre à grande ouverture de fabrique *Commune*, fragmentaire. 32 cm (dia.). Lèvre simple carrée.

trionale, il vient buter contre le mur 271, déjà en place au niveau VI, tandis que vers le sud il n'atteint pas le mur 270, s'arrêtant 0,40 m avant. C'est cet étroit espace de quarante centimètres qui devient le seul moyen de communication entre cette pièce 561a et la cour 562, à l'ouest. La porte pratiquée dans le mur 270 au niveau VI est murée, empêchant toute communication entre la pièce 561a et la 559b, au sud ; ce qui infirme l'attribution de ces deux pièces à un seul et même bâtiment, à caractère domestique : la pièce 561 servant de séjour et la 559 de lieu d'entreposage (Pfälzner 2011, 147-148 ; 2001, 310-312, pls 32-33).

L'intérieur de la pièce 561a a été comblé par une succession de minces couches de terre brune et grise, formant une accumulation de 0,75-90 m environ au-dessus d'un sol en terre battue (+294,18 m). Les restes décomposés d'un four à cuisson furent retirés de l'amoncellement de débris.

De cette accumulation de débris furent également extraites plusieurs céramiques fragmentaires (Tableau 11.4) dont les profils de quelques-unes ont pu être reconstitués (Fig. 11.6).

Autres éléments de la culture matérielle de la pièce 561a :

– 21 fragments de silex, dont quatre nucléus accompagnés d'éclats de débitage et de décorticage ainsi que quatre tronçons de lame lustrée.

Le plan de la pièce **559**, au moment de sa réoccupation au niveau V [= **559b**], ressemble presque fidèlement à celui qu'elle avait au niveau précédent : 2,60-3,00 × 3,20-40 m, pour une superficie d'environ 9 m². Cependant, les accès diffèrent. À l'ouest, le mur 164 est dressé entre les contreforts arqués 277 et 269, obstruant ainsi la baie entre les deux ; la circulation vers la cour 562, à l'ouest, se fait dorénavant par une étroite (0,60 m) porte pratiquée dans le mur 164, entre les contreforts 269 et 250b, et dont la présence est confirmée par une crapaudine en pierre retrouvée *in situ*. Du côté sud, l'is-

Figure 11.7 : Sol en terre battue de la pièce 559b, au-dessus du comblement de la pièce 559a (niveau VI), vu vers le nord dans l'embrasure de la porte dans le mur mitoyen 270 qui est murée à ce niveau-ci.

Tableau 11.5 : Inventaire céramique de la pièce 559b.

Fabriques	Fragments	Formes/vases	Numéros catalogue/C
Métallique	1		
Ninive 5 incisée/ excisée	3	3 bols	1321, 1323, 1334
Fine	38	6 bols	1256, 4781, 4783, 4785, 4788, 4790
		1 flacon	4784
		1 fond	4905
Commune	204	2 récipients miniatures	4780, 5364
		1 grand bol	4798
		4 jarres	4773, 4786, 4791, 4793
		1 grande jarre	4799
		1 jarres à petite ouverture	1269
		8 jarres à grande ouverture	4779, 4782, 4787, 4792, 4794-5, 4900, 4903
Culinaire	35	2 marmites	4778, 4902
TOTAL	**281**		

sue aménagée entre les murs 273 et 250b est toujours en usage. Finalement, comme il a été précisé plus haut, la porte dans le mur 270 au nord est murée, rendant la pièce 559b indépendante de la 561a.

Alors que le sol de la pièce 559a du niveau VI était en plâtre, celui de la pièce 559b est tout simplement en terre battue (+294,31-6 m), posé directement sur les débris de la pièce 559a (Fig. 11.7). Ce sol sera à son tour recouvert par un éboulis (épais de 0,40-50 m) de morceaux de briques, de terre brune et de cendres duquel furent extraits un grand nombre de fragments de céramique (Tableau 11.5) dont certains portent un décor incisé/excisé typique de cette époque (Fig. 11.8). Le reste du mobilier est composé de 21 fragments de silex, dont neuf tronçons de lame, sept d'entre elles étant lustrées.

Les deux pièces 559b et 561a débouchent à l'ouest, chacune par une petite porte, sur une ruelle : **562** (Figs 11.6 et 11.9), qui fait en longueur six mètres

Figure 11.8 : Sélection de vases retirés de la pièce 559b.

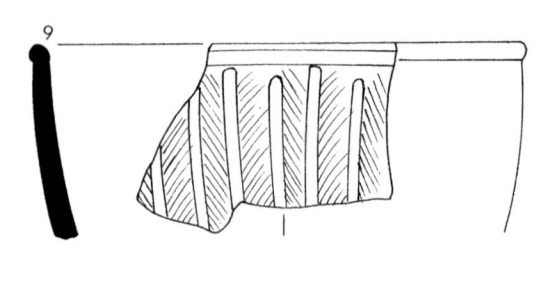

ATJ88.D14A28.C1321 : Bol de fabrique *Ninive 5 incisée/excisée*, fragmentaire. 9 cm (dia.). Rebord plutôt droit, lèvre en bourrelet. Au rebord, décor de petits traits obliques orientés dans un sens et dans l'autre, et disposés entre de petites cannelures verticales (cf. Raqa'i : Schwartz & Chomowicz 2015, 211, fig. 4.13/605 : *hatched vertical grooves (excised)*, fig. 4.30/13 et 16 ; Rova 2011, pls 5/7-8).

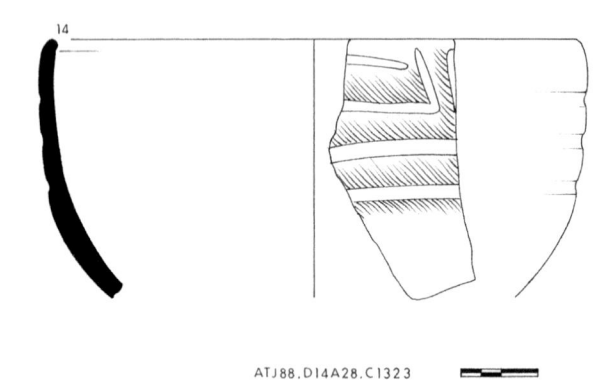

ATJ88.D14A28.C1323 : Bol de fabrique *Ninive 5 incisée/excisée*, fragmentaire. 14 cm (dia.). Paroi convexe, rebord plutôt droit, lèvre arrondie. Petits traits obliques incisés entre de larges lignes excisées en zigzag (cf. Leilan : Schwartz 1988, fig. 31/12 ; Raqa'i : Schwartz & Chomowicz 2015, 211, fig. 4.13/604 : *hatched « step »/zigzag pattern (excised)*, 280, fig. 4.30/6-7 et 9 ; Rova 2011, 89, pl. 5/1 : ARCANE EJZ type 33).

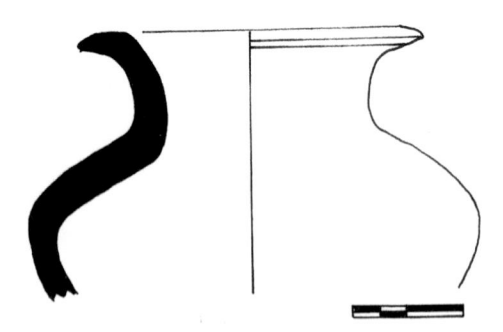

ATJ88.D14A28.C4784 : Flacon de fabrique *Fine*, incomplet : partie inférieure manquante. 6 cm (dia.). Haut col droit, panse ovoïde, épaule peu prononcée, col droit, rebord étalé, lèvre amincie/arrondie.

Figure 11.9 : Fragments de céramique retrouvés dans la ruelle 562.

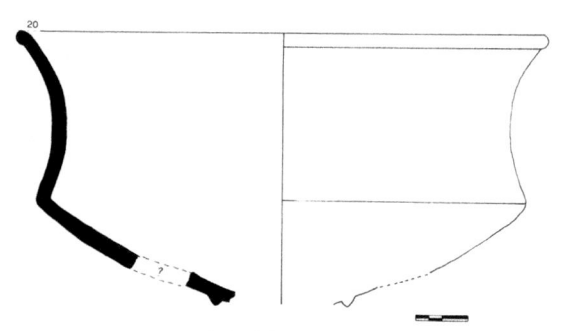

ATJ88.E13B4.C1164 : Bol de fabrique *Noire polie*, fragmentaire. 20 cm (dia.). Base annulaire, panse carénée, rebord concave, lèvre en bourrelet. Fait au tour.

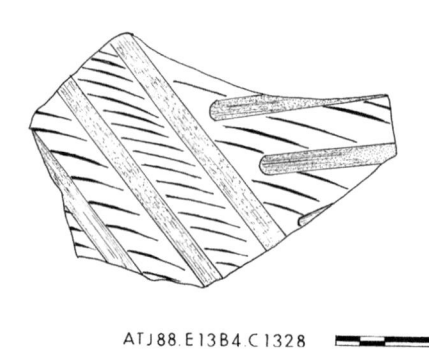

ATJ88.E13B4.C1328 : Bol de fabrique *Ninive 5 incisée/excisée*, fragmentaire. Décor de petits traits horizontaux incisés entre des cannelures excisées obliques et horizontales (cf. Raqa'i : Schwartz & Chomowicz 2015, 282, fig. 4.32/4).

depuis le mur 262, au nord, jusqu'à la pièce 558, au sud, et plus de deux mètres en largeur. Elle comporte plusieurs sols en terre battue superposés les uns aux autres. Beaucoup de débris ont été accumulés sur ces sols multiples. Cette ruelle s'élargit vers l'ouest, entre la pièce 558 et la 555, de manière à former une sorte de cour qui malheureusement a été emportée par l'érosion.

Son inventaire céramique est peu abondant (Tableau 11.6) quoique certains tessons appartiennent à des fabriques singulières (Fig. 11.9).

Autres éléments de la culture matérielle de la ruelle/cour 562 :

- 7 fragments de silex, dont un nucléus et trois tronçons de lame lustrée ;
- 1 meule en basalte alvéolé, incomplète [ATJ88.E13B4.L156] ;
- 1 roue de charriot en terre cuite, très incomplète [ATJ88.E13B4.Tc68] ;

NIVEAU V
187

Tableau 11.6 : Inventaire céramique de la ruelle/cour 562.

Fabriques	Fragments	Formes/vases	Numéros catalogue/C
Ninive 5 incisée/ excisée	1	1 bol	1328
Noire polie	1	1 bol	1164
Fine	44	14 bols	4399, 4486, 4509, 4600, 4602-3, 4607, 4610-11-12, 4913, 4947, 4958(complet)-9
Commune	176	3 récipients miniatures	4613, 9972, 9976
		2 grands bols	4950, 4952
		1 jatte	4953
		1 grande jarre	4601
		3 jarres à petite ouverture	4918, 4937, 4960
		12 jarres à grande ouverture	1244, 4470, 4604, 4606, 4609, 4614-5, 4906, 4921, 4924, 4949, 4954
Culinaire	40	4 marmites	4472, 4608, 5463, 9811
TOTAL	**262**		

Figure 11.10 : La pièce 555, au second plan, est séparée des pièces 561a et 559b, au premier plan, par la ruelle 562 en terre battue qui se prolonge vers le sud et se transforme en une petite cour.

Figure 11.12 : Intérieur de la pièce 555, vu vers le sud-est. À gauche, le mur 266 dans lequel est aménagée une porte qui sera murée au niveau suivant (IV) ; l'emplacement de cette porte est clairement indiqué par la présence *in situ* d'une crapaudine.

- 3 tessons de céramique circulaires, un perforé au centre [ATJ88.E13B4.C4835], deux sans perforation [ATJ88.E13B4.C5362-3].

À l'ouest de la ruelle 562 et des pièces 561a-559b, se dresse la pièce **555** (Figs 11.10 et 11.11) : large de 3,10 m et d'une longueur préservée de 3,90 m, son extrémité occidentale ayant été emportée par l'érosion, elle couvre une superficie de 12 m². Elle est délimitée sur trois de ses côtés par les murs suivants, celui de l'ouest s'étant écroulé dans la rivière :

- Mur 265, au nord : 3,40 (lo.) × 0,30 (la.) × 1,20 m (h.), formé d'un unique rang de briques crues disposées en panneresses.

- Mur 266, au sud : 3,20 (lo.) × 0,28 (la.) × 0,90 m (h.), constitué d'une seule rangée de briques placées en panneresses, avec une porte, large de presque 0,70 m – qui sera murée au niveau suivant (IV) –, associée à une crapaudine à proximité, à l'intérieur (Fig. 11.12).

- Mur 156, à l'est : 3,10 (lo.) × 0,30 (la.) × 1,20 m (h.), un simple alignement de briques crues appareillées en panneresses, avec une étroite (0,60 m) porte en encorbellement aménagée au milieu (Fig. 11.13).

Le sol en plâtre de gypse qui appartient à la première phase d'occupation de cette pièce est à peu près à la même altitude (+294,10 m) que ceux des pièces 561a

Tableau 11.7 : Inventaire céramique de la pièce 555.

Fabriques	Fragments	Formes/vases	Numéros catalogue/C
Ninive 5 incisée/ excisée	2	1 bol	1332
Fine	34	10 bols	1245, 1250, 1333, 4616, 4629, 5418, 8484, 8501, 9774, 9918
		1 bouteille	1249
Commune	205	1 récipient miniature	9965
		2 grands bols	8396, 8525
		1 jarre	4618
		1 grande jarre	4496
		4 jarres à petite ouverture	4619, 4628, 4631, 8500
		19 jarres à grande ouverture	4505-6-7, 4617, 4621-22, 4625-26, 4630, 4633-34-35-36-37-38, 8395, 8397, 8405, 8522
Culinaire	59	1 grand bol	4497
		9 marmites	4397, 4510, 4620, 4623, 4624, 4627, 4632, 8383, 8398
TOTAL	**300**		

Figure 11.11 : Partie septentrionale du niveau V dans le secteur au centre du tell, vue vers le nord. À gauche, la pièce 555 est dressée contre le parement du grand mur 261-262, en face des pièces 561a et 559b qui se trouvent à droite du cliché.

Figure 11.13 : Intérieur de la pièce 555, vu vers le nord. Le sol est revêtu d'une couche de plâtre de gypse et une porte est aménagée dans le mur 156, à droite. Au fond, le mur 265 présente une rainure à sa base qui marque le niveau du sol du niveau supérieur (IV).

et 559b du même niveau. Cependant, il est entièrement posé sur deux assises de briques crues qui constituent pour cette pièce de solides fondations d'une vingtaine de centimètres d'épaisseur (Fig. 2.13 : coupe F-Est) ; il est clair que pour mettre en place ces imposantes fondations, il a fallu creuser dans les débris du niveau inférieur (VI).[3] Pareillement, le dessin en coupe (Fig. 2.13) : elles débordent vers l'intérieur de manière à pouvoir servir d'appui aux banquettes qui courent à la base des murs de la pièce 555 ; par conséquent, même si les semelles de fondation de ces murs se situent en altitude au niveau VI, elles ont été construites en prévision d'aménagements intérieurs – banquettes – de la pièce 555 du niveau V. Ces banquettes, entre dix et quinze centimètres de haut sur autant de large, sont enduites d'une couche de plâtre de gypse de même que le sol et les parements internes des murs.

Aucune couche d'occupation attribuable au niveau V ne fut identifiée dans la pièce 555 parce qu'elle fut

---

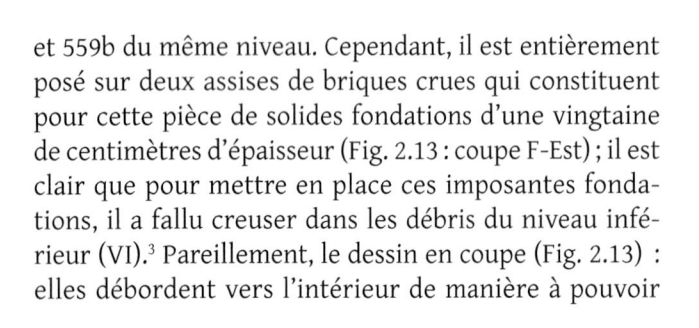

3 Ce qui explique la méprise dans un rapport préliminaire dans lequel la première occupation de cette pièce a été attribuée au niveau VI (Fortin 1994a, 365-367).

Figure 11.14 : Vases retirés du comblement de la pièce 555.

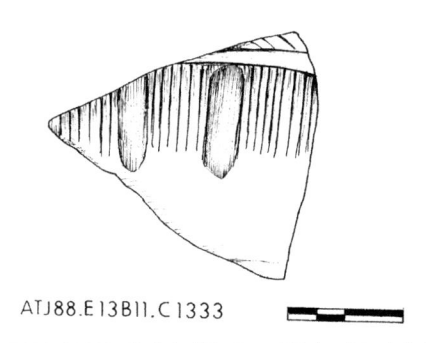

ATJ88.E13B11.C1333

ATJ88.E13B11.C1333 : Bol de fabrique *Ninive 5 incisée/excisée*, fragmentaire. Motif de cannelures alternant avec des métopes incisées (cf. Raqa'i : Schwartz & Chomowicz 2015, fig. 4.13/606 : *panels (excised)*, 280, fig. 4.30/1-5, fig. 4.34 ; Leilan : Schwartz 1988, fig. 31/11 et 14).

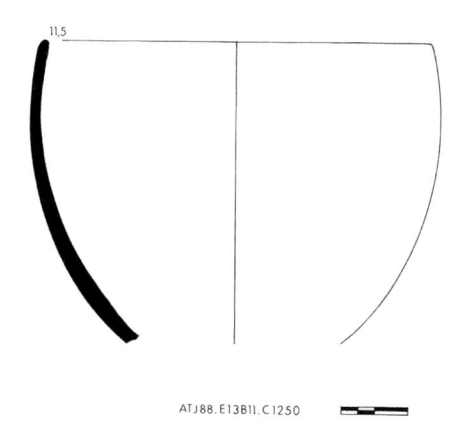

ATJ88.E13B11.C1250

ATJ88.E13B11.C1250 : Bol de fabrique *Fine*, fragmentaire. 11,5 cm (dia.). Paroi convexe, rebord légèrement rentrant, lèvre simple arrondie.

entièrement nettoyée avant d'être réutilisée au niveau suivant (IV), avec un sol plâtré légèrement rehaussé (0,40 m). Cependant, ce nouveau sol (niveau IV) repose sur un substrat composé d'une accumulation de débris de briques mis spécifiquement en place à cette fin. Ce remplissage intentionnel qui tient lieu de fondations au sol plâtré du niveau IV peut donc être associé à la phase finale de l'occupation de la pièce au niveau V ; des tessons (Tableau 11.7 ; Fig. 11.14) et des fragments d'éléments de culture matérielle en furent extraits.

Autres éléments de la culture matérielle de la pièce 555 :

– 43 fragments de silex, dont cinq tronçons de lame lustrée ;
– 1 meule en basalte alvéolé, complète [ATJ88.E13B10.L168] ;
– 1 pied de récipient *Culinaire*, en argile très grossière, incomplet [ATJ88.E13B11.Tc76].

La ruelle 580 qui passe devant l'édifice 558 se prolonge de quelques mètres vers le nord, en se rétrécissant (0,60-90 m), jusqu'à un regroupement de cinq petites pièces disposées de part et d'autre du grand mur 261 : 600-601-601' et 602-603 (Fig. 11.15).

La structure **600** (Fig. 11.16), de plan quadrangulaire : 1,80 × 1,80 m (= 3,2 m²), est formée de murs, imbriqués les uns aux autres, entièrement construits en briques crues de même module : 0,45 × 0,25 × 0,08 m ; cependant, ils sont difficiles à distinguer parce que les parements internes sont revêtus d'une couche de plâtre de gypse :

– Mur 232, au nord : long de 2,30 m mais d'épaisseur inconnue, est préservé sur une hauteur de 1,30 m ; en plus de présenter un contrefort arqué large de 0,52 m, son parement interne est en encorbellement dans sa partie supérieure.
– Mur 124, à l'est : 1,80 (lo.) × 0,65 (la.) × 1,40 m (h.), avec un contrefort arqué sur le parement interne et le départ d'une voûte en encorbellement.
– Mur 130b, à l'ouest : 1,68 (lo.) × 0,25 (la.) × 0,90 m (h.), doté d'un contrefort intérieur arqué.

Le quatrième mur, au sud, se trouve en dehors de la zone fouillée. Aucun des murs mis au jour ne possède une porte, ce qui laisse supposer que l'accès à cette pièce se faisait par le toit. Lequel devait être voûté à en juger par la présence de contreforts arqués contre les parements internes de tous les murs et le départ d'une voûte en encorbellement au sommet de deux d'entre eux. Les particularités architecturales de cette structure, combinées à ses dimensions réduites, indiquent qu'il s'agit d'un silo ; ce qui fut confirmé par la présence sur son sol plâtré de grains d'orge carbonisés au moment de son déblaiement. L'altitude de son sol plâtré (+294,00 m) en fait résolument une structure du niveau V, par comparaison avec les cotes altimétriques des sols repérés dans les autres bâtiments de ce niveau.[4] Mais comme ce silo restera en usage au niveau supérieur (IV), son mobilier est donc présenté dans le Chapitre 12 décrivant ce niveau.

La pièce **601**, à l'est du silo 600, pourrait avoir été subdivisée à ce niveau-ci en deux petites pièces adjacentes : **601** et **601'**, par un étroit mur de partition [128] en très

---

[4] Et non du niveau IV, comme il a été prématurément avancé dans un rapport préliminaire (Fortin 1995, 38, fig. 12). Dans ce même rapport, les multiples couches accumulées dans le silo 600 sont mises en corrélation avec différents niveaux d'occupation alors que ce sont tout simplement des strates de terre faisant partie du processus de comblement de ce silo après son abandon. Enfin, les dimensions de la superficie du silo données dans ce rapport sont erronées.

Figure 11.15 : Les pièce 600, à gauche, et 601-601′, à droite ; vues vers le nord. Elles sont accolées au parement méridional du mur 261 qui vient buter contre le mur d'enceinte incurvé, à droite. Les pièces 602 et 603, invisibles sur ce cliché, sont situées derrière le mur 261.

Figure 11.16 : Vue de l'intérieur du silo 600, en usage aux niveaux V et IV.

mauvais état de conservation. La longueur totale de la pièce 601 atteint 3,60 m, d'est en ouest. Par contre, sa largeur est impossible à établir, sa limite septentrionale n'ayant pas été repérée : la fouille de cette pièce a été interrompue vis-à-vis le mur 201 de peur qu'il s'écroule, alors qu'il est à peu certain que cette pièce se continue, sous le mur 201, jusqu'au parement méridional du mur 261. Donc, sa largeur initiale serait de 2,00 à 2,40 m tandis que sa largeur préservée varie entre 1,00 et 1,50 m. La pièce 601 est donc délimitée par le mur 261, au nord, le mur 124 du silo 600, à l'ouest, le mur 234 à moitié dégagé, car enfoui dans la berme, au sud, et finalement le mur d'enceinte 466, à l'est. Quant à l'étroit mur mitoyen 128 (1,25 × 0,50 m), il ne comporte que trois assises de briques crues très mal préservées, disposées en boutisses. Le mobilier de la pièce 601-601′ est décrit au Chapitre 12 puisqu'elle sera encore en usage au niveau IV.

Ces pièces 600 et 601-601′ sont accolées au parement méridional du mur 261 (Fig. 11.15), ce dernier se prolongeant, suivant un axe est-ouest, jusqu'au mur d'enceinte contre lequel il vient buter à angle droit. En regardant la Figure 11.15, on a l'impression que le mur 261 est un

Figure 11.17 : Accumulation de débris sous les assises inférieures du mur 201 qui montre que ce dernier, muni d'imposants contreforts, ne sera mis en place qu'au niveau III.

Figure 11.18 : Les pièces 602 et 603, à droite, au nord du double mur 201-261 qui vient buter contre le parement intérieur du mur d'enceinte incurvé ; vues vers l'ouest.

mur très épais, voire un double mur. C'est vrai, mais le dédoublement du mur 261 accompagné de la mise en place contre son parement méridional d'un mur à contreforts, le mur 201, se fera plus tard (niveau III), comme en témoigne l'accumulation de débris sous les assises inférieures du mur 201 (Fig. 11.17).

Au nord du mur 261, les pièces **602** et **603** s'appuient sur son parement septentrional. Elles sont incomplètes parce qu'elles se prolongent vers le nord, au-delà de la zone fouillée (Fig. 11.18) ; leur mur septentrional est donc inconnu ainsi que leurs dimensions d'origine.

De la pièce **602**, dont la longueur d'est en ouest varie de 2,10 à 2,50 m et la largeur préservée, nord-sud, de 1,70 à 2,00 m, nous ne connaissons que deux murs qui lui soient propres (Fig. 11.19) :

Figure 11.19 : La pièce 603, à gauche, et la 602, à droite, accolées au parement septentrional du mur 201-261 ; vues vers le sud-ouest.

– Mur 460, à l'ouest : 1,35 (lo.) × 0,45 (la.) × 1,35 m (h.), une rangée de briques disposées en boutisses préservée sur treize assises ; aucun enduit.
– Mur 129, à l'est : 1,60 (lo.) × 0,20 (la.) × 0,46 m (h.), une rangée de briques en panneresses sur trois assises ; sans revêtement.

Aucun mobilier n'est à associer à la pièce 602.

La pièce **603** est elle aussi appuyée contre le parement septentrional du mur 261. Elle est limitée à l'est par le mur d'enceinte et à l'ouest par le mur mitoyen 129 ; son mur septentrional n'a pas été atteint. Sa superficie dégagée oscille entre 2,10 et 2,90 m, d'est en ouest, tandis que du sud au nord, elle s'étire sur deux mètres avant de disparaître dans la berme septentrionale du carré C13. Cette pièce restant en usage au niveau IV, son mobilier est présenté dans le Chapitre 12 qui suit.

Versant méridional du tell

Revenons maintenant au sud de la pièce 558 où se trouve un regroupement de pièces [516-517-517'] adjacentes, là aussi, au mur d'enceinte [310] (Tableau 11.1 ; Fig. 11.1).

La grande pièce 538 du niveau VI est divisée à ce niveau-ci en deux plus petites : **517** et **517'**, par l'ajout, au centre de la pièce, d'une cloison mitoyenne en briques crues : le mur 408 (Fig. 11.20). Il est clair que ce mur a été érigé à ce niveau-ci étant donné qu'il repose sur une couche de sable fin qui recouvre les débris de la pièce 538, matérialisés en stratigraphie par une couche cendreuse grise (Fig. 10.17).

Large de 0,50 m, le mur 408 est constitué d'une simple rangée de briques crues rectangulaires (0,50 × 0,30 × 0,08 m en moyenne) disposées surtout en boutisses sur douze assises, soit sur une hauteur préservée variant entre 1,00 et 1,40 m. La particularité la plus frappante de ce mur mitoyen est que ses deux extrémités viennent s'appuyer tout contre la face intérieure de deux pilastres arqués, exactement de même largeur que le mur 408, qui ont dû servir à soutenir le plafond, plat ou voûté, du bâtiment 538 du niveau antérieur (VI) (Fig. 11.20). Les parements du mur mitoyen 408 ne comportent aucun revêtement, contrairement à ceux des murs des pièces 517 et 517' qui sont protégés par un crépi de plâtre – en fait, ce sont les murs de la pièce 538 du niveau VI qui sont réutilisés à ce niveau-ci. Enfin, le mur 408 est dépourvu de porte, empêchant donc toute communication entre les deux nouvelles pièces : 517 et 517'.

La pièce **517**, de plan trapézoïdal, couvre une superficie de 7 m² environ : 3,26 (lo.) × 2,00 × 50 m (la.). Elle est délimitée, sur trois des côtés, par des murs de la pièce 538 du niveau VI : 307 à l'ouest, 309 à l'est et 409 au nord ; du côté sud, c'est la nouvelle cloison 408 qui ferme cette pièce. L'étroite (0,50 m) porte pratiquée dans le mur 307

NIVEAU V

Figure 11.20 : Pièces contiguës 517 et 517', vues vers le sud. Elles sont séparées par le mur mitoyen 408 qui repose sur une couche de sable fin recouvrant une épaisse couche cendreuse grisâtre (destruction du niveau VI). À gauche, le mur d'enceinte 310 et, à droite, le départ de la pièce 516.

Figure 11.21 : Amoncellement de moellons, sans liant, dans l'angle nord-ouest de la pièce 517 ; vu vers l'ouest. Il s'agirait d'une construction tardive, sans rapport avec la pièce 517, comme la tombe EJZ à proximité.

au niveau VI est toujours en usage ; elle ne s'ouvre plus sur la pièce 621 (niveau VI) mais sur la pièce 516 qui réutilise, de fait, l'espace occupé précédemment par la pièce 621.

À l'intérieur de la pièce 517, dans son angle nord-ouest, fut dégagé un alignement plutôt informe de petits moellons en pierre, haut de 0,40-80 m et large de 0,60 m, qui, depuis le mur 307, longe sur deux mètres le mur 409 et passe juste au-dessus des trois jarres de la pièce 538 du niveau VI (Fig. 11.21). Toutefois, il ne repose pas directement sur ces jarres mais plutôt sur une couche sablonneuse qui les recouvre, celle-là même qui se prolonge sous le mur mitoyen 408, situant donc stratigraphiquement cette structure au niveau V. Cependant, au vu de la nature du matériau de construction : des pierres plates sans liant plutôt que des briques crues liaisonnées avec du mortier de boue, et de la nature non-fonctionnelle de cet amas de pierres au sein de cette pièce de petites dimensions, il convient de se demander si cet amoncellement de moellons non taillés ne serait pas tout simplement une structure intrusive ? Qui n'aurait rien à voir avec la pièce 517. Il pourrait s'agir des fondations d'un bâtiment quelconque construit après l'abandon du site (époque romaine ?), comme nous l'avons observé ailleurs sur le site (Chapitre 18), dans la mesure où aucun mur de la période Early Jezireh à Tell 'Atij ne possède une telle fondation en pierres. Toutefois, aucun mur en briques crues ou pisé n'a été identifié au-dessus de cet amoncellement.

La pièce **517'**, également de plan trapézoïdal, occupe une surface de 9 m² : 3,30 (lo.) × 2,70-3.00 m (la.). Elle aussi est délimitée sur trois de ses côtés par des murs de l'ancienne pièce 538 (niveau VI) : 307 à l'ouest, 309 à l'est et 407 au sud ; le mur mitoyen 408 ferme cette pièce au nord. Les contreforts arqués et plâtrés dressés contre les parements internes des murs 307 et 309, et qui se font face, sont toujours en usage. Contre le parement interne du mur 407 est accolée une structure en briques crues [**308**] qui fait saillie de 1,50 m (Fig. 11.22). Cette structure 308 est formée de trois rangs de briques, ce qui lui donne une largeur d'un mètre ; sa hauteur préservée atteint 0,70 m.

Figure 11.22 : Structure 308, dressée contre le mur 407 et qui aurait pu servir d'escalier pour accéder par le toit à la pièce 517', vue vers le sud.

Figure 11.23 : Pièce 516, en partie (angle sud-ouest) détruite par l'érosion, vue vers le sud-ouest. À gauche, le mur 306 et sa suite de contreforts. Au premier plan : mur 410 construit au niveau IV et, derrière, un empilement de briques mis en place au niveau III [429].

Son mode de construction et sa largeur distinguent cette structure des murs usuels à Tell 'Atij. Représenterait-elle les restes d'un escalier ? D'autant qu'aucune ouverture n'a été décelée dans les murs formant cette pièce. L'accès à la pièce 517' aurait donc pu ainsi se faire par le toit, grâce à cet escalier. À l'instar du mur mitoyen 408, la structure 308 repose elle aussi sur la couche de sable fin qui a servi de lit de pose au mur 408 ; ces deux éléments architecturaux ont donc été mis en place au niveau V.

Par contre, l'amoncellement de blocs de pierre qui se dressait dans l'angle sud-est de la pièce 517' au début de son dégagement (Fortin1988a, 164 fig. 28) s'est avéré être intrusif d'autant qu'il se trouvait immédiatement sous la surface de la pente du tell fortement érodée à cet endroit du versant méridional (Fig. 11.22, à gauche).

Ces deux pièces adjacentes : 517 et 517', mises en place au niveau V, vont rester en usage jusqu'à l'abandon du site. Comme il se doit, les inventaires de leur mobilier sont présentés dans le Chapitre 15 traitant de la dernière période d'occupation du site (niveau I).

La porte dans le mur 307 de la pièce 517 s'ouvre, à l'ouest, sur la pièce **516**. Celle-ci occupe le même espace que celui de la pièce 621 du niveau VI, à la différence qu'ici on lui a ajouté un beau sol en briques crues revêtu d'une couche de plâtre de gypse qui n'a été identifiée que par endroits (Fig. 11.23). Elle possède un plan de forme trapézoïdale de 14 m² environ (3,00 × 4,00-70 m), délimité par des murs qui sont très mal préservés, étant situés dans un versant très pentu du tell qui a été exposé aux effets de l'érosion éolienne et pluviale ; par conséquent, la longueur de plusieurs d'entre eux est inconnue et leur hauteur diminue dans le sens de la pente :

- Mur 306, à l'est : 2,50 (lo.) × 0,30 (la.) × 0,80-1,50 (h.), formé d'une rangée de briques crues appareillées en panneresses ; contre son parement interne, une suite de quatre contreforts arqués enduits de plâtre de gypse, comme tout le parement d'ailleurs, dont la largeur varie de 0,25 à 0,50 m ; ces contreforts sont distants l'un de l'autre d'une quarantaine de centimètres.
- Mur 325, à l'ouest : 2,50 (lo. prés.) × 0,57 m (la.), une double rangée de briques disposées en panneresses ; vers le sud, son extrémité a été arrachée par l'érosion mais elle devait rejoindre le mur 443.
- Mur 443, au sud : 1,70 (lo. prés.) × 0,40 m (la.), constitué d'un simple alignement de briques en boutisses préservé sur une seule assise ; son extrémité occidentale a été emportée par l'érosion.
- Mur 411, au nord : 3,40 (lo.) × 0,50 m (la.), deux rangs de briques, disposées à la fois en boutisses et en panneresses, qui viennent buter, à l'est, contre le mur 307 de la pièce 517.

La pièce 516 restera en usage, elle aussi, jusqu'à la dernière phase d'occupation de l'établissement. Son inventaire de céramique et d'éléments de la culture matérielle est en conséquence détaillé dans le Chapitre 15 décrivant le niveau I.

D'après les cotes altimétriques prises à son sommet, le mur 428, qui prolonge en fait le mur 411 vers l'ouest, est encore apparent à ce niveau-ci. Cela signifie que la pièce **532**, à l'ouest de la pièce 516, devait être alors toujours en fonction même si, à part le mur 428, nous en avons perdu toutes traces en raison de l'érosion.

Extrémité septentrionale

L'imposant grenier construit au niveau précédent (VI) à l'extrémité septentrionale du tell aurait continué à être utilisé au niveau V. L'inventaire de son mobilier est décrit avec sa dernière période d'occupation, soit le niveau I (Chapitre 15).

Datation

Il est difficile de distinguer stratigraphiquement le présent niveau V du VI, qui précède. Ainsi les pièces 561 et 559 sont réutilisées sans trop de changements et la pièce 538, sur le versant méridional, est transformée en deux pièces adjacentes [517-517'] par le simple ajout d'un mur mitoyen au centre de la pièce, les murs externes demeurant les mêmes. Il s'est sûrement écoulé très peu de temps entre le niveau VI et le V.

Aucune datation paléomagnétique de tessons provenant d'unités de fouilles associables au niveau V n'a été tentée. Cependant, les datations obtenues pour les tessons des niveaux VI et IV ayant donné respectivement comme résultats 2743 ± 79 et 2707 ±82 av. J.-C. (Gallet, Fortin *et al.* 2020, table 1), la datation du niveau V devrait donc se situer entre les deux et, par conséquent, correspondre au début de la période EJZ 2.

Les fragments de céramique diagnostiques recueillis dans des contextes stratigraphiques de ce niveau-ci ne nous permettent pas de préciser cette datation au début de la période EJZ 2 du fait que, par exemple, les motifs incisés/excisés sur des vases de fabrique *Ninive 5* sont plutôt des indicateurs de la fin de cette période :

– cannelures alternant avec des métopes incisées sur ATJ88.D13B6.C1324 et ATJ88.E13B11.C1333 (cf. Raqa'i : Schwartz & Chomowicz 2015, fig. 4.13/606 : *panels (excised)*, 280, fig. 4.30/1-5, fig. 4.34 ; Leilan : Schwartz 1988, fig. 31/11 et 14) ;

– petits traits obliques incisés entre de larges lignes excisées en zigzag, sur ATJ88.D14A28.C1321 (Schwartz 1988, fig. 31/12 ; Schwartz & Chomowicz 2015, 280, fig. 4.30/6-7 et 9) ;

– courts traits obliques orientés dans un sens et dans l'autre, et disposés entre de petites cannelures verticales sur ATJ88.D14A28.C1321 (cf. Raqa'i : Schwartz & Chomowicz 2015, 211, fig. 4.13/605 : *hatched vertical grooves (excised)*, fig. 4.30/13 et 16 ; Rova 2011, pls 5/7-8) ;

– traits obliques tous pareillement orientés et incisés entre des cannelures verticales sur ATJ88.D13B6.C1331 (cf. Raqa'i : Schwartz & Chomowicz 2015, 211, fig. 4.13/605 : *hatched vertical grooves (excised)*, fig. 4.30/13 et 16 ; Rova 2011, pl. 5/7-8).

Par ailleurs, les tout premiers fragments de céramique appartenant à la fabrique dite *Métallique* font timidement leur apparition à ce niveau-ci : trois tessons seulement. Or, la présence de cette fabrique dans la région n'est habituellement attestée qu'à la fin de la période EJZ 2 (Pruß 2000 ; Rova 2011, 57 ; Alachkar 2017, 167).

Interprétation

Le secteur au centre du tell est marqué par la présence du grand bâtiment 558 au sol et aux parements intérieurs enduits de plâtre ; il est entouré de bâtiments ainsi que de ruelles qui conduisent à sa porte munie d'un seuil de bonnes dimensions et d'une crapaudine en pierre. Ces multiples voies d'accès lui confèrent un caractère public, au sein d'un quartier. À lui seul, ce bâtiment offre des capacités de stockage de grains de céréales en sacs suffisantes pour les besoins alimentaires annuels de tous les habitants du hameau de Tell 'Atij. Si on lui ajoute les volumes des pièces 517-517'-516, au sud, ainsi que celles du grenier septentrional, au nord, les villageois se retrouvent clairement avec des approvisionnements céréaliers excédentaires. Et c'est sans compter avec d'autres petits bâtiments voisins du 558 dont la fonction d'entreposage est tout à fait envisageable (Tableau 19.1).

Pièce 558

La grande pièce 558 (25 m^2) au sol et aux murs plâtrés aurait été, de l'avis de Peter Pfälzner (2011, 147-148 ; 2001, 311), une structure à caractère domestique, plus précisément : « a multi-functional living ('nuclear room') room of a house » (Pfälzner 2011, 147). Or, cette salle constitue un bâtiment en soi, indépendant, séparé des autres édifices du même niveau par des ruelles qui le contournent sur ses quatre côtés ; ce n'est donc pas du tout le module d'un bâtiment domestique à pièces multiples. D'autant que son volume intérieur ne peut fournir un espace vital qu'à deux (10 m^2/personne) ou quatre personnes (6 m^2/personne) et qu'il est en outre dépourvu d'aménagements immobiliers – foyer et bassins – et de mobiliers – aucune meule et très peu de céramique *Culinaire* (15%) – que nous pourrions associer à une occupation à caractère domestique.

Il a aussi été proposé, mais de manière très hypothétique, d'y voir les vestiges d'un temple (Matthews 2002,

188). Cette proposition n'a pas été retenue par Pfälzner (2011, 175-179) dans son inventaire des « Temples and Ceremonial Architecture » dans le cadre du projet ARCANE. Elle a même été carrément rejetée par Stefano Valentini (2015, 102) dans son étude sur les « Communal places of worship... during the Early Bronze Age Jezirah ». En effet, aucune installation particulière à l'intérieur de ce bâtiment, si ce n'est un enduit de plâtre de gypse appliqué au sol, aux parements des murs et aux banquettes à la base des murs, ne milite en faveur d'une telle interprétation, surtout si on le compare au bâtiment 21 mis au jour sur le site voisin de Raqa'i qui lui est interprété, de manière plus convaincante, comme un temple (Schwartz 2000 ; 2015, 126-129). Son mobilier ne présente pas non plus un caractère cultuel, comme ce fut le cas dans le sanctuaire rural contemporain découvert récemment à Tell Barri (Valentini 2008). Pourtant, il n'aurait pas été surprenant d'identifier un temple à Tell 'Atij, puisqu'il a été démontré sur d'autres sites contemporains spécialisés dans le stockage de surplus de produits agricoles et d'élevage (ex. Raqa'i et Barri cités plus haut) qu'il est normal de retrouver sur ce type de sites un temple destiné à formaliser le contrôle de cette activité économique par une élite administrative qui puisait son pouvoir dans une idéologie religieuse (Schwartz 2000, 179 ; Valentini 2008, 350).[5]

J'ai déjà proposé d'interpréter le bâtiment 558 de Tell 'Atij comme une sorte d'entrepôt public (Fortin 1990b, 543 ; 1994, 365) au vu de ses dimensions, son espace intérieur entièrement plâtré avec des banquettes à la base des murs et son positionnement en retrait de tout autre bâtiment, mais accessible par des venelles. Avec un volume estimé entre 50 et 75 m^3, selon que l'on reconstitue des murs à deux ou trois mètres de hauteur, sa capacité de stockage de grains d'orge en sacs se situe entre 38 et 57 m^3 (Paulette 2015, 323 table 4.6), soit entre 16 932 et 53 459 kg, ce qui permet de subvenir aux besoins de 83 à 267 personnes qui consomment en moyenne 200 kg de céréales par année (Mazar 2001, 458 ; Garfinkel *et al.* 2009, 322).[6] Ou, considérant qu'une famille de 5-6 personnes a besoin chaque année d'une provision de

1 m^3 de céréales (Kramer 1980, 319), les sacs de grains conservés dans ce bâtiment auraient pu satisfaire de 38 à 57 familles nucléaires, soit 228-342 villageois. À lui seul, ce bâtiment aurait donc pu répondre aux besoins alimentaires de tous les habitant du hameau de Tell 'Atij, et même davantage (Tableau 19.1). Par conséquent, je continue à croire que ce bâtiment a exercé une fonction publique ou communautaire d'entreposage plutôt que domestique d'autant qu'aucune trace de foyer ni de bassin n'a été observée sur son sol plâtré, ni mobilier de mouture recueilli dans les décombres qui ne comportait en outre que 15% de céramique *Culinaire*. Enfin, la grande pierre plate placée juste devant l'entrée comme pour servir de marchepied ou de seuil confirme que ce grand bâtiment était très fréquenté ; aucune autre installation de type « domestique » n'est équipée d'un tel seuil à Tell 'Atij ou sur des sites voisins.

Deux nucléus accompagnés de plusieurs éclats de débitage et de ravivage ont été découverts dans cette pièce 558, mais dans une couche d'abandon, ce qui ne nous autorise pas à imaginer des activités de taille du silex dans cette pièce, ces artéfacts provenant peut-être « d'un nettoyage d'une aire de taille localisée ailleurs sur le site » (Chabot 2002, 165).

Pièces 517-517′ et 516

Les pièces 517-517′ seraient aussi à considérer comme des lieux de stockage puisqu'il s'agit en fait de la subdivision de la pièce 538 du niveau inférieur qui, à ce niveau-ci, est délimitée par les mêmes murs plâtrés et munis de contreforts intérieurs arqués, sauf pour le mur mitoyen 408 qui la divise maintenant en deux et dont les parements ne sont pas crépissés.

Quant à la pièce 516, avec qui la pièce 517 communique par une porte, en plus de petits contreforts internes, elle possède un sol en briques crues recouvert d'une couche de plâtre, ce qui n'est pas du tout habituel pour une structure domestique.

De fait, ces trois pièces font partie d'un seul et même bâtiment. Pour ces trois structures, Tate Paulette (2015, 322 table 4.5) a calculé une superficie de pratiquement 27 m^2, avec un volume que l'on peut reconstituer entre 53,8 et 80,7 m^3 selon que l'on imagine des murs hauts de deux ou trois mètres. Mais comme ces grains ont probablement été conservés dans des sacs, la capacité de stockage s'en trouve réduite à environ 40,4 ou 60,6 m^3 (Paulette 2015, 322 note b) pour une quantité de grains pouvant aller de 17 954 à 56 637 kg en fonction des modes de calcul qui s'offrent à nous (Paulette 2015, 322

---

5 Par contre, l'interprétation de Hans Curvers (2020) de voir en Raqa'i un centre rituel mineur destiné à un groupe de pasteurs-agriculteurs qui auraient utilisé les nombreux dispositifs d'entreposage du bourg pour y nourrir les divinités honorées dans les temples m'apparaît irréaliste.

6 Les estimations se situent en général entre 160 kg (Kramer 1980, 319) et 250 kg (Wilkinson 1994, 495 ; Ur & Wilkinson 2008, 313), voire un peu plus parfois (Schwartz 1994b, 27, table 2 pour plusieurs différentes sources).

note c). Ces quantités auraient permis de nourrir entre 90 et 283 personnes consommant en moyenne 200 kg chacune durant une année (voir plus haut). Si, par ailleurs, on estime qu'un volume de 1 m³ suffisait à une famille de 5-6 personnes pour s'approvisionner pendant une année, entre 40 et 60 familles y auraient trouvé leur compte, soit entre 240 et 360 individus, voire un peu moins – entre 15 et 25% – si on prend en considération les pertes pendant la durée de conservation et les provisions en vue de l'ensemencement de l'année suivante (Paulette 2015, 326, note d). Mais peu importe, les quantités conservées dans ces structures-ci dépassent encore largement, à elles seules, la population du bourg rural de Tell 'Atij (Tableau 19.1).

Pièce 555

La nouvelle pièce 555 ne nous est que partiellement connue, son extrémité occidentale ayant été emportée avec l'affaissement d'une partie du tell dans la rivière. Son sol, les parements intérieurs de ses murs et les banquettes au bas de ces derniers sont enduits d'une couche de plâtre, ce qui en ferait un endroit idéal pour l'entreposage du grain, à l'abri de l'humidité et des rongeurs, d'autant que le bâtiment est étroit (3,10 m); il est accessible par deux petites portes et est dépourvu d'aménagements culinaires à l'intérieur. En outre, son mobilier ne comporte qu'une meule et un *andiron*, et seulement 16% de sa céramique est de fabrique *Culinaire*. À partir de sa superficie préservée (12 m²), il nous est possible de reconstituer son volume (24-36 m³) et sa capacité de stockage de grains en sacs (18-27 m³) qui doit prendre en compte des espaces pour la circulation et la ventilation (Paulette 2015, 324 note c).[7] Ce volume permet quand même d'y entreposer entre 8 000 et 25 234 kg de céréales (Paulette 2015, 46, 323 note a), de quoi répondre aux besoins de 40 à 162 personnes, selon le mode de calcul privilégié (voir plus haut) (Tableau 19.1).

Pièces 561a et 559b

Les pièces 561a et 559b correspondent à de simples réutilisations de mêmes pièces du niveau inférieur (VI), avec à peu près les mêmes murs plâtrés auxquels fut ajouté un nouveau sol, en terre battue cette fois. Les caractéristiques de ces pièces n'ont guère changé, sauf que maintenant les deux pièces ne sont plus communicantes par une porte pratiquée dans un mur mitoyen, comme au niveau inférieur, rendant ainsi leur appartenance à un seul et même bâtiment problématique (Pfälzner 2011, 147-148 ; 2001, 310-312).

Même avec une augmentation de sa superficie qui passe à 7,5 m², la pièce 561a demeure encore trop petite pour recevoir plus d'une personne dont l'espace vital varie, d'après les études ethnographiques, de 6 m² (Kolb 1985 ; Marfoe 1980 ; Postgate 1994) à 10 m² (Naroll 1962). Cependant, son volume utile (11-17 m³) lui aurait permis d'abriter entre 4 888 et 15 888 kg de grains, en sacs, assez pour nourrir entre 24 et 102 personnes pendant un an, suivant différents modèles prévisionnels (Paulette 2015, 323 table 4.6).[8] Aucun instrument de mouture n'y fut retrouvé et la vaisselle *Culinaire* ne représente que 10% de son inventaire céramique. Enfin, même si les quatre nucléus accompagnés d'éclats de débitage et de décorticage qui y ont été découverts pourraient théoriquement indiquer des activités de taille du silex, leur présence dans une couche de destruction infirme cette hypothèse. De plus, aucun raccord d'éclats sur nucléus n'a pu être réalisé (Chabot 2002, 165). La taille du silex s'est probablement déroulée ailleurs sur le site, à proximité.

Quant à la pièce 559b, ses capacités de stockage sont restées sensiblement les mêmes qu'au niveau précédent, à la différence que son mobilier ne comprend plus que 12% de céramique *Culinaire* et aucun instrument de mouture.

Silo 600

Les modes de construction très particuliers de la petite pièce 600, à savoir un plafond bas en encorbellement, des parements internes enduits de plâtre et munis de contreforts arqués, m'incitent à l'interpréter comme un silo d'autant qu'au moment de son déblaiement il renfermait encore sur son sol plâtré des grains d'orge carbonisés. En l'absence de portes dans ses murs, ce silo devait être accessible par une ouverture pratiquée dans son toit. Avec un volume de 4,50 m³, il aurait pu recevoir entre 2 000 et 4 206 kg de grains en vrac (Paulette 2015, 323 table 4.6), suffisamment donc pour nourrir pendant une année entre 10 et 21 personnes, à raison de 200 kg par personne ou de 22 à 27 sur la base d'un mètre cube par famille de 5-6 personnes (voir plus haut).

---

7 Les nombres avancés par Tate Paulette (2015, 323 table 4.6) sont différents, car il a utilisé les plans publiés dans les rapports préliminaires qui étaient imprécis.

8 Encore une fois, les présentes estimations diffèrent légèrement de celles de Tate Paulette (2015) en raison de plans qui ont été précisés depuis leur publication dans des rapports préliminaires.

Les pièces 601-601′, adjacentes au silo 600, ont révélé trop peu d'indices pour être en mesure de leur attribuer une fonction. Il en va de même des pièces 602 et 603 voisines qui ont été dégagées sur une trop petite surface.

Grenier septentrional

Les composantes architecturales du grenier construit à l'extrémité septentrionale du tell principal, tout contre le parement intérieur du mur d'enceinte, sont toujours en usage à ce niveau-ci et offrent donc une grande capacité de stockage dépassant largement les besoins de la population du hameau de Tell 'Atij (Chapitre 10).

Chapitre 12

Niveau IV

Altitude supérieure : +295,10-60 m.
Altitude inférieure : +294,50-80 m.
Épaisseur moyenne : environ 1,00 mètre.

Le niveau IV a été fouillé dans les secteurs suivants :

- **Centre du tell** : carrés D12, D-E13-14-15-16 (Fortin 1990a, 238-239 ; 1990c, 544-547) et B-C13 (Fortin 1995, 37-38).
- **Versant méridional** : carrés D-E17-18 (Fortin 1988a, 162-165 ; 1990a, 232-235).
- **Extrémité septentrionale** : carrés D-E6-7-8-9 (Fortin 1988a, 155-162 ; 1990a, 221-232).

Centre et versant méridional du tell

Dans le secteur fouillé (350 m²) au centre du tell et sur son versant méridional, le niveau IV se distingue par de nombreux changements dans l'organisation architecturale du hameau de Tell 'Atij (Figs 12.1 et 12.2). L'espace intérieur du grand bâtiment 558, construit au niveau précédent (V), est partagé en deux nouvelles pièces de plus petites dimensions : **556** et **567**. Cette dernière donne sur une ruelle en façade [**545**] qui va longer, au sud, une série de pièces mises en place au niveau précédent : **517**, **517'** et **516** ; la surface de celle-ci est réduite par l'ajout d'une cloison qui vient créer une nouvelle petite pièce : **515**. Vers le nord, la ruelle 545 débouche sur une cour en terre battue et partiellement en cailloutis [**550**] autour de laquelle se dressent de petits bâtiments dont la plupart sont de simples réaménagements de structures du niveau antérieur ; **555**, **557**, **600**, **601-601'**, **602** et **603**, auxquelles s'ajoutent deux nouvelles constructions : **554** et **560**. Au-delà du mur limitrophe septentrional 261-262, une nouvelle pièce fait son apparition : **546**.

Aménagée dans la grande pièce 558 du niveau précédent (V) (Fig. 2.10 : coupe 15-Nord), la petite pièce **556**, de plan rectangulaire, ne fait que 2,00 × 4,10 m, ce qui lui donne une superficie de 8 m² seulement (Fig. 12.3). Elle est comprise entre :

- Mur 267, au nord : 3,50 (lo.) × 0,35 (la.) × 0,40 m (h.), réutilisation du même mur qui avait servi pour la pièce 558 du niveau V.
- Mur 159, à l'est : 2,70 (lo.) × 0,30-42 (la.) × 0,72-83 m (h.), une seule rangée de briques qui se dédouble vers l'extrémité méridionale ; huit assises préservées.
- Mur 268, au sud : 3,24 (lo.) × 0,36-70 (la.) × 1,12 m (h.), très mal préservé.
- Mur 157, à l'ouest : un mur du niveau III qui est probablement mis en place dès ce niveau-ci (Fig. 2.10 : coupe 15-Nord).

Aucune porte n'a été décelée dans l'un de ces murs, à moins qu'elle était aménagée dans le mur 157 très mal préservé à ce niveau-ci, étant en limite d'érosion du tell. Le sol plâtré de la pièce 556 (Fig. 12.3) se situe entre trente et quarante centimètres environ au-dessus de celui du sol de la pièce 558 du niveau V (Figs 2.10 : coupe 15-Nord et 2.12 : coupe E-Est). Il porte les marques de deux cercles noircis, vestiges de foyers. Les parements intérieurs des murs sont eux aussi enduits d'une couche de plâtre de gypse.

Très peu de tessons de céramique furent recueillis sur le sol de la pièce 556 (Tableau 12.2).

Autres éléments de la culture matérielle provenant de la pièce 556 :

- 13 fragments de silex, dont deux tronçons de lame lustrée (cananéenne) ;

- 1 crapaudine en calcaire, complète [ATJ88.D15A26.L158] ;
- 1 crapaudine en gypse, complète [ATJ88.D15A26.L160] ;
- 1 poinçon triangulaire en os, complet [ATJ88.D15A26.Os9] ;
- 1 figurine humaine en terre cuite, incomplète – que la tête [ATJ88.D15A26.Tc71].

Tableau 12.1 : Distribution par structure des unités de fouilles du niveau IV, au centre du tell et sur son versant méridional.

Structures	Murs	Unités de fouilles associées
Pièce 556	159 267 268	ATJ88.D15A26, 33[sol]
Pièce 567	159 162 167 267 268 272	ATJ88.D15A27-28[bassin], 36[sol]
Ruelle 545	167 272 273 411 428	ATJ87.E16A1[(?)]. 7, 10-11 ATJ88.D15A29-30, 34
Pièce 517 [V ↓][↑ I]	307 309 409 408	ATJ86.D17A1-2[(?)]-3, 7-8[I] ATJ87.E17A11[I]
Pièce 517' [V ↓][↑ I]	307 309 407 308 408	ATJ86.D17A4[I] ATJ86.E17A1[(?)]-2-3-4[I] ATJ87.E17A6[I]
Pièce 516 [V ↓][↑ I]	443 306 325 410	ATJ87.E16A3[I] ATJ86.E17A5[I] ATJ87.E17B1-2-3[sol]-4[I]
Pièce 515 [↑ I]	325 410 411 307	ATJ86.D17A6[I] ATJ87.E16A2, 9[I]
Cour 550	156 160 161 164 250a 261-262 264 266 267 274 277	ATJ88.D13B4-5[sol] ATJ88.E13B9 ATJ88.E14A5-6[cailloutis] ATJ92.E14A5'

Structures	Murs	Unités de fouilles associées
Pièce 555 [V ↓]	156 265 266	ATJ88.E13B7
Pièce 554	155 160 263 264	ATJ88.E13B5-6, 8[sol]
Pièce 557	161 163 273 274	ATJ88.D14A24
Pièce 560	163 275 276 278	ATJ88.D14A23 ATJ93.D14D1-2-3-4-5
Silo 600 [V ↓]	124 232 130a	ATJ93.C13A11, 13-14
Pièce 601-601' [V ↓]	201 124 128 234 466[enceinte]	ATJ93.C13A15
Pièce 602 [V ↓]	460 261 129	Aucune
Pièce 603 [V ↓]	129 261 466[enceinte]	ATJ93.C13A20
Pièce 546	212-213	ATJ87.D12A18-19-20-21[sol]-22-23

Le point d'interrogation en exposant [(?)] indique une unité de fouilles contaminée en raison de sa proximité d'avec la limite d'érosion du tell ; en conséquence, le contenu de cette unité n'est pas pris en compte dans les inventaires du mobilier du présent niveau. Le symbole [I] indique une unité de fouilles qui fait également partie du niveau I ; son inventaire est associé à ce niveau supérieur puisque c'est le plus récent. Le symbole [V ↓] signifie que cette pièce fut mise en place au niveau inférieur (V) ; cependant, son mobilier est présenté à ce niveau-ci puisqu'il correspond à sa dernière phase d'occupation, à moins que cette structure soit restée en usage jusqu'à l'abandon du site : [↑ I], auquel cas son mobilier est inventorié au niveau I.

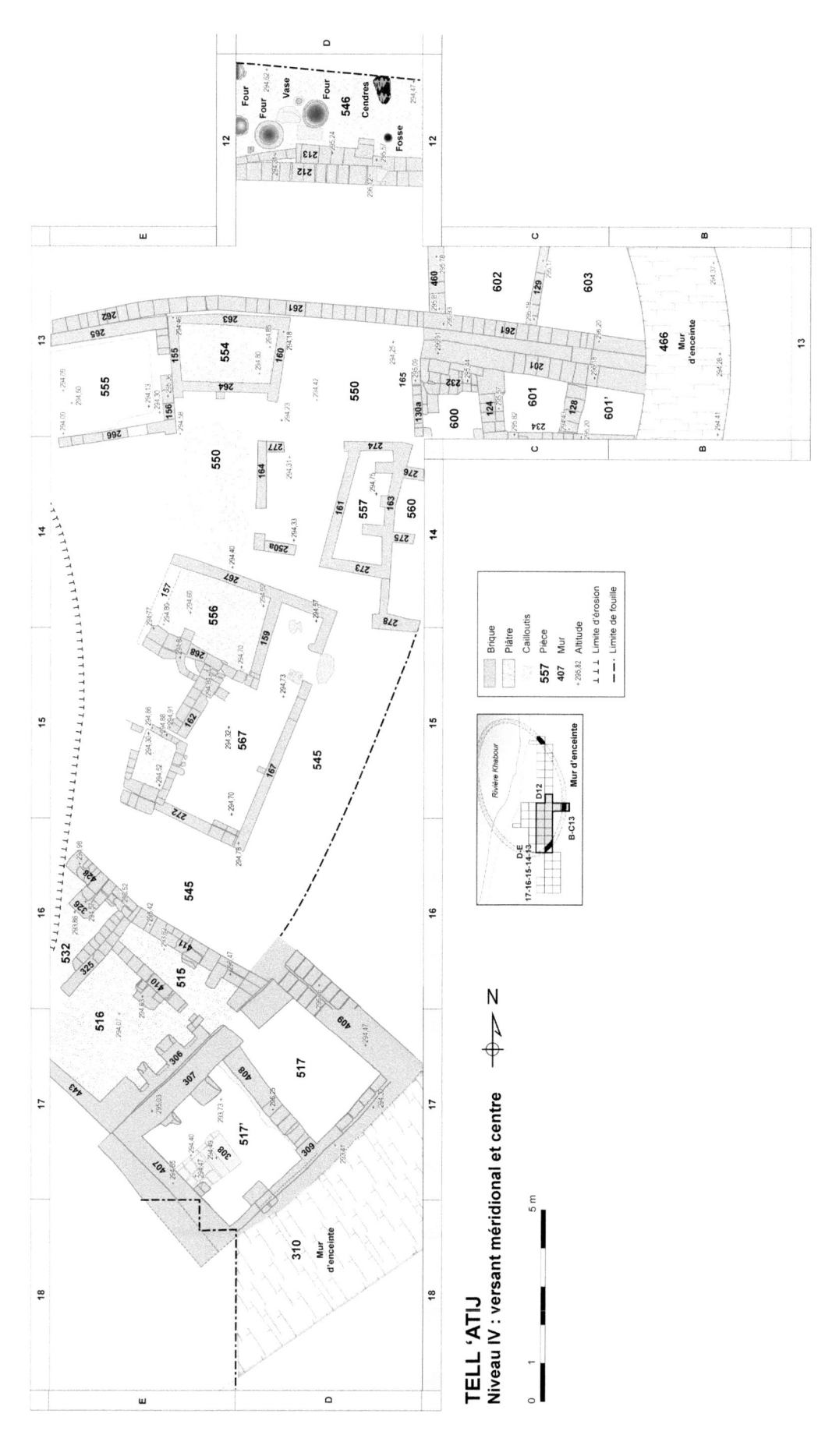

Figure 12.1 : Plan du niveau IV dans le secteur au centre et sur le versant méridional du tell.

Tableau 12.2 : Inventaire céramique de la pièce 556.

Fabriques	Fragments	Formes/vases	Numéros catalogue/C
Fine	14	4 bols	5224, 5390, 9885, 9917
		1 bouteille	5221
Commune	143	1 récipient miniature	5109
		1 bol	
		1 grand bol	5212
		1 jarre	5223, 5228
		1 grande jarre	
		3 jarres à petite ouverture	5220, 5233-4
		9 jarres à grande ouverture	5230-1, 5235, 5237, 5242-3, 5246, 5342, 10088
Culinaire	66	3 grands bols	5226, 5247, 5314
		1 couvercle	5240
		8 marmites	5216, 5232, 5239, 5248, 5296, 5298, 9806, 9853
TOTAL	223		

Figure 12.2 : Niveau IV dans le secteur au centre du tell, vu vers le nord. Au premier plan : la pièce 567 avec son bassin, à gauche ; au centre, la pièce 556 dont seul le sol plâtré est visible. Au second plan : les pièces 565 (à gauche) et 554 (au centre) contre les murs 262 et 261 tout au fond ainsi que la pièce 557 (à droite).

La pièce **567**, quant à elle, correspond *grosso modo* à la moitié orientale de la pièce 558 du niveau V (Fig. 12.4), ce qui lui donne comme dimensions : 6,10 (lo.) × 1,00-2,20 m (la.). Trois de ses quatre murs sont des réemplois de murs de la pièce 558 (niveau V) : mur 167, à l'est, mur 272, au sud et une partie du mur 267, au nord ; tous ces murs ont conservé leur crépi de plâtre. Par contre, le mur 162 qui limite la pièce 567 à l'ouest est nouveau : 2,00 (lo.) × 0,30-60 m (la.), formé d'une rangée de briques en panneresses préservée sur une seule assise. Il s'élargit à son extrémité méridionale pour créer un petit bassin [ATJ88.D15A28] rectangulaire en briques crues, plâtré à l'intérieur : 1,30 (lo.) × 0,90 (la.) × 0,22-47 m (h.), et doté d'un trou d'écoulement (Fig. 12.5). Le sol en terre battue de la pièce 567 est surélevé d'une bonne quarantaine de centimètres par rapport à celui en plâtre de la pièce 558 du niveau inférieur (Fig. 2.12 : coupe E-Est). Aucune trace de foyer n'y a été observée, ni banquette à la base des murs.

Le mobilier de cette pièce 567 comprend beaucoup de tessons de céramique (Tableau 12.3), dont certains sont ornés d'un décor incisé/excisé (Fig. 12.6) ainsi que sept fragments de silex, dont deux tronçons de lame lus-

Figure 12.3 : Pièce 556, vue vers l'ouest, avec son sol plâtré et le mur 159 au premier plan. À droite, le mur 257 appartient au niveau supérieur (III).

Figure 12.4 : Pièce 567 en cours de dégagement, au premier plan, vue vers l'ouest. Au second plan : la pièce 556, à droite, et le bassin ATJ88.D15A28, à gauche. À droite du cliché se dresse le mur 257 du niveau III.

Figure 12.5 : Bassin en plâtre de gypse ATJ88.D15A28, vu vers le sud.

Tableau 12.3 : Inventaire céramique de la pièce 567.

Fabriques	Fragments	Formes/vases	Numéros catalogue/C
Ninive 5 incisée/ excisée	3	3 bols	1320, 1326, 1330
Fine	66	2 formes indéterminées	1286, 9717
		2 bouteilles	5227, 5264
		13 bols	1276, 3119, 5133-4-5-6-7, 5139, 5140, 5152, 5218-9, 6063
Commune	508	1 récipient miniature	5229
		3 bols	5123, 5132, 5157
		6 grands bols	5121, 5124, 5128, 5147, 5162, 5211
		2 jarres	5120, 5129
		1 grande jarre	5287
		6 jarres à petite ouverture	5122, 5153, 5160, 5213, 5215, 5236
		29 jarres à grande ouverture	1243, 5119, 5125, 5126-7, 5130-1, 5138, 5141, 5144-5-6, 5148-9, 5151, 5154, 5156, 5158, 5161, 5164-5, 5222, 5244-5, 5272, 5275, 5278, 10055
Culinaire	143	1 grand bol	5118
		1 jatte	5166
		1 couvercle	9846
		21 marmites	5142-3, 5155, 5167, 5214, 5217, 5238, 5241, 5252, 5254, 5256-7, 5260-1, 5265, 5267, 5273, 5284, 5286, 5294, 9818
TOTAL	**720**		

Tableau 12.4 : Inventaire céramique de la ruelle 545.

Fabriques	Fragments	Formes/vases	Numéros catalogue/C
Métallique	1	1 bol	5339
Fine	61	1 forme indéterminée	1236
		1 godet	1132[complet]
		1 fond	9718
		12 bols	1241-2, 2628, 3674, 3697, 3699, 5255, 5259, 5268, 6064[complet], 9909, 9933
Commune	829	1 bol	5258
		11 grands bols	1233, 3673, 3689, 3694, 3696, 3698, 5197, 5250, 5253, 5281, 5321
		1 jatte	1213
		4 jarres	3663, 4762, 5271, 5317, 5332
		1 grande jarre	9764
		2 jarres à double ouverture	1207, 3695
		15 jarres à petite ouverture	3676-7, 3687, 3690-1, 3693, 3703, 3717, 5195, 5266, 5276-7, 5285, 5300, 5303
		32 jarres à grande ouverture	1206, 1212, 3661, 3671-2, 3675, 3680, 3686, 3688, 3692, 5159, 5169, 5180-1, 5184, 5188, 5190, 5198-9, 5251, 5263, 5270, 5274, 5279, 5280, 5282-3, 5288-9, 5292, 5302, 5316
Culinaire	172	3 grands bols	3668, 3702, 5291
		1 jatte	5171
		16 marmites	1210, 3700, 3707-8-9, 3714, 3722, 5185, 5191-2, 5262, 5293, 5299, 9802, 9816, 9826
TOTAL	**1063**		

Figure 12.6 : Fragments de céramique provenant de la pièce 567.

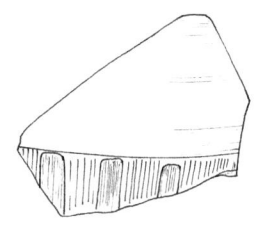

ATJ88.D15A27.C1320

ATJ88.D15A27.C1320 : Fragment de bol de fabrique *Ninive 5 incisée/excisée*. Décor au rebord (?) de cannelures peu profondes alternant avec des métopes incisées d'une série de petits traits verticaux (cf. Leilan : Schwartz 1988, 47, pl. 10a-b, fig. 31/11 et 14 ; Raqa'i : Schwartz & Chomowicz 2015, 210-211, fig. 4.13/type 606, 280, fig. 4.30/1-5).

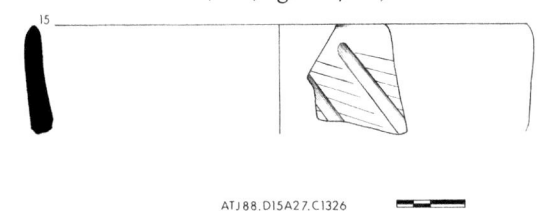

ATJ88.D15A27.C1326

ATJ88.D15A27.C1326 : Fragment de rebord d'un bol de fabrique *Ninive 5 incisée/excisée*. 15 cm (dia.). Larges lignes excisées disposées en diagonale parallèlement l'une à l'autre alternant avec des séries de petits traits incisés horizontaux (cf. Leilan : Schwartz 1988, fig. 31/12 ; Raqa'i : Schwartz & Chomowicz 2015, 211, fig. 4.13/604 – hatched « step »/zigzag pattern (excised), 280, fig. 4.30/6, 7 et 9).

trée, et une perle discoïde en os de couleur brun pâle [ATJ88.D15A28.Os10].

Il est impossible de savoir ce qui se trouvait à l'ouest des pièces 567 et 556 qui sont trop près de la limite d'érosion du tell. À propos, cette dernière n'est pas visible sur les photographies parce que les débris de fouilles ont été rejetés le long de la pente occidentale du tell, donnant ainsi une fausse impression de continuité des niveaux vers l'ouest.

En revanche, à l'est, la pièce 567 donne, par une porte, la même que pour la pièce 558 du niveau V, sur une ruelle en terre battue large de deux mètres : **545**, identique à la venelle 580 du niveau antérieur. La ruelle 545 longe le mur 167[1] sur une distance de six mètres avant de tourner à angle droit vers l'ouest, entre le mur 272 de la pièce 567 et les murs 411-428 des pièces 515 et 532 ; ce dernier tracé de la ruelle 545, large de 2,00 m, correspond à celui de la venelle 581 du niveau inférieur (V).

---

1 Mais pas les murs 337 et 327, en face, contrairement à ce qui fut publié dans le rapport préliminaire de la campagne de 1988 (Fortin 1990c, 542, fig. 6), ces murs étant plutôt à associer au niveau III.

L'inventaire céramique de la ruelle 545 (Tableau 12.4) est substantiel et diversifié ; il inclut des vases entiers (Fig. 12.7).

Autres artéfacts recueillis dans la ruelle 545 :

- 26 fragments de silex, dont deux tronçons de lame lustrée ;
- 2 fragments d'obsidienne : un nucléus et un éclat sur lequel il remonte ;
- 1 meule en basalte alvéolé, incomplète [ATJ87.E16A10.L112] ;
- 1 ancre (1,2 kg) – meule réutilisée – de forme oblongue à perforation centrale en basalte alvéolé, incomplète [ATJ88.D15A29.L164] ;
- 1 jeton *calculi* en forme de disque en terre cuite, complet [ATJ87.E16A7.Tc51] ;
- 1 tesson de céramique circulaire, sans perforation centrale [ATJ92.E16A11.C10107] ;
- 1 roue de chariot en terre cuite, complète [ATJ87.E16A10.Tc47].

Au sud de la ruelle 545, se dressent une succession de bâtiments érigés au niveau précédent (V) et toujours en fonction : les deux pièces adjacentes **517** et **517'**, appuyées tout contre le mur d'enceinte, et la pièce **516** qui leur est contiguë.

Si les pièces 517 et 517' demeurent inchangées à ce niveau-ci, en revanche, la superficie de la pièce 516 est réduite à 9 m² suite à l'ajout d'une cloison intérieure :

- Mur 410 : 2,50 (lo.) × 0,34 (la.) × 1,30 m (h.), formé d'une simple rangée de briques crues appareillées en panneresses ; ses parements sont enduits d'une couche de plâtre ; il vient s'appuyer contre le mur 325, vers l'ouest, mais s'interrompt une cinquantaine de centimètres avant d'atteindre le mur 306, à l'est. Enfin, il repose sur le sol plâtré de la pièce 516.

La construction de la cloison 410 dans la pièce 516 a comme conséquence de créer, au nord de celle-ci, une étroite pièce : **515**. De très petites dimensions et de forme trapézoïdale : 3,00 (lo.) × 0,70-1,30 m (la.), elle fait penser à une annexe à la pièce 516 (Fig. 12.8). Elle est délimitée par le mur 411, au nord, et une partie du mur 325, à l'ouest : deux murs de la pièce 516 (niveau V). La cloison 410 qui forme la limite méridionale de cette nouvelle pièce 515 n'atteint pas le mur 306 à l'est, laissant ainsi la place à un étroit passage entre les pièces 516 et 515. Par ailleurs, la pièce 515 communique avec la pièce 517, au sud, par la porte aménagée dans le mur 307 de cette dernière, en

Figure 12.7 : Vases provenant de la ruelle 545.

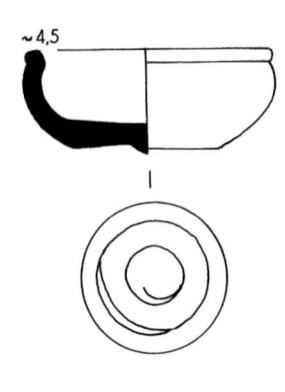

ATJ88.D15A29.C1132 : Godet de fabrique *Fine*, complet. 4,5 (dia.) × 2 cm (h.). Pâte de couleur *light brown* (7.5YR6/4), peu dure (Mohs 3), de texture fine avec très peu d'inclusions. Fond plat avec une protubérance au centre, paroi convexe, rebord rentrant marqué par une rainure à sa base, lèvre ronde. Fait au tour.

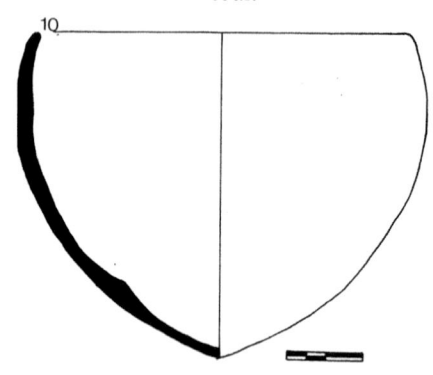

ATJ88.D15A29.C1241 : Bol de fabrique *Fine*, fragmentaire. 10 (dia.) × 8,4 cm (h.). Fond pointu, paroi convexe, rebord légèrement rentrant, lèvre simple arrondie. ARCANE EJZ type 33 (Rova 2011, 58, 69, pl. 5/2-3-4) (cf. Leilan : Schwartz 1988, fig. 33/8).

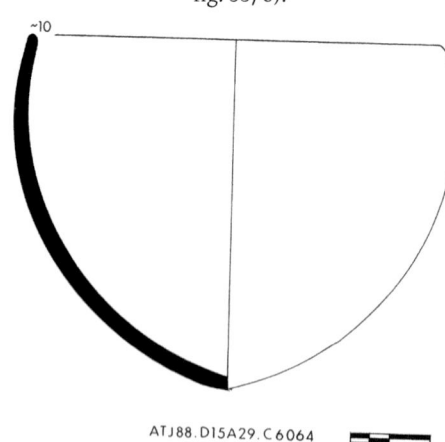

ATJ88.D15A29.C6064 : Bol de fabrique *Fine*, complet. 10 (dia.) × 8,3 cm (h.). Fond pointu, panse convexe, rebord droit, lèvre simple arrondie. Comparable au bol C1241.

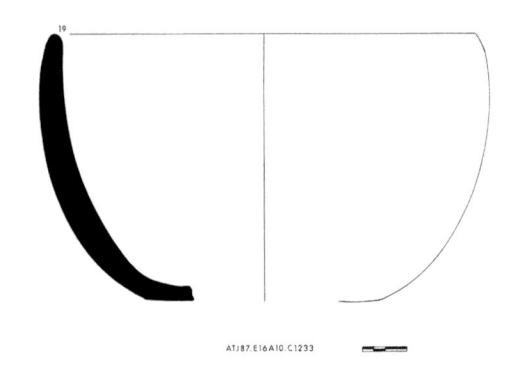

ATJ87.E16A10.C1233 : Grand bol/jatte de fabrique *Commune*, fragmentaire. 19 (dia.) × 11,5 cm (h.). Fond plat, paroi convexe, rebord rentrant, lèvre arrondie.

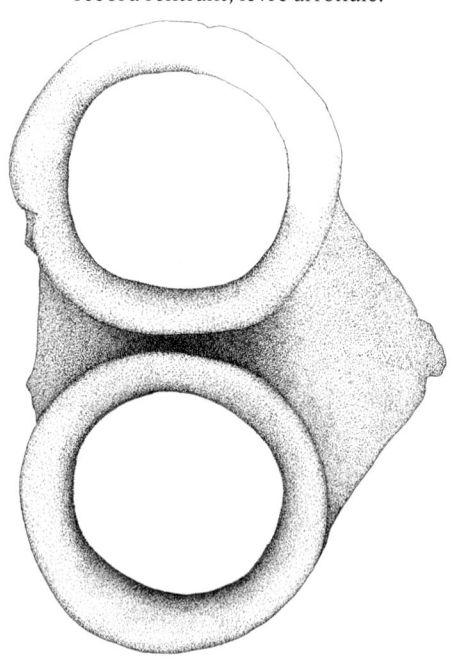

ATJ87.E16A10.C1207 : Jarre à double ouverture de fabrique *Commune*, fragmentaire.

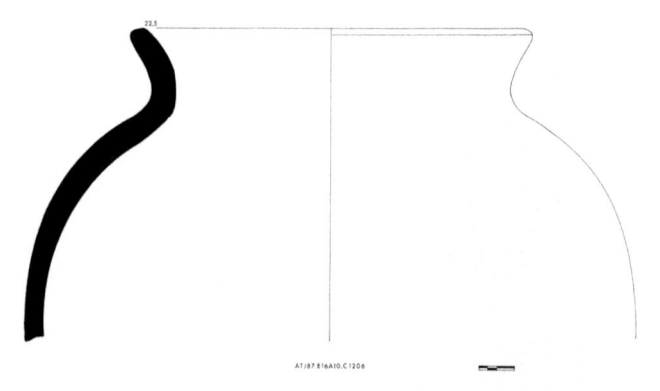

ATJ87.E16A10.C1206 : Jarre à grande ouverture de fabrique *Commune*, fragmentaire. 22,5 cm (dia.). Petit col concave, rebord évasé, lèvre simple carrée.

Tableau 12.5 : Inventaire céramique de la cour 550.

Fabriques	Fragments	Formes/vases	Numéros catalogue/C
Métallique	19	1 forme indéterminée	4481
Ninive 5 incisée/ excisée	3	3 bols	1327, 1335, 1347
Fine	95	21 bols	1301, 4490, 4908, 4916, 4927, 5400, 5430, 5439, 5440, 5460, 5473, 5479, 6052-3, 6058-9, 6060-1-2, 9928, 9930
		6 bouteilles	4487, 4923, 5398, 5422, 6048, 6054
		1 jarre	6055
		1 fond	9716
Commune	530	1 fond	6409
		1 bol	4934
		8 grands bols	4461, 4464, 5403, 5407, 5429, 5432, 5457, 6056
		2 jattes	4465, 5413
		1 jarre	6057
		9 jarres à petite ouverture	4466, 4478, 4492, 4911-2, 5401, 5405, 5433, 6051
		16 jarres à grande ouverture	4463, 4475-6-7, 4479, 4939, 4943-4, 4952, 5392-3, 5404, 5416, 5450-1, 5456
Culinaire	89	1 forme indéterminée	5477
		2 grands bols	4961, 5444
		10 marmites	4462, 4480, 4940-1, 4946, 4951, 4962, 5388, 5431, 9808
TOTAL	736		

Figure 12.8 : L'étroite pièce 515, au nord de la 516, vue vers l'ouest. Elle est comprise entre les murs 410 à gauche et 411 à droite. Au premier plan, la pièce 517.

usage dès le niveau V. Il est manifeste que la subdivision de la pièce 516 au moyen du mur 410 est postérieure à la construction de la pièce 516, puisque le mur 410 repose sur le sol en briques crues enduites d'une couche de plâtre de la pièce 516 ; le sol de la pièce 515 est donc le même que celui de la pièce 516 qui se prolonge au nord. La fonction d'annexe ou de réduit attribuée à la très petite pièce 515 va se confirmer au niveau suivant (III) par la présence de briques crues empilées dans cet espace – aucun liant entre les briques – en attendant d'être utilisées pour des travaux de réfection (Figs 11.26 et 13.9).

Les pièces 515 et 516 étant structurellement solidaires du bâtiment 517-517′, elles resteront donc en fonction jusqu'au niveau I, à l'instar des pièces 517 et 517′. Leurs inventaires de fragments de céramique et d'éléments de la culture matérielle seront logiquement présentés dans le Chapitre 15 traitant du dernier niveau (I) d'occupation du site. Mais dans les faits, les pièces 515 et 516 vont en grande partie disparaître au niveau suivant (III), emportées par l'érosion (Fig. 13.1).

La ruelle 545 qui passe devant le bâtiment 567 mène à deux autres séries de structures : vers le nord-ouest, à la cour 550 entourée des pièces 555, 554 et 557 (Fig. 12.9), et vers l'est, au silo 600 avec sa pièce adjacente 601-601′.

Figure 12.9 : Partie du niveau IV au centre du tell, vue vers l'ouest. Au centre du cliché se trouve la cour 550 dont une partie est recouverte d'un cailloutis (ici masqué par un mur des niveaux supérieurs). Elle donne accès, à droite, aux pièces 554 et 555, accolées au grand mur 261-262, et à l'est, à la pièce 557 et à la cour 550.

Tableau 12.6 : Inventaire céramique de la pièce 555.

Fabriques	Fragments	Formes/vases	Numéros catalogue/C
Métallique	1	1 forme indéterminée	4502
Fine	36	8 bols	1246, 4488-9, 5423-4, 5427, 5476, 9934
		1 fond plat	9719
Commune	144	1 récipient miniature	9977
		2 grands bols	4499, 4500
		1 jatte	1274
		1 bassin	1285
		1 jarre	7188
		1 jarre à 2 ouvertures	1287
		5 jarres à petite ouverture	1248, 4504, 5414, 5455, 5464
		4 jarres à grande ouverture	4501, 4503, 4508, 5448
Culinaire	30	2 marmites	5446, 9864
TOTAL	**201**		

Figure 12.10 : Fragments de céramique trouvés dans la cour 550.

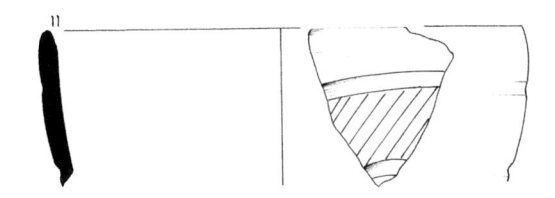

ATJ88.E14A5.C1327 : Tesson d'un rebord de bol de fabrique *Ninive 5 incisée/excisée*. 11 cm (dia.). Paroi droite, lèvre amincie. Sous le rebord, traits verticaux incisés en diagonale entre deux cannelures horizontales excisées (cf. Leilan : Schwartz 1988, fig. 31/9).

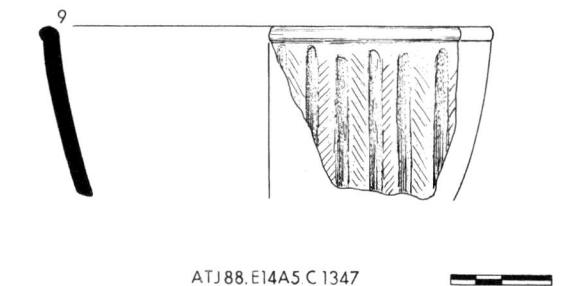

ATJ88.E14A5 C 1347

ATJ88.E14A5.C1347 : Tesson d'un rebord de bol de fabrique *Ninive 5 incisée/excisée*. 11 cm (dia.). Paroi droite légèrement évasée, lèvre en bourrelet. L'ensemble de la paroi extérieure est décoré de cannelures verticales parallèles entre lesquelles ont été incisés de petits traits diagonaux orientés alternativement dans un sens et dans l'autre. ARCANE EJZ type 34 (Rova 2011, 88-89, pl. 5/5 ; Grossman 2014a, pl. 3/8).

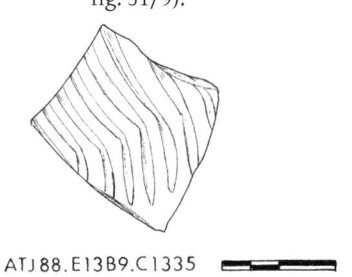

ATJ88.E13B9.C1335

ATJ88.E13B9.C1335 : Tesson sans profil d'un récipient de fabrique *Ninive 5 incisée/excisée*. Décor de lignes excisées.

Figure 12.11 : Vases provenant de la pièce 555.

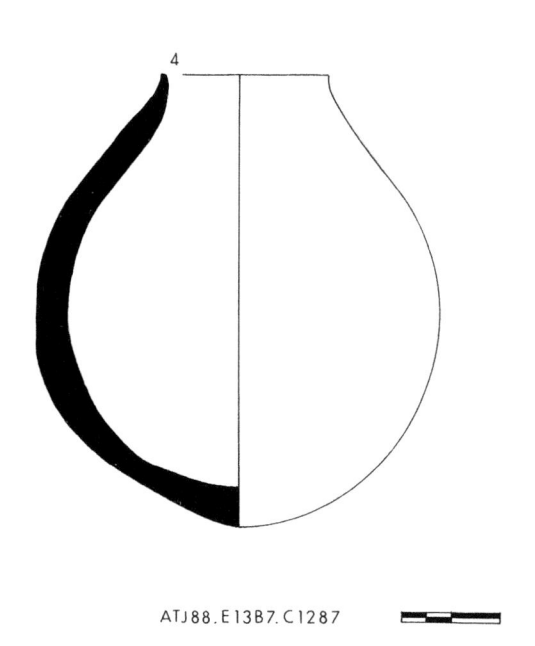

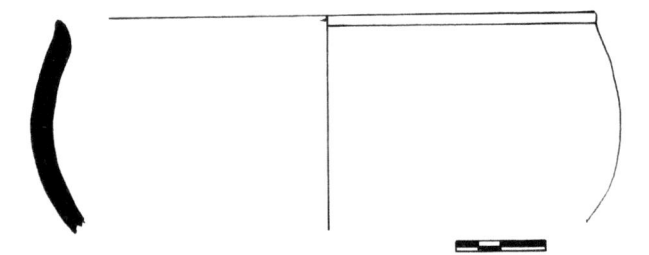

ATJ88.E13B7.C1246 : Bol de fabrique *Fine*, fragmentaire. 12 (dia.) × 5,5 cm (h.). Paroi convexe, rebord rentrant, lèvre en bourrelet.

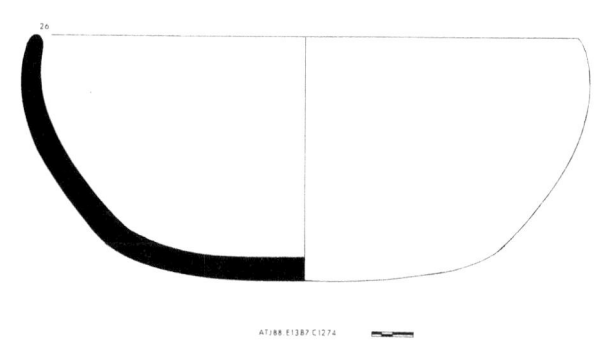

ATJ88.E13B7.C1287

ATJ88.E13B7.C1287 : Flacon de fabrique *Fine*, complet. 4 (dia.) × 9 cm (h.). Fond arrondi, paroi convexe, rebord rentrant, lèvre amincie.

ATJ88.E13B7.C1274

ATJ88.E13B7.C1274 : Jatte de fabrique *Commune*, fragmentaire. 26 (dia.) × 11,2 cm (h.). Fond aplati, paroi convexe, rebord rentrant, lèvre arrondie.

Figure 12.12 : Fondations du sol de la pièce 554, vues vers l'est. Mur 160, au second plan.

La cour **550** est formée d'une superposition de sols en terre battue ayant l'aspect de strates grises et brunes et, à un endroit très limité, d'une surface en cailloutis. En outre, des bouts de murs [164, 250a, 277], vestiges de structures antérieures [559b], sont encore visibles à ce niveau-ci, d'après les altitudes prises au sommet de reliquats de ces murs très mal préservés. Mais ils ne sont reliés à aucune structure ni n'en forment une (Fig. 12.9).

La fouille de la cour 550 a produit un grand nombre de fragments de céramique appartenant à diverses fabriques (Tableau 12.5), notamment à la *Ninive 5 incisée/ excisée* (Fig. 12.10) si caractéristique de cette époque.

Autres éléments de la culture matérielle de la cour 550 :

- 9 fragments de silex, dont un nucléus à éclats et cinq tronçons de lame ;
- 1 grand bol en plâtre de gypse, incomplet [ATJ88. E14A5.P45] ;
- 1 ancre (2,2 kg) en basalte alvéolé de forme circulaire avec perforation centrale, incomplète [ATJ88. E14A5.L162] ;
- 1 jeton en terre cuite en forme de croissant, incomplet [ATJ88.E14A5.Tc72].

La pièce **555**, construite au niveau V, continue à être utilisée à ce niveau-ci comme l'indiquent les traces d'un sol apparaissant juste au-dessus du sillon à la base des murs de cette pièce, soit à environ une vingtaine de centimètres au-dessus de la couche de plâtre qui recouvre les banquettes appartenant à la première phase d'occupation de cette pièce (niveau V) (Fig. 11.15). Ce nouveau sol, en terre battue, à +294,50 m d'altitude, repose sur une accumulation de briques effondrées qui encombre le sol plâtré de la pièce 555 du niveau V et qui lui sert de fondations en quelque sorte. Les murs du niveau V sont réutilisés à quelques différences près : la porte aménagée dans le mur 266 est obstruée avec des briques (Fig. 11.14), tandis que celle dans le mur 156 est tout simplement condamnée par l'ajout d'une nouvelle pièce adjacente [554] dont l'un des murs [155] passe devant (Fig. 11.15) ; elle n'est pas murée, à proprement parler. L'accès à la pièce 555 doit probablement se faire par une ouverture aménagée dans le mur occidental qui a été emporté par l'érosion ; sinon, il se faisait par le toit.

Le modeste mobilier de la pièce 555 ne comprend, outre quelques tessons de céramique de différentes fabriques (Tableau 12.6 ; Fig. 12.11), que deux tronçons de lame en silex, dont une lustrée ; aucun autre artéfact ne fut retiré de cette pièce 555.

Accolée à l'est de la pièce 555, la pièce **554**, de forme rectangulaire, est un peu plus petite avec sa superficie dépassant à peine 3 m^2 : 1,40 (la.) × 2,40 m (lo.) (Fig. 12.9). Elle est délimitée par les murs suivants, tous formés d'une seule rangée de briques crues de mêmes dimensions (0,42 × 0,26 × 0,09 m) appareillées en panneresses et tous imbriqués les uns dans les autres :

- Mur 263, au nord : 2,70 (lo.) × 0,28 (la.) × 0,92-1,61 m (h.), dix-sept assises ; ce mur est plaqué tout contre le parement méridional des murs 261 et 262.

NIVEAU IV

Tableau 12.7 : Inventaire céramique de la pièce 554.

Fabriques	Fragments	Formes/vases	Numéros catalogue/C
Métallique	1		
Ninive 5 incisée/ excisée	1	1 bol	1319
Fine	14	4 bols	4456, 5395, 5472, 5480
Commune	73	1 grand bol	5481
		1 grande jarre	4467
		1 jarres à petite ouverture	4471
		5 jarres à grande ouverture	4457, 4459, 4460, 4468, 5442
Culinaire	23	1 couvercle	4458
		2 marmites	4473, 5435
TOTAL	112		

- Mur 264, au sud : 2,36 (lo.) × 0,26 (la.) × 0,84-88 m (h.), neuf assises ; il possède un contrefort externe au centre.
- Mur 160, à l'est : 2,15 (lo.) × 0,26 (la.) × 0,58-88 m (h.), neuf assises ; construit juste au-dessus du mur 169 de la pièce 561 (niveau V) qui s'étendait vers l'est ; son extrémité méridionale excède de manière à former un contrefort.
- Mur 155, à l'ouest : 2,18 (lo.) × 0,26 (la.) × 0,84-92 m (h.), dix assises ; contrefort à l'extrémité méridionale.

Les parements intérieurs de ces murs sont enduits d'une couche de plâtre de gypse de même que le sol de la pièce qui repose sur un épais (entre 0,20 et 0,40 m) substrat composé d'une assise de briques crues recouvrant un amoncellement de débris de briques (Figs 12.12 et 2.12 : coupe E-Est). Sa surface avoisine la cote altimétrique +294,80 m tandis que la base de son remplissage de fondation se situe une vingtaine de centimètres plus bas (+294,60 m). Aucun de ces murs ne comportant d'ouverture, la pièce 554 n'est donc accessible que par le toit.

La pièce 554 n'a livré qu'une centaine de tessons de céramique (Tableau 12.7), dont un rebord de bol orné d'une chaîne de chevrons incisés (Fig. 12.13), et seulement deux fragments de silex : des tronçons de lame lustrée.

Trois des murs [273, 274, 163] de la structure 559b du niveau inférieur (V) sont réutilisés à ce niveau-ci pour former la nouvelle pièce **557**, de plus petites dimensions et de plan rectangulaire : 1,50 × 3,00 m, donc d'une superficie de 4,5 m² seulement (Figs 12.14 et 12.15). Le seul nouveau mur de cette pièce est le :

Figure 12.13 : Fragment de céramique provenant de la pièce 554.

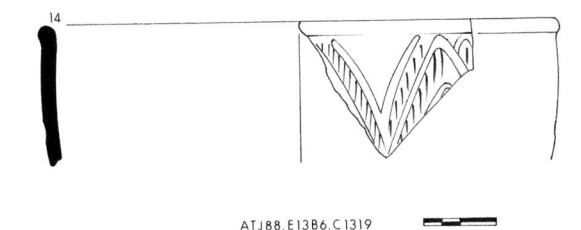

ATJ88.E13B6.C1319 : Fragment de rebord d'un bol de fabrique *Ninive 5 incisée/excisée*. 14 cm (dia.). Paroi et rebord droits, lèvre en bourrelet. La paroi externe sous le rebord est ornée d'une chaîne de chevrons faits à partir de lignes excisées entre lesquelles ont été incisés de petits traits verticaux (cf. Leilan : Schwartz 1988, fig. 31/8 ; Raqa'i : Schwartz & Chomowicz 2015, 211, fig. 4.13/603 – *hatched chevrons (excised)*).

Figure 12.14 : Pièce 557, vue vers l'est. Au fond, le mur 163 et ses multiples contreforts intérieurs arqués et plâtrés. Derrière le mur 163 s'étend la pièce 560 qui se prolonge au-delà de la zone fouillée.

Figure 12.15 : Pièce 557, vue vers le nord. Départ du mur 161 contre le mur 274. À droite, le mur 163 avec ses nombreux contreforts. Notez l'étroitesse de la pièce entre les murs 161 et 163.

Tableau 12.8 : Inventaire céramique de la pièce 557.

Fabriques	Fragments	Formes/vases	Numéros catalogue/C
Métallique	3	1 bol	4719
		2 gobelets	5368-9
Fine	9	1 bol	4735
		1 bouteille	4718
Commune	63	1 grand bol	4721
		1 grande jarre	4559
		5 jarres à petite ouverture	4560, 4563, 4730, 4737, 4749
		4 jarres à grande ouverture	4570, 4572, 4725, 4731
Culinaire	29	1 tenon (de marmite)	9866
		4 grands bols	4720, 4722-3, 4747
		1 marmite	4901
TOTAL	**104**		

– Mur 161, à l'ouest : 2,10 (lo.) × 0,30 (la.) × 0,72-78 m (h.), constitué d'une seule rangée de briques crues disposées en panneresses et conservées sur neuf assises ; ses parements intérieur et extérieur sont plâtrés.

Aucun des murs de la structure 557 ne présente une embrasure de porte. En outre, à l'intérieur, il n'y a ni foyer, ni bassin, ni banquette. Son sol, sans doute en terre battue, n'a pas été repéré.

Puisque cette salle 557, exiguë et dépourvue de porte ainsi que d'aménagements intérieurs, était remplie d'une épaisse couche d'un mètre environ de terre cendreuse grise très meuble au moment de sa découverte, elle aurait pu servir à recueillir les résidus de combustion provenant de dispositifs de cuisson installés dans la pièce contiguë 560, à l'est (voir plus loin) : une sorte de fosse à déchets aménagée dans les ruines d'un bâtiment désaffecté.

Bien que le mobilier de la pièce 557 soit très pauvre, son maigre inventaire céramique (Tableau 12.8) comprend néanmoins deux gobelets de fabrique *Métallique* (Fig. 12.16) ; quatre fragments de silex, dont deux tronçons de lame, sont les seuls artéfacts retrouvés avec ces céramiques.

La pièce **560**, adjacente à la 557 avec laquelle elle partage le mur mitoyen 163, est aussi de très petites dimensions, du moins à en juger par la portion qui en

Figure 12.16: Vases provenant de la pièce 557.

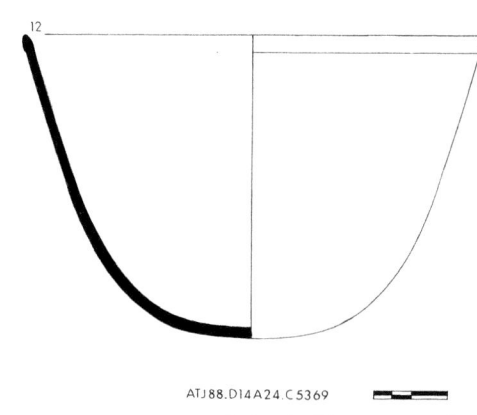

ATJ88.D14A24.C5369 : Gobelet de fabrique *Métallique*, fragmentaire. 12 (dia.) × 8 cm (h.). Fond aplati, paroi droite et évasée, lèvre en bourrelet (cf. Falb *et al.* 2014, 180, fig. 3/9-14 – bell-shaped bowl).

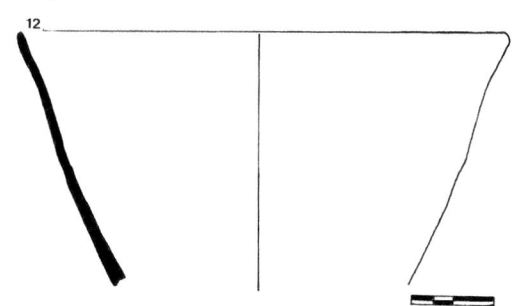

ATJ88.D14A24.C5368 : Gobelet de fabrique *Métallique*, fragmentaire. 12 (dia.) × 6,5 cm (h.). Paroi droite et évasée, lèvre amincie.

Tableau 12.9 : Inventaire céramique de la pièce 560.

Fabriques	Fragments	Formes/vases	Numéros catalogue/C
Métallique	1		
Fine	6	1 bol	8939
		1 bouteille	8943
		1 fond	8856
Commune	225	1 grand bol	8959
		1 jarres à petite ouverture	8990
		9 jarres à grande ouverture	1277, 1282, 4728-9, 8854, 8960, 8969, 8970, 8981
Culinaire	12	2 couvercles	9843, 9847
		1 marmite	4727
TOTAL	**244**		

fut dégagée : 3,50 (lo.) × 0,90 m (la.) ; elle semble toutefois se continuer vers l'est, dans le carré D14. En plus du mur mitoyen 163 à l'ouest, doté d'un contrefort arqué [275] vers l'intérieur, elle est délimitée au nord [276] et au sud [278] par deux murs dont seules les extrémités sont connues. On ne peut à peu près rien dire de ce réduit et de son aménagement intérieur si ce n'est qu'il devait abriter un four d'après les restes très mal préservés d'une telle structure de combustion.

De surcroît, son inventaire céramique est très modeste (Tableau 12.9).

Autres éléments de la culture matérielle de la pièce 560 :

– 9 fragments de silex, dont un tronçon d'une lame lustrée ;

– 1 crapaudine – meule réutilisée – en basalte, incomplète [ATJ88.D14A23.L163] ;

– 1 aiguille à tête arrondie percée d'un chas en bronze, incomplète [ATJ93.D14D2.M36].

Bien que construits au niveau V, le silo **600** et les pièces qui lui sont adjacentes [**601-601'**, **602** et **603**] restent en usage à ce niveau-ci, sans changement notable dans leur construction.[2] À ce niveau-ci, le silo 600 et peut-être ses pièces adjacentes sont accessibles par la nouvelle cour 550 qui remplace alors la pièce 561a du niveau V. Comme il se doit, le mobilier de ces pièces est décrit ici puisque représentatif de leur dernière phase d'occupation.

Au modeste inventaire céramique du silo 600 (Tableau 12.10 ; Fig. 12.17), il faut ajouter deux jetons en

---

2 Voir leurs descriptions dans le chapitre précédent.

Tableau 12.10 : Inventaire céramique du silo 600.

Fabriques	Fragments	Formes/vases	Numéros catalogue/C
Métallique	1	1 bol	9498
Ninive 5 incisée/excisée	2	2 formes indéterminées	9212, 9943
Fine	21	5 bols	8966, 8975-6-7, 9584
		4 fonds	8832, 8979, 8983, 9229
Commune	178	2 formes indéterminées	9221 (marque de potier), 9232 (marque de potier)
		1 godet	6231 (complet)
		3 jarres	4228, 8974, 9438
		4 jarres à petite ouverture	9220, 9225, 9239, 9240
		10 jarres à grande ouverture	6252, 9224, 9228, 9236, 9238, 9241, 9565-6, 10025, 10027
Culinaire	28	1 grand bol	8978
		4 marmites	9222, 9230, 9437, 9582
TOTAL	**230**		

Figure 12.17 : Vase retiré du silo 600.

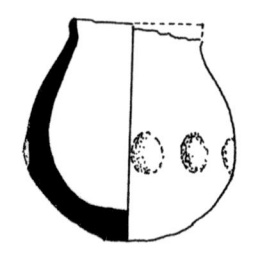

ATJ93.C13A13.C6231

ATJ93.C13A13.C6231 : récipient miniature (godet) de fabrique *Commune*, incomplet : partie du rebord manquante. 2,5 (dia.) × 4 cm (h.). Pâte de couleur *pink* (2.5YR6/6 à 7.5YR8/4), dure (Mohs 5), de texture plutôt fine avec des inclusions minérales. Fond arrondi, panse globulaire ornée d'une rangée de petits enfoncements circulaires, col concave, rebord évasé et lèvre amincie.

terre cuite [ATJ93.C13A13.Tc93-94] et onze fragments de silex, dont un nucléus à éclats et deux tronçons de lame lustrée.

Le tesson ATJ93.C13A11.C9221 porte, comme marque de potier, le motif de la quadruple ligne parallèle, en diagonale (cf. Sconzo 2013, 234 – type II.04, pls 144-145). La marque de potier sur le fragment ATJ93.C13A11.C9232 est celle de l'extrémité du motif de l'œil en forme d'amande constitué de deux arcs opposés (cf. Sconzo 2013, 250 – type IX.01, pl. 191).

Outre un inventaire céramique très pauvre (Tableau 12.11), la pièce 601-601' a livré dix-sept fragments de silex, dont un nucléus à éclats.

Pour la pièce 602, il n'y aucun inventaire : ni de céramique ni d'artéfacts.

Quant à la pièce 603, elle ne renfermait qu'une douzaine de tessons de céramique (Tableau 12.12) et quatre fragments d'artéfacts en plâtre de gypse (non catalogués, car trop fragmentaires).

Finalement, des vestiges du niveau IV ont aussi été mis au jour au nord du mur 261, dans le carré D12. Il s'agit d'une partie de pièce [546] dont le sol plâtré vient buter contre le parement intérieur d'un segment de mur [212] (Fig. 12.18). Mais comme cette pièce n'est pas reliée stratigraphiquement aux structures au sud du mur 261, voire aux pièces 602 et 603 voisines en l'absence de fouilles, ce sont uniquement les cotes altimétriques (+294,60 m en moyenne) de sa surface plâtrée qui nous permettent de l'associer au niveau IV.

La superficie dégagée du sol plâtré de la pièce 546 atteint 12 m² : 2,30 (la.) × 5,00 m (lo.) ; cette pièce devait être plus spacieuse à l'origine. Son intérieur comporte plusieurs aménagements, dont trois fours à cuisson du type *tannur* (four à pain) au vu de la présence d'une partie supérieure en forme de dôme[3] (Fig. 12.19). En consé-

---

[3] Ce type particulier de structure de combustion courant sur plusieurs sites archéologiques au Proche-Orient, notamment du IIIe millénaire av. J.-C., est bien décrit par Elena Rova (2014). Les *tannurs* sont encore en usage de nos jours dans plusieurs villages traditionnels de la Djézireh (Martin Galán & Othman 2003 ; Parker & Uzel 2007 ; Parker 2011 ; voir aussi l'introduction du présent volume). Plusieurs articles du numéro thématique « Pain, fours et foyers des temps passés » de la revue *Civilisations*, 49/1-2 (Fechner & Mesnil 2002) traitent du sujet.

NIVEAU IV

Figure 12.18 : Pièce 546 en cours de dégagement, au centre de la photo, vue vers le sud. Elle est limitée par le mur 212 en briques crues, au second plan. Le mur 216 en pierres, au premier plan, est intrusif et n'a aucun lien stratigraphique avec la pièce 546.

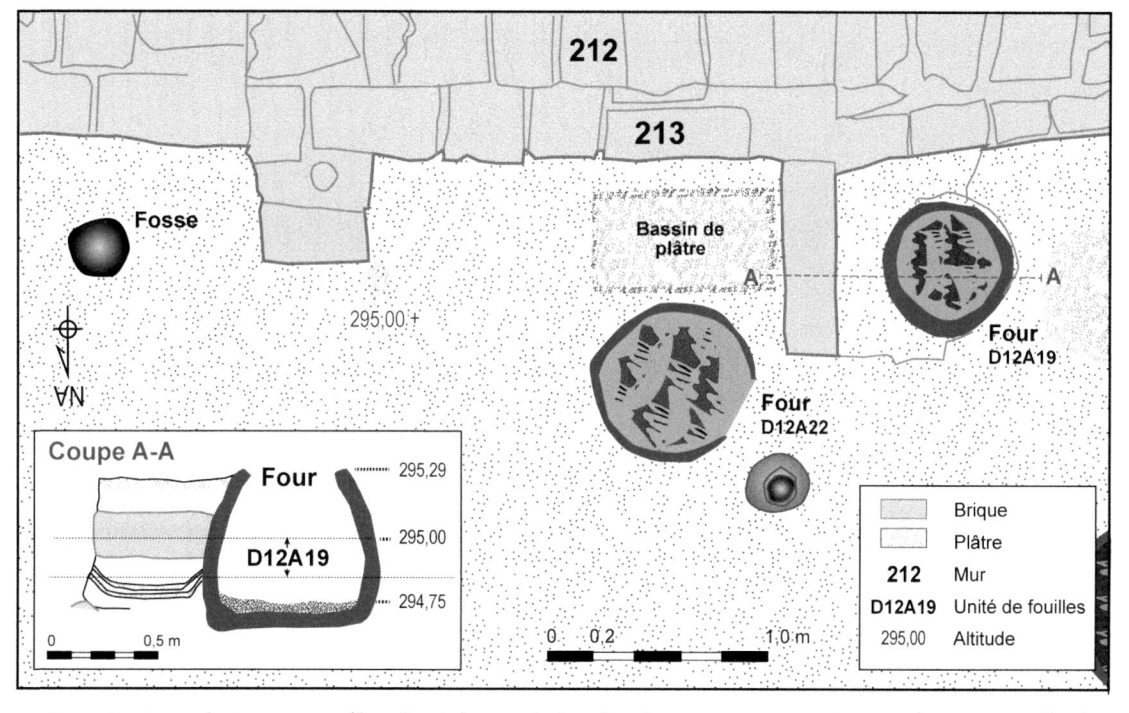

Figure 12.19 : Fours à cuisson du type *tannur* (four à pain) trouvés dans la pièce 546 en association avec des vasques plâtrées enfoncées dans le sol.

Tableau 12.11 : Inventaire céramique de la pièce 601-601'.

Fabriques	Fragments	Formes/vases	Numéros catalogue/C
Métallique	1	1 gobelet	8951
Fine	3		
Commune	81	3 grands bols	8942, 8948, 8982
		1 jarre	8847
		3 jarres à grande ouverture	8947, 8952, 9539
Culinaire	7		
TOTAL	92		

Tableau 12.12 : Inventaire céramique de la pièce 603.

Fabriques	Fragments	Formes/vases	Numéros catalogue/C
Fine	2	1 bol	9093
		1 bouteille	9096
Commune	8	2 jarres à grande ouverture	9370, 9372
Culinaire	2	1 marmite	9371
TOTAL	12		

quence, les vasques plâtrées aménagées à même le sol à proximité des fours auraient pu servir au pétrissage de la pâte (Schwartz & Curvers 1992, 403 ; Schwartz 2015, 94) ou à d'autres activités en lien avec la préparation de la nourriture, telle la mouture des grains (Schwartz 2015, 96 ; Pfälzner 2001, 138-146).

Un seul mur – incomplet – de la pièce 546 nous est connu :

– Mur 212, au sud : 5,00 (lo.) 0,50-92 (la.) × 0,50-1,47 m (h.), formé d'un seul rang de briques crues disposées en boutisses sur seize assises préservées ; aucun revêtement sur ses parements ; le sol plâtré vient buter contre son parement septentrional.

Cependant, tout contre une partie de son parement intérieur, se dresse une rangée supplémentaire de briques crues disposées en panneresses de manière à former un second mur parallèle ou plutôt une sorte de banquette surélevée [213] : 1,28 (lo.) × 0,30 (la.) 1,02 m (h.) ; aucune trace d'enduit de plâtre.

Si les murs bordant la pièce 546 à l'est et à l'ouest se trouvent probablement au-delà de la tranchée de fouilles, sa limite septentrionale semble correspondre à un mur en moellons de pierre [216], d'après le cliché de la figure 12.18. Or, il n'en est rien parce que ce mur 216 appartiendrait plutôt à une occupation beaucoup plus tardive, probablement romaine, aucun mur EJZ de Tell 'Atij n'ayant été construit avec ce type de soubassement en pierres. De plus, le caractère intrusif de ce mur est clairement révélé par la stratigraphie visible dans la paroi occidentale des carrés D11-12 (Figs 18.5 et 18.6). La construction de ce mur tardif [216] aurait fait disparaître le mur qui devait initialement délimiter au nord la pièce 546.

Cette dernière a livré un inventaire céramique peu substantiel (Tableau 12.13 ; Fig. 12.20).

Autres éléments de la culture matérielle de la pièce 546 :

– 3 fragments de silex, dont un tronçon de lame lustrée ;
– 1 couvercle en plâtre de gypse, incomplet [ATJ87.D12A18.P50] ;
– 1 meule en basalte alvéolé, incomplète [ATJ87.D12A21.L121] ;
– 1 percuteur en rhyolithe, incomplet [ATJ87.D12A21.L274] ;
– 1 ancre (1,7 kg) – meule réutilisée – oblongue avec perforation centrale en basalte alvéolé, complète [ATJ87.D12A21.L122].

Extrémité septentrionale

Le grenier érigé au niveau VI (Chapitre 10) à l'extrémité septentrionale du tell est encore fonctionnel à ce niveau-ci.

Tableau 12.13 : Inventaire céramique de la pièce 546.

Fabriques	Fragments	Formes/vases	Numéros catalogue/C
Métallique	2		
Fine	31	10 bols	2378, 2385-6-7, 2389, 2391, 2394, 2401, 2405, 2413
		1 bouteille	2388
Commune	163	7 grands bols	1371, 2373, 2382-3, 2390, 2392, 2396
		1 jatte	2376
		1 grande jarre	2402
		3 jarres à petite ouverture	2384, 2400, 2404
		5 jarres à grande ouverture	2372, 2377, 2379, 2381, 2395
Culinaire	32	5 marmites	397[complète], 2393, 2397-8-9
TOTAL	228		

Figure 12.20 : Vase retrouvé dans la pièce 546.

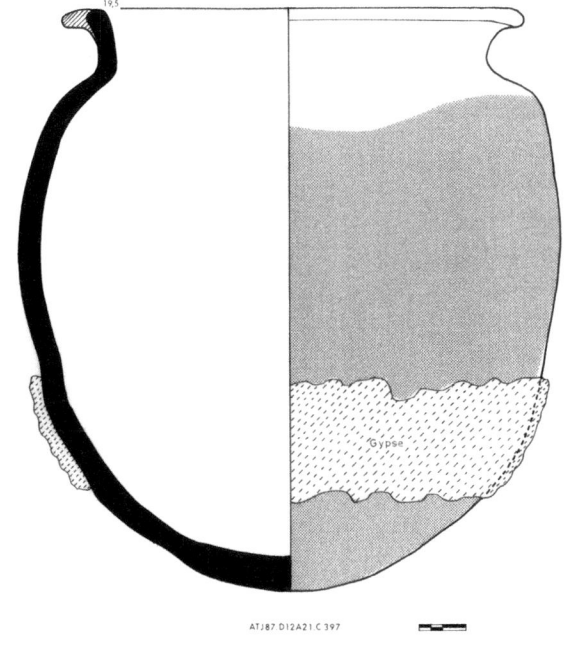

ATJ87.D12A21.C397 : Marmite de fabrique *Culinaire*, complète. 19,5 (dia.) × 24 cm (h.). Pâte de couleur *light brown* (7.5YR6/4) à *brown* (7.5YR5/4), dure (Mohs 4) de texture très grossière avec plusieurs inclusions minérales de gros calibre. Fond rond, paroi convexe, petit col concave, rebord peu évasé, lèvre ronde, deux tenons triangulaires à la lèvre. Traces de feu et enduit partiel de gypse sur la paroi extérieure.

Datation

La datation archéomagnétique de tessons sans forme de fabrique *Commune* provenant d'unités de fouilles du niveau IV a donné comme résultat 2707 ± 82 av. J.-C. (Gallet, Fortin *et al.* 2020, table 1), soit vers le milieu de la période EJZ 2.

Ce qui est en adéquation avec la présence à ce niveau-ci de deux bols à fond pointu : ATJ88.D15A29.C1241 et ATJ88.D15A29.C6064, qui sont comparables au type 33 de la nomenclature céramique ARCANE qui resta en usage pendant tout l'EJZ 2 (Rova 2011, 58, 69, pl. 5/2-3-4).

Pareillement, le fragment de rebord du bol ATJ88.E14A5.C1347 de fabrique *Ninive 5 incisée/excisée*, orné de cannelures verticales parallèles et de petits traits horizontaux incisés en diagonale entre chacune, appartient à un type de bol qui apparaît au milieu de la période EJZ 2 (type 34 : Rova 2011, 58, table 4, 88-89, pl. 5/5 ; Grossman 2014a, 90, pl. 3/8). Cependant, son décor de petits traits obliques orientés dans un sens et dans l'autre entre de petites cannelures verticales, comme sur le fragment ATJ88.D14A28.C1321 (cf. Raqa'i : Schwartz & Chomowicz 2015, 211, fig. 4.13/605 : *hatched vertical grooves (excised)*, fig. 4.30/13 et 16 ; Rova 2011, pl. 5/7-8), est plutôt courant vers la fin de la période EJZ 2.

Les autres fragments de céramique portant un décor incisé/excisé sont davantage associables à la fin de la période EJZ 2 :

- cannelures excisées alternant avec des métopes incisées de petits traits verticaux [ATJ88.D15A27.C1320] (cf. Leilan : Schwartz 1988, 47, pl. 10/a-b, fig. 31/11 et 14 ; Raqa'i : Schwartz & Chomowicz 2015, 280, fig. 4.30/1-5) ;
- lignes excisées en diagonale alternant avec des séries de traits incisés horizontaux [ATJ88.D15A27.C1326] (cf. Leilan : Schwartz 1988, 84, fig. 31/12 ; Raqa'i : Schwartz & Chomowicz 2015, 280, fig. 4.30/6, 7 et 9) ;
- chevrons hachurés [ATJ88.E13B6.C1319] (cf. Leilan : Schwartz 1988, fig. 31/8 ; Raqa'i : Schwartz & Cho-

mowicz 2015, 211, fig. 4.13/603 - *hatched chevons (excised)*.

Enfin, on note la présence de tessons appartenant à la fabrique dite *Métallique* [ex. ATJ88.D14A24.C5368 et 5369] qui est plutôt attestée dans la région vers la fin de la période EJZ 2 (Rova 2011, 57 ; Alachkar 2017, 167 ; Pruß 2000 ; Falb *et al.* 2014, 180).

Interprétation

À l'exception des deux nouvelles petites structures 546 et 554, tous les bâtiments qui étaient en usage au niveau V sont réutilisés à ce niveau-ci, soit sans aucun changement [517, 517', 600, 601-601', 602, 603 et l'ensemble du grenier septentrional], soit avec quelques transformations structurelles, mais mineures :

- la superficie de la pièce 516 est un peu réduite par l'ajout d'une cloison intérieure qui crée la nouvelle pièce exiguë 515, adjacente à la 516 ;
- les portes de la pièce 555 sont murées, imposant du coup un accès par le toit ;
- la grande pièce 558 est subdivisée en deux nouvelles plus petites pièces : 567 et 556 ;
- la pièce 561a disparaît et laisse la place à la cour 550 en terre battue ;
- la superficie de la pièce 559b est réduite de moitié [557] ;
- alors que le sommet de certains de ses anciens murs restent visibles dans la nouvelle cour 550 partiellement en cailloutis.

Cette situation montre bien la grande continuité et l'indéniable homogénéité dans la nature de l'occupation du bourg de Tell 'Atij à l'époque de ces deux niveaux.

Plusieurs des pièces dégagées dans le secteur au centre du tell sont de trop petites dimensions pour avoir servi d'habitations d'autant que certaines d'entre elles sont dépourvues de porte, leur accès devant se faire par le toit. De surcroît, les sols et les murs de la plupart de ces petites pièces sont enduits d'une couche de plâtre de gypse, une disposition tout à fait appropriée[4] pour des structures destinées à l'entreposage en vrac, ou en sacs si elle est munie d'une porte.

Suivant la méthode d'estimation développée par Tate Paulette (2015, 323 table 4.6)[5] (Tableau 19.1) :

- La nouvelle pièce 554 a une capacité de stockage en vrac – étant dépourvue de porte – de 7 à 13 m^3, en fonction de la hauteur des murs (2-3 m), pouvant recevoir entre 3 111 et 12 150 kg de grains de céréales.
- La pièce 557 offre aussi une capacité de stockage en vrac (9-13,5 m^3) variant de 4 000 à 12 617 kg de grains.
- La pièce 555 possède un volume de 24-36 m^3, selon la hauteur supposée des murs, mais une capacité de stockage réduite à 18 ou 27 m^3, si on présume que les grains étaient conservés dans des sacs, ce qui représente entre 8 000 et 25 234 kg de grains.
- La pièce 567 peut fournir la même capacité de stockage en sacs que la pièce 555 puisqu'elle a les mêmes dimensions.
- La pièce 556, quant à elle, avec ses 12-18 m^3 de capacité de stockage, peut abriter entre 5 333 et 16 823 kg de sacs de céréales.
- La pièce 516, qui a vu sa surface réduite à 9 m^2 pour un volume utile d'entreposage ramenée à 13,5-20 m^3, peut encore contenir de 6 000 à 18 972 kg de grains conservés dans des récipients.

Avec ces seules six pièces, la capacité de stockage de ces installations du niveau IV oscille entre 34 444 et 111 030 kg de grains. Prenant comme base de calcul une consommation moyenne annuelle de 200 kg par personne (Mazar 2001, 458 ; Garfinkel *et al.* 2009, 322)[6], ces pièces auraient donc permis de nourrir entre 172 et 555 villageois. Ou, si on se contente d'estimer à 1 m^3 le volume de stockage annuel nécessaire à une famille nucléaire de 5-6 personnes (Kramer 1980, 319), entre 77 et 118 familles, soit de 462 à 708 individus y auraient trouvé leur compte ; voire un peu moins – entre 15 et 25% – si on prend en considération les pertes survenues au cours de l'année et les provisions en vue du prochain ensemencement (Paulette 2015, 326, note d) (Tableau 19.1). Mais peu importe le mode de calcul retenu, ces réserves alimentaires excèdent les besoins de la population vivant dans le hameau de Tell 'Atij.

---

4 Même si cette assertion est mise en doute par des fouilleurs (Pfälzner 2001 ; Schwartz 2015, 37).

5 Ses chiffres ont été révisés en regard des nouveaux plans plus précis produits pour le présent rapport définitif.

6 Les estimations publiées sur le sujet se situent en général entre 160 kg (Kramer 1980, 319) et 250 kg (Wilkinson 1994, 495 ; Ur & Wilkinson 2008, 313), voire un peu plus parfois (Schwartz 1994b, 27, table 2 pour plusieurs différentes sources).

Cette observation se confirme davantage encore si on y ajoute les capacités de stockage du silo 600, du bâtiment 517-517′, ainsi que du grenier septentrional qui sont tous des bâtiments encore en usage à ce niveau-ci.

Enfin, la pièce 546 au sol plâtré est difficile à interpréter du fait qu'elle est isolée des autres structures de ce niveau-ci et qu'en plus elle n'a été que partiellement fouillée : il nous manque trois de ses murs. Toutefois, la présence de fours circulaires surmontés d'un dôme, d'habitude utilisés pour la cuisson du pain (*tannurs*) ou d'aliments, ainsi que de vasques en plâtre installées à proximité à même le sol plâtré ou sur des banquettes à la base du seul mur mis au jour incitent à y voir une pièce dédiée à la préparation de la nourriture, donc une installation à caractère domestique.

Chapitre 13

Niveau III

Altitude supérieure : +296,10-30 m.
Altitude inférieure : +295,10-60 m.
Épaisseur moyenne : environ 1,00 mètre.

Le niveau III a été fouillé dans les secteurs suivants :

- **Centre du tell** : carrés D13 (Fortin 1990a, 238-239), D-E13-14-15-16 (Fortin 1990c, 547-548) et B-C13 (Fortin 1995, 37-38).
- **Versant méridional** : carrés D-E17-18 (Fortin 1988a, 162-165 ; 1990a, 232-235).
- **Extrémité septentrionale** : carrés D-E6-7-8-9 (Fortin 1988a, 155-162 ; 1990a, 221-232).

Centre et versant méridional du tell

Dans le secteur fouillé (350 m²), au centre du tell et sur son versant méridional, le niveau III se distingue nettement des précédents niveaux par l'apparition d'un nouveau bâtiment rectangulaire [**553**], accessible à l'est par une large ruelle [**564b** et **529**] qui mène aussi à d'autres pièces qui se trouvent à l'ouest [**531b**] et à l'est [**540** et **541**] (Figs 13.1, 13.2 et 13.3). Vers le sud, les pièces **517**, **517'**, **515** et **516** sont encore en usage. Au nord du bâtiment 553, s'étire une grande cour carrée [**565-566b**] qui permet l'accès à une autre cour [**563b**], à l'est, qui va rejoindre le mur d'enceinte. Cet ensemble architectural est complété par deux petites pièces adjacentes [**617** et **542**] qui n'ont aucun lien stratigraphique avec les autres pièces du niveau, étant construites au nord du grand mur transversal 261.

Le bâtiment **553**, de plan rectangulaire, couvre une superficie intérieure de 9,5 m² : 2,35 (la.) × 4,00 m (lo.) (Fig. 13.4). Il est délimité par quatre nouveaux murs imbriqués les uns aux autres et préservés sur une assez bonne hauteur : entre 0,38 et 0,76 m, soit sur huit à dix assises. Ils sont tous constitués d'une double rangée de briques crues (0,45 × 0,30 × 0,08 m en moyenne) disposées selon un appareil mixte, mêlant des briques en boutisses et en panneresses :

- Mur 152b, à l'est : 3,95 (lo.) × 0,80 (la.) × 0,38-76 m (h.) ; huit assises ; une embrasure de 1,10 m a été laissée à son extrémité méridionale pour faire office de porte.
- Mur 157, à l'ouest : 3,90 (lo.) × 0,50 (la.) × 0,56-70 m (h.) ; entre sept et dix assises (Fig. 2.10 : coupe 15-Nord).
- Mur 256b-257b, au nord : 5,30 (lo.) × 0,85 (la.) × 0,60-73 m (h.) ; huit assises ; considéré comme deux murs au moment de la fouille – la double numérotation fut maintenue dans le présent rapport final afin de conserver le lien avec les rapports préliminaires – alors qu'en réalité il s'agit d'un seul et même mur, mais formé de deux rangées parallèles de briques comme les trois autres murs de cette pièce. Autre détail intéressant : des traces du mur 159 du niveau IV sont visibles à la fois sur son parement méridional et à l'intérieur de cette pièce (Fig. 13.4), confirmant qu'il fut arasé au moment de la construction de la nouvelle pièce 553.
- Mur 255b, au sud : 5,20 (lo.) × 0,75 (la.) × 0,60 (h.) ; sept assises ; sur le parement septentrional, on peut voir deux petits contreforts côte-à-côte qui semblent former une sorte d'alcôve ou de niche (Fig. 13.5). Or, le soi-disant contrefort à l'est n'est en réalité qu'un reliquat du mur 159 du niveau inférieur qui a été arasé pour la construction de la pièce 553 (Fig. 2.10 : coupe 15-Nord) et intégré dans certains murs (voir le 256-257b plus haut) de la nouvelle pièce. Le second contrefort, à l'ouest, ne fait pas suffisamment saillie (0,05 m) du mur pour être considéré comme un véritable contrefort. Il ne s'agit donc pas d'une alcôve ou d'une niche comme le dessin en plan pourrait le laisser croire (Fig. 13.1).

Tableau 13.1 : Distribution par structure des unités de fouilles du niveau III, au centre du tell et sur son versant méridional.

Structures	Murs	Unités de fouilles associées
Pièce 553	152b 157 255b 256b	ATJ88.D14A20 ATJ88.D15A24-25[sol]
Ruelle 564b	152b 154 209 337 278	ATJ88.D15A19, 22-23
Ruelle 529	255 313b 327 337 411	ATJ87.E16A4
Pièce/cour 531b	255 313b 428	ATJ87.E15B3
Pièce 540	327-427 426 445	ATJ87.D16A4-5[sol]
Pièce 541 [↑ II]	337 426	Aucune
Pièce 517 [V ↓][↑ I]	307 309 409 408	ATJ86.D17A1-2[(?)]-3, 7-8[1] ATJ87.E17A11[1]
Pièce 517' [V ↓][↑ I]	307 309 407 308 408	ATJ86.D17A4[1] ATJ86.E17A1[(?)]-2-3-4[1] ATJ87.E17A6[1]
Pièce 516 [V ↓][↑ I]	443 306 325 410	ATJ87.E16A3[1] ATJ86.E17A5[1] ATJ87.E17B1-2-3[sol]-4[1]
Pièce 515 [IV ↓][↑ I]	325 410 411 307	ATJ86.D17A6[1] ATJ87.E16A2, 9[1]
Cour 565-566b [↑ II]	154 158 201 257 201-261-262	ATJ88.D13B3 ATJ88.D14A21-22, 25, 27 ATJ88.E13B1-2-3 ATJ88.E14A2-3-4
Cour 563b	154 201 209 466[enceinte]	ATJ93.C13A7-8-9-10
Pièce 617	261 233 460	ATJ93.C13A16, 18[sol]
Pièce 542	107-108-460 212 261	ATJ87.D12A13-14-15-16-17 ATJ87.D13A16-17-18-19-20 ATJ93.C13A2 ATJ93.C13C1-2 ATJ93.D13D1-2

Le symbole [1] indique une unité de fouilles qui fait également partie du niveau I ; son inventaire est associé à ce niveau supérieur puisque c'est le plus récent. Le symbole [V ↓] ou [IV ↓] signifie que cette structure fut mise en place à un niveau inférieur (V ou IV) tandis que [↑ II] ou [↑ I] indique qu'elle sera encore en usage à un niveau supérieur (II ou I) ; son mobilier est inventorié avec sa phase d'occupation la plus récente, à moins que des unités de fouilles puissent être attribuables à sa phase d'occupation du niveau III. Dans le cas de quelques structures, leur chevauchement sur deux niveaux a pu être différencié : il est signalé par une lettre (a, b), ajoutée à leur numéro d'identification, qui correspond donc à une phase de construction associable à des unités de fouilles distinctes.

Si le sol de cette pièce (+295,10 m) est plâtré, aucun des parements intérieurs de ses murs ne le sont. L'unique porte de ce bâtiment, large de 1,10 m, est aménagée dans le mur 152b et s'ouvre vers l'est sur la ruelle 564b.

La pièce 553 renfermait un modique inventaire céramique (Tableau 13.2 ; Fig. 13.6).

Autres éléments de la culture matérielle de la pièce 553 :

– 1 tronçon de lame lustrée ;
– 2 tessons de céramique circulaires, perforés au centre [ATJ88.553.C5354-5] ;
– 1 poids (250 gr) circulaire avec perforation centrale en basalte, incomplet [ATJ88.D15A24.L155].

La ruelle en terre battue **564b** devant la porte du bâtiment 553 (Figs 13.2 et 13.3) est large de deux mètres puisqu'elle est bordée à l'est par le mur 337 et s'étire, du nord au sud, sur environ sept mètres. Vers le nord, elle débouche dans une espèce de cul-de-sac formé par les murs 209 et 154, imbriqués l'un dans l'autre à angle droit :

– Mur 154, à l'ouest : 2,00 (lo.) × 0,20-30 (la.) × 0,40 m (h.), une seule rangée de briques disposées en panneresses.

NIVEAU III

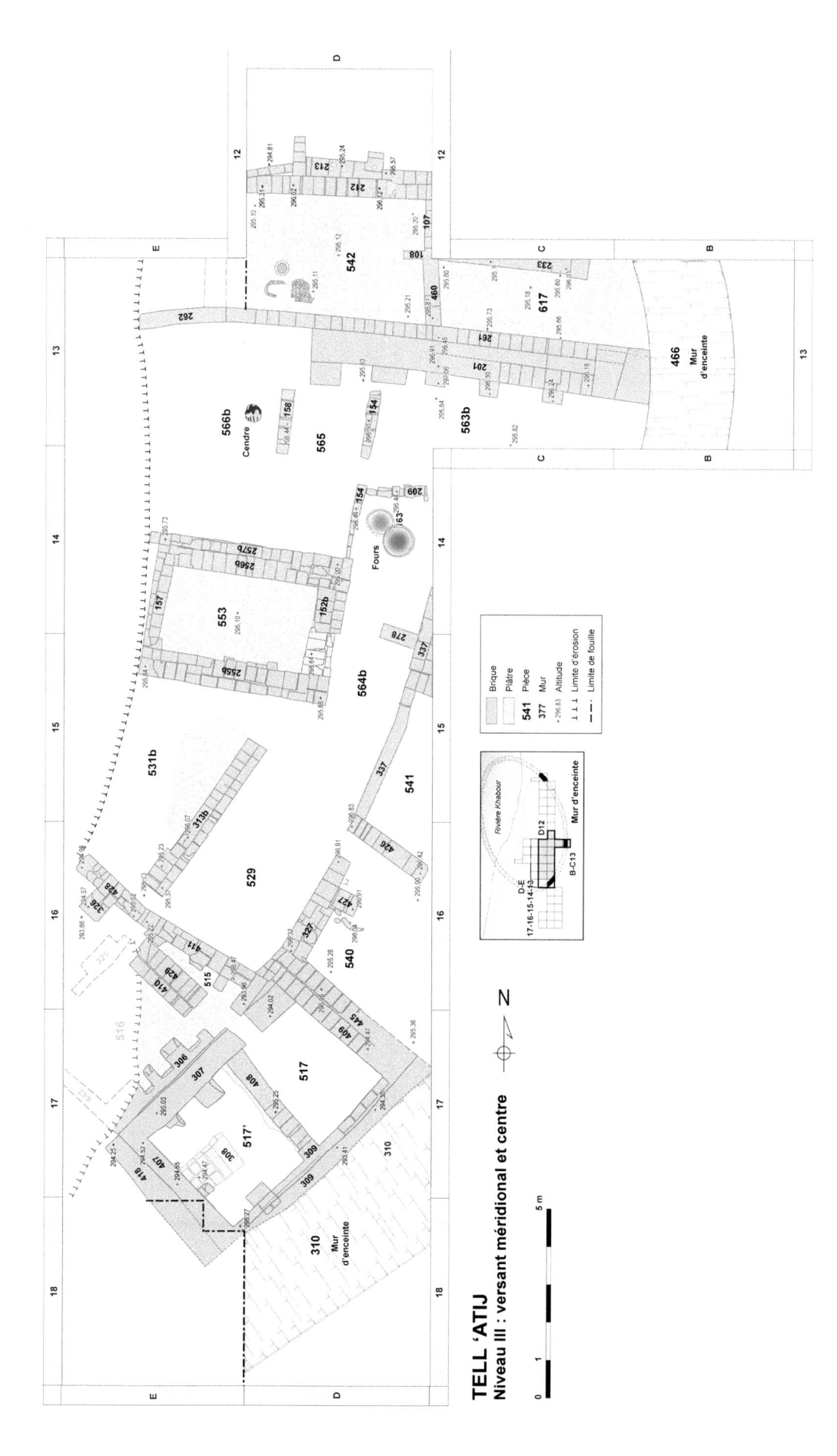

Figure 13.1 : Plan du niveau III dans le secteur au centre et sur le versant méridional du tell.

Figure 13.2 : Niveau III au centre du tell, vu vers le sud. La pièce 553, au centre, est entourée par la cour 565-566b, au premier plan, et, à gauche, par la venelle 564b qui se transforme en ruelle 529 vers le sud ; cette ruelle est bordée à l'est par les murs 327 et 337.

Figure 13.3 : Niveau III au centre du tell, vu vers le nord. La pièce 553, au premier plan, s'ouvre sur la ruelle 564b à droite. Au sud de la pièce 553, s'étend la pièce ou cour 531b. Au nord, on aperçoit les pièces 554 et 555 du niveau antérieur et le mur 201 avec ses imposants contreforts, accolé au mur 261.

Tableau 13.2 : Inventaire céramique de la pièce 553.

Fabriques	Fragments	Formes/vases	Numéros catalogue/C
Ninive 5 incisée/excisée	1	1 bol	5359
Fine	18	6 bols	5091, 5878, 5900, 5911, 5939, 9915
		1 flacon	5110
Commune	177	1 récipient miniature	9969
		6 bols	5876-7, 5896, 5902-3, 5905
		3 grands bols	5089, 5095, 5108
		10 jarres	5099, 5875, 5883-4, 5888, 5894, 5899, 5907, 5909, 5913
		2 jarres à petite ouverture	5096, 5112
		9 jarres à grande ouverture	1271, 1294, 4738, 5100-1, 5106, 5113-4-5
Culinaire	94	1 grand bol	5098
		1 jatte	4743
		4 couvercles	5873, 5881, 5895, 5897
		11 marmites	1251, 5077-8, 5093, 5880[tenon], 5885[tenon]-6[tenon], 5889, 5906, 5947[tenon], 6931
TOTAL	290		

– Mur 209, au nord 2,00 (lo.) × 0,30 (la.) × 0,45 m (h.), un rang de briques crues très mal préservées, apparemment placées en passeresses.

Au fond de cette impasse, se dressent deux fours circulaires (*tannurs* ?) de 0,70 et 0,80 m de diamètre respectivement, accolés l'un sur l'autre ; en fait, leur présence est surtout attestée par l'impressionnante quantité de cendres qui se trouve à cet endroit car leurs parois sont trop abîmées pour nous permettre d'en reconstituer la forme originelle.

L'accès à ce réduit se fait par un rétrécissement d'un mètre environ de la venelle 564b créé par la présence d'un contrefort [278], large de 0,38 m et excédant de 1,08 m du mur 337 (Fig. 2.10 : coupe 15-Nord) qui passe à l'est, en limite de fouilles à cet endroit – il devient plus visible vers le sud.

NIVEAU III

Figure 13.4 : Pièce 553, vue vers l'ouest ; son sol plâtré a disparu en grande partie.

Figure 13.5 : Pièce 553, vue vers l'ouest. L'enlèvement du sol plâtré à l'intérieur de la pièce a fait apparaître des murs de la pièce 556 du niveau inférieur (IV). Les restes du mur 159 du niveau inférieur créent en quelque sorte l'un des deux contreforts observés sur le parement interne du mur 255b (à gauche).

De nombreux tessons de céramique furent ramassés dans la ruelle 564b (Tableau 13.3) dont certains appartiennent à des fabriques typiques de cette période (Fig. 13.7).

Autres éléments de la culture matérielle de la ruelle 564b :

- 7 fragments de silex, dont un nucléus à éclats et trois tronçons de lame lustrée ;
- 6 fragments d'objets en plâtre ;
- 1 meule en basalte alvéolé, incomplète [ATJ88.D15A22.L154] ;
- 1 aiguille en os, complète [ATJ88.D15A22.Os8] ;
- 2 roues de chariot, l'une en terre cuite, complète [ATJ88.D15A23.Tc66], l'autre en argile durcie simplement, incomplète [ATJ88.D15A22.Tc67].

Figure 13.6 : Vase provenant de la pièce 553.

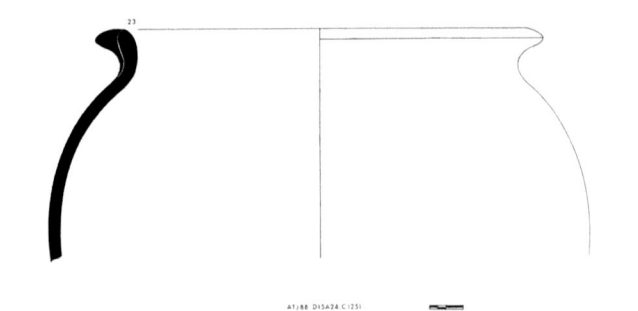

ATJ88.D15A24.C1251 : Marmite de fabrique *Culinaire*, incomplète. 23 cm (dia.). Petit col, rebord évasé, deux tenons triangulaires à la lèvre.

Figure 13.7 : Fragments de céramique provenant de la ruelle 564b.

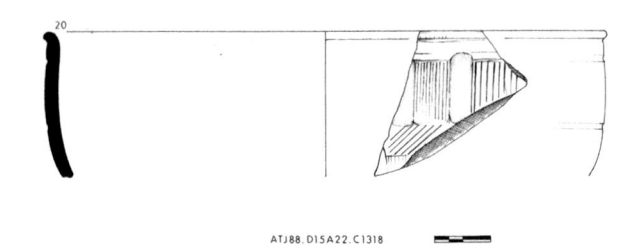

ATJ88.D15A22.C1318 : Fragment du rebord d'un bol de fabrique *Ninive 5 incisée/excisée*. 20 cm (dia.). Au rebord, une chaîne de métopes incisées de petits traits verticaux et séparées par de larges mais courtes cannelures verticales (cf. Leilan : Schwartz 1988, 47, pl. 10/a-b, fig. 31/11 et 14 ; Raqa'i : Schwartz & Chomowicz 2015, 210-211, fig. 4.13/606 : *panels excised*, 280, fig. 4.30/1-5).

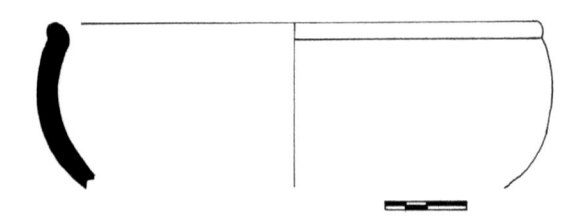

ATJ88.D15A22.C4875 : Bol de fabrique *Fine*, fragmentaire. 12 cm (dia.). Paroi convexe, rebord rentrant, lèvre en bourrelet (cf. Raqa'i : Schwartz & Chomowicz 2015, 279, fig. 4.29/16-17).

Vers le sud, la ruelle 564b s'élargit à partir de l'angle sud-est du bâtiment 553 pour former une seconde venelle, également en terre battue et dans le même axe : **529**. Cette dernière vient s'arrêter au pied du parement septentrional du mur 411, ce qui lui confère une longueur de sept mètres environ (Fig. 13.2). Sa largeur varie de 2,75 m, au nord, à 3,40 m, au sud ; elle est comprise entre :

– Mur 327, à l'est : 3,30 (lo.) × 0,80 (la.) × 1,00 m environ (h.), une double rangée de briques crues en panneresses alternant avec une simple rangée de briques en boutisses conservées sur une dizaine d'assises ; une embrasure (0,70 m) laissée à son extrémité septentrionale sert d'accès à la pièce 540 (voir plus bas).

– Mur 337, à l'est lui aussi, se trouve dans le prolongement du mur 327 en direction du nord : 5,50 (lo.) × 0,30 (la.) × 1,50 m (h.), formé d'un rang de briques placées en panneresses sur au moins dix-sept assises par endroits (Fig. 2.10 : coupe 15-Nord).

– Mur 313b, à l'ouest : 3,80 (lo.) × 0,55 (la.) × 0,73 m (h.), une double rangée de briques disposées en panneresses sur six assises ; des embrasures laissées à chacune de ses extrémités permettent le passage de la ruelle 529 vers la pièce/cour 531b (voir plus bas). Au sud, la porte munie d'un seuil ne fait que 0,50 m tandis qu'au nord l'espace laissé entre le mur 313b et le bâtiment 553 atteint 1,20 m.[1]

En somme, la ruelle 529 donne accès à la pièce 540, à l'est, et à la pièce/cour 531b, à l'ouest (voir plus bas).

L'assemblage céramique recueilli dans cette ruelle 529 est riche (Tableau 13.4) et varié (Fig. 13.8).

Autres éléments de la culture matérielle de la ruelle 529 :

– 11 fragments de silex, dont cinq tronçons de lame, deux étant lustrées ;
– 1 ancre (1,9 kg) – meule réutilisée – de forme oblongue avec perforation centrale en basalte alvéolé, incomplète [ATJ87.E16A4.L91] ;
– 1 alène en bronze, incomplète [ATJ87.E16A4.M8] ;
– 1 pied de récipient *Culinaire*, incomplet [ATJ87.E16A4.Tc30].

La pièce/cour **531b**, au sud de la pièce 553 et communiquant avec la ruelle 529, a presque disparu à ce niveau-ci, emportée par l'érosion. Outre le mur 313b, à l'est, elle est délimitée par les murs 428, au sud, et 255b, au nord ; son mur occidental s'est affaissé dans la rivière. Son sol est plâtré d'après des traces décelées ici et là ; il s'étend sur six mètres, du nord au sud, tandis que d'est en ouest, il n'est préservé que sur 2,50 m. La présence d'une telle surface plâtrée serait peut-être l'indice de l'existence d'une pièce plutôt que d'une cour, comme c'est le cas ailleurs sur le site. Cette pièce/cour restera en usage au niveau suivant [531a].

---

1 Au niveau supérieur (II), ce passage sera mieux aménagé : il sera recouvert d'un cailloutis (Chapitre 14).

NIVEAU III

Tableau 13.3 : Inventaire céramique de la ruelle 564b.

Fabriques	Fragments	Formes/vases	Numéros catalogue/C
Métallique	2	1 jarre	5341
Ninive 5 incisée/ excisée	2	2 bols	1318, 4880
Fine	84	2 formes indéterminées	9686, 9688
		19 bols	1341, 4875-6-7, 4881, 4899, 5079, 5080-1-2-3-4-5-6-7-8, 5090, 5094, 5116
Commune	552	1 récipient miniature	9971
		5 grands bols	4755, 4757-8, 4887, 4892
		3 jarres	4885, 4896, 5073
		4 grandes jarres	5202, 5208, 5047-8
		1 jarre à tenons verticaux	5206
		1 jarre à 2 ouvertures	5117
		27 jarres à grande ouverture	1295, 1344, 4756, 4770, 4772, 4879, 4882-3-4, 4886, 4894, 4898, 5046, 5053, 5055, 5068-9, 5097, 5102-3-4-5, 5107, 5111, 5203, 5209, 10091
Culinaire	174	4 grands bols	4888, 4893, 5057, 5205
		13 marmites	4889, 4890-1, 4897, 5067, 5072, 5092, 5200-1, 5207, 5210, 9809, 9812
TOTAL	**814**		

Tableau 13.4 : Inventaire céramique de la ruelle 529.

Fabriques	Fragments	Formes/vases	Numéros catalogue/C
Ninive 5 incisée/ excisée	1	1 forme indéterminée	3974
Fine	63	15 bols	3651, 3981, 3983-4-5-6-7-8-9, 3991, 4011, 4013, 4016-7, 4019
		1 grand bol	1208
		2 bouteilles	3655, 3992
		1 fond	4010
		1 godet	369[complet]
Commune	136	2 formes indéterminées	4006, 9991
		7 grands bols	3980, 3999, 4015, 4022, 4032, 6028, 6031
		2 jattes	1209, 3641
		2 jarres	3982, 10095
		7 grandes jarres	3622, 3624-5, 3646, 3996, 4023, 4031
		8 jarres à petite ouverture	3644, 3649, 3993, 4001, 4003, 4007, 4018, 4030,
		26 jarres à grande ouverture	1237, 3621, 3642-3, 3645, 3647-8, 3652-3-4, 3656, 3995, 3997, 4004-5, 4008, 4024-5-6-7-8-9, 4034-5, 6027, 6033
Culinaire	154	5 grands bols	3634, 3640, 3973, 4020, 9860
		6 couvercles	3639, 3971, 3994, 3998, 4000, 6029
		11 marmites	1173[complète], 1215, 3635, 3637, 3979, 3990, 4002, 4012, 6026, 6030, 6036
TOTAL	**354**		

228   CHAPITRE 13

Figure 13.8 : Vases provenant de la ruelle 529.

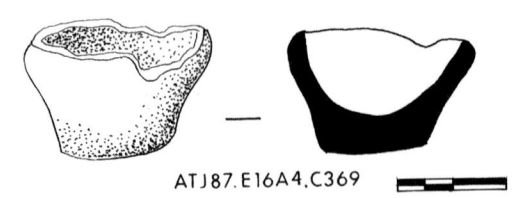

ATJ87.E16A4.C369 : Godet de fabrique *Fine*, complet. 3 (dia.) × 2 cm (h.). Pâte de couleur *brown* (10YR4/3), peu dure (Mohs 3), de texture grossière avec peu de petites inclusions minérales. Fond plat, parois rectilignes évasées, lèvre amincie. Traces de feu.

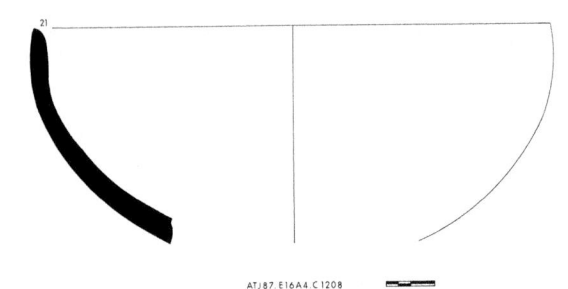

ATJ87.E16A4.C1208 : Grand bol de fabrique *Fine*, fragmentaire. 21 cm (dia.). Paroi convexe, rebord légèrement rentrant, lèvre arrondie.

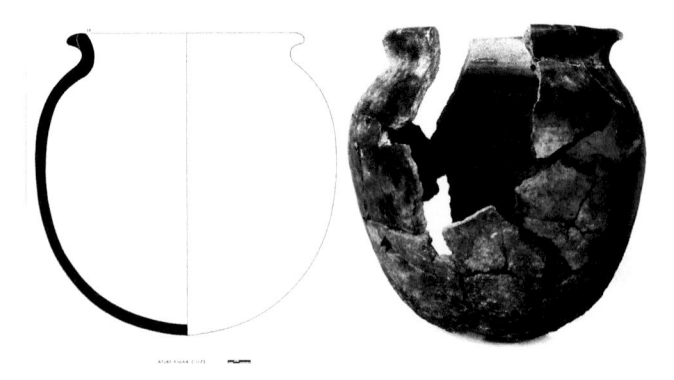

ATJ87.E16A4.C1173 : Marmite de fabrique *Culinaire*, complète. 19 (dia) × 26 cm (h.). Fond arrondi, panse globulaire, petit col concave, rebord évasé, lèvre épaissie, quatre tenons triangulaires au rebord.

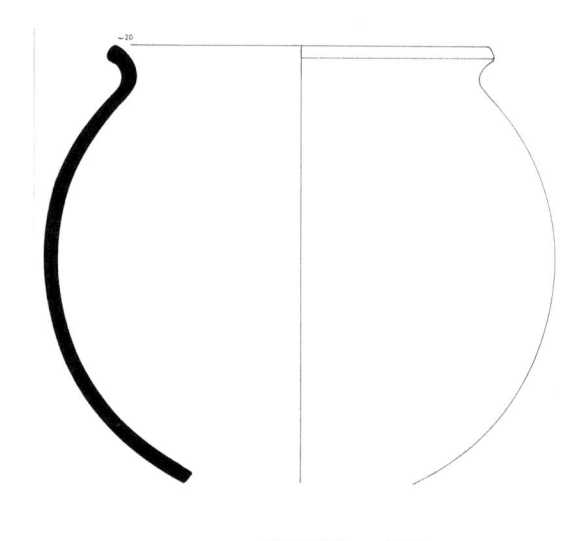

ATJ87.E16A4.C1237 : Jarre à grande ouverture de fabrique *Commune*, fragmentaire. 20 cm (dia.). Panse globulaire, petit col concave, rebord évasé, lèvre simple carrée.

Figure 13.9 : Empilement de briques dans l'étroite pièce 515, vu vers l'ouest. Au premier plan : la pièce 517.

Tableau 13.5 : Inventaire céramique de la pièce/cour 531b.

Fabriques	Fragments	Formes/vases	Numéros catalogue/C
Peinte	3		
Grise incisée	1	1 bol	8987
Fine	1	1 bol	4103
Commune	77	1 grand bol	9213
		2 jarres à grande ouverture	9205-6
Culinaire	9	1 bol	9863
		2 grands bols	9216, 9219
		1 marmite	9218
TOTAL	**91**		

Tableau 13.6 : Inventaire céramique de la pièce 540.

Fabriques	Fragments	Formes/vases	Numéros catalogue/C
Métallique	1		
Fine	19	1 forme indéterminée	1234
		1 bol	3926
Commune	170	3 grands bols	3589, 3595, 10004
		1 jatte	3592
		1 jarre	3930
		1 grande jarre	3591
		2 jarres à petite ouverture	3579, 3581
		7 jarres à grande ouverture	3577, 3580, 3582-3, 3585, 3590, 3594
Culinaire	25	1 grand bol	3924
		3 marmites	375$^{(complète)}$, 376$^{(complète)}$, 3587
TOTAL	**215**		

Le mobilier de la pièce/cour 531b se limite à moins d'une centaine de tessons de céramique (Tableau 13.5) et trois fragments de silex.

Au sud de la ruelle 529, mais inaccessibles depuis celle-ci, les pièces 517, 517′, 516 (à moitié détruite par l'érosion) et 515, accolées les unes aux autres, sont toujours utilisées à ce niveau-ci, sans aucune modification sauf pour le réduit 515 dans lequel des briques sont empilées (Figs 11.26 et 13.9) dans l'attente, on peut l'imaginer, d'une réfection de murs de structures voisines : les briques ne sont pas placées régulièrement les unes sur les autres et surtout elles ne sont pas liées par du mortier de boue comme dans les murs usuels. Le mobilier de cette pièce, comme des pièces voisines, est décrit dans le niveau I qui correspond à leur dernière phase d'occupation.

La pièce **540**, accessible depuis la ruelle 529 par une porte (0,70 m) pratiquée dans le mur 327 bordant la ruelle 529 à l'est, est très mal connue du fait qu'elle n'a été révélée que par un très petit sondage ouvert le long du mur 445.[2] Outre le mur 327 muni d'un contrefort intérieur [427] large de 0,50 m qui fait saillie sur 0,50 m, elle est délimitée par :

– Mur 445, au sud : 4,40 (lo.) × 0,50 m (la.) × 1,04 m (h.), une rangée de briques en boutisses conservées sur une dizaine d'assises ; il longe le parement septentrional du mur 409 de la pièce 517.

– Mur 426, au nord : 2,50 (lo.) × 0,50 m (la.) × 0,95 m (h.), mais sa base n'a pas été atteinte ; formé d'un rang de briques appareillées en boutisses ; mur mitoyen avec la pièce 541, au nord.

---

2 Elle sera dégagée au complet au niveau II.

Figure 13.10: Vases provenant de la pièce 540.

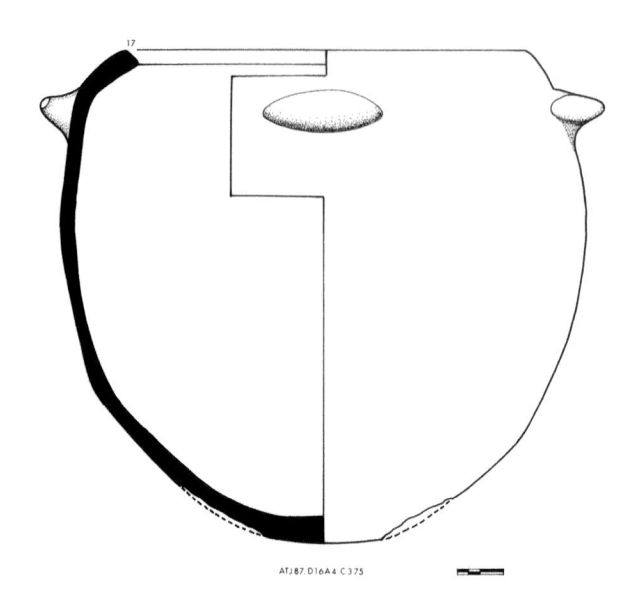

ATJ87.D16A4.C375 : Marmite de fabrique *Culinaire*, complète. 17 (dia.) × 20,5 cm (h.). Pâte de couleur *reddish brown* (5YR5/4) à *light brown* (7.5YR6/4), dure (Mohs 4), de texture très grossière avec plusieurs grosses inclusions minérales. Fond arrondi, paroi convexe, rebord rentrant, lèvre carrée, quatre tenons droits horizontaux au rebord.

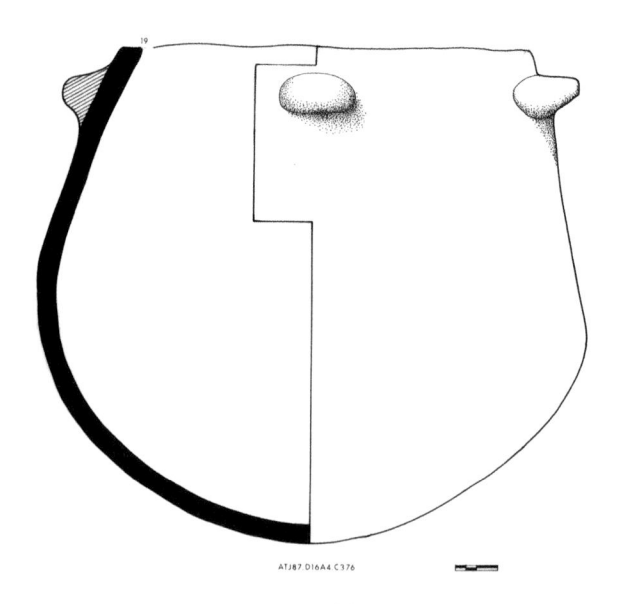

ATJ87.D16A4.C376 : Marmite de fabrique *Culinaire*, complète. 19 (dia.) × 22,5 cm (h.). Pâte de couleur *reddish yellow* (5YR6/6), très dure (Mohs 5), de texture très grossière avec plusieurs grosses inclusions minérales. Fond arrondi, panse trapue, rebord rentrant, lèvre carrée, quatre tenons droits horizontaux au rebord. Traces de suie.

Quant au mur qui ferme cette pièce à l'est, il doit se trouver en dehors de la zone fouillée et longer le parement intérieur du mur d'enceinte qui devrait passer tout près à cet endroit du tell. Les dimensions supposées de cette pièce seraient donc : 3,50 × 4,00 m (14 m^2). Son sol est en terre battue, d'après la portion de sa surface mise au jour au fond du sondage.

Même si la pièce 540 ne contenait pas beaucoup de céramique (Tableau 13.6), certains de ses vases sont complets (Fig. 13.10).

Autres artéfacts retirés de la pièce 540 :

- 4 fragments de silex : tronçons de lame lustrée ;
- 1 poinçon court et large en os, complet [ATJ87.D16A4.Os4] ;
- 2 meules en basalte alvéolé, incomplètes [ATJ87.D16A4.L110-111].

L'existence de la pièce **541** à ce niveau-ci, située au nord de la 540, n'est que présumée à partir de la présence des murs 426 et 337 qui forment l'un de ses angles. Cependant, les couches stratigraphiques qui leur sont associées appartiennent au niveau supérieur (II).

Au nord du bâtiment 553, s'étend une grande cour en terre battue : **565-566b**[3] (Fig. 13.11). De forme carrée, 5,00 × 5,70 m (25,5 m^2), elle est comprise entre :

- Mur 256b-257b de la pièce 553, au sud.
- Mur 261-262, au nord : constitué d'une seule rangée de briques crues disposées en panneresses et dont la mise en place remonte au niveau VIII (Fig. 2.8 : dessin de son parement méridional) (Chapitre 8).
- Mur 201, au nord : 0,80 (la.) × 1,90 m (h.), formé d'une double rangée de briques placées soit en boutisses, soit en panneresses préservées sur une vingtaine d'assises. Ce mur se continuant vers l'est, jusqu'au mur d'enceinte [466], sa longueur totale atteint 8,50 m. Sa plus grande singularité est d'avoir, contre son parement méridional, une succession de cinq contreforts dont les dimensions varient beaucoup : entre 0,50 et 0,80 m en largeur et excédant du parement de 0,30 à 0,60 m (Figs 13.12 et 13.13). Au vu de ses contreforts inéga-

---

3 Au moment de la fouille, il a été jugé prudent de distinguer le matériel recueilli soit à l'est, soit à l'ouest du muret 158 qui passe en son centre suivant un axe nord-sud et qui ainsi la divise en deux : d'où cette double numérotation. Mais après analyse, il a été réalisé que les deux cours n'en forment qu'une seule.

NIVEAU III

Figure 13.11 : Cour 565-566b, au nord de la pièce 553, vue vers l'ouest. Au premier plan : le muret 154 (nord-sud), avec deux embrasures à ses extrémités afin de permettre l'accès à la cour 563b, à l'est. Seules quelques briques en limite d'érosion témoignent de la présence d'un mur limitrophe occidental qui a été emporté par l'érosion.

Figure 13.12 : Double contrefort dressé contre le parement méridional du mur 201, vu vers le nord-est. En face, les murets 154, à droite, et 158, à gauche de la cour 565-566b. À droite du cliché, paroi orientale du carré D13 montrant l'importante accumulation de cendres dans la cour 563b.

Figure 13.13 : Mur 201 avec trois contreforts contre son parement méridional, dans le carré C13, vu vers le nord.

lement espacés, il est permis de croire que ce mur a été érigé tout contre le parement méridional du mur 261 afin de le renforcer. Il en résulte un mur [201+261] dont l'épaisseur atteint 1,25 m et 1,80 m avec les contreforts.

– Mur 154, à l'est : 1,80 (lo.) × 0,30 (la.) × 0,57 m (h.), une rangée de briques disposées selon un appareil mixte : en boutisses et en panneresses ; six assises préservées seulement (Fig. 13.11). En réalité, il s'agit de la continuation du mur 154, plus au sud, mais avec une embrasure à chacune de ses extrémités de manière à permettre l'accès à la cour 563b, à l'est.

– Du côté ouest, le mur a été emporté par l'érosion, sauf pour quelques briques retrouvées éparses au sol (Fig. 13.11).

Au centre de la cour, se dresse le :

– Mur 158 : 1,68 (lo.) × 0,32 (la.) × 1,83 m (h.), constitué d'une seule rangée de briques crues (0,30 × 0,09 × 0,15 m) en boutisses. Comme il s'étire du nord au sud sans rejoindre l'un des murs entourant cette cour, il doit s'agir d'un simple muret destiné à partager la cour en deux parties.

Tableau 13.7 : Inventaire céramique de la cour 565-566b.

Fabriques	Fragments	Formes/vases	Numéros catalogue/C
Métallique	2	1 bol	4915
Peinte	22		
Ninive 5 incisée/ excisée	2	2 bols	1337-8
Grise incisée	1	1 bol	4716
Fine	36	15 bols	1300, 1343. 4394, 4561, 4724, 4746, 4917, 4922, 4928, 4931, 4938, 6047[complet], 9872, 9881, 9923
		1 bouteille	4748
Commune	398	1 récipient miniature	4796
		1 bol	4919
		1 grand bol	4750
		1 jarre	4717
		9 jarres à petite ouverture	1283, 4565, 4567, 4569, 4605, 4734, 4789, 4909, 10048
		24 jarres à grande ouverture	1252, 1258, 1278, 4392, 4562, 4564, 4571, 4575, 4732-3, 4736, 4742, 4744, 4904, 4907, 4910, 4914, 4926, 4930, 4933, 4935-6, 7683, 10086
Culinaire	89	3 grands bols	4391, 4573, 4577
		1 bassin	4956
		4 couvercles	4393, 4566, 4929, 4932
		13 marmites	4395, 4396, 4568, 4574, 4714, 4739, 4740, 4745, 4797, 4945, 4955, 4957, 9821
TOTAL	**550**		

La cour 565-566b continuera à être utilisée au niveau II [= 565-566a].

Le riche inventaire céramique de la cour 565-566b (Tableau 13.7) est intéressant dans la mesure où il comprend des tessons de fabriques exogènes : *Métallique*, *Peinte*, *Ninive 5 incisée/excisée* et *Grise incisée* (Fig. 13.14).

Autres éléments de la culture matérielle découverts dans la cour 565-566b :

- 1 fragments de silex, dont six tronçons de lame lustrée ;
- 1 meule en basalte alvéolé, incomplète [ATJ88. D13B3.L161] ;
- 1 perle en forme de petit disque plat en cristal de roche transparent, complète [ATJ88.E14A3.B61] ;
- 1 perle cylindrique perforée en argile durcie, complète [ATJ88.E14A3.B92].

La cour 565-566b mène, vers l'est, à une autre cour : **563b**, dont les limites sont mal définies. À partir du muret 154, elle s'étire vers l'est jusqu'au mur d'enceinte [466], en longeant sur un peu plus de six mètres le parement méridional du mur 201. Même si la limite méridionale de cette cour est inconnue, parce qu'elle se trouve en dehors du secteur fouillé, on peut présumer que la cour 563b fait environ 3,25 m en largeur, soit la distance entre le mur 209 et 201. Elle couvrirait donc une superficie de 20 m² environ (3,25 × 6,00 m). Son sol en terre battue est recouvert, dans la partie occidentale de cette cour, d'importantes accumulations de cendres (Fig. 13.12 : paroi orientale du carré D13), provenant selon toute vraisemblance des fours situés dans l'impasse 564b à proximité ; le reste de la cour n'a pas produit de telles quantités de résidus de combustion.

La cour 563b restera en usage au niveau supérieur [= 563a].

Elle n'a livré qu'une centaine de tessons de céramique (Tableau 13.8) ainsi qu'une roue de chariot en terre cuite, incomplète [ATJ93.C13A7.Tc90], et trois fragments de silex, dont un nucléus à éclats.

Au nord de la cour 563b et du mur 201-261, mais sans aucun lien structurel ni stratigraphique avec cette cour, se trouve la pièce **617** (Fig. 13.15). De plan rectangulaire,

NIVEAU III

Figure 13.14 : Fragments de céramique provenant de la cour 565-566b.

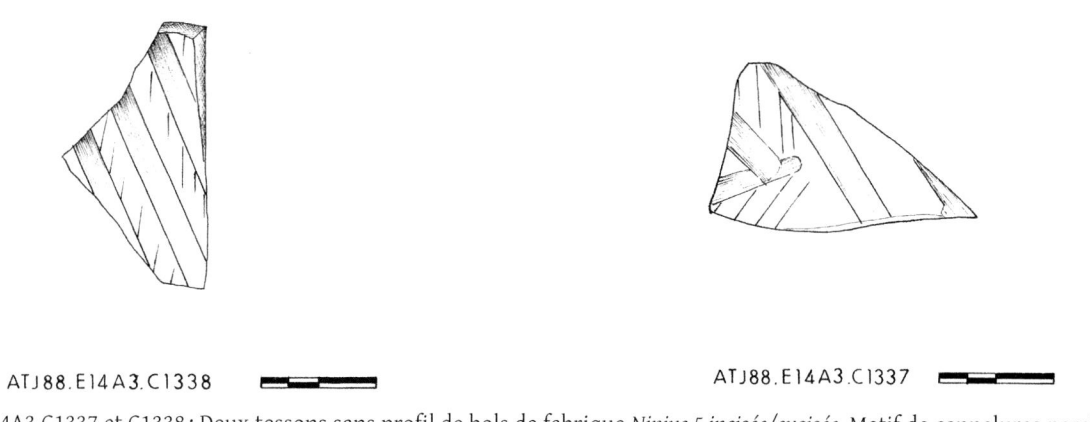

ATJ88.E14A3.C1338

ATJ88.E14A3.C1337

ATJ88.E14A3.C1337 et C1338 : Deux tessons sans profil de bols de fabrique *Ninive 5 incisée/excisée*. Motif de cannelures parallèles séparées par des séries de petits traits obliques incisés (cf. Leilan : Schwartz 1988, fig. 31/3-7 ; Raqa'i : Schwartz & Chomowicz 2015, 211, fig. 4.13/604 : hatched « step »/zigzag pattern (excised), figs 4.30/6-14, 4.32/1-4).

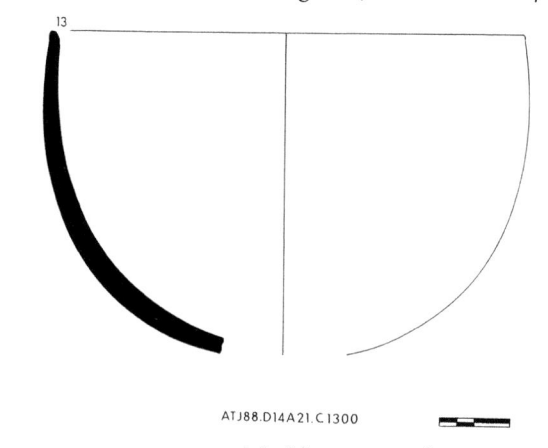

ATJ88.D14A21.C1300

ATJ88.D14A21.C1300 : Bol de fabrique *Fine*, fragmentaire. 13 (dia.) × 8,5 cm (h.). Paroi convexe, rebord légèrement rentrant, lèvre amincie.

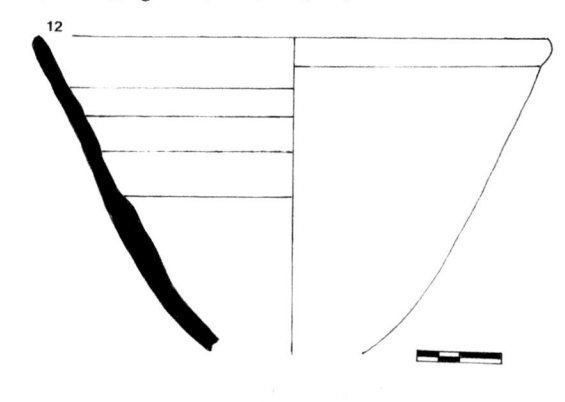

ATJ88.E14A3.C4922 : Bol de fabrique *Fine*, fragmentaire. 12 (dia.) × 7 cm (h.). Fond arrondi, paroi rectiligne évasée, lèvre en bourrelet.

elle couvre une superficie de 8,8 m² : 5,20 (lo.) × 1,70 m (la.). Outre le mur 261, au sud, et le mur d'enceinte 466, à l'est, son sol plâtré est délimité par :

- Mur 233, au nord : 4,20 (lo.) × 0,41-49 m (h.) – quatre assises ; son épaisseur est inconnue, son alignement de briques crues étant en bonne partie enfoncé dans la berme ; il vient s'appuyer sur le mur 460, à l'ouest, mais ne rejoint pas le mur d'enceinte, à l'est.
- Mur 460, à l'ouest : mis en place dès le niveau V (Chapitre 11). Il est important de noter que ce mur mitoyen avec la pièce 542, à l'ouest, est dépourvu de porte : les pièces 542 et 617 sont donc contiguës, mais pas communicantes.

Cette pièce 617 s'est révélée assez pauvre en tessons de céramique (Tableau 13.9).

Autres éléments de la culture matérielle de la pièce 617 :

- 20 fragments de silex, dont un nucléus à éclats et un tronçon de lame lustrée ;
- 2 fragments d'artéfacts en plâtre ;
- 1 épingle en bronze, incomplète [ATJ93.C13A18.M40] ;
- 1 roue de chariot en terre cuite, incomplète [ATJ93.C13A16.Tc95].

La pièce **542**, à l'ouest de la pièce 617 avec qui elle partage le mur 460, longe le parement septentrional du mur 261 sur une distance d'au moins cinq mètres avant de disparaître dans la berme occidentale des carrés D12-13. Par contre, sa largeur est connue puisque le mur 212 du niveau IV (Chapitre 12) court parallèlement au mur 261, à une distance de trois mètres de ce dernier.

Tableau 13.8 : Inventaire céramique de la cour 563b.

Fabriques	Fragments	Formes/vases	Numéros catalogue/C
Métallique	1	1 forme indéterminée	9453
Fine	9	2 bols	9439, 9446
		2 bouteilles	6226, 9448
		3 fonds	8968, 9436, 9444
Commune	90	1 grand bol	8967
		1 jarre à petite ouverture	8955
		6 jarres à grande ouverture	8980, 9449, 9450-1-2, 9597
Culinaire	9	4 marmites	8995, 9445, 9455, 9507
TOTAL	**109**		

Tableau 13.9 : Inventaire céramique de la pièce 617.

Fabriques	Fragments	Formes/vases	Numéros catalogue/C
Métallique	4	1 bol	9540
Ninive 5	1		
Fine	25	10 bols	8836-7, 8841, 9454, 9456-7-8-9, 9590, 9603
		1 grand bol	8843[complet]
		1 bouteille	8838
		2 fonds	9479, 9588
Commune	144	1 grand bol	8840
		6 jarres à petite ouverture	8746-7, 8851, 8858, 8873, 9460
		12 jarres à grande ouverture	8731-2, 8737, 8748, 8752, 8758, 8835, 8849, 8857, 8860, 8864, 9050
Culinaire	30	9 marmites	8745, 8839, 8842, 8844-5, 8852-3, 9032-3
TOTAL	**204**		

Figure 13.15 : Pièce 617, longeant le mur 261 à gauche, vue vers l'ouest. Au second plan, se devine la pièce 542, contiguë mais non communicante avec la pièce 617.

NIVEAU III

Tableau 13.10 : Inventaire céramique de la pièce 542.

Fabriques	Fragments	Formes/vases	Numéros catalogue/C
Métallique	7	1 bouteille	2374
		1 jarre	2370
Ninive 5	2		
Fine	125	3 formes indéterminées	9487, 9583, 9656
		25 bols	1263, 1378-9, 2224, 2338-9, 2346, 2356, 2358, 2368, 2539, 2543, 2557, 2559, 2693, 8818, 8820, 8963-4-5, 9049, 9105, 9251-2, 9587
		2 grands bols	2319, 8816[complet]
		3 bouteilles	2361, 2366, 9038
		1 fond	2371
Commune	570	8 formes indéterminées	6206, 8924, 9433[marque de potier], 9650, 9661, 9668, 9704, 9983
		2 récipients miniatures	2558, 9974
		4 grands bols	2321, 2362, 2535, 8904
		2 jattes	2320, 2360
		11 jarres	1380, 2316, 2325[marque de potier], 2329, 2330, 2353, 2355, 2537-8, 2556, 4261
		7 grandes jarres	2318, 2367, 2561, 2563, 8019, 8831, 8916
		20 jarres à petite ouverture	2317, 2327, 2333, 2335, 2342-3, 2345, 2347-8, 2352, 2354, 2357, 2363, 2541, 2544, 8828, 8925-6, 8956, 9094
		29 jarres à grande ouverture	1381, 2322, 2332, 2334, 2341, 2344, 2350-1, 2364-5, 2380, 2536, 2542, 2545-6-7-8-9, 2550-1, 2562, 5335, 8815, 8825-6-7, 8830, 8920, 9115
Culinaire	186	1 couvercle	9842
		1 bol	1377
		3 grands bols	2336-7, 9779
		15 marmites	2323-4, 2326, 2328, 2331, 2494, 2534, 2540, 2552, 2554, 9037, 9116, 9535, 9788, 9803
TOTAL	**890**		

Figure 13.16 : Pièce 542, vue vers le sud. Installations en plâtre de gypse aménagées dans son angle sud-ouest, à proximité d'une jarre enfoncée dans le sol plâtré de la pièce. Aucun crépi de plâtre sur les murs.

Figure 13.17 : Marque de potier sur la jarre ATJ87.D12A13.
C2325 sous la forme d'un croissant au sommet d'une hampe
(cf. Abd : Sconzo 2013, 247 – type VIII.05,01, pl. 187).

Par conséquent, le sol plâtré de la pièce 542 couvre une superficie de 15 m² : 5,00 (lo.) × 3,00 m (la.), du moins dans sa partie dégagée. Le seul nouveau mur de cette pièce :

- Mur 107, à l'est : en fait, un segment de 1,50 de longueur et de 0,75 m de hauteur qui prolonge vers le nord le mur 460 associé à la pièce 517 (voir plus haut). Sa largeur est inconnue, étant à moitié enfoncé dans la berme. Contre son parement intérieur se dresse un contrefort [108], large de 0,25 m, qui fait saillie de 0,50 m. Il vient buter contre le mur 212.

Aucun des murs de cette pièce 542 ne porte un crépi de plâtre.

Son aménagement intérieur, concentré dans son angle sud-ouest, consiste une série d'installations circulaires et semi-circulaires en gypse dont la fonction nous échappe, ainsi qu'une jarre enfouie dans le sol et dont seule l'ouverture dépasse (Fig. 13.16).

Plusieurs fragments de céramique furent retirés de la pièce 542 (Tableau 13.10), dont un portant une marque de potier (Fig. 13.17).

La marque de potier sur le tesson ATJ87.D12A15. C9433 consiste en deux petits cercles imprimés (cf. Abd : Sconzo 2013, 252 – type X.01, pl. 196).

Autres éléments de la culture matérielle de la pièce 542 :

- 13 fragments de silex, dont cinq tronçons de lame ;
- 8 couvercles en plâtre de gypse, incomplets [ATJ87. D12A14.P12, 23-24, 41 ; ATJ87.D12A15.P25 ; ATJ87. D13A16.P9, 14 ; ATJ87.D13A18.P22] ;
- 1 ancre (2,1 kg) – meule réutilisée – oblongue avec perforation centrale en basalte alvéolé, complète [ATJ87.D12A14.L99] ;
- 1 peson en tuf, incomplet [ATJ87.D12A15.L172] ;
- 1 crapaudine en gypse, complète [ATJ93.C13C1. L263] ;
- 1 percuteur en basalte, complet [ATJ87.D12A15. L275] ;
- 1 cale pour un foret à archet en basalte, complète [ATJ87.D12A15.L296] ;
- 1 petit amas métallique informe probablement tombé d'un creuset lors d'une coulée [ATJ93.C13C1. M41] ;
- 1 figure humaine en terre cuite, incomplète [ATJ87. D12A15.Tc50] ;
- 1 tablette numérique en argile durcie, complète [ATJ87.D13A18.Tb1].

Extrémité septentrionale

Le grenier à silos multiples construit au niveau VI (Chapitre 10) à l'extrémité septentrionale du tell est encore fonctionnel à ce niveau-ci. Son mobilier est décrit au niveau I (Chapitre 15), puisqu'il est représentatif de sa dernière phase d'occupation.

Datation

La datation archéomagnétique de tessons sans forme de fabrique *Commune* provenant d'unités de fouilles du niveau III a donné comme résultat : 2675 ± 83 av. J.-C. (Gallet, Fortin *et al.* 2020, table 1), soit vers la fin de la période EJZ 2. Ce qui s'harmonise avec la présence croissante de fragments de céramique appartenant à la fabrique dite *Métallique* qui n'est attestée dans la région qu'à la toute fin de la période EJZ 2 (Rova 2011, 57 ; Alachkar 2017, 167), soit aux alentours de 2600 av. J.-C. (Pruß 2000 ; Falb *et al.* 2014, 180).

Le motif dit du *panels (excised)* (type 606 de Raqa'i : Schwartz & Chomowicz 2015, 210-211, fig. 4.13) que l'on retrouve sur le tesson ATJ88.D15A22.C1318 est caractéristique de la fin de la période EJZ 2. L'est aussi le décor de cannelures parallèles séparées par de petits traits obliques incisés identifié sur deux tessons sans profil : ATJ88.E14A3.C1337 et C1338 (Grossman 2014a, 90) (cf. Leilan : Schwartz 1988, fig. 31/3-7 ; Raqa'i : Schwartz & Chomowicz 2015, figs 4.30/6-14, 4.32/1-4).

Interprétation

Le secteur au centre du tell se transforme considérablement au niveau III avec le remplacement des constructions du niveau IV par un tout nouveau bâtiment [553], aux murs très épais et au sol plâtré, entouré de tous côtés par des voies de circulation manifestement afin d'en faciliter l'accès : une préoccupation propre à un bâtiment à caractère public. Si à ce bâtiment on ajoute la grande pièce 517-517' avec son annexe 516, au sud, et, au nord, le complexe du grenier septentrional, il est clair que ce quartier oriental du hameau de Tell 'Atij était occupé par des bâtiments publics plutôt que domestiques ; des structures, de surcroît, dédiées à l'entreposage.

Pièce 553

Cependant, ce changement n'est pas aussi radical qu'il n'y paraît. En effet, le nouvel édifice 553 est construit par-dessus les ruines des bâtiments 556 et 557 du niveau IV, deux de ses murs étant partiellement fondés sur les restes des sommets de murs de bâtiments du niveau IV (Fig. 2.10 : coupe 15-Nord). Un mur du niveau inférieur est même en partie intégré à un mur du bâtiment 553, mais maladroitement comme il reste apparent sous la forme d'un petit contrefort sur le parement intérieur de l'un des murs de la pièce 553 (Figs 13.4 et 13.5).[4] En somme, le secteur est toujours marqué par la présence d'un bâtiment central, aux murs solides, qui s'ouvre encore vers l'est et qui demeure accessible par une ruelle [564b] qui le contourne par le sud et longe sa façade orientale.

L'espace intérieur du bâtiment 553 étant trop limité (9,5 m²) pour y voir une simple habitation, puisqu'elle n'aurait procuré un espace vital qu'à un seul individu, peut-être deux[5], et ses murs étant trop épais – double rangée de briques – par rapport aux autres bâtiments du site, une autre interprétation doit donc être recherchée pour cette construction atypique qui n'a livré aucun instrument de mouture et peu de céramique *Culinaire* (32% de son inventaire). Si on devait l'interpréter comme un entrepôt, avec ses 9,5 m², ce dernier offre un volume d'entre 19 et 28,5 m³, selon que l'on restitue ses murs à deux ou trois mètres de hauteur. Puisqu'il possède une porte, les denrées y auraient été nécessairement stockées en sacs, ou autres types de récipients, ce qui ramène sa capacité de stockage entre 14,3 et 21,4 m³ pour une quantité de grains pouvant varier entre 6 355 et 20 000 kg (Paulette 2015, 323 table 4.6). Ce qui aurait suffi à nourrir entre 31 et 100 personnes sachant que chacune devait consommer en moyenne 200 kg par année (Mazar 2001, 458 ; Garfinkel *et al.* 2009, 322).[6] Si, en revanche, on estime à 1 m³ le volume de stockage annuel nécessaire à une famille de 5-6 personnes (Kramer 1980, 319), la pièce 553 aurait donc pu ainsi répondre aux besoins de 14 à 21 familles, soit de 70 à 126 individus ; mais sans doute un peu moins – entre 15 et 25% – si on tient compte de la pourriture inévitable d'une partie des provisions au cours de l'année et des réserves mises de côté pour les prochaines semailles (Paulette 2015, 326, note d) (Tableau 19.1). La fonction d'entrepôt pour la pièce 553 expliquerait la présence de deux fours dans le cul-de-sac dans lequel aboutit la ruelle 564b qui passe devant la porte de l'édifice 553, puisqu'il était nécessaire de bien assécher les grains avant de les entreposer afin de prolonger leur conservation.

Mais au vu de leur forme circulaire et de leurs dimensions, ces structures de combustion ont peut-être aussi servi de *tannurs* (Rova 2014 ; Smogorzewska 2019, 86-93) pour la cuisson de pains fabriqués avec de la farine produite à partir des grains de céréales qui étaient stockés dans l'entrepôt 553. Sur les sites où de telles structures ont été découvertes, leur présence a toujours été révélée par plusieurs couches de terre cendreuse formées par les cendres retirées des fours, dispersées aux alentours et recouvertes de terre argileuse afin de retenir au sol la poussière cendreuse (Grossman 2014b, 51 ; Smogorzewska 2019, 91). Or, la cour voisine 563a a produit plusieurs couches cendreuses grises alternant avec des couches de terre brune.

Pièces 542

La pièce 542, accolée au parement septentrional du mur 201-261-262, possède des dimensions (15 m², et peut-être plus) ainsi que des aménagements intérieurs qui pourraient en faire une structure à caractère domestique, une habitation, mais que pour deux ou

---

4 On a déjà attiré mon attention sur la présence de deux très petits contreforts contre le parement intérieur de l'un des longs murs de la pièce 553, donnant l'impression de former une sorte d'alcôve ou de niche, une installation qui pourrait s'apparenter à un endroit pour recevoir un objet cultuel, voire une statue. Or, l'un de ces contreforts est le reliquat d'un mur antérieur qui fut réutilisé. Par ailleurs, le mobilier retrouvé au sein de ce bâtiment ne nous autorise pas à envisager une telle interprétation. Enfin, les traces d'activités cultuelles sont très rares dans les maisons de Mésopotamie septentrionale (Mas 2022).

5 À la lumière de certaines études ethnographiques (Naroll 1962 ; Marfoe 1980 ; Kolb 1985 ; Postgate 1994).

6 Les estimations avancées à ce propos se situent en général entre 160 kg (Kramer 1980, 319) et 250 kg (Wilkinson 1994, 495 ; Ur & Wilkinson 2008, 313), voire un peu plus parfois (Schwartz 1994b, 27, table 2 pour plus de références).

trois personnes seulement.[7] Si, par contre, on voulait y voir un lieu d'entreposage, avec sa capacité de stockage (22,5-34 m³), on aurait pu ainsi y conserver entre 10 000 et 31 776 kg de grains ensachés, de quoi nourrir pendant une année entre 50 et 270 personnes, selon le modèle prévisionnel retenu (Tableau 19.1).

Le très riche mobilier de cette pièce, qui toutefois ne comporte aucun ustensile de mouture et seulement 21% de céramique *Culinaire*, comprend une petite tablette en argile durcie [ATJ87.D13A18.Tb1] dont l'une des faces est gravée de points et de lignes : une sorte d'aide-mémoire numérique, au même titre que les jetons/*calculi* retrouvés ailleurs sur le site, dans les niveaux supérieurs (Chapitre 20 : objets en terre cuite). Faut-il y voir un lien avec le grenier septentrional qui se trouve à une dizaine de mètres seulement, plus au nord ?

Le fait d'avoir retrouvé cette tablette à un niveau supérieur du site nous indique peut-être aussi que les habitants du hameau de Tell 'Atij étaient en train de délaisser ce système d'enregistrement comptable et d'abandonner les installations du site. Ce qui expliquerait aussi la présence de deux ancres en pierre associées à ce niveau-ci : elles auraient été rejetées dans les ruines des bâtiments, n'étant plus requises pour amarrer les embarcations qui avaient l'habitude de venir s'approvisionner au dépôt à grains de Tell 'Atij.

Grenier septentrional et structures 517-517'-516

Néanmoins, les nombreux dispositifs d'entreposage situés à l'extrémité septentrional du tell de même que sur son versant méridional [517-517' et 516] sont alors toujours en usage.

Mur 202-261-262

En examinant le plan des constructions dégagées à ce niveau-ci, il saute aux yeux que l'imposant mur 201-261-262, orienté est-ouest, constitue une véritable limite septentrionale au quartier mis au jour au centre du tell et crée ainsi une sorte de division nord-sud du hameau de Tell 'Atij. La fondation de ces murs remontant au niveau VIII (Chapitre 8), cette subdivision au sein de l'établissement serait donc apparue *grosso modo* au début de la période EJZ 2. Elle marquerait donc une sorte de réorganisation dans le mode d'occupation de l'espace au sein du bourg à partir de cette époque.

---

7 Selon le calcul de l'espace vital nécessaire à un individu établi par des études ethnoarchéologiques (Naroll 1962 : 10 m² ; Marfoe 1980 ; Kolb 1985 ; Postgate 1994 : 6 m²).

Chapitre 14

Niveau II

Altitude supérieure : +296,70-90 m.
Altitude inférieure : +296,10-30 m.
Épaisseur moyenne : environ 0,60 m.

Le niveau II a été fouillé dans les secteurs suivants :

- **Centre du tell** : carrés D-E13-14-15-16 (Fortin 1988a, 150-152 ; 1990a, 238-239 ; 1990c, 547-551) et B-C13 (Fortin 1995, 37-38).
- **Versant méridional** : carrés D-E17-18 (Fortin 1988a, 162-165).
- **Extrémité septentrionale** : carrés D-E6-7-8-9 (Fortin 1988a, 155-162 ; 1990a, 221-232).

Dans les rapports préliminaires cités plus haut, deux phases de construction (a et b) ont été attribuées à ce niveau-ci au vu de certains détails architecturaux ; mais après un examen détaillé des éléments en cause cette subdivision n'apparaît plus vraiment nécessaire. Toutefois, la distinction stratigraphique d'avec le niveau inférieur (III), avec lequel le niveau II a des liens structuraux importants, reste pleinement justifiée. L'amalgame de ces deux niveaux totalisant une accumulation d'un mètre et demi serait irréaliste ; pour s'en convaincre, il suffit de regarder les coupes stratigraphiques pertinentes (Figs 2.10 : coupe 15-Nord et 2.12 : coupe E-Est). Même si certaines structures portent les mêmes numéros d'identification aux niveaux III et II, des unités de fouilles distinctes ont été enregistrées en lien avec chacune d'entre elles, niveau par niveau.

Centre et versant méridional du tell

À l'instar du niveau inférieur, le niveau II est dominé, dans le secteur au centre du tell et le long de son versant méridional (Fig. 14.1), par la présence d'un grand bâtiment rectangulaire [**552**] construit juste par-dessus l'édifice 553 du niveau III, mais dont le sol plâtré a été posé sur plus d'un mètre de débris accumulés sur le sol de la pièce 553. Le bâtiment 552 s'ouvre à l'est (?) sur une ruelle en terre battue [**564a**] qui, d'une part, aboutit dans une impasse équipée de deux fours et, de l'autre, se bute à un mur avant de bifurquer vers l'ouest et de se transformer en une étroite venelle caillouteuse [**260**] longeant la façade méridionale de l'édifice 552. Au sud de cette venelle se trouvent deux pièces adjacentes [**539** et **531a**], au sol plâtré, faisant partie du même bâtiment alors qu'à l'est se devinent deux petites pièces [**528** et **541**] qui se prolongent au-delà de la zone fouillée. Au sud de cet ensemble de pièces, on retrouve les pièces **517**, **517'**, **516** et **515** qui sont encore en usage. Comme au niveau III, au nord du bâtiment 552, s'étend une grande cour carrée [**565-566a**] menant, à l'est, à une pièce/cour longitudinale [**563a**]. Cet ensemble architectural est complété par une série de petites pièces adjacentes [**616, 508, 509** et **510**] érigées contre le parement septentrional du mur 261-262.

Le bâtiment **552**, de plan rectangulaire (Fig. 14.2), couvre une superficie de 10 m^2 : 2,90 × 3,50 m, comprise entre les mêmes murs que ceux de la pièce 553 du niveau III dont les parties supérieures, émergeant des débris du niveau III, sont tout simplement réutilisées (Figs 2.10 : coupe 15-Nord et 2.12 : coupe E-Est) :

- Mur 256a-257a, au nord.
- Mur 152a, à l'est, dans lequel la porte est sans doute encore aménagée, bien qu'aucune trace tangible n'y fût décelée ; cette hypothèse est fondée sur le fait que la configuration des bâtiments voisins n'a pas changé à ce niveau-ci, rendant donc un accès par l'est tout à fait plausible.
- Mur 255a, au sud.
- Mur 157, à l'ouest (?), probablement car, en réalité, il a été complètement emporté par l'érosion.

Tableau 14.1 : Distribution par structures des unités de fouilles du niveau II, au centre du tell et sur son versant méridional.

Structures	Murs	Unités de fouilles associées
Pièce 552	152a 157[(?)] 255a 256a-257a	ATJ88.D14A17[(sol)]-18 ATJ88.D15A14-15, 17[(sol)], 20
Ruelle 564a-venelle 260	152 154 255 259 209 337	ATJ88.D14A15-16 ATJ88.D15A13, 16, 18 ATJ88.260[(cailloutis)]
Pièce 539a	305 425 259 313a 411	ATJ87.D15A12 ATJ88.D15A21[(sol)] ATJ87.E15A5[(sol)] ATJ87.E16A5-6[(sol)]
Pièce 539b	259 313b 324 411	ATJ88.D15A21[(sol)] ATJ87.D16A6[(sol)] ATJ92.D16A6' ATJ87.E16A6[(sol)]
Pièce 531a	259 259 313 428	ATJ87.E15A3-4-5[(sol)]
Pièce 528	327 445(//409-IV) 426-427	ATJ86.D16A1 ATJ87.D16A1' ATJ87.D16B1[(sol)] ATJ86.D17A5
Pièce 541	337 426	Aucune
Pièce 517 [V ↓][↑ I]	307 309 409 408	ATJ86.D17A1-2[(?)]-3, 7-8[I] ATJ87.E17A11[I]
Pièce 517' [V ↓][↑ I]	307 309 407 308 408	ATJ86.D17A4[I] ATJ86.E17A1[(?)]-2-3-4[I] ATJ87.E17A6[I]
Pièce 516 [V ↓][↑ I]	443 306 325 410	ATJ87.E16A3[I] ATJ86.E17A5[I] ATJ87.E17B1-2-3[(sol)]-4[I]
Pièce 515 [IV ↓][↑ I]	325 410 411 307	ATJ86.D17A6[I] ATJ87.E16A2, 9[I]
Cour 565-566a [III ↓]	154 158 201 257 261-262	ATJ86.D14A6, 9 ATJ88.D14A19 ATJ86.D14B1
Pièce 563a	154 201 209 466[(enceinte)]	ATJ86.D14B2 ATJ93.C13A4-5-6[(sol)]
Pièce 616	261 125 466[enceinte]	ATJ93.C13A12, 16'[(sol)]
Pièce 508 [↑ I]	101 125 212 261	ATJ87.D12A9 ATJ87.D13A11
Pièce 509 [↑ I]	101 102 261 212	ATJ87.D12A8 ATJ86.D13A8 ATJ87.D13A10[(four)]-12[(four)]-13[(sol)]
Pièce 510 [↑ I]	102 110 262 212 214	ATJ87.D12A6 ATJ86.D13A7, 9 ATJ87.D13A14

Le symbole [I] indique une unité de fouilles qui fait également partie du niveau I ; son inventaire est associé à ce niveau supérieur puisque c'est le plus récent. Le symbole [III ↓] signifie que cette structure fut mise en place dès le niveau III tandis que [↑ I] indique qu'elle restera en usage jusqu'au niveau I ; son mobilier est inventorié avec sa phase d'occupation la plus récente. Dans le cas de quelques structures, leur chevauchement sur deux niveaux a pu être différencié : il est signalé par une lettre (a ou b), ajoutée à leur numéro d'identification ; cette lettre correspond donc à une phase de construction associable à des unités de fouilles distinctes.

Le sol plâtré de l'édifice 552 repose sur une accumulation de débris d'un mètre recouvrant le sol de la pièce 553 du niveau III (Figs 2.10 : coupe 15-Nord et 2.12 : coupe E-Est). Même si la pièce 552 est reconstruite avec les restes des murs de la pièce 553 du niveau inférieur, son sol est clairement distinct de celui de la pièce 553.

Le sol du bâtiment 552 a subi plusieurs transformations au cours de sa période d'occupation dont il est possible de reconstituer la séquence (Fig. 14.3) :

– Phase 1 : la pièce est dotée d'un premier sol en plâtre de gypse.
– Phase 2 : puis, des ressauts sont ajoutés à la base des murs et enduits d'une couche de plâtre (Fig. 14.4).

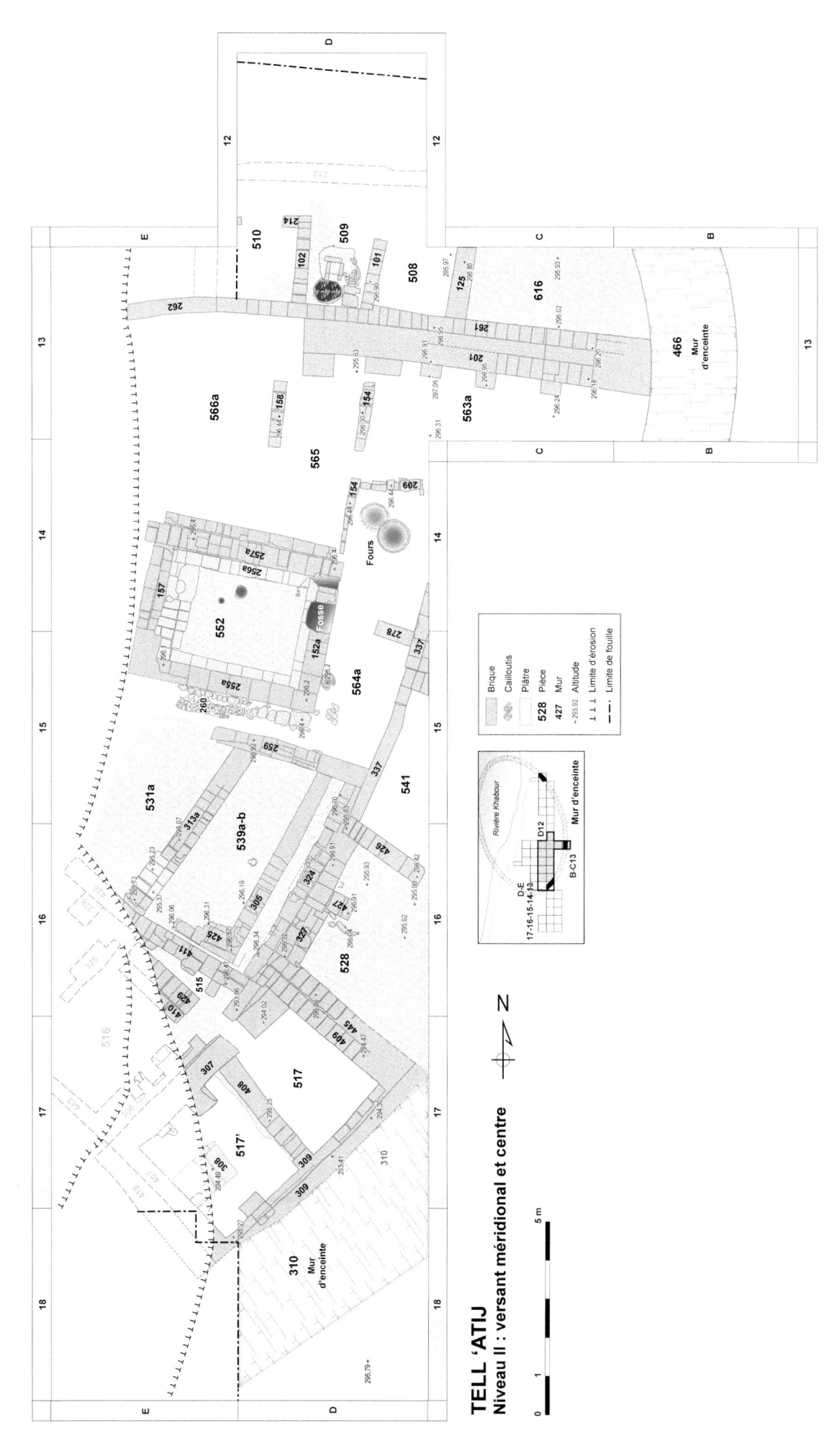

Figure 14.1 : Plan du niveau II dans le secteur au centre et sur le versant méridional du tell.

Figure 14.2 : Bâtiment 552, vu vers l'ouest. Les trous dans le mur au premier plan [152] et dans le sol plâtré correspondent à des fosses creusées depuis le niveau supérieur (I).

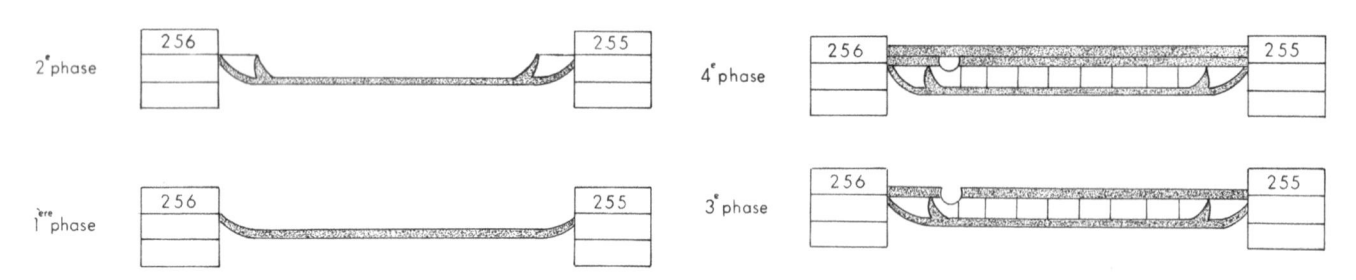

Figure 14.3 : Coupe nord-sud en travers de la pièce 552 montrant les différentes phases de transformation de son sol plâtré qui atteint une épaisseur d'une dizaine de centimètres au final (reproduite de Fortin 1990c, 551, fig. 15).

- Phase 3 : ensuite, on recouvre le sol d'une assise de briques crues sur laquelle une couche de plâtre est appliquée de telle sorte que les ressauts à la base des murs ne sont plus visibles.
- Phase 4 : finalement, une dernière couche de plâtre est apposée sur la précédente (Fig. 14.2), ce qui donne à ce sol une épaisseur globale d'une bonne dizaine de centimètres.

Il est impossible de déterminer combien de temps s'est écoulé entre chacune des phases d'aménagement de ce sol élaboré.

L'inventaire céramique de la pièce 552 (Tableau 14.2) est très riche et varié (Fig. 14.5).

Autres éléments de la culture matérielle de la pièce 552 :

- 3 fragments de silex, dont un tronçon de lame lustrée ;
- 1 couvercle en plâtre de gypse, incomplet [ATJ88.D15A20.P10] ;
- 1 pilon de forme conique en basalte, incomplet [ATJ88.D14A18.L130] ;
- 1 percuteur en basalte aux grains fins, complet [ATJ88.D14A18.L131] ;

NIVEAU II   243

Figure 14.4 : Différentes phases de construction du sol du bâtiment 552, vu vers l'ouest. À gauche, au fond du sondage, le premier sol plâtré est visible ainsi que les ressauts à la base des murs qui sont ajoutés dans un second temps. À droite, a été conservé le comblement de toute la surface avec une assise de briques sur laquelle furent appliquées successivement deux couches de plâtre. Le trou dans le sol est intrusif.

Figure 14.5 : Fragments de céramique provenant de la pièce 552.

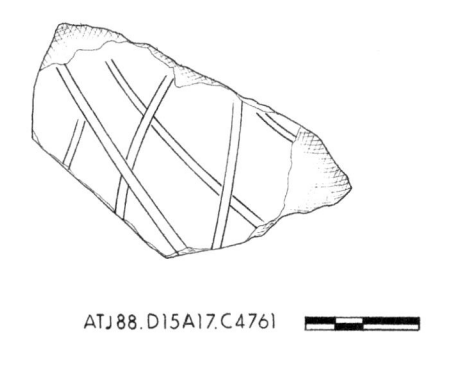

ATJ88.D15A17.C4761

ATJ88.D15A17.C4761 : Tesson sans profil de fabrique *Ninive 5 incisée/excisée* décoré de lignes entrecroisées (cf. Raqa'i : Schwartz & Chomowicz 2015, 213, fig. 4.16/637, 272, fig. 4.21/18).

ATJ88.D15A20.C1293 : Grande jarre de fabrique *Commune*, fragmentaire. 34 cm (dia.). Paroi convexe, petit col concave, rebord évasé, lèvre simple carrée.

Tableau 14.2 : Inventaire céramique de la pièce 552.

Fabriques	Fragments	Formes/vases	Numéros catalogue/C
Métallique	4	1 bouteille	4658
Ninive 5 incisée/ excisée	1		4761
Peinte	1		
Fine	89	12 bols	4665, 5005, 5007-8-9-10, 5017, 5019, 5025, 5028-9, 9942
		1 bouteille	5014
		1 jarre	5021
Commune	735	8 grands bols	4659, 4752, 4771, 5000, 5004, 5027, 5034, 5037
		8 jarres	4751, 4753, 4777, 5003, 5006, 5022, 5038, 10069
		2 grandes jarres	1293, 5001
		6 jarres à petite ouverture	4647, 4754, 4763, 4769, 4775, 5036
		19 jarres à grande ouverture	4758-9, 4765-6-7-8, 4774, 5002, 5011-2, 5015-6, 5018, 5026, 5030, 5032, 5035, 5040, 10061
Culinaire	119	1 grand bol	4639
		9 marmites	4640, 4760, 5013, 5024, 5031, 5033, 5039, 5370, 9789
TOTAL	**949**		

Tableau 14.3 : Inventaire céramique des ruelles 564a-260.

Fabriques	Fragments	Formes/vases	Numéros catalogue/C
Métallique	4	3 gobelets	1265, 4979, 4982
Fine	70	31 bols	1247[complet], 1267, 1281, 1346, 4359, 4520, 4546, 4776, 4969, 4976-7-8, 4981, 4983-4-5, 4988-9, 4991, 5383, 5390, 5394, 5396, 5399, 5475, 5817, 5820, 5835, 7224, 9874, 9922
		2 bouteilles	4267, 4513
		2 jarres	1284, 4967
		1 fond	1280
		1 forme indéterminée	9676
Commune	747	1 forme indéterminée	9981
		1 bol	4551
		9 grands bols	1298, 4373, 4548, 4553, 4965, 4987, 4990, 4993, 4996
		2 jarres	1296, 5831
		2 grandes jarres	4377, 4764
		11 jarres à petite ouverture	1239, 1292, 4541, 4545, 4550, 4552, 4554, 4683, 4971, 4995, 10099
		17 jarres à grande ouverture	1279, 4372, 4378, 4540, 4542, 4544, 4547, 4549, 4558, 4966, 4968, 4974-5, 4980, 4992, 4994, 4997
Culinaire	199	2 grands bols	4652, 5402
		2 couvercles	4556, 5842
		16 marmites	4376, 4543, 4555, 4557, 4963-4, 4970, 4972-3, 4998-9, 5824, 5829, 5839, 9786, 9865
TOTAL	**1020**		

Figure 14.6 : Sélection de vases provenant des ruelles 564a et 260.

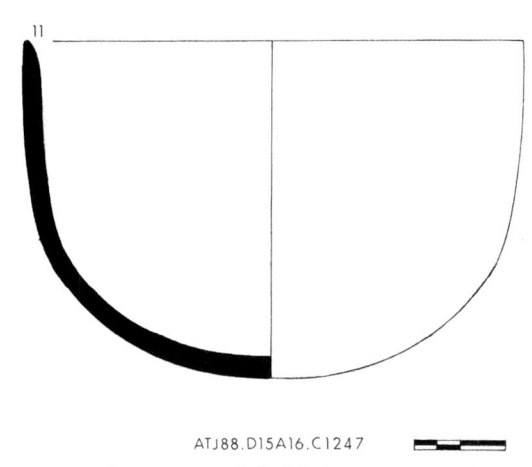

ATJ88.D15A16.C1247 : Bol de fabrique *Fine*, complet. 11 (dia.) × 7,2 cm (h.). Fond arrondi, paroi convexe, rebord droit, lèvre amincie. Fait au tour.

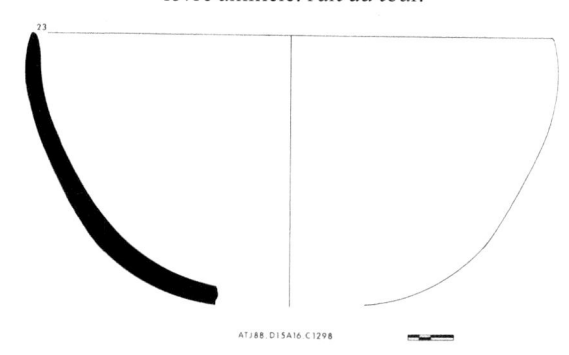

ATJ88.D151A16.C1298 : Grand bol de fabrique *Commune*, fragmentaire. 23 (dia.). Paroi convexe, rebord légèrement rentrant, lèvre amincie.

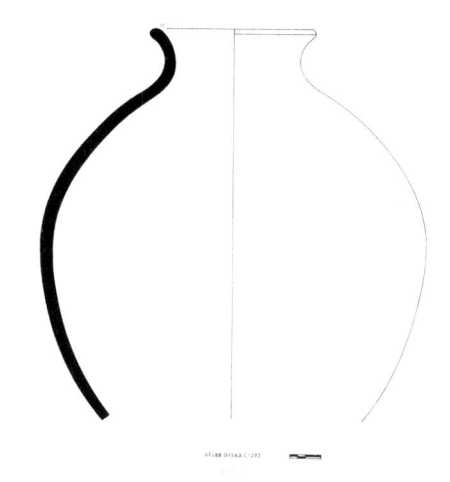

ATJ88.D15A13.C1292 : Jarre à petite ouverture de fabrique *Commune*, fragmentaire. 11 (dia.). Panse ovoïde, petit col concave, rebord évasé, lèvre simple arrondie.

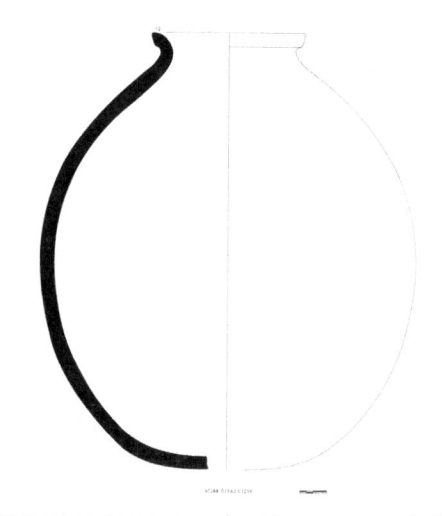

ATJ88.D15A13.C1239 : Jarre à petite ouverture de fabrique *Commune*, complète. 12 (dia.) × 32,5 cm (h.). Fond aplati, panse piriforme-globulaire, col rétréci, rebord évasé, lèvre à collet.

- 1 crapaudine – meule réutilisée – en basalte, incomplète [ATJ88.D14A18.L132] ;
- 1 poinçon en os, incomplet [ATJ88.D15A20.Os7] ;
- 1 roue de chariot en terre cuite, complète [ATJ88.D14A18.Tc62] ;
- 1 roue de chariot en argile durcie, incomplète [ATJ88.D14A18.Tc63].

Le bâtiment 552 s'ouvre à l'est sur une ruelle en terre battue [**564a**], comme au niveau inférieur. Du moins, nous le présumons étant donné qu'aucune trace de porte ne fut décelée à la surface du mur 152a. Cependant, la distribution des structures autour du bâtiment 552 demeurant inchangée, et notamment la ruelle qui longe l'une de ses faces, cette hypothèse est tout à fait défendable.

À l'instar du niveau III, la ruelle 564a qui passe devant le bâtiment 522 conduit vers le nord à une impasse dans laquelle se trouvent encore deux fours à cuisson circulaires. Par contre, vers le sud, la ruelle 564a vient rapidement buter contre le mur 259 construit à ce niveau-ci et, de là, bifurque vers l'ouest afin de passer entre le mur 259 et le bâtiment 552. Ce faisant, elle se transforme en une étroite (0,70 m) venelle [**260**], au pavement en cailloux et quelques moellons (0,30 × 0,20 m) de gypse et de basalte (Figs 14.2 et 14.4), qui se prolonge vers l'ouest sur presque cinq mètres avant d'atteindre la limite d'érosion du tell.

Figure 14.7 : Pièce 539b au sol plâtré, vue vers le sud. Le mur 324 qui la bordait à l'est n'apparaît pas sur cette photo. La venelle en cailloutis 260 est visible au bas de la photo et la pièce 531a se trouve à droite.

Ces deux ruelles, 564a et 260, ont donné une grande quantité de tessons de céramique (Tableau 14.3) et même des vases entiers ou presque (Fig. 14.6).

Autres éléments de la culture matérielle des ruelles 564a et 260 :

- 17 fragments de silex, dont un nucléus à lamelles et dix tronçons de lame lustrée ;
- 21 fragments d'objets en plâtre, dont un couvercle, incomplet [ATJ88.D15A13.P11] ;
- 2 ancres oblongues avec perforation au tiers supérieur en gypse, complètes [ATJ88.D15A13.L126, ATJ88.D15A16.139] ;
- 6 meules en basalte alvéolé, incomplètes [ATJ88.D15A16.L135-6-7-8, ATJ88.D15A16.L140, ATJ88.260.L153] ;
- 1 meule en basalte alvéolé, complète [ATJ88.D14A15.L124] ;
- 1 pilon en rhyolite, complet [ATJ88.D15A16.L141] ;
- 1 mortier en basalte aux grains fins, incomplet [ATJ88.D15A16.L171] ;
- 1 aiguille en os, incomplète [ATJ88.D14A15.Os5] ;
- 1 caisse de chariot en terre cuite, incomplète [ATJ88.D15A13.Tc58] ;
- 1 fusaïole biconique en terre cuite, complète [ATJ88.D15A13.Tc60] ;
- 1 tesson de céramique circulaire, ébauche de perforation centrale [ATJ88.D15A13.C10103].

Figure 14.8 : Pièce 539a, vue vers le sud-ouest. Les ouvertures dans le mur 259, au premier plan, ont été arbitrairement ménagées afin de faciliter la circulation sur le chantier. Le mur 305 avait été enlevé au moment de cette photo. La pièce 531a se devine à droite, en limite d'érosion. À gauche, se trouvent les pièces 528 et 541.

Au sud de la venelle 260 et donc du bâtiment 552, apparaissent, à ce niveau-ci, deux nouvelles pièces : **539a-b** et **531a**, caractérisées par leur sol en plâtre de gypse.

La structure **539** présente deux phases de construction : a et b, mais qui appartiennent au même niveau d'occupation puisque ces deux phases partagent le même sol en plâtre de gypse (+296,10 m). Au départ, le bâtiment **539b** prend l'aspect d'une pièce de plan à peu près rectangulaire mesurant approximativement 2,80 × 6,00 m (Fig. 14.7) ; son sol plâtré couvre donc une superficie de 17 m^2 environ délimitée par :

Tableau 14.4 : Inventaire céramique de la pièce 539a-b.

Fabriques	Fragments	Formes/vases	Numéros catalogue/C
Fine	62	1 forme indéterminée	9659
		11 bols	4375, 4856-7-8, 4860, 5041, 5052, 5056, 6458, 7342, 7350
		3 fonds	6470, 7325-6
Commune	487	5 formes indéterminées	4371, 4865, 7328, 7392, 9675
		1 récipient miniature	5365
		1 bol	4852
		6 grands bols	4014, 4374, 4848, 4854-5, 4871
		1 jatte	3584
		1 bouteille	351[complète]
		4 jarres	1102[complète], 4354, 4853, 5064
		2 grandes jarres	3586, 7339
		11 jarres à petite ouverture	3927, 3934, 4009, 4366, 4847, 4849, 4851, 4862, 4866, 5044, 5058
		36 jarres à grande ouverture	1386-7, 3928, 3931-2-3, 3935-6, 4037, 4039, 4111, 4367, 4380, 4845, 4850, 4859, 4861, 4863-4, 4867-8-9, 4870, 4872-3-4, 5049, 5050-1, 5054, 5066, 5074, 7330, 7344, 7346-7
Culinaire	316	3 grands bols	3923, 5065, 9862
		4 couvercles	3938-9, 4343, 4364
		35 marmites	1345[complète], 3925, 3929, 3937, 4036, 4038, 4335, 4341-2, 4344-5-6, 4350, 4379, 4846, 5042-3, 5045, 5059, 5060-1-2-3, 5070-1, 5075, 6025[complète], 7329, 7333-4-5, 7338, 9790, 9823-4
TOTAL	865		

- Mur 324, à l'est : 5,30 (lo.) × 0,50 (la.) × 0,50 m (h.), un rang de briques disposées de manière irrégulière sur sept assises ; imbriqué au mur 259 ; bloque l'accès à la pièce 541 du niveau III qui devient la pièce 528 à ce niveau-ci.
- Mur 259[1], au nord : 3,62 m (lo.), mais 4,00 m à l'origine × 0,57 (la.) × 1,00 m (h.), un rang de briques sans appareil régulier ; vient buter contre le mur 337.
- Mur 313a, à l'ouest : réutilisation du mur 313b du niveau III à la différence qu'on y aménage une porte qui mène à la pièce 531a voisine ; son lien avec le mur 259 est inconnu ; vient s'appuyer contre le mur 411.
- Mur 411, au sud : mur de la pièce 515.

Puis, après un certain laps de temps dont il est impossible d'établir la durée, sa superficie est réduite à environ 8 m² : 1,80 × 4,60 m, par l'adjonction de deux murs internes placés à angle droit, créant ainsi la nouvelle pièce **539a** :

Figure 14.9 : Vase provenant de la pièce 539a-b.

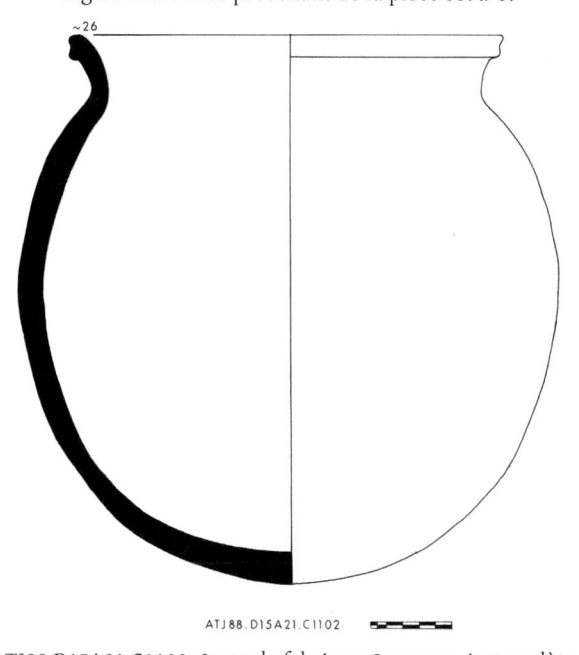

ATJ88.D15A21.C1102 : Jarre de fabrique *Commune*, incomplète. 26 (dia.) × 16 cm (h.). Pâte de couleur *very pale brown* (10YR7/3), dure (Mohs 4), de texture mi-fine avec quelques inclusions minérales et plusieurs inclusions végétales. Fond arrondi, panse globulaire, petit col concave, rebord évasé, lèvre à collet.

---

1 Sur les plans publiés dans un rapport préliminaire (Fortin 1990c, 550, fig. 14), le mur 259 devient le mur 208, au niveau IIa, alors qu'il s'agit, en réalité, du même mur. Par conséquent, le numéro 208 a été supprimé ici pour éviter toute confusion.

– Mur 305, à l'est : 5,80 (lo.) × 0,48 (la.) × 0,50 m (h.), une simple rangée de briques en boutisses ; s'appuie contre le mur 259 ; dédouble le mur 324 dont il est distant de quarante centimètres.
– Mur 425, au sud : 1,80 (lo.) × 0,45 (la.) × 0,50 m (h.), un rang de briques en panneresses disposées maladroitement ; un simple retour du mur 305 auquel il est imbriqué ; ne se rend pas jusqu'au mur 313a à l'ouest et dédouble en partie le mur 411.

Donc, la deuxième phase de construction (a) de la pièce 539 consiste tout simplement en une modification interne mineure apportée au bâtiment 539b d'origine (Fig. 14.8).

Au final, plusieurs centaines de fragments de céramique ont été retirés de la pièce 539a-b (Tableau 14.4) et même quelques vases complets (Fig. 14.9).

Autres artéfacts découverts dans la pièce 539a-b :

– 7 fragments de silex, dont deux tronçons de lame lustrée ;
– 1 tronçon de lamelle en obsidienne ;
– 4 fragments d'objets en plâtre de gypse (non catalogués) ;
– 1 ancre oblongue avec perforation centrale en basalte alvéolé, incomplète [ATJ88.D15A21.L146] ;
– 2 crapaudines complètes, l'une en calcaire [ATJ87.D15A12.L103], l'autre en gypse [ATJ88.D15A21.L149] ;
– 3 meules en basalte alvéolé, complètes [ATJ87.D15A12.L105, ATJ88.D15A21.L147] et incomplète [ATJ88.D15A21.L148] ;
– 1 pilon en grès, incomplet [ATJ92.D16A6′.L207].
– 1 roue de chariot en terre cuite, incomplète [ATJ87.E15A5.Tc14].

Tableau 14.5 : Inventaire céramique de la pièce 531a.

Fabriques	Fragments	Formes/vases	Numéros catalogue/C
Fine	2		
Commune	38	1 vase miniature à 2 ouvertures	351 (complet)
		1 jarre à grande ouverture	4111
Culinaire	55	1 marmite	1345 (complète)
TOTAL	**95**		

Figure 14.10 : Sélection de vases provenant de la pièce 531a.

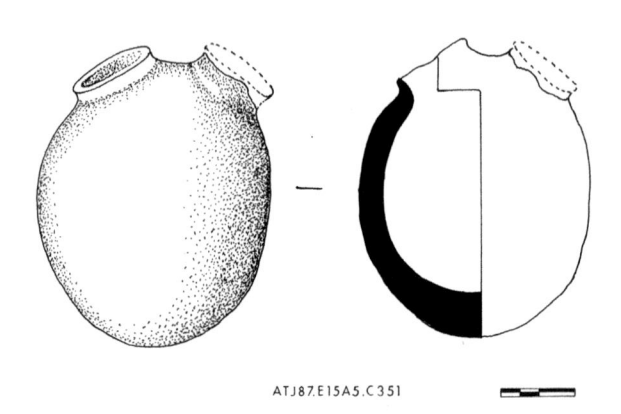

ATJ87.E15A5.C351 : Bouteille à double ouverture de fabrique *Commune*, complète. 7,2 cm (h.). Pâte de couleur *light gray* (5Y7/2), dure (Mohs 4), de texture fine avec quelques très petites inclusions minérales. Fond rond, paroi convexe, deux petites ouvertures rondes (cf. Raqa'i : Schwartz & Chomowicz 2015, fig. 4.27/14).

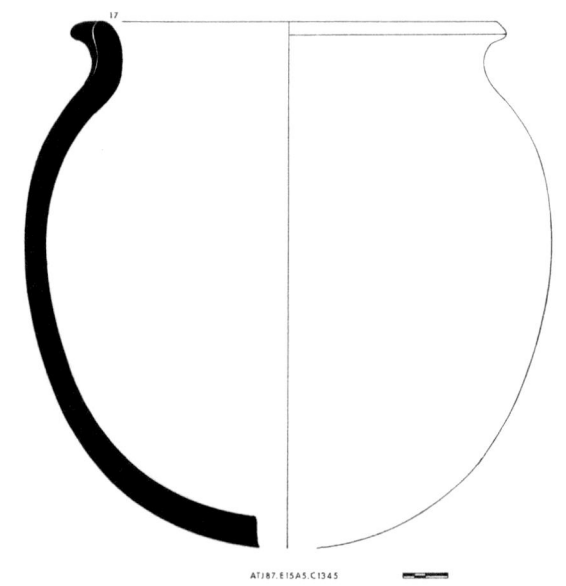

ATJ87.E15A4.C1345 : Marmite de fabrique *Culinaire*, quasi complète. 17 (dia.) × 22,5 cm (h.). Fond arrondi, paroi convexe, petit col concave, rebord évasé, lèvre épaissie, quatre tenons triangulaires au rebord.

Tableau 14.6 : Inventaire céramique de la pièce 528.

Fabriques	Fragments	Formes/vases	Numéros catalogue/C
Métallique	26	1 grande jarre	1222
		1 fond	1316
Peinte	1		
Grise incisée	1	1 forme indéterminée	9948
Fine	38	10 bols	82, 88, 94(complet), 1228, 3549, 3550, 3553, 3569, 3573, 6032
		5 bouteilles	3556, 3570-1-2, 3575
		1 fond	9992
Commune	465	1 récipient miniature	3254
		10 grands bols	601-2-3-4-5, 3551, 3554, 3908-9, 3920
		4 jattes	328, 1231, 3363, 9993
		5 jarres	118, 226, 2560, 3903, 3917
		1 grande jarre	3562
		6 jarres à petite ouverture	126, 663, 665, 3567, 3916, 6034
		21 jarres à grande ouverture	122, 271, 606, 3257, 3548, 3552, 3555, 3559, 3561, 3568, 3576, 3578, 3900-1, 3904-5-6, 3910, 3912, 3919, 3922
Culinaire	273	2 grands bols	1230, 3566
		17 marmites	395(complète), 1221, 1225, 1229, 1232, 3557-8, 3563-4-5, 3574, 3902, 3911, 3913-4-5, 3918
TOTAL	**804**		

L'accès à la pièce 539a-b se fait par une étroite (0,90 m) porte pratiquée dans le mur 313a, depuis la pièce **531a** qui lui est adjacente, à l'ouest (Figs 14.7 et 14.8). Cependant, cette dernière a disparu en grande partie dans l'affouillement du flanc occidental du tell à cet endroit ; seules quelques traces de son sol en plâtre de gypse sont visibles de-ci de-là. Même si, pour cette raison, il est impossible de restituer les dimensions de la pièce 531a d'est en ouest, du nord au sud elle fait six mètres puisque les murs 428, au sud, et 259, au nord, sont encore partiellement en place.

En plus d'un assemblage céramique très réduit (Tableau 14.5), qui compte néanmoins quelques vases complets (Fig. 14.10), la fouille de la pièce 531a n'a révélé qu'un artéfact : une épingle en bonze, incomplète [ATJ87.E15A3.M5].

La mise en place du mur 324 de la pièce 539b (Fig. 14.8) a comme conséquence de bloquer la porte qui donnait accès à la pièce 540 du niveau III, laquelle est renumérotée **528** à ce niveau-ci. Elle est formée par les mêmes murs que pour la 540 du niveau inférieur. Avec le murage de l'embrasure dans le mur 327, aucune porte ne donne accès à cette pièce, à moins qu'elle se trouve dans le quatrième mur, à l'est, situé en dehors du secteur de fouilles. Les dimensions de la pièce 528 sont donc incomplètes dans une direction : elle fait 3,50 m, du nord au sud, sur au moins 3,00 m, d'ouest en est ; ce qui lui confère une superficie minimale de 10,5 m². Son sol est plâtré.

La quantité de fragments de céramique pour une si petite pièce [528] (Tableau 14.6) est impressionnant d'autant que les profils de plusieurs vases ont pu être reconstitués (Fig. 14.11).

Autres éléments de la culture matérielle découverts dans la pièce 528 :

- 11 fragments de silex, dont six tronçons de lame lustrée ;
- 1 scellement en plâtre de gypse, incomplet [ATJ86.D16A1.P46] ;
- 4 couvercles en plâtre de gypse, incomplets [ATJ87.D16A1'.P26-27-28-29] ;
- 1 jarre en plâtre de gypse, incomplète [ATJ87.D16A1'.P51] ;
- 5 meules en basalte alvéolé, incomplètes [ATJ86.D16A1.L9-10, ATJ87.D16A1'.L96-7-8] ;
- 1 ancre (0,8 kg) – meule réutilisée – oblongue avec perforation centrale en basalte, incomplète [ATJ86.D16A1.L39] ;

Figure 14.11 : Sélection de vases provenant de la pièce 528.

ATJ87.D16A1'.C1222 : Grande jarre de fabrique *Métallique*, fragmentaire. 19,5 cm (dia.). Col haut et droit, rebord étalé, lèvre amincie (cf. Raqa'i : Schwartz & Chomowicz 2015, fig. 4.37/21).

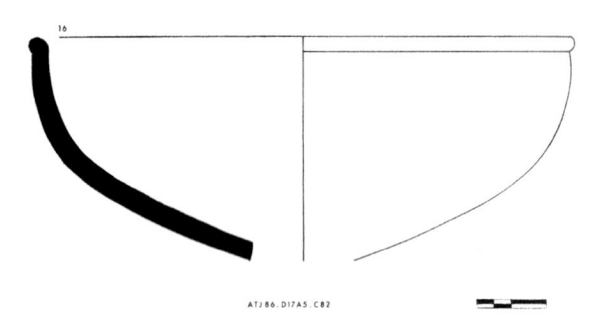

ATJ86.D17A5.C82 : Bol de fabrique *Fine*, fragmentaire. 16 (dia.) × 6,4 cm (h.). Pâte de couleur *reddish yellow* (5YR6/6), dure (Mohs 4), de texture fine avec des inclusions minérales. Paroi convexe très évasée, rebord droit, lèvre en bourrelet (cf. Raqa'i : Schwartz & Chomowicz 2015, 279, fig. 4.29/13 ; Leilan : Schwartz 1988, fig. 33/3).

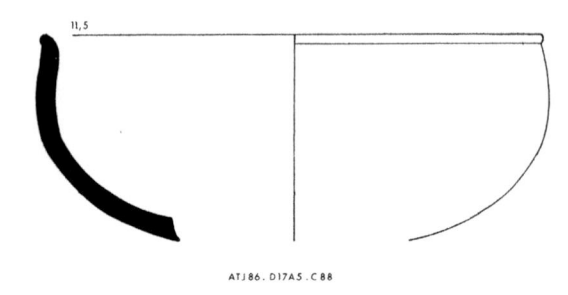

ATJ86.D17A5.C88 : Bol de fabrique *Fine*, fragmentaire. 11,5 (dia.) × 4,5 cm (h.). Pâte de couleur *pink* (7.5YR7/4), dure (Mohs 4), de texture fine avec des inclusions minérales. Paroi convexe très évasée, rebord droit, lèvre en bourrelet (cf. Raqa'i : Schwartz & Chomowicz 2015, 279, fig. 4.29/13 ; Leilan : Schwartz 1988, fig. 33/3).

- 1 broyeur en basalte, complet [ATJ87.D16A1'.L94] ;
- 1 poids circulaire avec perforation centrale en basalte, incomplet [ATJ87.D16A1'.L95] ;
- 1 peson circulaire avec perforation centrale en grès, complet [ATJ87.D16A1'.L116] ;
- 1 roue de chariot en argile durcie, incomplète [ATJ87.D16A1'.Tc45].

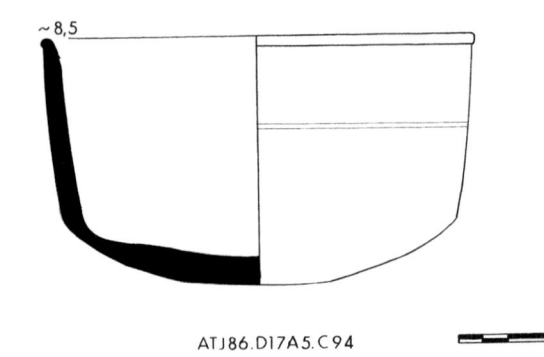

ATJ86.D17A5.C94 : Petit bol caréné de fabrique *Fine*, complet. 8,5 (dia.) × 5 cm (h.). Pâte de couleur *pink* (7.5YR7/4), peu dure (Mohs 3), de texture fine avec des inclusions minérales. Fond plat formant une carène, paroi et rebord droits, lèvre en bourrelet. ARCANE EJZ type 34 (Rova 2011, 69, 88-89, pl. 5/6).

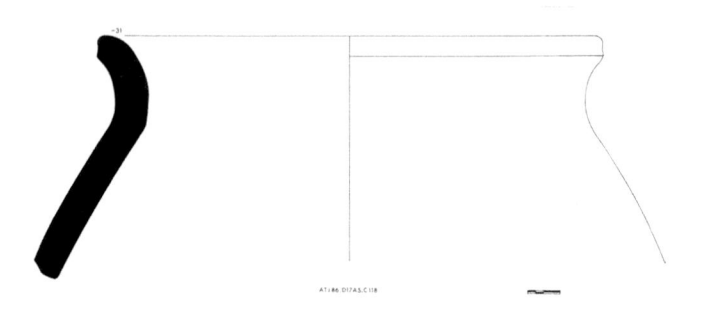

ATJ86.D17A5.C118 : Jarre de fabrique *Commune*, fragmentaire. 31 cm (dia.). Pâte de couleur *reddish yellow* (7.5YR7/6) à *very pale brown* (10YR7/4), dure (Mohs 4), de texture très grossière avec une grande quantité d'inclusions minérales de différents calibres et plusieurs petites inclusions végétales. Haut col légèrement concave avec ressaut à la base, rebord très évasé, lèvre à collet. Traces de suie.

ATJ86.D17A5.C122 : Jarre à grande ouverture de fabrique *Commune*, fragmentaire. 26 cm (dia). Pâte de couleur *very pale brown* (10YR7/3), très dure (Mohs 5), de texture grossière avec des inclusions minérales. Petit col droit, lèvre simple carrée à face concave.

Juxtaposée à la pièce 528 avec laquelle elle partage un mur mitoyen [426], la pièce **541** doit appartenir au même bâtiment. Cependant, elle n'a pas été fouillée, mais que sommairement circonscrite en surface grâce à l'angle formé par les murs 426 et 337 qui bordent au sud la ruelle 564a. Ses murs au nord et à l'est sont en dehors de la zone fouillée. Aucune porte n'a été repérée dans l'un des murs identifiés comme appartenant à cette pièce située au nord de la 528.

NIVEAU II

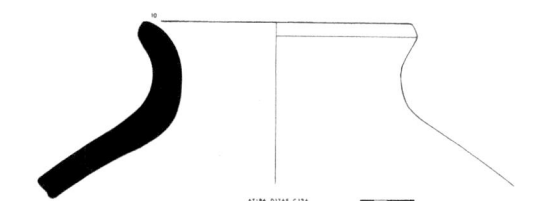

ATJ86.D17A5.C126 : Jarre à petite ouverture de fabrique *Commune*, fragmentaire. 10 cm (dia.). Pâte de couleur *reddish yellow* (5YR7/6), dure (Mohs 4), de texture mi-fine avec quelques inclusions minérales. Haut col concave, rebord évasé, lèvre simple carrée.

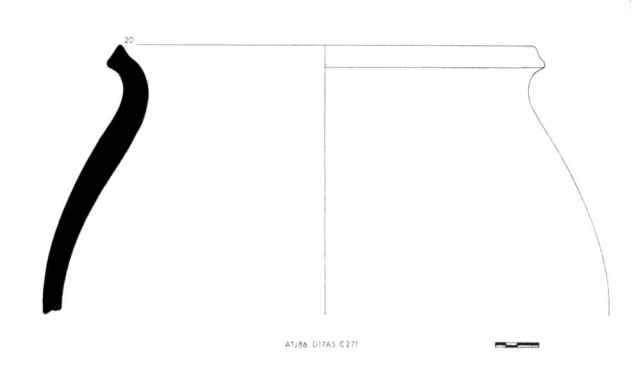

ATJ86.D17A5.C271 : Jarre à grande ouverture de fabrique *Commune*, fragmentaire. 20 cm (dia.). Pâte de couleur *reddish yellow* (5YR7/6) et *light gray* (10YR7/2) au centre, dure (Mohs 4), de texture mi-fine avec des inclusions minérales. Paroi convexe, petit col concave, rebord évasé, lèvre simple carrée à face concave.

ATJ86.D17A5.C328 : Jatte de fabrique *Commune*, fragmentaire. 22 cm (dia.). Pâte de couleur *light reddish brown* (5YR6/4), dure (Mohs 4), de texture mi-fine avec plusieurs inclusions minérales blanches de petit calibre et plusieurs inclusions végétales. Paroi droite et évasée, lèvre ronde.

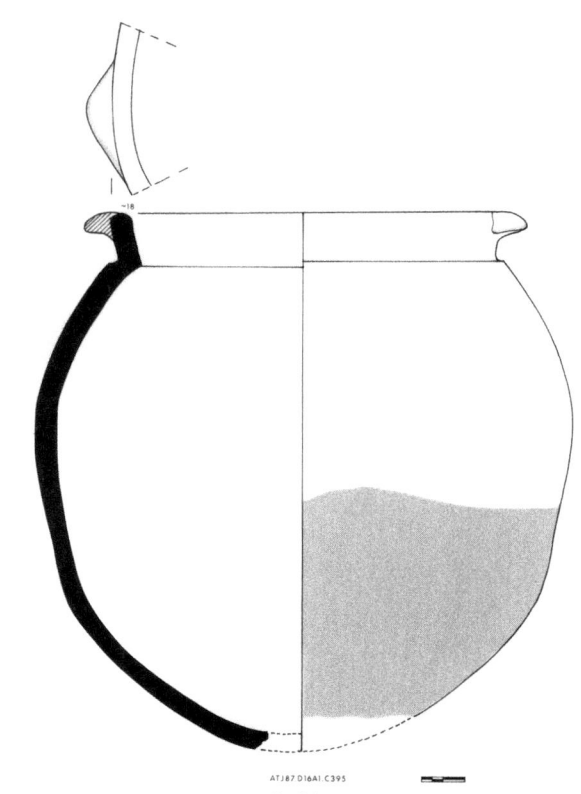

ATJ87.D16A1′.C395 : Marmite de fabrique *Culinaire*, complète. 18 (dia.) × 24 cm (h.). Pâte de couleur *yellowish red* (5YR5/6) à *brown* (7.5YR5/4), très dure (Mohs 5), de texture très grossière avec plusieurs inclusions minérales de gros calibre. Fond rond, paroi convexe, petit col droit avec ressaut à la base, lèvre ronde avec deux tenons triangulaires. Traces de feu.

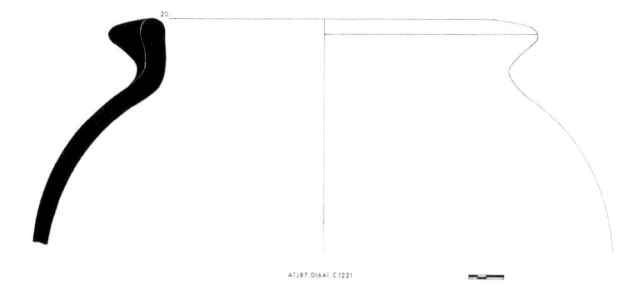

ATJ87.D16A1′.C1221 : Marmite de fabrique *Culinaire*, fragmentaire. 20 cm (dia.). Petit col concave, rebord évasé, lèvre arrondie, deux tenons triangulaires à la lèvre.

De l'autre côté de la pièce 528, vers le sud, le bâtiment composé des pièces 517, 517′, 516 et 515 est toujours fonctionnel à ce niveau-ci à en juger par les cotes d'altitude prises au sommet des murs 411 et 428, par exemple. L'érosion en a cependant emporté une bonne partie (Fig. 14.1).

Au nord du grand bâtiment central 552 existe encore, sans transformation quelconque[2], la grande cour carrée en terre battue **565-566a** qui était déjà en usage au niveau précédent [565-566b] ; plusieurs sols en terre battue s'y succèdent à ce niveau-ci.

Entre les multiples sols de la cour 565-566a ont été retrouvés pratiquement un millier de tessons appartenant à différentes fabriques (Tableau 14.7 ; Fig. 14.12).

---

[2] Sur le plan publié dans un rapport préliminaire (Fortin 1990c, 550), un foyer [ATJ88.E14A4] est indiqué dans cette cour. Or, d'après la coupe stratigraphique 14-Nord (Fig. 2.9), il s'agirait plutôt d'une fosse creusée depuis le niveau supérieur (I).

Tableau 14.7 : Inventaire céramique de la cour 565-566a.

Fabriques	Fragments	Formes/vases	Numéros catalogue/C
Métallique	3	1 gobelet	4742
		1 bouteille	3007
		1 fond	9957
Fine	100	24 bols	1079, 1080-1, 1087, 1255, 3013, 3100, 3106, 3111-2, 4654, 4681-2, 4687, 4690-1-2, 4694, 4702-3-4, 4709, 4712, 9904
		1 grand bol	227
		4 bouteilles	1073, 3115, 4678, 4689
		1 fond	9665
		2 formes indéterminées	9694, 9700
Commune	703	5 récipients miniatures	1288, 3108, 4680, 9961, 9973
		6 grands bols	1076, 3127, 4656, 4661, 4673-4
		1 jatte	4657
		4 jarres	3118, 3139, 4655, 4670
		1 grande jarre	219
		2 jarres à 2 ouvertures	76, 4648
		18 jarres à petite ouverture	1082-3, 1299, 3128, 3138, 4645, 4653, 4660, 4664, 4666, 4671-2, 4676, 4679, 4705, 4824, 4833, 10072
		30 jarres à grande ouverture	263, 1072, 1074-5, 1077-8, 1086, 1240, 1253, 3123, 3159, 4641, 4646, 4649, 4650, 4662-3, 4667-8-9, 4677, 4684-5, 4688, 4698, 4710, 4827, 4832, 4834, 10064
Culinaire	133	1 tenon	4836
		3 grands bols	4675, 4693, 4706
		2 jattes	1270, 4695
		1 couvercle	4707
		12 marmites	232, 1071, 1644, 4686, 4696, 4699, 4700-1, 4708, 4711, 4713, 9814
TOTAL	939		

Tableau 14.8 : Inventaire céramique de la pièce/cour 563a.

Fabriques	Fragments	Formes/vases	Numéros catalogue/C
Métallique	1		
Ninive 5	2		
Fine	14	4 bols	1085, 4829, 9095, 9919
		1 bouteille	8961
		1 fond	9114
Commune	148	2 grands bols	4831, 9109
		1 jarre	3104
		2 grandes jarres	3242, 9485
		2 jarres à petite ouverture	9103, 9110
		4 jarres à grande ouverture	1084, 4825, 8972, 9102
Culinaire	22	1 grand bol	4828
		1 couvercle	4837
		4 marmites	4830, 8971, 9489, 9511
TOTAL	187		

Figure 14.12 : Sélection de vases provenant de la cour 565-566a.

ATJ86.D14B1.C219 : Grande jarre de fabrique *Commune*, fragmentaire. 36 cm (dia.). Pâte de couleur *gray* (10YR5/1) à *light yellowish brown* (10YR6/4), très dure (Mohs 5), de texture très grossière avec des inclusions végétales. Petit col concave, rebord évasé, lèvre en bandeau droit.

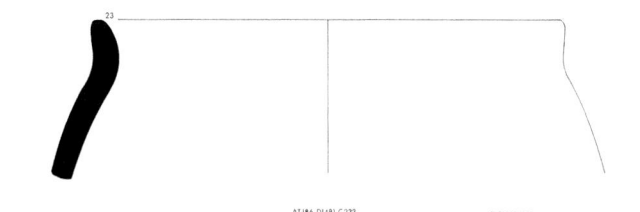

ATJ86.D14B1.C232 : Marmite de fabrique *Culinaire*, fragmentaire. 23 cm (dia.). Pâte de couleur *very dark gray* (7.5YR3/0) à *light yellowish brown* (10YR6/4), dure (Mohs 4), de texture grossière avec des inclusions minérales. Petit col droit, rebord légèrement évasé, lèvre carrée.

Tableau 14.9 : Inventaire céramique de la pièce 616.

Fabriques	Fragments	Formes/vases	Numéros catalogue/C
Ninive 5	1		
Noire polie	1	1 bouteille	9500
Fine	16	17 bols	6230[complet], 8865-6, 8879, 8880, 8885-6, 8892, 9041, 9051[complet], 9454, 9456-7-8-9, 9590, 9603
		1 flacon	8891
		1 bouteille	8859
		3 fonds	8867, 9479, 9588
Commune	83	1 récipient miniature	8884(complet)
		1 jatte	9263
		4 jarres à petite ouverture	8746-7, 8873, 9460
		9 jarres à grande ouverture	8731-2, 8737, 8748, 8752, 8758, 8850, 8878, 9242
Culinaire	16	4 marmites	8745, 9244-5, 9262
TOTAL	117		

Autres éléments de la culture matérielle de la cour 565-566a :

– 13 fragments de silex, dont un nucléus à éclats et six tronçons de lame lustrée ;
– 2 fragments d'objets en plâtre ;
– 1 perle sphérique en argile durcie, incomplète [ATJ88.D14A19.B63] ;
– 1 perle cylindrique perforée en argile durcie, complète [ATJ88.D14A19.B62] ;
– 1 perle cylindrique en terre cuite, complète [ATJ88.D14A19.B90] ;
– 1 ancre oblongue percée au tiers supérieur en grès, incomplète [ATJ88.D14A19.L159] ;
– 1 jeton sphérique en terre cuite, complet [ATJ88.D14A19.Tc105] ;
– 1 jeton cylindrique en terre cuite, incomplet [ATJ88.D14A19.Tc64] ;
– 1 peson rectangulaire en terre cuite, incomplet [ATJ88.D14A19.Tc65] ;
– 1 fragment de creuset (?) [ATJ88.D14A19.C4699].

Pareillement au niveau III, la cour 565-566a débouche à l'est, par deux petites embrasures laissées aux deux extrémités du muret 154, sur la pièce/cour **563a** qui reste la même, quant à ses dimensions et son aménagement intérieur, qu'au niveau précédent [563b]. Son inventaire céramique est plutôt limité (Tableau 14.8).

Autres éléments de la culture matérielle de la pièce/cour 563a :

– 11 fragments de silex, dont deux tronçons de lame ;
– 2 fragments d'objets en plâtre (non catalogués) ;
– 1 épingle en bronze, incomplète [ATJ93.C13A4.M37].

Figure 14.13 : Vase provenant de la pièce 616.

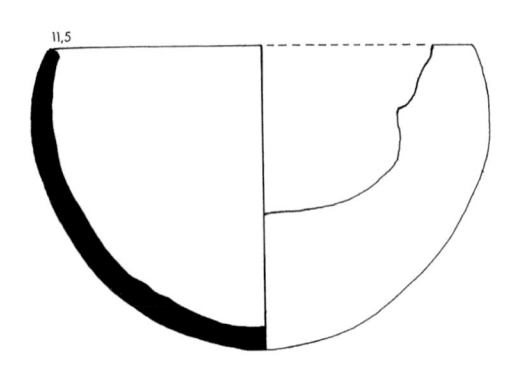

ATJ93.C13A12.C6230 : Bol de fabrique *Fine*, complet. 11,5 (dia.) × 8 cm (h.). Pâte de couleur *reddish yellow* (5YR6/6), dure (Mohs 5), de texture fine avec quelques inclusions minérales. Fond arrondi, paroi convexe, rebord légèrement rentrant, lèvre simple arrondie.

Figure 14.14 : Sommet du tell, vu vers le sud. En bas du cliché, au nord du mur 261, juxtaposition de trois petites pièces adjacentes : 508, 509, 510 (de gauche à droite).

Tableau 14.10 : Inventaire céramique de la pièce 508.

Fabriques	Fragments	Formes/vases	Numéros catalogue/C
Métallique	2	1 bouteille	1260(complète)
Peinte	1	1 bol (?)	9660
Fine	15	4 bols	2210-1, 2215, 2218
		1 bouteille	9905
Commune	65	3 grandes jarres	1259, 2209, 2216
		4 jarres à petite ouverture	2206-7, 2212, 10045
		4 jarres à grande ouverture	2208, 2213-4, 2217
Culinaire	2		
TOTAL	85		

Au nord de la pièce/cour 563a, mais sans aucun lien stratigraphique avec elle, se trouve la pièce **616**, longeant le parement septentrional du mur 201-261 (Fig. 14.1). La portion fouillée de cette pièce au sol plâtré, mais dépourvue d'aménagements intérieurs particuliers, couvre une superficie de 9 m² (4,30 × 1,90-2,30 m). Outre le mur 261, au sud, et le mur d'enceinte, à l'est, son seul autre mur connu est le :

- Mur 125, à l'ouest : 1,80 (lo.) × 0,50 (la.) × 0,84 m (h.), formé d'une rangée de briques crues disposées en boutisses et préservées sur sept assises.

Le mobilier de la pièce 616 consiste en une centaine de tessons de céramique seulement (Tableau 14.9), quelques vases complets (Fig. 14.13) et sept fragments de silex, dont un nucléus à éclats et trois tronçons de lame lustrée.

À l'ouest de la pièce 616 et toujours contre le parement septentrional du mur 261, s'étend une enfilade de trois petites pièces contiguës : **508**, **509** et **510** (Fig. 14.14). Elles s'ouvrent largement, présumons-nous car aucune ne possède de murs du côté nord, sur un corridor qui les relie toutes entre elles mais dont on ignore

Figure 14.15 : Sélection de vases provenant de la pièce 508.

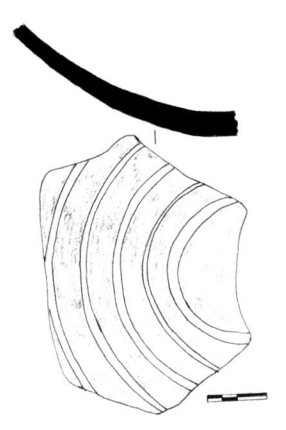

ATJ87.D13A11.C9660 : Fragment de la paroi d'un bol (?) sur lequel furent peintes des bandes concentriques de couleur *very pale brown* (10YR7/3 à 8/4) sur une pâte minérale de texture fine de couleur *pink* (7.5YR7/4) (cf. Chuera : Kühne 1976, 95, fig. 367, pl. 33/3 – *Die mit streifen bemalte ware*).

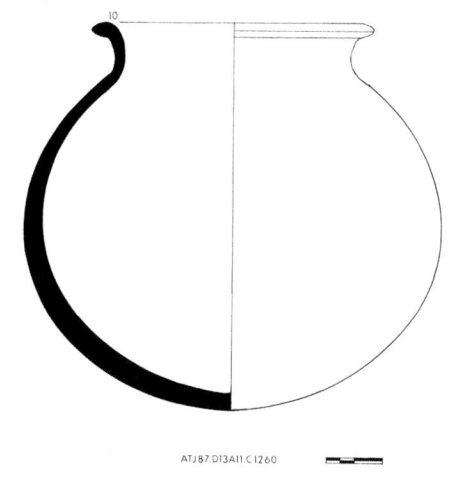

ATJ87.D13A11.C1260 : Bouteille de fabrique *Métallique*, complète. 10 (dia.) × 13,2 cm (h.). Fond arrondi, panse globulaire, petit col légèrement évasé, rebord étalé, lèvre amincie.

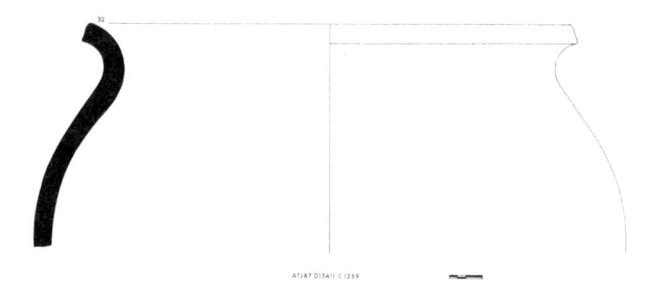

ATJ87.D13A11.C1259 : Grande jarre de fabrique *Commune*, fragmentaire. 32 cm (dia.). Petit col concave, rebord évasé, lèvre simple carrée.

la largeur parce qu'il n'est pas du tout assuré que le mur 212 du niveau inférieur (III) soit encore en usage à ce niveau-ci, d'après les altitudes prises à son sommet préservé. En revanche, toutes ces pièces sont limitées au sud par le mur 261.

La pièce **508**, la plus à l'est des trois, est de plan quadrangulaire : 1,80 × 1,70 m. Son sol en terre battue, d'une superficie de 3 m² seulement, ne présente aucun aménagement particulier pouvant nous renseigner sur sa fonction. Outre le grand mur 261, au sud, elle possède deux murs mitoyens :

- Mur 125, à l'est : entre elle et la pièce 616 (décrite plus haut).
- Mur 101, à l'ouest : 1,84 (lo.) × 0,34 (la.) × 1,20 m (h.), une rangée de briques en boutisses préservée sur onze assises ; vient s'appuyer contre le parement septentrional du mur 261 ; sépare la pièce 508 de la 509 voisine.

Bien que très peu de tessons de céramique ont été retirés de la pièce 508 (Tableau 14.10), certains sont typiques de cette époque (Fig. 14.15).

Autres éléments de la culture matérielle de la pièce 508 :

- 1 fusaïole conique en terre cuite, complète [ATJ87.D13A11.Tc34] ;
- 1 tête de figurine animale en terre cuite, complète [ATJ87.D13A11.Tc44] ;
- 1 perle sphérique en stéatite faïence, complète [ATJ87.D13A11.B43].

La pièce **509**, au centre de l'enfilade de trois pièces au nord du mur 261, est de plan rectangulaire : 1,50 × 2,30 m. Son sol en plâtre de gypse, uniformément posé sur une assise en briques crues, couvre une superficie de 3,5 m² environ, délimitée par les murs 261, au nord, et 101, à l'est (décrits plus haut), ainsi que par un mur mitoyen [102] avec la pièce 510 voisine (voir plus loin).

L'aménagement intérieur de la pièce 509, qui semble plutôt de nature domestique, comprend (Fig. 14.16) :

- Un premier four de cuisson circulaire (0,75 m dia.) en argile [ATJ87.D13A10], plaqué tout contre le parement du mur 261 ;
- il est précédé d'une espèce de caniveau en briques crues et est entouré d'un sol en briques crues enduites de plâtre.

Figure 14.16 : Aménagement intérieur de la pièce 509, vu vers le nord : un premier four circulaire, précédé d'une espèce de caniveau en briques crues, et un second four, encore plus fragmentaire ; à côté de ces deux dispositifs de cuisson, se trouve une banquette pour servir de tablette.

– Un second four, plus fragmentaire [ATJ87.D13A12], se trouve à proximité de ce caniveau et du précédent four.
– Une petite banquette [215] : 0,50 (lo.) × 0,40 (la.) × 0,50 m (h.), est installée à la base du mur 261 de manière à pouvoir y déposer un ustensile en lien avec l'usage des fours ou de la nourriture à y faire cuire. Toutefois, la vaisselle *Culinaire* trouvée dans cette pièce ne représente que 14% de l'inventaire céramique et aucun instrument de mouture n'en fut retiré.

Le tableau 14.11 détaille l'inventaire des tessons de céramique retrouvés dans la pièce 509 et la figure 14.17 rend compte de quelques profils représentatifs.

Autres artéfacts de la pièce 509 :

– 1 fragment de silex ;
– 1 couvercle en plâtre de gypse, incomplet [ATJ87.D12A8.P21] ;
– 1 anneau en bronze, complet [ATJ86.D13A8.M11].

La forme et les dimensions de la pièce **510** sont incertaines dans la mesure où on ne sait pas si elle se continue vers l'ouest, au-delà de la limite du carré de fouilles, c'est-à-dire jusqu'au retour du mur 262 qui a été observé en surface. La superficie dégagée de la pièce 510 fait 1,50 m, d'est en ouest, sur 2,00 m, du sud au nord, soit 3 m². Son aménagement intérieur ne comprend rien de particulier si ce n'est un sol en partie plâtré qui vient notamment buter contre le mur 102, mitoyen avec la pièce 509 à l'est :

– Mur 102, à l'est : 2,00 (lo.) × 0,30 (la.) × 0,80 m (h.), comporte neuf assises de briques crues disposées en général en boutisses ; ses parements sont revêtus de plâtre de gypse ; il comporte un petit retour vers l'ouest : 214, qui n'est pas suffisant pour être interprété comme la limite de cette pièce au nord.

Une liste des tessons de céramique extraits de la pièce 510 est dressée dans le Tableau 14.12 et les profils de quelques-uns des vases les plus représentatifs de l'assemblage sont reproduits dans la Figure 14.18.

Autres éléments de la culture matérielle retirés de la pièce 510 :

– 4 fragments de silex, dont un tronçon de lame (débitage) ;
– 1 meule en basalte alvéolé, incomplète [ATJ87.D12A6.L92] ;
– 1 broyeur en grès, complet [ATJ87.D13A14.L277].

À l'instar des niveaux précédents, toutes ces pièces situées au nord du mur 261 ne sont apparemment pas accessibles depuis le secteur autour du bâtiment 552, le grand mur 261 formant une sorte d'écran. Les pièces 508, 509, 510 et 616 semblent donc plutôt reliées à la partie septentrionale du tell où se trouve le grenier à silos multiples. Mais comme la longue (10 m) zone séparant ces pièces du grenier a été perturbée par une occupation tardive (Chapitre 18) ou n'a pas été fouillée, cette relation est impossible à confirmer en l'absence d'un lien stratigraphique.

NIVEAU II

Figure 14.17 : Sélection de vases provenant de la pièce 509.

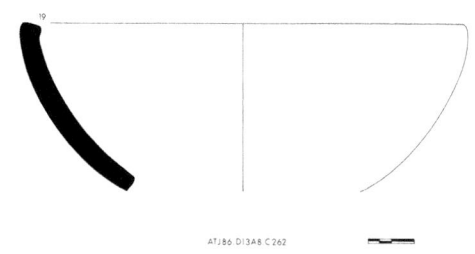

ATJ86.D13A8.C262 : Grand bol de fabrique *Commune*, fragmentaire. 19 cm (dia.). Pâte de couleur *light reddish brown* (5YR6/4), dure (mohs 4), de texture mi-fine avec une grande quantité de petites inclusions minérales et plusieurs inclusions végétales. Paroi convexe, rebord rentrant, lèvre carrée.

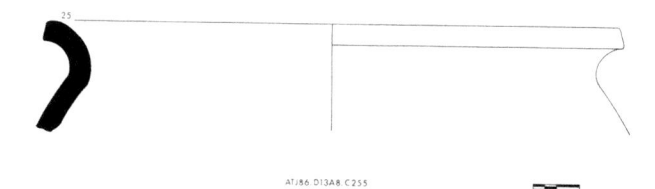

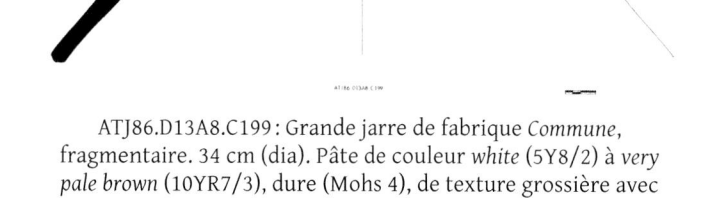

ATJ86.D13A8.C199 : Grande jarre de fabrique *Commune*, fragmentaire. 34 cm (dia). Pâte de couleur *white* (5Y8/2) à *very pale brown* (10YR7/3), dure (Mohs 4), de texture grossière avec plusieurs inclusions minérales de différents calibres et une grande quantité d'inclusions végétales. Petit col droit, rebord très évasé, lèvre à collet.

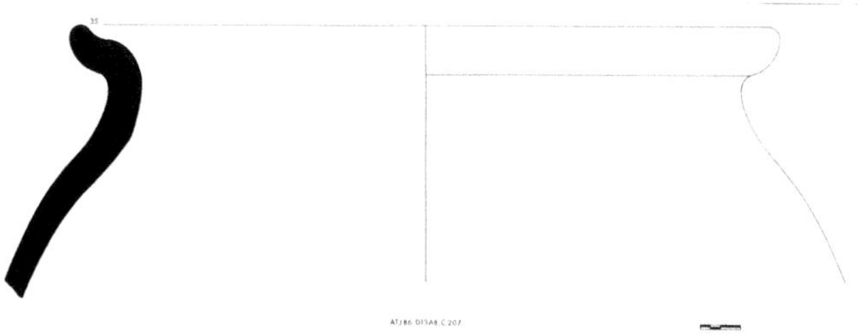

ATJ86.D13A8.C255 : Jarre à grande ouverture de fabrique *Commune*, fragmentaire. 25 cm (dia.). Pâte de couleur *pink* (5YR7/4), dure (Mohs 4), de texture mi-fine. Petit col concave, rebord très évasé, lèvre en bandeau droit à face concave.

ATJ86.D13A8.C207 : Grande jarre de fabrique *Commune*, fragmentaire. 35 cm (dia). Pâte de couleur *white* (5Y8/2) à *reddish yellow* (5YR6/6), peu dure (Mohs 3), de texture grossière, avec des inclusions minérales et végétales. Petit col concave, rebord évasé, lèvre en bandeau arrondi avec ressaut intérieur.

Figure 14.18 : Sélection de vases provenant de la pièce 510.

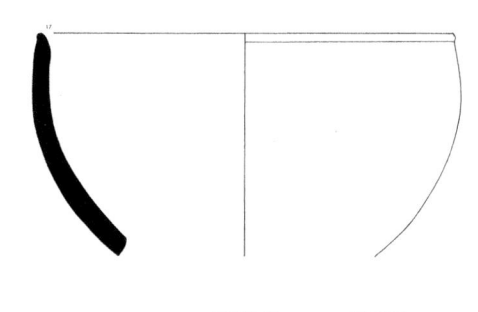

ATJ86.D13A7.C71 : Bol de fabrique *Fine*, fragmentaire. 17 cm (dia.). Pâte de couleur *very pale brown* (10YR7/3), dure (Mohs 4), de texture fine avec des inclusions minérales. Paroi convexe, rebord légèrement rentrant, lèvre en bourrelet.

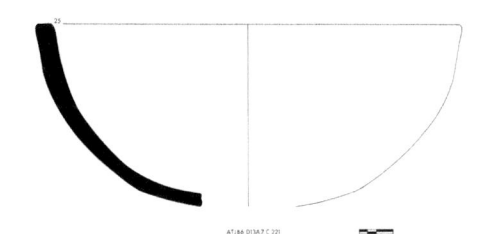

ATJ86.D13A7.C182 : Jatte de fabrique *Commune*, fragmentaire. 32 cm (dia.). Pâte de couleur *white* (2.5Y8/2) à *pink* (7.5YR7/4), dure (Mohs 4), de texture mi-fine avec des inclusions minérales. Paroi convexe, rebord légèrement rentrant, lèvre carrée.

ATJ86.D13A7.C979 : Jatte de fabrique *Commune* fragmentaire. 30 cm (dia.). Paroi convexe, rebord droit, lèvre carrée.

ATJ86.D13A7.C221 : Grand bol de fabrique *Commune*, fragmentaire. 25 cm (dia.). Pâte de couleur *reddish yellow* (5YR6/6), dure (Mohs 4), de texture mi-fine avec des inclusions minérales. Paroi convexe, rebord plutôt droit, lèvre carrée.

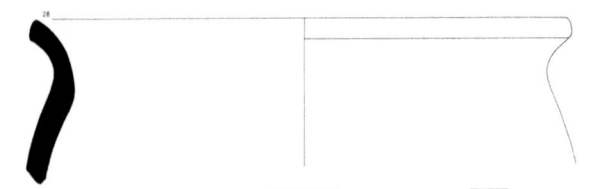

ATJ86.D13A7.C62 : Jarre à grande ouverture de fabrique *Commune*, fragmentaire. 28 cm (dia.). Pâte de couleur *reddish yellow* (5YR6/6), peu dure (Mohs 3), de texture mi-fine avec des inclusions minérales et végétales. Col concave, rebord évasé, lèvre en bandeau droit.

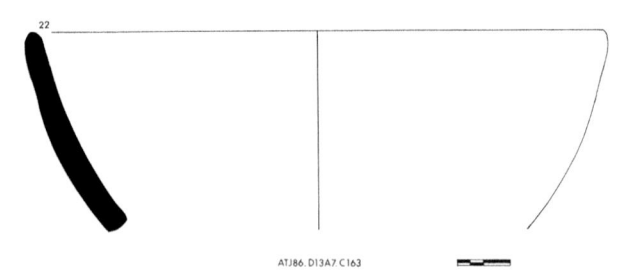

ATJ86.D13A7.C163 : Grand bol de fabrique *Culinaire*, fragmentaire. 22 cm (dia.). Paroi convexe, lèvre arrondie.

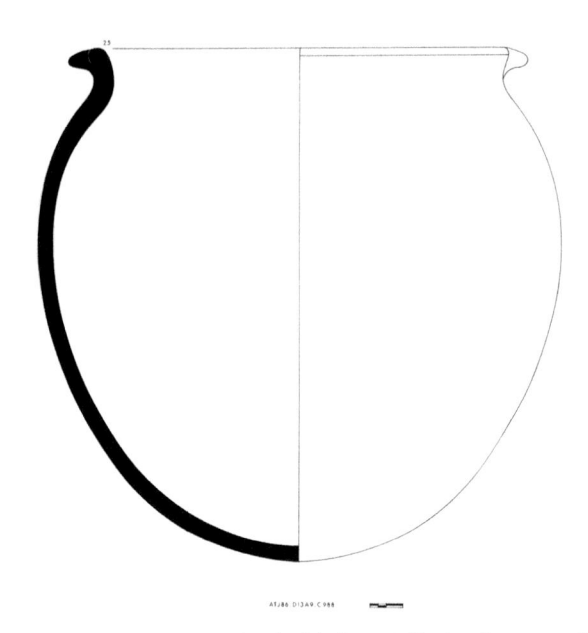

ATJ86.D13A9.C988 : Marmite de fabrique *Culinaire*, fragmentaire. 25 (dia.) × 30 cm (h.). Fond rond, panse globulaire, petit col concave, rebord évasé, lèvre ronde, tenons à la lèvre.

Extrémité septentrionale

L'imposant grenier mis en place dès le niveau VI (Chapitre 10) à l'extrémité septentrionale du tell continue à être utilisé par les habitants de Tell 'Atij au niveau II. Son mobilier est inventorié au niveau I (Chapitre 15), cependant, car il correspond à sa dernière phase d'occupation.

Datation

Puisque ce niveau-ci possède beaucoup de points en commun, notamment architecturaux, avec le niveau III qui précède, il est permis de croire que ces deux niveaux ont certainement été occupés pendant des périodes très rapprochées. Or, la datation archéomagnétique de tessons sans profil de fabrique *Commune* provenant du niveau III a donné comme résultat 2675 ± 83 av. J.-C. (Gallet, Fortin *et al.* 2020, table 1), soit vers la fin de la période EJZ 2.

Cette datation est cohérente avec le petit bol caréné de fabrique *Fine* ATJ.D17A5.C94 trouvé à ce niveau-ci : il correspond au type 34 de la nomenclature ARCANE qui est courant à la fin de la période EJZ 2 (Rova 2011, 58, table 4, 69).

De plus, la présence de tessons de fabrique *Métallique* pointe aussi vers la fin de la période EJZ 2 (Rova 2011, 57 ; Alachkar 2017, 167), soit autour de 2600 av. J.-C. (Pruß 2000 ; Falb *et al.* 2014, 180).

Enfin, le tesson de bol ATJ87.D13A11.C9660 orné de bandes concentriques peintes rappelle un fragment semblable qui a été retiré de la couche 4 du *Kleiner Antentempel* de Chuera (Kühne 1976, 146) datée de la période EJZ 3 (Quenet 2010, 23, table 1).

Interprétation

Le plan du niveau II, dans le secteur dégagé au centre du tell et sur son versant méridional, ressemble beaucoup à celui du niveau inférieur (III), le grand bâtiment 552 n'étant qu'une simple réutilisation du bâtiment 553 du niveau III, avec quelques modifications mineures qui n'altèrent en rien la qualité de son bâti, bien au contraire. Le caractère public de cet édifice est encore manifeste avec la présence de cours, ruelles et venelles tout autour. Les constructions voisines étant probablement destinées à l'entreposage, en l'absence d'installations intérieures domestiques, il est tentant de voir ici un quartier réservé au stockage des provisions du hameau de Tell 'Atij. Considérant les capacités de stockage du grenier septentrional situé à quelques mètres plus au nord, les réserves céréalières de ce petit bourg rural auraient dépassé largement les besoins alimentaires de ses villageois.

Bâtiment 522

Au vu de ses dimensions, de son sol plâtré en plusieurs phases, de l'épaisseur de ses murs et de leur qualité de construction, il est difficile de l'interpréter comme une simple habitation domestique d'autant que sa superficie intérieure (10 m²) n'autorise guère plus d'une personne à y vivre convenablement.[3] C'est certainement un bâtiment à caractère public d'autant qu'il est entouré de ruelles à l'est [564a] et au sud [260], ainsi que de cours au sud [531a] et au nord [565-566a]; il est donc isolé tout en restant facilement accessible au sein d'un quartier.

Si, à l'instar du bâtiment 553 du niveau III, on interprète l'imposante pièce 552 comme une sorte d'entrepôt, avec ses 10 m² elle offrait un volume intérieur de 20 à 30 m³ suivant que l'on restitue ses murs à deux ou trois mètres de hauteur.[4] Puisqu'elle possédait en théorie une porte, les denrées devaient y être stockées en sacs, ce qui réduit sa capacité de stockage à 15 ou 22,5 m³, pour une quantité de grains pouvant varier entre 6 666 et 21 028 kg. Ces quantités auraient suffi à nourrir entre 33 et 105 personnes sachant que chacune consommait en moyenne 200 kg par année (Mazar 2001, 458; Garfinkel *et al.* 2009, 322).[5] Si, en revanche, on estime à un mètre cube le volume de stockage annuel nécessaire à une famille nucléaire de 5-6 personnes (Kramer 1980, 319), la pièce 552 aurait pu ainsi répondre aux besoins de 15 à 22 familles, soit de 75 à 135 individus (Tableau 19.1); mais sans doute un peu moins – entre 15 et 25% – si on soustrait les provisions perdues à cause des mauvaises conditions de conservation et les réserves pour les futurs emblavages (Paulette 2015, 326, note d). Les deux fours circulaires placés dans l'impasse au bout de la ruelle 564a qui donne accès à la pièce 552 ont peut-être servi à l'assèchement des grains afin de prolonger leur conservation, avant de les entreposer dans le bâtiment 522.

Ou mieux encore, au vu de leur forme, dimensions et localisation à proximité d'un tel entrepôt, ces structures de combustion auraient pu être des *tannurs* (Rova 2014; Smogorzewska 2019, 86-93) destinés à la cuisson de pains fabriqués avec la farine produite à partir des grains de céréales qui y étaient stockés. D'habitude, sur les sites qui ont révélé de telles structures, leur présence s'accompagne toujours d'une grande quantité de terre cendreuse, c'est-à-dire de cendres retirées du four que l'on étendait aux alentours et que l'on recouvrait d'une couche de terre argileuse pour empêcher la dispersion de la poussière provenant de ces résidus de combustion (Grossman 2014b, 51; Smogorzewska 2019, 91). Or, la cour voisine 563b a été comblée avec une bonne épaisseur de ces couches cendreuses grises alternant avec des strates de terre brune.

Pièce 539

Au sud de l'édifice 522, la ruelle 529 du niveau III laisse place à ce niveau-ci à une nouvelle structure [**539**], au sol et aux murs plâtrés, qui connaît au moins deux phases de construction. En l'absence d'aménagements domestiques, tels bassins et foyers, et en dépit du fait qu'elle a livré cinq instruments de mouture et de la céramique *Culinaire* représentant 36% de son inventaire céramologique, on pourrait envisager l'interpréter comme un lieu de stockage vu sa proximité d'avec l'édifice 522, au nord, et les bâtiments 516 et 517-517', au sud, toutes des installations qui auraient pu être vouées à l'entreposage.

Sa superficie la plus importante, soit celle de sa phase b, atteint[6] 17 m², pour un volume variant entre 35 et 51 m³, selon la hauteur des murs (2-3 m). Les grains devaient y être conservés dans des sacs en raison de la présence d'une porte, ce qui réduit sa capacité de stockage (Paulette 2015, 324 note c) à 26,25 ou 38,25 m³, équivalent à 11 665 ou 35 748 kg de grains (Tableau 19.1). Cette quantité aurait été suffisante pour nourrir entre 58 et 228 personnes, d'après différents modes de calcul utilisés (voir plus haut). Des estimations probablement à diminuer de 15 à 25% en raison des pertes dues aux problèmes de conservation pendant une année entière et des semailles mises de côté pour l'année suivante (Paulette 2015, 326, note d).

Le sol de la pièce/cour 531a, adjacente à la pièce 539, étant plâtré, il s'agirait plutôt d'une pièce que d'une cour, ses murs ayant été emportés par l'érosion. Du fait qu'elle communique avec la pièce 539 par une porte, ces deux pièces auraient probablement pu appartenir à un même bâtiment.

---

3 L'espace vital d'un villageois se situant entre 6 m² (Kolb 1985; Marfoe 1980; Postgate 1994) et 10 m² (Naroll 1962), selon des études ethnoarchéologiques.

4 Tate Paulette (2015, 323, table 4.6) a établi à 9,4 m² la surface de cette pièce parce que les plans publiés dans les rapports préliminaires étaient trop petits pour fournir des mesures exactes.

5 Les estimations avancées à ce propos se situent en général entre 160 kg (Kramer 1980, 319) et 250 kg (Wilkinson 1994, 495; Ur & Wilkinson 2008, 313), voire un peu plus parfois (Schwartz 1994b, 27, table 2 pour plus de références).

---

6 Paulette (2015, 323 table 4.6) lui attribue une superficie de seulement 15,3 m², probablement en raison de l'échelle réduite à laquelle les plans ont été publiés dans le rapport préliminaire.

Pièces 508-509-510

La pièce 542 du niveau III est remplacé à ce niveau-ci par une suite de petites pièces [508, 509, 510] s'ouvrant sur un corridor, telles des stalles. La fonction de ces pièces, au sol plâtré et au plan incomplet, nous échappe. Puisqu'elles devaient être utilisées depuis le nord, avaient-elles un lien avec le grenier septentrional qui se dresse à une dizaine de mètres de là seulement, plus au nord ?

Grenier septentrional et structures 517-517'-516

Les nombreux dispositifs d'entreposage situés à l'extrémité septentrional du tell de même que sur son versant méridional [517-517' et 516] seraient toujours en usage à ce niveau-ci.

Mur 202-261-262

En examinant le plan des constructions dégagées à ce niveau-ci, il saute aux yeux que l'imposant mur 201-261-262, orienté est-ouest, constitue une véritable limite septentrionale au quartier mis au jour au centre du tell et crée ainsi une sorte de partition nord-sud du hameau de Tell 'Atij. La fondation de ces murs remontant au niveau VIII (Chapitre 8), cette subdivision au sein du bourg serait donc apparue *grosso modo* au début de la période EJZ 2. Elle marquerait donc une sorte de réorganisation dans le mode d'occupation de l'espace au sein du hameau à partir de cette époque.

Chapitre 15

Niveau I

Altitude supérieure : +298 m (surface du tell).
Altitude inférieure : +296,70-90 m.
Épaisseur moyenne : un peu plus d'un mètre environ.

Le niveau I n'a été identifié, à proprement parler, que dans un secteur très restreint (85 m²) de l'étroite (six mètres) zone sommitale du tell principal d'Atij. Ce niveau I est très mal préservé non seulement en raison de sa proximité d'avec la surface du site qui a été exposée pendant des millénaires aux effets de l'érosion, mais aussi à cause de la présence de très nombreuses tombes qui ont été creusées sur le tell (Chapitre 17), certaines même très récemment : des vestiges architecturaux ont ainsi disparu et les couches stratigraphiques qui leur étaient associées ont été considérablement perturbées. Un autre phénomène anthropique perturbateur à prendre en compte est la construction de structures dans les siècles qui ont suivi l'abandon du site, en particulier à l'époque romaine (Chapitre 18).

Le présent chapitre contient les inventaires du mobilier retiré des structures qui sont restées en usage jusqu'à l'abandon du hameau que fut Tell 'Atij : ces artéfacts témoignent de la dernière phase d'occupation du site. Parmi ces structures, on retrouve des éléments architecturaux qui ont été mis en place dès les niveaux VI et V, mais qui ont continué à être utilisés jusqu'au niveau I.

Tableau 15.1 : Distribution par structure des unités de fouilles du niveau I, au centre du tell. Le symbole [II↓] signifie qu'une pièce fut mise en place au niveau inférieur (II).

Structures	Murs	Unités de fouilles associées
Cour 513-512	202 208	ATJ86.D14A1 ATJ86.D15A2$^{(four)}$-3-4, 6-7$^{(fosse)}$-8$^{(sol)}$ ATJ87.D15A9-10
Pièce 514	208 305	ATJ86.D15A1, 5$^{(sol)}$ ATJ87.E15A1-2
Cour 511	201 202 466$^{(enceinte)}$	ATJ86.D13A1, 3, 6$^{(sol)}$ ATJ86.D14A13$^{(sol)}$ ATJ93.C13A1, 3
Pièce 508 [II↓]	101 108 261 460	ATJ87.D12A1
Pièce 509 [II↓]	101 102 261	ATJ87.D12A1
Pièce 510 [II↓]	102 261 214	ATJ87.D12A1

Le niveau I a été fouillé dans les secteurs suivants :

- **Centre du tell** : carrés D13-14-15 et E14 (Fortin 1988a, 147-152), D-E13-14-15 (Fortin 1990c, 552-553), C13 (Fortin 1995, 37-38).
- **Versant méridional** : carrés D-E17-18 (Fortin 1988a, 162-165).
- **Extrémité septentrionale** : carrés D-E6-7-8-9 (Fortin 1988a, 155-162 ; 1990a, 221-232).

Centre du tell

Les vestiges du dernier niveau d'occupation connu de Tell 'Atij consistent, dans l'étroit secteur fouillé (75 m²) au centre du tell, en une juxtaposition de deux cours [**513-512** et **511**] insérées entre deux zones de pièces : **514**, au sud, et **508-509-510**, au nord (Figs 15.1 et 15.2).[1] Ces cours et pièces sont imparfaitement délimitées par

---

[1] Sur le plan publié dans un rapport préliminaire (Fortin 1990c, 552 fig. 17), deux autres structures sont indiquées : 519 et 551. Mais après un examen détaillé de ces vestiges architecturaux, il s'est avéré que le bassin 519 en plâtre et la structure 551 en moellons sont des construc-

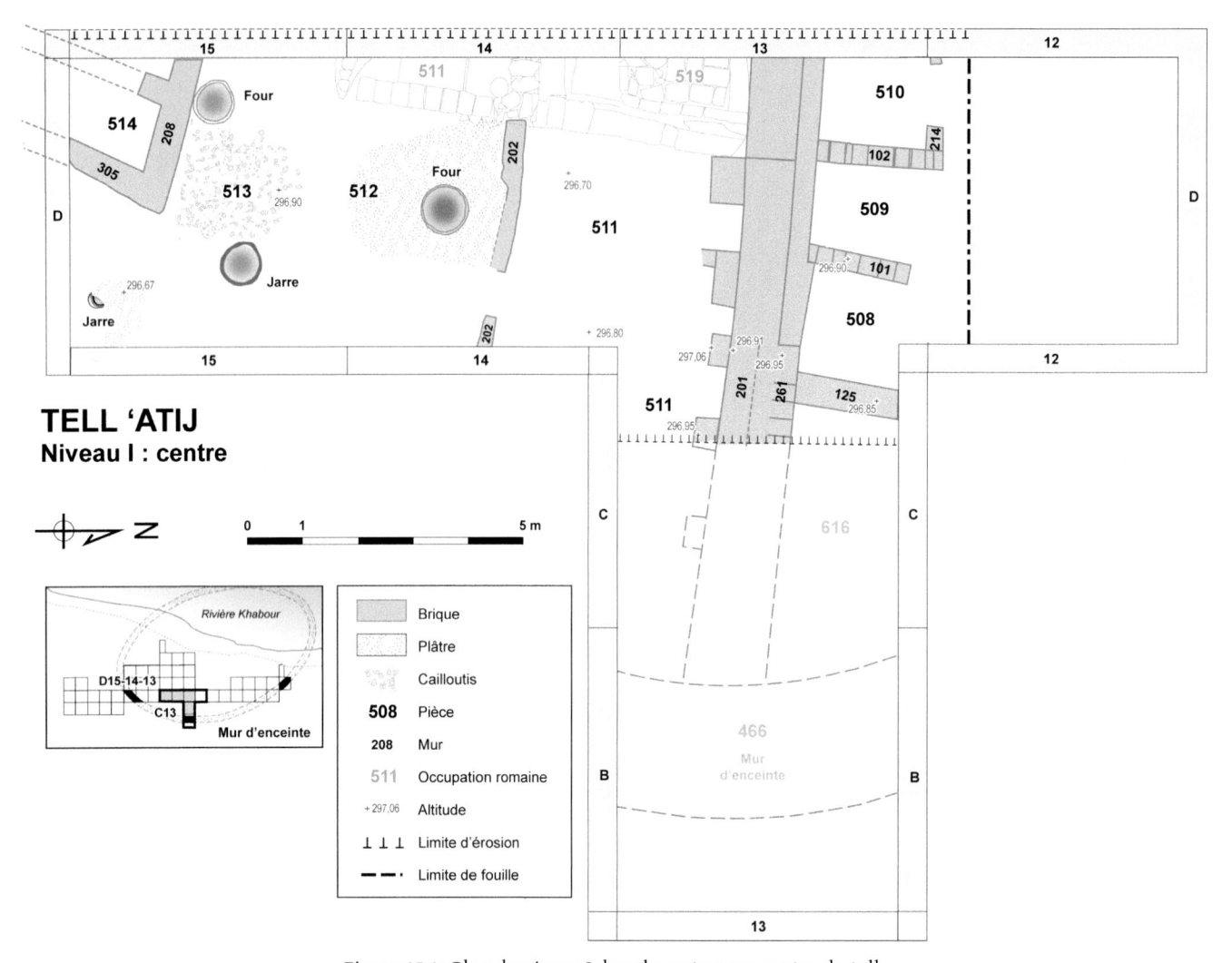

Figure 15.1 : Plan du niveau I dans le secteur au centre du tell.

des segments de murs en très mauvais état de conservation parce qu'ils sont très près de la surface ; parfois même, ils ont complètement disparu.

L'élément architectural le plus clairement associable au niveau I est sans aucun doute une portion de 12 m² (3,50 × 3,50 m) du sol de la cour **513** composé de petits cailloux, de morceaux d'ustensiles en basalte (ex. meules), de tessons de céramique et de fragments de disques en plâtre de gypse très bien compactés sur une vingtaine de centimètres d'épaisseur environ (Figs 15.2 et 15.3). La surface de ce sol (+296,90 m en moyenne) se situe entre 0,50 et 0,70 m au-dessus de la surface du sol de la pièce 552 du niveau II et un peu plus d'un mètre sous la surface du tell (Figs 2.10 : coupe 15-Nord et 2.12 : coupe E-Est). Cette cour est pourvue des aménagements suivants :[2]

– 2 fours à cuisson circulaire de 0,75 m de diamètre et préservés sur une hauteur de 0,57 m ;
– 1 grosse jarre d'entreposage, large de 0,68 m et haute de 0,60 m, dont le fond est enfoncé dans le sol ;
– 1 plaque de plâtre de gypse, dans l'angle S-E du carré D15, dont la configuration de la surface laisse supposer qu'elle était destinée à recueillir soit des liquides qui se seraient ensuite déversés dans deux jarres enfoncées dans le sol jusqu'au col, soit de la farine produite lors de la mouture de grains sur la surface plâtrée comme cela a été suggéré pour

---

tions intrusives, mises en place à une époque postérieure à celle de l'abandon du site (romaine ?) ; elles sont décrites dans le Chapitre 18.

[2] La fosse à déchets signalée dans le rapport préliminaire (Fortin 1988a, 146 fig. 7, 148) en lien avec cette cour est maintenant considérée comme une fosse creusée après l'abandon du site, donc sans rapport avec cette cour.

NIVEAU I

une installation semblable découverte à Raqa'i (Schwartz 2015, 96-97, 110) (Fig. 15.4).

Dans la cour **512** qui lui est adjacente, au nord, le sol qui y a été dégagé (+296,90 m) a plutôt l'aspect d'une simple couche de terre grise recouverte à plusieurs endroits de plaques de plâtre de gypse ; à l'origine son sol devait être entièrement plâtré.

Puisqu'aucun mur ne sépare les cours 513 et 512[3], il est permis de présumer qu'elles devaient constituer une seule et même grande cour d'une superficie minimale de 23 m² : 5,70 m en moyenne, du nord au sud, sur 4,00 m, d'est en ouest. Mais sa délimitation pose problème puisque deux murs limitrophes seulement nous sont connus : la limite orientale de cette cour a disparu sous les effets de l'érosion tandis que la limite occidentale de la 512 a été éradiquée par la structure 551 qui est intrusive[4] :

- Mur 208, au sud : une réutilisation du mur 259 de la pièce 539a-b du niveau II, renuméroté à ce niveau-ci (Figs 2.12 : coupe E-Est et 5.3). En fait, il ne borde que partiellement la cour 513 vu que celle-ci le contourne et se prolonge vers le sud en dehors du secteur de fouilles. Ce faisant, elle longe le mur 305 qui s'imbrique à angle droit dans le mur 208 (voir plus loin : pièce 514).
- Mur 202, au nord : 3,80 (lo.) × 0,40 m (la.), constitué d'une seule rangée de briques crues disposées en panneresses et conservées sur quelques assises seulement ; il aurait disposé d'une embrasure afin de permettre le passage vers la cour 511, au nord, mais ce n'est pas très clair en raison de la présence d'une fosse tardive creusée précisément à cet endroit (Fig. 15.3). Par ailleurs, son extrémité occidentale a été entamée par la structure 551 qui est elle aussi tardive.[5]

Le nombre de tessons de céramique qui jonchaient le sol de la cour 513-512 est considérable (Tableau 15.2) ; l'un d'entre eux porte une marque de potier (Fig. 15.5) et les profils de plusieurs de ces vases fragmentaires de différentes fabriques sont reproduits dans la Figure 15.6.

Les autres éléments de la culture matérielle retrouvés dans la cour 513-512 sont :

Figure 15.2 : Secteur de fouilles au sommet du tell, vu vers le nord. Au premier plan : le sol en cailloutis de la cour 513 avec, à gauche, un four à cuisson et, à droite, une jarre d'entreposage légèrement enfoncée dans le sol.

Figure 15.3 : Partie méridionale du secteur de fouilles au sommet du tell, vu vers le sud. Au second plan : le sol en cailloutis de la cour 513 qui se prolonge dans la cour 512 (ici enlevé). Au premier plan : le maigre mur 202 qui la borde au nord, avec des structures intrusives, à droite.

Figure 15.4 : Plaque en plâtre de gypse, dans la cour 513, donnant sur deux jarres enfouies dans le sol, vue vers le sud.

---

3 Le mur mitoyen 203 annoncé dans un rapport préliminaire (Fortin 1988a, 146 fig. 2) s'est avéré n'être qu'un simple effondrement de briques crues lors de la reprise des fouilles en 1988 (Fortin 1990c, 553).

4 D'où l'absence de la cour 512 dans la coupe E-Est (Fig. 2.12) : elle est masquée par la structure 551 et, entre autres, son mur 251 qui est dans l'axe du mur 202 de la cour 512.

5 Ce qui explique son absence sur la coupe E-Est (Fig. 2.12). Il passe dans l'axe du mur 251 de la structure 551 tardive.

Tableau 15.2 : Inventaire céramique de la cour 513-512.

Fabriques	Fragments	Formes/vases	Numéros catalogue/C
Métallique	11	1 bouteille	9953
		1 jarre	26
		1 fond	6760
Fine	276	1 forme indéterminée	1305
		73 bols	246, 868, 870, 893-4, 903, 905, 920, 1290, 1303, 2564, 2566-7, 2571-2-3, 2594, 3059, 3134, 3213, 3217-8, 3224-5, 3227-8, 3240, 4268, 4280-1, 4285-6-7-8-9, 4290-1, 4295-6-7-8, 4301, 4309, 4311, 4320-1, 4324-5, 4330, 4332-3-4, 4337-8-9, 4340, 4347, 4349, 4351, 4353, 4360, 4365, 4585-6, 4594, 4599, 9871, 9889, 9891, 9899, 9902, 9911, 9939
		1 grands bol	873
		1 flacon	73
		5 bouteilles	892, 991, 3236, 4292, 4331
		3 fonds	1264, 3075, 9707
Commune	2120	2 formes indéterminées	3051, 3248
		3 récipients miniatures	9585 (complet), 9968, 9975
		4 bols	3234, 3238-9, 4809
		25 grands bols	871, 890, 896, 898, 900, 919, 996, 1306-7, 3243, 3300, 3593, 4282-3, 4303-4-5, 4308, 4315, 4319, 4323, 4363, 4587, 4597, 4800
		9 jattes	879, 895, 907-8, 1289, 3054, 3250, 3258, 4326
		9 jarres	352 (marque de potier), 1239 (complet), 2565, 2569, 3070, 3078, 3188, 4300, 4307
		12 grandes jarres	877, 884-5-6, 888, 999, 1002, 4312, 4316, 4591, 4593, 4803
		12 jarres à petite ouverture	901, 3199, 3237, 4294, 4302, 4306, 4314, 4584, 4801-2, 4806, 4808
		50 jarres à grande ouverture	218, 235, 253, 258, 335, 872, 874-5-6, 880-1-2-3, 887, 891, 902, 904, 989, 990, 992-3-4-5, 997, 1000-1, 2568, 3069, 3184, 3226, 3241, 3256, 4033, 4299, 4317-8, 4322, 4327-8-9, 4336, 4348, 4352, 4588-9, 4590, 4596, 4804-5, 10082
Culinaire	293	3 grands bols	3194, 3197, 4284
		30 marmites	256, 998, 2570, 2694, 3185, 3189, 3190-1, 3196, 3198, 3229, 3301, 3560, 4293, 4310, 4355-6-7-8, 4361-2, 4368-9, 4370, 4381, 4592, 4807, 4810, 8214, 9785
TOTAL	**2 700**		

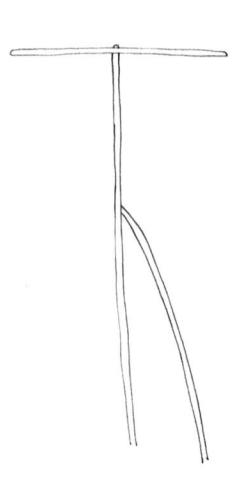

Figure 15.5 : Marque de potier sur la jarre ATJ86.D15A3.C352 : motif en T avec une rainure en diagonale partant de la droite de sa hampe, vers le bas (cf. Qara Qūzāq : Olmo Lete 1994, 198, fig. 1/1-2).

NIVEAU I   265

Figure 15.6 : Sélection de vases provenant de la cour 513-512.

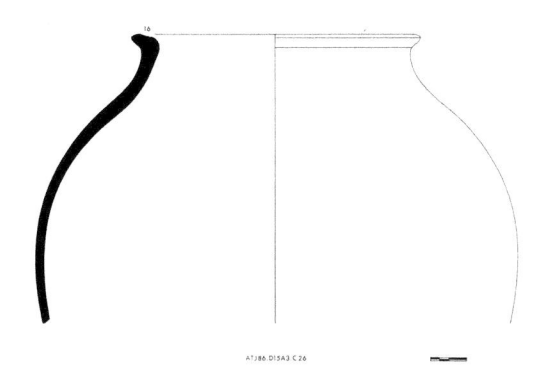

ATJ86.D15A3.C26 : Jarre de fabrique *Métallique*, fragmentaire. 16 cm (dia.). Pâte de couleur *yellowish red* (5YR5/6) à *gray* (10YR5/1) à l'intérieur, très dure (Mohs 5), de texture fine avec de petites inclusions minérales. Fond arrondi, panse globulaire, haut col droit, rebord étalé et tombant, lèvre carrée.

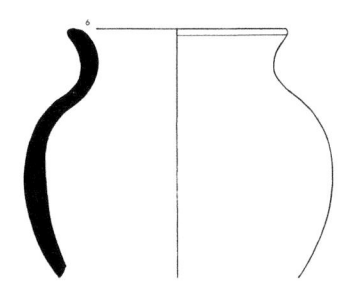

ATJ86.D15A2.C73 : Flacon de fabrique *Fine*, fragmentaire. 6 cm (dia.). Pâte de couleur *white* (2.5Y8/2, dure (Mohs 4), de texture fine avec des inclusions minérales. Haut col droit, panse ovoïde, épaule peu prononcée, col droit, rebord étalé, lèvre amincie/arrondie.

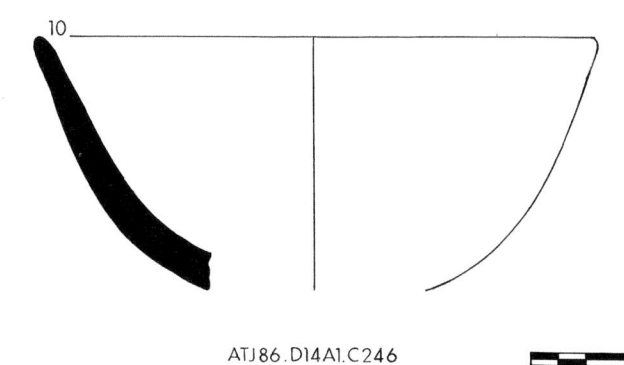

ATJ86.D14A1.C246 : Petit bol de fabrique *Fine*, fragmentaire. 10 cm (dia.). Paroi convexe, rebord évasé, lèvre amincie.

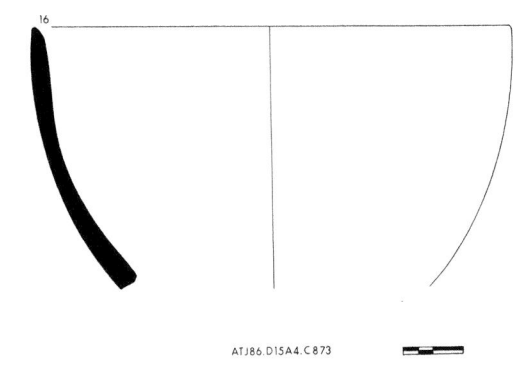

ATJ86.D15A4.C873 : Grand bol de fabrique *Fine*, fragmentaire. 16 cm (dia.). Pâte de couleur *very pale brown* (10YR7/4), dure (Mohs 4), de texture fine avec des inclusions minérales. Paroi convexe, rebord légèrement rentrant lèvre simple arrondie.

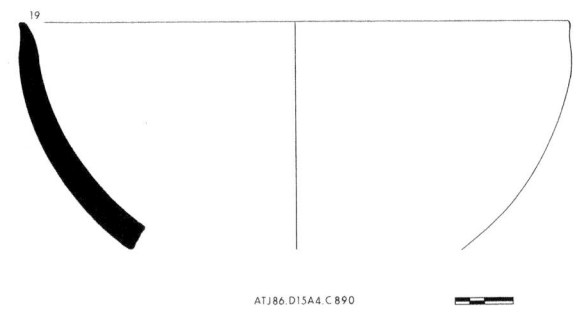

ATJ86.D15A4.C890 : Grand bol de fabrique *Commune*, fragmentaire. 19 cm (dia.). Pâte de couleur *very pale brown* (10YR7/3), dure (Mohs 4), de texture grossière avec des inclusions minérales et végétales.

ATJ86.D15A4.C258 : Jarre à grande ouverture de fabrique *Commune*, fragmentaire. 25 cm (dia.). Pâte de couleur *white* (5Y8/2) à *very pale brown* (10YR7/3), dure (Mohs 4), de texture grossière avec des inclusions minérales et végétales. Lèvre en bandeau oblique, ressaut intérieur.

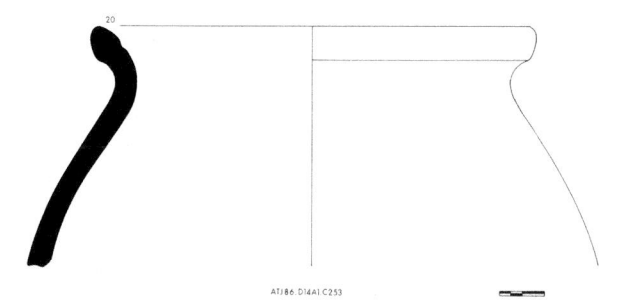

ATJ86.D14A1.C253 : Jarre à grande ouverture de fabrique *Commune*, fragmentaire. 20 cm (dia.). Lèvre en bandeau oblique, ressaut intérieur.

ATJ86.D14A1.C218 : Jarre à grande ouverture de fabrique *Commune*, fragmentaire. 29 cm (dia.). Lèvre simple carrée à face concave.

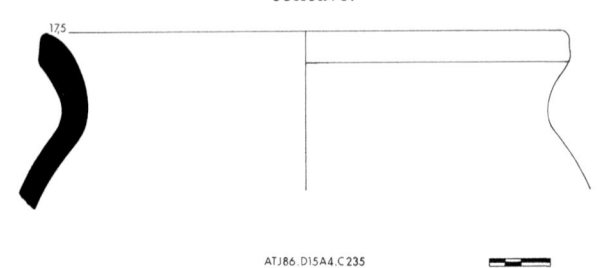

ATJ86.D15A4.C235 : Jarre à grande ouverture de fabrique *Commune*, fragmentaire. 17,5 cm (dia.). Pâte de couleur *light yellowish brown* (10YR6/4), dure (Mohs 4), de texture mi-fine avec des inclusions minérales. Lèvre en bandeau droit à face concave.

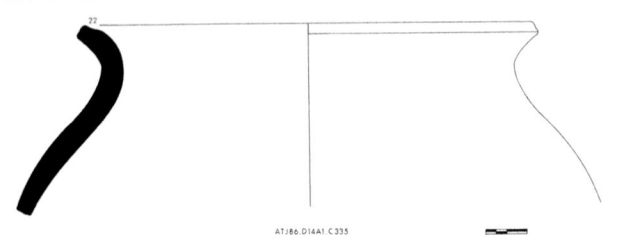

ATJ86.D14A1.C335 : Jarre à grande ouverture de fabrique *Commune*, fragmentaire. 22 cm (dia.). Petit col concave, rebord évasé, lèvre simple carrée avec un petit ressaut vers l'intérieur.

ATJ87.D15A9.C1289 : Jatte de fabrique *Commune*, fragmentaire. 43 cm (dia.). Lèvre carrée, rebord droit, paroi convexe.

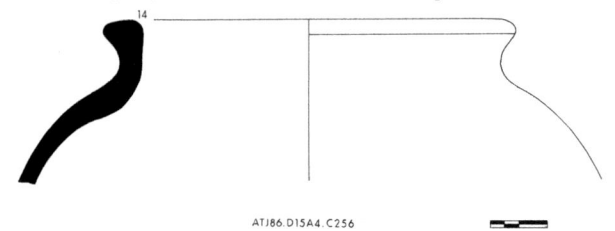

ATJ86.D15A4.C256 : Marmite de fabrique *Culinaire*, fragmentaire. 14 cm (dia.). Pâte de couleur *reddish brown* (5YR5/4), dure (mohs 4), de texture grossière avec des inclusions minérales. Petit col concave, rebord évasé, lèvre carrée, deux tenons triangulaires à la lèvre.

- 4 fragments de silex, dont deux tronçons de lame ;
- 2 fragments de jarre *Commune* enduits de plâtre de gypse [ATJ86.D15A2.P52, 55] ;
- 1 bouchon conique perforé, en plâtre de gypse, incomplet [ATJ86.D15A6.P1] ;
- 9 couvercles en plâtre de gypse, incomplets [ATJ86.D15A3.P5 ; ATJ86.D15A4.P31-32 ; ATJ86.D15A6.P30 ; ATJ87.D15A10.P15, 17-18-19-20] ;
- 1 percuteur en basalte, complet [ATJ86.D14A1.L13] ;
- 1 mortier en basalte alvéolé, incomplet [ATJ86.D14A1.L25] ;
- 1 ancre (1 kg) – meule réutilisée – oblongue avec perforation centrale inachevée en basalte alvéolé, incomplète [ATJ86.D15A4.L27] ;
- 1 épingle en bronze, complète [ATJ86.D15A4.M1] ;
- 1 perle cylindrique en gypse, complète [ATJ86.D15A4.B16] ;

- 1 perle cylindrique en terre cuite, complète [ATJ86.D15A4.B17] ;
- 1 fragment d'une maquette architecturale en terre cuite [ATJ86.D15A4.Tc8] ;
- 1 sceau-cylindre en feldspath gravé d'une frise de losanges, complet [ATJ86.D15A4.L28].

Au sud de la cour 513-512, émerge l'angle d'une pièce [**514**], en grande partie emportée par l'érosion, formé par la rencontre à angle droit des murs 208 et 305. De fait, ces deux murs sont des réutilisations des parties supérieures de deux murs de la pièce 539a-b du niveau inférieur (II).[6] En revanche, le sol en terre battue de la pièce 514, de même niveau que celui de la cour 513 voisine, est nouveau : il passe à une bonne cinquantaine de centimètres au-dessus du sol plâtré de la pièce 539a-b (Fig. 2.12 : coupe E-Est). La portion préservée de

---

6 Le mur 208 porte cependant un numéro différent au niveau II [= 259].

NIVEAU I   267

Tableau 15.3 : Inventaire céramique de la pièce 514.

Fabriques	Fragments	Formes/vases	Numéros catalogue/C
Métallique	4	3 bouteilles	836, 3214, 3216
		1 grande jarre	4101
Fine	65	41 bols	27, 808-9-810-1-2-3-4-5-6-7-8-9, 820-1-2-3-4-5-6-7-8-9, 3057-8, 3068, 3148, 3215, 3220-1, 3230, 3232-3, 4100, 8936, 9882-3, 9890, 9893, 9897, 9900
		1 bouteille	834
Commune	968	3 formes indéterminées	3245, 5343 (marque de potier), 9982
		3 bols	1389, 1454, 3231
		11 grands bols	233, 260, 831-2, 849, 851, 855, 1391, 1996, 3182, 9059
		5 jarres	833, 852, 869, 10046, 10056
		8 grandes jarres	133, 202, 213, 222, 228, 3244, 3247, 10062
		9 jarres à petite ouverture	238, 835, 839, 848, 850, 853, 865, 1176, 10044
		22 jarres à grande ouverture	214, 217, 247, 830, 846-7, 854, 856, 857-8-9, 860, 862-3, 866-7, 1393, 3192, 3195, 10067, 10076, 10083
Culinaire	202	3 grands bols	837-8, 3303
		16 marmites	840-1-2-3-4-5, 1451, 3065, 3067, 3183, 3302, 4105, 4134-5, 9787, 9854
TOTAL	**1 240**		

ce sol en terre battu est de dimensions très réduites : 1,50 × 1,50 m, soit un peu plus de 2 m².

Par rapport à ses dimensions réduites, l'angle de la pièce 514 a produit une grande quantité de fragments de vases en céramique (Tableau 15.3) dont les formes de plusieurs sont reconstituées dans la Figure 15.7.

La marque de potier sur le tesson ATJ86.C5343. C5343 est de simple forme ovale.

Autres artéfacts retrouvés dans la pièce 514 :

- 5 fragments de silex, dont deux tronçons de lame cananéenne lustrée ;
- 2 bouchons perforés en plâtre de gypse, complets [ATJ86.D15A1.P16, 203] ;
- 5 couvercles en plâtre de gypse, incomplets [ATJ86.D15A1.P40, 42-43-44, 47] ;
- 1 scellement en plâtre inséré dans un col de jarre, complet [ATJ86.D15A1.C226] ;
- 1 pilon conique en andésite, incomplet [ATJ86.D15A1.L14] ;
- 1 percuteur en rhyolithe, incomplet [ATJ86.D15A1.L15] ;
- 1 mortier en rhyolithe, incomplet [ATJ86.D15A1.L16-17] ;

- 1 ancre (1,9 kg) rectangulaire avec perforation coudée dans la partie supérieure en gypse, incomplète [ATJ86.D15A1.L21] ;
- 1 perle en forme de petit disque avec perforation centrale en cristal de roche transparent, complète [ATJ86.D15A1.B14] ;
- 1 caisse de chariot en terre cuite, incomplète [ATJ86.D15A1.Tc6].

La cour 513-512 décrite plus haut communique probablement avec la cour **511**, au nord, par une porte pratiquée dans le mur 202 mitoyen. Outre ce dernier, le seul autre mur limitrophe de la cour 511 est le 201-261 qui passe à environ quatre mètres plus au nord (Fig. 15.8). À l'ouest, la cour 511 a été gommée lors de la construction postérieure de la structure 519[7] tandis que vers l'est, elle semble se prolonger dans le carré C13 avant d'atteindre là aussi la limite d'érosion. En son état, la cour 511 couvre approximativement une superficie de 14 m² : 3,50 × 4,00 m. Aucune installation particulière n'est aménagée à même son sol en terre battue de couleur grise (+296,70-80 m).

---

7 C'est la raison pour laquelle la cour 511 n'apparaît pas dans la coupe E-Est (Fig. 2.12) : elle se trouve derrière la structure 519, donc cachée par cette dernière.

Figure 15.7 : Sélection de vases provenant de la pièce 514.

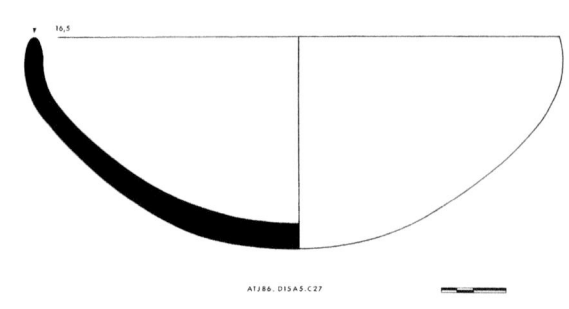

ATJ86.D15A5.C27 : Bol de fabrique *Fine*, complet. 16,5 (dia.) × 6,4 cm (h.). Pâte de couleur *pale yellow* (5Y7/3), dure (Mohs 4), de texture fine avec plusieurs petites inclusions minérales. Fond arrondi, paroi convexe, rebord rentrant, lèvre ronde. Fait au tour.

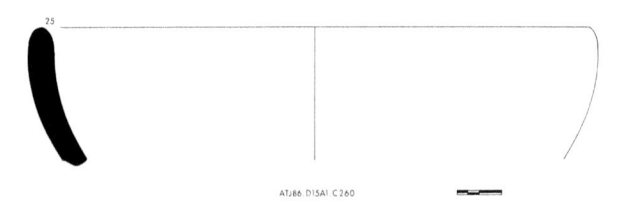

ATJ86.D15A1.C260 : Grand bol de fabrique *Commune*, fragmentaire. 25 cm (dia.). Pâte de couleur *very pale brown* (10YR7/4), peu dure (Mohs 3), de texture mi-fine avec des inclusions minérales et végétales. Rebord rentrant, lèvre arrondie.

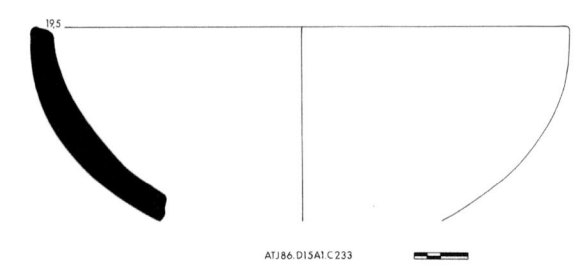

ATJ86.D15A1.C233 : Grand bol de fabrique *Commune*, fragmentaire. 19,5 cm (dia.). Pâte de couleur *white* (10YR8/2) à *very pale brown* (10YR8/3), peu dure (Mohs 3), de texture mi-fine avec des inclusions minérales. Paroi convexe, rebord rentrant, lèvre carrée.

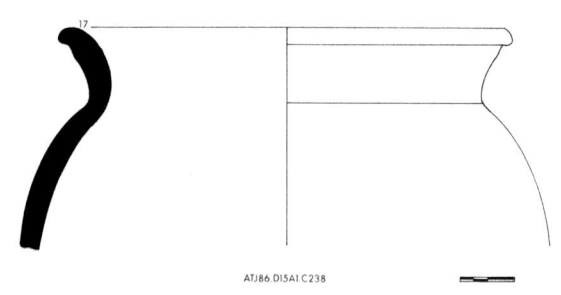

ATJ86.D15A1.C238 : Jarre à petite ouverture de fabrique *Commune*, fragmentaire. 17 cm (dia.). Pâte de couleur *reddish yellow* (7.5YR7/6), peu dure (Mohs 3), de texture mi-fine avec quelques inclusions minérales. Petit col concave, rebord évasé, lèvre en bandeau arrondi.

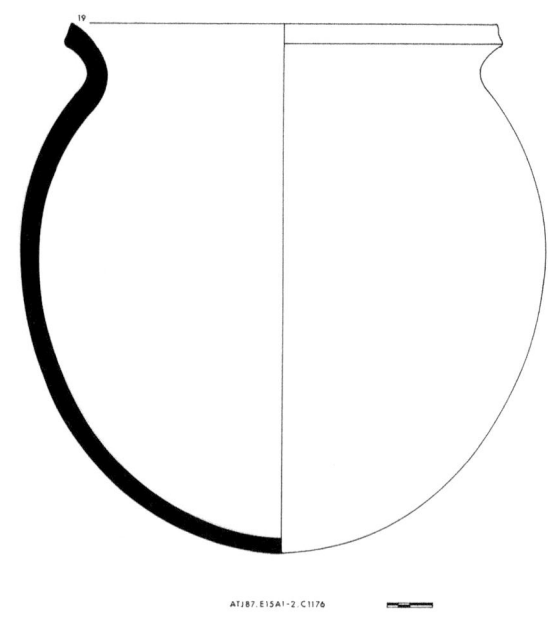

ATJ87.E15A1-2.C1176 : Jarre à petite ouverture de fabrique *Commune*, complète. 19 (dia.) × 22,6 cm (h.). Fond arrondi, panse globulaire, petit col concave, rebord évasé, lèvre oblique.

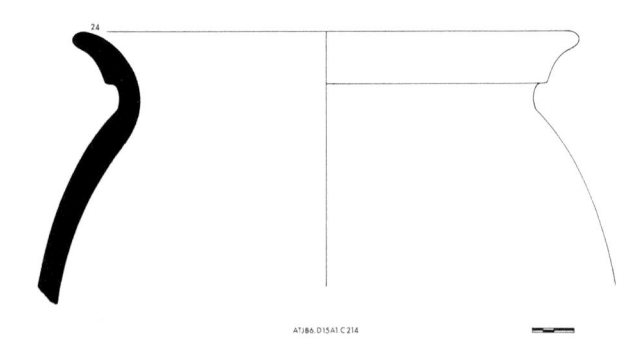

ATJ86.D15A1.C214 : Jarre à grande ouverture de fabrique *Commune*, fragmentaire. 24 cm (dia.). Pâte de couleur *light brown* (7.5YR6/4), dure (Mohs 4), de texture mi-fine avec des inclusions minérales et végétales. Petit col concave, rebord très évasé, lèvre en bandeau oblique à face concave.

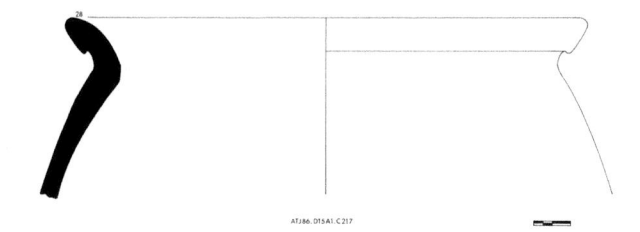

ATJ86.D15A1.C217 : Jarre à grande ouverture de fabrique *Commune*, fragmentaire. 28 cm (dia.). Pâte de couleur *white* (5Y8/2) à *pale brown* (10YR6/3), dure (Mohs 4), de texture mi-fine avec des inclusions minérales et végétales. Petit col concave, rebord évasé, lèvre en bandeau oblique concave dont la partie supérieure est saillante.

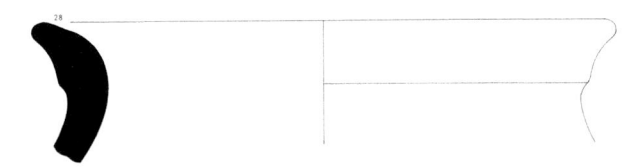

ATJ86.D15A1.C213 : Grande jarre de fabrique *Commune*, fragmentaire. 28 cm (dia.). Pâte de couleur *very pale brown* (10YR7/3) à *reddish yellow* (5YR7/6), dure (Mohs 4), de texture grossière avec des inclusions minérales et végétales. Petit col concave, rebord évasé, lèvre en bandeau oblique à face concave dont la partie supérieure est saillante.

ATJ86.D15A1.C228 : Grande jarre de fabrique *Commune*, fragmentaire. 33 cm (dia.). Pâte de couleur *white* (2.5Y8/2) à *very pale brown* (10YR7/3), dure (Mohs 4), de texture grossière avec des inclusions minérales. Petit col concave, rebord évasé, lèvre en bandeau droit.

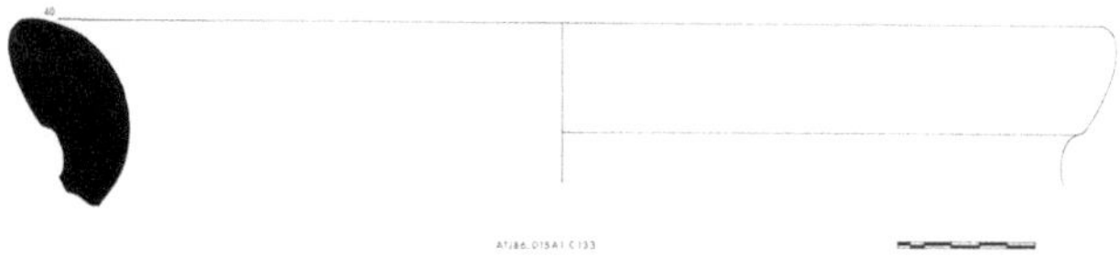

ATJ86.D15A1.C133 : Grande jarre de fabrique *Commune*, fragmentaire. 40 cm (dia.). Pâte de couleur *light reddish brown* (5YR6/4) à *light brownish gray* (10YR6/2), dure (Mohs 4), très grossière avec des inclusions minérales et végétales. Lèvre épaisse en bandeau oblique.

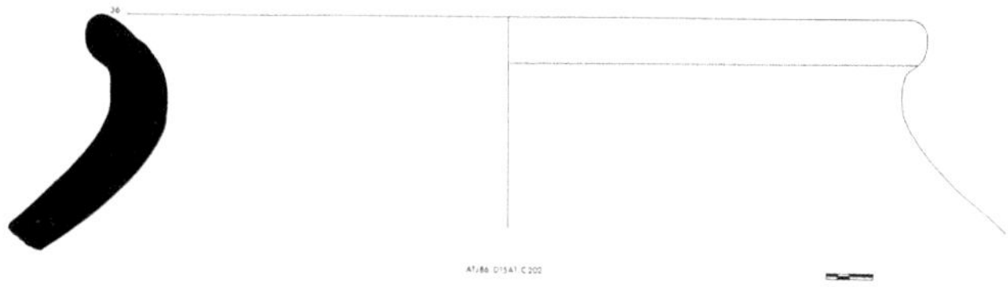

ATJ86.D15A1.C202 : Grande jarre de fabrique *Commune*, fragmentaire. 36 cm (dia.). Pâte de couleur *white* (2.5Y8/2) à *light red* (2.5YR6/6), dure (Mohs 4), de texture grossière avec des inclusions minérales et végétales. Petit col concave, rebord évasé, lèvre en bandeau arrondi avec un ressaut intérieur.

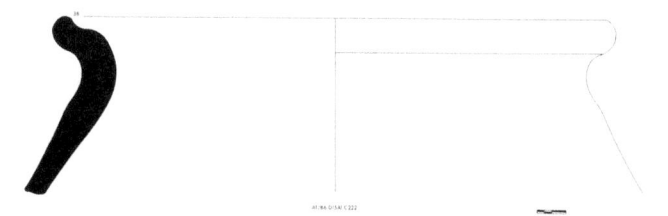

ATJ86.D15A1.C222 : Grande jarre de fabrique *Commune*, fragmentaire. 38 cm (dia.). Pâte de couleur *pale brown* (10YR6/3) à *reddish yellow* (5YR6/6), dure (Mohs 4), de texture grossière. Petit col concave, rebord évasé, lèvre en bandeau arrondi avec un ressaut intérieur.

Figure 15.8 : Secteur au centre du tell, vu vers le sud. Au premier plan : la pièce 511 dont seulement une portion du sol en terre battue est encore en place sur ce cliché, entre une tombe [D134A3'], à gauche, et une structure tardive, à droite [519].

Tableau 15.4 : Inventaire céramique de la cour 511.

Fabriques	Fragments	Formes/vases	Numéros catalogue/C
Métallique	13	4 gobelets	952, 3037, 8962, 9950
		1 fond	9956
Ninive 5 incisée/ excisée	3	1 bol	1348
Fine	164	1 forme indéterminée	9728
		44 bols	96, 167, 175, 946-7-8-9, 953-4, 957-8-9, 961-2, 966-7-8-9, 970-1, 973-4, 982, 1068, 1070, 3031-2, 3034, 3077, 3101, 3105, 3109, 3113-4, 3117, 3149, 3150-1, 3156, 3160, 3162, 3166, 3291, 8994
		1 flacon	343
		3 bouteilles	950, 956, 3047
		2 jarres	3158, 4277
		2 fonds	1092, 3038
Commune	1183	2 formes indéterminées	3044, 3052
		2 récipients miniatures	951, 3154
		2 bols	955, 975
		9 grands bols	80, 198, 203, 940, 978, 3085, 3097, 3179, 9998
		1 bouteille	115
		2 jattes	170, 960
		9 jarres	921, 929, 3026, 3079, 3099, 3116, 3152, 3167, 3181
		8 grandes jarres	165, 897, 899, 923, 927, 930-1, 3092
		24 jarres à petite ouverture	53, 162, 177-8, 184, 191, 206, 244, 906, 922, 924, 938, 941, 945, 965, 3171-2, 3175, 3203-4, 3211, 3223, 4276, 10053
		39 jarres à grande ouverture	166, 169, 171-2-3, 180, 187, 189, 212, 910, 925-6, 928, 933-4, 937, 939, 942-3-4, 1066, 3035, 3040, 3048, 3064, 3083, 3087, 3174, 3180, 3200, 3212, 4271, 4651, 6445, 9007, 9513, 9541, 10073-4
Culinaire	241	6 grands bols	3029, 3090, 3161, 3165, 3169, 3206
		1 couvercle	3201
		32 marmites	181, 932, 963, 3030, 3039, 3045, 3084, 3086, 3088, 3091, 3094-5-6, 3098, 3102, 3147, 3153, 3163-4, 3168, 3173, 3178, 3202, 3207, 3208-9, 4260, 4272, 4274-5, 9781, 9799
TOTAL	1 604		

La cour 511 a donné un grand nombre de tessons de céramique (Tableau 15.4) appartenant à des vases de différentes fabriques dont plusieurs sont reproduits dans la Figure 15.9.

Autres éléments de la culture matérielle découverts dans la cour 511 :

– 16 fragments de silex, dont quatre pièces lustrées sur tronçon de lame ;
– 2 fragments d'objets en plâtre (non catalogués) ;
– 1 fragment de jarre *Commune* enduit de plâtre de gypse [ATJ86.D13A1.P54]
– 1 meule en basalte alvéolé, incomplète [ATJ86.D13A1.L26] ;
– 2 pilons incomplets, l'un en andésite [ATJ86.D13A1.L31], l'autre en grès [ATJ86.D13A1.L34] ;
– 1 mortier en calcaire gypseux, complet [[ATJ86.D13A1.L32] ;
– 1 crapaudine en gypse, complète [[ATJ86.D13A1.L33] ;
– 2 broyeurs en grès, l'un complet [ATJ86.D13A6.L119], l'autre incomplet [ATJ93.C13A1.L257] ;

Figure 15.9 : Sélection de vases retirés de la cour 511.

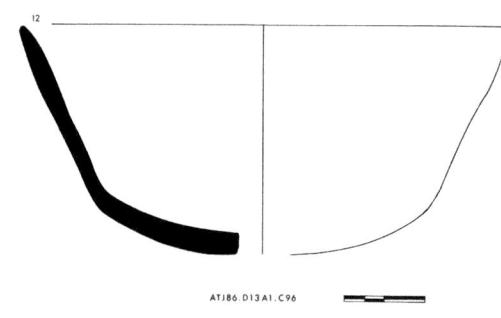

ATJ86.D13A1.C96 : Bol de fabrique *Fine*, fragmentaire. 12 (dia.) × 5,3 cm (h.). Pâte de couleur *pink* (5YR7/4) et *pale brown* (10YR6/3), dure (Mohs 4), de texture fine avec des inclusions minérales. Fond arrondi, panse carénée, paroi rectilignes évasées, lèvre amincie.

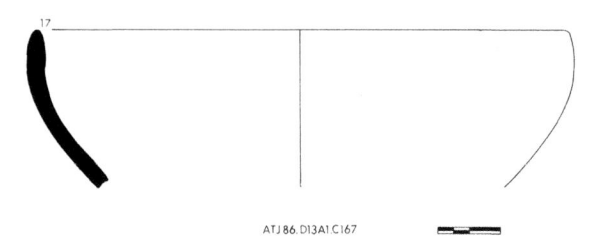

ATJ86.D13A1.C167 : Bol de fabrique *Fine*, fragmentaire. 17 cm (dia.). Pâte de couleur *very pale brown* (10YR7/3), dure (Mohs 4), de texture fine avec des inclusions minérales. Paroi convexe, rebord rentrant, lèvre simple arrondie.

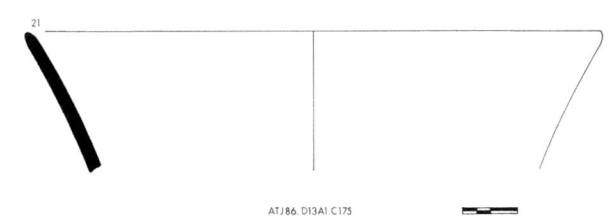

ATJ86.D13A1.C175 : Bol de fabrique *Fine*, fragmentaire. 21 cm (dia.). Pâte de couleur *pale yellow* (5Y7/3), dure (Mohs 4), de texture fine avec des inclusions minérales. Panse rectiligne évasée, rebord droit, lèvre amincie.

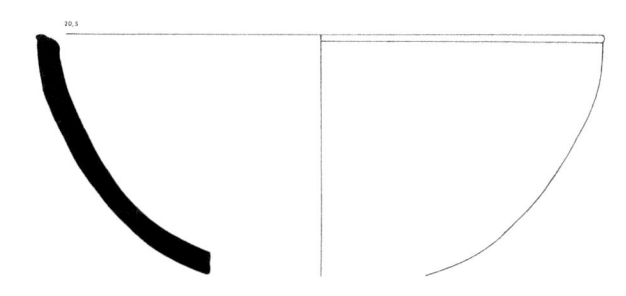

ATJ86.D13A1.C80 : Grand bol de fabrique *Commune*, fragmentaire. 20,5 cm (dia.). Pâte de couleur *light reddish brown* (5YR6/4), dure (Mohs 4), de texture mi-fine avec des inclusions minérales. Paroi convexe, rebord rentrant, lèvre oblique à bourrelet.

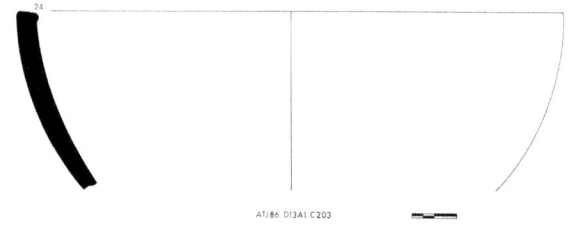

ATJ86.D13A1.C203 : Grand bol de fabrique *Commune*, fragmentaire. 24 cm (dia.). Pâte de couleur *reddish yellow* (5YR6/6), dure (Mohs 4), de texture grossière avec des inclusions minérales et végétales. Paroi convexe, lèvre carrée avec un petit bourrelet vers l'intérieur.

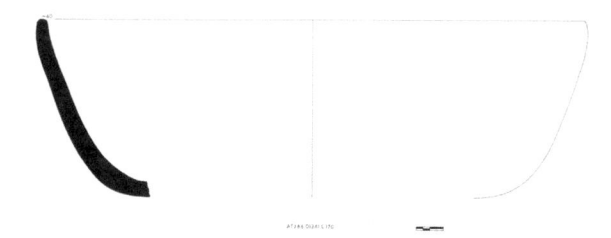

ATJ86.D13A1.C170 : Jatte de fabrique *Commune*, fragmentaire. 40 cm (dia.). Pâte de couleur *very pale brown* (10YR7/3), peu dure (Mohs 3), de texture grossière avec des inclusions minérales et végétales. Fond plat, paroi convexe, rebord légèrement rentrant, lèvre carrée.

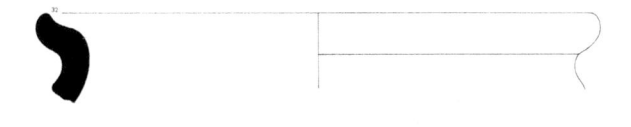

ATJ86.D13A1.C165 : Grande jarre de fabrique *Commune*, fragmentaire. 32 cm (dia.). Pâte de couleur *light brown* (7.5YR6/4), dure (Mohs 4), de texture grossière avec des inclusions minérales et végétales. Petit col concave, lèvre en bandeau arrondi, ressaut intérieur.

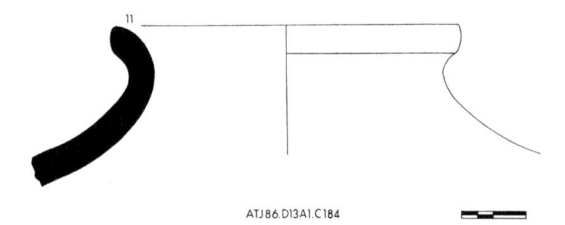

ATJ86.D13A1.C184 : Jarre à petite ouverture de fabrique *Commune*, fragmentaire. 11 cm (dia.). Pâte de couleur *pale yellow* (5Y8/3), dure (Mohs 4), de texture mi-fine avec des inclusions végétales. Petit col concave, rebord évasé, lèvre en bandeau à face concave.

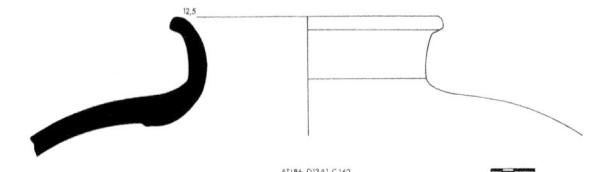

ATJ86.D13A1.C162 : Jarre à petite ouverture de fabrique *Commune*, fragmentaire. 12,5 cm (dia.). Pâte de couleur *light reddish brown* (5YR6/4), dure (Mohs 4), de texture mi-fine avec des inclusions minérales et végétales. Haut col plutôt droit, rebord évasé, lèvre en bandeau arrondi.

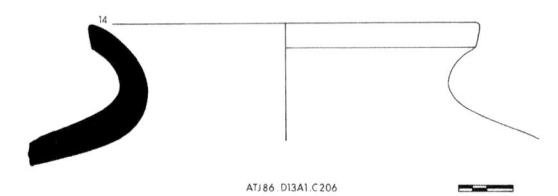

ATJ86.D13A1.C206 : Jarre à petite ouverture de fabrique *Commune*, fragmentaire. 14 cm (dia.). Pâte de couleur *white* (5Y8/2) à *light gray* (2.5Y7/2), dure (Mohs 4), de texture mi-fine avec des inclusions minérales et végétales. Petit col très concave, rebord très évasé, lèvre en bandeau droit à face concave.

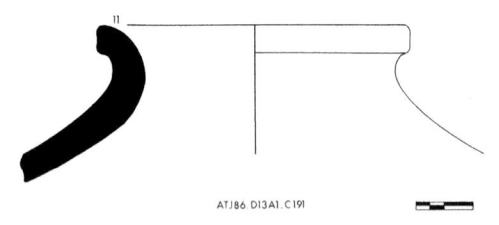

ATJ86.D13A1.C191 : Jarre à petite ouverture de fabrique *Commune*, fragmentaire. 14 cm (dia.). Pâte de couleur *pale yellow* (5Y8/3), dure (Mohs 4), de texture mi-fine avec des inclusions minérales et végétales. Petit col concave, rebord évasé, lèvre en bandeau droit à face concave.

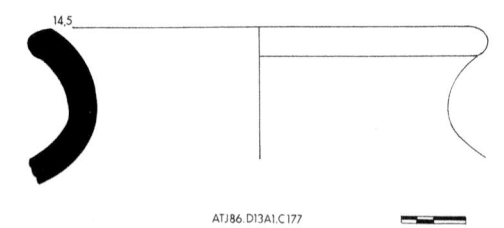

ATJ86.D13A1.C177 : Jarre à petite ouverture de fabrique *Commune*, fragmentaire. 14,5 cm (dia.). Pâte de couleur *pale yellow* (5Y8/3), dure (Mohs 4), de texture mi-fine avec des inclusions minérales et végétales. Col concave, rebord évasé, lèvre en bandeau arrondi.

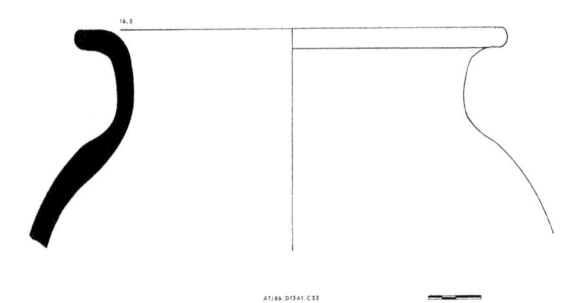

ATJ86.D13A1.C53 : Jarre à petite ouverture de fabrique *Commune*, fragmentaire. 16, 5 cm (dia.). Pâte de couleur *very pale brown* (10YR7/4), dure (Mohs 4), de texture mi-fine avec des inclusions végétales. Haut col peu concave, rebord évasé, lèvre étalée arrondie, avec rainure.

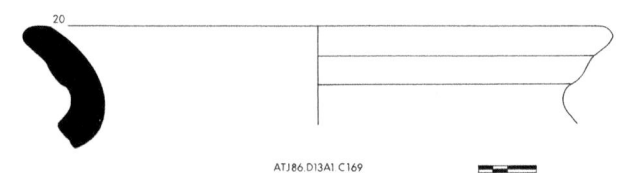

ATJ86.D13A1.C169 : Jarre à grande ouverture de fabrique *Commune*, fragmentaire. 20 cm (dia.). Pâte de couleur *light reddish brown* (5YR6/4), dure (Mohs 4), de texture mi-fine avec des inclusions minérales et végétales. Petit col concave, rebord évasé, lèvre en bandeau oblique à face concave dont la partie supérieure est saillante.

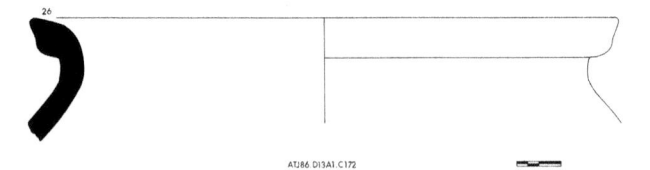

ATJ86.D13A1.C172 : Jarre à grande ouverture de fabrique *Commune*, fragmentaire. 26 cm (dia.). Pâte de couleur *pink* (5YR7/4) et *light brownish gray* (10YR6/2), dure (Mohs 4), de texture mi-fine avec des inclusions minérales et végétales. Petit col droit, lèvre en bandeau oblique.

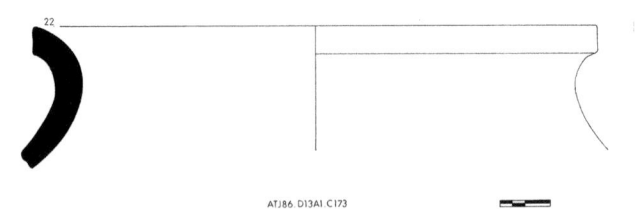

ATJ86.D13A1.C173 : Jarre à grande ouverture, de fabrique *Commune*, fragmentaire. 22 cm (dia.). Pâte de couleur *light brown* (7.5YR6/4), dure (Mohs 4), de texture grossière avec des inclusions minérales et végétales. Petit col concave, rebord évasé, lèvre en bandeau droit.

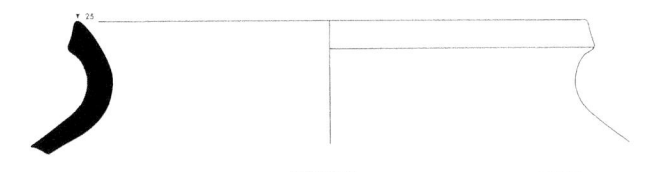

NIVEAU I

ATJ86.D13A1.C180 : Jarre à grande ouverture de fabrique *Commune*, fragmentaire. 25 cm (dia.). Pâte de couleur *reddish yellow* (5YR6/6), dure (Mohs 4), de texture mi-fine avec des inclusions minérales et végétales. Col concave, rebord évasé, lèvre en bandeau droit à face concave.

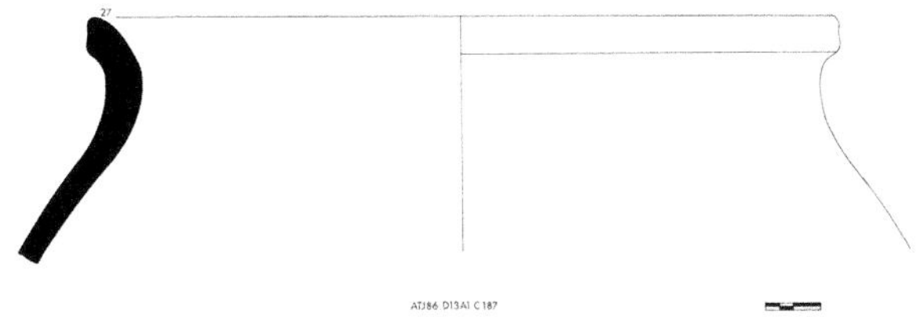

ATJ86.D13A1.C187 : Jarre à grande ouverture de fabrique *Commune*, fragmentaire. 27 cm (dia.). Pâte de couleur *pale yellow* (5Y7/3), dure (Mohs 4), de texture mi-fine avec des inclusions minérales et végétales. Col concave, rebord évasé, lèvre en bandeau droit à face concave.

ATJ86.D13A1.C189 : Jarre à grande ouverture de fabrique *Commune*, fragmentaire. 30 cm (dia.). Pâte de couleur *white* (5Y8/2) à *pale yellow* (5Y7/3), peu dure (Mohs 3), de texture mi-fine avec des inclusions minérales et végétales. Col concave, rebord évasé, lèvre en bandeau droit à rainure, ressaut intérieur.

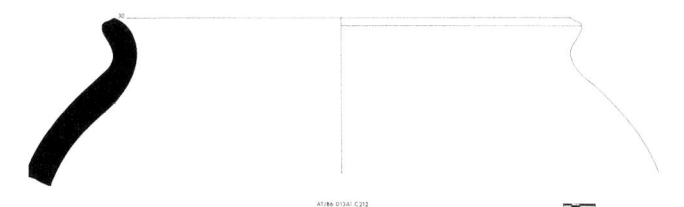

ATJ86.D13A1.C212 : Jarre à grande ouverture de fabrique *Commune*, fragmentaire. 30 cm (dia.). Pâte de couleur *light red* (2.5YR6/6) et *very pale brown* (10YR7/3) au centre, très dure (Mohs 5), de texture mi-fine avec des inclusions minérales. Petit col concave, rebord évasé, lèvre simple carrée.

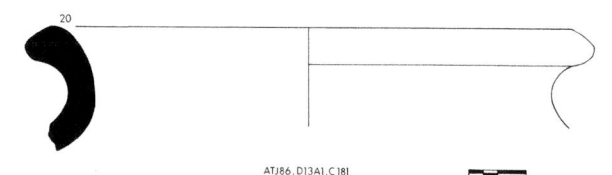

ATJ86.D13A1.C181 : Marmite de fabrique *Culinaire*, fragmentaire. 20 cm (dia.). Pâte de couleur *yellowish red* (5YR5/6) et *very dark gray* (7.5YR3/0) au centre, dure (Mohs 4), de texture grossière avec plusieurs inclusions minérales. Petit col concave, rebord évasé, lèvre arrondie avec deux tenons triangulaires à la lèvre.

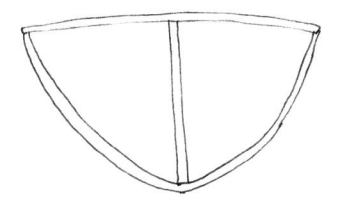

Figure 15.10 : Marque de potier sur le fragment de céramique ATJ87.D12A1.C1297 en forme de T dans un croissant (cf. Abd : Sconzo 2013, 249 – type VIII.12 « crescent and cross », pl. 189), aussi décrit comme un œil bipartite (cf. Abd : Sconzo 2013, 250 – type IX.02, pl. 191).

- 1 ancre (5,2 kg) – meule réutilisée – oblongue avec perforation au tiers supérieur en basalte, incomplète [[ATJ86.D13A1.L38] ;
- 1 figurine animale en terre cuite, incomplète [ATJ86.D13A1.Tc9] ;
- 1 roue de chariot en terre cuite, incomplète [ATJ93.C13A1.Tc89].

Au nord de cette suite de cours [513-512-511] et du mur 201-261, les pièces **508**, **509** et **510** du niveau II (Chapitre 14) sont encore en usage à ce niveau-ci, mais avec un nouveau sol qui passe à une trentaine de centimètres au-dessus du sol plâtré du niveau antérieur (Fortin 1988a, 152) et aucun aménagement intérieur particulier.

Outre quelques tessons de céramique (Tabeau 15.5), dont l'un porte une marque de potier (Fg. 15.10), le mobilier de ces pièces au niveau I est vraiment très modeste : uniquement une meule en basalte alvéolé, incomplète [ATJ87.D12A1.L82].

Versant méridional

Les deux pièces adjacentes **517** et **517'**, construites à l'époque du niveau V (Chapitre 11), ont continué à être utilisées jusqu'au niveau I. Du reste, certains de leurs murs viennent s'appuyer tout contre le parement interne du mur d'enceinte qui lui a protégé le hameau jusqu'à son abandon. Il en va de même des pièces **515** et **516** qui leur sont contiguës et dont certains de leurs murs sont imbriqués à ceux des pièces 517 et 517', confirmant ainsi la contemporanéité de ces deux ensembles. Par conséquent, eu égard aux règles de chronostratigraphie, les inventaires des tessons de céramique et des autres éléments de la culture matérielle retirés de ces quatre pièces sont à associer à leur dernière phase d'occupation : niveau I.

Tableau 15.5 : Inventaire céramique des pièces 508, 509 et 510.

Fabriques	Fragments	Formes/vases	Numéros catalogue/C
Métallique	1		
Fine	11	6 bols	2110, 2178-9, 2180, 2183, 2198
Commune	61	1 forme indéterminée	1297[marque de potier]
		2 grands bols	2184, 2186
		2 grandes jarres	2181, 2187
		2 jarres à petite ouverture	2182, 2202
		1 jarre à grande ouverture	2185
Culinaire	2		
TOTAL	**75**		

Tableau 15.6 : Distribution par structure des unités de fouilles du niveau I, sur le versant méridional du tell. Le point d'interrogation en exposant [?] indique une unité de fouilles contaminée en raison de sa proximité d'avec la limite d'érosion ; son inventaire n'est pas pris en compte. Le symbole [V ↓] signifie que cette pièce fut mise en place à un niveau inférieur (V) ; comme elle est toujours en usage au niveau I, son mobilier est inventorié avec sa dernière phase d'occupation.

Structures	Murs	Unités de fouilles associées
Pièce 517 [V ↓]	307 309 409 408	ATJ86.D17A1-2[?]-3, 7-8 ATJ87.E17A11
Pièce 517' [V ↓]	307 309 407 308 408	ATJ86.D17A4 ATJ86.E17A1[?]-2-3-4 ATJ87.E17A6
Pièce 516 [V ↓]	306 325 411 443	ATJ87.E16A3 ATJ86.E17A5 ATJ87.E17B1-2-3[sol]-4
Pièce 515 [IV ↓]	325 410 411 307	ATJ86.D17A6 ATJ87.E16A2, 9

Tableau 15.7 : Inventaire céramique de la pièce 517.

Fabriques	Fragments	Formes/vases	Numéros catalogue/C
Métallique	44	1 gobelet	3738
		1 bol à pied	47
		2 bols	527, 9952
		1 bouteille	458[complète]
		1 jarre	69
		1 grande jarre	409
Peinte	1	1 bouteille	13

NIVEAU I

Fabriques	Fragments	Formes/vases	Numéros catalogue/C
Fine	46	16 bols	56, 120, 297, 310, 408, 521-2, 524-5-6, 1224, 2115, 3343, 3351, 5376, 9941
		1 flacon (tenons perforés)	1
		3 bouteilles	123, 312, 529
		1 jarre	124
		2 formes indéterminées	3344, 9678
Commune	885	2 récipients miniatures	50(complet), 9964
		1 bol	97
		1 jatte	229
		12 grands bols	130, 520, 523, 530, 543, 317, 543, 648, 3348, 3353, 3356, 3418
		2 jarres	518, 3744
		1 jarre à tenons verticaux	9980
		12 grandes jarres	37, 60, 67, 119, 121, 129, 157, 512, 535-6, 539, 1089
		3 jarres à petite ouverture	43, 240, 549
		34 jarres à grande ouverture	54, 57, 75, 83, 86, 91, 95, 105, 109, 117, 125, 127, 132, 336, 531-2-3-4, 538, 546-7-8, 647, 3341, 3345-6, 3350, 3352, 3354, 3411, 3419, 3742, 5379, 10071
Culinaire	1003	39 marmites	41, 63(complète), 77, 128, 136, 158, 197, 200, 249, 302, 308, 491, 513-4-5-6, 528, 540, 542, 544-5, 550-1, 645-6, 3336-7-8, 3340, 3342, 3347, 3355, 3365, 3381, 9780, 9815, 9827-8, 9838
		1 grand bol	3349
TOTAL	**1977**		

Tableau 15.8 : Inventaire céramique de la pièce 517'.

Fabriques	Fragments	Formes/vases	Numéros catalogue/C
Métallique	2	1 gobelet	3374
Ninive 5 excisée/ incisée	4	2 bols	563, 570
		1 bouteille	313
		1 indéterminée	618
Fine	73	1 godet	3(complet)
		2 fonds	9903, 9936
		3 bouteilles	137, 573, 3360
		25 bols	52, 65(complet), 66, 68, 74, 78-9, 89, 108, 113, 161, 294, 296, 406, 560-1-2, 564-5, 569, 571, 608-9, 3375, 9896
Commune	677	3 récipients miniatures	332, 580, 9959
		2 bols	114, 566
		12 grands bols	134, 276-7, 281, 283, 330, 607, 1205, 5818, 5834, 5838, 9997
		1 jatte	587
		5 jarres	104, 279, 568, 3366, 5833
		1 jarre à tenons verticaux	9979
		1 jarre à 2 ouvertures	103

Fabriques	Fragments	Formes/vases	Numéros catalogue/C
		6 grandes jarres	64, 190, 223, 600, 612, 617
		6 jarres à petite ouverture	282, 287, 567, 3367, 3369, 5840
		31 jarres à grande ouverture	35, 100, 107, 110, 216, 259, 270, 272, 280, 288-9, 331, 404, 572, 575, 585, 588-9, 590-1-2-3-4, 599, 611, 3370, 5832, 5850, 10080, 10085, 10089
		3 formes indéterminées	5869, 9663, 9706
Culinaire	176	1 plateau (?)	4
		1 bassin (?)	614
		1 couvercle	574
		20 marmites	72, 131, 401, 405, 407, 577-8-9, 581-2-3-4, 586, 595-6-7, 610, 613. 615-6
TOTAL	**929**		

Tableau 15.9 : Inventaire céramique de la pièce 516.0

Fabriques	Fragments	Formes/vases	Numéros catalogue/C
Ninive 5 incisée/ excisée	3	2 bols	51, 5350
		1 forme indéterminée	1308
Fine	62	1 bouteille	81
		12 bols	621-2-3, 3110, 3359, 3373, 3748, 3751-2, 3771, 4041, 9920
		3 fonds	196, 9670, 9713
		1 jarre	3777
Commune	908	3 récipients miniatures	9958, 9966-7
		3 bols	135, 3745, 3975
		9 grands bols	252, 265, 268, 624, 3377, 3380, 3753, 3796-7
		6 jarres	264, 638, 3376, 3754-5, 3782
		2 grandes jarres	1217, 3357
		13 jarres à petite ouverture	250-1, 619, 620, 625, 628, 633, 3364, 3372, 3629, 3747, 3756, 9763
		29 jarres à grande ouverture	36, 106, 111, 266-7, 626-7, 629, 630-1-2, 634, 637, 1202, 3362, 3371, 3379, 3382, 3626, 3631, 3743, 3746, 3749, 3763, 3767, 3769, 3787-8, 10084
		4 formes indéterminées	5344, 9664, 9667, 9674
Culinaire	176	4 grands bols	3760-1, 3783, 3978
		4 couvercles	3638, 3750, 3764, 3770
		34 marmites	116, 635-6, 1093, 3358, 3378, 3623, 3627-8, 3630, 3632, 3633, 3636-7-8-9, 3762, 3765, 3768, 3772-3-4-5, 3790, 3792, 3795, 3972, 3976, 4040, 5380, 9798, 9807, 9819, 9857
TOTAL	**1149**		

NIVEAU I
277

Figure 15.11 : Sélection de vases provenant de la pièce 517.

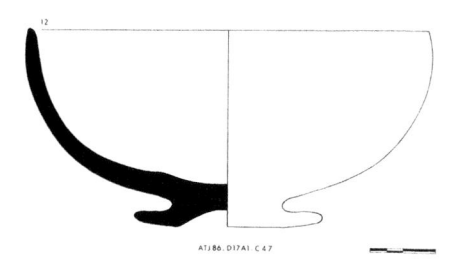

ATJ86.D17A1.C47 : Coupe de fabrique *Métallique*, incomplète. 12 (dia.) × 5,7 cm (h.). Fond à pied avec base étalée, paroi convexe, légère dépression au rebord, lèvre ronde.

ATJ86.D17A3.C409 : Grande jarre de fabrique *Métallique*, fragmentaire. 19 cm (dia.). Lèvre amincie/arrondie, rebord étalé, col haut et droit, épaule prononcée, panse ovoïde.

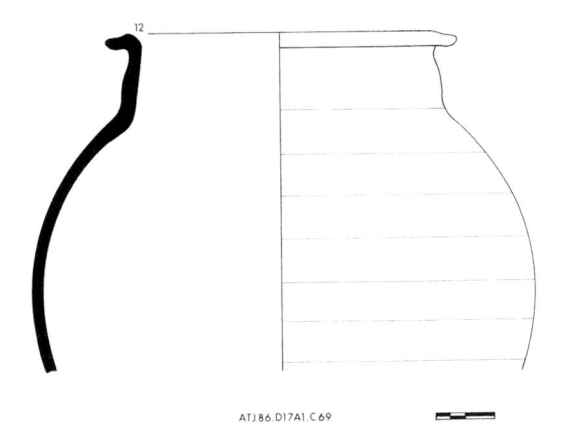

ATJ86.D17A1.C69 : Jarre de fabrique *Métallique*, fragmentaire. 12 cm (dia.). Lèvre carrée, rebord étalé et tombant, haut col droit, panse globulaire, fond arrondi.

ATJ86.D17A8.C13 : Bouteille de fabrique *Peinte*, incomplète. 9,5 (dia.) × 13,1 (h.). Pâte de couleur *reddish yellow* (5YR6/6), dure (Mohs 4), de texture mi-fine avec quelques inclusions minérales blanches de différents calibres. Paroi convexe, haut col concave conique, rebord légèrement évasé, lèvre étalée. Lignes droites et ondulées de couleur *yellowish red* (5YR4/6) à l'épaule, lignes triples pendantes sur la paroi, traits sur la lèvre. Faite au tour.

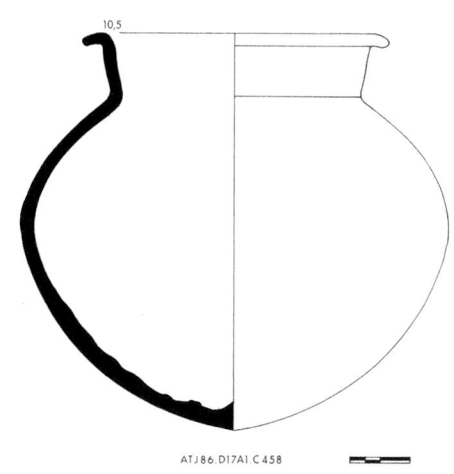

ATJ86.D17A1.C458 : Jarre de fabrique *Métallique*, complète. 10,5 (dia.) × 13 cm (h.). Lèvre carrée, rebord étalé, col haut/droit/évasé, panse globulaire, fond arrondi/pointu (cf. Rova 2011, 73, 96-97, pl. 9/7 : ARCANE EJZ type 59).

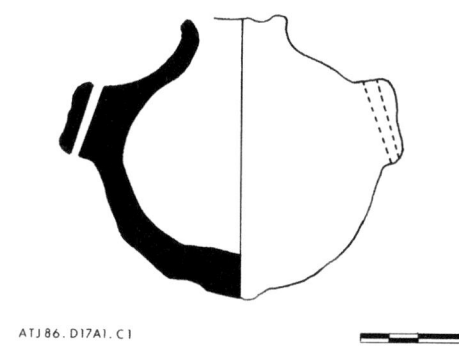

ATJ86.D17A1.C1 : Flacon de fabrique *Fine*, complète. 1,7 (dia.) × 4,8 cm (h.). Pâte de couleur *very pale brown* (10YR7/3), peu dure (Mohs 3), de texture fine avec quelques petites inclusions minérales blanches, peu de petites inclusions végétales. Fond légèrement pointu, paroi convexe avec deux tenons verticaux perforés à l'épaule, rebord peu évasé, lèvre arrondie.

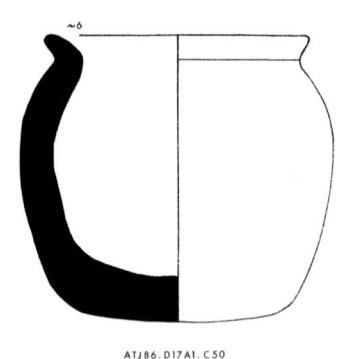

ATJ86.D17A1.C50 : Récipient miniature de fabrique *Commune*, complet. 6 (dia.) × 6,2 cm (h.). Pâte de couleur *light reddish brown* (5YR6/4), dure (Mohs 4), de texture mi-fine avec des inclusions minérales. Fond plat, paroi légèrement convexe, très petit col

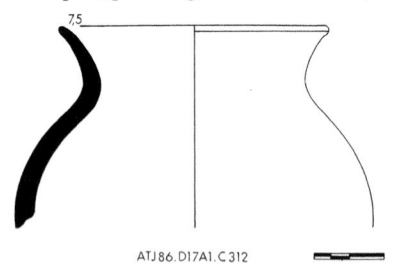

ATJ86.D17A1.C312 : Flacon de fabrique *Fine*, fragmentaire. 7,5 cm (dia.). Pâte de couleur *very pale brown* (10YR8/3), dure (Mohs 4), de texture fine avec des inclusions minérales. Haut col droit, panse ovoïde, épaule peu prononcée, col droit, rebord étalé, lèvre amincie/arrondie.

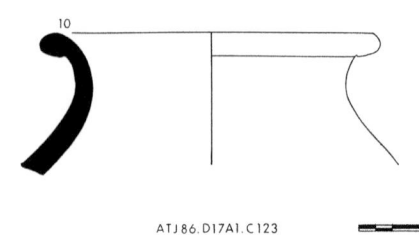

ATJ86.D17A1.C123 : Bouteille de fabrique *Fine*, fragmentaire. 10 cm (dia.). Pâte de couleur *pale yellow* (5Y7/3), peu dure (Mohs 3), de texture fine avec des inclusions minérales. Petit col concave, rebord évasé et étalé, lèvre arrondie.

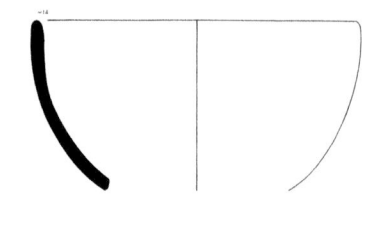

ATJ86.D17A7.C97 : Bol de fabrique *Fine*, fragmentaire. 14 cm (dia.). Pâte de couleur *white* (5Y8/2), dure (Mohs 4), de texture fine avec des inclusions minérales. Paroi convexe, rebord rentrant, lèvre arrondie.

ATJ86.D17A7.C297 : Bol de fabrique *Fine*, fragmentaire. 16 cm (dia.). Pâte de couleur *very pale brown* (10YR7/4), dure (Mohs 4), de texture fine avec des inclusions minérales. Rebord légèrement rentrant, lèvre en bourrelet.

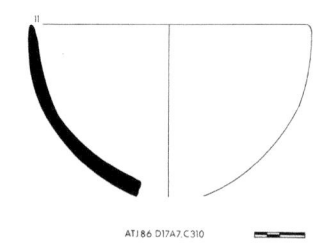

ATJ86.D17A7.C310 : Bol de fabrique *Fine*, fragmentaire. 11 cm (dia.). Pâte de couleur *light gray* (5Y7/2), dure (Mohs 4), de texture fine avec des inclusions minérales. Paroi convexe, rebord légèrement rentrant, lèvre amincie.

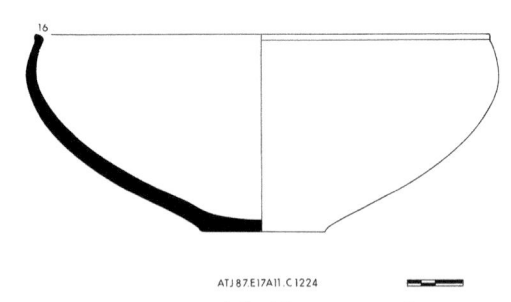

ATJ87.E17A11.C1224 : Bol de fabrique *Fine*, fragmentaire. 16 (dia.) × 6,7 cm (h.). Petit fond plat et saillant, paroi convexe, rebord rentrant, lèvre en bourrelet.

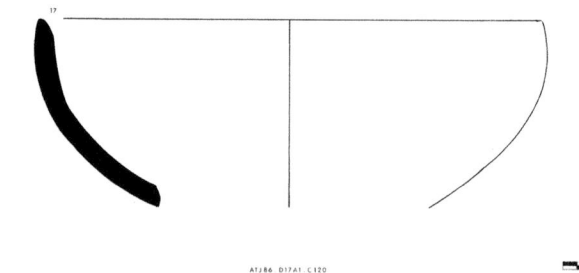

ATJ86.D17A1.C120 : Bol de fabrique *Fine*, fragmentaire. 17 cm (dia.). Pâte de couleur *light gray* (2.5Y7/2) à *pale yellow* (5Y8/3), dure (Mohs 4), de texture fine avec des inclusions minérales. Paroi convexe, rebord légèrement rentrant, lèvre amincie.

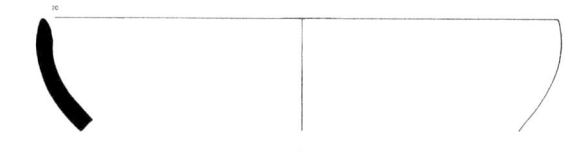

ATJ86.D17A3.C56 : Bol de fabrique *Fine*, fragmentaire. 20 cm (dia.). Pâte de couleur *pale olive* (5Y6/3), dure (Mohs 4), de texture fine avec des inclusions minérales. Paroi convexe, rebord rentrant, lèvre amincie.

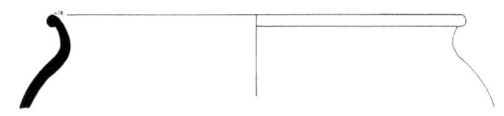

ATJ86.D17A1.C124 : Jarre de fabrique *Fine*, fragmentaire. 18 cm (dia.). Pâte de couleur *pale yellow* (5Y7/3), dure (Mohs 4), de texture fine avec des inclusions minérales. Haut col concave/droit, lèvre en bourrelet.

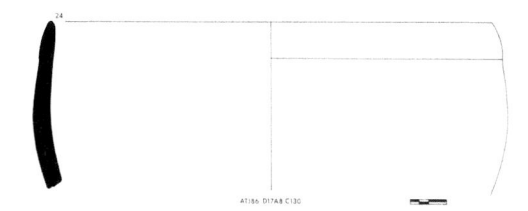

ATJ86.D17A8.C130 : Grand bol de fabrique *Commune*, fragmentaire. 24 cm (dia.). Pâte de couleur *light red* (2.5YR6/8) à *light yellowish brown* (10YR6/4), dure (Mohs 4), de texture grossière avec des inclusions minérales. Paroi convexe, rebord rentrant, lèvre amincie.

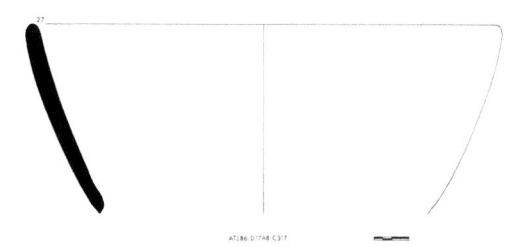

ATJ86.D17A8.C317 : Grand bol de fabrique *Commune*, fragmentaire. 27 cm (dia.). Pâte de couleur *light reddish brown* (5YR6/4), dure (Mohs 4), de texture mi-fine avec des inclusions minérales. Paroi légèrement convexe, lèvre arrondie.

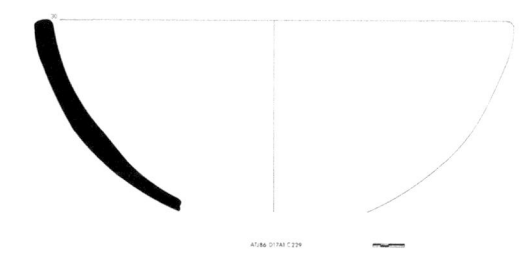

ATJ86.D17A1.C229 : Jatte de fabrique *Commune*, fragmentaire. 30 cm (dia.). Pâte de couleur *light brown* (7.5YR6/4), dure (Mohs 4), de texture mi-fine avec des inclusions minérales. Paroi convexe, lèvre carrée.

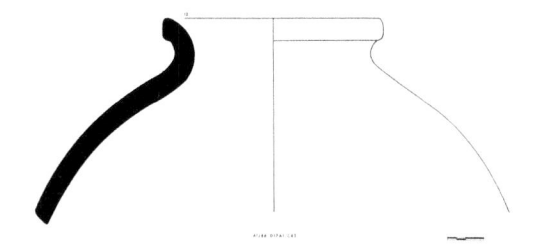

ATJ86.D17A1.C43 : Jarre à petite ouverture de fabrique *Commune*, fragmentaire. 12 cm (dia.). Pâte de couleur *light brown* (7.5YR6/4), dure (Mohs 4), de texture mi-fine avec des inclusions minérales et végétales. Petit col concave, lèvre en bandeau droit à face concave.

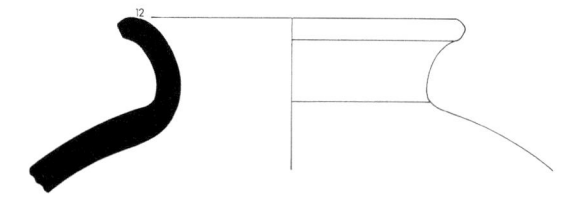

ATJ86.D17A1.C240 : Jarre à petite ouverture de fabrique *Commune*, fragmentaire. 12 cm (dia.). Pâte de couleur *light brown* (7.5YR6/4), dure (Mohs 4), de texture mi-fine avec des inclusions minérales et végétales. Haut col concave, rebord évasé, lèvre en bandeau aminci.

ATJ86.D17A1.C119 : Grande jarre de fabrique *Commune*, fragmentaire. 30 cm (dia.). Pâte de couleur *light red* (2.5YR6/6) et *light gray* (10YR7/2), très dure (Mohs 5), de texture mi-fine avec des inclusions minérales. Petit col droit, lèvre simple carrée.

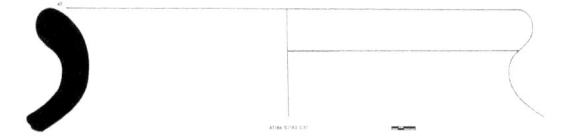

ATJ86.D17A3.C37 : Grande jarre de fabrique *Commune*, fragmentaire. 42 cm (dia.). Pâte de couleur *light yellowish brown* (10YR6/4) à *pink* (5YR7/4), dure (Mohs 4), de texture très grossière. Petit col concave, rebord évasé, lèvre simple arrondie.

ATJ86.D17A7.C129 : Grande jarre de fabrique *Commune*, fragmentaire. 34 cm (dia.). Pâte de couleur *light brownish gray* (10YR6/2), dure (Mohs 4), de texture très grossière avec des inclusions minérales et végétales. Petit col concave, rebord évasé, lèvre en bandeau droit.

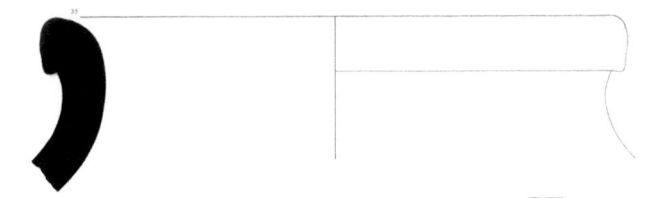

ATJ86.D17A7.C121 : Grande jarre de fabrique *Commune*, fragmentaire. 35 cm (dia.). Pâte de couleur *light gray* (10YR7/2) et *yellow* (2.5Y7/6), dure (Mohs 4), de texture grossière avec des inclusions minérales et végétales. Petit col concave, rebord évasé, lèvre en bandeau droit.

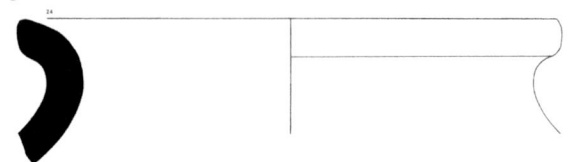

ATJ86.D17A3.C127 : Jarre à grande ouverture de fabrique *Commune*, fragmentaire. 24 cm (dia.). Pâte de couleur *light brown* (7.5YR6/4), dure (Mohs 4), de texture mi-fine avec des inclusions minérales et végétales. Petit col concave, rebord évasé, lèvre en bandeau arrondi, ressaut intérieur.

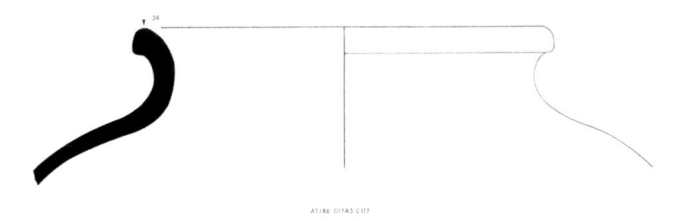

ATJ86.D17A3.C117 : Jarre à grande ouverture de fabrique *Commune*, fragmentaire. 24 cm (dia.). Pâte de couleur *pale yellow* (5Y7/3), peu dure (Mohs 3), de texture grossière avec des inclusions minérales. Col concave, rebord évasé, lèvre en bandeau droit.

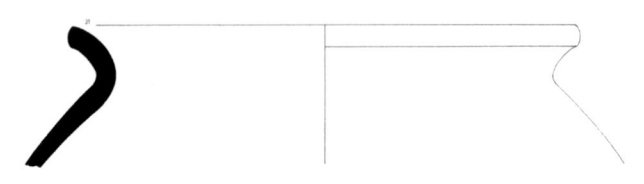

ATJ86.D17A1.C91 : Jarre à grande ouverture de fabrique *Commune*, fragmentaire. 31 cm (dia.). Pâte de couleur *light gray* (2.5Y7/2), dure (Mohs 4), de texture mi-fine avec plusieurs petites inclusions minérales blanches et plusieurs inclusions végétales. Col concave, rebord très évasé, lèvre à collet.

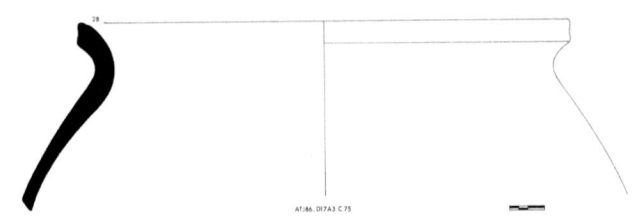

ATJ86.D17A3.C75 : Jarre à grande ouverture de fabrique *Commune*, fragmentaire. 28 cm (dia.). Pâte de couleur *light brown* (7.5YR6/4), dure (Mohs 4), de texture mi-fine avec des inclusions minérales et végétales. Petit col concave, rebord évasé, lèvre en bandeau droit à face concave.

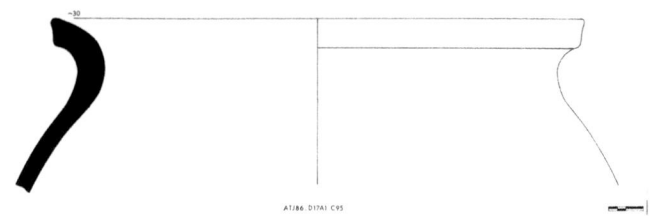

ATJ86.D17A1.C95 : Jarre à grande ouverture de fabrique *Commune*, fragmentaire. 30 cm (dia.). Pâte de couleur *dark grayish brown* (10YR4/2), dure (Mohs 4), de texture grossière avec des inclusions minérales. Petit col concave, rebord évasé, lèvre en bandeau droit à face concave.

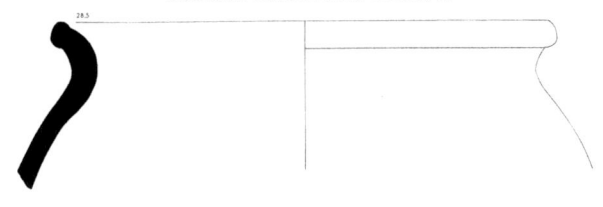

ATJ86.D17A3.C57 : Jarre à grande ouverture de fabrique *Commune*, fragmentaire. 28,5 cm (dia.). Pâte de couleur *very pale brown* (10YR7/3), dure (Mohs 4), de texture mi-fine avec des inclusions minérales et végétales. Petit col concave, rebord évasé, lèvre en bandeau arrondi avec un ressaut intérieur.

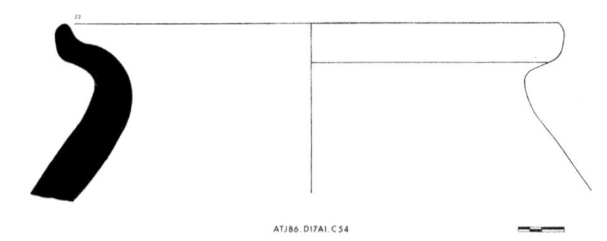

ATJ86.D17A1.C54 : Jarre à grande ouverture de fabrique *Commune*, fragmentaire. 22 cm (dia.). Col très concave, rebord évasé, lèvre en bandeau arrondi avec un ressaut intérieur très prononcé.

ATJ86.D17A1.C63 : Marmite de fabrique *Culinaire*, fragmentaire. 31 cm (dia.). Pâte de couleur *reddish yellow* (5YR6/6) à *dark gray* (10YR4/1), dure (Mohs 4), de texture grossière avec plusieurs inclusions minérales (basalte). Paroi convexe, rebord rentrant, lèvre en bourrelet, deux tenons triangulaires à la lèvre. Traces de suie.

ATJ86.D17A1.C41 : Marmite de fabrique *Culinaire*, fragmentaire. 32 cm (dia.). Rebord rentrant, lèvre épaissie, quatre tenons triangulaires au rebord.

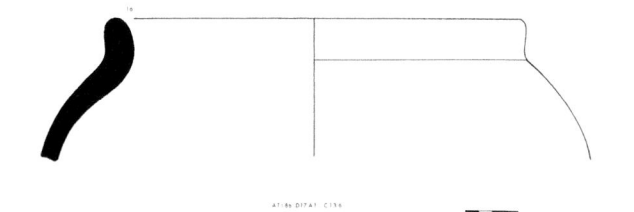

ATJ86.D17A1.C136 : Marmite de fabrique *Culinaire*, fragmentaire. 16 cm (dia.). Petit col droit, rebord légèrement évasé, lèvre arrondie.

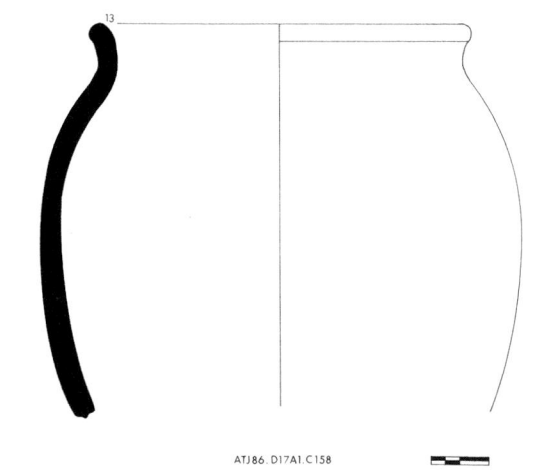

ATJ86.D17A1.C158 : Marmite de fabrique *Culinaire*, fragmentaire. 13 cm (dia.). Petit col concave, rebord évasé, lèvre épaissie.

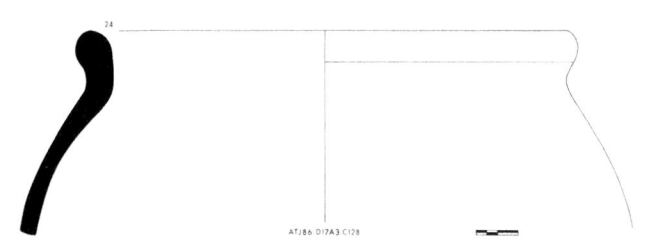

ATJ86.D17A1-3.C128 : Marmite de fabrique *Culinaire*, fragmentaire. 24 cm (dia.). Petit col concave, rebord plutôt droit, lèvre épaissie. Traces de suie.

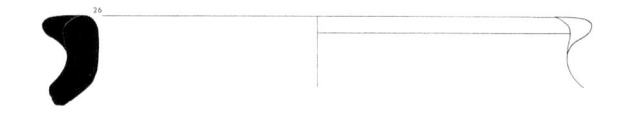

ATJ86.D17A1.C513 : Marmite de fabrique *Culinaire*, fragmentaire. 26 cm (dia.). Petit col légèrement évasé, rebord droit, lèvre arrondie, deux tenons triangulaires à la lèvre.

ATJ86.D17A1.C302 : Marmite de fabrique *Culinaire*, fragmentaire. 28 cm (dia.). Petit col concave, rebord évasé, lèvre arrondie. Traces de suie.

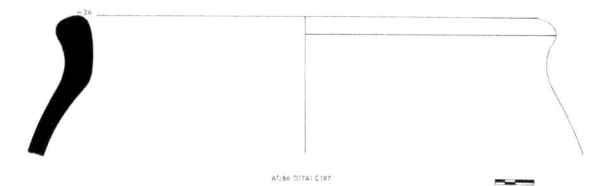

ATJ86.D17A1.C197 : Marmite de fabrique *Culinaire*, fragmentaire. 26 cm (dia.). Petit col concave, rebord légèrement évasé, lèvre épaissie.

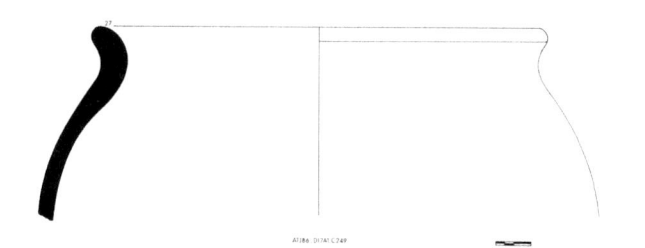

ATJ86.D17A1.C249 : Marmite de fabrique *Culinaire*, fragmentaire. 27 cm (dia.). Petit col concave, rebord légèrement évasé, lèvre arrondie. Traces de suie.

Figure 15.12 : Sélection de vases provenant de la pièce 517'.

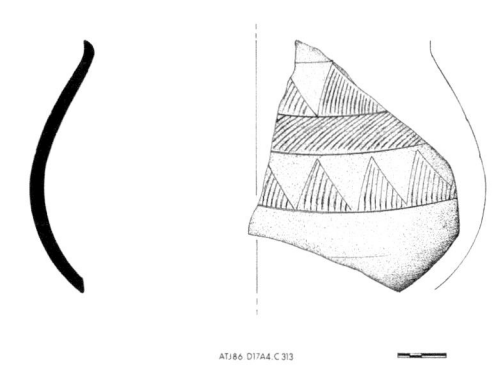

ATJ86.D17A4.C313 : Fragment de la panse d'une bouteille de fabrique *Ninive 5 incisée/excisée* ornée, à l'épaule, d'un décor incisé consistant en deux chaînes de triangles hachurés séparées par une bande également hachurée (cf. Raqa'i : Schwartz & Chomowicz 2015, 4.13/609 : *hatched triangles*).

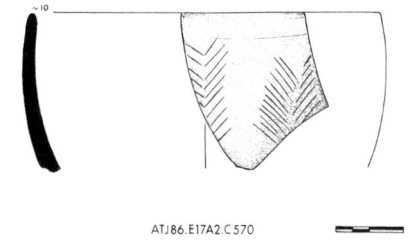

ATJ86.E17A2.C570 : Bol de fabrique *Ninive 5 incisée/excisée*, fragmentaire. Paroi convexe, rebord rentrant, lèvre amincie. Groupes verticaux de chevrons incisés s'approchant du motif végétal identifié à Raqa'i (Schwartz & Chomowicz 2015, fig. 4.14/611 : *plant*), mais s'en distingue par l'absence de ligne médiane verticale tenant lieu du tronc (cf. Leilan : Schwartz 1988, fig. 39/1).

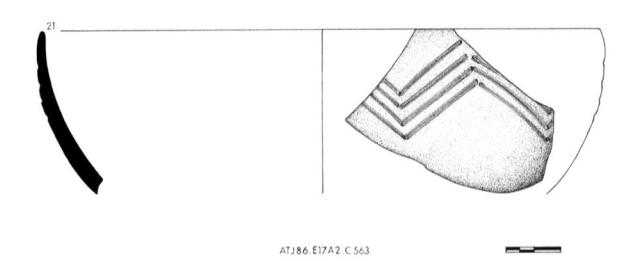

ATJ86.E17A2.C563 : Bol de fabrique *Ninive 5 incisée/excisée*, fragmentaire. Paroi convexe, rebord rentrant, lèvre amincie. Décor de quatre lignes multiples parallèles incisées disposées en zigzag au rebord.

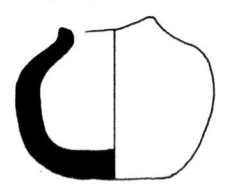

ATJ86.E17A2.C3 : Godet de fabrique *Fine*, complet. 1,7 (dia.) × 2,7 cm (h.). Pâte de couleur *brown* (7.5YR5/4), molle (Mohs 2), de texture fine avec peu d'inclusions minérales et végétales. Fond plat, paroi légèrement convexe, épaule prononcée, petit rebord aminci autour d'une ouverture elliptique formant une lèvre.

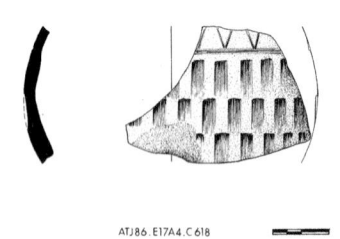

ATJ86.E17A4.C618 : Tesson de la panse d'une bouteille (?) de fabrique *Ninive 5 incisée/excisée*. Motif courant de petites cannelures en creux alternant avec des métopes (cf. Raqa'i : Schwartz & Chomowicz 2015, fig. 4.13/606 : panels (excised)), mais ces dernières sont dépourvues de lignes incisées (cf. Leilan : Schwartz 1988, fig. 31/15) comme c'est en général le cas.

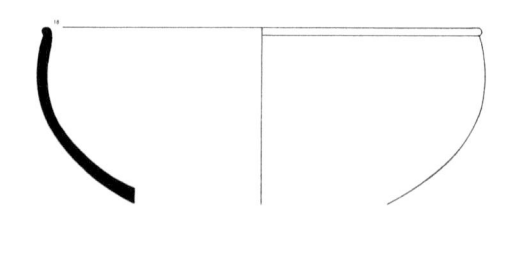

ATJ86.D17A4.C89 : Bol de fabrique *Fine*, fragmentaire. 18 cm (dia). Pâte de couleur *pale yellow* (5Y7/3), très dure (Mohs 5), de texture fine avec des inclusions minérales. Paroi convexe, rebord légèrement rentrant, lèvre en bourrelet.

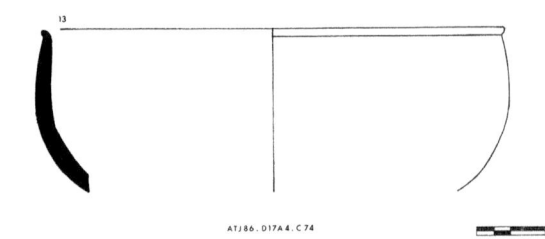

ATJ86.D17A4.C74 : Bol de fabrique *Fine*, fragmentaire. 13 cm (dia). Paroi convexe, rebord plutôt droit, lèvre en bourrelet.

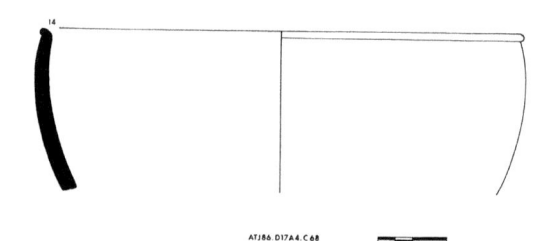

ATJ86.D17A4.C68 : Bol de fabrique *Fine*, fragmentaire. 14 cm (dia). Paroi convexe, rebord rentrant, lèvre en bourrelet.

ATJ86.E17A2.C294 : Bol de fabrique *Fine*, fragmentaire. 13 cm (dia). Paroi convexe, rebord rentrant, lèvre en bourrelet.

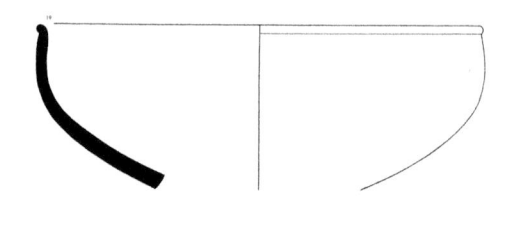

ATJ86.E17A2.C113 : Bol de fabrique *Fine*, fragmentaire. 19 cm (dia). Paroi convexe, rebord plutôt droit, lèvre en bourrelet.

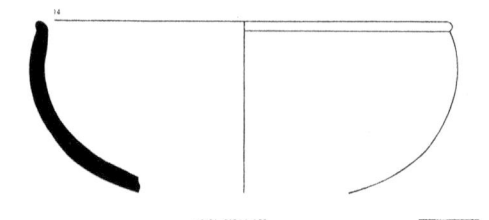

ATJ86.D17A4.C79 : Bol de fabrique *Fine*, fragmentaire. 14 cm (dia). Paroi convexe, rebord rentrant, lèvre en bourrelet.

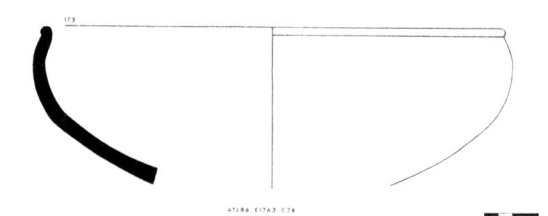

NIVEAU I

ATJ86.E17A3.C78 : Bol de fabrique *Fine*, fragmentaire. 17,5 cm (dia). Paroi convexe, rebord rentrant, lèvre en bourrelet.

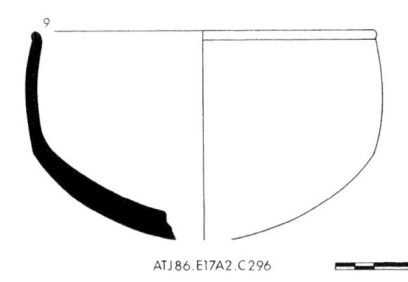

ATJ86.E17A2.C296 : Bol de fabrique *Fine*, fragmentaire. 9 cm (dia). Paroi carénée, rebord plutôt droit, lèvre en bourrelet.

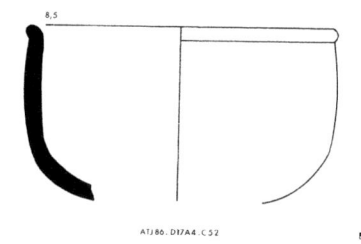

ATJ86.D17A4.C52 : Bol de fabrique *Fine*, fragmentaire. 8,5 cm (dia). Paroi carénée, rebord droit, lèvre en bourrelet.

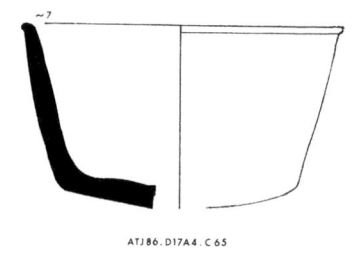

ATJ86.D17A4.C65 : Petit bol de fabrique *Fine*, complet. 7 (dia.) × 4 cm (h.). Pâte de couleur *light gray* (2.5Y7/2) à *very pale brown* (10YR7/3), dure (Mohs 4), de texture fine avec des inclusions minérales. Fond aplati, panse carénée, rebord rectiligne évasé, lèvre en bourrelet.

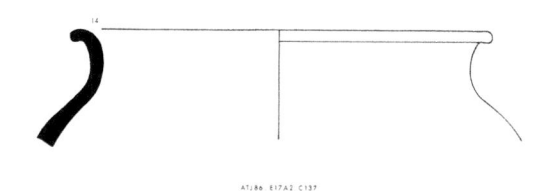

ATJ86.E17A2.C137 : Bouteille de fabrique *Fine*, fragmentaire. 14 cm (dia.). Pâte de couleur *very pale brown* (10YR7/3), dure (Mohs 4), de texture fine avec des inclusions minérales. Petit col concave, fond pointu/arrondi, panse ovoïde, épaule très prononcée, col concave, rebord étalé, lèvre arrondie.

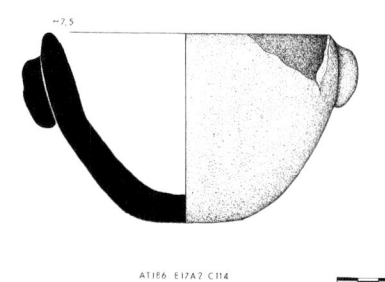

ATJ86.E17A2.C114 : Petit bol de fabrique *Commune*, incomplet. 7,5 (dia.) × 4,5 cm (h.). Pâte de couleur *very pale brown* (10YR7/3), dure (Mohs 4), de texture mi-fine avec des inclusions minérales et végétales. Fond aplati, paroi convexe, rebord légèrement rentrant, lèvre ronde, deux tenons verticaux droits au rebord.

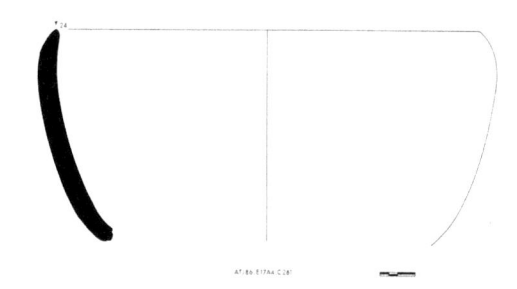

ATJ86.E17A4.C281 : Grand bol de fabrique *Commune*, fragmentaire. 24 cm (dia.). Pâte de couleur *reddish yellow* (5YR6/6), peu dure (Mohs 3), de texture mi-fine avec des inclusions minérales. Paroi convexe, rebord rentrant, lèvre amincie.

ATJ86.E17A3.C277 : Grand bol de fabrique *Commune*, fragmentaire. 24 cm (dia.). Paroi convexe, rebord rentrant, lèvre amincie.

ATJ86.E17A2.C330 : Grand bol de fabrique *Commune*, fragmentaire. 22 cm (dia.). Pâte de couleur *white* (5Y8/2), dure (Mohs 4), de texture mi-fine avec des inclusions minérales. Rebord droit et évasé, lèvre ronde.

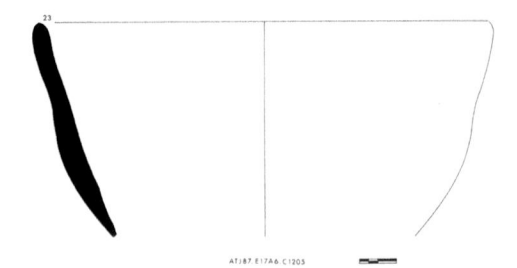

ATJ86.E17A6.C1205 : Grand bol de fabrique *Commune*, fragmentaire. 23 cm (dia). Paroi rectiligne et évasée, lèvre ronde.

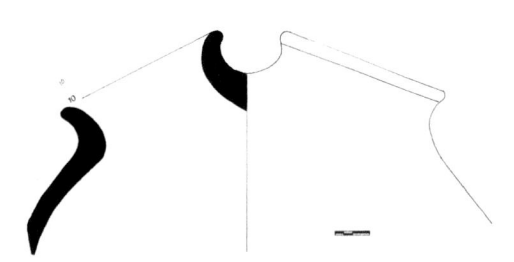

ATJ86.E17A2.C103 : Jarre à double ouverture de fabrique *Commune*, fragmentaire. Pâte de couleur *very pale brown* (10YR7/3), dure (Mohs 4), de texture mi-fine avec des inclusions minérales.

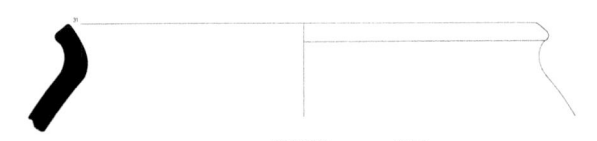

ATJ86.E17A3.C279 : Jarre de fabrique *Commune*, fragmentaire. 31 cm (dia.). Col concave, rebord évasé, lèvre biseautée.

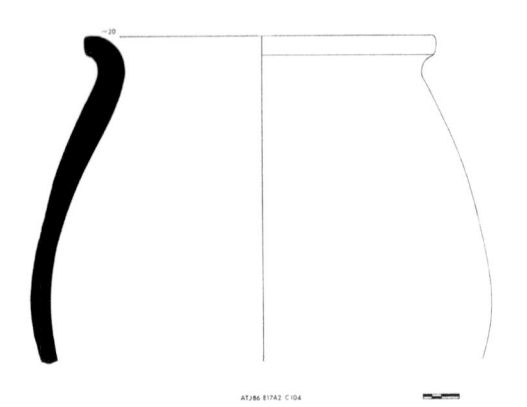

ATJ86.E17A2.C104 : Jarre de fabrique *Commune*, fragmentaire. 20 cm (dia.). Pâte de couleur *white* (2.5Y8/2) à *reddish yellow* (5YR7/6), dure (Mohs 4), de texture grossière avec une grande quantité d'inclusions minérales blanches de différents calibres et d'inclusions végétales. Paroi convexe, petit col concave, rebord très évasé, lèvre à collet.

ATJ86.D17A4.C190 : Grande jarre de fabrique *Commune*, fragmentaire. 36 cm (dia.). Pâte de couleur *very pale brown* (10YR7/3 à 8/3), dure (Mohs 4), de texture grossière avec des inclusions minérales. Petit col concave, lèvre simple carrée à face concave.

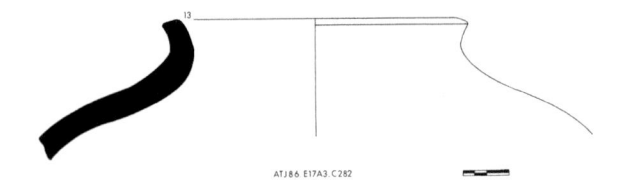

ATJ86.E17A3.C282 : Jarre à petite ouverture de fabrique *Commune*, fragmentaire. 13 cm (dia.). Pâte de couleur *white* (2.5Y8/2) à *pale yellow* (5Y7/3), dure (Mohs 4), de texture mi-fine avec des inclusions minérales. Petit col concave, lèvre simple carrée.

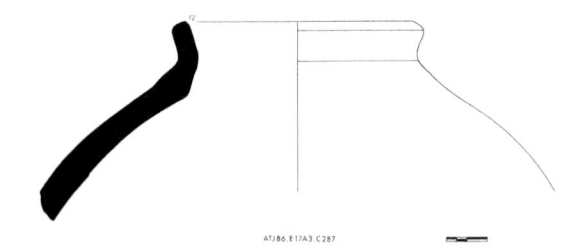

ATJ86.E17A3.C287 : Jarre à petite ouverture de fabrique *Commune*, fragmentaire. 12 cm (dia.). Petit col concave, lèvre simple carrée.

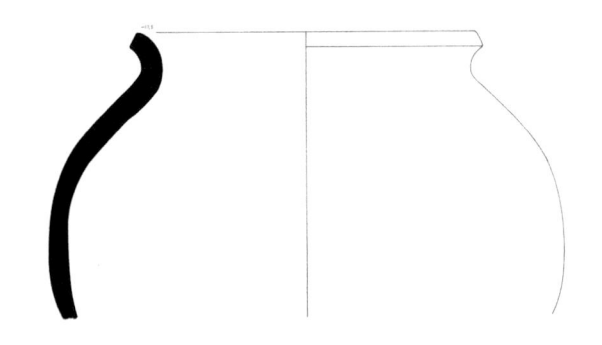

ATJ86.E17A4.C35 : Jarre à grande ouverture de fabrique *Commune*, fragmentaire. 17,5 cm (dia.). Pâte de couleur *white* (2.5Y8/2) à *pink* (7.5YR7/4), dure (Mohs 4), de texture mi-fine avec des inclusions minérales. Paroi bien convexe, rebord évasé, petit col concave, lèvre simple carrée à face concave.

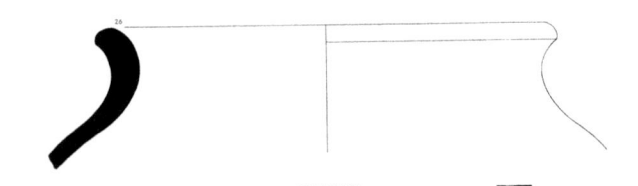

ATJ86.D17A4.C216 : Jarre à grande ouverture de fabrique *Commune*, fragmentaire. 26 cm (dia.). Pâte de couleur *light brown* (7.5YR6/4) à *very pale brown* (10YR7/4), dure (Mohs 4), de texture très grossière avec des inclusions minérales. Col concave, rebord évasé, lèvre simple arrondie.

NIVEAU I

ATJ86.D17A4.C270 : Jarre à grande ouverture de fabrique *Commune*, fragmentaire. 25 cm (dia.). Pâte de couleur *white* (5Y8/2) à *very pale brown* (10YR7/3), dure (Mohs 4), de texture grossière avec des inclusions minérales et végétales. Col concave, rebord évasé, lèvre en bandeau droit à face concave.

ATJ86.E17A3.C280 : Jarre à grande ouverture de fabrique *Commune*, fragmentaire. 36 cm (dia.). Col concave, rebord évasé, lèvre simple carrée.

ATJ86.E17A2.C331 : Jarre à grande ouverture de fabrique *Commune*, fragmentaire. 27,5 cm. Col concave, rebord évasé, lèvre en bandeau droit à face concave.

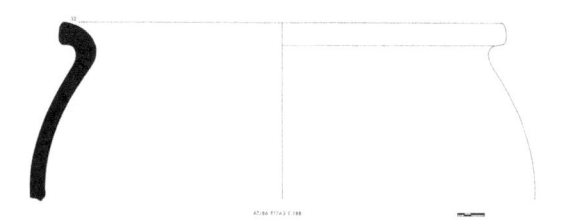

ATJ86.E17A3.C288 : Jarre à grande ouverture de fabrique *Commune*, fragmentaire. 32 cm (dia.). Col très concave, rebord évasé, lèvre simple carrée.

ATJ86.E17A2.C110 : Jarre à grande ouverture de fabrique *Commune*, fragmentaire. 26 cm (dia.). Pâte de couleur *white* à *light gray* (5Y7/2 à 8/2), dure (Mohs 4), de texture grossière avec des inclusions minérales. Paroi bien convexe, petit col concave, rebord plutôt droit, lèvre en bandeau droit à rainure.

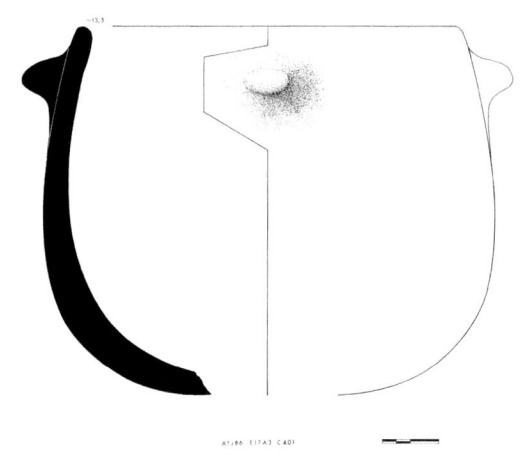

ATJ86.E17A3.C401 : Marmite de fabrique *Culinaire*, incomplète. 13,5 (dia.) × 12,5 cm (h.). Pâte de couleur *light brown* (7.5YR6/4) et *very dark gray* (10YR3/1), très dure (Mohs 5), de texture très grossière avec plusieurs inclusions minérales. Fond aplati, paroi convexe, rebord rentrant, lèvre arrondie, quatre petits tenons pointus au rebord. Traces de suie.

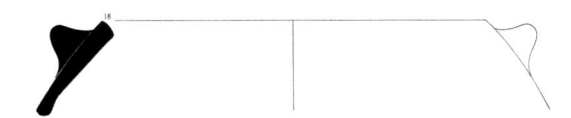

ATJ86.E17A2.C407 : Marmite de fabrique *Culinaire*, fragmentaire. 18 cm (dia.). Rebord rentrant, lèvre carrée, quatre petits tenons triangulaires au rebord. Traces de suie.

ATJ86.D17A4.C72 : Marmite de fabrique *Culinaire*, fragmentaire. 21 cm (dia.). Rebord rentrant, lèvre carrée, quatre petits tenons triangulaires au rebord.

ATJ86.E17A4.C131 : Marmite de fabrique *Culinaire*, fragmentaire. 30 cm (dia.). Rebord légèrement rentrant, lèvre arrondie, tenons arqués au rebord.

Figure 15.13 : Sélection de vases provenant de la pièce 516.

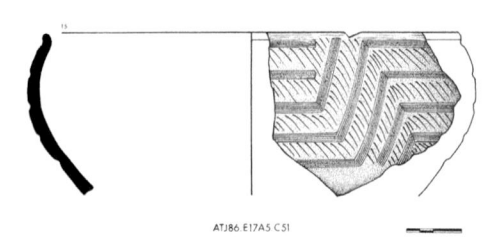

ATJ86.E17A5.C51 : Bol de fabrique *Ninive 5 incisée/excisée*, fragmentaire. 15 cm (dia). Paroi très convexe, rebord rentrant, lèvre en bourrelet. Petits traits obliques incisés entre de larges lignes excisées en zigzag (cf. Leilan : Schwartz 1988, fig. 31/12 ; Raqa'i : Schwartz & Chomowicz 2015, 211, fig. 4.13/604 : *hatched « step »/zigzag pattern (excised)*, 280, fig. 4.30/6-7 et 9 ; Rova 2011, 89, pl. 5/1 : ARCANE EJZ type 33).

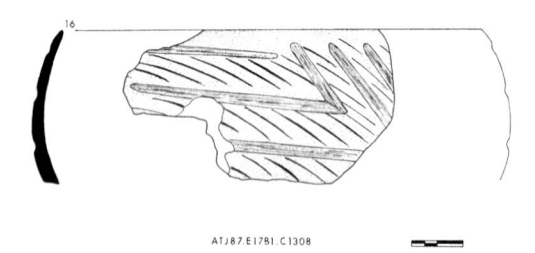

ATJ87.E17B1.C1308 : Bol de fabrique *Ninive 5 incisée/excisée*, fragmentaire. 16 cm (dia). Paroi très convexe, rebord rentrant, lèvre amincie. Décor au rebord semblable à celui de C51 (plus haut).

ATJ86.E17A5.C621 : Bol de fabrique *Fine*, fragmentaire. 17 cm (dia). Pâte de couleur *pale yellow* (5Y7/3), très dure (Mohs 5), de texture fine avec des inclusions minérales. Paroi convexe, rebord rentrant, lèvre en bourrelet.

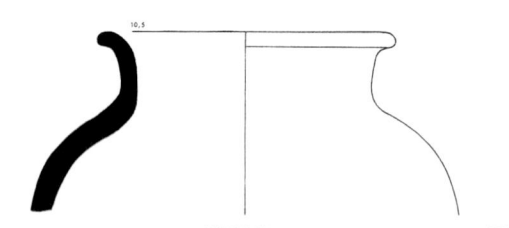

ATJ86.E17A5.C81 : Bouteille de fabrique *Fine*, fragmentaire. 10,5 cm (dia.). Pâte de couleur *brown* (7.5YR5/4), dure (Mohs 4), de texture fine avec des inclusions minérales. Haut col droit, rebord étalé, lèvre arrondie/en bourrelet.

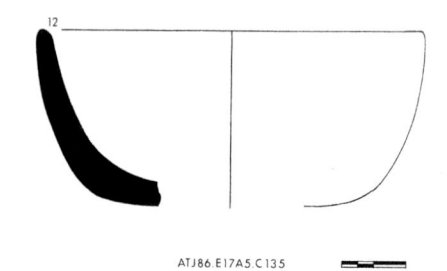

ATJ86.E17A5.C135 : Bol de fabrique *Commune*, fragmentaire. 12 (dia.) × 5,5 cm (h.). Pâte de couleur *light red* (2.5YR6/6), peu dure (Mohs 3), de texture mi-fine avec quelques inclusions minérales de différents calibres et une grande quantité d'inclusions végétales. Fond aplati, paroi convexe, lèvre ronde.

ATJ86.E17A5.C252 : Grand bol de fabrique *Commune*, fragmentaire. 24 cm (dia.). Pâte de couleur *light reddish brown* (5YR6/4), dure (Mohs 4), de texture mi-fine avec des inclusions minérales. Rebord rentrant, lèvre arrondie.

ATJ86.E17A5.C265 : Grand bol de fabrique *Commune*, fragmentaire. 24 cm (dia.). Pâte de couleur *very pale brown* (10YR7/4), dure (Mohs 4), de texture mi-fine avec des inclusions minérales. Rebord rentrant, lèvre biseautée.

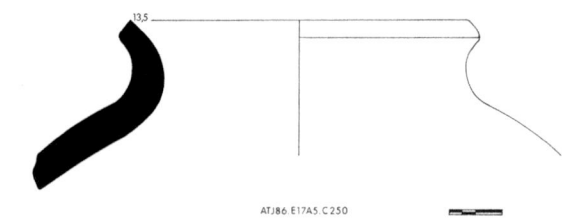

ATJ86.E17A5.C250 : Jarre à petite ouverture de fabrique *Commune*, fragmentaire. 13,5 cm (dia.). Pâte de couleur *reddish yellow* (5YR6/6), dure (Mohs 4), de texture mi-fine avec des inclusions minérales. Petit col concave, lèvre simple carrée.

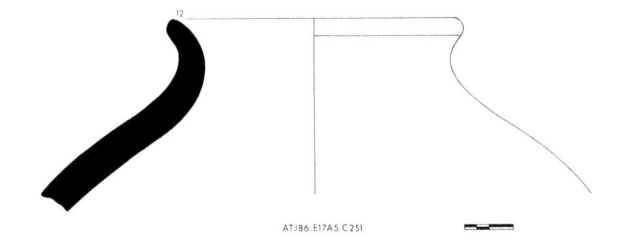

NIVEAU I

ATJ86.E17A5.C251 : Jarre à petite ouverture de fabrique *Commune*, fragmentaire. 12 cm (dia.). Pâte de couleur *reddish yellow* (5YR7/6) à *light brown* (7.5YR6/4), dure (Mohs 4), de texture mi-fine avec des inclusions minérales. Petit col concave, lèvre simple arrondie.

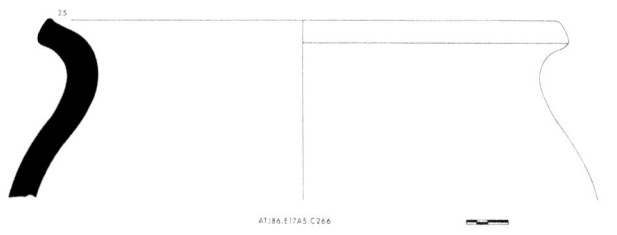

ATJ86.E17A5.C266 : Jarre à grande ouverture de fabrique *Commune*, fragmentaire. 25 cm (dia.). Pâte de couleur *white* (2.5Y8/2) à *light gray* (5Y7/2), dure (Mohs 4), de texture mi-fine avec des inclusions minérales. Petit col concave, rebord très évasé, lèvre simple carrée.

ATJ86.E17A5.C106 : Jarre à grande ouverture de fabrique *Commune*, fragmentaire. 21 cm (dia.). Pâte de couleur *very pale brown* (10YR7/4), dure (Mohs 4), de texture mi-fine avec des inclusions minérales. Petit col concave, rebord évasé, lèvre simple carrée.

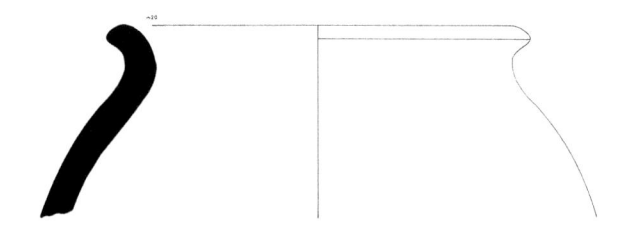

ATJ86.E17A5.C111 : Jarre à grande ouverture de fabrique *Commune*, fragmentaire. 20 cm (dia.). Pâte de couleur *light yellowish brown* (10YR6/4), dure (Mohs 4), de texture mi-fine avec des inclusions minérales. Petit col concave, rebord évasé, lèvre simple carrée. Traces de plâtre à l'intérieur et à l'extérieur.

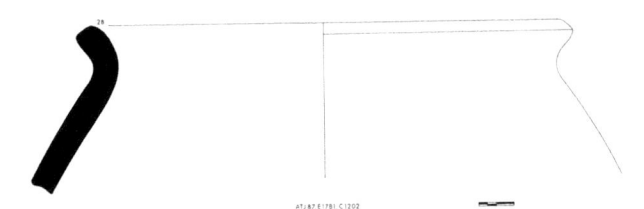

ATJ87.E17B1.C1202 : Jarre à grande ouverture de fabrique *Commune*, fragmentaire. 28 cm (dia.). Petit col concave, rebord évasé, lèvre simple carrée.

ATJ86.E17A5.C116 : Marmite de fabrique *Culinaire*, fragmentaire. 24 cm (dia.). Pâte de couleur *yellowish red* (5YR5/6) à *light brown* (7.5YR6/4), dure (Mohs 4), de texture grossière avec plusieurs inclusions minérales. Rebord droit, lèvre carrée.

Tableau 15.10 : Inventaire céramique de la pièce 515.

Fabriques	Fragments	Formes/vases	Numéros catalogue/C
Ninive 5 incisée/ excisée	3	3 bols	1309, 3614, 3966
Fine	83	1 flacon	3963
		4 bouteilles	1235, 3608, 3960, 3969
		21 bols	640, 1214, 1216, 1219, 1220, 1223, 3493-4, 3953, 3956-7-8-9, 3961, 3964, 3967-8, 3970, 9914, 9929, 9931
		1 fond	9712
		1 pied	3962
		1 forme indéterminée	9726
Commune	422	3 récipients miniatures	3659, 3684, 3965
		1 godet	3683
		2 jetons	3619, 3943
		3 grands bols	3600, 3606, 3611
		3 jarres	639, 644, 3681
		1 jarre à double ouverture	3514
		3 grandes jarres	112, 3604, 10078
		9 jarres à petite ouverture	334, 339, 3598, 3601, 3612, 3617, 3662, 3670, 3941
		27 jarres à grande ouverture	273, 642-3, 1218, 3599, 3603, 3605, 3607, 3609-10, 3657-8, 3660, 3664, 3666, 3669, 3682, 3945, 3947, 3950-1-2, 3954-5, 4408
Culinaire	78	2 grands bols	1857, 3946
		13 marmites	641, 1226, 1887, 3613, 3616, 3618, 3665, 3678-9, 3685, 3940, 3948-9
TOTAL	**586**		

L'inventaire céramique de la pièce 517 est considérable (Tableau 15.7) et plusieurs des vases qui y furent retrouvés sont illustrés dans la Figure 15.11.

Autres artéfacts découverts dans la pièce 517 :

- 7 fragments de silex, dont un nucléus à éclats ;
- 3 meules en basalte alvéolé, incomplète [ATJ86. D17A1.L22, 24 ; ATJ86.D17A3.L19] ;
- 1 roue de chariot en argile durcie, incomplète [ATJ86.D17A3.Tc1] ;
- 6 figurines animales en terre cuite, incomplètes [ATJ87.E17A11.Tc35, 37, 75, 109, 110, 111].

L'inventaire céramique de la pièce 517', quant à lui, est moins considérable (Tableau 15.8) que celui de la pièce 517 adjacente (plus haut) ; les dessins de plusieurs des vases qui en furent extraits sont regroupés dans la Figure 15.12.

Les autres éléments de la culture matérielle de la pièce 517' sont :

- 13 fragments de silex, dont onze tronçons de lame lustrée ;
- 1 percuteur en grès, complet [ATJ86.D17A4.L18] ;
- 1 fragment d'omoplate incisée en os de bovidé, incomplète [ATJ86.E17A3.Os1] ;
- 2 roues de chariot en terre cuite, l'une complète [ATJ86.E17A2.Tc2] et l'autre incomplète [ATJ86. E17A2.Tc3].

La fouille de la pièce 516 a révélé un volumineux inventaire de céramiques fragmentaires (Tableau 15.9) dont plusieurs spécimens sont dessinés dans la Figure 15.13.

Autres éléments de la culture matérielle de la pièce 516 :

- 13 fragments de silex, dont deux nucléus à éclats et cinq tronçons de lame lustrée ;
- 1 longue épingle en bronze, complète [ATJ87. E17B4.M13].

Figure 15.14 : Sélection de vases provenant de la pièce 515.

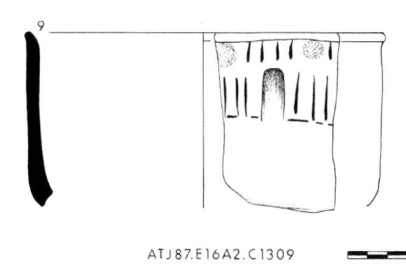

ATJ87.E16A2.C1309 : Bol de fabrique *Ninive 5 incisée/excisée*, fragmentaire. Paroi et rebords droits, lèvre en bourrelet. Motif de cannelures alternant avec des métopes incisées (cf. Raqa'i : Schwartz & Chomowicz 2015, fig. 4.13/606 : *panels (excised)*, 280, fig. 4.30/1-5, fig. 4.34 ; Leilan : Schwartz 1988, fig. 31/11 et 14).

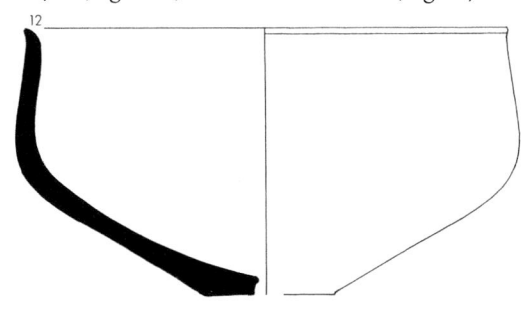

ATJ87.E16A2.C1220 : Bol de fabrique *Fine*, fragmentaire. 12 (dia.) × 6,5 cm (h.). Fond plat légèrement surélevé, panse carénée, rebord légèrement rentrant, lèvre bourrelet.

ATJ86.D17A6.C640 : Bol de fabrique *Fine*, fragmentaire. 14,5 cm (dia.). Pâte de couleur *pale yellow* (5Y7/3 à 7/4), dure (Mohs 4), de texture fine avec des inclusions minérales. Paroi convexe, rebord rentrant, lèvre en bourrelet.

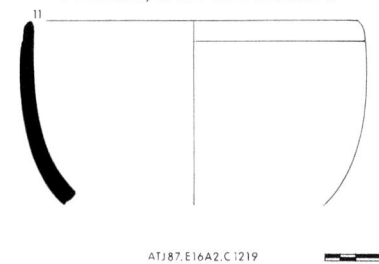

ATJ87.E16A2.C1219 : Bol de fabrique *Fine*, fragmentaire. 11 cm (dia.). Paroi convexe, rebord légèrement rentrant, lèvre simple arrondie.

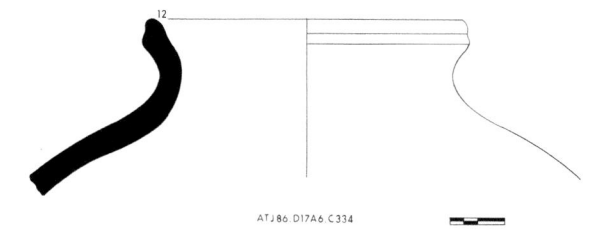

ATJ86.D17A6.C334 : Jarre à petite ouverture de fabrique *Commune*, fragmentaire. 12 cm (dia.). Pâte de couleur *white* (5Y8/2), dure (Mohs 4), de texture mi-fine avec des inclusions minérales et végétales. Haut col concave, rebord évasé, lèvre en bandeau droit à rainure.

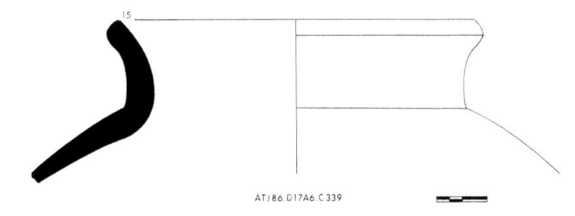

ATJ86.D17A6.C339 : Jarre à petite ouverture de fabrique *Commune*, fragmentaire. 15 cm (dia.). Pâte de couleur *very pale brown* (10YR8/3) à *pink* (7.5YR7/4), dure (Mohs 4), de texture mi-fine avec des inclusions minérales. Haut col concave, rebord évasé, lèvre simple carrée.

ATJ86.D17A6.C112 : Grande jarre de fabrique *Commune*, fragmentaire. 40 cm (dia.). Pâte de couleur *white* (2.5Y8/2) à *reddish yellow* (5YR7/6) à l'intérieur, peu dure (Mohs 3), de texture mi-fine avec des inclusions minérales et végétales. Col concave, rebord évasé, lèvre en bandeau arrondi avec un ressaut intérieur.

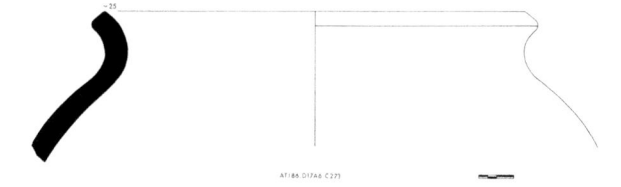

ATJ86.D17A6.C273 : Jarre à grande ouverture de fabrique *Commune*, fragmentaire. 25 cm (dia.). Pâte de couleur *very pale brown* (10YR7/4) à *pink* (7.5YR7/4), dure (Mohs 4), de texture mi-fine avec des inclusions minérales et végétales. Col concave, rebord évasé, lèvre simple carrée à face concave.

Quant à la pièce 515, son inventaire céramique est plus modeste que la pièce voisine tout juste mentionnée (Tableau 15.10) ; certains vases sont illustrés dans la Figure 15.14.

Autres éléments de la culture matérielle de la pièce 515 :

- 4 fragments de silex, dont un nucléus ;
- 1 bouchon en plâtre de gypse, complet [ATJ86.D17A6.P4] ;
- 1 roue de chariot en terre cuite, incomplète [ATJ87.E16A2.Tc39] ;
- 4 figurines humaines en terre cuite, incomplètes [ATJ87.E16A2.Tc38, 40, 96, 112] ;
- 1 figurine animale en terre cuite, incomplète [ATJ87.E16A2.Tc97] ;
- 1 poinçon en os, incomplet [ATJ87.E16A9.Os12].

Tableau 15.11 : Distribution par structure des unités de fouilles du niveau I, à l'extrémité septentrionale du tell. Même si toutes ces structures furent vraisemblablement mises en place dès le niveau VI, leur mobilier est inventorié au niveau I, comme il s'agit de leur dernière phase d'occupation.

Structures	Murs	Unités de fouilles associées
Plateforme 622 [VI ↓]		ATJ86.D7A1 ATJ87.D8A1, 11, 15
Silo 502 [VI ↓]	401 402 403	ATJ86.E6A1, 4
Silo 503 [VI ↓]	402 403	ATJ86.E6A3 ATJ86.E7A2
Silo 504 [VI ↓]	402 403	ATJ86.E7A4
Silo 505 [VI ↓]	401	ATJ86.E7A6-6'
Silo 506 [VI ↓]	401 302 303	ATJ86.E7A1, 3 ATJ86.E8A2
Pièce 522 [VI ↓]	317 321 423 426	ATJ87.D9A1, 17, 21, 27-28
Pièce 523 [VI ↓]	318 421 422	ATJ87.D9A1, 13, 16, 18-19
Pièce 524 [VI ↓]	318 319 421 422	ATJ87.D9A1, 13, 16, 18, 20$^{(sol)}$, 23
Pièce 525 [VI ↓]	319 320 421 422	ATJ87.D9A1, 13, 16, 18, 20$^{(sol)}$, 23
Pièce 526 [VI ↓]	321 422 423	ATJ87.D9A1, 7, 24 ATJ87.D10A1

Structures	Murs	Unités de fouilles associées
Pièce 613 [VI ↓]	106 323 423	ATJ87.D9A26
Pièce 614 [VI ↓]	328 430	ATJ87.D9A25
Pièce 615 [VI ↓]	421 404	ATJ87.D9A22
Pièce 507 [VI ↓]	304 406 424 438 440	ATJ86.E8A1, 3 ATJ87.E8A4
Pièce 533 [VI ↓]	304 332 406 431	ATJ87.D8A14, 17 ATJ87.E8B1-2-3-4
Tunnel 547 [VI ↓]	431	ATJ87.D8A16
Pièce 548 [VI ↓]	304 322 431 440	
Pièce 549 [VI ↓]	322 323 332 336 431 424/439 471	ATJ87.D8A8, 10, 12-13-14, 18-19-20$^{(sol)}$-21 ATJ86.E9A1$^{(?)}$ ATJ87.E9A1'-2-3-4-5$^{(sol)}$ ATJ87.E9B1-2-3-4-5
Espace 501 [VI ↓]	301 403 404	ATJ86.E6A2
Espace 501' [VI ↓]	301 403 404	ATJ86.D7A2 ATJ86.E7A5

Tableau 15.12 : Inventaire céramique de la plateforme 622.

Fabriques	Fragments	Formes/vases	Numéros catalogue/C
Métallique	3		
Ninive 5 incisée/ excisée	1	1 forme indéterminée	5351
Fine	44	11 bols	1508, 1516, 1518, 1521, 1538, 1565, 1578, 1617, 1619, 1623, 9894
		1 bouteille	9869
Commune	362	1 bol	1615
		3 grands bols	1383, 1532, 1577
		3 jarres	1558,1575-6
		2 grandes jarres	1524, 1547
		3 jarres à petite ouverture	1534, 1545, 10047
		15 jarres à grandes ouvertures	1510-1-2, 1514-5, 1525, 1528, 1531, 1544, 1564, 1571-2-3, 1580, 1596
Culinaire	80	1 grand bol	1588
		4 marmites	1533, 1614, 1627, 1630
TOTAL	**490**		

Extrémité septentrionale

Le vaste grenier septentrional érigé au niveau VI (Chapitre 10) est resté en usage jusqu'au dernier niveau (I) d'occupation de l'établissement comme il a été trouvé immédiatement sous la surface du tell et que certaines de ses parties sont imbriquées au mur d'enceinte qui lui, logiquement, a continué à défendre le hameau jusqu'à son abandon. Par conséquent, la céramique et les artéfacts retirés des sédiments qui le comblaient au moment de sa découverte sont à associer au niveau I correspondant à sa dernière phase d'utilisation.

On se rappellera que ce vaste ensemble architectural, d'une superficie de 200 m² (10 × 20 m), est constitué d'une massive plateforme en briques crues [**622**] sur trois côtés de laquelle sont accolés des regroupements de petites pièces :

- au nord : **502-503-504-505-506**,
- au sud : **522-523-524-525-526** et **613-614-615**
- à l'ouest : **507, 533, 547-548-549**.
- à l'est : la plateforme rejoint le mur d'enceinte [404] et deux espaces sont aménagés entre le mur d'enceinte et les silos semi-voûtés au nord de la plateforme : **501** et **501'**.

Le nombre de tessons de céramique recueillis à la surface de la plateforme 622 n'est pas très élevé (Tableau 15.12), mais les plus importantes fabriques sont représentées.

Autres éléments de la culture matérielle de la plateforme 622 :

- 1 fragment de silex ;
- 1 bouchon en plâtre de gypse [ATJ87.D8A1.P2] ;
- 1 lissoir (?) en plâtre de gypse pour polir la céramique, complet [ATJ87.D8A1.P53] ;
- 2 meules en basalte alvéolé, l'une complète [ATJ87.D8A1.L79] et l'autre incomplète [ATJ87.D8A1.L89] ;
- 1 percuteur en basalte aux grains fins, complet [ATJ87.D8A1.L77] ;
- 1 ancre (1,3 kg) oblongue – meules réutilisées – à perforation centrale en basalte alvéolé, incomplète [ATJ87.D8A1.L80] ;
- 4 pesons biconiques avec perforation centrale en argile durcie, complets [ATJ87.D8A1.Tc26-27-28-29] ;
- 1 roue de chariot en terre cuite, complète [ATJ87.D8A1.Tc25].

La quantité de fragments de céramique extraits des silos 502-503-504-505-506 est importante (Tableau 15.13) d'autant qu'ils appartiennent à toutes les fabriques présentes sur le site (Fig. 15.16) ; deux tessons portent même une marque de potier (Fig. 15.15).

La marque de potier sur un fragment de la jatte ATJ86.E7A4.C511 de fabrique *Commune* est un motif végétal formé de traits entrecroisés (cf. Abd : Sconzo 2013, 256-258 – type XIV, pls 205-207).

Tableau 15.13 : Inventaire céramique des silos 502-503-504-505-506.

Fabriques	Fragments	Formes/vases	Numéros catalogue/C
Métallique	4	1 gobelet	3511
Peinte	7	1 bouteille	143
Ninive 5 incisée/excisée	2	1 petit bol	432
		1 bouteille	3521
Grise	1	1 vase miniature	439
Grise incisée	1	1 forme indéterminée	9945
Fine	89	3 formes indéterminées	754, 9657, 9693
		16 bols	31, 429, 430, 471-2, 3319, 3386, 3440, 3455, 3469, 3473, 3477-8, 3489, 3512, 9924
		1 flacon	485
		4 bouteilles	46, 61, 3472, 3513
Commune	1 334	3 formes indéterminées	1088, 3412$^{(marque\ de\ potier)}$, 3466
		1 fond	3398
		1 entonnoir	49
		1 vase piédestal	3541
		1 récipient miniature	45$^{(complet)}$
		2 bols	3399, 3516
		12 grands bols	145, 431, 453, 475, 486, 3307, 3385, 3438, 3441, 3452, 9995, 10000
		1 gobelet	440
		4 jattes	34, 320, 511$^{(marque\ de\ potier)}$, 3416
		11 jarres	32$^{(complète)}$, 346, 433, 457, 3315, 3390, 3443, 3470-1, 4697, 10059
		9 grandes jarres	33, 39, 48, 102, 154, 327, 496, 3391, 3437
		1 jarre à double ouvertures	3432
		9 jarres à petite ouverture	139, 141, 314, 399$^{(complète)}$, 441, 3393, 3457, 3507, 3515
		40 jarres à grande ouverture	98, 138, 140,142, 144, 146, 155, 315-6, 318, 322-3-4, 326, 337, 403, 452, 461-2, 466, 489, 3272, 3314, 3384, 3388-9, 3392, 3396-7, 3436, 3439, 3442, 3444, 3446, 3451, 3454, 3464, 3474, 3501, 10090
Culinaire	295	4 grands bols	436, 459, 3320, 3448
		1 bassin	488
		3 couvercles	460, 9841, 9844
		38 marmites	59, 434-5, 437-8, 442, 454-5-6, 463-4-5, 468-9, 470, 473, 490, 492-3-4-5, 1359, 3304-5, 3334, 3394, 3422, 3447, 3449, 3450, 3456, 3459, 3462-3, 3465, 3486, 9784, 9813
TOTAL	1 733		

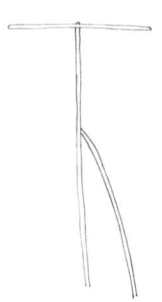

Figure 15.15 : Marque de potier sur le vase ATJ86.E7A6.C3412

NIVEAU I

Figure 15.16 : Sélection de vases provenant des silos 502-503-504-505-506.

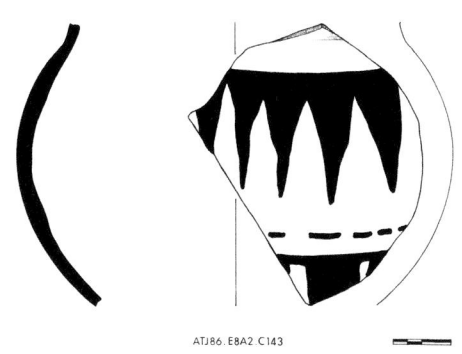

ATJ86.E8A2.C143 : Fragment peint de la panse d'une bouteille (?). Pâte de couleur *light brown* (7.5YR6/4), dure (Mohs 4), de texture fine avec quelques inclusions minérales de différents calibres et plusieurs inclusions végétales. Faite au tour. L'épaule de la bouteille est ornée d'une chaîne de triangles pointant vers le bas, peints en *weak red* (10R4/3) (cf. Raqa'i : Schwartz & Chomowicz 2015, fig. 4.16/629 : *pendant solid triangles*, fig. 4.22 ; Rova 2011, 85, pl. 3/8-12).

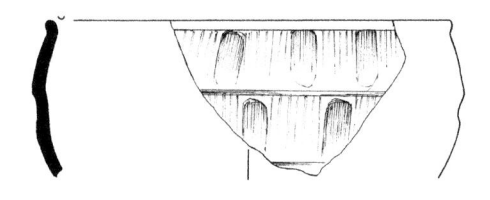

ATJ86.E6A1.C432 : Petit bol de fabrique *Ninive 5 incisée/excisée*, fragmentaire. 8 cm (dia.). Rebord rentrant, lèvre en bourrelet. Petits godrons en creux alternant avec des métopes en saillie décorées en surface de petites incisions verticales (cf. Raqa'i : Schwartz & Chomowicz 2015, fig. 4.13/606 : *panels (excised)*, 280, fig. 4.30/1-5, fig. 4.34 ; Leilan : Schwartz 1988, fig. 31/11 et 14).

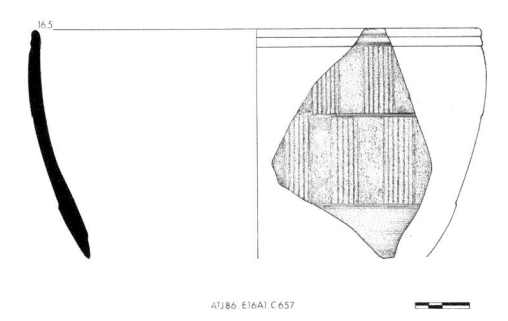

ATJ86.E16A1.C657 : Fragment du rebord d'un bol (16,5 cm dia.) de fabrique *Ninive 5 incisée/excisée*. Décor semblable à C432.

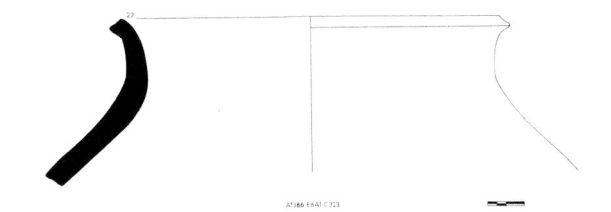

ATJ86.E6A1.C323 : Jarre à grande ouverture de fabrique *Commune*, fragmentaire. 22 cm (dia.). Pâte de couleur *reddish yellow* (5YR5/6), dure (Mohs 4), de texture mi-fine avec des inclusions minérales. Haut col peu concave, rebord évasé, lèvre simple carrée à face concave.

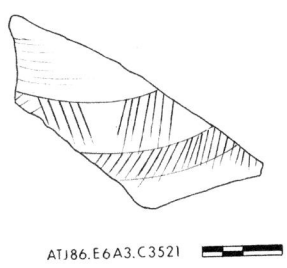

ATJ86.E6A3.C3521 : Fragment sans profil d'une bouteille (?) de fabrique *Ninive 5 incisée/excisée*. Décor de traits incisés disposés à l'intérieur de bandes.

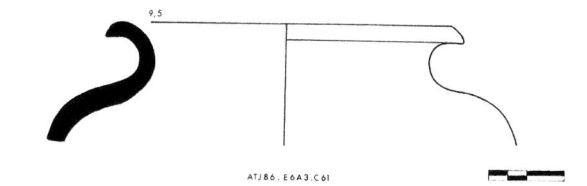

ATJ86.E6A3-E7A4.C61 : Bouteille de fabrique *Fine*, fragmentaire. 9,5 cm (dia.). Pâte de couleur orangée (5YR7/6), très dure (Mohs 5), de texture fine avec des inclusions minérales. Petit col très concave, rebord étalé, lèvre arrondie.

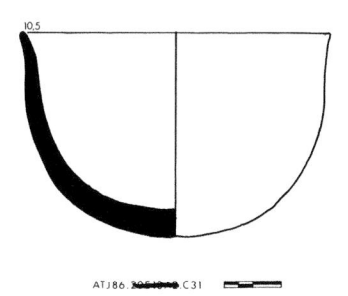

ATJ86.E8A2.C31 : Bol de fabrique *Fine*, fragmentaire. 10,5 cm (dia.). Pâte de couleur *light brown* (7.5YR6/4), dure (Mohs 4), de texture fine avec de grandes quantités d'inclusions minérales blanches de différents calibres. Fond arrondi, paroi convexe, rebord plutôt droit, lèvre ronde.

ATJ86.E7A4.C45 : Récipient miniature de fabrique *Commune*, complet. 4,5 (dia.) × 6,8 cm (h.). Pâte de couleur *very pale brown* (10YR7/3) à *pink* (5YR7/4), dure (Mohs 4), de texture mi-fine avec des inclusions minérales.

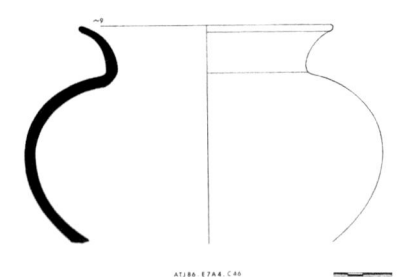

ATJ86.E7A4.C46 : Bouteille de fabrique *Fine*, fragmentaire. 9 cm (dia.). Pâte de couleur *very pale brown* (10YR7/3), dure (Mohs 4), de texture fine avec des inclusions minérales. Panse ovoïde, épaule très prononcée, petit col concave évasé, rebord étalé, lèvre arrondie.

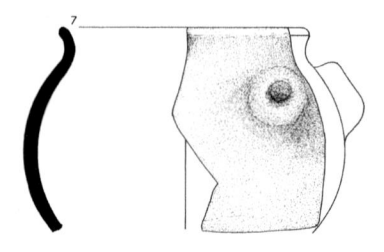

ATJ86.E7A6'.C485 : Flacon à bec tubulaire de fabrique *Fine*, fragmentaire. 7 cm (dia.). Panse globulaire, petit col concave, rebord évasé, lèvre arrondie. Bec tubulaire aménagé en haut de la panse, à la hauteur de l'épaule.

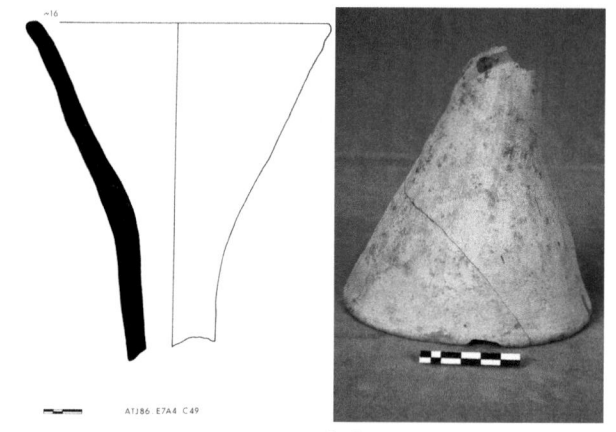

ATJ86.E7A4.C49 : Entonnoir de forme conique, à lèvre supérieure arrondie ; incomplet : manque l'extrémité inférieure et notamment le rebord de l'ouverture inférieure. 16 (dia. sup.) × 4,6 (dia. inf.) × 17 (h.) × 1 cm (ép.). Pâte de couleur rosée (5YR7/4 *pink*) à blanc (2.5Y8/2 *white*) en surface, peu dure (Mohs 3), de texture mi-fine avec quelques inclusions minérales blanches de petit calibre et quelques inclusions végétales.

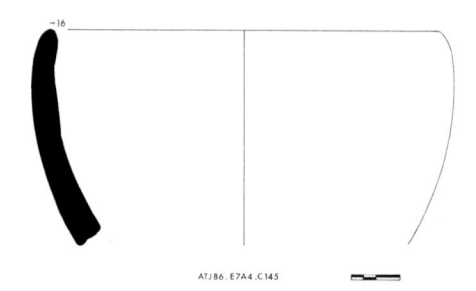

ATJ86.E7A4.C145 : Grand bol de fabrique *Commune*, fragmentaire. 16 cm (dia.). Pâte de couleur *pale yellow* (5Y7/3), molle (Mohs 2), de texture mi-fine avec des inclusions minérales. Paroi convexe, rebord rentrant, lèvre amincie/arrondie.

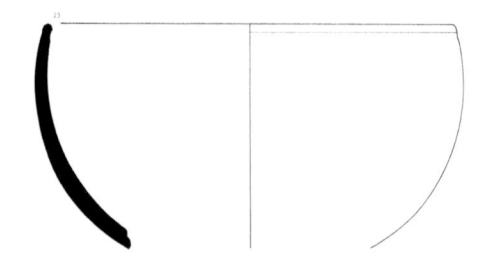

ATJ86.E6A3.C34 : Jatte de fabrique *Commune*, fragmentaire. 23 cm (dia.). Pâte de couleur *white* (5Y8/2) à *reddish yellow* (5YR6/6), très dure (Mohs 5), de texture grossière avec des inclusions minérales et végétales. Paroi convexe, rebord rentrant, lèvre arrondie.

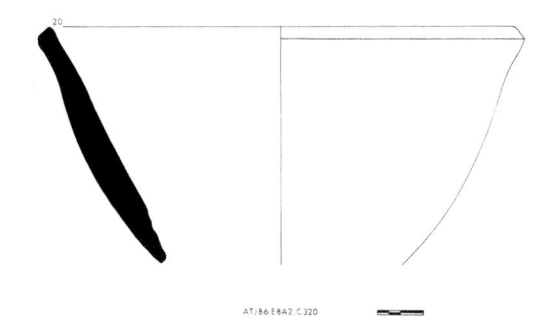

NIVEAU I

ATJ86.E8A2.C320 : Jatte de fabrique *Commune*, fragmentaire. 20 cm (dia.). Parois droites rectilignes, lèvre carrée.

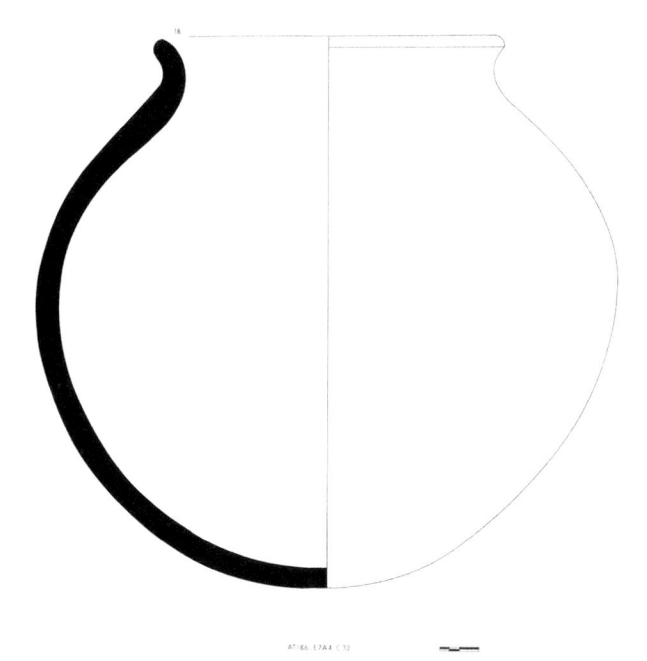

ATJ86.E7A4.C32 : Jarre de fabrique *Commune*, complète. 18 (dia.) × 27,5 cm (h.). Fond arrondi, paroi globulaire, col concave, rebord évasé, lèvre simple arrondie.

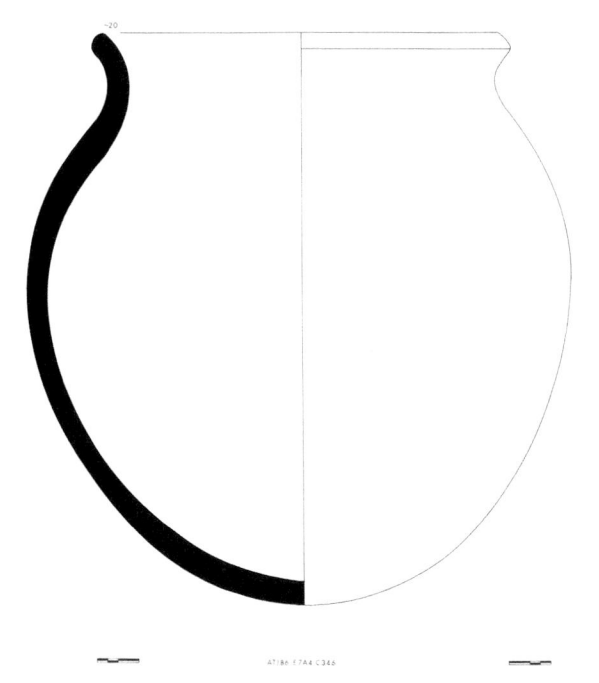

ATJ86.E7A4.C346 : Jarre de fabrique *Commune*, complète. 20 (dia.) × 26,4 cm (h.). Pâte de couleur *very pale brown* (10YR8/3) à *light red* (2.5YR6/6), dure (Mohs 4), de texture mi-fine avec plusieurs inclusions minérales blanches de différents calibres et quelques inclusions végétales. Fond rond, paroi convexe, col concave, rebord évasé, lèvre biseautée.

ATJ86.E7A4.C102 : Grande jarre de fabrique *Commune*, fragmentaire. 28,5 cm (dia.). Haut col concave, rebord évasé, lèvre simple carrée à face concave.

ATJ86.E6A3.C327 : Grande jarre de fabrique *Commune*, fragmentaire. 31 cm (dia.). Pâte de couleur *white* (2.5Y8/2) à *light red* (2.5YR6/6), très dure (Mohs 5), de texture grossière avec des inclusions minérales. Col concave, rebord évasé, lèvre simple carrée à face concave.

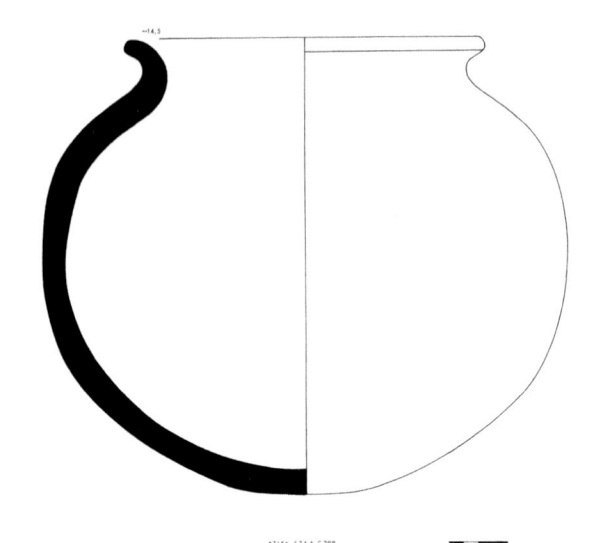

ATJ86.E7A4.C399 : Jarre à petite ouverture de fabrique *Commune*, complète. 14,5 (dia.) × 15,2 cm (h.). Pâte de couleur *white* (2.5Y8/2) à *pink* (5YR8/3), peu dure (Mohs 3), de texture mi-fine avec des inclusions minérales. Fond arrondi, panse globulaire, petit col concave, rebord évasé, lèvre simple arrondie.

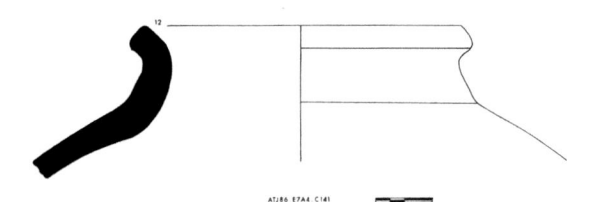

ATJ86.E7A4.C141 : Jarre à petite ouverture de fabrique *Commune*, fragmentaire. 12 cm (dia.). Pâte de couleur *pink* (7.5YR7/4), dure (Mohs 4), de texture mi-fine avec des inclusions minérales. Col concave, rebord évasé, lèvre simple carrée.

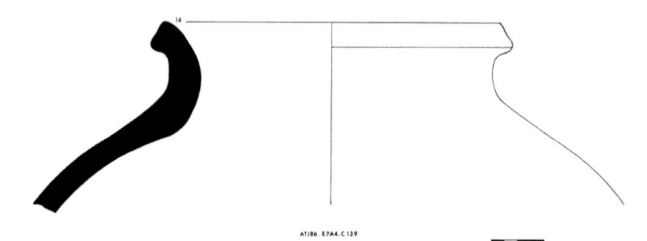

ATJ86.E7A4.C139 : Jarre à petite ouverture de fabrique *Commune*, fragmentaire. 14 cm (dia.). Pâte de couleur *light gray* (5YR7/1) à *pink* (5YR7/4), dure (Mohs 4), de texture mi-fine avec des inclusions minérales. Col concave, rebord évasé, lèvre simple carrée.

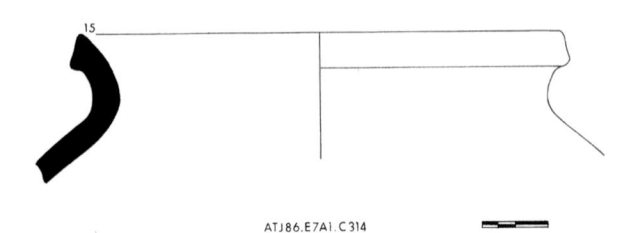

ATJ86.E7A1.C314 : Jarre à petite ouverture de fabrique *Commune*, fragmentaire. 15 cm (dia.). Petit col concave, rebord évasé, lèvre en bandeau droit à face concave.

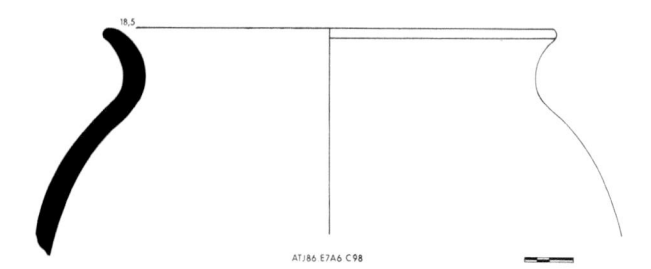

ATJ86.E7A6.C98 : Jarre à grande ouverture de fabrique *Commune*, fragmentaire. 18,5 cm (dia.). Pâte de couleur *very pale brown* (10YR7/3), dure (Mohs 4), de texture mi-fine avec des inclusions minérales. Petit col concave, rebord évasé, lèvre simple arrondie.

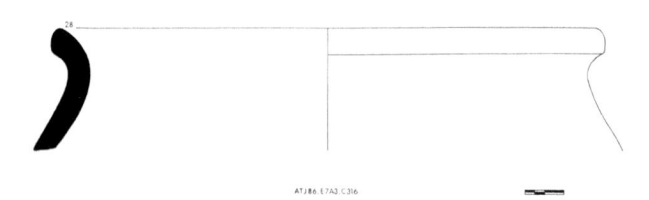

ATJ86.E7A3.C316 : Jarre à grande ouverture de fabrique *Commune*, fragmentaire. 28 cm (dia.). Petit col concave, rebord évasé, lèvre en bandeau arrondi.

ATJ86.E6A3.C326 : Jarre à grande ouverture de fabrique *Commune*, fragmentaire. 26 cm (dia.). Rebord évasé, lèvre en bandeau droit.

ATJ86.E7A3.C138 : Jarre à grande ouverture de fabrique *Commune*, fragmentaire. 40 cm (dia.). Col très concave, lèvre en bandeau droit à face concave.

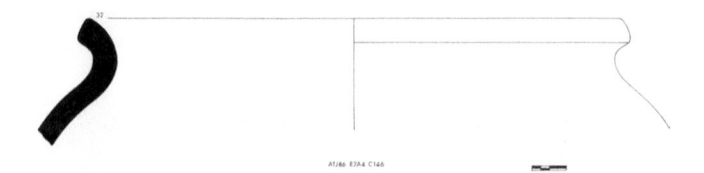

ATJ86.E7A4.C146 : Jarre à grande ouverture de fabrique *Commune*, fragmentaire. 32 cm (dia.). Pâte de couleur *very pale brown* (10YR7/4) à *light reddish brown* (5YR6/4), dure (Mohs 4), de texture mi-fine avec des inclusions minérales. Petit col concave, rebord évasé, lèvre simple carrée.

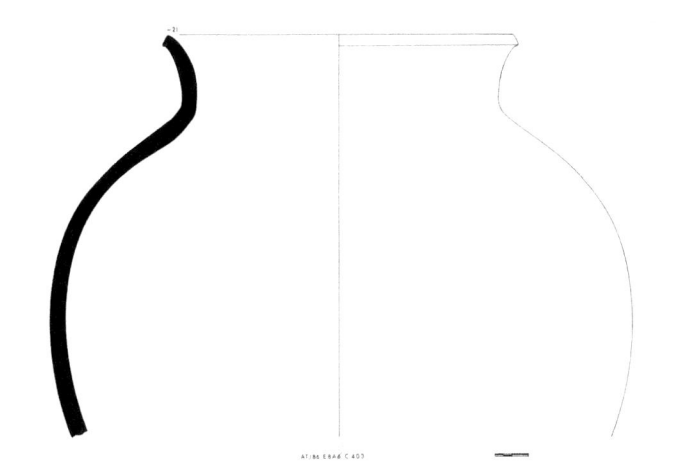

ATJ86.E8A2.C403 : Jarre à grande ouverture de fabrique *Commune*, fragmentaire. 21 cm (dia.). Haut col concave, rebord évasé, lèvre simple carrée.

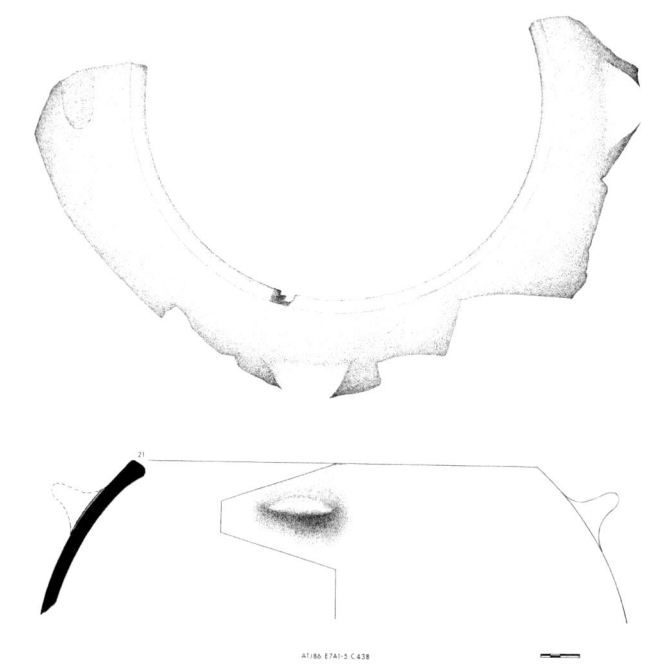

ATJ86.E7A1.C438 : Marmite de fabrique *Culinaire*, fragmentaire. 21 cm (dia.). Rebord rentrant, lèvre épaissie, quatre tenons triangulaires et horizontaux au rebord.

Autres éléments de la culture matérielle retirés des silos 502-503-504-505-506 :

- 18 fragments de silex, dont huit tronçons de lame lustrée et deux nucléus ;
- 2 couvercles en plâtre de gypse, incomplets [ATJ86.E6A1.P6, ATJ86.E7A6.P13] ;
- 3 meules en basalte alvéolé, incomplètes [ATJ86.E7A4.L4-5, ATJ86.E6A3.L6] ;
- 1 herminette en serpentinite (?), complète [ATJ86.E7A4.L1] ;
- 1 pilon en andésite, complet [ATJ86.E7A4.L2] ;
- 1 percuteur en grès rouge, complet [ATJ86.E7A4.L3] ;
- 1 ancre en calcaire coquiller, incomplète [ATJ86.E7A6′.L49] ;
- 1 tesson de céramique circulaire, perforé au centre [ATJ86.E7A3.C3146] ;
- 1 perle en forme de petit disque en pierre rouge et blanche (agate ?), complète [ATJ86.E7A1.B1] ;
- 1 perle en forme de petit disque en gypse, complète [ATJ86.E6A1.B3].

En ce qui concerne les pièces 522-523-524-525-526 et 613-614-615, leur inventaire céramique est très significatif par le nombre de tessons et la variété des fabriques représentées (Tableau 15.14) ; certains vases trouvés dans ces pièces sont illustrés dans la Figure 15.17.

La marque de potier sur le tesson ATJ87.D9A19.C1905 a la forme d'une croix de Saint-André formé de deux petits traits entrecroisés (cf. Abd : Sconzo 2013, 237 – type IV.04, pl. 156).

Autres éléments de la culture matérielle des pièces 522-523-524-525-526 et 613-614-615 :

- 21 fragments de silex, dont un nucléus à éclats et cinq tronçons de lame lustrée ;
- 8 fragments d'objets en plâtre, dont deux couvercles en plâtre de gypse, incomplets [ATJ87.D9A17.P38-39] ;
- 8 meules en basalte alvéolé, incomplètes [ATJ87.D9A1.L50, 57, 58, 61, 75 ; ATJ87.D9A17.L66 ; ATJ87.D9A19.L64] ou complète [ATJ87.D9A19.L81] ;
- 2 crapaudines complètes, l'une en basalte [ATJ87.D9A17.L63], l'autre en calcaire [ATJ87.D9A19.L71] ;
- 1 ancre (1 kg) – meule réutilisée – oblongue à perforation centrale en basalte alvéolé, incomplète [ATJ87.D9A19.L65] ;
- 1 percuteur en calcaire, incomplet [ATJ87.D9A20.L73] ;
- 2 roues de chariot en argile durcie, complètes [ATJ87.D9A17.Tc20 ; ATJ87.D9A19.Tc21] ;
- 8 figurines animales en terre cuite, incomplètes [ATJ87.D9A17.Tc16 ; ATJ87.D9A19.Tc18 ; ATJ87.D9A20.Tc19, 31, 98 ; ATJ87.D9A23.Tc36] ou complètes [ATJ87.D9A19.Tc17, 24] ;

Tableau 15.14 : Inventaire céramique des pièces 522-523-524-525-526 et 613-614-615.

Fabriques	Fragments	Formes/vases	Numéros catalogue/C
Métallique	14	5 bols	1911, 1935, 1963, 1966, 2129
		3 bouteilles	1941, 1958, 1971
Ninive 5 incisée/ excisée	1	1 bol	1923
Grise incisée	1	1 jarre	1782
Noire polie incisée	1	1 bol	1961
Fine	215	2 formes indéterminées	1773, 1842
		3 récipients miniatures	354 (complet), 366 (complet), 367
		93 bols	1161(complet), 1351, 1360-1, 1660, 1665-6, 1668, 1678, 1681, 1684, 1687-8, 1689, 1692, 1696, 1698, 1713-4-5, 1718, 1722, 1725-6, 1731, 1733-4-5-6-7-8-9, 1742, 1746, 1751-2, 1757-8-9, 1771, 1779, 1780-1, 1785, 1787, 1789, 1791, 1815, 1831, 1837-8, 1847, 1906, 1908-9, 1910, 1912, 1915-6, 1918-9, 1920, 1924-5, 1927, 1930, 1934, 1936-7, 1945-6-7, 1950, 1953-4-5-6, 1959, 1964, 1967, 1972, 1974-5, 2035-6-7-8, 2111, 2127, 2131, 2134-5, 9875
		5 bouteilles	1690, 1732, 1755, 2030, 2039
		2 jarres	1662, 1761
Commune	2 067	7 formes indéterminées	1728, 1740, 1840, 1932, 1957, 1976, 5352
		3 récipients miniatures	1743, 1762, 1973
		22 bols	1349, 1350, 1691, 1699, 1741, 1818, 1820, 1829, 1830, 1832, 1845, 1846, 1848, 1851-2, 1905 (marque de potier), 1907, 1942, 1948-9, 1960, 2031
		29 grands bols	1352-3, 1669, 1672, 1674, 1720, 1724, 1727, 1729, 1760, 1763, 1777, 1793, 1803, 1809, 1811, 1826, 1828, 1833, 1914, 1917, 1921, 1922, 1928, 1951-2, 2032, 2114, 2133
		1 jatte	1775
		13 jarres	1695, 1717, 1756, 1788, 1853, 1931, 1938, 1940, 2034, 2068, 2116, 2125, 2136
		2 jarres à tenons verticaux	1823, 1839
		9 grandes jarres	1663, 1673, 1765, 1767, 1769, 1802, 1841, 2126, 10058
		16 jarres à petite ouverture	1174, 1358, 1675, 1716, 1766, 1783, 1784, 1794, 1807, 1816, 1822, 1843-4, 1849, 1854, 1944
		41 jarres à grande ouverture	1319, 1356, 1659, 1670, 1671, 1677, 1679, 1683, 1693, 1719, 1721, 1723, 1764, 1768, 1770, 1778, 1786, 1790, 1792, 1795-6-7, 1804, 1806, 1814, 1817, 1900, 1903, 1913, 1933, 1943, 1968, 1970, 2112, 2118, 2121, 2123, 2128, 2130, 10052, 10066
Culinaire	288	5 grands bols	1355, 1745, 1774, 1969, 2132
		3 couvercles	1748, 1808, 1813
		34 marmites	1354, 1676, 1682, 1694, 1697, 1744, 1747, 1749, 1750, 1753, 1776, 1799, 1801, 1812, 1821, 1824-5, 1827, 1834-5-6, 1850, 1855, 1865, 1901-2, 1904, 1926, 1939, 1965, 1977, 2033, 2040-1
TOTAL	2 587		

NIVEAU I

Figure 15.17 : Sélection de vases provenant des pièces 522-523-524-525-526 et 613-614-615.

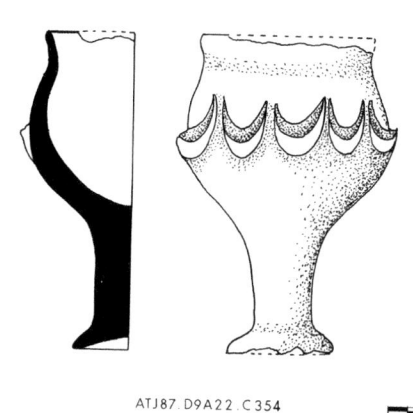

ATJ87.D9A22.C354

ATJ87.D9A22.C354 : Récipient miniature à pied (coupe) de fabrique *Fine*, complet. 4,3 (dia.) × 7,6 cm (h.). Pâte minérale de texture fine, peu dure (Mohs 3), de couleur *very pale brown* (10YR7/3). Haut pied à base étalée et concave, panse convexe, col concave, rebord évasé et lèvre amincie. Décor appliqué : rangée d'arcs de cercle sur la panse.

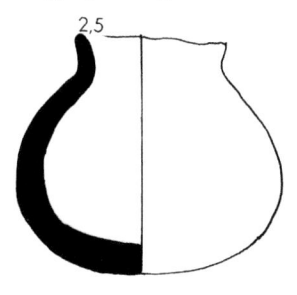

ATJ87.D9A19.C366

ATJ87.D9A19.C366 : Vase miniature (flacon), complet. 2,8 (dia.) × 4,2 cm (h.). Pâte de couleur *white* à *yellow* (2.5Y8/2 à 7/4), dure (Mohs 3), de texture fine avec peu de très petites inclusions minérales. Fond aplati, paroi convexe, petit col légèrement évasé, lèvre amincie.

- 1 fusaïole conique en pierre, incomplète [ATJ87.D9A20.L68] ;
- 1 tesson circulaire perforé, complet [ATJ87.D9A23.C1962] ;
- 1 peson biconique à perforation centrale en argile durcie, complet [ATJ87.D9A1.Tc13] ;
- 2 jetons en forme de disque en argile durcie, complets [ATJ87.D9A20.Tc32-33] ;
- 1 jeton sphérique en argile durcie, incomplet [ATJ87.D9A19.Tc74] ;
- 1 jeton en forme de disque en tuf, complet [ATJ87.D9A20.L78] ;
- 1 perle en forme de disque avec perforation centrale en gypse (?), incomplète [ATJ87.D9A20.B113].

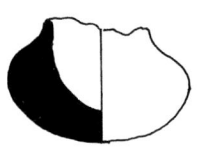

ATJ87.D9A23.C367

ATJ87.D9A23.C367 : Vase miniature en argile crue (godet), incomplet. 3,1 (dia.) × 2,1 cm (h.). Pâte de couleur *light reddish brown* (10YR6/4) à *very pale brown* (10YR7/3), peu dure (Mohs 2), de texture mi-fine avec peu de très petites inclusions minérales. Fond aplati, paroi droite, très petit col, rebord et lèvre manquants.

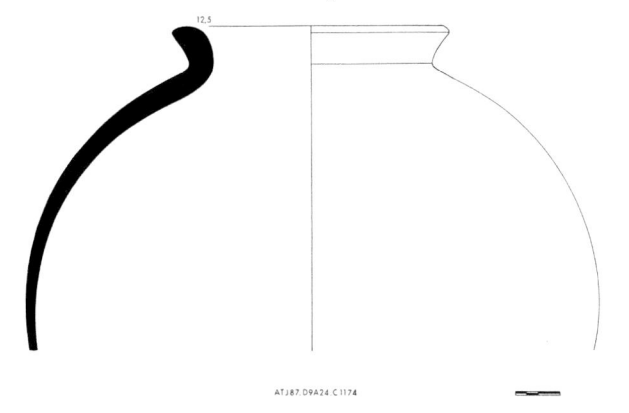

ATJ87.D9A24.C1174

ATJ87.D9A24.C1174 : Jarre à petite ouverture de fabrique *Commune*, fragmentaire. 12,5 cm (dia.). Paroi convexe, petit col concave, rebord évasé, lèvre simple carrée.

La fouille des pièces 507, 533, 547-548-549 a révélé un impressionnant volume de céramiques (Tableau 15.15) dont certaines formes représentatives sont reproduites dans la Figure 15.19 ; deux tessons portent une marque de potier (Fig. 15.18).

La marque de potier sur le tesson ATJ87.D8A12.C1604 a l'aspect d'un œil bipartite, incomplet (cf. Abd : Sconzo 2013, 250 – type IX.02, pl. 191).

Les autres éléments de la culture matérielle découverts dans les pièces 507, 533, 547-548-549 sont :

- 36 fragments de silex, dont six tronçons de lame ;
- 6 couvercles en plâtre de gypse, incomplets [ATJ87.D8A12.P3, 34-35-36-37 ; ATJ87.D8A19.P33] ;
- 1 écuelle ou auge en plâtre de gypse, incomplète [ATJ86.E8A1.P7] ;

Tableau 15.15 : Inventaire céramique des pièces 507, 533, 547-548-549.

Fabriques	Fragments	Formes/vases	Numéros catalogue/C
Métallique	10	1 fond	2005
		1 gobelet	1506
		2 bouteilles	1493, 1557
Peinte	3		
Ninive 5 incisée/ excisée	6	1 forme indéterminée	1310
		3 bols	1311-2, 3309
		1 jarre	1889
Fine	215	7 formes indéterminées	1530, 1633, 1641, 1658, 1990, 9687, 9689
		5 fonds	1503, 1540, 2119, 2120, 3413
		66 bols	377$^{(complet)}$, 498-9, 501, 1370, 1497-8, 1519, 1520, 1526-7, 1546, 1548, 1552-3-4, 1568, 1570, 1582-3, 1585, 1608-9, 1610-1-2-3, 1628-9, 1631, 1635, 1654-5, 1664, 1704, 1708, 1711-2, 1858-9, 1861, 1883, 1885, 1891, 1894, 1896-7, 1980-1, 1983-4, 1986-7-8, 1992, 1994-5, 1998-9, 2000-1, 2021-2, 2107, 2109, 2122
		1 gobelet	1537
		2 flacons	1340, 1368
		2 bouteilles	1364, 1385
		3 jarres	1890, 1898, 2105
Commune	1749	6 formes indéterminées	1502$^{(marque\ de\ potier)}$, 1541, 1604$^{(marque\ de\ potier)}$, 1886, 2003$^{(marque\ de\ potier)}$, 2106
		2 fonds	1700, 3423
		5 récipients miniatures	390$^{(coupelle\ complète)}$, 1363, 1626, 1892, 2028
		1 gobelet	1366
		24 bols	1384, 1549, 1587, 1618, 1621, 1651, 1856, 1860, 1864, 1870, 1871, 1873-4-5, 1878, 1881-2-3, 1899, 1982, 1989, 1991, 1997, 2113
		19 grands bols	502, 1452, 1499, 1535, 1566, 1584, 1597, 1616, 1624, 1638, 1647, 1884, 1979, 1993, 2007, 2009, 2101, 2103, 3322
		2 marmites	3308, 3325
		1 flacon	378$^{(complet)}$
		22 jarres	411, 1504, 1542, 1559, 1653, 1661, 1703, 1868, 1879, 1880, 1895, 1985, 2002, 2004, 2015, 2027, 2100, 2102, 2104, 2108, 3324, 5337
		5 grandes jarres	298, 304, 1357, 1639, 2017
		18 jarres à petite ouverture	1369, 1495, 1560, 1574, 1591, 1593, 1598, 1636-7, 1649, 1702, 1862, 1877, 1978, 2010, 2026, 2124, 3433
		43 jarres à grande ouverture	497, 504, 1365, 1367, 1449, 1455, 1460, 1496, 1500, 1505, 1507, 1509, 1528, 1536, 1543, 1550-1, 1555-6, 1562, 1590, 1592, 1594, 1632, 1642-3-4, 1652, 1710, 1867, 1869, 1876, 1888, 2008, 2016, 2020, 2023, 2227, 3420, 3425, 10068, 10075, 10087
Culinaire	377	16 grands bols	503, 1492, 1522, 1595, 1599, 1602-3, 1640, 1657, 1705-6-7, 1709, 1872, 3326-7
		1 jatte	1523
		4 couvercles	1513, 1561, 2011, 2018
		44 marmites	505-6-7-8-9, 510, 1171, 1494, 1501, 1539, 1579, 1581, 1586, 1589, 1600-1, 1605-6-7, 1620, 1622, 1625, 1634, 1645-46, 1648, 1650, 1656, 1701, 1866, 2013-4, 2019, 2024-5, 2117, 3311, 3317, 3321, 3328-9, 3331, 5378, 9850
		1 forme indéterminée	1863
TOTAL	**2 360**		

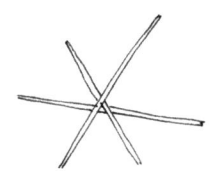

Figure 15.18 : Marques de potier sur le vase ATJ87.E9A3.C1502 : motif de l'étoile à six branches fait à partir de traits incisés (cf. Abd : Sconzo 2013, 238 – type IX.05, pl. 156) et sur le vase

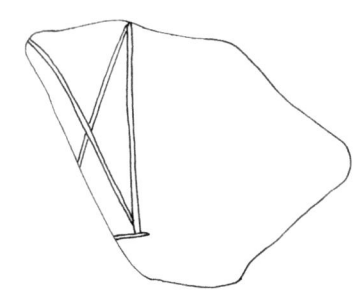

ATJ87.E9A1'.C2003 : motif du sablier (cf. Abd : Sconzo 2013, 238 – type IV.07, pl. 157), dit aussi de l'enveloppe (cf. Djassa al-Gharbi : Koliński, 1933-1994, 9 – type 18, 21, fig. 5i, 26 fig. 14).

- 9 meules en basalte alvéolé, incomplètes [ATJ86. E8A1.L40 ; ATJ86.E8A3.L43 ; ATJ87.E9A1'.L83, 86, 87, 90 ; ATJ87.E9A3.L113-114 ; ATJ87.E9B3.L118] ;
- 2 broyeurs complets, l'un en basalte alvéolé [ATJ87. E8B3.L109], l'autre en tuf [ATJ87.D8A16.L278] ;
- 1 percuteur en andésite, complet [ATJ87.E8B3.L108] ;
- 2 pilons en grès, incomplets [ATJ86.E8A3.L45 ; ATJ87.E8B4.273] ;
- 1 houe – meule réutilisée – en basalte alvéolé, incomplète [ATJ86.E8A3.L47] ;
- 1 ancre (1,3 kg) oblongue – meule réutilisée – à perforation centrale en basalte alvéolé, incomplète [ATJ86.E8A3.L44] ;
- 1 ancre (0,9 kg) circulaire – meule réutilisée – à perforation centrale en basalte alvéolé, incomplète [ATJ87.E9A1'.L88] ;
- 1 ancre (8,3 kg) oblongue à perforation au tiers supérieur en grès calcaire, complète [ATJ86.E8A1. L41] ;
- 1 ancre (1,2 kg) oblongue à perforation au tiers supérieur en calcite, incomplète [ATJ87.D8A17.L107] ;
- 1 ancre (9,1 kg) rectangulaire à perforation au tiers supérieur en calcaire, incomplète [ATJ92.424. L123] ;
- 1 poids (200 gr) rectangulaire avec perforation centrale en basalte alvéolé, incomplet [ATJ87.E9A3. L115] ;

- 2 crapaudines incomplète, l'une en calcaire [ATJ87. D8A12.L106], l'autre en basalte alvéolé – meule réutilisée – [ATJ86.E8A3.L48] ;
- 1 roue de chariot en terre cuite, incomplète [ATJ87. E9A3.Tc46] ;
- 3 figurines animales en terre cuite, incomplètes [ATJ87. D8A16.Tc73 ; ATJ87.E9A1'.Tc99 ; ATJ87.E8B2.Tc100] ;
- 1 jeton conique en terre cuite, complet [ATJ87. E9A2.Tc101] ;
- 2 jetons en forme de disque avec cupules sur une face en terre cuite, complets [ATJ87.E9A2.Tc102] ;
- 3 jetons en forme de croissants en terre cuite, complets [ATJ87.E9A2.Tc103] ;
- 1 jeton en forme de disque avec rainure médiane sur une face en terre cuite, complet [ATJ87.E9A2. Tc104] ;
- 3 jetons sphériques en terre cuite, complets [ATJ87. E9A1'.Tc43 ; ATJ87.E9A2.Tc52, 106] ;
- 5 jetons en forme de cônes tronqués avec traits sur les côtés et petits trous au sommet en terre cuite, complets [ATJ87.E9A2.Tc107] ;
- 3 jetons en forme de cônes tronqués avec traits sur les côtés mais sans trous au sommet en terre cuite, complets [ATJ87.E9A2.Tc108] ;
- 1 bouchon (?) en argile à peine durcie, complet [ATJ87.D8A16.Tc53] ;
- 1 bouchon (?) en argile durcie, incomplet [ATJ87. E8A4.Tc49] ;
- 1 court poinçon triangulaire en os, complet [ATJ87. D8A10.Os3].

Finalement, les petits espaces 501-501' ont donné plusieurs fragments de céramique (Tableau 15.16) dont un certain nombre sont illustrés dans la Figure 15.20.

ATJ86.E7A5.C5346 : marque de potier incomplète sous la forme d'un cercle elliptique (cf. Abd : Sconzo 2013, 250 – type IX.03, pl. 191) ou d'un œil bipartite (cf. Abd : Sconzo 2013, 250 – type IX.02, pl. 191).

Autres éléments de la culture matérielle des espaces 501-501' :

- 9 fragments de silex, dont deux tronçons de lame lustrée ;
- 13 fragments d'objets en plâtre (non catalogués) ;
- 1 broyeur en tuf, complet [ATJ86.E7A5.L7] ;
- 1 tesson de céramique circulaire, perforé au centre [ATJ86.E6A2.C3504].

Figure 15.19 : Sélection de vases provenant des pièces 507, 533, 547-548-549.

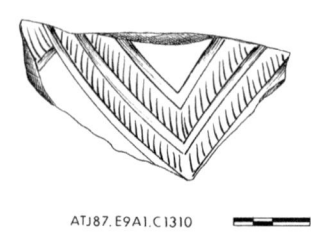

ATJ87.E9A1'.C1310 : Fragment sans profil de fabrique *Ninive 5 incisée/excisée*. La paroi externe sous le rebord est ornée d'une chaîne de chevrons faits à partir de lignes excisées entre lesquelles ont été incisés de petits traits verticaux (cf. Leilan : Schwartz 1988, fig. 31/8 ; Raqa'i : Schwartz & Chomowicz 2015, 211, fig. 4.13/603 : *hatched chevrons (excised)*).

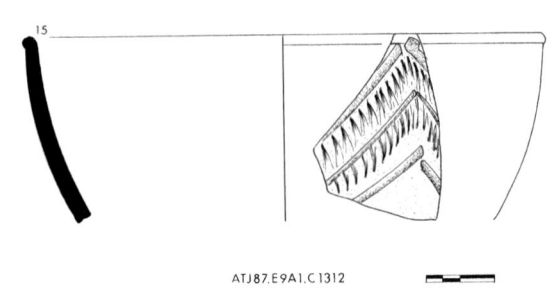

ATJ87.E9A1'.C1312 : Bol de fabrique *Ninive 5 incisée/excisée*, fragmentaire. 15 cm (dia.). Rebord rentrant, lèvre en bourrelet. Même motif que sur C1310.

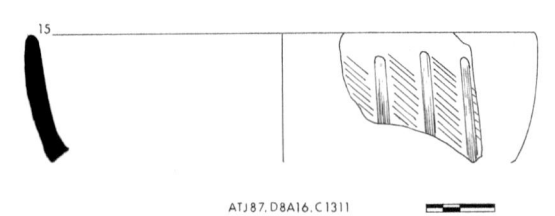

ATJ87.D8A16.C1311 : Bol de fabrique *Ninive 5 incisée/excisée*, fragmentaire. 15 cm (dia.). Rebord rentrant, lèvre arrondie. Au rebord, décor de petits traits obliques tous pareillement orientés et disposés entre de petites cannelures verticales (cf. Raqa'i : Schwartz & Chomowicz 2015, 211, fig. 4.13/605 : *hatched vertical grooves (excised)*, fig. 4.30/13 et 16 ; Rova 2011, pl. 5/7-8).

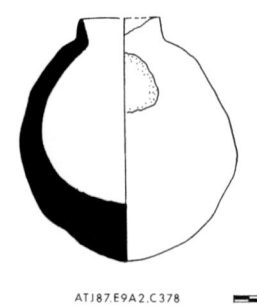

ATJ87.E9A2.C378 : Flacon de fabrique *Commune*, complet. 2,5 (dia.) × 7,4 cm (h.). Pâte de couleur *light red* (2.5YR6/6) à *very pale brown* (10YR8/3), dure (Mohs 4), de texture fine avec peu de minuscules inclusions minérales. Fond rond, paroi convexe, très petit col droit, lèvre amincie.

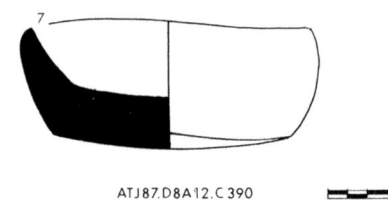

ATJ87.D8A12.C390 : Coupelle de fabrique *Commune*, complète. 7 (dia.) × 3,3 cm (h.). Pâte de couleur *light red* (2.5YR6/6) à *reddish yellow* (5YR7/6), dure (Mohs 3), de texture fine avec peu de très petites inclusions minérales. Fond plat épais, parois rectilignes, lèvre amincie.

ATJ87.D8A16.C1340 : Vase miniature à bec tubulaire de fabrique *Fine*, fragmentaire. Panse globulaire avec un bec tubulaire à mi-hauteur, col concave, rebord évasé, lèvre arrondie.

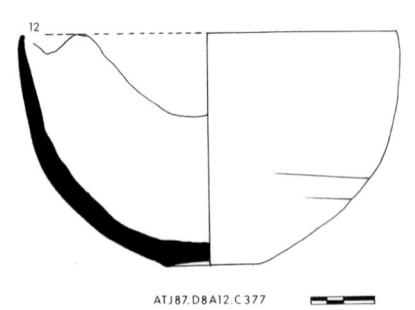

ATJ87.D8A12.C377 : Bol de fabrique *Fine*, complet. 12 (dia.) × 7 cm (h.). Pâte de couleur *white* à *light gray* (5Y8/2 à 7/2), dure (Mohs 4), de texture fine avec peu de minuscules inclusions minérales et de petites inclusions végétales. Fond plat/légèrement concave, paroi convexe, rebord rentrant, lèvre amincie.

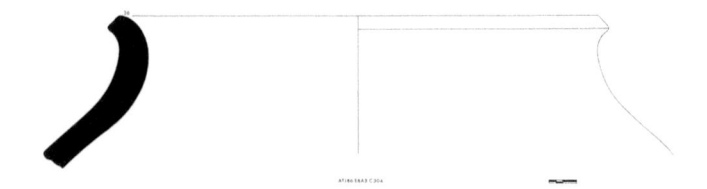

ATJ86.E8A3.C304 : Grande jarre de fabrique *Commune*, fragmentaire. 36 cm (dia.). Pâte de couleur *pink* (5YR8/3) et *very pale brown* (10YR7/3), dure (Mohs 4), de texture mi-fine avec des inclusions minérales. Lèvre simple carrée à face concave.

ATJ86.E8A1-3.C411 : Jarre de fabrique *Commune*, fragmentaire. 24 (dia.) × 39 cm (h.). Pâte de couleur *reddish yellow* (5YR7/6) à *very pale brown* (10YR8/3), dure (Mohs 4), de texture grossière avec plusieurs inclusions minérales de différents calibres et une grande quantité d'inclusions végétales. Fond aplati, paroi convexe, petit col concave, rebord évasé, lèvre biseautée avec ressaut.

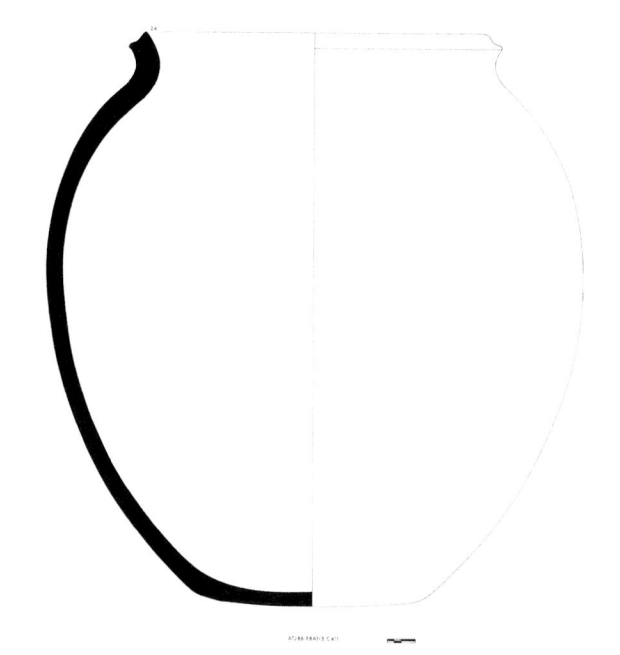

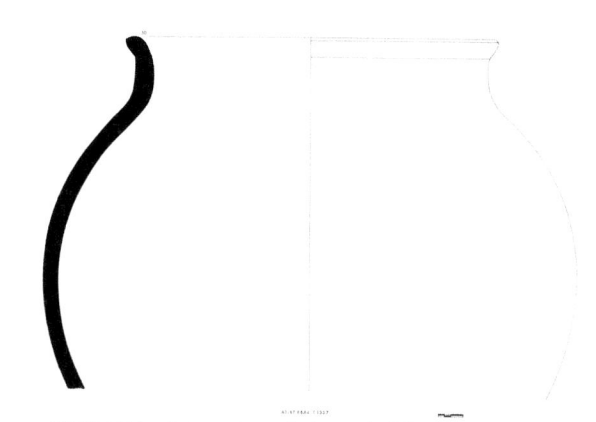

ATJ87.E8A4.C1357 : Grande jarre de fabrique *Commune*, fragmentaire. 30 cm (dia.). Paroi convexe, haut col légèrement concave/plutôt droit, lèvre simple carrée.

Tableau 15.16 : Inventaire céramique des espaces 501-501'.

Fabriques	Fragments	Formes/vases	Numéros catalogue/C
Peinte	4	1 bouteille	
Ninive 5 incisée/ excisée	1	1 bol	5347
Grise incisée	1	1 forme indéterminée	9835
Fine	43	7 bols	479, 3306, 3323, 3406, 3476, 3484, 3487
		1 bouteille	101
Commune	504	4 formes indéterminées	5346[marque de potier], 9662, 9696, 9701
		3 récipients miniatures	93, 426, 964
		3 bols	44, 424, 3475
		15 grands bols	193, 421-2-3, 425, 427-8, 443-4, 447, 3468, 3482-3, 3509, 3520
		5 jarres	301, 347, 3313, 3453, 3499
		3 grandes jarres	99, 413, 3498
		12 jarres à petite ouverture	42, 85, 92, 230, 248, 321, 345, 402, 415-6, 478, 3481
		22 jarres à grande ouverture	211, 220, 237, 241, 261, 306, 325, 414, 448-9, 3445, 3480, 3485, 3490, 3494, 3496, 3500, 3503, 3505-6, 3519, 10079
Culinaire	249	2 grands bols	477, 3488
		2 couvercles	451, 9845
		26 marmites	417-8-9, 420, 474, 480-1-2-3, 3310, 3312, 3318, 3333, 3467, 3479, 3491-2, 3495, 3497, 3502, 3508, 3510, 3518, 9800, 9805, 9810
TOTAL	802		

Figure 15.20 : Sélection de vases provenant des espaces 501-501'.

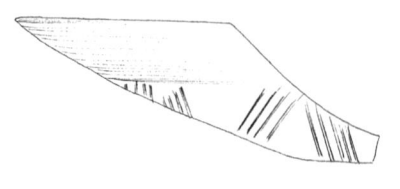

ATJ86.E6A2.C5347 : Fragment d'un bol (?) de fabrique *Ninive 5 incisée/excisée*. Chaîne de groupes de quatre traits obliques alternant dans un sens et dans l'autre (Leilan : Schwartz 1988, fig. 32/3, 7 et 12 ; Raqa'i : Schwartz & Chomowicz 2015, 210, type 626 : *oblique groups of parallel lines*).

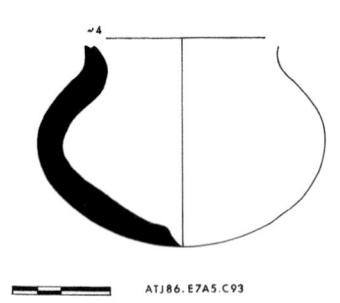

ATJ86.E7A5.C93 : Récipient miniature de fabrique *Commune*, incomplet. 4 (dia.) × 4,2 cm (h.). Pâte de couleur *very pale brown* (10YR7/3), dure (Mohs 4), de texture plutôt fine avec des inclusions minérales. Fond arrondi, paroi bien convexe, petit col concave, rebord évasé.

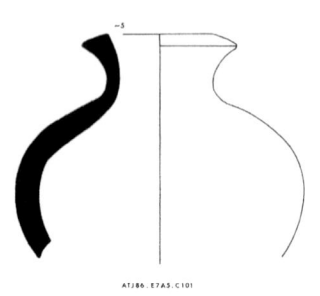

ATJ86.E7A5.C101 : Bouteille de fabrique *Fine*, fragmentaire. 5 cm (dia.). Pâte de couleur *light reddish brown* (10YR6/4), dure (Mohs 4), de texture mi-fine avec des inclusions minérales. Panse globulaire, petit col très concave, rebord étalé, lèvre amincie.

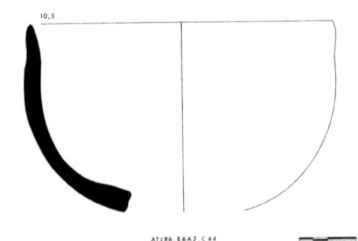

ATJ86.E6A2.C44 : Bol de fabrique *Commune*, fragmentaire. 10,5 (dia.) × 6,3 cm (h.). Pâte de couleur *white* (2.5Y8/2) à *reddish yellow* (5YR6/6), dure (Mohs 4), de texture mi-fine avec des inclusions minérales. Fond arrondi, paroi convexe, rebord droit, lèvre amincie.

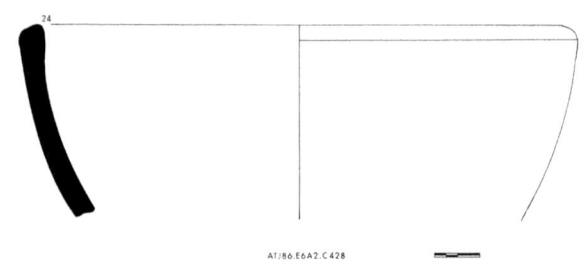

ATJ86.E6A2.C428 : Grand bol de fabrique *Commune*, fragmentaire. 24 cm (dia.). Rebord rentrant, lèvre épaissie à face concave.

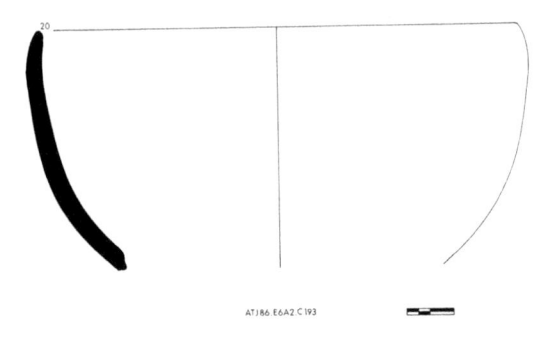

ATJ86.E6A2.C193 : Grand bol de fabrique *Commune*, fragmentaire. 20 cm (dia.). Paroi convexe, rebord légèrement rentrant, lèvre arrondie.

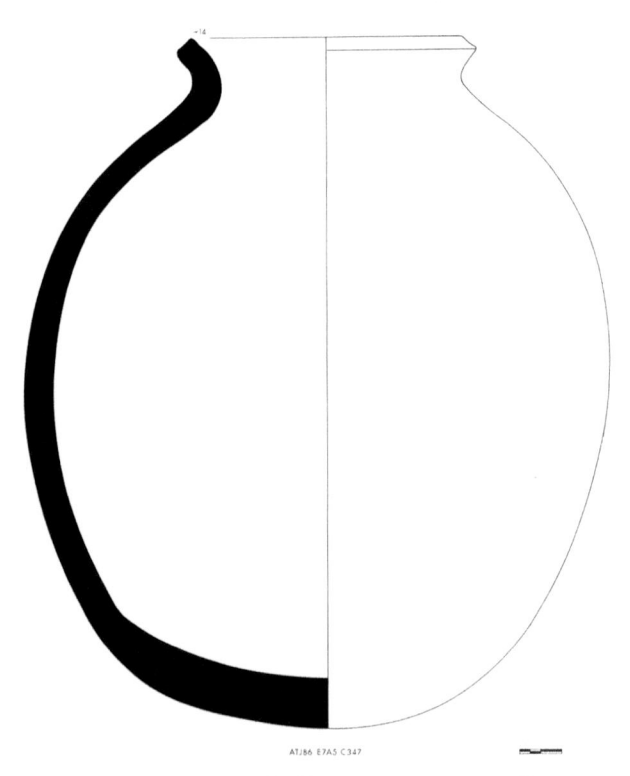

ATJ86.E7A5.C347 : Jarre de fabrique *Commune*, complète. 14 (dia.) × 30 cm (h.). Pâte de couleur *white* (2.5Y8/2) à *reddish yellow* (5YR6/6), dure (Mohs 4), de texture mi-fine avec plusieurs inclusions minérales blanches de différents calibres et végétales. Fond aplati, paroi convexe, petit col concave, rebord évasé, lèvre biseautée.

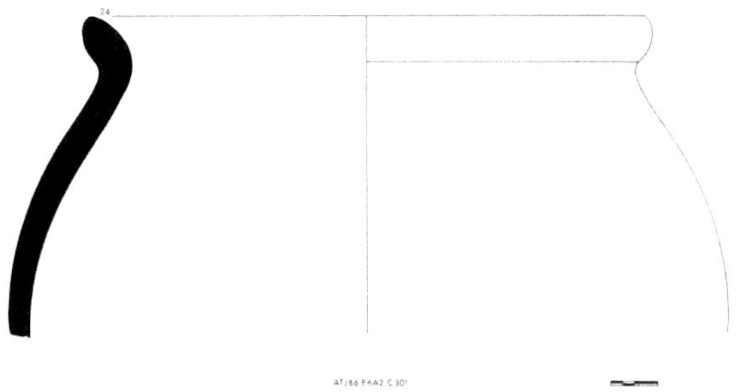

NIVEAU I

ATJ86.E6A2.C301 : Jarre de fabrique *Commune*, fragmentaire. 24 cm (dia.). Petit col concave, rebord très évasé, lèvre à collet.

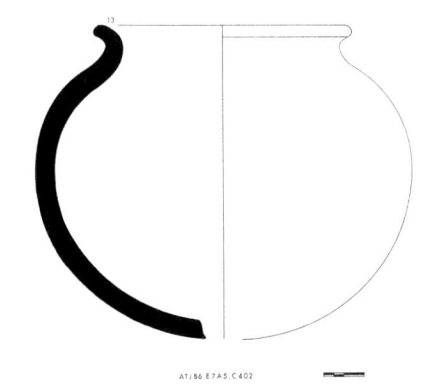

ATJ86.E7A5.C402 : Jarre à petite ouverture de fabrique *Commune*, fragmentaire. 13 (dia.) × 15,5 cm (h.). Pâte de couleur *white* (2.5Y8/2) à *light reddish brown* (5YR6/3), dure (Mohs 4), de texture grossière avec des inclusions minérales. Fond arrondi, paroi convexe, petit col concave, rebord évasé, lèvre simple arrondie.

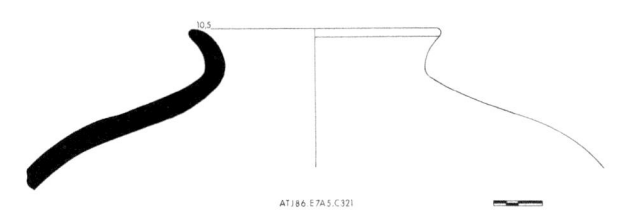

ATJ86.E7A5.C321 : Jarre à petite ouverture de fabrique *Commune*, fragmentaire. 10,5 cm (dia.). Pâte de couleur *pale yellow* (5Y7/3), dure (Mohs 4), de texture mi-fine avec des inclusions minérales et végétales. Petit col concave, rebord évasé, lèvre simple arrondie.

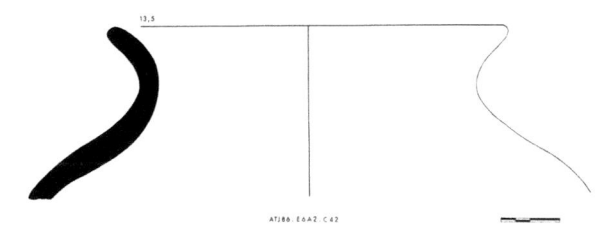

ATJ86.E6A2.C42 : Jarre à petite ouverture de fabrique *Commune*, fragmentaire. 13,5 cm (dia.). Hat col concave, rebord évasé, lèvre simple arrondie.

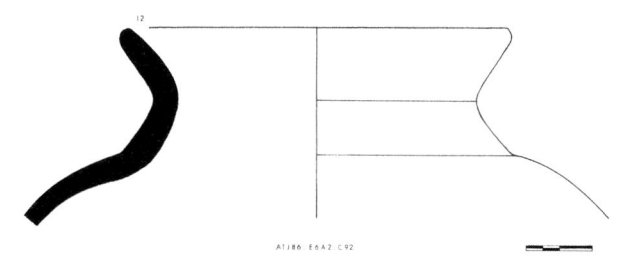

ATJ86.E6A2.C92 : Jarre à petite ouverture de fabrique *Commune*, fragmentaire. 12 cm (dia.). Haut col concave, rebord évasé, lèvre simple arrondie.

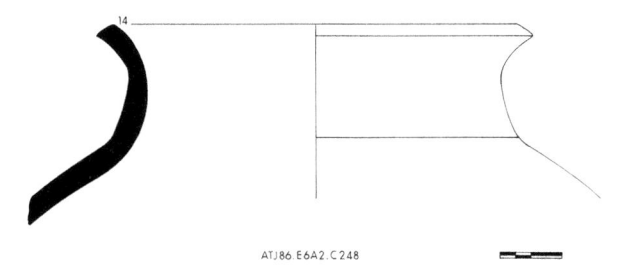

ATJ86.E6A2.C248 : Jarre à petite ouverture de fabrique *Commune*, fragmentaire. 14 cm (dia.). Pâte de couleur *light reddish brown* (5YR6/4), peu dure (Mohs 3), de texture mi-fine avec des inclusions minérales. Haut col concave, rebord évasé, lèvre simple carrée.

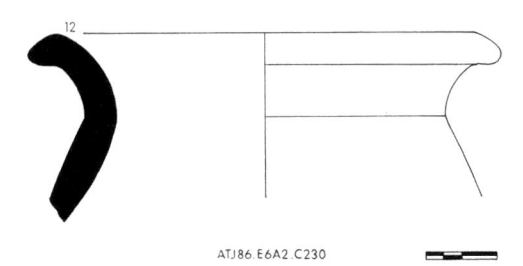

ATJ86.E6A2.C230 : Jarre à petite ouverture de fabrique *Commune*, fragmentaire. 12 cm (dia.). Haut col concave, rebord évasé, lèvre triangulaire.

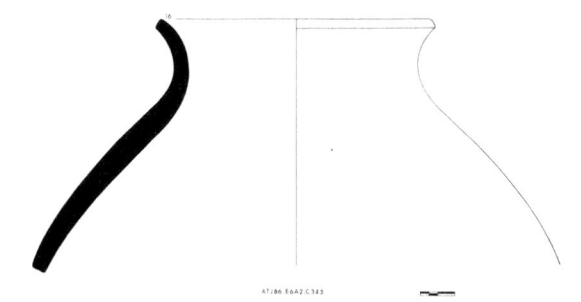

ATJ86.E6A2.C345 : Jarre à petite ouverture de fabrique *Commune*, fragmentaire. 16 cm (dia.). Haut col concave, rebord évasé, lèvre simple carrée.

ATJ86.E6A2.C241 : Jarre à grande ouverture de fabrique *Commune*, fragmentaire. 23 cm (dia.). Pâte de couleur *white* (5Y8/2) à *reddish yellow* (5YR6/6) et *gray* (10YR6/1), très dure (Mohs 5), de texture mi-fine avec des inclusions minérales. Haut col concave, rebord évasé, lèvre simple carrée.

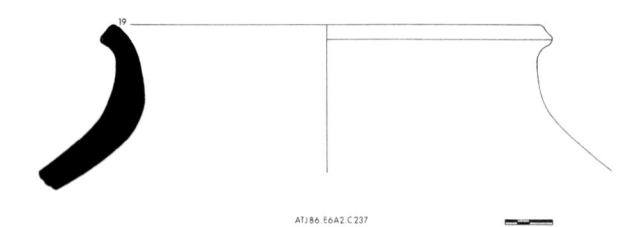

ATJ86.E6A2.C237 : Jarre à grande ouverture de fabrique *Commune*, fragmentaire. 19 cm (dia.). Pâte de couleur *white* (5Y8/2) à *very pale brown* (10YR7/3), dure (Mohs 4), de texture mi-fine avec des inclusions minérales. Col concave, rebord évasé, lèvre simple carrée.

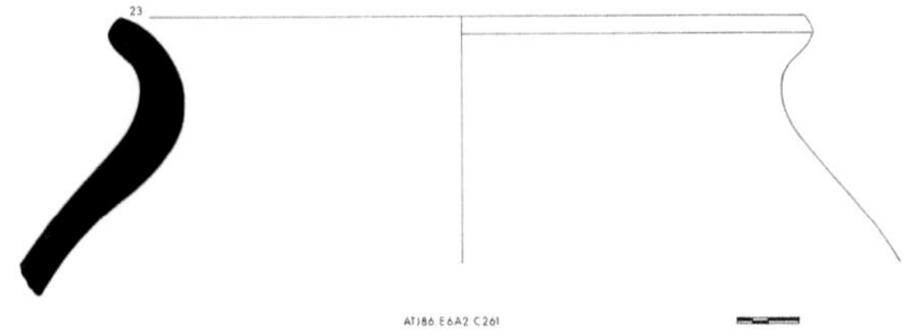

ATJ86.E6A2.C261 : Jarre à grande ouverture de fabrique *Commune*, fragmentaire. 23 cm (dia.). Petit col concave, rebord évasé, lèvre simple carrée.

ATJ86.E6A2.C220 : Jarre à grande ouverture de fabrique *Commune*, fragmentaire. 26 cm (dia.). Petit col concave, rebord évasé, lèvre simple carrée à face concave.

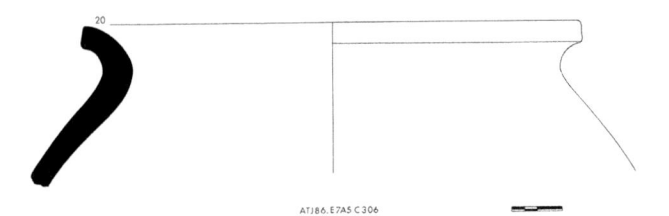

ATJ86.E7A5.C306 : Jarre à grande ouverture de fabrique *Commune*, fragmentaire. 20 cm (dia.). Col concave, rebord évasé, lèvre en bandeau droit à face concave.

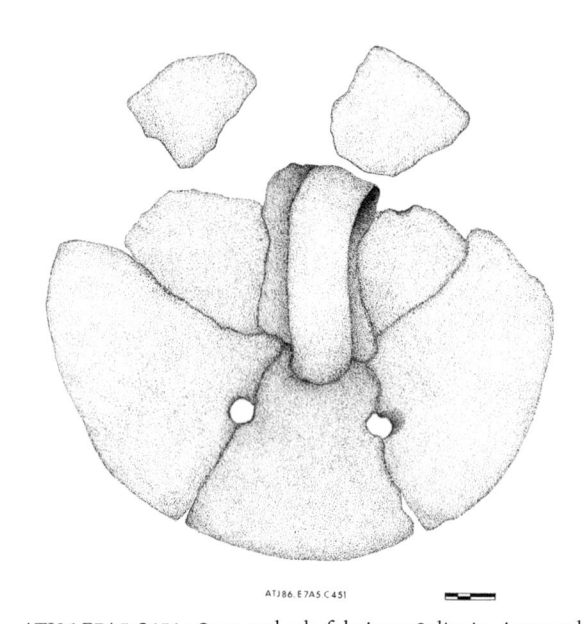

ATJ86.E7A5.C451 : Couvercle de fabrique *Culinaire*, incomplet. Pâte de couleur *reddish yellow* (5YR6/6) à *very dark gray* (10YR3/1), peu dure (Mohs 3), très grossière avec des inclusions minérales. Disque de forme bien circulaire avec une anse en ruban au centre et deux perforations, lèvre arrondie. Traces de suie.

Datation

La datation archéomagnétique de tessons sans profil de fabrique *Commune* provenant d'unités de fouilles du niveau I de Tell 'Atij a donné comme résultat : 2637 ± 63 av. J.-C. (Gallet, Fortin *et al.* 2020, table 1). Il s'agit donc de la date d'abandon du site. Elle coïncide avec la fin de la période EJZ 2.

Cette datation est corroborée en quelque sorte par le sceau cylindrique en feldspath [L28] recueilli à ce niveau-ci, puisque le motif dit du *basket work* dont il est décoré est considéré comme typique de la dernière phase de la période *Ninive 5* en Mésopotamie septentrionale (Marchetti 1996, 99) et est attribuable aux périodes *Early Jezirah* 2 et 3 (Jans & Bretschneider 2011, 315 et 322), voire plus précisément à la transition EJZ 2/3a (Quenet 2007, 13-14, 26-27), soit peu après 2600 av. J.-C.

Plusieurs éléments céramiques viennent aussi conforter cette datation. Au départ, la présence de plus en plus importante de tessons de fabrique *Métallique* pointe vers la fin de la période EJZ 2 (Rova 2011, 57 ; Alachkar 2017, 167), soit autour de 2600 av. J.-C. (Pruß 2000 ; Falb *et al.* 2014, 180). Plus précisément, le bol à piédestal ATJ86.D17A1.C47 de cette fabrique est une forme typique de la période EJZ 3a (Rova (2011, 59 table 5a, 71 : ARCANE EJZ type 5, 93, pl. 7/19), donc entre 2600 et 2500 av. J.-C. Quant à la jarre ATJ86.D17A1.C458, elle est décrite par Elena Rova (2011, 73, 96-97, pl. 9/7 : ARCANE EJZ type 59) comme une forme qui apparaît au début de la période EJZ 3a, donc peu après 2600 av. J.-C.

Plusieurs motifs représentés sur des vases de fabrique *Ninive 5 incisée/excisée* sont aussi à dater de la période EJZ 2 final (Quenet 2011, 45-46) :

– métopes incisées alternant avec des cannelures sur les fragments ATJ86.E6A1.C432, C657 et ATJ87.E16A2.C1309 : ont aussi été identifiées sur des tessons provenant des niveaux 3 de Raqa'i (Schwartz & Chomowicz 2015, 280, fig. 4.30/1-5, fig. 4.34) et 16 de Leilan (Schwartz 1988, 84, fig. 31/11 et 14 ; Calderone & Weiss 2003, 207/1-4) ;

– chevron hachuré sur ATJ87.E9A1'.C1310 et C1312 : se retrouve également sur un tesson de Leilan, niveau 16 (Schwartz 1988, 84, fig. 31/8) ;

– petits traits obliques incisés entre des lignes verticales excisées sur ATJ87.D8A16.C1311 : se comparent à des exemplaires trouvés à Raqa'i, niveau 3 (Schwartz & Chomowicz 2015, fig. 4.30/13 et 16) ;

– petits traits obliques incisés entre de larges lignes excisées en zigzag sur ATJ86.E17A5.C51 et ATJ87.E17B1.C1308 : sont identiques à des spécimens découverts à Leilan (Schwartz 1988, fig. 31/12) et Raqa'i (Schwartz & Chomowicz 2015, 280, fig. 4.30/6-7 et 9) ;

– chaîne de groupes de quatre traits obliques alternant dans un sens et dans l'autre sur ATJ86.E6A2.C5347 : est reproduite sur des vases du niveau 16 de Leilan (Schwartz 1988, fig. 32/3, 7 et 12).

Enfin, certains décors sont diagnostiques de la période EJZ 2, mais pas nécessairement de la fin de cette période : ainsi, les métopes non-incisés alternant avec des cannelures sur le fragment ATJ86.E17A4.C618 s'apparentent à un tesson de bouteille du niveau 19 de Leilan (Schwartz 1988, fig. 31/15) et les triangles pleins pointant vers le bas et peints en rouge sur le fragment ATJ86.E8A2.C143 rappellent des vases du niveau 4 de Raqa'i (Schwartz & Chomowicz 2015, 273, fig. 4.22).

Interprétation

Il est difficile, pour ne pas dire impossible de fournir une interprétation valable pour les maigres vestiges architecturaux du niveau I mis au jour dans le secteur très restreint ouvert au sommet du tell tant ces structures ont été détériorées par le creusement d'un nombre impressionnant de fosses et de tombes à la surface du tell après son abandon. Des surfaces en cailloutis ou en plâtre de gypse sont délimitées par des segments de murs qui ne forment aucun plan. Trois très petites pièces juxtaposées [508-509-510] sont plaquées contre le parement septentrional de l'imposant mur 201-261, mais aucun indice structurel ni pièces de mobilier n'indiquent une fonction particulière pour ces pièces.

Dans les autres secteurs fouillés du site, à l'extrémité septentrionale et sur le versant méridional, la présence de structures à ce niveau-ci est en réalité subodorée en raison de leur proximité d'avec la surface du tell, très pentue et érodée, et de leur rattachement au mur d'enceinte qui lui est certainement resté en fonction jusqu'à la dernière période d'occupation de l'établissement.

Pour les pièces mises au jour sur le versant méridional : 517-517' et 516, avec leurs murs plâtrés munis de contreforts intérieurs, voire leur sol plâtré posé sur une assise de briques dans le cas de la 516, elles seraient à interpréter comme des lieux de stockage. De fait, pour ces trois pièces, qui font partie d'un seul et même bâtiment à caractère public, il a été calculé (Paulette 2015, 322 table 4.5) que leur capacité de stockage pouvait permettre d'y stocker une quantité de grains suffisante pour assurer les besoins annuels en céréales à une population dont le nombre aurait pu varier entre 90 et 360 individus[8], donc supérieure à celle du hameau de Tell 'Atij.

En ce qui concerne le complexe architectural dégagé à l'extrémité septentrionale, il s'apparente avec quasi-certitude à un grenier communautaire (Chapitre 10) dont les capacités de stockage de toutes ses composantes peuvent assurer un approvisionnement annuel à une population de 45 à 411 villageois, selon différentes méthodes de calcul (Paulette 2015, 325, table 4.7). Mais ces estimations sont certainement en-deçà de la réalité puisque le grenier n'est pas conservé dans son entièreté : une partie a été emportée par l'érosion.

De fait, si on combine les capacités de stockage de ces deux ensembles de structures d'entreposage, à elles seules, elles dépassent largement les besoins alimentaires de la population du petit bourg rural de Tell 'Atij qui devait compter une cinquantaine de villageois seulement. Qui plus est, cette estimation est résolument sous-évaluée puisque plus de la moitié du site a été emportée par l'érosion, d'une part, et, d'autre part, seule une infime portion (5-6%) de la partie préservée du site a été fouillée.

Le mobilier retiré de ces structures milite en faveur d'une fonction d'entreposage. Ainsi, parmi la multitude de vases quasi complets extraits des composantes du grenier septentrional, on retrouve plusieurs jarres de fabrique *Commune* de dimensions moyennes qui ont probablement servi au transvasement des grains de céréales qui y étaient stockés d'autant qu'un entonnoir [ATJ86.E7A4.C49] découvert dans l'un des silos semi-voûtés aurait été mis à contribution pour faciliter de cette opération. En outre, au vu du gabarit comparable de ces vases, il convient de se demander si ces derniers n'auraient pas pu être faire office de récipients-étalons afin de mesurer exactement les quantités de grains transvasées. De plus, ces quantités aurait fait l'objet d'un décompte bien précis à l'aide de nombreux jetons de comptabilité (*calculi*) en terre cuite [TC 32-33, 45, 52, 101-102-103-104, 106-107-108] et en pierre [L78] trouvés à proximité. Cette observation est intéressante dans la mesure où un lien a été établi entre les jetons de compte (*calculi*) et une économie axée sur la redistribution de produits conservés dans des entrepôts (ex. Schmandt-Besserat 1982 ; 1992, vol. I, 168-170).

Le sceau-cylindre [ATJ86.D15A4.L28] découvert sur le sol de la cour 512-513 est également un artéfact à inclure dans la catégorie des outils de gestion administrative. En effet, sa fonction comme instrument pour sceller à la fois des structures d'entreposage et des récipients est bien attestée (Beyer 1985 ; Collon 1987, 113 ; Matthews 1991 ; Rigillo 1991 ; 2009 ; Voet & Bretschneider 1997, 63-67). Et d'habitude le recours à ce type d'objet se fait dans un contexte économique de redistribution, de transit, voire d'échanges de produits ou de denrées.

Comme le sceau-cylindre de Tell 'Atij a été manifestement abandonné sur place par son propriétaire qui exerçait un rôle d'autorité, on peut en déduire qu'il était devenu caduque, les activités administratives et commerciales du bourg rural et fluvial ayant pris fin. Ce qui expliquerait aussi la découverte dans les débris recouvrant les silos et petits entrepôts du grenier septentrional de sept ancres en pierre dont vraisemblablement les occupants des lieux n'avaient plus besoin pour amarrer les embarcations qui venaient prendre des cargaisons à Tell 'Atij. Elles s'ajoutent aux trois autres exemplaires retrouvés dans la couche sommitale dans le secteur au centre du tell principal. Ce nombre d'ancres ne représente pas une quantité négligeable de ce type d'artéfacts assez singulier et peu courant sur des sites ruraux nord-mésopotamiens.

---

8 Un peu moins – entre 15 et 25% – si on prend en compte les pertes occasionnées par une longue durée de conservation et les réserves mises de côté en vue de l'ensemencement l'année suivante (Paulette 2015, 326, note d).

Chapitre 16

Niveau « 0 »

Tableau 16.1 : Distribution par structure des unités de fouilles du niveau « 0 » au pied du versant méridional du tell, à l'extérieur du mur d'enceinte.

Structures	Murs	Unités de fouilles associées
Pièce 518	311 412/413 414/415	ATJ87.C19A1$^{(?)}$, 3 ATJ86.C20A1$^{(?)}$-2-3-4-5 ATJ87.C20A6-7-8 ATJ86.D20A1$^{(?)}$-2-3-4
Ouest 518	311 416	ATJ87.C19A1$^{(?)}$-2 ATJ86.D20A1$^{(?)}$, 5
Pièce 591	353 459	ATJ93.C22A2-3-4 ATJ93.D22A1$^{(?)}$-2 ATJ93.D21A2, 7 ATJ93.E22A1$^{(?)}$-2
Allée 592	353 354	ATJ87.C21A1$^{(?)}$-2$^{(?)}$-3-4, 7, 11 ATJ86.D20A2, 5 ATJ93.D21A1$^{(?)}$, 3-4, 6
Pièce 593	353 355 432 459	ATJ87.C21A1$^{(?)}$-2$^{(?)}$, 5-6$^{(four)}$, 8-9-10, 12-13 ATJ93.C22A1$^{(?)}$-2-3, 5 ATJ93.D21A5, 8

Le point d'interrogation en exposant (?) désigne une unité de fouilles contaminée en raison de sa proximité d'avec la limite d'érosion du tell ; son inventaire n'est donc pas pris en compte.

Le niveau « 0 » désigne les vestiges architecturaux mis au jour dans un secteur de 275 m², ouvert au pied du versant méridional du tell, car il est impossible de les situer dans la séquence chronostratigraphique du site (Fig. 2.5 : carrés C19-23, D20-23 et E22-23).

Ce chantier a été en activité dès notre première campagne, en 1986, dans les carrés C-D20 (Fortin 1988a, 152-155), puis en 1987, dans les carrés C19-20-21 (Fortin 1990a, 241-243), et finalement, en 1993, dans les carrés D21 et C-D-E22-23 (Fortin 1995, 41-42).

Les structures qui ont été dégagées à la base du versant méridional (Figs 16.1 et 16.2) appartiennent toutes à un seul et même niveau qui se situe à la cote d'altitude +289,00 m, soit celle de la surface naturelle du tell repérée dans le niveau XIII du chantier de fouilles au centre du tell. En outre, elles ont été retrouvées sous une accumulation homogène, d'au moins deux mètres d'épaisseur, de terres d'érosion provenant des niveaux supérieurs du tell (Figs 16.3, 16.4 et 16.5). Comme les murs en briques crues de ces édifices ont eux-mêmes beaucoup souffert des effets de l'érosion, au point d'avoir été complètement éradiqués par endroits, le plan d'ensemble qui émerge est très incomplet et tout à fait incertain.

Nous sommes parvenus, après bien des efforts et un peu d'imagination, à définir la présence de ce qui ressemblent à quelques pièces : 518, 593, 591 ; mais leurs dimensions et leurs plans sont impossibles à déterminer avec certitude à partir des maigres vestiges, très mal préservés, mis au jour. Notons néanmoins le très mince mur 311, constitué d'une unique rangée de briques crues, large de 0,25 à 0,30 m seulement, et préservé sur une hauteur de 2,50 m, qui a été érigé, sur au moins une distance d'une dizaine de mètres d'après la portion que nous en avons dégagée, tout contre d'épaisses couches de terre de colluvionnement provenant des niveaux supérieurs du tell (Figs 16.3, 16.4 et 16.5). Il est manifeste que pour l'ériger ses constructeurs ont dû entailler la base du versant méridional du tell alors que ce dernier était, en quelque sorte, en formation, c'est-à-dire soumis depuis un certain temps aux effets de l'érosion, conséquemment à son abandon.

Une très grande quantité de fragments de céramique ont été retrouvés dans ce niveau « 0 » (Tableau 16.2).

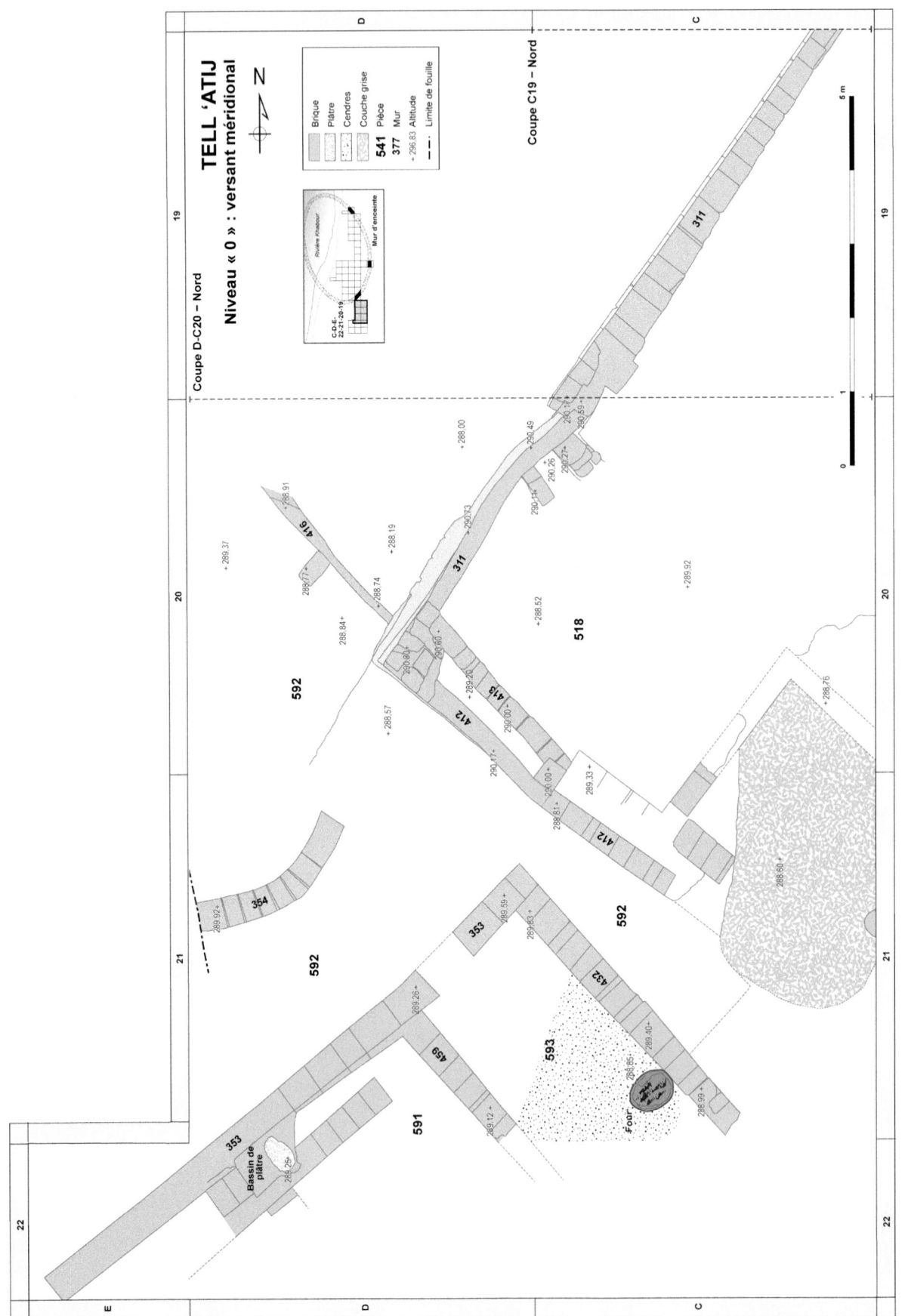

Figure 16.1 : Plan des structures mises au jour au pied du versant méridional. Voir aussi les coupes stratigraphiques D-C20 – Nord (Fig. 16.3) et C19 – Nord (Fig. 16.4).

Figure 16.2 : Structures dégagées au pied du versant méridional du tell, vues vers le sud. Le mur 311 se trouve au premier plan. Notez les nombreuses remontées de sel ici et là.

Plusieurs artéfacts sont aussi associables à ce niveau « 0 » :

- 102 fragments de silex, dont onze nucléus et sept tronçons de lame lustrée ;
- 1 éclat en obsidienne ;
- 22 fragments d'objets en plâtre ;
- 1 crapaudines en rhyolite, complète [L23] ;
- 2 crapaudines en calcaire, l'une incomplète [L120] et l'autre complète [L93] ;
- 1 jeton circulaire en basalte bien poli, complet [L102] ;
- 2 roues de chariot en terre cuite, l'une incomplète [Tc4], l'autre complète [Tc48] avec la silhouette d'une embarcation tracée sur l'une de ses faces ;
- 1 figurine animale en terre cuite, incomplète [Tc5] ;
- 4 épingles en bronze, complètes [M14-15-16] et incomplète [M12] ;
- 1 perle en forme de petit disque en gypse, complète [B25].

Datation et interprétation

La datation de ces structures à l'aide des fragments de céramique retirés des couches de terre qui leur sont associées est irréaliste étant donné qu'elles étaient enfouies sous une accumulation d'au moins deux mètres de matériaux sédimentaires ayant manifestement glissé du sommet du tell tout le long de son versant méridional, par suite du colluvionnement et de l'érosion éolienne (Figs 16.3, 16.4 et 16.5). Le mobilier archéologique retrouvé en lien avec ces structures est donc un mélange hétéroclite de tessons provenant des différents niveaux supérieurs du tell.

En outre, comme on peut clairement le voir sur la coupe stratigraphique septentrionale des carrés C20-D20 (Fig. 16.3), le long et étroit mur 311 a été érigé tout contre une superposition de couches de terres d'érosion qui ont glissé le long de la pente du tell. Le mur 311 aurait donc été construit alors que le tell était en pleine formation, si on peut dire, à la suite de l'abandon de l'établissement de l'EJZ 1-2, et depuis un certain temps

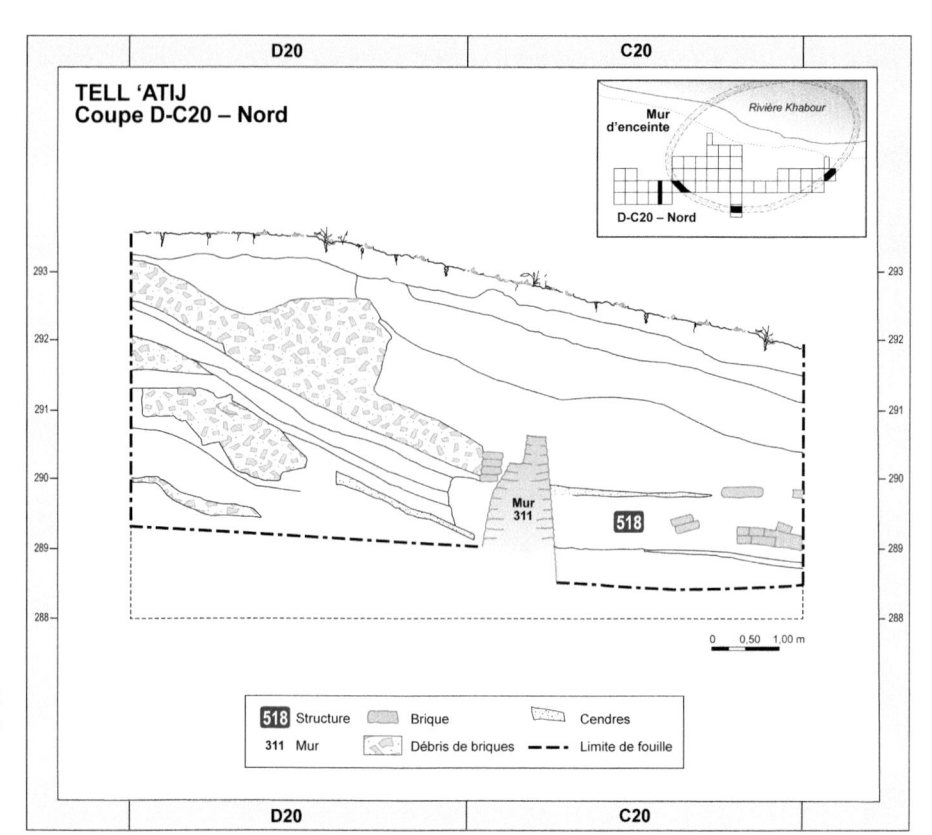

Figure 16.3 : Paroi septentrionale des carrés D-C20 montrant l'importante accumulation de terre d'érosion au-dessus des structures dégagées au pied du versant méridional du tell ainsi que la construction du mur 311 contre des couches de terre d'érosion formant le versant méridional du tell.

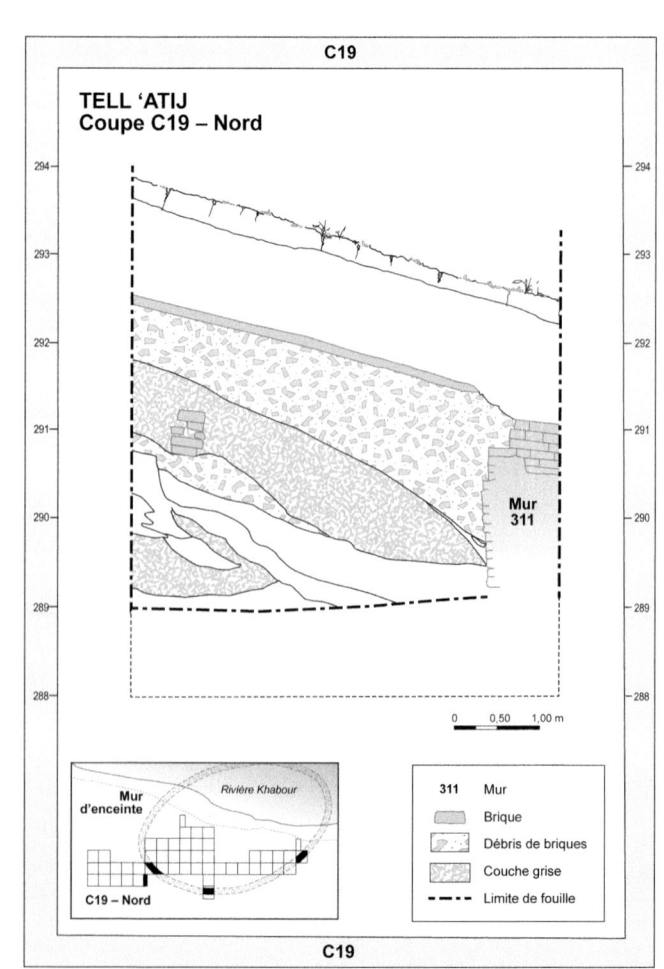

Figure 16.4 : Coupe stratigraphique septentrionale du carré C19 montrant la continuité du mur 311 vers le nord-est et les couches de terre de colluvionnement du versant méridional du tell venant buter contre son parement occidental.

Figure 16.5 : Structures mises au jour dans les carrés C-D20, et notamment le mur 311, vues vers l'ouest. Les parois des carrés font clairement voir l'accumulation majeure de sable venant recouvrir les vestiges au pied du versant méridional.

déjà – dont il est impossible de déterminer la durée – au vu de l'épaisseur de ces couches de terres d'érosion. On aurait donc entaillé la base du versant méridional du tell afin d'y construire quelques bâtiments à une époque bien postérieure (de combien ?) à l'abandon du hameau EJZ1-2 qui serait survenu peu après 2600 av. J.-C.

Il existe un autre élément qui dissocie ces structures dégagées au pied du versant méridional de celles retrouvées dans les treize niveaux d'occupation de Tell 'Atij, soit leur emplacement à une dizaine de mètres environ à l'extérieur du périmètre formé par le mur d'enceinte qui, au sud du tell, a été dégagé dans les carrés D17-D18. Il s'agit donc d'une installation *extra muros*.

Enfin, en plus d'avoir été érigées à l'extérieur de l'enceinte défensive, ces structures ont été placées à proximité du chenal secondaire de la rivière et à un niveau voisin de celui de la surface de la rivière. C'est ce qui expliquerait les traces omniprésentes de sel (Fig. 16.2) dans les terres dans lesquelles étaient enfouies les portions de murs dégagées. En outre, le débit du Khabour étant irrégulier et soumis à de fortes variations de son régime en fonction de la pluviométrie annuelle, un débordement est toujours possible comme des textes de Mari l'ont rapporté pour certaines années (Reculeau 2018, 485, 490-492) et comme nous l'avons nous-mêmes vécu en fin de campagne durant le pluvieux automne de 1987. Or, de minces couches de sable fin bien horizontales, correspondant à des dépôts alluvionnaires, ont été observées dans les parois de certains carrés de fouilles près de l'ancien chenal (Fig. 16.6), confirmant l'inondation des lieux à une certaine époque. Il est alors permis de présumer que les maisons qui ont été construites à cet endroit auraient été emportées par un débordement du chenal, peu de temps après leur construction ; ce qui expliquerait leur piètre état de conservation.

En somme, nous serions en présence ici d'une tentative d'établissement postérieure à l'abandon de l'établissement du tell principal mais qui aurait avorté vraisemblablement à la suite d'une importante crue du Khabour lors d'une année pluvieuse.

* * *

Toujours dans le secteur au sud du tell, une longue (15 × 5 m) tranchée de sondage, constituée de trois carrés de fouilles : D29-30-31, fut ouverte (Fortin 1995, 42) à l'extrémité de l'exhaussement de terrain au sud tout à fait du tell principal afin de vérifier si l'occupation du site s'étendait jusque-là (Fig. 2.5). Cet amoncellement s'est avéré n'être formé que par des terres d'érosion qui auraient glissé du tell principal et dans lesquelles les seules rares traces d'occupation qui furent décelées étaient modernes, accompagnées de tessons variés provenant du tell principal (Tableau 16.3).

Tableau 16.2 : Inventaire céramique du niveau « 0 ».

Fabriques	Fragments	Formes/vases	Numéros catalogue/C
Métallique	35	1 fond	693
		1 bol	746
		1 gobelet	8883
		1 flacon	2465
		3 bouteilles	2447, 8911, 8913

Fabriques	Fragments	Formes/vases	Numéros catalogue/C
		2 jarres	2085, 2093
Spiral burnished	1	1 forme indéterminée	6614
Ninive incisée/ excisée	3		1313-4, 5345
Fine	296	5 formes indéterminées	2580, 8901, 8910, 9692, 9711
		4 fonds	2422, 8905, 9654, 9695
		84 bols	186, 245, 290, 674, 684, 686, 688, 692, 694-5-6-7, 700-1-2-3, 705, 710, 719, 744, 759, 761-2-3, 2069, 2070, 2078, 2083-4, 2087-8, 2090-1-2, 2095, 2098, 2432, 2438, 2444, 2448, 2451, 2455, 2457-8, 2468, 2476, 2479, 2485, 2488, 2490, 2510, 2532-3, 2596-7, 2601-2, 2605-6, 2610, 2613, 2619, 2620, 2687, 2689, 2690, 3262, 3265, 3268-9, 3273, 3277, 3281, 3299, 3404, 8876-7, 8907, 8938, 8941, 9873, 9884, 9895, 9940
		1 jatte	2529
		7 bouteilles	680-1, 745, 2086, 2603, 3285, 9868
		1 jarre	2493
Commune	4 243	8 formes indéterminées	2480, 3283, 8874, 8918, 9658, 9669, 9708, 9710
		1 creuset	6228
		1 récipient miniature	1362
		1 support	2414
		4 bols	2426, 2433, 2456, 3282
		63 grands bols	257, 670, 677, 683, 687, 689, 698-9, 704, 706-7-8-9, 720, 722, 725, 730, 742-3, 749, 760, 2094, 2408, 2412, 2415, 2419, 2420, 2425, 2431, 2435, 2440, 2454, 2460, 2472, 2477, 2483, 2506, 2511, 2513-4, 2520, 2521-2, 2528, 2577, 2583, 2585, 2587-8, 2604, 2607, 2617, 3259, 3278, 3288, 3292, 3295, 4823, 5374, 8869, 8889, 8902, 10006
		9 jattes	723, 2075, 2097, 2406, 2439, 2445, 2453, 2576, 3296
		29 jarres	159, 668, 713, 2096, 2410, 2428, 2461, 2467, 2471, 2486-7, 2531, 2575, 2579, 2589, 2615, 3266, 3275, 3400, 3403, 3407, 3410, 5373, 5381, 6740, 8895, 8940, 10065, 10092
		11 grandes jarres	691, 2073, 2409, 2421, 2429, 2462, 2484, 2491, 2696, 8386, 8919
		3 jarres à tenons verticaux	160, 289, 3401
		2 jarres à 2 ouvertures	682, 9978
		17 jarres à petite ouverture	295, 671, 712, 724, 756-7, 2082, 2423-4, 2427, 2450, 2512, 2581, 3271, 3276, 8855, 8862
		87 jarres à grande ouverture	164, 168, 176, 179, 185, 188, 192, 269, 274, 278, 284, 286, 309, 669, 672-3, 675-6, 685, 690, 711, 714-5-6-7-8, 726-7-8-9, 731-2-3, 739, 748, 750, 758, 1805, 2076-7, 2079, 2081, 2407, 2411, 2416, 2418, 2430, 2434, 2436, 2443, 2446, 2452, 2459, 2469, 2473, 2475, 2478, 2489, 2502, 2504-5, 2508, 2519, 2523-4-5, 2578, 2586, 2588, 2592, 2600, 2609, 2612, 3263, 3270, 3274, 3287, 3293, 3405, 4822, 8875, 8903, 9039, 10042, 10050, 10060, 10070
Culinaire	729	1 pied de support	2614
		10 grands bols	2417, 2437, 2442, 2464, 2481, 2497, 2507, 3294, 8899, 9861
		56 marmites	87, 275, 678-9, 721, 734-5-6-7-8, 741, 747, 751, 753, 755, 2089, 2441, 2449, 2463, 2466, 2470, 2474, 2492, 2495-6, 2500, 2503, 2516-7, 2526-7, 2584, 2599, 2608, 2616, 2618, 2621-2, 2695, 3280, 3289, 3290, 3298, 3402, 8833, 8882, 8890, 8908, 8912, 9040, 9488, 9497, 9522, 9783, 9822, 9855
TOTAL	5 307		

Tableau 16.3 : Inventaire céramique des carrés D29-30-31.

Fabriques	Fragments	Formes/vases	Numéros catalogue/C
Métallique	2	1 gobelet	9514
Ninive incisée/ excisée	3	1 bol	8937
		2 formes indéterminées	8846, 8870
Fine	5	2 bols	8847, 9505
		1 bouteille	9521
		1 fond	9598
Commune	160	1 forme indéterminée	8806
		3 grands bols	8811, 8821, 8868
		3 jarres	8861, 8894, 10022
		5 jarres à petite ouverture	8807-8, 8872, 8887-8
		7 jarres à grande ouverture	8805, 8809, 8810, 8822, 8881, 8893, 8896
Culinaire	8	1 jatte	8824
		4 marmites	8823, 9029, 9046, 9525
TOTAL	**178**		

Figure 16.6 : Paroi méridionale du carré C21 montrant une superposition de minces couches de sable fin bien étalées horizontalement, correspondant à des débordements du chenal à proximité.

Chapitre 17

Tombes

Tell 'Atij a livré une vingtaine de tombes contemporaines de la période d'occupation du tell principal (EJZ 1-2). Elles ont été trouvées en deux endroits distincts du site :

– dans les niveaux supérieurs du tell principal (9) et
– sur le tell secondaire (10), voisin du tell principal.

Sauf pour l'une d'entre elles, ce sont toutes des tombes à ciste : une simple et petite structure rectangulaire fermée dont les faces sont construites avec des briques crues, sans aucun revêtement. C'est l'un des deux types de tombes le plus fréquent durant le IIIe millénaire en Djézireh (Schwartz 1986 ; Bolt & Green 2003 ; Valentini 2011, 268). Une seule inhumation a été pratiquée dans une jarre, ce qui n'était pas courant à cette époque (Bolt & Green 2003, 528 ; Valentini 2011, 268).

Les neuf tombes sur le tell principal ayant été aménagées sous des habitations ou, dans un cas, sous une cour, elles peuvent donc être qualifiées d'*intra moenia/intra muros*, selon la nomenclature de Stefano Valentini (2011, 270). Par contre, la dizaine de tombes construites sur le tell secondaire forment une véritable nécropole située en marge d'un établissement : des inhumations « *extra moenia* », d'après Valentini (2011, 270-272) ; la nécropole de Tell 'Atij représente un cas unique pour la période de Ninive 5 (EJZ 1-2).

Les squelettes enterrés dans ces tombes, aussi bien celles sur le tell principal que celles sur le tell secondaire, sont très mal préservés lorsqu'ils n'ont pas carrément disparu, nous empêchant ainsi de procéder à un examen ostéologique. En l'absence de restes osseux, une tombe est attribuée à un adulte ou à un enfant à partir de ses dimensions. La majorité des tombes sont orientées suivant un axe nord-sud. L'absence ou la mauvaise conservation des squelettes ne permet pas de savoir dans quelle direction les têtes des défunts étaient tournées.

Le mobilier funéraire contenu dans ces tombes comprend essentiellement des vases en céramique, entre deux et douze, mais aussi, dans quelques cas, des parures en divers matériaux et, en de rares occasions, des objets en métal. La disposition éparse de ce mobilier à l'intérieur des tombes ne semble pas significative car elle ne correspond à aucun schéma préconçu. La disposition d'objets près de la tête ne semble pas avoir été privilégiée.

Ni la qualité du mobilier funéraire, ni celle de la tombe proprement dite, ne nous autorisent à y déceler une forme de stratification sociale quelconque. De plus, les inhumations infantiles ne sont pas assez nombreuses ni suffisamment importantes pour y voir une signification socio-culturelle comparable à celle qui fut observée à Tell Arbid (Szeląg & Wygnańska 2019).

Les tombes de la nécropole sur le tell secondaire semblent être contemporaines de la dernière phase d'occupation du tell principal : EJZ 2 final, aux alentours de 2600 av. J.-C.[1] Il conviendrait de dater de cette même époque les quatre tombes qui furent exhumées immédiatement sous la surface moderne du tell principal, alors que les cinq autres inhumations aménagées dans différents niveaux du tell principal, bien qu'antérieures, s'insèrent fort probablement dans la même phase chronologique : période EJZ 2 (2750-2600 av. J.-C.).[2]

Tell principal

Les tombes mises au jour sur le tell principal d'Atij sont au nombre de neuf. Elles sont concentrées dans la partie centrale du tell, et appartiennent à différents niveaux (Tableau 17.1). Elles ont été aménagées sous

---

[1] Marc Lebeau (2011, 344) et Philippe Quenet (2011, 33) sont du même avis, mais situent la phase finale d'occupation de Tell 'Atij durant l'EJZ 3a (Quenet 2011, 45 table 5), tandis que Stefano Valentini (2011, 272) estime que le cimetière du tell secondaire fut mis en place immédiatement après l'abandon des installations situées sur le tell principal, c'est-à-dire durant l'EJZ 3b.

[2] Une datation qui diffère de celle proposée dans la stratigraphie ARCANE (Quenet 2011, 43 table 5 ; Lebeau 2011, 344-345).

Tableau 17.1 : Liste des tombes découvertes sur le tell principal de Tell 'Atij avec les caractéristiques et le mobilier de chacune.

Numéro	Type	Squelette	Orientation	Niv.*	Sous**	Mobilier funéraire***
ATJ93.C13A17	Ciste	Adulte	nord-sud	III[617]	616[II]	4 vases [C8745, 8944-5-6] 1 collier [B80]
ATJ93.C13A19	Ciste	Aucun (adulte?)	nord-sud	IV[602]	617[III]	4 vases [C6253-4-5, 8957] 6 perles en pierre [B83, 89, 114]
ATJ86.D13A3'	Ciste (pierre)	Adulte (?)	est-ouest	I[511]	?	12 vases [C14-5-6-7-8-9-20-1-2-3-4-5] 1 perle en gypse [B22] 1 épingle en bronze [M2]
ATJ87.D13A15	Ciste	Aucun (enfant?)	nord-sud	II[510]	?	3 vases [C386-7-8] 1 pendeloque (poisson) en pierre [B48] 1 pendeloque (taureau) en coquille [B47] 203 perles [B49, 50, 53]
ATJ88.D14A29	Jarre	Enfant		II[565]	512[I]	Aucun
ATJ88.D15A31	Ciste	Enfant	nord-sud	II[564]	513[I]	2 vases [C1142-3]
ATJ86.D17A10	Ciste	Enfant	nord-ouest–sud-est	VI[538]	517[V]	3 vases [C6-7-8]
ATJ92.E15A18	Ciste	Adulte	nord-sud	VII[575]	580[VI]	2 vases [C6203-4]
ATJ87.E16A8	Ciste	Adulte	nord-ouest – sud-est	IV[545]	531b[III]	3 vases [C379-380-381] 22 perles en faïence [B55]

(*) Il s'agit ici du niveau et du numéro de la pièce ou ruelle en exposant [ex.565] dans lequel chaque tombe a été découverte au moment des fouilles, sachant que logiquement chacune est en réalité postérieure à ce niveau dans les débris duquel elle a été creusée.
(**) Est indiqué dans cette colonne le numéro de la pièce sous laquelle la tombe se trouve avec en exposant le numéro du niveau auquel cette pièce appartient.
(***) Dans les descriptions des tombes qui suivent, seules les céramiques du mobilier funéraire sont illustrées, sauf évidemment celles trop fragmentaires pour l'être ; les autres artéfacts le sont dans les chapitres décrivant les différents éléments de culture matérielle.

des sols d'habitations ou, dans un cas, sous celui d'une cour associée à des maisons voisines. Bien que ce soient des inhumations *intra moenia/intra muros* (Valentini 2011, 270), elles n'ont aucun lien avec une zone d'habitations pour laquelle elle aurait pu servir de cimetière au moment d'un abandon temporaire, comme cela a été observé à Tell Arbid (Szeląg 2012, 600-601), voire de lieu pour se commémorer les disparus du village, notamment les membres de l'élite sociale (Valentini 2009, 69). De fait, il est impossible de déceler une forme de hiérarchisation sociale quelconque à partir des caractéristiques de ces tombes des niveaux supérieurs du tell principal d'Atij.

À l'exception d'une inhumation qui a été déposée dans un vase en céramique (*pot burial*), toutes les tombes de Tell 'Atij correspondent à de modestes constructions rectangulaires en briques crues (*cist burial*) de petites dimensions. Elles sont orientées suivant un axe nord-sud ou nord-ouest–sud-est ; une seule est disposée d'est en ouest. D'après des observations sommaires des ossements, elles auraient renfermé les squelettes de cinq adultes et de quatre enfants. À l'exception de l'inhumation dans une jarre, le mobilier funéraire des tombes à ciste du tell principal consiste en quelques vases seulement, dont le nombre peut varier entre deux et douze, placés un peu partout le long du squelette et pas nécessairement près du crâne. Des parures en pierre ou en coquillage complètent ce mobilier dans quatre de ces tombes tandis que dans une seule on a identifié une épingle en bronze.

Les quatre tombes qui furent exhumées immédiatement sous la surface du tell (niveaux I et II) seraient logiquement à dater de la période qui suit l'abandon du site, c'est-à-dire peu après 2600 av. J.-C. (EJZ 2 final) alors que les cinq autres qui furent rencontrées dans différents niveaux d'occupation du site (III-VII) appartiendraient à la période EJZ 2 (2750-2600 av. J.-C.).[3]

---

3 Lebeau (2011, 344-345) et Quenet (2011, 33, 45) ont avancé une datation différente dans le premier volume ARCANE.

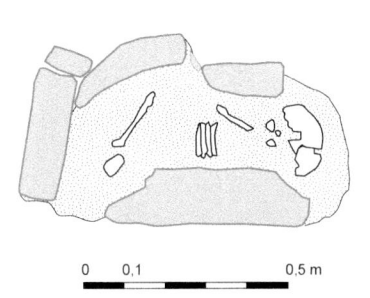

TOMBES   319

Figure 17.1 : Tombe ATJ93.C13A17.

ATJ93.C13A17

Tombe à ciste de forme rectangulaire : 0,80 (lo.) × 0,45 (la.) × 0,10 m (prof.), en briques crues ; orientée nord-sud (Fig. 17.1).

Squelette : un adulte, en position recroquevillée.

Localisation : dans la couche qui recouvrait le sol en plâtre de gypse de la pièce 617 du niveau III ; a été creusée depuis la pièce 616 du niveau II (Fig. 13.15).

Mobilier funéraire : quatre vases, mais très fragmentaires, avec une parure faite de perles en coquillages perforés et en pierre.

- *C8745* : Jarre de fabrique *Commune*, fragmentaire.
- *C8944* : Jarre à grande ouverture de fabrique *Commune*, fragmentaire. Lèvre en bandeau à face concave.
- *C8945* : Jarre à grande ouverture de fabrique *Commune*, fragmentaire. Lèvre simple carrée à face concave.
- *C8946* : Jarre de fabrique *Commune*, fragmentaire. Lèvre simple arrondie.
- *B80* : Neuf perles en coquillage (gastropodes percés transversalement au tiers supérieur, plusieurs avec deux perforations) et trois en pierre de forme cylindrique.

ATJ93.C13A19

Tombe à ciste de forme rectangulaire : 0,90 (lo.) × 0,45 (la.) × 0,20 m (prof.), en briques crues ; orientée nord-sud (Fig. 17.2).

Squelette : aucun, mais probablement celui d'un adulte en raison des dimensions de la tombe.

Localisation : dans la pièce 602 du niveau IV, sous la couche C13A18 du niveau III auquel il faudrait la relier.

Mobilier funéraire : quatre vases (Fig. 17.3) et une parure de perles en pierre.

- *C6253* : Bouteille de fabrique *Fine*, complète, avec quelques concrétions et taches brunes. 6,9 (dia.) × 8,7 (h.) 0,4 cm (ép.). Pâte de couleur *reddish yellow* (7.5YR6/8) à *pink* (7.5YR8/4), dure (Mohs 5), de texture fine avec des inclusions minérales. Fond pointu/arrondi, panse ovoïde, épaule très prononcée, petit col concave, rebord étalé, lèvre arrondie.
- *C6254* : Petit bol de fabrique *Fine* (*Ninive* 5), fait au tour, complet, avec quelques taches brunes. 8,9 (dia.) × 4,5 (h.) × 0,4 cm (ép.). Pâte de couleur *pale yellow* (5Y8/3), dure (Mohs 5), de texture fine, sans inclusions visibles. Petit fond plat, paroi carénée,

TELL 'ATIJ
TELL PRINCIPAL
Tombe ATJ93.C13A19

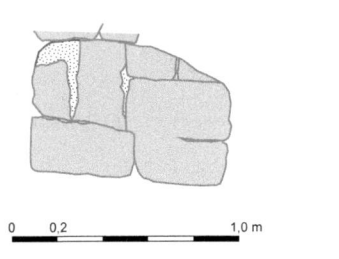

Figure 17.2 : Tombe ATJ93.C13A19.

Figure 17.3 : Une partie du mobilier funéraire de la tombe ATJ93.C13A19 : vases C6253, C6254 et C6255 (de gauche à droite).

lèvre ronde avec un petit enfoncement sous la lèvre.

- C6255 : Petite jarre de fabrique *Fine*, complète. 15,6 (dia.) × 16 (h.) × 0,6 cm (ép.). Pâte de couleur *reddish yellow* (7.5YR6/8), dure (Mohs 5), de texture peu grossière avec des inclusions minérales. Petit fond plat, panse ovoïde, épaule plus prononcée, col concave/droit, lèvre arrondie.
- C8957 : Flacon de fabrique *Fine*, fragmentaire. Panse ovoïde, épaule peu prononcée, haut col droit, rebord étalé, lèvre amincie/arrondie.
- B83/89 : 5 perles en pierre dont 4 en pierre blanche. 1 (lo.) × 0,4 cm (la.), pour les éléments de parure rectangulaires et 1,3 cm (dia.) pour l'élément circulaire. Une perle en forme de disque perforée et quatre petites plaquettes rectangulaires portant trois perforations régulièrement espacées : des « passants-diviseurs » pour maintenir un espace – d'où le terme « *spacer* », en anglais, pour les désigner – entre les rangs de perles d'un collier à rangs multiples.
- B114 : Perle en cristal de roche transparent. 0,3 (ép.) × 1,3 cm (dia. max.). En forme de petit disque plat, aux bords droits et plutôt irréguliers ; petite perforation cylindrique, légèrement désaxée du centre.

ATJ86.D13A3'

Tombe à ciste de forme rectangulaire : 1,26 (lo.) × 0,82 (la.) × 0,73 m (prof.), en briques crues posées en panneresses sur trois de ses côtés tandis que le quatrième est formé par une pierre plate orthostate et son fond est constitué de deux rangées de briques crues placées à plat ; orientée est-ouest (Fortin 1988a, 148, fig. 8) (Fig. 17.4).

Squelette : quelques fragments d'ossements d'un jeune adulte (?), en position allongée.

Localisation : dégagée à quelques centimètres seulement sous la surface du sommet du tell, dans la pièce 511 du niveau I (Fortin 1988a, 145-146, fig. 6). On peut présumer qu'elle fut construite peu après l'abandon du site. Elle ne se trouve pas sous le sol d'une pièce ou d'une cour.

Mobilier funéraire : une douzaine de vases complets (Figs 17.5 et 17.6), une perle en gypse et une épingle en bronze.

- C14 : Flacon de fabrique *Fine*, fait au tour ; complet, avec des taches noires. 3,5 (dia.) × 8,6 (h.) × 0,4 cm (ép.). Pâte de couleur *white* (5Y8/2) à *pale brown* (10YR6/3), dure (Mohs 4), de texture fine avec peu d'inclusions minérales. Fond rond, panse globulaire/piriforme, haut col droit et étroit, rebord peu évasé, lèvre biseautée.
- C15 : Flacon de fabrique *Fine* ; très incomplet : que la partie supérieure. 2,6 (dia.) × 2,7 (h.) × 0,3 cm (ép.). Pâte de couleur *white* (5Y8/2), peu dure (Mohs 3), de texture fine, avec très peu d'inclusions minérales et végétales. Étroit col concave, rebord évasé, lèvre arrondie.
- C16 : Flacon de fabrique *Fine*, fait au tour ; complet, avec des taches noires à la surface. 4 (dia.) × 9,3 (h.) × 0,5 cm (ép.). Pâte de couleur *white* (5Y8/2), peu dure (Mohs 3), de texture fine, avec peu d'inclusions minérales et végétales. Fond rond, panse

TOMBES

globulaire, haut col droit et étroit, rebord peu évasé, lèvre biseautée
- *C17* : Bouteille de fabrique *Fine*, faite au tour ; complète, avec des taches brunes à la surface. 4,5 (dia.) × 11 (h.) × 0,6 cm (ép.). Pâte de couleur *white* (5Y8/2), peu dure (Mohs 3), de texture fine avec quelques minuscules inclusions minérales. Fond rond, panse globulaire, haut col concave, rebord peu évasé, lèvre biseautée.
- *C18* : Flacon de fabrique *Fine*, fait au tour ; complet, avec des taches noires et concrétions. 3,5 (dia.) × 9,3 (h.) × 0,6 cm (ép.). Pâte de couleur *white* (5Y8/2), peu dure (Mohs 3), de texture fine avec quelques inclusions minérales de différents calibres. Fond rond, corps globulaire, haut col concave et étroit, rebord peu évasé, lèvre biseautée.
- *C19* : Jarre de fabrique *Métallique*, faite au tour ; complète, avec des concrétions et quelques éclats. 10 (dia.) × 17,6 (h.) × 0,6 cm (ép.). Pâte de couleur *very dark gray* (5Y3/1) à *gray* (5Y5/1), dure (Mohs 5), de texture fine avec plusieurs minuscules inclusions minérales. Fond rond, panse globulaire, haut col droit, rebord légèrement évasé, lèvre biseautée avec une légère rainure en-dessous.
- *C20* : Jarre de fabrique *Commune* ; complète, éclat à la lèvre. 20,5 (dia.) × 26,7 (h.) × 1,1 cm (ép.). Pâte de couleur *pale yellow* (5Y8/3) à *light brown* (7.5YR6/4), très dure (Mohs 5), de texture mi-fine avec une grande quantité d'inclusions minérales de petit calibre. Fond rond, panse globulaire, petit col concave, rebord évasé, lèvre arrondie.
- *C21* : Bol de fabrique *Fine*, fait au tour ; complet, avec des taches brunes et quelques concrétions. 12 (dia.) × 7,8 (h.) × 0,4 cm (ép.). Pâte de couleur *white* (5Y8/2), peu dure (Mohs 3), de texture mi-fine avec quelques inclusions minérales et végétales de petit calibre. Fond arrondi, paroi convexe, rebord légèrement rentrant, lèvre épaissie.
- *C22* : Jarre de fabrique *Commune* ; complète, avec des traces de suie. 22 (dia.) × 27,1 (h.) × 1,3 cm (ép.). Pâte de couleur *pale yellow* (5Y7/3), très dure (Mohs 5), de texture mi-fine avec plusieurs inclusions minérales et végétales de différents calibres. Fond rond, panse globulaire, petit col concave, rebord évasé, lèvre arrondie ; deux anses verticales à section ronde reliant la lèvre à l'épaule.
- *C23* : Bol de fabrique *Fine*, fait au tour ; complet, avec des taches brunes ici et là à la surface. 11 (dia.) × 7,2 (h.) × 0,5 cm (ép.). Pâte de couleur *reddish yellow* (5YR6/6), dure (Mohs 4), de texture mi-fine avec plusieurs petites inclusions minérales. Fond rond, paroi convexe, rebord rentrant, lèvre biseautée.
- *C24* : Jarre de fabrique *Commune* ; incomplète. Pâte de couleur *pale yellow* (5Y7/3) à *light gray* (2.5Y7/2), dure (Mohs 4), de texture fine avec plusieurs petites inclusions minérales. Fond légèrement

TELL 'ATIJ
TELL PRINCIPAL
Tombe ATJ86.D13A3'

Figure 17.4 : Tombe ATJ86.D13A3'.

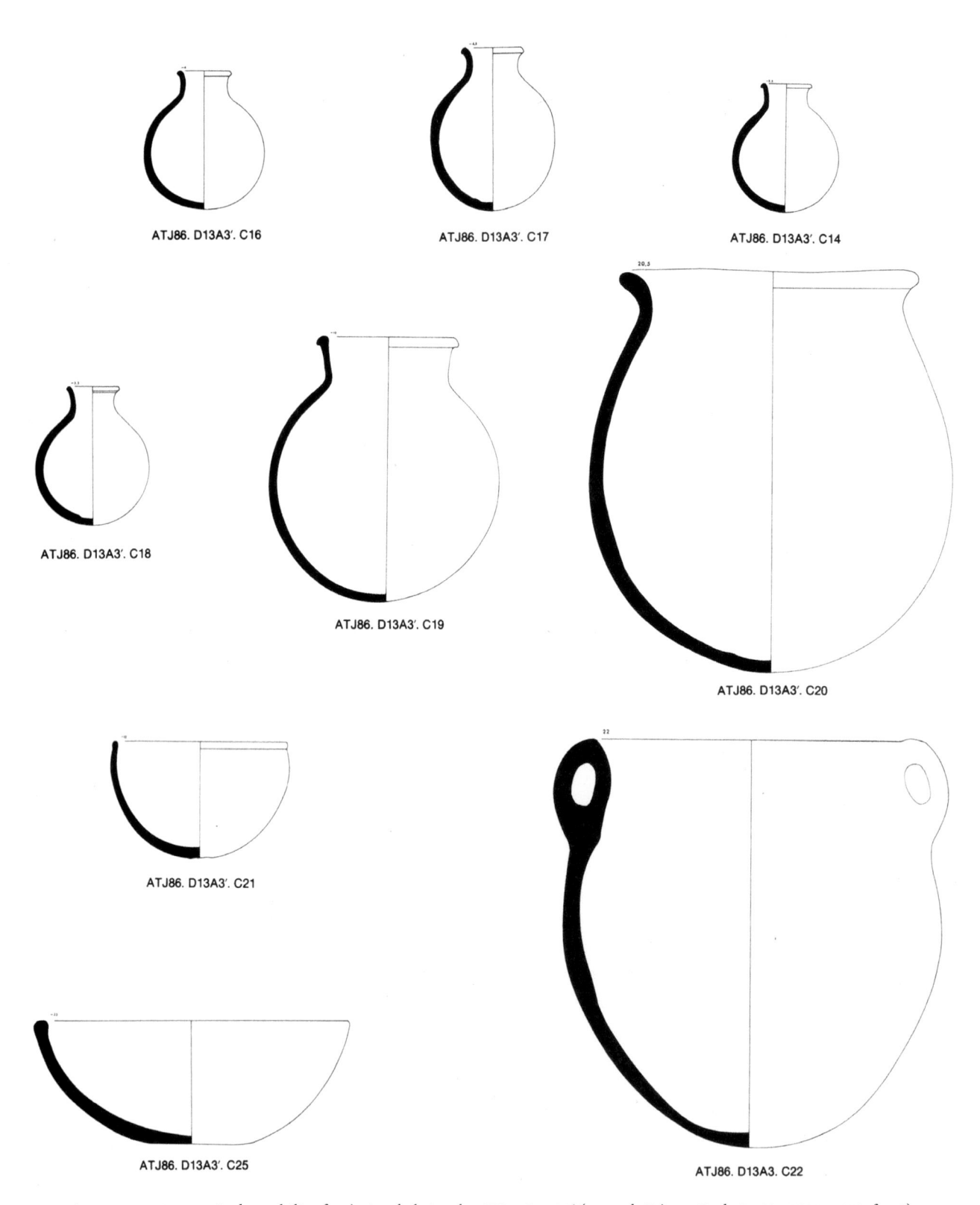

Figure 17.5 : Une partie du mobilier funéraire de la tombe ATJ86.D13A3' (reproduit à partir de Fortin 1988a, 149, fig. 9).

TOMBES

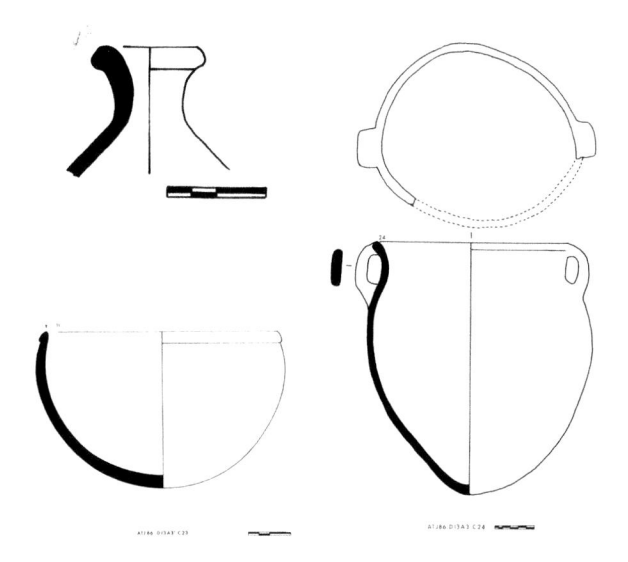

Figure 17.6 : Une partie du mobilier funéraire de la tombe ATJ86.D13A3'.

TELL 'ATIJ
TELL PRINCIPAL
Tombe ATJ87.D13A15

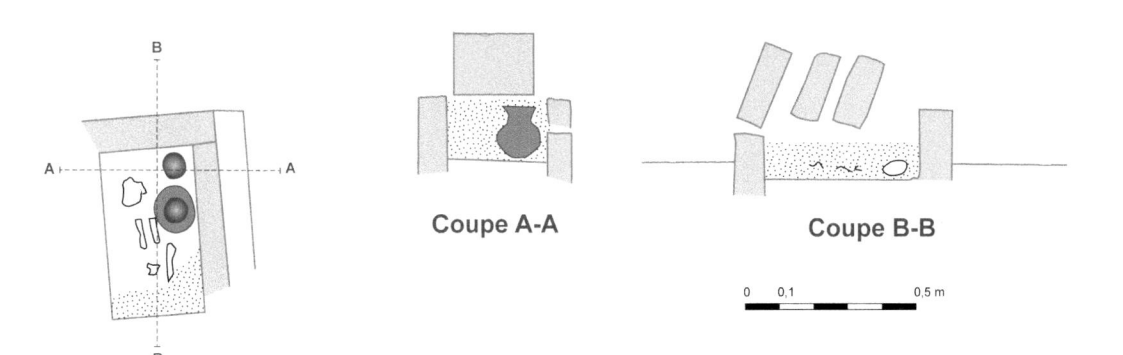

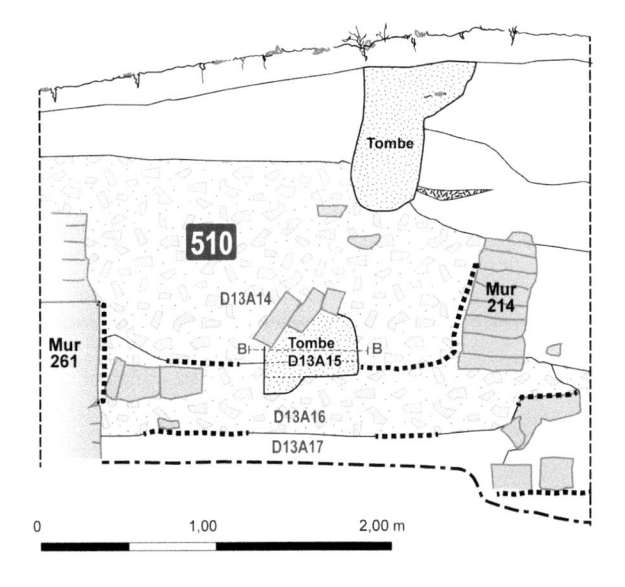

Coupe A-A

Coupe B-B

571	Structure
270	Mur
E15C4	Unité de fouilles
	Brique
	Cendres
	Plâtre
	Briques effondrées
	Tombe
	Limite de fouille

Figure 17.7 : Tombe ATJ87.D13A15 repérée dans la paroi occidentale du carré D12.

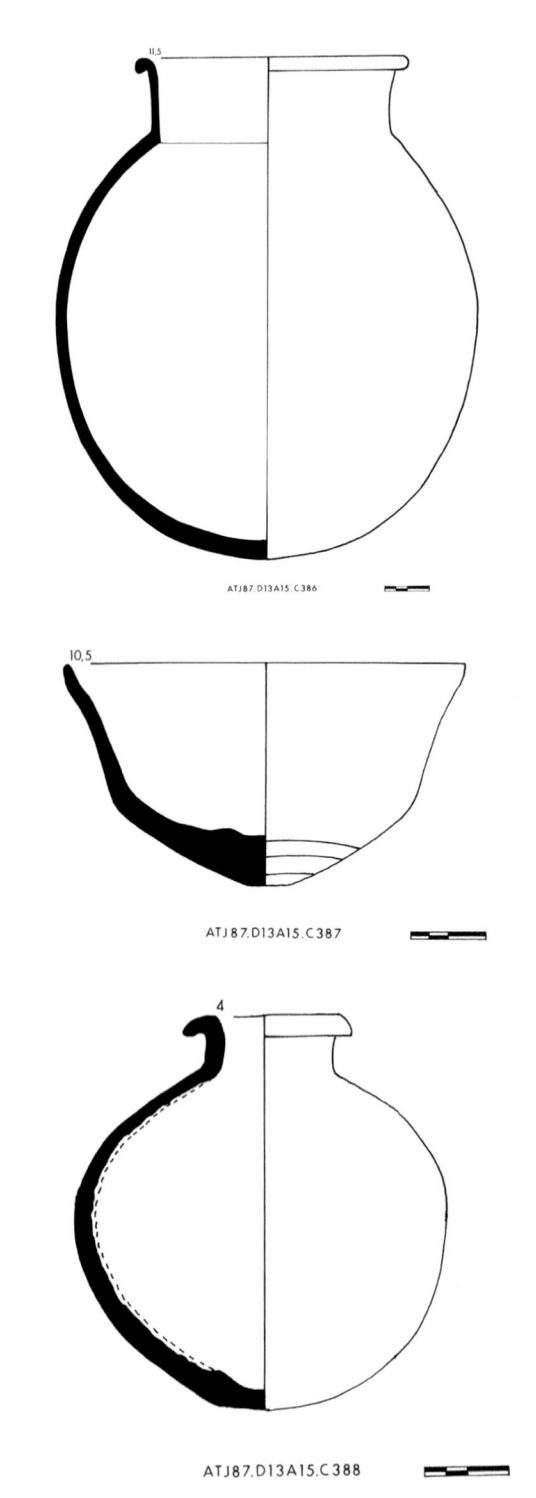

Figure 17.8 : Vases composant le mobilier funéraire de la tombe ATJ87.D13A15.

pointu, panse ovoïde, col concave, rebord évasé, lèvre légèrement biseautée ; deux anses plates verticales relient la lèvre à l'épaule.

- *C25* : Jatte de fabrique *Commune* ; complète, avec des taches brunes. 22 (dia.) × 8,2 (h.) × 0,9 cm (ép.). Pâte de couleur *pale yellow* (5Y7/3), dure (Mohs 4), de texture mi-fine avec quelques inclusions minérales de différents calibres et plusieurs inclusions végétales. Fond plat, paroi convexe, renflement à la base du rebord, lèvre épaissie.
- *B22* : Perle en gypse ; complète. 1,7 (lo.) × 1,4 (dia. max.) × 0,3 cm (dia. perforation). De forme cylindrique, aux bords bien convexes et aux extrémités plates ; perforation centrale longitudinale circulaire.
- *M2* : Épingle en bronze, incomplète : tête et pointe manquantes ; beaucoup de concrétions. 9,5 (lo.) × 0,5 cm (dia.). Longue tige à section ronde.

ATJ87.D13A15

Tombe à ciste de forme rectangulaire : 0,64 (lo.) × 0,45 (la.) × 0,46 m (h.), en briques crues sur les côtés, le fond et le sommet ; orientée nord-sud (Fortin 1990a, 239-240).

Squelette : aucun, mais je présume que cette tombe était destinée à un enfant (bébé ?) en raison de ses petites dimensions.

Localisation : est apparue en rectifiant la paroi occidentale du carré D12 (Fig. 17.7), environ 1,50 m sous la surface du tell, dans la pièce 510 du niveau II. Elle aurait donc été construite peu après l'abandon définitif du site. En raison de sa proximité d'avec la surface moderne du tell, il est impossible d'établir si cette tombe a été creusée sous une habitation ou une cour.

Mobilier funéraire : trois vases (Fig. 17.8) ainsi que de nombreuses perles et deux pendeloques.

- *C386* : Jarre de fabrique *Commune*, faite au tour ; complète, avec des concrétions. 11,5 (dia.) × 20,7 (h.) × 0,5 cm (ép.). Pâte de couleur *pale yellow* (2.5Y8/4) à *very pale yellow* (10YR8/4), dure (Mohs 4), de texture mi-fine avec peu de petites inclusions minérales. Fond rond, panse globulaire, haut col droit, rebord évasé, lèvre ronde.
- *C387* : Bol de fabrique *Fine* ; complet, avec des concrétions. 10,8 (dia.) × 5,8 (h.) × 0,4 cm (ép.). Pâte de couleur *white* (2.5Y8/2) à *light reddish brown* (5YR6/4), dure (Mohs 4), de texture mi-fine avec peu d'inclusions minérales de petit calibre. Fond pointu, panse carénée, paroi à la partie supérieure légèrement concave, rebord évasé, lèvre ronde.

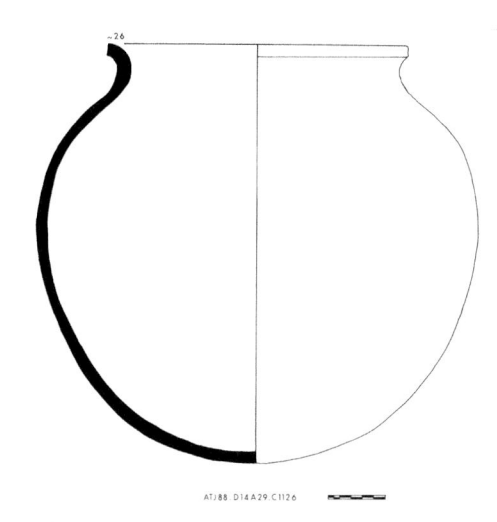

Figure 17.9 : Tombe ATJ88.D14A29 dans une jarre [ATJ88.C1126].

- *C388* : Bouteille de fabrique *Fine* ; complète, avec des concrétions. 4 (dia.) × 8,8 (h.) × 0,5 cm (ép.). Pâte de couleur *light olive gray* (5Y6/2), dure (Mohs 4), de texture fine avec peu de très petites inclusions minérales. Fond arrondi, panse globulaire/biconvexe, petit col concave, rebord évasé, lèvre à bandeau.
- *B47* : Pendeloque en forme de taureau allongé en nacre de perle ; complète. 4,9 (lo.) × 4,5 (la.) × 0,4 cm (ép.). Trou de suspension percé dans le tiers supérieur du corps ; deux petites cavités entourées d'un mince sillon forment les yeux de la tête, retournée vers la gauche et surmontée d'une paire de petites cornes ; profond sillon entre la tête et le corps ; l'arrière-train se termine par une queue courte et pointue.
- *B48* : Pendeloque en forme de poisson en pierre noire, probablement de l'andésite ; incomplète : une cassure à l'extrémité distale nous indique que la queue du poisson est manquante. 2,4 (lo.) × 0,70 (la.) × 0,3 cm (ép.). Trou de suspension circulaire à la hauteur de l'œil qui est représenté par une dépression ronde entourée d'un sillon et d'un ressaut.
- *B49* : Perle en pierre (?) ; complète. 2,2 (lo.) × 1,1 cm (dia.). De forme conique ; trou de suspension en sablier transversalement percé au tiers supérieur.
- *B50* : Perle en stéatite faïence ; incomplète. 1,60 (lo.) × 0,5 cm (dia.). De forme cylindrique, plutôt tubulaire, aux bords droits et aux extrémités plates ; perforation longitudinale circulaire.
- *B53* : Perles (201) en coquillage et en stéatite faïence ; complètes. Dimensions variées. 3 petits gastropodes percés transversalement et un fragment (apex) de gastropode. 197 perles cylindriques en stéatite faïence. 1 perle oblongue en stéatite faïence à section transversale triangulaire.

ATJ88.D14A29

Inhumation dans une jarre [C1126] sur laquelle fut posée une brique crue (Fig. 17.9).

Squelette : d'après les quelques ossements qui en furent retirés, il s'agirait de ceux d'un bébé.

Localisation : dans la cour 565-566, du niveau II (Fortin 1990c, 550, fig. 14) ; il est clair que cette jarre a été glissée dans un trou creusé dans la pièce 512 du niveau supérieur (I).

Mobilier funéraire : aucun.

- *C1126* : Jarre de fabrique *Commune* ; complète (reconstituée à partir de fragments). 26 (dia.) × 35 (h.) × 2 cm (ép.). Pâte de couleur *white* (5Y8/2) à *pink* (5YR7/4), dure (Mohs 4), de texture grossière avec plusieurs inclusions minérales de différents calibres et plusieurs inclusions végétales. Fond rond, panse globulaire, petit col concave, rebord évasé, lèvre à bandeau.

ATJ88.D15A31

Tombe à ciste de forme rectangulaire : 0,86 (lo.) × 0,60 (la.) × 0,44 m (h.), en briques crues ; orientée nord-sud (Fig. 17.10).

Squelette : bien conservé, d'un enfant allongé sur le dos, les jambes légèrement repliées ; crâne orienté vers l'ouest.

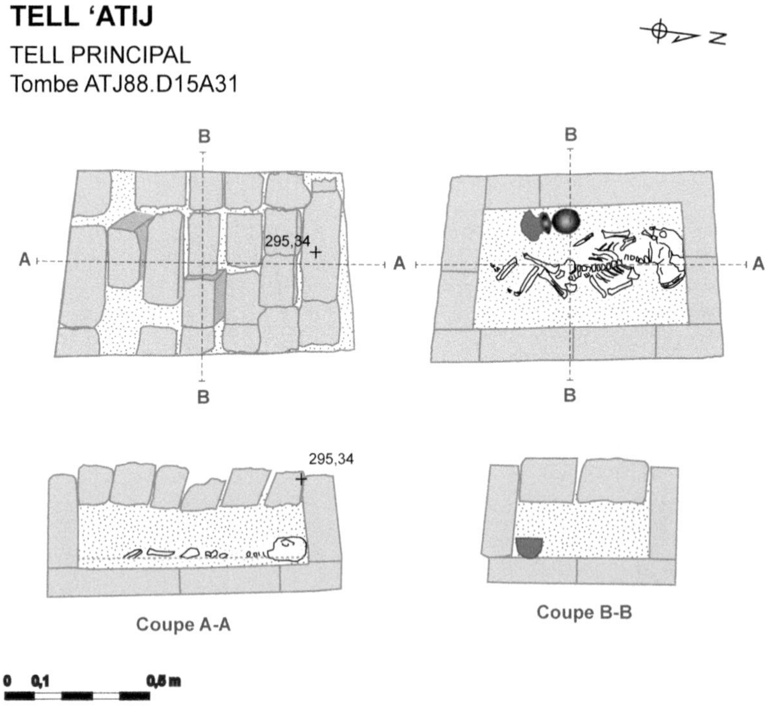

TELL 'ATIJ
TELL PRINCIPAL
Tombe ATJ88.D15A31

Figure 17.10 : Tombe ATJ88.D15A31.

Localisation : dans le corridor 564 du niveau II (Fortin 1990c, 550, fig. 14) ; sous le sol en cailloutis de la pièce 513 du niveau I.

Mobilier funéraire : deux vases seulement (Fig. 17.11), placés près du bassin du squelette.

- C1142 : Bouteille de fabrique *Fine* ; complète, avec des taches noires en surface. 5 (dia.) × 7 (h.) × 0,4 cm (ép.). Pâte de couleur *white* (2.5Y8/2), peu dure (Mohs 3), de texture fine avec des inclusions minérales. Fond plat légèrement saillant, panse ovoïde, épaule prononcée soulignée par un petit sillon, haut col concave, rebord évasé, lèvre simple arrondie.
- C1143 : Bol de fabrique *Fine* ; complet, avec des taches noires et traces d'usure. 8 (dia.) × 7 (h.) × 0,3 cm (ép.).

Pâte de couleur *very pale brown* (10YR7/4), peu dure (Mohs 3), de texture fine avec des inclusions minérales. Fond pointu, paroi convexe, rebord légèrement rentrant, lèvre simple arrondie.

ATJ86.D17A10

Tombe à ciste de forme rectangulaire dont on peut reconstituer les dimensions d'origine en dépit de son mauvais état de conservation : 0,70 (lo.) × 0,40 (la.) × 0,30 m (h.), en briques crues ; orientée nord-ouest–sud-ouest (Fig. 17.12) (Fortin 1988a, 162).

Squelette : aucun ; mais au vu des dimensions de la tombe, il pourrait s'agir de celle d'un enfant.

TOMBES

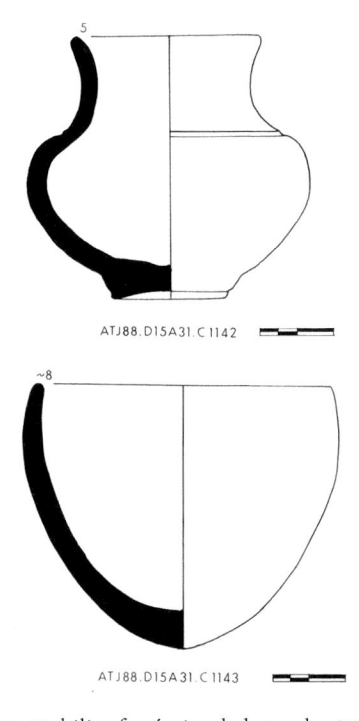

Figure 17.11 : Mobilier funéraire de la tombe ATJ88.D15A31.

Figure 17.12 : Tombe ATJ86.D17A10.

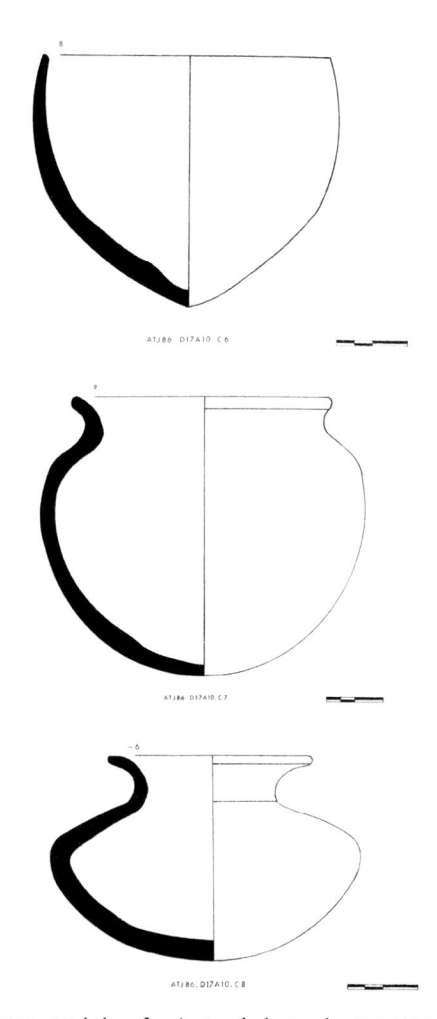

Figure 17.13 : Mobilier funéraire de la tombe ATJ86.D17A10.

Localisation : dans les couches sédimentaires qui se sont accumulées dans la pièce 538 du niveau VI après son abandon (Figs 10.15, 11.21 et 18.7) (Fortin 1988a, 165, fig. 29), sans que nous puissions déterminer quand au juste elle fut mise en place car, au-dessus, se trouve la pièce 517 du niveau V qui restera en usage jusqu'au niveau I.

Mobilier funéraire : trois petits vases (Fig. 17.13), disposés vraisemblablement près de l'emplacement présumé de la tête du squelette.

- C6 : Petit bol de fabrique *Fine*, fait au tour ; complet, avec des taches brunes sur la paroi. 8 (dia.) × 6,8 (h.) × 0,6 cm (ép.). Pâte de couleur *light gray* (2.5Y7/2), dure (Mohs 4), de texture fine avec quelques petites inclusions minérales. Fond pointu, paroi convexe, rebord légèrement rentrant, lèvre ronde.

- C7 : Jarre de fabrique *Fine*, faite au tour ; complète, avec des taches noires et des concrétions blanches en différents endroits de la surface. 9 (dia.) × 9,3 (h.) × 0,5 cm (ép.). Pâte de couleur *pale yellow* (5Y8/3), dure (Mohs 4), de texture fine avec quelques minuscules inclusions minérales et végétales. Fond rond, panse globulaire/ovoïde, petit col concave, rebord évasé, lèvre ronde.

- C8 : Flacon de fabrique *Fine*, fait au tour ; complet, avec des concrétions blanches et des taches noires ici et là. 6 (dia.) × 5,6 (h.) × 0,6 cm (ép.). Pâte de couleur *white* (5Y8/2), dure (Mohs 4), de texture fine avec quelques inclusions minérales de différents calibres. Fond rond, panse carénée, épaule prononcée, col très concave avec très léger ressaut à la base, rebord très évasé et étalé, lèvre ronde.

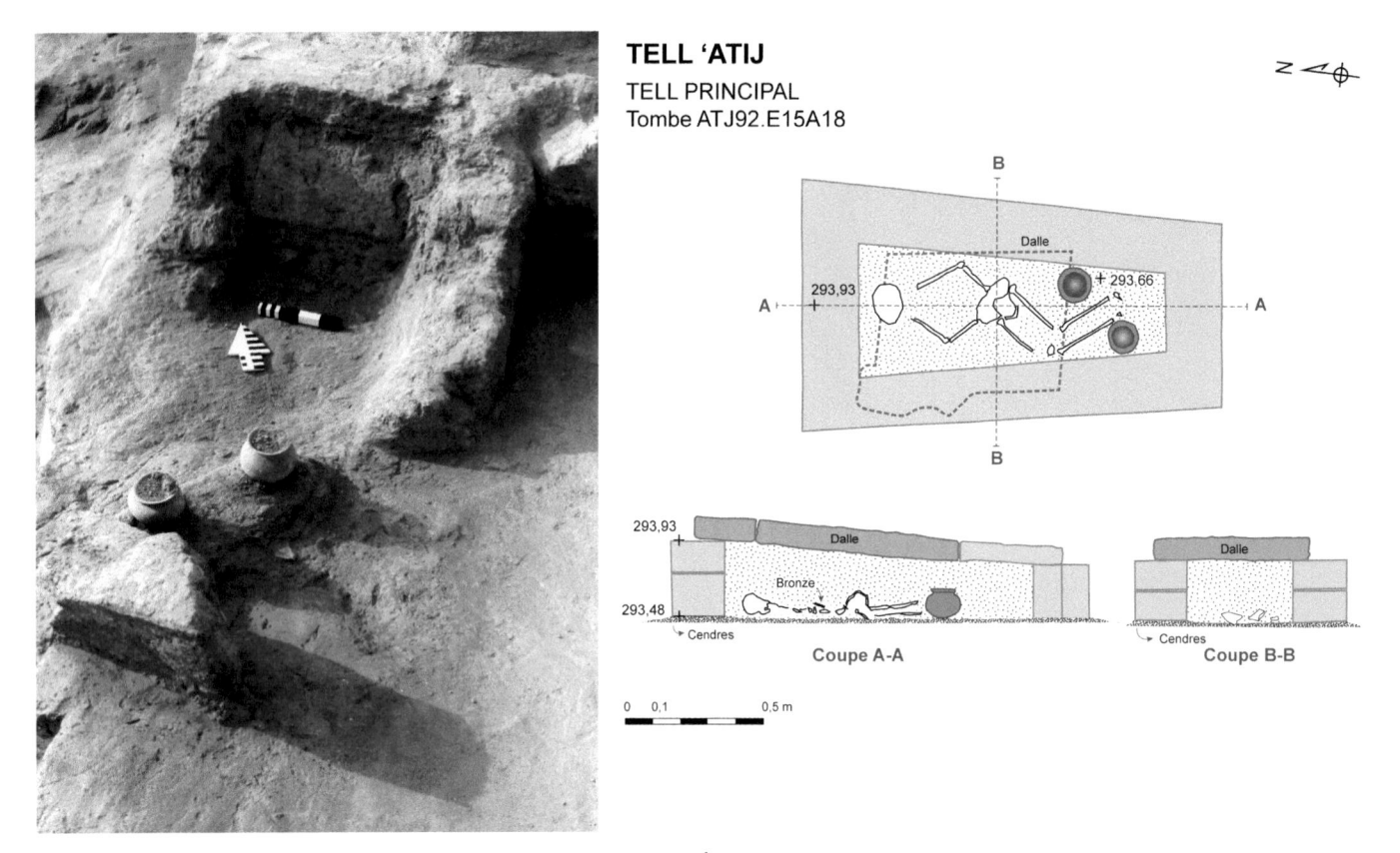

Figure 17.14 : Tombe ATJ87.E15A18.

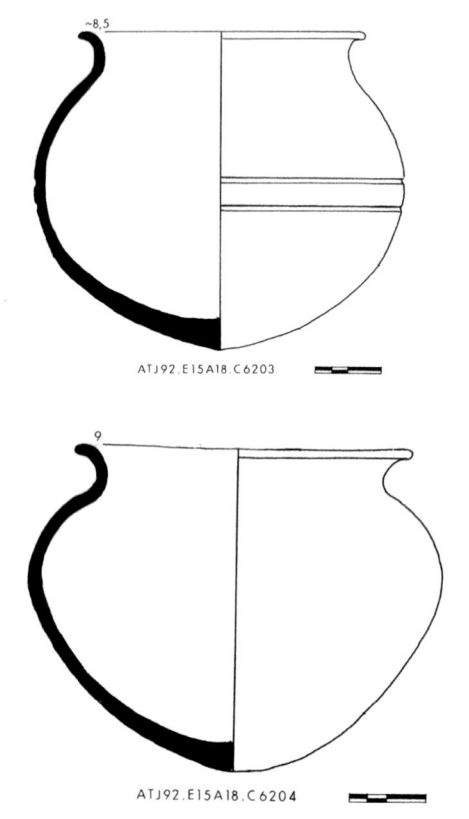

Figure 17.15 : Mobilier funéraire de la tombe ATJ87.E15A18.

ATJ92.E15A18

Tombe à ciste de forme rectangulaire très mal préservée, mais dont on peut quand même restituer les dimensions initiales : 1,50 (lo.) × 0,65-90 (la.) × 0,27 m (h.), en briques crues ; orientée nord-sud (Fig. 17.14).

Squelette : en très mauvais état, d'un adulte en position allongée ; bien qu'il fût impossible d'en extraire le squelette trop friable, sa silhouette a pu être dessinée sur place.

Localisation : exhumée de l'accumulation de terre dans la grande cour 575 du niveau VII ; elle se retrouve donc sous la cour 580-581-582 du niveau VI.

Mobilier funéraire : deux vases seulement (Fig. 17.15), placés aux pieds du squelette.

– C6203 : Bouteille de fabrique *Fine* ; complète, avec des concrétions calcaires et des taches brunes. 8,5 (dia.) × 9,1 (h.) × 0,3 cm (ép.). Pâte de couleur *light red* (2.5YR6/6) à *very pale brown* (10YR8/3), dure (Mohs 3), de texture mi-fine avec des inclusions minérales. Fond pointu/arrondi, panse globulaire marquée au centre par deux sillons parallèles qui en font le tour, petit col concave, rebord étalé, lèvre arrondie. Double rainure au milieu de la panse.

TELL 'ATIJ
TELL PRINCIPAL
Tombe ATJ87.E16A8

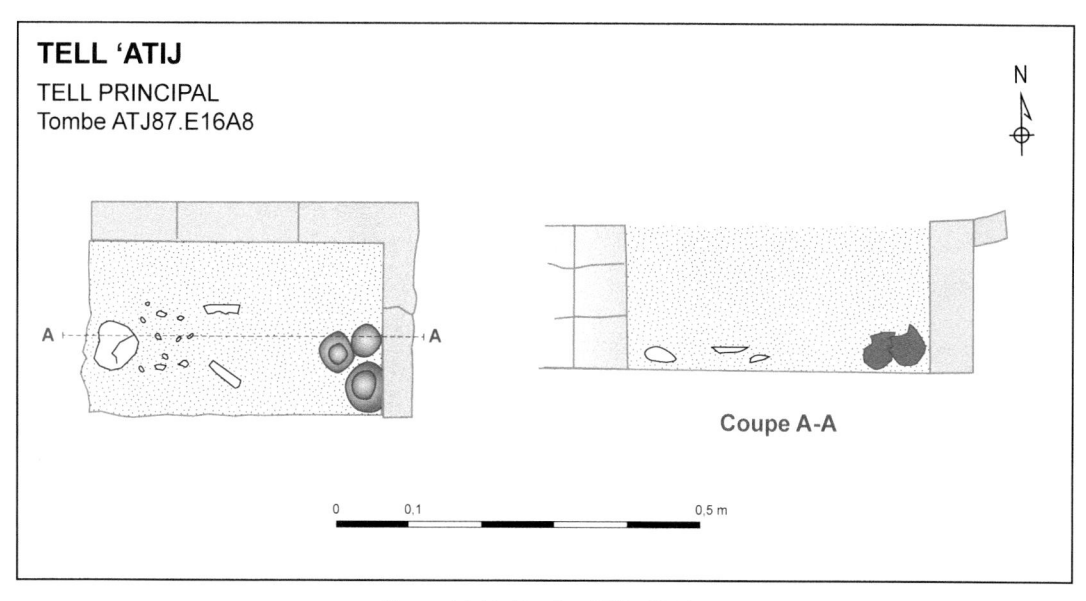

Figure 17.16 : Tombe ATJ87.E16A8.

- C6204 : Bouteille de fabrique *Fine*; complète. 9 (dia.) × 8,2 (h.) × 0,3 cm (ép.). Pâte de couleur *light olive gray* (5Y6/2) à *pale olive* (5Y6/4), dure (Mohs 3), de texture fine avec des inclusions minérales. Fond pointu/arrondi, panse ovoïde, épaule prononcée, petit col très concave, rebord étalé, lèvre arrondie.

ATJ87.E16A8

Tombe à ciste de forme rectangulaire : 0,88 (lo.) × 0,45 (la.) × 0, 34 m (h.), dont les parois, le fond et le sommet sont entièrement construits en briques crues ; orientée nord-ouest–sud-est (Fig. 17.16).

Squelette : quelques os seulement, qui semblent appartenir à celui d'un adulte.

Localisation : dégagée dans la couche de débris obstruant le passage 545 du niveau IV ; elle se retrouve donc sous la pièce 531b du niveau III dont le sol est plâtré.

Mobilier funéraire : trois vases (Fig. 17.17), aux pieds du squelette, et une vingtaine de perles.

- C379 : Bol de fabrique *Fine* (*Ninive 5*) fait au tour ; complet, avec des concrétions. 7,5 (dia.) × 6,8 (h.) × 0,6 cm (ép.). Pâte de couleur *white* (5Y8/2), dure (Mohs 3), de texture fine avec peu de petites inclusions minérales. Fond pointu, paroi convexe, rebord légèrement rentrant, lèvre ronde.
- C380 : Flacon de fabrique *Fine* (*Ninive 5*), fait au tour ; complet. 4,5 (dia.) × 6,5 (h.) × 0,6 cm (ép.). Pâte de couleur *light reddish yellow* (10YR6/4) à *very pale brown* (10YR7/4), dure (Mohs 4), de texture fine avec peu de petites inclusions minérales. Fond aplati/pointu, panse biconvexe, petit col concave, rebord étalé, lèvre ronde. Décor de points incisés formant des triangles sur la moitié supérieure de la panse.
- C381 : Bouteille de fabrique *Commune* faite au tour ; complète, avec des concrétions. 6,5 (dia.) × 8,5 (h.) × 1 cm (ép.). Pâte de couleur *reddish yellow* (7.5YR7/6), dure (Mohs 4), de texture mi-fine avec peu d'inclusions minérales et végétales de calibre moyen. Fond rond, panse biconvexe, col concave, rebord très évasé, lèvre ronde.
- B55 : 22 perles en stéatite faïence ; complètes. Dimensions variées. En forme de petits disques plats, aux bords droits ou arrondis et plutôt réguliers ; perforations centrales cylindriques.

Tell secondaire – Nécropole

En dégageant les structures tardives, vraisemblablement romaines, construites sur le tell secondaire de Tell 'Atij (Chapitre 18), nous avons eu la chance de mettre au jour, sous ces modestes installations, une dizaine de tombes contemporaines de l'occupation du tell principal.

Elles ont été ouvertes lors de trois campagnes de fouilles : d'abord en 1987 (Fortin 1990a, 243-247) : tombes NN18A4, NN18A5 (début), NN19C1, puis en 1988 (Fortin 1990c, 555-560) : tombes FF17A5, NN17A4, NN17A5, NN18A5 (fin), PP19A4, et finalement en 1992 (Fortin 1994a, 379-381) : tombes MM14A3, MM16A2, MM16A5.

ATJ87.E16A8.C379

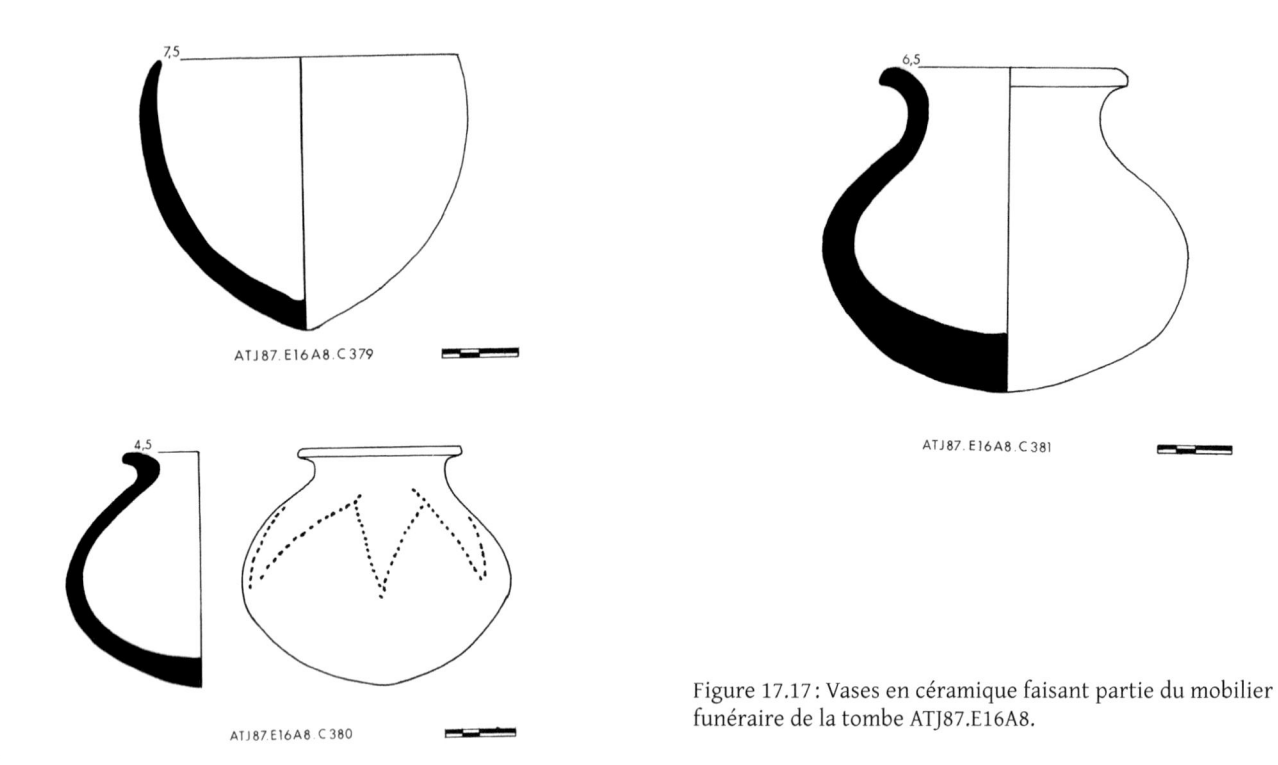

ATJ87.E16A8.C381

ATJ87.E16A8.C380

Figure 17.17 : Vases en céramique faisant partie du mobilier funéraire de la tombe ATJ87.E16A8.

TELL 'ATIJ
TELL SECONDAIRE
Tombes Ninive 5

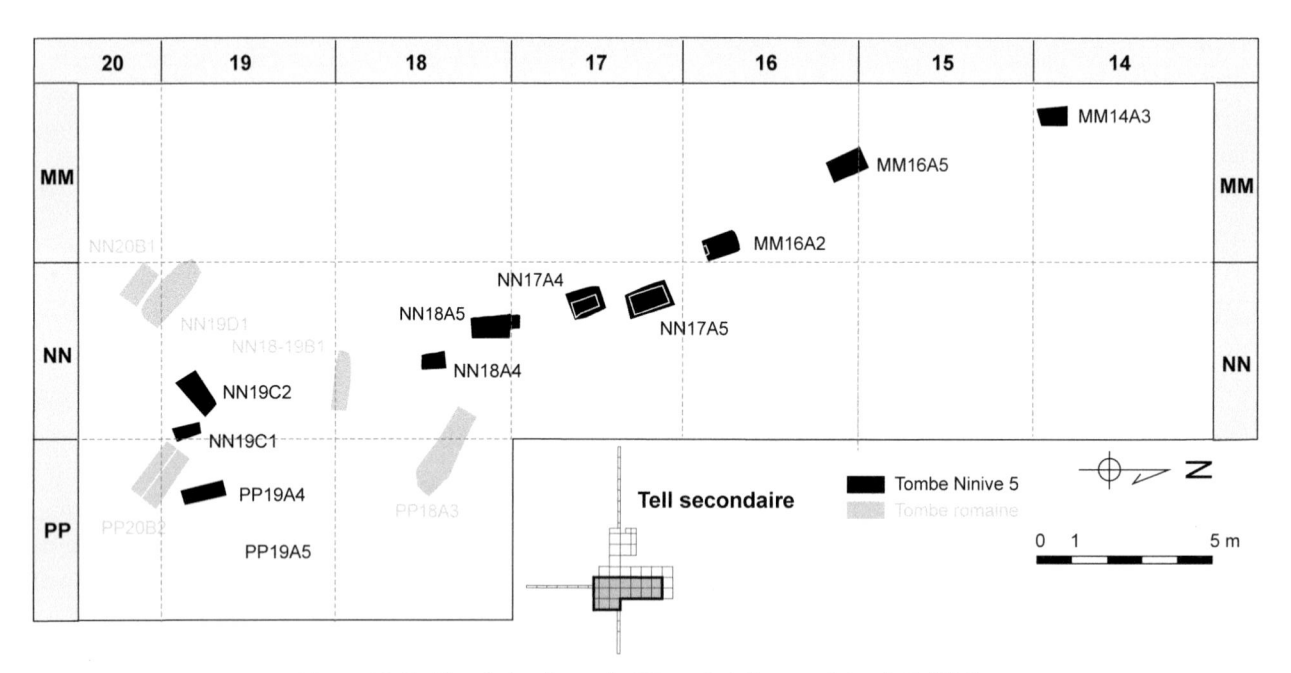

Figure 17.18 : Plan de la nécropole EJZ sur le tell secondaire de Tell 'Atj.

TOMBES

Tableau 17.2 : Liste des tombes EJZ découvertes sur le tell secondaire de Tell 'Atij avec les caractéristiques et le mobilier funéraire de chacune.

Numéro	Type	Squelette	Orientation	Mobilier funéraire
ATJ88.FF17A5	Inconnu	Aucun	Inconnue	3 vases [C1103-4-5]
ATJ92.MM14A3	Ciste	Aucun (enfant ?)	nord-sud	4 vases [C6216-7-8-9] 1 pendeloque zoomorphe en nacre de perle [B71] 19 perles en coquillage [B72] 103 perles en stéatite faïence [B73]
ATJ92.MM16A2	Ciste	Enfant	nord-sud	4 vases [C6208-9-10-11] 45 perles en stéatite faïence [B74]
ATJ92.MM16A5	Ciste	Aucun (enfant ?)	nord-sud	4 vases [C6112-3-4-5] 1 perle en stéatite faïence [B75] 4 perles en coquillage et en pierre [B76] 1 pendeloque en pierre blanche [B91]
ATJ88.NN17A4	Ciste	Aucun (adulte ?)	nord-ouest–sud-est	18 vases [C1117-8-9-20-1-2-3-4-5, 1133-4-5-6-7-8-9-40-41] dont 1 lampe et son couvercle [C1124-5] et 6 vases miniatures [C1135-6-7-8-9, 1141]
ATJ88.NN17A5	Ciste ?	Aucun	nord-ouest–sud-est	11 vases [C1106, 1109,-9, 1144-5-6-7-8-9-50-1, 5716] 1 bracelet en bronze [M24] 1 collier formé d'éléments en différents matériaux [B64, 96-7-8-9-100-1-2-3-4-5-6]
ATJ87.NN18A4	Ciste	Jeune adulte	nord-sud	11 vases [C355-6-7-8-9-60-1-2-3-4-5] traces d'objets métalliques 1 collier formé d'éléments en différents matériaux [B40, 93-4-5]
ATJ87.NN18A5	Ciste	Aucun (adulte ?)	nord-sud	8 vases [C371-2-3, 1127-8-9, 1130-1] 1 épingle en bronze [M20]
ATJ87.NN19C1	Ciste	Enfant (?)	nord-sud	4 vases [C382-3, 385, 389] 1 perle (?) cannelée en pierre blanche [B45] 1 pendeloque zoomorphe en pierre blanche [B46] Perles en coquillage [B51] 1 pendeloque en pierre [B52] 1 pendeloque en pierre blanche [B54]
ATJ88.PP19A4	Ciste	Aucun (adulte ?)	nord-sud	9 vases [C1107-8, 1110-1-2-3-4-5-6] 2 épingles en bronze [M22] 1 pendeloque en nacre de perle en forme d'oiseau [B65]

Ce sont des tombes à ciste faites à partir de briques crues disposées de manière à former un coffrage très simple, de petites dimensions (Tableau 17.2). Elles sont toutes orientées, *grosso modo*, suivant un axe nord-sud. Malheureusement, la plupart – sept – des squelettes avaient disparu au moment de la fouille. Cette petite concentration de tombes sur une superficie restreinte de 450 m² nous autorise à les considérer comme ayant fait partie d'une seule et même nécropole (Fig. 17.18). Même modeste, cette dernière reste très intéressante parce que ce serait la seule nécropole *extra moenia* de la période de *Ninive 5* (EJZ 1-2) à avoir été fouillée à ce jour (Valentini 2011, 272).[4] Toutefois, ni la structure de ces tombes, ni leur mobilier funéraire, ni leur positionnement les unes par-rapport aux autres nous permettent de déceler au sein de ce cimetière une forme de stratification sociale quelconque. Le nombre très limité de tombes d'enfants ne peut pas, non plus, rendre compte d'une pratique sociétale quelconque (Szeląg & Wygnańska 2019).

---

4 Bien que quelques tombes ouvertes hors les installations domestiques de certains sites contemporains voisins pourraient peut-être indiquer la présence d'autres cimetières comparables (Valentini 2011, 272).

Le mobilier funéraire contenu dans les tombes du tell secondaire de Tell 'Atij (Tableau 17.2) nous indique qu'elles sont contemporaines de l'occupation du hameau sis à l'emplacement du tell principal, plus précisément de sa dernière phase d'occupation qui se situe durant l'EJZ 2 final, donc aux alentours de 2600 av. J.-C. D'autres archéologues diffèrent légèrement d'opinion : Marc Lebeau (2011, 344) est lui aussi d'avis que ce cimetière serait contemporain de la phase finale d'occupation du site mais il la date de la période EJZ 3a, tandis que Stefano Valentini (2011, 272) estime qu'il fut mis en place immédiatement après l'abandon des installations situées sur le tell principal, c'est-à-dire durant la période EJZ 3b (Quenet 2011, 45 table 5), ce qui me semble difficile à croire du fait qu'une nécropole est d'habitude associée à un établissement voisin en pleine activité.

ATJ88.FF17A5

Tombe de type inconnu : ayant été localisée en bordure orientale du chenal qui passe entre les tells principal et secondaire, elle avait disparu au moment des fouilles ; seul un regroupement de trois vases complets formant son mobilier funéraire, selon toute vraisemblance, en indiquait la présence (Fig. 17.19) :

- *C1103* : Jarre à grande ouverture, de fabrique *Commune* ; complète, avec quelques concrétions. 21,5 (dia.) × 23 (h.) × 1,1 cm (ép.). Pâte de couleur *white* (5Y8/2) à *pink* (5YR7/4), dure (Mohs 4), de texture grossière avec des inclusions minérales et végétales. Fond arrondi, panse globulaire, col resserré, rebord évasé, lèvre en bandeau oblique à face concave dont la partie supérieure est saillante.

- *C1104* : Bol, de fabrique *Fine* ; complet, avec quelques concrétions. 8 (dia.) 6,6 (h.) × 0,25 cm (ép.). Pâte de couleur *pale yellow* (5Y7/3), peu dure (Mohs 3), de texture mi-fine avec des inclusions minérales. Fond arrondi, paroi convexe, rebord légèrement rentrant, lèvre simple arrondie.

- *C1105* : Bol, de fabrique *Fine* ; complet, avec quelques concrétions. 8,8 (dia.) × 5,4 (h.) × 0,2 cm (ép.). Pâte de couleur *light gray* (5Y7/2), dure (Mohs 4), de texture fine avec des inclusions minérales. Fond arrondi, paroi convexe, rebord légèrement rentrant, lèvre simple arrondie.

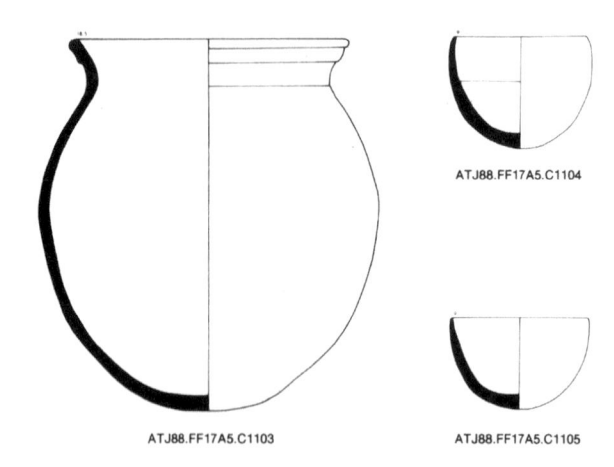

Figure 17.19 : Mobilier funéraire de la tombe ATJ88.FF17A5 (reproduit de Fortin 1990c, 557, fig. 22).

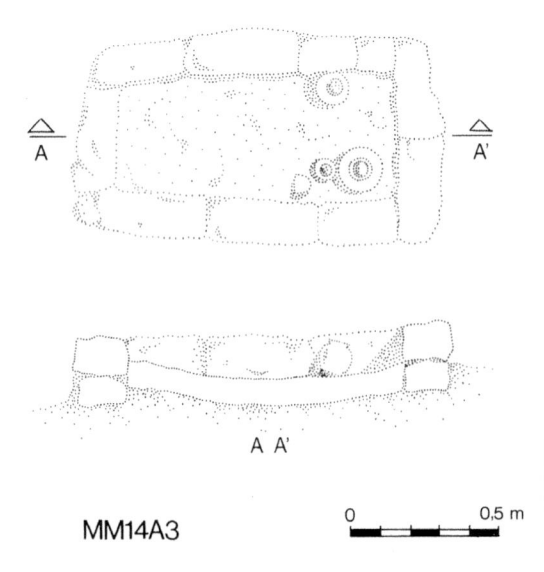

Figure 17.20 : Tombe ATJ92.MM14A3 (reproduit de Fortin 1994a, 380, fig. 17).

ATJ92.MM14A3

Tombe à ciste de forme rectangulaire : 0,85 (lo.) × 0,48 (la.) × 0,15 m (h. prés.), en briques crues ; orientée nord-sud (Fig. 17.20) (Fortin 1994a, 379-380).

Squelette : aucun, mais probablement celui d'un enfant d'après les dimensions de la tombe.

Mobilier funéraire : quatre vases (Fig. 17.21) regroupés à une extrémité de la tombe (près de la tête ?), des perles en coquillage et en stéatite faïence, ainsi qu'une pendeloque en nacre de perle en forme d'animal (Fortin 1994a, 381, fig. 18).

- *C6216* : Godet de fabrique *Fine* ; incomplet. 3,1 (dia.) × 2,8 cm (h.). Pâte de couleur *light yellowish brown* (10YR6/4), peu dure (Mohs 3), de texture mi-fine avec quelques inclusions minérales et végétales. Fond aplati, corps globulaire, léger rétrécissement au col, sans rebord, lèvre ronde.
- *C6217* : Bol de fabrique *Fine* ; complet, avec de nombreuses concrétions calcaires. 6,8 (dia.) × 4 cm (h.). Pâte de couleur *pale yellow* (5YR7/3 à 8/3), très peu dure (Mohs 1-2), de texture fine avec des inclusions minérales. Fond plat, paroi droite et évasée, lèvre simple arrondie.
- *C6218* : Bouteille de fabrique *Fine*, complète, avec quelques concrétions calcaires. 15,5 (dia.) × 15 cm (h.). Pâte de couleur *pale yellow* (5Y7/3), peu dure (Mohs 3), de texture mi-fine avec des inclusions minérales. Fond arrondi/aplati, panse globulaire, épaule peu prononcée, haut col droit, rebord étalé, lèvre arrondie/en bourrelet.
- *C6219* : Petite jarre de fabrique *Commune* ; complète mais fendillée à quelques endroits, avec des taches noires au fond. 17,5 (dia.) × 17,3 cm (h.). Pâte de couleur *pale brown* (10YR6/3), peu dure (Mohs 3), de texture mi-fine avec des inclusions minérales et végétales. Fond aplati, panse globulaire, col concave, rebord étalé, lèvre simple arrondie.
- *B71* : Pendeloque en nacre de perle ; incomplète. 3,9 (lo.) × 2,2 (la.) × 0,5 cm (ép.). En forme d'animal (oiseau ?), accroupi, vu de côté, dont les pattes sont à peine esquissées ; trou de suspension percé dans la partie supérieure du corps, vers la gauche.
- *B72* : Dix-neuf perles en coquillage ; complètes mais leur état est friable et plusieurs sont endomma-

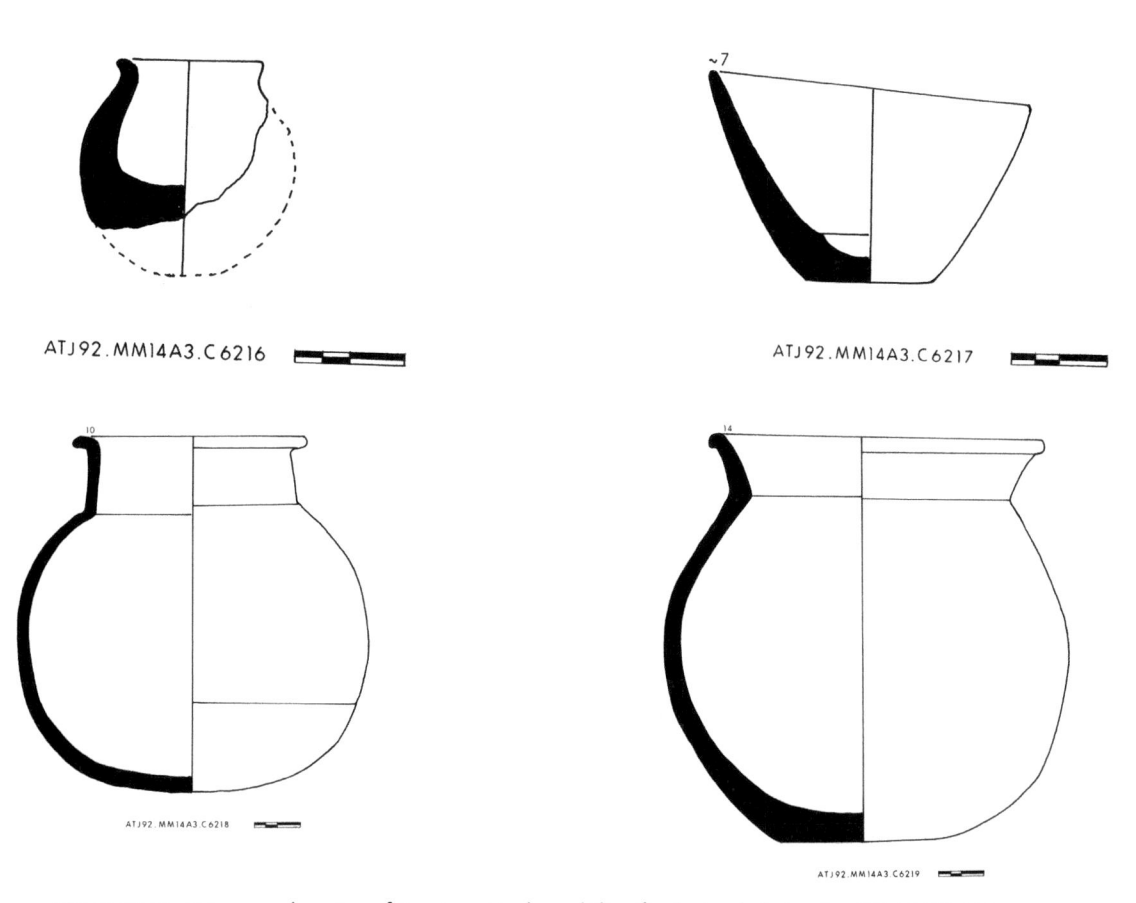

Figure 17.21 : Vases en céramique faisant partie du mobilier funéraire de la tombe ATJ92.MM14A3.

334 CHAPITRE 17

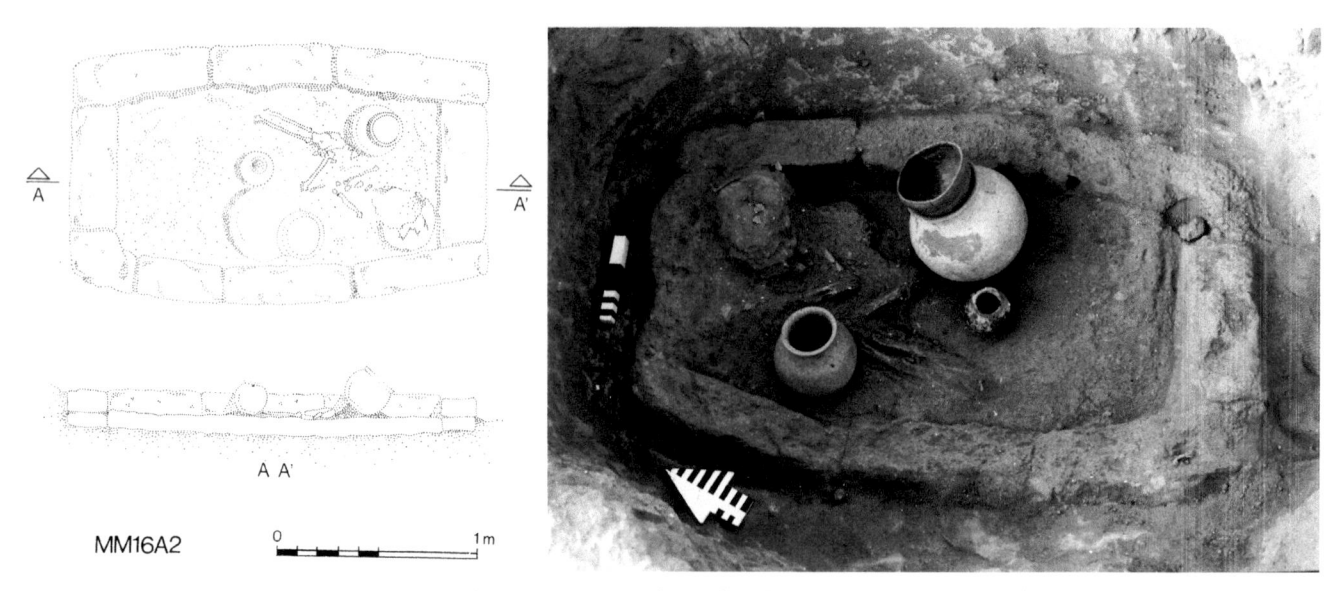

Figure 17.22 : Tombe ATJ92.MM16A2 (reproduit de Fortin 1994a, 380, fig. 17).

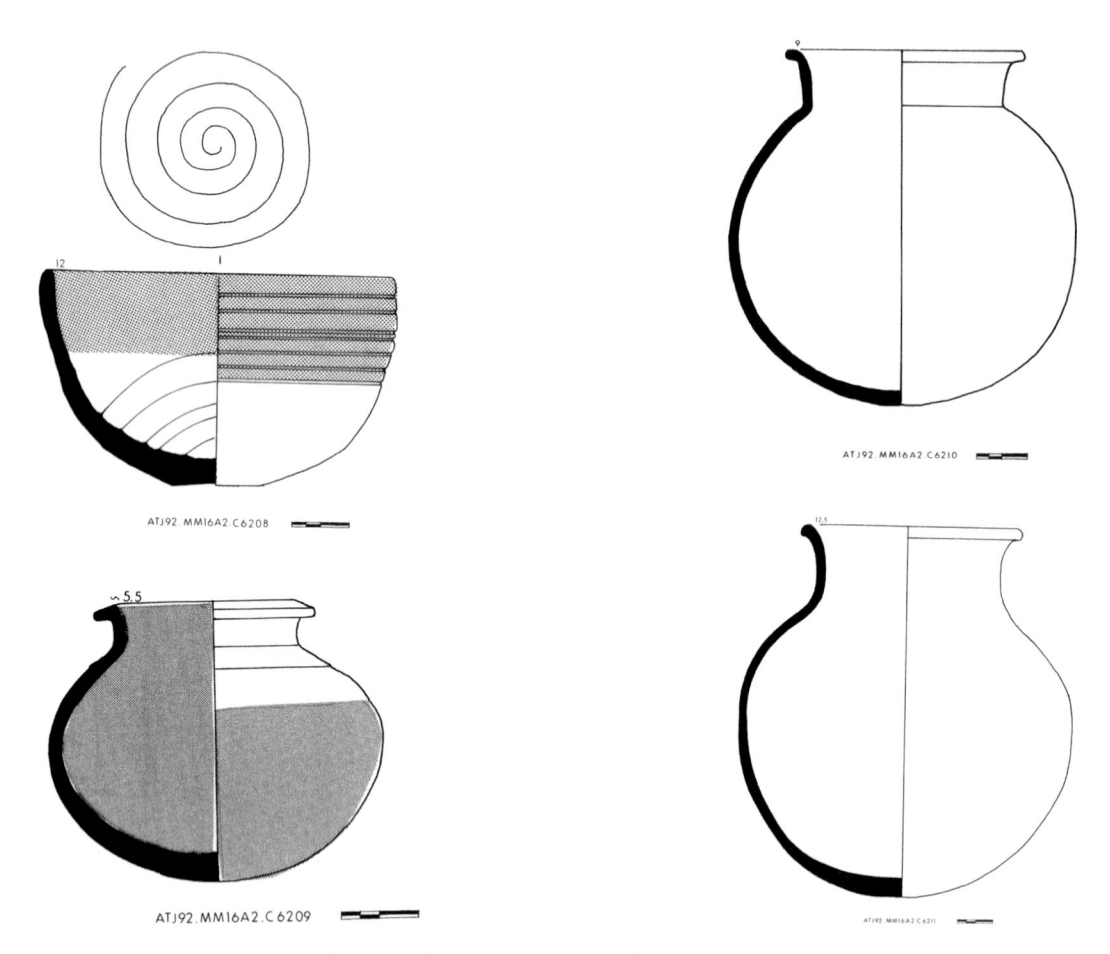

Figure 17.23 : Vases en céramique faisant partie du mobilier funéraire de la tombe ATJ92.MM16A2.

TOMBES

gées. Dimensions varient entre 0,7 et 1,3 cm de longueur. Dix-neuf petits gastropodes percés de couleur beige avec rayures blanches (sauf trois qui sont entièrement blancs).
- *B73*: 103 perles en stéatite faïence; complètes. Dimensions moyennes: 2,5 (lo.) × 3 cm (dia.). De forme cylindrique, aux bords plutôt droits et aux extrémités plates; perforation longitudinale centrale circulaire.

ATJ92.MM16A2

Tombe à ciste de forme rectangulaire: 0,85 (lo.) × 0,62 (la.) × 0,10 m (h. prés.), en briques crues; orientée nord-sud (Fig. 17.22) (Fortin 1994a, 379-380).

Squelette: enfant, en position recroquevillée.

Mobilier funéraire: quatre vases (Fig. 17.23) et de nombreuses perles en stéatite faïence.

- *C6208*: Bol de fabrique *Métallique*, fait au tour; complet. 12,5 (dia.) × 6,8 (h.) × 0,5 cm (ép.). Pâte de couleur *reddish gray* (5YR4/2) à *dark gray* (7,5YR4/0), dure (Mohs 5), de texture fine, pratiquement sans aucune inclusion. Fond plat, parois évasées, rebord légèrement rentrant, lèvre ronde. Série de stries horizontales à la partie supérieure de la paroi.
- *C6209*: Flacon de fabrique *Métallique*; complet, avec des concrétions calcaires ici et là. 7,8 (dia.) × 6,9 (h.) × 0,3 cm (ép.). Pâte de couleur *reddish brown* (5YR5/4) à *gray* (7,5YR5/0), dure (Mohs 5), de texture fine avec peu d'inclusions minérales. Fond arrondi, panse biconvexe, épaule soulignée par une arête peu prononcée, petit col droit, rebord étalé, lèvre carrée.

- *C6210*: Petite jarre de fabrique *Commune*; complète, avec plusieurs concrétions calcaires. 13 (dia.) × 13 (h.) × 0,4 cm (ép.). Pâte de couleur *pale yellow* (5Y7/3), peu dure (Mohs 3), de texture fine avec des inclusions minérales. Fond arrondi, corps globulaire, haut col cylindrique, rebord étalé, lèvre simple arrondie.
- *C6211*: Jarre à petite ouverture de fabrique *Commune*; complète, avec quelques concrétions calcaires. 19 (dia.) × 21 (h.) × 0,7 cm (ép.). Pâte de couleur *light brown* (7,5YR6/4) à *white* (2,5Y8/2), dure (Mohs 4), de texture mi-fine avec des inclusions minérales et végétales. Fond arrondi, corps globulaire, col concave, rebord étalé, lèvre simple arrondie.
- *B74*: 45 perles en stéatite faïence; complètes. Dimensions moyennes: 2,5 (lo.) × 3 cm (dia.). De forme cylindrique, aux bords plutôt droits et aux extrémités plates; perforation longitudinale centrale circulaire.

ATJ92.MM16A5

Tombe à ciste de forme rectangulaire: 1,20 (lo.) × 0,60 (la.) × 0,10 m (h. prés.), en briques crues sur les côtés, disposées en panneresses sur deux assises, et le fond; orientée nord-sud (Fig. 17.24) (Fortin 1994a, 379-380).

Squelette: aucun, sauf quelques fragments d'ossements d'enfant (?).

Mobilier funéraire: quatre vases (Fig. 17.25), une perle en stéatite faïence, quatre en coquillage et en pierre, et une pendeloque en pierre blanche.

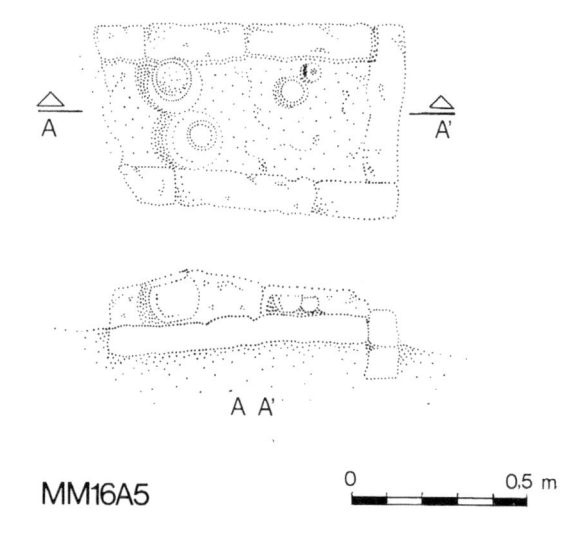

Figure 17.24: Tombe ATJ92.MM16A5 (reproduit de Fortin 1994a, 380, fig. 17).

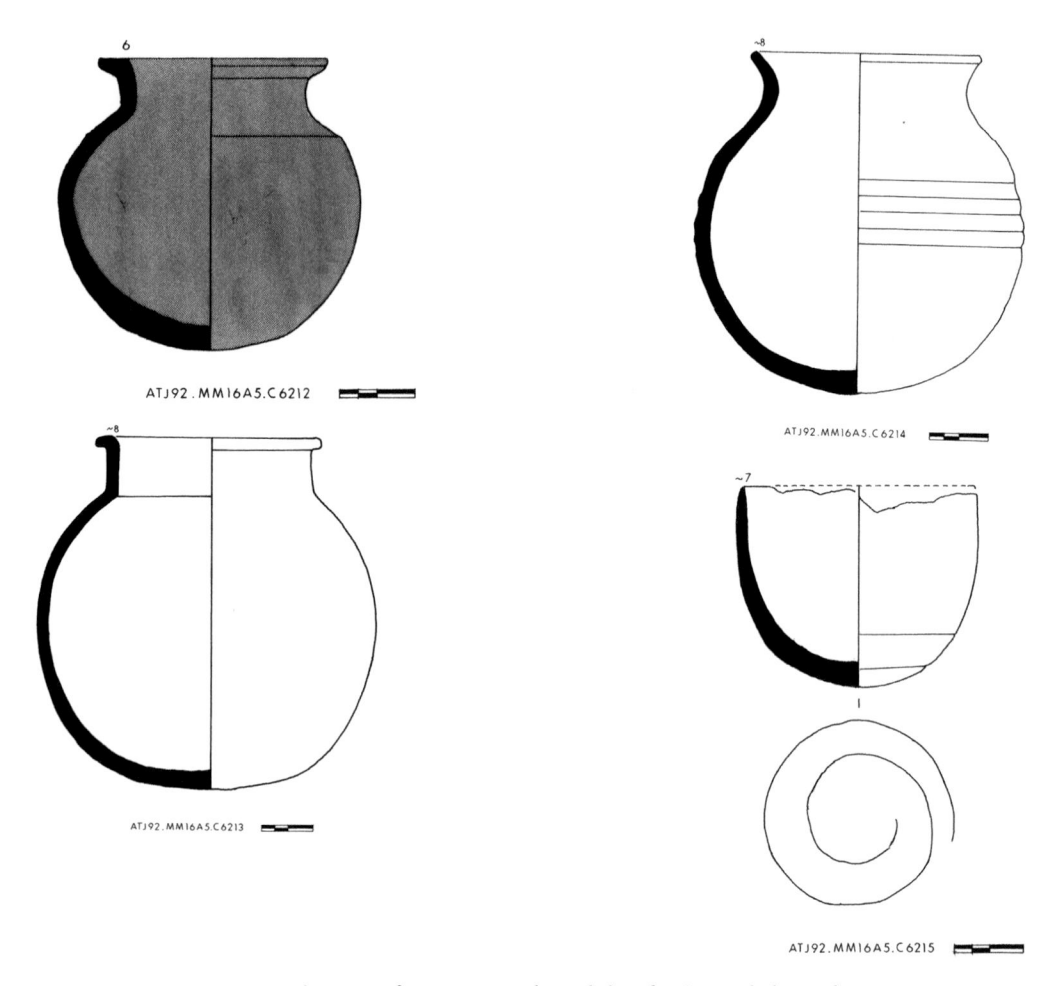

Figure 17.25 : Vases en céramique faisant partie du mobilier funéraire de la tombe ATJ92.MM16A5.

- C6212 : Flacon de fabrique *Métallique* ; complet, mais avec de nombreux éclats et de multiples concrétions calcaires. 8,1 (dia.) × 7,3 cm (h.). Pâte de couleur *very dark gray* (7.5YR3/0), dure (Mohs 5), de texture fine avec des inclusions minérales. Fond arrondi, panse globulaire, épaule un peu prononcée petit col droit, rebord étalé, lèvre carrée.
- C6213 : Bouteille de fabrique *Fine* ; complète, mais avec de nombreux éclats et plusieurs concrétions calcaires. 13 (dia.) × 13,6 cm (h.). Pâte de couleur *reddish yellow* (7.5YR7/6) à *very pale brown* (10YR7/4), dure (Mohs 3), de texture fine avec quelques minuscules inclusions minérales. Fond arrondi, panse globulaire, épaule peu prononcée, haut col droit et évasé, rebord étalé, lèvre arrondie/en bourrelet.
- C6214 : Bouteille de fabrique *Fine* ; complète, mais avec de nombreux éclats et concrétions calcaires. 11 (dia.) × 11,2 cm (h.). Pâte de couleur *reddish yellow* (5YR6/6 à 7.5YR7/6), dure (Mohs 3), de texture mi-fine avec des inclusions minérales. Fond arrondi, panse globulaire, épaule peu prononcée, petit col concave, rebord étalé, lèvre arrondie. Série de minces rainures horizontales au milieu de la panse.
- C6215 : Bol de fabrique *Fine* ; incomplet : une bonne partie du rebord ainsi que l'engobe sur moitié de la surface du vase ont disparu. 6,8 (dia.) × 5,5 cm (h.). Pâte de couleur *pale yellow* (5Y7/3), dure (Mohs 5), de texture fine avec des inclusions minérales. Fond arrondi, paroi convexe, rebord droit, lèvre amincie.
- B75 : Perle en stéatite faïence ; très fragmentaire : plus de la moitié a disparu. 1,2 (lo.) × 1,6 cm (dia.). De forme cylindrique ; large perforation centrale circulaire. De minuscules grains d'une pierre blanche ont été appliqués/soudés à la surface, laquelle porte encore, par endroits, des traces de glaçure verte.
- B76 : Perles en coquillage (1) et en pierre (3) ; complètes. Dimensions variées : 0,7 × 0,6 cm. Petit gastropode, percé au niveau de l'aperture ; l'apex est abîmé. Trois perles en pierre de forme cylindrique,

TOMBES

aux bords droits et aux extrémités plates; perforation centrale longitudinale plutôt circulaire.
- *B91*: Pendeloque en pierre blanchâtre avec marbrures de couleur foncée (indéterminée); incomplète: large éclat près du trou de suspension. 1,2 (lo.) × 0,6 cm (dia.). Piriforme; large perforation circulaire transversale au tiers supérieur.

ATJJ88.NN17A4

Tombe à ciste de forme rectangulaire: 1,05 (lo.) × 0,60 (la.) × 0,50 m (h.), en briques crues posées de chant sur les côtés du coffrage de las tombe, et à plat, sur son sommet; orientée nord-ouest–sud-est (Fig. 17.26).

Squelette: aucun.

Mobilier funéraire: 18 vases éparpillés à l'intérieur de la tombe (Fig. 17.27).

- *C1117*: Petite marmite de fabrique *Culinaire*; incomplète, traces de feu et effritement de la pâte. 10 (dia.) × 9 (h.) × 1,2 cm (ép.). Pâte de couleur *brown* (7.5YR5/4) à *dark gray* (10YR4/1), molle (Mohs 2), de texture grossière avec plusieurs inclusions minérales blanches de différents calibres et végétales. Fond rond, paroi convexe, rebord évasé, lèvre amincie.
- *C1118*: Petite jarre de fabrique *Commune*; complète, éclats en surface et concrétions blanches. 11 (dia.) × 16,5 (h.) × 0,55 cm (ép.). Pâte de couleur *light red* (2.5YR6/6) à *white* (2.5Y8/2), dure (Mohs 4), de texture grossière avec des inclusions minérales et végétales. Fond arrondi, panse globulaire, col concave, rebord évasé, lèvre simple arrondie.
- *C1119*: Petite jarre de fabrique *Commune*; complète, parties du rebord manquants, taches noires. 9,5 (dia.) × 12 (h.) × 0,5 cm (ép.). Pâte de couleur *white* (5Y8/2), peu dure (Mohs 3), de texture fine avec des inclusions minérales. Fond arrondi/pointu, panse globulaire, épaule prononcée, haut col concave, rebord étalé, lèvre simple arrondie.
- *C1120*: Bol de fabrique *Fine*; complet, taches noires à la surface. 11 (dia.) × 6,5 (h.) × 0,5 cm (ép.). Pâte de couleur *pale yellow* (2.5Y8/4), peu dure (Mohs 3), de texture fine avec des inclusions minérales. Fond plat, paroi convexe, rebord légèrement rentrant, lèvre simple arrondie.
- *C1121*: Gobelet de fabrique *Commune*; complet, sauf pour quelques éclats au rebord, taches noires ici et là en surface. 7 (dia.) × 8,2 (h.) × 0,4 cm (ép.). Pâte de couleur *pink* (7.5YR7/4), peu dure (Mohs 3), de

TELL 'ATIJ
TELL SECONDAIRE
Tombe ATJ88.NN17A4

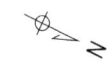

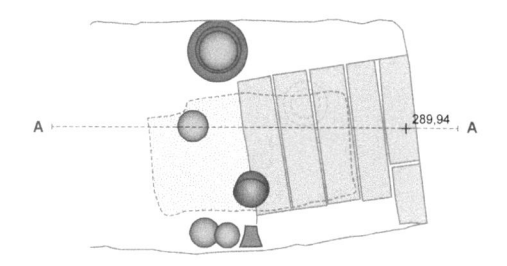

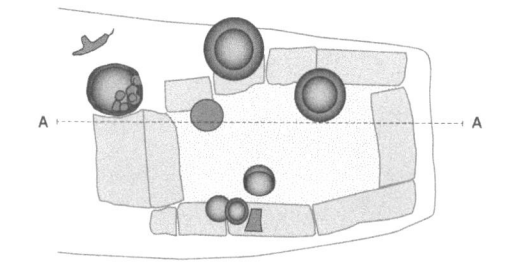

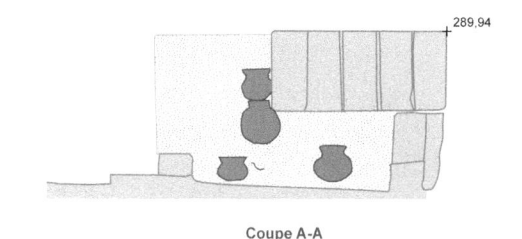

Figure 17.26: Tombe ATJJ88.NN17A4.

338

CHAPITRE 17

ATJ88.NN17A4.C1117   ATJ88.NN17A4.C1118   ATJ88.NN17A4.C1119   ATJ88.NN17A4.C1120

ATJ88.NN17A4.C1121   ATJ88.NN17A4.C1122   ATJ88.NN17A4.C1123   ATJ88.NN17A4.C1124   ATJ88.NN17A4.C1125

ATJ88.NN17A4.C1135   ATJ88.NN17A4.C1136   ATJ88.NN17A4.C1137

ATJ88.NN17A4.C1134

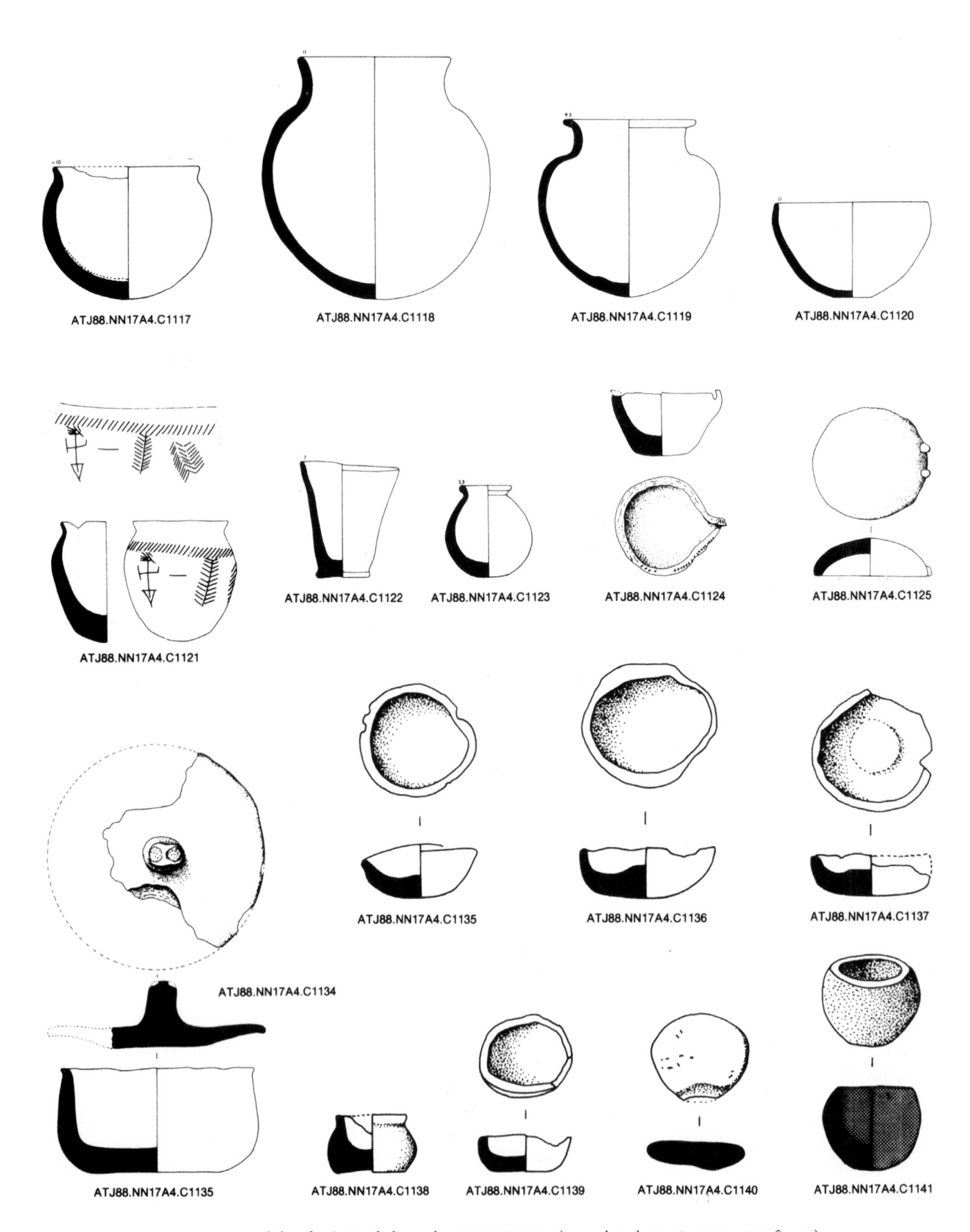

ATJ88.NN17A4.C1135   ATJ88.NN17A4.C1138   ATJ88.NN17A4.C1139   ATJ88.NN17A4.C1140   ATJ88.NN17A4.C1141

Figure 17.27 : Mobilier funéraire de la tombe ATJJ88.NN17A4 (reproduit de Fortin 1990c, 558, fig. 24).

texture mi-fine avec peu d'inclusions minérales et quelques inclusions végétales. Fond rond, paroi convexe, petit rebord évasé, lèvre amincie. Figure gravée sur la panse ainsi que des chevrons ; rangée de petites lignes obliques à l'épaule.

– *C1122* : Gobelet de fabrique *Fine* ; complet, traces d'usure à la surface. 7 (dia.) × 7,8 (h.) × 0,3 cm (ép.). Pâte de couleur *pale yellow* (5Y7/3), peu dure (Mohs 3), de texture fine avec des inclusions minérales. Fond plat saillant, paroi droite et évasée, lèvre simple arrondie.

– *C1123* : Récipient miniature de fabrique *Commune* ; complet, concrétions. 3,5 (dia.) × 6,3 (h.) × 0,5 cm (ép.). Pâte de couleur *pink* (7.5YR7/4) à *reddish yellow* (7.5YR7/6), dure (Mohs 4), de texture fine avec des inclusions minérales. Fond aplati, panse globulaire, petit col concave, rebord évasé, lèvre arrondie.

– *C1124* : Récipient miniature (lampe) de fabrique *Commune* ; complet, hormis quelques éclats au rebord. 6,8 (dia.) × 4,5 (h.) × 0,6 cm (ép.). Pâte de couleur *reddish yellow* (5YR7/6), peu dure (Mohs 3), de texture mi-fine, avec des inclusions minérales et végétales. Fond aplati, parois légèrement convexes évasées, lèvre carrée ; bec verseur pincé à la lèvre. Décor de stries incisées à la lèvre.

– *C1125* : Récipient miniature (couvercle de la lampe C1124) de fabrique *Commune* ; complet. 8 (dia.) × 2,5 (h.) × 0,8 cm (ép.). Pâte de couleur *pink* (5YR7/4), peu dure (Mohs 3), de texture mi-fine avec des inclusions minérales. Couvercle avec deux tenons pincés à la lèvre. Décor de points et d'incisions sur une partie du rebord.

– *C1133* : Petite marmite en argile crue ; incomplète, surface très fendillée. 14 (dia.) × 6 (h.) × 1,3 cm (ép.). Pâte de couleur *light reddish brown* (5YR6/3 à 5YR6/4), molle (Mohs 2), de texture grossière avec quelques inclusions minérales de différents calibres et végétales. Fond plat, paroi convexe, lèvre carrée.

– *C1134* : Couvercle en argile crue ; incomplet : les deux tiers manquent, concrétions. 14 (dia.) × 4,5 (h.) × 1,4 cm (ép.). Pâte de couleur *light reddish brown* (5YR6/3 à 5YR6/4), molle (Mohs 2), de texture grossière avec quelques inclusions minérales de différents calibres et végétales. Rebord aminci, tenon droit vertical au centre.

– *C1135* : Vase miniature en argile crue ; complet, concrétions. 4 × 1,7 (h.) × 0,4 cm (ép.). Pâte de couleur *pink* (5YR7/4), molle (Mohs 2), de texture grossière avec plusieurs inclusions minérales blanches de différents calibres. Fond aplati, paroi évasée, lèvre ronde.

– *C1136* : Vase miniature en argile crue ; complet, concrétions. 4,5 (dia.) × 1,6 (h.) × 0,4 cm (ép.). Pâte de couleur *pink* (5YR7/4), molle (Mohs 2), de texture grossière avec plusieurs inclusions minuscules blanches de différents calibres. Fond aplati, paroi droite, lèvre amincie.

– *C1137* : Vase miniature en argile crue ; incomplet, concrétions. 4 (dia.) × 1,3 (h.) × 0,4 cm (ép.). Pâte de couleur *pink* (5YR7/4), molle (Mohs 2), de texture grossière avec plusieurs inclusions minérales blanches de différents calibres. Fond aplati, paroi droite, lèvre amincie.

– *C1138* : Vase miniature en argile crue ; incomplet, concrétions. 3,1 (dia.) × 1,8 (h.) × 0,4 (ép.). Pâte de couleur *pink* (5YR7/4), molle (Mohs 2), de texture grossière avec plusieurs inclusions minérales blanches de différents calibres. Fond plat, paroi bombée, rétrécissement au col, lèvre amincie.

– *C1139* : Vase miniature en argile crue ; complet, concrétions. 3,3 (dia.) × 1,2 (h.) × 0,3 cm (ép.). Pâte de couleur *pink* (5YR7/4), molle (Mohs 2), de texture grossière avec plusieurs inclusions minérales blanches de différents calibres. Fond plat, paroi convexe, lèvre amincie.

– *C1140* : Couvercle en argile crue ; complet, éclats. 3,3 (dia.) × 0,9 cm (ép.). Pâte de couleur *pink* (5YR7/4), molle (Mohs 2), de texture grossière avec plusieurs inclusions minérales blanches de différents calibres. En forme d'un petit disque plat et au rebord arrondi.

– *C1141* : Récipient miniature (godet) de fabrique *Commune* ; complet. 3,55 (dia.) × 2,7 (h.) × 0,65 cm (ép.). Pâte de couleur *very pale brown* (10YR8/3) à *very dark gray* (10YR3/1), peu dure (Mohs 3), de texture mi-fine avec des inclusions minérales. Fond aplati, parois convexes, lèvre carrée.

ATJ88.NN17A5

Seuls quelques fragments de briques crues provenant du coffrage de la tombe ont été retrouvés ; si on peut supposer que ce fut une tombe à ciste à l'instar des autres mises au jour à proximité, en revanche, on ignore ses dimensions et son orientation.

Squelette : aucun.

Mobilier funéraire : dix vases (Fig. 17.28), des fragments de bracelets en bronze, un collier en pierres semi-précieuses et un support en plâtre de gypse (Fortin 1990c, 555-557, fig. 23).

- *C1106* : Petite jarre de fabrique *Commune* ; complète, concrétions ici et là. 12 (dia.) × 15,5 (h.) × 0,7 cm (ép.). Pâte de couleur *white* (2.5Y8/2) à *pink* (5YR8/3), dure (Mohs 4), de texture mi-fine avec des inclusions minérales et végétales. Fond arrondi, panse globulaire, col concave, rebord étalé, lèvre simple arrondie.
- *C1109* : Petite jarre de fabrique *Commune* ; complète, concrétions en surface. 11,5 (dia.) × 18 (h.) × 0,6 cm (ép.). Pâte de couleur *white* (5Y8/2), dure (Mohs 4), de texture mi-fine avec des inclusions minérales et végétales. Fond arrondi, panse globulaire, col concave, rebord étalé, lèvre simple arrondie.
- *C1144* : Petite jarre de fabrique *Commune* ; complète, concrétions et pores à la surface. 16 (dia.) × 18 (h.) × 1 cm (ép.). Pâte de couleur *white* (5Y8/2) à *pink* (5YR7/3), dure (Mohs 4), de texture mi-fine avec des inclusions minérales et végétales. Fond aplati, panse globulaire, petit col concave, lèvre en bandeau oblique à face concave et dont la partie supérieure est saillante.
- *C1145* : Petite jarre de fabrique *Commune* : complète, concrétions. 10,5 (dia.) × 15,7 (h.) × 0,4 cm (ép.). Pâte de couleur *pink* (7.5YR7/4) à *pale yellow* (2.5Y8/4), peu dure (Mohs 3), de texture fine avec des inclusions minérales. Fond arrondi, panse globulaire, haut col droit, rebord très étalé, lèvre simple arrondie.
- *C1146* : Bol de fabrique *Fine* ; complet, concrétions. 10 (dia.) × 6,4 (h.) × 0,3 cm (ép.). Pâte de couleur *pale yellow* (5Y7/3), peu dure (Mohs 3), de texture fine avec des inclusions minérales. Petit fond aplati, paroi convexe, épaule prononcée, rebord légèrement rentrant, lèvre simple arrondie soulignée par un ressaut.
- *C1147* : Bol de fabrique *Fine* ; complet, concrétions et traces d'usure. 11 (dia.) × 6,2 (h.) × 0,4 cm (ép.). Pâte de couleur *pale yellow* (5Y7/3), dure (Mohs 4), de texture fine avec peu d'inclusions minérales. Fond plat, paroi légèrement convexe, épaule marquée, rebord légèrement rentrant, lèvre simple arrondie.
- *C1148* : Flacon de fabrique *Métallique* ; complet, quelques concrétions. 4,5 (dia.) × 6,6 (h.) × 0,3 cm (ép.). Pâte de couleur *reddish yellow* (7.5YR6/6) à *pale brown* (10YR6/3), très dure (Mohs 5), de texture fine avec peu d'inclusions minérales. Fond arrondi, panse globulaire, épaule soulignée par un petit sillon, petit col droit, rebord étalé, lèvre carrée.
- *C1149* : Flacon de fabrique *Métallique*, fait au tour ; complet, stries à la surface. 5 (dia.) × 5,8 (h.) × 0,2 cm

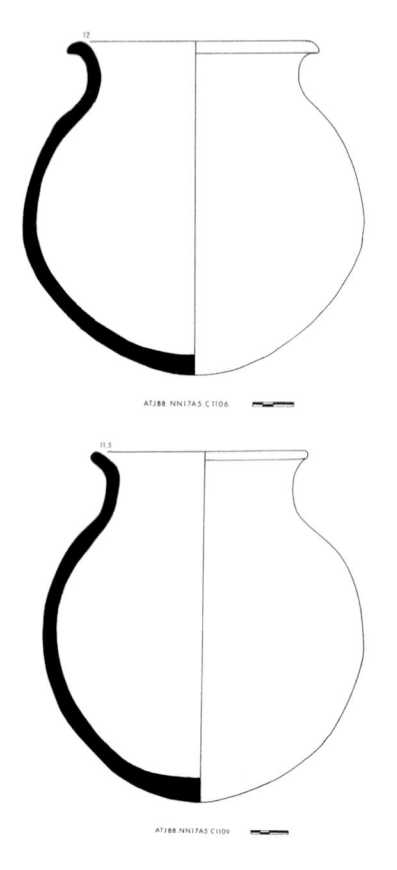

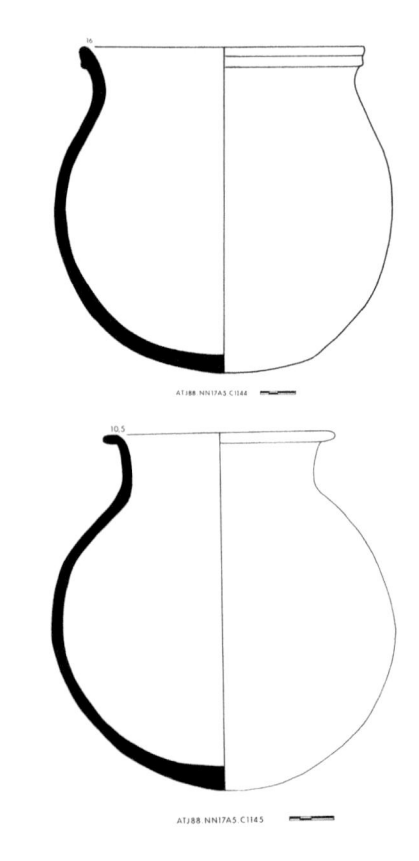

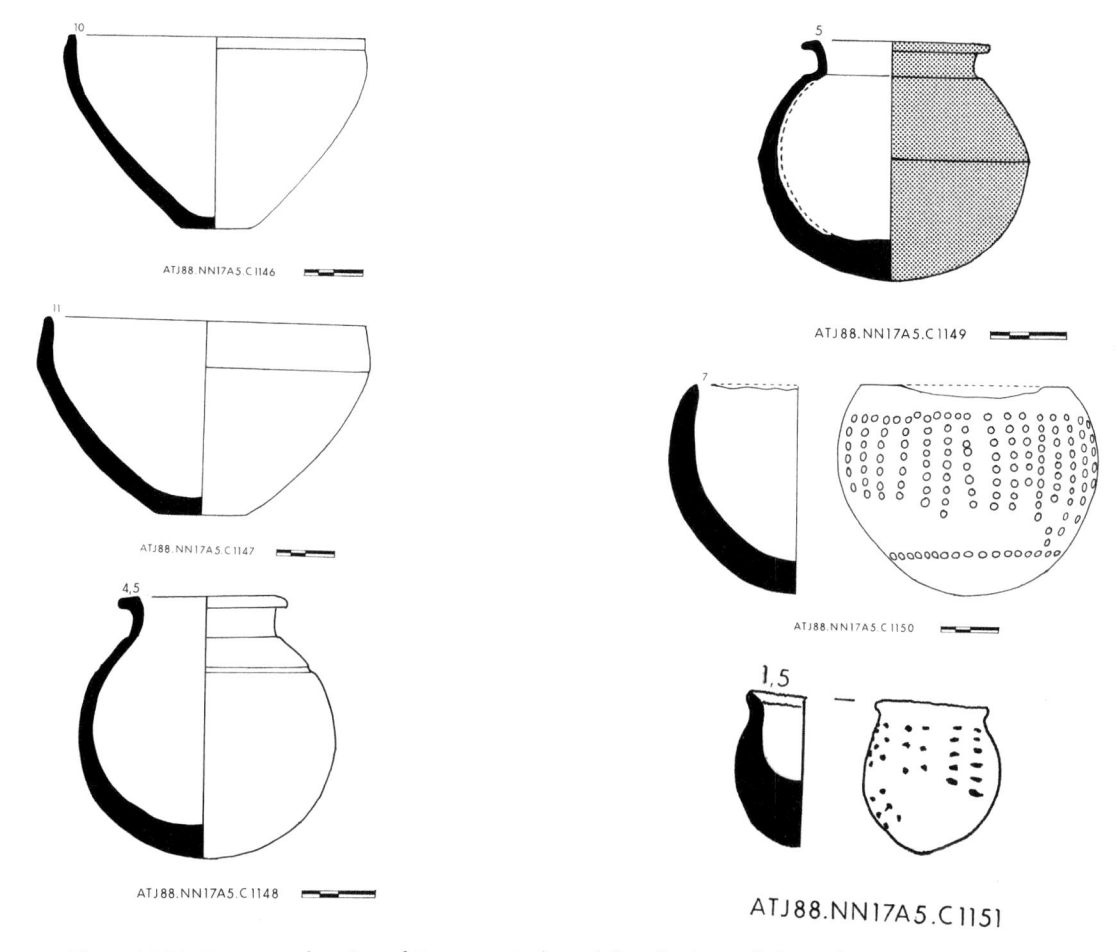

Figure 17.28: Vases en céramique faisant partie du mobilier funéraire de la tombe ATJ88.NN17A5.

(ép.). Pâte de couleur *dark gray* (7.5YR4/0), très dure (Mohs 5), de texture fine. Fond rond, panse biconvexe avec une arête prononcée au milieu de la panse, petit col concave, rebord étalé, lèvre ronde.

- C1150 : Bol de fabrique *Commune*, fait à la main ; complet, quelques concrétions blanches. 7 (dia.) × 6,5 (h.) × 0,8 cm (ép.). Pâte de couleur *pale yellow* (5Y7/3 à 8/3), dure (Mohs 4), de texture mi-fine avec plusieurs inclusions minérales de petit calibre et végétales de grosseur moyenne. Fond rond, paroi convexe, rebord rentrant, lèvre amincie. Décor constitué d'une multitude de petits cercles enfoncés sur toute la surface de la panse ; ils sont disposés en colonnes parallèles ; l'ensemble est délimité au bas par une chaîne de ces petits cercles qui fait le tour du vase.

- C1151 : Vase miniature de fabrique *Commune*, fait à la main ; complet, taches noires ici et là sur la surface. 1,5 (dia.) × 2 (h.) × 0,2 cm (ép.). Pâte de couleur *pale yellow* (5Y8/3), peu dure (Mohs 3), de texture fine avec peu d'inclusions. Fond pointu/arrondi, panse globulaire, rétrécissement au col, rebord évasé, lèvre amincie. Décor de petits points disposés par regroupements sur l'ensemble de la panse.

- C5716 : Bol de fabrique *Fine*, fait au tour ; très incomplet.

- M24 : Bracelet(s) en bronze, fragmentaire. Comme il n'est pas clair comment ces fragments recollent, ils pourraient bien provenir de deux bracelets différents. 0,6 cm (dia. de la tige). Tige à section ronde.

- B64, 96-106 : Collier formé de plusieurs (81) éléments de parure de formes diverses et en différents matériaux : cristal de roche, terre cuite, coquillage, pierre, stéatite faïence ; complet. Dimensions variées. La plupart des perles sont de forme cylindrique avec une perforation transversale pour les enfiler, mais trois d'entre elles, en cristal de roche, sont biconique et dotées d'une prolongation à leur sommet pour le trou de suspension ; ce sont donc davantage des breloques. Enfin, neuf breloques, en pierre blanche opaque, sont en forme de vase : panse globulaire surmontée d'un long col cylindrique.

TELL 'ATIJ
TELL SECONDAIRE
Tombe ATJ87.NN18A4

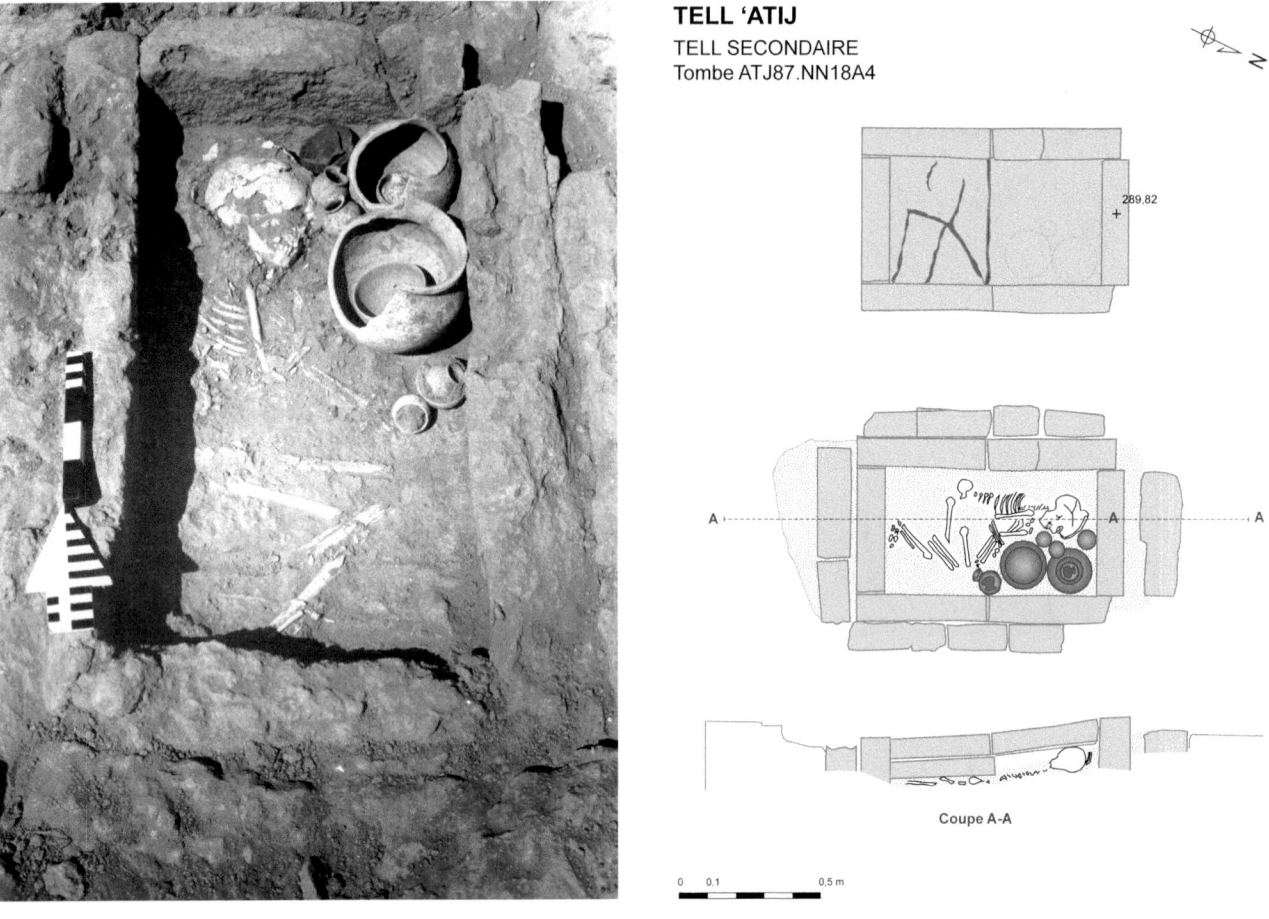

Figure 17.29 : Tombe ATJ87.NN18A4.

ATJ87.NN18A4

Tombe à ciste de forme rectangulaire : 1,00 (lo.) × 0,60 (la.) × 0,15 m (h. prés.), en briques crues posées de chant sur le pourtour du coffrage, et à plat, au fond et au sommet de la tombe ; orientée nord-sud (Fig. 17.29) (Fortin 1990a, 246-247).

Squelette : d'un jeune adulte (?), plus ou moins bien conservé, en position recroquevillée.

Mobilier funéraire : onze vases (Fig. 17.30) complets placés près de la tête, en plus de plusieurs pièces de colliers ; traces d'objets en métal qui n'ont pas pu être conservés vu leur état de décomposition très avancée.

- B40, 93-94-95 : Collier formé de plusieurs perles en pierre (B40, 93) de différentes sortes et en coquillage (B95), ainsi que deux breloques en cristal de roche (B94) ; complètes.
- C355 : Bouteille de fabrique *Commune* ; complète, taches noires ici et là sur la surface. 10 (dia.) × 16,2 (h.) × 0,8 cm (ép.). Pâte de couleur *pale yellow* (2.5Y8/4 à 5Y8/3), dure (Mohs 4), de texture mi-fine avec peu d'inclusions minérales et végétales de très petit calibre. Fond rond, panse globulaire, haut col concave, rebord évasé, lèvre ronde.
- C356 : Bol de fabrique *Fine*, fait au tour ; complet, quelques concrétions. 10 (dia.) × 6 (h.) × 0,5 cm (ép.). Pâte de couleur *light gray* (5Y7/2), peu dure (Mohs 2), de texture fine avec peu d'inclusions minérales et végétales de petit calibre. Fond pointu, paroi convexe, rebord rentrant, lèvre ronde.
- C357 : Jarre de fabrique *Commune* ; complète, concrétions et taches noires à la surface. 14 (dia.) × 17,3 (h.) × 0,7 cm (ép.). Pâte de couleur *pale yellow* (5Y7/3 à 8/3), dure (Mohs 3), de texture mi-fine avec quelques petites inclusions minérales et végétales. Fond rond, panse globulaire, petit col concave, rebord évasé, lèvre biseautée.
- C358 : Bol de fabrique *Fine* (vase miniature), fait au tour. Complet, concrétions. 6 (dia.) × 3,8 (h.) × 0,4 cm (ép.). Pâte de couleur *pale yellow* (5Y8/3) à *very pale brown* (10YR7/4), dure (Mohs 4), de texture fine avec peu de très petites inclusions minérales. Fond plat saillant, paroi convexe, rebord rentrant, lèvre ronde.

TOMBES

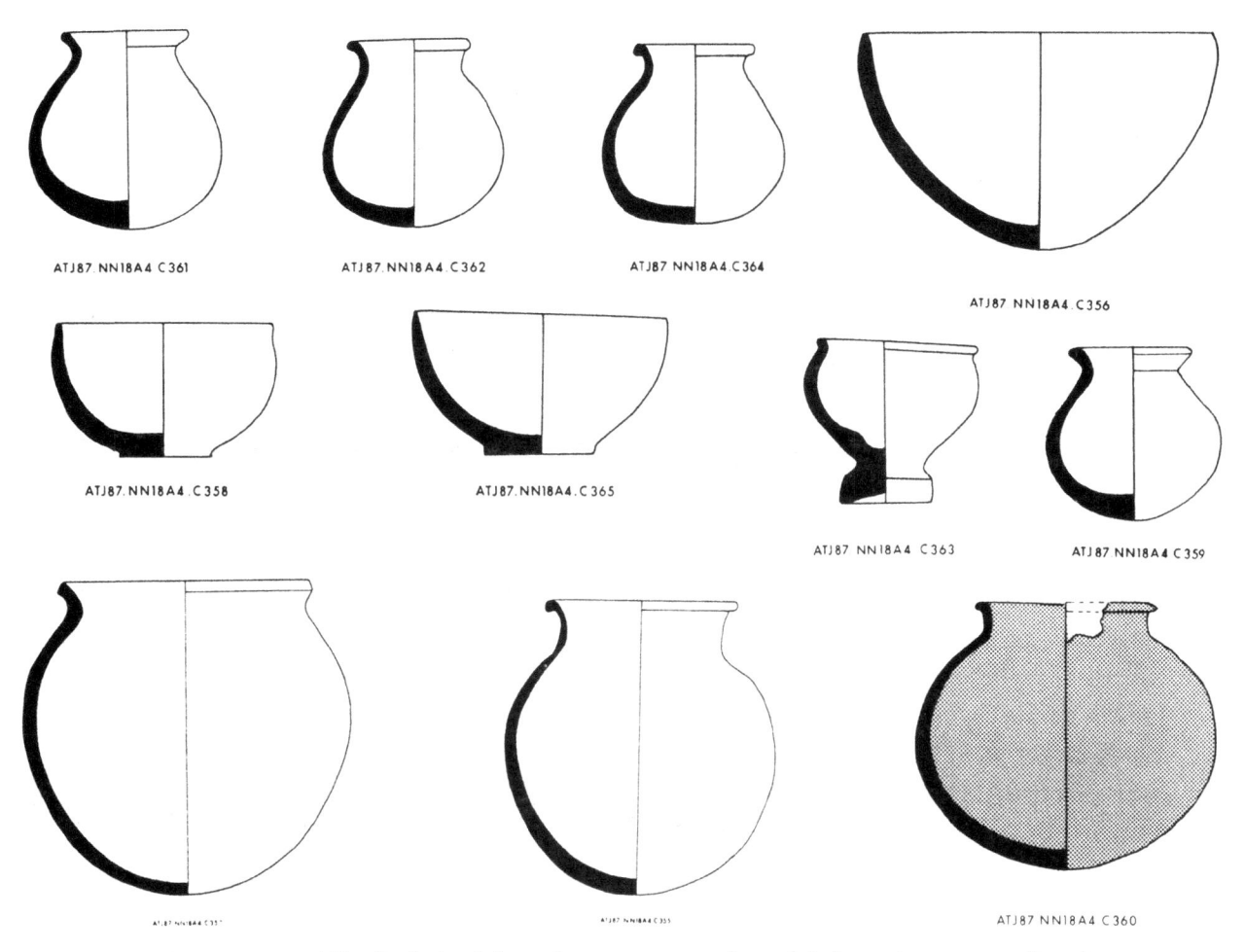

Figure 17.30 : Mobilier funéraire de la tombe ATJ87.NN18A4 (reproduit de Fortin 1990a, 247, fig. 28).

- *C359* : Flacon (vase miniature) de fabrique *Fine*, fait au tour ; complet, quelques concrétions. 3,5 (dia.) × 4,8 (h.) × 0,4 cm (ép.). Pâte de couleur *pale yellow* (5Y8/3), dure (Mohs 4), de texture fine avec peu de très petites inclusions minérales et végétales. Fond rond, panse biconvexe, petit col concave, rebord évasé, lèvre arrondie.

- *C360* : Flacon de fabrique *Culinaire* ; complet, partie du rebord manquant et traces de feu. 5 (dia.) × 7,4 (h.) × 0,3 cm (ép.). Pâte de couleur *dark gray* (7.5YR4/0) à *very dark gray* (10YR3/1), peu dure (Mohs 2), de texture fine avec peu de très petites inclusions minérales. Fond rond, panse globulaire/biconvexe, petit col droit, rebord étalé, lèvre amincie.

- *C361* : Flacon (vase miniature) de fabrique *Fine*, fait au tour ; complet, concrétions. 3,5 (dia.) × 5,6 (h.) × 0,3 cm (ép.). Pâte de couleur *pale yellow* (5Y8/3), dure (Mohs 3), de texture fine avec peu de très petites inclusions minérales. Fond aplati, panse plutôt piriforme, col concave, rebord évasé, lèvre ronde.

- *C362* : Flacon (vase miniature) de fabrique *Fine*, fait au tour ; complet, concrétions. 3,5 (dia.) × 5,2 (h.) × 0,3 cm (ép.). Pâte de couleur *light brown* (7.5YR6/4) à *very pale brown* (10YR8/3), dure (Mohs 4), de texture fine avec de minuscules inclusions minérales. Fond rond, panse piriforme, petit col concave, rebord évasé, lèvre ronde.

- *C363* : Coupe (vase miniature) de fabrique *Fine*, faite au tour ; complète, concrétions. 4,5 (dia.) × 4,6 (h.) × 0,4 cm (ép.). Pâte de couleur *white* (5Y8/2), dure (Mohs 3), de texture fine avec peu de très petites inclusions minérales. Fond à piédestal, panse carénée, rebord en retrait légèrement évasé, lèvre ronde.

- *C364* : Flacon de fabrique *Fine* (vase miniature), fait au tour ; complet, concrétions. 3,5 (dia.) × 5 (h.) × 0,4 cm (ép.). Pâte de couleur *yellow* (10YR7/6)

TELL 'ATIJ
TELL SECONDAIRE
Tombe ATJ87.NN18A5

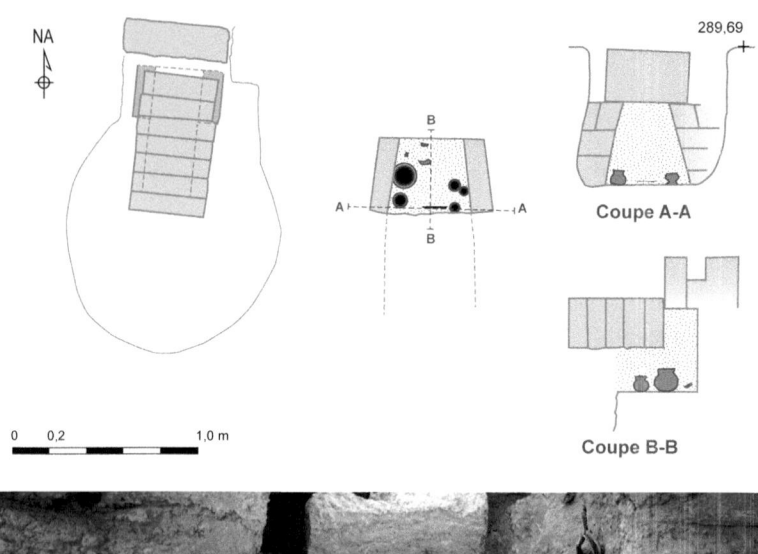

Figure 17.31 : Tombe ATJ87.NN18A5.

à *very pale brown* (10YR8/4), peu dure (Mohs 2), de texture fine avec peu d'inclusions minérales et végétales de très petit calibre. Fond aplati, panse plutôt piriforme, petit col concave, rebord évasé, lèvre ronde.

- *C365* : Bol de fabrique *Fine* (vase miniature), fait au tour ; complet, concrétions. 7 (dia.) × 4 (h.) × 0,4 cm (ép.). Pâte de couleur *very pale brown* (10YR7/4 à 8/4) à *reddish yellow* (7.5YR6/6), dure (Mohs 4), de texture fine avec peu de très petites inclusions minérales. Fond plat saillant, paroi convexe, lèvre ronde.

ATJ87.NN18A5

Tombe à ciste de forme rectangulaire : 1,00 (lo.) × 0,45 (la.) × 0,80 m (h.), en briques crues ; orientée nord-sud (Fig. 17.31).

Squelette : aucun.

Mobilier funéraire : huit vases (Fig. 17.32) ainsi qu'une épingle en bronze (Fortin 1990c, 560, fig. 26).

- *C371* : Bol de fabrique *Fine*, fait au tour ; complet, concrétions et taches noires ici et là. 10,5 (dia.) × 5,8 (h.) × 0,4 cm (ép.). Pâte de couleur *white* (5Y8/2) à *yellowish brown* (10YR5/4), dure (Mohs 4), de texture fine avec peu de minuscules inclusions minérales. Fond arrondi, paroi convexe, rebord légèrement rentrant, lèvre ronde.

- *C372* : Coupe de fabrique *Fine* (vase miniature), faite au tour ; complète, concrétions. 5 (dia.) × 4,6 (h.) × 0,3 cm (ép.). Pâte de couleur *pale yellow* (2.5Y8/4) à *pale brown* (5Y8/3), peu dure (Mohs 2), de texture fine avec peu de minuscules inclusions minérales. Fond à piédestal, paroi convexe, lèvre à bourrelet.

- *C373* : Jarre de fabrique *Commune*, faite au tour ; complète, quelques concrétions. 16 (dia.) × 14,4 (h.) ×

TOMBES

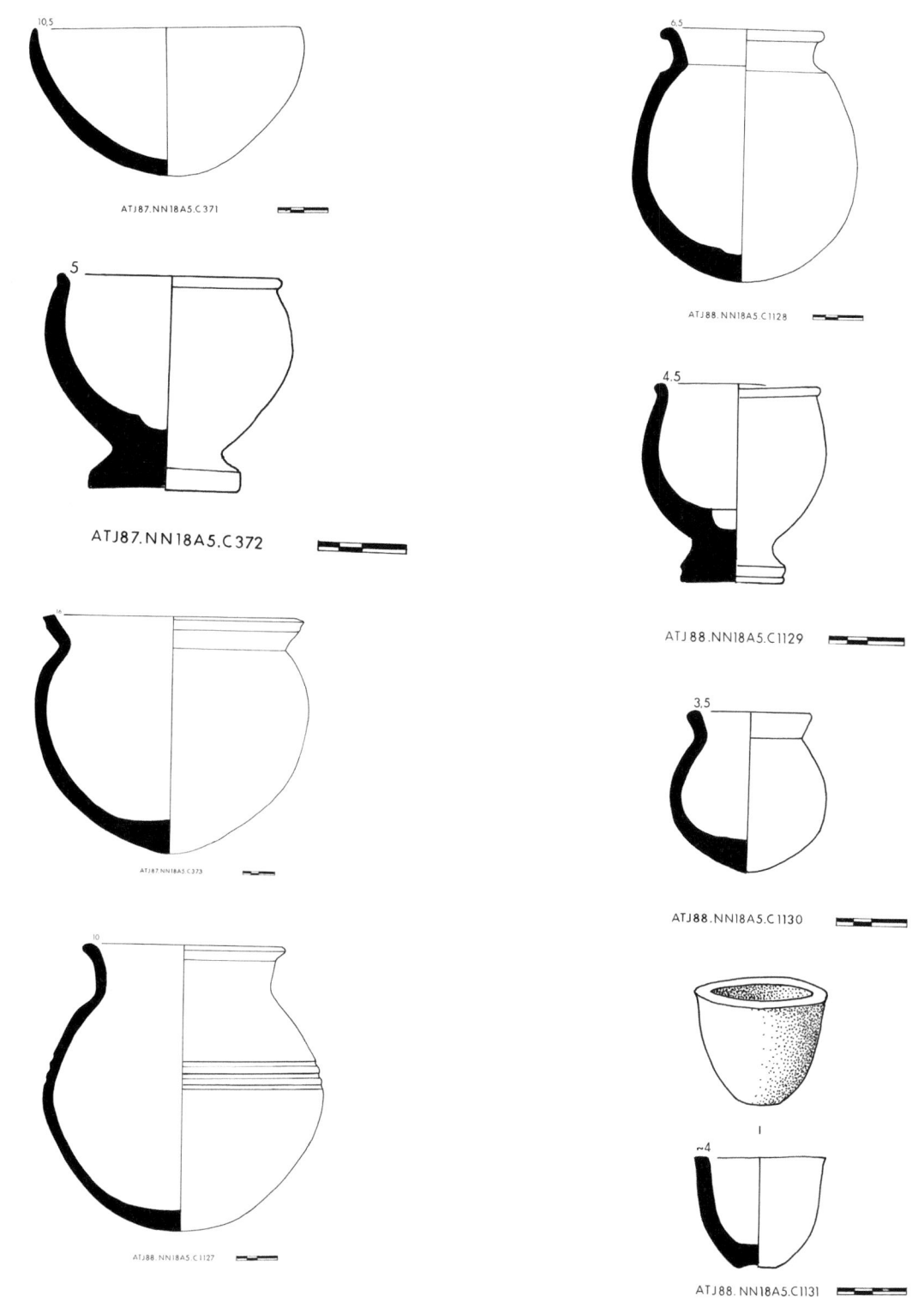

Figure 17.32 : Vases en céramique faisant partie du mobilier funéraire de la tombe ATJ87.NN18A5.

TELL 'ATIJ
TELL SECONDAIRE
Tombe ATJ87.NN19C1

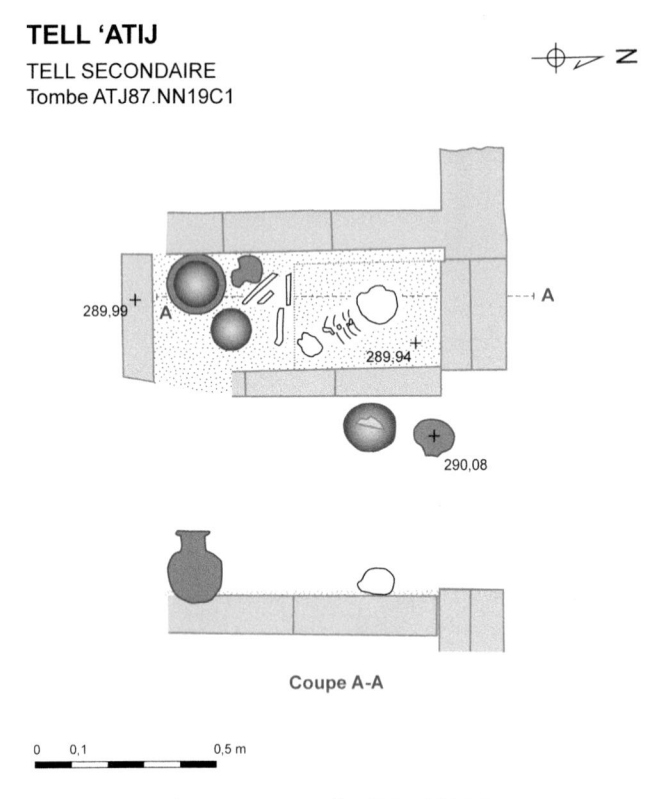

Figure 17.33 : Tombe ATJ87.NN19C1.

0,8 cm (ép.). Pâte de couleur *pale yellow* (5Y7/3) à *pale brown* (5Y8/3), dure (Mohs 4), de texture mi-fine avec quelques petites inclusions minérales. Fond arrondi, panse globulaire, petit col concave, rebord évasé, lèvre à bandeau.

- *C1127* : Bouteille de fabrique *Fine* ; complète, quelques concrétions. 10 (dia.) × 3,5 (h.) × 0,4 cm (ép.). Pâte de couleur *pink* (7.5YR7/4), dure (Mohs 4), de texture fine avec des inclusions minérales. Fond arrondi, panse globulaire/biconvexe, épaule peu prononcée, haut col droit et évasé, rebord étalé, lèvre arrondie/en bourrelet. Trois rainures parallèles horizontales faisant le tour de la panse, en son centre.
- *C1128* : Bouteille de fabrique *Fine* ; complète, concrétions et taches noires. 6,5 (dia.) × 9,8 (h.) × 0,5 cm (ép.). Pâte de couleur *light gray* (5Y7/2), dure (Mohs 4), de texture fine avec des inclusions minérales. Fond pointu/arrondi, panse globulaire/piriforme, épaule marquée par un ressaut, petit col concave, rebord étalé, lèvre arrondie.
- *C1129* : Coupe (vase miniature) de fabrique *Commune* ; complète, quelques taches noires sur la surface. 4,5 (dia.) × 5,1 (h.) × 0,4 cm (ép.). Pâte de couleur *very pale brown* (10YR8/3), peu dure (Mohs 3), de texture fine avec des inclusions minérales. Fond à piédestal, paroi convexe, lèvre en bourrelet.
- *C1130* : Flacon (vase miniature) de fabrique *Commune* ; complet. 3,5 (dia.) × 4,5 (h.) × 0,3 cm (ép.). Pâte de couleur *white* (10YR8/2), peu dure (Mohs 3), de texture fine avec des inclusions minérales. Fond pointu, paroi convexe, petit col concave, rebord évasé, lèvre arrondie.
- *C1131* : Godet (vase miniature) de fabrique *Commune* ; complet, taches noires ici et là. 4 (dia.) × 3 (h.) × 0,4 cm (ép.). Pâte de couleur *white* (2.5Y8/2), peu dure (Mohs 3), de texture fine avec des inclusions minérales. Fond concave, paroi très peu convexe, lèvre carrée.
- *M20* : Épingle en bronze, complète ; surface recouverte de concrétions. 15 (lo.) × 1,1 cm (dia.). Tête globulaire (1,1 cm de dia.) suivie d'un col légèrement plié et d'une tige pointue à section ronde (0,7 cm de dia.) munie d'un chas circulaire (0,4 cm de dia.) au tiers supérieur.

ATJ87.NN19C1

Tombe à ciste de forme rectangulaire : 0,88 (lo.) × 0,54 (la.) × 0,17 m (h.), en briques crues posées de chant, sur les faces latérales du coffrage, et à plat, sur le fond et le sommet de la tombe ; orientée nord-sud (Fig. 17.33).

Squelette : d'enfant (?), mais très mal préservé.

Mobilier funéraire : quatre vases (Fig. 17.34) et cinq parures.

- *C382* : Flacon de fabrique *Fine*, fait au tour ; complet, concrétions. 4 (dia.) × 8,2 (h.) × 0,3 cm (ép.). Pâte de couleur *light gray* (5Y7/2) à *white* (5Y8/2), très dure (Mohs 5), de texture fine avec peu de minuscules inclusions minérales. Fond arrondi, panse globulaire, petit col évasé, lèvre biseautée.
- *C383* : Bol de fabrique *Fine*, fait au tour ; complet, concrétions. 11 (dia.) × 6,5 (h.) × 0,5 cm (ép.). Pâte de couleur *light gray* (2.5Y7/2) à *white* (2.5Y8/2), dure (Mohs 3), de texture fine avec peu de minuscules inclusions minérales. Fond aplati, paroi convexe, lèvre amincie. Un sillon tracé juste sous le rebord.
- *C385* : Jarre de fabrique *Commune*, faite au tour ; complète, concrétions. 14 (dia.) × 16,5 (h.) × 0,9 cm (ép.). Pâte de couleur *pink* (7.5YR7/4) à *very pale brown* (10YR8/3), dure (Mohs 3), de texture mi-fine avec peu de très petites inclusions minérales. Fond rond, panse piriforme, petit col concave, rebord évasé, lèvre à bandeau.

TOMBES 347

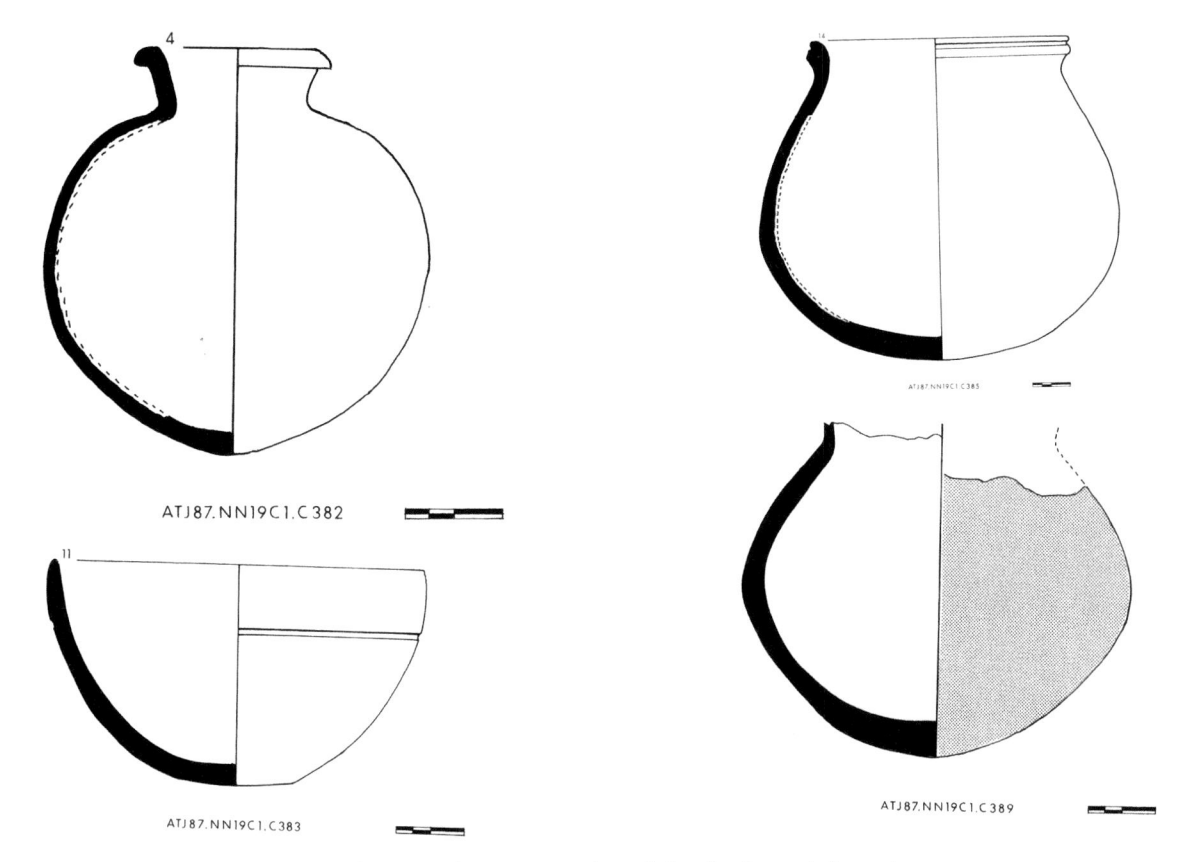

Figure 17.34 : Vases en céramique faisant partie du mobilier funéraire de la tombe ATJ87.NN19C1.

- C389 : Marmite de fabrique *Culinaire* ; incomplète : manque le rebord, traces de feu. 6,5 (dia.) × 9,5 (h.) × 0,5 cm (ép.). Pâte de couleur *reddish brown* (5YR5/4), dure (Mohs 3), de texture mi-fine avec quelques inclusions minérales de petit et moyen calibres. Fond arrondi, panse biconvexe.
- B45 : Perle (?) cannelée en pierre blanche ; complète sauf pour un petit éclat à une extrémité. 1,8 (lo.) × 0,9 cm (dia. max.). De forme cylindrique, avec trois profondes cannelures sur ses faces ; aucune perforation longitudinale pour l'enfiler toutefois.
- B46 : Pendeloque en forme de tête d'un petit animal aux oreilles allongées (ou cornes ?) en pierre blanche ; complète. 1,9 (lo.) × 1,4 cm (la.). Trou de suspension cylindrique entre les oreilles.
- B51 : Perles en coquillage et en cristal de roche transparent ; complètes. 1,2 (lo.) × 0,7 cm (la.) : petit gastropode (*engina mendasarius*) percé au niveau de l'aperture ; l'apex est abîmé. 0,2 (ép.) × 0,9 cm (dia.) : perle discoïde aux bords droits et réguliers ; perforation centrale circulaire. Deux fragments de coquillage non perforés ont aussi été trouvés avec cet ensemble.

- B52 : Pendeloque en pierre (?) ; complète. 1,1 (lo.) × 1,5 cm (la.).
- B54 : Pendeloque biconique en pierre blanche ; complète. 1,20 (la.) × 1,5 cm (h.). Trou de suspension dans la partie supérieure dont les ouvertures sont indiquées par un rebord en saillie encerclé par un petit sillon.

ATJ88.PP19A4

Tombe à ciste de forme rectangulaire : 1,50 (lo.) × 0,70 (la.) × 0,50 m (h. prés.), en briques crues ; orientée nord-sud (Fig. 17.35) (Fortin 1990c, 556, 559).

Squelette : aucun.

Mobilier funéraire : neuf vases (Fig. 17.36), une épingle en bronze très fragmentaire ainsi qu'une pendeloque en nacre en forme d'oiseau (Fortin 1990c, 559, fig. 25).

- C1107 : Bouteille de fabrique *Commune* ; complète, concrétions et taches noires ici et là. 12,5 (dia.) × 19,1 (h.) × 0,7 cm (ép.). Pâte de couleur *white*

TELL 'ATIJ
TELL SECONDAIRE
Tombe ATJ88.PP19A4

Façade ouest

Coupe A-A

Coupe B-B

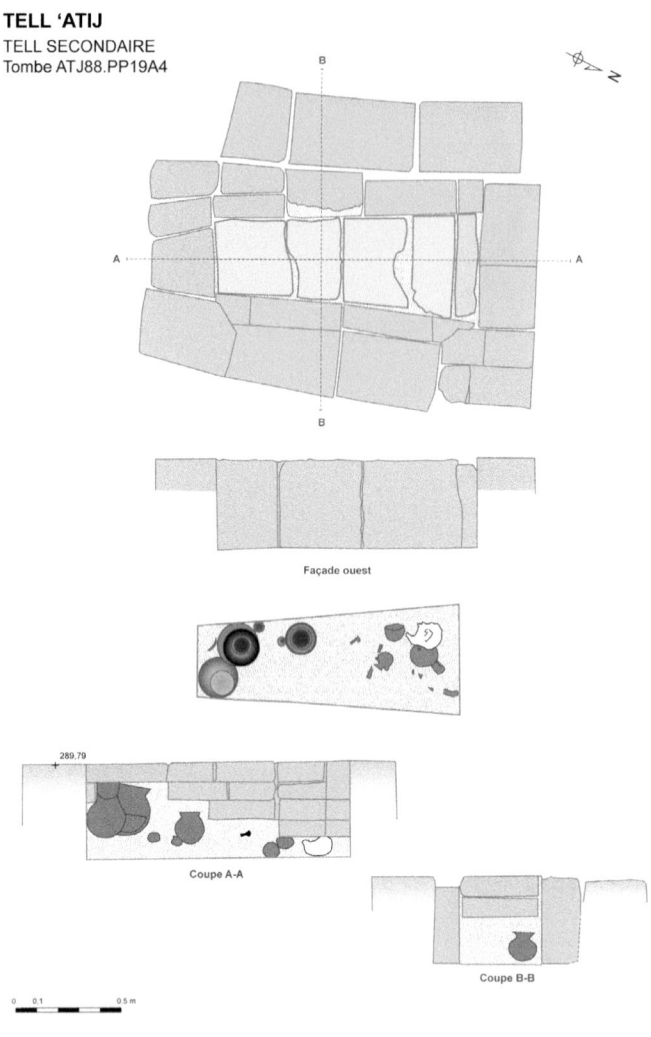

Figure 17.35 : Tombe ATJ88.PP19A4.

(2.5Y8/2) à *pink* (5YR7/3), peu dure (Mohs 3), de texture fine avec très peu d'inclusions minérales et quelques minuscules inclusions végétales. Fond rond, panse globulaire, haut col légèrement évasé, rebord étalé, lèvre en bourrelet.

- *C1108* : Jarre à grande ouverture de fabrique *Commune* ; complète, concrétions et taches noires ici et là. 16 (dia.) × 19 (h.) × 9 cm (ép.). Pâte de couleur *very pale brown* (10YR7/4 à 8/3), peu dure (Mohs 3), de texture mi-fine avec des inclusions minérales et végétales. Fond arrondi, panse globulaire, petit col concave, rebord évasé, lèvre simple carrée.

- *C1110* : Bouteille de fabrique *Fine* ; complète, disparition de l'engobe en plusieurs endroits. 9,5 (dia.) × 14 (h.) × 0,3 cm (ép.). Pâte de couleur *pink* (7.5YR7/4) à *very dark gray* (10YR3/1), très dure (Mohs 5), de texture fine avec des inclusions minérales. Fond arrondi, panse globulaire, haut col droit, rebord étalé, lèvre arrondie/en bourrelet.

- *C1111* : Bol de fabrique *Fine* ; complet, concrétions et taches noires ici et là. 11 (dia.) × 6,8 (h.) × 0,2 cm (ép.). Pâte de couleur *pale yellow* (5Y8/3), dure (Mohs 4), de texture fine avec des inclusions minérales. Fond arrondi, paroi convexe, rebord légèrement rentrant, lèvre simple arrondie.

- *C1112* : Bol de fabrique *Fine* ; complet, concrétions et taches noires ici et là. 11 (dia.) × 7 (h.) × 0,25 cm (ép.). Pâte de couleur *pale yellow* (5Y7/3), dure (Mohs 4), de texture fine avec des inclusions minérales. Fond arrondi, paroi convexe, rebord légèrement rentrant, lèvre simple arrondie.

- *C1113* : Bol de fabrique *Fine* ; complet, concrétions et taches noires ici et là. 8 (dia.) × 4,5 (h.) × 0,3 cm (ép.). Pâte de couleur *pale yellow* (5Y8/3), dure (Mohs 4), de texture fine avec des inclusions minérales. Fond plat saillant, paroi convexe, rebord très légèrement rentrant, lèvre simple arrondie.

- *C1114* : Flacon de fabrique *Fine* ; complet, hormis quelques éclats à la panse, taches noires ici et là. 4 (dia.) × 7,7 (h.) × 0,35 cm (ép.). Pâte de couleur *pink* (7.5YR7/4), peu dure (Mohs 3), de texture fine avec peu d'inclusions minérales et quelques inclusions végétales. Fond aplati, panse piriforme, deux tenons obliques perforés placés à l'épaule, petit col concave, rebord évasé, lèvre ronde.

- *C1115* : Vase à parfum de fabrique *Fine* ; complet, taches noires ici et là. 3 (dia.) × 3,7 (h.) × 0,7 cm (ép.). Pâte de couleur *very pale brown* (10YR7/3), dure (Mohs 4), de texture fine avec quelques

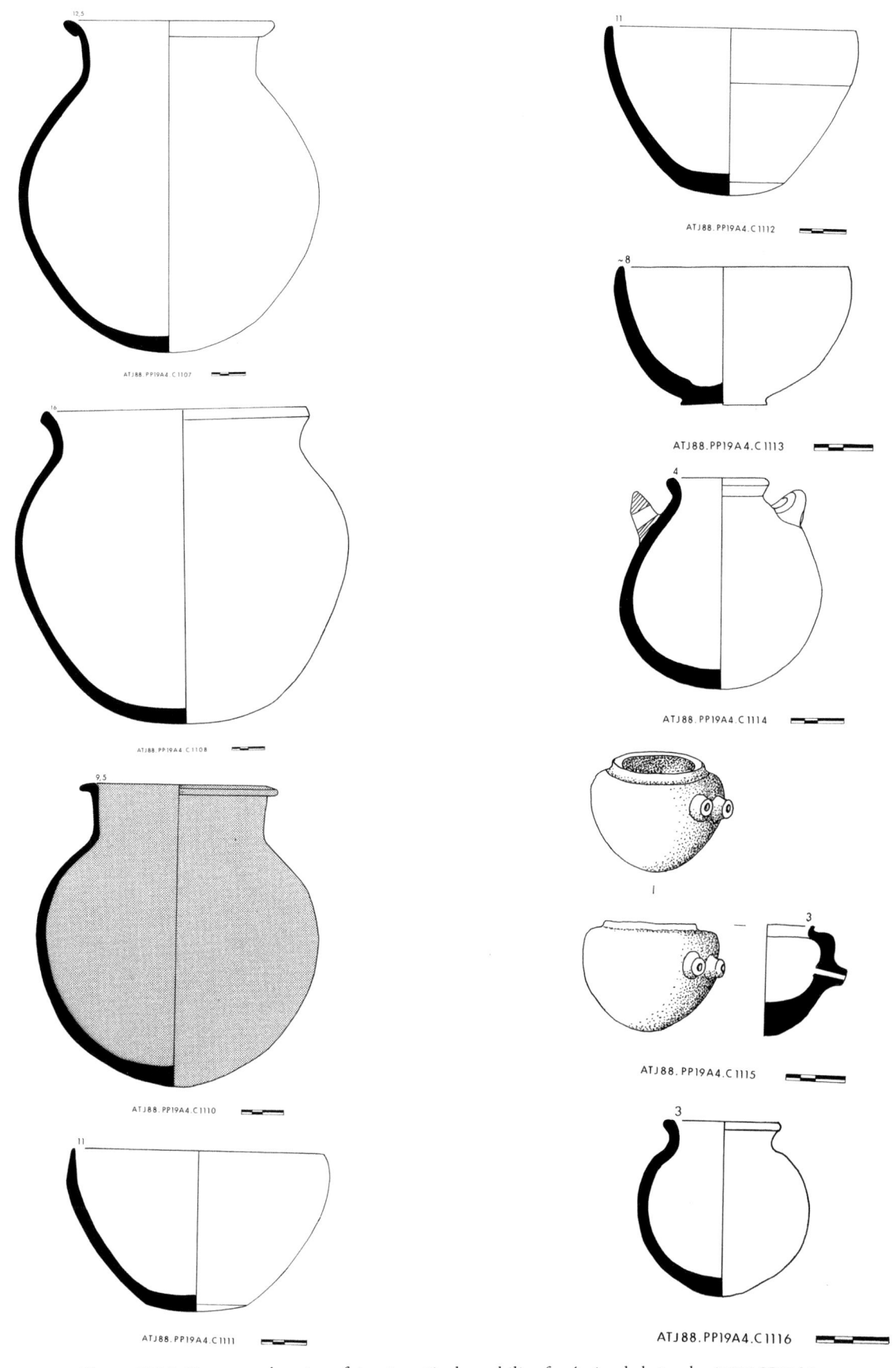

Figure 17.36 : Vases en céramique faisant partie du mobilier funéraire de la tombe ATJ88.PP19A4.

minuscules inclusions minérales et végétales. Fond aplati, paroi convexe, épaule très prononcée, très petit col, lèvre amincie ; deux petits becs verseurs ont été perforés au tiers supérieur de la panse.

– *C1116* : Flacon (vase miniature) de fabrique *Commune* ; complet, taches noires ici et là. 2 (dia.) × 4,5 (h.) × 0,3 cm (ép.). Pâte de couleur *pink* (7.5YR7/4), dure (Mohs 4), de texture fine avec des inclusions minérales. Fond arrondi, panse globulaire, petit col concave, rebord évasé, lèvre ronde.

– *B65* : Pendeloque en nacre de perle ; complète. 1,4 (lo.) × 1,6 (la.) × 0,2 cm (ép.). En forme d'oiseau dont les ailes ouvertes sont rendues par des rainures séparées par des arêtes ; trou de suspension circulaire percé au centre, au tiers supérieur.

– *M22* : Deux épingles en bronze ; incomplètes, nombreuses concrétions. 9 (lo.) × 0,7 cm (dia.). Courtes tiges pointues, à section ronde, terminées par une tête recourbée formant un chas.

Chapitre 18

Occupation romaine

Le site de Tell 'Atij a révélé quelques vestiges épars d'une occupation romaine, voire peut-être postérieure à cette époque, à la fois sur le tell principal et sur le secondaire. Cette situation n'est pas étonnante au vu de la présence, à sept cent mètres seulement plus au sud, de la grande cité romaine de *Thannouris*, actuel Tell Tuneinir, qui occupait une position stratégique sur le *limes* romain à la frontière entre les empires parthe et romain (Poidebard 1927 ; 1934 ; Fuller & Fuller 1998, 70).

Ces vestiges ont été identifiés dans les secteurs suivants :

- **Sommet du tell principal** : carrés D11-12 (Fortin 1990a, 238-241), D13-14 et E14 (Fortin 1988a, 145-152), et D17 (Fortin 1988a, 165, fig. 29).
- **Tell secondaire** : carrés LL-MM18-19 (Fortin 1988a, 165-169), GG-HH-KK-NN-PP18, NN-PP19, NN20 (Fortin 1990a, 243-247), FF-GG16-17-18, HH16-17, LL-MM-NN17, PP19 (Fortin 1990c, 555-560) et LL-MM-NN16-15-14-13 (Fortin 1994a, 378-381).

Sommet du tell principal

Au tout début des fouilles à Tell 'Atij et tout juste sous la surface de la partie sommitale du tell principal (Fig. 18.1), nous avons rencontré les vestiges de deux structures [**551** et **519**] adjacentes qui, par leur mode de construction notamment, soit le recours à des fondations en moellons (Fig. 18.2), doivent appartenir à une période plus tardive que celle des installations EJZ 1-2 mises au jour dans les treize niveaux d'occupation de Tell 'Atij, les murs des constructions EJZ 1-2 ne possédant pas de soubassements en moellons.

De la structure rectangulaire **551**, seuls trois murs ont survécu, le quatrième, du côté de la rivière, ayant été emporté par l'érosion quoique sa présence se laisse deviner par des retours en vis-à-vis à l'ouest des murs 251 et 252. Tous les murs de la structure 551 sont imbri-

Tableau 18.1 : Distribution par structure des unités de fouilles au sommet du tell principal. Le point d'interrogation en exposant [?] désigne une unité de fouilles contaminée en raison de sa proximité d'avec la limite d'érosion du tell ; son inventaire n'est donc pas pris en compte.

Structures	Murs	Unités de fouilles associées
Bassin 519	103 254 258	ATJ88.D13B1[(plâtre)]-2
Tour 551	103 151 251 252	ATJ86.D14A14 ATJ86.E14A1[?]-2[?]
???	216 211	ATJ87.D11A1[?]-27-29-30-31-32-33-34 ATJ87.D12A11-12-13
Pièce 517	???	aucune

qués les uns aux autres et constitués de deux ou trois assises de moellons en pierre de différents calibres, non liaisonnés et disposés suivant un appareil irrégulier (Fig. 18.3) :

- Mur 252, au sud : 2,50 (lo.) × 0,90 (la.) × 0, 50 m (h.), composée d'une triple rangée de moellons.
- Mur 251, au nord : 2,00 (lo.) × 0,60 (la.) × 0,35 m (h.) ; certains moellons occupent toute la largeur du mur.
- Mur 151, à l'est : 2,30 (lo.) × 0,50 (la.) × 0,25-48 m (h.), surmonté d'une rangée de briques crues qui forment le mur 103.

En effet, ces alignements de moellons conservés sur une faible hauteur devaient être à l'origine surmontés de briques crues qui ont disparu en raison de leur proximité d'avec la surface du tell ; ils formaient donc les soubassements de murs en briques crues. Aucune trace de sol d'occupation n'y fut repérée en raison notamment de la présence d'une fosse moderne qui y a été creusée en plein centre. Les briques crues posées à plat ici et là

Figure 18.1 : Partie sommitale du tell principal, vue vers le sud. À droite, au premier plan, le bassin 519 dont le sol en plâtre a été enlevé, révélant une surface en briques crues, et, au second plan, les fondations en moellons de la tour 551.

étaient peut-être recouvertes de plâtre à l'instar de la structure voisine [519].

Sa forme rectangulaire : 2,20 × 1,50 m, et son positionnement sur la partie la plus haute au sommet du tell m'incitent à y voir les restes d'une tour de guet semblable à celle qui fut identifiée sur le site de Tuneinir voisin (Fuller *et al.* 2018, 96-97, fig. 5). Selon les fouilleurs américains, cette dernière était destinée à surveiller un pont qui aurait enjambé le Khabour dans le coude qui se trouve une centaine de mètres en aval de Tuneinir mais dont les restes visibles sur les photographies aériennes prises par le Père Poidebard (1934, pl. 126) ont maintenant disparu (Comfort 2008, 326).

Un pan de mur en briques crues [103] surmonte le soubassement 151 en moellons et se prolonge vers le nord de manière à former la limite orientale d'une seconde structure [**519**], au nord de la tour 551 (Fig. 18.2). Par conséquent, les deux structures, 551 et 519, sont solidaires et contemporaines puisqu'elles partagent le même mur externe oriental en plus d'avoir une cloison mitoyenne [254]. Cette nouvelle construction 519 (Fig. 18.4), de forme rectangulaire : 3,00 × 1,50 m, est délimitée par les murs suivants, tous bâtis en briques crues et imbriqués les uns aux autres :

– Mur 103, à l'est : 3,50 m (lo. totale, incluant la structure 519 et la 551) × 0,55 (la.) × 0,90 m (h.), formé d'une double rangée (mais simple au sommet) de briques disposées en panneresses sur huit assises.

– Mur 254, au sud : 2,10 (lo.) × 0,46 (la.) × 0,64 m (h.), constitué de deux alignements de briques appareillées en panneresses sur six assises.

– Mur 258, au nord : 3,80 (lo.) × 0,50 (la.) × 0,75 m (h.), un double rang de briques crues préservé sur sept assises ; une canalisation en plâtre pour l'écoulement des eaux du bassin est aménagée au sommet de ce mur.

Un enduit de plâtre de gypse recouvre le fond de cette structure rectangulaire [519] que je suis porté à inter-

OCCUPATION ROMAINE

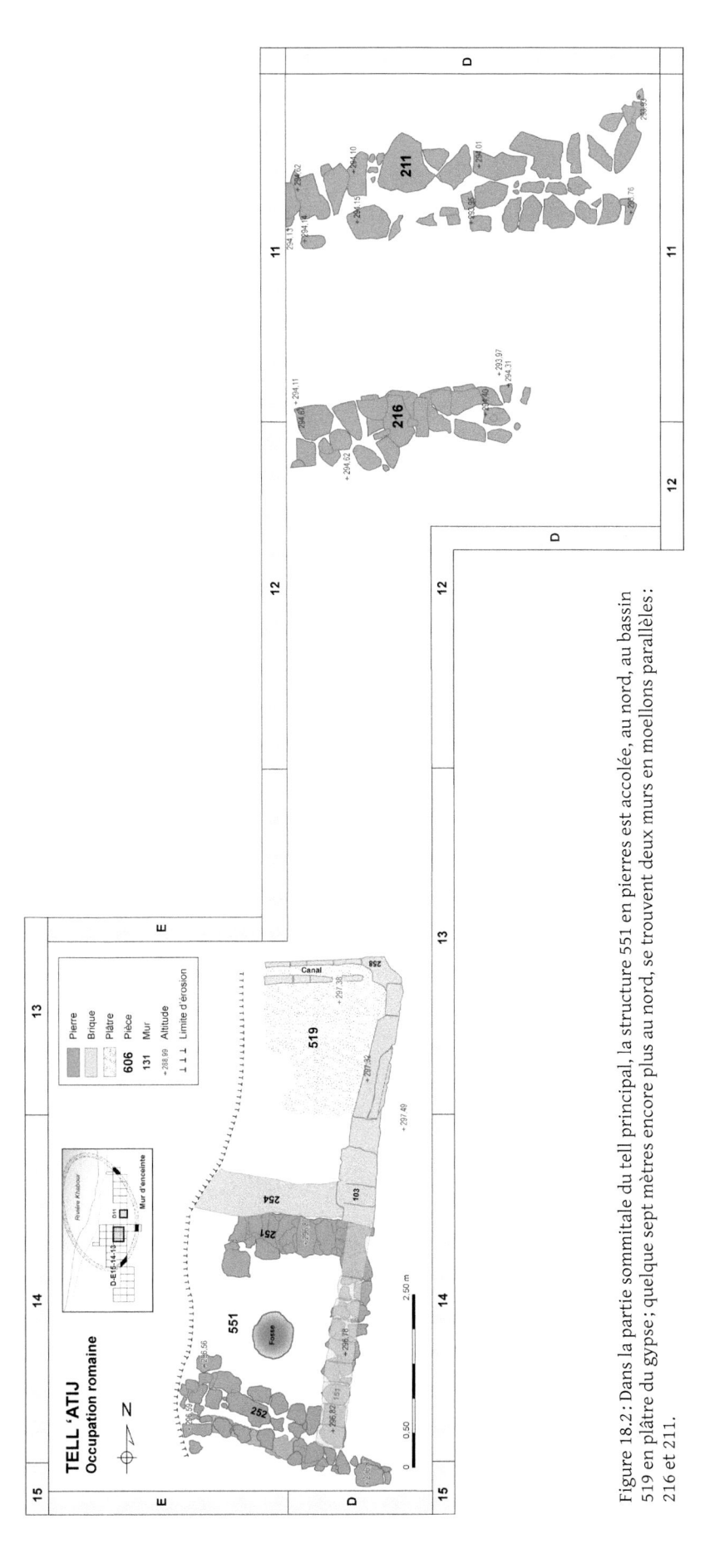

Figure 18.2 : Dans la partie sommitale du tell principal, la structure 551 en pierres est accolée, au nord, au bassin 519 en plâtre du gypse ; quelque sept mètres encore plus au nord, se trouvent deux murs en moellons parallèles : 216 et 211.

353

Figure 18.3 : Tour 551 avec ses fondations de murs en moellons, vue vers le sud. La fosse au centre est moderne.

Figure 18.4 : Bassin 519, une fois vidé de ses matériaux de remplissage, vu vers le nord-est.

Tableau 18.2 : Inventaire céramique du bassin 519 et de la tour 551.

Fabriques	Fragments	Formes/vases	Numéros catalogue/C
Métallique	2		
Fine	53	2 fonds	9697, 9836
		9 bols	4418-9, 4421, 4424-5-6-7-8-9
		1 bouteille	4431
Commune	363	1 forme indéterminée	3050
		1 récipient miniature	9962 (complet)
		2 grands bols	3081, 4432
		2 jarres à petite ouverture	911, 4423
		11 jarres à grande ouverture	909, 912-3, 915-6, 918, 3089, 4416-7, 4422, 4437
Culinaire	59	3 grands bols	3080, 4434, 4439
		11 marmites	5, 914, 917, 3046, 3082, 4430, 4436, 4438, 4440-1, 4715
TOTAL	477		

prêter comme un bassin d'autant que le recouvrement de plâtre se continue sur les parements internes des murs et qu'un petit canal, également plâtré, passe au sommet du mur 258. Il convient aussi de faire remarquer que ce fond de bassin plâtré repose sur un remplissage de briques de quatre-vingts centimètres environ.

L'inventaire céramique du bassin 519 et de la tour 551, contaminé du fait de la situation de ces structures à la surface même du tell, ne comprend que des tessons appartenant à des fabriques EJZ 1-2 ; ils proviennent sans doute d'unités de fouilles avoisinantes, plus anciennes.

Autres éléments de la culture matérielle recueillis à l'intérieur du bassin 519 et de la tour 551 mais qui n'ont probablement rien à voir avec la fonction de ces structures tardives, construites à la surface du tell après son abandon :

- 17 fragments de silex ;
- 6 fragments d'objets en plâtre ;
- 1 percuteur en calcaire, complet [ATJ88.D13B1.L128] ;
- 1 ancre (2,2 kg) circulaire à perforation centrale en basalte alvéolé, complète [ATJ88.D13B2.L129] ;
- 1 anneau en pierre blanche (gypse ?), incomplet [ATJ88.252.B60].

À quelque sept mètres plus au nord, dans le carré D11, furent dégagés deux autres murs également construits en moellons de différents calibres, non liaisonnés (Fig. 18.2) :

- Mur 211 : 5, 00 (lo.) × 0,50-1,60 (la.) × 0,50 m (h.) ; deux assises.
- Mur 216 : 3,22 (lo.) × 0,70-90 (la.) × 0,40-56 m (h.) ; trois assises.

Ces deux murs, orientés d'est en ouest, sont parallèles mais distants d'un peu plus de deux mètres (Fig. 18.5). Bien qu'il soit difficile de leur attribuer une fonction quelconque d'autant qu'ils ne sont pas liés l'un à l'autre, leur mode de construction nous autorise néanmoins à les rapprocher des structures romaines érigées au sommet du tell. Étaient-ce les fondations d'un second bâtiment romain dont le plan nous échappe car il est incomplet ?

Ce rapprochement structurel d'avec les installations romaines érigées au sommet du tell principal semble aussi justifié stratigraphiquement. En effet, comme en témoigne le dessin de la paroi occidentale des carrés D11-12-13 (Fig. 18.6), bien que les murs 211 et 216 aient été construits à une altitude inférieure à celle des structures 519 et 551, tous ces éléments architecturaux ont été recouverts, après leur abandon, par la même couche de terre d'érosion qui va en augmentant vers le nord au point d'atteindre une épaisseur de 2,50 à 3,00 mètres au-dessus des murs 211 et 216. Comme il n'y a aucun lien stratigraphique entre ces murs et les niveaux Early Jezirah correspondant à leur altitude, on peut imaginer que les murs 211 et 216 auraient pu avoir été érigés à la suite d'une opération de creusement à la surface du tell, à l'époque romaine, qui cependant n'a laissé aucune trace si ce n'est un arasement de la surface du tell d'alors, en pente vers le nord, comme

Figure 18.5 : Tranchée au sommet du tell principal (carrés D11-12), vue vers le sud. Au nord de la tranchée, se dressent les murs en pierres 211 (au premier plan) et 216 (au second plan). À droite, la paroi occidentale montre une série d'épaisses couches pentues de terre d'érosion.

l'épaisse couche d'érosion semble l'indiquer. Cet aménagement/arasement tardif de la surface du tell aurait permis de mettre en relation les installations 519 et 551, dans la partie sommitale du tell, et le bâtiment, plus bas, dont nous n'avons retrouvé que les murs 211 et 216. Après leur abandon, ces structures romaines furent recouvertes par la même couche de terre d'érosion qui va en s'épaississant vers le nord par le fait que les matériaux sédimentaires ont naturellement glissé depuis le sommet vers la petite dépression dans laquelle était érigé le bâtiment auquel les murs 211 et 216 appartenaient. Ce processus d'érosion est venu combler la petite dépression dans laquelle se dressait le bâtiment aux murs 211 et 216 et qui était encore perceptible au début des fouilles, entre la partie sommitale la plus élevée et l'extrémité septentrionale du tell (Fig. 2.3).

Par conséquent, il est normal que les fragments de céramique recueillis à proximité des murs 211 et 216 appaetiennent à des fabriques EJZ 1-2 car ils y ont été déposés par l'érosion (Tableau 18.3).

Autres éléments de la culture matérielle associés aux murs en pierres dans D11, mais provenant de couches plus anciennes dans le secteur :

- 110 fragments de silex ;
- 11 fragments d'objets en plâtre ;
- 1 roue de chariot en argile durcie, complète [ATJ87.D12A1.Tc41] ;
- 1 meule en basalte alvéolé, incomplète [ATJ87.D11A1.L56] ;
- 1 ancre (5 kg) rectangulaire avec perforation au tiers supérieur en grès, incomplète [ATJ87.D11A1.L70] ;
- 1 ancre (2,5 kg) – meule réutilisée – oblongue avec perforation centrale en basalte alvéolé, complète [ATJ87.D12A12.L117] ;
- 1 pierre à affûter en andésite, incomplète [ATJ87.D12A12.L101] ;
- 1 perle en coquillage, complète [ATJ87.D11A27.B37]
- 1 perle en terre cuite, complète [ATJ87.D12A12.B112].

Finalement, dans l'angle nord-ouest de la pièce 517 du niveau V (Fig. 11.21), fut dégagé un amoncellement plutôt rectiligne de petites pierres plates (Fig. 18.7). Haut de 0,40-0,80 m et large de 0,60 m à sa base, il longe sur deux mètres le mur 409 de cette pièce tout en respectant l'angle que ce mur forme avec le 307 qui lui est perpendiculaire. Sa présence au sein de cette petite pièce 517 n'est pas du tout fonctionnelle. En outre, l'usage de la pierre comme matériau de construction est tout à fait inusité : toutes les structures de Tell 'Atij étant construites en briques crues. Il convient alors de se demander si cet amoncellement de galets plats sommairement taillés ne serait pas tout simplement une intrusion tardive. D'époque romaine, au vu des autres constructions en moellons déjà identifiées ailleurs sur le site. Mais dans quel dessein ? Difficile à dire. Pour concourir davantage à l'énigme, cet amoncellement recouvre parfaitement trois grandes jarres d'entreposage retrouvées *in situ* dans la pièce 538 du niveau VI (Chapitre 10). Sans reposer toutefois directement sur ces jarres mais plutôt sur une couche sablonneuse [ATJ86.D17A8] qui les recouvre et qui marque la transition avec le niveau V. Donc, si des

Tableau 18.3 : Inventaire céramique associée aux murs en moellons de pierres 211 et 216.

Fabriques	Fragments	Formes/vases	Numéros catalogue/C
Métallique	43	1 fond	9951
		3 bols	2169, 2221, 2223
Fine	269	2 formes indéterminées	1374, 2042
		2 fonds	2168, 2403
		42 bols	1372-3, 2048, 2050, 2145-6, 2149, 2154-5, 2157, 2162, 2165, 2170, 2175, 2177, 2219, 2222, 2229, 2232, 2247-8, 2253, 2259, 2261, 2264-5, 2269, 2278, 2285, 2286, 2301, 2307-8, 2310, 2312, 2314-5, 9877-8-9, 9880, 9887
		1 grand bol	2319
Commune	1 738	2 formes indéterminées	5348, 9650
		11 bols	2044, 2047, 2143, 2148, 2171, 2238, 2242, 2268, 2283, 2305, 10100
		12 grands bols	2043, 2049, 2153, 2226, 2246, 2279, 2281, 2290, 2309, 2313, 2321, 2340
		1 jatte	2320
		16 jarres	2152, 2173-4, 2231, 2270, 2292-3, 2295, 2297, 2303, 2316, 2325, 2329, 2330, 2590, 2697
		6 grandes jarres	2230, 2236, 2257, 2260, 2277, 2318
		13 jarres à petite ouverture	2142, 2163, 2167, 2251, 2262, 2299, 2311, 2317, 2327, 2333, 2335, 2688, 10043
		44 jarres à grande ouverture	1381-2, 2045, 2066, 2137, 2147, 2150, 2159, 2161, 2164, 2172, 2220, 2228, 2233-4-5, 2237, 2239, 2240, 2243, 2245, 2249, 2254-5-6, 2271-2, 2274-5, 2280, 2282, 2287, 2291, 2294, 2300, 2302, 2304, 2322, 2332, 2334, 2686, 2691, 2699, 10063
Culinaire	197	1 bol	1377
		7 grands bols	2241, 2244, 2276, 2336-7, 9778-9
		23 marmites	1227, 1375, 2046, 2144, 2156, 2176, 2258, 2263, 2267, 2284, 2288-9, 2296, 2298, 2306, 2323-4, 2326, 2328, 2331, 2698, 9782, 9788
Varia	29		
TOTAL	2 276		

bâtisseurs romains ont creusé dans le tell pour y accumuler ces galets, ils n'auraient pas atteint ces trois jarres.

Attribuer un statut intrusif à cet amoncellement m'apparaît une solution défendable puisqu'à proximité fut trouvée une tombe EJZ au coffrage en briques crues [ATJ86.D17A10] (Chapitre 17) qui elle est résolument intrusive.

Aucun inventaire céramologique ou artéfactuel n'est associable à cet amoncellement de cailloux identifié dans la pièce 517 du niveau V.

Tell secondaire : établissement

Le tell secondaire de Tell 'Atij, situé à trente mètres à l'est du tell principal (Fig. 2.5), est formé par un exhaussement de terrain couvrant une superficie de 8 000 m² : 200 (lo.) × 40 m (la.), et atteignant deux mètres en son endroit le plus élevé. C'est uniquement dans ce dernier secteur, environ 500 m² vis-à-vis le tell principal, que furent repérées des traces d'occupation humaine (Fig. 18.8). Une étroite et longue (1 × 75 m) tranchée de sondage ouverte depuis le secteur de fouilles jusqu'à l'extrémité méridionale du tell secondaire (carrés MM20-21-22-23-24-25-26, HH27-28-28-30-31-32-33-34) (Fig. 2.5) n'a révélé aucune trace d'activités humaines mais qu'une accumulation naturelle de terre d'érosion et de dépôts alluviaux qui correspondent à la queue de l'îlot que formait le tell secondaire dans le passé (Fortin 1994a, 378). Vers le nord, au-delà de la zone ouverte, des sondages aléatoires et épars n'ont produit que des dépôts sédimentaires naturels qui eux correspondaient à la tête de l'îlot.

Les quelques modestes maisons qui furent dégagées sur cette superficie de 500 m² (Fig. 18.9) ne forment qu'un seul niveau d'occupation, posé directement sur le sol vierge ; l'accumulation des débris qui les recouvrent ne totalise que 1,20 m en moyenne. Les assises inférieures des murs très érodés sont faites de briques

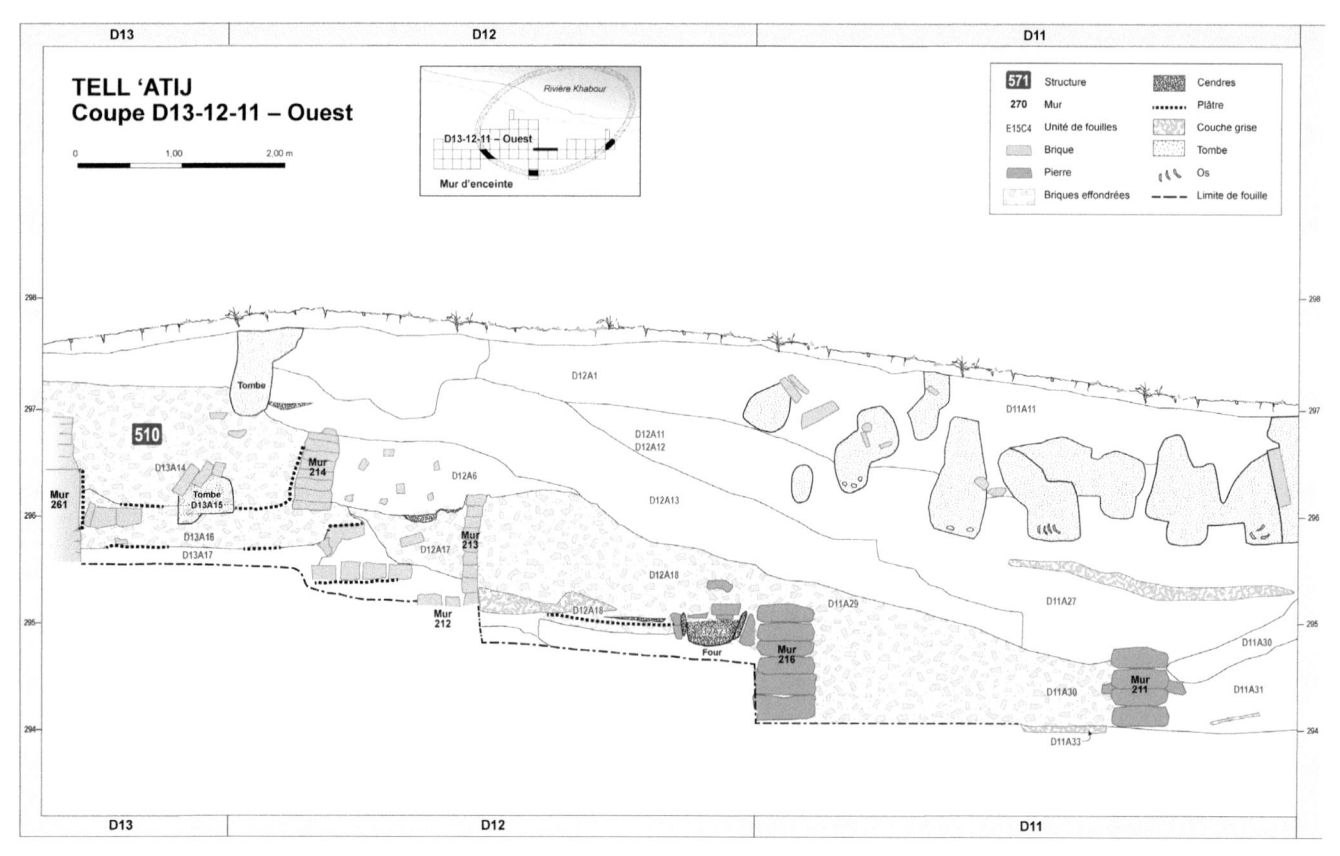

Figure 18.6 : Coupe stratigraphique occidentale des carrés D11-12-13 montrant l'étalement en pente régulière d'épaisses couches de briques effondrées et de terre d'érosion venant recouvrir, au nord, les murs en moellons de pierres 216 et 211.

crues différentes, par leur composition et leur module, de celles des murs des structures mises au jour sur le tell principal. En outre, les murs des structures du tell secondaire sont posés sur des fondations en blocs de calcite plutôt bien taillés, une technique de construction totalement absente des niveaux du tell principal. Le sol de ces maisons est généralement double : un premier, en larges briques crues plates, et un second en terre battue, quelques centimètres plus bas. Les surfaces des deux sols portent en plusieurs endroits des traces de feu mais d'aucune autre installation domestique.

Aucun plan d'ensemble n'émerge vraiment (Fig. 18.10) : il s'agit d'une série de pièces rectangulaires de petites dimensions (3,50 × 2,50 m en moyenne), parfois adjacentes les unes aux autres et communiquant par d'étroites portes (1,20 m) munies d'un seuil en pierres, mais parfois aussi séparées les unes des autres par ce qui pourrait avoir été des ruelles ou des courettes. Il existe également des superficies dépourvues de toutes constructions qui auraient pu avoir servi de cours.

Les carrés ouverts en bordure orientale de tell ont révélé d'épaisses couches sédimentaires qui, selon toute vraisemblance, y auraient été déposées lors de déborde-

Figure 18.7 : Amoncellement de petites pierres plates dans l'angle nord-ouest de la pièce 517 du niveau V, vu vers l'ouest. À proximité, tombe à ciste de l'époque *Early Jezirah* [ATJ86. D17A10].

ments du chenal ; ces derniers auraient vraisemblablement pu emporter les constructions qui s'y trouvaient. C'est avec cette idée en tête qu'au moment des fouilles j'ai interprété la présence, en bordure de ce chenal, de deux alignements (longs respectivement de 5,50 et 1,80 m) de gros blocs de pierres plates (larges de 0,80-

OCCUPATION ROMAINE 359

Figure 18.8 : Chantier de fouilles sur le tell secondaire, vu vers l'est. Une infime partie (500 m²) du tell seulement fut habitée à une époque tardive. À l'horizon, le village moderne duquel venaient nos ouvriers.

Figure 18.9. Maison mise au jour sur le tell secondaire, vue vers le nord-est.

90 m) disposés à angle droit comme les restes d'une modeste installation portuaire pour permettre à des barques d'y accoster (Fortin 1990c, 554-555, fig. 20). Cette hypothèse m'apparaît maintenant sans fondement.

Après avoir d'abord imaginé que les vestiges architecturaux mis au jour sur le tell secondaire auraient pu correspondre à un quartier domestique associé aux installations plus communautaires du tell principal, j'ai dû me raviser lorsque, lors de notre campagne de fouilles de 1992, on a pu observer que les murs de briques crues de certaines maisons ont été érigés sur des amoncellements de briques cuites, fort vraisemblablement d'époque romaine. Or, c'est à cette époque qu'est fondée, à sept cent mètres plus au sud, la grande cité romaine de *Thannouris* sur le *limes* romain, à l'emplacement de l'actuel site de Tell Tuneinir qui a été fouillé par une équipe américaine de 1987 à 2004 (Fuller & Fuller 1987-8 ; 1991 ; 1994 ; 1997 ; 1998 ; Fuller *et al.* 2018). Par conséquent, il est difficile de ne pas voir un lien entre la fondation de *Thannouris* et la construction de ces modestes habitations romaines sur le tell secondaire de Tell 'Atij.

Figure 18.10 : Plan général des maisons tardives mises au jour sur le tell secondaire.

TELL 'ATIJ
TELL SECONDAIRE
Tombes romaines

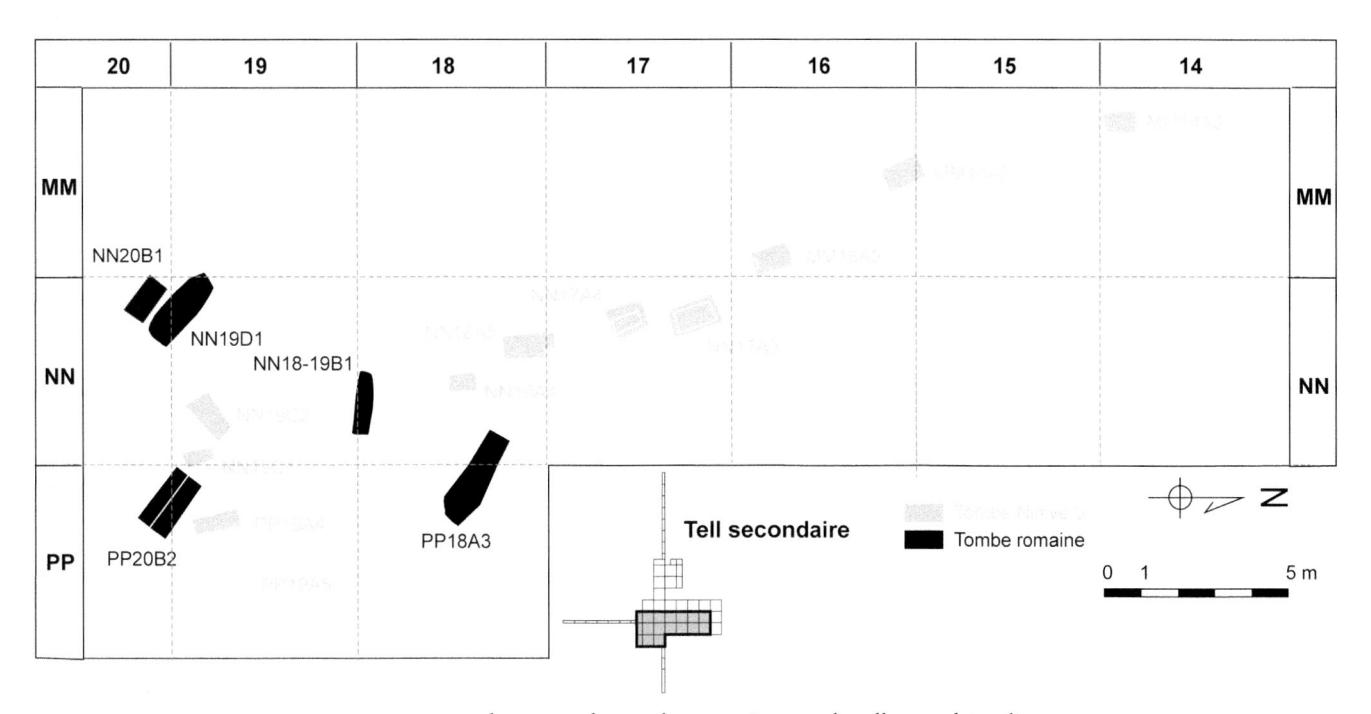

Figure 18.11 : Emplacement des tombes romaines sur le tell secondaire d'Atij.

Le matériel archéologique retrouvé en association avec ces vestiges architecturaux est rarissime, au point de ne pas pouvoir dater ces structures convenablement. De surcroît, les quelques fragments de céramique sont tellement érodés, qu'il est impossible de les attribuer à des fabriques connues. Néanmoins, quelques artéfacts sont comparables à ceux trouvés sur le tell principal probablement à la suite d'une réutilisation de ces objets, en pierre en majorité, qui devaient être disponibles en surface du tell principal et notamment le long de ses pentes érodées :

- 5 ancres en basalte alvéolé dont 3 oblongues [ATJ88.FF17A2.L143, ATJ88.PP19A3.L145, ATF88.LL17A1.L167] et 2 rondes [ATJ88.LL17A1.L169 et L170];
- 3 meules en basalte alvéolé, incomplètes [ATJ86.LL19A2.L29, ATJ88.LL17A1.L166, ATJ92.MM16A1.L213];
- 2 pilons en basalte, complets [ATJ88.GG16A2.L151, ATJ92.LL15A2.L283];
- 1 percuteur en calcaire, incomplet [ATJ87.KK18A4.L72];
- 1 broyeur en tuf, incomplet [ATJ86.MM19C3.L30];
- 2 crapaudines dont une en gypse, complète [ATJ88.GG16A3.L152], et l'autre en basalte alvéolé, incomplète [ATJ92.MM15A1.L214];
- 2 roues de char en terre cuite, complètes [ATJ86.MM19A3.Tc7, ATJ88.GG18C2.Tc69, ATJ88.GG18C2.Tc70];
- 1 aiguille en bronze, complète [ATJ93.MM13A99.M39];
- 1 bouchon perforé en plâtre de gypse, incomplet [ATJ88.LL17A1.P8].

Tell secondaire : tombes (romaines)

Cinq tombes construites, soit en briques cuites, soit en gros blocs de calcaire (3,00 × 1,00 × 1,00 m) liaisonnés avec du mortier, ont été exhumées dans un secteur du tell secondaire (Fig. 18.11). Elles sont trop peu nombreuses pour y voir les restes d'un véritable cimetière. Au vu de leur mode de construction et de l'unique artéfact – un chaton de bague – (Fig. 24.6) ayant fait partie du mobilier funéraire de l'une de ces tombes qui ont toutes été pillées dans l'Antiquité, elles seraient d'époque romaine.

ATJ87.PP18A3 (Fig. 18.15) : grande tombe rectangulaire, 2,70 (lo.) × 0,80 m (la.), constituée de pierres plates jointes avec du mortier ; ses parements intérieurs sont également enduits de plâtre de gypse. Elle n'a révélé que quelques ossements d'un adulte, mais surtout une intaille ciselée dans une pierre rouge [ATJ87.PP18A3.B44] qui fut probablement un chaton de bague. D'après son style et son thème, cette intaille serait datable de l'époque romaine (Chapitre 24 : Éléments de parure).

ATJ92.PP20B2 (Fig. 18.16) : tombe rectangulaire de petites dimensions : 1,01 (lo.) × 0,64 m (la.) × 0,93 m (h.), dont les parois ont été montées avec des briques cuites disposées en passeresses sur une rangée et liaisonnées avec du mortier contenant des résidus de scories métalliques ; ses parements intérieurs sont enduits de plâtre de gypse. Elle n'a donné que quelques fragments d'ossements humains épars, impossibles à identifier, et aucun artéfact. Elle semble avoir été pillée dans l'Antiquité puisque les briques la recouvrant ne sont pas liaisonnées. Elle est plutôt orientée nord-ouest–sud-est.

À proximité de certaines de ces tombes, les fossoyeurs ont creusé un grand trou circulaire pour y préparer leur mortier (Fig. 18.17).

Figure 18.12 : Tombe ATJ88.NN18-19B1, vue vers l'est.

ATJ88.NN18-19B1 (Fig. 18.12) : de forme rectangulaire, 2,00 (lo.) × 0,60 m (la.), entièrement construite en pierres plates de gypse local placées de chant ; n'a produit que quelques fragments d'ossements humains, mais aucun artéfact.

ATJ87.NN19D1 (Fig. 18.13) : de forme rectangulaire, 2,60 (lo.) × 1,20 (la.) × 0,66 m (h.), faite de pierres plates en gypse et quelques briques cuites scellées avec du mortier de gypse ; du mortier recouvre également ses parois et son fond. Le squelette d'adulte qui y reposait en position allongée, selon un axe est-ouest, n'était accompagné d'aucun artéfact.

ATJ87.NN20B1 (Fig. 18.14) : structure rectangulaire, 2,50 (lo.) × 1,10 (la.) × 0,40 m (prof.), en briques cuites préservées sur trois assises ; ne renferme ni squelette ni mobilier funéraire.

Figure 18.13 : Tombe ATJ87.NN19D1, vue vers le nord-ouest.

Figure 18.14 : Tombe ATJ87.NN20B1, vue vers le nord.

Figure 18.15 : Tombe ATJ87.PP18A3, vue vers le nord-ouest.

Figure 18.16 : Tombe ATJ92.PP20B2, vue vers l'ouest.

Figure 18.17 : Tombes romaines dans les carrés PP18-19-20, avec à proximité (au premier plan) une zone noircie où du plâtre de gypse semble avoir été préparé.

DEUXIÈME PARTIE

ANALYSES

Chapitre 19
Éléments architecturaux[1]

Bien qu'une infime partie seulement (10% – Chapitre 3) des vestiges architecturaux du hameau de Tell 'Atij a été mise au jour, il n'en demeure pas moins que plusieurs observations peuvent être faites sur les méthodes de construction qui furent mises en pratique par les habitants de ce modeste établissement rural d'un tiers d'hectare durant les périodes *Early Jezirah* 1 et 2 (2900-2600/2550 av. J.-C.).

Matériaux de construction

Toutes les structures dégagées dans les treize niveaux d'occupation du tell principal d'Atij sont construites en briques crues (Figs 3.19, 3.20 et 3.21). Le module rectangulaire de ces briques moulées dans une terre argileuse de couleur brun pâle mêlée à de la paille, soit 0,42-45 (lo.) × 0,28-30 (la.) × 0,08-10 m (ép.) en moyenne, se compare tout à fait à celui des briques qui ont été utilisées à la même époque sur d'autres sites de la région : ex. Raqa'i (Schwartz 2015, 88), Melebiya (Lebeau *et al.* 1989, 3 ; Lebeau 1993, 187) ou Abu Afur (Koliński & Lawecka 1992, 195). Comme plusieurs briques contiennent de petits fragments de céramique, on peut supposer que la fabrication des briques se serait déroulée sur le site même, voire que des débris des constructions antérieures auraient pu servir de matériau pour la confection de nouvelles briques.

Un mortier de boue de même composition que le matériau des briques est employé pour lier ces dernières les unes aux autres. D'habitude, elles sont appareillées en panneresses ; mais elles peuvent l'être aussi en boutisses dans certains cas. De fait, l'appareil de plusieurs murs présente les deux types d'assemblage. En règle générale, les briques sont disposées sur une seule rangée, formant ainsi des murs de faible épaisseur : 0,80 m en moyenne.

Ces derniers ne reposent jamais sur des fondations en pierres, contrairement aux murs des époques récentes, tels ceux de la période romaine, voire post-romaine, identifiés au sommet du tell principal et sur le tell secondaire (Chapitre 18). Soit dit en passant, les briques de ces niveaux tardifs n'ont ni la texture, ni les dimensions des briques crues dégagées dans les niveaux de la période EJZ.[2]

Les parements des murs en briques crues devaient être recouverts d'un enduit de boue. Cependant, il n'a pas toujours été possible de le repérer vu le pauvre état de conservation de la plupart des murs souvent préservés sur quelques assises seulement, surtout pour ceux des niveaux EJZ 1 (XIII-IX) ; la raison en est qu'ils ont été arasés afin de servir de fondations à des murs du niveau supérieur. Ce procédé montre bien la continuité dans l'occupation des lieux et se traduit, conséquemment, par une répétition du plan de l'habitat d'un niveau à l'autre.

Il est évidemment plus facile de reconnaître sur les parements des murs la présence d'un crépi en plâtre (Tableau 19.1). Ce matériau fut couramment utilisé par les habitants de Tell 'Atij. En l'absence d'analyse chimique, il est présumé qu'il s'agit d'un plâtre de gypse compte tenu de la présence de nombreux affleurements dans la vallée (Lebeau 1993, 89) encore en usage de nos jours, comme j'ai pu moi-même l'observer (Chapitre 21). Ce type de revêtement assurant aux murs une avantageuse étanchéité me semble tout à fait approprié à une structure destinée à l'entreposage de denrées périssables telles que des grains.[3] Surtout si, de surcroît, le sol en est recouvert. En effet, les sols des structures de Tell 'Atij peuvent être soit en plâtre, soit en terre battue, quoique ceux enduits d'une couche de plâtre sont un peu plus fréquents (Tableau 19.1).

---

[1] La présente analyse architecturale ne concerne que les niveaux XIII à I du tell principal, soit ceux des périodes *Early Jezirah* 1 et 2.

[2] Les quelques vestiges de cette occupation tardive à Tell 'Atij, très circonscrite, ne sont pas pris en compte dans la présente analyse architecturale.

[3] Une assertion remise en question par certains auteurs (Schwartz 2015, 37 ; Pfälzner 2001).

Structures de combustion

Quelques sols plâtrés portent des traces de foyers sous la forme d'une mince couche de résidus carbonisés. En général, ils occupent le centre de la pièce. Ces foyers peuvent être circulaires ou rectangulaires.

Dans ce dernier cas, ils sont délimités sur trois de leurs côtés par une petite bordure dont le plus souvent seule la trace est apparente tandis que le quatrième côté s'appuie contre une mince et basse cloison en pisé qui va du foyer à l'un des murs de la pièce, formant ainsi une sorte de muret de refend au sein de la pièce [ex. 585 et 587 du niveau XI]. Ce type de foyer, courant à cette époque, n'aurait pas eu une fonction culinaire, mais aurait été plutôt utilisé pour chauffer les pièces au centre desquelles il se trouvait, des pièces dont le sol et les murs étaient recouverts d'un bel enduit en plâtre de gypse blanc (Ławecka 2008, 562-564 ; Smogorzewska 2012, 236-237 ; 2019, 93-94). Qui plus est, plusieurs exemples ethnographiques ont également montré que des foyers installés à l'intérieur de bâtiments pour les chauffer étaient destinés à sécher les grains qui y étaient conservés (Sigaut 1981, 162).

Dans le cas des foyers circulaires sans bordure identifiés à l'intérieur des bâtiments [ex. 571 et 583 du niveau IX ou 559a du niveau VI], ils se comparent bien au type de foyer le plus simple de Tell Arbid (Ławecka 2008, 562), alors que le modèle avec bordure est plus répandu à cette époque (Smogorzewska 2012, 237 ; 2019, 93). Il s'agit du type de foyer intérieur dit « posé », par opposition au type dit « construit » (Aurenche 1981, 242-246). Cependant, il aurait pu aussi bien servir à chauffer la pièce qu'à cuire de la nourriture, comme Anna Smogorzewska (2019, 97) le précise dans son analyse des foyers de Tell Arbid.

Au sujet des structures de combustion circulaires situées à l'extérieur des bâtiments, telles celles dans la cour 605 du niveau XII (Chapitre 4), ce sont également des foyers et non des fours[4], y compris la structure 623 du même niveau qui est mieux construite avec sa bordure de faible hauteur, en briques crues ou en pisé, entourant la zone de combustion. En effet, ces structures de combustion circulaires sont définies comme de simples foyers circulaires construits (Aurenche 1981, 243-244 ; Smogorzewska 2012, 237 ; 2019, 93) en l'absence d'un dôme qui est considéré comme l'élément structurel caractérisant un four.

En revanche, les structures de combustion circulaires érigées à l'extérieur, mais immédiatement à côté d'un bâtiment, dans une cour [ex. 546 du niveau IV] ou dans une ruelle [ex. 564b du niveau III], sont probablement eux des vestiges de fours pour la cuisson des aliments (Smogorzewska 2019, 86, 93-97), et notamment du pain ; dans ce cas, on les appelle *tannur* (Rova 2014 ; Smogorzewska 2019, 86-93).[5] Leur présence s'accompagne toujours d'une grande quantité de terre cendreuse, c'est-à-dire de résidus de combustion retirés du four que l'on étendait aux alentours et que l'on recouvrait d'une couche de terre argileuse pour empêcher la dispersion de la poussière provenant de ces cendres (Grossman 2014b, 51 ; Smogorzewska 2019, 91).

Ainsi, l'importante accumulation de couches grisâtres et cendreuses sur le sol en terre battue de la cour 577 du niveau IX (Chapitre 7) résulte vraisemblablement du déversement de cendres provenant de structures de combustion à proximité, comme cela a aussi été observée à Raqa'i (Schwartz 2015, 22-23). Toutefois, grâce à des analyses pédologiques, nous avons pu démontrer qu'à Tell 'Atij ces cendres ne sont pas pures ; elles ont été mélangées à d'autres matériaux sédimentaires probablement pour éviter leur dispersion dans l'air lors de leur étalement au sol (Lease *et al.* 2001b).

C'est probablement pour cette raison que les fours et les foyers placés à l'extérieur des bâtiments sont toujours disposés à proximité de murs, les mettant ainsi à l'abri du vent. Au vu également de leur positionnement dans des cours ou des ruelles, on peut présumer qu'ils sont d'usage communautaire plutôt qu'individuel. Enfin, ce type de structure de combustion, surtout celui de forme semi-circulaire [ex. celui de la ruelle 589 au niveau X], est aussi associé au séchage et à la cuisson des grains (Grossman 2014b) avant leur entreposage.[6] Une

---

4 Pour la distinction entre four et foyer, voir : Aurenche 1977, 89-91 ; 1981, 241-256 ; Schwartz 2015, 91-95, pour les fours et foyers de Raqa'i ; Hole & Tonoike 2016, 125-132, pour des exemples provenant de Tell Ziyadeh ; Ławecka 2008, 564-569 ; Smogorzewska 2012, 233-236 ; 2019, 87-93, pour les exemplaires bien préservés de Tell Arbid ; Gur-Arieh 2018, pour le Levant au Bronze Ancien. Voir aussi plusieurs articles dans le numéro thématique « Pain, fours et foyers des temps passés » de la revue *Civilisations* 49/1-2 (Fechner & Mesnil 2002), et notamment celui de Mulder-Heymans.

5 Ce type de fours pour la cuisson du pain ou *tannur* est encore en usage de nos jours dans plusieurs villages traditionnels de la Djézireh (Martin Galán & Othman 2003 ; Parker & Uzel 2007 ; Parker 2011 ; voir aussi l'introduction du présent volume).

6 À Hamoukar, il a été proposé que de telles structures semi-circulaires, mais de plus importantes dimensions que celles de Tell 'Atij, aient pu servir à sécher puis à cuire des grains dans le cadre d'un processus de fabrication de la bière (Grossman 2014b), ce qui ne fut pas le cas à Tell 'Atij, du moins dans la partie fouillée.

fonction complémentaire à celle des foyers circulaires installés dans des bâtiments pour y sécher des grains qui y étaient conservés (voir plus haut).

Banquettes et autres aménagements intérieurs

Dans quelques pièces, des banquettes très basses (0,10 m) et étroites (0,30 m) en briques crues, plâtrées ou recouvertes d'un enduit de boue, courent tout le long de la base de certains parements intérieurs de murs (Tableau 19.1). Des auteurs ont déjà proposé d'y voir des sièges pour y asseoir des convives (Schwartz 2015, 38) ou des dispositifs pour y ranger des vases destinés à la conservation des denrées ou des ustensiles pour la préparation de la nourriture tels que des meules et des broyeurs (Pfälzner 2001, 165-166). Cependant, leurs dimensions très restreintes en font des sièges inconfortables et des lieux de rangement peu pratiques. Leur fonction reste donc encore discutable (Mas, sous presse b).

Parmi les autres aménagements intérieurs, on note quelques bassins en plâtre aménagés sur le sol de certaines pièces [ex. la 509 du niveau II et la 567 du niveau IV] et de rares vases enfouis dans le sol même d'autres pièces [ex. la 542 du niveau III]. Mais aucune meule n'a été insérée dans le sol d'une pièce, ni un silo creusé à même le sol d'une structure; ces deux types d'aménagements intérieurs auraient pu avoir été interprétés comme des indices indéniables d'une occupation domestique.

Les portes pratiquées dans de nombreux murs sont toutes de même largeur : 0,80 m. Elles sont rarement dotées d'un seuil en pierre et encore moins d'une crapaudine. En revanche, aucune fenêtre n'a pu être identifiée parce que les murs n'ont pas été préservés sur une hauteur suffisante pour pouvoir faire cette observation.

Plan et superficie habitable

Toutes les constructions mises au jour dans les treize niveaux d'occupation de Tell 'Atij sont monocellulaire et de plan rectangulaire. Leurs dimensions sont plutôt limitées avec une superficie intérieure « habitable » variant de 3 à 26 m² (Tableau 19.1).[7] Or, comme d'après des études ethnoarchéologiques une personne a besoin d'un espace vital variant entre 6 m² (Marfoe 1980 ; Kolb 1985 ; Postgate 1994) et 10 m² (Naroll 1962), rares sont donc les bâtiments de Tell 'Atij pouvant loger plus de deux individus et aucun ne peut héberger une famille nucléaire de 5-6 personnes.

Cet espace habitable aurait pu avoir été doublé en superficie par l'existence d'un étage où auraient pu se dérouler certaines activités familiales dont celle du couchage (Margueron 1980 ; 1996b ; 1997, 5-6 ; 2004, 186-187 ; 2008, 93-94), mais aucun indice ne nous autorise à le supposer. Bien que munis de quelques contreforts, les murs formés d'une seule rangée de briques crues sont trop minces pour avoir pu soutenir un étage (Kramer 1982, 99, 132). De plus, la couche de débris recouvrant les sols plâtrés est trop peu importante – 0,50 m en moyenne – pour être constituée des vestiges des murs et d'un plancher effondrés d'un étage supérieur. Enfin, aucune trace de cage ou de départ d'escalier n'a été observée à la surface des sols plâtrés. La même observation a été faite à propos des maisons de Raqa'i (Schwartz & Klucas 1998, 202).

Il est aussi intéressant de noter que la plupart des constructions de Tell 'Atij reposent directement sur les ruines de structures antérieures, certains murs ayant même été arasés pour servir de fondations aux murs d'un bâtiment du niveau supérieur [ex. 584 du niveau X sur la 585 du niveasu XI]. Dans d'autres cas, les murs extérieurs d'une pièce sont réutilisés à un niveau supérieur avec seulement quelques modifications dans les aménagements intérieurs de la nouvelle construction [ex. pièces 553 et 552 des niveaux III et II]. En moyenne, l'épaisseur des couches de débris d'un niveau à l'autre atteint une cinquantaine de centimètres, comme en font foi les dessins des coupes stratigraphiques (Figs 2.8 à 2.13). Cette séquence stratigraphique montre bien la très grande continuité chronologique dans l'occupation du site et la constance dans le type d'occupation de certains lieux.

Bâtiments domestiques (?)

Au vu des dimensions réduites des constructions monocellulaires et sans étage de Tell 'Atij, il me semble difficile d'y voir de simples et modestes structures domestiques comme Peter Pfälzner (2001) le propose dans sa typologie des maisons du nord de la Mésopotamie au IIIe millénaire.[8] Outre leur espace habitable très limité, plusieurs bâtiments de Tell 'Atij ne

---

[7] Par comparaison, les dimensions de celles de Raqa'i varient de 6,7 à 32,1 m² et pouvaient recevoir entre une et cinq personnes (Klucas & Schwartz 2015, table 3.1).

[8] Sa typologie a été très critiquée et même carrément réfutée par certains (Bernbeck 2006 ; Warburton 2015, 166-173).

sont pas pourvus de tous les aménagements intérieurs significatifs d'une occupation domestique (Pfälzner 2001, 139-169, 180-216 ; Zelsmann 2014, 126-131) : foyers, bassins et banquettes, ni d'un mobilier dédié à la préparation de la nourriture : ustensiles de mouture et céramique *Culinaire* (Tableau 19.1). De surcroît, certains aménagements intérieurs, tels les foyers, ne sont pas nécessairement destinés à la cuisson d'aliments (Ławecka 2008, 564 ; Smogorzewska 2019, 94) mais plutôt au chauffage des pièces, notamment pour y assécher des grains qui auraient pu être conservés, comme cela a été observé dans des contextes ethnographiques (Sigaut 1981, 162) (voir plus haut).

En réponse à la limitation de la surface habitable, les fouilleurs de Raqa'i ont suggéré que les petites maisons de leur niveau 3 n'auraient pas été habitées par les membres d'une même famille (5-6 personnes en moyenne) s'y livrant à des tâches domestiques mais plutôt par des gens seuls « engaged in specialized activities being carried out at the site » (Klucas & Schwartz 2015, 188), en l'occurrence le stockage de grandes quantités de grains et leur redistribution vers d'autres établissements. L'espace vital de ces structures aurait donc été suffisant pour des individus, seuls, et non pour des familles.

Dans la même ligne de pensée, alors que des constructions de Bderi et de Melebiya (Lebeau 1993, 106-107 ; Mas 2020, 43) ont été interprétées, en l'absence d'installations domestiques, comme des ateliers en vue d'une production spécialisée, aucune structure de Raqa'i (Mas 2020, 44), ni de Tell 'Atij, ne peut vraiment se voir attribuer une telle fonction. Pourtant, plusieurs maisons de Haute Mésopotamie ont été décrites comme des ateliers puisque la première moitié du troisième millénaire en Djézireh (EJZ 1-2), étant caractérisée par une économie essentiellement rurale, plusieurs productions artisanales se déroulaient dans des contextes domestiques (Mas 2014a ; 2014b ; 2020).

Structures d'entreposage

Dans la foulée de cette interprétation en lien avec des activités artisanales, je suis enclin à penser que certains bâtiments de Tell 'Atij ont pu servir à des fins d'entreposage de grains récoltés dans les champs avoisinants, notamment ces petites pièces aux parements intérieurs entièrement plâtrés et comportant des contreforts internes arqués [ex. 559a du niveau VI et 559b du niveau V]. La présence de ces derniers dans une pièce, constituant un élément architectural approprié à un plafond en encorbellement, permet d'imaginer des toits voû-

tés pour ces constructions. Peter Pfälzner (2011, 148 ; 2001, 310) est plutôt d'avis que ce dispositif permettait tout simplement de raccourcir les poutres d'un toit plat puisqu'elles reposaient sur des demi-arches qui s'avançaient vers l'intérieur. Mais peu importe le type de toiture, les structures à arcades intérieures fouillées à ce jour sur d'autres sites contemporains de la région ont toujours été interprétées par les fouilleurs comme des entrepôts, voire des greniers (Suleiman & Quenet 2003, 22 ; Bieliński 2005b, 36 ; Quenet 2012), par comparaison avec des exemples modernes (Aurenche 1981, 150-153 ; 1977, 61, 64 ; Hole & Tonoike 2016, 133). Or, même si Peter Pfälzner (2001, 374 ; 2002b, 233-234) estime que la maison en forme de dôme est tout simplement un type d'habitation domestique, il reconnaît néanmoins que certaines peuvent avoir servi à l'entreposage.

L'enduit de plâtre de gypse appliqué sur les parements intérieurs des murs et les sols de certaines pièces, notamment celles à contreforts intérieurs, était probablement un procédé destiné à préserver de l'humidité les denrées périssables qui y étaient stockées.[9] D'autant plus que l'intérieur de plusieurs de ces bâtiments était doté d'un foyer pour en réchauffer l'atmosphère, voire y faire rôtir les grains stockés afin de prolonger leur conservation.

En partant des estimations de contenance réalisées par Tate Paulette (2015) dans sa thèse de doctorat : *Grain Storage and the Moral Economy in Mesopotamia (3000-2000 BC)*, il est possible d'évaluer les quantités de grains qui auraient pu être entreposées dans ces bâtiments et, conséquemment, d'en inférer le nombre de personnes qui auraient pu être nourries à même ces provisions (Tableau 19.1). Ainsi, les volumes (m^3) de ces pièces peuvent être facilement calculés en présumant une hauteur de murs variant entre deux et trois mètres (Paulette 2015, 44, 322 note a). Cependant, ces volumes n'équivalent pas tous à des capacités de stockage absolues. Si une pièce est munie d'une porte, il faut supposer que les grains étaient conservés dans des contenants, tels des sacs ; par conséquent, la capacité de stockage doit être réduite de 25% environ si on prend en compte les aires de circulation et les espaces laissés pour la ventilation entre les récipients (Paulette 2015, 45, 322 note b, 324 note c). Le volume brut ou « corrigé » de chaque pièce permet ensuite de déterminer la capacité de stockage en kilogrammes pour chacune, sur la base de 444,4 à 934,6 kg/m^3 (Paulette 2015, 46 – avec références à des

---

[9] Un critère en faveur d'un dispositif d'entreposage contesté par certains auteurs : ex. Schwartz 2015, 37 ; Pfälzner 2001.

études antérieures, 322 note c, 323 note a). Il devient alors possible d'estimer « approximativement » le nombre de personnes pouvant être nourries annuellement avec ces provisions de céréales (Paulette 2015, 47-49, 326), suivant différentes méthodes de calcul, à savoir qu'une personne consomme en moyenne 200 kg de céréales par année (Mazar 2001, 458 ; Garfinkel *et al.* 2009, 322) : les estimations avancées à ce propos se situent en général entre 160 (Kramer 1980, 319) et 250 kg (Wilkinson 1994, 495 ; Ur & Wilkinson 2008, 313), voire un peu plus parfois (Schwartz 1994b, 27, table 2 pour plus de références). Une estimation encore plus simple, basée sur des observations ethnoarchéologiques, consiste à convenir que l'approvisionnement annuelle d'une famille de 5-6 personnes exige un dispositif d'entreposage domestique de 1 m^3 (Kramer 1980, 319). Toutefois, ce nombre doit être réduit de 15 à 25%, si on veut tenir compte des pertes dues aux problèmes de conservation pendant toute une année et des réserves pour les semailles de l'année suivante (Paulette 2015, 49, 326 note d) (Tableau 19.1).

Greniers

En plus des structures à arcades dédiées à l'entreposage du grain selon plusieurs, ont été mises au jour à Tell 'Atij des constructions qui elles ne peuvent absolument pas être interprétées autrement que comme des bâtiments publics affectés à l'entreposage des grains : des greniers.

Dans cette catégorie prennent évidemment place les deux édifices « au plan en gril » du niveau XII [573 et 599] équipés d'un plancher en roseaux et placés en bordure d'une grande cour en terre battue dans laquelle se trouvent des fours (Chapitre 4). Il y a longtemps qu'on a reconnu que ce type d'édifice a été conçu selon ce plan afin d'y stocker des grains en sacs (Leroi-Gourhan 1945, 177 ; Stede 2010, 351-354). Cette sorte de grenier est considérée comme un élément architectural à caractère public, non domestique, et d'usage collectif ou communautaire, non individuel (Schwartz 1987 ; Pfälzner 2002[10]). L'apparition de ce type de bâtiments serait même à mettre en relation avec le développement de sociétés complexes en Mésopotamie septentrionale durant la période de *Ninive 5*, lequel va mener à l'urbanisation et à l'étatisation de ces sociétés (Schwartz 1985 ; 1987 ; Akkermans & Schwartz 2003, 221-224).[11]

D'après des calculs de Tate Paulette (2015, 323 table 4.6), ces deux structures au plan en gril pouvaient conserver de 15 554 kg à 49 067 kg de grains, de quoi nourrir annuellement entre 78 et 294 villageois, selon les différentes méthodes utilisées, voire un peu moins si on veut prendre en compte un pourcentage (15-25%) de perte ainsi que pour l'ensemencement l'année suivante (Paulette 2015, 326, table 4.7). À lui seul, ce grenier pouvait largement satisfaire les besoins alimentaires de ce hameau d'une cinquantaine d'habitants, surtout si on considère que d'autres dispositifs d'entreposage ont pu exister dans la portion (un peu plus de 90%) du site qui n'a pas été fouillée à ce niveau-ci.

À partir du niveau VI et jusqu'à l'abandon du site, l'extrémité septentrionale du tell est occupée par un vaste complexe de silos semi-voûtés [502-3-4-5-6], de petits réduits quadrangulaires sans portes [522-3-4-5-6, 507, 533, 548-9, 613] et d'une plateforme d'accès massive [622]. Toutes ces structures sont construites en briques crues et la plupart enduites à l'intérieur de plâtre de gypse. Les dimensions de l'ensemble en font un bâtiment à caractère communautaire et plusieurs de ses composantes architecturales sont manifestement vouées à l'entreposage des grains. Si on additionne tous les volumes et capacités de stockage des diverses structures agglomérées autour de la plateforme 622 de ce grenier septentrional, on parvient à un volume global variant entre 48 et 57,5 m^3, pour une capacité allant de 21 332 à 53 740 kg. Selon les minima et maxima retenus, on peut en conclure que le grenier septentrional, du moins en l'état de préservation dans lequel il fut mis au jour, pouvait assurer un approvisionnement à une population de 106 à 268 personnes, eu égard à la consommation personnelle annuelle, ou de 48 à 57 familles : 288-342 villageois, si on calcule plutôt en fonction du volume d'entreposage requis chaque année par famille. Les estimations plus poussées de Tate Paulette (2015, 325, table 4.7) donne une fourchette qui va de 45 à 411 individus ; ce qui aurait largement suffi à nourrir tous les habitants du petit bourg rural de Tell 'Atij dont le nombre ne dépassait pas la cinquantaine. Encore que ces estimations soient sous-évaluées, une partie du grenier ayant été clairement emportée par l'érosion.

---

10 Pourtant, ce même auteur, dans sa synthèse sur l'architecture de la Djézireh au IIIe millénaire, l'inclut dans sa catégorie d'installations domestiques (Pfälzner 2011, 145-147) !

11 Toutefois ce type de bâtiment n'est pas apparu à cette époque ; il fut en usage dès le Néolithique (Stede 2010, 351-354) et le restera longtemps : pendant le Ier millénaire av. J.-C. en Europe (Garcia 1997, 93 ; Ferdière 2015 : son type 5, à murets parallèles internes ; Morillon, Fouillet & Poux 2017 ; Poux 2017), par exemple, et durant toute l'époque romaine (Rickman 1971, 215-227 ; 1980 : 134-138 ; Morris 1979, 29-39 ; Black 1981).

Les vases quasi complets qui furent retirés des silos semi-voûtés du grenier, notamment des jarres de grosseur moyenne, ont sans doute été utilisées pour y transvaser les grains qui y étaient stockés ; comme ils sont de même contenance, il convient de se demander s'ils n'auraient pas pu être des espèces de vases-étalons pour mesurer les quantités transvasées. Une opération qui fut vraisemblablement facilitée par le recours à des entonnoirs en céramique dont deux exemplaires ont été retrouvés à proximité du grenier. La présence de jetons/*calculi* parmi les éléments de culture matérielle associés au grenier s'explique évidemment par le besoin comptabiliser les entrées et sorties des grains stockés dans les silos du grenier surtout si Tell 'Atij avait vocation de dépôt à grains ; du reste, le lien entre ce type d'artéfact et une économie axée sur la redistribution de produits conservés dans des entrepôts a déjà été démontré (Schmandt-Besserat 1982 ; 1992, vol. I, 168-170). Ce système comptable élémentaire était complété par une petite tablette numérique en argile durcie [ATJ87.D13A18.Tb1], découverte à une dizaine de mètres plus au sud : une sorte d'aide-mémoire, au même titre que les jetons/*calculi*.

Les débris recouvrant les silos et les petits entrepôts du grenier septentrional ont aussi livré sept ancres en pierre dont apparemment les occupants des lieux n'avaient plus besoin pour amarrer les embarcations qui venaient prendre des cargaisons à Tell 'Atij puisqu'elles avaient été rejetées dans les structures d'entreposage. Elles s'ajoutent aux trois autres exemplaires retrouvés quelques mètres plus loin dans la couche sommitale au centre du tell principal. Pareillement, on peut présumer que le beau sceau-cylindrique [ATJ86.D15A4.L28] gravé d'une frise de losanges striés, complet et en très bon état de conservation, a été lui aussi abandonné sur place par son propriétaire (gardien d'entrepôt ?) lorsque les activités administratives et commerciales du bourg fluvial que fut Tell 'Atij prirent fin, la nécessité de sceller des jarres destinées à être transportées par bateau n'existant plus.

Traitement des grains

À proximité de certains de ces greniers et structures ayant pu servir d'entreposage, ont été érigées des plateformes massives en briques crues ; certaines ont été identifiées partiellement dans les niveaux XIII et XII [127] tandis que d'autres l'ont été plus nettement dans les niveaux XI-X-IX [594 et 570]. Leurs surfaces auraient pu servir à y faire sécher et trier des grains de céréales (Smogorzewska 2019, 61-62) qui auraient pu être ensuite entreposés, en vrac ou en sacs, dans de petites salles voisines où l'air de certaines pouvaient être asséché au moyen de foyers. Ces plateformes de plan plutôt rectangulaire sont composées de quelques assises de briques sur une hauteur (préservée) d'au moins 0,50 m. Leur surface peut être revêtue d'un enduit de terre ou de plâtre sur lequel des plaques de cendres ont été observées : sans doute des résidus de foyers destinés à assécher davantage les grains afin de leur assurer une plus longue période de conservation (Sigaut 1981, 162). De telles plateformes ont été observées sur d'autres sites de la Djézireh (ex. Tell Arbid : Smogorzewska 2019, 61-62) où les fouilleurs leur reconnaissent la même fonction. Mais, on leur attribue aussi d'autres usages : pour l'exécution de tâches domestiques, pour servir de lieux de réunion, voire pour y dormir comme cela se pratique encore de nos jours dans plusieurs villages de la Djézireh. Elles sont typiques de la période EJZ 2, selon Anna Smogorzewska (2019, 76), alors que celles de Tell 'Atij ont été identifiées dans des niveaux EJZ 1.

Quoique la plateforme d'accès du grenier septentrional, datée elle de la période EJZ 1, pourrait aussi faire partie de cette catégorie de structure et avoir exercé la même fonction.

Urbanisme : cours et ruelles

Si plusieurs constructions en briques crues de Tell 'Atij sont accolées, d'autres sont cependant éloignées les unes des autres. Lorsque ces espaces laissés entre les bâtiments sont étroits et allongés, on peut supposer qu'ils ont servi à la circulation entre les édifices ; il convient donc de les interpréter comme des ruelles, voire des venelles lorsqu'elles deviennent très étroites. En revanche, quand ces espacements sont plus grands et de forme rectangulaire, on les interprète alors comme des cours associées à un ou deux édifices, voire comme de petites places publiques aménagées entre plusieurs bâtiments. Les habitants de Tell 'Atij ont donc mis en place une forme élémentaire de réseau viaire au sein de leur hameau.

Cours – courettes

Les cours sont généralement en terre battue, plus rarement en cailloutis – deux occurrences seulement : 574-579 (niveau VI) et 550 (IV) – et jamais en plâtre de gypse : le seul cas identifié avec réserve est celui de la cour 361 qui se trouve aux niveaux III et II, mais dans une zone en limite d'érosion, ce qui expliquerait que les murs de la pièce ont disparu et que leur absence nous donnerait la fausse impression d'être en présence d'une cour.

ÉLÉMENTS ARCHITECTURAUX

Dans les niveaux XIII à VI (EJZ 1 et début EJZ 2), les cours sont grandes (35-45 m²) et méritent bien leur appellation même si dans certains niveaux l'absence de constructions limitrophes nous empêche de connaître leur véritable superficie. Dans les niveaux V à II (EJZ 2), leur superficie diminue considérablement, comprimées qu'elles sont entre des bâtiments ; ce sont plus des courettes. Même que certaines ressemblent davantage à de larges ruelles étant donné qu'elles ne sont plus de forme rectangulaire.

À en juger par la quantité de couches cendreuses grises accumulées dans ces cours ou placettes publiques des niveaux EJZ 1, les habitants de Tell 'Atij avaient coutume d'y déverser les cendres provenant de structures de combustion situées à proximité ou dans la cour même. Afin d'éviter la dispersion dans l'air de la poussière cendreuse, ils épandaient de la terre sur ces cendres, comme en témoignent, en stratigraphie, les alternances de minces couches de cendres et de lentilles de terre brunâtre.

Mais les cours de Tell 'Atij n'étaient pas uniquement utilisées comme lieux de déversement de résidus de combustion. D'après les types d'objets découverts à leur surface, certaines auraient pu également servir d'aires de taille du silex (Chabot 2002, 164-166, tableau 42). Il n'est pas inhabituel que les aires ouvertes au sein d'un tel hameau aient pu exercer différentes fonctions (Issavi *et al.* 2020) et même que ces fonctions aient pu changer au fil du temps.

Dans le cas de la cour 588 en terre battue du niveau XI, elle aurait été, selon nous, munie de casiers pour le rangement de denrées ; cette occurrence est unique.

Enfin, une autre caractéristique de certaines de ces cours, notamment celles des niveaux de la période EJZ 1 qui sont toutes en terre battue, est qu'elles se retrouvent immédiatement les unes au-dessus des autres. Cette constante superposition des cours d'un niveau à l'autre témoigne d'une utilisation assidue de ces espaces laissés libres entre des bâtiments et du maintien d'une forme d'organisation spatiale dans ce quartier du hameau. Cette fidèle superposition des cours se continue aussi dans les niveaux de la période EJZ 2 alors qu'elles diminuent en superficie en s'insérant davantage entre des bâtiments : elles ressemblent plus alors à des courettes, voire parfois à des ruelles au vu de leur configuration allongée.

Ruelles – venelles

Ainsi, par exemple, la cour 580-581-582 du niveau VI devient une simple ruelle [580-581] au niveau V et

375

demeure inchangée au niveau IV [545] tandis que la courette 574-579, également du niveau VI, se transforme en une ruelle [562] au niveau V qui se perpétue au niveau IV.

En moyenne, les ruelles atteignent entre 2,00 et 2,50 m en largeur ; elles se faufilent entre des bâtiments et par conséquent sont rarement rectilignes. Leur longueur varie considérablement, notamment en raison des limites des zones fouillées. Ces ruelles sont d'ordinaire en terre battue ; exceptionnellement, certaines sont recouvertes de pierres plates, telles la ruelle 589 des niveaux XI et X et la 260 du niveau II, cette dernière étant davantage une venelle en raison de son étroitesse.

Mur d'enceinte

Enfin, il existe une construction qui sort résolument de l'ordinaire à Tell 'Atij : un épais (3,00 m) mur formé de plusieurs rangées de briques crues et érigé tout autour du site, depuis sa fondation jusqu'à son abandon. Au vu de sa méthode de construction et de son tracé qu'il a été possible de restituer à partir de trois sections mises au jour, il me semble tout à fait raisonnable de l'interpréter comme un mur d'enceinte destiné à protéger les habitants qui vivaient dans le petit hameau qu'était Tell 'Atij. D'autant que son plan circulaire, en fait elliptique, correspond au type de plan d'établissement le plus répandu dans le monde syro-mésopotamien (Margueron 2013, 377).

La construction d'une telle enceinte en briques crues, sur une longueur de 200 mètres, une largeur de trois et une hauteur dépassant les neuf mètres, représente une somme considérable de matériau, de temps et d'énergie qu'il a été possible de calculer (Chapitre 3). Sans parler des compétences mises à profit pour la réalisation d'une telle entreprise. Chaque hauteur d'un mètre de mur a nécessité une centaine de jours de travail à une équipe de dix briqueteurs et maçons, c'est-à-dire plus de trois mois, sans relâche, ou trois semaines à une équipe portée à cinquante ouvriers. Si on suppose qu'au départ ce mur devait atteindre au moins deux mètres de hauteur, voire plutôt trois mètres afin de protéger convenablement les habitants et leurs installations, sa construction représente un investissement initial de trois mois de labeur pour une équipe de dix ouvriers, spécialisés de surcroît, ou de neuf semaines pour une cinquantaine de manœuvres. Un tel investissement sociétal pour une construction collective en dur, permanente et entretenue pendant des siècles, ne correspond pas du tout à un mode de vie nomade, à mon avis.

La restitution du tracé originel de ce rempart a permis de calculer la superficie habitable du site : à peine

Tableau 19.1 : Caractéristiques des constructions EJZ de Tell 'Atij ; les structures incomplètes n'ont pas été prises en compte, ni les cours ni les ruelles.

niveau	pièce	surface[1] (m²)	volume[2] (m³)	stockage[3] (m³)	stockage[4] (kg)	pers. /année[5]	crépi	sol	foyer	bassin	banquette	porte	ustensile mouture	céramique (%)[6] *Culinaire*
II	539a-b	17	35-51	26,25-38,25	11 665-35 748	58-228	plâtre	plâtre	non	non	non	oui	5	36
II	552	10	20-30	15-22,5	6 666-21 028	33-135	plâtre	plâtre	non	non	oui	oui ?	2	12
III	542	15	30-45	22,5-34	10 000-31 776	50-270	terre	plâtre	oui	oui	non	oui ?	1	21
III	553	9,5	19-28,5	14,3-21,4	6 355-20 000	31-126	plâtre	plâtre	non	non	non	oui	non	32
IV	554	3	7-13	7-13	3 111-12 150	15-78	plâtre	plâtre	non	non	non	non	non	20
IV	556	8	16-24	12-18	5 333-16 823	26-108	plâtre	terre	oui	non	non	oui ?	non	34
IV	557	4,5	9-13,5	9-13,5	4 000-12 617	42-81	plâtre	terre	non	non	non	non	non	28
IV	567	12	24-36	18-27	8 000-25 234	40-162	plâtre	plâtre	non	non	non	oui	non	20
IV-I V	516 (anc.621)	9 14	18-27 28-42	13,5-20 21-31,5	6-18 972 9 332-29 440	30-120 46-189	plâtre	terre	non	non	non	oui	non	15
V-I	517-517' (anc.538)	18	36-54	27-40	11 954-37 664	60-240	plâtre	terre	non	non	non	oui	4	40
IV V	555	12	24-36	18-27	8 000-25 234	40-162	plâtre plâtre	terre plâtre	non non	non non	non oui	non oui	non 2	15 16
V	558	25	50-75	38-57	16 932-53 459	83-342	plâtre	plâtre	non	non	oui	oui	non	15
V VI	559b 559a	9	18-27	13,5-20	6 000-18 692	30-120	plâtre plâtre	terre plâtre	oui oui	non non	non non	oui oui	non 3	12 15
V VI	561a 561b	7,5 6,5	15-22,5 13-19,5	11-17 10-14,5	4 888-15 888 4 444-13 552	24-102 22-87	plâtre plâtre	terre plâtre	non non	non non	non non	oui oui	non non	10 8
VI	538	18	36-54	27-40,3	11 954-37 664	60-240	plâtre	terre	non	non	non	oui	non	8 + 3 jarres d'entreposage
VI	621 ?	14	28-42	21-31,5	9 332-29 440	47-189	?	?	?	?	?	oui	?	?

ÉLÉMENTS ARCHITECTURAUX

VIII	521 ?	6	12-18	9-13,5	4 000-12 617	20-81	terre	?	?	non	13
IX	570	7,5	15-22,5	11-17	4 888-15 888	24-102	terre	plâtre	oui	non	3	10
IX	571	9	18-27	13,5-20	6 000-18 692	30-120	plâtre	plâtre	oui	oui	non	20
IX	572	4	8-12	6-9	2 666-8 411	13-54	terre	terre	non	non	non	non
IX	583	10	20-30	15-22	6 666-20 561	33-132	terre	terre	oui	non	non	19
X	584	20	40-60	30-45	13 332-42 057	66-270	terre	plâtre	non	non	non	19
XI	585	23	46-69	34,5-52	15 331-48 599	77-312	terre	plâtre	oui	oui	2	27
XI	587	26	52-78	39-58	17 331-54 206	87-348	terre	terre	oui	oui	non	57
XII	604 ?	9	18-27	18-27	8 000-25 234	40-162	terre	terre	non	non	non	30
XIII	606 ?	7	14-21	10,5-16	4 666-14 953	23-96	terre	terre	oui	non	non	40

1 Selon des études ethnoarchéologiques, une personne a besoin d'un espace vital variant entre 6 m² (Kolb 1985 ; Marfoe 1980 ; Postgate 1994) et 10 m² (Naroll 1962).

2 Le volume d'une pièce est calculé en présumant une hauteur de murs entre deux et trois mètres (Paulette 2015, 44, 322 note a).

3 La capacité de stockage (m³) d'une pièce est établie à partir de son volume duquel il faut retrancher environ 25% pour les aires de circulation dans les structures munies d'une porte et les espaces laissées pour la ventilation entre les sacs ou récipients (Paulette 2015, 45, 322 note b, 324 note c).

4 La capacité de stockage (kg) est déterminée sur la base de 444,4-934,6 kg/m³ (Paulette 2015, 46, 322 note c, 323 note a).

5 Le nombre de personnes pouvant être nourries annuellement avec les quantités stockées est estimé suivant deux méthodes de calcul : 1) une personne consomme en moyenne 200 kg de céréales par année (Mazar 2001, 458 ; Garfinkel et al. 2009, 322) – les estimations varient de 160 kg (Kramer 1980, 319) à 250 kg (Wilkinson 1994, 495 ; Ur & Wilkinson 2008, 313), voire un peu plus (Schwartz 1994b, 27, table2) ; 2) l'approvisionnement annuel d'une famille de 5-6 personnes exige un dispositif d'entreposage domestique de 1 m³ (Kramer 1980, 319). Si on veut prendre en compte les pertes dues aux problèmes de conservation et les réserves pour les semailles de l'année suivante (Paulette 2015, 49, 326 note d), les estimations doivent être réduites de 15 à 25%.

6 Proportion de ce type de céramique par rapport à l'inventaire céramique global d'une pièce.

un quart d'hectare, et conséquemment le nombre de villageois qu'il protégeait : une cinquantaine environ.[12]

Conclusions

La grande question qui se pose au terme de cette analyse architecturale est de savoir si ces constructions furent fondamentalement destinées à l'entreposage, comme je l'ai avancé dans mes rapports préliminaires (Fortin 1988a ; 1990a ; 1990c ; 1994a ; 1995 ; 1997 ; 2000 ; 2001), ou tout simplement domestiques, comme des collègues l'ont proposé.

Au départ, il est indéniable que certaines grandes constructions au plan particulier, comme les édifices « au plan en gril » du niveau XII et le grenier septentrional à silos multiples des niveaux VI à I, ont certainement exercé une fonction d'entreposage collectif, et non domestique, tant leur capacité de stockage dépasse les besoins alimentaires annuels d'une seule famille, voire de l'ensemble de la collectivité vivant dans le hameau de Tell 'Atij. Le grand bâtiment dégagé sur le versant méridional du tell [538-621 et 516-517] pourrait être également inclus dans cette catégorie.

En ce qui concerne les nombreuses petites constructions rectangulaires présentes à tous les niveaux, on serait spontanément porté à les identifier à des habitations domestiques. Cependant, après avoir mené une recherche exhaustive sur les maisons de l'âge du Bronze Ancien fouillées dans le Moyen Euphrate et la Djézireh syrienne, Juliette Mas (2013 ; 2014a) conclut qu'en se concentrant essentiellement sur les installations intérieures de ces bâtiments et le matériel retrouvé *in situ*, plusieurs fonctions peuvent être attribuées à ces maisons, outre celle d'avoir servi aux besoins de la vie quotidienne des villageois (Mas 2014b, 97). Cette étude met en évidence le fait que « les maisons de Haute Mésopotamie de l'âge du Bronze regroupaient plusieurs fonctionnalités en leur sein » (Mas, sous presse a) et que les aménagements à l'intérieur de ces maisons, notamment les banquettes au pied des murs, peuvent faire l'objet d'interprétations variées, même contradictoires, de la part des chercheurs (Mas, sous presse b). En somme, il serait avisé de faire preuve d'une grande prudence dans l'attribution d'une fonction bien spécifique aux modestes bâtiments de Tell 'Atij parce que « the multivariate role that a house plays in society is very difficult, if not impossible, to identify from the archeological context » (Buccellati 2014, 35). Par conséquent, je demeure convaincu que certains bâtiments trop petits pour y loger une famille entière, dépourvus de surcroît d'aménagements et d'ustensiles domestiques, auraient pu avoir servi de lieux d'entreposage.

Au vu de la quantité de dispositifs d'entreposage, et même d'ensilage, concentrés sur un si petit site d'un tiers d'hectare seulement et protégés par un imposant mur d'enceinte, il est tentant d'y voir un dépôt à grains ayant joué un rôle économique peu ordinaire. Situé sur les berges d'une rivière coulant au milieu d'une fertile vallée dont les champs auraient fourni les grains de céréales ensilés, il aurait été peuplé de fermiers sédentaires qui détenaient également un savoir-faire bien développé en matière de constructions en briques crues.

* * *

Une autre conclusion reliée aux éléments architecturaux mis au jour à Tell 'Atij[13] s'impose, soit celle de leur répartition chronologique : EJZ 1/EJZ 2, sur treize niveaux d'occupation (Fig. 2.15). Elle pourrait se résumer ainsi :

– EJZ 1 (niveaux XIII-IX – 3,50 mètres d'accumulation) : deux édifices au « plan en gril » sont mis en place dès le début de l'occupation du site (XII). Ils sont ensuite remplacés (XI-X-IX) par de grandes pièces rectangulaires érigées immédiatement les unes par-dessus les autres, en bordure d'une grande cour en terre battue et d'une massive plate-forme en briques crues ; elles sont desservies par une ruelle dallée.

– EJZ 2 (niveaux VIII-I – 5,50 mètres d'accumulation) : après deux niveaux (VIII-VII) occupés par une grande cour en terre battue sur laquelle se sont accumulées plus d'un mètre de résidus de combustion provenant vraisemblablement de bâtiments voisins inexplorés, apparaissent (VI-I) à nouveau des bâtiments dont les aménagements intérieurs et les dimensions semblent davantage les destiner à l'entreposage, plutôt qu'à l'habitation. En outre, un imposant grenier comportant plusieurs silos semi-voûtés reste en usage pendant toute cette période (VI-I).

---

12 De 100 à 200 personnes par hectare, selon des études ethnographiques de villages traditionnels actuels du Proche-Orient (Birch-Chapman *et al.* 2017, 2-3, avec références aux nombreuses études antérieures sur le sujet et notamment Naroll 1962 ; LeBlanc 1971 ; Sumner 1979 ; Kramer 1980 ; Postgate 1994 ; Zorn 1994).

13 Sachant toutefois que seulement le dixième du village de Tell 'Atij a été fouillé (Chapitre 3).

ÉLÉMENTS ARCHITECTURAUX

Devant une telle constante architecturale au fil de treize niveaux stratigraphiques totalisant neuf mètres d'accumulation et une occupation permanente des lieux étalée sur trois siècles, il est difficile d'y voir un dépôt à grains entretenu de manière saisonnière par des populations nomadisant dans la vallée. Au contraire, au vu de la pérennité de l'établissement et des traits architecturaux singuliers de certaines de ses constructions, je suis plutôt enclin à y voir un bourg rural fortifié, peuplé de quelques fermiers sédentaires qui exploitaient les terres de la vallée dans laquelle ce hameau était installé et qui conservaient dans diverses installations appropriées des surplus de production afin de les échanger ou les redistribuer via la rivière qui coulait à proximité.

Chapitre 20

Objets en terre cuite

Un total de 152 objets en terre cuite ont été retrouvés dans les différents niveaux de Tell 'Atij. On peut les regrouper de la manière suivante :

- Tablette numérique (1)
- Jetons (*calculi*) (27)[1]
- Figurines anthropomorphes (8)
- Figurines zoomorphes (35)
- Caisses de chariot (2)
- Roues de chariot (35)
- Fusaïoles (4)
- Tessons circulaires perforés (9) et non perforés (15)
- Pesons (6)
- Andiron (1)
- Pieds de récipients culinaires (5)
- Bouchons (3)
- Maquette architecturale (1)

Tableau 20.1 : Distribution, par niveau et par contexte de découverte, des jetons/*calculi*, de la tablette numérique et du sceau-cylindre de Tell 'Atij.

Niveau	Contexte	Jetons/*calculi* (28)	Tablette (1)	Sceau (1)
I 22 jetons 1 sceau	512-513 – cour 523 – pièce 524 – pièce 549 – pièce	 Tc74 Tc32-33 ; L78 TC43, 52a-b-c-d[(2)]-e-f[(3)]-g[(5)]-h[(3)]		L28
II 2 jetons	565-566a – cour	Tc64, 105		
III 1 tablette	542 – pièce		Tb1	
IV 4 jetons	600 – silo 550 – cour 545 – ruelle	Tc93-94 Tc72 Tc51		

---

1 Ces 27 jetons ont été catalogués sous 18 numéros d'inventaire seulement, certains ayant été regroupés par forme et dimension lorsque trouvés ensemble.

Tablette numérique

Tb1 (ATJ87.D13A18...)

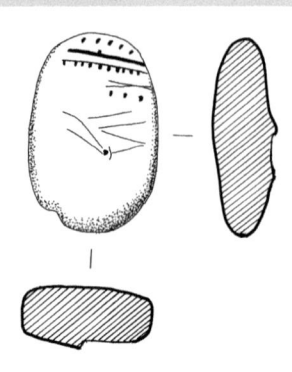

ATJ87.D13A18.Tb1

Tablette en argile crue, durcie à l'air ; complète.

5,3 (lo.) × 3,7 (la.) × 1,9 cm (ép.).

Sur l'avers sont incisées trois rangées de points séparées par des lignes.

Cette tablette fut probablement un simple aide-mémoire, au même titre que les jetons/*calculi* (décrits plus loin) trouvés dans le même contexte stratigraphique. Elle aurait donc fait partie d'un système d'enregistrement numérique et de comptabilité sommaire comme on peut s'y attendre sur un site voué au stockage et aux échanges. Il pourrait même s'agir d'« une forme particulière de proto-écriture propre à la région du Moyen Khabur » (Talon & Lerberghe 1997, 215).

La présente tablette est différente des tablettes numérales urukéennes qui lui sont antérieures.

Cf. Kashkashok III (Talon & Lerberghe 1997, 215).

Publ. : Fortin 1990a, 240, fig. 20.

Musée de Deir ez-Zor (ATJ87.246).

L'unique tablette de Tell 'Atij fut retirée des débris de la pièce 542 du niveau III (Fig. 13.1). Aucun autre artéfact que nous pourrions considérer comme un outil de gestion des stocks n'a été identifié à ce niveau. Cependant, des jetons/*calculi* ont été recueillis dans des cours et des structures situées à proximité mais dans les niveaux inférieur (IV) [Tc93, 94, 72, 51] et supérieur (II) [Tc64, 105] (Tableau 20.1), sans compter les nombreux autres jetons provenant des ruines du grenier septentrional, à une dizaine de mètres seulement plus au nord, qui resta en usage du niveau VI au niveau I. On pourrait même y associer le sceau-cylindre [L28] recueilli tout près sur le sol de la cour 512-513 du niveau sommital, sachant que les niveaux supérieurs (III-II-I) partagent des structures communes.

Jetons/calculi

Étant donné que Tell 'Atij fut, selon moi, un site où furent stockées de bonnes quantités de grains ayant servi à nourrir des animaux élevés dans les environs et qu'il fit partie d'un réseau d'échanges le long du Khabour, il est donc logique de voir en une série de petits jetons d'argile crue de formes géométriques variées des éléments d'un système administratif comptable simple : des *calculi* ayant servi à représenter des quantités de denrées ou de produits entreposés sur le site puis expédiés vers d'autres lieux. Cette interprétation (Schmandt-Besserat 1992) est d'autant plus plausible que plusieurs de ces 27[2] jetons en terre cuite – 28 si on y ajoute l'exemplaire fabriqué en pierre [L78] – furent retrouvés ensemble, à proximité du grenier septentrional. Cependant, ces dernières années, sans rejeter l'interprétation de ces jetons comme outil faisant partie d'un système simple de comptabilité notamment en regard de quantités de grains entreposés dans des entrepôts, certains auteurs ont avancé l'idée que ces petits jetons « had multiple, fluid and transient functions » (Bennison-Chapman 2013, 276) : un rôle rituel lors d'inhumations ou pièce de jeu (Bennison-Chapman 2018a, 254 ; 2018b, 333-334). D'autres encore voient ces objets « as a short-term, general counting tool and personal memory device, rather than a more formalized representation of a distinct quantity of a particular commodity » (Atalay 2013, 252).

La majorité de ces jetons en terre cuite (21/27) ont été retirés des ruines du grenier septentrional. Ils sont associés à sa dernière phase d'occupation comme s'ils y avaient été tout bonnement laissés sur place au moment de l'abandon du site et de la fin des opérations adminis-

---

2 Certains jetons/*calculi* ont été inventoriés sous un même numéro de catalogue (ex. les 17 jetons inventoriés sous Tc52), car trouvés ensemble et présentant les mêmes caractéristiques.

OBJETS EN TERRE CUITE

tratives reliées au grenier (Tableau 20.1). Par ailleurs, deux autres jetons ont été extraits d'un silo qui se situe dans un autre secteur du site ; donc, encore en association avec un dispositif d'ensilage.

Des jetons/*calculi* ont été trouvés sur le site voisin de Raqa'i (Dunham 2015, 307-313), mais ils sont différents de ceux de Tell 'Atij, notamment les spécimens avec des lignes incisées sur les flancs et des impressions de points sur le sommet.

Tc32 (ATJ87.D9A20...)

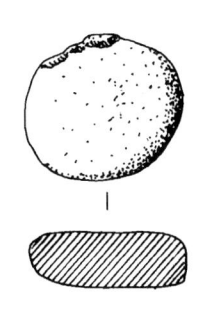

ATJ87.D9A20.Tc32

Jeton en terre cuite, complet.

1,2 (ép.) × 3,2 cm (dia.).

Pâte de couleur *brown* (7.5YR5/4), peu dure (Mohs 2-2,9), contenant beaucoup d'inclusions ; surface lisse.

En forme de disque plat, aux bords droits et aux surfaces planes.

Cf. Schmandt-Besserat 1992, 208 (type 3 :2), pl. 23.

Musée de Deir ez-Zor (ATJ87.97).

Tc33 (ATJ87.D9A20...)

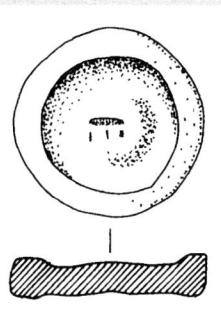

ATJ87.D9A20.Tc33

Jeton en terre cuite, complet.

1 (ép.) × 3,9 cm (dia.).

Pâte de couleur *light brown* (7.5YR6/4), peu dure (Mohs 2-2,9), contenant beaucoup d'inclusions ; surface lisse.

En forme de disque, aux bords droits ; une surface est plutôt plane tandis que l'autre présente un rebord en saillie et un léger renflement en son centre.

Cf. Schmandt-Besserat 1992, 208 (type 3 :5), pl. 23.

Musée de Deir ez-Zor (ATJ87.98).

Tc43 (ATJ87.E9A1...)

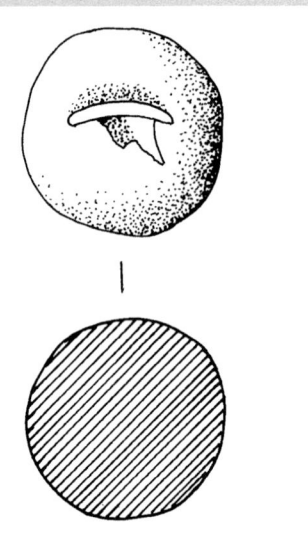

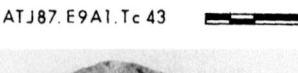

Jeton en terre cuite, complet.

4 cm (dia.).

Pâte de couleur *brown* (7.5YR5/4), peu dure (Mohs 2-2,9), contenant beaucoup d'inclusions ; surface lisse.

En forme de sphère pleine.

Cf. Schmandt-Besserat 1992, 206 (type 2:7), pl. 22.

Musée de Deir ez-Zor (ATJ87.148).

Tc51 (ATJ87.E16A7...)

Jeton en terre cuite, complet sauf pour un petit éclat au rebord.

0,6 (ép.) × 3,1 cm (dia.).

Pâte de couleur *light yellowish brown* (2.5Y6/4), dure (Mohs 3-3,9), contenant peu d'inclusions ; surface lisse.

En forme de disque, aux bords arrondis ; une surface est bombée tandis qu'au centre de l'autre se trouve une proéminence dans laquelle est percé transversalement un trou de suspension.

Cf. Uruk (Schmandt-Besserat 1988, 164-165/767).

Musée de Deir ez-Zor (ATJ87.237).

OBJETS EN TERRE CUITE

Tc52 (ATJ87.E9A2...)

Un lot de 17 jetons découverts en 1987 dans une même unité de fouilles (E9A2) et publiés comme un ensemble dans les rapports qui ont suivi (ex. Fortin 1990a, 226, fig. 6) (Fig. 20.1). Cependant, devant la diversité de formes de ces jetons, ils sont ici décrits ici en regard de leur forme respective :

Tc52a

Jeton en terre cuite, complet.

Pâte de couleur *light brown* (7.5YR6/4), peu dure (Mohs 2-2,9), ne contenant que très peu d'inclusions ; surface lisse.

En forme de sphère.

Cf. Schmandt-Besserat 1992, 206 (type 2 :1), pl. 22.

Tc52b

Jeton en terre cuite, complet ; complet.

Pâte de couleur *light brown* (7.5YR6/4), peu dure (Mohs 2-2,9), ne contenant que peu d'inclusions ; surface lisse.

De forme conique.

Cf. Schmandt-Besserat 1992, 204 (type 1 :1), pl. 21.

Jeton en terre cuite, complet.

Pâte de couleur *light brown* (7.5YR6/4), peu dure (Mohs 2-2,9), ne contenant que très peu d'inclusions ; surface lisse.

En forme de sphère, avec des lignes incisées verticalement sur ses côtés.

Cf. Schmandt-Besserat 1992, 206 (type 2 :10), pl. 22.

Tc52d (en bas); Tc52e (en haut)

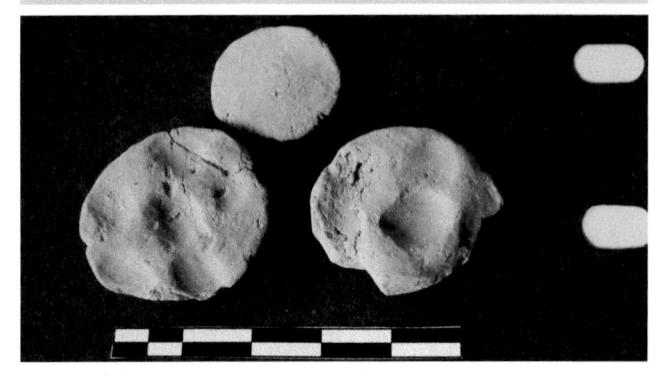

Jetons (2) en terre cuite, complets.

Pâte de couleur *light brown* (7.5YR6/4), peu dure (Mohs 2-2,9), ne contenant que peu d'inclusions ; surface lisse.

En forme de disques, avec cupules sur une face.

Cf. Schmandt-Besserat 1992 : 208 (type 3 :11), pl. 23 ; Barri (Valentini 2015, 112, fig. 9.14).

Jeton en terre cuite, complet.

Pâte de couleur *light brown* (7.5YR6/4), peu dure (Mohs 2-2,9), ne contenant que très peu d'inclusions ; surface lisse.

En forme de disque, avec une large rainure médiane sur une face.

Cf. Schmandt-Besserat 1992, 209 (type 3 :19), pl. 23.

Tc52f

Jetons (3) en terre cuite, complets.

Pâte de couleur *light brown* (7.5YR6/4), peu dure (Mohs 2-2,9, ne contenant que très peu d'inclusions ; surface lisse.

En forme de croissants.

Cf. Schmandt-Besserat 1992, 220 (type 8 :3), pl. 28.

Tc52g

Jetons (5) en terre cuite, complets.

Pâte de couleur *light brown* (7.5YR6/4), peu dure (Mohs 2-2,9), ne contenant que très peu d'inclusions ; surface lisse.

En forme de cônes tronqués, traits incisés verticalement sur les côtés de même que de petits trous aux sommets.

Cf. Schmandt-Besserat 1992, 204 (type 1 :33), pl. 21.

Tc52h

Jetons (3) en terre cuite, complets.

Pâte de couleur *light brown* (7.5YR6/4), peu dure (Mohs 2-2,9), ne contenant que très peu d'inclusions ; surface lisse.

En forme de cônes tronqués, lignes incisées verticalement sur les côtés mais sans petits trous aux sommets.

Cf. Schmandt-Besserat 1992, 204 (type 1 :33), pl. 21.

Ce lot de jetons est conservé au Musée de Deir ez-Zor sous un seul numéro d'inventaire (ATJ87.244).

OBJETS EN TERRE CUITE

Tc64 (ATJ88.D14A19...)

Jeton (?) en terre cuite, incomplet : cassures aux deux extrémités.

2,3 (h.) × 1,6 cm (dia.).

Pâte de couleur *gray* (10YR5/1), molle (Mohs 1-1,9), contenant beaucoup d'inclusions ; surface grossièrement modelée.

En forme de cylindre.

Cf. Schmandt-Besserat 1992, 212 (type 4:2), pl. 25.

Musée de Deir ez-Zor (ATJ88.74).

Tc72 (ATJ88.E14A5...)

Jeton en terre cuite, incomplet : en manque un tiers environ.

2,9 (lo.) × 0,5 (la.) × 1,9 cm (ép.).

Pâte de couleur *grayish brown* (2.5Y5/2), peu dure (Mohs 2-2,9), contenant peu d'inclusions ; surface lisse.

En forme de croissant.

Cf. Schmandt-Besserat 1992, 220 (type 8:3), pl. 28.

Musée de Deir ez-Zor (ATJ88.146).

Tc74 (ATJ87.D9A19...)

Jeton en terre cuite, incomplet.

4 cm (dia.).

Pâte de couleur *very pale brown* (10YR7/4), peu dure (Mohs 2-2,0), contenant peu d'inclusions minérales ; surface lisse.

En forme de sphère pleine.

Cf. Schmandt-Besserat 1992, 206 (type 2:1), pl. 22.

Université Laval.

Tc93 (ATJ93.C13A13...)

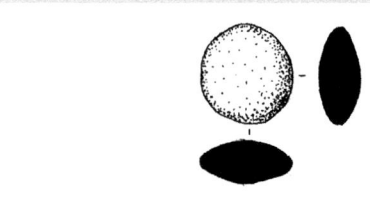

Jeton en terre cuite, complet.

0,9 (ép.) × 2 cm (dia.).

Pâte de couleur *light brown* (7.5YR6/4), peu dure (Mohs 2-2,9), contenant peu d'inclusions ; surface lisse.

En forme de disque lenticulaire.

Cf. Schmandt-Besserat 1992, 208 (type 3:3-4), pl. 23.

Musée de Deir ez-Zor (ATJ93.5).

Tc94 (ATJ93.C13A13...)

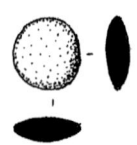

ATJ93.C13A3.Tc 94

Jeton en terre cuite, complet.

0,5 (ép.) × 1,4 cm (dia.).

Pâte de couleur *light brown* (7.5YR6/4), peu dure (Mohs 2-2,9), contenant peu d'inclusions; surface lisse.

En forme de disque lenticulaire.

Cf. Schmandt-Besserat 1992, 208 (type 3:3-4), pl. 23.

Musée de Deir ez-Zor (ATJ93.6).

Tc105 (ATJ88.D14A19...)

Jeton en terre cuite, complet.

0,9 (ép.) × 1 cm (dia.).

Pâte de couleur *pale brown* (10YR6/3), peu dure (Mohs 2-2,9), contenant peu d'inclusions; surface lisse.

En forme de sphère pleine.

Cf. Schmandt-Besserat 1992, 206 (type 2:1), pl. 22.

Musée de Deir ez-Zor (ATJ88.77).

Figurines anthropomorphes

Seulement huit figurines anthropomorphes en terre cuite – aucune n'a été fabriquée dans un matériau autre, comme la pierre ou le métal – ont été découvertes dans différents niveaux stratifiés de Tell 'Atij. Aucune de ces figurines n'a été retrouvée entière, ce qui est probablement plus à attribuer dans le présent contexte à l'état de conservation lamentable du matériel lui-même que la décapitation volontaire des figurines comme cela est fréquent (Meyer 2001, 55-59; Verhoeven 2007; Haddad 2014, 58). L'assemblage de figurines anthropomorphes de Tell 'Atij est extrêmement modeste, pour ne pas dire pauvre surtout si on le compare à ceux de sites de la même époque dans le voisinage: al 'Abd Zrejehey (Toueir 1978; Sakal 2019), Selenkahiye (Liebowitz 1988; van Loon 2001, 341-407), Hammam et-Turkman (Rossmeisl & Venema 1988), Chuera (Klein & Hempelmann 1995; Meyer 2001; Haddad 2014; Helms *et al.* 2017), Halawa A (Meyer & Pruß 1994, 13-111; Meyer 2001), Munbaqa (Czichon 1998a), Umm el-Marra (Petty 2006), Arbid (Makowski 2007; 2016, 19-39), Bi'a/Tuttul (Strommenger 2010), voire Ebla bien que le matériel de ce site soit daté de la toute fin de l'âge du Bronze Ancien (Peyronel 2014b) ou du Bronze Moyen (Marchetti 2000; 2001).

Des systèmes de classement typologique ont été proposés pour chacun de ces sites étant donné la richesse de leur assemblage respectif, de même que pour des régions regroupant certains de ces sites (Barrelet 1968; Badre 1980; Sakal 2013). Pour la région du Khabour, Alexander Pruß (2011) a rédigé un chapitre synthétique dans le volume d'ARCANE consacré à la Djézireh et Ferhan Sakal (2018) dans le volume de la même série regroupant des études inter-régionales sur les artéfacts. Mais le nombre très limité de figurines anthropomorphes de Tell 'Atij, ainsi que leur piteux état de conservation, rendent leur classement typologique plutôt hasardeux.

Parallèlement à l'augmentation du nombre de nouvelles figurines humaines et à la multiplication de leurs typologies, ne cesse également de croître la discussion autour des interprétations (ou réinterprétations?) qu'il faut donner à la fonction de ces représentations anthropomorphes en terre cuite (Ucko 1962; 1968; 1996; Voigt 1983, 175-202; Liebowitz 1988, 27-32; Broman Morales 1990; Hamilton *et al.* 1996; Tringham & Conkey 1998; Marchetti 2000, 2001; Mabry 2003; Moorey 2003; Bailey 2005; Petty 2006; Mina 2008; Lesure 2011; 2017; Nakamura & Meskell 2013; Orrelle 2014; Meskell 2017; Sakal 2018, 221). Une fonction qui peut varier d'un site à l'autre (Nanoglou 2005; 2006; 2008) voire au sein d'un même site pendant une période relativement brève (Meskell 2007). Pour paraphraser un spécialiste : « their function and meaning are often the subject of wild speculation » (Marcus 1996, 285), particulièrement en l'absence d'inscriptions gravées sur les objets eux-mêmes ou de textes contemporains relatifs à leur usage dans des cas particuliers (Postgate 1994). Au point que certains auteurs ont posé carrément la question à savoir : « Can we interpret figurines ? » (Hamilton *et al.* 1996).

S'inspirant fortement de l'analyse de Mary Voigt (1983, 186-195) relative aux figurines en terre cuite d'Hajji Firuz Tepe en Iran, qui prit en compte les types fonctionnels développés précédemment par Peter Ucko (1968) – images cultuelles, véhicules de magie, figurines d'initiation et jouets – auxquels elle ajouta les modes de disposition, de fracture et d'usure (Voigt 2000), une très récente étude des figurines anthropomorphes du site d'Umm el-Marra (Petty 2006) propose de voir en ces figurines humaines en terre cuite des représentations de nature divine ou surnaturelle utilisées comme « véhicules de magie » (*magic vehicles*), c'est-à-dire, selon des textes assyriens et babyloniens, des petits objets portables en argile ayant l'aspect de figurines humaines ou animales, manipulés ou disposés lors de rituels destinés à produire, prévenir ou renverser une situation spécifique ou un état (Petty 2006, 47-48). Et non des « déesses-mères » ou des divinités (Orrelle 2014), un type d'interprétation qui connut son heure de gloire mais qui est maintenant délaissé (Lesure 2002 ; 2011). La magie exercée par ces représentations symboliques peut être apotropaïque – pour détourner vers quelqu'un d'autre que soi les influences maléfiques : ex. talismans portés pour assurer la fertilité, la santé ou la sécurité ou pour chasser le mauvais œil – ou sympathique – pour s'approprier les vertus de l'objet par sa manipulation durant un rituel. Cette interprétation des figurines anthropomorphiques comme véhicules de magie a aussi été utilisée pour les figurines humaines d'Hacilar (Voigt 2007).

Étant donné leur lieu de découverte sur le site d'Umm el-Marra, soit dans des structures domestiques, elles auraient donc été utilisées dans le cadre d'une sorte de culte domestique ou mieux de pratiques rituelles à caractère magique à l'intérieur des habitations (Petty 2006, 62-63, 65-66 ; Broman Morales 1990, 29).

S'il semble une lapalissade de déclarer que l'interprétation de telles figurines doit être reliée au contexte de leur découverte au sein d'un site (Marcus 1996 ; Meskell *et al.* 2008 ; Lesure 2011), il n'en demeure pas moins que dans bien des cas cette information est manquante dans les publications, limitant du coup notre capacité à les interpréter correctement (Kuijt & Chesson 2005, 178), ce qui a encouragé dans le passé certains auteurs à mettre de l'avant un modèle explicatif « universaliste » (dénoncé par Lesure 2007 ; 2011).

Dans le cas de Tell 'Atij, elles n'ont pas été retrouvées dans des tombes, ce qui leur aurait conféré une fonction particulière (Stede 2012), mais plutôt dans des contextes domestiques : des pièces, et non des cours ou des ruelles (Tableau 20.2). Ainsi, la moitié du corpus (4/8) provient de la pièce 515 du niveau V qui ne dispose d'aucun aménagement particulier. Mais ce ne fut certainement pas un temple ou un endroit consacré à des activités cultuelles, contrairement à d'autres sites contemporains (Sakal 2018, 225). Enfin, les figurines anthropomorphes en terre cuite de Tell 'Atij proviennent de quatre niveaux distincts et récents du tell principal qui seraient à dater de la période EJZ 2, donc du deuxième quart du IIIe millénaire, comme cela a été observé sur d'autres sites de la région (Pruß 2011, 239 ; 2018, 179).

À Sabi Abyad I, la grande majorité des figurines anthropomorphes ont été découvertes en association avec des scellements et des jetons, ce qui a amené Marc Verhoeven (2007) à proposer de voir dans la décapitation volontaire de ces figurines un moyen mnémotechnique dans les transactions économiques mais aussi un acte rituel visant à générer des pouvoirs surnaturels bénéfiques aux produits et aux personnes liés à ces transactions. Une proposition séduisante pour Tell 'Atij qui fut un dépôt à grains où se sont certainement déroulées de nombreuses transactions économiques. Cependant, les figurines anthropomorphes de Tell 'Atij semblent avoir été accidentellement cassées, non seulement à la tête mais aussi au pied.

L'interprétation des figurines anthropomorphes demeure tellement problématique que certains auteurs en sont venus à se demander s'il était envisageable de les interpréter (Hamilton *et al.* 1996), voire « illusoire de chercher à [leur] donner une explication unique » (Spycket 1992, 227) tant leur usage « effectively crosscut our imposed interpretative categories of spiritual, economic, quotidian and symbolic spheres » (Nakamura & Meskell 2013, 234). De surcroît, celles de Tell 'Atij sont si peu nombreuses, si usées et surtout si fragmentaires – aucune d'entre elles n'est complète –, qu'il serait présomptueux de vouloir leur attribuer une fonction bien déterminée, ni même un genre bien défini, alors que les figurines anthropomorphes de cette époque sont en majorité masculines (Sakal 2018, 225).

Tableau 20.2 : Distribution, par niveau et par contexte de découverte, des figurines anthropomorphes et zoomorphes en terre cuite de Tell 'Atij.

Niveau	Contexte	Figurines humaines (8)	Figurines animales (35)
I 4 humaines 19 animales	511 – pièce 515 – pièce 517 – pièce 522 – pièce 523 – pièce 524 – pièce 533 – pièce 547 – pièce 549 – pièce	Tc38, 40, 96, 112	Tc9 Tc97 Tc35, 37, 75, 109-110-111 Tc16 Tc17-18, 24 Tc19, 31, 36, 98 Tc100 Tc73 Tc99
II 1 animale	508 – pièce		Tc44
III 1 humaine	542 – pièce	Tc50	
IV 1 humaine	556 – pièce	Tc71	
V			
VI 1 humaine	538 – pièce	Tc54	
VII 3 animales	575 – cour		Tc78-79, 80
VIII 7 animales	576 – cour 520 – pièce 521 – pièce		Tc81-82, 116-117 Tc10-11 Tc15
IX			
X			
XI 1 animale	590 – pièce		Tc92
XII			
XIII			
0 1 humaine 4 animales		Tc22	Tc5, 23, 59, 88

Tc22 (ATJ87.F18A1...)

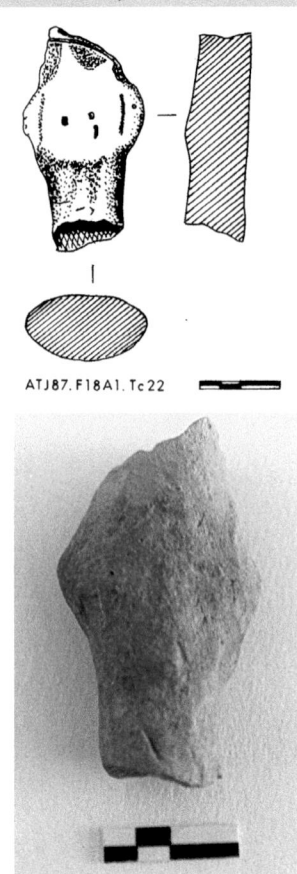

Figurine humaine en terre cuite, incomplète : que le torse de préservé, avec des cassures anciennes à la base du cou et vers le bas du corps.

5,3 (lo.) × 3 (la.) × 1,7 cm (ép.).

Pâte de couleur *light reddish brown* (5YR6/4), assez dure (Mohs 3-3,9), ne contenant que peu d'inclusions ; surface lisse.

De forme sommairement triangulaire en raison de la position repliée des bras sur la poitrine – qui se laissent deviner toutefois car ils ne sont pas représentés –, ce torse féminin acéphale se prolonge vers le bas par une tige circulaire ; les deux faces sont plates et ne présentent aucun détail anatomique.

Cf. ce type de figurine est assez courant : Badre (1980, 45-47, « type classique aux bras repliés sur la poitrine ») ; Chuera (Klein & Hempelmann 1995, 256, « *Rumpftypen 1* ») ; Selenkahiye (Liebowitz 1988, 9, pl. 10, type II) ; Hazna I (Munchaev & Amirov 2016, 326 n° 743, 327 n° 587).

Musée de Deir ez-Zor (ATJ87.231).

Tc38 (ATJ87.E16A2...)

ATJ87.E16A2.Tc 38

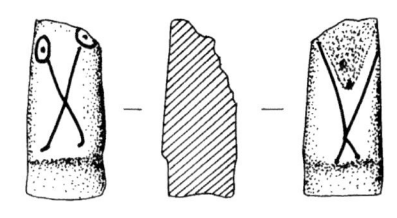

Figurine humaine en terre cuite, incomplète : que la partie inférieure.

4 (lo.) × 1,9 cm (dia.).

Pâte de couleur *light brown* (7.5YR6/4), peu dure (Mohs 2-2,9) contenant passablement d'inclusions ; surface lisse.

De forme cylindrique, avec un léger rétrécissement à sa base et un enfoncement sous la base.

Décor incisé au centre de la face principale : un X incisé, pointé en son centre et aux extrémités inférieures de ses lignes ; sur l'autre face, deux lignes croisées incisées.

Cf. Ebla (Badre 1980, pls 14/75, 15/90 et 91) ; Emar (Badre 1980, pl. 36/2) ; Judaidah (Badre 1980, pl. 22/12-13).

Musée de Deir ez-Zor (ATJ87.96).

Tc40 (ATJ87.E16A2...)

ATJ.87.E16A2.Tc 40

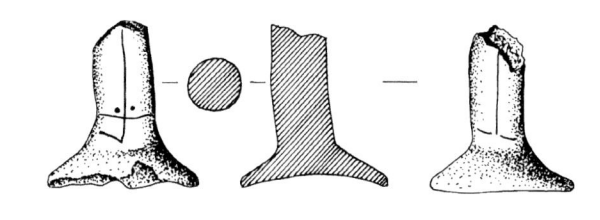

Figurine humaine en terre cuite, incomplète : seule la partie inférieure a été préservée ; on note quelques éclats sur la bordure de la base.

4,6 (h.) × 4,1 cm (dia. max.).

Pâte de couleur *pale brown* (10YR6/3), assez dure (Mohs 3-3,9), ne contenant que peu d'inclusions ; surface lisse.

Corps représenté par une longue et étroite tige cylindrique (1,7 cm dia.) modelée sur une base très évasée ; enfoncement sous la base.

Deux points incisés vers le bas et au centre d'une face de la tige, à la rencontre de deux lignes incisées : l'une verticalement, l'autre horizontalement ; une autre ligne verticale incisée sur le revers de la tige, perpendiculairement à une ligne horizontale qui court au-dessus de la base. Toutes ces lignes incisées ont été très faiblement tracées ; on parvient à peine à les distinguer.

Cf. Selenkahiye (Liebowitz 1988, pl. 21/6, type XIIIA) ; Hazna I (Munchaev & Amirov 2016, 329 n° 1184).

Musée de Deir ez-Zor (ATJ87.101).

Tc50 (ATJ87.D12A15...)

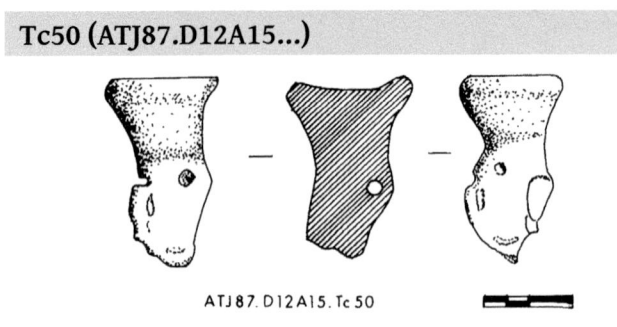

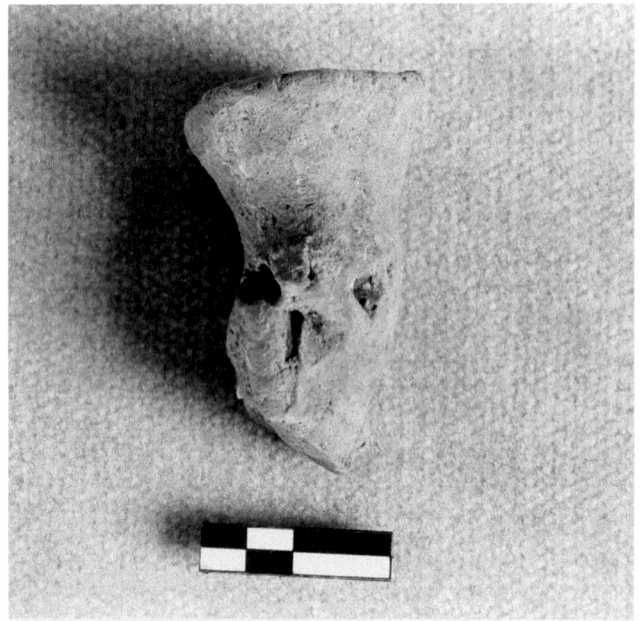

ATJ87.D12A15.Tc50

Figurine humaine en terre cuite, incomplète : que la tête, avec une cassure en sifflet au cou et un éclat au nez.

3,9 (h.) × 2,6 cm (dia. max.).

Pâte de couleur *pale brown* (10YR6/3), peu dure (Mohs 2-2,9), ne contenant que peu d'inclusions ; surface sommairement modelée.

Tête humaine de forme cylindrique surmontée d'une très singulière haute coiffure tourelée, au sommet légèrement concave, que Badre (1980, 81-83) rapproche plutôt de la forme d'un vase, d'où son type euphratien désigné par l'appellation « MAIII. Figurines modelées debout : 'tête à vase' » ; une coiffure qu'elle attribue au genre masculin (Badre 1980, 122, 127). Le nez est sommairement indiqué par une protubérance d'argile dont une partie a disparu, laissant ainsi paraître un évidement tubulaire vertical de petit calibre qui passe sous le nez ; sa fonction nous échappe à moins qu'originellement, lorsqu'il était dissimulé sous le nez, il aurait pu servir à indiquer les narines. De part et d'autre de la partie conservée du nez, ont été percés deux yeux qui, en fait, correspondent aux ouvertures circulaires d'un évidement cylindrique horizontal. Ce dernier se trouve donc à être perpendiculaire à l'évidement tubulaire sous le nez, mais sans que les deux se rejoignent. Aucun autre détail anatomique n'est représenté.

Cf. Liebowitz (1988, 12), type VII ; Habuba Kabira (Badre 1980, pl. 49/18) ; Hazna I (Munchaev & Amirov 2016, 325 n° 1169, 331 n° 1262). De telles coiffures en forme de tour sont portées par des personnages de l'« Étendard de Mari » (Parrot 1956, pls 56-57). On peut aussi faire un rapprochement avec une figurine de Raqa'i (Dunham 2015, 319-320, figs 5.39 et 5.40 : Raq 90 H 007) dont le nez consiste en une protubérance avec des yeux circulaire de part et d'autre ainsi qu'une coiffe singulière.

Musée de Deir ez-Zor (ATJ87.232).

Tc54 (ATJ86.D17A9...)

Figurine humaine en terre cuite, incomplète : que la base.

3,1 (h.) × 4,3 cm (dia. max.).

Pâte de couleur *reddish yellow* (7.5YR7/4), plutôt dure (Mohs 3-3,9), contenant quelques inclusions minérales et végétales ; surface sommairement modelée et lissée.

Tige cylindrique (3,1 cm dia.) modelée sur une base légèrement évasée, au fond concave. Les « corps en colonne » seraient caractéristiques de la région de l'Euphrate (Badre 1980, 126). Mais ce type de figurine au corps cylindrique et à la base élargie concave est aussi très commun en Djézireh (Pruß 2011, 240, *type A 03*) durant les périodes EJZ 3-5 quoique des exemplaires retrouvés à Arbid pourraient même remonter à l'EJZ 2 (Makowski 2006, 475).

Cf. Selenkahiye (Liebowitz 1988, pl. 21/7-8, type XIIIA) ; al 'Abd Zrejehey (Toueir 1978, 8, pls 4-5, « *pedestal of human figurines* ») ; Chuera (Klein & Hempelmann 1995, 234, 257, « *Unterteil-Typ 1* ») ; Hazna I (Munchaev & Amirov 2016, 323 n° 726/681/683, 331 n° 1284).

Université Laval.

Tc71 (ATJ88.D15A26...)

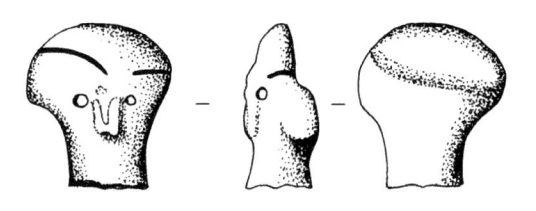

Figurine humaine en terre cuite, incomplète : que la tête, avec une cassure au cou et un éclat au nez.

2 (lo.) × 1,8 (la.) × 1,1 cm (ép.).

Pâte de couleur *light yellowish brown* (10YR6/4), peu dure (Mohs 2-2,9), ne contenant que peu d'inclusions ; surface lisse.

Tête de forme très ovale posée sur un cou cylindrique dont seule la partie supérieure est conservée. Le nez a été sommairement modelé au-dessus d'un petit évidement tubulaire qui toutefois n'est pas totalement transversal puisqu'il n'est pas visible du côté gauche du nez : l'ouverture de l'évidement tubulaire n'est visible, en effet, qu'à la droite du nez ; l'évidement ne se poursuit pas au-delà du nez, à sa gauche. Aucune trace de bouche ni de menton. L'arrière du sommet de la tête est marqué par un pincement de l'argile. Le trait le plus particulier de cette petite tête est la représentation des yeux par deux petits sillons horizontaux qui confèrent à la tête un faciès de type « ophidien », c'est-à-dire qui rappelle celui d'un serpent. On ne saurait alors passer sous silence l'évident symbolisme de fertilité associé au caractère chtonien du serpent (Breniquet 2001, 50-51).

D'habitude, les yeux des figurines en terre cuite de cette époque sont représentés par de petits trous circulaires pratiqués sur des pastilles d'argile appliquées à la tête de la figurine. Les cavités circulaires peuvent être remplacées par de petites incisions faites à l'aide d'un roseau ; mais elles sont toujours pratiquées alors sur des pastilles d'argile et non directement sur la tête de la figurine (Badre 1980, 127).

Cf. Mari (Parrot 1956, pl. 68/375) ; Barri (Valentini 2008, 356, fig. 5) ; Chuera (Orthmann *et al.* 1995, fig. 62.6 ; Pruß 2011, 240, *type A 02*, 249, pl. 1/4-5 ; Sakal 2018, 225, *type JZFT A 02*, pl. 2/1-3) ; Hazna I (Munchaev & Amirov 2016, 325 n° 105, 330 n° 1028, 331 n° 1276). On pourrait ici aussi tenter un rapprochement d'avec la tête de la figurine Raq 90 H 007 de Raqa'i (Dunham 2015, 319-320, figs 5.39 et 5.40).

Musée de Deir ez-Zor (ATJ88.121).

Tc96 (ATJ87.E16A2...)

Figurine humaine en terre cuite, incomplète : qu'une partie du corps (torse) préservée.

3 (lo.) × 4,8 (la.) × 1,9 cm (ép.).

Pâte de couleur *pale brown* (10YR6/3), peu dure (Mohs 2-2,9), ne contenant que très peu d'inclusions.

Corps à section lenticulaire s'apparentant au type MAIII de Badre (1980, 52-54, figurines au thorax arrondi).

L'avers porte un décor en pointillé incisé : deux lignes diagonales qui formaient un ornement propre aux figurines féminines de l'époque, à savoir des « bandes croisées » sur la poitrine : « ces bandes auraient joué un double rôle esthétique et fonctionnel qui consistait d'une part à décorer ces vêtements et d'autre part à en retenir la ceinture » (Badre 1980, 124-125).

Cf. Raqa'i (Dunham 2015, 318, figs 5.33 et 5.34) ; Melebiya (Lebeau 1993, 533 pl. 188/1), Rad Shaqrah (Makowski 2020, 463-464, fig. 2/1) ; Hazna I (Munchaev & Merpert 1994, fig. 30/2 ; Munchaev & Amirov 2016, 327 n° 999, 329 n° 55) ; Hama (Badre 1980, pl. 1/14 et 20), Ebla (Badre 1980, pl. 14/75-75B), Judeidah (Badre 1980, pl. 22/12-13), Munbaqa (Czichon & Werner 1998, pl. 66 /260), Umm el-Marra (Petty 2006, 116/78, 117/81-82, 118/84, 137/82-84). Ce type de décor se retrouve jusque sur les figurines de Suse : le « modèle aux bretelles croisées incisées » (Spycket 1992, 27, pl. 20/115-118). Il s'est continué à l'âge du Bronze Moyen comme à Ebla, par exemple, où plusieurs exemplaires de ce type furent retrouvés (Marchetti 2001, pls 8, 9, 16, 17, 20-22).

Université Laval.

Tc112 (ATJ87.E16A2…)

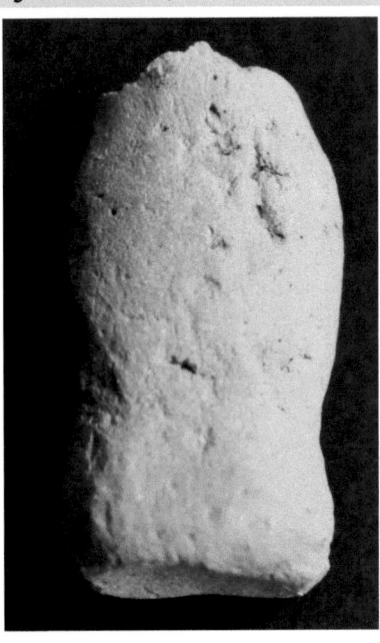

Figurine humaine en terre cuite, incomplète : que la moitié inférieure.

3,9 (lo.) × 1,9 cm (la.).

Pâte de couleur *reddish yellow* (7.5YR7/4), peu dure (Mohs 2-2,9), ne contenant que très peu d'inclusions ; surface modelée et lissée.

Petite tige cylindrique légèrement bombée au centre et resserrée vers le bas, avant de s'évaser légèrement pour former une base au fond concave.

Cf. Raqa'i (Dunham 2015, 319, figs 5.37 et 5.38) ; Chuera (Klein & Hempelmann 1995, 234, 257, « *Unterteil-Typ 2* ») Hazna I (Munchaev & Amirov 2016, 324 n° 1500, 332 n° 1373 et 1077).

Université Laval.

Figurines zoomorphes

Un total de trente-cinq figurines zoomorphes ont été retirées des débris accumulés à Tell 'Atij. Elles sont plus nombreuses que les figurines anthropomorphes, ce qui est courant à cette époque (Parayre 2003b, 17)[3] sur les sites dans le triangle du Khabour (Makowski 2000, 475) et la moyenne vallée du Khabour (ex. Raqa'i : Dunham 2015, 313, 320). Dans la deuxième moitié du IIIe millénaire, cette proportion devient équivalente sur certains sites de la moyenne vallée du Khabour (ex. Rad Shaqrah, Melebiya : Makowski 2000, 475). Elle s'inverse même sur les sites de l'Euphrate et à Tell Chuera. Du moins, si on se fie aux collections publiées à ce jour.[4]

Les premières figurines animales sont apparues au Proche-Orient au début du VIIIe millénaire, plus précisément au *Middle Pre-Pottery Neolithic B* (Bar-Yosef 1997 ; Kuijt & Chesson 2005, 163 ; 2007, 216, 220-221), soit à une époque où les néolithiques se livraient à des tentatives de domestication de certains animaux : « il est tout de même hautement probable que la concomitance entre la multiplication des figurines animales et le développement de l'élevage n'est pas fortuite » (Coqueugniot 2003, 45). En outre, comme cette époque correspond à une période de grand stress causé par la sauvegarde des approvisionnements alimentaires pour une population en croissance (Kuijt & Chesson 2007, 222), il est tout à fait envisageable que les figurines animales aient été utilisées alors comme supports de magie pour protéger le cheptel domestique contre les prédateurs ou les maladies et assurer sa reproduction ou encore pour garantir le succès de la chasse car effectivement cette activité économique continuait à être pratiquée (Broman Morales 1983, 376 ; Rollefson 1986, 50 ; Wasse 2002 ; Coqueugniot 2003, 44 ; Kuijt & Chesson 2007, 217, fig. 16.7 ; Freikman & Garfinkel 2009). Par ailleurs, d'autres chercheurs attribuent à ce type de figurines un rôle éducatif (Talalay 1984), ludique (Broman Morales 1983, 376-377 ; Treuil 1985), voire commémoratif d'événements historiques ou mythiques mettant en scène des animaux (Meskell 2015, 15). En somme, « Les interprétations relatives à la finalité des figurines animales sont très variées, allant du tout religieux au

---

3 Une exception notoire est le cas de Suse avec 755 figurines animales *versus* 2 600 figurines humaines : mais cette situation exceptionnelle « est une conséquence de la façon dont les travaux furent menés par les premiers archéologues de Suse » (Martinez-Sève 2003, 50).

4 Maciej Makowski prépare une étude sur le sujet à partir essentiellement de collections publiées, mais aussi de certaines séries inédites.

tout matériel, sans qu'il soit aisé de trancher entre des hypothèses qui se veulent souvent exclusives les unes des autres » (Coqueugniot 2003, 45).

À l'instar des figurines anthropomorphes (plus haut), celles d'animaux peuvent également avoir servi de « véhicules de magie » (Voigt 1983, 186-195 ; Broman Morales 1990, 9), sorte de talismans que leurs propriétaires pouvaient utiliser soit pour s'attirer les faveurs d'une puissance surnaturelle (magie sympathique), soit pour chasser le « mauvais œil » (magie apotropaïque). Par exemple, on sait, par des manuels de magie du premier millénaire, qu'on enterrait sous des maisons des figurines de chiens pour en protéger les occupants des esprits maléfiques qui pourraient vouloir venir hanter la demeure et ses occupants (Postgate 1994, 176).

Mais, contrairement aux figurines humaines qui étaient des effigies de nature surnaturelle, voire parfois divine, les figurines animales étaient quant à elles des représentations des animaux eux-mêmes (Postgate 1994, 179), d'où la possibilité d'en identifier l'espèce à partir de critères anatomiques de ressemblance avec des animaux réels. Les archéologues le font régulièrement : ex. Tell Brak/Nagar (Oates *et al.* 2001, 271-274), Halawa (Pruß & Link 1994) ou Tell Arbid (Makowski 2015a ; 2016), pour ne citer que quelques sites contemporains de Tell 'Atij. La tentative d'identification la plus poussée à ce jour a été celle réalisée par Rick Hauser (2007) sur la collection de 335 figurines zoomorphes provenant de Tell Mozan/Urkish : ses attributions à une espèce en particulier reposent sur une série de dimensions précises des corps des animaux représentés et de leurs parties ainsi que des proportions de ces différentes parties entre elles. Même si cette méthode a été mise en doute par plusieurs (Oates 2001a, 286-293 ; Wissing 2009, 39 ; Sakal 2012 ; Pruß 2012 ; Makowski 2014, 260, note 11 ; 2016, 10, note 55 ; Peyronel & Pruß 2018, 85), il n'en demeure pas moins que les coroplastes voulaient représenter le plus fidèlement possible les animaux qu'ils voyaient quotidiennement dans leur environnement (Martin & Meskell 2012 ; Meskell 2015 ; Peyronel & Pruß 2018, 87). Plus récemment, Maciej Makowski (2015a ; 2016) a réalisé un classement par espèces très élaboré des 600 figurines animales trouvées à Tell Arbid, quoiqu'elles ne datent pas toutes de la période de Ninive 5.

Aucune synthèse des figurines zoomorphes du Proche-Orient ancien n'a encore été réalisée à ce jour, leur nombre variant considérablement d'un site à l'autre ainsi que leur état de conservation qui bien souvent rend toute identification impossible (Wengrow 2003, 142-150), comme à Tell Abd Zrejehey (Toueir 1978, 12), quoique l'article récent de Dominique Parayre (2003b) sur les figurines animales aux époques historiques peut être considéré comme un point de départ fort valable.

Il a été observé sur plusieurs sites que ce ne sont pas toutes les espèces animales qui ont été représentées sous forme de figurines : certaines ont été intentionnellement écartées tandis que d'autres ont été privilégiées (Wengrow 2003, 149, 152 ; Martin & Meskell 2012, 417 ; Meskell 2015, 8). Cela devrait refléter une situation « idéologique » des occupants d'un site : proéminence des animaux domestiqués sur les animaux sauvages (Broman Morales 1983, 376 ; Pruß 2011, 242 ; 2019, 49 ; Peyronel & Pruß 2018, 87), préférence sociale et économique (Pruß & Sallaberger 2003-2004 ; Sallaberger 2014, 102), voire esthétique (Wengrow 2003, 149). Toutefois, pour Tell 'Atij, les espèces représentées par les figurines – si ces identifications sont exactes – correspondraient aux espèces dont les ossements ont été recueillis sur le site (Zeder 1994 ; 1995 ; 1998 ; 2003) (Chapitre 28).

À l'instar d'autres sites, aucune représentation d'animaux trouvée à Tell 'Atij n'a été réalisée dans un matériau solide et pérenne comme la pierre versus l'argile, surtout non-cuite : simplement durcie à l'air. Donc, ces figurines n'ont pas été conçues pour durer longtemps.

De plus, ce type de figurines a été façonné grossièrement, nous portant à croire que ce n'est pas tant l'objet fini qui importait comme le fait de représenter l'animal et ses qualités mystiques (Barrelet 1968, 300 ; Eygun 1992, 116) dans le cadre d'un rituel quelconque ; une fois le vœu réalisé, la figurine était jetée (Broman Morales 1983, 376 ; 1990, 10). « Consommer l'animal dans tous les sens du terme, c'était en effet l'honorer au même titre que dans les pratiques religieuses, car tout acte s'accomplissait dans une spiritualité constante, où transcendance et quotidien ne pouvaient être séparés pour les hommes qui célébraient la place essentielle de l'animal dans leur existence » (Dupré 1993, 198).

Leur distribution par niveau (Tableau 20.2) révèle une grande concentration au dernier niveau d'occupation (18/35) et notamment dans la pièce 517 (6/35) quoique celle-ci fut construite au niveau V et resta en usage qu'à l'abandon du site. Il existe deux autres concentrations d'importance (5/35 chacune), soit dans la pièce 524 du niveau I qui, comme la précédente, fut construite au niveau VI mais resta en fonction jusqu'à la dernière occupation du site, et dans la grande cour 576 du niveau VIII. Sauf dans deux cas, elles ont toutes été abandonnées dans les pièces d'un bâtiment. Ce qui ne nous permet pas vraiment de préciser leur fonction en regard du contexte de leur découverte si ce n'est qu'elles ont probablement été jetées avec les objets d'usage quotidien (Pruß 2011, 239) une fois qu'elles eurent perdu « une partie importante de leur valeur » (Eygun 1992, 116). Enfin, les figurines zoomorphes en terre cuite de Tell 'Atij proviennent en majorité des niveaux datés de l'époque EJZ 2, soit du deuxième quart du IIIe millénaire, comme cela a été observé sur d'autres sites contemporains (Pruß 2011, 239 ; 2018, 179 ; 2019, 50).

Si on met en corrélation les contextes de trouvaille des figurines humaines et animales, étrangement (Tableau 20.2), il n'y a qu'un niveau (V) où les deux types cohabitent et qu'une seule pièce [515] de ce niveau dans laquelle se côtoient une figure humaine et quatre zoomorphes en terre cuite ; on se serait attendu à une plus grande cohabitation. En outre, cette pièce 515 ne possède aucun aménagement intérieur particulier pouvant lui conférer une fonction singulière.

L'identification de Tell 'Atij à un dépôt à grains équipé de nombreux dispositifs d'entreposage et impliqué dans des transactions commerciales nous permet de prendre sérieusement en considération une hypothèse qui a été mise de l'avant pour Tell Sabi Abyad (Akkermans & Duistermaat 1997, 19, 26), à savoir que des figurines zoomorphes auraient pu faire partie d'un système d'enregistrement d'échanges économiques à l'instar des jetons/*calculi* qui étaient aussi alors utilisés pour conserver en mémoire certains transactions. Elles auraient en quelque sorte servi à représenter les animaux ayant fait l'objet d'échanges convenus verbalement entre individus à défaut du recours à un système d'écriture (Wengrow 1998, 784-785 ; 2003, 152-154). Une explication reprise par Rick Hauser (2007, 47) pour les exemplaires provenant des entrepôts royaux AK de Tell Mozan/Urkesh. Cet auteur va encore plus loin en suggérant que les figurines étaient cassées lorsque la transaction les concernant était conclue. Or, pratiquement toutes les figurines zoomorphes de Tell 'Atij sont incomplètes ! Dans la plupart des cas, la tête a été cassée. Mais l'a-t-elle été intentionnellement ? Il est impossible de le dire.

En somme, l'usage et le rôle de ces figurines animales peuvent être l'objet de plusieurs interprétations « as diverse as the array of engagements that people clearly had with the animal around them » (Martin & Meskell 2012, 416). « Un animal est particulièrement difficile à interpréter du fait de ses multiples rôles » (Parayre 2003b, 31).

À partir de leurs aspects morpho-stylistiques, on peut dire que les trente-cinq figurines zoomorphes de Tell 'Atij représentent toutes des quadrupèdes (Eygun 1992, 113-114), en position stable, dont la longueur varie entre deux et six centimètres. Sans me lancer dans les calculs de proportions préconisés par Rick Hauser (2007), sévèrement critiqués toutefois par certains (Oates 2001a, 286-293 ; Wissing 2009, 39 ; Sakal 2012 ; Pruß 2012 ; Makowski 2014, 260, note 11 ; 2016, 10, note 55 ; Peyronel & Pruß 2018, 85), j'ai tout de même essayé de les classer en groupes distincts en fonction de certains détails anatomiques pouvant les rapprocher d'un genre animal connu, suivant en cela les classements de Rick Hauser (2007) pour la collection de Tell Mozan/Urkesh et de Maciej Makowski (2015a ; 2016)[5] pour Tell Arbid, deux sites en Djézireh partiellement contemporains de Tell 'Atij :

– Chèvre (9) : corps plus mince et plus élancé que celui du mouton, fesses enfoncées, queue placée en haut des fesses et pointant vers le haut, tête redressée (cf. Hauser 2007, 307-351 ; Makowski 2016, 77-82 ; Peyronel & Pruß 2018, 89)

– Mouton (7) : large arrière-train rond et solide, corps plein, tête avec cornes courbées vers le bas, courte queue (cf. Hauser 2007, 123-191 ; Makowski 2016, 67-76 ; Peyronel & Pruß 2018, 88-89).

– Bovidé/bœuf sauvage/auroch (6) : corps cylindrique (la. corps = la. avant-train = la. arrière-train), fesses sans séparation formant un tout, courtes pattes avec une emprise solide au corps, cornes longues et courbées, longue queue (cf. Hauser 2007, 81-122 ; Makowski 2016, 83-86 ; Peyronel & Pruß 2018, 88).

– Chien (5) : petit corps massif, tête redressée, petite queue pointue et dressée (cf. Hauser 2007, 193-232 ; Makowski 2016, 87-90 ; Peyronel & Pruß 2018, 89).

– Équidés (5) : longue tête avec des yeux séparés, placés de part et d'autre de la tête (cf. Hauser 2007, 353-548 ; Makowski 2016, 41-65 ; Peyronel & Pruß 2018, 90)

– Espèce indéterminée (3) : figurines trop fragmentaires. Je suis pleinement conscient que plusieurs des figurines classées plus haut auraient très bien être placées dans cette catégorie-ci, étant donné leur piteux état de conservation. En outre, aucune figurine en terre cuite n'a été identifiée à l'espèce porcine alors que l'étude des ossements d'animaux trouvés à Tell 'Atij a révélé la présence de porcs domestiqués.

---

5 Je tiens à remercier Maciej Makowski de son aide dans le classement des figurines de Tell 'Atij.

OBJETS EN TERRE CUITE

Le corpus de figurines zoomorphes de Tell 'Atij (35) est donc dominé par des espèces domestiques : chèvres (9), moutons (7), chiens (5) et probablement certains équidés (5). Or, l'inventaire des ossements d'animaux recueillis à Tell 'Atij est constitué à 65% d'ossements provenant d'animaux domestiqués dont les caprinés forment l'essentiel (Chapitre 28). Les chèvres et les moutons devaient être des espèces élevées dans les pâturages à proximité de Tell 'Atij et, par conséquent, des animaux familiers à ses habitants, comme cela a été établi à Tell Beydar (Pruß & Sallaberger 2003-2004) : « whatever the function of the terracottas may have been, they illustrate the personal view of the inhabitants on their environment » (Sallaberger 2014, 102). La même situation a été observée à Tell el-'Abd où Alexander Pruß (2019, 49) va encore plus loin en établissant une corrélation entre la grande fréquence de certaines espèces dans le corpus des figurines zoomorphes et « the economic importance of the actual animals for that site » ; ce qui me semble logique et même corroboré par l'étude des ossements d'animaux de Tell 'Atij (Chapitre 28).

Chèvres

Avec neuf exemplaires, cette espèce est la plus représentée (25%) dans le corpus des figurines zoomorphes de Tell 'Atij.

Tc5 (ATJ86.D20A3…)

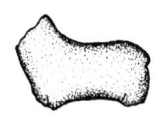

Figurine animale en terre cuite, incomplète : la tête manque et les extrémités des petites pattes ont été rognées.

3,1 (lo.) × 1,2 (ép.) × 1,4 cm (h.).

Pâte de couleur *brownish yellow* (10YR6/4), peu dure (Mohs 2-2,9), ne contenant que très peu d'inclusions ; surface lisse.

Long corps aux flancs et au dos concaves avec un large cou redressé et une petite queue ronde.

Université Laval.

Tc9 (ATJ86.D13A1…)

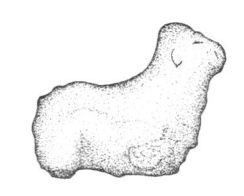

Figurine animale en terre cuite, presque complète : trois pattes manquent de même que la queue et une partie de la tête.

4,6 (lo.) × 2,5 (la.) × 4 cm (h.).

Pâte de couleur *yellowish red* (5YR5/6), peu dure (Mohs 2-2,9), contenant beaucoup d'inclusions ; surface sommairement modelée.

Corps allongé aux flancs et au dos concaves ; arrière-train prononcé mais les fesses ne sont pas représentées distinctement ; long et large col redressé terminé par une tête pointue ; quatre courtes pattes aux extrémités arrondies à en juger par la seule qui nous soit parvenue ; les organes génitaux ne sont pas indiqués.

Musée de Deir ez-Zor (ATJ86.24).

Tc16 (ATJ87.D9A17…)

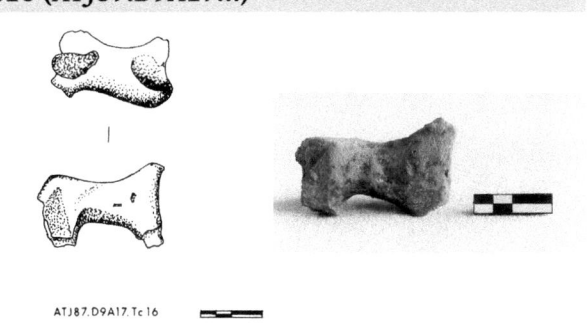

Figurine animale en terre cuite, incomplète : la tête et les extrémités des pattes ont été cassées.

4 (lo.) × 2,1 (la.) × 2,4 cm (h.).

Pâte de couleur *light brown* (7.5YR6/4), assez dure (Mohs 3-3,9), contenant beaucoup d'inclusions ; surface lisse.

Corps très allongé aux flancs et au dos concaves ; base d'un cou étroit redressé ; petite queue arrondie ; quatre petites pattes.

Musée de Deir ez-Zor (ATJ87.29).

Tc17 (ATJ87.D9A19...)

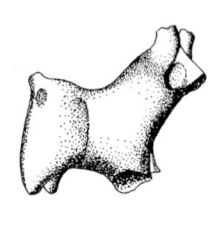

Figurine animale en terre cuite, complète, hormis les cornes qui sont manquantes.

6,6 (lo.) × 3,3 (la.) × 5,3 cm (h.).

Pâte de couleur *light reddish brown* (5YR6/4), peu dure (Mohs 2-2,9), contenant beaucoup d'inclusions ; surface lisse.

Corps plutôt court et trapu dont les flancs et le dos sont légèrement concaves ; arrière-train plat avec une protubérance pour indiquer le départ d'une queue ; large cou redressé, terminé par une tête courte et pointue surmontée de deux cornes qui ont disparu ; quatre petites pattes pointues dont seules les deux à l'arrière sont intactes ; les organes génitaux sont indiqués.

Publ.: Fortin 1990a, 231, fig. 11.

Cf. Arbid (Makowski 2016, 77-79, pls 17/Z355-357 et 18/Z380: *Goat/F/1A*,) ; Hazna I (Munchaev & Amirov 2016, 374 n° 966).

Musée de Deir ez-Zor (ATJ87.39).

Tc59 (ATJ88.D8A99...)

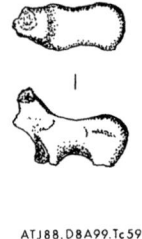

Figurine animale en terre cuite, presque complète : seule une partie de la tête manque.

3,3 (lo.) × 1,3 (la.) × 1,3 cm (h.).

Pâte de couleur *dark gray* (10YR3/1), assez dure (Mohs 3-3,9), ne contenant que peu d'inclusions ; surface lisse.

Long corps aux flancs et au dos concaves avec un long et large cou redressé ; quatre petites pattes pointues.

Musée de Deir ez-Zor (ATJ88.7).

Tc73 (ATJ87.D8A16...)

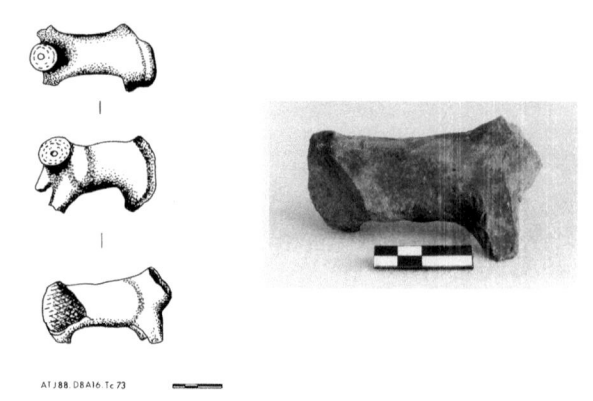

Figurine animale en argile durcie, incomplète : une partie de l'arrière-train et la tête manquent.

5,1 (lo.) × 2,4 (la.) × 1,9 cm (h.).

Pâte de couleur *yellowish brown* (10YR), peu dure (Mohs 2-2,9), contenant passablement d'inclusions ; surface lisse.

Corps très allongé aux flancs et au dos plutôt droits avec un large cou redressé dont il ne reste que la base ; quatre petites pattes pointues.

Musée de Deir ez-Zor (ATJ88.186).

Tc109 (ATJ87.E17A11...)

Figurine animale en terre cuite, incomplète : tout l'arrière-train et les quatre pattes manquent ; des éclats ici et là à la tête.

3,4 (lo.) × 1,3 cm (la.).

Pâte de couleur *light brown* (7.5YR6/4), plutôt dure (Mohs 3-3,9), contenant peu d'inclusions ; surface lisse.

Corps allongé de forme cylindrique avec une petite tête posée sur un long cou.

Université Laval.

Tc110 (ATJ87.E17A11...)

Figurine animale en terre cuite, incomplète : l'arrière-train, la tête et les deux pattes avant manquent ; traces de qui semble être du bitume à l'emplacement des pattes avant.

1,9 (lo.) × 0,7 (la.) × 1,2 cm (h.).

Pâte de couleur *light brown* (7.5YR6/4), peu dure (Mohs 2-2,0), ne contenant que très peu d'inclusions ; surface lisse.

Corps allongé de forme cylindrique ; large encolure.

Université Laval.

OBJETS EN TERRE CUITE

Tc117 (ATJ92.E14A14...)

Figurine animale en terre cuite, incomplète : tête seulement à laquelle il manque une oreille et l'extrémité du museau.

2,1 (lo.) × 0,9 cm (ép.).

Pâte de couleur *very dark gray* (2.5Y3/0), dure (Mohs 3-3,9), contenant peu d'inclusions ; surface modelée et lissée.

Cou allongé et étroit.

Université Laval.

Moutons

Cette espèce, identifiée sur sept exemplaires, est la seconde plus représentée (20%) dans le corpus de figurines zoomorphes de Tell 'Atij. Avec les figurines de chèvres (25%), ces deux espèces de caprinés forment presque la moitié du corpus : 45%. Or, les caprinés dominent l'assemblage des ossements d'animaux domestiqués à Tell 'Atij (Chapitre 28).

Cf. Halawa (Pruß & Link 1994, fig. 35).

Tc10 (ATJ87.E18A4...)

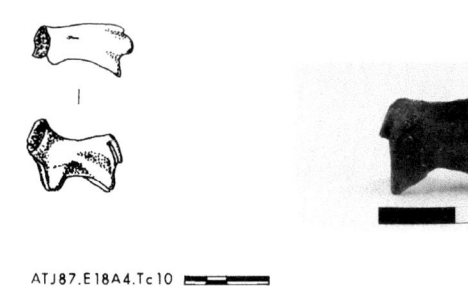

Figurine animale en terre cuite, incomplète : seule la tête manque.

2 (lo.) × 1 (ép.) × 1,5 cm (h.).

Pâte de couleur noir (5Y2.5/1), assez dure (Mohs 3-3,9), ne contenant que peu d'inclusions ; surface lisse.

Corps court aux flancs et au dos plutôt droits ; base d'un large cou redressé ; petite queue arrondie pendante ; quatre petites pattes pointues.

Cf. Arbid (Makowski 2016, 97, 272, pl. 21/Z430).

Musée de Deir ez-Zor (ATJ87.12).

Tc15 (ATJ87.E18A5...)

Figurine animale en terre cuite, presque complète : manque les cornes et une patte arrière.

5 (lo.) × 2,8 (la.) × 3,5 cm (h.).

Pâte de couleur *light gray* (10YR7/2), assez dure (Mohs 3-3,9), ne contenant que peu d'inclusions ; surface lisse.

Corps allongé aux flancs et au dos concaves avec un long cou redressé, terminé par une courte tête pointue surmontée de ce qui semble être le départ de cornes (?) ; arrière-train large et rond surmonté d'une petite queue ; quatre petites pattes pointues.

Cf. Hazna I (Munchaev & Amirov 2016, 377 n° 163).

Musée de Deir ez-Zor (ATJ87.28).

Tc18 (ATJ87.D9A19...)

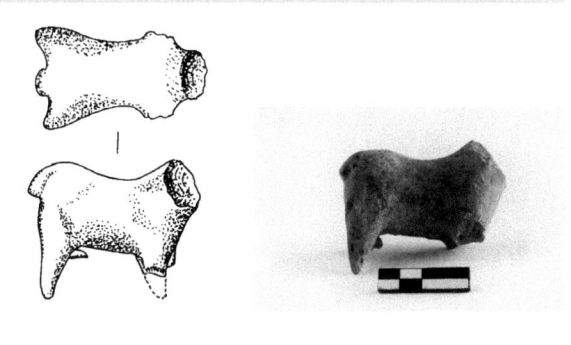

Figurine animale en terre cuite, incomplète : la tête et une partie de l'avant-train manquent.

4,2 (lo.) × 2,4 (la.) × 3 cm (h.).

Pâte de couleur *light reddish brown* (5YR6/4), peu dure (Mohs 2-2,9), ne contenant que peu d'inclusions ; surface lisse.

Corps allongé aux flancs et au dos concaves ; base d'un large cou redressé ; arrière-train large et rond ; petite queue arrondie pendante ; quatre petites pattes pointues ; organes génitaux indiqués.

Cf. Hazna I (Munchaev & Amirov 2016, 377 n° 565).

Musée de Deir ez-Zor (ATJ87.41).

Tc19 (ATJ87.D9A20...)

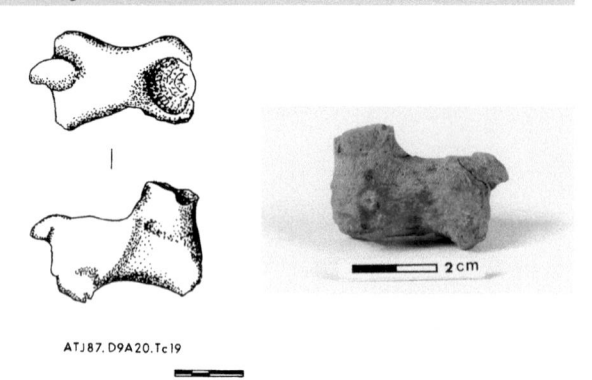

Figurine animale en terre cuite, incomplète : la tête et les extrémités des pattes manquent.

5 (lo.) × 2,5 (la.) × 3 cm (h.)

Pâte de couleur *light brown* (7.5YR6/4), peu dure (Mohs 2-2,9), contenant très peu d'inclusions ; surface très sommairement modelée.

Long et large corps aux flancs rentrés et au dos droit ; départ d'un large cou redressé ; arrière-train plutôt large et rond surmonté d'une grosse queue pointue.

Université Laval.

Tc23 (ATJ87.F18A1...)

Figurine animale en terre cuite, incomplète : toute la moitié antérieure est manquante ainsi qu'une patte arrière.

3,1 (lo.) × 1,6 (la.) × 1,5 cm (ép.).

Pâte de couleur *dark brown* (7.5YR3/2), peu dure (Mohs 2-2,9), contenant peu d'inclusions ; surface lisse.

Petit corps plutôt cylindrique ; petite queue tombante ; petite patte pointue ; organes génitaux représentés.

Université Laval.

Tc82 (ATJ92.E13B14...)

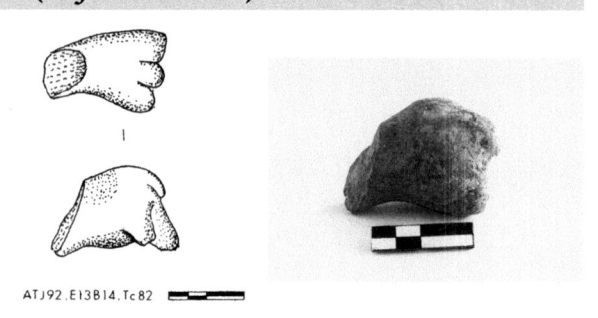

Figurine animale en terre cuite, incomplète : toute la moitié antérieure est manquante.

2,8 (lo.) × 2,1 (la.) × 2,3 cm (h.).

Pâte de couleur *reddish yellow* (7.5YR6/6), peu dure (Mohs 2-2,9), contenant très peu d'inclusions ; surface sommairement modelée, lissée et enduite d'un engobe.

Arrière-train large et rond avec une petite queue arrondie et pendante.

Université Laval.

Tc116 (ATJ92.E14A14...)

Figurine animale en terre cuite, incomplète : corps seulement, portant des traces de suie sur bonne partie d'un flanc.

2,7 (lo.) × 1 cm (la.).

Pâte de couleur *yellowish brown* (10YR5/4), plutôt dure (Mohs 3-3,9), contenant peu d'inclusions ; surface soigneusement modelée et lissée.

Corps allongé aux flancs droits mais au dos très concave ; arrière-train peu prononcé ; petite protubérance pour indiquer la queue.

Université Laval.

Bovidés/bœufs sauvages/aurochs

Avec seulement six exemplaires, cette espèce ne constitue pas la majorité du corpus de figurines zoomorphes à Tell 'Atij, contrairement à l'assemblage d'autres sites contemporains de la Djézireh et du Moyen Euphrate (Pruß 2019, 50).

Cf. Halawa (Pruß & Link 1994, 30-34) ; Abd ((Pruß 2019, 50-57, pls 14-18).

Tc11 (ATJ87.E18A4...)

Figurine animale en terre cuite, incomplète : toute la partie antérieure est manquante.

4 (lo.) × 2 (ép.) × 3,5 cm (h.).

Pâte de couleur *light yellowish brown* (10YR6/4), assez dure (Mohs 3-3,9), contenant peu d'inclusions ; surface très sommairement modelée et recouverte d'un engobe.

Corps allongé de forme cylindrique avec un léger renflement pour indiquer l'arrière-train ; fesses plates ne présentant aucune séparation mais formant une surface plane unie ; petite protubérance à la place de la queue.

Université Laval.

Tc37 (ATJ87.E17A11...)

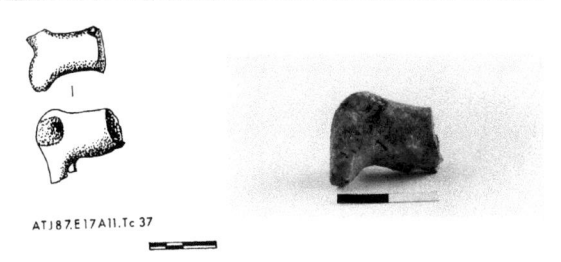

Figurine animale en terre cuite, incomplète : toute la partie antérieure manque.

2,4 (lo.) × 1,7 (la.) × 2,1 cm (h.).

Pâte de couleur *pale brown* (10YR6/3), peu dure (Mohs 2-2,9), contenant beaucoup d'inclusions ; surface lisse.

Petit corps cylindrique avec une petite protubérance à la place de la queue.

Musée de Deir ez-Zor (ATJ87.95).

Tc81 (ATJ92.E14A14...)

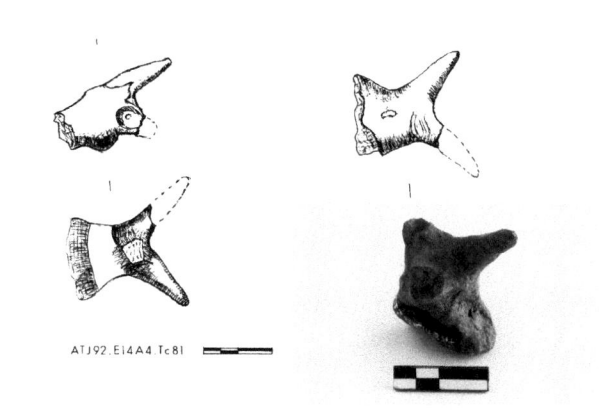

Figurine animale en terre cuite, incomplète : que la tête de préservée.

1,6 (la.) × 2,5 cm (h.).

Pâte de couleur grise (10YR5/1), dure (Mohs 4-4,9), ne contenant que peu d'inclusions ; surface lisse.

Courte tête surmontée de deux longues cornes pointues redressées.

Cf. Raqa'i (Dunham 2015, 323, fig. 5.48) ; Hazna I (Munchaev & Amirov 2016, 383 n° 246).

Université Laval.

Tc97 (ATJ87.E16A2...)

Figurine animale en terre cuite, incomplète : toute la moitié antérieure est manquante ainsi que les pattes arrière.

4,2 (lo.) × 2,4 (la.) × 2,6 cm (h.).

Pâte de couleur *pale brown* (10YR6/3), peu dure (Mohs 2-2,9), contenant quelques inclusions minérales ; surface très sommairement modelée et lissée.

Corps allongé de forme cylindrique avec une minuscule queue ronde.

Université Laval.

Tc98 (ATJ87.D9A20...)

Figurine animale en terre cuite, incomplète : la partie antérieure et toutes les pattes manquent.

3 (lo.) × 2,1 (la.) × 2,4 cm (h.).

Pâte de couleur *light yellowish brown* (10YR6/4), peu dure (Mohs 2-2,9), ne contenant que très peu d'inclusions ; surface lisse.

Corps cylindrique court avec une petite protubérance à la place de la queue.

Université Laval.

Tc99 (ATJ87.E9A1...)

Figurine animale en terre cuite, incomplète : pattes et parties antérieures manquent.

2,1 (lo.) × 1,8 cm (la.).

Pâte de couleur *pale brown* (10YR6/3), molle (Mohs 1-1,9), ne contenant que peu d'inclusions ; surface lisse.

Corps cylindrique ; petite queue pendante.

Université Laval.

Chiens

Le corpus des figurines zoomorphes de Tell 'Atij ne compte que cinq spécimens de chiens.

Cf. Halawa (Pruß & Link 1994, fig. 40).

Tc24 (ATJ87.D9A20...)

Figurine animale en terre cuite, complète mais en mauvais état de conservation : un éclat à la tête.

4,5 (lo.) × 2,1 (la.) × 1,9 (ép.) × 3,6 cm (h.).

Pâte de couleur *light brown* (7.5YR6/4), peu dure (Mohs 2-2,9), contenant beaucoup d'inclusions : surface sommairement modelée.

Corps court et trapu aux flancs droits et au dos concave ; large cou terminé par une tête pointue ; petite queue ronde dressée ; quatre courtes pattes arrondies.

Cf. Arbid (Makowski 2016, 88 : *Dog/F/1*, pl. 19/Z407) ; Hazna I (Munchaev & Amirov 2016, 384 n° 351).

Musée de Deir ez-Zor (ATJ87.67).

Tc31 (ATJ87.D9A20...)

Figurine animale en terre cuite, incomplète : la tête et les extrémités des pattes manquent.

3,4 (lo.) × 2,1 (la.) × 2,7 cm (h.).

Pâte de couleur *light yellowish brown* (10YR6/4), peu dure (Mohs 2-2,9), ne contenant que peu d'inclusions ; surface lisse.

Court corps aux flancs et au dos concaves ; base d'un large cou redressé ; petite queue ronde et redressée ; quatre pattes arrondies.

Cf. Hazna I (Munchaev & Amirov 2016, 384 n° 1080).

Musée de Deir ez-Zor (ATJ87.83).

OBJETS EN TERRE CUITE

Tc35 (ATJ87.E17A11...)

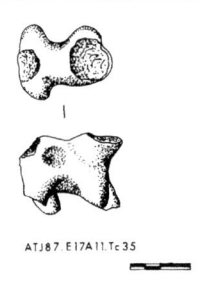

Figurine animale en terre cuite, incomplète : la tête et la queue manquent ; en très mauvais état de conservation : entièrement fragmentaire.

3 (lo.) × 2 (la.) × 2,4 cm (h.).

Pâte de couleur *pale brown* (10YR6/3), peu dure (Mohs 2-2,9), contenant passablement d'inclusions ; surface lisse.

Court corps aux flancs et au dos concaves ; base d'un large cou redressé ; quatre petites pattes arrondies.

Cf. Hazna I (Munchaev & Amirov 2016, 378 n° 787 et 1015).

Musée de Deir ez-Zor (ATJ87.93).

Tc78 (ATJ92.E16A15...)

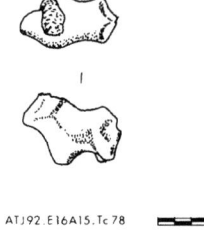

Figurine animale en terre cuite, presque complète : seule une petite partie de l'arrière-train et du sommet de la tête manquent.

3 (lo.) × 1,4 (la.) × 1,3 cm (h.).

Pâte de couleur *dark gray* (10YR4/1), assez dure (Mohs 3-3,9), ne contenant que peu d'inclusions ; surface lisse.

Court corps aux flancs et au dos peu concaves, avec un large et court col terminé par une tête à l'extrémité arrondie dont il ne reste qu'une oreille pointue ; quatre petites pattes arrondies.

Musée de Deir ez-Zor (ATJ92.8).

Tc80 (ATJ92.E14A13...)

Figurine animale en terre cuite, incomplète : seule la tête manque.

3 (lo.) × 1,9 (la.) × 2,1 cm (h.).

Pâte de couleur *dark gray* (10YR4/1), dure (Mohs 4-4,9), ne contenant que peu d'inclusions ; surface lisse.

Court corps aux flancs concaves et au dos droit ; base d'un large cou redressé ; petite queue ronde dressée ; quatre petites pattes pointues.

Cf. Hazna I (Munchaev & Amirov 2016, 378 n° 787 et 1015, 379 n° 1309).

Musée de Deir ez-Zor (ATJ92.12).

Équidés

Les cinq figurines d'équidés de Tell 'Atij n'ont pas été retrouvées dans des pièces en compagnie de figurines humaines, de roues et de caisses de chariots, ce qui auraient pu nous permettre d'y voir une association symbolique masculine entre ces différents types de figurines, comme Maciej Makowski (2015b) a pu le faire à Tell Arbid.

Cf. Abd (Pruß 2019, 57-58, pl. 19).

Tc44 (ATJ87.D13A11...)

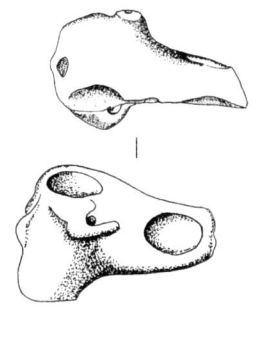

Figurine animale en terre cuite, complète. En effet, puisqu'il n'existe aucune cassure sous la tête, à l'emplacement du cou, et que la surface à cet endroit est lisse comme sur le reste de la tête, force est de conclure que nous sommes en présence ici d'une figurine représentant uniquement la tête d'un animal et non une tête provenant d'une figurine fragmentaire.

6,9 (lo.) × 4,1 cm (la.).

Pâte de couleur *light reddish brown* (5YR6/4), peu dure (Mohs 2-2,9), contenant passablement d'inclusions ; surface sommairement modelée.

Tête d'un équidé avec, de part et d'autre, deux petits trous percés dans deux protubérances d'argile grossièrement modelées afin de représenter les yeux ; nez très allongé, s'amincissant vers le bout.

Cette tête a toutes les apparences de celle d'un dromadaire (?). Notre interprétation est peut-être biaisée par le fait que Tell 'Atij se trouve dans une région où des dromadaires se déplaçaient encore récemment pour accompagner la transhumance de troupeaux de chèvres et de moutons des populations nomades de la Djézireh (D'Hont 1994, 106). À ce jour, la plus ancienne représentation d'un dromadaire est une figurine en terre cuite trouvée à Uruk, dont il manque la tête et les pattes (Ziegler 1962, 35 n° 194, pl. 4/69 ; Wreide 2008, 28, 197 ; Heide 2010, 341 ; Wrede 2003, 28, 197). Comme elle proviendrait, selon les fouilleurs, d'un contexte daté de la période d'Obeid – fin V^e/début IVe millénaire –, elle représenterait un cas unique et très précoce, car les représentations de dromadaires sous forme de figurines en terre cuite sont beaucoup plus tardives en Mésopotamie (Studer & Schneider 2008, 593 ; Heide & Peters 2021, 39-56) ; la datation de cette figurine est donc mise en doute (Heide & Peters 2021, 44-45). Néanmoins, après une revue exhaustive de la documentation archéologique et littéraire sur le sujet, Martin Heide (2010, 359 ; Heide & Peters 2021, 301) conclut qu'en Mésopotamie « the earliest knowledge of the camel points to the middle of the 3rd millennium, where it seems to have been regarded as a very exotic animal » ; ainsi, 29 chameaux auraient été offerts en cadeau au roi Šulgi de la troisième dynastie d'Ur (Steinkeller 2009). Les chameaux étaient alors utilisés, dès cette époque, comme moyen de transport dans les échanges commerciaux dans l'ensemble du Proche-Orient (Zeder *et al.* 2006, 146). Cependant, les recherches zooarchéologiques actuelles relatives à l'apparition et la distribution de cette espèce au Proche-Orient (Gauthier-Pilters & Dagg 1981, 115-116 ; Uerpmann 1987, 48-55, 134 ; Retsö 1991 ; Köhler-Rollefson 1993 ; Wapnish 1997b ; Potts 2004 ; Zeder 2006a, 143 ; Driesch *et al.* 2008) ne permettent pas de confirmer, pour l'instant, la présence de cet animal dans la vallée du Khabour durant le IIIe millénaire. La plus ancienne découverte d'ossements de cet animal a été faite sur le site de Sheikh Hamad, quelques kilomètres en aval de Tell 'Atij sur le Khabour, mais dans des contextes stratigraphiques de l'âge du Bronze Récent (Becker 2008 ; Heide & Peters 2021, 36).

Si cette tête n'est pas celle d'un dromadaire, il pourrait peut-être alors s'agir de la représentation d'une tête d'équidé.

Cf. Arbid (Makowski 2016, pl. 8/Z088 et 097).

Musée de Deir ez-Zor (ATJ87.149).

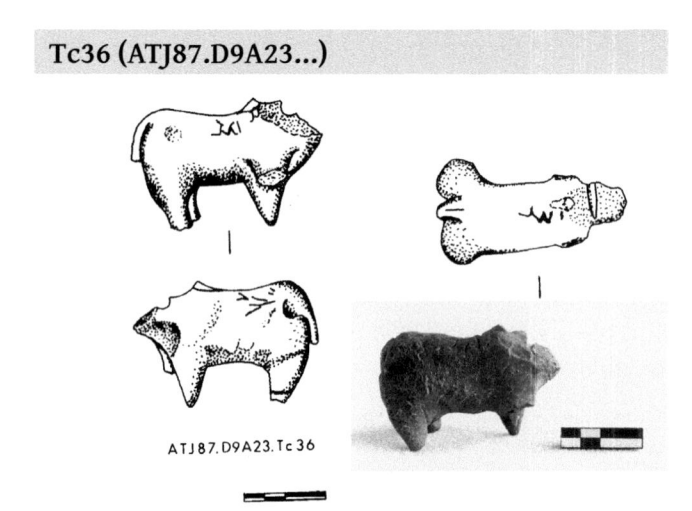

Tc36 (ATJ87.D9A23...)

Figurine animale en terre cuite, incomplète : la tête et une patte avant manquent.

4,4 (lo.) × 2,3 (la.) × 3 cm (h.).

Pâte de couleur *very dark gray* (10YR3/1), assez dure (Mohs 3-3,9), ne contenant que peu d'inclusions ; surface lisse.

Corps allongé aux flancs et au dos plutôt droits ; départ d'un large cou redressé à la base duquel on peut distinguer les traces d'une crinière ; trace également d'une perforation tubulaire transversale dans l'épaisseur du cou qui est propre à un équidé (Makowski 2016, 50) ; arrière-train peu prononcé, mais les fesses sont distinctement représentées ; large queue pendante entre les fesses ; petites pattes pointues.

Cf. Arbid (Makowski 2016, 54 : *Equid/F/1*, 58 : *Equid/F/5A*, pls 4/Z004 et 7/Z085).

Musée de Deir ez-Zor (ATJ87.94).

OBJETS EN TERRE CUITE

Tc79 (ATJ92.E13B13…)

Figurine animale en terre cuite, incomplète : tout l'arrière-train manque ainsi que la partie supérieure de la tête.

3,9 (lo.) × 2 (la.) × 3,2 cm (h.).

Pâte de couleur *dark gray* (10YR4/1), dure (Mohs 4-4,9), ne contenant que peu d'inclusions : surface lisse.

Court corps aux flancs et au dos droits avec un large cou redressé, terminé par une tête pointue ; deux minuscules pattes avant arrondies. La présence d'une perforation pratiquée transversalement dans le cou de l'animal indique clairement qu'il s'agit d'un équidé (Makowski 2016, 41-42).

Musée de Deir ez-Zor (ATJ92.11).

Tc88 (ATJ93.E23A1…)

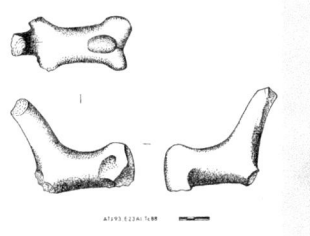

Figurine animale en terre cuite, incomplète : la tête et les quatre pattes manquent sans compter un éclat à l'endroit où se trouvait la queue. En outre, toute la moitié gauche de l'animal est recouverte de concrétions calcaires.

6,4 (lo.) × 3,2 (la.) × 6 cm (h. max.).

Pâte de couleur *brownish yellow* (10YR6/6), peu dure (Mohs 2-2,9), contenant beaucoup d'inclusions ; surface lisse.

Corps très allongé aux flancs et au dos concaves ; très long (4,2 cm) cou étroit (1,7 cm dia.) avec une ligne le long du sommet du col qui semble suggérer la présence d'une crinière ; arrière-train prononcé : les deux fesses sont distinctement représentées ; départ de quatre pattes qui ont disparu. Il est difficile de dire si les organes génitaux sont indiqués en raison de l'accumulation de concrétions.

Cf. Raqa'i (Dunham 2015, 325, fig. 5.55) ; Arbid (Makowski 2016, 56 : *Equid/F/3A*, pl. 5/Z011 et 013).

Musée de Deir ez-Zor (ATJ93.2).

Tc92 (ATJ93.F15D3…)

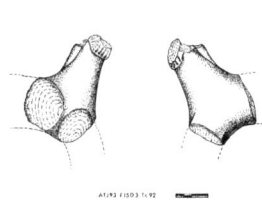

Figurine animale en terre cuite, incomplète : ne reste que la tête, sans les oreilles ni l'extrémité de la tête.

6,3 (lo.) × 3,8 (la.) × 4,3 cm (h.).

Pâte de couleur *very pale brown* (10YR7/4), plutôt dure (Mohs 3-3,9), contenant de nombreuses inclusions fines ; surface lisse.

Tête d'équidé de forme conique très allongée avec, au bout du chanfrein lisse, à l'emplacement des naseaux et du bout du nez, un bandeau en relief sur lequel ont été incisés des points disposés en ligne que l'on peut interpréter comme la représentation d'une sorte de muserolle primitive qui aurait recouvert, à l'époque, le bout du nez de l'équidé afin de le contrôler, avant donc l'apparition du mors (Littauer & Crouwel 1979, 30-31 ; 2001, 335) ; pincement de l'argile sous le menton ; les deux oreilles ont disparu et les yeux ne sont pas indiqués.

Étant donné que Tell 'Atij se trouve en Mésopotamie septentrionale, pas très loin du site de Tell Brak/Nagar, il pourrait s'agir ici de la représentation de la tête d'un équidé hybride résultant d'un croisement onagre-âne, une sorte de mule appelée « kunga » (Bennett *et al.* 2022) dans plusieurs textes anciens et dont Brak/Nagar était alors un centre d'élevage réputé selon les archives d'Ebla (Archi 1998, 9-11). La présence de kungas en Mésopotamie septentrionale est antérieure à celle du cheval (Oates *et al.* 2008, 390) qui, dans sa forme domestiquée, donc munie d'un harnais, ne fut introduit dans la région que vers la fin du IIIe millénaire (Oates 2003, 117-119, 124). De nombreuses figurines d'équidés furent trouvées à Tell Brak/Nagar (Oates *et al.* 2001, 272, 286-289) ainsi qu'à Tell Mozan/Urkesh (Hauser 1998 ; 2007, 353-443) et à Tell Arbid (Makowski 2014 ; 2016, 41-65), dont un bon nombre portent des traces de brides en relief (Pruß 2011, 243, son type Z 04) : indice indéniable d'une mesure de contrôle de l'animal visant à en faire dès lors un acteur social au sein des communautés humaines (Recht 2019).

À ce jour, le plus ancien squelette d'âne domestiqué de la région a été identifié dans le niveau inférieur de Mari, daté de 2900 av. J.-C. (Zeder 2006a, 141), tandis que 26 spécimens d'équidés hybrides ont été découverts, beaucoup plus à l'ouest, à Umm el-Marra, dans un complexe funéraire qui fut utilisé du milieu à la fin du IIIe millénaire (Weber 2008 ; 2017 ; sous presse). La présente figurine de Tell 'Atij a été trouvée dans un contexte stratigraphique associé au niveau XI, donc daté de la période EJZ 1 et plus précisément de 2836 ± 81 av. J.-C. d'après les résultats obtenus par l'analyse archéomagnétique des tessons de ce niveau (Gallet, Fortin *et al.* 2020, table 1).

Cf. Littauer & Crouwel 1979, fig. 22 ; Liebowitz 1988, pl. 24/1 ; Chuera (Orthman *et al.* 1995, fig. 70/45 ; Falb 2010, fig. 15/7) ; Brak (Oates, D. *et al.* 2001, fig. 489/53-55 ; Pruß 2011, 251, pl. 3/2) ; Mozan (Hauser 2007, 414-422 ; Wissing 2009, pls 17/152, 18/163-164, 167 et 176) ; Halawa (Pruß & Link 1994, figs 36-39).

Université Laval.

Espèce animale indéterminée

Tc75 (ATJ87.E17A11…)

Figurine animale en terre cuite, très incomplète : que l'arrière-train avec la patte de droite.

3,5 (h.) × 1,3 cm (la.).

Pâte de couleur *light yellowish brown* (10YR6/4), molle (Mohs 1-1,9), pratiquement sans inclusions ; surface sommairement modelée.

Petite queue en relief, fesses plates sans séparation, patte (de droite) pointue.

Université Laval.

Tc100 (ATJ87.E8B2…)

Figurine animale en terre cuite, incomplète : que l'arrière-train.

3 (lo.) × 2,2 cm (la.).

Pâte de couleur *light yellowish brown* (10YR6/4), molle (Mohs 1-1,9), pratiquement sans inclusions ; surface sommairement modelée.

La patte de droite qui est complète est arrondie à son extrémité.

Université Laval.

Tc111 (ATJ87.E17A11…)

Figurine animale (?) en terre cuite, très incomplète : qu'un fragment de la partie arrière avec la patte de gauche.

1,7 (lo.) × 1,8 cm (la.).

Pâte de couleur *light brown* (7.5YR6/4), peu dure (Mohs 2-2,9), ne contenant que très peu d'inclusions.

Courte patte pointue.

Université Laval.

Caisses de chariot[6]

Même si le chariot à quatre roues serait apparu vers la fin du IVe millénaire avant notre ère en Mésopotamie (Littauer & Crouwel 1979, 13 ; Bakker *et al.* 1999 ; Crouwel 2019, 29), les plus anciennes représentations de chariots sous forme de modèles réduits en terre cuite ne remontent qu'au début du IIIe millénaire (Bollweg 1999 ; Pruß 2011, 244 ; 2018, 173 ; 2019, 63).

Les chariots du IIIe millénaire sont constitués (Littauer & Crouwel 1973, 109-111, 113-116 ; 1979, 15-20 ; Crouwel 2019, 30-34) d'une étroite plateforme rectangulaire – pour une seule personne – entourée d'une balustrade à l'avant et sur les côtés ; la plateforme, ouverte à l'arrière, peut se prolonger vers l'arrière de manière à former un marchepied (Matuschik 2006, 289). La partie frontale de la caisse du chariot est habituellement plus haute que les montants latéraux qui semblent avoir été recouverts d'un clayonnage, voire d'une tôle de cuivre. Certains sont surmontés d'une bâche ; ils apparaissent au milieu du IIIe millénaire et servent alors au transport des marchandises (Boolweg 1999, 28-31, son type XII). Même si aucun exemplaire de ce type n'a été retrouvé dans les niveaux d'occupation de Tell 'Atij, il n'aurait pas été surprenant d'y faire une telle découverte parce que « dans les régions où les véhicules à roues ont été découverts dans les habitats… il semblerait que l'on ait affaire à des véhicules utilisés dans un contexte agricole » (Matuschik 2006, 291). Les parties frontales des caissons de chariots en terre cuite portent souvent des traces de fixation d'un timon simple auquel étaient attachés deux ou quatre animaux de trait : bœufs ou équidés, pour assurer la traction du chariot au moyen d'un joug (Margueron 1989, 120-124). Un seul ou deux essieux en bois, aux extrémités desquels des roues en

---

6 Le terme « char » est utilisé pour un véhicule à deux roues (*cart* ou parfois *chariot*, en anglais) et « chariot » s'il comporte quatre roues (*wagon*, en anglais).

OBJETS EN TERRE CUITE

bois pleines – sur les originaux, mais en terre cuite sur les modèles réduits – étaient fixées, passaient sous le châssis des chariots et y étaient retenus au moyen d'un dispositif quelconque (Littauer & Crouwel 1979, 16-17), tel que des agrafes (Matuschik 2006, 290).

Les fragments de deux modèles réduits de chariots trouvés à Tell 'Atij appartiennent sûrement à des chariots à quatre roues pleines étant donné la position des trous pour le logement des essieux aux extrémités des plateformes des caisses de chariots mais dans des boudins d'argile ajoutés aux plateformes et qui par conséquent font saillie par rapport au-dessous de la plateforme et aux parois latérales de la boîte des chariots (Pruß 2011, 244, *type C 03*).

Sauf pour les chariots bâchés, réservés au transport des marchandises, « les véhicules à roues semblent, au Proche-Orient, être liés au pouvoir et au culte » (Matuschik 291), et en particulier « en Mésopotamie, [où] les premières utilisations de véhicules semblent avoir été le résultat d'une nécessité d'ordre cultuel et se sont manifestées lors de processions » (Vosteen 2006, 243). Ainsi, des maquettes de chariots ayant été retrouvées dans des temples à Tell Chuera et à Assur, des archéologues y ont vu des modèles réduits de véritables chars ayant fait pris part à des processions rituelles lors de célébrations de festivités (Klengel-Brandt 1978, 113). En plus d'avoir joué le rôle d'*ex-votos* placés dans un temple, les modèles réduits de chariots ont aussi servi d'objets rituels déposés dans des tombes (Littauer & Crouwel 1973, 125-126). Ils peuvent difficilement être considérés comme des jouets étant donné leur fragilité (Littauer & Crouwel 1973, 125).

Les deux modèles de Tell 'Atij n'ont pas été découverts dans des contextes particuliers pouvant nous renseigner sur leur fonction : une ruelle et une pièce très incomplète, car emportée par l'érosion. Par contre, ils ont été retirés de débris accumulés dans les deux derniers niveaux d'occupation du site (Tableau 20.3), ce qui s'accorde avec l'observation faite sur d'autres sites de la région, à savoir que les modèles réduits de chariots en terre cuite commencent à apparaître durant le deuxième quart du IIIe millénaire, soit pendant la période EJZ 2 final (Pruß 2018, 179).

Tc6 (ATJ86.D15A1...)

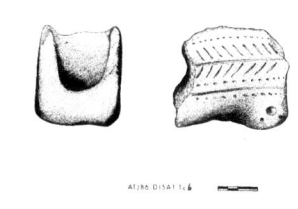

Caisse de chariot en terre cuite, incomplète : il manque toute la partie frontale.

5,7 (lo.) × 5,1 (la.) × 4,3 cm (h.).

Pâte de couleur *very pale brown* (10YR7/4), dure (Mohs 3-3,9), contenant beaucoup d'inclusions ; surface lisse.

Étroite plateforme rectangulaire munie de parois latérales et d'un écran transversal qui aurait pu vraisemblablement servir de banc pour le conducteur (cf. Gaziantep 1 : Özgen 1986, 166-167 ; Bollweg 1999, fig. 104) ; un trou de logement d'essieu a été percé à une extrémité – à l'arrière –, de bord en bord, mais dans un boudin d'argile qui fut ajouté sous la plateforme et qui légèrement fait saillie par rapport aux parois latérales de la caisse du chariot.

Décor incisé sur les parois latérales de la boîte du chariot : motif de l'arbre (traits parallèles obliques disposés de part et d'autre d'une ligne médiane telles des branches le long d'un tronc) et alignements de points de chaque côté d'une ligne horizontale.

Cf. Brak (Emberling *et al.* 1999, 21, fig. 21/d ; pour le motif surtout) ; correspond au type VIII de Bollweg (1999, 11, 24-25), au type V de Raccidi (2012a, 619 ; 2012b ; 2014) ou aux types *C 04-05* de Pruß (2018, 176-177, pl. 3/1-3).

Université Laval.

Tc58 (ATJ88.D15A13...)

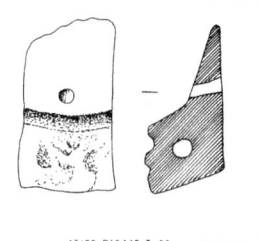

Caisse de chariot en terre cuite, incomplète : seule la partie avant de la plateforme de la caisse a été préservée ainsi qu'une bonne partie du montant frontal.

3,7 (ép.) × 6,4 cm (h.).

Pâte de couleur *brownish yellow* (10YR6/6), dure (Mohs 3-3,9), contenant beaucoup d'inclusions ; surface lisse.

Étroite plateforme rectangulaire, à la surface plane, dans l'épaisseur de laquelle fut percé de part et d'autre le trou de logement de l'essieu avant (aucune trace de l'essieu arrière, ni du reste de la partie postérieure, en raison de l'état de conservation fragmentaire de l'objet); haut montant frontal trapézoïdal, légèrement incliné vers l'avant, perforé obliquement en son centre pour recevoir un timon. Il ne semble pas y avoir eu de montants latéraux.

Ce type de maquette de chariot rectangulaire avec une haute protection frontale et des panneaux latéraux bas ou absents est très répandu en Mésopotamie au IIIe millénaire (Littauer & Crouwel 1973, 113-114 ; Özgen 1986 ; Pruß 2018, 177).

Cf. Beydar (Pruß 2014, 252, pl. 4/4) ; Chuera (Littauer & Crouwel 1973, pl. 44/ C) ; Kashkashok (Talon & Lerberghe 1997, 244) ; Brak (Emberling *et al.* 1999, 21, fig. 21/d) ; Hammam et-Turkman (Van Loon 1988, 587/70) ; correspond au type X de Bollweg (1999, 12, 26-27), type IV de Raccidi (2012a, 610 ; 2012b ; 2014) ou type *C 06* de Pruß (2018, 177, pl. 4/1-2).

Université Laval.

Roues de chariot

Les plus anciennes représentations de roues de chariot en Mésopotamie remontent à la fin du IVe millénaire, sous forme de signes pictographiques gravés sur des tablettes d'argile proto-cunéiformes trouvées à Uruk (Littauer & Crouwel 1979, 13 ; Bakker *et al.* 1999, 778-780 ; Crouwel 2019, 29). Les modèles réduits de roues en terre cuite, comme celles de Tell 'Atij, n'apparaissent qu'au début du IIIe millénaire (Bollweg 1999 ; Bakker *et al.* 1999, 780-783), quoiqu'une nouvelle datation des niveaux VIIIA-C de Tepe Gawa, dans lesquels les fouilleurs américains ont retrouvé un modèle de chariot et quatorze roues miniatures en terre cuite (Speiser 1935, 74-75, pl. 78), ferait remonter leur apparition à la fin du IVe millénaire (Gut 1995, 224-225, table 22).

On a récemment découvert à Mari, en 2002 et 2003, les restes ou plutôt les empreintes de deux roues en bois qui sont considérées comme les plus anciens spécimens de roues découverts à ce jour dans le monde mésopotamien (Butterlin & Margueron 2006 ; Margueron 2010), plus anciens encore que ceux qui avaient été retrouvés précédemment à Suse, Kish et Ur. Les roues de Mari appartenaient à des chariots à quatre roues. Ce sont des roues pleines tripartites, formées d'une lentille centrale avec moyeu et de deux lunes de part et d'autre. Nous en avions déjà des représentations sur des fragments d'incrustation à Mari même et sur une plaque murale provenant du cimetière royal d'Ur[7]. Les roues tripartites sont signalées dans la documentation épigraphique qui fait une distinction selon qu'elles sont formées de planches lenticulaires ou rectilignes (Salonen 1965, 104-119), le premier type étant le plus ancien.

L'adjonction de roues à des traîneaux tractés par des bœufs (Littauer & Crouwel 1979, 8-11 ; Crouwel 2004) est certes l'indice d'une transformation majeure dans le domaine des transports (Butterlin & Margueron 2006, 318-319 ; Margueron 2010), mais aussi « l'expression d'une profonde mutation socio-économique » (Butterlin & Margueron 2006, 325), car la maîtrise de la roue et l'usage du chariot ont largement contribué au développement de centres urbains en Haute Mésopotamie au cours du IIIe millénaire, en lien direct avec l'accroissement des échanges commerciaux terrestres (Butterlin & Margueron 2006, 327 ; Margueron 1989, 123-124 ; 2010). L'un de ces centres urbains de Haute Mésopotamie était Tell Beydar/Nabada où les représentations de chariots sur des empreintes de sceaux sont nombreuses (Jans & Bretschneider 1998 ; Oates *et al.* 2001, 289-292 ; Rova 2008, 63-67) ; des textes, qui y furent découverts, signalent l'importance des chariots et du personnel qui lui est associé dans la gestion des grains (Sallaberger 1998 ; Sallaberger & Pruß 2015, 97).

La présence à Tell 'Atij de modèles réduits de roues de chariot en terre cuite s'accorderait donc bien avec la fonction présumée de ce site, à savoir un dépôt à grains où il fallait y transporter (par chariots ?) de grandes quantités de grains récoltés dans les plaines steppiques avoisinantes. Comme une partie de ces récoltes était sans doute destinée à la cité-État de Mari sur l'Euphrate, il est à propos de signaler ici le savoir-faire des charpentiers mariotes en matière de chariots (Dossin 1951, lettre 65, ligne 79). De surcroît, une lettre d'Hammourabi de Babylone non seulement fait allusion à la production de chariots à Mari mais aussi à la réputation de ses ânes pour leur traction (Lackenbacher 1988, 371-389). La découverte inattendue d'une inhumation d'âne immédiatement sous le premier niveau d'occupation de Tell 'Atij prend alors une signification particulière. D'autant plus qu'une récente étude zooarchéologique a confirmé le rôle accru joué par les équidés au IIIe millénaire en Mésopotamie (Vila 1998, 47), et notamment par l'âne qui servait surtout d'animal de bât (Margueron 1989, 121-123). Du reste, un texte de Mari, du IIe millé-

---

[7] Celles représentées sur l'Étendard d'Ur sont bipartites.

naire toutefois, fait référence à une caravane d'un millier d'ânes transportant vers Mari du blé provenant du Haut Pays (Finet 1969, 45).

Les trente-cinq roues de chariot en terre cuite de Tell 'Atij ont été façonnées à la main. Elles sont pleines, bien que dans deux cas [Tc48 et Tc89] sont indiquées, par des incisions, les trois parties ou planches en bois dont étaient constituées les roues de l'époque (Crouwel 2007, 217; 2019, 30; Pruß 2018, 178, pl. 5, type *W 02*), les plus anciens spécimens connus remontant à l'EJZ 3a (Pruß 2011, 246, note 87); or, les deux exemplaires miniatures en terre cuite de Tell 'Atij proviennent du dernier niveau d'occupation qui se situe chronologiquement à cette même époque.

Le diamètre des roues de chariot en terre cuite de Tell 'Atij varie de trois à douze centimètres. Elles comportent toutes un moyeu perforé, de part en part, plus ou moins prononcé dont le rebord vertical est plus ou moins droit. En règle générale, elles sont dépourvues de décor incisé, sauf dans les deux cas signalés plus haut et un troisième, unique en son genre, où nous avons, je pense, la silhouette maladroitement gravée d'une embarcation à voiles [l'une des deux faces de Tc48].

Les roues de chariot en terre cuite de Tell 'Atij se comparent tout à fait avec plusieurs spécimens trouvés sur des sites voisins contemporains : Brak (Oates *et al.* 2001, 284-285, fig. 488), Hammam et-Turkman (Van Loon 1988, 590-591), Munbaqa (Czichon & Werner 1998, pls 174-178), Halawa (Neufang & Pruß 1994, 161-162, 167-169, fig. 52), Abd (Pruß 2019, 65-69, pls 24-25).

Les roues de chariot de Tell 'Atij proviennent de chacun de ses niveaux à partir du niveau VIII (EJZ 2), avec une importante concentration au niveau V : sept exemplaires (Tableau 20.3). Mais, ni pour ce niveau, ni pour les autres, un contexte stratigraphique n'a produit un nombre élevé de roues. Toutefois, elles proviennent deux fois plus de pièces (12) que de cours ou voies de circulation (5). Enfin, aucune roue n'a été recueillie à proximité d'une caisse de chariot.

Quel était l'usage de ces roues de chariot miniatures en terre cuite ? Si on hésite à interpréter les modèles réduits de chariots en terre cuite, équipés de roues, comme des jouets étant donné leur fragilité, en revanche, ils auraient pu servir d'objets cultuels, comme *ex-votos* placés dans des temples, ou d'objets rituels déposés dans des tombes (Littauer & Crouwel 1973, 125-126). Plus récemment, Tobias Helms (2010) a proposé de voir dans ces roues miniatures en terre cuite des fusaïoles. Ainsi s'expliquerait le nombre peu élevé de fusaïoles identifiées à Tell 'Atij alors que ce site est associé à l'élevage de moutons et de chèvres dont il fallait filer les poils. C'est d'ailleurs la position adoptée par Sally Dunham (2015, 379-389) qui analyse les roues de chariot de Raqa'i avec les fusaïoles.

Tableau 20.3 : Distribution, par niveau et par contexte de découverte, des roues et des caisses de chariot en terre cuite de Tell 'Atij.

Niveau	Contexte	Roue de chariot (35)	Caisse de chariot (2)
I 9 roues 1 caisse	511 – pièce 514 – pièce 515 – pièce 517 – pièce 517' – pièce 522 – pièce 523 – pièce 549 – pièce 622 – plateforme	Tc89 (décor incisé) Tc39 Tc1 Tc2-3 Tc20 Tc21 Tc46 Tc25	Tc6
II 4 roues 1 caisse	528 – pièce 539a-b – pièce 552 – pièce 564a – allée	Tc45 Tc14 Tc62-63	Tc58
III 4 roues	563b – pièce 564b – ruelle 617 – pièce	Tc90 Tc66-67 Tc95	
IV 1 roue	545 – ruelle	Tc47	
V 1 roue	562 – cour	Tc68	
VI			
VII 3 roues	575 – cour	Tc77, 114-115	
VIII 3 roues	576 – cour	Tc83-84, 86	
IX			
X			
XI			
XII			
XIII			
0 8 roues		Tc4, 41, 48 (décor incisé), 56-57, 61, 87	
T. sec. 3 roues		Tc7, 69, 70	

Roues avec un moyeu prononcé et au rebord droit

Tc1 (ATJ86.D17A3...)

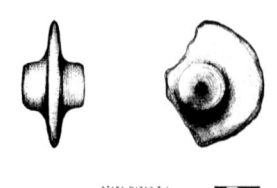

Roue de chariot en argile durcie, incomplète : qu'une moitié de préservée.

2,8 (ép.) × 5,7 cm (dia. max.).

Pâte de couleur *reddish yellow* (5YR6/6), peu dure (Mohs 2-2,9), contenant très peu d'inclusions ; surface sommairement modelée et lissée.

Disque plat, petit moyeu proéminent au rebord plutôt droit et à la surface plane, jante arrondie.

Université Laval.

Tc7 (ATJ86.MM19A3...)

Roue de chariot en terre cuite, complète mais avec plusieurs éclats au rebord.

2,7 (ép.) × 6,5 cm (dia.).

Pâte de couleur *light brownish brown* (10YR6/4), dure (Mohs 3-3,9), contenant plusieurs inclusions ; surface lisse.

Disque aplani, moyeu proéminent au rebord droit et à la surface plane, jante amincie.

Sur une face, est incisée une ligne crochue qui rappelle beaucoup la ligne indiquant la coque de l'embarcation représentée sur la roue Tc48.

Musée de Deir ez-Zor (ATJ86.23).

Tc14 (ATJ87.E15A5...)

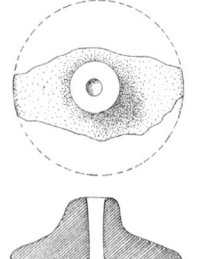

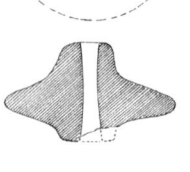

Roue de chariot en terre cuite, incomplète : seul le tiers central est préservé.

4,5 (ép.) × 8 cm (dia. max.).

Pâte de couleur brune (7.5YR5/4), peu dure (Mohs 2-2,9), contenant beaucoup d'inclusions dont des particules minérales blanches de bonnes dimensions ; surface sommairement lissée.

Disque au profil biseauté, large moyeu très proéminent au rebord plutôt droit et à la surface plane, jante arrondie.

Musée de Deir ez-Zor (ATJ87.24).

Tc20 (ATJ87.D9A17...)

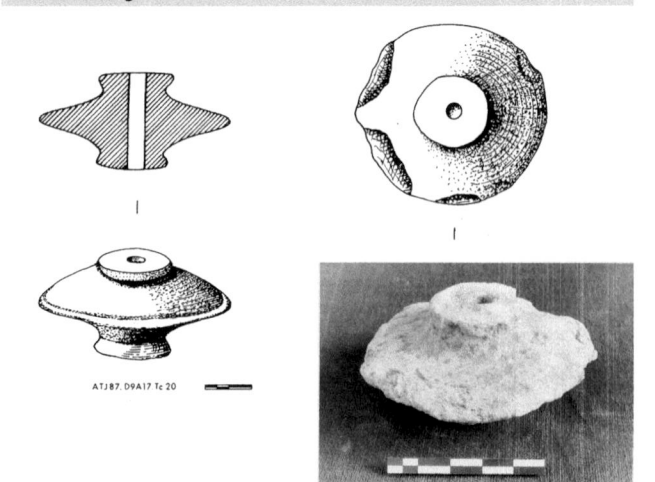

Roue de chariot en argile durcie, complète hormis quelques éclats à la jante.

4,2 (ép.) × 7,5 cm (dia. max.).

Pâte de couleur *very pale brown* (10YR), dure (Mohs 3-3,9), contenant peu d'inclusions ; surface lisse.

Disque au profil biseauté, large moyeu proéminent au rebord rentrant et à la surface plane en saillie, jante arrondie.

Musée de Deir ez-Zor (ATJ87.37).

OBJETS EN TERRE CUITE

Tc41 (ATJ87.D12A11...)

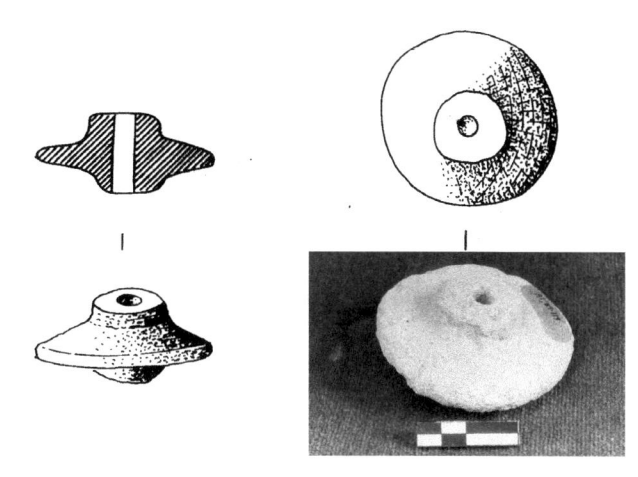

Roue de chariot en argile durcie, complète mais dont une face est entièrement recouverte de concrétions calcaires.

1,7 (ép.) × 4,2 cm (dia. max.).

Pâte de couleur *light brownish gray* (10YR6/2), peu dure (Mohs 2-2,9), contenant beaucoup d'inclusions ; surface lisse.

Disque plat plutôt mince, large moyeu proéminent au rebord plutôt arrondi et à la surface plane, jante arrondie.

Musée de Deir ez-Zor (ATJ87.119).

Tc45 (ATJ87.D16A1'...)

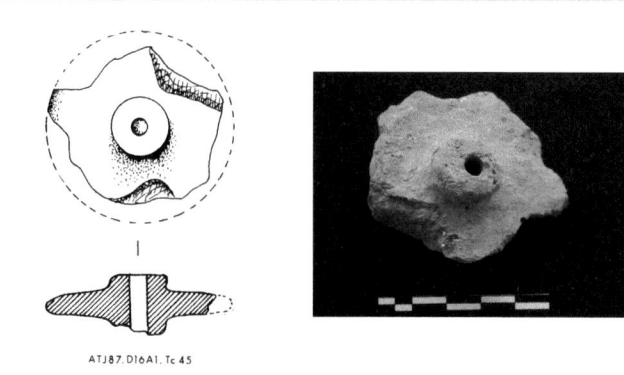

Roue de chariot en argile durcie, incomplète : manque presque toute la bordure de la jante.

2,2 (ép.) × 5,8 cm (dia. max.).

Pâte de couleur *light brown* (7.5YR6/4), peu dure (Mohs 2-2,9), contenant peu d'inclusions ; surface lisse.

Disque plat, petit moyeu proéminent au rebord arrondi et à la surface plane, jante arrondie.

Musée de Deir ez-Zor (ATJ87.178).

Tc46 (ATJ87.E9A3...)

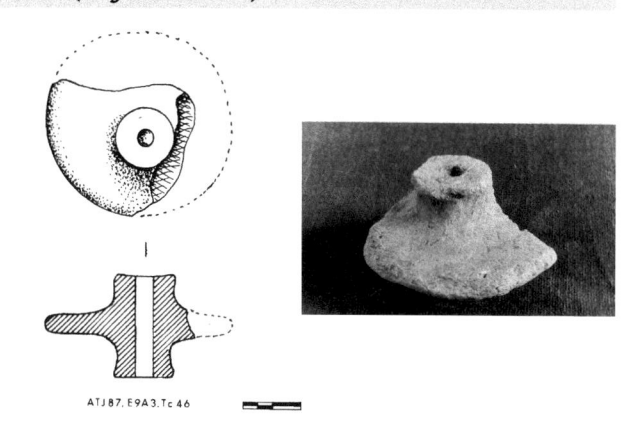

Roue de chariot en argile durcie, incomplète : n'en reste que le tiers environ.

3,5 (ép.) × 5,2 cm (dia. max.).

Pâte de couleur *pale brown* (10YR6/3), dure (Mohs 3-3,9), contenant beaucoup d'inclusions ; surface lisse.

Disque plat, large moyeu très proéminent au rebord un peu convexe et à la surface plane légèrement en saillie, jante ronde.

Musée de Deir ez-Zor (ATJ87.217).

Tc48 (ATJ87.C19A2...)

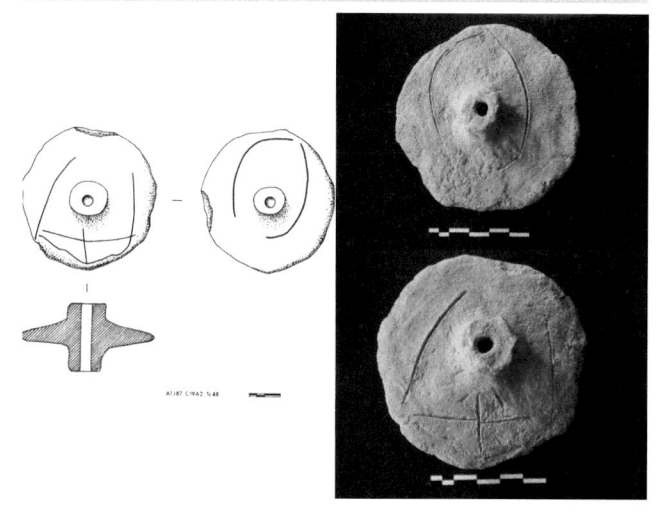

Roue de chariot en terre cuite, complète mais avec quelques éclats sur le rebord.

4 (ép.) × 8,5 cm (dia.).

Pâte de couleur *light brownish brown* (10YR6/4), dure (Mohs 3-3,9), contenant plusieurs inclusions ; surface lisse.

Disque au profil biseauté, large moyeu proéminent au rebord droit et à la surface plane, jante sommairement arrondie.

Sur une face, des lignes incisées forment une silhouette qui s'apparente à celle d'une embarcation à voiles avec ce qui semble être la coque de la barque à fond courbe, un mât central et deux voilures aux deux extrémités du bateau indiquées simplement par deux lignes verticales courbées partant de la proue et de la poupe (Fortin 1990a, 242-243, fig. 24). Si la ressemblance avec une vraie barque à voiles peut être contestée (Dunham 2015, 380), il ne faut pas perdre de vue que cette silhouette incisée sur une roue de chariot miniature n'était pas un dessin technique réalisé par un ingénieur. Mais plutôt une représentation profane, non professionnelle, d'un observateur résidant à Tell 'Atij qui a probablement eu souvent l'occasion d'en voir sans en remarquer toutefois tous les détails techniques ou qui ne s'est pas donné la peine sur un support aussi simple d'en représenter tous les détails, notamment concernant la voilure. Une telle mise en garde nous est servie par Shelly Wachsmann (1998, 4) : « some depictions ... were no more than simple graffiti or rough models fashioned by unskilled hands » (Wachsmann 1981, 191-195), et notamment au sujet des représentations des bateaux des « Peuples de la Mer » sur les reliefs de Medinet Habu, une tradition qui pourtant remonte à l'époque prédynastique en Égypte puisque l'on peut observer des représentations stylisées de voiles sur la céramique Gerzéenne (Bass & Wachsmann 1997, 31 ; Wachsmann 1997, 506). Du reste, l'existence de bateaux à voiles en Méditerranée (Broodbank 2010, 254) et au Proche-Orient est bien attestée à l'époque durant laquelle Tell 'Atij fut occupé, voire bien avant (Wachsmann 1998 ; 1997, 506 ; Vigne & Cucchi 2005 ; Carter 2006 ; Carter & Crawford 2010, 91, 351, pl. 27, pour un dessin de bateau tout à fait comparable mais peint sur un disque en céramique et daté de l'époque obeidienne). Durant l'âge du Bronze, on peut observer en différents endroits de la Méditerranée orientale des représentations stylisées de bateaux à voiles composées uniquement d'une coque recourbée et surmontée d'une ligne verticale pour indiquer le mât et de deux lignes convergentes pour signifier la voilure (Wachsmann 1997, 506 ; 1998, 42, 118 et 139 ; Artzy 2003, mais pour des exemples de la fin de l'âge du Bronze) ; ce sont des exemples approchants mais pas exactement semblables à la présente silhouette gravée sur notre roue de chariot. Jusqu'à tout récemment, de tels bateaux à un mât (*muhele*) circulaient sur l'Euphrate (Ritter 1919, 122 ; Mallowan 1930, 123).

La présence d'une barque à voiles sur le Khabour n'a rien de surprenant puisque deux modèles fragmentaires en terre cuite d'une embarcation semblable, avec des extrémités pointues, ont été retirés des couches obeidiennes de Tell Mashnaqa, en aval sur la même rive du Khabour (Thuesen 1991 ; 2000, fig. 5). Cette découverte suggère que les habitants de la vallée utilisaient des bateaux pour le transport et la pêche dès 5000 av. J.-C., voire plutôt (Akkermans & Schwartz 2003, 167-168). Des fragments de deux autres exemplaires, inédits, ont été mis au jour dans le niveau 9B (Obeid du nord final, vers 4600/4500 av. J.-C.) de Tell Feres al Sharqi, dans la Djézireh, près de Tell Brak et de Tell Barri, donc en amont cette fois de Tell 'Atij (Forest & Vallet 2008, 126-127).[8] Ces maquettes viennent confirmer ce que Lionel Casson écrivait déjà sur les bateaux mésopotamiens du IIIe millénaire alors que très peu de modèles réduits de bateaux étaient encore connus : « By the second half of the third millennium B.C., local boatwrights were making craft of wood rigged with sail as well as oars, but these were of no great size. The largest class carried no more than 11 tons of cargo, and the normal class only half that much » (Casson 1971, 23).

Bien qu'il nous soit impossible d'évaluer le tonnage de l'embarcation ici représentée, il est cependant pertinent de rappeler ici que les nombreux textes mésopotamiens de la période d'Ur III traitant du transport des chargements de grains, « the most commonly transported... commodity » (Algaze 2008, 59), entre les cités-États d'alors situent une cargaison moyenne à une trentaine de tonnes. Des tablettes paléo-babyloniennes provenant du palais de Mari font référence à des bateaux et à des barques pour le transport de grains, sans doute d'orge, vers le palais ; c'était le moyen de transport privilégié, car plus commode, plus sûr (Birot 1964, 39-44 ; Burke 1964 ; Finet 1969 ; Kupper 1991, 47, 51) et plus facile à gérer (Margueron 1989, 119-126). Leur capacité était comprise entre 5 et 60 *kur* ou *kurrum*, soit entre 360 et 4 320 litres[9], le tonnage le plus usuel ayant été celui de 20 *kur*, l'équivalent de 1440 litres. Jusqu'à 30 *kur*, les embarcations étaient désignées comme des barques et, de 40 à 60 *kur*, comme des « grands » bateaux (Burke 1964, 70-71 ; Finet 1969, 41). Celles de 5 *kur* (360 litres) seulement étaient appelées chaloupes ; elles étaient réservées aux usages locaux (Finet 1969, 41). Cependant,

---

8 Courriel de Régis Vallet en date du 15 mai 2020. Pour une liste à jour des exemplaires connus de maquettes de bateaux obeidiennes dans le monde mésopotamien, voir : Carter 2006 ; 2012, 348-352. La fabrication de maquettes d'embarcations, de bateaux ou de barques aurait débuté dès le Néolithique dans le monde égéen (Marangou 1991).

9 Le *kur* de Mari aurait équivalu à 72 litres, selon les plus récentes études sur le sujet (Reculeau 2018b) alors que d'anciennes publications font plutôt référence à 120 litres (Burke 1964, 72, 83 ; Birot 1964, 41) voire 300 litres (Finet 1969, 41).

les capacités de transport des céréales et de l'orge se calculent autrement eu égard au rapport entre le volume et le poids, et en tenant compte de la densité de l'orge (Reculeau 2018b, 104-109).[10] Ainsi, les embarcations de 5 à 60 *kur* auraient pu transporter entre 222 et 2 664 kg d'orge, le tonnage de 20 *kur*, plus courant, équivalant donc à 888 kg. Les grains pouvaient être transportés en sacs ou même chargés dans de grandes jarres placées au fond du bateau dans une structure en bois ayant probablement ressemblée à des bancs évidés, faisant de ces embarcations « de véritables bateaux-greniers comparables à nos cargos et péniches à casiers » (Burke 1964, 85). Chaque bateau était placé sous la responsabilité d'un batelier ou « maître du bateau », qui fait fonction de chef d'équipage (Burke 1964, 86-89).

Quant à la navigabilité du Khabour au IIIe millénaire, elle semble établie (Strange 1905, 95 ; Lewy 1951, 2 ; Kupper 1964, 115 ; Graeve 1981, 17 ; Finet 1984 ; Durand 1988, 156 note a ; Tardieu 1990, 71-135 ; Ergenzinger 1991, 175), mais peut-être pas à longueur d'année (Trokay 2014, 326) : lorsque la rivière est en hautes eaux seulement (Chambon 2017, 141). Par ailleurs, des lettres provenant des archives de Mari font clairement référence au transport fluvial sur le Khabour au début du IIe millénaire (Birot 1964 ; Burke 1964 ; Durand 1997, 322-324 ; Chambon 2017, 141) et certaines font même état de livraison par bateau au palais de Mari de grains récoltés dans le Moyen Khabour, notamment à proximité de la ville de Tâbâtum (Tell Taban) située à quelques kilomètres seulement en aval de Tell 'Atij (Birot 1964, 39-40). Néanmoins, certains épigraphistes pensent plutôt que la navigation sur le Khabour s'arrêtait à la ville de Qattunân, plus au sud (Chambon 2017, 141 ; Durand 1997, 322-323). Certaines lettres de Mari précisent encore que les apports de céréales au palais ne se déroulent pas uniquement « à l'époque de la moisson mais pratiquement toute l'année » (Burke 1964, 96), d'où la nécessité d'avoir des greniers construits près des lieux où ils ont été récoltés pour les conserver en attendant l'arrivée d'un bateau. Enfin, l'étude pédo-géomorphologique réalisée par notre équipe à la base du tell principal d'Atij a montré que les eaux de la rivière étaient plus hautes qu'à l'heure actuelle et que, conséquemment, la rivière était plus large et plus profonde, donc plus facilement navigable ; elle faisait même du site de Tell 'Atij un îlot au centre de cette rivière, une position géographique tout à fait propice aux échanges (Fortin 1990c, 560-562 ; Blackburn & Fortin 1994).

Sur l'autre face de la roue de char Tc48, ont été incisée deux lignes courbes, de part et d'autre du moyeu, probablement afin de représenter sommairement les trois parties formant une roue en bois à l'époque (Crouwel 2007, 217 ; Pruß 2011, 246, son type *W 02*).

Il est regrettable que cette roue n'ait pas été trouvée en stratigraphie, dans un contexte assuré ; elle a été transportée par l'érosion et déposée dans les épaisses couches de surface accumulées au pied du versant méridional du tell. Toutefois, nous pouvons être certains qu'elle provient d'un niveau supérieur du site, sans pouvoir préciser lequel.

Cf. Beydar (Pruß 2014, 123, 146 fig. 13) ; Halawa (Neufang & Pruß 1994, fig. 52/114) ; Chuera (Orthmann *et al.* 1995, fig. 73/65) ; Abd (Pruß 2019, pl. 24/c-d).

Publ. : Fortin 1990a, 243, fig. 24 ; 2016a, 137, fig. 8.

Musée de Deir ez-Zor (ATJ87.229).

Tc56 (ATJ88.D14A99…)

Roue de chariot en argile crue, complète sauf pour de petits éclats sur le bord de la jante.

4,2 (ép.) × 6,6 cm (dia.).

Pâte de couleur *reddish brown* (5YR4/4), dure (Mohs 3-3,9), contenant peu d'inclusions ; surface lisse.

Disque au profil biseauté, large moyeu très proéminent au rebord droit et à la surface plane, jante arrondie.

Cf. Munbaqa (Czichon & Werner 1998, pl. 176/4337).

Université Laval.

---

10 Le *kurrum* de Mari exprimé en kilogrammes pour le transport des céréales aurait correspondu à 44,4 kg (Reculeau 2018b, 109, table 5).

Tc83 (ATJ92.E13B14...)

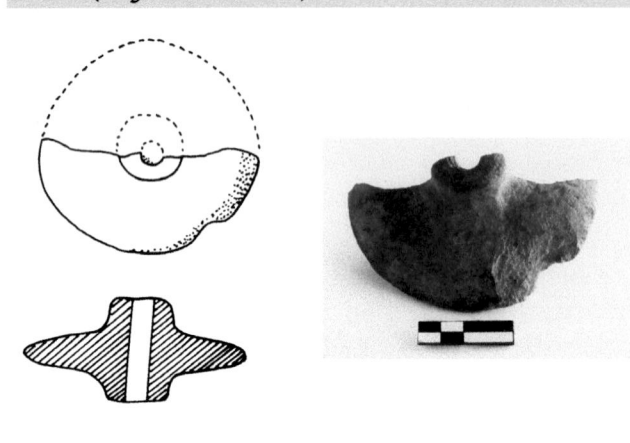

Roue de chariot en terre cuite, incomplète : qu'une moitié de préservée.

2,8 (ép.) × 5,6 cm (dia. max.).

Pâte de couleur *gray* (5YR6/1), dure (Mohs 3-3,9), contenant très peu d'inclusions ; surface bien lissée et unie.

Disque au profil biseauté, petit moyeu proéminent au rebord droit et à la surface arrondie, jante ronde.

Université Laval.

Tc89 (ATJ93.C13A1...)

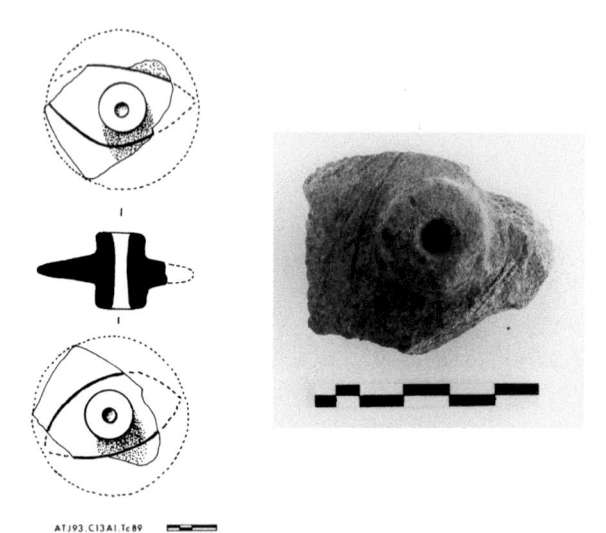

Roue de chariot en terre cuite, incomplète : qu'un gros fragment central (le moyeu).

2,9 (ép.) × 5,2 cm (dia. max.).

Pâte de couleur *light gray* (10YR7/2), dure (Mohs 3-3,9), contenant plusieurs inclusions minérales et végétales ; surface lissée.

Disque au profil légèrement biseauté (plutôt aplati), large moyeu proéminent au rebord droit et à la surface plane, jante arrondie.

Sur chacune des faces, deux lignes courbes sont incisées de part et d'autre du moyeu comme pour représenter les trois parties formant une roue pleine en bois à cette époque.

Cf. Brak (Oates *et al.* 2001, fig. 488/36 et 39) ; Halawa (Neufang & Pruß 1994, fig. 52/114) ; Chuera (Orthmann *et al.* 1995, fig. 73/65) ; el-'Abd (Finkbeiner 2019, pl. 24d).

Université Laval.

Tc95 (ATJ93.C13A16...)

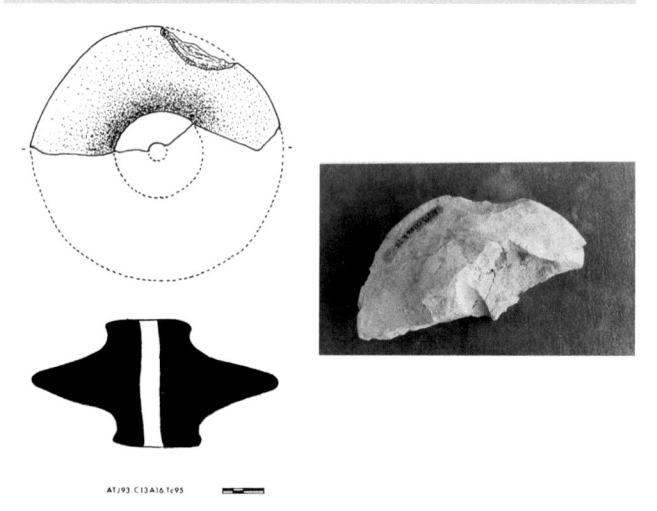

Roue de chariot en terre cuite, très fragmentaire : à peine une moitié.

6,1 (ép.) × 12 cm (dia. max.).

Pâte de couleur *pinkish gray* (7.5YR7/2), dure (Mohs 3-3,9), contenant peu d'inclusions ; surface très sommairement modelée.

Disque au profil biseauté, très large moyeu proéminent au rebord concave et à la surface plane saillante, jante arrondie.

Université Laval.

OBJETS EN TERRE CUITE

Roues avec un moyeu plus ou moins prononcé et au rebord plus ou moins droit

Tc3 (ATJ86.E17A2...)

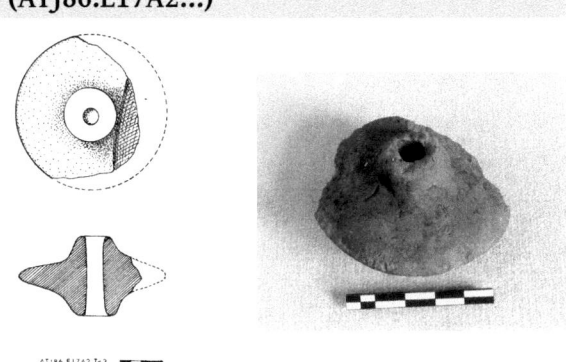

Roue de chariot en terre cuite, incomplète : en manque le tiers environ, à la jante.

3,7 (ép.) × 6,6 cm (dia. max.).

Pâte de couleur *yellowish brown* (10YR5/4), dure (Mohs 3-3,9), contenant peu d'inclusions ; surface lisse.

Disque au profil biseauté, moyeu proéminent au rebord plutôt pentu et à la surface bombée, jante arrondie.

Musée de Deir ez-Zor (ATJ86.22).

Tc21 (ATJ87.D9A19...)

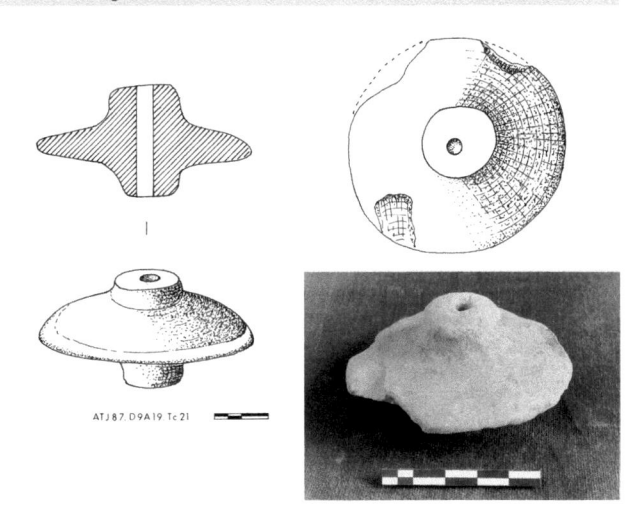

Roue de chariot en argile durcie, complète.

4 (ép.) × 8 cm (dia. max.).

Pâte de couleur *pale brown* (10YR6/3), dure (Mohs 3-3,9), contenant peu d'inclusions ; surface lisse.

Disque plutôt plat, d'un côté, un large moyeu proéminent au rebord droit et à la surface plane tandis que de l'autre côté le moyeu, qui possède les mêmes caractéristiques, est plus petit ; jante arrondie.

Musée de Deir ez-Zor (ATJ87.38).

Tc62 (ATJ88.D14A18...)

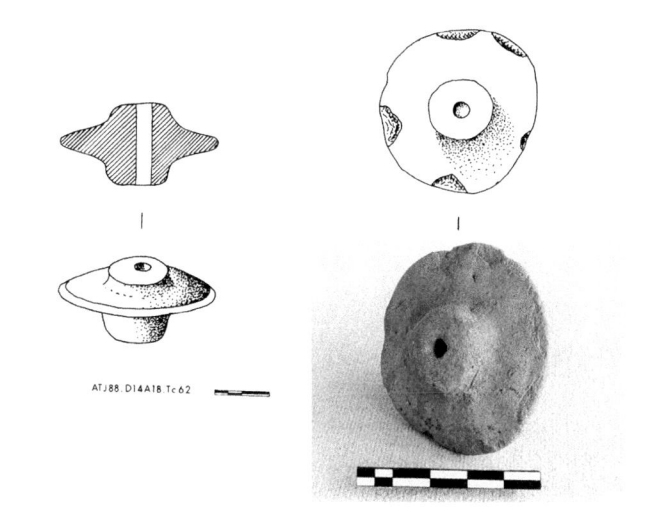

Roue de chariot en terre cuite, complète.

3,1 (ép.) × 6,1 cm (dia. max.).

Pâte de couleur *pale yellow* (2.5Y7/4), assez dure (Mohs 3-3,9), contenant peu d'inclusions ; surface lisse.

Disque au profil biseauté, large moyeu peu proéminent au rebord pentu et à la surface plane, jante arrondie.

Université Laval.

Tc63 (ATJ88.D14A18...)

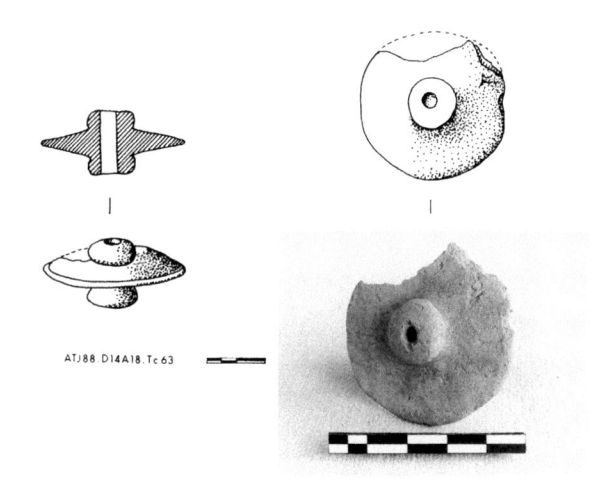

Roue de chariot en argile durcie, incomplète : manque un large éclat représentant environ 1/8 de la pièce.

2,2 (ép.) × 5 cm (dia. max.).

Pâte de couleur *pale yellow* (2.5Y7/4), dure (Mohs 3-3,9), contenant peu d'inclusions ; surface lisse.

Disque au profil biseauté, petit moyeu proéminent au rebord plutôt droit et à la surface arrondie, jante amincie.

Université Laval.

Tc68 (ATJ88.E13B4...)

Roue de chariot en terre cuite, très incomplète : nous n'avons qu'un quart du disque.

2 (ép.) × 3 cm (dia. max.).

Pâte de couleur *very dark gray* (2.5Y3/0), peu dure (Mohs 2-2,9), contenant peu d'inclusions ; surface lisse.

Disque au profil très biseauté, petit moyeu peu proéminent au rebord arrondi et à la surface plane, jante amincie.

Musée de Deir ez-Zor (ATJ88.90).

Tc69 (ATJ88.GG18C2...)

Roue de chariot en terre cuite, complète.

2,6 (ép.) × 5,8 cm (dia.).

Pâte de couleur *pale brown* (10YR7/4), dure (Mohs 3-3,9), contenant peu d'inclusions ; surface lisse.

Disque plat, petit moyeu peu proéminent au rebord droit et à la surface plane, jante arrondie.

Université Laval.

Tc87 (ATJ93.D13A2...)

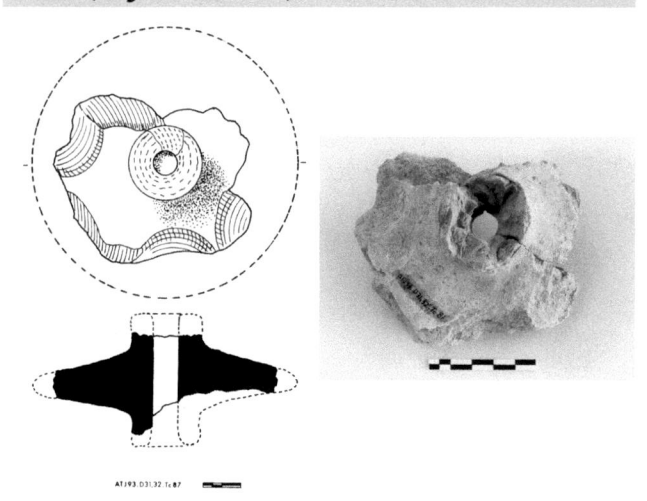

Roue de chariot en terre cuite, incomplète : que la partie centrale ; l'ensemble de la bordure de la jante a disparu ainsi que les surfaces des deux extrémités du moyeu.

5,2 (ép.) × 9,5 cm (dia. max.).

Pâte de couleur *light brown* (7.5YR6/4), peu dure (Mohs 2-2,9), contenant plusieurs inclusions dont des particules minérales blanches ; surface sommairement modelée et lissée.

Disque au profil biseauté, très large moyeu proéminent (à l'origine).

Université Laval.

Tc114 (ATJ92.E14A11...)

Roue de chariot en terre cuite, incomplète.

3,1 (ép.) × 10,3 cm (dia. max.).

Pâte de couleur *pink* (7.5YR7/4), dure (Mohs 3-3,9), contenant beaucoup d'inclusions végétales.

Disque au profil biseauté, moyeu peu prononcé, jante arrondie.

Université Laval.

Tc115 (ATJ92.E13B13...)

Roue de chariot en terre cuite, incomplète.

1,4 (ép.) × 3,5 cm (dia. max.).

Pâte de couleur *light yellowish brown* (10YR6/4), dure (Mohs 3-3,9), ne contenant que très peu d'inclusions.

Disque plat, petit moyeu peu prononcé au rebord graduel, jante arrondie.

Université Laval.

Roues avec un moyeu peu prononcé et au rebord pentu

Tc2 (ATJ86.E17A2...)

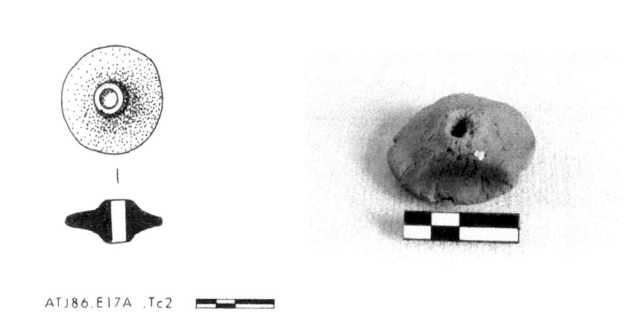

Roue de chariot en terre cuite, complète hormis quelques petits éclats à la jante.

1,3 (ép.) × 2,7 cm (dia.).

Pâte de couleur brune (10YR5/3), peu dure (Mohs 2-2,9), contenant peu d'inclusions ; surface lisse.

Disque au profil biseauté, petit moyeu peu proéminent au contour pentu et à la surface arrondie, jante arrondie.

Musée de Deir ez-Zor (ATJ86.21).

Tc4 (ATJ86.D20A2...)

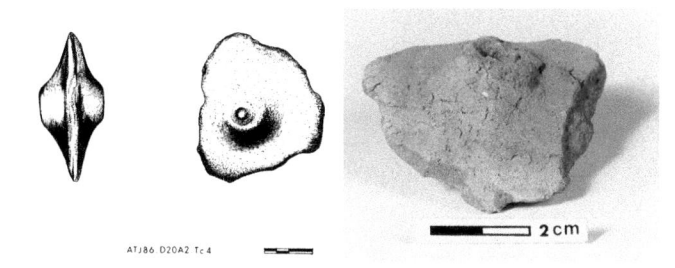

Roue de chariot en argile durcie, incomplète : larges fragments manquant à la jante.

2,6 (ép.) × 6,2 cm (dia. max.).

Pâte de couleur *reddish yellow* (7.5YR7/6), peu dure (Mohs 2-2,9), ne contenant que peu d'inclusions ; surface sommairement modelée et lissée.

Disque aplati, petit moyeu peu proéminent au rebord pentu et à la surface plane, jante arrondie.

Université Laval.

Tc25 (ATJ87.D8A1...)

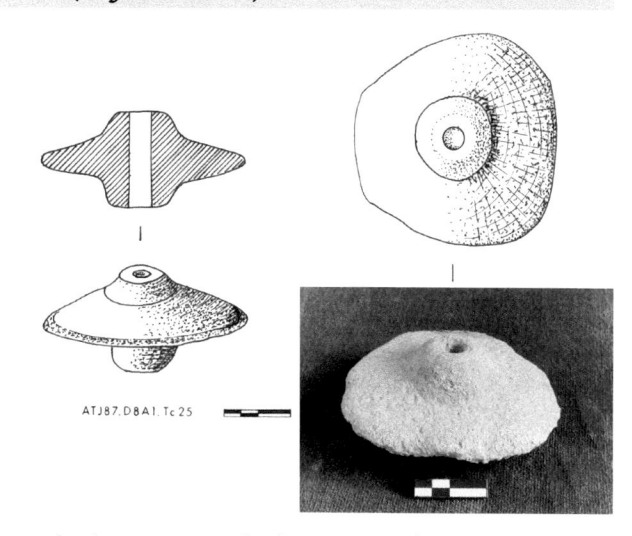

Roue de chariot en argile durcie, complète mais avec des concrétions sur l'ensemble de l'une de deux faces.

2,7 (ép.) × 6,4 cm (dia. max.).

Pâte de couleur *light yellowish brown* (2.5Y6/4), dure (Mohs 3-3,9), contenant peu d'inclusions.

Disque plat, petit moyeu peu proéminent au rebord pentu et à la surface arrondie, jante arrondie.

Musée de Deir ez-Zor (ATJ87.68).

Tc39 (ATJ87.E16A2...)

Roue de chariot en terre cuite, incomplète : au moins les deux tiers du disque ont disparu.

2 (ép.) × 4,2 cm (dia. max.).

Pâte de couleur *pale brown* (10YR6/3), peu dure (Mohs 2-2,9), contenant peu d'inclusions ; surface lisse.

Disque aplani, petit moyeu peu proéminent au rebord pentu et à la surface arrondie, jante ronde.

Musée de Deir ez-Zor (ATJ87.99).

Tc47 (ATJ87.E16A10…)

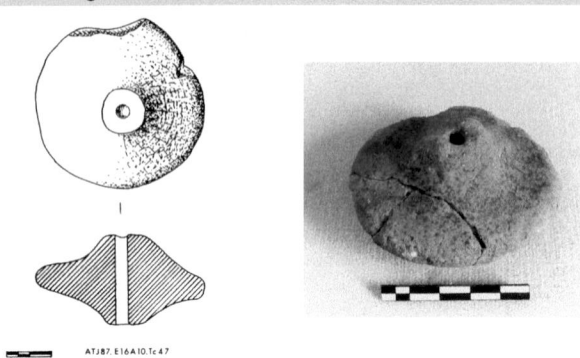

Roue de chariot en terre cuite, complète en dépit de quelques éclats à la jante et du recollement de deux gros fragments du disque.

4 (ép.) × 7,4 cm (dia. max.).

Pâte de couleur *light reddish brown* (5YR6/4), peu dure (Mohs 2-2,9), contenant peu d'inclusions ; surface lisse.

Disque aplati, petit moyeu peu proéminent au contour très pentu et à la surface arrondie, jante ronde.

Musée de Deir ez-Zor (ATJ87.228).

Tc57 (ATJ88.D14A99…)

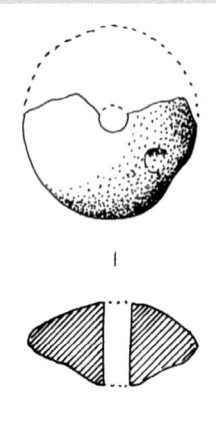

Roue de chariot en argile durcie, incomplète : n'en reste que le quart.

1,5 (ép.) × 3,3 cm (dia. max.).

Pâte de couleur *pale brown* (10YR6/3), molle (Mohs 1-1,9), contenant beaucoup d'inclusions ; surface lisse.

Petit disque de profil biseauté, petit moyeu peu proéminent au rebord pentu, jante arrondie.

Musée de Deir ez-Zor (ATJ88.2).

Tc61 (ATJ88.E14A99…)

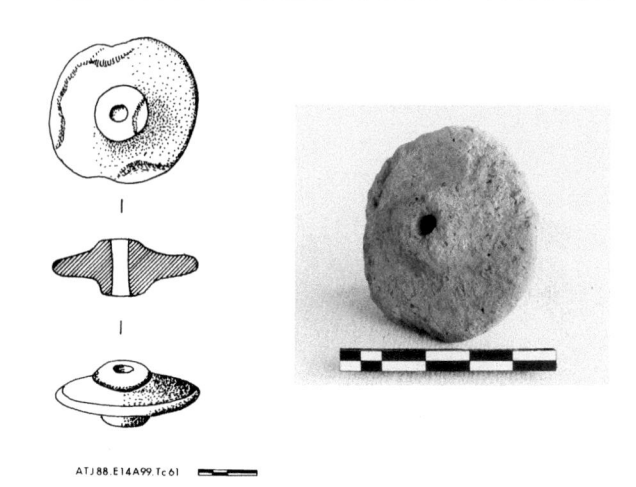

Roue de chariot en argile crue, complète mais avec quelques éclats.

1,9 (ép.) × 5 cm (dia.).

Pâte de couleur *reddish yellow* (7.5YR7/6), dure (Mohs 3-3,9), contenant plusieurs inclusions ; surface lisse.

Disque plat, petit moyeu peu proéminent au rebord pentu et à la surface plane, jante arrondie.

Université Laval.

Tc66 (ATJ88.D15A23…)

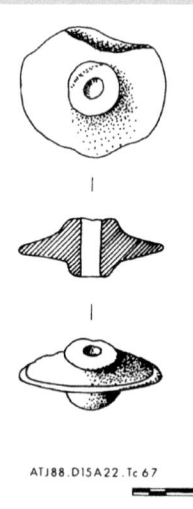

Roue de chariot en terre cuite, complète hormis deux bons éclats à la jante.

1,9 (ép.) × 4,5 cm (dia. max.).

Pâte de couleur *light brownish gray* (2.5Y6/2), dure (Mohs 3-3,9), contenant peu d'inclusions ; surface lisse.

Disque au profil biseauté, petit moyeu proéminent au rebord pentu et à la surface plane, jante arrondie.

Université Laval.

Tc67 (ATJ88.D15A22...)

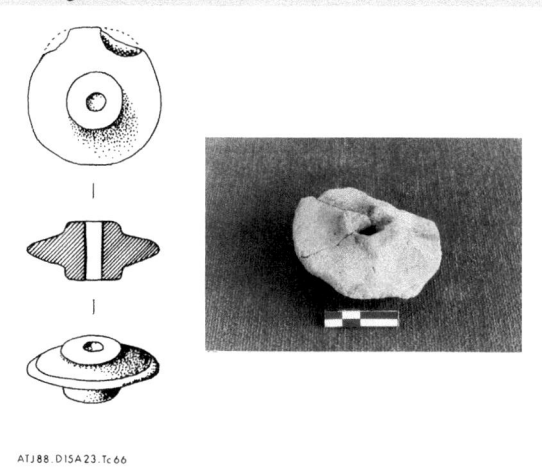

Roue de chariot en argile durcie, incomplète : large éclat à la jante et fragment du disque recollé.

1,9 (ép.) × 4,4 cm (dia. max.).

Pâte de couleur *light brown* (7.5YR6/4), peu dure (Mohs 2-2,9), contenant beaucoup d'inclusions ; surface lisse.

Disque au profil biseauté, petit moyeu peu proéminent au rebord pentu et à la surface arrondie, jante arrondie.

Université Laval.

Tc70 (ATJ88.GG18C2...)

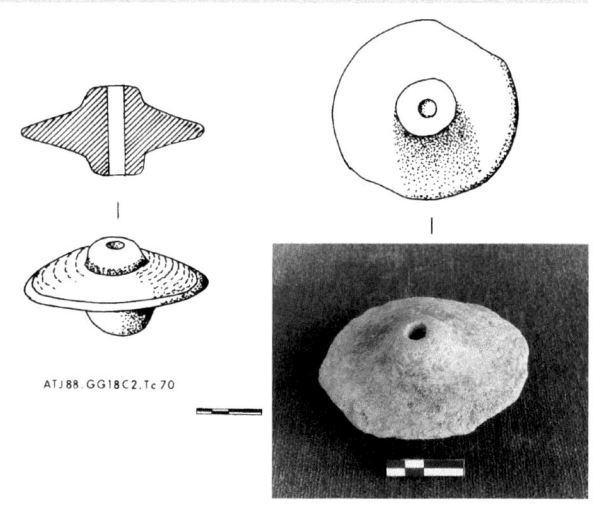

Roue de chariot en terre cuite, complète.

2,8 (ép.) × 5,7 cm (dia.).

Pâte de couleur *very pale brown* (10YR7/3), peu dure (Mohs 2-2,9), contenant peu d'inclusions ; surface lisse.

Disque au profil biseauté, petit moyeu à peine prononcé au rebord pentu et à la surface arrondie, jante arrondie.

Cf. Munbaqa (Czichon & Werner 1998, pl. 177/4344).

Université Laval.

Tc77 (ATJ92.D16C2...)

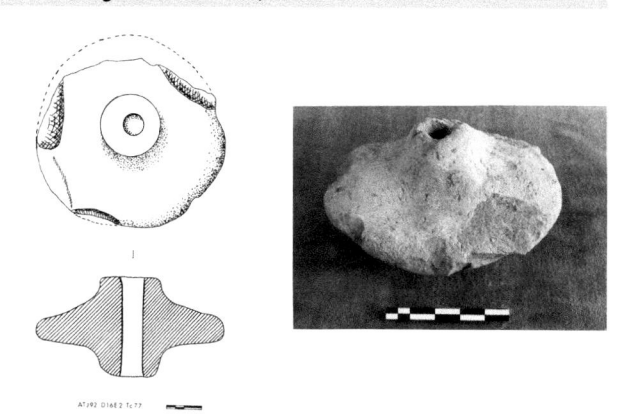

Roue de chariot en terre cuite, incomplète : manque un large fragment à la jante.

5 (ép.) × 10,4 cm (dia. max.).

Pâte de couleur *pale brown* (2.5Y7/4), dure (Mohs 3-3,9), contenant beaucoup d'inclusions ; surface lisse.

Disque aplani, large moyeu peu proéminent au rebord pentu et à la surface plane, jante ronde.

Musée de Deir ez-Zor (ATJ92.3).

Roues avec un minuscule moyeu et une perforation de très petit calibre

Tc84 (ATJ92.E13B14...)

Roue de chariot en terre cuite, incomplète : qu'une moitié de préservée.

1,6 (ép.) × 2,8 cm (dia. max.).

Pâte de couleur *noire* (7.5YR2/0), dure (Mohs 3-3,9), contenant très peu d'inclusions ; surface modelée et lissée.

Disque au profil biseauté, petit moyeu à peine prononcé, jante arrondie.

Université Laval.

Tc86 (ATJ92.F13A3...)

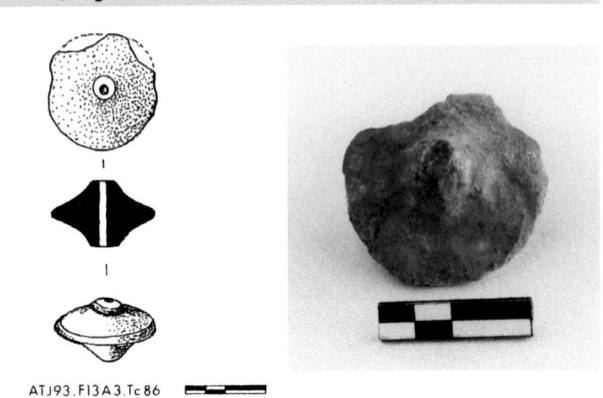

Roue de chariot en terre cuite, incomplète : manque deux bons fragments à la jante.

1,6 (ép.) × 2,8 cm (dia. max.).

Disque au profil biseauté, petit moyeu proéminent au rebord pentu et à la surface plane, jante arrondie.

Musée de Deir ez-Zor (ATJ93.1).

Tc90 (ATJ93.C13A7...)

Roue de chariot en terre cuite, incomplète : éclat à un endroit du rebord de la jante et il manque toute une face de la roue.

1 (ép.) × 3,5 cm (dia. max.).

Pâte de couleur *light brown* (7.5YR6/4), dure (Mohs 3-3,9), ne contenant que très peu d'inclusions.

Disque aplani, petit moyeu peu prononcé au contour pentu et à la surface arrondie, jante arrondie.

Cf. Munbaqa (Czichon & Werner 1998, pl. 174/4282).

Université Laval.

Fusaïoles

Seulement quatre fusaïoles (*whorl*, en anglais) en terre cuite ont été recueillies sur le site de Tell 'Atij. Ce qui est bien peu pour un site qui aurait participé au développement soudain, au cours du IIIe millénaire, de l'industrie textile (« *Fiber Revolution* ») axée sur l'exploitation et le traitement des poils de chèvres et de la laine des moutons qui étaient élevés dans les steppes à proximité de la vallée du Khabour (McCorriston 1997 ; contre le caractère révolutionnaire de ce changement : Huot 200, Breniquet 2008, 201) et dont la présence a été confirmée par les études zooarchéologiques (Zeder 1994, 1995, 1998a, 2003 ; Chapitre 28). Cependant, l'absence de fusaïoles sur un site ne signifie pas nécessairement que le filage n'y était pas pratiqué (Rahmstorf 2015, 5).

La fusaïole est certes l'artéfact « le plus clairement associé au tissage » (Stordeur 1989, 22) dans la mesure où elle est l'outil dédié quasi exclusivement à la fabrication des fils, un préalable au tissage (Breniquet 2008, 50 ; 2014, 67-68 ; Andersson Strand *et al.* 2010b, 161 ; Good 2012, 112-113). En effet, dès le PPNB (Breniquet 2008, 113-115), le filage des poils de chèvre et de la laine des moutons se fait le plus souvent au moyen d'un fuseau lesté par une fusaïole (Barber 1991, 51-68, 303-310), comme cela peut encore s'observer dans des villages de Syrie (D'Hont 1994, 189-190). Toutefois, « they have... been largely neglected in analyses of material culture, due in part to a lack of understanding of their functional attributes » (Crewe 1998, 1) ; une situation que l'on tente de rectifier avec l'aide de l'archéologie expérimentale (Andersson Strand 2012, 32-34 ; 2013, 12-15 ; Olofsson *et al.* 2015).

Pour définir un artéfact comme fusaïole, il doit posséder toutes les caractéristiques suivantes (Liu 1978, 90-97 ; Crewe 1998, 9-14 ; Breniquet 2008, 116-117 ; Rahmstorf 2015, 2-6 ; Anderson Strand & Nosch 2015) :

– Une forme circulaire, mais avec des variantes (ex. plate, conique, biconique, sphérique), dont le diamètre maximum doit osciller entre deux et dix centimètres ; c'est le diamètre de la fusaïole qui va déterminer sa vitesse de rotation : plus il sera large, plus la rotation sera lente et conséquemment se traduira par une longue période de filage (Rooijakkers 2012, 94).

– Une perforation transversale cylindrique bien centrée (Barber 1994, 38), pour y passer le fuseau, dont le diamètre doit être supérieur à 4 mm.

– Un poids minimum afin d'exercer convenablement sa fonction : 10 grammes ; ce poids peut aller jusqu'à

150 grammes selon la nature des fibres à tisser (ex. entre 100 et 150 g pour la laine longue, selon Barber 1991, 52) (Frangipane *et al.* 2009, 16-17), car c'est son poids qui détermine le diamètre du fil : « if the whorl is too heavy for the thread, it will break » (Rooijakkers 2012, 94 ; Rooijakkers & van Exel 2014, 166).

La combinaison de tous ces éléments est nécessaire à l'analyse exhaustive des fusaïoles (Firth 2015, 154-158).

Bien qu'aucune synthèse n'ait encore été publiée sur ce type d'artéfact pourtant fort répandu au Proche-Orient[11], de récentes études spécialisées ont proposé des méthodes d'analyse appropriées aux fusaïoles (ex. Crewe 1998 ; Keith 1998, 504-510 ; Breniquet 2008, 123) afin de s'assurer de sa fonction étant donné que d'autres types d'artéfacts (ex. perles) partagent les mêmes formes globales et dimensions (Médard 2000a, 27-28). À l'inverse, d'autres types d'artéfacts pourraient avoir exercé la même fonction, comme on l'a proposé récemment pour les roues de chariots (Helms 2010) ou les petits disques perforés en céramique (Rooijakkers 2012, 98-101 ; Levy & Gilead 2012, 132 ; Schuitema 2014, 168 ; Rahmstorf 2015, 5).

À Tell 'Atij, le nombre de fusaïoles en terre cuite est très limité (4), même si on y ajoute les trois exemplaires en pierre (Chapitre 22), alors qu'en général « spindle whorls are a ubiquitous item of many assemblages from the Near East from the Chalcolithic onwards, and their numbers increase exponentially in the Early Bronze Age in many regions » (Wilkinson 2014, 251). En outre, ce petit assemblage ne nous autorise pas vraiment à conclure en l'existence d'une forme de production textile d'une certaine importance sur ce site, comme cela a été fait récemment pour les sites d'Ebla (Peyronel 2007, 2014a ; Andersson Strand *et al.* 2010a) et d'Arslantepe (Frangipane *et al.* 2009 ; Laurito 2012), par exemple. Leur distribution dans les différents niveaux et les contextes de leur trouvaille (Tableau 20.4) ne nous permettent pas plus d'y identifier un atelier ; le filage et éventuellement le tissage devaient être des activités domestiques pratiquées à petite échelle.

Les fusaïoles de Tell 'Atij se comparent à celles trouvées sur des sites voisins contemporains : Brak (Oates *et al.* 2001, 597/85-91), Hammam et-Turkman (Van Loon 1988, 576-577, 636-637), Munbaqa (Czichon & Werner 1998, pls 178-180), Beydar (Baccelli 2014).

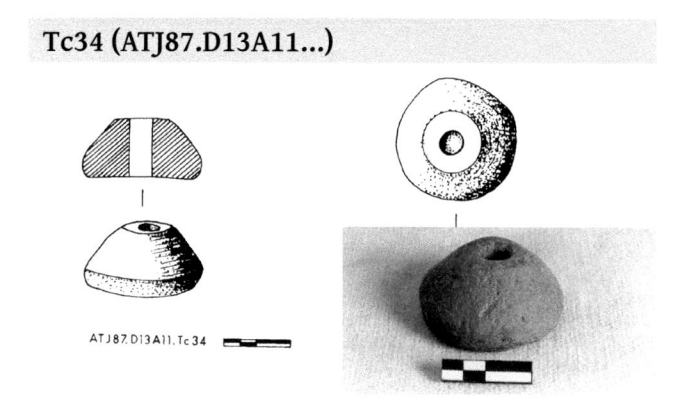

Tc34 (ATJ87.D13A11...)

Fusaïole en terre cuite, complète.

1,3 (ép.) × 3,4 (dia. max.) × 0,7 cm (dia. perforation) ; 20 g.

Pâte de couleur *brown* (10YR5/3), dure (Mohs 3-3,9), ne contenant que très peu d'inclusions minérales ; surface lisse.

De forme conique : les bords, bien droits, divergent vers le bas et forment un angle avant d'arriver à la base proprement dite de manière à créer une étroite bordure rectiligne à la base du cône ; le sommet est aplati et la base est très légèrement concave ; la perforation centrale, plutôt large, est parfaitement cylindrique.

Musée de Deir ez-Zor (ATJ87.92).

Tc55 (ATJ86.D17A9...)

Fusaïole en terre cuite, incomplète.

2,2 (ép.) × 3,1 cm (dia. max.).

Pâte de couleur *brown* (10YR5/3), dure (Mohs 3-3,9), ne contenant que très peu d'inclusions.

De forme biconique : bords irréguliers ; perforation centrale cylindrique.

Université Laval.

---

11 Lindy Crewe (1998) en a fait une pour Chypre à l'âge du Bronze.

Tc60 (ATJ88.D15A13...)

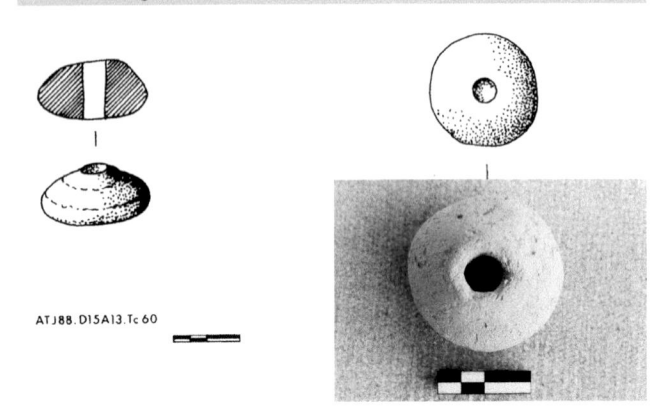

Fusaïole en terre cuite, complète.

1,8 (ép.) × 3,3 (dia. max.) × 0,6 cm (dia. perforation); 13 g.

Pâte de couleur *very pale brown* (10YR7/4), dure (Mohs 3-3,9), ne contenant que peu d'inclusions; surface sommairement modelée.

De forme biconique : bords irréguliers; perforation centrale cylindrique.

Musée de Deir ez-Zor (ATJ88.18).

Tc85 (ATJ92.E15A24...)

Fusaïole en terre cuite, complète.

1,2 (ép.) × 3,2 (dia. max.) × 0,6 cm (dia. perforation); 13 g.

Pâte de couleur *reddish yellow* (5YR6/6), dure (3-3,9), ne contenant que peu d'inclusions; surface lisse.

De forme conique aplatie : bords légèrement convexes arrondis vers la base qui est plate; perforation centrale cylindrique.

Université Laval.

OBJETS EN TERRE CUITE

Tableau 20.4 : Distribution, par niveau et par contexte de découverte, des fusaïoles, des tessons perforés, des tessons circulaires (non perforés) et des pesons en terre cuite de Tell 'Atij. Les fusaïoles et pesons en pierre (L) ont été ajoutés au tableau, ainsi que le poids de balance, tous ces artéfacts étant liées à la production textile.

Niveau	Contexte	Fusaïole (7)	Tesson perforé (10)	Tesson circulaire (15)	Peson (8)
I 1 fusaïole 3 t. perf. 5 pesons	501 – pièce (?) 506 – silo 522 – pièce 524 – pièce 622 – plateforme	L68	C3504 C3146 C1962		Tc13 Tc26-27-28-29
II 2 fusaïoles 1 t. perforé 2 pesons	508 – pièce 528 – pièce 564a – allée 565-566a – cour	Tc34 Tc60	C10103		L116 Tc65
III 2 t. perf. 1 peson	542 – pièce 553 – pièce		C5354-55		L172
IV 1 t. circ.	545 – ruelle			C10107	
V 1 t. perf. 3 t. circ.	562 – cour 580-1-2 – ruelles		C4835	C5362-63 C10112	
VI 1 fusaïole 4 t. circ.	538 – pièce 559a – pièce 561b – pièce 574 – cour	Tc55		C10111 C5358 C10113-4	
VII 1 t. perf. 2 t. circ.	575 – cour		C10105	C10108-9	
VIII 1 t. perf. 1 t. circ.	576 – cour		C10104	C10115	
IX 1 fusaïole 3 t. circ.	619 – pièce 570 – pièce 571 – pièce 578 – pièce	Tc85		C10106 C10110 C10116	L252 (poids de balance)
X 1 t. perf.	598 – cour		C10102		
XI					
XII					
XIII					
0 2 fusaïoles 1 t. circ.		L84 L142		C10117	

Tessons circulaires perforés et non perforés

L'inventaire des artéfacts de Tell 'Atij compte dix tessons de céramique de fabrique *Commune* qui ont été sommairement retaillés et rognés sur leur pourtour de manière à former un petit disque, dont le diamètre varie entre quatre et huit centimètres (Fig. 20.1-20.3). Ils ont été retirés de différentes structures dans neuf niveaux d'occupation (Tableau 20.4) ; leur contexte de trouvaille ne nous met sur aucune piste d'interprétation quelconque. Comme ils sont perforés au centre – sauf pour quatre fragments sur les faces desquels des perforations ont été entamées mais pas finies –, ces petits objets sont maintenant de plus en plus identifiés à des fusaïoles (Kaplan 1969, 25 ; Seeden 1982, 61 ; Wheeler 1982, 626-637 ; Spoor & Collet 1996, 440 ; Tsuneki & Miyade 1998, 119 – où des traces de ficelles ont même été identifiées sur les parois de la perforation ; Verhoeven 1999, 239 ; Gibbs 2008 ; Orrelle *et al.* 2012, 632-634 ; Schuitema 2014, 168-169, 188-193, fig. 7.12-14 ; Venturi 2020, 141-142, avec plusieurs références) d'autant qu'un tel usage a été observé dans des contextes ethnographiques (Crowfoot 1931, 39, pl. 38/1). En outre, leur forme ressemble beaucoup à celle des roues de chariot miniatures qui ont également été interprétées comme des fusaïoles ces dernières années (Helms 2010).

Néanmoins, d'autres interprétations ont été avancées : jeton/*calculi* en lien avec une activité comptable quelconque (Costello 2000 ; Garfinkel & Miller 2002, 101 ; Bennison-Chapman 2018b, 308, 312), pièce de jeu (Garfinkel & Miller 2002, 101), couvercle de jarre au goulot étroit (Mallowan & Rose 1935, 90, fig. 49/22-23 – où un tel tesson a été retrouvé sur un vase, une ficelle enfilée dans le trou aurait servi à retirer le couvercle du vase), toupie pour les enfants, cale de filets de pêche, volant d'inertie d'un foret (Groman-Yaroslavsaki & Bar-Yosef Mayer 2015, 81, 86 ; Smogorzewska 2019, 440-444), peson (Morandi Bonacossi 2005, 133, pl. 51.15-18) ou poids pour différents usages domestiques (Seeden 1982, 61), voire pendentif dans le cas des exemplaires très petits (Liu 1978 ; Collon & Symington 2007, 455).

Devant cette pléthore d'interprétations, des auteurs ont récemment émis l'hypothèse que, finalement, ces objets ont probablement pu exercer plusieurs fonctions (Schuitema 2014, 169 ; Venturi 2020, 142).

Des tessons circulaires perforés ont été identifiés sur d'autres sites contemporains de la moyenne vallée du Khabour, notamment à Melebiya (Lebeau 1993, 510) et à Raqa'i où incidemment ils furent décrits avec les fusaïoles (Dunham 2015, 380-381).

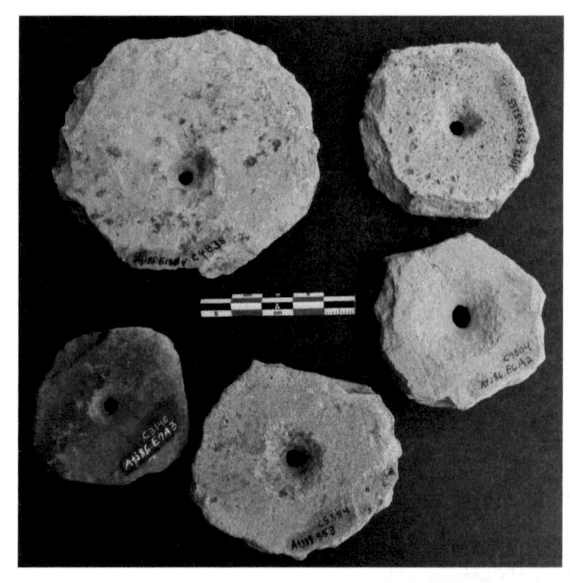

Figure 20.1: Tessons circulaires perforés.

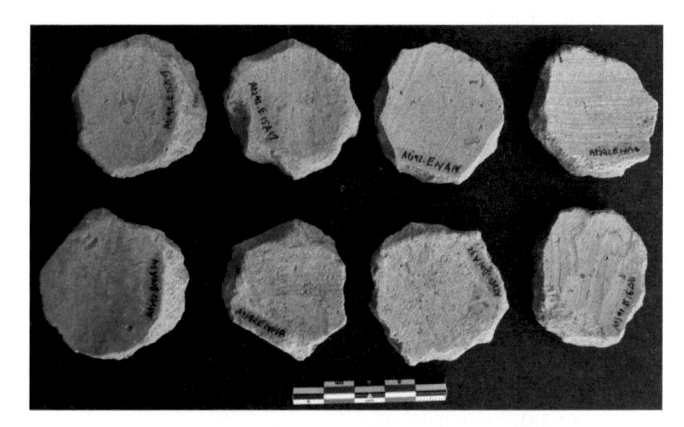

Figure 20.2: Tessons circulaires non perforés.

Figure 20.3: Tessons circulaires non entièrement perforés.

C1962 (ATJ87.D9A23...)

Tesson de céramique de fabrique *Commune*, de forme circulaire, rogné sur le pourtour et muni d'une perforation centrale.

Université Laval.

C3146 (ATJ86.E7A3...)

Tesson de céramique de fabrique *Commune*, de forme circulaire, rogné sur le pourtour et muni d'une perforation centrale ; traces d'usure uniforme autour de l'ouverture de la perforation à chacune de ses extrémités.

4,5-5 (dia.) × 1,1 cm (ép.) ; 26 g.

Université Laval.

C3504 (ATJ86.E6A2...)

Tesson de céramique de fabrique *Commune*, de forme circulaire, rogné sur le pourtour et muni d'une perforation centrale ; traces d'usure très étendues autour des deux ouvertures de la perforation centrale.

5 (dia.) × 1,1-1,5 cm (ép.) ; 40 g.

Université Laval.

C4835 (ATJ88.E13B4...)

Tesson de céramique de fabrique *Commune*, de forme sommairement circulaire, rogné sur le pourtour et muni d'une perforation centrale désaxée ; traces d'usure autour des ouvertures de la perforation.

8-8,5 (dia.) × 1,3 cm (ép.) ; 98 g.

Université Laval.

C5354 (ATJ88.553...)

Tesson de céramique de fabrique *Commune*, de forme sommairement circulaire, rogné sur le pourtour et muni d'une perforation centrale ; traces d'usure autour des ouvertures de la perforation.

5,5-6,5 (dia.) × 1,1 cm (ép.) ; 50 g.

Université Laval.

C5355 (ATJ88.553...)

Tesson de céramique de fabrique *Commune*, de forme sommairement circulaire, rogné sur le pourtour et muni d'une perforation centrale très légèrement désaxée ; traces d'usure autour des ouvertures de la perforation.

6 (dia.) × 0,8 cm (ép.) ; 40 g.

Université Laval.

C10102 (ATJ93.E14A21...)

Tesson de céramique de fabrique *Commune*, de forme sommairement circulaire, rogné sur le pourtour et présentant sur les deux faces une ébauche de perforation centrale.

3,8 (dia.) × 1 cm (ép.) ; 16 g.

Université Laval.

C10103 (ATJ88.D15A13...)

Tesson de céramique de fabrique *Commune*, de forme très circulaire, rogné sur le pourtour et ne présentant que sur une face une ébauche peu profonde de perforation centrale.

5,6 (dia.) × 1,3 cm (ép.) ; 44 g.

Université Laval.

C10104 (ATJ92.E14A16...)

Tesson de céramique de fabrique *Commune*, de forme plutôt triangulaire, rogné sur le pourtour et présentant sur les deux faces une ébauche bien nette de perforation centrale.

6,5 (dia.) × 1,6 cm (ép.) ; 65 g.

Université Laval.

C10105 (ATJ92.E15A19...)

Tesson de céramique de fabrique *Commune*, de forme circulaire, rogné sur le pourtour et ne présentant sur les deux faces une ébauche peu profonde de perforation centrale.

5,9 (dia.) × 1,3 cm (ép.) ; 47 g.

Université Laval.

Outre ces petits disques perforés, Tell 'Atij a livré quinze autres tessons circulaires retaillés et rognés sur leur pourtour mais sans aucune trace de perforation au centre. Sont-ce des ébauches de disques dans l'attente d'être perforées pour servir ensuite de fusaïoles, comme l'avance Sally Dunham (2015, 380) pour les spécimens de Raqa'i ? Ou de simples disques qui n'étaient pas destinés à être perforés et qui auraient pu avoir été utilisés comme jetons/*calculi* (Costello 2000 ; Orrelle *et al.* 2012, 640 ; Bennison-Chapman 2018b, 308, 312), pièces de jeu (Garfinkel & Miller 2002, 101) voire marqueurs pour identifier une personne ou un produit (Tsuneki & Miyade 1998, 119). Ils ont été trouvés dans plusieurs niveaux et dans des contextes variés (Tableau 20.4), nous empêchant d'y voir un regroupement quelconque et d'imaginer une fonction en lien avec leur contexte de découverte.

C5358 (ATJ88.D13B7…)

Tesson de céramique de fabrique *Commune*, de forme circulaire, rogné sur le pourtour; aucune perforation centrale.

4 (dia.) × 0,8 cm (ép.); 16 g.

Université Laval.

C5362 (ATJ88.E13B4…)

Tesson de céramique de fabrique *Commune*, de forme circulaire, rogné sur le pourtour; aucune perforation centrale.

3 (dia.) × 1,2 cm (ép.); 14 g.

Université Laval.

C5363 (ATJ88.E13B4…)

Tesson de céramique de fabrique *Commune*, de forme sommairement circulaire, rogné sur le pourtour; aucune perforation centrale.

5 (dia.) × 1 cm (ép.); 24 g.

Université Laval.

C10106 (ATJ92.E16A21…)

Tesson de céramique de fabrique *Commune*, de forme bien circulaire, rogné sur le pourtour; aucune perforation centrale.

6,7 (dia.) × 2 cm (ép.); 122 g.

Université Laval.

C10107 (ATJ92.E16A11…)

Tesson de céramique de fabrique *Commune*, de forme circulaire, rogné sur le pourtour; aucune perforation centrale.

3,8 (dia.) × 0,9 cm (ép.); 20 g.

Université Laval.

C10108 (ATJ92.E15A17…)

Tesson de céramique de fabrique *Commune*, de forme sommairement circulaire, rogné sur le pourtour; aucune perforation centrale.

4,2 (dia.) × 1,1 cm (ép.); 20 g.

Université Laval.

C10109 (ATJ92.E15A17…)

Tesson de céramique de fabrique *Commune*, de forme circulaire, rogné sur le pourtour; aucune perforation centrale.

4 (dia.) × 1,2 cm (ép.); 21 g.

Université Laval.

C10110 (ATJ92.E15A21…)

Tesson de céramique de fabrique *Commune*, de forme circulaire allongée, rogné sur le pourtour; aucune perforation centrale.

5,4 (dia.) × 1 cm (ép.); 34 g.

Université Laval.

C10111 (ATJ92.D14A32…)

Tesson de céramique de fabrique *Commune*, de forme sommairement circulaire, rogné sur le pourtour; aucune perforation centrale.

4,1 (dia.) × 1,2 cm (ép.); 22 g.

Université Laval.

C10112 (ATJ92.D14A34…)

Tesson de céramique de fabrique *Commune*, de forme circulaire, rogné sur le pourtour; aucune perforation centrale.

4,6 (dia.) × 1,1 cm (ép.); 24 g.

Université Laval.

C10113 (ATJ92.E14A8…)

Tesson de céramique de fabrique *Commune*, de forme sommairement circulaire, rogné sur le pourtour; aucune perforation centrale.

4,1 (dia.) × 1 cm (ép.); 19 g.

Université Laval.

C10114 (ATJ92.E14A8…)

Tesson de céramique de fabrique *Commune*, de forme circulaire, rogné sur le pourtour ; aucune perforation centrale.

3,8 (dia.) × 0,9 cm (ép.) ; 18 g.

Université Laval.

C10115 (ATJ92.E14A14…)

Tesson de céramique de fabrique *Commune*, de forme circulaire, rogné sur le pourtour ; aucune perforation centrale.

4,4 (dia.) × 0,8 cm (ép.) ; 18 g.

Université Laval.

C10116 (ATJ92.F14A6…)

Tesson de céramique de fabrique *Commune*, de forme bien circulaire, rogné sur le pourtour ; aucune perforation centrale.

4,8 (dia.) × 0,8 cm (ép.) ; 24 g.

Université Laval.

C10117 (ATJ92.G13A1…)

Tesson de céramique de fabrique *Commune*, de forme sommairement circulaire, rogné sur le pourtour ; aucune perforation centrale.

4,1 (dia.) × 0,8 cm (ép.) ; 13 g.

Université Laval.

Pesons

Six petits objets en terre cuite trouvés à Tell 'Atij peuvent être catalogués comme pesons. Il convient de leur ajouter deux exemplaires en pierre (Tableau 20.4).

Même si « les pesons ne doivent pas être systématiquement associés au métier vertical et au tissage *stricto sensu* » (Breniquet 2008, 150), car ils peuvent avoir servi à lester toutes sortes de choses (Breniquet 2008, 196), il demeure dans l'esprit des archéologues que ce type d'artéfact est généralement considéré, surtout s'il est en terre cuite, comme un poids ayant été utilisé pour lester les fils d'une chaîne de métier à tisser vertical (Barber 1991, 92-105, 299-303 ; Nielsen 2005, 129). Le peson est même devenu l'indice archéologique par excellence pour attester l'existence d'opérations de tissage sur un site (Mårtensson *et al.* 2009, 373 ; Andersson Strand 2012, 35 ; 2013, 15-19) dans la mesure où la structure du métier à tisser lui-même, en bois, a disparu, de même que le tissu, évidemment. Par ailleurs, il me semple pertinent de signaler ici une observation faite récemment par des spécialistes du tissage, à savoir que le « warp-weighted loom could indeed be seen as an invention for wool » (Breniquet 2014, 70) (Andersson Strand 2012, 35), ce qui correspondrait bien au contexte environnemental de Tell 'Atij.

Au Proche-Orient ancien, la forme la plus courante pour les pesons est circulaire, avec une perforation centrale. Mais il existe aussi toute une série de caractéristiques supplémentaires qu'il convient d'observer et de décrire lors de leur analyse (Breniquet 2008, 172-174 ; Nielsen 2005, 129-133 ; Mårtensson *et al.* 2009 ; Rahmstorf 2015, 6-9 ; Anderson Strand & Nosch 2015) parce qu'ils peuvent nous renseigner sur le type de production textile auquel ces pesons ont été associés (Mårtensson *et al.* 2009, 391-396 ; Frangipane *et al.* 2009, 8). Des expérimentations ont été réalisées récemment et ont confirmé la pertinence de ces éléments descriptifs (Olofsson *et al.* 2015, 87-92).

Leur distribution sur le site (Tableau 20.4), sans compter leur nombre très réduit, ne permet certes pas de déceler la présence d'un atelier ou d'un lieu de production, comme cela a été possible sur des sites contemporains européens (Médard 2000b) ou proche-orientaux (Frangipane *et al.* 2009 ; Laurito 2012) : un seul peson a été retrouvé dans un véritable niveau d'occupation, les cinq autres ayant été ramassés dans la couche de surface de deux carrés (5 × 5 m) de fouilles voisins, donc sans relation aucune avec un bâtiment quelconque que l'on pourrait associer à un lieu de production, comme c'est bien souvent le cas sur les sites archéologiques (Breniquet 2014, 57).

Les six pesons en terre cuite de Tell 'Atij sont à rapprocher de ceux trouvés à Hammam et-Turkman (Van Loon 1988, 576-577/18) ou à Beydar (Lebeau & Suleiman 2007, 191 ; Baccelli 2014, pl. 4).

Tc13 (ATJ87.D9A1...)

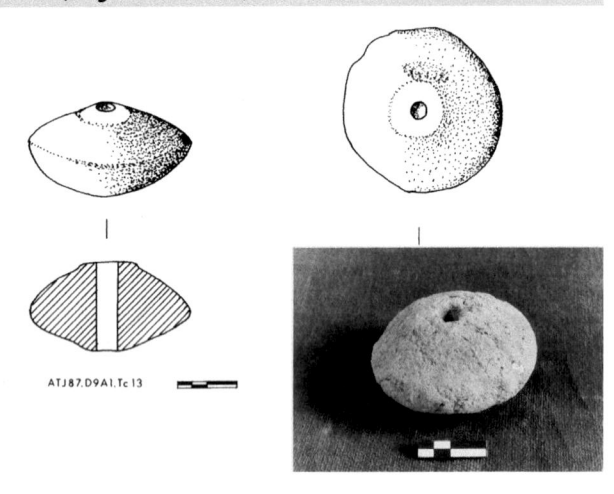

Peson en argile durcie, complet.

3 (ép.) × 5,3 (dia. max.) × 0,5 cm (dia. perforation) ; 50 g.

Pâte de couleur *pale olive* (5Y6/3), peu dure (Mohs 2-2,9), contenant beaucoup d'inclusions ; surface sommairement modelée.

De forme biconique : bords arrondis et surfaces plates ; petite perforation centrale cylindrique.

Musée de Deir ez-Zor (ATJ87.16).

Tc26 (ATJ87.D8A1...)

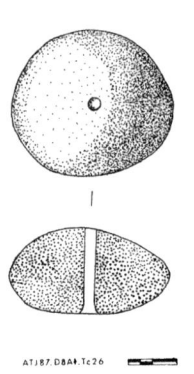

Peson en argile durcie, complet.

3,5 (ép.) × 6,8 (dia. max.) × 0,6 cm (dia. perforation) ; 100 g.

Pâte de couleur *light yellowish brown* (10YR6/4), molle (Mohs 1-1,9), contenant plusieurs inclusions ; surface lisse.

De forme biconique : bords arrondis ; une surface bombée, l'autre plutôt plate ; petite perforation centrale cylindrique.

Musée de Deir ez-Zor (ATJ87.69).

Tc27 (ATJ87.D8A1...)

Peson en argile durcie, complet.

4,4 (ép.) × 7 (dia. max.) × 0,5 cm (dia. perforation) ; 150 g.

Pâte de couleur *light yellowish brown* (10YR6/4), molle (Mohs 1-1,9), contenant plusieurs inclusions ; surface lisse.

De forme biconique : bords arrondis et surface bombée ; petite perforation centrale cylindrique.

Musée de Deir ez-Zor (ATJ87.70).

Tc28 (ATJ87.D8A1...)

Peson en argile durcie, complet sauf pour un large éclat à la base.

3,8 (ép.) × 6,8 (dia. max.) × 0,4 cm (dia. perforation) ; 100 g.

Pâte de couleur *light yellowish brown* (10YR6/4), molle (Mohs 1-1,9), contenant plusieurs inclusions minérales et végétales ; surface lisse.

De forme biconique : bords arrondis et surfaces bombées ; petite perforation centrale cylindrique qui ne traverse pas de part en part.

Musée de Deir ez-Zor (ATJ87.71).

OBJETS EN TERRE CUITE

Tc29 (ATJ87.D8A1...)

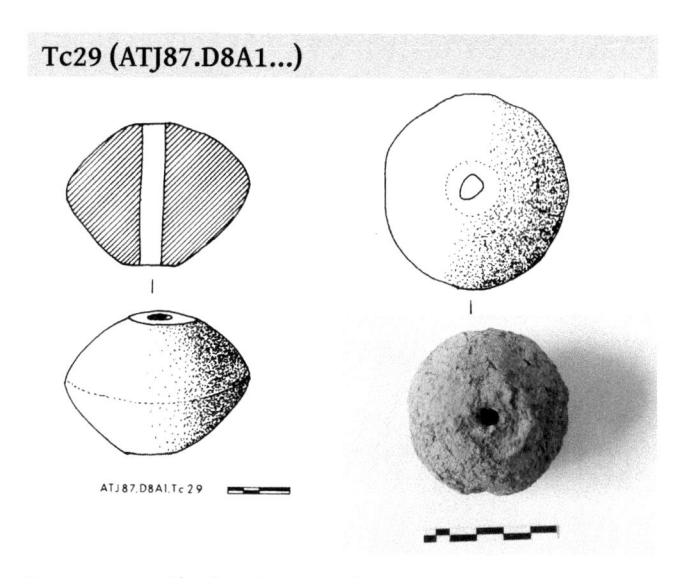

Peson en argile durcie, complet.

4,3 (ép.) × 5,8 (dia. max.) × 0,6 cm (dia. perforation); 100 g.

Pâte de couleur *light yellowish brown* (10YR6/4), molle (Mohs 1-1,9), contenant plusieurs inclusions minérales et végétales; surface lisse.

De forme biconique: bords arrondis et surfaces plates; petite perforation centrale cylindrique.

Musée de Deir ez-Zor (ATJ87.72).

Tc65 (ATJ88.D14A19...)

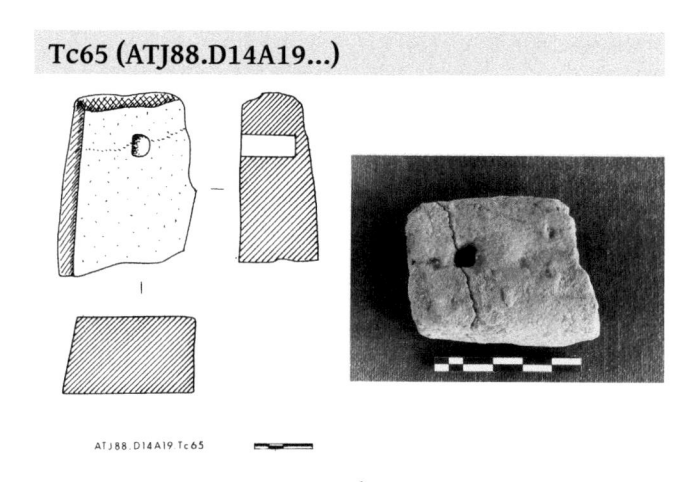

Peson en terre cuite, incomplet.

6,1 (lo.) × 4,7 (la.) × 2,9 (ép.) × 0,6 cm (dia. perforation); 94 g.

Pâte de couleur *reddish yellow* (7.5YR6/6), dure (3-3,9), contenant beaucoup d'inclusions; surface sommairement modelée.

De forme rectangulaire: bords droits et surface plane; trou quadrangulaire profond pratiqué à proximité d'un petit côté de l'une des deux faces sans atteindre toutefois l'autre face.

Cf. Brak (Oates *et al.* 2001, 597/94).

Musée de Deir ez-Zor (ATJ88.82).

Andiron

Les archéologues utilisent le terme « andiron » (Ishoev & Greenberg 2019; Aurenche 1977, 16) pour désigner tous types de supports en argile grossière ayant servi à tenir un récipient culinaire au-dessus d'un feu ou d'un foyer; chenet est aussi un terme parfois retenu (Yon 1981, 20). Plusieurs formes existent selon les époques et les aires culturelles. Ce type d'artéfact pose encore problèmes du point de vue de la terminologie, de sa typologie, de sa fonction réelle et de sa datation par aire culturelle (Işıklı & Greenberg 2018, 77). Ces dernières années, Anna Smogorzewska (2010, 148-152; 2012, 240; 2014; 2019, 99-102; Reiche & Smogorzewska 2013, 383) a identifié à Tell Arbid, en Djézireh, un type particulier d'*andirons*, archés ou courbes (*curved/arched props*), fabriqués avec une argile grossière contenant beaucoup d'inclusions minérales et portant des traces de feu en surface. Des expérimentations ont démontré que trois exemplaires de ces supports recourbés sont nécessaires pour maintenir convenablement un récipient au-dessus d'un feu (Smogorzewska 2012, 245, fig. 21; 2014, 29, fig. 8).

Bien que la plupart de ces andirons recourbés ont été découverts dans une cuisine (Reiche & Smogorzewsla 2013) ou un environnement domestique, des exemplaires ont aussi été retrouvés dans des contextes différents: dans un bâtiment décrit comme un temple à Tell Barri (Valentini 2008, 347; 2015, 109-111) ou à l'entrée d'une tombe à Tell Beydar où les fouilleurs l'ont interprété comme un support/pied pour un vase/bol brûle-encens (Lebeau & Suleiman 2007, 111, 124, fig. 13). Celui de Tell 'Atij [Tc12] a été retrouvé dans la pièce 520 du niveau VIII dont la fonction n'est pas claire puisque son plan est incomplet. En outre, cette pièce ayant été dégagée le long du flanc méridional du tell, près de la surface, cet objet peut avoir glissé avec la terre d'érosion, depuis un niveau supérieur. Pour plusieurs auteurs, ce type d'objet portable serait à associer à un mode de vie de pasteurs nomades (Işıklı & Greenberg 2018, 77).

Tc12 (ATJ87.E18A4...)

Andiron en terre cuite, presque complet : ne manque que la base ; traces de feu en surface.

16 (lo.) × 11 (la.) × 9 cm (ép. max.).

Pâte très grossière de couleur *very pale brown* (10YR7/4) à *dark grayish brown* (10YR4/2), molle (Mohs 1-1,9), contenant plusieurs inclusions minérales et végétales.

De forme grossièrement rectangulaire s'amincissant vers l'extrémité supérieure, bien préservée, tout en accusant une courbure régulière vers cette extrémité ; arrêtes arrondies.

Cf. Arbid (Smogorzewska 2012, 25, fig. 3/2-3 : 2012, 234, fig. 6/4-5, 240) ; Raqa'i (Dunham 2015, 330-331, fig. 5.60) ; Chagar Bazar (Mallowan 1936, fig. 6/18) ; Brak (Matthews 2003, 187, fig. 5.80/1). Les *comparanda* évoqués ici comportent toutefois une sorte d'anse aménagée au milieu du dos du support, ce qui n'est pas le cas de l'exemplaire de Tell 'Atij.

Université Laval.

Pieds de récipients culinaires

Cinq objets cylindriques, fabriqués avec la même argile grossière à dégraissants minéraux que celle de l'*andiron* décrit plus haut, seraient à classer dans la catégorie des ustensiles de cuisine. En effet, outre la quantité de particules de basalte incorporées dans leur pâte, les nombreuses traces de feu en surface semblent confirmer une fonction en lien avec la cuisson des aliments. Comme ces longs cylindres d'argile présentent un arrachement à une extrémité, on peut supposer qu'ils étaient originellement rattachés à un élément céramique supérieur qui a malheureusement disparu : un vase du type marmite ou un plat/plateau pour y faire cuire des aliments. Il s'agirait donc de pieds ayant appartenu à des récipients à pieds dont la fonction culinaire a été confirmée dans d'autres aires culturelles (Sophronidou & Tsirtsoni 2007).

Au moins l'un de ces pieds de récipients culinaires [Tc 118] a été mis au jour dans une cour en cailloutis dans laquelle se trouvait un four : cour 574 du niveau VI (Tableau 20.5). Trois autres ont été rencontrés au niveau V, mais dans des pièces dont l'une d'entre elles possède un sol plâtré et des banquettes au pied de ses murs [555]. Enfin, un dernier exemplaire provient d'une pièce au sol plâtré du niveau II. L'échantillonnage de Tell 'Atij est trop limité pour que nous puissions tirer des conclusions plus sûres au sujet de leur fonction à partir de leur contexte de trouvaille.

Tableau 20.5 : Distribution, par niveau et par contexte de découverte, des pieds de récipients culinaires et du *andiron* en terre cuite grossière de Tell 'Atij.

Niveau	Contexte	Pied de récipient culinaire
I	517' – pièce	C4
II		
III	529 – ruelle	Tc30
IV		
V	555 – pièce	Tc76
VI	574 – cour en cailloutis avec foyer	Tc118, C9773
VII		
VIII	520 – pièce	Tc12 (*andiron*)

Tc30 (ATJ87.E16A4...)

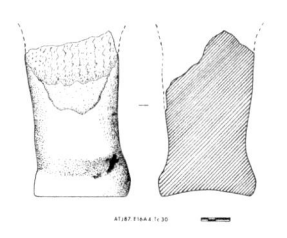

Pied de récipient culinaire en terre cuite, incomplet : partie supérieure manquante.

10,5 (h.) × 6,6 cm (dia. max.).

Pâte très grossière de couleur *pale brown* (10YR6/3) sur les bords et noire au centre, molle (Mohs 1-1,9), contenant plusieurs inclusions minérales et végétales.

De forme cylindrique, se rétrécissant vers le bas puis s'élargissant à la base ; fond concave ; surfaces sommairement modelées.

Cf. Beydar (Lebeau & Suleiman 2007, 124, fig. 13). Différent toutefois du support cylindrique de Raqa'i (Dunham 2015, 332, 335 fig. 5.65) dont les deux extrémités ont été préservées.

Université Laval.

Tc76 (ATJ88.E13B11...)

Pied de récipient culinaire en terre cuite, incomplet : partie supérieure manquante.

12 (lo.) × 6,9 cm (dia. max.).

Pâte très grossière de couleur *yellow* (10YR7/6), molle (Mohs 1-1,9), contenant plusieurs inclusions minérales et végétales.

De forme cylindrique, s'élargissant vers la base ; fond concave ; surfaces sommairement modelées.

Université Laval.

Tc118 (ATJ92.E14A10...)

Pied de récipient culinaire en terre cuite, incomplet : cassé aux deux extrémités.

14,9 (lo.) × 6,1 cm (la.).

Pâte très grossière de couleur *pale brown* (10YR6/3), molle (Mohs 1-1,9), contenant une grande quantité d'inclusions minérales et végétales.

De forme conique.

Université Laval.

C4 (ATJ86.E17A2...)

Pied de récipient culinaire en terre cuite, incomplet : cassé aux deux extrémités.

16 (lo.) × 6,1 cm (dia. tige).

Pâte très grossière de couleur *yellowish red* (5YR5/6) à l'intérieur mais qui est plus foncé vers l'extérieur, molle (Mohs 1-1,9), contenant beaucoup d'inclusions minérales.

De forme cylindrique, s'élargissant vers la base ; surfaces sommairement modelées.

Université Laval.

C9773 (ATJ92.E13B11′...)

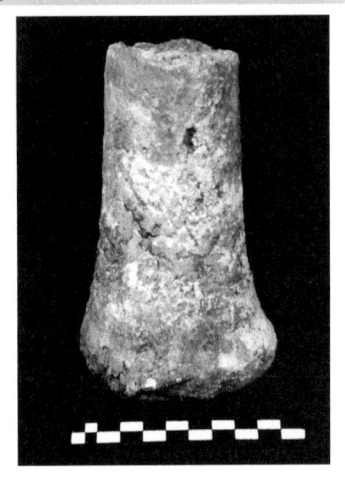

Pied de récipient culinaire en terre cuite, incomplet : partie supérieure manquante ; concrétions blanches sur la surface.

16 (lo.) × 6,6 (dia. tige) × 10,1 cm (dia. base).

Pâte très grossière dont la couleur varie de *very pale brown* (10YR8/4) sur les bords à *dark grayish brown* (10YR4/2) à l'intérieur, plutôt dure (Mohs 3-3,9), contenant plusieurs inclusions minérales.

De forme cylindrique s'élargissant graduellement vers le bas ; base débordante ; fond plat ; surfaces sommairement modelées.

Université Laval.

Bouchons

Si le plâtre de gypse a d'habitude été utilisé à Tell 'Atij pour la fabrication des bouchons[12] à insérer dans le goulot des grands vases fermés, destinés à la conservation de denrées, l'argile fut également un matériau auquel les potiers ont fait appel pour ce type d'objet culinaire. Trois exemplaires de ce type de bouchon ont été identifiés à Tell 'Atij.

Le bouchon Tc91 a été ramassé dans la pièce 570 du niveau IX tandis que les deux autres exemplaires [Tc49 et Tc53] ont été retirés des terres de comblement de la pièce 507 et du tunnel 547 du grenier à l'extrémité septentrionale du tell qui fut mis en place au niveau VI mais comblé au niveau I, au moment de son abandon.

Tc49 (ATJ87.E8A4...)

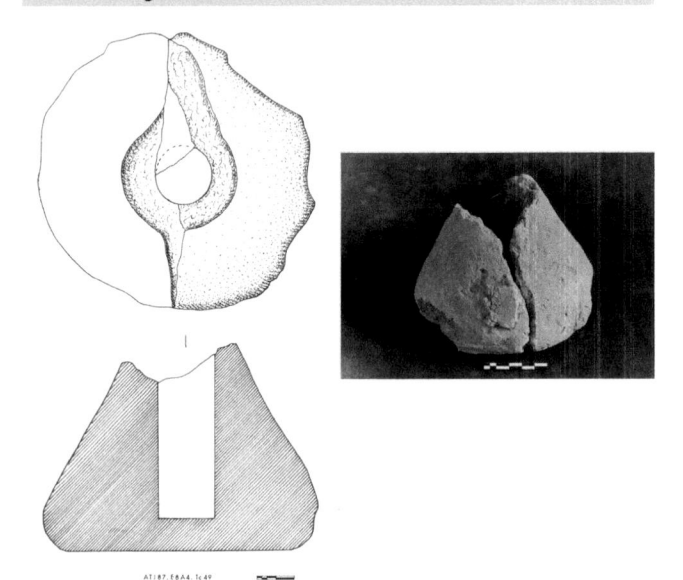

Bouchon (?) en argile durcie, incomplet.

11 (h.) × 15 cm (dia. max.).

Pâte de couleur *very pale brown* (10YR7/3), molle (Mohs 1-1,9), contenant plusieurs inclusions minérales et végétales ; surface lisse.

De forme conique : aux bords légèrement concaves et arrondis avec le bas du fond plat ; trou central circulaire (2,8 cm dia.) s'arrêtant à quelques centimètres avant d'atteindre le fond.

Musée Deir ez-Zor (ATJ87.230).

---

12 Pour une définition d'un bouchon versus un couvercle, voir le Chapitre 21 traitant des artéfacts en plâtre de gypse.

OBJETS EN TERRE CUITE

433

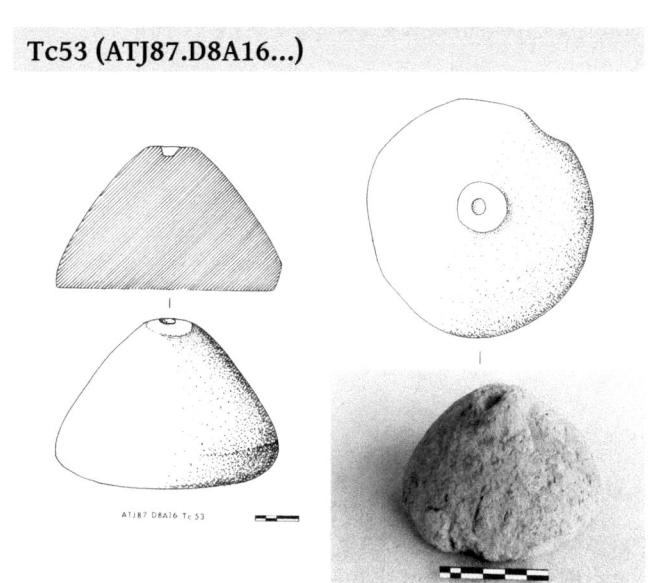

Tc53 (ATJ87.D8A16...)

Bouchon (?) en argile à peine durcie, complet.

6 (h.) × 10 cm (dia. max.).

Pâte de couleur *light yellowish brown* (10YR6/4), molle (Mohs 1-1,9), contenant beaucoup d'inclusions végétales notamment ; surface sommairement modelée.

De forme conique, aux bords légèrement bombés et arrondis vers le bas ; sommet et fond plats ; petite dépression circulaire au sommet.

Musée de Deir ez-Zor (ATJ87.258).

Tc91 (ATJ92.D15B2...)

Bouchon en argile, incomplet.

5,8 (ép.) × 9,3 cm (dia. max.).

Pâte de couleur *very pale brown* (10YR7/3), molle (Mohs 1-1,9), contenant une grande quantité d'inclusions végétales.

De forme conique avec la partie supérieure légèrement débordante ; surfaces planes aux deux extrémités.

À en juger par la forme, il ne semble faire aucun doute que cet objet a dû servir à fermer un récipient, vraisemblablement un vase dont l'ouverture n'était pas très grande.

Cf. Bderi (Pfälzner *et al.* 1988, pl. 57b) ; Munbaqa (Czichon & Werner 1998, pl. 100/987) ; Brak (Oates *et al.* 2001, 276).

Université Laval.

Maquette architecturale

Un énigmatique et très petit fragment de terre cuite semble avoir appartenu à une hypothétique maquette architecturale. Il provient de la cour 512-513 du niveau I.

Tc8 (ATJ86.D15A4...)

Fragment d'une maquette architecturale en terre cuite.

7,3 (lo.) × 3,4 (la.) × 1,1 cm (ép.).

Pâte de couleur *light brown* (7.4YR6/4), plutôt dure (Mohs 3-3,9), ne contenant que très peu d'inclusions minérales.

Le fragment préservé correspond à un angle de la partie (supérieure ?) d'une face d'une maquette architecturale : une face plane, décorée, avec un retour d'angle droit arrondi sur le côté gauche et au sommet. Sur la face plane se trouve une ouverture que l'on peut facilement interpréter comme une fenêtre, avec tout autour des traits obliques parallèles incisés. Ce type de décor se rencontre sur des modèles de tours fenestrées comme de maisons (cf. Muller 2002, figs 24, 61, 127, 168, 222 et 223). Au vu de son état lacunaire, il nous est impossible de déterminer le type de maquette auquel ce fragment appartenait.

Cf. Munbaqa (Czichon & Werner 1998, pls 3/5, 37/37, 181/6).

Université Laval.

Chapitre 21

Objets en plâtre

Quelques objets (58) retrouvés à Tell 'Atij ont été façonnés à partir de plâtre (*djuss*), de gypse selon toute vraisemblance, puisque la région du Moyen Khabour présente plusieurs affleurements gypseux qui sont toujours utilisés par les populations locales (Lebeau 1993, 89), comme il nous a été donné de le constater au cours de nos campagnes de fouilles (Fig. 21.1). De fait, cette région se trouve dans la zone par excellence de distribution du plâtre de gypse au Proche-Orient ancien (Kingery *et al.* 1988, 236-237). Si le fouilleur de Melebiya (Lebeau 1993, 89) décrit comme du gypse le matériau blanchâtre qui a servi à fabriquer certains des artéfacts qu'il a découverts sur son site, celui de Raqa'i (Schwartz 2015, 90) penche plutôt pour de la chaux (*lime plaster*) au vu du résultat de l'analyse d'un unique échantillon de revêtement mural qui a révélé une forte composante de calcite (Rehhoff *et al.* 1990, 84-85, table 1). Aucune analyse chimique n'ayant été réalisée sur des objets en plâtre de gypse provenant de Tell 'Atij, il est donc impossible de définir avec certitude la nature exacte de ce matériau bien que j'aie choisi de le décrire comme du plâtre de gypse, plus malléable que la chaux pour la fabrication d'objets (Maréchal 1982, 219, 230).

Le procédé de fabrication du plâtre de gypse a été documenté par Olivier Aurenche et Claudine Maréchal (1985) en marge des fouilles d'El Kowm, en 1980. Après avoir mis à nu la surface du substrat gypseux, du combustible, en l'occurrence de la paille et du fumier, est étalé sur la surface dégagée et le feu y est mis; après une période de combustion qui fait éclater la roche et la réduit en poudre, cette dernière est ramassée (Fig. 21.1). Il suffit alors d'y ajouter de l'eau pour obtenir une pâte plus ou moins molle qu'il est facile de modeler pour façonner des objets. Un autre usage, encore plus répandu, consiste tout simplement à appliquer une couche de cette substance, un peu diluée, sur le parement d'un mur ou la surface du sol d'une maison, ou de toutes autres structures. De tels revêtements plâtrés ont été observés dans plusieurs constructions de Tell 'Atij (Chapitre 19).

Les 58 objets en plâtre de gypse découverts à Tell 'Atij peuvent être classés dans les catégories suivantes :

– Couvercles (43)
– Bouchons (6)
– Scellements (2)
– Récipients (6)
– Lissoir ? (1)

Figure 21.1 : Fabrication de plâtre de gypse (*djuss*) dans le village à proximité de Tell 'Atij où les affleurements gypseux sont omniprésents. Après avoir mis le feu à du combustible étalé sur une surface gypseuse affleurant le sol (a), la pierre ainsi réduite en poudre sous l'effet de la combustion est ramassée (b). L'ajout d'eau à cette substance poudreuse provoque une réaction chimique qui a comme conséquence de la faire durcir à l'air.

Tableau 21.1 : Distribution, par niveau et par contexte de découverte, des différentes catégories d'artéfacts en plâtre de gypse (P) de Tell 'Atij. Des objets en terre cuite (Tc) ont été ajoutés au présent tableau au vu de l'affinité de fonction (bouchon) ; cependant, ces artéfacts sont décrits dans le Chapitre 20 portant sur les objets en terre cuite.

Niveau	Contexte	Bouchon (9)	Scellement (2)	Couvercle (43)	Récipient (7)
I 7 bouchons 1 scellement 24 couvercles 4 récipients 1 lissoir	502 – silo 505 – silo 507 – pièce 511 – pièce 512-513 – cour 514 – pièce 515 – pièce 522 – pièce 547 – tunnel 549 – pièce 622 – plateforme	Tc49 P1 P16, P203 P4 Tc53 P2	C226	P6 P13 P5, 15, 17-18-19-20, 30-1-2 P40, 42-43-44, 47 P38-39 P3, 33-34-35-36-37	P7 P54 P52, 55 P53 (lissoir)
II 1 scellement 7 couvercles 1 récipient	509 – pièce 528 – pièce 552 – pièce 564a – allée		P46	P21 P26-27-28-29 P10 P11	P51
III 8 couvercles	542 – pièce			P9, 12, 14, 22-23-24-25, 41	
IV 1 couvercle 1 récipient	546 – pièce 550 – cour			P50	P45
V					
VI					
VII 3 couvercles	575 – cour			P48-49, 202	
VIII					
IX 1 bouchon	570 – pièce	Tc91			
X					
XI					
XII					
XIII					
T. sec. 1 bouchon		P8			

Il ressort clairement de l'inventaire de Tell 'Atij que 88% des artéfacts en plâtre de gypse avaient comme fonction d'obturer l'ouverture d'un récipient, vraisemblablement en céramique : une jarre ou une marmite. Et plus spécifiquement, 75% de tous les objets en plâtre de Tell 'Atij sont des couvercles (Fig. 21.2).

Comme ils n'ont été découverts que dans les niveaux supérieurs (Tableau 21.1), l'usage du plâtre de gypse comme matériau pour la fabrication d'artéfacts est surtout limité à la deuxième phase d'occupation du site (niveaux VI-I) datée de la période EJZ 2. De surcroît, plus de la moitié de ces objets en plâtre proviennent du niveau I qui est très circonscrit et surtout très près de la surface. De ce niveau, c'est la cour 512-513 qui a produit le plus grand nombre de ces objets, soit 20% de l'inventaire complet du site. Du même niveau, les pièces 549 et 514 en renfermaient 12% et 10% respectivement. Les seules autres pièces qui ont aussi donné un grand nombre de ces artéfacts est la 542 du niveau III, avec

OBJETS EN PLÂTRE

14% de l'assemblage, et la 528 du niveau II, avec 10%. Aucune autre concentration significative n'a été observée ailleurs sur le site.

Couvercles

Un couvercle est un « ustensile servant à recouvrir l'ouverture principale d'un vase » (Yon 1981, 63) ; il est posé sur l'ouverture et non inséré dans celle-ci (Fig. 21.2) ; s'il était inséré, ce serait un bouchon. De grands disques en plâtre de gypse, quarante-trois au total, d'une vingtaine de centimètres de diamètre et de deux à trois centimètres d'épaisseur, auraient été utilisés à Tell 'Atij comme couvercles afin de protéger le contenu de vases à grande ouverture : jarre ou marmite (Maréchal 1982, 225 ; Lebeau 1993, 523). Les couvercles n'étaient pas aussi hermétiques que les bouchons, qui eux étaient insérés ; par contre, ils étaient plus facilement amovibles. Pratiquement tous les couvercles trouvés à Tell 'Atij sont plats : ils ne comportent aucune rainure sur leur face inférieure permettant un meilleur calage sur l'ouverture du récipient à fermer quoiqu'un type de jarre – le récipient idéal pour le stockage qui, incidemment, constitue 90% des formes fermées du répertoire de céramique *Commune* de Tell 'Atij –, dit « à lèvre en bandeau » (= 31% des jarres de Tell 'Atij) possède une dépression à l'intérieur du col afin de bien maintenir en place un couvercle. L'un (P50) des deux seuls exemplaires dotés d'une telle rainure entre dans la catégorie des couvercles emboîtants dans la mesure où il possède, en plus, un rebord qui fait saillie vers le bas et ainsi entoure l'ouverture à fermer.

Le plâtre gâché était tout simplement étalé en couches de différentes épaisseurs sur une surface plane, un sol de terre ou un lit végétal, comme en témoignent les empreintes que l'on peut observer sur la face inférieure de ces disques (Maréchal 1982, 229). La surface de ces plaques circulaires a été lissée à l'aide d'un chiffon ou tout simplement avec la main, ce qui a laissé des traces de doigts bien visibles. Aucune ne comporte un décor incisé ou peint.

Il est également possible que certaines de ces grandes plaques circulaires aient pu servir de surfaces de travail mobiles (Lebeau 1993, 524 ; Collet & Spoor 1996, 426 ; Verhoeven 1999, 237).

De tels couvercles circulaires en plâtre ont aussi été retrouvés sur d'autres sites contemporains dans la moyenne vallée du Khabour : Raqa'i (Dunham 2015, 364-365, 377-378), Melebiya (Lebeau 1993, 523) et Bderi (Pfälzner 2001, 209).

Figure 21.2 : Couvercle en plâtre de gypse posé sur une marmite culinaire de Tell 'Atij.

P5 (ATJ86.D15A3…)

Couvercle en plâtre de gypse, incomplet.

2-3,1 (ép.) × 23 cm (dia. ; 32 cm reconstitué).

Grand disque plat, s'épaississant vers le centre, aux rebords arrondis ; face supérieure convexe, à la surface bien lissée ; face inférieure plate, à la surface rugueuse, avec des empreintes de cailloux.

Université Laval.

P6 (ATJ86.E6A1…) – en surface

Couvercle en plâtre de gypse, incomplet.

2,6-3,6 (ép.) × 28 cm (dia.).

Grand disque plat, s'épaississant vers le centre, aux rebords arrondis ; face supérieure convexe, à la surface bien lissée ; face inférieure plate, à la surface rugueuse, avec des empreintes de cailloux.

Université Laval.

P9 (ATJ87.D13A16…)

Couvercle en plâtre de gypse, incomplet.

2-3,1 (ép.) × 28 cm (dia. ; *c.* 32 cm reconstitué).

Grand disque plat, s'épaississant vers le centre, aux rebords arrondis ; face supérieure convexe, à la surface sommairement lissée (traces de doigts) ; face inférieure plate, à la surface rugueuse.

Université Laval.

P10 (ATJ88.D15A20...)

Couvercle en plâtre de gypse, incomplet.

2,2 (ép.) × 20 cm (dia. ; *c.* 32 cm reconstitué).

Grand disque plat aux rebords arrondis ; face supérieure plate, à la surface bien lissée ; face inférieure plate, à la surface rugueuse.

Université Laval.

P11 (ATJ88.D15A13...)

Couvercle en plâtre de gypse, incomplet.

2,5-3,1 (ép.) × 20 cm (dia. ; 32 cm reconstitué).

En forme de grand disque plat, s'épaississant légèrement vers le centre, aux rebords arrondis ; face supérieure convexe, à la surface bien lissée ; face inférieure plate, à la surface rugueuse.

Université Laval.

P12 (ATJ87.D12A14...)

Couvercle en plâtre de gypse, incomplet.

2,5-3,6 (ép.) × 32 cm (dia.).

Grand disque plat, s'épaississant vers le centre, aux rebords amincis ; face supérieure convexe, à la surface bien lissée (traces concentriques) ; face inférieure plate, à la surface rugueuse avec des empreintes de paille.

Université Laval.

P13 (ATJ86.E7A6...)

Couvercle en plâtre de gypse, incomplet (en cinq fragments).

1,9 (ép.) × 28 cm (dia.).

Grand disque plat aux rebords amincis ; face supérieure convexe, à la surface bien lissée (traces) ; face inférieure plate, à la surface rugueuse.

Université Laval.

P14 (ATJ87.D13A16...)

Couvercle en plâtre de gypse, incomplet.

1,8-3,2 (ép.) × 11 cm (dia. ; 32 cm reconstitué).

Grand disque plat, s'épaississant vers le centre, aux rebords arrondis ; face supérieure convexe, à la surface bien lissée (traces concentriques) ; face inférieure plate, à la surface rugueuse avec de nombreuses empreintes de paille.

Université Laval.

P15 (ATJ87.D15A10...)

Couvercle en plâtre de gypse, incomplet.

2,1 (ép.) × 15,5 cm (dia.).

Grand disque plat aux rebords arrondis ; faces supérieure et inférieure plates aux surfaces rugueuses.

Université Laval.

P17 (ATJ87.D15A10...)

Couvercle en plâtre de gypse, très incomplet : qu'un fragment.

2 (ép.) × 0,9 (la.) × 11,5 cm (lo.) ; diamètre inconnu.

Grand disque plat aux rebords biseautés ; face supérieure plate, à la surface lissée ; face inférieure plate, à la surface rugueuse.

Université Laval.

P18 (ATJ87.D15A10...)

Couvercle en plâtre de gypse, très incomplet : qu'un fragment.

1,9 (ép.) × 9 (la.) × 10 cm (lo.) ; diamètre inconnu.

Grand disque plat aux rebords équarris ; face supérieure plate, à la surface bien lissée ; face inférieure plate, à la surface très rugueuse.

Université Laval.

P19 (ATJ87.D15A10...)

Couvercle en plâtre de gypse, très incomplet : qu'un fragment.

2,4 (ép.) × 1 (la.) × 12 cm (lo.) ; diamètre inconnu.

Grand disque plat aux rebords biseautés ; face supérieure plate, à la surface bien lissée ; face inférieure plate, à la surface rugueuse.

Université Laval.

P20 (ATJ87.D15A10…)

Couvercle en plâtre de gypse, très incomplet : qu'un fragment.

3 (ép.) × 5,5 (la.) × 7 cm (lo.) ; diamètre inconnu.

Grand disque plat aux rebords arrondis ; face supérieure plate, à la surface lissée ; face inférieure plate, à la surface rugueuse.

Université Laval.

P21 (ATJ87.D12A8…)

Couvercle en plâtre de gypse, très incomplet : qu'un fragment.

2,7-3,2 (ép.) × 10 (la.) × 8 cm (lo.) ; diamètre inconnu.

Grand disque plat aux rebords biseautés ; face supérieure bombée, à la surface bien lissée ; face inférieure plate, à la surface rugueuse.

Université Laval.

P22 (ATJ87.D13A18…)

Couvercle en plâtre de gypse, très incomplet : qu'un fragment.

2,6 (ép.) × 5,7 (la.) × 8 cm (lo.) ; diamètre inconnu.

Grand disque plat aux rebords arrondis ; face supérieure plate, à la surface bien lissée ; face inférieure plate, à la surface rugueuse avec des empreintes végétales.

Université Laval.

P23 (ATJ87.D12A14…)

Couvercle en plâtre de gypse, très incomplet : qu'un fragment.

2,3 (ép.) × 17 (la.) × 8 cm (lo.) ; diamètre inconnu.

Grand disque plat aux rebords arrondis ; face supérieure plate, à la surface rugueuse ; face inférieure plate, à la surface rugueuse avec de nombreuses empreintes végétales.

Université Laval.

P24 (ATJ87.D12A14…)

Couvercle en plâtre de gypse, très incomplet : qu'un fragment.

1,9 (ép.) × 7 (la.) × 6,5 cm (lo.) ; diamètre inconnu.

Grand disque plat aux rebords arrondis ; face supérieure plate, à la surface bien lissée ; face inférieure plate, à la surface rugueuse.

Université Laval.

P25 (ATJ87.D12A15…)

Couvercle en plâtre de gypse, très incomplet : qu'un fragment.

2,8 (ép.) × 6 (la.) × 7,5 cm (lo.) ; diamètre inconnu.

Grand disque plat aux rebords arrondis ; face supérieure plate, à la surface bien lissée ; face inférieure plate, à la surface rugueuse avec des empreintes végétales.

Université Laval.

P26 (ATJ87.D16A1'…)

Couvercle en plâtre de gypse, très incomplet : qu'un fragment.

2,3 (ép.) × 5 (la.) × 6 cm (lo.) ; diamètre inconnu.

Grand disque plat aux rebords arrondis ; face supérieure plate, à la surface lissée ; face inférieure plate, à la surface rugueuse.

Université Laval.

P27 (ATJ87.D16A1'…)

Couvercle en plâtre de gypse, très incomplet : qu'un fragment.

2,1 (ép.) × 8,5 (la.) × 6 cm (lo.) ; diamètre inconnu.

Grand disque plat aux rebords arrondis ; face supérieure plate, à la surface lissée ; face inférieure plate, à la surface rugueuse avec des empreintes végétales.

Université Laval.

P28 (ATJ87.D16A1'…)

Couvercle en plâtre de gypse, très incomplet : qu'un fragment.

2 (ép.) × 11 (la.) × 10 cm (lo.) ; diamètre inconnu.

Grand disque plat aux rebords arrondis ; face supérieure plate, à la surface lissée ; face inférieure plate, à la surface rugueuse avec des empreintes végétales.

Université Laval.

P29 (ATJ87.D16A1'…)

Couvercle en plâtre de gypse, très incomplet : qu'un fragment.

3 (ép.) × 14 (la.) × 11,5 cm (lo.) ; diamètre inconnu.

Grand disque plat aux rebords arrondis ; face supérieure plate, à la surface sommairement lissée ; face inférieure plate, à la surface très rugueuse.

Université Laval.

P30 (ATJ86.D15A6...)

Couvercle en plâtre de gypse, très incomplet : qu'un fragment.

2,7 (ép.) × 10 (la.) × 10 cm (lo.) ; diamètre inconnu.

Grand disque plat aux rebords arrondis ; face supérieure plate, à la surface sommairement lissée ; face inférieure plate, à la surface très rugueuse.

Université Laval.

P31 (ATJ86.D15A4...)

Couvercle en plâtre de gypse, très incomplet : qu'un fragment.

2,5 (ép.) × 12 (la.) × 9 cm (lo.) ; diamètre inconnu.

Grand disque plat aux rebords biseautés ; face supérieure plate, à la surface sommairement lissée ; face inférieure plate, à la surface rugueuse.

Université Laval.

P32 (ATJ86.D15A4...)

Couvercle en plâtre de gypse, très incomplet : qu'un fragment.

2,3 (ép.) × 5 (la.) × 5 cm (lo.) ; diamètre inconnu.

Grand disque plat aux rebords arrondis ; face supérieure légèrement bombée, à la surface bien lissée ; face inférieure plate, à la surface rugueuse.

Université Laval.

P33 (ATJ87.D8A19...)

Couvercle en plâtre de gypse, très incomplet : qu'un fragment.

3,2 (ép.) × 10 (la.) × 9 cm (lo.) ; diamètre inconnu.

Grand disque plat aux rebords arrondis ; face supérieure plate, à la surface bien lissée ; face inférieure plate, à la surface rugueuse avec des empreintes végétales.

Université Laval.

P34 (ATJ87.D8A12...)

Couvercle en plâtre de gypse, très incomplet : qu'un fragment.

2,7 (ép.) × 14 (la.) × 14 cm (lo.) ; diamètre inconnu.

Grand disque plat aux rebords arrondis ; face supérieure plate, à la surface bien lissée ; face inférieure plate, à la surface très rugueuse.

Université Laval.

P35 (ATJ87.D8A12...)

Couvercle en plâtre de gypse, très incomplet : qu'un fragment.

3,5 (ép.) × 11 (la.) × 10 cm (lo.) ; diamètre inconnu.

Grand disque plat aux rebords biseautés ; face supérieure plate, à la surface bien lissée ; face inférieure plate, à la surface rugueuse avec des empreintes végétales.

Université Laval.

P36 (ATJ87.D8A12...)

Couvercle en plâtre de gypse, très incomplet : deux fragments seulement.

1,8 (ép.) × 5 (la.) × 14 cm (lo.) ; diamètre inconnu.

Grand disque plat aux rebords biseauté ; face supérieure plate, à la surface bien lissée (traces) ; face inférieure plate, à la surface rugueuse.

Université Laval.

P37 (ATJ87.D8A12...)

Couvercle en plâtre de gypse, très incomplet : qu'un fragment.

2,8 (ép.) × 8,5 (la.) × 8 cm (lo.) ; diamètre inconnu.

Grand disque plat aux rebords arrondis ; face supérieure plate, à la surface bien lissée ; face inférieure plate, à la surface très rugueuse.

Université Laval.

P38 (ATJ87.D9A17...)

Couvercle en plâtre de gypse, très incomplet : deux fragments seulement.

2 (ép.) × 16 cm (dia.)

Grand disque plat aux rebords amincis ; face supérieure plate, à la surface bien lissée (traces) ; face inférieure plate, à la surface rugueuse.

Université Laval.

P39 (ATJ87.D9A17...)

Couvercle en plâtre de gypse, très incomplet : qu'un fragment.

2,6 (ép.) × 9 (la.) × 11,5 cm (lo.) ; diamètre inconnu.

Grand disque plat aux rebords équarris ; face supérieure plate, à la surface lissée ; face inférieure plate à la surface, très rugueuse.

Université Laval.

P40 (ATJ86.D15A1...)

Couvercle en plâtre de gypse, très incomplet : qu'un fragment.

3,3 (ép.) × 13 (la.) × 21 cm (lo.) ; diamètre inconnu.

Grand disque plat aux rebords biseautés ; face supérieure plate, à la surface lissée ; face inférieure plate, à la surface rugueuse.

Université Laval.

P41 (ATJ87.D12A14...)

Couvercle en plâtre de gypse, très incomplet : qu'un fragment.

2,2 (ép.) × 10 (la.) × 10 cm (lo.) ; diamètre inconnu.

Grand disque plat aux rebords biseautés ; face supérieure plate, à la surface bien lissée ; face inférieure plate, à la surface très rugueuse.

Université Laval.

P42 (ATJ86.D15A1...)

Couvercle en plâtre de gypse, très incomplet : qu'un fragment.

2,9 (ép.) × 12 (la.) × 9 cm (lo.) ; diamètre inconnu.

Grand disque plat aux rebords équarris ; face supérieure plate, à la surface bien lissée ; face inférieure plate, à la surface rugueuse.

Université Laval.

P43 (ATJ86.D15A1...)

Couvercle en plâtre de gypse, très incomplet : qu'un fragment.

3 (ép.) × 7 (la.) × 8 cm (lo.) ; diamètre inconnu.

Grand disque plat aux rebords arrondis ; face supérieure plate, à la surface bien lissée ; face inférieure plate, à la surface rugueuse.

Université Laval.

P44 (ATJ86.D15A1...)

Couvercle en plâtre de gypse, très incomplet : qu'un fragment.

2 (ép.) × 6 (la.) × 8 cm (lo.) ; diamètre inconnu.

Grand disque plat aux rebords arrondis ; face supérieure plate, à la surface bien lissée ; face inférieure plate, à la surface rugueuse.

Université Laval.

Certains couvercles peuvent être très bombés et légèrement déborder, vers le bas, du rebord de l'ouverture des vases qu'ils recouvrent afin de mieux les fermer. On dit alors que ce sont des couvercles emboîtants (Yon 1981, 63).

P47 (ATJ86.D15A1...)

Couvercle en plâtre de gypse, incomplet.

3,4 (ép.) × 24 cm (dia.).

Grand disque très bombée, aux rebords amincis, avec une feuillure sur le pourtour intérieur afin de bien caler le couvercle dans l'ouverture du col d'un vase ; face supérieure convexe, à la surface lissée ; face inférieure concave, à la surface très rugueuse.

Université Laval.

P50 (ATJ87.D12A18...)

Couvercle en plâtre de gypse, incomplet.

1,3 (ép.) × 2,6 (h.) × 4 (la.) × 9,1 (lo.) × 8 cm (dia. reconstitué).

Disque plat avec un rebord qui fait saillie (1,3 cm) par-rapport à la face inférieure ; légère rainure sur le pourtour de la face interne/inférieure du couvercle afin de recevoir le rebord du récipient à recouvrir ; surface de la face externe est rugueuse tandis que celle de la face interne a été lissée.

Cf. Melebiya (Lebeau 1993, 553, pl. 198/5).

Université Laval.

Il existe également de petits disques, aux deux faces plates, munis ou non d'une perforation centrale (Maréchal 1982, 227), qui auraient pu servir de couvercles, mais pour des vases dotés d'une petite ouverture. Ces petits disques perforés ou non auraient pu aussi être utilisés comme pesons pour des métiers à tisser (Maréchal 1982, 227 ; Suleiman & Nieuwenhuyse 2002, 19).

P3 (ATJ87.D8A12...)

Couvercle perforé en plâtre de gypse, complet.

1,1 (ép.) × 4,6 cm (dia.).

Petit disque plat doté d'une perforation centrale.

Cf. Melebiya (Lebeau 1993, 552-553, pl. 198/1-2).

Université Laval.

P202 (ATJ92.E15A19...)

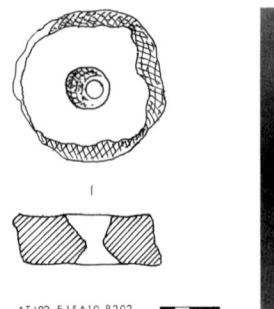

Couvercle perforé en plâtre de gypse, complet.

1,4 (ép.) × 4,8 cm (dia.).

Petit disque plat aux rebords droits très irréguliers (rognés ?) et aux faces planes ; perforation centrale en sablier.

Université Laval.

P48 (ATJ92.E15A17...)

Couvercle en plâtre de gypse, complet.

0,8 (ép.) × 6,1 cm (dia.).

Petit disque plat aux rebords amincis et aux faces planes : la surface de la supérieure est lissée tandis que l'autre est rugueuse ; aucune perforation centrale.

Université Laval.

P49 (ATJ92.E15A17...)

Couvercle en plâtre de gypse, complet.

0,6 (ép.) × 4,4 cm (dia.).

Petit disque plat aux rebords arrondis et aux faces planes : la surface de la supérieure est lissée tandis que l'autre est rugueuse ; aucune perforation centrale.

Université Laval.

Bouchons

Par définition, un bouchon est un « objet qui sert à obturer, par insertion, une ouverture le plus souvent circulaire » (Yon 1981, 41). Alors que le plâtre était encore humide et malléable, des mottes ont été modelées en forme de cylindre dont le diamètre permet qu'il soit inséré dans l'étroite ouverture circulaire d'un vase en argile (Lebeau 1993, 523), généralement une jarre ; d'où le terme « *jar stopper* » en anglais pour désigner ce type d'ustensile. À la différence d'un bouchon, un couvercle ne fait que recouvrir l'ouverture d'un récipient ; il n'y est pas enfoncé.

L'argile pouvait également servir à fabriquer des bouchons. L'inventaire de Tell 'Atij en compte trois [Tc49, 53 et 91] (p. 432-433) qui apparaissent dans le tableau dressant la liste des objets en plâtre par niveau et par contexte de découverte (Tableau 21.1).

P4 (ATJ86.D17A6...)

Bouchon en plâtre de gypse, complet.

6,6 (ép.) × 14,3 cm (dia.).

De forme cylindrique : faces latérales droites légèrement obliques vers la base, sommet lissé légèrement concave, base très inégale (non travaillée).

Université Laval.

Certains de ces bouchons cylindriques peuvent être munis d'une perforation centrale dans laquelle on suppose qu'une corde ou une ficelle pouvait être glissée afin d'en faciliter le retrait.

P203 (ATJ86.D15A1...) – en surface

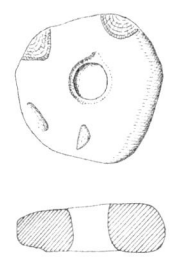

Bouchon perforé en plâtre de gypse, complet.

3 (ép.) × 8,5 cm (dia.).

De forme cylindrique : faces latérales convexes, sommet et base plats, aucune surface n'ayant fait l'objet d'un lissage ; perforation centrale aux parois convexes.

Cf. Melebiya (Lebeau 1993, pl. 198/9, quoique dans ce cas-ci la perforation n'a pas été terminée).

Musée de Deir ez-Zor (ATJ86.26).

Les bouchons perforés peuvent aussi être de forme conique. Ils étaient placés en sens inverse dans l'ouverture circulaire d'un récipient, c'est-à-dire le sommet du cône pointant vers le bas, de manière à bien en obturer l'ouverture une fois en place (cf. Melebiya : Lebeau 1993, pl. 198/13, 15).

P1 (ATJ86.D15A6...)

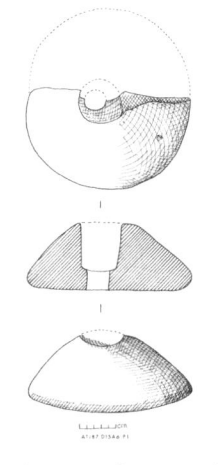

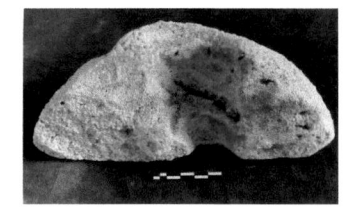

Bouchon perforé en plâtre de gypse, incomplet.

9,5 (h.) × 23 cm (dia.).

De forme conique : base discoïdale à la surface rugueuse, faces latérales convexes et lisses ; sommet arrondi d'où part une perforation circulaire inachevée (7 cm de profondeur).

Musée de Deir ez-Zor (ATJ87.14).

P2 (ATJ87.D8A1...) – en surface

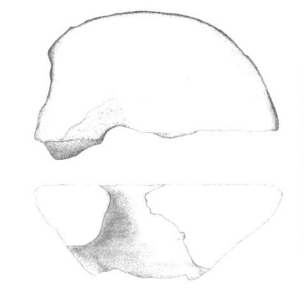

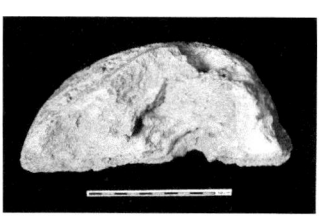

Bouchon perforé en plâtre de gypse, incomplet : en manque une moitié ainsi que la partie supérieure.

8,5 (h.) × 21,5 cm (dia.).

De forme conique : base discoïdale à la surface rugueuse, faces latérales très légèrement convexes et très peu lisses ; la perforation circulaire (1,5 cm dia.) n'est visible que sur la face inférieure et est excentrée.

Université Laval.

P8 (ATJ88.LL17A1...) – en surface

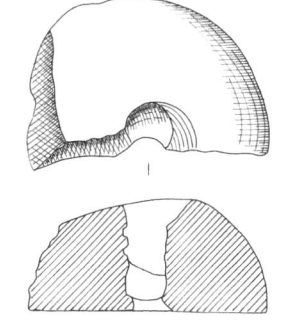

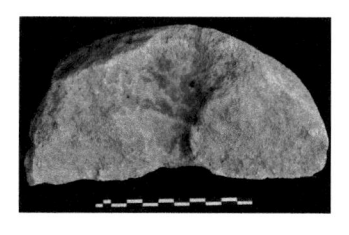

Bouchon perforé en plâtre de gypse, incomplet.

9 (ép.) × 20 cm (dia.).

De forme conique : base discoïdale à la surface rugueuse, faces latérales convexes et lisses ; sommet arrondi d'où part une perforation circulaire jusqu'à la base.

Musée de Deir ez-Zor (ATJ88.207).

P16 (ATJ86.D15A1...)

Bouchon perforé en plâtre de gypse, complet : à partir de trois fragments.

9 (ép.) × 23 cm (dia.).

De forme conique : base discoïdale à la surface très rugueuse, faces latérales convexes et lisses ; sommet arrondi d'où part une perforation circulaire (1,9 cm) jusqu'à la base, légèrement de biais.

Université Laval.

Scellement

Dans certains cas, des bouchons sont retrouvés encore insérés dans le col de la jarre ; il s'agit alors d'un scellement (Duistermaat 1996, 345-347, 352, 398-399). Le plâtre y a été placé alors qu'il était encore malléable et a ensuite durci en séchant, scellant ainsi de manière permanente la jarre : pour accéder à son contenu, il fallait la casser (Lebeau 1993, 524).

C226 (ATJ86.D15A1...)

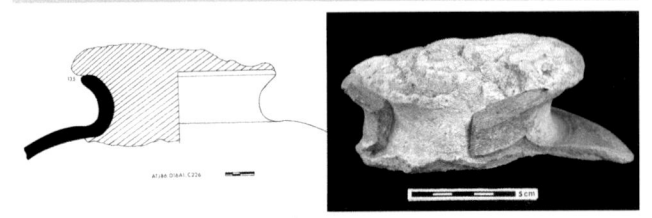

Scellement en plâtre de gypse inséré dans un col de jarre de fabrique *Commune*, complet.

5-6,7 (ép.) × 14,3 cm (dia.).

De forme cylindrique avec des faces latérales concaves, sommet et base à plan légèrement incliné et surfaces raboteuses.

Cf. Melebiya (Lebeau 1993, pls 199/11 et LI/1).

Université Laval.

P46 (ATJ86.D16A1...)

Scellement en plâtre de gypse, très incomplet.

2,7 (ép.) × 4,1 (h.) × 11,5 cm (lo.).

Un fragment de la partie latérale du scellement portant encore l'empreinte du profil du rebord du col d'une jarre à petite ouverture (6 cm) ; surface externe sommairement façonnée.

Université Laval.

Récipients

Les récipients façonnés en plâtre de gypse (ou de chaux) sont couramment appelés : « vaisselle blanche ». Ils sont fréquents aux époques très anciennes et ils tendent à disparaître lorsque la céramique fait son apparition (Maréchal 1982, 224-225 ; Dornemann 1986, 11, 55) ; ils peuvent alors jouer un rôle complémentaire (Suleiman & Nieuwenhuyse 2002, 16). Contrairement à la céramique qui était montée au colombin, la vaisselle blanche était plutôt moulée : le plâtre encore malléable était étalé puis modelé dans ou sur des moules qui peuvent être : de simples paniers en vannerie, d'après les empreintes laissées sur leurs surfaces (Maréchal 1982, 226 ; Dornemann 1986, 15 ; Suleiman & Nieuwenhuyse 2002, 15), des vases en pierre ou en bois, des cucurbitacées, voire des trous creusés dans le sol (Maréchal 1982, 228-229 ; Dornemann 1986, 15-17). Ces récipients en plâtre de gypse auraient été conçus pour « contenir des liquides ou des denrées qu'il était nécessaire de préserver parfaitement de l'humidité » (Lebeau 1993, 523).

P7 (ATJ86.E8A1...)

Écuelle (ou auge) en plâtre de gypse, incomplète : deux fragments, soit les deux extrémités.

3.3 (ép.) × 9 (h.) × 14 (la.) × 30 cm (lo.).

Fond arrondi, rebord bas aminci à la lèvre ; surfaces intérieures et extérieures lissées.

Cf. Melebiya (Lebeau 1993, 551, pl. 197/13).

Université Laval.

P45 (ATJ88.E14A5...)

Grand bol en plâtre de gypse, incomplet.

2,2 (ép.) × 9,5 (h.) × 21,5 cm (dia. int.).

Rebord arrondi mais mal préservé ; parois convexes à la surface bien lissée.

Cf. El Kowm 2 (Maréchal 1982, 224, 244, fig. 7/2), Boueid II (Suleiman & Nieuwenhuyse 2002, 25, fig. 3.19).

Université Laval.

P51 (ATJ87.D16A1'...)

Jarre en plâtre de gypse, incomplète.

2,4 (ép.) × 2,7 (h.) × 5,8 cm (lo.).

Rebord étalé d'une jarre à petite ouverture et au col droit.

Université Laval.

P52 (ATJ86.D15A2...)

Jarre en plâtre de gypse, incomplète.

1,5 (ép.) × 6,1 (h.) × 7 cm (lo.).

Rebord avec lèvre épaissie et arrondie.

Université Laval.

On a déjà observé sur d'autres chantiers contemporains de Tell 'Atij, par exemple à Melebiya, que des jarres en céramique pouvaient être recouvertes sur la surface externe ou interne de leurs parois d'une couche de plâtre de gypse afin d'en assurer l'étanchéité (Lebeau 1993, 523). Deux occurrences ont été notées à Tell 'Atij.

P54 (ATJ86.D13A1...)

Fragment de jarre de fabrique *Commune* enduit de plâtre de gypse sur sa face externe.

2,5 (ép.) × 9 (la.) × 20 cm (lo.).

Université Laval.

P55 (ATJ86.D15A2...)

Fragment de jarre de fabrique *Commune* enduit de plâtre de gypse sur sa face interne. Traces de doigts.

2,1 (ép.) × 15,5 (la.) × 24 cm (lo.).

Université Laval.

Lissoir (?)

P53 (ATJ87.D8A1...)

Plaque en plâtre de gypse, complète.

3,4-4,2 (ép.) × 6,8-11 (la.) × 12,3 cm (lo.).

Disque de forme ovale à section trapézoïdale, rebords biseautés et convexes ; les surfaces des faces supérieure et inférieure parfaitement plates sont très bien polies, d'où la possibilité que cette petite plaque de plâtre ait pu servir de lissoir pour polir la céramique.

Cf. Boueid II (Suleiman & Nieuwenhuyse 2002, 19, 22, 33 : disques lenticulaires, fig. 3.13/14-16).

Université Laval.

Chapitre 22

Mobilier en pierre polie

Le mobilier en pierre polie est une catégorie d'artéfacts souvent négligée : « L'outillage sur bloc ou galet, que l'on qualifie parfois de 'peu élaboré' pour le distinguer du matériel taillé, n'a jamais fait l'objet d'une étude d'ensemble » (Beaune 2000, 15), même si on note un effort considérable ces dernières années afin de développer de nouvelles approches pour étudier ce type de matériel archéologique (Rowan & Ebeling 2008).

À partir d'un simple examen visuel du matériel lithique poli de Tell 'Atij, j'ai procédé à une analyse morphologique sommaire qui m'a conduit à un classement axé sur les attributions fonctionnelles « présumées » des objets, au risque de tomber dans les travers dénoncés par certains auteurs : « on hésitera à employer une dénomination fonctionnelle…au seul vu de morphologies qui font écho à d'autres, décrites ailleurs sans plus d'assurance sur la pertinence de l'appellation » (Poissonnier 2002, 150) ! Une mise en garde reprise par Philipp Rassmann (2008, 82) : « a great number of ground stones tools, especially slabs, handstones, mortars and pestles, were principally employed for grinding plant-foods. Such an interpretation remains to be fully validated ». Ces récents appels à la circonspection dans la dénomination des artéfacts en pierre polie vient du fait que des études ethnographiques ont démontré que plusieurs outils en pierre polie ont exercé différentes fonctions (Rowan & Ebeling 2008, 4).

Tell 'Atij a livré un ensemble de 241 objets en pierre polie que l'on peut classer dans les catégories suivantes, dont plusieurs sont issues de la typologie développée par Katherine Wright (1992) pour l'outillage lithique préhistorique du Levant[1] :

- Outils de mouture/broyage :
  - Meules (87)
  - Broyeurs (13)
  - Pilons (21)
  - Mortiers (8)
- Outils à percussion :
  - Herminette (1)
  - Percuteurs (19)
  - Houes (5)
- Pièces d'architecture :
  - Crapaudines (30)
- Poids :
  - Ancres (?) (38)
  - Poids : amarres de filet de pêche (?) (6)
  - Lest de filet de pêche (1)
- Objets liés à la production textile :
  - Pesons (2)
  - Fusaïoles (3)
  - Poids de balance (1)
- Objets divers :
  - Jetons (3)
  - Pierres à affûter (2)
  - Cale pour un foret à archet (1).

Typologiquement, le mobilier en pierre polie de Tell 'Atij se compare à celui trouvé sur des sites contemporains, tels : Ebla (Merluzzi 2000 ; 2003), Afis (Merluzzi 2003), Mumbaqa (Werner 1998 ; Czichon 1998b). Toutefois, sa distribution au fil des niveaux d'occupation et au sein des bâtiments de Tell 'Atij ne permet pas d'aboutir à des conclusions aussi spécifiques que celles d'Emanuela Merluzzi (2003, 50) à propos de certains outils d'Ebla retrouvés dans un contexte qui s'y prêtait bien. Elle ne nous autorisa pas non plus à reconstituer l'organisation sociale de l'établissement comme a pu le faire Valentine Roux (1985, 65-77)

---

1 Je suis conscient qu'il existe d'autres systèmes de classification de l'outillage en pierre polie (ex. Pavlů et al. 2007 ; Roodenberg 1986, 94-162 ; Rosenberg & Garfinkel 2014), mais celui de Katherine Wright m'est apparu le plus approprié au matériel de Tell 'Atij. Un classement sommaire a été tenté après la première campagne de fouilles de 1986 dans le cadre d'un mémoire de maîtrise (Bellemare 1989).

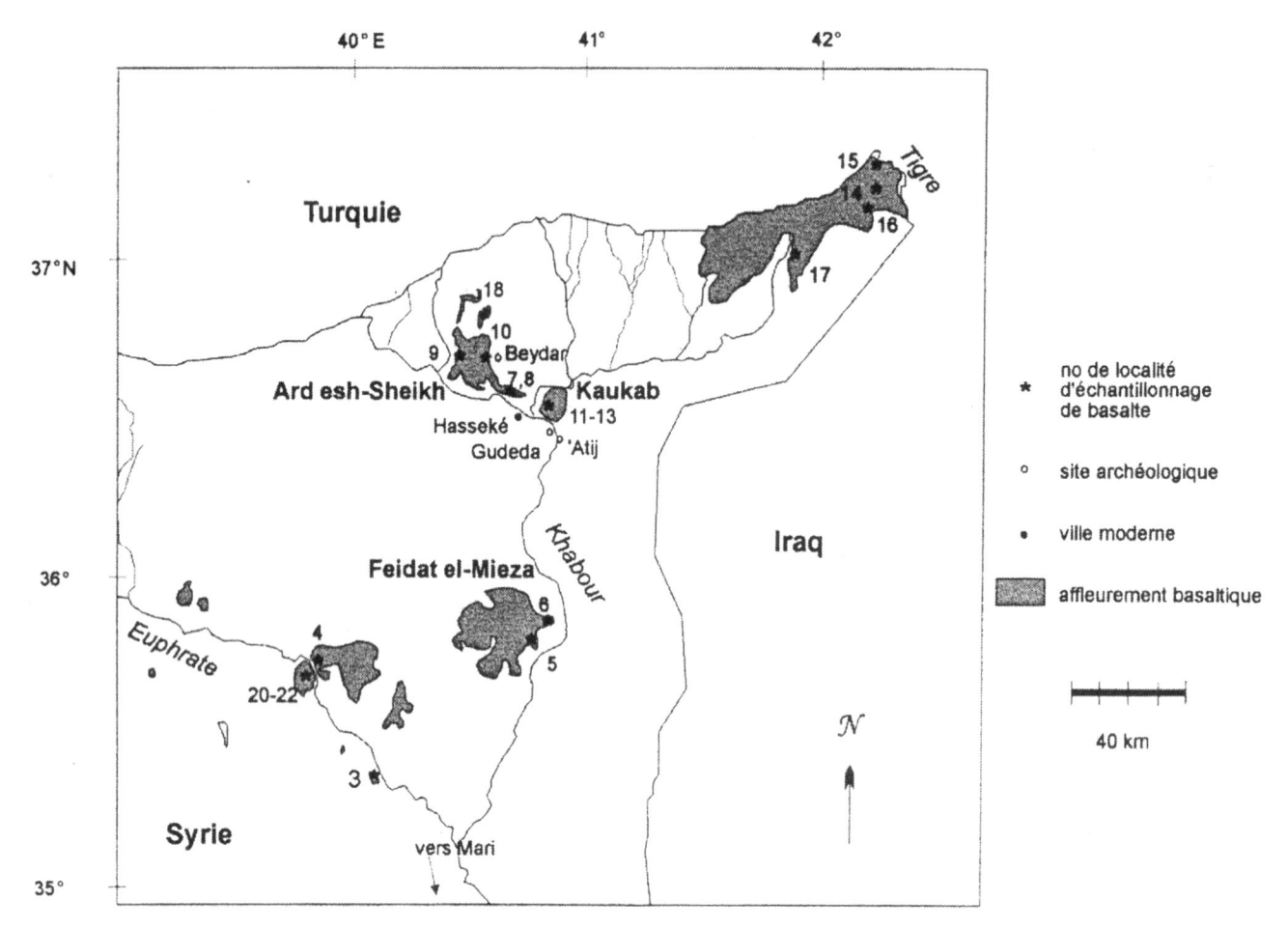

Figure 22.1 : Plan d'échantillonnage des affleurements basaltiques situés dans le voisinage de Tell 'Atij (reproduit de Lease et al. 2001a, 229, fig. 1).

pour un village de Mauritanie à partir du matériel de mouture, même s'il est impossible de dissocier « the use of a quern from its socio-economic context » (Hamon & Le Gall 2013, 120). Néanmoins, il faut porter une attention particulière à la proportion importante de l'outillage de mouture/broyage au sein du mobilier en pierre polie de Tell 'Atij ; ce qui vient en quelque sorte confirmer le traitement sur place d'une partie des récoltes ensilées dans les greniers de cet établissement rural. Puis, que dire de ces meules réutilisées comme ancres. Là aussi la présence d'autant d'ancres sur un si petit site ne peut s'expliquer que par sa localisation sur un îlot (Chapitre 1) et par sa fonction de dépôt à grains à partir duquel des chargements devaient être exportés au moyen de bateaux ou de barques qui venaient y jeter l'ancre afin d'y être chargés.

Une étude de provenance a été réalisée sur le basalte alvéolé qui a servi à fabriquer plusieurs des objets en pierre polie découverts à Tell 'Atij (Lease & Laurent 1998 ; Lease 2000 ; Lease et al. 2001a). Il en ressort que la plupart des spécimens analysés présentent des caractéristiques pétrographiques, une composition chimique en éléments majeurs et traces, ainsi que des compositions minéralogiques qui correspondent à celles des laves de l'extension sud-est du plateau d'Ard esh-Sheikh, situé à une trentaine de kilomètres en amont de Tell 'Atij, à proximité de la rive orientale du Khabour (Fig. 22.1). Par-contre, le basalte de certains autres artéfacts ressemblent plutôt aux laves du plateau de Feidat el-Mieza, 55 km en aval de Tell 'Atij, ce qui ne serait pas insensé si les habitants de Tell 'Atij entretenaient, comme je le pense, des liens « commerciaux » avec la cité-État de Mari sur l'Euphrate. Ce seraient les deux seules sources d'approvisionnement du basalte pour la fabrication des outils de Tell 'Atij. Et même si la source de quelques objets n'a pas pu être identifiée, il n'en demeure pas moins que les coulées basaltiques du volcan Kaukab qui viennent pratiquement rejoindre Tell 'Atij, de même que les laves de la région du Tigre, plus éloignée, sont à exclure comme sources potentielles d'approvisionnement du basalte d'après les résultats des analyses de leur composition (Lease & Laurent 1998 ; Lease 2000 ; Lease et al. 2001a). Étant donné les difficultés inhérentes à son transport par voie fluviale, voire terrestre (Trokay 2014), il n'est pas surprenant de constater que ce matériau « indicates a high degree of conservation, recycling and re-use of this harder-to-get material » (Wright 2008, 133).

Outils de mouture/broyage

Par outils de mouture/broyage (*ground stones*[2], en anglais), nous entendons ici les meules utilisées en association avec des broyeurs et des molettes ainsi que les mortiers en combinaison avec les pilons. Si cette assertion peut paraître une lapalissade, en revanche la terminologie employée pour désigner ces outils est loin d'être universellement arrêtée. Il y a encore beaucoup de confusion terminologique d'un auteur à l'autre, peut-être parce qu'il y a très peu d'études spécialisées sur le sujet. Il est donc important de vérifier la définition de chaque catégorie d'outils en sous-titre car il se peut que celles que j'ai retenues ici, bien que fondées sur certaines études spécialisées, ne correspondent pas tout à fait à la nomenclature couramment utilisée par d'autres lecteurs.

Même s'il a été démontré que l'outillage de mouture ne doit pas nécessairement être associé au traitement de céréales domestiquées par des communautés d'agriculteurs sédentaires (Wright 1991 ; 1993 ; 1994 ; Ebeling & Rowan 2004 ; Piperno *et al.* 2004 ; Dubreuil & Grosman 2009), il reste que dans le cas de Tell 'Atij les plantes qui y ont été moulues avec ces outils de mouture étaient des espèces cultivées (Chapitre 27). L'ont-elles été par une communauté sédentaire ? Fort probablement au vu des structures construites en dur sur le site, à l'intérieur d'un périmètre fortifié. En revanche, si on s'appuie uniquement sur le matériel de broyage, « il est possible d'inférer la sédentarité d'une population, mais *seulement* lorsque les habitations présentent une forte densité de meules à grains et de meules réemployées » (Roux 1985, 64).

Ainsi, la distribution des 87 meules dans les différents niveaux du site (Tableau 22.1) nous apprend qu'elles furent utilisées pendant toute la durée de l'occupation de Tell 'Atij, avec une importante concentration dans les deux derniers niveaux (49/87 = 53%) qui pourrait s'expliquer par une réutilisation de ces instruments de mouture au fil des générations et un abandon sur place lorsque le site fut dépeuplé.

On observe le même scénario pour les 13 broyeurs (7/13 = 54%), instrument incontestablement associé aux meules, à la différence qu'ils ne sont pas présents dans tous les niveaux : il n'en existe aucun dans les niveaux XIII à VIII (EJZ 1). En outre, contrairement à ce que nous pourrions présumer, lorsqu'ils sont présents dans un niveau, ils n'accompagnent pas nécessairement des meules : ce cas de figure n'a été noté que dans six contextes stratigraphiques seulement.

À propos, 64% des meules et 70% des broyeurs ont été retrouvés dans des pièces, mais aucune d'entre elles ne présente d'installations particulières dédiées à la mouture, contrairement à ce qui a été parfois observé sur certains sites (Ebeling & Rowman 2004, 114). Il est donc impossible de fournir des interprétations fonctionnelles plus poussées à ces outils de mouture à la lumière de leur contexte de fouilles, comme cela a pu être fait sur d'autres sites archéologiques (Pavlů *et al.* 2007 ; Kadowaki 2008) ou dans des villages actuels dans le cadre d'études ethnoarchéologiques (Roux 1985). Cependant, un lot de dix-sept meules et trois broyeurs a été retiré des débris accumulés dans le grenier septentrional au niveau I, donc au moment de son abandon. Ensuite, un second regroupement de six meules a été identifié dans l'allée 564a du niveau II où se trouvaient au moins deux fours. Ce sont les deux seuls cas patents de concentrations importantes d'instruments de mouture en lien avec, soit un dispositif de stockage des grains, soit la cuisson de nourriture.

Meules

Tell 'Atij a produit un nombre considérable (87) de meules, cet outillage de mouture par excellence (Procopiou & Treuil 2002) pour les grains céréaliers (Beaune 2002, 84-92), mais aussi pour d'autres végétaux (Roux 1985, 33-48), notamment des fruits et des légumes (Bofill *et al.* 2013, 233). Elles sont toutes faites en basalte alvéolé, un matériau idéal pour ce type d'ustensiles de mouture parce qu'il est dur (entre 4 et 4,9 sur l'échelle de Mohs) et que ses alvéoles permettent une meilleure mouture. En guise de comparaison, signalons que le site de Raqa'i voisin a livré quant à lui 71 meules, également en basalte alvéolé (Dunham 2015, 359-371).

Les meules trouvées à Tell 'Atij appartiennent toutes au type 6 de Katherine Wright (1992, 63, *Saddle-shaped Grinding Slab*) caractérisé par une surface rectangulaire et des stries indiquant une mouture latérale et non circulaire qui est le propre d'un « moulin » (*quern*). L'« index de concavité/convexité » (*CI = Concavity/Convexity Index*) des surfaces usées, développé par Wright (1992, 60-61), a été calculé sur un certain nombre de meules. Suivant cette typologie, les surfaces des meules de Tell 'Atij sont soit planes, soit légèrement concaves.

---

2 Terme anglais qui désigne à la fois : « the way a tool was made and the way in which it was used » (Ebeling & Rowan 2004, 108).

Tableau 22.1 : Distribution, par niveau et par contexte de découverte, des meules et des broyeurs de Tell 'Atij.

Niveau	Contexte	Meule (87)	Broyeur (13)
I 33 meules 5 broyeurs	201 – mur 501' – pièce (?) 503 – silo 504 – silo 507 – pièce 508 – pièce 511 – pièce 512-513 – cour 517 – pièce 522 – pièce 523 – pièce 533 – pièce 547 – tunnel 549 – pièce 622 – plateforme	L165 L6 L4-5 L40, 43 L82 L26 L51-52-53-54 L19, 22, 24 L50, 57-58, 61, 66, 75 L64, 81 L83, 86-87, 90, 113-114, 118 L79, 89	L7 L119, 257 L109 L278
II 16 meules 2 broyeurs	510 – pièce 528 – pièce 539a-b – pièce 564a – allée 260 – allée	L92 L9, 10, 96-97-98 L105, 147-148 L124, 135-136-137-138, 140 L153	L277 L94
III 4 meules	540 – pièce 564b – ruelle 565-566b – cour	L110-111 L154 L161	
IV 2 meules	545 – ruelle 546 – pièce	L112 L121	
V 3 meules 1 broyeur	555 – pièce 562 – cour 580-1-2 – ruelles	L168 L156 L264	L203
VI 1 meule 2 broyeurs	532 – pièce 559a – pièce 574 – cour	L206	L202 L201
VII 4 meules 1 broyeur	575 – cour	L212, 215, 222-223	L209
VIII 4 meules	520 – pièce 576 – cour	L55 L217, 220, 225	
IX 9 meules	568 – ruelle 570 – pièce 577 – cour 619 – pièce	L244, 256 L229, 230-231 L228, 251, 253 L237	
X 1 meule	589 – ruelle 598 – cour	L221 L261	
XI 2 meules	585 – pièce	L262, 265	
XII			
XIII 2 meules	620 – cour	L271-272	

Niveau	Contexte	Meule (87)	Broyeur (13)
0 3 meules 1 broyeur		L20, 56, 74	L37
T. sec. 3 meules 1 broyeur		L29, 166, 213	L30

L4 (ATJ86.E7A4…)

Meule en basalte alvéolé, incomplète.

14 (lo.) × 13 (la.) × 4,9 cm (ép.).

Surface rectangulaire plane (CI = 0.009, *flat*) et polie ; dos très aplani ; côtés parallèles (sans bordure) et extrémité équarrie.

Université Laval.

L5 (ATJ86.E7A4…)

Meule en basalte alvéolé, incomplète.

15 (lo.) × 16 (la.) × 8 cm (ép.).

Surface rectangulaire plane et polie ; dos très bombé avec arête médiane aplanie ; côtés parallèles (sans bordure) et extrémité arrondie.

L6 (ATJ86.E6A3…)

Meule en basalte alvéolé, incomplète.

28 (lo.) × 16,5 (la.) × 6,5 cm (ép.).

Surface rectangulaire légèrement concave (CI = 0,125, *dished*) et polie ; dos très bombé avec arête médiane aplanie ; côtés parallèles (sans bordure) et extrémités équarries.

Université Laval.

L9 (ATJ86.D16A1…)

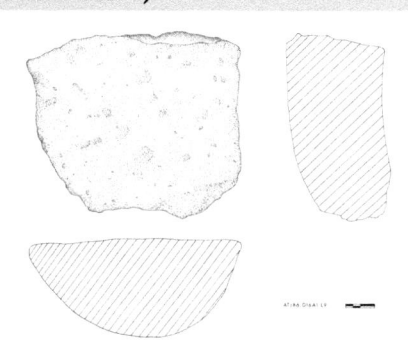

Meule en basalte alvéolé, incomplète.

11,5 (lo.) × 15 (la.) × 6,5 cm (ép.).

Surface rectangulaire plane et polie ; dos très bombé avec arête aplanie ; côtés parallèles (sans bordure).

Université Laval.

L10 (ATJ86.D16A1…)

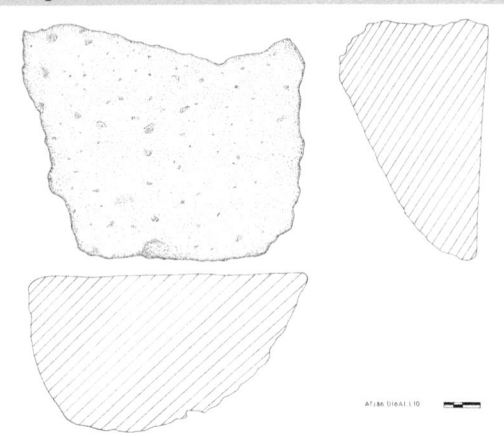

Meule en basalte alvéolé, incomplète.

11 (lo.) × 15 (la.) × 8,3 cm (ép.).

Surface rectangulaire plane et polie ; dos très bombé avec arête médiane aplanie ; côtés parallèles (sans bordure) et extrémité équarrie.

L20 (ATJ86.D14A2…)

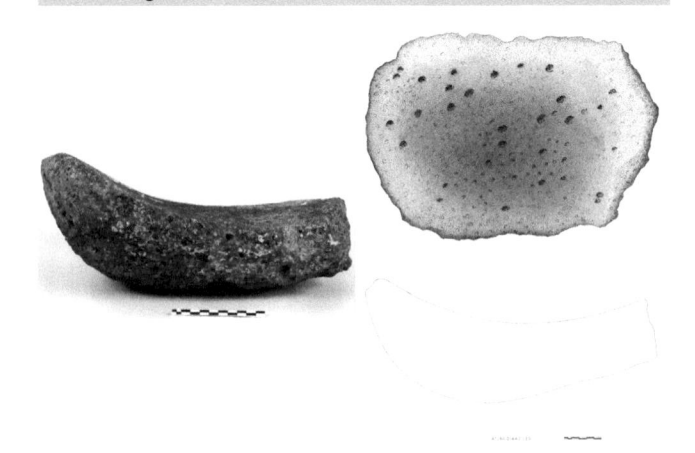

Meule en basalte alvéolé, incomplète.

36 (lo.) × 25 (la.) × 8 cm (ép.).

Surface rectangulaire légèrement concave et polie.

Université Laval.

L19 (ATJ86.D17A3…)

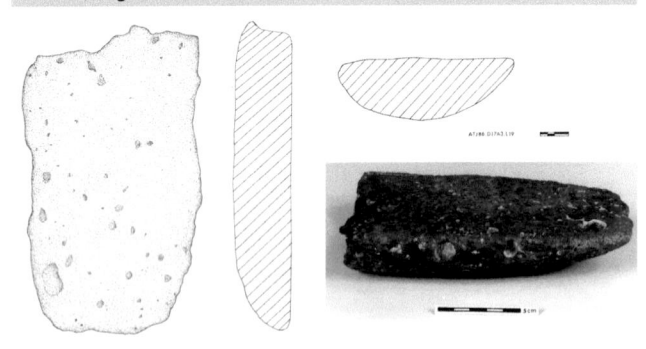

Meule en basalte alvéolé, incomplète.

18 (lo.) × 11,5 (la.) × 4 cm (ép.).

Surface rectangulaire plane et polie ; dos convexe avec arête médiane aplanie ; côtés parallèles (sans bordure) et extrémité équarrie.

L22 (ATJ86.D17A1…)

Meule en basalte alvéolé, incomplète.

28 (lo.) × 12,5 (la.) × 7,5 cm (ép.).

Surface rectangulaire plane et polie ; dos très bombé avec arête médiane aplanie ; côtés parallèles (sans bordure) et extrémité équarrie.

Université Laval.

L24 (ATJ86.D17A1...)

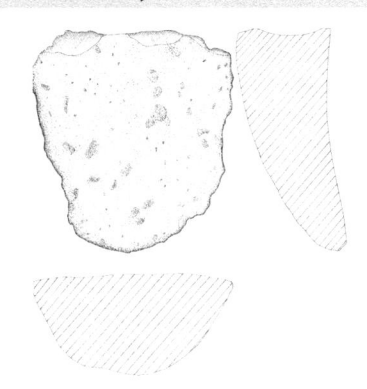

Meule en basalte alvéolé, incomplète.

13 (lo.) × 14 (la.) × 6,5 cm (ép.).

Surface rectangulaire légèrement concave (CI = 0,238, dished) et polie ; dos très bombé avec arête médiane aplanie ; côtés parallèles (sans bordure) et extrémité arrondie.

Université Laval.

L26 (ATJ86.D13A1...)

Meule en basalte alvéolé, incomplète.

18 (lo.) × 12 (la.) × 6 cm (ép.).

Surface rectangulaire légèrement concave (CI = 0.133, dished) et polie ; dos très bombé avec arête médiane aplanie ; côtés parallèles (sans bordure) et extrémité équarrie.

Université Laval.

L29 (ATJ86.LL19A2...)

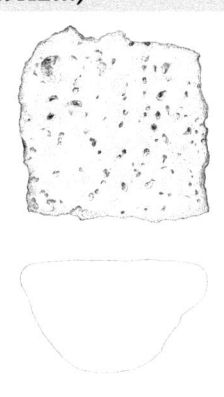

Meule en basalte alvéolé, incomplète.

12 (lo.) × 13 (la.) × 7,5 cm (ép.).

Surface rectangulaire plane (CI = 0,007) et polie ; dos très bombé avec arête médiane aplanie ; côtés parallèles (sans bordure) et extrémité équarrie.

Université Laval.

L40 (ATJ86.E8A1...)

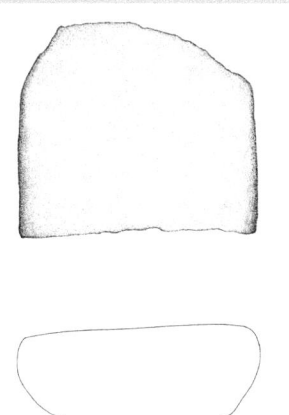

Meule en basalte alvéolé, incomplète.

9,8 (lo.) × 11,8 (la.) × 4,5 (ép.).

Surface rectangulaire plane et polie ; dos plat et rebords droits ; côtés parallèles (sans bordure).

L43 (ATJ86.E8A3...)

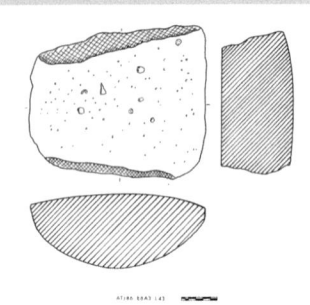

Meule en basalte alvéolé, incomplète.

24 (lo.) × 18 (la.) × 10 cm (ép.).

Surface rectangulaire plane et polie ; dos très bombé avec arête médiane aplanie ; côtés parallèles (sans bordure) et extrémité équarrie.

Musée de Deir ez-Zor (ATJ86.31).

L50 (ATJ87.D9A1...)

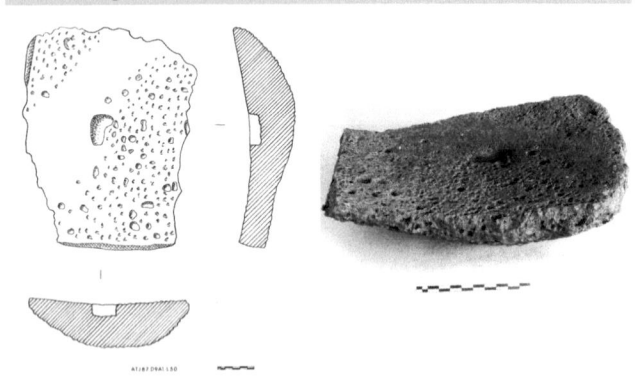

Meule en basalte alvéolé, incomplète.

28 (lo.) × 22 (la.) × 6,5 cm (ép.).

Surface rectangulaire légèrement concave (*CI* = 0,186, *dished*) et polie ; dos convexe avec arête médiane aplanie ; côtés parallèles (sans bordure) et extrémité équarrie.

Musée Deir ez-Zor (ATJ87.4).

L51 (ATJ87.D15A6...)

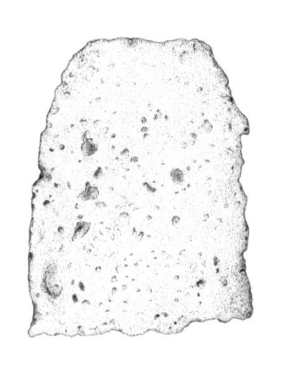

Meule en basalte alvéolé, incomplète.

19,5 (lo.) × 15 (la.) × 6 cm (ép.).

Surface rectangulaire plane (*CI* = 0,01) et polie ; dos convexe avec arête médiane aplanie ; côtés parallèles (sans bordure) et extrémité équarrie.

Université Laval.

L52 (ATJ87.D15A6...)

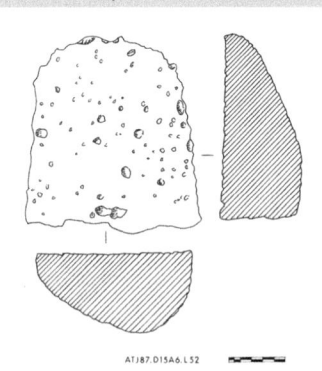

Meule en basalte alvéolé, incomplète.

15 (lo.) × 16 (la.) × 7 cm (ép.).

Surface rectangulaire plane et polie ; dos très bombé avec arête médiane aplanie ; côtés parallèles (sans bordure) et extrémité équarrie.

Musée Deir ez-Zor (ATJ87.5).

MOBILIER EN PIERRE POLIE

L53 (ATJ87.D15A6...)

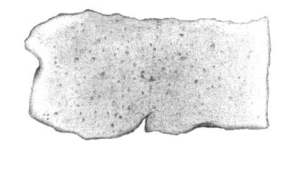

Meule en basalte alvéolé, incomplète.

38 (lo.) × 20 (la.) × 5 cm (ép.).

Surface rectangulaire peu concave (*CI* = 0,108) et polie ; dos convexe avec arête médiane aplanie ; côtés parallèles (sans bordure).

Université Laval.

L54 (ATJ87.D15A6...)

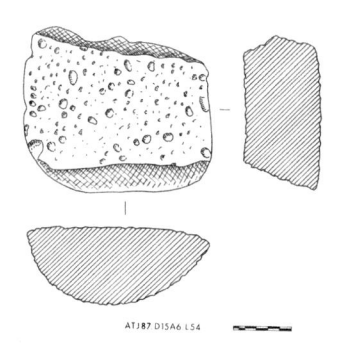

Meule en basalte alvéolé, incomplète.

10 (lo.) × 15 (la.) × 6 cm (ép.).

Surface rectangulaire peu concave (*CI* = 0,16) et polie ; dos convexe avec arête médiane aplanie ; côtés parallèles (sans bordure).

Musée Deir ez-Zor (ATJ87.6).

L55 (ATJ87.E18A4...)

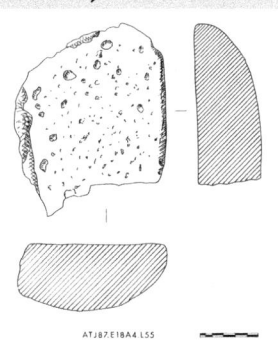

Meule en basalte alvéolé, incomplète.

13 (lo.) × 12 (la.) × 7 cm (ép.).

Surface rectangulaire plane et polie ; dos convexe avec arête médiane aplanie ; côtés parallèles (sans bordure) et extrémité équarrie.

Musée de Deir ez-Zor (ATJ87.7).

L56 (ATJ87.D11A1...)

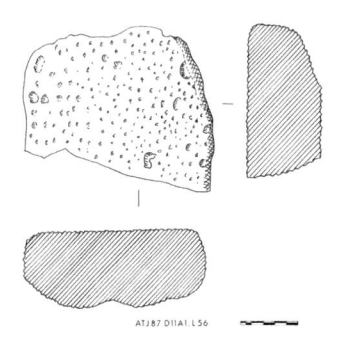

Meule en basalte alvéolé, incomplète.

12 (lo.) × 16 (la.) × 7 cm (ép.).

Surface rectangulaire plane et polie ; dos convexe avec arête médiane aplanie ; côtés parallèles (sans bordure) et extrémité équarrie.

Musée de Deir ez-Zor (ATJ87.8).

L57 (ATJ87.D9A1...)

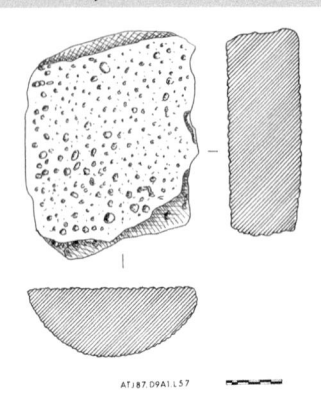

Meule en basalte alvéolé, incomplète.

17 (lo.) × 15 (la.) × 6 cm (ép.).

Surface rectangulaire plane et polie ; dos plat avec rebord droit ; côtés parallèles (sans bordure) et extrémité équarrie.

Musée de Deir ez-Zor (ATJ87.9).

L58 (ATJ87.D9A1...)

Meule en basalte alvéolé, incomplète.

18 (lo.) × 14 (la.) × 7 cm (ép.).

Surface rectangulaire plane et polie ; dos convexe avec arête médiane aplanie ; côtés parallèles (sans bordure) et extrémité équarrie.

Musée de Deir ez-Zor (ATJ87.10).

L61 (ATJ87.D9A17...)

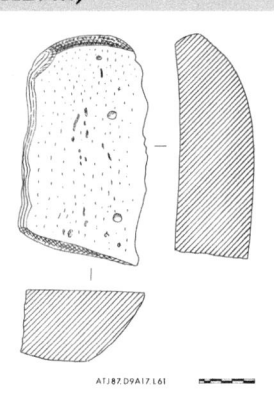

Meule en basalte alvéolé, incomplète.

8 (lo.) × 10 (la.) × 7 cm (ép.).

Surface rectangulaire légèrement concave (CI = 0,175, *dished*) et polie ; dos convexe avec arête médiane aplanie ; côtés parallèles (sans bordure) et extrémité équarrie.

Musée de Deir ez-Zor (ATJ87.23).

L64 (ATJ87.D9A19...)

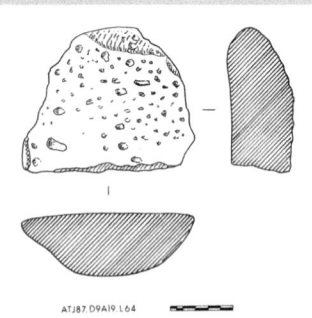

Meule en basalte alvéolé, incomplète.

10 (lo.) × 13 (la.) × 5 cm (ép.).

Surface rectangulaire légèrement concave (CI = 0,14, *dished*) et polie ; dos convexe avec arête médiane plate ; côtés parallèles (sans bordure) et extrémité équarrie.

Musée de Deir ez-Zor (ATJ87.44).

L66 (ATJ87.D9A17...)

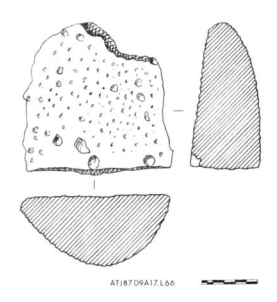

Meule en basalte alvéolé, incomplète.

12,5 (lo.) × 13 (la.) × 6,5 cm (ép.).

Surface rectangulaire plane et polie ; dos très bombé avec arête médiane aplanie ; côtés parallèles (sans bordure) et extrémité arrondie.

Musée de Deir ez-Zor (ATJ87.45).

L74 (ATJ87.G15B1...)

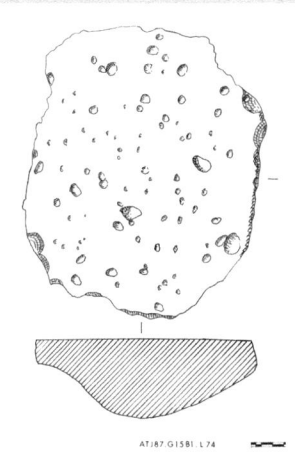

Meule en basalte alvéolé, incomplète : extrémités manquantes.

20 (lo.) × 25 (la.) × 7 cm (ép.).

Surface rectangulaire plane et polie ; dos convexe avec arête médiane aplanie ; côtés parallèles (sans bordure).

Musée de Deir ez-Zor (ATJ87.50).

L75 (ATJ87.D9A1...)

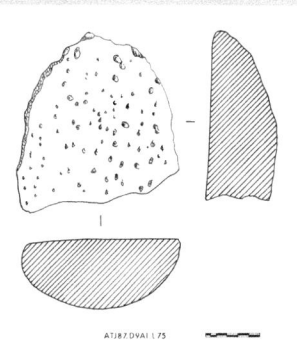

Meule en basalte alvéolé, incomplète.

15 (lo.) × 14 (la.) × 6 cm (ép.).

Surface rectangulaire plane et polie ; dos convexe avec arête médiane aplanie ; côtés parallèles (sans bordure) et extrémité arrondie.

Musée de Deir ez-Zor (ATJ87.59).

L79 (ATJ87.D8A1...)

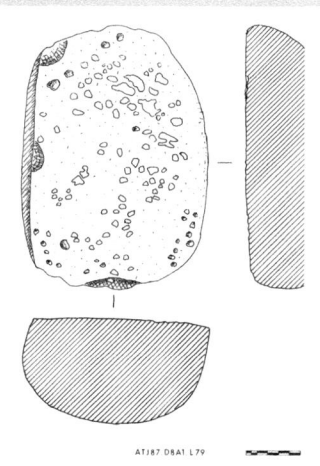

Meule en basalte alvéolé, complète.

23 (lo.) × 16,5 (la.) × 9,5 cm (ép.).

Surface rectangulaire plane et polie ; dos très bombé avec arête médiane aplanie ; côtés parallèles (sans bordure) et extrémités équarries.

Musée de Deir ez-Zor (ATJ87.61).

L81 (ATJ87.D9A19…)

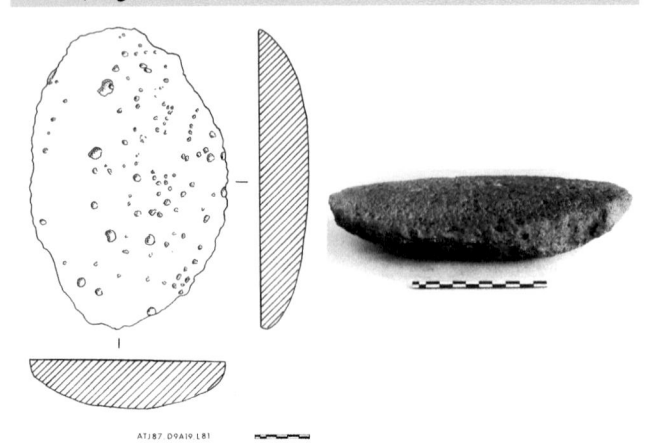

Meule en basalte alvéolé, complète.

26 (la.) × 18 (la.) × 4,5 cm (ép.).

Surface ovale plane et polie ; dos convexe avec arête médiane aplanie ; côtés parelles (sans bordure) et extrémités arrondies.

Musée de Deir ez-Zor (ATJ87.73).

L82 (ATJ87.D12A1…)

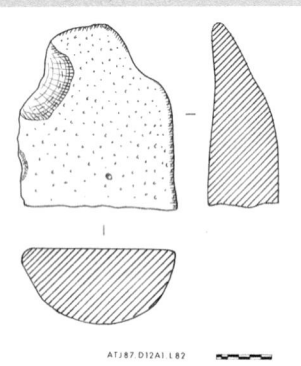

Meule en basalte alvéolé, incomplète.

15 (la.) × 14 (la.) × 7 cm (ép.).

Surface rectangulaire légèrement concave (CI = 0,107, dished) et polie ; dos convexe avec arête médiane aplanie ; côtés parallèles (sans bordure) et extrémité arrondie.

Musée de Deir ez-Zor (ATJ87.74).

L83 (ATJ87.E9A1'…)

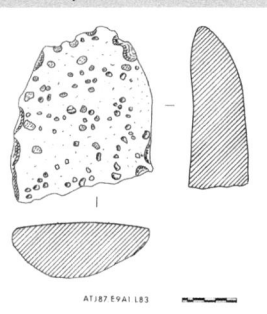

Meule en basalte alvéolé, incomplète.

14 (lo.) × 12,5 (la.) × 5 cm (ép.).

Surface rectangulaire plane et polie ; dos très bombé avec arête médiane aplanie ; côtés parallèles (sans bordure) et extrémité équarrie.

Musée de Deir ez-Zor (ATJ87.75).

L86 (ATJ87.E9A1'…)

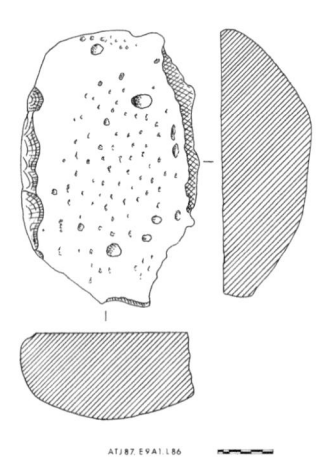

Meule en basalte alvéolé, incomplète.

24 (lo.) × 15 (la.) × 8 cm (ép.).

Surface rectangulaire plane et polie ; dos très bombé avec arête médiane aplanie ; côtés parallèles (sans bordure) et extrémité équarrie.

Musée de Deir ez-Zor (ATJ87.84).

L87 (ATJ87.E9A1'…)

Meule en basalte alvéolé, incomplète.

18 (lo.) × 14,5 (la.) × 7,5 cm (ép.).

Surface rectangulaire plane et polie ; dos convexe avec arête médiane aplanie ; côtés parallèles (sans bordure) et extrémité équarrie.

Musée de Deir ez-Zor (ATJ87.85).

L89 (ATJ87.D8A1...)

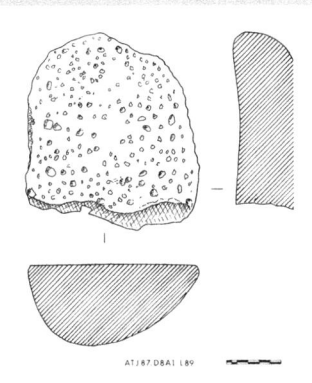

Meule en basalte alvéolé, incomplète.

15 (lo.) × 15,5 (la.) × 7 cm (ép.).

Surface rectangulaire plane (*CI* = 0.093, *flat*) et polie ; dos très bombé avec arête médiane aplanie ; côtés parallèles (sans bordure) et extrémité arrondie.

Musée de Deir ez-Zor (ATJ87.87).

L90 (ATJ87.E9A1'...)

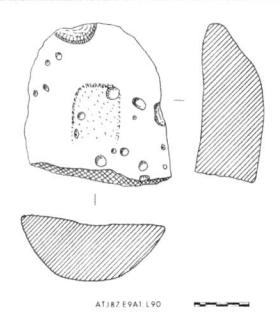

Meule en basalte alvéolé, incomplète.

13 (lo.) × 12,5 (la.) × 6 cm (ép.).

Surface rectangulaire légèrement concave (*CI* = 0,115, *dished*) portant des traces d'usure latérales ; dos très bombé avec arête médiane aplanie ; côtés parallèles (sans bordure) et extrémité arrondie.

Musée de Deir ez-Zor (ATJ87.90).

L92 (ATJ87.D12A6...)

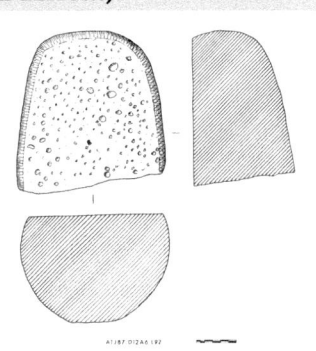

Meule en basalte alvéolé, incomplète.

18 (lo.) × 18,5 (la.) × 13 cm (ép.).

Surface rectangulaire plane et polie ; dos très bombé avec arête médiane aplanie ; côtés parallèles (sans bordure) et extrémité équarrie.

Musée de Deir ez-Zor (ATJ87.100).

L96 (ATJ87.D16A1'...)

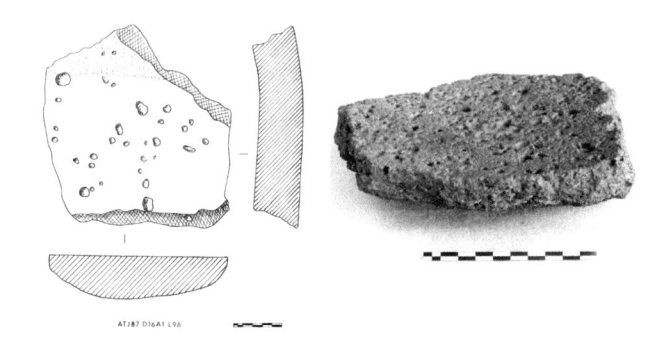

Meule en basalte alvéolé, incomplète.

18 (lo.) × 19 (la.) × 4,5 cm (ép.).

Surface rectangulaire plane (*CI* = 0,089, *flat*) et polie ; dos convexe avec arête médiane aplanie ; côtés parallèles (sans bordure).

Musée de Deir ez-Zor (ATJ87.123).

L97 (ATJ87.D16A1'...)

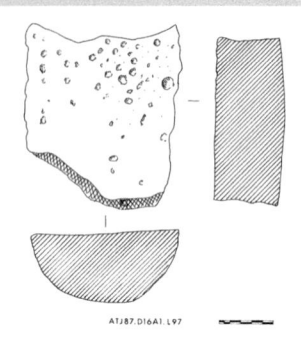

Meule en basalte alvéolé, incomplète.

14 (lo.) × 13,5 (la.) × 7 cm (ép.).

Surface rectangulaire plane et polie ; dos très bombé avec arête médiane aplanie ; côtés parallèles (sans bordure).

Musée de Deir ez-Zor (ATJ87.127).

L98 (ATJ87.D16A1'...)

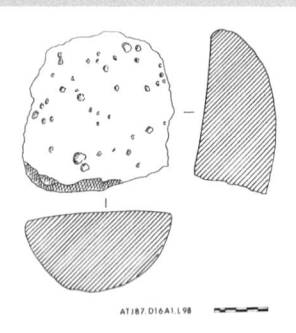

Meule en basalte alvéolé, incomplète.

13 (lo.) × 13 (la.) × 6,5 cm (ép.).

Surface rectangulaire plane et polie ; dos très bombé avec arête médiane aplanie ; côtés parallèles (sans bordure) et extrémité équarrie.

Musée de Deir ez-Zor (ATJ87.141).

L105 (ATJ87.D15A12...)

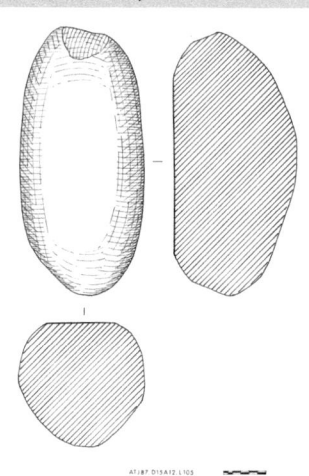

Meule en basalte alvéolé, complète.

30 (lo.) × 14 cm (la.).

Surface rectangulaire plane et polie, dos très bombé avec arête médiane aplanie ; côtés parallèles (sans bordure) et extrémités arrondies.

Musée de Deir ez-Zor (ATJ87.150).

L110 (ATJ87.D16A4...)

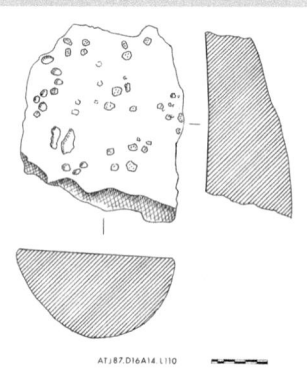

Meule en basalte alvéolé, incomplète.

15 (lo.) × 14 cm (la.).

Surface rectangulaire plane (CI = 0,053, *flat*) et polie ; dos très bombé avec arête médiane aplanie ; côtés parallèles (sans bordure) et extrémité arrondie.

Musée de Deir ez-Zor (ATJ87.201).

MOBILIER EN PIERRE POLIE

L111 (ATJ87.D16A4...)

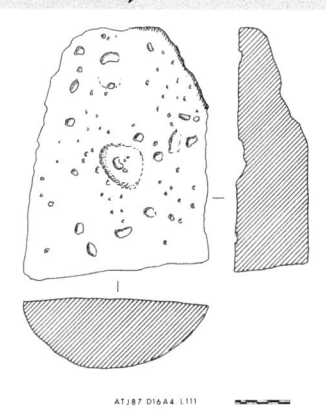

Meule en basalte alvéolé, incomplète.

21 (lo.) × 16 cm (la.).

Surface rectangulaire plane et polie ; dos convexe avec arête médiane aplanie ; côtés parallèles (sans bordure) et extrémité arrondie.

Musée de Deir ez-Zor (ATJ87.202).

L112 (ATJ87.E16A10...)

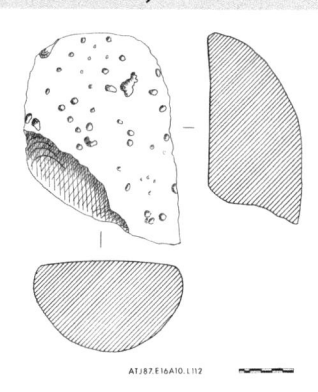

Meule en basalte alvéolé, incomplète.

18 (lo.) × 13,5 (la.) × 8,5 cm (ép.)

Surface rectangulaire plane et polie ; dos très bombé avec arête médiane aplanie ; côtés parallèles (sans bordure) et extrémité équarrie.

Musée de Deir ez-Zor (ATJ87.203).

L113 (ATJ87.E9A3...)

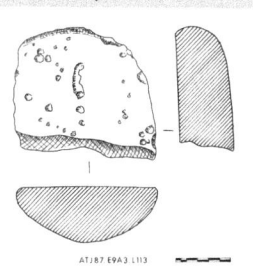

Meule en basalte alvéolé, incomplète.

10 (lo.) × 12,5 (la.) × 5 cm (ép.)

Surface rectangulaire plane et polie ; dos convexe avec arête médiane aplanie ; côtés parallèles (sans bordure) et extrémité équarrie.

Musée de Deir ez-Zor (ATJ87.208).

L114 (ATJ87.E9A3...)

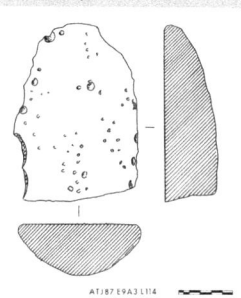

Meule en basalte alvéolé, incomplète.

15,5 (lo.) × 11 (la.) × 5 cm (ép.)

Surface rectangulaire plane et polie ; dos convexe avec arête médiane aplanie ; côtés parallèles (sans bordure) et extrémité arrondie.

Musée de Deir ez-Zor (ATJ87.209).

L118 (ATJ87.E9B3...)

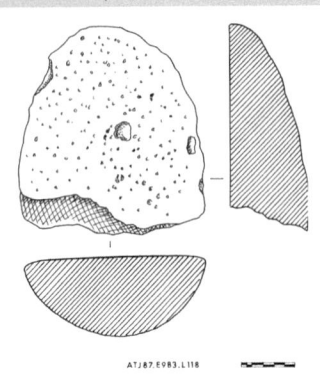

Meule en basalte alvéolé, incomplète : une extrémité manquante.

17 (lo.) × 17 (la.) × 7 cm (ép.).

Surface rectangulaire plane et polie ; dos convexe avec arête médiane aplanie ; côtés parallèles (sans bordure) et extrémité arrondie.

Musée de Deir ez-Zor (ATJ87.214).

L121 (ATJ87.D12A21...)

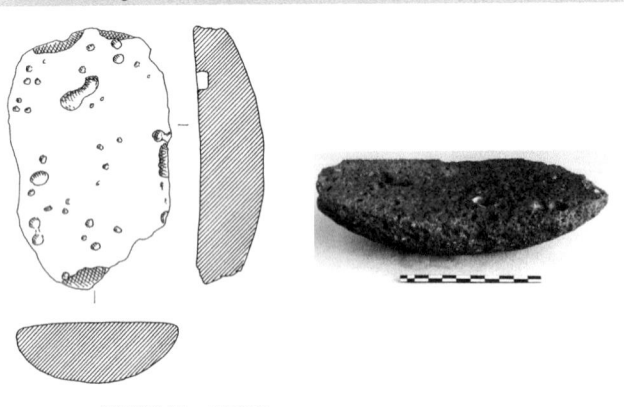

Meule en basalte alvéolé, incomplète.

22 (lo.) × 14,5 (la.) × 6 cm (ép.).

Surface rectangulaire plane (CI = 0,064, *flat*) et polie ; dos convexe avec arête médiane aplanie ; côtés parallèles (sans bordure) avec une extrémité arrondie et l'autre équarrie.

Musée de Deir ez-Zor (ATJ87.253).

L124 (ATJ88.D14A15...)

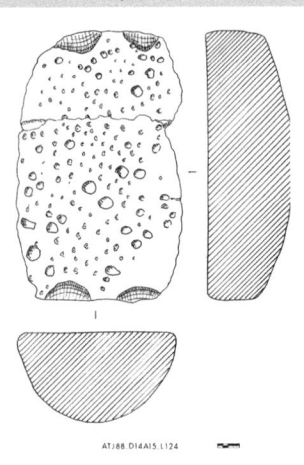

Meule en basalte alvéolé, complète.

23,5 (lo.) × 15 (la.) × 8 cm (ép.).

Surface rectangulaire plane et polie ; dos très bombé avec arête médiane aplanie ; côtés parallèles (sans bordure) avec extrémités équarries.

Musée de Deir ez-Zor (ATJ88.5).

L135 (ATJ88.D15A16...)

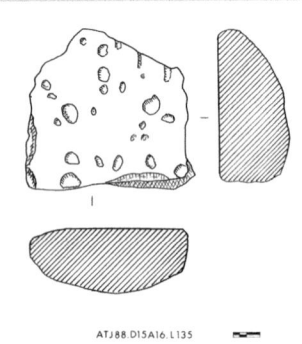

Meule en basalte alvéolé, incomplète.

11,1 (lo.) × 12,3 (la.) × 5,3 cm (ép.).

Surface rectangulaire plane et polie ; dos convexe avec arête médiane aplanie ; côtés parallèles (sans bordure) et extrémité triangulaire.

Musée de Deir ez-Zor (ATJ88.42).

MOBILIER EN PIERRE POLIE

L136 (ATJ88.D15A16…)

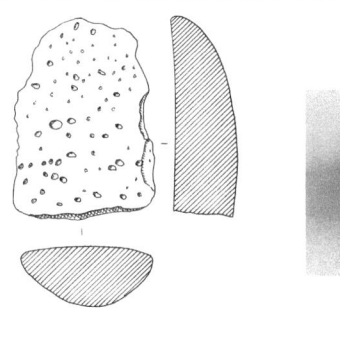

Meule en basalte alvéolé, incomplète.

16,5 (lo.) × 12,8 (la.) × 5,6 cm (ép.).

Surface rectangulaire plane (CI = 0,048, *flat*) et polie ; dos convexe avec arête médiane aplanie ; côtés parallèles (sans bordure) et extrémité équarrie.

Musée de Deir ez-Zor (ATJ88.43).

L137 (ATJ88.D15A16…)

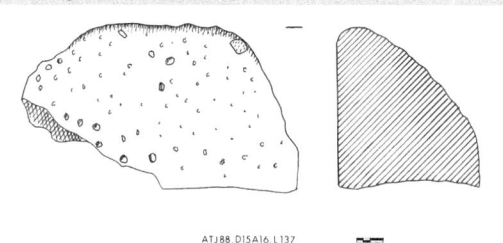

Meule en basalte alvéolé, incomplète.

11,8 (lo.) × 20 (la.) × 10,3 cm (ép.).

Surface rectangulaire plane et polie ; dos très bombé avec arête médiane aplanie et extrémité équarrie.

Musée de Deir ez-Zor (ATJ88.44).

L138 (ATJ88.D15A16…)

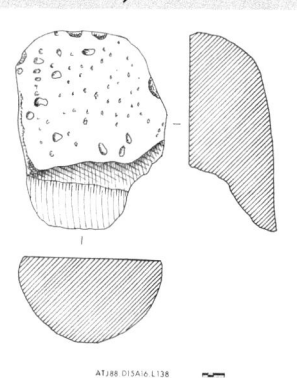

Meule en basalte alvéolé, incomplète.

18 (lo.) × 13,5 (la.) × 8,4 cm (ép.).

Surface rectangulaire plane et polie ; dos très bombé avec arête médiane aplanie ; côtés parallèles (sans bordure) et extrémité équarrie.

Musée de Deir ez-Zor (ATJ88.45).

L140 (ATJ88.D15A16…)

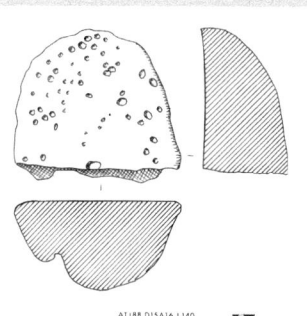

Meule en basalte alvéolé, incomplète.

12 (lo.) × 15 (la.) × 8,1 cm (ép.).

Surface rectangulaire plane (CI = 0,067, *flat*) et polie ; dos très bombé avec arête médiane aplanie ; côtés parallèles (sans bordure) et extrémité arrondie.

Musée de Deir ez-Zor (ATJ88.48).

L147 (ATJ88.D15A21...)

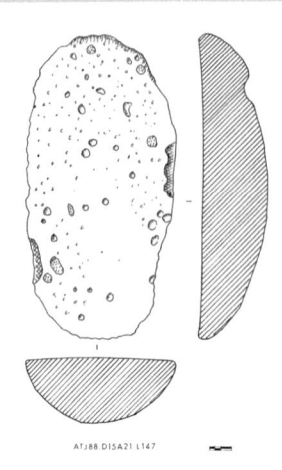

Meule en basalte alvéolé, complète.

26,5 (lo.) × 13,5 (la.) × 6,2 cm (ép.).

Surface rectangulaire plane (*CI* = 0,064, *flat*) et polie ; dos très bombé avec arête médiane aplanie ; côtés parallèles (sans bordure) avec extrémités arrondies.

Musée de Deir ez-Zor (ATJ88.66).

L148 (ATJ88.D15A21...)

Meule en basalte alvéolé, incomplète : une extrémité manquante.

31 (lo.) × 26 (la.) × 9,5 cm (ép.).

Surface rectangulaire peu concave (*CI* = 0,115, *dished*) et polie ; dos convexe avec arête médiane aplanie ; côtés parallèles (sans bordure) avec une extrémité oblique.

Musée de Deir ez-Zor (ATJ88.67).

L153 (ATJ88.260...)

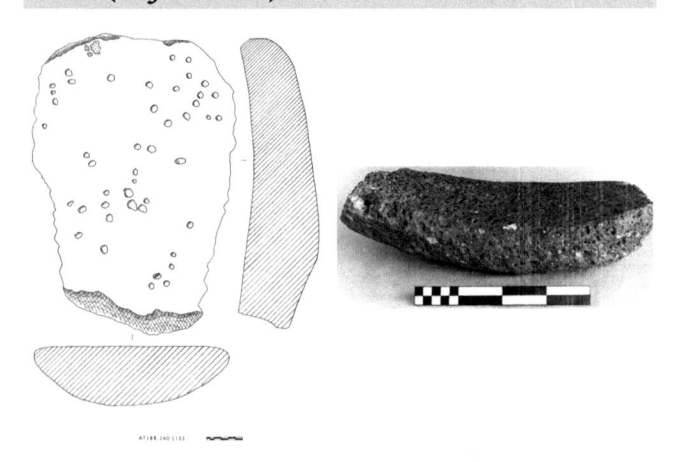

Meule en basalte alvéolé, incomplète : une extrémité manquante.

39 (lo.) × 27 (la.) × 9,5 cm (ép.).

Surface rectangulaire peu concave (*CI* = 0,108) et polie ; dos concave avec arête médiane aplanie ; côtés concaves (sans bordure) et extrémité équarrie.

Musée de Deir ez-Zor (ATJ88.85).

L154 (ATJ88.D15A22...)

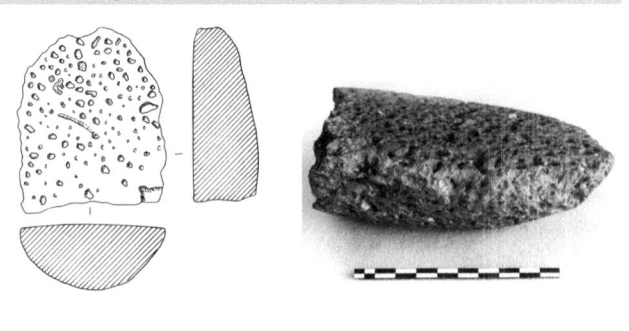

Meule en basalte alvéolé, incomplète.

15 (lo.) × 13 (la.) × 5,8 cm (ép.).

Surface rectangulaire plane et polie ; dos très bombé avec arête médiane aplanie ; côtés parallèles (sans bordure) et extrémité arrondie.

Musée de Deir ez-Zor (ATJ88.84).

L156 (ATJ88.E13B4...)

Meule en basalte alvéolé, incomplète.

10,5 (lo.) × 13 (la.) × 6,1 cm (ép.).

Surface rectangulaire plane et polie ; dos très bombé avec arête médiane aplanie ; côtés parallèles (sans bordure) et extrémité équarrie.

Musée de Deir ez-Zor (ATJ88.94).

L161 (ATJ88.D13B3...)

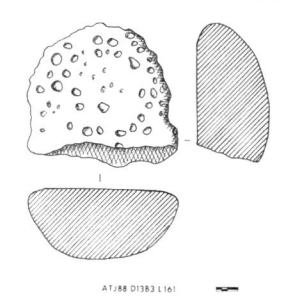

Meule en basalte alvéolé, incomplète.

26 (lo.) × 13 (la.) × 7 cm (ép.).

Surface rectangulaire plane et polie ; dos très bombé avec arête médiane aplanie ; côtés parallèles (sans bordure) et extrémité arrondie.

Musée de Deir ez-Zor (ATJ88.123).

L165 (ATJ88.201...)

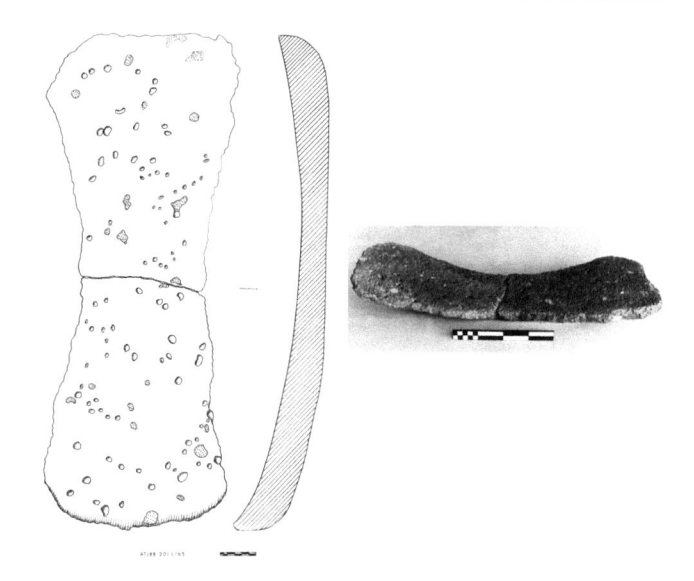

Meule en basalte alvéolé, complète, mais en deux fragments.

67 (lo.) × 26 (la.) × 6,8 cm (ép.).

Surface rectangulaire peu concave (CI = 0,293) et polie ; dos convexe avec arête médiane aplanie ; côtés parallèles (sans bordure) et extrémités équarries.

Musée de Deir ez-Zor (ATJ88.173).

L166 (ATJ88.LL17A1...)

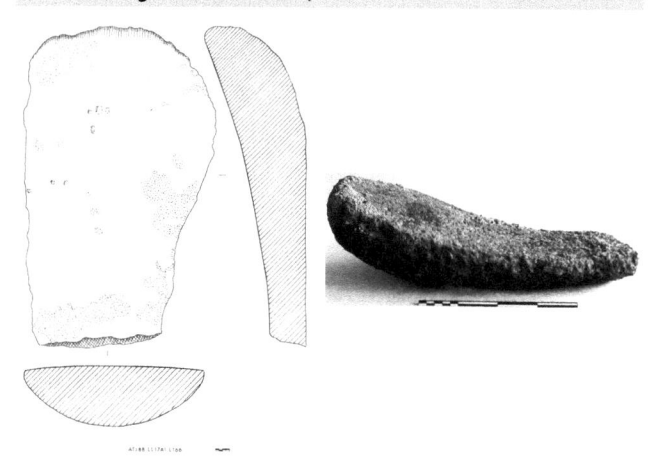

Meule en basalte alvéolé, incomplète : une extrémité manquante.

40 (lo.) × 26 (la.) × 13 cm (ép.).

Surface rectangulaire concave (CI = 0,465) et polie ; dos très bombé avec arête médiane aplanie ; côtés parallèles (sans bordure) et extrémité équarrie.

Musée de Deir ez-Zor (ATJ88.233).

L168 (ATJ88.E13B10...)

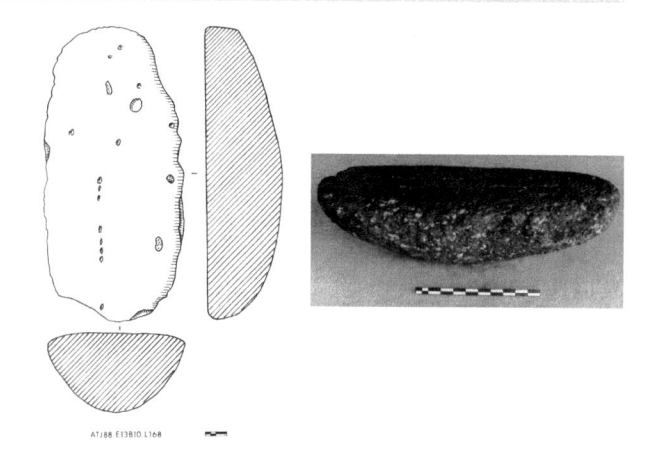

Meule en basalte alvéolé, complète.

12 (lo.) × 14 (la.) × 6,3 cm (ép.).

Surface rectangulaire plane et polie ; dos très bombé avec arête médiane aplanie ; côtés parallèles (sans bordure) et extrémité arrondie.

Musée de Deir ez-Zor (ATJ88.221).

L206 (ATJ92.E16A12'...)

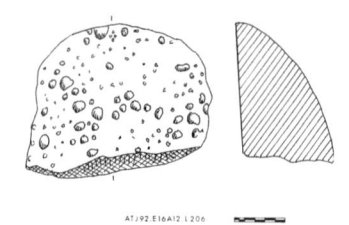

Meule en basalte alvéolé, incomplète.

13 cm (lo.) × 18,5 cm (la.) × 9,5 cm (ép.).

Surface rectangulaire plane et polie ; dos très bombé avec arête médiane aplanie ; côtés parallèles (sans bordure) et extrémité équarrie.

Université Laval.

L212 (ATJ92.E15A17...)

Meule en basalte alvéolé, incomplète.

18 (lo.) × 14 (la.) × 9 cm (ép.).

Surface rectangulaire plane (*CI* = 0,067, *flat*) et polie ; dos très bombé avec arête médiane aplanie ; côtés parallèles (sans bordure) et extrémité équarrie.

L213 (ATJ92.MM16A1...)

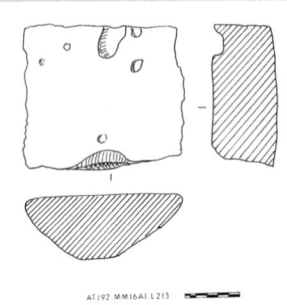

Meule en basalte alvéolé, incomplète.

12 (lo.) × 14 (la.) × 5,5 cm (ép.).

Surface rectangulaire plane et polie ; dos très bombé avec arête médiane aplanie ; côtés parallèles (sans bordure) et extrémité équarrie.

L215 (ATJ92.E15A17...)

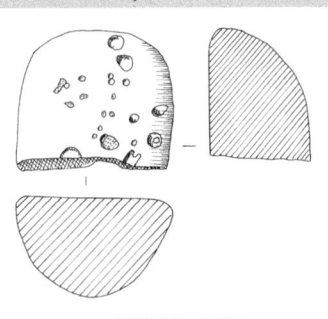

Meule en basalte alvéolé, incomplète.

14 (lo.) × 17,5 (la.) × 11,5 cm (ép.).

Surface rectangulaire plane et polie ; dos très bombé avec arête médiane aplanie ; côtés parallèles (sans bordure) et extrémité équarrie.

L217 (ATJ92.E15A20...)

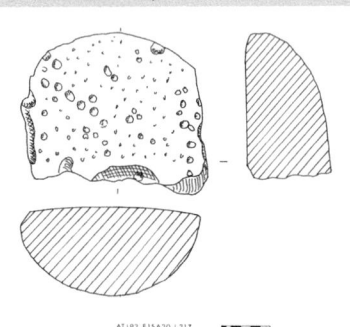

Meule en basalte alvéolé, incomplète.

15 (lo.) × 18,5 (la.) × 8,5 cm (ép.).

Surface rectangulaire plane et polie ; dos très bombé avec arête médiane aplanie ; côtés parallèles (sans bordure) et extrémité équarrie.

MOBILIER EN PIERRE POLIE

L220 (ATJ92.E15A20...)

Meule en basalte alvéolé, incomplète.

27 (lo.) × 12 (la.) × 9,5 cm (ép.).

Surface rectangulaire plane et polie ; dos très bombé avec arête médiane aplanie ; côtés parallèles (sans bordure) et extrémité arrondie.

L221 (ATJ92.F15C2...)

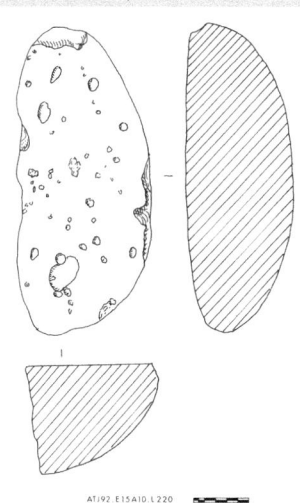

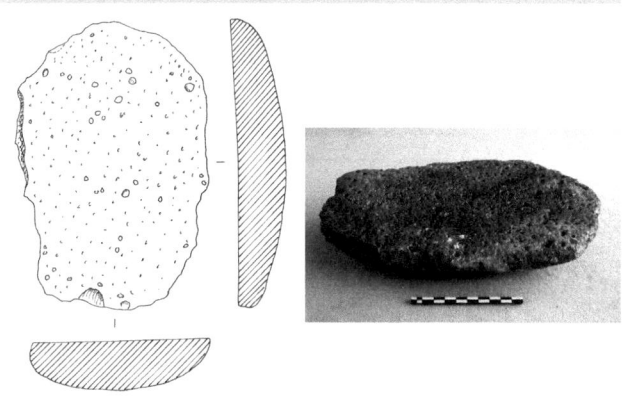

Meule en basalte alvéolé, complète.

28 (lo.) × 19 (la.) × 5 cm (ép.).

Surface rectangulaire plane (CI = 0,029, *flat*) et polie ; dos convexe avec arête médiane aplanie ; côtés parallèles (sans bordure) et extrémités équarries.

L222 (ATJ92.E16A20...)

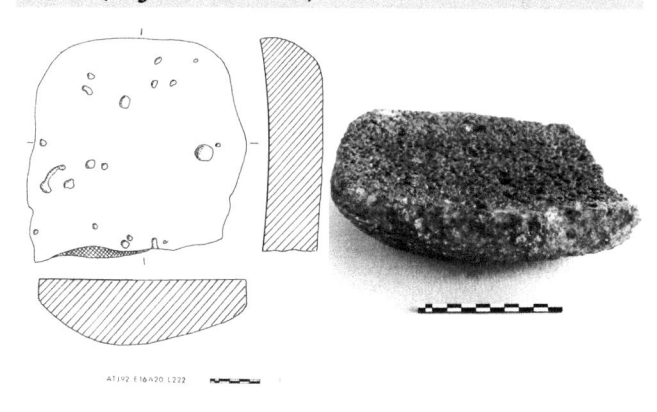

Meule en basalte alvéolé, incomplète.

20 (la.) × 21 (la.) × 5 cm (ép.).

Surface rectangulaire plane (CI = 0,09, *flat*) et polie ; dos convexe avec arête médiane aplanie ; côtés parallèles (sans bordure) et extrémité équarrie.

L223 (ATJ92.E16A20...)

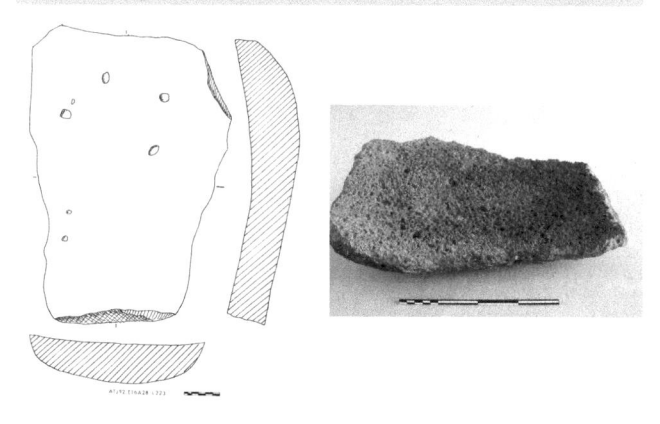

Meule en basalte alvéolé, incomplète.

36 (lo.) × 27 (la.) × 5 cm (ép.).

Surface rectangulaire légèrement concave (CI = 0,172, *dished*) et polie ; dos convexe avec arête médiane aplanie ; côtés parallèles (sans bordure) et extrémité équarrie.

L225 (ATJ92.E14A16…)

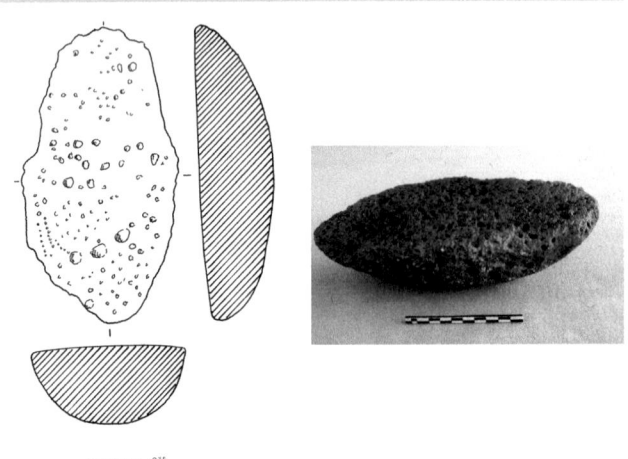

Meule en basalte alvéolé, complète.

25,5 (lo.) × 14 (la.) × 6,5 cm (ép.).

Surface rectangulaire plane et polie ; dos très bombé avec arête médiane aplanie ; côtés parallèles (sans bordure) avec une extrémité arrondie et l'autre oblique.

Université Laval.

L228 (ATJ92.E13B16…)

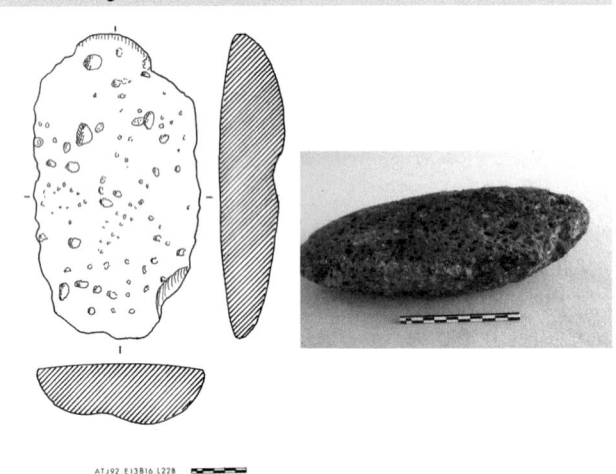

Meule en basalte alvéolé, complète.

27 (lo.) × 15,5 (la.) × 5,7 cm (ép.).

Surface légèrement bombée, polie ; dos convexe avec arête médiane aplanie ; côtés parallèles (sans bordure) et extrémités arrondies.

L229 (ATJ92.E15A24…)

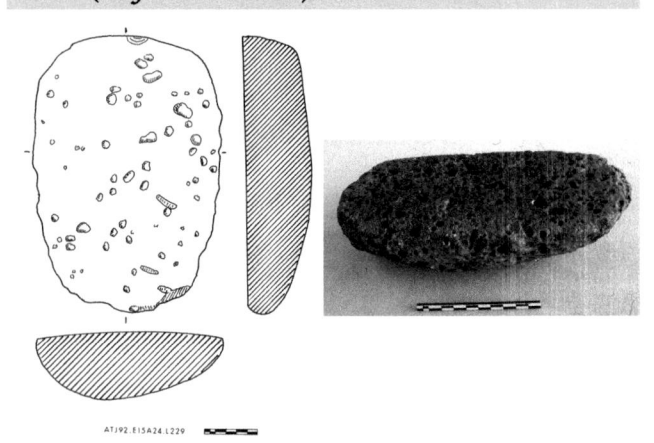

Meule en basalte alvéolé, complète.

25 (lo.) × 17,5 (la.) × 5,4 cm (ép.).

Surface rectangulaire plane et polie ; dos très bombé avec arête médiane aplanie ; côtés parallèles (sans bordure) et extrémité arrondie.

L230 (ATJ92.E15A24…)

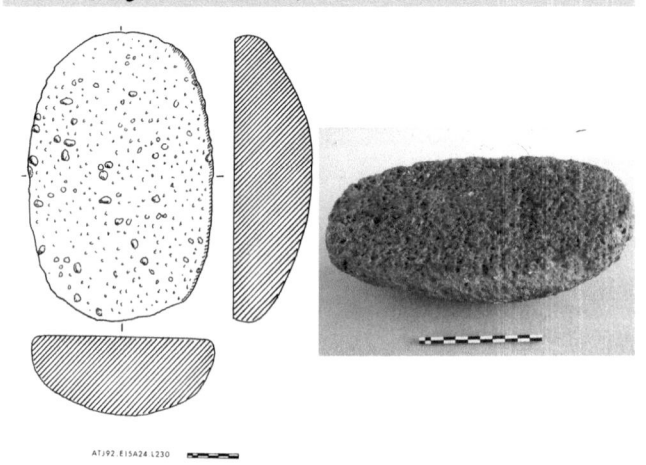

Meule en basalte alvéolé, complète.

27 (lo.) × 17,5 (la.) × 7,5 cm (ép.).

Surface rectangulaire plane et polie ; dos très bombé avec arête médiane aplanie ; côtés parallèles (sans bordure) et extrémités arrondies.

L231 (ATJ92.E15A24…)

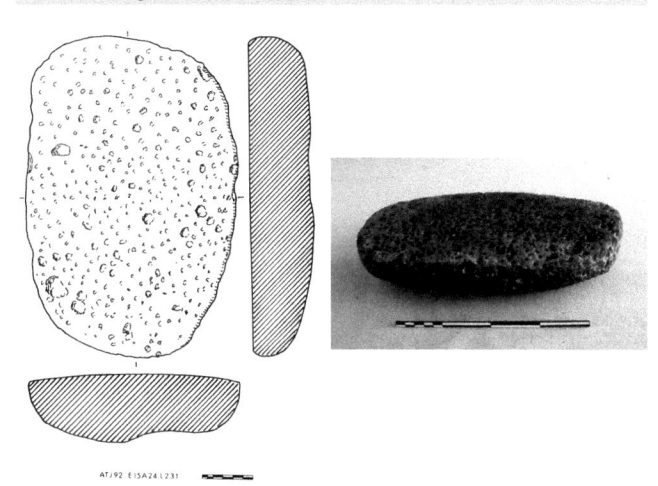

Meule en basalte alvéolé, complète.

30 (lo.) × 20,5 (la.) × 6 cm (ép.).

Surface rectangulaire plane et polie ; dos convexe avec arête médiane aplanie ; côtés parallèles (sans bordure) et extrémités équarries.

L237 (ATJ92.E16A21…)

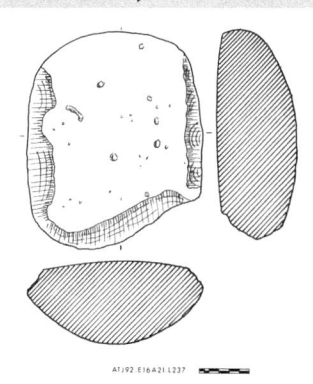

Meule en basalte alvéolé, incomplète.

20 (lo.) × 17,5 (la.) × 7,5 cm (ép.).

Surface rectangulaire plane et polie ; dos très bombé avec arête médiane aplanie ; côtés parallèles (sans bordure) et extrémités équarries.

L244 (ATJ92.E16A22…)

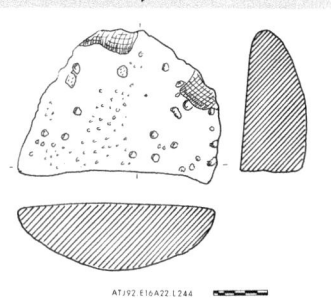

Meule en basalte alvéolé, incomplète.

12,3 (lo.) × 18 (la.) × 6 cm (ép.).

Surface rectangulaire plane et polie ; dos convexe avec arête médiane aplanie ; côtés parallèles (sans bordure) et extrémité arrondie.

Université Laval.

L251 (ATJ93.E14A19…)

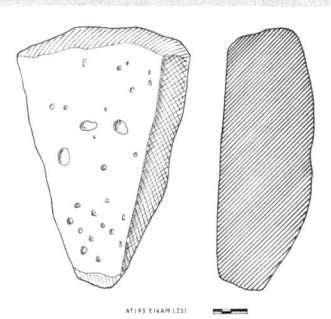

Meule en basalte alvéolé, complète.

13,6 (lo.) × 8,7 (la.) × 5,5 cm (ép.).

Surface trapézoïdale plane et polie ; dos très bombé avec arête médiane aplanie ; côtés rectilignes (sans bordure) et une extrémité arrondie et l'autre équarrie.

L253 (ATJ93.E14A20...)

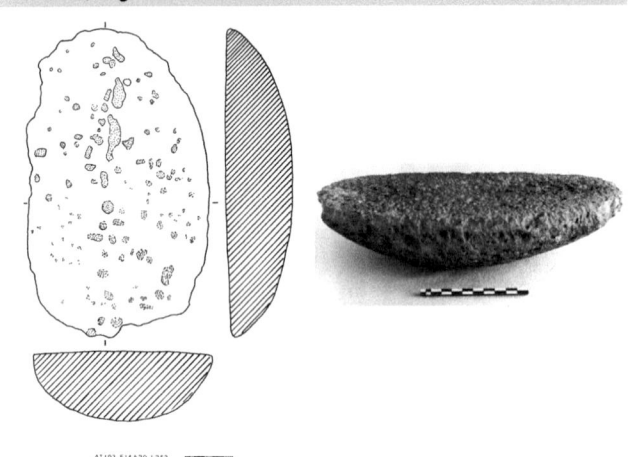

Meule en basalte alvéolé, complète.

31,5 (lo.) × 19 (la.) × 7 cm (ép.).

Surface rectangulaire plane et polie ; dos très bombé avec arête médiane aplanie ; côtés parallèles (sans bordure) et extrémités arrondies.

L256 (ATJ93.F15B1...)

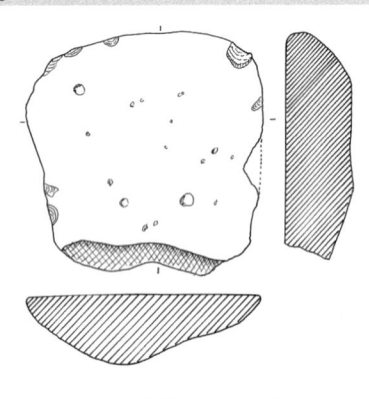

Meule en basalte alvéolé, incomplète : une extrémité manquante.

24 (lo.) × 24 (la.) × 7,5 cm (ép.).

Surface rectangulaire plane et polie ; dos convexe avec arête médiane aplanie ; côtés parallèles (sans bordure) et extrémité équarrie.

L261 (ATJ93.F14A9...)

Meule en basalte alvéolé, incomplète.

24 (lo.) × 24 (la.) × 7,5 cm (ép.).

Surface rectangulaire plane et polie ; dos convexe avec arête médiane aplanie ; côtés parallèles (sans bordure) et extrémité équarrie.

L262 (ATJ93.F15C11...)

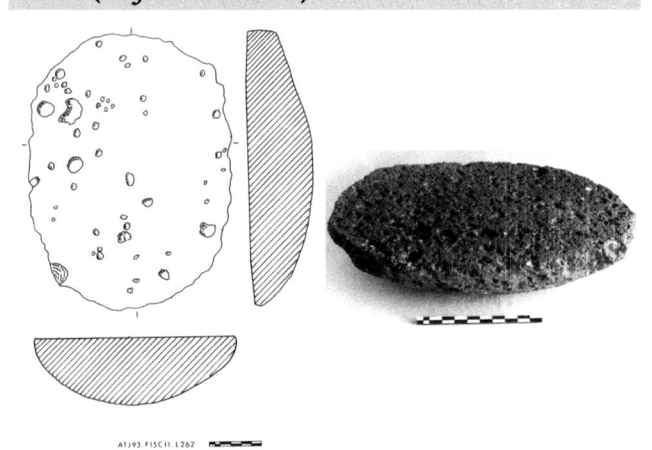

Meule en basalte alvéolé, complète.

26 (lo.) × 19,5 (la.) × 5,9 cm (ép.).

Surface rectangulaire plane et polie ; dos convexe avec arête médiane aplanie ; côtés parallèles (sans bordure) avec extrémités arrondies.

L264 (ATJ93.D14D7...)

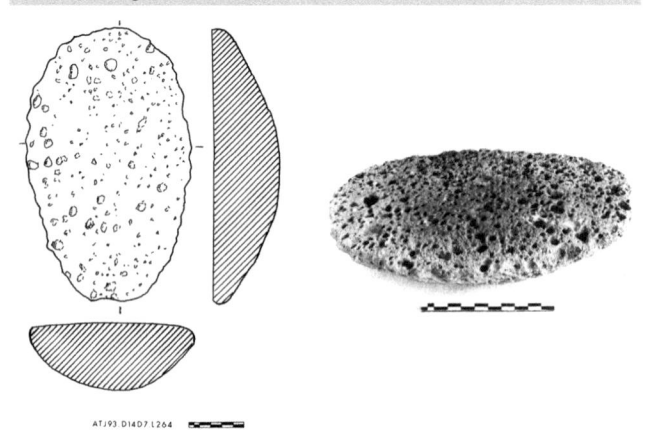

Meule en basalte alvéolé, complète.

24 (lo.) × 15 (la.) × 5,3 cm (ép.).

Surface rectangulaire plane et polie ; dos très bombé avec arête médiane aplanie ; côtés parallèles (sans bordure) et extrémités arrondies.

L265 (ATJ93.E15C1...)

Meule en basalte alvéolé, incomplète.

16 (lo.) × 27 (la.) × 9,9 cm (ép.).

Surface rectangulaire légèrement concave (CI = 0,263, dished) et polie ; dos très bombé avec arête médiane aplanie ; côtés parallèles (sans bordure) et extrémité arrondie avec petit rebord.

L271 (ATJ93.E15C19...)

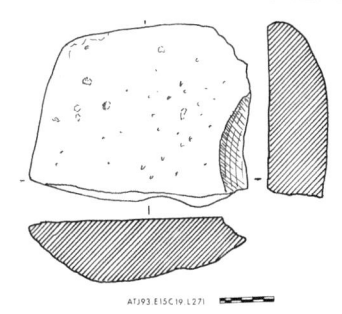

Meule en basalte alvéolé, incomplète.

15 (lo.) × 19,5 (la.) × 5,7 cm (ép.).

Surface rectangulaire plane et polie ; dos convexe avec arête médiane aplanie ; côtés parallèles (sans bordure) et extrémité équarrie.

L272 (ATJ93.F15C13...)

Meule en basalte alvéolé, incomplète.

19,5 (lo.) × 23 (la.) × 15,5 cm (ép.).

Surface rectangulaire plane et polie ; dos bombé avec arête médiane aplanie ; côtés parallèles (sans bordure) avec une extrémité plane et l'autre légèrement convexe.

Broyeurs

Si le terme meule est quasi universellement employé par les archéologues pour désigner la partie stable, immobile, dormante, inférieure du système de mouture le plus répandu dans l'Antiquité, « la terminologie concernant les outils actifs de mouture n'est pas fixée » (Beaune 2000, 92). Loin de là ! Ainsi, « à la molette de l'un correspond le broyeur de l'autre » (Gmira *et al.* 1993, 172). En règle générale, l'outil qui a été utilisé en percussion posée sur la meule, dans un mouvement de va-et-vient linéaire, est appelé « broyeur », tandis que s'il l'a été dans un mouvement désordonné ou circulaire, on le nomme « molette » (Beaune 2000, 92 et 98). En anglais, le terme « *handstone* », tel qu'il est défini par Katherine Wright (1992, 67-69) dans son système classificatoire pour le Proche-Orient, regroupe ces deux concepts même si plusieurs autres termes ont déjà été aussi proposés par différents auteurs, par exemple : *grinder, pounder, rubber, rubbing stone* (Elliott 1991).

En outre, pour plusieurs lithiciens, les broyeurs sont de forme allongée, leur longueur correspondant à la largeur de la meule sur laquelle ils étaient frottés (Roux 1985, 48-50 ; Liebowitz 2008, 183) : « ce type d'outil travaille en un mouvement d'avant en arrière et est tenu par les deux mains placées côte à côte, la femme en train de moudre étant agenouillée devant la meule » (Beaune 2000, 92). Les broyeurs possèdent d'habitude une section circulaire ou triangulaire ovale et portent de manifestes traces d'usure sur leurs faces latérales. Encore faut-il retrouver le broyeur en entier afin de pouvoir établir sa longueur d'origine ; or, plusieurs des outils de mouture et de broyage de Tell 'Atij sont incomplets.

Par ailleurs, l'appellation molette désigne habituellement « les outils de mouture de forme circulaire ou ovale, aux faces plus ou moins planes et subparallèles, moins volumineux que les broyeurs, dont les stries d'usage révèlent qu'ils ne correspondent pas à un geste particulier et qu'ils ont pu être utilisés en un mouvement circulaire ou encore de façon désordonnée. La molette était sans doute tenue d'une seule main ou bien les deux mains posées l'une sur l'autre » (Beaune 2000, 98), d'où le sens du terme « *handstone* » en anglais. Les molettes « travaillent ... en percussion lancée perpendiculairement diffuse, par leurs extrémités » (Roux 1985, 51). Comme aucune étude tracéologique n'a été réalisée sur cette catégorie de matériel lithique de Tell 'Atij, il est impossible d'établir avec assurance le mouvement suivant lequel ces outils ont été glissés sur les meules.

J'ai donc regroupé en une seule et même catégorie tous les outils ayant servi d'une manière quelconque, en un mouvement continu ou désordonné, à broyer une substance sur des meules, suivant en cela l'étude ethnoarchéologique sur le matériel de broyage d'un village de Mauritanie de Valentine Roux (1985, 34-57) qui les avaient classés sous l'appellation « percutants » par opposition aux meules qu'elle avait nommées « répercutants ».

Les broyeurs de Tell 'Atij, au nombre de treize[3], sont tous de petites dimensions et reconnaissables à la présence d'une ou plusieurs faces rendues très plates et lisses à la suite d'un usage répété. Ils ont été fabriqués en tuf ou en grès, rarement en basalte.

Leur répartition dans les différents niveaux de Tell 'Atij (Tableau 22.1) montre qu'ils ne commencent à apparaître qu'à partir du niveau VII (EJZ 2). De plus, les broyeurs n'ont pas été nécessairement retrouvés en association avec des meules, comme on serait porté à l'imaginer : en six occasions uniquement. La plupart (70%) des broyeurs ont été retirés de pièces ne comportant aucune installation propre à la mouture ; trois exemplaires ont été extraits des débris recouvrant les vestiges du grenier septentrional du niveau I, nous autorisant à y voir un certain lien avec les grains qui y étaient ensilés.

L7 (ATJ86.E7A5...)

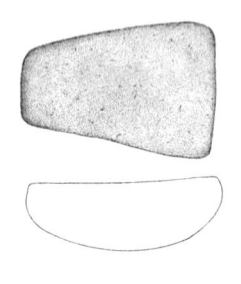

Broyeur en tuf, complet.

8,5 (lo.) × 6,2 (la.) × 3 cm (ép.) ; Mohs 5-5,9.

De forme trapézoïdale, à section plano-convexe ; surface aplanie portant des traces d'usure.

Cf. Wright (1992, 68) type 43 – *Handstone Bifacial Loaf/Planoconvex*.

Université Laval.

L30 (ATJ86.MM19C3...)

Broyeur en tuf, incomplet.

4,9 (lo.) × 5,2 (la.) × 3,5 cm (ép.) ; Mohs 4,5-5.

De forme rectangulaire, à section plano-convexe ; la surface plane présente des traces d'usure.

Cf. Wright (1992, 69) type 51 – *Handstone Bifacial Rectilinear/Planoconvex*.

Université Laval.

L37 (ATJ86.E18A2...)

Broyeur en tuf, incomplet : manque une extrémité.

7 (lo.) × 7 (la.) × 2,5 cm (ép.) ; Mohs 5-5,5.

De forme rectangulaire, à section plate ; la surface plane présente des traces d'usure.

Cf. Wright (1992, 69) type 52 – *Handstone Bifacial Rectilinear/Flat*.

Université Laval.

L94 (ATJ87.D16A1'...)

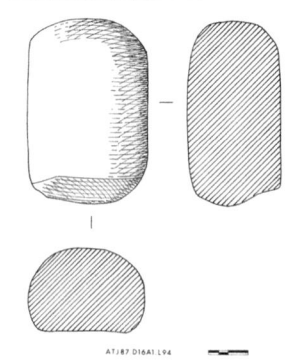

Broyeur en basalte, complet.

9 (lo.) × 6,4 (la.) × 4,9 cm (ép.).

De forme rectangulaire, à section transversale plano-convexe ; traces d'usure sur son large côté plat ; extrémités aplaties.

Cf. Wright (1992, 69) type 51 – *Handstone Bifacial Rectilinear/Planoconvex*.

Musée de Deir ez-Zor (ATJ87.121).

---

3 Ont été retirés de l'inventaire les artéfacts **L46** (ATJ86.C20A2...) et **L248** (ATJ92.G15A5...) car l'examen minutieux de leur surface en laboratoire n'a révélé aucune trace d'usure.

L109 (ATJ87.E8B3...)

Broyeur en basalte alvéolé, complet.

11 (lo.) × 9,8 cm (la.).

De forme rectangulaire, à section plano-convexe ; surface aplanie portant des traces d'usure.

Cf. Wright (1992, 69) type 51 – *Handstone Bifacial Rectilinear/Planoconvex*.

Musée de Deir ez-Zor (ATJ87.200).

L119 (ATJ86.D13A6...)

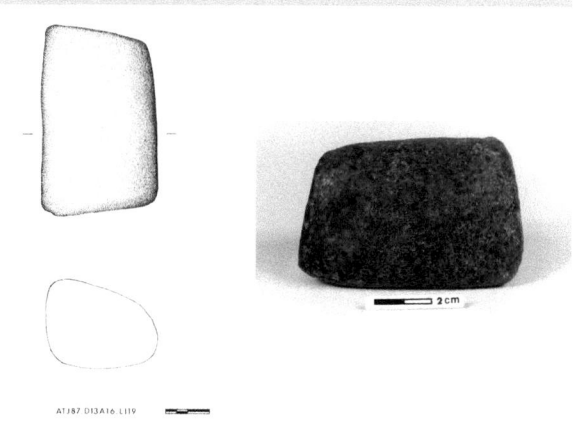

Broyeur en grès, complet.

8,1 (lo.) × 5,2 (la.) × 3,9 cm (ép.).

De forme rectangulaire, à section biseautée ; traces d'usure aux extrémités plates.

Cf. Wright (1992, 68) type 40 – *Handstone Bifacial Loaf/Oval*.

Université Laval.

L201 (ATJ92.E14A9...)

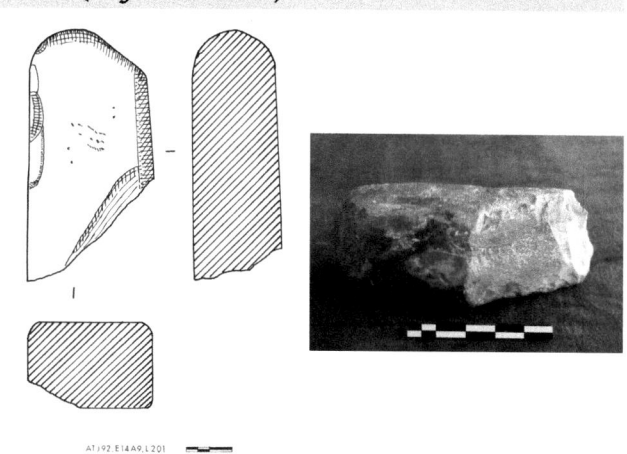

Broyeur en grès, complet.

10,3 (lo.) × 5,6 (la.) × 3,9 cm (ép.).

De forme allongée, à section plate ; une seule surface aplanie portant des traces d'usure.

Cf. Wright (1992, 68) type 44 – *Handstone Bifacial Loaf/Flat*.

Université Laval.

L202 (ATJ92.D14A32...)

Broyeur en tuf, incomplet.

10,7 (lo.) × 7,8 (la.) × 5,6 cm (ép.) ; Mohs 4,5-5.

De forme ovale, à section plano-convexe ; la surface plane présente des traces d'usure.

Cf. Wright (1992, 68) type 35 – *Handstone Bifacial Ovate/Planoconvex*.

Université Laval.

L203 (ATJ92.D14A34...)

Broyeur en tuf, complet.

9 (lo.) × 6,3 (la.) × 2,6 cm (ép.).

De forme rectangulaire, à section plate ; une seule surface aplanie portant des traces d'usure.

Cf. Wright (1992, 69) type 52 – *Handstone Bifacial Rectilinear/Flat*.

Musée de Deir ez-Zor (ATJ92.6).

L209 (ATJ92.E16A15...)

Broyeur en grès rose, complet.

8,5 cm (lo.).

De forme ovale, à section plano-convexe ; deux larges surfaces portent des traces d'usure de même qu'une petite extrémité.

Cf. Wright (1992, 68) type 35 – *Handstone Bifacial Ovate/ Planoconvex*.

Université Laval.

L257 (ATJ93.C13A1...)

Broyeur en grès, incomplet.

9,4 (lo.) × 8,2 (la.) × 4,8 cm (ép.).

De forme ovale, à section lenticulaire ; traces d'usure sur un côté plat et à l'extrémité convexe préservée.

Cf. Wright (1992, 68) type 33 – *Handstone Bifacial Ovate/ Lens*.

Université Laval.

L277 (ATJ87.D13A14...)

Broyeur en grès, complet.

5,2 (lo.) × 5,4 (la.) × 4,6 cm (ép.).

De forme carrée, à section carrée ; traces d'usure sur quatre faces.

Cf. Wright (1992, 69) type 64 – *Miscellaneous Handstone*.

Université Laval.

L278 (ATJ87.D8A16...)

Broyeur en tuf, complet.

5,9 (lo.) × 6,7 (la.) × 4,2 cm (ép.) ; Mohs 5-5,5.

De forme rectangulaire, à section plate ; la surface plane présente des traces d'usure.

Cf. Wright (1992, 69) type 52 – *Handstone Bifacial Rectilinear/Flat*.

Université Laval.

Pilons

Un pilon (*pestle*, en anglais) est un outil de mouture et de broyage utilisé de pair avec un mortier ; il en est l'élément actif. Comme son nom l'indique, il sert à piler, à réduire en menus fragments ou en poudre les grains placés dans un récipient profond, le mortier, suivant une percussion lancée : « l'outil est élevé verticalement au-dessus de la matière à broyer, puis abattu sur celle-ci. La matière traitée est donc réduite par choc » (Beaune 2000, 119). Ensuite, l'outil « est posé sur la matière à traiter et subit un mouvement de rotation autour de la tête avec une pression oblique » (Gast 1965, 312) ; le pilon est alors utilisé dans une percussion posée. Les parties actives d'un pilon « sont les parties proximales et distales qui agissent à la fois comme pilon pour concasser et comme broyeur pour affiner la mouture » (Roux 1985, 45), d'où l'appellation « pilon-broyeur » parfois utilisée par certains auteurs (Beaune 2000, 119). En effet, ce type d'outil fait « intervenir alternativement percussion lancée diffuse et percussion posée. En plus de traces d'écrasement plus ou moins importantes, ils présentent des plages de poli d'usure » (Beaune 2000, 115) à ses deux extrémités (Merluzzi 2000, 1066-1067).

Suivant ma définition des « broyeurs » plus haut, j'aurais très bien pu y placer aussi les 21 objets que l'on trouve ici sous la rubrique « pilons » vu que leur fonction était également de broyer. Mais en raison de leur forme allongée, cylindrique ou conique, et de leurs traces d'usure concentrées sur une seule, voire les deux extrémités – lorsqu'elles sont préservées, bien sûr –, j'en ai fait des pilons.

La plupart des douze pilons (12/21) de Tell 'Atij qui ont été retrouvés dans les niveaux d'occupation du tell principal, l'ont été dans des pièces ne disposant d'aucun aménagement particulier : ex. domestique. Et, contrairement à ce qu'on se serait attendu, trois pilons seulement ont été découverts à proximité d'un mortier.

Neuf des douze pilons recueillis dans des contextes stratifiés de Tell 'Atij, qui ne font leur apparition qu'à partir du niveau VII (EJZ 2), proviennent des deux niveaux supérieurs : ils ont manifestement été laissés sur place par les habitants du bourg qui étaient en train d'abandonner leurs installations.

Tableau 22.2 : Distribution, par niveau et par contexte de découverte, des pilons et des mortiers découverts à Tell 'Atij.

Niveau	Contexte	Pilon (21)	Mortier (8)
I 6 pilons 4 mortiers	504 – silo 507 – pièce 511 – pièce 512-513 – cour 514 – pièce 533 – pièce	L2 L45 L31, 34 L14 L273	 L32 L25 L16-17
II 3 pilons 1 mortier	539b – pièce 564a – allée 552 – pièce	L207 L141 L130	L171
III			
IV			
V			
VI 1 pilon	574 – cour	L210	
VII 2 pilons	575 – cour	L216, 280	
VIII			
IX			
X 1 mortier	595 – passage		L258
XI			
XII			
XIII			
0 7 pilons 2 mortiers		L11-12, 36, 76, 85, 238, 282	L134, 144
T. sec. 2 pilons		L151, 283	

L2 (ATJ86.E7A4…)

Pilon en andésite, complet.

5,4 (lo.) × 4,1 (la.) × 3,1 cm (ép.).

De forme conique, à section ovale ; traces d'usure aux deux extrémités.

Cf. Wright (1992, 70) type 67 – *Bipolar Conical Pestle*.

Université Laval.

L11 (ATJ86.D14A3…)

Pilon en grès, incomplet.

7,7 (lo.) × 5,3 (la.) × 4,2 cm (ép.).

De forme cylindrique, à section ovale ; traces d'usure à l'extrémité convexe préservée.

Cf. Wright (1992, 69) type 66 – *Unipolar Cylindrical Pestle*.

Université Laval.

L12 (ATJ86.D14A2…)

Pilon en basalte alvéolé, complet.

8 (lo.) × 5,4 cm (la.) ; Mohs 4,5-5.

De forme conique, à section ronde ; traces d'usure à l'extrémité convexe inférieure.

Cf. Wright (1992:70) type 68 – *Unipolar Conical Pestle*.

Publ. : Fortin 1988a, 150, fig. 12.

Université Laval.

L14 (ATJ86.D15A1…)

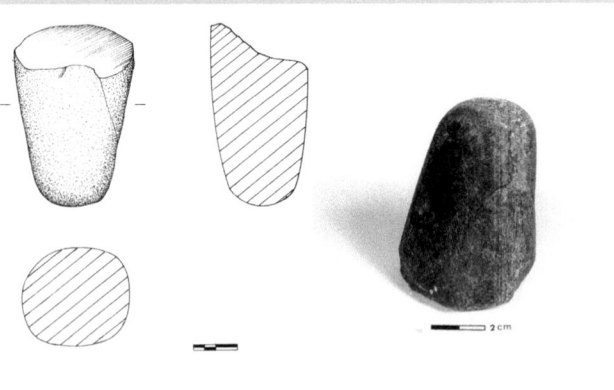

Pilon en andésite, incomplet.

7,7 (lo.) × 5,3 (la.) × 4,2 cm (ép.) ; Mohs 4,5-5.

De forme conique, à section ronde ; traces d'usure à la petite extrémité convexe préservée.

Cf. Wright (1992, 70) type 68 – *Unipolar Conical Pestle*.

Université Laval.

MOBILIER EN PIERRE POLIE

L31 (ATJ86.D13A1...)

Pilon en andésite, incomplet.

8,7 (lo.) × 7,5 (la.) × 4,7 cm (ép.) ; Mohs 5-5,9.

De forme cylindrique, à section carrée ; traces d'usure à l'extrémité plate préservée.

Cf. Wright (1992, 69) type 66 – *Unipolar Cylindrical Pestle*.
Université Laval.

L34 (ATJ86.D13A1...)

Pilon en grès, incomplet.

9,2 (lo.) × 7,5 (la.) × 5,3 cm (ép.).

De forme cylindrique, à section ovale aplatie ; traces d'usure à l'extrémité préservée.

Cf. Wright (1992, 69) type 66 – *Unipolar Cylindrical Pestle*.
Université Laval.

L36 (ATJ86.D6-D7A1...)

Pilon en grès rouge, très incomplet.

3,7 (lo.) × 7,5 (la.) × 2,8 cm (ép.).

De forme rectangulaire, à section rectangulaire ; traces d'usure à une extrémité convexe.

Cf. Wright (1992, 69) type 66 – *Unipolar Cylindrical Pestle*.
Université Laval.

L45 (ATJ86.E8A3...)

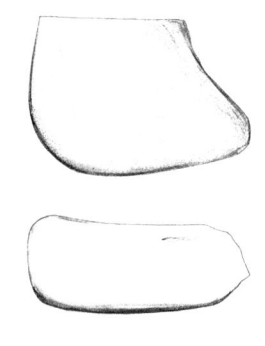

Pilon en grès, incomplet.

10 (lo.) × 8 (la.) × 3,5 cm (ép.).

De forme allongée, à section rectangulaire ; quelques traces d'usure à une extrémité.

Cf. Wright (1992, 69) type 66 – *Unipolar Cylindrical Pestle*.
Université Laval.

L76 (ATJ87.F18A1…)

Pilon en basalte, complet.

8 (h.) × 4,7 cm (dia. max.)

De forme cylindrique, à section ronde ; traces d'usure aux deux extrémités.

Cf. Wright (1992, 69) type 65 – *Bipolar Cylindrical Pestle*.

Musée de Deir ez-Zor (ATJ87.60).

L85 (ATJ87.F18A1…)

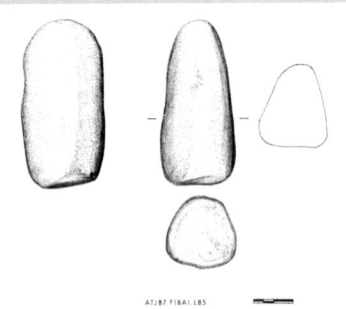

Pilon en grès, complet.

8 (lo.) × 4,3 (la.).

De forme allongée, à section triangulaire ; traces d'usure à l'extrémité inférieure.

Cf. Wright (1992, 69) type 66 – *Unipolar Cylindrical Pestle*.

Université Laval.

L130 (ATJ88.D14A18…)

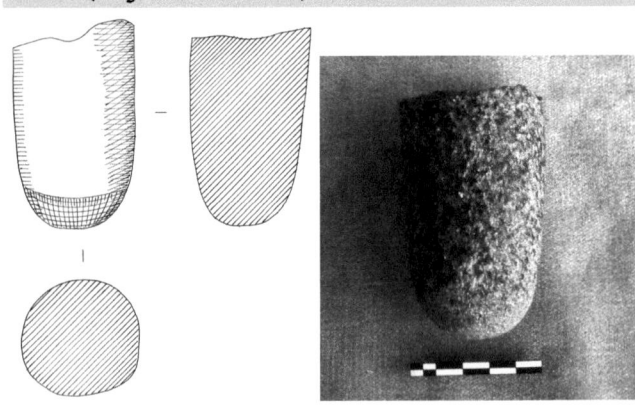

Pilon en basalte, incomplet.

9,2 (lo.) × 5,7 cm (dia.) ; Mohs 4,5-5.

De forme conique, à section ronde ; traces d'usure à l'extrémité convexe préservée.

Cf. Wright (1992, 70) type 68 – *Unipolar Conical Pestle*.

Musée de Deir ez-Zor (ATJ88.31).

L141 (ATJ88.D15A16…)

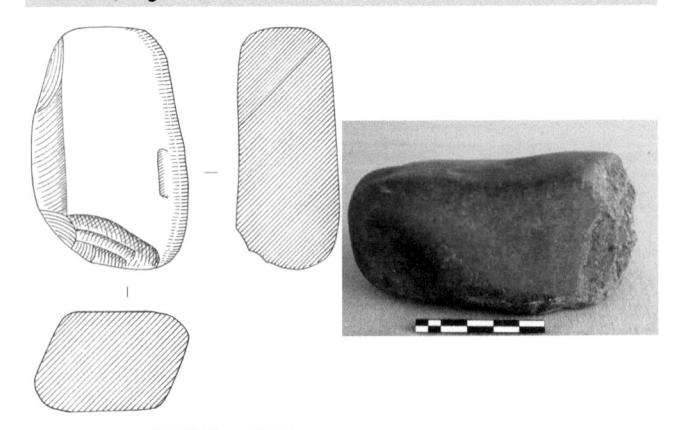

Pilon en rhyolite, complet.

12 (lo.) × 8 (la.) × 5 cm (ép.).

De forme cylindrique, à section ovale ; traces d'usure à la plus importante extrémité.

Cf. Wright (1992, 70) type 68 – *Unipolar Conical Pestle*.

Musée de Deir ez-Zor (ATJ88.50).

L151 (ATJ88.GG16A2...)

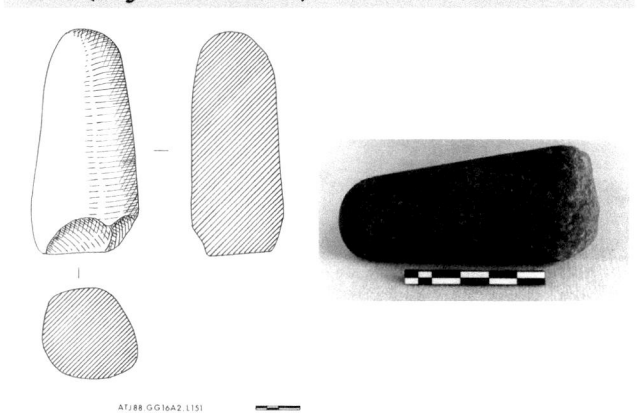

Pilon en basalte, complet.

10,1 (lo.) × 4,7 (dia.) ; Mohs 4,5-5.

De forme conique, à section ronde ; traces d'usure aux deux extrémités.

Cf. Wright (1992, 70) type 67 – *Bipolar Conical Pestle*.

Musée de Deir ez-Zor (ATJ88.83).

L207 (ATJ92.D16A6'...)

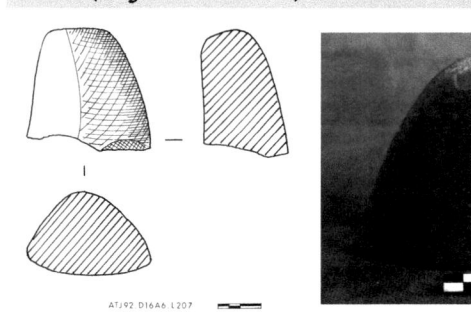

Pilon en grès, incomplet.

5,6 (lo.) × 5,1 (la.) × 3,8 cm (ép.).

De forme conique, à section triangulaire ; traces d'usure à la petite extrémité préservée.

Cf. Wright (1992, 70) type 68 – *Unipolar Conical Pestle*.

Université Laval.

L210 (ATJ92.E14A9...)

Pilon en andésite, incomplet.

6 (lo.) × 6,8 (la.) × 4,6 cm (ép.).

De forme conique tronquée, à section ovale ; traces d'usure discernables sur les côtés de la plus petite extrémité, plus ou moins bien préservée.

Cf. Wright (1992, 70) type 68 – *Unipolar Conical Pestle*.

Université Laval.

L216 (ATJ92.E15A17...)

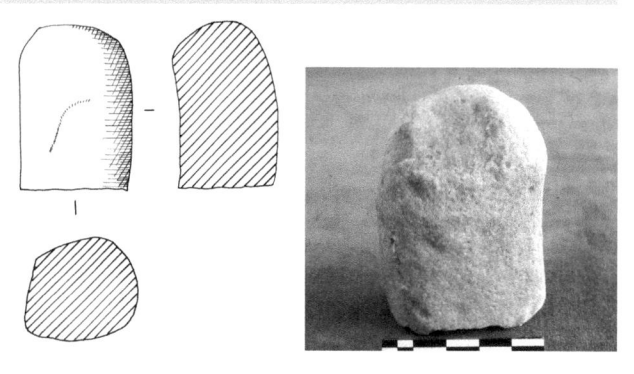

Pilon en grès, incomplet.

7,6 (lo.) × 5,1 (la.) × 4,7 cm (ép.).

De forme allongée, à section plutôt carrée ; traces d'usure à l'extrémité préservée.

Cf. Wright (1992, 69) type 66 – *Unipolar Cylindrical Pestle*.

Université Laval.

L238 (ATJ92.G13A1...)

Pilon en grès, complet.

15,4 (lo.) × 9,7 (la.) × 8,8 cm (ép.).

De forme conique, à section carrée ; traces d'usure surtout à l'extrémité plate inférieure et un peu à la petite extrémité.

Cf. Wright (1992, 70) type 67 – *Bipolar Conical Pestle*.

Université Laval.

L273 (ATJ87.E8B4...)

Pilon en grès, incomplet.

6,8 (lo.) × 4,2 (la.) × 3,6 cm (ép.).

De forme allongée, à section triangulaire ; traces d'usure aux deux extrémités.

Cf. Wright (1992, 69) type 65 – *Bipolar Cylindrical Pestle*.

Université Laval.

L280 (ATJ92.E14A12...)

Pilon en grès, complet.

9,3 (lo.) × 5,2 (la.) × 7,3 cm (ép.).

De forme cylindrique, à section ovale ; traces d'usure aux deux extrémités.

Cf. Wright (1992, 69) type 65 – *Bipolar Cylindrical Pestle*.

Université Laval.

L282 (ATJ88.Z99A99...)

Pilon en grès, complet.

9,4 (lo.) × 3,5 cm (dia.).

De forme cylindrique, à section ovale ; traces d'usure aux deux extrémités.

Cf. Wright (1992, 69) type 65 – *Bipolar Cylindrical Pestle*.

Université Laval.

L283 (ATJ92.LL15A2...)

Pilon en basalte alvéolé, complet.

6,6 (lo.) × 3,3 cm (dia.).

De forme cylindrique, à section ronde ; traces d'usure aux deux extrémités.

Cf. Wright (1992, 69) type 65 – *Bipolar Cylindrical Pestle*.

Université Laval.

Mortiers

Mortier (*mortar*, en anglais) est le nom usuellement donné au récipient qui reçoit la matière à être réduite en poudre par un pilon (voir plus haut). Toutefois, certains auteurs lui préfèrent l'appellation « meule-mortier » parce que ces récipients sont utilisés à la fois pour le pilage et le broyage et que par conséquent ils portent à la fois des traces de poli et d'écrasement sur leur face interne (Beaune 2000, 115-118 ; Roux 1985, 45).

Dans le cas des 8 exemplaires de Tell 'Atij, j'aurais très bien pu les nommer « bols-mortiers » (*vessel-mortars*) puisque ce sont des mortiers qui ont l'apparence de bols, profonds et globulaires, correspondant au type 117 de la classification de Katherine Wright (1992, 75-76). Du reste, selon cette auteure « many artifacts called mortars in the literature are more accurately described as vessel-mortars, since they exhibit fine finishing, rims and bases, and continuous or gradually changing wall thickness » (Wright 1992, 75 n. 100). Dans le contexte du deuxième millénaire levantin, Rachel Thyrza Sparks (2007, 132) définit ainsi cette forme de récipient en pierre : « A mortar bowl represents an intermediate stage between a bowl, where both interior and exterior have been carefully shaped to provide a vessel with regular walls, and a mortar, where only the interior has been worked ».

Quatre des cinq mortiers stratifiés (5/8) de Tell 'Atij proviennent des deux derniers niveaux d'occupation du site : vestiges apparemment de l'abandon des lieux (Tableau 22.2). Ils ont été retrouvés soit dans des pièces, soit dans des cours, en compagnie ou non de mortiers. Leur nombre très limité nous empêche de tirer des conclusions valables à cet égard.

L16-17 (ATJ86.D15A1...)

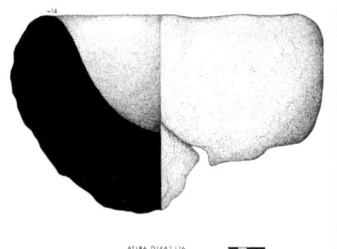

Mortier en rhyolithe, incomplet : deux fragments recollent et forment la moitié du mortier d'origine.

10,5 (h.) × 17 (dia. max.) × 4,5 cm (ép. paroi) ; Mohs 3-3,9.

De forme circulaire, avec une ouverture passant de 14 cm au sommet à 5-6 cm au fond, pour une profondeur maximale de 6 cm environ ; paroi uniformément épaisse mais s'amincissant vers au rebord (1 cm).

Cf. Wright (1992, 76) type 117 – *Globular Bowl*.

Université Laval.

L25 (ATJ86.D14A1...)

Mortier en basalte alvéolé, incomplet : que le fond.

25 (dia. max.) × 5 (la. du fragment) × 5 cm (ép. de la paroi).

Surface grossièrement circulaire et très concave, avec large rebord ; la surface intérieure du mortier est uniformément lissée par l'usure.

À l'origine, le mortier devait faire 14 cm d'ouverture interne maximale ; il est impossible de déterminer sa profondeur.

Université Laval.

L32 (ATJ86.D13A1...)

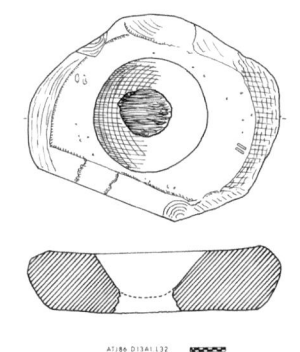

Mortier en calcaire gypseux, complet.

54 (lo.) × 41 (la.) × 14,5 cm (ép.) ; Mohs 2-2,9.

Surface grossièrement circulaire, légèrement concave (CI = 0,393), avec un large rebord ; dépression centrale de 25 cm de diamètre à l'ouverture, de 12 cm au fond, et profonde d'une dizaine, avec des rebords régulièrement évasés et lisses ; large (12 cm) perforation au fond de la dépression centrale qui semble plutôt intentionnelle que le résultat de l'usure. Un tel procédé a été interprété différemment : pour rendre le mortier inutilisable au moment de la mort de son utilisateur habituel (Rosenberg *et al.* 1995, 7, 12, fig. 7) ou comme une sorte de canal d'écoulement pour recueillir un liquide s'échappant de la substance moulue, voire permettre le passage d'un liquide à travers la substance moulue (Schroeder 1991, 72, 77, fig. 16).

Cf. Wright (1992, 66, fig. 5) type 19 – *Hollowed Mortar*.

Musée de Deir ez-Zor (ATJ86.27).

L134 (ATJ88.E13A99…)

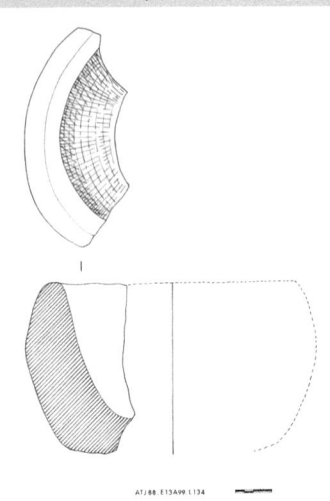

Mortier en basalte, incomplet : qu'un large fragment représentant environ le tiers ou le quart du mortier originel.

Dim. du fragment : 12 (la.) × 9 (h.) × 3 cm (ép. moyenne).

Dim. ext. du bol à l'origine : 16 (dia. max.) × 9 cm (h.).

Dim. int. : 12 cm d'ouverture au sommet et environ 8 cm au fond, et 7 cm de profondeur.

Surface circulaire très concave (CI = 0,917) avec un étroit rebord (1 cm).

Cf. Wright (1992, 76) type 117 – *Globular Bowl*.

Musée de Deir ez-Zor (ATJ88.37).

L144 (ATJ88.324…)

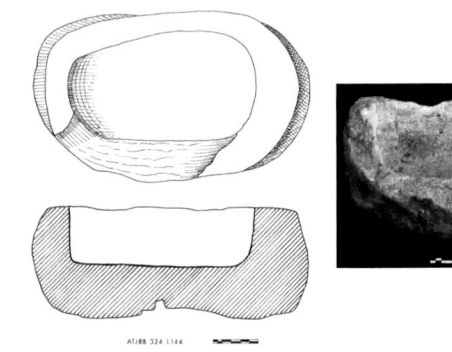

Mortier en calcaire, complet.

30 (lo.) × 19 (la.) × 12 cm (ép.).

Ouverture grossièrement ovale (12 × 20 cm), profonde de 6 cm, avec large rebord (4-5 cm) droit ; la surface du fond de la dépression est pratiquement horizontale.

Cf. Wright (1992, 66, fig. 5) type 18 – *On flaked/pecked boulder*.

Musée de Deir ez-Zor (ATJ88.57).

L171 (ATJ88.D15A16…)

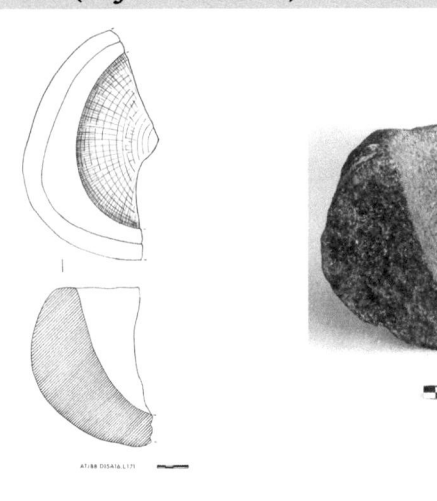

Mortier en basalte aux grains fins, incomplet : seul le tiers est préservé.

10,2 (h.) × 14,5 (dia.) × 4 cm (ép. max. des parois).

De forme bien circulaire, très profond (8 cm), avec une paroi étroite (1 cm) au rebord qui s'épaissit (4 cm) vers le fond.

La surface interne a été lissée par l'usure.

Cf. Wright (1992, 76) type 117 – *Globular Bowl*.

L258 (ATJ93.E15A32…)

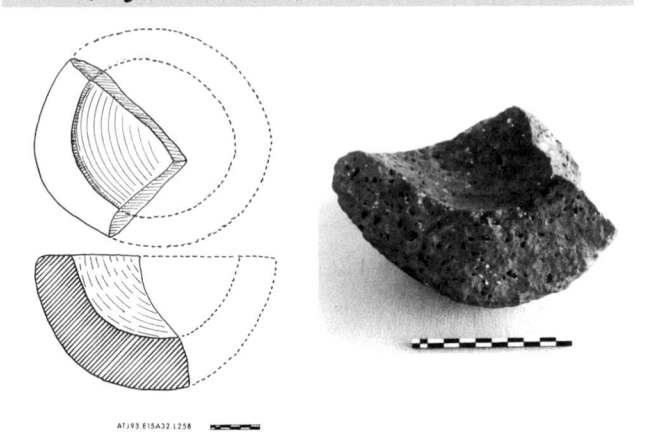

Mortier en basalte, incomplet : que le tiers de préservé.

24 (dia.) × 13 (h.) × 4-5 cm (ép. de la paroi).

Surface bien circulaire profonde de 8 cm et dont le diamètre varie de 16 cm à l'ouverture à 6-7 cm vers le fond qui est uniformément concave ; paroi uniformément épaisse, depuis le rebord jusqu'au fond.

Traces d'usure visibles sur toute la paroi interne qui est très lisse et luisante.

Cf. Wright (1992, 76) type 117 – *Globular Bowl*.

Outils à percussion

Nous entendons ici des outils qui ont été utilisés dans un geste de percussion lancée, soit linéaire (herminette), soit diffuse (percuteur, marteau, houe), d'après le classement bien connu des outils à « percussions » d'André Leroi-Gourhan (1971, 47-64). Dans le premier cas, les outils sont caractérisés par une extrémité tranchante tandis que l'autre ne l'est pas, les deux extrémités étant perpendiculaires à l'axe longitudinal de l'objet. Dans le second cas, les outils, de plus grandes dimensions, se terminent par des bouts arrondis ou légèrement aplatis (Merluzzi 2003, 29).

Les *cutting and percussion tools* d'Ebla et de Tell Afis ont fait l'objet d'une minutieusement analyse spécialisée (Merluzzi 2003) et offrent de bons points de comparaisons avec les outils de Tell 'Atij.

Tableau 22.3 : Distribution, par niveau et par contexte de découverte, de l'herminette, des percuteurs, des houes de Tell 'Atij.

Niveau	Contexte	Herminette (1)	Percuteur (19)	Houe (5)
I 1 herminette 7 percuteurs 1 houe	504 – silo 507 – pièce 512-513 – cour 514 – pièce 517' – pièce 524 – pièce 533 – pièce 622 – plateforme	L1	L3 L13 L15 L18 L73 L108 L77	L47
II 1 percuteur	552 – pièce		L131	
III 1 percuteur	542 – pièce		L275	
IV 1 percuteur	546 – pièce		L274	
V 1 percuteur	580-1-2 – ruelles		L211	
VI 2 percuteurs	559a – pièce		L204-205	
VII				
VIII				
IX				
X 1 houe	598 – cour			L254
XI 1 houe	588 – cour			L259
XII 2 percuteurs 1 houe	573 – grenier 605 – cour		L269, 281	L268
XIII				
0 3 percuteurs 1 houe			L128, 242, 247	L245
T. sec. 1 percuteur			L72	

Herminette

L'herminette (*adze*, en anglais), un terme consacré depuis longtemps par l'usage, fait partie de la catégorie de l'outillage tranchant en pierre polie : son tranchant est aménagé perpendiculairement à l'axe longitudinal de sa lame. « Les critères permettant de définir un outil tranchant comme herminette, sont des marques d'emmanchement en combinaison avec une striation parallèle à l'axe sur le taillant » (Roodenberg 1986, 108-109), c'est-à-dire des stries d'usage sur le taillant perpendiculaires au tranchant. « En l'absence de manche ... il est le plus souvent impossible de différencier parmi les 'haches' celles qui sont un élément de herminette » (Piel-Desruisseaux 1984, 111). À l'instar de la hache, l'herminette est un outil emmanché (Stordeur 1987) associé au travail du bois et plus particulièrement à celui du charpentier (Roodenberg 1986, 94, 182 n. 50) ; elle peut aussi avoir servi à l'exécution de divers travaux domestiques (Merluzzi 2003, 43).

L'unique exemplaire de Tell 'Atij a été retiré d'un silo du grenier septentrional dans lequel il a selon toute vraisemblance été jeté lors de l'abandon du site (Tableau 22.3).

L1 (ATJ86.E7A4...)

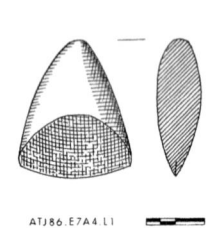

Herminette en pierre, probablement de la serpentinite (reflets verdâtres et surface très douce au toucher), complète hormis quelques éclats au taillant qui résultent probablement d'un usage ancien ; surfaces bien lisses et polies.

4,5 (lo.) × 3,9 (la.) × 1,5 cm (ép.).

De forme triangulaire, vue de face (trapue et très évasée), aux bords droits se rejoignant pour former un talon arrondi ; taillant faiblement arqué, biseauté ; profil longitudinal biconvexe, profil transversal rectangulaire ; striations d'utilisation présentes sur une face de l'extrémité distale de même que quelques éclats.

Musée de Deir ez-Zor (ATJ86.25).

Percuteurs

« Percuteur » (*pecking stone*, en anglais) est le terme auquel on fait couramment appel pour désigner un outil en règle générale de forme ovale, ronde, voire un peu globuleuse, ayant servi d'outils à percussion d'après les traces d'usure et les éclats sur ses extrémités ou sur ses faces dont l'état est d'habitude raboteux : « des pans sont formés sous l'effet d'une abrasion prolongée, alors que sur une autre, des stries concentriques sont gravées dans ce qu'on peut considérer comme la partie inférieure » (Roodenberg 1986, 158). Un percuteur est dépourvu de rainures sur ses flancs destinées à en faciliter l'emmanchement parce qu'il était utilisé directement à main nu (Wright 1992, 70 ; Merluzzi 2003, 31). Il était destiné au rabotage et au polissage de divers matériaux durs, notamment la pierre pour en façonner des outils ou des objets (Roodenberg 1986, 161).

Tell 'Atij a livré un ensemble de 19 percuteurs. Sauf pour deux d'entre eux, les spécimens recueillis dans des contextes stratifiés (15) du tell principal sont distribués sur les six derniers niveaux d'occupation seulement, avec une concentration marquée (7) dans le dernier : signe manifeste de l'abandon sur place de ces outils dont les habitants n'avaient plus besoin (Tableau 22.3). La majorité des percuteurs de Tell 'Atij ont été trouvés à l'intérieur de pièces.

Les 19 percuteurs de Tell 'Atij sont rassemblés ici selon qu'ils sont de forme sphérique (5), de forme allongée (6) ou à cupule piqueté (8).

Percuteurs de forme sphérique

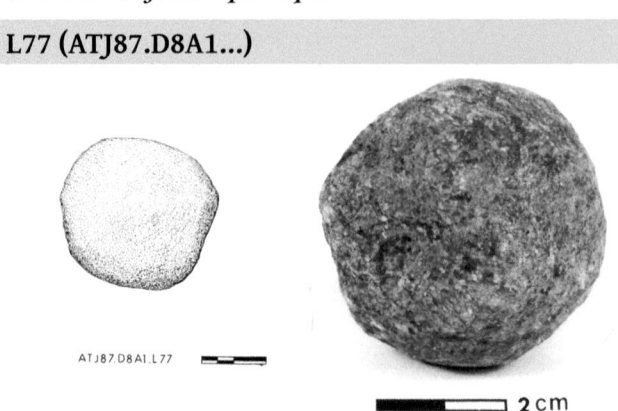

L77 (ATJ87.D8A1...)

Percuteur en basalte aux grains fins, complet.

4,6 cm (dia.).

De forme sphérique à facettes vraisemblablement créées par abrasion ; surface raboteuse ; plusieurs éclats et stries ici et là sur tous les pans de la surface.

Cf. Wright (1992, 70) type 77 – *Pounder Spheroid*.

Université Laval.

L128 (ATJ88.D13B1...)

Percuteur en calcaire, complet.

8,1 (dia. max.) × 4,6 cm (ép.).

De forme sphérique mais très aplatie ; la partie percutante semble avoir été située en un endroit du petit rebord alors que la surface du reste de l'objet est lisse comme si l'objet avait été souvent pris en main ; d'ailleurs, sa préhension est très naturelle.

Cf. Wright (1992, 70) type 77 – *Pounder Spheroid*.

Musée de Deir ez-Zor (ATJ88.20).

L131 (ATJ88.D14A18...)

Percuteur en basalte à grains fins, complet.

5,3 (ép.) × 7,8 cm (dia.).

De forme sphérique mais très aplatie, avec de multiples éclats sur la surface située sur une face aplatie de la sphère tandis que l'autre, à l'opposé, comporte aussi quelques éclats mais surtout des stries et une petite zone d'abrasion plane.

Cf. Wright (1992, 70) type 77 – *Pounder Spheroid*.

Musée de Deir ez-Zor (ATJ88.32).

L205 (ATJ92.D14A32...)

Percuteur en calcaire, complet.

6,5 cm (dia.).

De forme à peu près sphérique, avec une concentration de petits éclats dans une zone formant en quelque sorte une extrémité, tandis que la pierre s'amenuise un peu vers l'autre extrémité de manière à en rendre la préhension facile et naturelle quoique l'on observe aucun aménagement de la surface destiné à lui donner cette préhension de qualité.

Cf. Wright (1992, 70) type 77 – *Pounder Spheroid*.

Université Laval.

L281 (ATJ93.E14A29...)

Percuteur en calcaire, complet.

6,4 cm (dia.).

De forme sphérique, les éclats étant concentrés dans une zone de percussion qui se trouve sur une face aplatie de la sphère.

Cf. Wright (1992, 70) type 77 – *Pounder Spheroid*.

Université Laval.

Percuteurs de forme allongée

L15 (ATJ86.D15A1...)

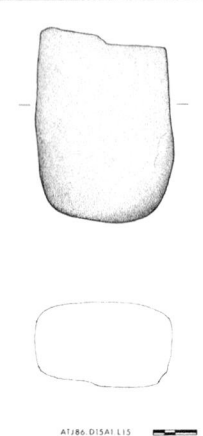

Percuteur en rhyolithe, incomplet.

7,9 (lo.) × 6,3 (la.) × 3,5 cm (dia. max.) ; Mohs 5-5,9.

De forme rectangulaire aux côtés droits et parallèles ; traces d'éclats sur un petit côté.

Université Laval.

L72 (ATJ87.KK18A4...)

Percuteur en calcaire, incomplet.

5,5 (lo.) × 6,2 (la.) × 4,9 cm (ép.).

De forme cylindrique ; éclats à l'extrémité préservée.

Université Laval.

L73 (ATJ87.D9A20...)

Percuteur en calcaire, incomplet.

6,6 (lo.) × 4,5 (la.) × 3,2 cm (ép.).

De forme plus ou moins cylindrique, légèrement aplatie ; éclats à une extrémité.

Université Laval.

L204 (ATJ92.D14A32...)

Percuteur en basalte aux grains fins, complet.

9 (lo.) × 6,5 (la.) × 5,5 cm (ép.).

De forme allongée, à section plano-convexe ; surface aplanie portant des traces d'usure.

Cf. Wright (1992, 69) type 51 – *Handstone Bifacial Rectilinear/Planoconvex*.

Université Laval.

L242 (ATJ92.G13A1...)

Percuteur en basalte aux grains fins, complet.

9,5 (lo.) × 7,2 (la.) × 4,1 cm (ép.).

De forme oblongue très aplatie ; de nombreux et larges éclats sur les deux longues faces latérales opposées ; traces d'impact sur une surface bombée s'approchant d'une cupule piquetée.

Cf. Wright (1992, 68) type 40 – *Handstone Bifacial Loaf/Oval*.

Université Laval.

L274 (ATJ87.D12A21...)

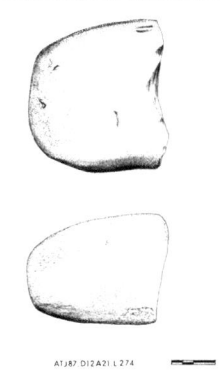

Percuteur en rhyolithe, incomplet.

5,6 (lo.) × 6,4 (la.) × 4,5 cm (ép.).

De forme cylindrique, à section carrée ; éclats à l'extrémité préservée.

Cf. Wright (1992, 69) type 53 – *Handstone Bifacial Rectilinear/Wedged*.

Université Laval.

Percuteurs à cupule piquetée

Les huit percuteurs qui suivent se distinguent des précédents par la présence d'une petite zone circulaire sur la surface bombée de l'une de leurs deux larges faces qui rappelle les cupules plus ou moins profondes ainsi formées sur certains galets dits « à cupule piquetée », courants aux époques antérieures mais qui ont perduré jusqu'à l'âge du Bronze (Beaune 2000, 65-66). Les cupules piquetées en question résulteraient, selon des hypothèses fondées sur des comparaisons ethnographiques, soit de l'écaillage de noix ou le concassage de noyaux, soit d'une percussion indirecte (tel un marteau) sur des coins pour fendre ou sur des ciseaux pour dégrossir des matières organiques dures, soit pour faciliter la préhension de l'outil dont on aurait utilisé une extrémité comme percuteur ou broyeur (Beaune 2000, 66-70, pl. VI/1).

L3 (ATJ86.E7A4...)

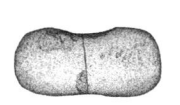

Percuteur, en grès rouge, complet mais cassé en deux.

10,2 (lo.) × 6,4 (la.) × 4,6 cm (ép.) ; Mohs 5-5,9.

De forme plutôt rectangulaire, à section plano-convexe ; traces d'impacts (aucune trace d'usure par abrasion) aux deux extrémités ; enfoncements circulaires profonds au centre des deux faces les plus larges : l'une d'elles est plate tandis que l'autre a été façonnée de manière à devenir triangulaire.

Alors que des auteurs ont interprété ce type d'outils, souvent de forme circulaire mais aussi ovale, comme des marteaux (Mortensen 1970, 56), d'autres y voient plutôt des pièces pour retenir la mèche d'un foret à archet (Oates, J. 1969, 131 ; Jasim 1985, 80, fig. 81).

Cf. Wright (1992, 69) type 52 – *Handstone Bifacial Rectilinear/Flat*.

Publ. : Fortin 1988a, 161, fig. 24.

Université Laval.

L13 (ATJ86.D14A1...)

Percuteur, en basalte ; complet.

12,5 (lo.) × 7 (la.) × 3-4,8 cm (ép.).

De forme rectangulaire, à section triangulaire ; traces d'usure sur les côtés rectilignes et aux extrémités ; stries sur les surfaces.

Cf. Wright (1992, 69) type 54 – *Handstone Bifacial Rectilinear/Triangular*.

Université Laval.

L18 (ATJ86.D17A4…)

Percuteur, en grès, complet.

8 (lo.) × 7,3 (la.) × 4 cm (ép.); Mohs 5-5,9.

De forme conique tronqué, à section plano-convexe; traces d'usure aux deux extrémités ainsi que sur l'un des longs côtés; des éclats à une extrémité; deux enfoncements circulaires peu profonds au centre des deux faces plates et opposés l'un à l'autre, l'un des deux enfoncements étant plus profond que l'autre.

Cf. Wright (1992, 68) type 45 – *Handstone Bifacial Loaf/Wedged*.

Université Laval.

L108 (ATJ87.E8B3…)

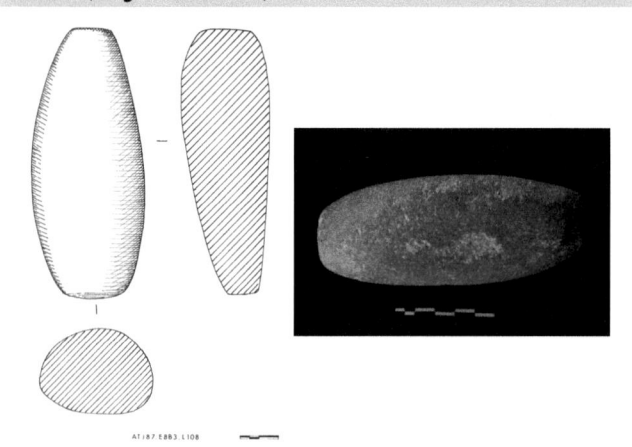

Percuteur en andésite, complet sauf un large éclat à l'une des extrémités.

13 (lo.) × 5,8 (la. max.) × 4,8 cm (ép. max.).

De forme cylindrique, à section transversale ovale, avec deux extrémités bien plates. Les traces d'usure se trouvent essentiellement sur les deux extrémités; on peut aussi observer des traces de percussion concentrées au milieu des deux faces les plus larges de même que des traces de frottement sur un petit côté mais uniquement à proximité de l'une des extrémités; le reste de la surface est bien lisse.

Musée de Deir ez-Zor (ATJ87.199).

L211 (ATJ92.D15A37…)

Percuteur en basalte aux grains fins, complet.

7,5 (lo.) × 5,5 (la.) × 5,5 cm (ép.).

De forme oblongue, à section losangique; éclats aux deux extrémités et stries au centre des quatre faces longitudinales.

Université Laval.

L247 (ATJ92.G15A5...)

Percuteur en calcaire rouge, incomplet : une seule extrémité préservée.

8,1 (lo.) × 7 (la.) × 4,7 cm (ép.).

De forme allongée, à section ovale ; concentration d'éclats à l'extrémité préservée ; multiples traces d'impacts dans la cupule placée sur l'une de ses deux larges faces bombées.

Cf. Wright (1992, 68) type 32 – *Handstone Bifacial Ovate/Oval*.

Université Laval.

L269 (ATJ93.F14D4...)

Percuteur en basalte aux grains fins, complet.

13,6 (lo.) × 7,6 (la.) × 6,4 cm (ép.).

De forme cylindrique, à section ovale ; éclats à une extrémité et traces d'impacts dans une petite cupule au milieu des deux larges faces bombées.

Université Laval.

L275 (ATJ87.D12A15...)

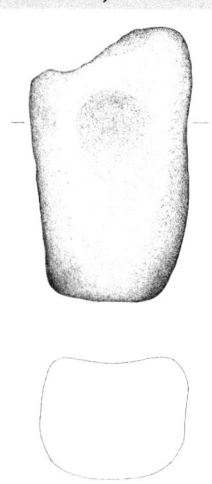

Percuteur, en basalte, complet sauf pour un large éclat à une extrémité.

11,4 (lo.) × 6,9 (la.) × 4,9 cm (ép.).

De forme oblongue, à section quadrangulaire ; traces d'usure à une extrémité, enfoncement peu profond au centre de l'un des deux larges flancs tandis qu'à l'opposé on peut remarquer quelques traces d'impact : départ d'une « cupule piqueté ».

Université Laval.

Houes

La houe (*hoe*, en anglais) est un vieil instrument agricole utilisé à la main pour ameublir la terre ou creuser des sillons de labour à la surface du sol (Lowie 1936, 42 ; Jasim 1985, 78-79, fig. 78/c-d) ; c'est en quelque sorte l'ancêtre de la charrue. Les houes de Tell 'Atij, au nombre de cinq, possèdent une lame en forme d'éventail dont le profil du tranchant est convexe et un court tenon aux épaulements adoucis.[4] Sauf dans un cas, les houes de Tell 'Atij sont d'anciennes meules recyclées comme on peut le deviner par la présence d'un flanc très plat et usé tandis qu'à l'opposé la surface est bombée et simplement repiquée. C'est cette partie plane de l'instrument aratoire qui aurait servi à pousser la terre vers son utilisateur. Mais, compte tenu du poids de cet outil en pierre, il a peut-être été manié par deux personnes, l'une le tirant vers soi avec une corde et l'autre le tenant en position au moyen d'un manche, comme on le voyait fréquemment dans les champs avoisinant Tell 'Atij au moment

---

[4] Les termes descriptifs utilisés ici sont ceux proposés par Leroi-Gourhan *et al.* 1968, 257.

de nos fouilles. Si tel fut le cas, nous serions peut-être ici en présence de têtes d'araire bien que les exemplaires contemporains trouvés récemment à Tell Al-Rawda sont de forme triangulaire beaucoup mieux définie (Castel 2016). Peu importe l'appellation que nous voulons leur attribuer (pelles et bêches sont d'autres termes utilisés ; Procopiou *et al.* 2019), leur fonction est à mettre en relation avec des travaux agricoles : préparation des champs pour l'ensemencement, voire l'irrigation : creusement de rigoles pour arroser les champs. Enfin, le poids de ces outils agricoles, rendant leur transport pénible, donne à penser qu'ils ont été utilisés par des populations sédentaires plutôt que semi-nomades (Castel 2016, 59).

Les cinq houes de Tell 'Atij correspondent au type 97 de Katherine Wright (1992, 73 : *flaked hoe*).

Trois des houes stratifiées de Tell 'Atij ont été mises au jour dans trois niveaux inférieurs du site (EJZ 1), tandis qu'une autre provient d'une pièce du dernier niveau d'occupation (EJZ 2) (Tableau 22.3). Ce hiatus stratigraphique est difficilement compréhensible pour un site voué à des pratiques agricoles, incluant l'irrigation des champs avoisinants, pendant toute la durée de son occupation. L'une de trois houes découvertes dans les niveaux inférieurs reposait sur le sol de l'un des deux greniers en gril du niveau XII tandis que les deux autres jonchaient le sol en terre battue d'une cour dans les niveaux XI et X.

L47 (ATJ86.E8A3...)

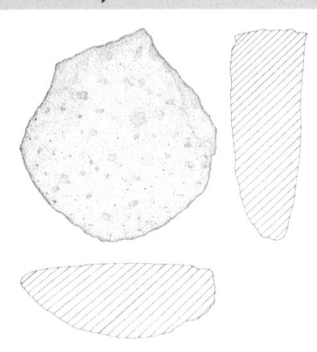

Houe en basalte alvéolé, incomplète : manque le tenon.

15 (lo.) × 15 (la.) × 6 cm (ép.).

Lame en forme d'éventail régulièrement arrondi, flanc supérieur plat et usé, tranchant au profil convexe, épaulements obliques vers le tenon qui a disparu, flanc inférieur bombé et sommairement repiqué.

Fabriquée dans une ancienne meule.

Université Laval.

L245 (ATJ92.G15A5...)

Houe en basalte alvéolé, complète.

20 (lo.) × 14 (la.) × 6,6 cm (ép.).

Lame en forme d'éventail régulièrement arrondi, flanc supérieur plat et usé, tranchant au profil convexe, épaulements adoucis vers un court tenon, flanc inférieur bombé et sommairement repiqué.

Fabriquée dans une ancienne meule.

Université Laval.

L254 (ATJ93.E14A21...)

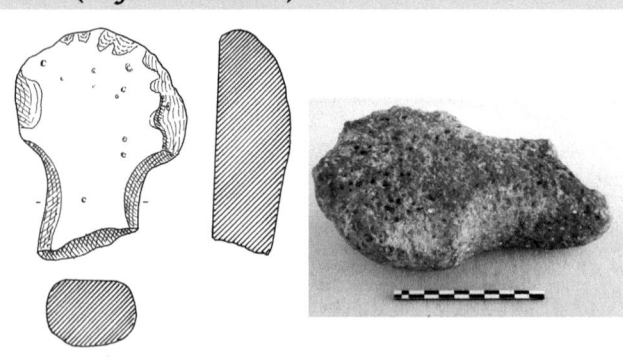

Houe en basalte, complète sauf pour une petite partie de l'extrémité du tenon ; plusieurs éclats au fil du tranchant.

21 (lo.) × 16,5 (la.) × 7 cm (ép.) ; 2,7 kg.

Lame en forme d'éventail régulièrement arrondi, flanc supérieur plat et usé, tranchant au profil convexe, longs épaulements adoucis menant à un long tenon, flanc inférieur bombé et sommairement repiqué.

Fabriqué dans une ancienne meule.

Université Laval.

MOBILIER EN PIERRE POLIE

L259 (ATJ93.E13A23...)

Houe en basalte, complète.

32 (lo.) × 19 (la.) × 9 cm (ép.) ; 8,3 kg.

Lame en forme d'éventail régulièrement arrondi, tranchant au profil convexe, dépression au flanc qui va en s'élargissant vers le fil du tranchant, très longs épaulements adoucis menant à un long tenon.

Contrairement aux autres houes de Tell 'Atij, celle-ci n'a pas été fabriquée dans une ancienne meule recyclée.

Cf. Czichon 1998b, pl. 149/2932 ; ici décrit cependant, dans le contexte de Mumbaqa, comme un marteau muni d'un manche.

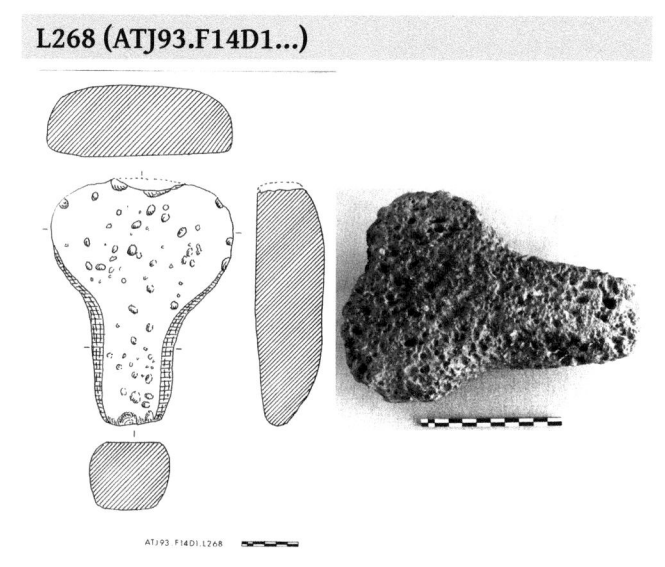

L268 (ATJ93.F14D1...)

Houe en basalte, complète ; large éclat au milieu du tranchant.

21 (lo.) × 15,5 (la.) × 6,2 cm (ép.) ; 2,2 kg.

Lame en forme de large éventail arrondi, flanc supérieur plat et usé, tranchant au profil convexe, épaulements adoucis menant à un très long tenon aux bords droits et à l'extrémité amincie, flanc inférieur bombé et sommairement repiqué.

Fabriqué dans une ancienne meule.

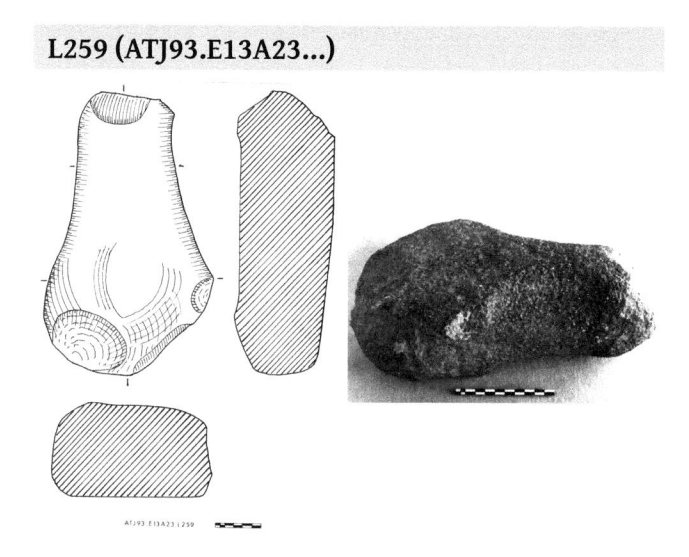

Université Laval.

Pièces d'architecture

Crapaudines

Une trentaine d'artéfacts en pierre grossièrement taillée sont à classer dans la catégorie des crapaudines en raison de la présence, sur au moins une de leur face horizontale plane, d'une petite cavité circulaire – une cupule – plus ou moins profonde dont la surface ou les rebords, s'il s'agit d'une perforation plutôt que d'une cavité, sont excessivement polis et lustrés. Comme on sait, parce que c'est un système de fermeture de porte encore en usage dans certains villages du Proche-Orient, ce trait distinctif résulte de l'usure causée par le frottement répété de l'extrémité inférieure d'un montant de battant de porte en bois qui prenait appui dans cette cavité pour mieux pivoter (Aurenche 1977, 66-67 ; Ginouvès 1992, 55 ; Martín Galán & Trokay 2014, 131-143).

Des telles crapaudines ont été identifiées dans pratiquement tous les niveaux de Tell 'Atij (Tableau 22.4).

De ces 30 crapaudines de Tell 'Atij, vingt ont été fabriquées spécifiquement pour cet usage dans des moellons plats de calcaire ou de gypse, de forme polygonale irrégulière, sauf dans un cas ; les dix autres ont été façonnées à partir de meules en basalte alvéolé recyclées, une roche magmatique beaucoup plus difficile à travailler.

Compte tenu de la fonction singulière de cet artéfact, il est normal d'accorder une grande importance à la cupule. Ainsi, les crapaudines en calcaire/gypse de Tell 'Atij possèdent une seule cupule qui est située sur l'une des faces horizontales planes, sauf dans un cas où l'exemplaire en comporte deux, l'une sur chaque face horizontale. On observe aussi une seule cupule sur la moitié des crapaudines en basalte (5/10), tandis que les cinq autres présentent une cavité sur chacune de leurs faces horizontales qui, dans deux cas, se rejoignent de manière à former une perforation biconique qui traverse le moellon de part en part, avec une arrête au point de rencontre des deux cavités. Ces crapaudines à perforation centrale transversale ne sont pas à confondre avec des poids, qui seront mentionnés plus loin, car on peut y observer des traces d'usure caractéristiques sur les rebords de la perforation.

Tableau 22.4 : Distribution, par niveau et par contexte de découverte, des crapaudines de Tell 'Atij.

Niveau	Contexte	Crapaudine (30)
I 5 crapaudines	507 – pièce 511 – pièce 522 – pièce 523 – pièce 549 – pièce	L48 L33 L63 L71 L106
II 3 crapaudines	539a – pièce 552 – pièce	L103, 149 L132
III 1 crapaudine	542 – pièce	L263
IV 3 crapaudines	556 – pièce 560 – pièce	L158, 160 L163
V 1 crapaudine	580-1-2 – ruelles	P201
VI		
VII		
VIII 2 crapaudines	576 – cour	L226-227
IX 1 crapaudine	577 – cour	L235
X 1 crapaudine	589 – ruelle	L224
XI 3 crapaudines	585 – pièce 588 – cour 608 – pièce	L267 L266 L260
XII		
XIII 1 crapaudine	620 – cour	L279
0 7 crapaudines		L23, 69, 93, 120, 208, 240, 243
T. sec. 2 crapaudines		L152, 214

Les 30 crapaudines de Tell 'Atij peuvent donc être regroupées de la manière suivante :

- moellon de calcaire/gypse de forme polygonale irrégulière, en général, avec une cupule sur l'une des deux grandes surfaces planes, habituellement au centre (17) ;
- moellon de calcaire/gypse de forme circulaire, muni d'une grande cupule (2) ;
- moellon de calcaire de forme plutôt circulaire, avec deux cupules aménagées sur chacune des faces planes, dans le même axe, donc opposées l'une à l'autre (1) ;
- meule en basalte recyclée, avec une seule cupule au centre de la face plane (5) ;
- meule en basalte recyclée, à deux cupules pratiquées dans le même axe, donc opposées l'une à l'autre, sans se rejoindre (3) ;
- meule en basalte recyclée, à perforation transversale (2), en fait deux cupules opposées qui se rejoignent.

Crapaudines de forme polygonale irrégulière, à cupule simple

L23 (ATJ86.D20A2...)

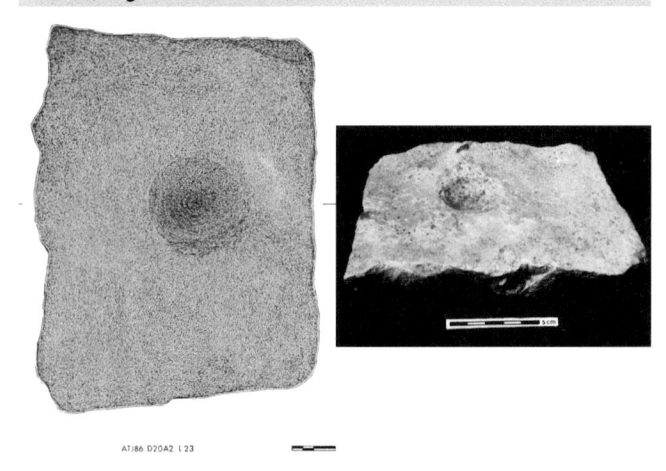

Crapaudine en rhyolite, complète.

16,5 (lo.) × 12 (la.) × 4 cm (ép.) ; Mohs 5-5,9.

De forme rectangulaire avec, au centre de l'un des deux faces planes, une petite (3,5 cm de diamètre) et peu profonde (0,7 cm) dépression circulaire portant des traces d'usure.

Université Laval.

L33 (ATJ86.D13A1...)

Crapaudine en gypse, complète.

30 (lo.) × 25 (la.) × 8 cm (ép.) ; Mohs 2-2,9.

De forme polygonale irrégulière avec, en bordure de l'un des longs côtés, sur une face plane, une grande (8,5 cm de diamètre) et profonde (6,4 cm) dépression circulaire portant des traces d'usure.

Musée de Deir ez-Zor (ATJ86.28).

MOBILIER EN PIERRE POLIE

L69 (ATJ87.F18A1...)

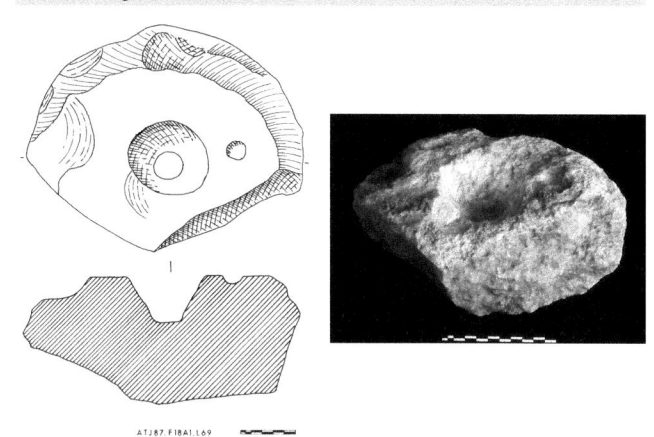

Crapaudine en calcaire, complète.

11 (ép.) × 23 cm (dia. max.).

De forme polygonale irrégulière avec, au centre de l'une des deux faces planes, une grande (7,8 cm de diamètre) et peu profonde (4 cm) dépression circulaire portant des traces d'usure.

Musée de Deir ez-Zor (ATJ87.46).

L71 (ATJ87.D9A19...)

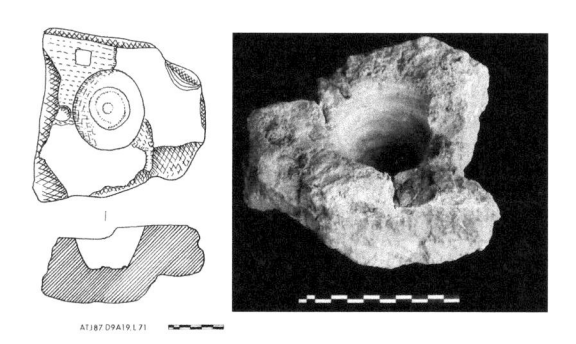

Crapaudine en calcaire, complète.

17 (lo.) × 14 (la.) × 6 cm (ép.).

De forme polygonale irrégulière avec, au centre de l'une des deux faces planes, une petite (6 cm de diamètre) et peu profonde (4 cm) dépression circulaire portant des traces d'usure.

Université Laval.

L93 (ATJ87.C21A5...)

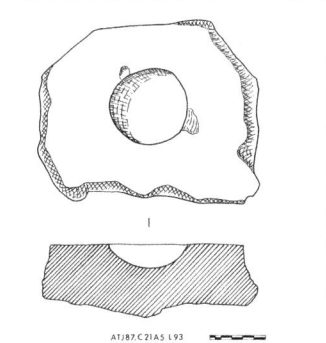

Crapaudine en calcaire, complète.

18 (lo.) × 16 (la.) × 6,8 cm (ép.).

De forme polygonale irrégulière avec, au centre de l'une des deux faces planes, une petite (6 cm de diamètre) et peu profonde (2 cm) dépression circulaire portant des traces d'usure.

Musée de Deir ez-Zor (ATJ87.48).

L103 (ATJ87.D15A12...)

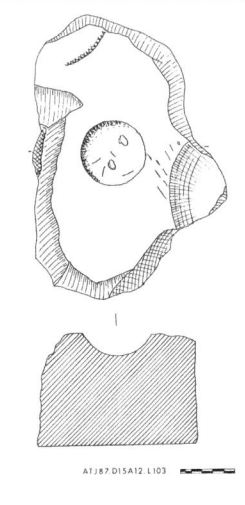

Crapaudine en calcaire, complète.

9 (ép.) × 23 cm (dia. max.).

De forme polygonale irrégulière avec, au centre de l'une des deux faces planes, une petite (6 cm de diamètre) et peu profonde (1,5 cm) dépression circulaire portant des traces d'usure.

Musée de Deir ez-Zor (ATJ87.145).

L106 (ATJ87.D8A12...)

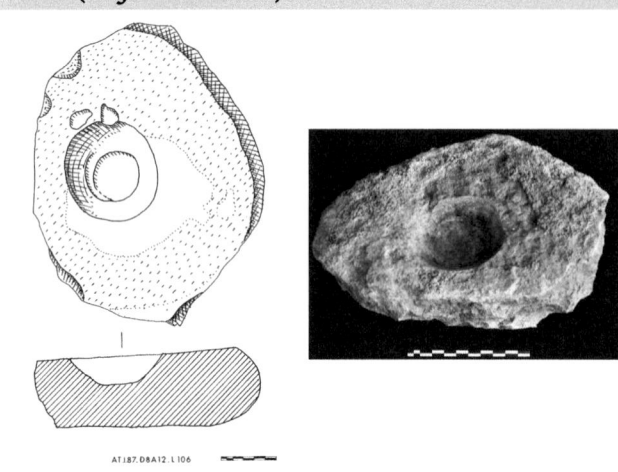

Crapaudine en calcaire, incomplète.

27 (lo.) × 20,5 (la.) × 8 cm (ép.).

De forme plutôt circulaire avec, au centre de l'une des deux faces planes, une grande (9 cm de diamètre) et peu profonde (2 cm) dépression circulaire portant des traces d'usure.

Musée de Deir ez-Zor (ATJ87.172).

L120 (ATJ87.C19A3...)

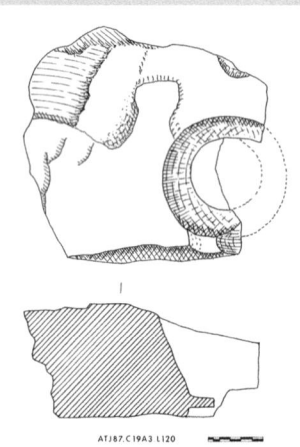

Crapaudine en calcaire, incomplète.

22 (ép.) × 20 (la.) × 10 cm (ép.).

De forme polygonale irrégulière avec, au centre de l'une des deux faces planes, une grande (10 cm de diamètre) et très profonde (14,8 cm) dépression circulaire portant des traces d'usure sur ses parois. C'est cette usure qui a provoqué la disparition du fond de la cavité, ce qui donne l'impression d'une perforation transversale.

Musée de Deir ez-Zor (ATJ87.250).

L149 (ATJ88.D15A21...)

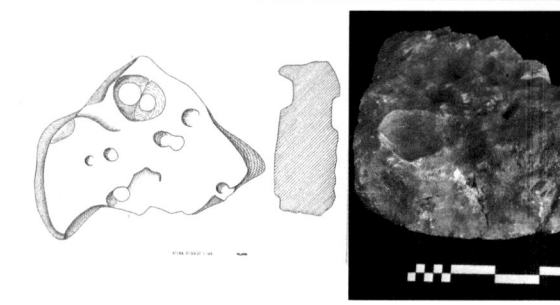

Crapaudine en gypse, complète.

36,5 (lo.) × 34,5 (la.) × 12,5 cm (ép.).

De forme polygonale irrégulière avec, dans un angle de chacune des deux faces planes, une grande (8 cm de diamètre) et peu profonde (2-4 cm) dépression circulaire portant des traces d'usure.

Musée de Deir ez-Zor (ATJ88.68).

L152 (ATJ88.GG16A3...)

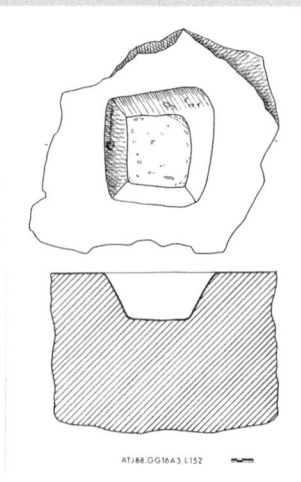

Crapaudine en gypse, complète.

26 (lo.) × 21 (la.) × 15 cm (ép.).

De forme polygonale irrégulière avec, au centre de l'une des deux faces planes, une grande (10 cm de diamètre) et peu profonde (3 cm) dépression carrée portant des traces d'usure.

Musée de Deir ez-Zor (ATJ88.84).

MOBILIER EN PIERRE POLIE

L160 (ATJ88.D15A26...)

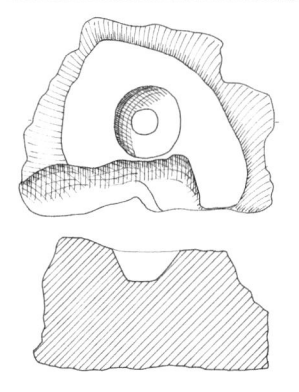

Crapaudine en gypse, complète.

23 (lo.) × 19 (la.) × 12 cm (ép.).

De forme polygonale irrégulière avec, au centre de l'une des deux faces planes, une grande (6 cm de diamètre) et peu profonde (3,5 cm) dépression circulaire portant des traces d'usure.

Musée de Deir ez-Zor (ATJ88.117).

L226 (ATJ92.E14A16...)

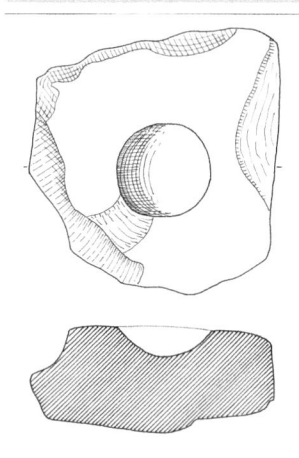

Crapaudine en calcaire, complète.

16 (lo.) × 16 (la.) × 5 cm (ép.).

De forme polygonale irrégulière avec, au centre de l'une des deux faces planes, une petite (5,3 cm de diamètre) et peu profonde (1,8 cm) dépression circulaire portant des traces d'usure.

Université Laval.

L227 (ATJ92 E14A16...)

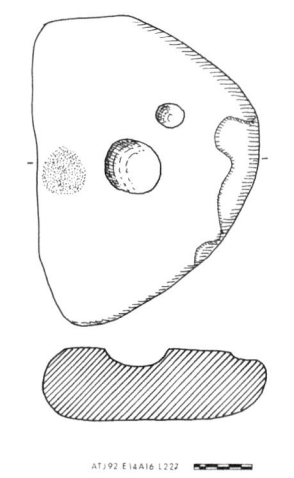

Crapaudine en calcaire, complète.

25,5 (lo.) × 19 (la.) × 6 cm (ép.).

De forme semi-circulaire avec, au centre de l'une des deux faces planes, une grande (8,8 cm de diamètre) et une petite (4 cm de diamètre) dépressions circulaires, toutes deux peu profondes (2,4 et 0,8 cm), portant des traces d'usure. Des traces d'usure de forme circulaire à proximité de la dépression principale semblent indiquer le début d'une troisième dépression.

L260 (ATJ93.F15C9...)

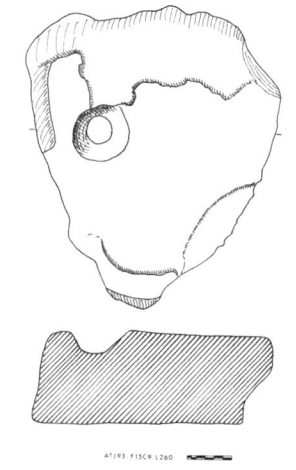

Crapaudine en gypse, complète.

31 (lo.) × 26 (la.) × 11,5 cm (ép.).

De forme polygonale irrégulière avec, en bordure de l'une des deux faces planes, une petite (6 cm de diamètre) et peu profonde (1,4 cm) dépression circulaire portant des traces d'usure.

L263 (ATJ93.C13C1...)

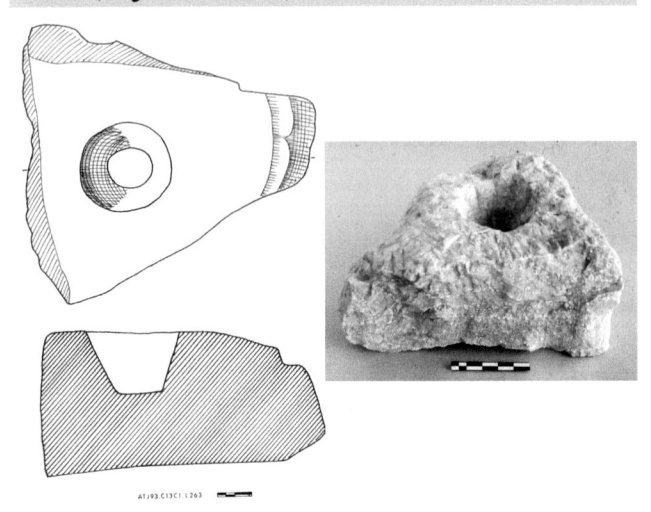

Crapaudine en gypse, complète.

16,5 (lo.) × 14,5 (la.) × 7,2 cm (ép.).

De forme plutôt triangulaire avec, au centre de l'une des deux faces planes, une petite (5,3 cm de diamètre) et peu profonde (3,5 cm) dépression circulaire portant des traces d'usure.

L267 (ATJ93.E15C13...)

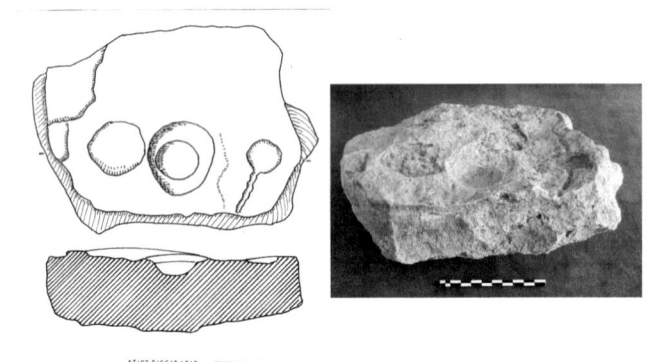

Crapaudine en gypse, complète.

30 (lo.) × 18,5 (la.) × 8,3 cm (ép.).

De forme polygonale irrégulière avec, en bordure de l'une des deux faces planes, une petite (6,6 cm de diamètre) et peu profonde (2 cm) dépression circulaire portant des traces d'usure.

L279 (ATJ93.F15C13...)

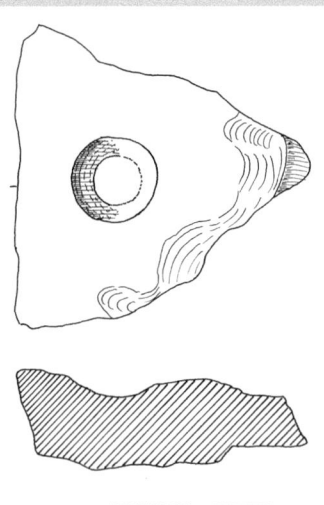

Crapaudine en calcaire, complète.

26,5 (lo.) × 25,5 (la.) × 8,6 (ép.) × 6,5 cm (dia. max.).

De forme plutôt triangulaire avec, au centre de l'une des deux faces planes, une petite (7,5 cm de diamètre) et peu profonde (1,4 cm) dépression circulaire portant des traces d'usure.

Crapaudine de forme circulaire, à grande cupule simple

L158 (ATJ88.D15A26...)

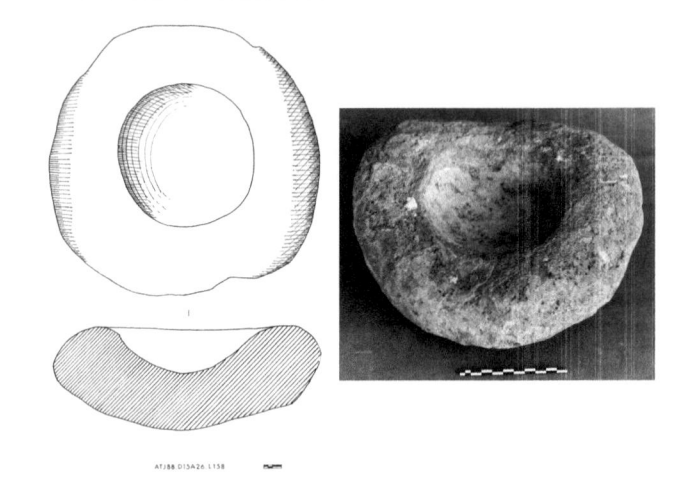

Crapaudine en calcaire, complète.

10,5 (ép.) × 30 cm (dia. max.).

De forme circulaire avec, au centre de l'une des deux faces planes, une très grande (13,5 cm de diamètre) et profonde (6 cm) dépression circulaire portant des traces d'usure.

Musée de Deir ez-Zor (ATJ88.110).

P201 (ATJ92.D15A37…)

Crapaudine en gypse, incomplète.

9,5 (ép.) × 31 cm (dia.).

De forme circulaire : rebords convexes, face inférieure concave, face supérieure convexe avec une petite dépression (3,4 cm prof.) circulaire (8 cm dia.) excentrée portant des traces d'usure.

Crapaudine de forme circulaire, à deux cupules opposées

L243 (ATJ92.G13A3…)

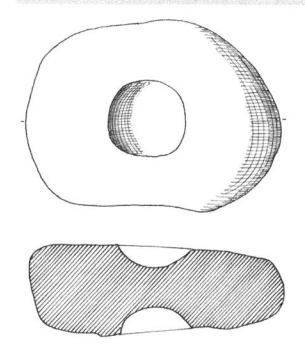

Crapaudine en calcaire, complète.

14,4 (lo.) × 10,1 (la.) × 5,3 cm (ép.).

De forme plutôt circulaire avec, au centre de chacune des deux faces planes, une petite (3,9 et 4,2 cm de diamètre) dépression circulaire, peu profonde (1,4 et 1,2 cm), portant des traces d'usure. Les deux cupules ont été creusées dans le même axe et se retrouvent donc opposées l'une à l'autre.

Université Laval.

Crapaudines – meules recyclées, à une seule cupule

L48 (ATJ86.E8A3…)

Crapaudine en basalte, incomplète.

41 (lo.) × 33 (la.) × 20 cm (ép.).

Meule réutilisée. De forme rectangulaire avec, au centre de la surface plane, une petite (10 cm de diamètre) dépression circulaire, peu profonde (1,6 cm), portant des traces d'usure.

Musée de Deir ez-Zor (ATJ86.32).

L63 (ATJ87.D9A17…)

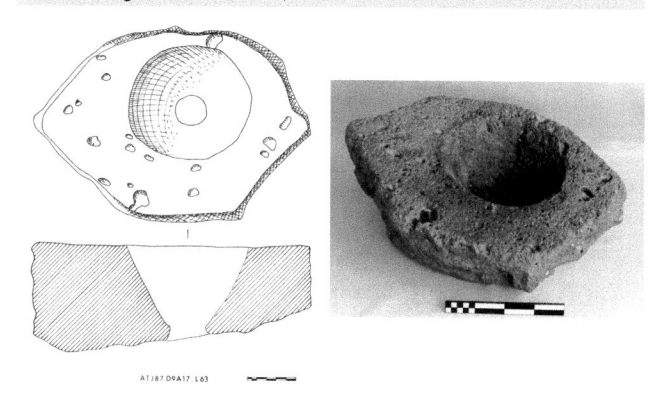

Crapaudine en basalte alvéolé, complète.

54 (lo.) × 38 cm (la.).

Meule réutilisée. De forme polygonale irrégulière avec, au centre de la surface plane, une très grande (23 cm de diamètre à l'ouverture) et profonde (18 cm) dépression circulaire portant des traces d'usure. C'est probablement à l'usure que l'on doit attribuer la perforation au fond de la cavité.

Musée de Deir ez-Zor (ATJ87.33).

L132 (ATJ88.D14A18…)

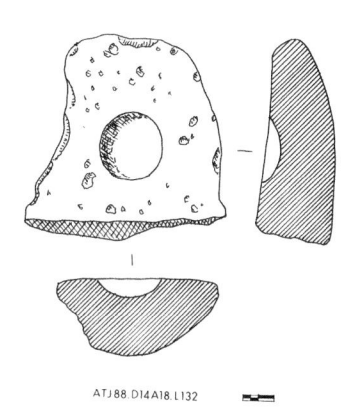

Crapaudine en basalte, incomplète.

12,1 (lo.) × 12,6 (la.) × 4,6 cm (ép.).

Meule réutilisée. De forme rectangulaire avec, au centre de la surface plane, une petite (4 cm de diamètre) dépression circulaire, peu profonde (1 cm), portant des traces d'usure.

Musée de Deir ez-Zor (ATJ88.35).

L163 (ATJ88.D14A23...)

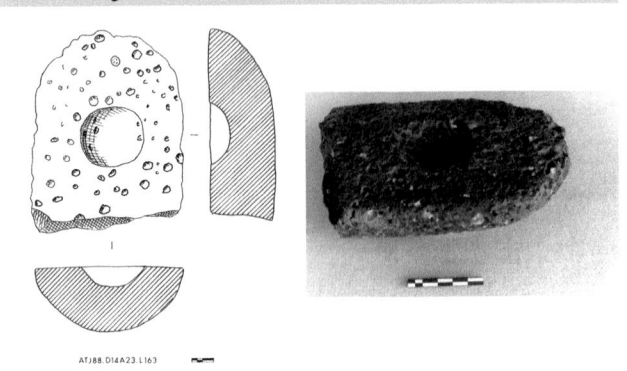

Crapaudine en basalte, incomplète.

18 (lo.) × 14 (la.) × 5,7 cm (ép.).

Meule réutilisée. De forme rectangulaire avec, au centre de la surface plane, une petite (5,6 cm de diamètre) dépression circulaire, peu profonde (1,8 cm), portant des traces d'usure.

Musée de Deir ez-Zor (ATJ88.168).

L266 (ATJ93.E15C16...)

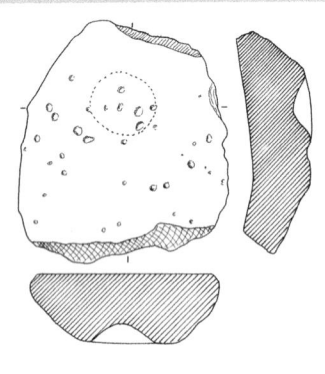

Crapaudine en basalte, incomplète.

28 (lo.) × 23 (la.) × 8 cm (ép.).

Meule réutilisée. De forme rectangulaire avec, près d'une extrémité de la face bombée (et non la plane), une grande (7 cm de diamètre) dépression circulaire, peu profonde (2 cm), portant des traces d'usure.

Crapaudines – meules recyclées, à deux cupules opposées

L214 (ATJ92.MM15A1...)

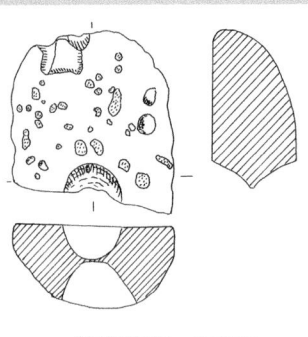

Crapaudine en basalte alvéolé, incomplète.

14 (lo.) × 14 (la.) × 7 cm (ép.).

Meule réutilisée. De forme rectangulaire avec, au centre de chacune des deux faces planes, une petite (5 et 6 cm de diamètre) dépression circulaire, peu profonde (2,8 et 3,6 cm), portant des traces d'usure. Les deux cupules ont été aménagées dans le même axe et se retrouvent donc opposées l'une à l'autre ; cependant, elles ne se rejoignent pas.

Université Laval.

L224 (ATJ92.F15C2...)

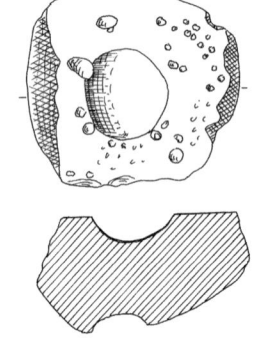

Crapaudine en basalte alvéolé, complète.

13 (lo.) × 14 (la.) × 18,5 cm (ép.).

Meule réutilisée. De forme carrée avec, au centre de chacune des deux faces planes, une petite (4 et 6 cm de diamètre) dépression circulaire, peu profonde (1,6 et 2 cm), portant des traces d'usure. Les deux cupules ont été aménagées dans le même axe et se retrouvent donc opposées l'une à l'autre ; cependant, elles ne se rejoignent pas.

L235 (ATJ92.D15A40...)

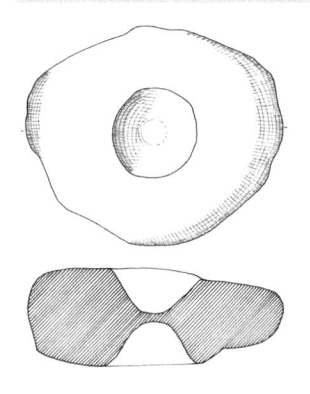

Crapaudine en basalte alvéolé, complète.

17,5 (lo.) × 14 (la.) × 5,6 cm (ép.).

Meule réutilisée et très transformée. De forme circulaire avec, au centre de chacune des deux faces planes, une petite (6,2 cm de diamètre) dépression circulaire, peu profonde (3 cm), portant des traces d'usure. Les deux cupules ont été aménagées dans le même axe et se retrouvent donc opposées l'une à l'autre ; cependant, elles ne se rejoignent pas.

Université Laval.

Crapaudines – meules recyclées, à perforation transversale

L208 (ATJ92.266...)

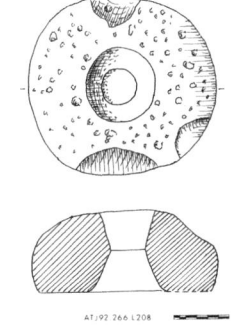

Crapaudine en basalte alvéolé, complète.

17 (lo.) × 16 (la.) × 7 cm (ép.).

Meule réutilisée et bien transformée. De forme circulaire avec, au centre de chacune des deux faces planes, l'ouverture (5 et 6 cm de diamètre) d'une perforation transversale biconique ; traces d'usure aux rebords.

L240 (ATJ92.G14A2...)

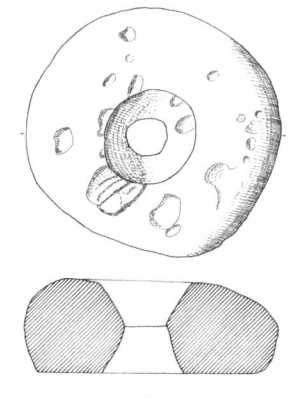

Crapaudine en basalte alvéolé, complète.

5,7 (ép.) × 17 cm (dia. max.).

Meule réutilisée et bien transformée. De forme circulaire avec, au centre de chacune des deux faces planes, l'ouverture (5,5 et 7,5 cm de diamètre) d'une perforation transversale biconique ; traces d'usure aux rebords.

Université Laval.

Poids

La fonction de plus d'une quarantaine d'artéfacts en pierre polie a été déterminée en raison de leur masse pondérale et en lien avec le positionnement de Tell 'Atij sur les rives du Khabour, voire sur un îlot au centre de cette rivière. Ce seraient donc des poids qui auraient été utilisés, pensons-nous, en relation avec des activités qui se sont déroulées sur ou dans la rivière : ancres de bateaux (38), poids (6) et lest (1) pour filet de pêche.

Ancres

La collection d'artéfacts en pierre polie de Tell 'Atij comprend 38 grands blocs en pierre munis d'une perforation centrale. Ce seraient des ancres de bateaux, d'après plusieurs études portant sur des objets semblables retrouvés sur les rives du bassin oriental de la Méditerranée (Frost 1969a ; McCaslin 1980 ; Käpitän 1984 ; Galili 1985 ; Galili *et al.* 1994 ; Kingsley & Raveh

1996 ; Wachsmann 1998 ; Evrin *et al.* 2002 ; Åström & Svensson 2007). Ce type d'ancres perforées d'un trou et dont seul le poids leur permettait de remplir leur fonction est appelé *weight-anchors* (Frost 1969a, 433 ; 1970b, 17 ; McCaslin 1980, 18-20 ; Nibbi 1993, 7 ; Wachsmann 1998, 255), voire aussi *rock-anchors* (Frost 1963, 8-9 ; 1969b, 237 ; Aström & Svensson 2007, 31).

J'ai proposé ailleurs (Fortin 2016a) une classification des ancres de Tell 'Atij basée sur différents critères :

– la forme globale : oblongue, rectangulaire, circulaire ou triangulaire ;
– le matériau : basalte alvéolé pour 70% d'entre elles, en fait des meules recyclées ;
– la position centrale ou sommitale de la perforation par où passait le cordage[5], c'est-à-dire la ligne de mouillage à laquelle chaque ancre était suspendue ;
– la masse pondérale, liée implicitement aux dimensions de l'objet (Frost 1997, 122).

Les 38 ancres de Tell 'Atij peuvent ainsi être classées en cinq groupes morphologiques (Tableau 22.5) :

1) oblongue, avec perforation centrale (16)
2) circulaire, avec perforation centrale (9)
3) oblongue, avec perforation au tiers supérieur (8)
4) rectangulaire, avec perforation au tiers supérieur (4)
5) triangulaire, avec perforation au tiers supérieur (1).

Tableau 22.5 : Classification formelle des trente-huit ancres en pierre de Tell 'Atij.

oblongue centrale	circulaire centrale	oblongue tiers sup.	rectangulaire tiers sup.	triangulaire tiers sup.
L27 ^{m} – 1 kg	L60 ^{m} – 2,1 kg	L38 ^{m} – 5,2 kg	L21-1,9 kg	L49-6 kg
L39 ^{m} – 0,8 kg	L88 ^{m} – 0,9 kg	L41-8,3 kg	L70-5 kg	
L44 ^{m} – 1,3 kg	L129 ^{m} – 2,2 kg	L107-2,4 kg	L123-9,1 kg	
L65 ^{m} – 1 kg	L162 ^{m} – 0,8 kg	L126-7,8 kg	L239-4 kg	
L80 ^{m} – 1,3 kg	L169 ^{m} – 4 kg	L133-7,6 kg		
L91 ^{m} – 1,9 kg	L170 ^{m} – 3,3 kg	L139-5,5 kg		
L99 ^{m} – 2,1 kg	L233 $^?$ – 2,9 kg	L159-4,4 kg		
L104 $^?$ – 6,6 kg	L234 ^{m} – 1,6 kg	L232 ^{m} – 5,6 kg		
L117 ^{m} – 2,5 kg	L236 ^{m} – 2,3 kg			
L122 ^{m} – 1,7 kg				
L143 ^{m} – 1,8 kg				
L145 ^{m} – 1,7 kg				
L146 ^{m} – ? kg				
L164 ^{m} – 1,2 kg				
L167 ^{m} – 2,9 kg				
L255 ^{m} – 1,2 kg				
Total : 16	Total : 9	Total : 8	Total : 4	Total : 1
Moy. : 2 kg	Moy. : 2,2 kg	Moy. : 6 kg	Moy. : 5 kg	Moy. : 6 kg
Écart : 1-2,9 kg	Écart : 1-4 kg	Écart : 2,4-8,4 kg	Écart : 2-9 kg	

Le numéro d'identification de chaque ancre est précédé de la lettre « L » (pour lithique). La trame de fond appliquée dans certaines cellules signifie que le matériau de ces ancres est du basalte alvéolé et le symbole ^{m} indique qu'une ancre a été fabriquée à partir d'une meule (en basalte) recyclée.

---

[5] En terminologie maritime, les cordages utilisés pour les ancres sont appelés câbles, tandis que le terme aussière ou haussière est réservé aux cordages employés pour l'amarrage.

MOBILIER EN PIERRE POLIE

Les deux premières catégories qui constituent 66% du corpus à l'étude sont constituées de meules en basalte recyclées, c'est-à-dire sommairement aménagées par martelage sur les côtés et perforées en sablier au centre de leurs longues faces. Les trois autres catégories qui représentent 34% de l'inventaire regroupent des exemplaires de formes variées (oblongue, rectangulaire, triangulaire) mais dont le dénominateur commun est une perforation non pas centrale mais dans la partie sommitale. Hormis deux cas, les ancres à perforation en apex n'ont pas été fabriquées en basalte, mais en un autre type de pierre qui, en outre, n'est pas une pierre de réemploi : calcaire, grès, gypse.

Au terme de ce classement, il est ressorti que les ancres des deux premières classes pèsent en moyenne deux kilogrammes, tandis que le poids de celles des trois autres catégories oscille entre cinq et six kilogrammes ; aucune d'entre elles n'excède pas dix kilogrammes. Or, cette caractéristique est déterminante dans la définition de la fonction propre à cette catégorie d'artéfact.

Sur un autre site de la moyenne vallée du Khabour, Raqa'i, trois pierres en calcaire de forme oblongue avec une perforation au tiers supérieur ont été timidement interprétées comme des ancres (Dunham 2015, 364).

Pierres de forme oblongue, avec une perforation centrale et pesant 2 kg en moyenne

L27 (ATJ86.D15A4...)

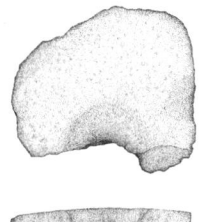

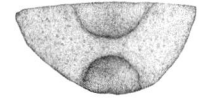

Ancre, en basalte alvéolé, incomplète.

9 (lo.) × 12,5 (la.) × 6,2 cm (ép.) ; 1 kg.

De forme oblongue à l'origine (24 cm) ; perforation centrale en sablier (2,5-5,5 cm) qui ne fut jamais achevée. Meule réutilisée : une surface très plane montrant traces d'usure, l'autre bombée.

L39 (ATJ86.D16A1...)

Ancre, en basalte, incomplète.

9 (lo.) × 12,5 (la.) × 5,8 cm (ép.) ; 0,8 kg.

De forme oblongue (18 cm à l'origine) ; perforation centrale en sablier (2,5-4,5 cm) avec traces d'usure tout autour. Meule réutilisée : surface plane, l'autre bombée et sommairement dégrossie.

L44 (ATJ86.E8A3...)

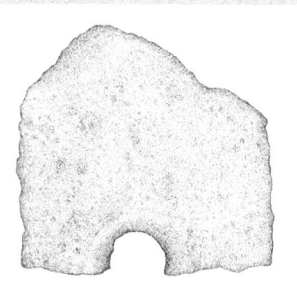

Ancre, en basalte alvéolé, incomplète.

13 (lo.) × 14 (la.) × 6 cm (ép.) ; 1,29 kg.

De forme oblongue (26 cm à l'origine) ; perforation centrale en sablier (2,5-5 cm) avec traces d'usure tout autour. Meule réutilisée : une surface plane, l'autre bombée et sommairement dégrossie.

L65 (ATJ87.D9A19...)

Ancre, en basalte alvéolé, incomplète. Aucune concrétion de sel marin ; cassée au centre.

10 (lo.) × 14 (la.) × 7 cm (ép.) ; 1 kg.

De forme oblongue ; perforation centrale en sablier (2,5-5 cm) avec une arête vive et quasi aucune trace d'usure. Meule réutilisée : une surface uniformément bien plane, légèrement concave, l'autre régulièrement bombée. Une extrémité bien arrondie.

L80 (ATJ87.D8A1...)

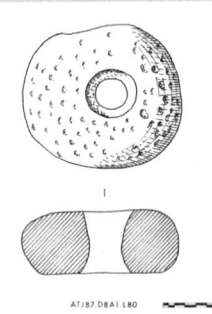

Ancre en basalte alvéolé, complète.

14 (lo.) × 12 (la.) × 6 cm (ép.) ; 1,3 kg.

De forme légèrement oblongue ; perforation centrale en sablier (3-4 cm) avec traces d'usure tout autour. Une meule réutilisée vraisemblablement en raison d'une surface très plane tandis que l'autre est bombée ; extrémités régulièrement martelées et arrondies.

Musée de Deir ez-Zor (ATJ87.62).

L91 (ATJ87.E16A4...)

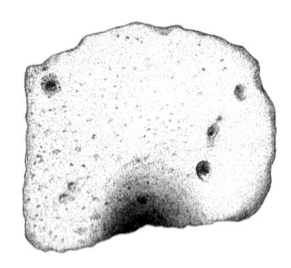

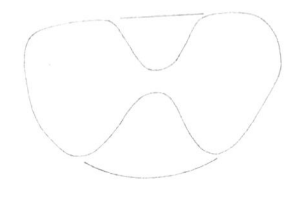

Ancre, en basalte alvéolé, incomplète.

10 (lo.) × 13 (la.) ×,5 8 cm (ép.) ; 1,9 kg.

De forme oblongue à l'origine (20 cm) ; perforation centrale en sablier (2-4,5 cm) qui ne fut jamais achevée. Meule réutilisée : une surface plane légèrement convexe, l'autre régulièrement bombée.

L99 (ATJ87.D12A14...)

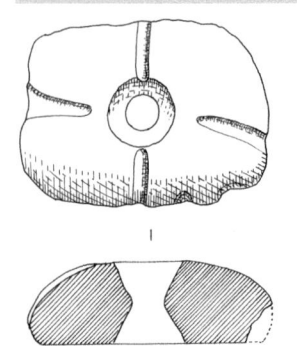

Ancre, en basalte alvéolé, complète. Quelques résidus de sels marins dans les alvéoles.

18,5 (lo.) × 13,5 (la.) × 6 cm (ép.) ; 2,1 kg.

De forme oblongue ; perforation centrale en sablier (2,4-5 cm) avec traces d'usure tout autour ; quatre gorges sur la face bombée pour recevoir des cordes. Meule réutilisée : une surface très plane, l'autre bombée. Les extrémités ont été cassées et sommairement rectifiés.

Musée de Deir ez-Zor (ATJ87.212).

L104 (ATJ87.G15B1...)

Ancre, en pierre, incomplète. Concrétions blanches ici et là.

12 (lo.) × 16,5 (la.) × 9,5 cm (ép.) ; 3,3 kg (probablement 6 kg à l'origine).

Apparemment de forme oblongue, lorsque complète ; perforation centrale cylindrique avec traces d'usure tout autour. Une surface légèrement bombée et sommairement équarrie, l'autre étant bien plane et portant encore de nombreuses stries laissées par l'outil ; rebords bien droits ou un peu inclinés, très régulièrement équarris et portant encre les traces de l'outil. Sur une surface, à proximité de la perforation centrale profonde dépression causée par le pivot d'une porte : pierre réutilisée en crapaudine.

L117 (ATJ87.D12A12...)

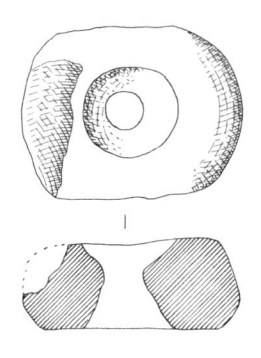

Ancre, en basalte alvéolé, complète. Peu de traces de sel marin dans les alvéoles.

19 (lo.) × 14 (la.) × 7 cm (ép.) ; 2,5 kg.

De forme oblongue ; perforation centrale en sablier (3,4-8 cm) avec traces d'usure tout autour (paroi de la perforation convexe). Meule réutilisée : une surface plane, légèrement en pente (bout de la meule), l'autre bombée. Une extrémité arrondie, l'autre cassée et arrondie.

Musée Deir ez-Zor (ATJ87.211).

L122 (ATJ87.D12A21...)

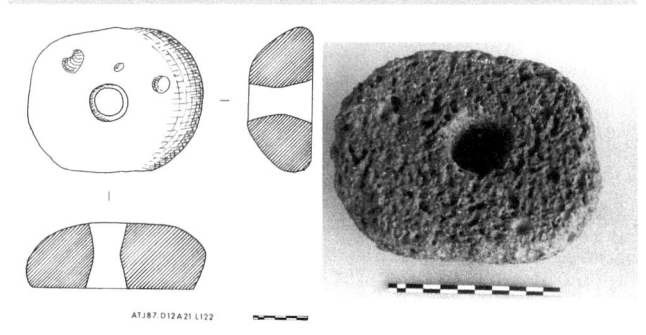

Ancre, en basalte alvéolé, complète. Quelques traces de sel marin dans les alvéoles.

16 (lo.) × 13 (la.) × 5,5 cm (ép.) ; 1,7 kg.

De forme oblongue ; perforation centrale en sablier (2,2-3,5 cm) avec traces d'usure tout autour. Meule réutilisée : une surface très plane tandis que l'autre est bombée. Une extrémité arrondie, l'autre a été cassée et martelée pour être arrondie aussi.

Musée de Deir ez-Zor (ATJ87.254).

L143 (ATJ88.FF17A2...)

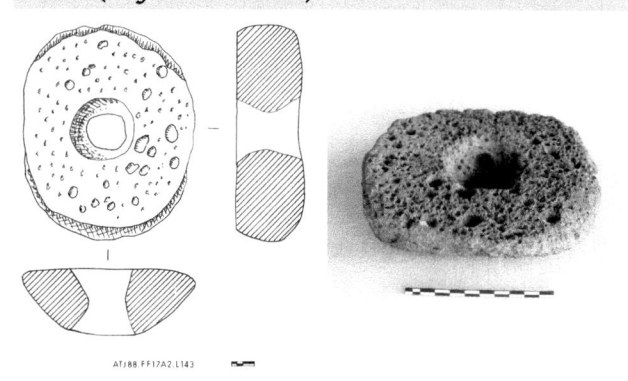

Ancre, en basalte alvéolé, complète. Plusieurs concrétions de sel marin dans les alvéoles.

18 (lo.) × 14,5 (la.) × 6,1 cm (ép.) ; 1,8 kg.

De forme oblongue ; perforation centrale en sablier (3-5 cm) avec arête centrale prononcée et traces d'usure part endroits. Meule réutilisée : une surface très plane légèrement convexe tandis que l'autre est bombée ; une extrémité bien arrondie, l'autre a été cassée et martelée pour être arrondie.

Musée de Deir ez-Zor (ATJ88.54).

L145 (ATJ88.PP19A3...)

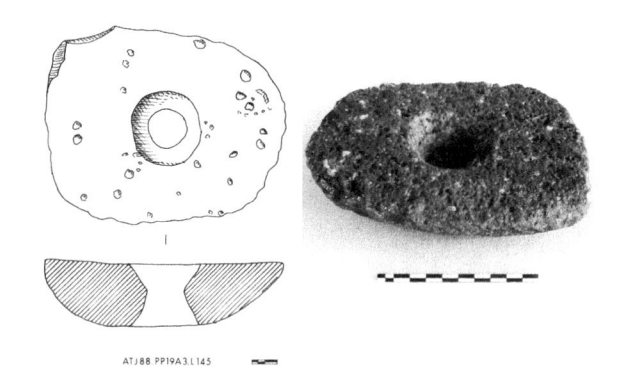

Ancre, en basalte alvéolé, complète. Plusieurs concrétions de sel marin dans les alvéoles.

18 (lo.) × 15 (la.) × 5,5 cm (ép.) ; 1,7 kg.

De forme oblongue ; perforation centrale en sablier (2,5-5 cm) avec arête centrale peu prononcée et traces d'usure tout autour. Meule réutilisée : une surface plane légèrement concave tandis que l'autre est bombée ; une extrémité bien arrondie, l'autre a été cassée et est droite.

Publ. : Fortin 2016a, 128, fig. 2.

Université Laval.

L146 (ATJ88.D15A21...)

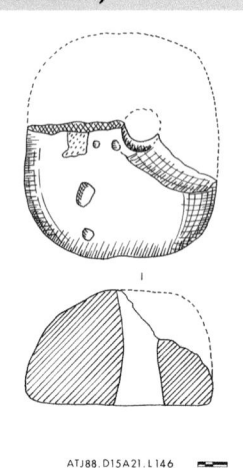

Ancre, en basalte alvéolé, incomplète.

9 (lo.) × 13 (la.) × 7,5 cm (ép.).

De forme oblongue ; perforation centrale en sablier (2,5-3,5 cm).

L164 (ATJ88.D15A29...)

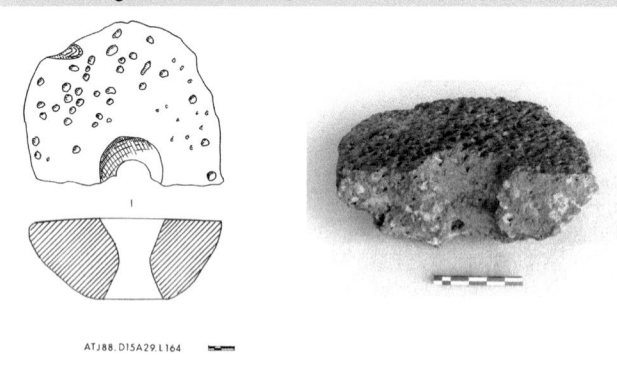

Ancre, en basalte alvéolé, incomplète. Concrétions de sel marin dans les alvéoles.

12 (lo.) × 15 (la.) × 5,7 cm (ép.) ; 1,2 kg.

De forme oblongue (24 cm à l'origine) ; perforation centrale en sablier (2,5-5 cm) avec traces d'usure et une arête prononcée. Meule réutilisée : une surface plane légèrement convexe, l'autre bombée. Extrémité préservée arrondie, légèrement cassée à un endroit.

Musée de Deir ez-Zor (ATJ88.172).

L167 (ATJ88.LL17A1...)

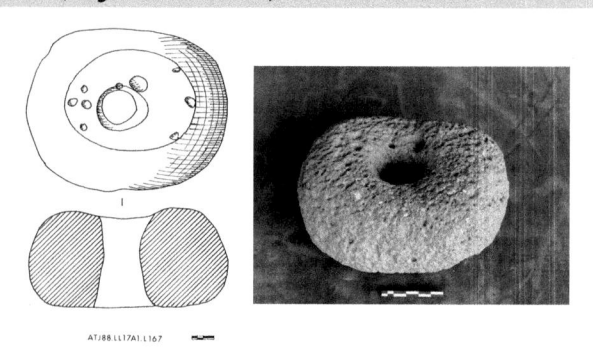

Ancre, en basalte alvéolé, complète. Plusieurs concrétions de sel marin dans les alvéoles.

18 (lo.) × 14 (la.) × 8 cm (ép.) ; 2,9 kg.

De forme oblongue ; perforation centrale en sablier (3-4,8 cm) avec traces d'usure tout autour. Meule réutilisée : une surface plane légèrement convexe tandis que l'autre est bombée ; une extrémité bien arrondie, l'autre a été martelée pour être aussi arrondie régulièrement.

Musée de Deir ez-Zor (ATJ88.234).

L255 (ATJ93.F15A3...)

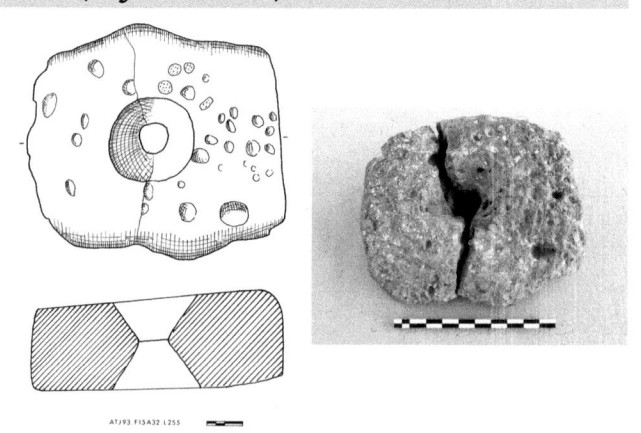

Ancre en basalte alvéolé, complète bien que cassée en deux parties.

13,8 (lo.) × 12,2 (la.) × 5,3 cm (ép.) ; 1,2 kg. De forme oblongue ; perforation centrale en sablier avec traces d'usure à proximité. Meule réutilisée : deux faces planes.

Université Laval.

MOBILIER EN PIERRE POLIE

Pierres de forme circulaire, avec une perforation centrale et pesant 2,2 kg en moyenne

L60 (ATJ87.E18A5...)

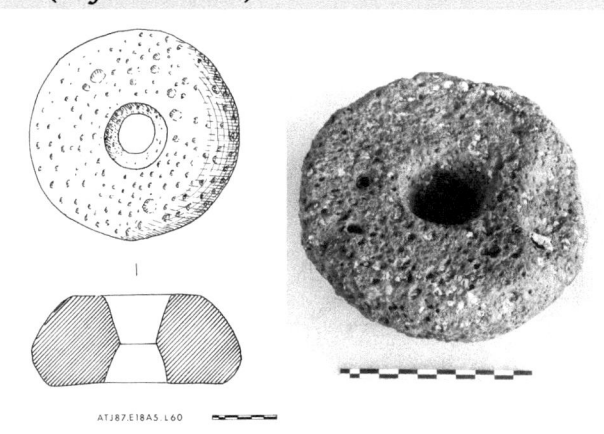

Ancre, en basalte alvéolé, complète. Concrétions de sels marins dans les alvéoles.

6,5 (ép.) × 16 cm (dia. max.) ; 2,1 kg.

De forme circulaire ; perforation centrale en sablier (2,5-5 cm) avec traces d'usure tout autour et arête assez prononcée.

Meule réutilisée : une surface uniformément plane et légèrement concave, l'autre régulièrement bombée. Rebords régulièrement arrondis.

Publ. : Fortin 2016a, 130, fig. 3.

Musée de Deir ez-Zor (ATJ87.22).

L88 (ATJ87.E9A1'...)

Ancre, en basalte, incomplète. Concrétions de sels marins dans les alvéoles.

5 (ép.) × 15 cm (dia. max.) ; 0,9 kg.

De forme circulaire ; perforation centrale en sablier (3,5-4,5 cm) avec traces d'usure tout autour. Meule réutilisée : une surface plane, l'autre bombée.

Université Laval.

L129 (ATJ88.D13B2...)

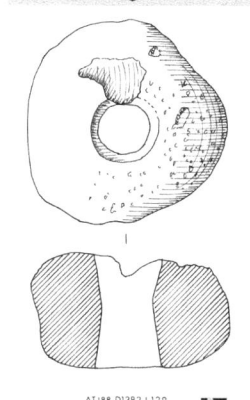

Ancre en basalte alvéolé, complète.

8,1 (ép.) × 15 cm (dia. max.) ; 2,2 kg.

De forme circulaire ; perforation centrale légèrement en sablier (4-5 cm) avec traces d'usure tout autour et arête effacée. Surfaces grossièrement martelées de même que les rebords.

Musée de Deir ez-Zor (ATJ88.28).

L162 (ATJ88.E14A5...)

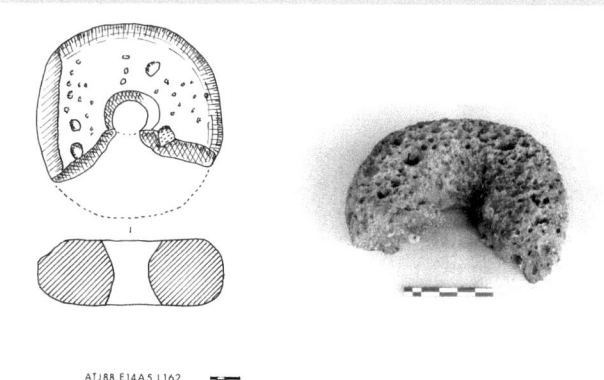

Ancre en basalte alvéolé, incomplète.

5 (ép.) × 13 cm (dia. max.) ; 0,8 kg.

Quelques concrétions de sel marin dans les alvéoles. De forme circulaire ; perforation centrale en sablier (2-4 cm) avec quelques traces d'usure et une arête prononcée. Une surface uniformément plane légèrement concave (extrémité d'une meule), l'autre arrondie sur le pourtour de la perforation. Rebords régulièrement convexes.

Musée de Deir ez-Zor (ATJ88.132).

L169 (ATJ88.LL17A1...)

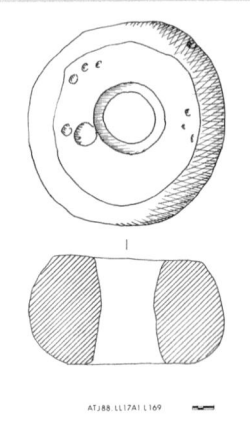

Ancre en basalte alvéolé, complète. Peu de traces de sel marin.

8,5 (ép.) × 18 cm (dia. max.) ; 4 kg.

De forme circulaire ; large perforation centrale en sablier (4,5-6 cm) avec beaucoup de traces d'usure tout autour et arête très effacée. Meule réutilisée : surfaces légèrement bombées et rebords régulièrement convexes.

Université Laval.

L170 (ATJ88.LL17A1...)

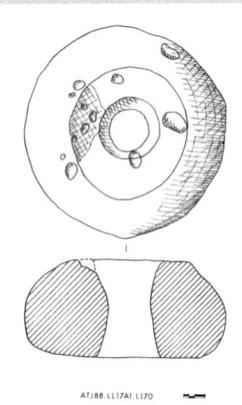

Ancre en basalte alvéolé, complète.

8 (ép.) × 18 cm (dia. max.) ; 3,3 kg.

De forme circulaire ; perforation centrale en sablier (4-5,6 cm) avec traces d'usure tout autour et arête très effacée. Meule réutilisée : une surface est uniformément plane et convexe tandis que l'autre est régulièrement bombée ; rebords uniformément martelés.

Musée de Deir ez-Zor (ATJ88.236).

L233 (ATJ92.E16A21...)

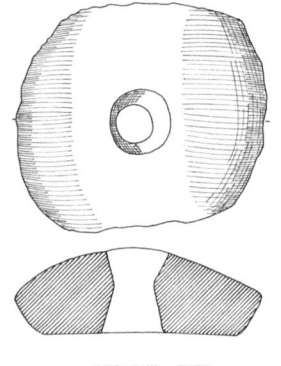

Ancre en basalte alvéolé, complète.

15 (lo.) × 13,5 (la.) × 5 cm (ép.) ; 2,9 kg.

De forme circulaire ; perforation centrale en sablier (2,3-3,7 cm) avec traces d'usure à l'intérieur.

Université Laval.

L234 (ATJ92.E16A21...)

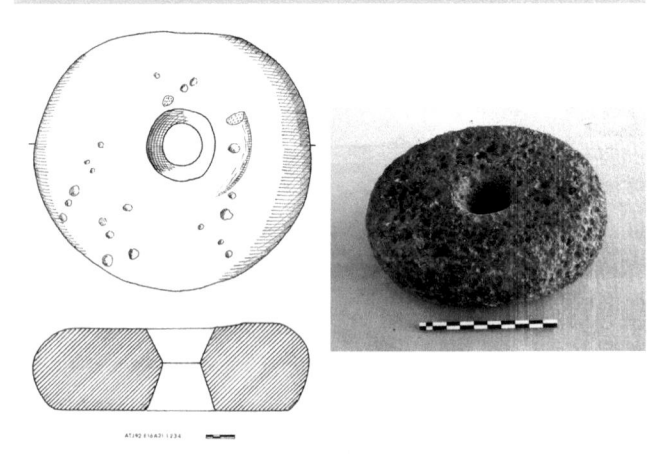

Ancre en basalte alvéolé, complète.

5,6 (ép.) × 18,5 cm (dia. max.) ; 1,6 kg.

De forme circulaire ; perforation centrale en sablier (2,7-4,1 cm) avec traces d'usure à l'intérieur de la perforation et arête peu prononcée. Meule réutilisée : deux surfaces bien planes et rebords uniformément martelés.

Université Laval.

L236 (ATJ92.G13A1...)

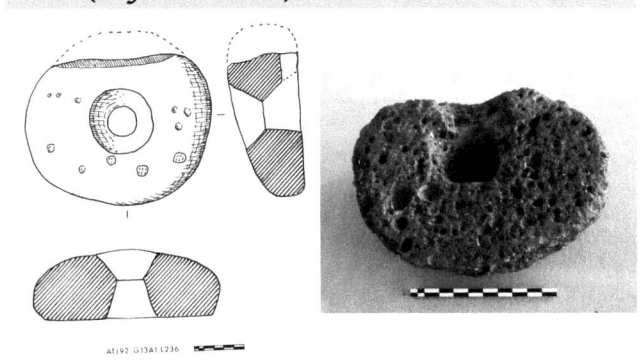

Ancre, en basalte alvéolé, complète.

18 (lo.) × 14 (la.) × 6,5 cm (dia. max.) ; 2,3 kg.

De forme circulaire ; perforation centrale en sablier (2,5-5,4 cm) avec traces d'usure et arête prononcée. Meule réutilisée : une face plane, l'autre bombée.

Pierres de forme oblongue, avec une perforation au tiers supérieur et pesant 6 kg en moyenne

L38 (ATJ86.D13A1...)

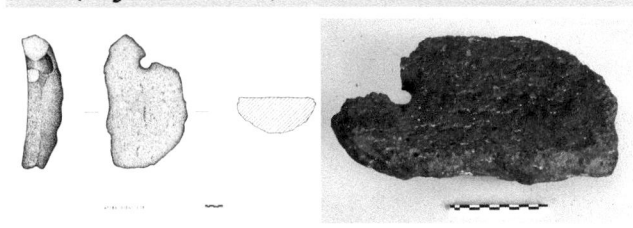

Ancre, en basalte, incomplète.

27 (lo.) × 17 (la.) × 8 cm (ép.) ; 5,2 kg.

De forme oblongue ; perforation dans le tiers supérieur en sablier (2,5-4,5 cm). Meule réutilisée : une surface concave avec traces d'usure, l'autre bombée et grossièrement équarrie. Une portion d'une extrémité est manquante.

Publ. : Fortin 1988a, 150, fig. 13 ; 2016a, 131, fig. 4.

Université Laval.

L41 (ATJ86.E8A1...)

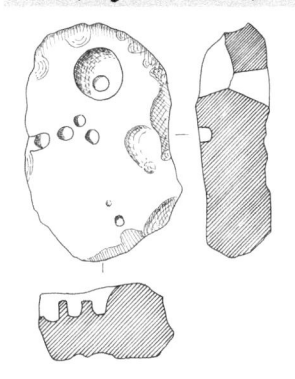

Ancre en grès calcaire, complète.

32 (lo.) × 19 (la.) × 10 cm (ép.) ; 8,3 kg.

De forme oblongue ; perforation au tiers supérieur en sablier (2,2-5 cm) avec traces d'usure tout autour et arête assez prononcée. Surfaces grossièrement équarries montrant encore des traces de piquetage. Nombreuses alvéoles naturelles sur une surface.

Publ. : Fortin 1988a, 161, fig. 26.

Musée de Deir ez-Zor (ATJ86.30).

L107 (ATJ87.D8A17...)

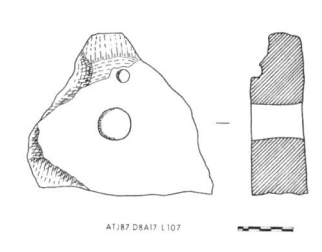

Ancre en calcite d'un brun très pâle, incomplète.

14 (lo.) × 14 (la.) × 5 cm (ép.) ; 1,2 kg (mais 2,4 kg à l'origine).

De forme oblongue ; perforation cylindrique (2,8 cm) au tiers supérieur avec traces d'usure. Surfaces sans aucun traitement tandis que les rebords ont été taillés.

Publ. : Fortin 1990a, 227, fig. 7.

Musée de Deir ez-Zor (ATJ87.186).

L126 (ATJ88.D15A13...)

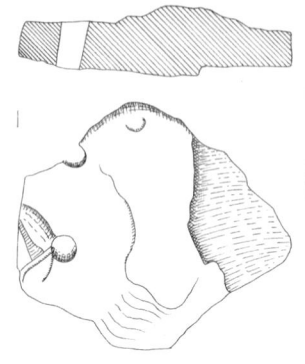

Ancre en gypse d'un brun très pâle, complète.

28 (lo.) × 27 (la.) × 10,4 cm (ép.) ; 7,8 kg.

De forme oblongue ; perforation cylindrique (3 cm) au tiers supérieur (une seconde perforation a été commencée à quelques cm de là). Aucun traitement particulier sur les surfaces ; les rebords ont été sommairement martelés.

Musée de Deir ez-Zor (ATJ88.14).

L133 (ATJ88.251...)

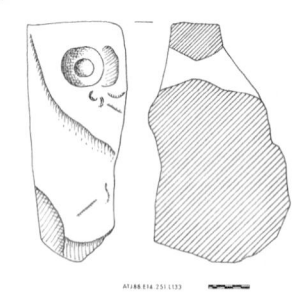

Ancre en gypse d'un brun très pâle, complète.

29,5 (lo.) × 19 (la.) × 13 cm (ép.) ; 7,6 kg.

Quelques concrétions de sel marin. De forme oblongue ; perforation au tiers supérieur en sablier (4-10 cm) avec traces d'usure tout autour et arête effacée. Aucun traitement particulier sur les surfaces ; les rebords ont été sommairement martelés.

Université Laval.

L139 (ATJ88.D15A16...)

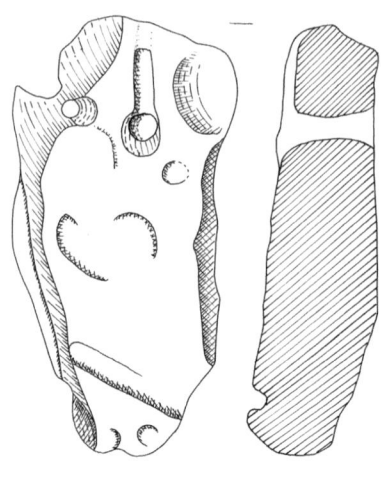

Ancre en gypse, complète. Nombreuses concrétions de sels marins ici et là.

33,5 (lo.) × 17,5 (la.) × 11,4 cm (ép.) ; 5,5 kg.

De forme oblongue très allongée ; perforation au tiers supérieur en sablier (1,6-3 cm) avec traces d'usure tout autour et arête peu prononcée ; gorge (0,7 cm de largeur) en haut de la perforation pour recevoir la corde qui soutenait l'ancre (à quelques cm sur la gauche tentative de perforation). Surfaces et rebords très sommairement taillés.

Musée de Deir ez-Zor (ATJ88.46).

MOBILIER EN PIERRE POLIE

L159 (ATJ88.D14A19...)

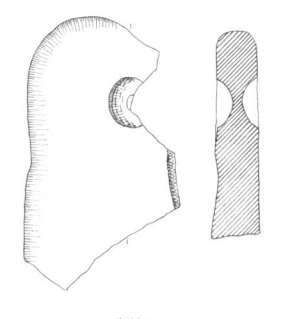

Ancre en grès, incomplète. Concrétions de sels marins sur une surface.

28,5 (lo.) × 17 (la.) × 8 cm (ép.) ; 4,4 kg.

De forme oblongue ; perforation au tiers supérieur cylindrique (3 cm) (une première perforation a été faite à quelques centimètres de là). Aucun traitement particulier sur les surfaces, rebords sommairement cassés (ce qui explique la forme curieuse de l'ancre).

Université Laval.

L232 (ATJ92.D15A40...)

Ancre, en basalte alvéolé, incomplète.

26 (lo.) × 20 (la.) × 8 cm (ép.) ; 5,6 kg.

Meule réutilisée : de forme oblongue ; perforation (incomplète) au tiers supérieur en sablier avec traces d'usure tout autour ; surface plane et polie.

Université Laval.

Pierres de forme rectangulaire, avec une perforation au tiers supérieur et pesant 5 kg en moyenne

L21 (ATJ86.D15A1...)

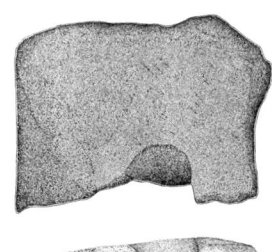

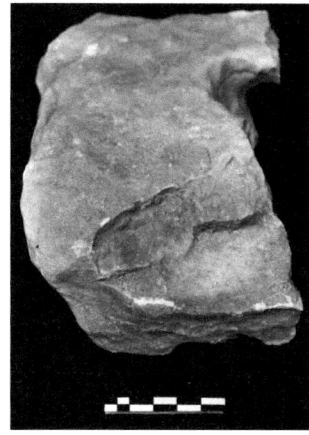

Ancre en gypse, incomplète.

17 (lo.) × 11 (la.) × 7 cm (ép.) ; 1,9 kg, Mohs 2-2,9.

De forme rectangulaire ; perforation coudée (2-4,5 cm) dans la partie supérieure. Surfaces et rebords très sommairement équarris.

Université Laval.

L70 (ATJ87.D11A1...)

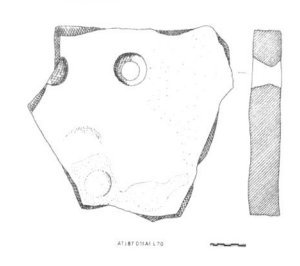

Ancre en grès, incomplète. Concrétions de sels marins et petites alvéoles naturelles.

24 (lo.) × 26 (la.) × 4 cm (ép.) ; 5 kg.

De forme grossièrement rectangulaire ; perforation au tiers supérieur en sablier (2,5-4 cm) avec traces d'usure et arête assez prononcée (première tentative de perforation non complétée). Surface naturelle, rebords sommairement cassés.

Musée Deir ez-Zor (ATJ87.47).

L123 (ATJ92.424...)

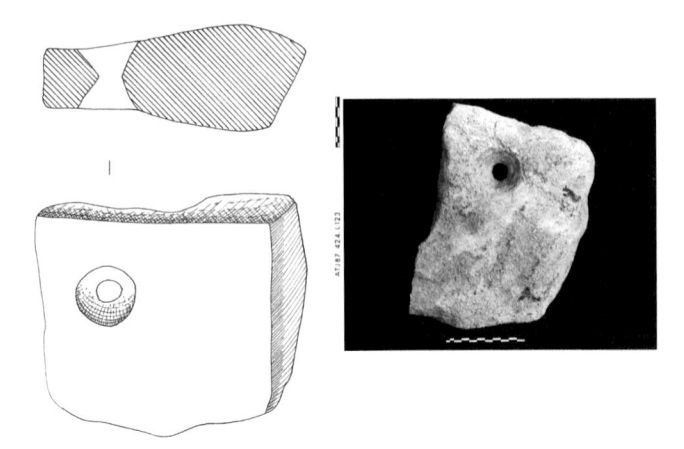

Ancre en calcaire d'un brun très pâle, incomplète. Concrétions de sel marin un peu partout.

21,5 (lo.) × 26 (la.) × 10 cm (ép.); 9,1 kg.

De forme rectangulaire; perforation dans la partie sommitale en sablier (2-5,5 cm) avec traces d'usure tout autour et arête prononcée. Aucun traitement particulier sur les surfaces ni les rebords sauf l'un des rebords qui correspond à une cassure de la pierre.

Publ.: Fortin 2016a, 133, fig. 5.

Musée de Deir ez-Zor (ATJ87.257).

L239 (ATJ92.G13A2...)

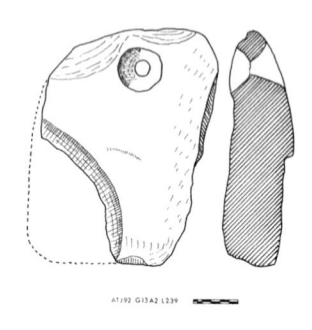

Ancre en grès, incomplète.

24 (lo.) × 18 (la.) × 7 (ép.); 4 kg.

De forme rectangulaire; perforation centrale en sablier à un tiers supérieur (1,5-4,8 cm) avec peu de traces d'usure et arête vive.

Université Laval.

Pierre de forme triangulaire, avec une perforation au tiers supérieur et pesant 6 kg

L49 (ATJ86.E7A6'...)

Ancre en calcaire coquillier, incomplète.

25 (lo.) × 21 (la.) × 10 (ép.) × 7 cm (dia. max.); 6 kg, Mohs 3-3,9.

De forme triangulaire (21 cm à sa base, 10 cm au sommet); perforation à la partie supérieure sur un petit côté (ébauche seulement car l'ancre est cassée à cet endroit et toute la partie supérieure a disparu).

Publ.: Fortin 1988a, 161, fig. 25; 2016a, 134, fig. 6.

Université Laval.

Les 38 ancres de Tell 'Atij constituent un assemblage numériquement impressionnant, surtout en regard de la superficie très réduite du site: moins d'un hectare. Vingt-deux de ces ancres proviennent de contextes stratigraphiques confirmés, répartis sur presque tous les niveaux d'occupation du site (Tableau 22.6) quoique la moitié d'entre elles ont été retrouvées dans les deux niveaux supérieurs, ce qui me porte à croire qu'elles auraient été laissées sur place lorsque le dépôt à grains a cessé ses activités commerciales. Il est regrettable que onze ancres aient été retrouvées dans des couches de terre de surface le long et au pied des flancs du tell, probablement emportées par les effets de l'érosion; leur lien stratigraphique étant hasardeux, elles ont été inventoriées dans un niveau dit « 0 ».

Si Tell 'Atij était effectivement, comme je le propose, un dépôt voué à l'entreposage de grains récoltés sur les rives du Khabour et ensuite transbordés dans des embarcations qui venaient en prendre livraison pour des communautés urbaines vivant plus au sud, leur présence en si grand nombre sur ce petit site s'explique facilement. D'autant que je pense avoir identifié la silhouette d'une

MOBILIER EN PIERRE POLIE

Tableau 22.6 : Distribution, par niveau et par contexte de découverte, des ancres et des poids de Tell 'Atij.

Niveau	Contexte	Ancre (38)	Poids (6)
I 11 ancres 1 poids	505 – silo 507 – pièce 511 – pièce 512-513 – cour 514 – pièce 523 – pièce 533 – pièce 549 – pièce 622 – plateforme	L49 [type 5] L41 [type 3], L44 [type 1] L38 [type 3] L27 [type 1] L21 [type 4] L65 [type 1] L107 [type 3] L88 [type 2], 123 [type 4] L80 [type 1]	L115
II 5 ancres 1 poids	528 – pièce 539a – pièce 564a – allée 565-566a – cour	L39 [type 1] L146 [type 1] L126 [type 3], 139 [type 3] L159 [type 3]	L95
III 2 ancres 1 poids	529 – ruelle 542 – pièce 553 – pièce	L91 [type 1] L99 [type 1]	L155
IV 3 ancres	545 – ruelle 546 – pièce 550 – cour	L164 [type 1] L122 [type 1] L162 [type 2]	
V			
VI			
VII			
VIII 2 ancres	521 – pièce 576 – cour	L60 [type 2] L255 [type 1]	
IX 3 ancres	577 – cour 619 – pièce	L232 [type 3] L233 [type 2]-234 [type 2]	
X			
XI			
XII 1 poids	605 – cour		L270
XIII			
0 7 ancres 2 poids		L70 [type 4], 104 [type 1], 117 [type 1], 129 [type 2], 133 [type 3], 236 [type 2], 239 [type 4]	L241, 246
T. sec. 5 ancres		L143 [type 1], 145 [type 1], 167 [type 1], 169 [type 2], 170 [type 2]	

telle embarcation à voiles gravée sur une roue de chariot miniature en terre cuite découverte à Tell 'Atij : Tc48 (Fortin 1990a, 242-243, fig. 24 ; décrite dans le Chapitre 20). Par ailleurs, la navigabilité du Khabour à l'époque ne semble faire aucun doute (Strange 1905, 95 ; Lewy 1952, 2 ; Kupper 1964, 115 ; Graeve 1981, 17 ; Finet 1984 ; Durand 1988, 156 note a ; Tardieu 1990, 71-135 ; Ergenzinger 1991, 175), comme l'étude pédomorphologique que nous avons réalisée à la base du tell l'a démontrée (Fortin 1990c, 560-562 ; Blackburn & Fortin 1994). Même que le tell principal d'Atij aurait formé un îlot sur la rivière (Chapitre 1).

Si ces pierres perforées sont réellement des ancres, ou encore des espèces de lests que l'on pouvait enfiler une à la fois à une corde afin de ralentir la vitesse des embarcations qui descendaient dans le sens du courant du Khabour plutôt fort et constant pendant toute l'année à cette époque (Ergenzinger 1991 ; Sanlaville 2000, 68 ; Riehl & Bryson 2007, 526 ; Reculeau 2011, 20) en raclant le fond de la rivière (Finet 1984, 93), il s'agirait ici d'un lot impressionnant d'ancres découvertes sur un site à l'intérieur des terres et non sur les rives d'une mer ou d'un lac comme c'est généralement le cas. Cependant, Tell 'Atij était placé le long d'une voie commerçante fluviale très empruntée dans l'Antiquité, le Khabour. À cet égard, il est normal d'en trouver dans un tel contexte car on sait depuis longtemps que les ancres sont des indicateurs de la présence d'une route commerciale maritime (Frost 1970a ; 1985c).

Néanmoins, un doute persiste sur l'attribution d'une fonction d'ancrage de bateaux à ces pierres trouées : leur faible poids ! En effet, aucune ne dépasse les dix kilogrammes.

Dans son étude d'une pierre d'ancrage trouvée à Khirokitia, sur l'île de Chypre, Honor Frost (1984) a exprimé l'idée que son faible poids (10,4 kg) en faisait plutôt une pierre d'ancrage pour immobiliser de l'outillage de pêche, comme c'est encore le cas dans les pêcheries traditionnelles en Méditerranée. Par conséquent, ne faudrait-il pas voir en ces pierres trouées de Tell 'Atij, à la fois les trente-huit ancres et les six plus petits poids en basalte décrits plus loin, des lests ou des amarres pour des filets de pêche dont l'usage est répandu au Levant depuis la fin du Paléolithique (Nadel et al. 1994) et en Mésopotamie septentrionale dès le VIIe millénaire (Nieuwenhuyse et al. 2012) ? Effectivement, « en Méditerranée, de nos jours, les pêcheurs utilisent de telles pierres, de 10 kg environ, pour amarrer les deux extrémités de filets » (Frost 1984, 125), et notamment sur les côtes d'Israël (Wachsmann 1998, 273). De plus, « it is size rather than shape that differentiates a fisherman's line-sinker from an ancient stone anchor too heavy for one man to handle » (Frost 1997, 122).

Cette interprétation ne serait pas incompatible avec le contexte environnemental qu'était celui de Tell 'Atij. En effet, le Khabour étant une rivière poissonneuse avant qu'elle soit endiguée ces dernières années, il n'est pas interdit d'imaginer que ses riverains aient pu se livrer à des activités halieutiques. Cependant, très peu d'ossements de poisson ont été identifiés dans la collection faunique de Tell 'Atij (Chapitre 28) et aucun artéfact associable à la pêche, tels des hameçons ou des filets par exemple, n'ont été retrouvés dans les niveaux d'occupation du site. Il demeure néanmoins que l'assemblage de pierres trouées de Tell 'Atij se compare bien à des assemblages trouvés récemment sur d'autres sites et dans lesquels les fouilleurs y ont vu des amarres et des lests de filets de pêche (Frost 1969a, 436 ; 1973, 405 ; 1984, 125 ; 1985a, 287, 319-320 ; 1985b ; 1991, 365 ; Wachsmann 1990, 107 ; Nadel et al. 1994, 456 ; Kingsley & Raveh 1996, 29-41 ; Galili et al. 2002, 183, fig. 2 pour une classification typologique de tels lests provenant de sites côtiers en Israël). Les plus grosses pierres trouées auraient pu servir à ancrer les extrémités des filets au fond de la rivière tandis que le reste de la ligne de base du filet de pêche aurait été retenu par des pierres plus petites. Il devient alors extrêmement pertinent de signaler ici l'existence dans la collection de pierre polie de Tell 'Atij d'un véritable lest en pierre pour filet de pêche [L62], décrit plus loin.

Une autre fonction à ces pierres trouées de Tell 'Atij pourrait être mise de l'avant puisqu'il semble que les habitants qui vivaient alors dans la vallée du Khabour pratiquaient une forme primitive d'irrigation (Zeist 2003, 18 et 42 ; McCorriston 1995, 1998 ; 2020 ; Proctor & McCorriston, Chapitre 27) d'autant que certaines des espèces qui poussaient dans la moyenne vallée du Khabour demandaient beaucoup d'eau (Riehl & Bryson 2007, 543) et que les précipitations dans la région avaient commencé à diminuer, dès 2500 av. J.-C. (Kuzucuoglu 2007, 476 ; Reculeau 2011, 51). Donc, si on envisage le recours à l'irrigation à cette époque dans la moyenne vallée du Khabour, il y aurait peut-être la possibilité de voir en ces pierres perforés des contrepoids pour des chadoufs, ces engins élévatoires à balancier utilisés pour irriguer des terres agricoles par puisage.

Le chadouf est le plus ancien système à contrepoids pour puiser de l'eau d'un puits ou d'une rivière afin d'arroser des champs mis en culture ; c'est le plus ancien appareil de levage d'eau pour des fins d'irrigation (Oleson 2000, 225-228). Il consiste essentiellement en une longue perche de bois installée en équilibre sur un support et aux extrémités de laquelle sont fixés, d'une part, un récipient pour puiser l'eau, par exemple un sac en cuir, et, d'autre part, un contrepoids pour permettre à l'utilisateur de faire facilement basculer la perche afin de déverser l'eau du récipient dans un canal d'irrigation. La plus ancienne représentation d'un chadouf ayant été identifiée sur un sceau-cylindre de la période akkadienne (Drower 1954, 524 ; Delaporte 1923, 111 n° 156, pl. 72), son usage durant la deuxième moitié du IIIe millénaire est donc confirmé. Mais cet appareil aurait existé avant : « this representation shows the device already mature in its design... In consequence, it is likely that the shādūf developed first in settled communities with extensive agricultural undertakings » (Oleson 2000, 37). Du reste, Jean-Claude Margueron (1998, 60 ;

2004, 68-82, 563) est d'avis que ce système d'irrigation par élévation était utilisé dans la campagne autour de Mari dès le moment de sa fondation, soit au début du IIIe millénaire. Des textes mariotes du IIe millénaire nous renseignent sur les systèmes d'irrigation, y compris élévatoires (Reculeau 2008, 338-339, 347 ; 2011, 57)[6], mais aucun pour le IIIe millénaire, ce qui peut s'expliquer par le fait que les documents des archives de Mari « émanent exclusivement des services officiels et ne s'intéressent guère aux pratiques des simples particuliers, qui ne nécessitent pas de grands travaux à superviser par le pouvoir central » (Kupper 1988, 93). Cependant, des textes de Girsu font clairement référence à l'emploi, dès le IIIe millénaire, du chadouf (Maekawa 1986, 119-121 ; Bagg 2001, 40-41 ; 2012, 264). Par conséquent, il ne serait peut-être pas insensé d'imaginer que les pierres trouées de Tell 'Atij aient pu servir, une fois enfilées à la longue perche de bois servant de balancier, de contrepoids à des chadoufs pour irriguer les champs avoisinant le site, situés sur une terrasse qui se trouvaient légèrement au-dessus du niveau de la rivière Khabour.

Enfin, en matière de contrepoids, on ne peut pas envisager ici l'hypothèse de contrepoids destinés à des pressoirs à huile (McCaslin 1978, 299) à la fois pour des raisons chronologiques, les pressoirs à huile n'apparaissant que plus tard (Frost 1969a, 437), et environnementales, la région étant dépourvue d'oliviers (Chanesaz 2006).

Finalement, à propos de chronologie, il est impossible de mettre en corrélation la typologie ici proposée des pierres d'ancrage de Tell 'Atij avec un schéma chronologique quelconque (Kapitän 1984, 33-35), si ce n'est que le type 1 (meules recyclées avec perforation centrale) qui n'est présent que dans les niveaux VIII à I, datés de la période EJZ 2. La distribution des autres types de pierres trouées ne se conforme à aucun schéma chronologique.

Poids

Si certaines pierres munies d'un trou central et de faible masse pondérale (400 grammes en moyenne, mais avec un écart important : de 150 à 850 grammes) ont pu servir d'amarres pour des filets de pêche (voir plus haut), il est aussi raisonnable de penser que les plus petites pierres trouées aient pu avoir été montées sur des manches en bois afin de servir de marteau ou de masse (Elliott 1991, 36).

---

6 Comme bien d'autres textes économiques de la période paléo-babylonienne provenant d'autres sites mésopotamiens (Laessøe 1953, 14).

Cf. Hama (Fugmann 1958, fig. 75, 85, 93, 103) ; Ugarit (Elliott 1991, 84).

La distribution stratigraphique des six exemplaires de cette catégorie est si éparpillée à Tell 'Atij qu'elle n'est pas du tout significative (Tableau 22.6).

L95 (ATJ87.D16A1'...)

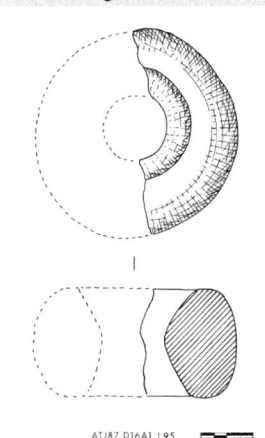

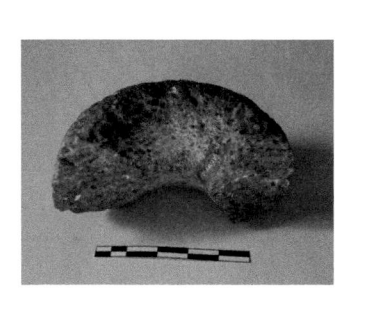

Poids en basalte, incomplet : en manque un peu plus de la moitié.

4 (la.) × 2,8 (ép.) × 7,5 cm (dia. max.) ; 150 g.

De forme circulaire avec des bords convexes et des surfaces supérieures et inférieures arrondies ; perforation centrale en sablier (4,5-2,5 cm) avec des traces de frottement sur la paroi interne.

Musée de Deir ez-Zor (ATJ87.122).

L115 (ATJ87.E9A3...)

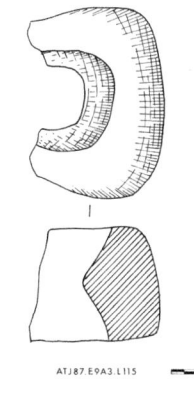

Poids en basalte alvéolé, incomplet : en manque la moitié.

5 (lo.) × 7 (la.) × 7 (ép.) × 2 cm (dia. perforation) ; 200 g.

De forme plutôt rectangulaire avec de longs côtés concaves et des bords rectilignes, surfaces supérieures et inférieures biconvexes ; perforation centrale en sablier.

Musée de Deir ez-Zor (ATJ87.210).

L155 (ATJ88.D15A24...)

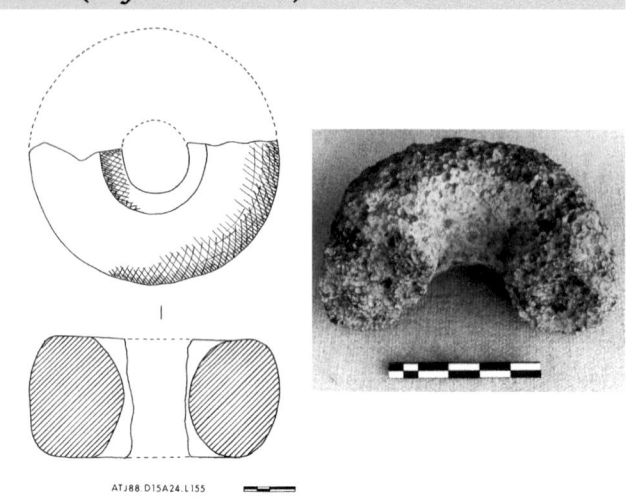

Poids en basalte, incomplet.

5 (ép.) × 9,5 cm (dia. max.) ; 250 g.

De forme circulaire ; perforation centrale en sablier (4-2,5 cm).

Publ. : Fortin 2016a, 136, fig. 7.

L241 (ATJ92.G13A1...)

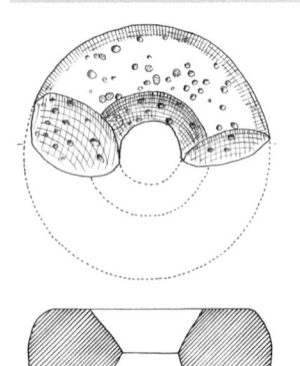

Poids en basalte alvéolé, incomplet.

5,3 (ép.) × 14 cm (dia. max.) ; 700 g.

De forme circulaire avec perforation en sablier (3-5-8 cm) à arête peu prononcée ; traces d'usure autour de la perforation.

Université Laval.

L246 (ATJ92.G15A5...)

Poids en basalte alvéolé, complet.

12,1 (h.) × 4,4 cm (dia. max.) ; 850 g.

De forme circulaire à perforation centrale en sablier (2,5-4,3 cm) avec arête aplanie. On remarque des traces d'usure à l'intérieur ; une surface plane, l'autre bombée.

Université Laval.

L270 (ATJ93.F14D4...)

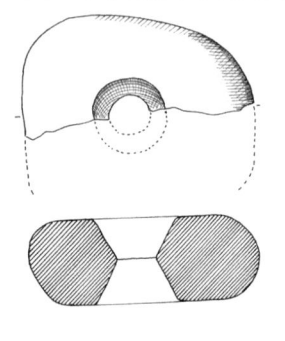

Poids en pierre, incomplet.

4,9 (ép.) × 13 cm (dia. max.) ; 250 g.

De forme circulaire avec perforation centrale en forme de sablier ; arêtes peu prononcées.

Lest pour filet de pêche

Un lest pour un filet de pêche est un petit poids utilisé pour caler un filet au fond d'un plan d'eau. En raison de sa petite taille et surtout de la présence d'une gorge transversale aménagée en sa partie centrale, un petit galet trouvé à Tell 'Atij pourrait être interprété comme un tel lest destiné à être utilisé avec un filet de pêche, ce dernier étant rattaché au lest par cette gorge (Galili *et al.* 2002, 183, fig. 2 ; 2013, 149, fig. 2 ; 2020, 456-457 ; Potts 2012, 226 ; Pedergnana *et al.* 2021). Cet objet vient en quelque sorte compléter cette catégorie de nombreux artéfacts en pierre, décrits plus haut, qui auraient pu avoir été associés à l'ancrage de filets de pêche au fond de la rivière Khabour.

MOBILIER EN PIERRE POLIE

Toutefois, comme cet objet provient d'une unité de fouilles qui se trouvait immédiatement sous la surface sommitale du tell et qui a été perturbée par le creusement d'une tombe tardive, son contexte n'est donc absolument pas assuré.

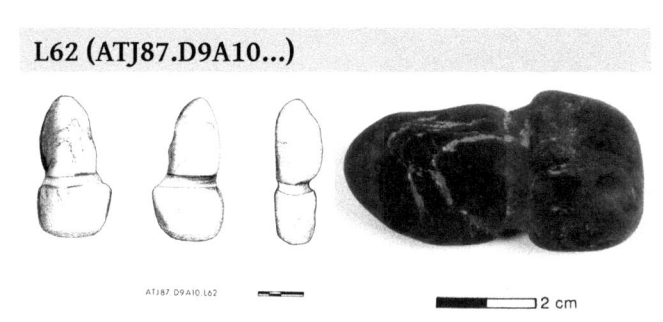

L62 (ATJ87.D9A10...)

Lest pour filet de pêche en pierre, complet.

6 (lo.) × 3,2 (la.) × 1,7 cm (ép.) ; 50 g.

Petit galet pourvu d'une gorge transversale en son centre manifestement pour faciliter la retenu d'une ficelle ou d'un cordage de petit diamètre.

Cf. Perrot 1966, 472, fig. 20/1-4 ; Le Brun 1981, fig. 45/8.

Publ. : Fortin 2016a, 139, fig. 9.

Université Laval.

Objets liés à la production textile : pesons, fusaïoles et poids de balance

Les pesons et les fusaïoles étant le plus souvent fabriqués en terre cuite, on se reportera au Chapitre 20 pour une définition de la fonction de ces artéfacts, ici en pierre (2 pesons et 3 fusaïoles) associés à la production textile. Outre les deux pesons en pierre identifiés comme tels et décrits plus bas, il est envisageable que certains des petits poids circulaires et perforés signalés plus haut aient pu avoir été utilisés comme pesons de métier à tisser (Shea 2013, 268).

L'introduction de la laine dans l'industrie textile à cette époque (McCorriston 1997) nous permet de voir dans le petit poids [L252] en pierre bien lisse retrouvé à Tell 'Atij un de ces petits poids calibrés qui étaient alors utilisés en relation avec les balances destinées à peser les masses de laine produite ou traitée (Rahmstorf 2014), comme cela a été clairement démontré pour le site d'Ebla (Peyronel 2014a). De plus en plus de petits poids de balance semblables ont été identifiés ces dernières années sur des sites du Bronze Ancien en Syrie-Mésopotamie (Ramhstorf 2014), période qui correspondrait à leur apparition au Proche-Orient (Ramhstorf 2006, 38). Ils devaient être utilisés sur une balance à fléau pourvue de deux plateaux (Ramhstorf 2006, 18).

Aucune interprétation ne peut être avancée eu égard à la distribution sur le site de si peu d'artéfacts en pierre liés à la production textile, même combinés à ceux en terre cuite (Tableau 20.4). L'unique fusaïole en pierre [L68] retrouvée en contexte stratifié sur le tell principal – les deux autres étant hors contexte – l'a été, isolée, dans une pièce [524] du grenier septentrional, donc au niveau I. Les deux pesons en pierre [L116 et 172] proviennent de pièces du niveau II [528] ou du niveau III [542] qui n'ont produit aucun autre artéfact associable à la production textile. En revanche, le poids de balance [L252] a été trouvé dans la pièce 570 du niveau IX, à proximité d'une fusaïole en terre cuite [Tc85].

Pesons

L116 (ATJ87.D16A1'...)

Peson en grès, complet.

1,6 (ép.) × 3,6 (dia. max.) × 0,5 cm (dia. perforation) ; 30 g.

De forme grossièrement circulaire avec des bords très irréguliers et des surfaces supérieures et inférieures très sommairement aplanies ; à part la perforation centrale pratiquée en forme de sablier, toute la surface de cet artéfact est frustre et ne donne pas l'impression d'avoir été travaillée : elle ne fut que dégrossie.

Musée de Deir ez-Zor (ATJ87.163).

L172 (ATJ87.D12A15...)

Peson, en tuf, incomplet.

6 (lo.) × 4 (la.) × 2 cm (ép.) ; 50 g.

De forme oblongue, avec une perforation en sablier percée de part en part au tiers supérieur.

Fusaïoles

L68 (ATJ87.D9A20...)

Fusaïole en pierre, incomplète : que la moitié de préservée.

3 (ép.) × 5,4 (dia.) × 0,8 cm (dia. perforation).

De forme conique : bords bien convexes et base plate ; trou central circulaire (mais que partiellement visible).

L84 (ATJ87.F18A1...)

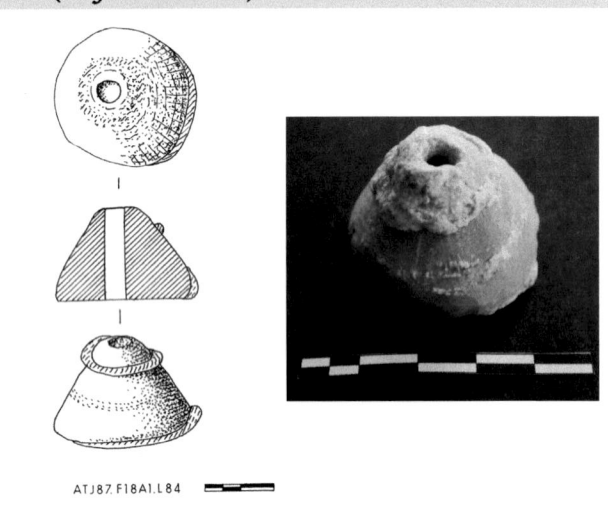

Fusaïole en pierre de couleur verte (une sorte de gypse ?), complète ; recouverte en bonne partie de concrétions blanches.

2,6 (ép.) × 4 (dia. max.) × 0,5 cm (dia. perforation) ; 30 g.

De forme conique : base bien plate et parois rectilignes, légèrement convexes ; trou central parfaitement cylindrique.

Musée de Deir ez-Zor (ATJ87.76).

L142 (ATJ88.D9A99...)

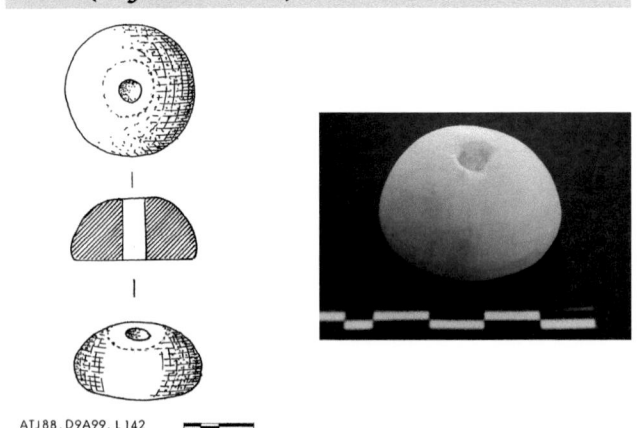

Fusaïole en gypse, complète. (Fig. 22.10)

1,7 (ép.) × 3,5 (dia.) × 0,6 cm (dia. perforation) ; 20 g.

De forme conique compressée : base plate, rebords convexes et sommet aplati.

Musée de Deir ez-Zor (ATJ88.53).

Poids de balance

L252 (ATJ93.D15B5...)

Poids de balance en hématite, complet.

5,6 cm (dia.) ; 24,2 g.

De forme sphérique régulière, avec une surface très lisse, ne portant aucune trace d'usure quelconque.

L'absence de traces d'usure nous interdit d'y voir une sorte de percuteur même si ce type d'objets est parfois bien sphérique. Sa forme ne nous permet pas non plus de l'associer à une balle de fronde qui possède plutôt une forme elliptique (Rosenberg 2009) même si sa présence à Tell 'Atij aurait pu avoir été reliée à l'élevage du mouton, puisqu'on a tendance à associer les balles de fronde à l'équipement du berger afin de contrôler son troupeau à distance (Rosenberg 2009, 109) ou d'en éloigner les prédateurs (Gaulon 2008, 81), comme des études ethnographiques nous l'ont appris (Watson 1979, 186-187) ; de surcroît, sa surface bien lisse contribue à accroître sa vélocité ainsi que sa portée et sa précision (Korfmann 1972, 4 ; Rosenberg 2009, 106). Enfin, son poids s'approche du double du sicle anatolien (environ 11,5 grammes) qui a connu une diffusion en Mésopotamie septentrionale à la fin de l'âge du Bronze Ancien, notamment à Tell Mumbaqa et Tepe Gawra entre 2500 et 2200 avant notre ère (Ascalone & Peyronel 2006b, 99-100).

Cf. Ebla (Ascalone & Peyronel 2006a, fig. 4 ; 2006b, 106-107, tav. 9 ; Peyronel 2014, 128, fig. 8/2). Toutefois, cette forme sphérique pour un poids de balance n'a pas été signalée dans la récente étude de Nicola Ialongo et al. (2021) sur les systèmes de pesée de l'âge du Bronze au Proche-Orient.

Université Laval.

MOBILIER EN PIERRE POLIE

Objets divers

Jetons

Sont ainsi désignés, à défaut d'une appellation plus convenable, trois très petits objets en pierre qui rappellent, par leur forme et par leurs dimensions, des espèces de jetons qu'il serait tentant de rapprocher des jetons/*calculi* en terre cuite trouvés sur le site (Tableau 20.1).

Un seul de ces jetons en pierre [L78] possède un contexte assuré : une petite pièce [524] du grenier septentrional qui contenait deux autres jetons/*calculi*, en terre cuite cependant ; le niveau I auquel cette pièce est associée a livré 21 autres jetons/*calculi* en terre cuite. Dans le cas des deux autres jetons, l'un [L100] provient d'une couche de terre au fond d'un étroit sondage stratigraphique correspondant, d'après son altitude, au niveau XII tandis que l'autre [L102] a été retiré de la terre d'érosion accumulée au pied du flanc méridional du tell (niveau 0).

L78 (ATJ87.D9A20...)

Jeton en tuf, complet ; nombreuses concrétions et aucune trace d'usure

1,7 (ép.) × 4 cm (dia. max.).

En forme de disque aux bords arrondis.

Université Laval.

L100 (ATJ87.E5A17...)

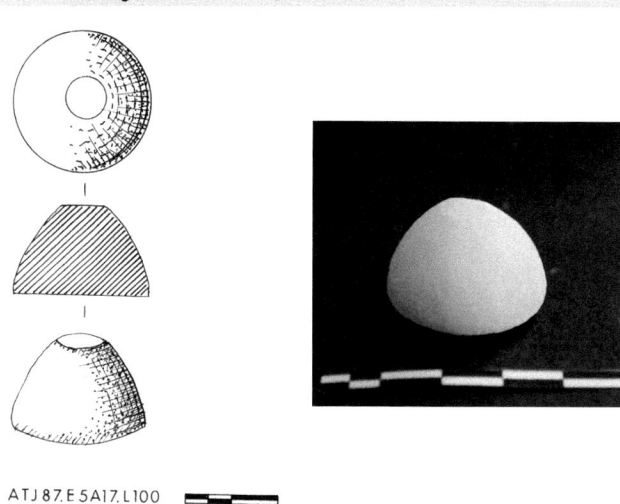

Jeton en pierre de couleur blanche (gypse ?), complet.

1,8 (ép.) × 2,9 cm (dia.).

De forme conique : base plate, rebord légèrement convexe, sommet tronqué ; aucune perforation centrale.

Musée de Deir ez-Zor (ATJ87.142).

L102 (ATJ87.C20A7...)

Jeton en basalte bien poli, complet.

1,1 (ép.) × 2,9 cm (dia.).

De forme circulaire aux surfaces bombées et au rebord arrondi.

Musée de Deir ez-Zor (ATJ87.143).

Pierres à affûter

Même si d'habitude une pierre à affûter possède un petit trou de suspension en sa partie supérieure (Elliott 1991, 23-25, fig. 20/6-11 ; Czichon 1998b, 244, 299-300 n° 3857-3884, pls 152 et 220), les deux spécimens de Tell 'Atij en sont dépourvus, l'une de leurs deux extrémités étant manquante. Mais ce n'est pas une règle absolue, comme c'est le cas avec au moins un exemplaire de Tell Mumbaqa (Czichon 1998b, pl. 152/3868). Il m'est apparu sensé d'attribuer une telle fonction à ces petits objets en pierre si bien polis étant donné leur minceur, leur forme rectangulaire allongée et surtout leurs surfaces planes très douces au toucher, suite vraisemblablement à l'usure provoquée par le passage répété d'une lame en métal (Elliott 1991, 23-25 ; Collet & Spoor 1996, 426).

Les deux pierres à affûter de Tell 'Atij peuvent être comparées à un objet trouvé à Sabi Abyad, mais décrit comme une spatule par les auteurs qui l'ont étudié (Collet & Spoor 1996, 438, fig. 7.7/13), et aussi à un autre artéfact plus récent – âge du Bronze Récent – trouvé à Minet el-Beidha dont la minceur est signalée comme exceptionnelle toutefois (Elliot 1991, 94, fig. 20/11).

Aucune des deux pierres à affûter de Tell 'Atij ne peut être mise en relation avec une structure quelconque : l'une [L67] provient d'une couche dans un étroit sondage stratigraphique qui correspondrait au niveau IX d'après les cotes altimétriques et l'autre [L101] de la couche sommitale du tell grandement perturbée par le creusement de tombes récentes. Leurs contextes de découverte ne sont donc pas significatifs.

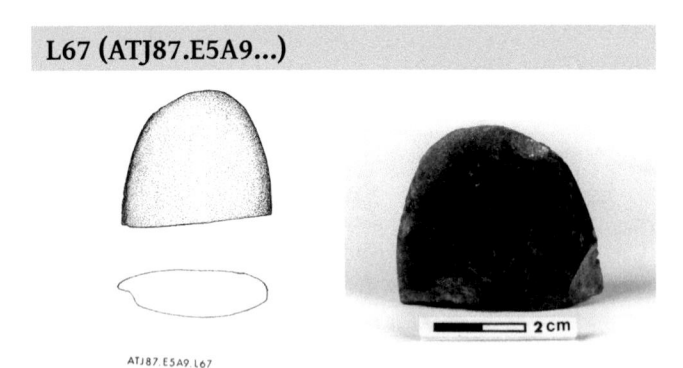

L67 (ATJ87.E5A9...)

Pierre à affûter en andésite, incomplète.

4,3 (lo.) × 5 (la.) × 1,6 cm (ép.).

De forme allongée, à section plate et à l'extrémité (préservée) arrondie ; surfaces planes très polies et douces au toucher.

Université Laval.

L101 (ATJ87.D12A12...)

Pierre à affûter en andésite, incomplète.

3,7 (lo.) × 3,8 (la.) × 0,8 cm (ép.).

De forme allongée, à section plate et à l'extrémité (préservée) arrondie ; surfaces planes très polies et douces au toucher.

Université Laval.

Cale pour foret à archet

Le foret ou la tige verticale d'un foret à archet, dont l'usage est attesté dès le Néolithique au Proche-Orient, devait prendre appui sur une cale en pierre qui avait comme fonction de tenir le foret vertical et stable au moment des rotations provoquées par l'archet (Moorey 1994, 107).

L'exemplaire de Tell 'Atij a été ramassé sur le sol plâtré de la pièce 542 du niveau III dont la fonction n'est pas tout à fait assurée en dépit d'un mobilier riche et varié, incluant notamment une tablette numérique et petit amas métallique informe probablement tombé d'un creuset lors d'une coulée [M41] (Chapitre 13).

L296 (ATJ87.D12A15...)

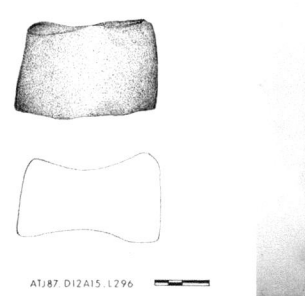

Cale pour foret à archet en basalte, complète.

5,1 (lo.) × 4,2 (la.) × 3,1 cm (ép.) ; Mohs 5-5,9.

De forme cylindrique, à section ovale ; parois bien polies ; les deux extrémités de ce petit cylindre ont chacune une surface concave prononcée qui a été manifestement obtenue par piquetage. C'est dans ces deux concavités que le foret aurait pivoté.

Cf. Boueid (Suleiman & Nieuwenhuyse 2002, 13, 21, fig. 3.11/6) ; Choga Mami (Oates, J. 1931, 131).

Université Laval.

Chapitre 23

Artéfacts en métal

Seulement 32 petits artéfacts en métal, souvent en très mauvais état de conservation, ont été découverts dans les différents niveaux d'occupation de Tell 'Atij ainsi que dans certaines tombes[7] (Tableau 23.1). Ils appartiennent aux catégories suivantes :

- épingles (20)
- aiguilles (2)
- bracelets (2)
- anneaux (2)
- alènes (2)
- poignard (1).

À ces objets métalliques, il convient d'ajouter :

- un amas métallique, résidu de coulée (?) et
- deux fragments de creusets.

L'assemblage de Tell 'Atij est très limité comparé à ceux de sites contemporains voisins qui ont joué un plus important rôle dans l'établissement de la métallurgie en Djézireh au IIIe millénaire : Beydar (Tonussi 2008), Brak (McDonald *et al.* 2001), voire Mari sur l'Euphrate (Montero Fenollós 2001 ; 2003 ; 2007 ; Montero Fenollós & Montero Ruiz 2004 ; Margueron 2004, 92-97). En outre, presque toutes les catégories présentes à Tell 'Atij sont à associer aux parures personnelles ; très peu d'objets, trois seulement, sont des outils. Et un seul objet [M38] pourrait (?) avoir servi d'arme : un poignard, en l'occurrence.

Sauf pour le poignard M38 qui a été découvert dans la pièce 604 du niveau XII, des objets en métal ont été trouvés dans tous les niveaux de Tell 'Atij à partir du niveau VIII seulement (Tableau 23.1) ; ils sont donc tous datables de la période EJZ 2. Leur distribution au fil de ces différents niveaux d'occupation n'est pas significative : ils proviennent autant de cours que de pièces. Nulle part a-t-on noté des installations particulières pouvant nous amener à supposer un traitement du métal sur place même si deux fragments de céramique semblent avoir appartenu à un creuset pour y faire fondre le métal. Le tiers du corpus des objets métalliques a été retiré de la couche sommitale du tell ou au pied de ses pentes où une bonne quantité de terre d'érosion s'était accumulée (niveau 0) ; il ne fait aucun doute que ces objets ont été utilisés par les habitants de Tell 'Atij mais il est impossible de les rattacher à un niveau précis. Enfin, six objets, soit quatre épingles [M2, 20, 22 et 29] et deux bracelets [M7 et 24], proviennent de tombes : quatre de la nécropole du tell secondaire et deux de tombes construites sur le tell principal. Ces objets, retrouvés en contexte funéraire, auraient été des marqueurs pour signaler le statut socio-économique, voire politique, dominant dont jouissait l'individu inhumé au sein de sa communauté (Stork 2014, 332).

Sept artéfacts en métal de Tell 'Atij [M20, 29, 36, 37, 38, 40, 41] ont été soumis à des analyses archéométriques afin de déterminer la composition chimique du métal dont ils étaient fabriqués ainsi que sa provenance (Chénier 2002 ; Chénier *et al.* 2001). L'analyse de leur composition chimique a révélé qu'ils avaient été fabriqués soit avec du cuivre arsenical ou antimonié – l'arsenic et l'antimoine étant des impuretés qui se retrouvent dans le minerai duquel le métal fut extrait[8] –, soit un alliage intentionnel avec de l'étain pour former du bronze. Ce constat s'harmonise avec des études métallurgiques qui ont confirmé que c'est durant la première moitié du IIIe

---

7 N'ont pas été inclus dans le catalogue les artéfacts suivants, pour diverses raisons : ATJ92.E16A16.M30 (détruit/disparu) ; ATJ87. PP18A2.M6 et ATJ86.D14A7.M26 (tombes romaines) ; ATJ87.D11A20. M3, ATJ87.D9A1.M4 et ATJ86.D13A2.M34 (tombes récentes), ATJ88. KK18A99.M18, ATJ88.GG17A5.M19, ATJ86.E6A1.M25, ATJ86.D14A4. M32, ATJ86.D14A5.M35 (contextes modernes).

8 Dans certains minerais, entre autres les sulfures cuivreux, le cuivre se combine à la fois avec l'arsenic et l'antimoine. Ces minerais sulfurés, présents en Anatolie, forment un groupe appelé « Fahlerz » dont la réduction peut produire des cuivres arsenicaux contenant de faibles proportions d'antimoine (Tylecote 1991, 220).

Tableau 23.1 : Distribution, par niveau et par contexte de découverte, des objets en métal de Tell 'Atij.

Niveau	Contexte	Épingle (20)	Aiguille (2)	Poignard (1)	Alène (2)	Bracelet Anneau (4)	Creuset Amas (3)
I 2 épingles	512-513 – cour 516 – pièce	M1 M13					
II 2 épingles 1 anneau 1 creuset	509 – pièce 531a – pièce 563a – cour 565-566a – cour	M5 M37				M11	C4699
III 1 épingle 1 alène 1 creuset	529 – ruelle 542 – pièce 617 – pièce	M40			M8		M41
IV 1 aiguille	560 – pièce		M36				
V 1 épingle	558 – cour	M21					
VI 1 épingle	574 – cour	M28					
VII 1 alène	575 – cour				M30		
VIII 1 épingle	576 – cour	M31					
IX							
X							
XI							
XII 1 poignard	604 – pièce			M38			
XIII							
0 8 épingles 1 boucle 1 creuset		M10, 12, 14-15-16-17, 23, 33				M9	C6228
Tombes 4 épingles 2 bracelets		M2, 20 22, 29				M7, 24	
T. sec. 1 aiguille			M39				

millénaire avant notre ère que l'on commence à fabriquer en Mésopotamie septentrionale des alliages pour améliorer les propriétés du cuivre, les deux plus importants étant le cuivre arsenical (Lechtmann & Klein 1999), qui commencera à être graduellement remplacé par le bronze avec l'introduction de l'étain (Moorey 1994, 242-254, 258 ; Ryck *et al.* 2005).

L'analyse isotopique du plomb, quant à elle, a clairement démontré que le métal cuivreux des artéfacts de Tell 'Atij proviendrait de plusieurs sources de minerais anatoliennes : *Ergani Maden*, située immédiatement au nord de la Djézireh et donc la plus accessible, *North Central Anatolia*, sur les rives de la mer Noire – cette source étant la plus vraisemblable ; *Eastern artefacts group 2*, dont la position géographique est encore inconnue (Sayre *et al.* 2001), et peut-être des gisements dans les montagnes du Taurus (*Taurus 1B*), au centre-sud de l'Anatolie, une région où ont été repérés de nombreux anciens sites d'exploitation et d'extraction, notamment l'impressionnant complexe minier de Kestel et de Göltepe (Yener 2000, 71). Cette multiplicité des approvisionnements ne devrait pas nous surprendre si on accepte de voir en Tell 'Atij une sorte de relais commercial établi sur un îlot au milieu de la rivière Khabour où des barques de provenances variées faisaient escale. En outre, le Khabour, étant un important affluent de l'Euphrate, participait à la circulation des biens entre l'Anatolie méridionale/la Djézireh syrienne et la Mésopotamie méridionale, via Mari sur l'Euphrate qui contrôlait la route d'approvisionnement du cuivre vers la Babylonie (Margueron 2004, 108-109).

Enfin, le métal de certains artéfacts n'est compatible avec aucune des sources anatoliennes connues : soit ce métal provient d'une source qui n'a pas encore été caractérisée, soit sa composition isotopique a été perturbée par une opération de recyclage, une réutilisation de métal issu de plusieurs sources de minerais. Cette pratique pourrait avoir eu lieu à Tell 'Atij puisque les sources anatoliennes sont plutôt éloignées et peu accessibles, rendant l'approvisionnement difficile. Des opérations métallurgiques destinées à récupérer les objets brisés se sont probablement déroulées sur le site afin de pallier ce problème d'approvisionnement. À preuve : des fragments de petits creusets [C6228, C4699] retrouvés à Tell 'Atij et dont le faible volume aurait suffi à y couler des petits ornements, comme des épingles et des perles dont on a découvert plusieurs exemplaires à Tell 'Atij (Stos-Gale & Gale 1994, 104). Cependant, les résultats des analyses au *EDXRF* réalisées sur les creusets (voir plus loin) ne nous permettent pas d'identifier laquelle des opérations métallurgiques a été pratiquée à Tell 'Atij : la fonte ou la refonte. Aucun moule ni lingot n'a été découvert à Tell 'Atij.

Épingles

La fonction des épingles nous est bien connue grâce à des éléments d'incrustation de Mari montrant des personnages féminins revêtus de vêtements amples et de châles dont les pans sont retenus par des épingles métalliques, seules ou en paires (Parrot 1962, 168, pl. 11 ; Lazarri 1986, 78-79 ; Klein 1992, pls 192-193 ; Margueron 2004, 292-295, figs 281 et 283 ; Couturaud 2019, 58-59). En plus d'avoir une telle fonction utilitaire, les épingles servaient aussi de parures par la forme variée de leur tête qui sortait des vêtements et le chas dans lequel était enfilé un cordon duquel pendait un petit ornement telle une perle, voire parfois un sceau (ex. Maxwell-Hyslop 1971, 12, fig. 9 ; Klein 1992, pls 1 et 106 ; Jean-Marie 1999, pl. 138). Certaines, connues sous le terme de *racquet pin* (Maxwell-Hyslop 1971, 4, 32-33, fig. 24/e), étaient vraisemblablement utilisées pour attacher les cheveux ; c'étaient des épingles à cheveux décoratives. Ceux qui ne faisaient pas partie de l'élite ont continué à faire usage d'épingles en os (Coessens 1989, 86). Il est très courant de retrouver des épingles métalliques dans des contextes funéraires (ex. Stork 2014 ; 2016), comme c'est le cas à Tell Beydar où elles sont toujours positionnées près de la poitrine ou des épaules du squelette (Tonussi 2008, 206). Enfin, d'après ces contextes archéologiques bien documentés, on a pu observer que les épingles étaient portées autant par les hommes et les enfants que par les femmes contrairement à ce que les représentations iconographiques semblent vouloir suggérer.

La vingtaine d'épingles métalliques de Tell 'Atij présentent des parallèles typologiques avec des objets trouvés sur d'autres sites contemporains de Mésopotamie septentrionale : ex. Beydar (Tonussi 2008), Brak (McDonald *et al.* 2001), Chagar Bazar (Mallowan 1937).

Les 20 épingles en métal de Tell 'Atij sont ici classées selon la typologie développée par Harald Klein (1992) :

– À tête globulaire avec tige coudée, de section ronde, percée d'un chas circulaire à mi-hauteur
– À tête ronde avec tige s'élargissant à la hauteur du chas, au quart supérieur
– À tête ronde avec tige s'élargissant vers le haut décoré de rainures

- À tête ronde sur une tige étroite et rectiligne
- À tête enroulée et aplatie
- À tête enroulée, aplatie et élargie
- Indéterminée
- Incomplète (sans tête)

À tête globulaire avec tige coudée, de section ronde, percée d'un chas circulaire à mi-hauteur

Correspond aux types I.8A3a [M14] et 3b [M15 et 20] de Klein (1992, 77-79, pls 89-91), au type A6 d'AR-CANE EJZ (Bianchi & Franke 2011, 204, 208) et au type 7 de Leonard Woolley dont les tombes du cimetière royal d'Ur ont livré de multiples exemplaires (Maxwell-Hyslop 1971, 13). Les épingles de type I.8A3a ont un col plié à angle droit tandis que cet angle est beaucoup moins prononcé dans le cas de celles du type I.8A3b. Alors que le type I.8A3a est daté du Bronze Ancien II-III, la plupart des exemplaires du type I.8A3b le sont du Bronze Ancien III-IV (Klein 1992, 270 ; Coessens 1989, 87-88). Dans la chronologie ARCANE, le type d'épingle A 6 est daté des périodes EJZ 2-3. Ainsi celles de Beydar (*toggle pins*), semblables à celles de Tell 'Atij, proviennent d'une tombe attribuée à la période EJZ 2 (Tonussi 2008, 209, 244).

M14 (ATJ87.C20A7...)

Épingle en métal, complète ; a été restaurée.

9,8 (lo.) × 0,5 cm (la.).

Longue tige pointue, à section ronde, terminée par une tête en forme de boule (1 cm de dia.) ; chas au tiers supérieur.

Cf. Beydar (Tonussi 2008, 244) ; Raqa'i (Dunham 2015, 338-339).

Publ. : Fortin 1990a, 242, fig. 23.

Musée de Deir ez-Zor (ATJ87.259).

M15 (ATJ87.C20A7...)

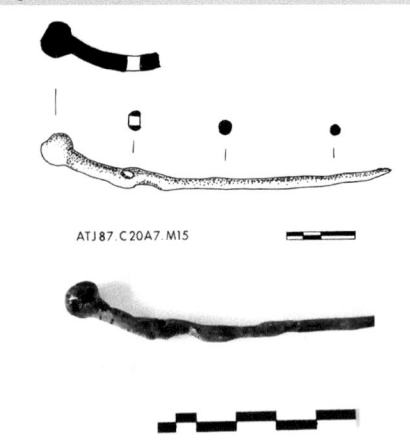

Épingle en métal, complète ; en bon état de conservation.

10,5 (lo.) × 0,4 cm (dia.).

Longue tige pointue, à section ronde, terminée par une tête en forme de boule (1 cm de dia.) ; chas au tiers supérieur.

Publ. : Fortin 1990a, 242, fig. 23.

Musée de Deir ez-Zor (ATJ87.260).

M20 (ATJ88.NN18A5...) — tombe

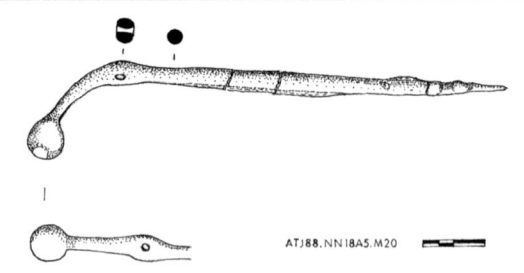

Épingle en métal, complète ; surface recouverte de concrétions.

15 (lo.) × 1,1 cm (dia.).

Tête globulaire (1,1 cm de dia.) suivie d'un col légèrement plié et d'une tige pointue à section ronde dont l'épaisseur maximale (0,7 cm) est atteinte à la hauteur du chas puis qui décroît jusqu'à la pointe. Au tiers supérieur de la tige, situé dans un élargissement, est percé un gros chas circulaire de 0,4 cm de diamètre. Cependant, la partie médiane de la tige a tellement été rongée par la corrosion qu'après restauration, l'épingle ne mesurait que 7 cm de longueur par opposition à 15 cm de longueur au moment de sa découverte.

Musée de Deir ez-Zor (ATJ88.183).

ARTÉFACTS EN MÉTAL

À tête ronde avec tige s'élargissant à la hauteur du chas, au quart supérieur

Correspond au sous-type I.8A1a de Klein (1992, 73-75, pls 86-87), qu'il situe pendant la seconde moitié du IIIe millénaire en Djézireh syrienne (Klein 1992, 270), et au type A5 d'ARCANE EJZ, daté des périodes EJZ 2-3 (Bianchi & Franke 2011, 204, 208). À Beydar, par exemple, la majorité des épingles métalliques de ce type proviennent de contextes funéraires attribuables aux périodes EJZ 2, 3b et 4 (Tonussi 2008, 208). « This type of toggle pin is one of the most attested in third-millennium Upper Mesopotamia and occurred at many sites » (Tonussi 2008, 209).

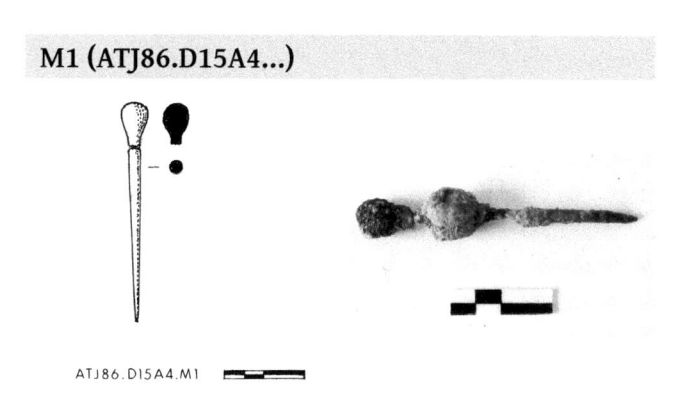

M1 (ATJ86.D15A4...)

Épingle en métal, complète ; nombreuses concrétions.

5,5 (lo.) × 0,4 cm (dia.).

Petite tige pointue, à section ronde, terminée par une tête sphérique (dia. : 0,7 cm).

Musée Deir ez-Zor (ATJ86.33).

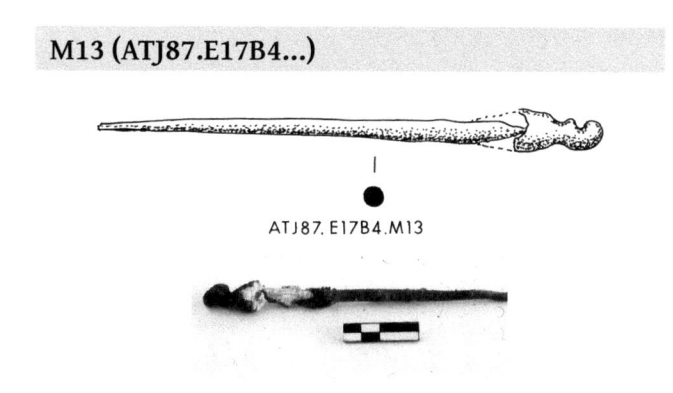

M13 (ATJ87.E17B4...)

Épingle en métal, complète ; peu de concrétions.

10 (lo.) × 0,3 cm (dia. max.).

Longue tige pointue, à section ronde, terminée par une tête travaillée.

Musée de Deir ez-Zor (ATJ87.256).

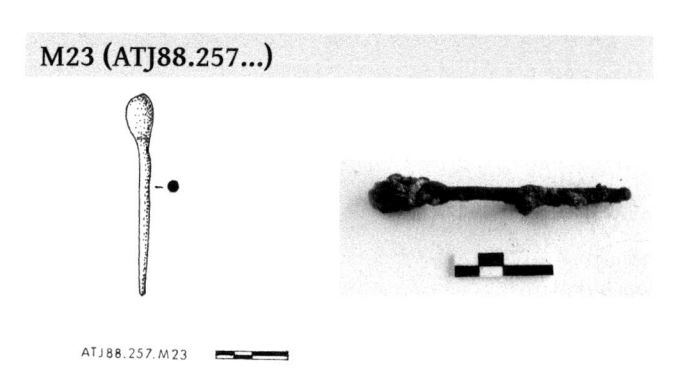

M23 (ATJ88.257...)

Épingle en métal, incomplète : la pointe est manquante ; nombreuses concrétions.

5,2 (lo.) × 0,3 cm (dia.).

Tige à section ronde terminée par une tête en forme de boule (0,8 cm de dia.).

Musée de Deir ez-Zor (ATJ88.171).

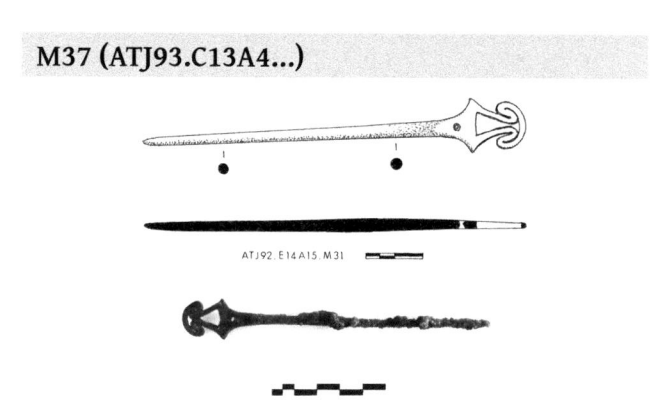

M37 (ATJ93.C13A4...)

Épingle en métal, incomplète : deux fragments seulement ; en mauvais état de conservation : la tête est endommagée par la corrosion et la tige est en partie éclatée.

6 (lo.) × 0,4 cm (dia.).

Tige pointue à section ronde, tête en forme de boule, chas circulaire situé à 1,6 cm de l'extrémité supérieure.

Université Laval.

À tête ronde avec tige s'élargissant vers le haut décoré de rainures

Correspond au type II.9A1a de Klein (1992, 177, pl. 161/3) qui est habituellement en os, mais des exemplaires en métal existent également : ex. Beydar (Tonussi 2008, 209).

M16 (ATJ87.C20A7...)

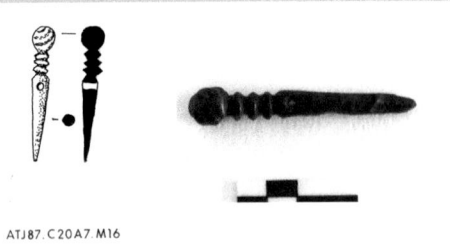

ATJ87.C20A7.M16

Épingle en métal, complète ; restaurée.

3,9 (lo.) × 0,4 cm (dia.).

Courte tige pointue, à section ronde, s'élargissant vers le haut et se terminant par une tête en forme de boule (0,7 cm de dia.) sous laquelle se trouvent quatre rainures parallèles, formant trois sphères écrasées, et un chas juste en-dessous.

Cf. Melebiya (Lebeau 1993, 545/3-5) ; Brak (McDonald *et al.* 2001, 573/59-60) ; Beydar (Tonussi 2008, 245, la 8503-M-2 en particulier).

Publ. : Fortin 1990a, 242, fig. 23.

Musée de Deir ez-Zor (ATJ87.261).

À tête ronde sur une tige étroite et rectiligne

Correspond au type I.8A2 de Klein (1992, 76-77, pl. 88), inhabituel en Mésopotamie ; il serait peut-être originaires du Caucase.

M29 (ATJ92.E15A18...)

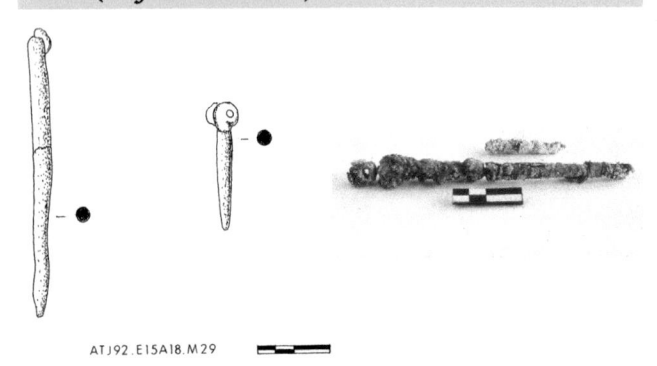

ATJ92.E15A18.M29

Épingle en métal, complète mais en 4 fragments ; nombreuses concrétions.

7,8 (lo.) × 0,4 cm (dia. de la tige).

Longue tige pointue, à section ronde, s'élargissant progressivement à partir de la pointe et se terminant par une tête sphérique (0,7 cm de dia.) au centre de laquelle fut percé un chas.

Université Laval.

À tête enroulée et aplatie

Correspond au sous-type I.14B1a de Klein (1992, 124-125, pls 124-125 ; Lazarri 1986, 139-147) et au type B2 d'ARCANE EJZ, daté des périodes EJZ 2-3 (Bianchi & Franke 2011, 204, 208). Cette forme d'épingle fut très répandue au Proche-Orient parce qu'elle était relativement facile à faire : il suffisait de marteler une extrémité d'une tige de métal, pour l'aplatir, et ensuite de la replier pour obtenir la volute. Elle a fait son apparition au IVe millénaire, dans les niveaux chalcolithique de Mersin, en Cilicie ; puis, de là, elle a gagné le reste du Proche-Orient et notamment la Mésopotamie septentrionale durant le IIIe millénaire (Lazzari 1986, 145-146 ; Klein 1992, 277). C'est la forme d'épingle métallique la plus courante dans les niveaux EJZ 2 et 3 de Beydar (Tonussi 2008, 206, 241) ; on la retrouve aussi à Brak (McDonald *et al.* 2001, 240, 570-571/37-39).

M22 (ATJ88.PP19A4...) — tombe

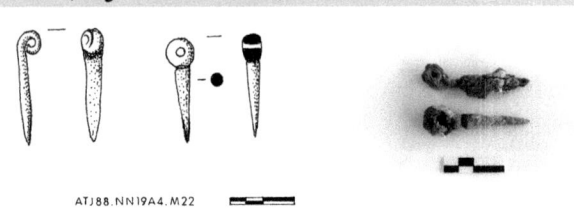

ATJ88.NN19A4.M22

Deux épingles en métal, incomplètes ; nombreuses concrétions.

9 (lo.) × 0,7 cm (dia.).

Courtes tiges pointues, à section ronde, terminées par une tête recourbée formant un chas.

Musée de Deir ez-Zor (ATJ88.144).

M28 (ATJ92.E14A7'...)

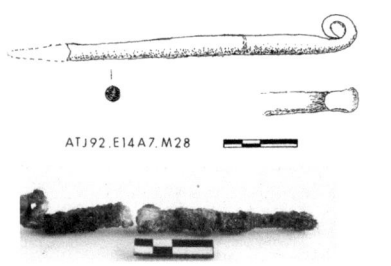

ATJ92.E14A7.M28

Épingle en métal, incomplète : pointe manquante ; beaucoup de concrétions et cassée en deux.

7,9 cm (lo.).

Longue tige, à section ronde, terminée par une tête recourbée formant un chas.

Musée de Deir ez-Zor (ATJ92.7).

ARTÉFACTS EN MÉTAL

À tête enroulée, aplatie et élargie

Correspond au type I.14B6a de Klein (1992, 130, pl. 128) et au type B1 d'ARCANE EJZ, daté des périodes EJZ 2-3 (Bianchi & Franke 2011, 204, 208). La tête de l'épingle a été aplatie par martelage, comme pour le précédent type, mais de manière à produire une surface très large, de forme triangulaire, qui fut ensuite repliée en volute. Kathleen Rachel Maxwell-Hyslop (1971, 4, 32-33, figs 3 et 24/e) a qualifié ce type de *racquet pin* dans sa description des épingles provenant du cimetière royal d'Ur que Woolley a suggéré d'interpréter comme des épingles à cheveux décoratives, tels des peignes, qui auraient pu servir à tenir un ornement ou des plumes, étant donné qu'un fil ou une tige peut facilement se glisser dans le chas formé par la volute à la tête. Ce type d'épingle métallique est aussi répandu que le précédent, notamment dans les niveaux EJZ 2-3 de Beydar (Tonussi 2008, 206, 241); il semble avoir été porté dans la Djézireh syrienne et dans l'ouest de la Syrie pendant tout le Bronze Ancien III (Klein 1992, 278).

M10 (ATJ87.PDO1…)

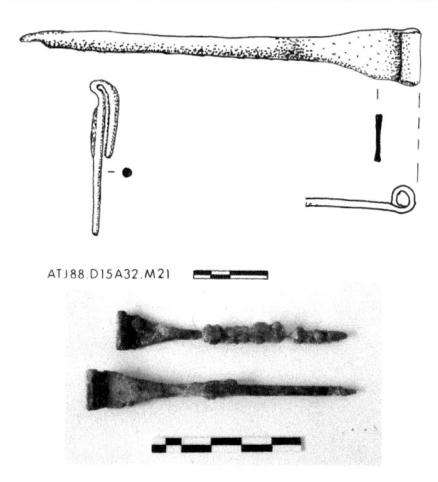

Épingle en métal, complète; peu de concrétions.

8,9 (lo.) × 0,5 cm (dia.).

Tige pointue, à section ronde, terminée par une large (1,3 cm) tête plate recourbée formant un chas.

Musée de Deir ez-Zor (ATJ87.243).

M17 (ATJ87.PDO1…)

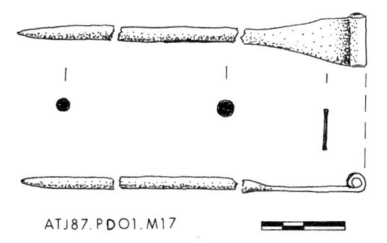

Épingle en métal, complète; beaucoup de concrétions.

8,4 (lo.) × 0,4 cm (dia.).

Tige pointue, à section ronde, terminée par une large (1,3 cm) tête plate recourbée formant un chas.

Musée de Deir ez-Zor (ATJ88.243).

À tête aplatie et élargie, avec deux volutes opposées

M31 (ATJ92.E14A15…)

Épingle en métal, complète; peu de concrétions.

13,2 (lo.) × 0,4 cm (dia.).

Longue tige pointue, à section ronde, terminée par une large tête aplatie, élargie et ajourée, surmontée de deux volutes opposées; un petit chas est percé immédiatement sous la tête.

Cf. S'apparente au type 14 de Klein (1992, 127-128, 278, pl. 127, en particulier n° 16 et 17) et plus précisément à son sous-type 5 (I.14B5) qui se caractérise par une large tête aplatie et élaborée qui comporte deux volutes opposées.

Musée de Deir ez-Zor (ATJ92.21).

Indéterminées

M21 (ATJ88.D15A32…)

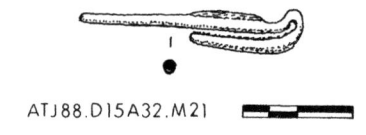

Épingle en métal, incomplète : pointe manquante; nombreuses concrétions.

4,1 (lo.) × 0,2 cm (dia.).

Tige à section ronde terminée par une tête repliée.

Cf. Il est impossible de l'attribuer à un type connu en raison de la présence des concrétions à sa partie supérieure qui nous empêchent d'identifier la forme de sa tête. À première vue, nous l'avons imaginé comme deux segments de métal repliés sur eux-mêmes, ce qui est peu vraisemblable à moins que la pièce ait été pliée dès l'Antiquité, intentionnellement ou accidentellement.

Musée de Deir ez-Zor (ATJ88.207).

Incomplètes (sans tête)

M2 (ATJ86.D13A3'...) – tombe

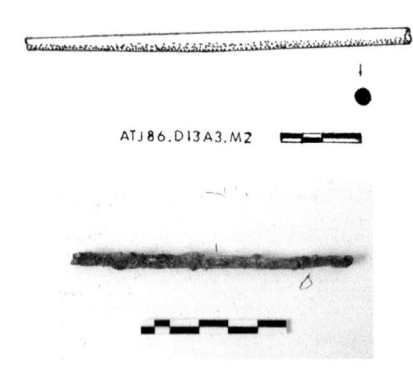

ATJ86.D13A3.M2

Épingle en métal, incomplète : tête et pointe manquantes ; beaucoup de concrétions.

9,5 (lo.) × 0,5 cm (dia.).

Longue tige à section ronde.

Musée de Deir ez-Zor (ATJ86.34).

M5 (ATJ87.E15A3...)

Épingle en métal, incomplète : tête manquante ; peu de concrétions.

3,5 cm (lo.).

Courte tige pointue, à section ronde.

Musée de Deir ez-Zor (ATJ87.27).

M12 (ATJ87.C19A3...)

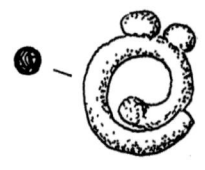

ATJ87.D13A18.M11

Épingle en métal, incomplète : tête et pointes manquantes ; concrétions.

7,1 (lo.) × 0,5 cm (dia.).

Épaisse tige, à section ronde, cassée à la hauteur du chas.

Musée de Deir ez-Zor (ATJ87.255).

M33 (ATJ86.D14A2...)

Épingle en métal, incomplète : tête manquante ; concrétions.

Tige pointue, à section ronde.

Musée Deir ez-Zor (ATJ86.46).

M40 (ATJ93.C13A18...)

Épingle en métal, incomplète : tête et partie supérieure manquantes ; très mal préservée : le métal a éclaté sous l'effet de la corrosion.

2,9 (lo.) × 0,4 cm (dia.).

Bout de tige pointue, à section ronde.

Aiguilles

Le principal critère qui permet de faire la distinction entre les épingles et les aiguilles est la forme de la tête. À vrai dire, les aiguilles n'ont pas de tête à proprement parler : c'est l'extrémité supérieure de la tige qui forme le sommet d'une aiguille sans qu'il y ait une discontinuité entre la tige et le sommet. Ce sommet devait pouvoir traverser facilement le tissu que l'on voulait coudre (Philip 1997, 115). Selon Alessandro Lazzari (1986, 184-185), les aiguilles mesurent généralement entre six et douze centimètres de longueur et moins de 0,22 cm d'épaisseur. Parmi l'assemblage d'objets en métal récupérés de Tell 'Atij, deux seulement sont à identifier à des aiguilles. Elles appartiennent toutes deux au même type : tige à section ronde, d'épaisseur constante, sommet ovale avec un chas allongé. Cette forme d'aiguille correspond au type I.1A4a de Harald Klein (1992, 37, pls 52-54) et au sous-type IB, section 24, de Lazzari (1986, 185) qui situent son apparition au début du Bronze Ancien (Klein 1992, 261 ; Lazzari 1986, 196, 198). Son utilisation s'intensifie vers la fin de cette période mais sa forme demeure inchangée. Ce type d'aiguille n'est pas spécifique à la Syrie puisqu'on le rencontre dans tout le Proche-Orient.

M36 (ATJ93.D14D2...)

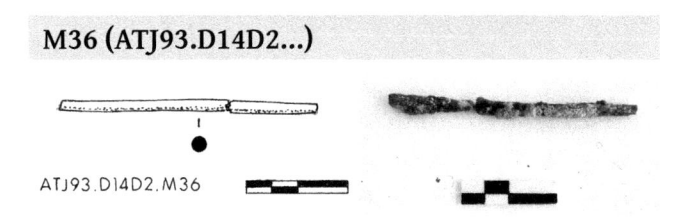

Aiguille en métal, incomplète : pointe manquante ; deux fragments corrodés.

5 (lo.) × 0,3 cm (dia.).

Constituée d'une mince tige rectiligne, à section ronde et d'épaisseur constante, terminée par un sommet arrondi, légèrement renflé et percé d'un chas de forme ovale.

Université Laval.

M39 (ATJ93.MM13A99...) – tell secondaire

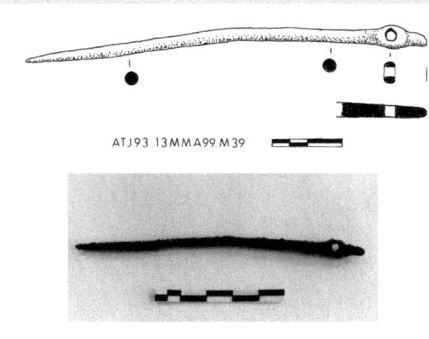

Aiguille en métal, complète ; peu de concrétions.

11,4 (lo.) × 0,4 cm (dia.).

Longue tige pointue, à section ronde, terminée par une tête en pointe ; chas de grand diamètre juste sous la tête.

Cf. Brak (McDonald *et al.* 2001, 573/43-46) ; Halawa (Meyer & Pruß 1994, pl. 29/4).

Musée de Deir ez-Zor (ATJ93.9).

Bracelets

Deux tombes de Tell ʿAtij ont livré deux bracelets. Il est surprenant d'en avoir retrouvé si peu car ce type d'objet métallique ne nécessite que peu d'efforts à fabriquer puisqu'il s'obtient en simplement pliant sur elle-même une tige de métal d'une certaine épaisseur. D'après l'assemblage de Beydar, où une bonne dizaine de tels bracelets ont été découverts, ce type d'objet métallique serait typique de la période EJZ 3 (Tonussi 2008). Il serait aussi à mettre en relation avec des inhumations d'enfants.

M7 (ATJ87.NN18A4...) — tombe

Bracelet en métal.

En raison de son état de décomposition, il est impossible d'en fournir une description.

Musée de Deir ez-Zor (ATJ87.81).

M24 (ATJ88.NN17A5...) — tombe

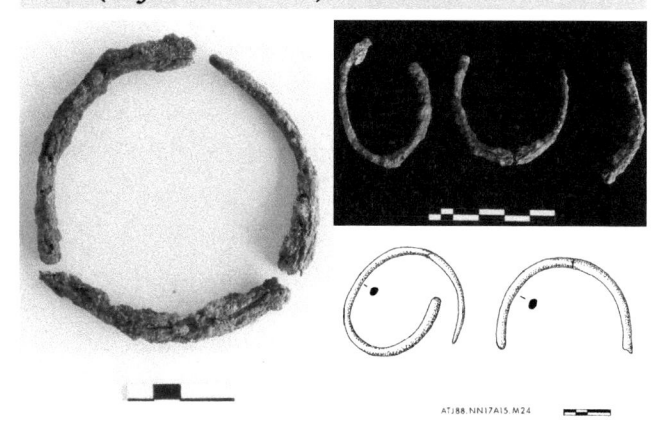

Bracelet(s) en métal, fragmentaire. Comme il n'est pas clair comment ces fragments recollent, ils pourraient bien provenir de deux bracelets différents.

0,6 cm (dia. de la tige).

Tige à section ronde.

Cf. Brak (McDonald *et al.* 2001, 577/113); Beydar (Tonussi 2008, 247).

Musée de Deir ez-Zor (ATJ88.220).

Anneaux

Bien que ce type de petit objet, formé d'une simple petite tige de métal repliée sur elle-même, ait été largement répandu dans tout le Proche-Orient durant le Bronze Ancien, sa fonction pose encore problème, surtout lorsque les deux extrémités se chevauchent : pendant d'oreille ou anneau pour tenir des boucles de cheveux (Tonussi 2008, 214). La vingtaine d'anneaux retrouvés à Beydar l'ont été dans des contextes des périodes EJZ 2-4. Deux exemplaires seulement ont été découverts à Tell ʿAtij.

M9 (ATJ87.D11A8...)

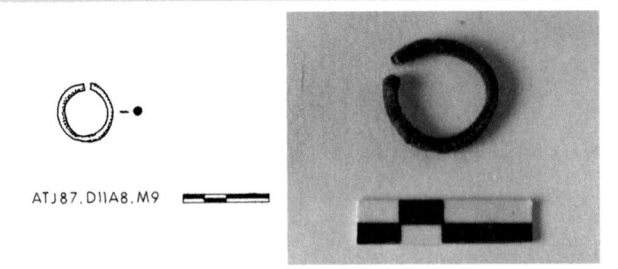

Boucle d'oreille en métal, complète.

1,1 cm (dia.).

Tige, à section ronde, recourbée mais dont les deux extrémités ne se rejoignent pas.

Cf. Brak (McDonald *et al.* 2001, 577/114).

Musée de Deir ez-Zor (ATJ87.221).

M11 (ATJ86.D13A8...)

Anneau en métal, complet.

1,2 cm (dia.).

Tige, à section ronde, recourbée et surmontée, à un endroit, de deux petites boules ; les deux extrémités se chevauchent.

Cf. Melebiya (Lebeau 1993, 549/6-9) ; Brak (McDonald *et al.* 2001, 577/107-110) ; Beydar (Tonussi 2008, 246).

Musée de Deir ez-Zor (ATJ87.245).

Alènes

Il est bien difficile de définir avec assurance les deux objets suivants, incomplets, qui sont d'habitude classés tout simplement dans la catégorie des petits outils (ex. Brak : McDonald *et al.* 2001, 241). Les alènes sont des poinçons effilés servant à percer les cuirs. Elles se distinguent des ciseaux dont la tige est plus large avec une extrémité renforcée pour recevoir les coups de marteaux et l'autre aplatie pour former une lame.

M8 (ATJ87.E16A4...)

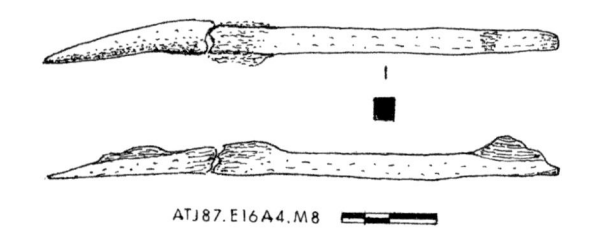

Alène en métal, incomplète : partie supérieure manquante ; quelques concrétions.

7,4 (lo.) × 0,4 cm (ép.).

Longue tige pointue, à section carrée.

Cf. Brak (McDonald *et al.* 2001, 575/75-76).

Musée de Deir ez-Zor (ATJ87.120).

M30 (ATJ92.E16A16...)

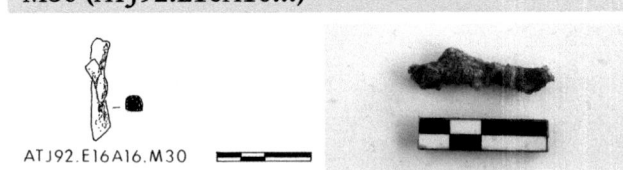

Alène en métal, incomplète : qu'un très petit fragment ; de nombreuses concrétions.

2,2 (lo.) × 0,4 cm (dia.).

Tige à section carrée.

Poignard

En raison de la longueur de sa lame (4,5 cm), inférieure à celle de sa soie (5,5 cm), le présent artéfact [M38] est à classer dans la catégorie des poignards plutôt que dans celles des pointes de lance, dont la forme générale est losangique (ex. Hammam et-Turkman : van Loon *et al.* 1988, 621/13), ou des dagues, dont la lame est plus longue (Gernez 2018, 65-69). Ce type de poignard est dit « à languette » au vu de la forme de sa soie (Camps 1979, 344). Par ailleurs, on ne peut le considérer comme un couteau puisque sa lame possède deux tranchants, quoique : « certains poignards ont été utilisés comme couteaux ; c'est sûrement le cas pour les exemplaires les plus anciens, puisqu'ils sont antérieurs aux lames à un seul tranchant et c'est probablement le cas, aussi, pour ceux qui sont de petite taille » (Chavane 1987, 365), comme c'est le cas ici. L'exemplaire de Tell 'Atij a probablement servi davantage d'outil que d'arme.

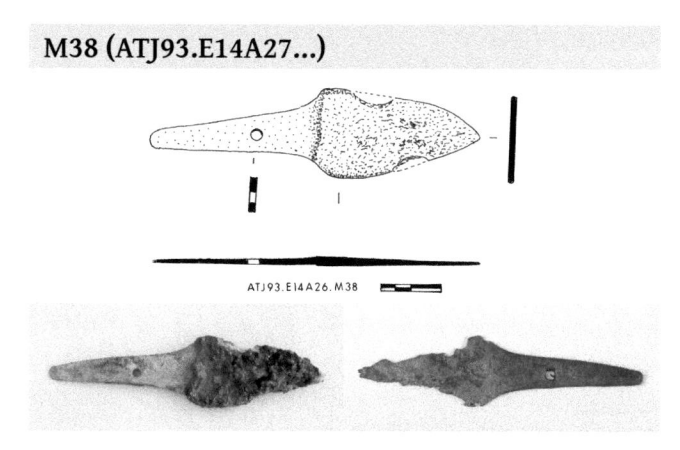

M38 (ATJ93.E14A27...)

Poignard à languette en métal, complet ; restauré.

10 (lo.) × 2,5 (la. max.) × 0,2 cm (ép.).

Petit poignard formé : (a) d'une courte (4,5 cm) lame de forme triangulaire, très mince mais légèrement plus épaisse au centre, dont il est impossible d'établir si son extrémité était pointue ou arrondie et si ses bords étaient rectilignes ou convexes tant elle est ébréchée, et (b) d'une longue (5,5 cm) soie plus épaisse et mieux préservée que la lame dont elle se distingue clairement par un rétrécissement marqué bien qu'elle soit en fait une simple languette dans le prolongement proximale de la lame, ce qui donne à l'ensemble une forme losangique. Cette soie a des bords rectilignes et est à section plate ; elle s'amincit graduellement vers l'extrémité arrondie. Un trou de 0,4 cm de diamètre percé à mi-hauteur de la soie a dû recevoir un rivet qui n'a pas survécu comme du reste le matériau périssable dans lequel était fabriqué le manche proprement dit qu'il devait retenir à la soie.

Cf. S'apparente au type 27 *small daggers of third millennium date from Syria* de Graham Philip (1989, 128-129) dont il met en doute cependant l'usage durant un combat ; aucun des exemples qu'il donne ne comporte un trou de rivet.

Publ. : Fortin 1995, 33, fig. 8.

Université Laval.

Amas métallique (restes de coulée ?)

M41 (ATJ93.C13C1...)

Petit amas métallique informe ; conservation partielle en raison d'une forte oxydation.

Université Laval.

L'analyse de la composition chimique de cet agrégat a montré qu'il s'agit de cuivre pur, sans aucune trace d'impuretés (Chénier 2002, 92). Il est permis de se demander si cet amas métallique serait du métal tombé d'un creuset lors d'une coulée d'autant que des fragments de creusets ont été retrouvés à Tell 'Atij (voir plus bas). Ce petit agrégat métallique serait cependant le résultat d'une refonte infructueuse parce que le métal le constituant est beaucoup trop poreux pour avoir pu servir au moulage d'objets. Cette opération de refonte est aussi confirmée par la nette différence entre la composition élémentaire de l'agrégat en question et celle des artefacts métalliques de Tell 'Atij, incluant les résidus de métal sur les fragments de la paroi du creuset, car il a été prouvé que l'arsenic, très volatil, ainsi que d'autres éléments disparaissent progressivement si le métal est refondu dans un creuset, c'est-à-dire dans des conditions oxydantes, par opposition aux conditions réductrices d'un four (Mohen 1990, 99).

Sans prétendre voir en Tell 'Atij un centre métallurgique ou même un lieu de transformation du métal, faute d'indices suffisants comme ceux identifiés à Tell Beydar (Tonussi 2008), ses occupants auraient néanmoins été familiers avec les techniques de transformation du métal et auraient pu probablement réparer eux-mêmes des outils ou des instruments dont ils se servaient pour leurs travaux quotidiens. Les données isotopiques des artefacts de Tell 'Atij analysés ont tendance sur les graphiques à se disperser autour des signatures isotopiques des sources anatoliennes, ce qui appuie l'hypothèse que des rebuts aient pu être refondus dans des creusets *in situ* dans le but d'en fabriquer de nouveaux (Chénier 2002, 137).

Fragments de creusets

C6228 (ATJ93.D21A3...)

Fragment de céramique avec des résidus de métal sur sa face interne.

4,8 (lo.) × 3 (la.) × 1,2 cm (ép.).

Pâte de texture très grossière et friable, de couleur *pale yellow* (2.5YR7/4), peu dure (Mohs 2-2,9), contenant un abondant dégraissant végétal et plusieurs inclusions minérales.

Ce tesson sans rebord provient d'un récipient dans lequel du métal en fusion a été versé, au vu des résidus métalliques sur sa paroi intérieure, donc un creuset. L'état très fragmentaire du récipient nous empêche d'en reconstituer la forme initiale.

Cf. Il est impossible de faire un rapprochement avec un type de creuset déjà connu (Gailhard 2009, 89-95).

Université Laval.

La vitrification de la surface de la pâte à l'intérieur du tesson indique qu'il a été soumis à de fortes températures provenant de la matière contenue par le récipient, tandis que sa surface externe, elle, n'a pas été altérée par des températures excessives. Les résidus métalliques prélevés sur sa surface interne ont été analysés par spectrométrie de fluorescence X à dispersion d'énergie (*EDXRF*) et les résultats obtenus indiquent qu'il s'agit d'un alliage à base de cuivre et d'arsenic, une composition élémentaire comparable à celle de la plupart des objets métalliques de Tell 'Atij qui ont été analysés, à savoir un cuivre arsenical possédant des compositions isotopiques qui correspondent presqu'exactement aux compositions de certaines scories recueillies dans la région : *North Central Anatolia* (Chénier 2002, 79-81). Donc, ce creuset aurait bel et bien servi à faire fondre du métal.

Cependant, en l'absence de foyers, de moules, de lingots et d'outils spécialisés comme il a été donné d'en trouver à Tell Beydar (Tonussi 2008), on ne peut pas subodorer la présence d'ateliers de métallurgistes à Tell 'Atij pour la fonte ou la refonte du métal. Ce fragment de creuset nous autorise uniquement à avancer que Tell 'Atij aurait été le théâtre de certaines pratiques métallurgiques limitées, probablement davantage liées à la réparation d'objets métalliques qu'à leur production, quoique de tels petits creusets suffisaient à couler de petits ornements telles des épingles et des perles (Stos-Gale & Gale 1994, 104). La pratique du recyclage à Tell 'Atij peut s'expliquer par le fait que le cuivre provenait de sources anatoliennes éloignées et peu accessibles ; les habitants de Tell 'Atij ont vraisemblablement été amenés à récupérer des objets métalliques brisés afin de remédier au problème de l'approvisionnement.

C4699 (ATJ88.D14A19...)

Fragment de creuset (?), en très mauvais état de conservation, qu'il faut probablement ajouter au précédent. Son identification à un creuset tient au fait que des gouttelettes de métal ont été observées sur ses parois.

Chapitre 24
Éléments de parure (en différents matériaux[1])

La plupart des éléments de parure trouvés à Tell 'Atij sont à classer dans la catégorie communément dite des « perles », c'est-à-dire des éléments qui ont été fort vraisemblablement enfilés avec d'autres de manière à former soit un collier, soit un bracelet; leur trou de suspension a été perforé longitudinalement au centre de la perle (Bains *et al.* 2013, pour une étude technologique des éléments de parure personnelle; Wygnańska & Bar-Yosef Mayer 2018, 283). Quelques pièces sont décrites comme « pendeloque », un autre type d'élément d'enfilage destiné à un collier ou à un bracelet mais dont le trou de suspension a été percé transversalement à l'objet (Maréchal 1995, 132-133; 2000, 209).

Dans le catalogue qui suit, on trouvera souvent plusieurs éléments de parure enregistrés sous un seul numéro de catalogue – des numéros débutant par la lettre « B » pour « bijou » – parce qu'ils ont été trouvés ensemble, dans une tombe ou une même unité de fouilles, et qu'il est présumé qu'ils formaient un seul et même collier ou bracelet.

Le catalogue des éléments de parure de Tell 'Atij est ordonné de la manière suivante :

– Colliers/bracelets complets (?) formés de perles et de pendeloques fabriquées en différents matériaux (9)
– Perles (individuelles) discoïdes, cylindriques et sphériques (206) (+ 21 en coquillage)
– Pendeloques[2] (5) (+ 3 en coquillage)
– Anneaux (2)
– Élément d'incrustation (1)
– Intaille romaine (1).

Dans le cas des perles individuelles, qui ont été trouvées en grand nombre (206), elles ont été classées par forme simple, sans les multiplier à l'infini, suivant en cela de récentes classifications (Maréchal 1995; Oguchi 1998; Nonne 2008; Bar-Yosef Mayer 2013; Brüning 2014) :

– Discoïde (petit disque plat)
– Cylindrique
– Sphérique.

Puis, à l'intérieur de chaque forme de perle, j'ai procédé à un regroupement par matériau, quoique cette dernière subdivision demeure très arbitraire et très sommaire, étant fondée sur un simple examen visuel :

– Cristal de roche (quartz)
– Gypse
– Pierre indéterminée
– Terre cuite
– Stéatite faïence[3].

Il existe une exception toutefois à ce mode de classement : les perles et les pendeloques exclusivement en coquillage [B37, 47, 65, 71-72] sont décrites dans le Chapitre 25 qui porte sur les matières dures animales (MDA). Cependant, si un collier est composé de perles fabriquées dans plus d'un matériau, y compris en coquillage, il est alors décrit ici.

Enfin, aucun élément de parure personnelle de Tell 'Atij n'a été taillé dans une pierre dite « semi-précieuse » telle que le lapis lazuli, la chalcédoine (cornaline) ou la turquoise, quoique le cristal de roche (quartz) est considéré comme « the most precious of the common stones » (Quenet 2018, 193, note 2).

Ces dernières années, plusieurs auteurs se sont demandé si les « beads had more to do than make people look nice » (Hughes-Brock 1999, 291). Bien que peu nom-

---

1 Ont été évidemment écartées du présent catalogue les pièces modernes, notamment en plastique et en pâte de verre, trouvées près de la surface ou dans des tombes récentes (ex. ATJ87.D9A1.B31-2 et ATJ87.D9A16.B33, ATJ87.KK18A2.B28, ATJ87.PP18A2.B42).
2 Le terme « pendeloque » a été préféré à « pendentif », car ce dernier terme s'applique à un élément de parure qui pend d'un collier (Nonne 2008, 4), ce qui ne fut pas possible de déterminer pour plusieurs objets du corpus de Tell 'Atij, à savoir s'il pendait d'un collier ou d'un bracelet.

3 Pour le procédé de fabrication : Bar-Yosef Mayer & Porat 2009.

Tableau 24.1 : Distribution, par niveau et par contexte de découverte, des colliers/bracelets, perles, pendeloques et autres parures de Tell 'Atij. Les numéros de catalogue en italique sont des éléments de parure en MDA décrits dans le Chapitre 25 ; les totaux incluent néanmoins ces éléments de parure en MDA.

Niveau	Contexte	Collier/bracelet (9)	Perle (227)	Pendeloque (8)	Varia (4)
I 6 perles	502 – silo 506 – silo 512-513 – cour 514 – pièce 524 – pièce		B3 B1 B16-17 B14 B113		
II 4 perles	508 – pièce 565-566a – cour		B43 B62, 63, 90		
III 2 perles	565-566b – cour		B61, 92		
IV 1 perle	567 – pièce		*Os10*		
V					
VI 1 perle	538 – pièce		B26		
VII 1 collier	575 – cour	B68-69			
VIII 3 perles 1 anneau	520 – pièce 521 – pièce 576 – cour		B27 B36 B67		B87 (anneau)
IX 1 collier 4 perles	570 – pièce 571 – pièce 577 – cour	B77	B78 B79, 88 B70		
X					
XI 1 perle	588 – cour		B82		
XII					
XIII 1 perle	620 – cour		B81		
0 4 perles 3 varia			B11, 25, *37*, 112		B60 (anneau) B12 (incrustation) B44 (intaille)
Tombes 7 colliers 200 perles 8 pend.	Tell principal C13A17 C13A19 D13A3' D13A5 D13A15 E16A8 Tell secondaire MM14A3 MM16A2 MM16A5 NN17A5 NN18A4 NN19C1 PP19A4	B80 B23 B53 B76 B64, 96-106 B40, 93-4-5 B51	B83,89[4],114 B22 B49, 50 B55[22] B72[19], B73[103] B74[45] B75 B45	*B47*, *B48* *B71* B91 B46, 52, 54 *B65*	

breuses et de confection modeste à Tell 'Atij, elles ont probablement aussi servi à exprimer la richesse de ses propriétaires et surtout leur statut socio-politique au sein de leur communauté d'autant plus que dans le cas du dépôt à grains de Tell 'Atij, nous serions en présence d'une élite émergente dont le pouvoir devait s'appuyer sur l'exercice d'un contrôle économique et administratif. Or, des auteurs ont déjà établi des liens entre une amélioration de l'artisanat, en particulier des parures personnelles, et l'émergence d'une élite en quête de symboles pour exprimer son statut nouveau (Peregrine 1991, avec références à des études antérieures). Ce phénomène social remonterait même au Paléolithique alors que les parures reflétaient les structures sociales et le système d'échanges entre diverses collectivités (Vanhaeren 2010). Dans un autre ordre d'idées, on pense aussi que des croyances auraient été associées à certaines couleurs des matériaux choisis pour la fabrication de ces éléments de parure, notamment pour les perles (Wygnańska & Bar-Yosef Mayer 2018, 291).

La moitié des parures personnelles de Tell 'Atij furent retrouvées dans des niveaux d'occupation, mais à raison d'un à quatre éléments seulement par niveau (Tableau 24.1). Rien de concluant donc. En outre, nous n'avons pu observer aucune trace de fabrication sur place[4]; ce sont donc fort certainement des produits exogènes, surtout dans le cas des perles en stéatite faïence (Bar-Yosef Mayer & Porat 2009). L'autre moitié du corpus a été retirée de tombes, comme cela est plus usuel : onze au total, réparties également entre le tell principal (5) et le tell secondaire (6). Le nombre global de ces parures personnelles, notamment de perles, est suffisant pour contredire la pauvreté déclarée de ce type d'artefacts durant la période de Ninive 5 en Djézireh (Wygnańska & Bar-Yosef Mayer 2018, 290).

Colliers formés d'éléments en différents matériaux

Il va sans dire que la composition exacte de ces colliers nous est inconnue ; les reconstitutions proposées ici sont entièrement hypothétiques même si ces éléments de parure ont été trouvés ensemble, le plus souvent dans une même tombe où ils étaient disposés les uns aux côtés des autres, voire parfois bien alignés. Par conséquent, il est permis de croire que ces différents éléments étaient enfilés les uns aux autres afin de former un seul et même collier ; ils auraient cependant très bien pu en former plus d'un.

Pour des exemples de colliers comparables : Raqa'i (Dunham 1993, figs 3, 8-10, 14 ; 2015, 399-405) ; Beydar (Nonne 2008, 60-61) ; Kneidij (Klengel-Brandt et al. 2005, pls 181-184) ; Kashkashok III (Suleiman & Quenet 2019, figs 16-18) ; Usiyeh (Oguchi 1998, pl. 6) ; Gubba (Ii 1989, pls 39-40).

B23 (ATJ86.D13A5...) – tombe

Collier formé de 335 perles en coquillage et en pierre, complètes.

Dimensions variées.

330 petites perles de nacre en forme de cylindres – vraisemblablement fabriqués à partir de la columelle d'un gastropode – aux bords arrondis et aux extrémités plates ; perforations centrales circulaires ; couleur grisâtre.

3 perles cylindriques, en coquillage, mais de plus grandes dimensions.

2 perles cylindriques, mais en pierre noire et rouge, également de plus grandes dimensions.

Musée de Deir ez-Zor (ATJ86.44).

B40, 93-94-95 (ATJ87.NN18A4...) – tombe

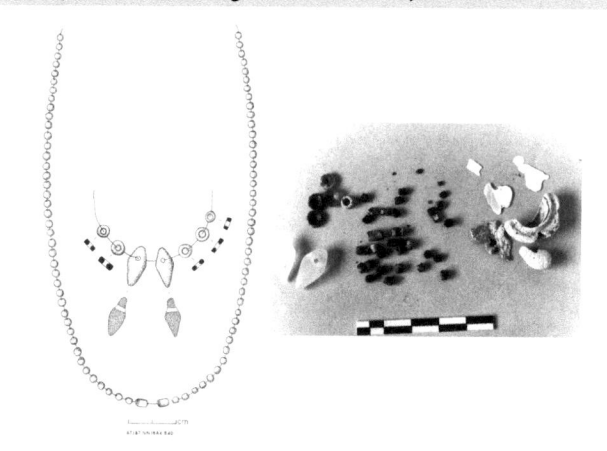

Collier formé de plusieurs perles en pierre [B40, 93] et en coquillage [B95] ainsi que de deux breloques en cristal de roche [B94] ; la plupart des éléments de parure sont complets.

Dimensions variées.

---

4 Ce processus de fabrication a été récemment bien documenté sur deux sites néolithiques de Jordanie (Wright et al. 2008).

B40 : nombre indéterminé de perles de forme cylindrique, aux bords droits et réguliers ; perforation centrale longitudinale bien circulaire.

B93 : 5 perles discoïdes, aux bords droits et réguliers ; grande perforation centrale, circulaire.

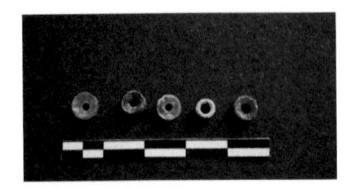

B94 : 2 breloques biconiques ; perforation transversale circulaire au tiers supérieur.

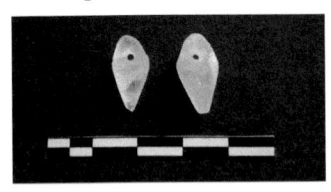

B95 : quelques fragments de coquillage, dont l'espèce n'est pas identifiée, qui furent retrouvés avec les perles et les breloques et qui vraisemblablement auraient fait partie du même collier à l'origine.

Musée de Deir ez-Zor (ATJ87.82).

B51 (ATJ87.NN19C1...) – tombe

Bracelet de perles en coquillage et en cristal de roche transparent, complètes pour la majorité d'entre elles.

Coquillage : 1,2 (lo.) × 0,7 cm (la.).

Perle discoïde : 0,2 (ép.) × 0,9 cm (dia. max.).

Petit gastropode (*engina mendasarius*) percé au niveau de l'aperture ; l'apex est abîmé. Une perle en forme de petit disque plat, aux bords droits et réguliers ; perforation central circulaire.

Deux fragments de coquillage non perforés ont aussi été trouvés avec cet ensemble.

Musée de Deir ez-Zor (ATJ87.211).

B53 (ATJ87.D13A15...) – tombe

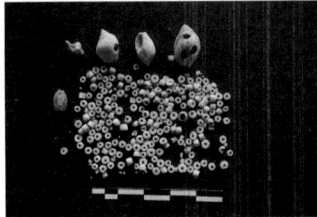

Collier formé de 3 perles en coquillage et de 198 en stéatite faïence, complètes.

Dimensions variées.

3 petits gastropodes percés transversalement et un fragment (apex) de gastropode.

197 perles cylindriques en stéatite faïence.

1 perle oblongue en stéatite faïence à section transversale triangulaire.

Musée de Deir ez-Zor (ATJ87.220).

B64, 96-106 (ATJ88.NN17A5...) – tombe

Collier formé de plusieurs éléments de diverses formes et en différents matériaux.

Dimensions variées.

B64 : 11 perles en terre cuite en forme de calebasse, trou de suspension transversal percé au tiers supérieur ; complètes.

B96 : 1 pendeloque en gypse en forme de crochet, trou de suspension transversal percé au tiers supérieur ; complète.

ÉLÉMENTS DE PARURE (EN DIFFÉRENTS MATÉRIAUX)

B97 : 29 perles sphériques en terre cuite (?), perforation centrale circulaire ; complètes.

B98 : 3 perles sphériques en terre cuite (?), perforation centrale circulaire ; complètes.

B99 : 12 perles sphériques en gypse ; perforation centrale circulaire ; complètes.

B100 : 12 perles sphériques en terre cuite (?), perforation centrale circulaire ; complètes.

B101 : 3 perles sphériques en terre cuite, perforation centrale circulaire ; complètes.

B102 : 3 perles en gypse de forme conique surmontée d'une tige dans laquelle est percé un trou de suspension transversal (ce seraient davantage des breloques) ; complètes.

B103 : 1 perle en basalte en forme de losange, perforation centrale circulaire ; complète.

B104 : 2 pendeloques en terre cuite en forme d'oiseau, trou de suspension transversal percé au centre ; complètes.

B105 : 1 pendeloque en nacre de perle en forme d'oiseau, trou de suspension transversal percé au centre ; complète.

B106 : 3 perles en gypse de forme cylindrique, large perforation centrale circulaire ; complètes.

Musée de Deir ez-Zor (ATJ88.219).

B68-69 (ATJ92.E16A20…)

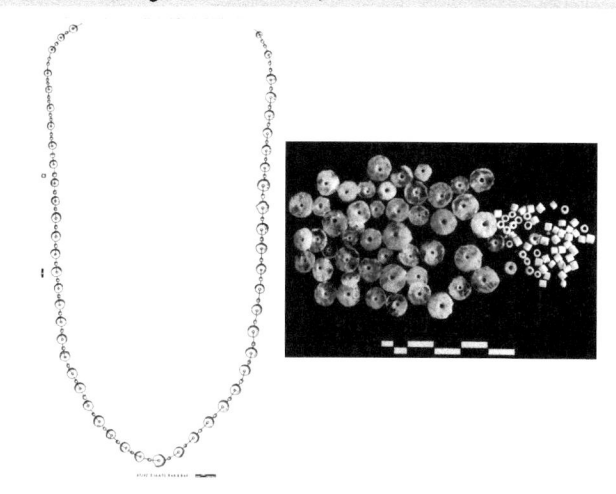

Collier formé de 51 perles en cristal de roche et de 57 perles en stéatite faïence, complètes.

0,2 (ép.) × 1 cm (dia. max.), en moyenne (cristal de roche).

0,2 (ép.) × 0,3 cm (dia. max.), en moyenne (stéatite faïence).

51 perles en cristal de roche en forme de petits disques plats, aux bords droits et aux extrémités plates ; perforation centrale cylindrique.

57 perles en stéatite faïence de forme cylindrique, aux bords droits et aux extrémités plates ; perforation centrale longitudinale bien circulaire.

Musée de Deir ez-Zor (ATJ92.19-20).

B76 (ATJ92.MM16A5…) – tombe

Bracelet formé d'une perle en coquillage et de trois en pierre, complètes.

Dimensions variées.

Petit gastropode, percé au niveau de l'aperture ; l'apex est abîmé.

3 perles en pierre de forme cylindrique, aux bords droits et aux extrémités plates ; perforation centrale longitudinale plutôt circulaire.

Musée de Deir ez-Zor (ATJ92.35).

B77 (ATJ92.E15A21…)

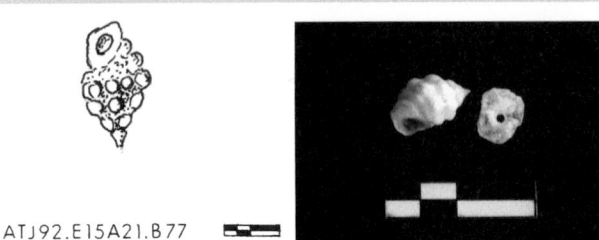

Bracelet formé d'une perle en coquillage et d'une autre en cristal de roche transparent, complètes.

Coquillage : 1,1 (lo.) × 0,7 cm (la.).

Cristal de roche : 0,2 (ép.) × 0,7 cm (dia. max.).

Petit gastropode de couleur beige, percé au niveau de l'aperture.

Une perle en forme de petit disque plat pas tout à fait circulaire, aux bords droits et réguliers ; perforation centrale cylindrique.

B80 (ATJ93.C13A17…) – tombe

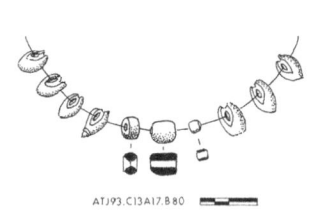

Bracelet formé de 9 perles en coquillage et de 3 en pierre, complètes.

Dimensions variées.

9 petits gastropodes, percés transversalement au tiers supérieur ; plusieurs présentent deux perforations.

3 perles de forme cylindrique.

Musée de Deir ez-Zor (ATJ93.8).

Perles discoïdes

Cette première catégorie de perles, la plus nombreuse, est classée en regard du matériau dans lequel les perles ont été façonnées : cristal de roche [B14, 61, 78, 79, 81, 82, 114], gypse [B3, 11, 25, 113], pierre indéterminée [B1, 27, 70, 83, 89, Os10] et stéatite faïence [B55].

B14 (ATJ86.D15A1…)

Perle en cristal de roche transparent, complète.

0,3 (ép.) × 1,3 cm (dia. max.).

En forme de petit disque plat, aux bords droits et irréguliers ; perforation centrale en sablier.

Cf. Raqa'i (Dunham 1993, fig. 7).

Musée de Deir ez-Zor (ATJ86.55).

B61 (ATJ88.E14A3…)

Perle en cristal de roche transparent, complète.

0,3 (ép.) × 0,9 cm (dia. max.).

En forme de petit disque plat, aux bords droits et réguliers ; perforation centrale en sablier.

Musée de Deir ez-Zor (ATJ88.72).

B78 (ATJ93.D15B5…)

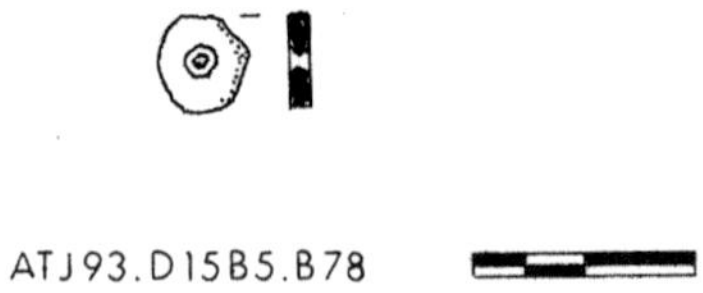

Perle en cristal de roche transparent, complète.

0,2 (ép.) × 0,7 cm (dia. max.).

En forme de petit disque plat, aux bords plutôt droits et irréguliers ; petite perforation, légèrement désaxée du centre, plus ou moins en sablier.

B79 (ATJ93.341…)

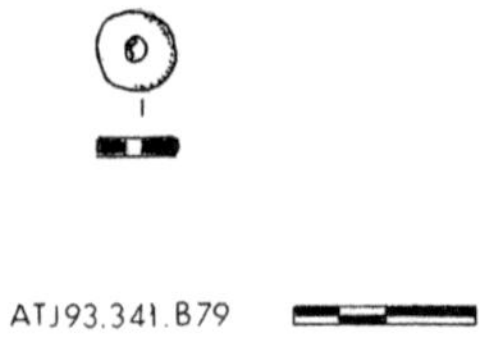

Perle en cristal de roche transparent, complète.

0,2 (ép.) × 0,9 cm (dia. max.).

En forme de petit disque plat, aux bords biconvexes et réguliers ; perforation centrale en sablier.

ÉLÉMENTS DE PARURE (EN DIFFÉRENTS MATÉRIAUX)

B81 (ATJ93.F13C4...)

Perle en cristal de roche transparent, complète.

0,2 (ép.) × 0,9 cm (dia. max.).

En forme de petit disque plat, aux bords biconvexes et réguliers ; perforation centrale en sablier.

Musée de Deir ez-Zor (ATJ93.12).

B82 (ATJ93.E14A24...)

Perle en cristal de roche transparent, complète.

0,2 (ép.) × 0,7 cm (dia. max.)

En forme de petit disque plat, aux bords biconvexes et réguliers ; perforation centrale cylindrique.

Musée de Deir ez-Zor (ATJ93.13)

B114 (ATJ93.C13A19...) – tombe

Perle en cristal de roche transparent, complète.

0,3 (ép.) × 1,3 cm (dia. max.).

En forme de petit disque plat, aux bords droits et plutôt irréguliers ; petite perforation, légèrement désaxée du centre, cylindrique.

B3 (ATJ86.E6A1...)

Perle en gypse, complète.

0,3 (ép.) × 1,1 cm (dia. max.).

En forme de petit disque plat, aux bords arrondis et plutôt irréguliers ; perforation centrale en sablier.

Musée de Deir ez-Zor (ATJ86.50).

B11 (ATJ86.D14A2...)

Perle en gypse, complète.

0,2 (ép.) × 0,8 cm (dia. max.).

En forme de petit disque plat, aux bords arrondis et réguliers ; perforation centrale cylindrique.

Musée de Deir ez-Zor (ATJ86.54).

B25 (ATJ86.C20A2...)

ATJ86.C20A2.B25

Perle en gypse, complète.

0,5 (ép.) × 1,3 cm (dia. max.).

En forme de petit disque plat, aux bords arrondis et plutôt réguliers ; perforation centrale cylindrique.

Musée de Deir ez-Zor (ATJ86.60).

B113 (ATJ87.D9A20...)

Perle en pierre (gypse ?), incomplète.

3,7 (dia.) × 1,2 cm (ép.).

En forme de disque aux bords irréguliers ; large perforation centrale circulaire.

Université Laval.

B1 (ATJ86.E7A1...)

Perle en pierre (indéterminée) rouge et blanche, complète.

0,3 (ép.) × 0,7 cm (dia. max.).

En forme de petit disque légèrement enfoncé en sa partie centrale, aux bords droits et bien réguliers ; perforation centrale cylindrique.

Musée de Deir ez-Zor (ATJ86.48).

B27 (ATJ87.E18A4...)

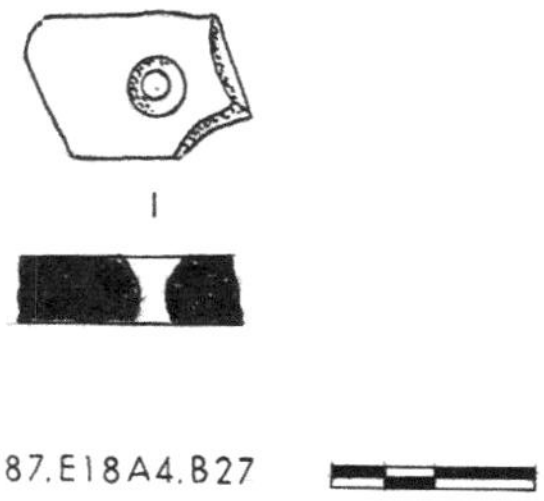

ATJ87.E18A4.B27

Perle en pierre (indéterminée), complète.

2,1 (lo.) × 1,3 (la.) × 0,6 cm (ép.).

Sans forme vraiment définie, aux bords droits et irréguliers ; perforation à peu près centrale en sablier.

Musée de Deir ez-Zor (ATJ87.17).

B70 (ATJ92.E13B15…)

ATJ92.E13B15.B70

Perle en pierre (indéterminée) blanche avec des traces rougeâtres, complète.

0,5 (ép.) × 1,1 cm (dia. max.).

En forme de petit disque plat, aux bords droits et réguliers ; perforation centrale en sablier.

B83, 89 (ATJ93.C13A19…) – tombe

5 perles en pierre (indéterminée) dont 4 sont de couleur blanche, complètes.

1 (lo.) × 0,4 cm (la.), pour les éléments de parure rectangulaires.

Si la perle en forme de disque plat [B83] se compare à plusieurs autres exemplaires décrits plus haut, les quatre petites perles rectangulaires [B89] portant trois perforations régulièrement espacées sont particulières. En fait, ces petites plaquettes se nomment « passants-diviseurs » (Parrot 1956, 168) et sont destinées à maintenir un espace (d'où l'utilisation du terme « spacer », en anglais) entre chacun des différents rangs de perles d'un collier à rangs multiples et éviter ainsi les chevauchements inesthétiques, comme cela est bien illustré dans la reconstitution d'un collier à trois rangs de Gubba (Ii 1989, 230 fig. 19a, pl. 39b).

Cf. Brak (Mallowan 1947, pl. 86/4, avec 5 perforations au lieu de 3) ; Gubba (Ii 1989, 230 n° 60o-p-q, pl. 42/17-18) ; Beydar (Nonne 2008, 58 n° 127, quoique l'auteure considère cette parure comme un pendentif cylindrique, donc destiné à être porté pendant d'un collier ; comment expliquer alors la présence de trois perforations, deux étant inutiles ?).

Musée de Deir ez-Zor (ATJ93.14).

Os10 (ATJ88.D15A28…)[5]

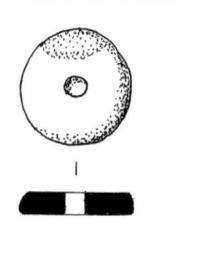

ATJ88.D15A28.Os10

Rondelle en pierre (indéterminée) de couleur brun pâle (10YR8/4), complète.

2,4 (dia.) × 0,5 cm (ép.).

Petit disque plat et circulaire, aux bords droits et arrondis, avec une perforation circulaire au centre ; petite dépression rectiligne concave en-travers de l'une des faces ; l'un des bords de la face opposée est usé et présente plusieurs stries plus ou moins parallèles ; l'ensemble des surfaces est relativement poli.

La ligne concave sur l'une des faces pourrait suggérer que l'objet a été fixé à quelque chose (un vêtement ?) ou encore qu'un lien (cordelette de cuir par exemple) y était attaché.

Cf. El Kowm 2 (Maréchal 2000, 211) ; Gubba (Ii 1989, 228-229 n° 26, 28, 57i, 58c).

Musée de Deir ez-Zor (ATJ88.174).

B55 (ATJ87.E16A8…) – tombe

22 perles en stéatite faïence, complètes.

Dimensions variées.

En forme de petits disques plats, aux bords droits ou arrondis et plutôt réguliers ; perforations centrales cylindriques.

Musée de Deir ez-Zor (ATJ87.238).

Perles cylindriques

Cette seconde catégorie de perles est classée non pas par ordre de numéro de catalogue mais par matériau : quartz [B67], gypse [B16, 22], pierre indéterminée [B26, 45, 49], argile durcie [B62, 92], terre cuite [B17, 88, 90], stéatite faïence [B50, 73, 74, 75].

---

5 Un numéro d'inventaire débutant par « Os » a été donné à cet objet dont le matériau a été faussement identifié au départ comme étant de l'os.

B67 (ATJ92.E15A20...)

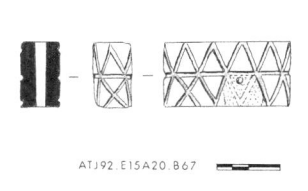

Perle en quartz, incomplète : large éclat près d'une extrémité.

1,9 (lo.) × 1,2 (dia.) × 0,3 cm (dia. perforation).

De forme parfaitement cylindrique, aux bords droits et aux extrémités plates ; perforation longitudinale circulaire ; rainures profondément incisées sur les faces du cylindre de manière à créer des chaînes de triangles équilatéraux au-dessus et au-dessous d'une ligne incisée horizontalement au centre.

Ce motif rappelle le *Lattice pattern* des sceaux géométriques de tradition urukéenne étudiés par Donald Matthews (1997, 73, pls 34-35) qui précise avec pertinence : « it is not certain that all cylindrical object decorated with cross-hatched oblique lines were in fact seals. Some may have been made as beads ». Idée reprise par Candida Felli (2015, 220) : « It is unclear whether this type of seal was actually used in administrative practice or was simply carried as an amulet or personal ornament ». Il n'est pas non plus impossible que cette perle ait pu servir de sceau (cf. Hammade 1994, 42 n° 320 ou Binder 2020, 132, pl. 18 pour un scellement de Tell Chuera : TCH Lattice 1). Mais j'ai préféré classer cet objet avec les perles considérant ses petites dimensions, la profondeur de ses entailles et les *comparanda* disponibles.

Cf. Brak (Oates *et al.* 1997, 249 n° 37-38 ; Matthews 1997, pl. 35/449-450) ; Bi'a (Strommenger & Kohlmeyer 1998, pl. 130/1) ; Hazna I (Munchaev & Amirov 2016, 230 n° 7) ; Abu al-Kharaz (Fischer 2008, 200/3) ; Sidon (Doumet-Serhal 2009, 3).

Musée de Deir ez-Zor (ATJ92.14).

B16 (ATJ86.D15A4...)

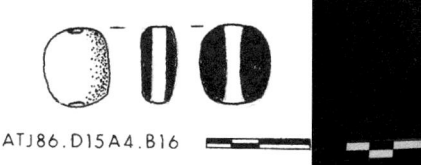

Perle en gypse, complète.

1,4 (lo.) × 1,3 (la.) × 0,8 cm (ép.).

En forme de cylindre mais aplati – ce qui lui donne un profil trapézoïdal –, bords et extrémités convexes ; perforation longitudinale centrale aux parois légèrement convexes.

Cf. Gubba (Ii 1989, 227, pl. 38/14).

Musée de Deir-ez-Zor (ATJ86.57).

B22 (ATJ86.D13A3'...) – tombe

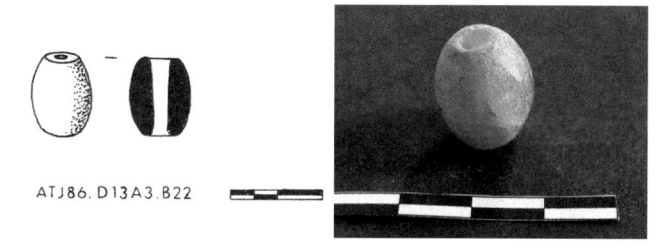

Perle en gypse, complète.

1,7 (lo.) × 1,4 (dia. max.) × 0,3 cm (dia. perforation).

De forme cylindrique, aux bords bien convexes et aux extrémités plates ; perforation centrale longitudinale circulaire.

Musée de Deir ez-Zor (ATJ86.59).

B26 (ATJ87.E17A7...)

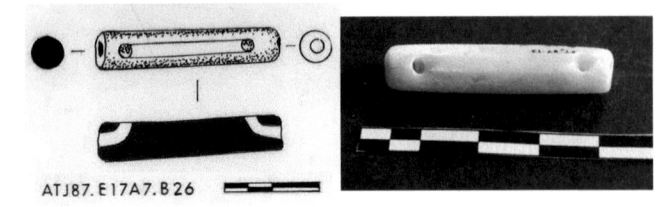

Perle en pierre blanche (indéterminée), complète.

4 (lo.) × 0,8 (dia.) × 0,3 cm (dia. perforation).

De forme cylindrique, aux bords convexes et aux extrémités plates ; deux petits trous de suspension ronds ont été percés en angle à chaque extrémité et reliés entre eux par un très discret sillon rectiligne délicatement creusé à la surface de la perle mais que près des trous de suspension et non sur toute la surface. La présence de ce sillon et la disposition des trous de suspension nous confirme qu'il s'agit bien d'un élément de parure destiné à être enfilé : à la différence des perles habituelles, son trou de suspension n'a pas été pratiqué dans l'axe médian de la perle mais le long de sa surface.

Cf. Gubba (Ii 1989, 227, pl. 38/9) ; Gawra (Rothman 2002, pl. 72/135).

Musée de Deir ez-Zor (ATJ87.13).

B45 (ATJ87.NN19C1...) – tombe

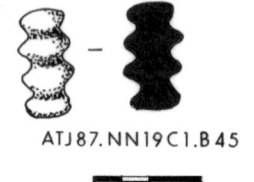

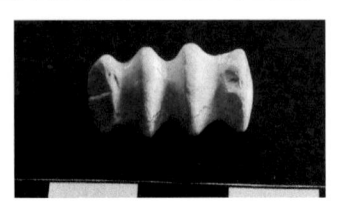

Perle (?) cannelée en pierre blanche (indéterminée), complète sauf pour un petit éclat à une extrémité.

1,8 (lo.) × 0,9 cm (dia. max.).

De forme cylindrique, avec 4 nervures également espacées délimitant ainsi 3 profondes cannelures aux parois arrondies et polies.

Cet objet n'est pas une perle à proprement parler car il n'est pas percé de part en part en son axe médian afin d'être enfilé, comme un élément de parure usuel. Des auteurs ont déjà décrit ces petits objets comme des bobines de fil (ex. Parrot 1956, 175-176). Cependant, il a les mêmes dimensions qu'une perle et a été fabriqué dans un matériau courant pour un élément d'enfilage. Mais surtout, cet objet-ci a été trouvé dans une tombe, tout comme les trois exemplaires de Raqa'i (S-115 ; Dunham 2015, 365, 378-379, fig. 5.114), un site contemporain voisin où ils furent retrouvés au milieu d'une multitude de perles, ce qui nous permet de croire que cet objet devait avoir une fonction de parure personnelle, associée même à la préparation du défunt pour son voyage dans l'au-delà.

Il me semble pertinent de noter à l'égard de l'identification de cet objet à une perle qu'une parure de forme très semblable, mais en faïence et porteuse d'une perforation longitudinale, a été trouvée dans les niveaux mitannien de Brak (Oates et al. 1997, 102 et 248-249 n° 39) et a été identifiée à une perle dans ce cas-ci. Pareillement, une autre *segmented bead*, percée d'une perforation longitudinale, a été retirée de la couche de destruction de la période de Djemdet Nasr sous le « Eye-Temple » de Brak (Mallowan 1947, pl. 84/2) ainsi qu'une autre provenant du même contexte mais datée du Dynastique Archaïque (Mallowan 1947, pl. 84/16).

Cf. Brak (Mallowan 1947, pl. 85/2 ; Oates et al. 2001, 266 et 586-587 n° 30-31) ; Raqa'i (Dunham 2015, 378-379, fig. 5.114) ; Gubba (Ii 1989, 231 n° 63w) ; Beydar (Nonne 2008, 53 n° 50).

Musée de Deir ez-Zor (ATJ87.179).

B49 (ATJ87.D13A15...) – tombe

Perle en pierre (?) blanche (bas) et stéatite faïence turquoise (haut), complète.

2,2 (lo.) × 1,1 cm (dia.).

De forme conique ; trou de suspension en sablier transversalement percé au tiers supérieur.

Cf. Abu Hujeira I (Suleiman & Quenet 2012, 15/AH465, 38 fig. 14).

Musée de Deir ez-Zor (ATJ87.189).

B62 (ATJ88.D14A19...)

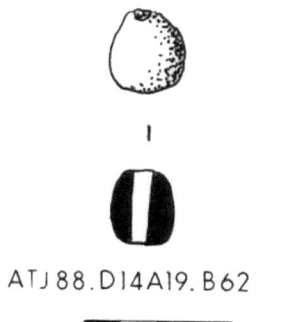

Perle en argile durcie, complète.

0,9 (ép.) × 0,8 cm (dia. max.).

Pâte de couleur brun rougeâtre (2.5YR6/4), plutôt molle (Mohs 2-2,9), contenant peu d'inclusions ; surface lisse.

De forme cylindrique, aux bords convexes et aux extrémités plates ; perforation centrale longitudinale circulaire.

Musée de Deir ez-Zor (ATJ88.76).

B92 (ATJ88.E14A3...)

Perle en argile durcie, complète.

1,2 (lo.) × 0,9 cm (dia.).

Pâte de couleur gris très foncé (5Y3/1) et dure (Mohs 3-3,9), contenant plusieurs inclusions ; surface lisse.

De forme cylindrique, cette perle, transpercée d'une extrémité à l'autre par une perforation circulaire, possède aussi un second trou de suspension transversale au tiers supérieur et légèrement désaxé, qui en ferait plutôt une pendeloque s'il était utilisé. Cependant, ce second trou de suspension est plus petit que la perforation longitudinale et est le point de départ d'un sillon qui parcourt l'ensemble la surface de la perle suivant un tracé hélicoïdal. Était-ce pour y insérer un fil de matière précieuse ?

Musée de Deir ez-Zor (ATJ88.72).

B17 (ATJ86.D15A4...)

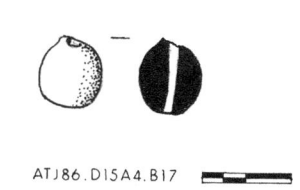

Perle en terre cuite, complète.

1,5 (lo.) × 1,5 cm (dia. max.).

De forme cylindrique, aux bords bien convexes et aux extrémités plates ; trou central longitudinal circulaire.

Musée de Deir ez-Zor (ATJ86.58).

B88 (ATJ92.E15A23...)

Perle en terre cuite, complète mais avec un trou à une extrémité.

1,9 (lo.) × 1,5 cm (dia. max.).

De forme grossièrement cylindrique avec une perforation de petite taille à une extrémité et vraisemblablement une seconde à l'autre extrémité qui n'est plus visible en raison de la présence d'un grand éclat à la surface à cet endroit.

Université Laval.

B90 (ATJ88.D14A19...)

Perle en terre cuite, complète.

0,8 (h.) × 1,1 cm (dia. max.).

De forme cylindrique, légèrement aplatie ; perforation centrale circulaire.

Université Laval.

B50 (ATJ87.D13A15...) – tombe

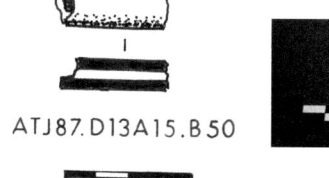

Perle en stéatite faïence, incomplète.

1,60 (lo.) × 0,5 cm (dia.).

De forme cylindrique, plutôt tubulaire, aux bords droits et aux extrémités plates ; perforation longitudinale circulaire.

Musée de Deir ez-Zor (ATJ87.190).

B73 (ATJ92.MM14A3...) – tombe

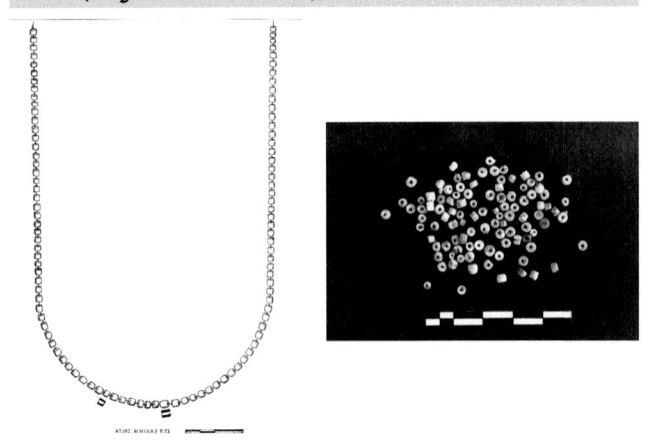

103 perles en stéatite faïence, complètes.

Dimensions moyennes : 2,5 (lo.) × 3 cm (dia.).

De forme cylindrique, aux bords plutôt droits et aux extrémités plates ; perforation longitudinale centrale circulaire.

Ce type de petites perles cylindriques et surtout le matériau vitrifié dans lequel elles ont été fabriquées, avec bien souvent présence d'une glaçure en surface, a fait l'objet ces dernières années de recherches archéométriques poussées (Bar-Yosef Mayer & Porat 2009 ; Bar-Yosef Mayer *et al.* 2004 ; Barthélemy de Saizieu & Bouquillon 2001). Ce type de petites perles vitrifiées serait apparu dès la fin du Ve millénaire et aurait été largement répandu au Proche-Orient au IIIe millénaire.

Cf. Peqi'in (Bar-Yosef Mayer *et al.* 2004, 495).

Musée de Deir ez-Zor (ATJ92.32).

B74 (ATJ92.MM16A2...) – tombe

45 perles en stéatite faïence, complètes.

Dimensions moyennes : 2,5 (lo.) × 3 cm (dia.).

De forme cylindrique, aux bords plutôt droits et aux extrémités plates ; perforation longitudinale centrale circulaire.

Cf. Peqi'in (Bar-Yosef Mayer *et al.* 2004, 495).

Musée de Deir ez-Zor (ATJ92.33).

B75 (ATJ92.MM16A5...)[6] – tombe

Perle en stéatite faïence, très fragmentaire : plus de la moitié a disparu.

1,2 (lo.) × 1,6 cm (dia.).

De forme cylindrique ; large perforation centrale circulaire. De minuscules grains d'une pierre blanche ont été appliqués/soudés à la surface, laquelle porte encore, par endroits, des traces de glaçure verte.

Université Laval.

Perles sphériques

Cette catégorie de perles est la moins bien représentée à Tell 'Atij. Les perles sont fabriquées soit en argile durcie [B63], soit en terre cuite [B36, 112], soit enfin en stéatite faïence [B43] (Fig. 24.4).

B63 (ATJ88.D14A19...)

Perle en argile durcie, incomplète.

1 cm (dia.).

De forme sphérique.

Musée de Deir ez-Zor (ATJ88.77).

---

6 Trouvée ave B91 (perle en stéatite faïence).

ÉLÉMENTS DE PARURE (EN DIFFÉRENTS MATÉRIAUX)

B36 (ATJ87.E18A5...)

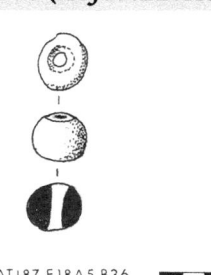

Perle en terre cuite, complète.

1,1 cm (dia. max.).

De forme sphérique, aux bords très convexes et aux extrémités arrondies ; perforation centrale longitudinale aux parois convexes.

Musée de Deir ez-Zor (ATJ87.36).

B112 (ATJ87.D12A12...)

Perle en terre cuite, complète.

1,5 (ép.) × 1,9 (dia.) × 0,15 cm (dia. perforation).

Pâte de couleur brune (7.5YR5/4) et plutôt molle (Mohs 2-2,9), contenant peu d'inclusions ; surface lisse.

De forme biconique avec des bords très convexes et des extrémités aplaties ; minuscule perforation centrale cylindrique.

Musée de Deir ez-Zor (ATJ87.147).

B43 (ATJ87.D13A11...)

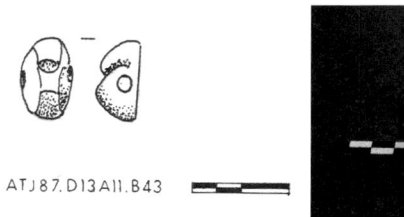

Perle en stéatite faïence, complète.

1,5 (lo.) × 0,9 cm (la.).

La forme de cette perle correspond au type 28 d'Oguchi (1998, 79-80) : corps sphérique à section semi-circulaire ; perforation circulaire.

Cf. Usiyeh (Oguchi 1998, pl. 4/B156-157-158).

Musée de Deir ez-Zor (ATJ87.158).

Pendeloques

« Pendeloque » est un terme générique employé pour désigner tout élément de parure qui est porté suspendu, que ce soit à un collier ou à une oreille, par opposition à « pendentif » qui lui est réservé à un élément de parure qui pend d'un collier (Nonne 2008, 4). Parmi les cinq pendeloques en pierre retrouvées à Tell 'Atij, deux sont en forme d'animaux : tête de ronguer [B46] et poisson [B48], les trois autres étant plus simplement de forme biconique ou piriforme. À cette modeste série, il convient d'ajouter trois pendeloques en coquillage (décrites dans le Chapitre 25 : artéfacts en MDA).

B46 (ATJ87.NN19C1...) – tombe

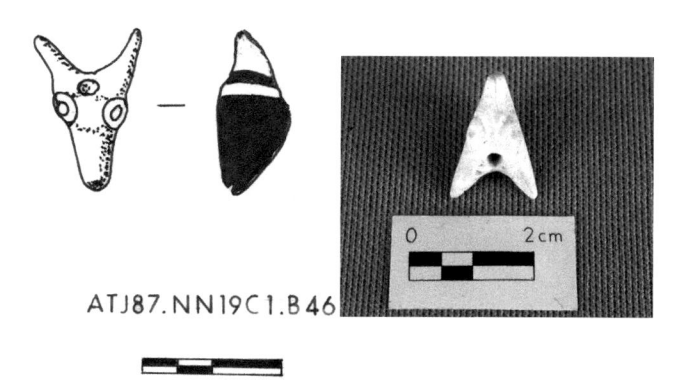

Pendeloque zoomorphe en pierre blanche, complète.

1,9 (lo.) × 1,4 cm (la.).

Pendeloque de forme triangulaire représentant la tête d'un petit animal (un rongeur ?) ; deux oreilles allongées dépassent du crâne sans que leur raccord à la tête ne soit marqué (elles peuvent aussi donner l'impression d'être des représentations de cornes) ; deux sillons circulaires délimitent la cavité orbitaire de chaque œil dont la pupille est indiquée par une petite dépression ronde forée ; un trait incisé marque la bouche du museau pointu ; le trou de suspension cylindrique a été percé transversalement entre les deux oreilles (ou cornes ?).

Cf. la pendeloque en forme de tête de rongeur d'El Kowm 2 (Maréchal 2000, 213).

Musée de Deir ez-Zor (ATJ87.180).

B48 (ATJ87.D13A15...) – tombe

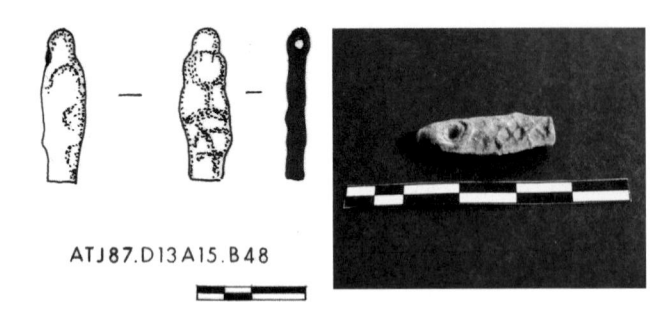

ATJ87.D13A15.B48

Pendeloque zoomorphe en pierre noire (probablement de l'andésite), incomplète : une cassure à l'extrémité distale nous indique que la queue du poisson est manquante.

2,4 (lo.) × 0,70 (la.) × 0,3 cm (ép.).

Pendeloque en forme de poisson dont les écailles sont représentées – sur une face seulement – par un réseau de losanges accolés les uns aux autres et un œil par une dépression ronde entourée d'un sillon et d'un ressaut ; petite perforation circulaire transversale (trou de suspension) pratiquée dans l'épaisseur de la pendeloque, en son extrémité supérieure, à la hauteur des yeux.

Cf. Raqa'i (Curvers & Schwartz 1990, 15 fig. 14, en pierre ; Schwartz & Curvers 1992, 400 fig. 6, en os ; Dunham 1993, fig. 4 ; 2015, 397 fig. 5.133, 406 fig. 5.146) ; Mari (Parrot 1956, pl. 60/201, mais ici le trou de suspension est visible parce qu'il nous fait face) ; Chuera (Moortgat & Moortgat-Correns 1976, 61) ; Hazna I (Munchaev & Amirov 2016, 235/3).

Musée de Deir ez-Zor (ATJ87.188).

B52 (ATJ87.NN19C1...) – tombe

Pendeloque en pierre (?), complète.

1,1 (lo.) × 1,5 cm (la.).

Musée de Deir ez-Zor (ATJ87.219).

B54 (ATJ87.NN19C1...) – tombe

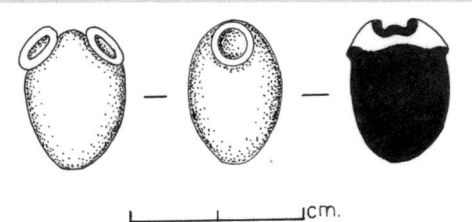

ATJ87.NN19C1.B54

Pendeloque biconique en pierre blanche, complète.

1,20 (la.) × 1,5 cm (h.).

La forme générale est dite « biconique » dans la nomenclature développée à Beydar par Nonne (2008) ; le trou de suspension est formé d'un petit canal cylindrique percé transversalement dans la partie supérieure de la perle et dont les deux ouvertures, de part et d'autre de la pendeloque, sont indiquées par un rebord en saillie encerclé par un petit sillon.

Cf. Beydar (Nonne 2008, 57 n° 197).

Musée de Deir ez-Zor (ATJ87.226).

B91 (ATJ92.MM16A5...)[7] – tombe

Pendeloque en stéatite faïence, incomplète : large éclat près du trou de suspension.

1,2 (lo.) × 0,6 cm (dia. max.).

Piriforme ; large perforation circulaire transversale au tiers supérieur.

Cf. Abu Hujeira I (Suleiman & Quenet 2012, 15 (AH438), 38, fig. 14).

Musée de Deir ez-Zor (ATJ92.34).

---

7 Trouvée avec B75 (perle en stéatite faïence).

ÉLÉMENTS DE PARURE (EN DIFFÉRENTS MATÉRIAUX)

Anneaux

B60 (ATJ88.252...)

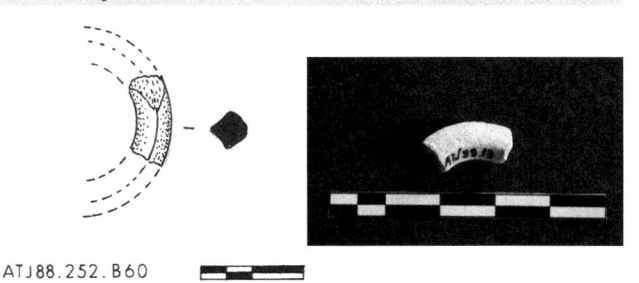

ATJ88.252.B60

Anneau en pierre blanche (gypse ?), incomplet ; sa surface intérieure est bien polie.

1,5 (lo.) × 0,7 (ép.) × 0,7 cm (h.).

Très petit fragment d'un anneau à section *grosso modo* circulaire. A fort probablement servi de bague.

Cf. Beydar (Nonne 2008, 59 n° 323 et 371) ; El-Kowm (Maréchal 2000, 216-217).

Musée de Deir ez-Zor (ATJ88.252).

B87 (ATJ92.E13B14...)

Anneau en pierre blanche avec nervures foncées (quartz ?), incomplet. Surface bien polie.

2,1 (dia.) × 0,4 (ép.) × 0,4 cm (h.).

Fragment d'un anneau à section circulaire. A probablement servi de bague.

Cf. Beydar (Nonne 2008, 59 n° 323 et 371) ; El-Kowm (Maréchal 2000, 216-217).

Université Laval.

Élément d'incrustation

B12 (ATJ86.D14A2...)

ATJ86.D14A2.B12

Élément d'incrustation en pierre blanche (quartz ?), complet.

2,2 (lo.) × 1,3 (la.) × 0,6 cm (ép.).

En forme d'amande ; sans perforation (ne peut donc pas être une perle). Aurait peut-être pu servir d'œil sur une sculpture ?

Cf. Bi'a (Strommenger & Kohlmeyer 1998, pl. 170) ; Munbaqa (Czichon & Werner 1998, pl. 52).

Musée de Deir ez-Zor (ATJ86.42).

Intaille (romaine)

B44 (ATJ87.PP18A3...) – tombe

ATJ87.PP18A3.B44

Intaille en pierre semi-précieuse (?), complète.

0,3 (ép.) × 1,5 cm (dia.).

Représentation d'un personnage masculin, à gauche, se tenant debout devant un autre, assis et penché vers l'avant, dans l'attitude du penseur. Ce dernier, au centre, occupe la place dominante de la scène. À droite, un troisième personnage, filiforme, est penché sur le dos de l'homme assis.

Cf. Sans être parvenu à identifier un parallèle exact à cette scène iconographique, elle rappelle toutefois plusieurs scènes représentées sur des intailles romaines : ex. au Musée de Lisbonne (Cravinho 2017).

Musée de Deir ez-Zor (ATJ87.159).

Chapitre 25
Artéfacts en MDA (os et coquille[1])

Tell 'Atij a livré 38 objets fabriqués à partir de matière dure animale (MDA), soit 15 en os et 23 en coquille[2]. L'inventaire de Tell 'Atij se compare à celui d'un site d'importance secondaire : il comprend, d'une part, un outillage simple, efficace et peu coûteux en os, et, d'autre part, des éléments de parure modestes en coquille. Aucun artéfact en ivoire n'a été trouvé à Tell 'Atij, ce qui vient en quelque sorte confirmer son statut d'établissement secondaire, l'ivoire étant un matériau de luxe réservé à l'élite vivant dans les grandes cités.

Os

Les 15 objets en os de Tell 'Atij sont essentiellement des outils à partie active pointue :

- 10 poinçons ;
- 4 aiguilles ;
- 1 fragment d'« omoplate incisée ».

Les poinçons et les aiguilles sont des outils élémentaires qui ont très probablement été fabriqués par leurs usagers eux-mêmes ; ils n'ont pas été produits dans un atelier spécialisé puisque leur fabrication requiert un minimum de gestes simples et des outils en pierre rudimentaires (Newcomer 1974, 148-150 ; Camps-Fabrer & D'Anna 1977 ; Heinz 1994, 263-265 ; Wapnish 1997a, 337). Le matériau correspond à des os longs de petits mammifères (Heinz 1994, 256-259) dont l'espèce exacte n'a pas été déterminée par un spécialiste en zooarchéologie, sauf pour quelques artéfacts[3]. Toutefois, en raison de leur taille et de leur forme, ils semblent avoir appartenu à de petits ruminants, tels des chèvres et des moutons, comme cela est courant dans un contexte de production domestique et surtout chez des communautés pastorales qui consomment la viande de ces animaux (Krzyszkowska 1990, 24 ; Wapnish 1997a, 338-339). La matière osseuse ayant une texture fibreuse en longueur, cela permet de la tailler longitudinalement sans trop d'efforts. Les os longs possèdent un corps cylindrique (diaphyse) compact entourant le canal médullaire (moelle) et des extrémités arrondies qui forment les articulations (épiphyses).

Les poinçons et les aiguilles étant des objets utilitaires et élémentaires, ils continuent à être fabriqués en os d'animaux, un matériau léger et résistant tout à fait approprié à leur fonction, même si à l'époque de Tell 'Atij le métal commence à se répandre comme matériau pour fabriquer les outils d'usage courant, mais à un rythme qu'il est impossible d'évaluer (Moorey 1994, 112 ; Liebowitz 1997, 341).

L'absence à Tell 'Atij de certains types d'objets usuels en os interpelle, notamment celle d'hameçons et de harpons alors que le site est situé sur la berge d'une rivière poissonneuse et que certaines pierres d'ancrage auraient pu servir à lester des filets de pêche (Chapitre 22). Celle de lissoirs et de spatules s'expliquerait peut-être par le fait que les activités requérant ces outils, la fabrication de céramique ou le travail des peaux, n'avaient pas lieu sur le site ou du moins pas dans la zone fouillée. Que le site n'ait pas livré de nombreuses habitations pourrait justifier l'absence d'ustensiles domestiques comme des couteaux et des cuillers.

D'après les plus récentes études spécialisées portant sur cette catégorie d'artéfacts, qui prend de plus

---

[1] Les coquillages naturels (*shells*) sont traités à la fin de ce chapitre par David S. Reese.

[2] Il est fréquent de regrouper les artéfacts ayant été fabriqués à partir d'ossements d'animaux, de coquillages de mollusques ou même de l'ivoire de certains mammifères (ex. Moorey 1994, 111-140) puisque ces matériaux sont tous des matières osseuses d'un animal. Un classement sommaire de ce matériel a été tenté dans le cadre d'un mémoire de maîtrise portant sur l'ensemble du Proche-Orient : Gagnon 2002.

[3] Analyse faite le 21 septembre 2009 par mon collègue James Woollett, zooarchéologue au département des sciences historiques de l'Université Laval, que je remercie bien amicalement.

Tableau 25.1 : Distribution, par niveau et par contexte de découverte, des objets en MDA de Tell 'Atij.

Niveau	Contexte	Poinçon (10)	Aiguille (4)	Perle (20) (coquille)	Pendeloque (3) (coquille)	Omoplate incisée (1)
I	515 – pièce 517' – pièce 549 – pièce	Os12 Os3				Os1
II	552 – pièce 564a – allée	Os7	Os5			
III	540 – pièce 564b – ruelle	Os4	Os8			
IV	556 – pièce	Os9				
V						
VI	559a – pièce 561b – pièce	Os13 Os11				
VII	575 – cour	Os14				
VIII	576 – cour	Os16				
IX	568 – ruelle	Os15				
X	589 – ruelle		Os2			
XI						
XII						
XIII						
0			Os6	B37		
Tombe				B72[19]	B47 (taureau) B65 (oiseau) B71 (oiseau?)	

en plus d'importance en regard de la culture matérielle (LeMoine 2007 ; Olsen 2007 ; Çakırlar & Genz 2016 ; Paul 2019, 179-180) en raison notamment de l'introduction de nouvelles approches méthodologiques (Gates St-Pierre & Walker 2007), les outils en os peuvent être classés selon la nature de leur partie active, leur morphologie ou encore leur fonction probable (Stordeur 1977a ; 1978 ; 1988 ; 1993 ; Helmer & Stordeur 2000). Ce classement s'accompagne d'une terminologie idoine qui n'est pas sans causer quelques soucis aux lecteurs intéressés avec la multiplication des publications sur le sujet (Paul 2019).

L'industrie osseuse de Tell 'Atij est peu élaborée et peu variée. Mis à part un fragment d'objet indéterminé, tous les artéfacts en os appartiennent à la grande famille morpho-fonctionnelle des **outils à partie active pointue**[4], la plus usuelle sur les sites archéologiques à défaut d'être la plus variée. Avec 10 poinçons et 4 aiguilles,

l'industrie osseuse de Tell 'Atij semble donc avoir été dédiée aux fonctions de perçage et de couture. Leur distribution dans les divers niveaux d'occupation du site, à raison d'un ou deux objets par niveau, ne permet pas de désigner un lieu particulier pour l'exercice de cette pratique (Tableau 25.1).

Poinçons

Les 10 poinçons (*awls*, en anglais) de Tell 'Atij présentent des traces de fabrication dont on peut reconstituer les étapes : il y eut d'abord un débitage dans le sens de la longueur afin d'obtenir une moitié d'os allongée munie d'une pointe naturelle, l'extrémité diaphysaire, qu'il a suffi ensuite de façonner par raclage ou polissage pour appointer davantage (Piel-Desruisseaux 2007, 217-219 ; Le Dosseur 2004, 92 ; Heinz 1994, 263-265). Plusieurs poinçons complets de Tell 'Atij possèdent

---

4 L'assemblage de Tell 'Atij ne comporte aucun outil à partie active tranchante (ex. couteau) ou diffuse (lissoir, spatule) qui repré-

sentent les deux autres grandes familles morpho-fonctionnelles (Stordeur 1977a ; 1978 ; 1988 ; 1993 ; Helmer & Stordeur 2000).

encore l'articulation de l'os dans lequel ils ont été fabriqués afin d'en faciliter la préhension (Genz 2009, 75 ; Otte & Noiret 2010, 149).

Un poinçon peut se définir par sa morphologie : « instrument en matière osseuse présentant une extrémité façonnée en pointe, opposée à une zone de préhension plus ou moins aménagée » (Brézillon 1969, 195 ; Piel-Desruisseaux 2007, 215), d'où son appellation en anglais : *pointed tools* (Peyronel 2014a, 130-131 ; 2016, 185-188). Son mode de fabrication peut aussi servir à établir sa dénomination : « objet en os ou en toute autre matière dure animale, pris sur fragment ou esquille quelconque, sans forme prédéterminée et dont une pointe a été aménagée, volontairement sur une longueur de quelques millimètres, par raclage ou abrasion » (Camps-Fabrer 1990). Enfin, il est également possible de le désigner en regard de sa fonction : outil « tenu dans la main et tourné alternativement de gauche à droite pour percer » (Leroi-Gourhan 1943 ; 1971, 99) fort vraisemblablement des peaux d'animaux (Leroi-Gourhan 1962, 30 ; Piel-Desruisseaux 2007, 220 ; Genz 2019, 75), même si peu d'études tracéologiques l'ont confirmé à ce jour (Odell 1998, 39). D'autres auteurs associent plutôt le poinçon à la production textile (Peyronel 2004, 132-145 ; 2016, 188 ; Genz 2019, 75) ou à la vannerie (Amiran 1978, 56) bien que de telles fonctions sont plutôt présumées que démontrées (Genz 2016, 162). En somme, ce type d'artéfact osseux fait partie d'une vague catégorie morpho-fonctionnelle regroupant un très grand nombre d'outils en os qui ont exercé différentes fonctions (Gates St-Pierre 2007, 116 ; Olsen 2007) d'autant que sur plusieurs sites ce type d'outils a été retrouvé dans des contextes associés à la préparation et à la consommation de nourriture (Genz 2019, 75).

Les classements typologiques des poinçons en os tiennent compte de la forme de la pointe (Heinz 1994, 262), de sa longueur (Peyronel 2016, 188), de la nature de sa base (Leroy-Prost 1975, 134 ; Piel-Desruisseaux 2007, 215), d'une série de caractéristiques liés à la morphologie générale de l'outil et de ses différentes parties, de sa morphométrie, c'est-à-dire le calcul d'indices basé sur différentes mesures prises sur l'artéfact, et enfin de l'espèce animale dont provient la matière première (Camps-Fabrer *et al.* 1990). L'extrémité en pointe s'appelle « apex » et l'autre « base » (Prost 1971, 47 ; Piel-Desruisseaux 2007, 215). Les dimensions des poinçons varient beaucoup : certains sont longs et minces, d'autres sont plutôt courts et robustes. Ces différences portent certains spécialistes à distinguer des catégories au sein des poinçons : les alênes (longues et très pointues) et les épingles (petites et effilées, avec articulation). Tandis que les collègues anglophones se partagent entre « *awl* » et « *point* » (Paul 2019, 170-172).

Mon classement des 10 poinçons de Tell 'Atij, basé sur les principes classificatoires développés par Danielle Stordeur (1977a ; 1988 ; 1993 ; Helmer & Stordeur 2000), ne comporte que deux types :

– Poinçon sur os fendu longitudinalement et poignée intégrée naturelle partielle :
  – sous-types :
    1) long, délicat, pointe bien effilée ;
    2) court, robuste, pointe plus ou moins effilée.
– Poinçon à base élargie et tronquée (issu d'un débitage longitudinal et transversal) : de forme triangulaire, court, robuste, pointe peu effilée.

Les poinçons de Tell 'Atij se comparent bien avec ceux de Raqa'i (Dunham 2015, 349-356).

Poinçon sur os (long) fendu longitudinalement et poignée intégrée naturelle partielle

sous-type 1 : long, délicat, pointe bien effilée

Os12 (ATJ87.E16A9...)

Poinçon en os (fragment du milieu d'un os du métacarpe ou du métatarse d'un mammifère terrestre de taille moyenne), incomplet : seule la partie distale et la moitié inférieure de la partie mésiale sont conservées.

5,6 (lo.) × 0,9 (la. max.) × 0,5 cm (ép.).

Étroit fût mésial aux bords rectilignes, de section annulaire à un pan coupé (ou concave si on tient compte du canal médullaire) et un pan convexe ; présence de longues stries longitudinales sur la face convexe et de petites stries sur un des bords ; extrémité distale très effilée et polie, de section ronde.

Université Laval.

Os13 (ATJ92.D14A32...)

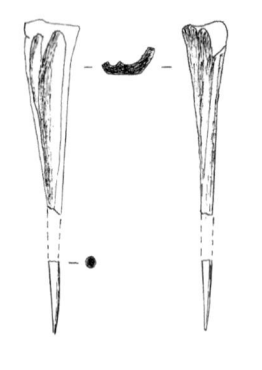

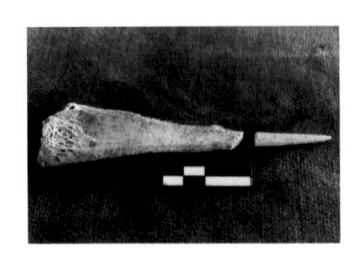

ATJ92.O14A32.Os13

Poinçon en os (partie proximale soudée d'un os du métatarse d'un *Ovis aries* ou d'une *Capra hircus*), incomplet : en deux fragments d'inégales dimensions qui ne recollent pas.

4,8 (lo.) × 1,6 (la. max.) × 0,6 cm (ép.) : le plus grand des fragments.

Fragment proximal d'un poinçon fort probablement long à l'origine dont le fût, de section annulaire à un pan coupé (ou concave si on tient compte du canal médullaire) et un pan convexe, s'amincissait graduellement vers l'extrémité distale ; la base est formée par l'articulation de l'os (poignée intégrée) ; on peut observer des stries obliques très marquées sur les bords.

Le fragment distal du même poinçon est très pointu et poli, de section ronde.

Université Laval.

Os16 (ATJ92.E13B14...)

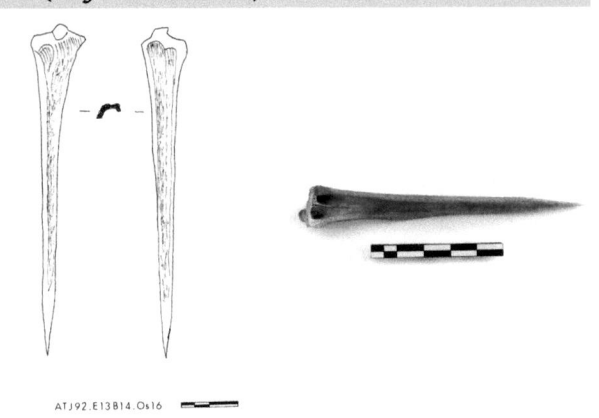

ATJ92.E13B14.Os16

Poinçon en os (partie proximale soudée, avec la majorité du milieu, d'un os du métatarse d'une *Capra hircus*), complet et en très bon état de conservation.

10,9 (lo.) × 0,9 (la. max.) × 0,7 cm (ép.).

Poinçon long et très étroit dont le fût, de section annulaire à un pan coupé (ou concave si on tient compte du canal médullaire) et un pan convexe, s'amincie graduellement vers l'extrémité distale ; la base est formée par l'articulation de l'os (poignée intégrée) ; l'extrémité distale est très effilée et polie ; quelques stries perpendiculaires sont visibles sur la partie distale des bords.

Université Laval.

sous-type 2 : court, robuste, pointe plus ou moins effilée

Os11 (ATJ88.D13B7...)

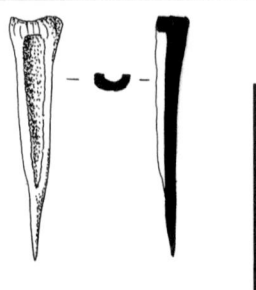

ATJ88.D13B7.Os11

Poinçon en os, complet.

6,0 (lo.) × 1,4 (la. max.) × 1,0 cm (ép.).

Court poinçon, au fût de forme triangulaire et de section semi-annulaire, dont la base est formée par l'articulation de l'os (poignée intégrée) ; extrémité distale pointue très effilée et polie, de section ronde.

Musée de Deir ez-Zor (ATJ88.230).

Os14 (ATJ92.E15A17...)

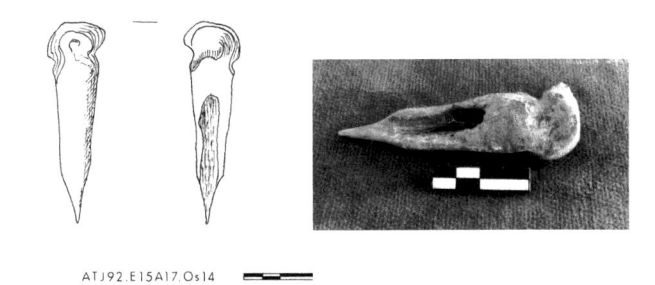

Poinçon en os (partie distale d'un os du métatarse d'une *Capra hircus* adulte), complet.

5,3 (lo.) × 1,3 (la. max.) × 1,2 cm (ép.).

Poinçon court et large, de forme triangulaire, au fût de section semi-annulaire, dont la base est formée par l'articulation de l'os (poignée intégrée); courte extrémité distale très appointée et polie, de section ronde; présence de stries obliques sur les bords et la face inférieure.

Université Laval.

Os15 (ATJ92.F15B3...)

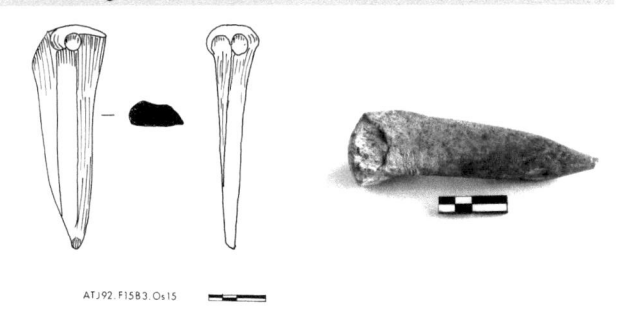

Poinçon en os (partie proximale soudée, avec une portion du milieu, d'un os – IV-du métatarse d'un petit équidé), complet hormis un petit éclat à l'extrémité de la pointe.

7,4 (lo.) × 2,4 (la. max.) × 1,0 cm (ép.).

Poinçon court et très large, en forme de triangle; fût mésial de section rectangulaire, à base légèrement concave; la base du poinçon est formée par l'articulation de l'os (poignée intégrée); l'extrémité distale, polie et plus ou moins pointue, est abîmée.

Université Laval.

Poinçon à base élargie et tronquée (résultant d'un débitage longitudinal et transversal) : de forme triangulaire, court, robuste, pointe peu effilée.

Os3 (ATJ87.D8A10...)

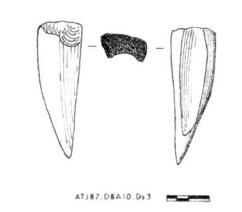

Poinçon en os, complet; éclat sur un bord et à l'extrémité proximale.

5,9 (lo.) × 2,1 cm (la. max.).

Poinçon court et large, en forme de triangle, au fût mésial de section semi-annulaire; extrémité proximale sommairement aménagée; extrémité distale inclinée vers un côté, pointue, de section ronde, à la surface polie; présence des stries obliques sur les bords.

Musée de Deir ez-Zor (ATJ87.89)

Os4 (ATJ87.D16A4...)

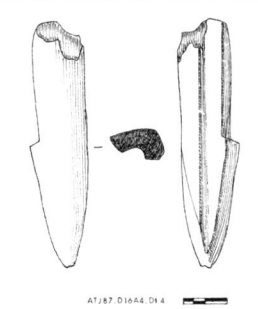

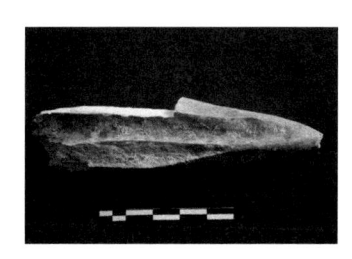

Poinçon en os, complet quoique rogné sur l'un de ses bords (large éclat).

10,9 (lo.) × 2,5 cm (la. max.).

Poinçon court et large au fût mésial de section semi-annulaire; extrémité distale plus ou moins pointue.

Musée de Deir ez-Zor (ATJ87.157)

Os7 (ATJ88.D15A20...)

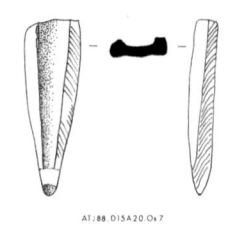

Poinçon en os, complet ; petit éclat à la pointe.

7,5 (lo.) × 2,4 (la. max.) × 1,1 cm (ép.).

Poinçon de forme triangulaire au fût mésial de section rectangulaire, à base concave ; extrémité proximale sommairement aménagée ; extrémité distale pointue mais peu effilée, surface polie ; présence de stries obliques sur les bords.

Musée de Deir ez-Zor (ATJ88.73).

Os9 (ATJ88.D15A26...)

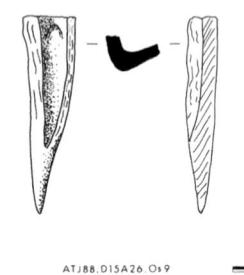

Poinçon en os, complet ; fendillement de la pointe.

6,6 (lo.) × 2,0 (la. max.) × 1,1 cm (ép.).

Poinçon triangulaire, court et large, au fût mésial de section semi-annulaire ; extrémité proximale sommairement aménagée ; extrémité distale très effilée, de section ronde, et polie ; présence de stries obliques sur les bords.

Musée de Deir ez-Zor (ATJ88.122).

Aiguilles

Quatre objets en os de Tell 'Atij ont été catalogués sous l'appellation d'aiguille quoique celle de pointe (Camps-Fabrer *et al.* 1990) aurait pu avoir été utilisée pour désigner trois d'entre elles puisque leur partie proximale où se situe d'habitude le chas n'a pas été préservée. Les aiguilles sont apparentées aux poinçons dans la mesure où elles possèdent elles aussi une partie distale très pointue et une partie proximale ou tête un peu plus large ; mais elles s'en différencient par la régularité et le petit diamètre de leur partie mésiale ou fût qui comporte parfois une perforation ou un chas (Stordeur 1977b ; 1979 ; 1990 ; Piel-Desruisseaux 2007, 240-244). Une seule pièce [Os8] possède un chas et son attribution à cette classe ne fait aucun doute ; dans les trois autres cas, leur partie proximale est manquante et nous présumons qu'il y avait un chas. À l'instar des aiguilles modernes, le chas devait servir à retenir un fil pour coudre des vêtements de peau ou de tissu, voire pour retenir ensemble des pans de vêtements (Klein 1992, 247 ; Genz 2019, 79). Dans le cas de peaux d'animaux, il a été suggéré que les trous étaient d'abord percés au moyen d'un poinçon et que l'aiguille ne servait ensuite qu'à passer le fil qui formait la couture. Les pièces sans perforation ont peut-être servi d'épingles à cheveux ou encore d'instruments de maquillage (Klein 1992, 244-246 ; Genz 2019, 79).

La fabrication des aiguilles en os exige tout d'abord d'extraire, avec un outil en silex, une petite baguette, appelée « languette de débitage », en procédant par rainurage sur un os entier ou un fragment de diaphyse, c'est-à-dire la partie mésiale d'un os. Puis, la baguette est d'abord façonnée par raclage appointant sommairement l'extrémité distale et amincissant l'ensemble du fût sur deux faces et en particulier sa partie proximale. Ensuite, cette dernière est perforée pour produire le chas. Finalement, l'aiguille est soigneusement façonnée, soit par raclage, soit par polissage, afin de lui donner une silhouette fine et régulière ainsi qu'une pointe bien effilée (Piel-Desruisseaux 2007, 241-243).

Les *comparanda* sont nombreux parce que ce type d'artéfacts en os est très répandu dans tout le Proche-Orient ancien (Klein 1992, 154-192 ; Genz 2019, 79).

Os2 (ATJ87.F15C1...)

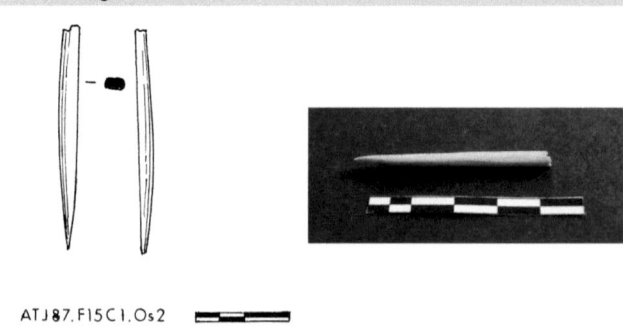

Aiguille en os, incomplète.

4,8 (lo.) × 0,4 cm (ép.).

Long et étroit fût lisse, de section rectangulaire, à bords légèrement convexes, dont l'extrémité distale est régulièrement appointée et polie.

Musée de Deir ez-Zor (ATJ87.40)

Os5 (ATJ88.D14A15...)

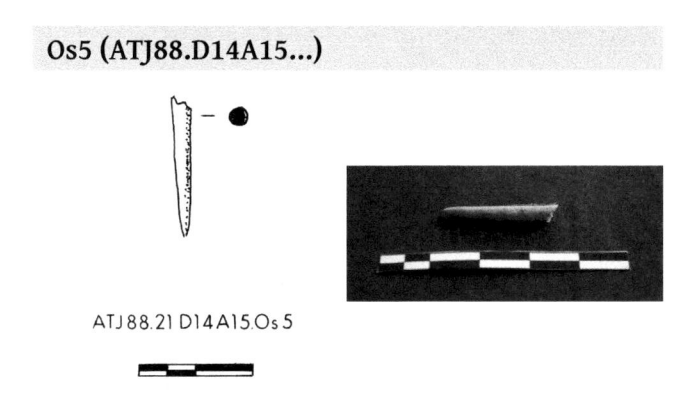

ATJ88.21 D14A15.Os 5

Aiguille en os, incomplète : seule la pointe est conservée.

2,3 (lo.) × 0,3 cm (dia.).

Fragment distal court et étroit, de section ronde ; pointe régulière et polie.

Musée de Deir ez-Zor (ATJ88.21)

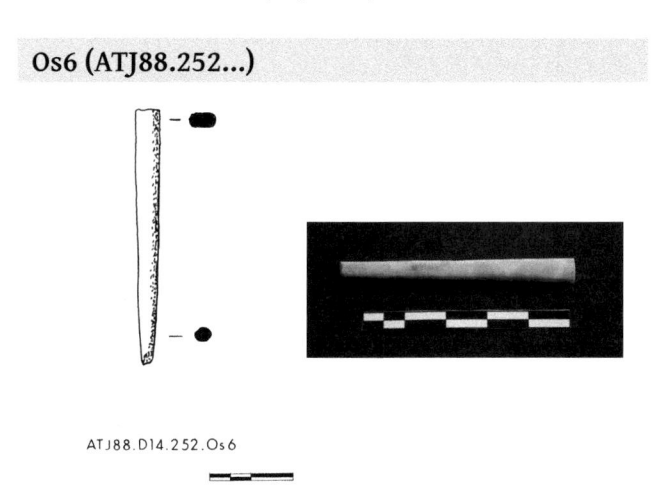

Os6 (ATJ88.252...)

ATJ88.D14.252.Os6

Aiguille en os, incomplète : manque l'extrémité proximale et l'extrémité distale est cassée.

5,7 (lo.) × 0,5 cm (dia.).

La partie mésiale de cet objet, la seule préservée, est longue et étroite, à fût lisse aux bords réguliers, de section rectangulaire, s'amincissant vers l'extrémité, de section ronde.

Musée de Deir ez-Zor (ATJ88.34)

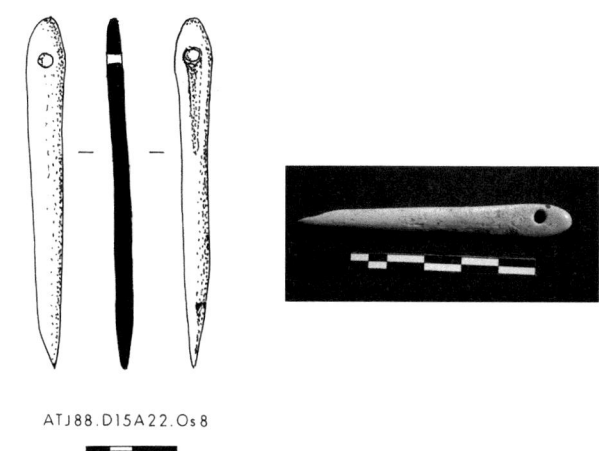

Os8 (ATJ88.D15A22...)

ATJ88.D15A22.Os8

Aiguille en os, complète.

7,3 (lo.) × 0,8 (la.) × 0,3 cm (ép.).

Tige longue et assez large, de section rectangulaire, à bords réguliers ; perforation circulaire (le chas : 0,4 cm dia.) dans le tiers proximal obtenue par sciage et approfondissement d'une rainure qui est toujours visible sous le chas sur l'une des faces de l'aiguille ; extrémité proximale arrondie ; extrémité distale acérée et polie, de section ronde.

Musée de Deir ez-Zor (ATJ88.99)

Fragment d'« omoplate incisée »

L'assemblage d'artéfacts en os d'animaux de Tell 'Atij comprend aussi un objet singulier qui se distingue nettement des poinçons et aiguilles décrits plus haut. Il s'agit d'un petit fragment d'omoplate d'un bovidé. Sa grande particularité est qu'il porte sur l'une de ses faces des incisions, d'où son appellation : « omoplate incisée ».

La fonction attribuée à ces fragments d'omoplates portant sur leurs petits côtés une série d'entailles ou d'encoches parallèles sont nombreuses et variées : instrument de musique (sorte de crécelle) ou partie d'un instrument de musique à cordes pour notamment en soutenir les cordes (chevalet), scapulaire pour pratiquer la divination, outil pour la fabrication de fils ou pour le travail des fibres, système de notation enfin. Même si aucune ne fait unanimité, celle relative au système de notation prend une signification très particulière dans le contexte de sa découverte à Tell 'Atij, un dépôt à grains impliqué dans des échanges commerciaux, d'autant plus que trois autres fragments d'os portant des traces d'incisions multiples semblables ont été identifiés lors de l'étude de l'assemblage d'os animaux par un zooarchéologue (Chapitre 28).

Os1 (ATJ86.E17A3...)

Plaque en os d'une omoplate d'un grand mammifère, probablement un bovidé, incomplète: il y a des traces de cassure sur les côtés et de feu un peu partout sur la pièce, ce qui lui donne un aspect grisâtre foncé.

2,2 (lo.) × 2,3 (la.) × 0,75 cm (ép.).

Petite plaque de forme rectangulaire, presque carrée, portant sur sa face convexe deux profondes (2 mm) rainures transversales parallèles et la trace de deux autres de chaque côté, où il y a eu cassure. Sa face intérieure plane montre le tissu spongieux de l'os (fendu).

Cf. Des omoplates incisées plus complètes ont été retrouvées sur des sites contemporains situés à peu de distance de Tell 'Atij, dans la moyenne vallée du Khabour: Gudeda (Fortin 1994a, 386-387, fig. 22), Raqa'i (Dunham 1994; 2015, 350, 358, fig. 5.100), Bderi (Becker 1988) et Tuneinir (Loyet 1994). Des exemplaires ont aussi été découverts sur plusieurs autres sites du Proche-Orient et de la Méditerranée orientale, notamment à Chypre (Reese 2002; 2009; Zukerman et al. 2007).

Université Laval.

Coquille

Les 23 artéfacts en coquille découverts à Tell 'Atij sont tous des éléments de parure[5]:

- 20 perles;
- 3 pendeloques.

Même si les espèces exactes des coquillages n'ont pas été déterminées par un spécialiste, contrairement aux coquillages naturels (David Reese, à la fin du présent chapitre), on peut avancer, sans trop risquer de se tromper, que ces éléments de parure ont été faits à partir des coquilles de mollusques appartenant aux familles suivantes: petits gastropodes[6] pour les perles et bivalves[7] pour les pendeloques (Claassen 1998, 16-21). La plupart de ces coquillages ont fort probablement été ramassés dans la rivière Khabour qui passe au pied du tell principal bien que certains pourraient facilement provenir de la Mer Rouge et même de plus loin, Tell 'Atij étant un site voué aux échanges (Gensheimer 1984; Reese 1991).

Ce matériau a été négligé en archéologie mésopotamienne (Moorey 194, 129) alors que des coquillages ont été ramassés par les humains dès la fin du Paléolithique (Bar-Yosef Mayer 2005) pour servir de parures sans qu'ils aient à être considérablement travaillés, étant naturellement de formes décoratives, sauf pour le perçage d'un trou de suspension (Francis 1982). Les objets en coquille ne sont donc pas des artéfacts qui témoignent d'une grande activité « industrieuse » vu que les coquillages se prêtent naturellement, sans trop de modifications, à des fins de parure (Moorey 1994, 129), quoique la fabrication de ce type d'objets est plus compliquée qu'il n'y paraît (Bonnardin 2009, 69-103). Leur fonction de parure semble confirmée aussi par le fait que la plupart ont été retrouvés dans des tombes.

Perles

La vingtaine de perles simples – non travaillées mais uniquement perforées – en coquillage provenant de Tell 'Atij se comparent à nombre de spécimens découverts sur plusieurs autres sites du début du IIIe millénaire en Mésopotamie septentrionale et notamment dans la moyenne vallée du Khabour: Raqa'i (Dunham 1993, figs 2 et 11; 2015, 391-393, 403, 405), Rad Shaqrah (Szeląg 2010, 591-597), Melebiya (Lebeau 1993, 521), Kneidij (Klengel-Brandt et al. 2005, 260). L'existence de la perforation indique qu'elles furent montées en colliers ou en bracelets.

---

5 Comme plusieurs des éléments de parure en coquillage ont été originellement enfilés sur des colliers ou des bracelets, au côté de perles fabriquées en d'autres matériaux (pierre ou terre cuite), ces colliers et bracelets composés de matériaux disparates sont plutôt décrits dans le Chapitre 24 portant sur les « Éléments de parure ». Seuls sont décrits ici les « éléments de parure » uniques, faits d'un seul coquillage: perles ou pendeloques. La présente partie (coquille) de ce chapitre-ci doit donc être complétée par le Chapitre 24.

6 Coquille enroulée dans le sens des aiguilles d'une montre et qui se termine par une ouverture.

7 Le manteau ou l'exosquelette de carbonate de calcium du mollusque est formé de deux parties ou valves jointes par des muscles intérieurs, un ligament, et très souvent une dent charnière.

B37 (ATJ87.D11A27...)

ATJ87.D11A27.B37

Perle en coquillage, complète.

1,4 (lo.) × 0,8 cm (la.).

Petit gastropode percé au tiers supérieur.

Musée de Deir ez-Zor (ATJ87.42).

B72 (ATJ92.MM14A3...) – tombe

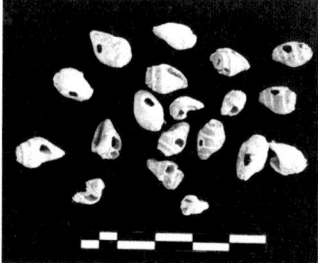

Perles (19) en coquillage, complètes, mais leur état est friable et plusieurs sont endommagées.

Dimensions varient entre 0,7 et 1,3 cm de longueur.

19 petits gastropodes percés de couleur beige avec rayures blanches (sauf trois qui sont entièrement blancs).

Musée de Deir ez-Zor (ATJ92.31).

Plusieurs petits coquillages ont été retrouvés isolés et épars pendant la fouille. Comme ils comportent une perforation très discrète, on peut supposer qu'ils furent enfilés comme perle ou breloque à une parure du type collier ou bracelet (Claassen 1998, 197). Ces coquillages, dont la fonction de « perle » ne fut observée qu'au moment de leur étude par un spécialiste, sont par conséquent identifiés dans la section de chapitre qui leur est consacrée, aux côtés des spécimens naturels non travaillés (David Reese, à la fin du présent chapitre).

Pendeloques

La collection d'artéfacts en MDA de Tell 'Atij comprend également 3 pendeloques zoomorphes qui ont été ciselées dans des coquilles de mollusques : elles possèdent une perforation à peu près centrale par laquelle il était possible de passer un lien pour les suspendre ou les porter. Ayant été retrouvées dans des tombes, il est clair qu'il s'agissait de parures pour accompagner le défunt et le protéger. En effet, ce type de pendeloque zoomorphe était d'habitude déposé dans les tombes d'enfants en qualité d'amulette apotropaïque (Dunham 1993 ; 2015, 389-390 ; Szeląg 2014), comme en témoignent des tombes identifiées sur des sites contemporains voisins : ex. Raqa'i (Dunham 2015, 389-407), Rad Shaqrah (Szerląg 2010, 599-606). Cependant, les tombes de Tell 'Atij desquelles ces pendeloques ont été retirées, ne renfermaient aucun squelette quoique leurs dimensions nous portent à croire qu'elles auraient effectivement pu être des tombes d'enfants.

B47 (ATJ87.D13A15...) – tombe

ATJ87.D13A15.B47

Pendeloque zoomorphe en coquille, complète.

4,9 (lo.) × 4,5 (la.) × 0,4 cm (ép.).

Pendeloque en nacre de perle représentant un taureau couché : corps allongé, vu de côté, tourné vers la droite, avec deux pattes à peine esquissées qui sortent d'en-dessous, l'une à l'avant, l'autre, en arrière ; un trou de suspension est percé dans le tiers supérieur du corps tandis que deux petites dépressions rondes, placées un peu plus bas de manière à former un triangle avec le trou de suspension, semblent constituer un motif décoratif sur le flanc de l'animal d'autant qu'elles sont entourées d'un sillon circulaire (très peu visible dans l'un des deux cas) ; le même type de petites cavités rondes peu profondes, entourées chacune d'un mince sillon, forment les yeux de la tête de l'animal, retournée vers la gauche, surmontée d'une paire de petites cornes ; un profond sillon sépare la tête du corps alors qu'un sillon à peine perceptible délimite l'arrière-train de l'animal qui se termine par une queue courte et pointue.

Cf. Hazna I (Munchaev & Amirov 2016, 235/3 – absolument identique) ; Brak (Oates 1982, 193, pl. XIIa-b ; Oates *et al.* 2001, 296) ; Kneidij (Klengel-Brandt *et al.* 2005, 250, pl. 172/504) ; Abu Hujeira (Martin & Wartke 1993-1994, 210) ; Qara Qūzāq (Olmo Lete & Montero Fenollos 1998, 299 ; Olmo Lete 2001, 333 et 338, fig. 7/1 – identique, sauf pour l'orientation de l'animal vers la gauche). Des exemplaires similaire, mais en pierre, ont été trouvés à : Rad Shaqrah (Bieliński 1994, 160 ; Szerląg 2010, 599-603 ; 2014, 146-147), Gawra (Speiser 1935, pl. 53) et Mari (Parrot 1956, 157, n° 549).

Publ. : Fortin 1989, 56 ; 1990a, 240, fig. 21.

Musée de Deir ez-Zor (ATJ87.187).

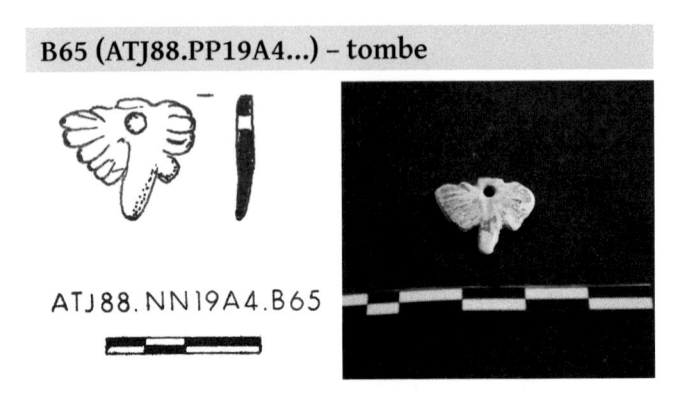

B65 (ATJ88.PP19A4…) – tombe

Pendeloque zoomorphe en coquille, complète.

1,4 (lo.) × 1,6 (la.) × 0,2 cm (ép.).

Pendeloque en nacre de perle en forme d'oiseau dont les ailes ouvertes sont rendues par des rainures séparées par des arêtes ; trou de suspension circulaire est percé au centre, au tiers supérieur.

On peut y voir, mais en modèle très réduit et schématisé ici, la représentation emblématique du dieu Imdugud/Anzû sous la forme d'un aigle léontocéphale (ex. Matthews 2003, 204, fig. 6.16, pour un exemplaire en lapis-lazuli trouvé récemment à Brak et juste un peu plus grand que celui-ci), l'exemplaire le plus connu et le plus réussi étant celui de Mari, en lapis lazuli (Parrot 1968, 22-24, pls 9-10). Cependant, on peut également interpréter cette représentation symbolique comme étant celle d'un papillon (*butterfly beads*), un type de perle qui apparaît dès le Néolithique et qui est associé à la maternité et à la fécondité (Alarashi 2016).

Cf. S'inscrit bien dans la série des « aigles déployés » trouvée dans le temple d'Ishtar à Mari (Parrot 1956, 158-159, pl. 58) ; Abu Hujeira (Martin & Wartke 1993-1994, 210) ; Abu Hujeira I (Suleiman & Quenet 2012, 16, figs 16 et 48) ; Abū Hafūr (Koliński & Lawecka 1992, 211, fig. 24/12a) ; Tawi (Kampschulte & Orthmann 1984, pl. 30/12) ; Kurban Höyük (Algaze *et al.* 1990, pl. 164/I et U) ; Raqa'i (Schwartz & Curvers 1992, 400, fig. 5 ; Dunham 1993, 247-251, figs 6 et 12 ; 2015, 397-398, figs 5.136 et 5.137) ; Rad Shaqrah (Szerląg 2010, 603-605 ; 2014, 147-149).

Musée de Deir ez-Zor (ATJ88.145).

B71 (ATJ92.MM14A3…) – tombe

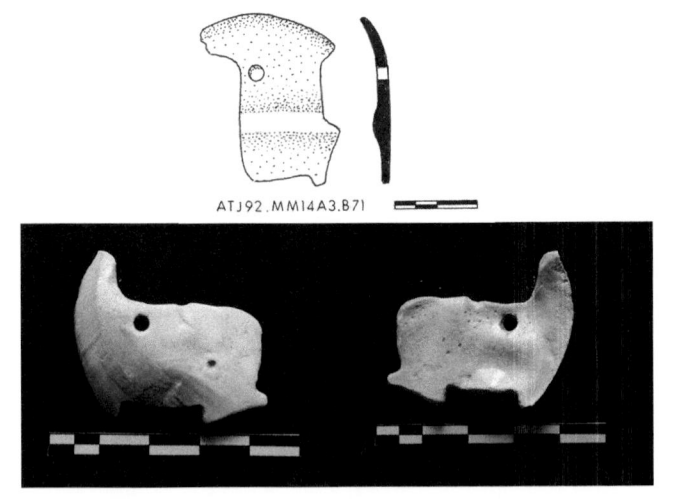

Pendeloque zoomorphe en coquille, incomplète.

3,9 (lo.) × 2,2 (la.) × 0,5 cm (ép.).

Pendeloque en nacre de perle ayant la forme d'un animal quelconque (oiseau ?), accroupi, vu latéralement, dont les pattes sont à peine esquissées ; un trou de suspension cylindrique a été percé de part en part du coquillage dans la partie supérieure du corps, vers la gauche, tandis qu'une plus petite dépression ronde a été pratiquée dans la partie inférieure, vers la droite, entourée d'un mince et peu profond sillon circulaire.

Cf. Mari (Parrot 1956, 157, pl. 60/671 – une oie au repos) ; Gawra (Rothman 2002, pl. 72/1277) ; Beydar (Nonne 2008, 58 n° 172 et 216).

Musée de Deir ez-Zor (ATJ92.30).

Shells from Tell 'Atij

David S. Reese

Tell 'Atij excavations produced:

- 4 marine shells
- 63 fresh-water remains (57 *Unio* valves [17 worked], 5 *Melanopsis* gastropods [2 holed])
- 2 mother-of-pearl (nacre) pendants
- 10 land snails
- 10 fossil shells.

Only three of these remains are from the Secondary tell (*Pardalinops*; mother-of-pearl pendant; land snail). Unless otherwise noted, all are now stored in the Archaeo-biology Laboratory, Museum Support Center, National Museum of Natural History, Smithsonian Institution, Suitland, Maryland, U.S.A. All measurements are in mm.

H	height
L	length
max.	maximum
MNI	Minimum Number of Individuals
pres.	preserved
T	thickness
W	width

Marine shells

Tell 'Atij is located about 430 km from the Mediterranean Sea, 925 km from the Red Sea, and over 950 km from the Persian Gulf, as the crow flies. The Red Sea and Persian Gulf shells belong to the Indo-Pacific Province and their specific source generally cannot be determined. However, they are both different from Mediterranean species. The holed *Columbella rustica* (dove shell, from Level VI) and ground-down and holed *Acanthocardia tuberculata* (cockle) come from the Mediterranean. The gastropod fragment cannot be assigned to a genus. The *Pardalinops testudinaria* (dove shell; formerly *Pyrene t.*) is an Indo-Pacific gastropod.

Level VI

E14A8: *Columbella* — open apex, has colour and gloss, L 12.75, W 9.25, hole 1.75 × 2 (in Québec).

Level I

E7A1: gastropod — distal end, broken lip, L 20.75+, W 11.25+.

Level 0

C21A2: *Acanthocardia* — worn, has some colour, left, broken distal and side (recent), pres. W 35, H 34, ground-down hole at umbo, ground-down area 5 × 3.75, hole 2.25 × 2.25 (in Québec).

NN17A4: *Pardalinops* — worn/ eroded, open apex, slightly broken distal, pres. L 14.25, W 9.75 (tomb; in Québec).

Comparanda:

- Gudeda: 1 *Columbella* (dove shell; water-worn, open apex area), 1 *Cerithium* (cerith or horn shell; hole in lower body) and 1 Indo-Pacific *Oliva bulbosa* (olive shell; water-worn, hole at apex). Scott J. Rufolo informed me (9 February 2007) that in Suitland there are also 1 *Engina mendicaria* (banded whelk; holed) and 1 *Monetaria moneta* (money cowrie, formerly *Cypraea m.*), both Indo-Pacific gastropods.
- Raqa'i: 50 *Engina*, 27 *Tritia gibbosula* (formerly *Nassarius* and *Arcularia*, nassa or basket shell), 22 *Anachis miser* (dove shell), 1 *Conus* (cone shell), 5 worked *Conomurex/Conus* (stromb or cone), 2 *Cardites antiquates* (false cockle), and 1 *Glycymeris* (dog cockle). There are also 3 worked *Pinctada margaritifera* (black-lipped pearl oyster) pieces (personal analysis). Most of these were holed as ornaments. *Engina*, *Anachis*, *Monetaria*, *Conomurex*, and *Pinctada* are all Indo-Pacific forms. Burial 24: 0 *Tritia*, 11+ *Engina*, 9 *Anachis*, and a *Conomurex/Conus* circular

apex whorl bead (Dunham 1993, fig. 11). Burial 32: 9 *Engina* and 2 worked *Conomurex/Conus* (Dunham 1993, figs 2-3). Burial 30: one of the 5 *Engina* found around the wrist of a child (Curvers & Schwartz 1990, 14, fig. 16: 5, incorrectly as a land snail).

- Bderi: 2 *Antalis vulgaris* (dentalium), 1 *Monetaria* with a ground-down dorsum (personal analysis).
- Chuera (von den Driesch & Falkner 1989, 152-157, pl 20-21): 39 Mediterranean: 8 *Tritia*, 6 *Conus*, 5 *Erosaria spurca* (cowrie, now *Naria*), 3 *Columbella*, 1 *Monodonta turbinata* (now *Phorcus turbinata*), 7 *Cardita* (now *Cardites*), 6 *Glycymeris*, 2 *Donax semistriatus* (wedge shell), and 1 *A. vulgaris*;
52 Persian Gulf: 7 *Cerithidea cingulata* (horn shell, now *Cerithideopsilla c.*), 7 *Strigatella litterata* (now *Mitra litterata*), 6 *Engina*, 6 *Conus taeniatus*, 5 *Strombus decorus persicus* (now *Conomurex persicus*), 4 *Anachis*, 3 *Oliva bulbosa*, 2 *Oliva oliva*, 2 *Ancilla castanea*, 1 *Monetaria*, 1 *Cantharus fumosus* (dove shell, now *Polia fumosa*), 1 *Pyrene*, 3 *Trachycardium lacunosum* (cockle, now *Vasticardium assimile lacunosum*), 1 *Anadara rufescens* (ark shell), and 3 *Antalis octangulatum* (now *Dentalium o.*).
- Mozan (Doll 2010, 277; Çakırlar & Şeşen 2013, 87): 3 *Conus*, 2 *Tritia*, 1 *Columbella*, 1 *Bittium* (needle shell), 1 *Charonia tritonis* (triton or trumpet shell), 1 *Cardiidae* (cockle), 1 *Glycymeris*, and 1 *Monetaria*.
- Leilan (Weiss 1990a, 405, pl. 138): 11. The holed shells include at least 3 *Conus* and 1 *Columbella* (personal analysis of photograph). The Leilan shell collection at Yale includes: 1 *Columbella rustica*, 4 *Monetaria moneta*, 1 *Engina mendicaria*, 1 *Conus/Conomurex*, 1 *Vasticardium*, 1 worked and holed *Columbella*. Leilan shells in Suitland include: 1 *Tritia*, 1 *Strombus*, and an unidentified gastropod (Çakırlar & Şeşen 2013, 87).
- Brak: 3 *Tritia* with open dorsum (personal analysis: Ashmolean Museum 1939.564).
- Sweyhat (Buitenhuis 1985, 142): 1 *Antalis* and 1 unholed *Tritia* (personal analysis).
- Mari: 1 apically holed *Conus/Conomurex* and about 96 *Tritia* from a necklace (Parrot 1975, 13, fig. 6).
- Jerablus Tahtani (Ridout-Sharpe 2015, 222-224, pl 10, 31, 40, 44): Tomb 302: 1 *Tritia*, ground-down dorsum, heavily worn (JT824), 1 *Naria spurca*, extremely eroded, open dorsum (M88), 1 shell ring (JT681), 2 unidentified bivalve fragments. Grave 643: 1 *Columbella rustica* with hole on body (JT1256.1). Grave 787: 1 *Cardites antiquatus*, ground-down and holed in umbo area (JT1234) and 9 shell disk beads. Grave 1036: 1 *Engina mendicaria*, holed (JT1236). Grave 1583: 1 *Donax trunculus*, holed below umbo (JT1688.14), 1 shell inlay or zoomorphic pendant (JT1688.1), 1 shell disk bead. Grave 1670: *Columbella rustica*, large worn hole on body (JT2246.3), 1 *Acanthocardia tuberculate*, ground-down and holed umbo (JT2246.4), 1 *Chamelea gallina*, ground-down and holed umbo (JT2246.5), 1 dentalium bead (JT 2246.1). Grave 1687: 1 shell ring (JT2294.1) and 6 shell disk beads. Grave 1931: 31 *Tritia*, all with open dorsi (JT2420.2-32) and 1 shell ring (JT2408). Grave 2330: 1 shell ring (JT3018). Grave 2618: 7 shell disk beads.
- Kurban Höyük: 1 *Cerastoderma glaucum* (cockle) with a ground-down and holed umbo, 5 holed *Tritia*, 1 *Conus* ground-down and holed at the apex, 1 *Conus* whorl bead, 1 unmodified *Bolinus* (worn), 1 *Glycymeris* (fresh, small), and 1 *Chamelea* with a ground-down hole at the umbo, 1 broken Indo-Pacific *Nerita* with a ground-down hole at the apex, 3 *Glycymeris* with holes at the umbo and 1 broken *Strombus* (Reese 1991, 411, pl. 164).
- Titris Höyük: 1 *Tritia* (holed), 1 *Conus* (open apex, water-worn), 1 *Hexaplex* (worn, broken apex), 1 *Glycymeris* (water-worn, ground-down and holed below umbo), and 1 *Monetaria* (open dorsum) (personal analysis).

Fresh-water shells

Tell 'Atij yielded 57 *Unio* valves (40 unworked and 17 worked: 15 ground-down [5 also holed] and 2 with cut edges) and 5 gastropods: 3 *Melanopsis buccinoides* [formerly *M. praemorsa*, 1 holed], and 2 *Melanopsis nodosa* [1 holed]. The two mother-of-pearl pendants from two tombs, not personally seen, could be made from a fresh-water bivalve or *Pinctada*.

Worked Fresh-water Shells

- Level XI
  - F14A11: *Unio* — ground-down upper and central body, left, W 44, H 30.75, ground down area 20.5 × 20.5 (in Québec).
- Level IX
  - E15A23: *Unio* — distal fragment, ground-down distal, pres. W 25, pres. H 15.75 (in Québec).

- F14A4: *Unio* — distal fragment, ground-down distal edge, W 46.5+, H 20+, max. T 4.75 (in Québec).
- Level VIII
  - E14A14: *Unio* — ground-down upper body, left, broken right side (ancient), W 47+, H 27+, ground-down area W 21.5 × H 10.75 (in Québec).
  - E18A5: *Unio* — ground-down body (particularly upper body), distal edge looks ground-down, right, broken left side (ancient), irregular hole in upper body, W 77.75+, H 46.75, ground-down area W 45 × H 28, hole W 20.75 × H 16.25 (in Québec).
- Level VII
  - F15A1: *Unio* — ground/smoothed body, distal body, and distal edge, right, W 56.25, H 38.75 (in Québec).
- Level VI
  - D13B7: *Unio* — ground-down upper body (just below umbo), left, complete, W 65.25, H 43.25, ground-down area W 37 × H 25.75, ground-down distal edge for c45 mm (in Québec).
  - E14A7: *Unio* — right, broken, 3 pieces, distal pieces has one cut edge (on angle) for 13 mm, large, W 53+ (in Québec).
  - E14A8: *Unio* — has one cut edge (on angle) at distal for 18 mm, left, 2 pieces, W 38+, H 32+ (in Québec).
- Level V
  - D17A4: *Unio* — ground-down on upper body and holed, ground-down distal end for at least 45 mm, left, broken right side, W 57+, H 33.25, ground-down area W 33.25 × H 20.5, irregular hole, W 20.75 × H 13.25 (in Québec).
  Unio — ground-down on upper body, smoothed distal, right, broken, W 43+, H 42+, ground-down area W 28+ × H 24.25 (in Québec).
  - E14A5: *Melanopsis nodosa* — holed lower body, broken lip, L 13, W 8, hole 1.25 × 1.75.
  - E17B1: *Unio* — ground-down upper body with hole, right, broken left side, W 50.5+, H 33.25, ground-down area, W 20 × H 13, hole W 10 × H 8.5 (in Québec).
- Level IV
  - D15A27: *Unio* — ground-down and holed on body and ground-down distal edge, right, W 51.25, H 25, ground-down area W 28 × H 17, hole W 15 × H 9.25, distal ground-down for 40 mm (in Québec).
- Level III
  - D15A24: *Unio* — distal end ground-down for 31.25 mm, left, W 49, H 32.25 (in Québec).
- Level I
  - D8A1: *Unio* — ground-down upper body, right, broken left side, pres. W 60, H 39.25 (in Québec).
  Melanopsis buccinoides — irregular hole in lower body, broken lip, L 14.25, W 6.76, hole 2.75 × 1.25 (in Québec).
  - D8A16: *Unio* — ground-down body and distal, right, broken, 4 pieces, ground-down area W c35 × H c16, ground-down distal for at least 29 mm (in Québec).
  - E9A1: *Unio* — ground-down and holed on body and ground-down distal edge, encrusted interior, left, W 53.75, H 37, ground-down body, W 39 × H 25, irregular hole in upper body, W 12.75 × H 9.25 (in Québec).
- Level 0
  - D13A15: Mother-of-pearl pendant (B47) in shape of a stylized animal (tomb; Fortin 1989: 53 [as bull], 56, fig. 25; 1990a: 240, fig. 21 [as bull]; Fortin and Cooper 1994, 48 [as goat]; not seen, in Syria).
  - PP19A4: Mother-of-pearl pendant in form of a butterfly (tomb; Fortin 1990b, 556, fig. 25 top; not seen; in Syria).

Unworked Fresh-water Shells

- Level XIII
  - G6A1: *Unio* — water-worn, left, encrusted interior, broken right side, W 41+, H 32.5.
- Level XI
  - E14A23: *Unio* — left, 4 pieces, partly delaminated interior and exterior, W 35+.
- Level IX
  - D15B2: *Unio* — left, broken right half, W 50+, H 37.25.
  - D15B5: *Unio* — left, fragmentary, medium/large.
  - E13B17: *Unio* — left, hinge fragment, small/medium.
  - E15A23: *Unio* — left, W 41.25, H 25.75.
  - F13A4: *Unio* — left, broken, W 40+.
  - F14A4: 2 *Unio* — 2 left: broken centre and right side, H 31+ bit; hinge/upper body fragment,

smooth exterior (natural), very large, W 50+ (2 MNI).
- Level VIII
  - D15A39: *Melanopsis buccinoides* — L 14, W 8.25.
  - E13B13: *Melanopsis buccinoides* — worn, open apex and hole on lower body (both natural), mostly smooth, some costa, burnt black, L 13+, W 8.
  - E14A14: 2 *Unio* — right, delaminated distal end, W 41+, H 29+; left, smaller (2 MNI).
  - F15B1: *Melanopsis nodosa* — broken lip, partly burnt grey, L 15.25, W 9.
- Level VII
  - E14A12: *Unio* — right, fragmentary, W 33+.
  - E15A17: *Unio* — left, 5 pieces: upper body fragment, W 38+, H 20+; distal fragment, W 44+.
- Level VI
  - D15A37: 2 *Unio* — 2 right: broken right side, W 22+, H 15.25; broken right side, 2 pieces, W 47+, H 32.75 (2 MNI).
  - D16C1: *Unio* — left, broken, W 40+.
  - D17A9: *Unio* — left, W 39.5, H 20.25.
  - D17A11: 2 *Unio* — 2 left: broken right side (recent), W 28.5+, H 21; broken left side, W 35.5+, H 26.25 (2 MNI).
  - E13B11: *Unio* — left, slightly chipped distal right side, W 44.25, H 31.
- Level V
  - D15A32: *Unio* — right, smoothed upper body (natural?), W 51.75, H 26.25.
  - D17A4: *Unio* — left, broken, W 35+, H 33+.
- Level IV
  - D12A18: *Unio* — right, worn, encrusted interior, chipped distal left side (recent), smoothed upper body (natural), W 33.75, H 25.5.
  - D15A27: *Unio* — right, W 36.25, H 21.5.
  - E16A10: *Unio* — left, W 33.25, H 17.25.
- Level III
  - C13A18: *Unio* — left, W 53.75, H 29.25.
  - D12A14: *Unio* — right, broken left, W 54.25+, H 33.35.
  - E16A4: 2 *Unio* — right, W 50, H 34.75; left, broken distal end, chipped left side, W 43.75, H c31 (2 MNI).
- Level II
  - D14A15: *Unio* — right, W 50.75, H 28.25.
  - D14A16: *Unio* — right, delaminating interior, encrusted exterior, W 41.25+ bit, H 30.
- Level I
  - D8A1: *Unio* — left, W 60.25, H 32.75.
  - D8A12: *Unio* — right, broken left side, W 36, H 59+.
  - D9A17: *Unio* — right, worn, encrusted exterior and interior, W 55, H 35.75.
  - D15A3: *Unio* — very water-worn, right, encrusted exterior and interior, W 50.25, H 34.5.
  - E8B3: *Unio* — left, W 36.5, H 25.25.
  - E18A5: 2 *Unio* — 2 right: W 37.25, H 20.75; broken distal end and right side, W 42+, H 21+ (2 MNI).
  - E18A9: *Unio* — left, W 40.25, H 24.
- Level 0
  - C22A2: *Unio* — right, fragments.

Comparanda:

- Gudeda: 287, including 49 *Unio* (6 ground-down, 2 holed, 1 cut), 17 *M. nodosa* (3 holed), and 2 *M. buccinoides*. Rufolo informed me (9 February 2007) that there are 2 additional *Melanopsis* in Suitland.
- Raqa'i: 24 *Unio* valves (3 centre body ground-down, 1 holed) and 11 *Melanopsis* (4 holed).
- Bderi (Becker 1988, 382): 11 *U. tigridis*, 1 *Melanopsis*, 6 *Unio* as well as one holed disc made from a fresh-water bivalve (personal analysis).
- Chuera (von den Driesch & Falkner 1989, 153, 157, pl. 20): 78 including 19 *Unio mancus* (a Nile basin species), 13 *U. tigridis*, 35 *M. praemorsa* (1 holed), and 1 *M. nodosa*.
- Mozan (Çakirlar & Şeşen 2013, 87; Doll 2010, 277): 40 bivalve valves, mainly *Unio*, and 10 *Melanopsis*.
- Leilan (Çakırlar and Şeşen 2013, 87): 1456 *Unio* and 7 *M. praemorsa*.
- Sweyhat (Buitenhuis 1985, 142): 6 *Unio* and 2 *M. praemorsa* (personal analysis).
- Hadidi: 11 worked *Unio* including pendants, rings and discs (4 EB IV tomb), 10 worked *Unio* including pendants, rings, discs (4 EB IV occupation contexts) and 1 valve ground-down in the centre of the body, 1 unmodified *Unio* are known from the EB I (5 MNI), EB III-IV (2), and EB IV (10). There are also 4 holed *M. nodosa* from one EB IV context and one *M. praemorsa* from EB IV tomb debris.

- Jerablus Tahtani (Ridout-Sharpe, 2015, pl 18, VI): several, mainly from Tomb 302: ?*Unio* nacre inlay in the form of a caprine (JT203), *Unio* relatively thin, left valve, cut and abraded to form an object resembling the bowl of a small teaspoon, with part of the umbo forming a 'handle', 28 × 19 (M27), *Unio* large, heavy, left valve, evenly chipped and broken at the posterior end in such a way as to suggest that it had been used as a chisel or cutting tool by a right-handed person, pres. L 70.25 (M44), *Unio* relatively small right valve, posterior end appears to have been cut away to leave a smooth, abraded straight edge (not a natural break), pres. L 44 (M125).
- Kurban Höyük (Reese 1991, 415, pl. 164): numerous *U. tigridis* valves as well as 5 worked pieces: 2 holed pendants, 1 winged figure pendant, 1 bead, and 1 ring fragment.
- Titris Höyük: 14 *Unio* and 26 *M. praemorsa*; several *Unio* are worked (personal analysis).

Land snails

Tell 'Atij yielded 10 land snails: 7 *Xerocrassa seetzenii* and 3 *Xeropicta krynickii*.

- Level IX
  - D15B5: 2 *Xeropicta* — small.
  - F13A4: *Xeropicta* — broken.
- Level VIII
  - E18A5: *Xerocrassa* — has some gloss, broken lip.
  - F13A3: *Xerocrassa* — fragmentary, has gloss.
- Level I
  - D9A17: *Xerocrassa* — has gloss.
  - E16A2: *Xerocrassa* — has gloss, slightly broken lip, hole near lip, hole 3.25 × 3 (in Québec).
- Level 0
  - D11A1: *Xerocrassa* — no colour or gloss, slightly broken lip.
  - D20A2: *Xerocrassa* — has gloss, broken lip, hole near lip (now broken), hole D 2.25.
  - NN17A4: *Xerocrassa* — no gloss, a bit worn, hole near lip, hole 3.75 × 3.75 (tomb; in Québec).

Comparanda:

- Gudeda: 4 *Xerocrassa* and 5 *Xeropicta*.
- Raqa'i: 9.
- Chuera (von den Driesch & Falkner 1989, 153, 157, pl. 20): 2 *Xeropicta* and 2 *Xerocrassa*.
- Mozan (Çakirlar & Şeşen 2013, 87): 44.
- Leilan: 89 *Xeropicta*, 28 *Xerocrassa* (at Yale) (pers. analysis), and 57 more (Çakirlar & Şeşen 2013, 87).
- Jerablus Tahtani: 15 (tomb 302) and 1 (grave 2165; Ridout-Sharpe 2015, 222-223).

Fossils

Tell 'Atij yielded 11 fossils, with 10 oysters and 1 *Glycymeris* internal mould. These are from the natural bedrock of the main tell, of the Upper Miocene Upper Fars Formation (12-15 million years) (Blackburn & Fortin 1994, 59).

- Level XIII
  - G6A1: oyster — broken distal, W 26+, H 45+.
- Level X
  - F14A8: oyster — fragment, worn, W 18.75+, H 21+.
- Level VI
  - D15A37: oyster — water-worn, W 30.25, H 37.5.
- Level IV
  - C13A14: oyster — slightly broken distal end, W 37+, L 44.5+.
  - C13A15: oyster — very worn, distal/side fragment, H 16+, W 21.5+.
- Level III
  - C13A18: oyster — worn, W 18.5, H 25.25.
- Level II
  - D14A15: oyster — W 35.25, H 41.
  - D16A1: oyster — W 40.75, H 36, has attached fossil oyster valve fragment.
- Level I
  - D8A12: *Glycymeris* — internal mould, broken distal, W 19.25+, H 16.75+.
- Level 0
  - D20A1: oyster — worn, broken umbo area, W 31, H 30.75+.

Comparanda:

- Gudeda: 6 oysters and 1 *Gryphaea*.
- Raqa'i: 1 oyster distal fragment with a hole drilled in the upper centre.
- Bderi (Becker 1988, 382): 7 oysters.
- Jerablus Tahtani: 1 dentalium (L 13, W 4-6) (Grave 795: Ridout-Sharpe 2015, 223-224, JT1071, pl 29.5, VI.1.18).

Chapitre 26

Glyptique

Il est surprenant de constater qu'un seul sceau-cylindre [ATJ86.D15A4.L28] a été découvert à Tell 'Atij (Fig. 26.1) et aucun scellement ou empreinte de sceau alors qu'il y avait dans ce bourg rural de nombreuses structures destinées à l'entreposage qui normalement auraient dû avoir été scellées, comme cela fut observé sur d'autres sites (Beyer 1985 ; Collon 1987, 113 ; Matthews 1991 ; Rigillo 1991 ; 2009 ; Voet & Bretschneider 1997, 63-65). Bien que la fonction administrative des sceaux comme système de contrôle de biens entreposés ne soit pas la seule attribuable à ce type d'artéfact (Duistermaat 2012), il n'en demeure pas moins qu'il est généralement considéré comme un outil administratif en lien avec la gestion de transactions de biens, surtout au IIIe millénaire (Collon 1987, 113 ; Voet & Bretschneider 1997, 63-64).

Le sceau-cylindre [L28] de Tell 'Atij a été retrouvé dans le dernier niveau d'occupation du site (niveau I), sur le sol de la cour 512-513 (Fig. 15.1). Il est vraisemblable d'imaginer que le sceau fut laissé sur place au moment de l'abandon des structures d'entreposage collectives du site et la fin des opérations administratives impliquant le transit des produits qui y étaient stockés.

Le dispositif d'entreposage le plus imposant de Tell 'Atij est certainement le grenier septentrional. Or, les ruines de ce dernier ne se trouvent qu'à une vingtaine de mètres plus au nord de l'endroit où fut recueilli le sceau-cylindre. De plus, le grenier septentrional nous a également livré un lot de vingt-deux jetons/*calculi* [Tc32-33, 43, 52, 74, 101-102-103-104-105-106-107-108] qui sont eux aussi considérés comme des objets habituellement utilisés pour la gestion des stocks (Tableau 20.1).

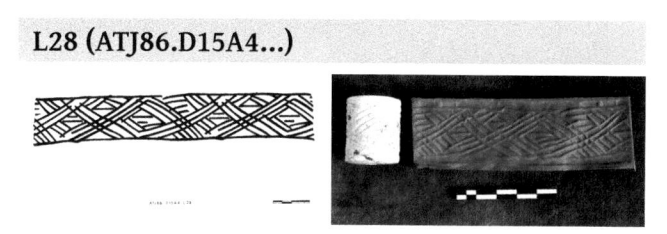

L28 (ATJ86.D15A4...)

Sceau-cylindre en feldspath ; complet et en très bon état de conservation bien que le travail du lapicide ne puisse être considéré ici comme très soigné.

3,2 (lo.) × 2,6 cm (dia.).

Il est orné du motif dit du *basket work* constitué fondamentalement d'une séquence linéaire de losanges concentriques remplis, au centre, de traits horizontaux parallèles, avec d'autres traits, orientés de diverses manières, comme remplissage dans les espaces laissés entre les losanges. Ce motif de style purement géométrique fait partie d'une sorte de répertoire « international » de l'époque caractérisé notamment par l'usage de hachures disposées de façons diverses (Parayre 1987-1988, 129 ; 2003a, 273-274, 287). C'est le motif géométrique le plus commun en glyptique proche-orientale qui est aussi appelé *diamond pattern* (Matthews 1997, 69-72) ou encore *lozenge/diamond pattern* (Jans & Bretschneider 2011, 65 – Geometric 15).

Le motif du *basket work* est apparu durant la période de Djemdet Nasr et a disparu au Dynastique Archaïque III ; il est considéré comme typique de la période dite de Ninive 5 en Mésopotamie septentrionale et notamment dans la région du Khabour (Marchetti 1996). Le sceau de Tell 'Atij appartiendrait même à un groupe homogène de motifs géométriques simples (Quenet 2007, 26-27 n° 128, sa série K) propre à la dernière phase de la période de Ninive 5, contemporaine de Leilan IIId (Marchetti 1996, 99). À Tell Beydar, ce style est attribué aux périodes *Early Jezirah* 2 et 3 (Jans & Bretschneider 2011, 315, 322 – Geometric 15).

« These geometric patterns […] find their origin in the eastern 'Piedmont' or 'Glazed Steatite' style » (Jans

& Bretschneider 2011, 92), un style répandu aux contreforts de la chaîne de montagnes du Zagros (LeBreton 1958, 108 ; Buchanan 1966, 16 ; Collon 1987, 20-23). En revanche, pour Philippe Quenet (2007, 13-14), cette glyptique géométrique aurait été certes concomitante avec la diffusion de la glyptique de style Piémont, mais ne serait pas issue de ce style ; elle serait plutôt originaire de Mésopotamienne méridionale et sa présence en Mésopotamie septentrionale serait attribuable aux échanges entre le sud et le nord de la Mésopotamie durant la période des Dynasties Archaïques.

Cf. Leilan IIa (Parayre 1987-1988, 129, 136 n° 1 ; 2003a, 285, 286 n° 3, 307) ; Beydar (Jans & Bretschneider 2011, 68) ; Melebiya (Lebeau 1993, 505, fig. 4) ; Brak (Hammade 1994, 43 n° 321 ; Matthews 1997, pl. 33/426-427) ; Chuera (Moortgat 1962, 10-11, fig. 6 ; Orthmann 1995, 55, fig. 14/3 ; Quenet 2007, 26-27 n° 128, sa série K) ; Arbid (Bielinski 2005, 456) ; Feres al Sharqui (Forest & Vallet 2008, 128) ; Mari (Hammade 1994, n° 322) ; Fara (Martin 1988, 229 n° 62) ; Hazna I (Munchaev & Amirov 2016, 303, 305 n° 12 – motif approchant).

Publ. : Fortin 1988a, 150, fig. 10.

Musée de Deir ez-Zor (ATJ86.61).

Figure 26.1 : Sceau-cylindre [ATJ86.D15A4.L28] retrouvé sur le sol de la cour 512-513 du niveau I de Tell 'Atij.

Chapitre 27

Archaeobotanical Remains

Lucas Proctor and Joy McCorriston

Introduction

The collection, identification, and quantitative analysis of charred botanical remains offers important insight into plant-use practices, agricultural and agropastoral lifeways, and human-environment interaction at archaeological sites. As part of fieldwork conducted in 1992 and 1993 at both Tells 'Atij and Gudeda, intensive sediment sampling and processing for archaeobotanical plant remains has resulted in a large corpus of charred botanical remains. This study reports on 26 samples collected from Levels II–XIII at Tell Atij, highlighting changing patterns of fuel and land use, crop production, and herd management strategies consistent with other regional studies of third-millennium BC plant and animal economies in Khabur Basin.

Botanical remains from Tell 'Atij were previously included in a regional analysis of archaeobotanical remains from sixteen Khabur Basin sites (McCorriston & Weisberg 2002). This wider geographical perspective, which compiled samples from fifth–third-millennium BC sites along the Khabur River, supported the result of previous zooarchaeological analyses (Zeder 1998; Stein 2004) and settlement surveys (Röllig & Kühne 1977; Monchambert 1983; Stein & Wattenmaker 1990; Kouchoukos 1998; 1984; Lyonnet 2001) that document a major shift in land-use patterns in the region with the development of greater regional interdependencies and large-scale urbanism during the third millennium BC. Plant remains from third-millennium sites in the Middle Khabur River Valley, including among them Tell 'Atij, documented a high proportion of preserved barley-processing waste, suggesting that drought-tolerant barley was preferentially grown and that the by-products of barley were valued as fodder for large herds.

Livestock were likely held in herds more numerous than could be supported by grazing the river-bottom and steppe year-round in the vicinity of the site, meaning that the inhabitants were forced to supplement their livestock's diet with barley, processing waste, and straw from crops raised along the river during spring, at which time caprine herds would have ventured away from the river valley to graze on fresh spring growth in the surrounding steppe.

Wood charcoal from six Tell 'Atij samples was previously included in a study of sixteen archaeological sites from across the Khabur Basin (McCorriston 2007); this documented a steady anthropogenic depletion of sources of slow-growing hardwoods, and an increasing dependence on quick-growing and shrubby sources such as willow, poplar, and bushy chenopods, over the course of the third millennium. This pattern conforms well to the pattern of vegetation development observed at sites across the Khabur and Upper Euphrates Valleys up to the end of the Early Bronze Age (Deckers & Pessin 2010). At the site of Tell Bderi (later third millennium) a few kilometres downstream from Tell 'Atij, third-millennium inhabitants had access to orchard crops (date, fig, and possibly rosaceous fruit trees like pear and apple) as well as transported timbers of oak and pistachio (McCorriston 2007). As with the case of charred seed assemblages, wood charcoal assemblage interpretations depended heavily on the integration of non-archaeobotanical data sets: paleoclimate and paleoenvironment reconstructions from sediment and pollen sequences (Hole 1997; Riehl & Bryson 2007), architectural and settlement structure analyses (Kouchoukos 1998; Pfälzner 2002), and the record of heavy reliance on domesticated sheep and goats in the third millennium BC (Zeder 1998; Stein 2004).

What such regional analyses have not done is to provide a local-scale, tight temporal resolution of changing resource use and discard patterns within individual sites. In the previous regional analyses, samples from 'Atij were grouped together as one set. They were assigned to a single, early third-millennium timeframe, thereby collapsing any internal temporal patterning in the site. A site-based approach has always been an important contribution of archaeobotanical analysis to site structure and to the development of site-based and household economies. At Tell 'Atij, one of the best excavated of the early third-millennium sites along the Middle Khabur, an internal analysis of charred plant remains is required to determine within-site patterning in crop choice, processing, and discard, and an agropastoral trajectory within the 500-year span of the early third millennium BC.

The following analysis will focus on temporal rather than spatial patterning within the site of Tell 'Atij. Careful taphonomic analysis has shown that the charred plant remains were all generated through a series of discard processes that resulted in mixed assemblages of charred animal dung, discarded crop processing waste, and wood fuel used in tannurs (McCorriston 1998a; McCorriston & Weisberg 2002). Much of the crop by-products such as grain tailings, chaff, and weed seeds made their way into tannurs in animal dung, having first passed through the gut, and dung fragments are a common component of Tell 'Atij samples. As tannurs were raked out due to frequent usage, the resulting ash and charred debris was discarded in parts of the site then in use as garbage areas, so that broken ceramics, bones, charred waste, ash, and crumbling mudbrick accumulated on sequentially disused surfaces, bins, rooms, and pits throughout the site's history. The alluring but deceptive efforts to extract spatial patterning and household differences from such taphonomy cannot be justified at Tell 'Atij. Our focus therefore is to determine whether there were temporal changes in the composition of charred plant remains that suggest temporal developments in agricultural technologies, crop choice, yield, fodder, and the management of pastoral animals at the site.

Materials and Methods

Flotation

Deposits were selected wherever excavations revealed a density of charred plant material or darkened colouration, likely from ash. Excavators targeted middens, pits, tannurs, and any in-situ burning, in particular and tried to identify and sample such deposits throughout the site's occupation, to the extent that such contexts were uncovered archaeologically. Sampling did not include a random strategy, nor one that systematically examined every archaeological deposit (e.g., Hastorf 1990; Pearsall 2000; d'Alpoim Guedes & Spengler 2014). A targeted, probabilistic sampling was employed based on a consideration of the formation processes of tells: most deposits are accumulated through the decay of abandoned mudbrick, which, when formed, may have incorporated charred plant remains from earlier middens and re-deposited them in later times (Rosen 1986). Sediment samples processed to recover plant remains were therefore selected from deposits determined in the course of excavation to be middens or secondary deposition contexts — in other words, those contexts most likely to produce assemblages closely reflecting human activities using plants, rather than the assemblages formed through weathering, erosion, reworking, and re-deposition that are so common in tell environments. Sediment samples ranged from 10 to 85 litres and were processed incrementally to yield between 50–300 ml of light fraction remains, meaning that batches were processed until a sufficiently generous light fraction appeared in the sieves. An alternate strategy — processing a pre-determined sediment volume — can often yield small volumes of light fractions and miss infrequently occurring taxa.

Sorting and Identification

The sorting and identification of the samples considered here was conducted in a laboratory setting by a combination of primary researchers and student-volunteer lab assistants according to standard archaeobotanical procedures (Pearsall 2000; Fritz & Nesbitt 2014). Samples were riffle-split into several divisions and a selected division was then sieved through nested geological sieves (2.0 mm, 1.0 mm, 0.25 mm, and 0.5 mm) for analysis. The volume of each resulting fraction was recorded, and then each fraction >0.5 mm was incrementally scanned and sorted into seeds, wood, and dung. The >0.25 mm portion was visually scanned for new taxa and then set aside. Sorting and subsequent identification was performed using a 4–100× Leitz optical microscope. Subsequent divisions of each sample were sorted in this way until newly identified taxa reached diminishing returns.

Charred remains were identified with reference to both *Flora Palaestina* and McCorriston's 2500-specimen modern botanical reference collection. Taxonomic nomenclature for the analysis followed that of *Flora Palaestina* (Zohary 1966). Identifications were made to the most specific level possible; in most cases to genus, and where possible, to species. Archaeobotanical identifications are frequently limited by preservation, fragmentation, or morphological overlap between closely related taxa (Fritz & Nesbitt 2014). Identified seeds from each sample were then counted and input into a database by taxa for analysis. All fragments were counted as whole seeds.

Analytical Methodology

The samples examined here derive from Levels II–XIII of the Tell 'Atij excavations and therefore date to approximately 2800 to 2500 BCE. For analysis, we placed samples into groups according to archaeological level in order to examine the results of these analyses in terms of temporal relationships. Based on surviving architectural layers, major shifts in use and abandonment, and subsequent filling phases, these levels cluster into three broad groups: the earliest group consists of Levels X–XIII, the middle group includes Levels VII–IX, and the latest group encompasses Levels II–VI. For the purposes of this analysis, these groups will henceforth be referred to as the 'Early', 'Middle', and 'Late' Period(s), respectively.

Statistical analysis of the 'Atij dataset consisted of both established simple statistical measures, including relative abundance, ubiquity, and ratio analysis, as well as multivariate ordination techniques. While simple measures track how commonly taxa or categories occur across samples (Popper 1988; Marston 2014), multivariate techniques are powerful tools for use in pattern searching and explanation (Smith 2014). Non-parametric multivariate approaches such as Correspondence Analysis (CA) and Canonical Correspondence Analysis (CCA), included in the CANOCO 4.5™ software used here, have been developed for use with a wide variety of ecological data sets and are appropriate for archaeobotanical data because they can handle datasets with numerous missing or zero values (Colledge 2001, Smith 2014). Such data are furthermore usually unimodal, meaning that the data response to independent variables is not linear because the 'species' are responding to an optimum combination of 'environmental' variables with a response best described by a quadratic equation. When considering samples of charred plant remains, such 'environmental' variables may include differences in period, agrarian strategy, taphonomy, and sampling, as well as multi-factored variability in the original environments in which plants grew.

Because correspondence analysis is particularly sensitive to rare taxa, we cleaned and condensed the data set by dropping rarer taxa (taxa with less than ten percent ubiquity) from our analysis (e.g., Jones 1991; Smith 2014). In situations where it appropriate to do so, we grouped taxa into broader ecological categories based on species habitat similarities or processing stages (e.g., glume wheat rachis and glume wheat chaff fragments were folded into 'glume wheat-processing debris,' as they are both by-products of the same processing activity). The ecological categories used to group wild/weedy taxa are meant to be generalizations, and there are certainly overlaps to be found between them, as wild habitats grade into each other as well as fields, and the concept of what is considered to be a 'weed' is complicated by culturally specific notions of undesirable plants. Finally, wild/weedy taxa that could not be assigned to an ecological category because of their widespread abundance across habitats or lack of taxonomic specificity were assigned to a separate category, called 'catholic/indeterminate'.

Data cleaning resulted in a total of twenty-six samples and twenty-six response variables (taxonomic categories) for CA and CCA. Visualization is important in presenting and reading the results of CA and CCA. A common presentation is the biplot (CA), in which each point represents the centroid of the three-dimensional distribution of samples containing that species (centroid principle) for the axes of variation included in the diagram (ter Braak & Šmilauer 2002). With CA, it was possible to explore any temporal pattern in the crop and weed data with the expectation that if practices changed over time, this would be apparent in the patterning of samples. For visualization, the twenty variables (crop and weed categories) were grouped into simplified classes.

Results

In total, this assemblage resulted in the identification of 26,024 specimens of seeds, non-woody plant parts, and mouse dung, 39.2 g of wood charcoal >2 mm in size, and 6.2 g of carbonized dung fuel fragments. A summary of the samples examined according to the three chronological groupings used in this analysis is presented in Table 27.1, including the density of remains recovered, counts and overall weights of the botanical assemblage,

Table 27.1: Summary of flotation samples examined from Tell 'Atij, according to chronological group.

Archaeological Period	Early (Levels X–XIII)			Middle (Levels VII–IX)			Late (Levels II–VI)			All samples		
Number of flotation samples	12			6			8			26		
Mean flot. sediment vol. (L)	58.8			18.5			27.3			39.7		
Mean light fraction vol. (mL)	103.0			199.0			238.4			166.8		
Mean density of remains (mL/L)	1.9			20.1			12.2			9.3		
Mean percentage of light fraction volume sorted	38.0%			31.2%			24.6%			32.3%		
Mean Wt. of fraction sorted (g)	27.6			22.0			18.7			23.5		
Macrobotanical Summary	Total	Sample mean		Total	Sample mean		Total	Sample mean		Total		Sample mean
Number of identified items	11,416	951.3		7,636	1,272.7		6,972	871.5		26,024		1,000.9
Number of taxa/plant part types	102	32.5		102	42		110	41.3		145		37.4
Wt. of seeds (g)	6.9	0.6		2.3	0.4		2.5	0.3		11.7		0.5
Wt. of plant parts (g)	0.6	0.1		0.8	0.1		1.36	0.2		2.7		0.1
Wt. of wood >2 mm (g)	12.1	1.1		4.7	0.8		22.2	2.8		38.9		1.6
Wt. of dung fragments (g)	3.2	0.3		0.7	0.1		2.3	0.3		6.2		0.2
Ratios	Median	Mean		Median	Mean		Median	Mean		Median		Mean
Seed:wood (g/g)	0.5	4.7		0.3	0.5		0.1	0.1		0.3		2.3
Seed:wood (ct./g)	818.6	5,516.1		972.0	2,219.7		216.8	281.5		434.1		3052.9
Wild/weedy:crops (ct./ct.)	13.1	19.2		9.9	18.8		20.0	23.5		11.7		20.4
Barley:wheat (ct./ct.)	1.5	11.9		6.6	12.7		5.2	9.8		4.2		11.4

ARCHAEOBOTANICAL REMAINS

and several ratios commonly employed in archaeobotanical assemblages. The samples resulted in an average of 166 millilitres of light fraction material per sample, thus amounting to an average density of 9.3 mL/L of soil floated (Table 27.1). The average mass of recovered seeds was 0.5 g per sample, while the average mass of wood charcoal was 1.6 g, with a high of 2.8 g in the Late Period samples. Fragments of charred dung fragments, identifiable as aggregated masses of fibres and seed fragments, were relatively common in the assemblage, with an average of 0.2 g per sample. Taxonomic identifications and counts for each of the examined samples can be found in Table 27.2.

Ubiquity and Ratio Results

The local cultivation of cereals for both human and domestic animal consumption was the most important plant-based subsistence activity performed at Tell 'Atij, based on the contribution of cereal grain and chaff to the overall assemblage. In terms of grains, barley (*Hordeum* vulgare) was considerably more abundant than wheat in the assemblage (Fig. 27.1; overall *barley:wheat* ratio median = 4.2, mean = 11.4). Wheat drops from 100% in the Early Periods samples to 67% in the Middle Period, and still further to 50% in the group from the Late Period, while barley occurred more frequently in the Middle and Late groups. Relatively few wheat grains could be confidently assigned to species due to their state of preservation, but several examples of both einkorn (*Triticum monococcum*) and emmer (*Triticum dicoccum*) were encountered during analysis.

Our analysis of cereal-processing debris provides further information on the specific types of wheat varieties cultivated by the third-millennium inhabitants of Tell 'Atij. Fig. 27.2 depicts the ubiquity of several categories of processing debris over time at Tell 'Atij. Glume wheat-processing debris was highly ubiquitous across all time periods, varying slightly (75% to 100% to 88%), and was fifteen times more abundant than free-threshing debris. Most of the glume wheat chaff consisted of indeterminate glume bases, although numerous emmer wheat spikelet forks and occasional spikelet forks identifiable as einkorn were also encountered. Among the free-threshing varieties, rachis fragments belonging to both *Triticum durum* and *Triticum aestivum* were encountered, albeit infrequently. There is a noticeable increase in the ubiquity of free-threshing chaff in the Middle and Late Periods (Fig. 27.3), hinting at their increasing importance in the third millennium in line with regional trends.

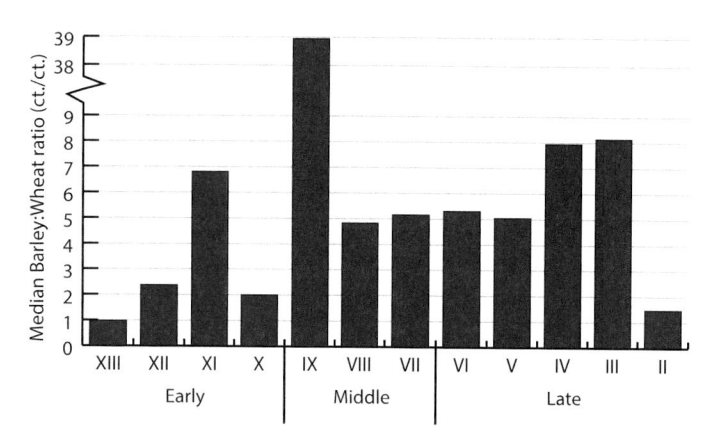

Figure 27.1: Median barley:wheat ratio across samples from all excavation levels examined. Level IX, represented by a single sample, #318, was an outlier with a value of 38.6. Figure produced by authors.

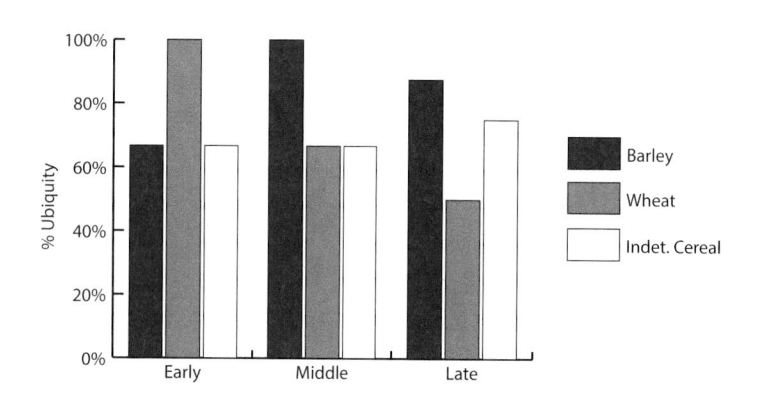

Figure 27.2: Ubiquity of cereal grains at Tell 'Atij over the course of the three time periods examined. Figure produced by authors.

Barley-processing debris, meanwhile, was highly ubiquitous (100%) throughout all time periods (Fig. 27.3). Barley rachis was the most abundant single crop remain/taxon encountered in the assemblage, with a total of 3,530 rachis fragments identified. Most of the rachis remains could not be identified to species; isolated examples in two samples, however, clearly belonged to two-row barley. Finally, cereal culm fragments were particularly common throughout the assemblage (total abundance = 978). A small but noticeable proportion of the cereal culm were identifiable as basal culm fragments, which suggests that some proportion of the grain harvest was collected via uprooting rather than through reaping (Hillman 1984a). No clear trend in the ubiquity of culm fragments is apparent, although there does seem to be a spike in the ubiquity of basal culm fragments in the samples from the Middle group.

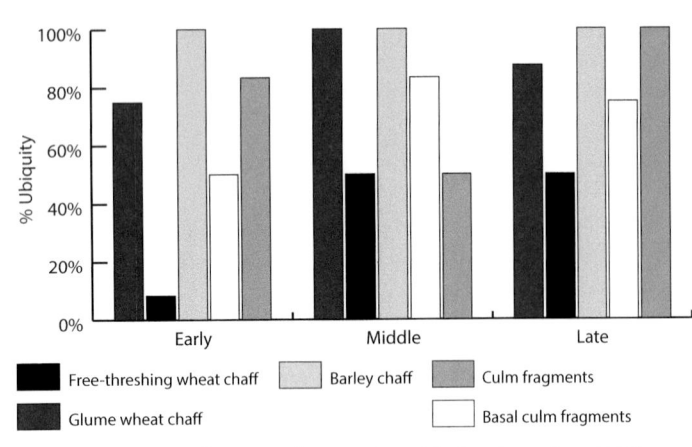

Figure 27.3: Ubiquity of processing debris categories at Tell 'Atij over the course of the three time periods examined. Figure produced by authors.

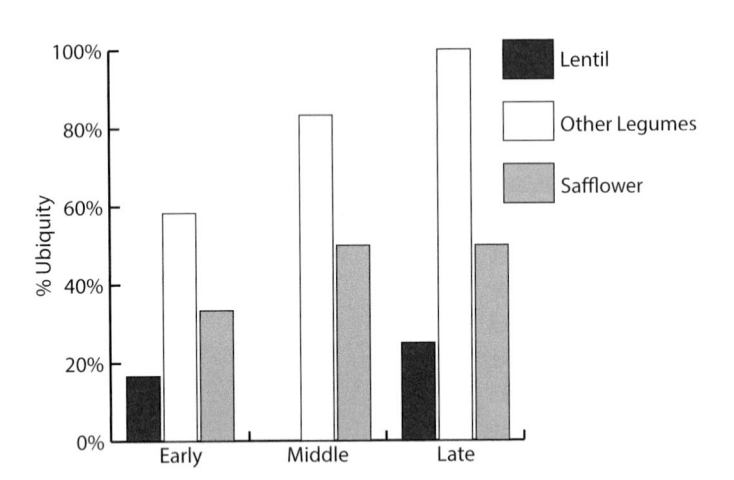

Figure 27.4: Ubiquity of non-cereal economic taxa over the course of the three time periods examined. Figure produced by authors.

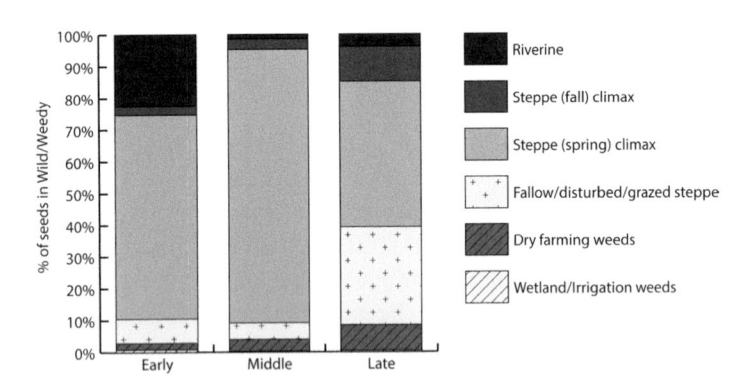

Figure 27.5: Relative proportion of major ecological categories of wild/weedy taxa (by count) at Tell 'Atij over the course of the three time periods examined. Catholic/Indeterminate wild/weedy seeds were omitted from this analysis in order to better highlight the trends visible among seeds indicative of particular ecological zones/habits. The taxa represented by each category are listed in Table 27.2. Figure produced by authors.

Non-cereal economic plants, included among them crops and wild-collected fruits, were considerably less common than cereals in this assemblage; this is likely due to taphonomic differences in the processes leading to their charring and incorporation into the archaeological record. Among leguminous crops, only lentils (*Lens culinaris*) were present in any significant quantities, so the remaining taxa, including grass peas (*Lathyrus* spp.), common pea (*Pisum* sp.), and indeterminate fragments, were combined into a single category, large legume indeterminate. Across the assemblage, there is an overall increase in the ubiquity of legumes (Fig. 27.4), while lentils were only present in the Early and Late Periods. Safflower (*Carthamus* spp.) also increased in importance through the major periods (Fig. 27.4). Finally, several fruit taxa were identified in single samples, including grape (*Vitis vinifera*; n=1), fig (*Ficus* sp.; n=58), and hawthorn (*Crataegus* sp.; n=1).

Beyond economically valuable crops, the vast majority (over 18,000) of total number of seeds identified in the Tell 'Atij assemblage belong to wild/weedy taxa. Of these seeds, 56% were further classified into ecological categories according to their lifecycle and growth habits, including Dry Farming Weeds, Spring Steppe 'Climax', Fall Steppe 'Climax', Fallow/Disturbed/Grazed Steppe, Riverine taxa, Irrigation weeds/wetlands. See Table 27.2 for complete lists of the taxa included within each of the ecological categories. Most of these ecological categories were highly ubiquitous across the assemblage, although the Wetland/Irrigation Weeds were less ubiquitous (Early = 50%; Middle = 66.7%; Late = 50%) while Riverine taxa declined over time (Early = 100%; Middle = 66.7%; Late = 62.5%), perhaps suggesting that agropastoral activities were increasingly expanding into the steppe-lands away from the river. Because of the high ubiquity of wild/weedy categories across the assemblage, we instead examined the relative proportions of seed abundances in the various categories across the chronological groups (Fig. 27.5). Steppe vegetation associated with spring flowering/fruiting periods (spring steppe 'climax') were dominant throughout all three periods, although their contribution to the assemblage decreases by the Late Period samples as dry-farming weeds, fall steppe vegetation, and seeds associated with fallowed fields/disturbed ground/overgrazed steppe increase in importance. The high proportion of spring steppe plants is driven mostly by high overall counts of small legumes belonging to the fenugreek genus (*Trigonella* spp.), which are common forage plants growing across the Irano-Turanian vegetation zone. Finally, the remaining 8,000+ seeds not grouped into

ARCHAEOBOTANICAL REMAINS

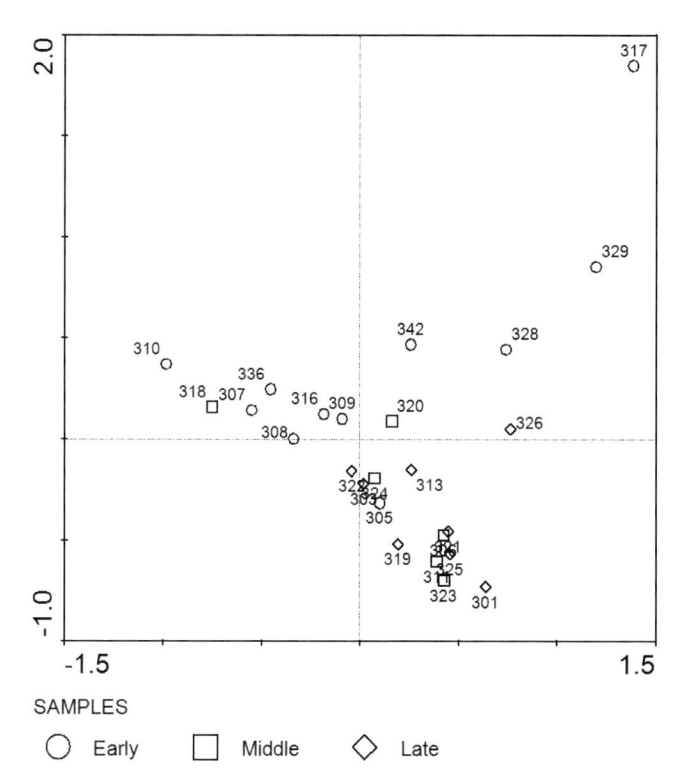

Figure 27.6: CA Scattergram of samples coded by Period. Because its removal gives a better view of the relationships among other samples, sample #302, with an extraordinarily high number of *Atriplex* sp. seeds, was not included in this CA. Early samples separate well from Middle and Late samples on the first axis of ordination, suggesting important differences in composition. Figure produced in CANOCO 4.5™ by authors.

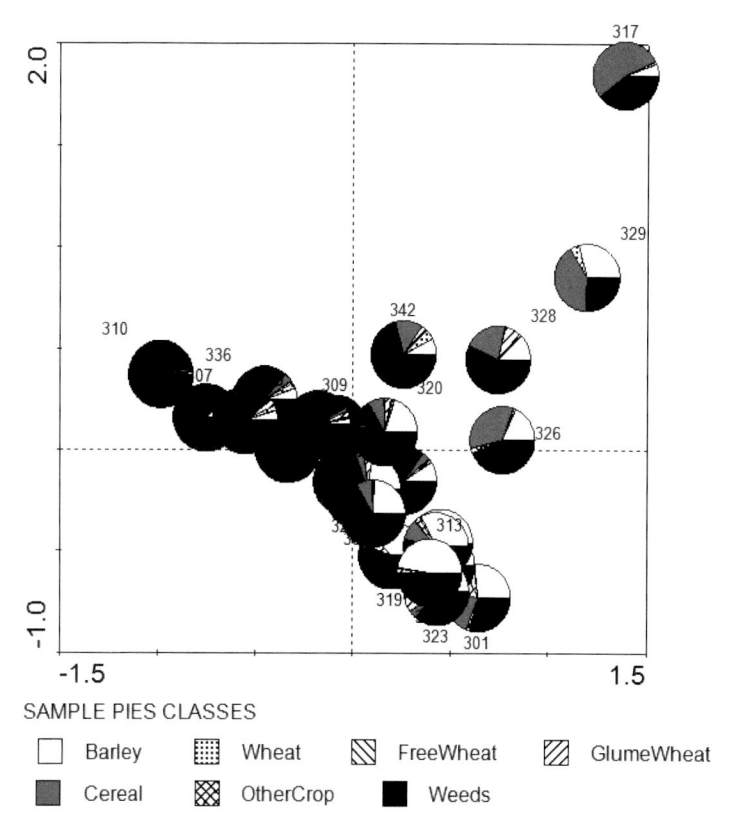

Figure 27.7: CA Scattergram of samples as in Fig. 27.5, but each sample point is shown as pie values for composition of classes of taxa. Compare with Fig. 27.5 to see the composition of samples from different periods. Figure produced in CANOCO 4.5™ by authors.

ecological categories belong to taxa that are widespread or that could not confidently be assigned to a particular ecological group (Catholic/Indeterminate). Notable taxa within this group include goatgrass (*Aegilops* spp.), milk-vetch (*Astragalus* spp.), alfalfa (*Medicago* spp.), euphorbia (*Euphorbia* spp.), chamomile/dog-fennel (*Anthemis* spp.), various other wild grasses, small wild legumes, and herbaceous plants.

Correspondence Analysis

Early, Middle, and Late samples have been plotted on a CA scattergram (Fig. 27.6) to explore variability in weed and crop data, and these plots show a clear separation of Early samples from Middle and Late samples on the first axis of ordination (horizontal line). Because there is an arch effect, the second axis does not express new information (ter Braak 1995). The first and second axes account for 54.3% variance in species data (all four axes, of which axes three and four are not shown, account for 79.3% variance). Fig. 27.7 shows the results of the same CA ordination and should be viewed alongside Fig. 27.6. Pie diagrams showing the composition of each sample suggest that differences in the proportions of general cereal (less in the later samples) and higher proportions of barley account for the separation of Early from Middle and Late samples. Additionally, differing proportion of weeds characterize samples on the right side of the scattergram: these are the Middle and Late period samples. Were it not for differences in the proportions of weeds, one might argue for a simple time-dependent preservation bias, whereby the better preserved (i.e., clearly identifiable) barley replaced a general cereal class of poorly preserved remains and fragments in Early samples. Yet the reduced proportions of weeds in later samples where better preservation should in fact result in more identifiable taxa belie such a simple explanation and instead suggest more complex changes: there may be no simple trade-off relationship between barley and a poorly preserved general cereal class. A Middle–Late Period increase in barley must therefore be interpreted in light of other trends.

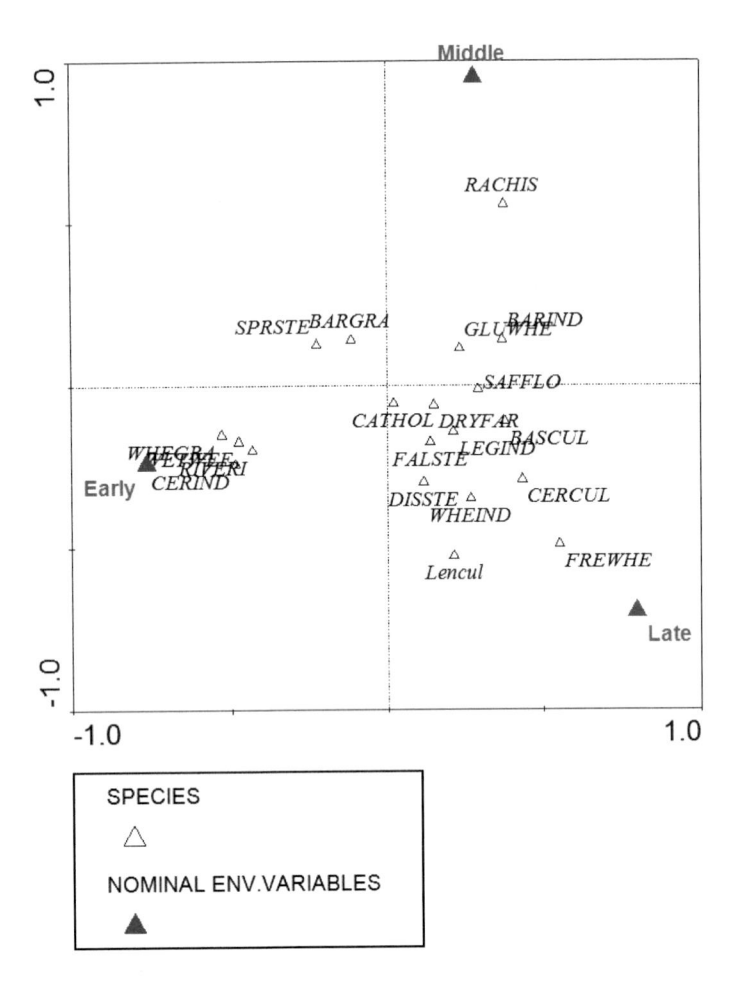

Figure 27.8: A CCA biplot shows the weighted averages of taxa-classes scores with respect to Period. Scores for Period are plotted as centroids of each variable (Early, Middle, Late). Key to Figure: BARGRA = Barley grain; WHEGRA = Wheat grain; GLUWHE = Glume wheat-processing debris; FREWHE = Free-threshing wheat-processing debris; WHEIND = WHEAT-PROCESSING DEBRIS INDET.; BARIND = Barley-processing debris; CERIND = cereal grain indet.; RACHIS = Cereal and basal rachis indet.; BASCUL = basal cereal culm fragments; CERCUL = cereal culm; Lencul = *Lens culinaris*; LEGIND; Other large legumes; SAFFLO = Safflower; WETWEE = Wetland/irrigation weeds; DRYFAR = Dry-farming weeds; DISSTE = Fallow/disturbed/grazed steppe; SPRSTE = Steppe (spring) 'climax'; FALSTE = Steppe (fall) 'climax'; RIVERI = riverine; CATHOL = Catholic and/or indeterminate; WILDGR = wild grasses. Figure produced in CANOCO 4.5™ by authors.

Canonical Correspondence Analysis

A biplot is used when presenting the results of an analysis that evaluates the effect of one or more independent variables — in this case, Period. CCA constrains the axes of ordination so that the analytical results explain taxa-class (species) variability in terms of indicator (nominal environmental) variables (Period). In Fig. 27.8, the biplot is based only on the first two axes of ordination. Period explains only 16% of the species variance, which is typical in analysis of abundance data. There are still useful implications to be drawn from the ordination diagram (ter Braak and Šmilauer 2002). A biplot can be interpreted using the biplot rule to appreciate how crops and weed class composition varies by Period. If one drew an imaginary line from the origin to each of the centroid points (shown as triangles) for the Early, Middle, and Late Periods, then a ranking of taxa-classes can be obtained by drawing offsets to that imaginary line (ter Braak 1995). For the Early and Middle Periods, free-threshing wheat (FREWHE), cereal culm (CERCUL), and lentils (Lencul) have a much lower than average abundance, whereas for the Late Period, wheat grain (WHEGRA), riverine (RIVERI), wetland weeds (WETWEE), and indeterminate cereal grains (CERIND) have much lower than average abundance. Barley (BARIND) has a much higher than average abundance in the Middle and Late Periods. The explanatory power of this CCA does not appear significant at the 2σ confidence level, and a Monte Carlo test suggests that random principles or other underlying factors may account for the variance in species distributions (P-value = 0.02).

Discussion

Fuel Use and Taphonomic Considerations

The results of this analysis demonstrate, at the most basic level, the use of both wood and dung fuels by the third-millennium inhabitants of Tell 'Atij across the span of samples and time periods examined in this study. As charred macrobotanical remains from sites in Southwest Asia typically represent the remnants of either fuel-burning activities or accidental spillage during cooking or processing activities, an important component of any interpretation of such remains is identifying what role dung fuel played in the formation of a given botanical assemblage. While the widespread use of dung fuel in antiquity and its potential significance for interpretation have long been recognized (e.g., Miller & Smart 1984; Spengler 2019; Miller 1996; Charles 1998), there remain discussions among archaeobotanists about how best to recognize the degree to which dung contributed to a given sample or assemblage (Smith *et al.* 2015). For example, evidence from the northern Jazira suggests that there may be site-to-site differences in the role of dung vs. wood fuels during the third millennium (Deckers 2011). Recent studies in Southwest Asia have sought to confirm the presence of dung-derived material through the recovery and identification of microscopic calcitic dung spherulites alongside traditional macrobotanical analyses (e.g., Smith *et al.* 2019; Dunseth *et al.* 2019; Proctor 2021). However, when sediment for spherulite analysis is not available — as was the case for the material in this study — the contribution of dung to archaeobotanical assemblages can still be inferred by the preservation of partially burnt dung fragments, by comparing the ratio of *seed:wood charcoal* across samples (Miller 1996; 1988; Miller & Marston 2012), and by considering the ecology of wild/weedy taxa within the dataset (Charles 1998).

At Tell 'Atij, the presence of dung fuel use is confirmed by both the *seed:wood* ratio and by the preservation of small quantities of burned dung fragments across the assemblage. The overall ratio of *seed:wood* is consistent with dung-derived assemblages, being high across much of the 'Atij assemblage (Table 27.1), although it fluctuates from level to level (Fig. 27.9), likely as a result of stochastic variation. Interestingly, the average (mean and median) *seed:wood* ratio declines from the samples from the Early/Middle Periods to those from the Late Period, which hints at possible changes in fuel or land-use practices. It is possible that a decrease in the average *seed:wood* ratio may be due to an increase in wood-fuel burning activities, or it may represent a change in animal management strategies that would lower the number of seeds present in dung fuel cakes. Based on these results, this assemblage ought to be interpreted as deriving from both herd-management practices and agricultural production, and thus speaks to an integrated agropastoral supported by both the growing of staple grains and the herding of livestock.

That said, wood charcoal fragments were still relatively abundant in this assemblage, particularly in the samples from Late period levels, where over 22 g of wood charcoal >2 mm in size were recorded (Table 27.1). While wood charcoal was not taxonomically analyzed in this analysis, previous work by McCorriston (2007), examining long-term trends in wood charcoal assemblages along the Khabur River regionally, included data from several of the Tell 'Atij samples examined here. Based on the results of her analysis, she argued that in the early third millennium, 'local slow-growing woods in the gallery forest (elm, plane) were quickly depleted through 'the tragedy of the commons'...[and] fuels were procured locally from short-lived species like willow/poplar and steppe chenopods' (McCorriston 2007, 517–18). Other analyses conducted on third-millennium sites from across northern Mesopotamia have come to similar conclusions, suggesting that fast-growing species in gallery/riparian zones were a significant source of wood along the Middle Euphrates and Khabur Valleys,

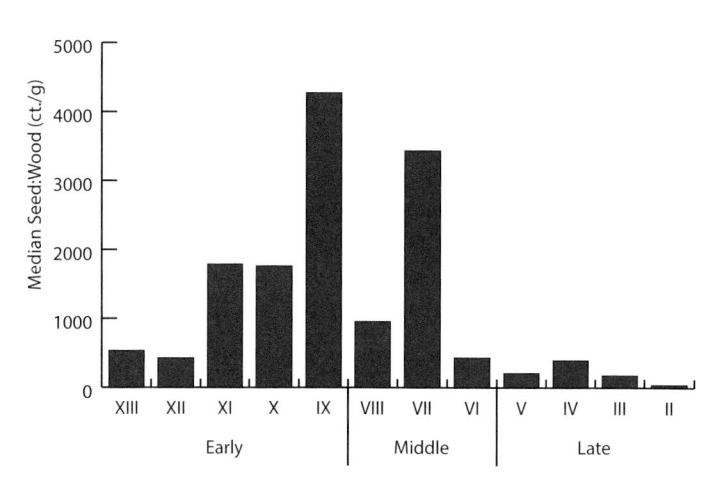

Figure 27.9: The median seed:wood (ct./g) ratio across each excavation level represented in this study. Figure by authors.

and were not seriously depleted until the end of the Early Bronze Age (Deckers 2005; Deckers & Pessin 2010).

Agricultural Production at Tell 'Atij

Having established dung fuel remnants as a likely contributor to the formation of the seed assemblage, we can now consider the implications of this dataset for our understanding of agricultural production, land use, and herd management during the third millennium. In situations where animals may have been foddered on processing residues, such remains certainly represent a palimpsest of several of these activities, and if biased through the lens of animal diet, they nonetheless remain useful for understanding agropastoral economies.

A multi-site, regional study of archaeobotanical remains in the Jazira across five millennia shows a significant increase in barley and free-threshing wheat in the third millennium BC, which is the result of specialization and exchange networks that favoured caprine production in the southern steppe (McCorriston & Weisberg 2002; McCorriston 1998a; 2007). Crop utilization at Tell 'Atij follows established regional trends in the Southern Khabur Basin. Like other southern Khabur sites appearing in the third millennium BC, the charred assemblages at Tell 'Atij document a heavy reliance on barley. Barley grain was present in 77% of samples examined, with a modest increase in ubiquity over the three chronological groups (Fig. 27.2). The ratio of *barley:wheat* favoured barley across the assemblage (Fig. 27.1), but was on average highest in the samples from the Middle and Late Periods (Table 27.1). A heavy reliance on barley, which is considerably more drought-

and salt-tolerant than wheat crops, is a clear risk reduction strategy for people living within the 'zone of uncertainty' (Wilkinson 2000b; Wilkinson *et al.* 2014). Barley was likely significant both for human consumption and as an important source of animal fodder, and its increased importance over the course of the third millennium corresponds with the likelihood of increasing agropastoral specialization. At Tell 'Atij, herds too large to be sustained on steppe grazing alone were probably seasonally foddered with barley grain, as well as leftover chaff and straw from processing cereal crops.

Barley-processing debris was ubiquitous at Tell 'Atij throughout the third millennium (Fig. 27.3). Cereal culm shows high ubiquity throughout the period as well. CA corroborates these results, showing that a rise in barley likely accounts for the statistical separation of Early samples from Middle and Late samples, as well as the CCA, in which both barley-processing debris (BARIND) and cereal culm (CERCUL) has higher than average abundance in the Middle and Late periods. Independent of the decline in seed based evidence for dung fuel use, barley chaff remains increased in abundance in the Late Period samples based on the results of CA and CCA. The increased contribution of barley chaff and straw may suggest that it was increasingly being used as a fodder for animals following processing during the Late period, compared to a greater emphasis on grazing and foddering via barley crops in the Early period. A ternary analysis of crops, chaff, and wild/weedy seeds across

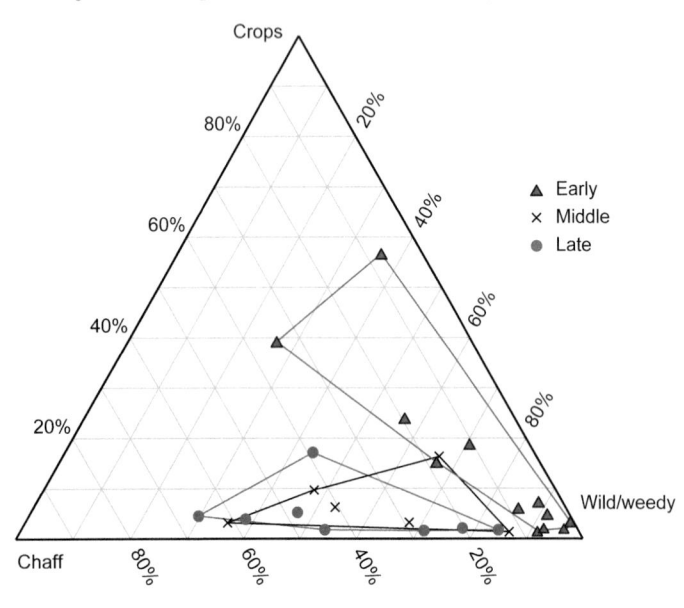

Figure 27.10: Ternary diagram comparing the relative proportion of crops (all cereal grains, legumes, fruits, and oilseeds), cereal chaff and processing debris, and wild/weedy taxa for each sample examined. Figure by authors.

the three groups of samples examined reveals a clear distinction between Early Period samples, which are clearly wild/weedy and crop dominated, with Middle and Late samples, which favour chaff and wild/weedy seeds to the near-compete exclusion of crop remains (Fig. 27.10). We may hypothesize from this data that foddering regimes may have changed over time, and that by the Late period, these herds were being fed processing residues in order to supplement seasonal grazing, rather than supporting them with grain.

An alternative possibility is that barley chaff was entering the assemblage through a different depositional process. Large, cleaned-out granaries in the upper levels (Late Period) at Tell 'Atij provide a possible solution (Fortin 1994; 1998). The outer portions of the stored crop, being most accessible to rodents, insects, and bacteria, would have quickly spoiled. This skin of rotten chaff, tailings, and straw would protect the stored crop within from further spoilage (Reynolds 1979). After the remaining grain had been removed for use, the spoiled lining was then burned and raked into middens or fed to animals.

Despite occurring in lower absolute abundances than barley, wheat was identified across the Tell 'Atij assemblage. Few grains could be identified to species with confidence, but it was possible to confirm the presence of both glume wheats (einkorn and emmer) and free-threshing varieties (bread/macaroni wheat) on the basis of diagnostic chaff fragments. Indeed, glume wheat-processing debris was highly ubiquitous throughout the assemblage, and spikelet forks belonging to emmer were positively identified in all three sample groups examined. Einkorn remains were present, but these were not nearly as abundant as emmer. Because einkorn and emmer are both stored with glumes intact and typically processed in small amounts just before use by parching, the introduction of glume wheat-processing debris may vary with its incidence in human diet rather than other factors, even if the number of identified caryopses does not record its economic significance. Chaff remains, following parching and pounding, would either have been thrown into fires as waste, collected and stored as animal feed, or else incorporated directly into dung fuel as a temper. In other words, barley and glume wheat chaff may have entered the assemblages through different taphonomic tracks, but both would be likely to appear in the end results and show steady usage through time.

Contrary to these patterns, free-threshing wheats (*Triticum durum* and *Triticum aestivum*), distinguished by their distinctive rachis fragments, show an increase in importance over time. The frequency in which free-threshing wheat chaff occurs, while remaining low, increases from 8.5% in the Early samples to 50% in the Middle and Late samples (Fig. 27.3). Low overall ubiquity for free-threshing wheat can be misleading. Unlike glume wheat, which must be exposed to fire during parching in order to remove its tough glume, free-threshing wheat requires no parching and therefore has no regular exposure to fire (Hillman 1984b; 1985). These different processing steps may lead to a systematic underrepresentation of free-threshing wheat remains in the archaeological record. Nonetheless, the growing ubiquity of free-threshing waste through time suggests an overall increase in local production during the first half of the third millennium BC. McCorriston and Weisberg (2002) noted that while there is a low incidence of free-threshing wheat-processing debris throughout the Khabur, the stored crop of a burnt granary at Tell Kerma (a contemporary site near 'Atij) consisted of up to 56% free-threshing wheat, suggesting that it may well have been far more significant to third-millennium agricultural economies than its abundances in middens might otherwise suggest.

Large-seeded legumes such as lentils, peas, vetches, chickpeas, etc. were present throughout the Tell 'Atij samples, but only in very low quantities. Such a pattern is consistent with archaeobotanical assemblages in Southwest Asia across both time and space, and is largely a result of taphonomic factors. This is likely due in part to a lack of exposure to fire during processing, which may limit the opportunity for preservation, as well as being a function of their anatomy; legumes tend to be softer and moister than other seeds, especially cereal grains, and thus are less likely to survive carbonization when exposed to heat. For this reason, low ubiquity and absolute abundances of legumes does not necessarily speak to their relative significance within agricultural production at Tell 'Atij. In fact, they, and most other plant foods, are almost certainly underrepresented when compared to cereal chaff and barley by virtue of having been consumed by humans in greater proportions than they were used as fodder (although we cannot exclude the possibility that legumes were also used as fodder, as many are today). Lentils (*Lens culinaris*) occurred most frequently at Tell 'Atij, appearing in a mere 12% of samples. Other taxa were even rarer. CCA did not show a significant trend in legume abundance over time, only slightly favouring Late period samples. However, the ubiquity of legumes overall increases throughout the first half of the third millennium, from 58% to 100%. From these data, we may hypothesize only that legumes formed an important, albeit secondary, crop produced in the fields surrounding Tell 'Atij. They would have been important suppliers of nitrogen for replenishing fields following cereal crops, and, from a dietary perspective, would have provided essential protein for the inhabitants of the site, particularly if herds provided greater value for textile production (McCorriston 1997).

Only a few other unambiguously economic species were encountered at the site, although it should be pointed that many of the wild/weedy taxa identified are edible species, and may intentionally have been collected or planted in small gardens. Safflower (*Carthamus tenuis, Carthamus tinctorius*) is an interesting find at Tell 'Atij. Safflower was valued as a source of dye during the Bronze Age (Zeist, Waterbolk-van Rooijen & Bottema 1988; McCorriston 1998b) and as a thorny barrier protecting fields from grazing animals. Given both intra-site and regional evidence (McCorriston 1998a; Zeder 1998; McCorriston & Weisberg 2002) for a specialized economy favouring animal husbandry and wool production, one is tempted to speculate that safflower may have been used to dye wool textiles produced from local herds at Tell 'Atij. However, aside from the physical presence of safflower in samples from 'Atij, there is little evidence to support such a theory. It remains unclear whether safflower was deliberately cultivated during the third millennium, as *Carthamus* seeds from this time in the Jazira cannot be definitively identified as domesticates (McCorriston 1998b). Safflower is a summer crop, and if it was cultivated, it points to significant agricultural rotation. The frequency in which *Carthamus* seeds were recovered at Tell 'Atij (see ubiquity analysis results) increases over the course of the three periods, which hints at increased collection or production over time.

Land Use and Agropastoralism along the Khabur River

As discussed above, herds at Tell 'Atij were likely to have been foddered, at least seasonally, in order to support the large numbers of animals that were employed in a burgeoning, highly-specialized agropastoral strategy based on the production of textiles (e.g., Zeder 2003). That said, the wild/weedy taxa documented in this study speak to a continued emphasis on seasonal grazing in the steppe lands surrounding the site during the spring and summer months. Wild plants and weeds were significant constituents in the midden samples from Tell 'Atij, accounting for the vast majority of identifiable seeds. While weedy taxa can provide important insights into agricultural economies, including shifts in crop production and processing, irrigation, and other agricultural activities (e.g., Hillman 1981; Jones 1984), when dung fuel use is suspected, wild/weedy taxa may instead speak to land use and animal husbandry practices (Miller 1996; Miller & Marston 2012; Smith *et al.* 2015). By categorizing these taxa along their ecological habits, we were able to untangle some of these practices.

Taxa associated with the flush of plant growth that occurs in the steppe following the spring rains (the spring steppe 'climax') were ubiquitous across the assemblage and were important contributors of identified specimens for each of the time periods examined. The flowering/fruiting periods of these taxa correspond with the growing period of cereal crops. Given the need to keep foraging animals from grazing on crops as they mature, these data suggest that herds were taken away from the site onto the steppe during the spring months. Fall climax steppe weeds are much less common in the assemblage. The summer and fall months in northern Mesopotamia are hot and highly arid, with the region receiving little precipitation until the winter rains arrive. Forage becomes increasingly scarce as vegetation browns and dies. Following grazing during the spring and summer months, larger herds could be kept closer to home, feeding on stubble, processing waste/straw, and stores of barley. In the Early Period, there were greater proportions of taxa indicative of Riverine or Wetland/Irrigation environments according to both abundance data and CCA. This might suggest that herds were kept closer to the Khabur during this period. While a small proportion of the weeds are consistent with Wetland/Irrigation environments, it is notoriously difficult conclusively to identify irrigation practices based on taxonomic data alone. Nonetheless, it is reasonable to argue that crops grown in the areas surrounding 'Atij were probably irrigated at this time, given how little annual rainfall the area both receives today and was believed to have received in the third millennium. By the Late Period, there is increasing evidence for grazing on disturbed or overgrazed steppe, combined with a greater proportion of field weeds (Fig. 27.5, Fig. 27.8). An increase in field weeds may be explained, in part, by a shift to foddering with cereal-processing waste and straw, which can include considerable numbers of weedy taxa, depending on the cleaning stage (Jones 1984; Hillman 1984a). Disturbed steppe taxa may indicate that the large herds supported by Tell 'Atij were beginning to have sustained effects on steppe health due to overgrazing.

Conclusions

The findings from Tell 'Atij fit well with previous regional analyses of the Jazira and show several trends over time: a decline in the ratio of *seeds:wood* suggests that fuel-use practices at the site changed, with increasingly large proportions of wood being utilized compared to dung by the mid-third millennium. However, this pattern may also be explained by changes in animal diet from a shift in foddering practices. In terms of agricultural production, a heavy reliance on barley at 'Atij matches trends associated with other contemporaneous Khabur Valley sites, particularly the southern steppe (McCorriston & Weisberg 2002). Large granary structures excavated at Tell 'Atij were likely used for the communal storage of harvested crops for both human and animal consumption. A gradual replacement of glume wheat crops with free-threshing varieties likely occurred, possibly suggesting a local increase in free-threshing wheat cultivation, or an increase in glume wheat exportation. It is possible, given 'Atij's close proximity to the Khabur River, that bulk surplus grain stores, alongside animals and wool, were exchanged to and from other sites along the Khabur, or else transported to major urban centres to the south (as summarized in Fortin 1998; Pfälzner 2002). Barley production intensified throughout the third millennium, continuing a regional trend seen over a broader timescale. Alternative hypotheses suggest that cultivation of barley along the river valley may well have been used to support animal husbandry by transhumant pastoralists based out of Tell 'Atij, as has been discussed elsewhere (Zeder 1998; McCorriston 1998a). Large herds of sheep and goats would have been grazed on the steppe surrounding the site in peak seasons and foddered on barley and chaff in leaner parts of the year.

While identifying human-consumption practices from carbonized archaeobotanical assemblages from such contexts is often problematic, these data nonetheless indirectly point to a drought-resilient staple economy of wheat, barley, and hardy legumes. Furthermore, an increase in safflower remains may point towards the production of safflower for dye and a diverse, year-round cycle of crop production. Nonetheless, this assemblage is best viewed from the perspective of land use and agropastoral management strategies. Together, the midden-derived plant remains examined in this study speak to a dynamic and specialized agropastoral economy along the Khabur River focused on the rearing of large animal herds supported on both the wide southern steppe lands and on the large-scale production of barley.

ARCHAEOBOTANICAL REMAINS

Table 27.2: All identified remains from each of the Tell 'Atij samples examined, according to taxonomic category. Wild/Weedy taxa are presented according shown by ecological category.

ECOLOGICAL CATEGORY	TAXON	II 301	XI 302	V 303	XI 305	VII 306	XII 307	XII 308	XII 309	X 310	VIII 311
WHEAT GRAIN	*Triticum monococcum*	0	0	0	0	0	1	0	0	0	0
	Triticum cf. *monococcum*	0	0	0	1	0	0	0	0	0	0
	Triticum dicoccum	1	0	0	0	0	0	0	0	0	0
	Triticum sp.	3	3	2	1	5	20	9	2	8	3
GLUME WHEAT-PROCESSING DEBRIS	*T. monococcum*, spikelet fork	0	0	0	0	0	1	0	0	0	0
	T. dicoccum, spikelet fork	111	0	2	0	46	2	20	0	0	0
	Glume wheat: glumes and rachis	0	5	32	0	0	25	32	0	6	11
	Glume wheat, glume bases	0	0	0	0	0	0	0	0	0	0
	Terminal wheat spik. fork indet.	0	0	0	0	0	0	0	0	0	0
FREE-THRESHING WHEAT-PROCESSING DEBRIS	*T. durum*, rachis	0	0	0	0	0	0	7	0	0	0
	T. aestivum, rachis	0	0	0	0	1	0	0	0	0	0
	Free-threshing wheat rachis	0	0	0	0	0	0	0	0	0	0
WHEAT-PROCESSING DEBRIS INDET.	*Triticum* glumes indet.	0	0	0	0	0	0	0	0	0	0
	Triticum rachis indet.	43	0	3	6	12	1	5	5	0	0
	Triticum spikelet base indet.	0	0	0	0	0	0	0	0	0	0
BARLEY GRAIN	*Hordeum vulgare*	17	60	10	120	96	38	7	0	23	45
BARLEY-PROCESSING DEBRIS	*Hordeum* sp., rachis	216	36	187	74	443	4	26	4	5	215
	Hordeum (2-row), rachis	0	0	0	0	0	0	3	0	0	0
	Hordeum sp. glume	0	0	0	0	0	0	0	0	0	0
CEREAL-PROCESSING DEBRIS	Cereal grain indet.	4	0	2	0	0	0	0	7	34	0
	Cereal rachis indet.	4	0	2	0	34	0	0	0	0	0
	Basal rachis indet.	0	0	0	0	0	0	0	0	0	2
	Basal cereal culm fragments	26	1	3	7	15	0	1	0	0	5
	Cereal culm fragments	166	11	43	59	124	3	7	1	3	0
LARGE LEGUMES	*Lathyrus sativus*	0	0	0	0	1	0	0	0	0	1
	Lathyrus arvensis	0	0	0	0	0	0	0	0	0	0
	Pisum sp.	0	0	0	0	0	0	0	0	0	1
	cf. *Pisum*	0	0	0	0	0	0	0	0	0	0
	Lens culinaris	3	0	0	0	0	0	0	1	0	0
	Large legumes, indet.	9	0	2	0	0	4	1	2	12	3
	Large legume frags., indet.	0	0	0	0	0	0	0	0	0	0
VITICULTURE	*Vitis vinifera*	0	0	0	0	0	0	0	0	0	0
SAFFLOWER	*Carthamus* sp.	0	0	0	0	0	0	0	1	2	0
	cf. *Carthamus tenuis*	1	0	0	0	0	0	0	0	0	0
	cf. *Carthamus tinctorius*	0	3	0	0	0	0	5	0	0	0
	Carthamus receptacle	1	0	0	0	0	0	0	0	0	0

ECOLOGICAL CATEGORY	TAXON	II 301	XI 302	V 303	XI 305	VII 306	XII 307	XII 308	XII 309	X 310	VIII 311
GATHERED WILD FRUITS AND RESOURCES	Ficus sp.	0	0	0	0	0	0	0	0	0	0
	Crataegus sp.	0	0	0	0	1	0	0	0	0	0
	Acer cf. monspessulanum	0	0	0	0	1	0	0	0	0	0
WETLAND/ IRRIGATION WEEDS	Portulaca oleracea	0	0	0	0	0	0	0	0	0	0
	Rumex sp.	0	0	1	2	0	2	34	0	1	2
	Tribulus terrestris	0	0	0	0	0	0	0	0	0	0
DRY FARMING WEEDS	Silene conoidea	2	1	7	0	2	0	2	0	0	0
	Vaccaria pyramidata	0	0	0	0	0	2	1	2	0	3
	Vaccaria sp.	0	0	0	0	0	0	0	1	0	0
	Euclideum syriacum	1	0	0	0	0	0	0	0	0	0
	Neslia apiculata	0	0	0	0	0	0	0	0	0	0
	Medicago polymorpha	0	0	3	0	0	0	0	0	0	1
	Andrachne telephioides	1	0	0	0	0	0	0	0	0	0
	Malva sp.	7	3	0	5	3	2	3	0	2	1
	Buglossoides arvensis (charred)	1	0	0	0	1	0	0	0	0	0
	Asperula arvensis	15	4	8	18	13	1	3	0	11	49
	Asperula/Galium type	0	0	0	0	0	0	0	0	0	1
	Centaurea hyalolepis	0	2	0	1	0	0	9	0	0	0
	Phalaris sp.	0	0	2	0	0	0	12	0	12	0
	Lolium temulentum	0	2	0	0	0	0	0	0	0	0
FALLOW/ DISTURBED STEPPE WEEDS	Gypsophila pilosa	0	0	0	4	3	0	3	0	0	9
	Gypsophila sp.	0	0	0	0	0	8	0	0	2	0
	Silene spp.	0	0	0	2	0	1	0	0	0	0
	Herniaria cinerea	5	0	0	0	0	0	0	0	0	0
	Adonis dentata	1	0	1	0	0	1	0	0	8	0
	Papaver sp.	0	0	0	0	1	0	0	0	0	0
	Reseda cf. alba	2	0	4	1	1	0	1	0	0	0
	Reseda sp.	0	0	0	0	0	0	0	0	0	0
	Sanguisorba minor	0	1	0	0	0	0	0	0	0	0
	Coronilla scorpioides	0	0	0	0	0	0	0	0	0	0
	Medicago radiata	0	0	0	0	9	0	19	0	4	0
	Bupleurum lancifolium	0	1	1	1	2	0	4	0	0	0
	Heliotropium sp.	0	0	2	0	0	0	0	0	3	0
	Arnebia decumbens (charred)	3	1	0	0	0	0	32	1	0	1
	cf. Heterocaryum	0	0	0	0	0	0	0	0	0	0
	Plantago loeflingii	0	0	2	0	0	0	0	0	0	0
	Plantago sp.	0	0	0	0	0	0	0	0	0	0
	Crucianella exasperata	0	0	0	0	0	0	0	0	0	6
	Rhagadiolus/Picris	8	0	0	0	0	0	0	0	0	1

ECOLOGICAL CATEGORY	TAXON	II 301	XI 302	V 303	XI 305	VII 306	XII 307	XII 308	XII 309	X 310	VIII 311
FALLOW/ DISTURBED STEPPE WEEDS	*Eremopyrum bonaepartis*	0	5	8	3	4	0	2	0	4	9
	Avena sp., awn	3	0	0	0	1	0	0	0	0	0
	Hordeum sp. wild	4	0	6	5	3	12	0	0	3	8
	Lolium sp.	2	12	1	15	3	0	155	43	4	3
STEPPE (SPRING) 'CLIMAX'	*Ceratocephalus falcatus*	0	0	0	0	4	0	0	0	0	6
	Roemeria hybrida capsule and seeds	7	0	0	0	0	0	0	0	0	1
	Trigonella sp.	24	45	213	117	37	423	450	116	1777	4
	Helianthemum sp.	0	0	0	0	0	0	22	0	0	0
	Euphorbia densa	0	0	0	0	0	0	1	0	0	0
	Lygia pubescens	3	0	1	1	0	0	0	0	4	2
	Androsace maxima	5	0	7	0	5	0	1	0	2	8
	Ziziphora sp.	0	0	0	5	5	0	0	5	0	0
	Valerianella coronata	0	0	0	0	0	0	0	0	0	0
	Garhadiolus angulosus	0	0	0	0	7	0	0	0	0	0
	Muscari/Ornithogalum	0	4	0	8	0	0	25	11	2	4
	Bellevalia sp.	0	0	0	0	0	1	0	2	0	0
STEPPE (FALL) 'CLIMAX'	*Salsola/Noaea/Hammada* type	3	1	2	1	1	0	1	0	0	0
	Aellenia/Salsola receptacle	0	0	0	0	0	0	0	28	1	0
	Haplophyllum tuberculatum	0	0	0	1	0	1	0	0	0	0
	Teucrium polium	3	1	1	6	4	8	1	2	2	5
	Scrophularia sp.	7	12	2	7	6	0	9	5	7	1
	Scrophularia sp. capsule	0	0	0	0	0	0	0	0	0	0
	Stipa sp.	0	0	0	0	1	0	0	0	0	0
RIVERINE	*Atriplex leucoclada*	7	787	0	134	0	0	1	1	0	4
	Atriplex sp., seed	0	0	0	0	0	0	0	0	25	0
	Lythrum salicaria	2	203	0	14	9	12	0	0	0	0
	Cyperus sp.	0	2	0	0	0	0	0	0	0	0
	Carex pachystachys	0	0	2	26	9	0	0	0	0	0
	Carex/Eleocharis	0	0	0	0	0	0	0	0	0	6
	Carex sp.	0	0	0	0	0	0	0	0	0	0
	Schoenoplectus cf. *triqueter*	0	0	5	1	0	11	3	1	0	1
	Eleocharis sp.	0	0	0	0	0	0	0	0	2	0
	Reed stem (*Phragmites* sp.)	0	1	0	1	0	0	0	3	3	0
	Rush stem	0	1	0	0	0	0	0	0	0	0
CATHOLIC/ UNKNOWN	*Polygonum* sp.	0	0	0	0	0	0	0	0	0	0
	CHENOPODIACEAE spp.	0	0	0	0	0	0	0	0	0	0
	cf. *Matthiola*	5	0	0	0	0	0	0	0	0	0
	CRUCIFEREAE type	4	0	1	3	1	0	0	0	0	0
	Prosopis farcta	0	0	1	0	1	0	0	0	0	0

ECOLOGICAL CATEGORY	TAXON	II 301	XI 302	V 303	XI 305	VII 306	XII 307	XII 308	XII 309	X 310	VIII 311
CATHOLIC/ UNKNOWN	*Astragalus* sp.	6	5	32	9	20	106	193	26	43	0
	Medicago sp.	0	1	0	1	1	0	9	0	29	0
	Medicago sp. pod	0	0	0	0	0	0	0	0	0	1
	Medicago cf. *rugosa*	0	0	5	0	0	0	0	0	0	0
	Trifolium type	0	0	0	1	5	0	0	0	0	0
	Small wild legumes	57	36	295	34	530	66	43	202	122	19
	Euphorbia cf. *cuspidata*	0	0	0	0	1	0	0	0	0	0
	Euphorbia cf. *chamesyce*	0	0	0	0	0	0	0	0	0	0
	Euphorbia sp.	0	0	0	0	0	0	0	0	10	0
	Pimpinella type	0	1	0	2	0	0	0	0	0	0
	UMBELLIFERAE spp.	0	0	0	0	0	0	0	0	0	0
	Convolvulus cf. *dorycnium*	1	0	0	0	0	0	0	0	0	0
	LABIATAE indet.	0	0	0	2	0	0	0	0	0	0
	Galium sp.	0	0	0	0	0	0	0	0	0	0
	Valerianella sp. #1	1	0	0	0	0	0	0	0	1	0
	Valerianella sp. #2	0	0	0	0	0	0	0	0	3	0
	Valerianella sp. #3	0	0	0	0	0	0	0	0	0	0
	Anthemis sp., receptacles	18	0	5	1	2	2	2	11	0	0
	Anthemis cf. *wettsteiniana*	0	43	0	2	1	0	2	0	9	0
	Anthemis sp.	13	1	7	2	4	0	0	0	47	0
	Artemisia sp.	0	0	2	0	1	0	7	47	15	1
	CYNAREAE tribe	0	0	3	0	0	0	0	0	0	0
	Centaurea sp.	0	3	1	3	0	3	22	0	1	0
	COMPOSITAE indet.	0	0	0	2	0	0	0	0	0	0
	Allium type	4	0	0	0	5	0	0	0	0	3
	Aegilops sp. grain	0	5	5	11	3	25	56	15	13	3
	Aegilops sp., glume/spikelet	22	11	61	28	120	73	131	10	51	19
	Bromus sp.	0	2	0	1	3	1	0	1	4	21
	Wild *Hordeum*/*Bromus* type	0	0	0	0	0	0	0	0	0	0
	Wild grass (POACEAE) indet.	9	46	10	50	51	3	26	52	29	58
	mouse dung	5	0	0	3	6	8	0	1	0	0
TOTALS	Sample Totals	866	1362	995	802	1668	871	1408	609	2357	547

ECOLOGICAL CATEGORY	TAXON	VI 313	IX 318	VI 319	IV 321	VI 322	VII 323	VIII 324	VIII 320	XIII 316	III 325
WHEAT GRAIN	*Triticum monococcum*	0	2	0	0	0	0	0	0	0	0
	Triticum cf. *monococcum*	0	0	0	0	0	0	0	0	0	0
	Triticum dicoccum	0	0	0	0	0	0	0	0	0	0
	Triticum sp.	3	0	0	0	1	0	0	3	1	0

ECOLOGICAL CATEGORY	TAXON	VI 313	IX 318	VI 319	IV 321	VI 322	VII 323	VIII 324	VIII 320	XIII 316	III 325
GLUME WHEAT-PROCESSING DEBRIS	*T. monococcum*, spikelet fork	0	0	0	0	0	0	0	0	0	0
	T. dicoccum, spikelet fork	3	0	0	0	0	0	2	2	0	2
	Glume wheat, glumes & rachis	4	5	0	0	2	0	3	2	0	20
	Glume wheat, glume bases	18	0	16	11	0	254	30	8	16	74
	Terminal wheat spik. Fork indet.	0	0	0	0	0	0	0	0	0	0
FREE-THRESHING WHEAT-PROCESSING DEBRIS	*T. durum*, rachis	0	0	0	0	0	0	0	0	0	0
	T. aestivum, rachis	0	0	0	0	0	0	0	0	0	0
	Free-threshing wheat rachis	1	2	0	34	2	0	0	2	0	6
WHEAT-PROCESSING DEBRIS INDET.	*Triticum* glumes indet.	0	0	0	0	0	0	0	0	0	0
	Triticum rachis indet.	0	0	0	0	0	0	1	0	0	0
	Triticum spikelet base indet.	0	0	0	2	0	0	0	0	0	0
BARLEY GRAIN	*Hordeum vulgare*	13	14	3	18	3	21	4	29	0	0
BARLEY-PROCESSING DEBRIS	*Hordeum* sp., rachis	114	334	82	353	188	463	170	39	19	160
	Hordeum (2-row), rachis	0	0	0	0	0	0	0	1	0	0
	Hordeum sp. glume	0	0	0	2	0	0	0	0	0	0
CEREAL-PROCESSING DEBRIS	Cereal grain indet.	0	8	0	28	9	13	14	23	13	17
	Cereal rachis indet.	0	4	0	9	0	37	0	0	0	0
	Basal rachis indet.	1	0	0	0	7	0	1	3	0	0
	Basal cereal culm fragments	0	2	0	3	1	0	2	2	0	7
	Cereal culm fragments	53	37	3	62	42	0	16	0	0	12
LARGE LEGUMES	*Lathyrus sativus*	0	0	0	0	0	0	0	0	0	0
	Lathyrus arvensis	0	0	0	0	0	1	0	0	0	0
	Pisum sp.	0	0	0	0	0	0	2	0	0	0
	cf. *Pisum*	0	0	0	1	0	0	0	0	0	0
	Lens culinaris	0	0	0	0	0	0	0	0	0	0
	Large legumes, indet.	5	7	1	0	0	0	0	0	0	2
	Large legume frags., indet.	3	0	0	2	8	4	2	0	0	0
VITICULTURE	*Vitis vinifera*	0	1	0	0	0	0	0	0	0	0
SAFFLOWER	*Carthamus* sp.	0	0	0	0	0	0	0	0	0	0
	cf. *Carthamus tenuis*	0	0	0	0	0	0	0	0	0	0
	cf. *Carthamus tinctorius*	0	0	0	0	0	0	0	0	0	0
	Carthamus receptacle	0	10	0	3	4	0	3	1	0	0
GATHERED WILD FRUITS AND RESOURCES	*Ficus* sp.	0	0	0	0	0	0	0	0	0	0
	Crataegus sp.	0	0	0	0	0	0	0	0	0	0
	Acer cf. *monspessulanum*	0	0	0	0	0	0	0	0	0	0
WETLAND/ IRRIGATION WEEDS	*Portulaca oleracea*	0	0	0	0	0	0	1	0	0	0
	Rumex sp.	0	2	0	0	3	1	0	0	2	1
	Tribulus terrestris	0	0	0	0	0	0	0	0	0	0

ECOLOGICAL CATEGORY	TAXON	VI 313	IX 318	VI 319	IV 321	VI 322	VII 323	VIII 324	VIII 320	XIII 316	III 325
DRY FARMING WEEDS	*Silene conoidea*	0	0	0	0	0	0	0	0	0	0
	Vaccaria pyramidata	0	1	0	0	0	0	0	0	0	0
	Vaccaria sp.	0	0	0	0	0	0	0	0	0	0
	Euclideum syriacum	0	0	0	0	3	0	0	0	0	0
	Neslia apiculata	0	0	0	0	0	0	0	0	1	0
	Medicago polymorpha	0	0	0	4	3	0	0	0	0	0
	Andrachne telephioides	0	1	0	0	5	0	2	0	0	0
	Malva sp.	6	0	0	19	11	0	2	0	2	6
	Buglossoides arvensis (charred)	0	0	0	0	0	0	0	0	0	0
	Asperula arvensis	2	0	0	2	1	8	3	0	0	4
	Asperula/Galium type	0	0	0	0	0	0	0	1	0	0
	Centaurea hyalolepis	0	12	0	0	0	0	0	0	0	0
	Phalaris sp.	0	0	1	0	1	0	0	0	1	0
	Lolium temulentum	0	0	0	0	0	0	0	0	0	0
FALLOW/ DISTURBED STEPPE WEEDS	*Gypsophila pilosa*	0	5	0	0	0	0	0	0	0	0
	Gypsophila sp.	0	0	0	4	8	3	0	0	0	3
	Silene spp.	3	2	0	0	0	2	2	0	0	1
	Herniaria cinerea	0	0	0	0	0	0	0	0	0	0
	Adonis dentata	1	0	0	0	2	0	0	0	0	0
	Papaver sp.	0	0	0	0	0	0	0	0	0	2
	Reseda cf. *alba*	0	0	0	0	181	0	1	0	0	0
	Reseda sp.	0	0	0	130	0	0	0	1	0	2
	Sanguisorba minor	0	0	0	0	0	0	0	0	0	0
	Coronilla scorpioides	0	0	0	0	0	0	0	0	0	0
	Medicago radiata	12	1	0	0	13	0	6	1	0	0
	Bupleurum lancifolium	0	15	0	6	0	1	1	0	0	0
	Heliotropium sp.	0	0	0	0	1	0	0	0	0	0
	Arnebia decumbens (charred)	1	2	0	0	0	0	0	0	1	0
	cf. *Heterocaryum*	0	0	0	1	0	0	0	0	0	0
	Plantago loeflingii	0	0	0	3	2	0	1	0	0	0
	Plantago sp.	0	0	0	0	0	0	0	0	0	0
	Crucianella exasperata	0	0	0	0	0	0	19	1	0	24
	Rhagadiolus/Picris	0	1	0	0	1	0	0	0	0	0
	Eremopyrum bonaepartis	8	2	0	0	0	2	2	4	0	0
	Avena sp., awn	0	0	0	0	0	0	0	0	0	0
	Hordeum sp. wild	0	0	0	0	0	0	0	0	0	0
	Lolium sp.	4	0	0	0	4	0	5	0	7	0

ARCHAEOBOTANICAL REMAINS

ECOLOGICAL CATEGORY	TAXON	VI 313	IX 318	VI 319	IV 321	VI 322	VII 323	VIII 324	VIII 320	XIII 316	III 325
STEPPE (SPRING) 'CLIMAX'	*Ceratocephalus falcatus*	0	3	0	0	0	2	5	0	0	0
	Roemeria hybrida capsule and seeds	0	0	0	0	0	0	0	0	0	0
	Trigonella sp.	0	1918	27	58	271	102	118	64	184	39
	Helianthemum sp.	42	0	4	1	0	0	19	9	0	0
	Euphorbia densa	0	0	0	0	0	0	1	0	0	0
	Lygia pubescens	2	26	0	3	2	0	7	0	0	2
	Androsace maxima	2	4	0	11	4	2	1	0	0	1
	Ziziphora sp.	1	6	1	0	5	0	17	0	1	3
	Valerianella coronata	0	0	0	0	1	0	0	0	0	0
	Garhadiolus angulosus	0	1	0	7	0	2	1	0	0	0
	Muscari/Ornithogalum	0	4	1	0	0	1	0	0	0	0
	Bellevalia sp.	1	0	0	0	0	0	0	0	0	0
STEPPE (FALL) 'CLIMAX'	*Salsola/Noaea/Hammada* type	0	0	0	2	1	0	2	0	0	0
	Aellenia/Salsola receptacle	2	0	2	0	3	0	0	0	0	0
	Haplophyllum tuberculatum	2	0	0	4	6	0	2	0	0	0
	Teucrium polium	1	0	0	14	0	0	2	6	0	2
	Scrophularia sp.	38	6	6	59	1	4	30	13	0	0
	Scrophularia sp. capsule	6	0	0	3	0	1	6	0	0	0
	Stipa sp.	3	0	0	0	0	2	1	0	0	0
RIVERINE	*Atriplex leucoclada*	0	0	15	0	0	0	0	0	0	5
	Atriplex sp., seed	0	0	0	0	0	0	0	0	0	0
	Lythrum salicaria	0	0	0	0	0	0	0	0	0	0
	Cyperus sp.	0	0	0	0	0	0	0	0	0	0
	Carex pachystachys	0	1	0	0	0	0	0	0	0	0
	Carex/Eleocharis	0	0	0	0	0	0	0	0	0	0
	Carex sp.	0	0	0	0	0	1	0	0	0	0
	Schoenoplectus cf. *triqueter*	8	0	0	0	0	0	0	0	0	0
	Eleocharis sp.	0	7	20	0	0	0	0	0	6	0
	Reed stem (*Phragmites* sp.)	1	1	0	0	0	0	0	0	0	0
	Rush stem	0	0	0	0	0	0	0	0	0	0
CATHOLIC/ UNKNOWN	*Polygonum* sp.	1	0	0	0	0	0	0	0	0	0
	CHENOPODIACEAE spp.	0	0	0	0	2	0	0	0	0	0
	cf. *Matthiola*	0	0	0	0	0	0	0	0	0	0
	CRUCIFEREAE type	0	0	0	0	0	0	0	0	0	0
	Prosopis farcta	0	0	0	0	0	0	0	0	0	0
	Astragalus sp.	37	10	1	0	0	0	3	1	0	0
	Medicago sp.	0	2	1	0	2	2	0	0	0	0
	Medicago sp. pod	0	0	0	0	0	0	0	0	0	0
	Medicago cf. *rugosa*	0	0	0	0	0	0	0	0	0	0

ECOLOGICAL CATEGORY	TAXON	VI 313	IX 318	VI 319	IV 321	VI 322	VII 323	VIII 324	VIII 320	XIII 316	III 325
CATHOLIC/ UNKNOWN	*Trifolium* type	0	0	0	0	0	0	0	0	0	0
	Small wild legumes (FABACEAE)	929	342	37	39	359	159	176	68	343	48
	Euphorbia cf. *cuspidata*	0	1	0	0	0	0	0	0	0	0
	Euphorbia cf. *chamesyce*	0	0	0	0	0	0	0	2	0	0
	Euphorbia sp.	0	1	0	1	0	0	0	0	0	0
	Pimpinella type	0	0	0	1	0	0	0	0	0	0
	UMBELLIFERAE spp.	1	0	0	0	0	0	0	0	0	0
	Convolvulus cf. *dorycnium*	0	0	0	0	0	0	0	0	0	0
	LABIATAE indet.	0	0	1	0	6	1	0	0	0	0
	Galium sp.	0	5	1	0	0	0	1	0	0	0
	Valerianella sp. #1	0	1	0	2	0	0	2	0	0	0
	Valerianella sp. #2	0	4	0	3	2	0	1	0	0	1
	Valerianella sp. #3	0	0	0	1	0	0	0	0	0	0
	Anthemis sp., receptacles	5	12	0	3	1	0	6	3	0	0
	Anthemis cf. *wettsteiniana*, seeds	1	0	0	4	1	0	0	0	0	17
	Anthemis sp.	7	6	0	45	3	0	11	0	0	10
	Artemisia sp.	0	0	0	0	0	4	8	0	0	0
	CYNAREAE tribe	0	0	0	0	0	0	0	0	0	0
	Centaurea sp.	1	0	0	0	0	1	0	0	0	2
	COMPOSITAE indet.	0	0	0	0	0	0	0	0	0	0
	Allium type	0	0	0	0	0	1	0	0	0	0
	Aegilops sp. grain	8	2	2	3	4	0	5	8	0	0
	Aegilops sp., glume/spikelet	27	138	0	6	5	109	18	16	6	3
	Bromus sp.	0	0	0	0	0	0	2	0	0	0
	Wild *Hordeum/Bromus* type	0	0	0	0	0	0	2	0	0	3
	Wild grass (POACEAE) indet.	0	102	1	29	6	27	33	27	23	8
	mouse dung	0	0	0	10	2	0	2	0	1
TOTALS	Sample Totals	1381	3112	226	1006	1193	1231	773	344	626	488

ECOLOGICAL CATEGORY	TAXON	XI 342	XI 336	III 326	XII 317	XII 329	XIII 328	Total
WHEAT GRAIN	*Triticum monococcum*	0	0	0	0	0	0	3
	Triticum cf. *monococcum*	0	0	0	0	0	0	1
	Triticum dicoccum	0	0	0	0	0	0	1
	Triticum sp.	10	25	0	10	1	11	121
GLUME WHEAT-PROCESSING DEBRIS	*T. monococcum*, spikelet fork	0	0	0	0	0	4	5
	T. dicoccum, spikelet fork	0	1	0	0	0	0	191
	Glume wheat, glumes & rachis	0	0	0	0	0	0	147
	Glume wheat, glume bases	6	12	0	0	0	58	503
	Terminal wheat spikelet fork indet.	0	0	0	1	0	0	1

ECOLOGICAL CATEGORY	TAXON	XI 342	XI 336	III 326	XII 317	XII 329	XIII 328	Total
FREE-THRESHING WHEAT-PROCESSING DEBRIS	*T. durum*, rachis	0	0	0	0	0	0	7
	T. aestivum, rachis	0	0	0	0	0	0	1
	Free-threshing wheat rachis	0	0	0	0	0	0	47
WHEAT-PROCESSING DEBRIS INDET.	*Triticum* glumes indet.	0	0	0	11	0	0	11
	Triticum rachis indet.	0	0	10	2	0	0	88
	Triticum spikelet base indet.	0	0	0	0	0	0	2
BARLEY GRAIN	*Hordeum vulgare*	0	0	25	16	11	35	608
BARLEY-PROCESSING DEBRIS	*Hordeum* sp., rachis	16	61	122	41	84	70	3526
	Hordeum (2-row), rachis	0	0	0	0	0	0	4
	Hordeum sp. glume	0	0	0	0	0	0	2
CEREAL-PROCESSING DEBRIS	Cereal grain indet.	29	35	97	491	109	152	1085
	Cereal rachis indet.	0	1	0	0	0	0	91
	Basal rachis indet.	0	1	1	0	0	0	16
	Basal cereal culm fragments	0	3	4	1	2	0	85
	Cereal culm fragments	0	6	177	18	21	29	893
LARGE LEGUMES	*Lathyrus sativus*	0	0	0	0	0	0	2
	Lathyrus arvensis	0	0	0	0	0	0	1
	Pisum sp.	0	0	0	0	0	0	3
	cf. *Pisum*	0	0	0	0	0	0	1
	Lens culinaris	0	0	2	2	0	0	8
	Large legumes, indet.	0	2	6	0	0	0	56
	Large legume frags., indet.	0	0	0	3	1	0	23
GRAPE	*Vitis vinifera*	0	0	0	0	0	0	1
SAFFLOWER	*Carthamus* sp.	0	0	8	0	0	0	11
	cf. *Carthamus tenuis*	0	0	0	0	0	0	1
	cf. *Carthamus tinctorius*	0	0	0	0	0	0	8
	Carthamus receptacle	0	0	0	0	0	0	22
GATHERED WILD FRUITS AND RESOURCES	*Ficus* sp.	0	0	0	58	0	0	58
	Crataegus sp.	0	0	0	0	0	0	1
	Acer cf. *monspessulanum*	0	0	0	0	0	0	1
WETLAND/ IRRIGATION WEEDS	*Portulaca oleracea*	0	0	1	0	0	0	2
	Rumex sp.	0	5	0	0	0	0	56
	Tribulus terrestris	0	0	1	0	0	0	1
DRY-FARMING WEEDS	*Silene conoidea*	0	0	0	0	0	0	14
	Vaccaria pyramidata	0	0	0	0	0	0	9
	Vaccaria sp.	2	0	0	0	0	0	3
	Euclideum syriacum	0	0	0	0	0	0	4
	Neslia apiculata	0	0	0	0	0	0	1
	Medicago polymorpha	0	0	0	0	0	0	11

ECOLOGICAL CATEGORY	TAXON	XI 342	XI 336	III 326	XII 317	XII 329	XIII 328	Total
DRY-FARMING WEEDS	*Andrachne telephioides*	0	0	1	0	0	0	10
	Malva sp.	0	1	14	0	0	0	87
	Buglossoides arvensis (charred)	3	0	0	0	0	1	6
	Asperula arvensis	3	0	2	0	0	0	147
	Asperula/Galium type	0	2	1	6	0	0	11
	Centaurea hyalolepis	0	0	0	0	0	0	24
	Phalaris sp.	0	1	1	0	0	0	31
	Lolium temulentum	0	0	0	0	0	0	2
FALLOW/ DISTURBED STEPPE WEEDS	*Gypsophila pilosa*	0	0	0	0	0	0	24
	Gypsophila sp.	0	0	5	0	0	1	34
	Silene spp.	1	2	9	1	0	1	27
	Herniaria cinerea	0	0	0	0	0	0	5
	Adonis dentata	0	0	1	0	0	0	15
	Papaver sp.	0	0	0	0	0	0	3
	Reseda cf. *alba*	0	0	0	0	0	0	191
	Reseda sp.	0	0	1	0	0	0	134
	Sanguisorba minor	0	0	0	0	0	0	1
	Coronilla scorpioides	0	0	4	1	0	0	5
	Medicago radiata	0	1	5	0	0	0	71
	Bupleurum lancifolium	0	0	2	0	0	0	34
	Heliotropium sp.	0	0	0	2	0	0	8
	Arnebia decumbens (charred)	3	3	3	27	1	2	81
	cf. *Heterocaryum*	0	0	0	0	0	0	1
	Plantago loeflingii	0	1	0	0	0	0	9
	Plantago sp.	0	0	1	0	0	0	1
	Crucianella exasperata	0	6	0	2	1	0	59
	Rhagadiolus/Picris	0	0	0	0	0	0	11
	Eremopyrum bonaepartis	2	2	6	1	2	7	73
	Avena sp., awn	0	0	0	0	0	0	4
	Hordeum sp. wild	0	0	0	0	0	0	41
	Lolium sp.	1	2	5	1	0	0	267

ECOLOGICAL CATEGORY	TAXON	XI 342	XI 336	III 326	XII 317	XII 329	XIII 328	Total
STEPPE (SPRING) 'CLIMAX'	*Ceratocephalus falcatus*	0	0	0	0	0	0	20
	Roemeria hybrida capsule and seeds	0	0	0	0	0	0	8
	Trigonella sp.	32	233	0	0	0	0	6304
	Helianthemum sp.	8	254	0	0	0	0	359
	Euphorbia densa	0	0	0	0	0	0	2
	Lygia pubescens	0	0	2	0	0	0	55
	Androsace maxima	0	0	0	0	0	0	53
	Ziziphora sp.	0	0	1	0	0	2	52
	Valerianella coronata	0	0	2	0	0	0	3
	Garhadiolus angulosus	0	0	1	0	0	0	19
	Muscari/Ornithogalum	0	0	7	0	3	0	70
	Bellevalia sp.	0	0	0	0	0	0	4
STEPPE (FALL) 'CLIMAX'	*Salsola/Noaea/Hammada* type	0	0	1	0	0	0	15
	Aellenia/Salsola receptacle	0	0	0	0	0	0	36
	Haplophyllum tuberculatum	0	0	0	0	0	0	16
	Teucrium polium	3	7	5	1	0	0	74
	Scrophularia sp.	6	9	3	20	9	6	266
	Scrophularia sp. capsule	0	0	0	0	6	0	22
	Stipa sp.	0	0	0	0	0	1	8
RIVERINE	*Atriplex leucoclada*	10	45	0	0	0	0	1009
	Atriplex sp., seed	0	0	0	0	0	7	32
	Lythrum salicaria	0	0	0	0	0	0	240
	Cyperus sp.	0	0	0	0	0	1	3
	Carex pachystachys	0	0	0	0	0	0	38
	Carex/Eleocharis	0	0	0	0	0	0	6
	Carex sp.	0	0	0	6	0	0	7
	Schoenoplectus cf. *triqueter*	0	0	0	0	0	0	30
	Eleocharis sp.	0	0	0	0	6	2	43
	Reed stem (*Phragmites* sp.)	0	0	0	0	0	0	10
	Rush stem	0	0	0	0	0	0	1
CATHOLIC/ UNKNOWN	*Polygonum* sp.	0	0	0	0	0	0	1
	CHENOPODIACEAE spp.	0	0	1	3	0	0	6
	cf. *Matthiola*	0	0	0	0	0	0	5
	CRUCIFEREAE type	0	0	10	0	0	0	19
	Prosopis farcta	0	0	0	0	0	1	3
	Astragalus sp.	2	2	0	0	0	0	496
	Medicago sp.	0	0	1	0	0	0	49
	Medicago sp. pod	0	0	0	0	0	0	1
	Medicago cf. *rugosa*	0	0	0	0	0	0	5

ECOLOGICAL CATEGORY	TAXON	XI 342	XI 336	III 326	XII 317	XII 329	XIII 328	Total
CATHOLIC/ UNKNOWN	*Trifolium* type	0	0	0	0	0	0	6
	Small wild legumes (FABACEAE)	34	209	166	121	18	376	4828
	Euphorbia cf. *cuspidata*	0	0	0	0	0	0	2
	Euphorbia cf. *chamesyce*	0	0	0	0	0	0	2
	Euphorbia sp.	0	0	0	0	0	0	12
	Pimpinella type	0	0	0	0	0	0	4
	UMBELLIFERAE spp.	0	0	1	0	0	0	2
	Convolvulus cf. *dorycnium*	0	0	0	0	0	0	1
	LABIATAE indet.	0	0	0	1	0	0	11
	Galium sp.	0	0	0	0	0	0	7
	Valerianella sp. #1	0	0	0	0	0	0	7
	Valerianella sp. #2	0	0	0	0	0	0	14
	Valerianella sp. #3	0	0	0	0	0	0	1
	Anthemis sp., receptacles	5	0	1	1	0	1	79
	Anthemis cf. *wettsteiniana*, seeds	1	0	0	0	0	0	81
	Anthemis sp.	0	5	11	1	0	0	173
	Artemisia sp.	4	3	0	0	0	0	92
	CYNAREAE tribe	0	0	0	0	0	0	3
	Centaurea sp.	0	7	4	2	0	0	50
	COMPOSITAE indet.	0	0	8	0	0	1	11
	Allium type	0	0	1	0	0	0	14
	Aegilops sp. grain	7	13	9	54	2	5	258
	Aegilops sp., glume/spikelet	16	28	47	111	15	18	1089
	Bromus sp.	0	10	0	0	0	0	45
	Wild *Hordeum/Bromus* type	0	0	0	6	0	0	11
	Wild grass (POACEAE) indet.	3	23	7	2	19	34	678
	mouse dung	0	0	13	0	0	0	51
TOTALS	Sample Totals	207	1021	817	1024	311	826	22329

Chapitre 28

Animal Bone Assemblage

Scott Rufolo

Introduction

In the preceding chapters of this volume, the expansive corpus of archaeological data for the third-millennium-BC Syrian site of Tell 'Atij is outlined in great detail, covering the stratigraphy, architecture, artefacts, and radiocarbon sequence accumulated over the course of five seasons of excavation (Fortin 1988a; 1990a; 1990c; 1994a; 1995). This chapter, which describes the animal bone assemblage recovered from 'Atij, is one of two specialist reports presented in this monograph to focus exclusively on archaeobiological data. It thus provides a zooarchaeological picture of human activity at this Early Bronze Age (EBA) facility to complement the archaeobotanical analysis undertaken by Lucas Proctor and Joy McCorriston in the preceding chapter on plant remains. The primary focus here is the set of vertebrate remains found at the site; the invertebrate material, composed of shells and shell fragments from gastropods and bivalves, is treated by David Reese in Chapter 25. Neither is data from the bone and shell artefacts, also described in Chapter 25, included in the zooarchaeological analysis in any substantial way.[1]

The site of Tell 'Atij is dominated by storage installations, which are protected by a sturdy wall encompassing a compound that may have been located on an island of the Khabur River during the time of its occupation. The specialized nature of the excavated architectural remains indicate that this site may have held an important socio-economic role in the lead-up to the mid-third millennium BC episode of urbanization within northern Mesopotamia, commonly referred to as the 'second urban revolution' (Akkermans & Schwartz 2003, 233–87).[2] This period of urban consolidation involved the relatively rapid emergence of city-states in the northern portion of the Khabur watershed (Map 28.1) and is regarded as a defining element of the Syrian Early Bronze Age (3000–2000 BC). The northern reaches of the Khabur River form the western edge of a wedge-shaped region that stretches eastward along the wadi Jaghjagh to the wadi Radd and is bound to the north by the mountains of Turkey, a geographic entity known as the Khabur Triangle (Warburton 1985, 13). This expanse of shallow river beds, surrounded by steppe and isolated foothills, hosted a handful of settlements that in the immediately preceding centuries covered 25 ha or less before exploding into areal extents of 90 ha or more within a single century (Ur 2010a, 405–06; 2010b, 152: Table 8.1). This swift urban growth occurred between approximately 2600 and 500 BC, a span that straddles the transition from EJZ 2 to EJZ 3a in the chronological scheme developed by the ARCANE project (Lebeau 2011) for the Syrian Jezirah. This region can broadly

---

[1] Artefacts made of organic material were separated from the general faunal remains in the field at the time of recovery. During subsequent processing of the zooarchaeological assemblage in the lab, twenty-five specimens with signs of modification indicating likely use as tools were encountered. Although later isolated and set aside for analysis as tools, data from these twenty-five specimens is included here in the zooarchaeological analysis as half could be identified to genus.

[2] Once envisioned as a later crystallization of urban polities in the north, triggered by political and economic influences from cities in southern Mesopotamia that developed earlier in the fourth millennium BC during the 'first' Urban Revolution as described by Childe (1936; 1950), northern Mesopotamia is now better understood as having experienced its own independent and distinct pathway to urbanization that also has roots in the fourth millennium BC (McMahon 2020).

be defined as the expanse of steppe and arid lowlands encompassing the Balikh and Khabur drainage basins of north-eastern Syria as well as the interfluvial regions of adjoining areas in south-eastern Turkey and north-western Iraq (Fisher 1963, 370; Canard 1965). Within this region, and anchored in the large settlements that once existed at the sites of Tell Brak, Tell Hamoukar, Tell Mozan, and Tell Leilan, centralized polities developed that were territorially small but nonetheless exhibited a multi-tiered settlement system. The primary centres of the northern Khabur Basin were surrounded by several secondary towns at locations such as Tell Beydar and Tell Arbid, which themselves were enmeshed within a web of smaller villages and hamlets (Wilkinson 2009).

The remarkable expansion of Early Bronze Age cities in the Khabur Triangle has received a considerable amount of attention in scholarly literature, particularly with regard to its implications for understanding the nature of early Mesopotamian urbanism and the evolution of social complexity in the Middle East. The site of Tell 'Atij, with its specialized storage features, relatively large size, and an occupation initially thought to span the critical period of northern urban florescence, is situated just south of the Khabur Triangle. It has long been interpreted with a view towards its relationship with nearby urban polities and its potential contribution to driving the socio-cultural factors necessary for the birth of cities in northern Mesopotamia, both by its excavator and other scholars (e.g., Fortin & Schwartz 2003; Hole 1991; 1999; McCorriston 1995; Margueron 1991; Pfälzner 2002a; Schwartz 1994a; 1994b; Zeder 1998a). Along with the material recovered from the nearby site of Tell Raqa'i, whose excavation was undertaken at roughly the same time and which also revealed a curious set of archaeological features denoting storage and specialized economic activities (Schwartz 2015), the findings at 'Atij have featured prominently in the development of theories and models proposed to explain the EBA urban phenomenon of the Khabur Basin. The overall small size of these two sites (neither covers much more than a hectare at most when occupied) which nonetheless feature a seemingly disproportionate emphasis on storage facilities and specialized economic pursuits,

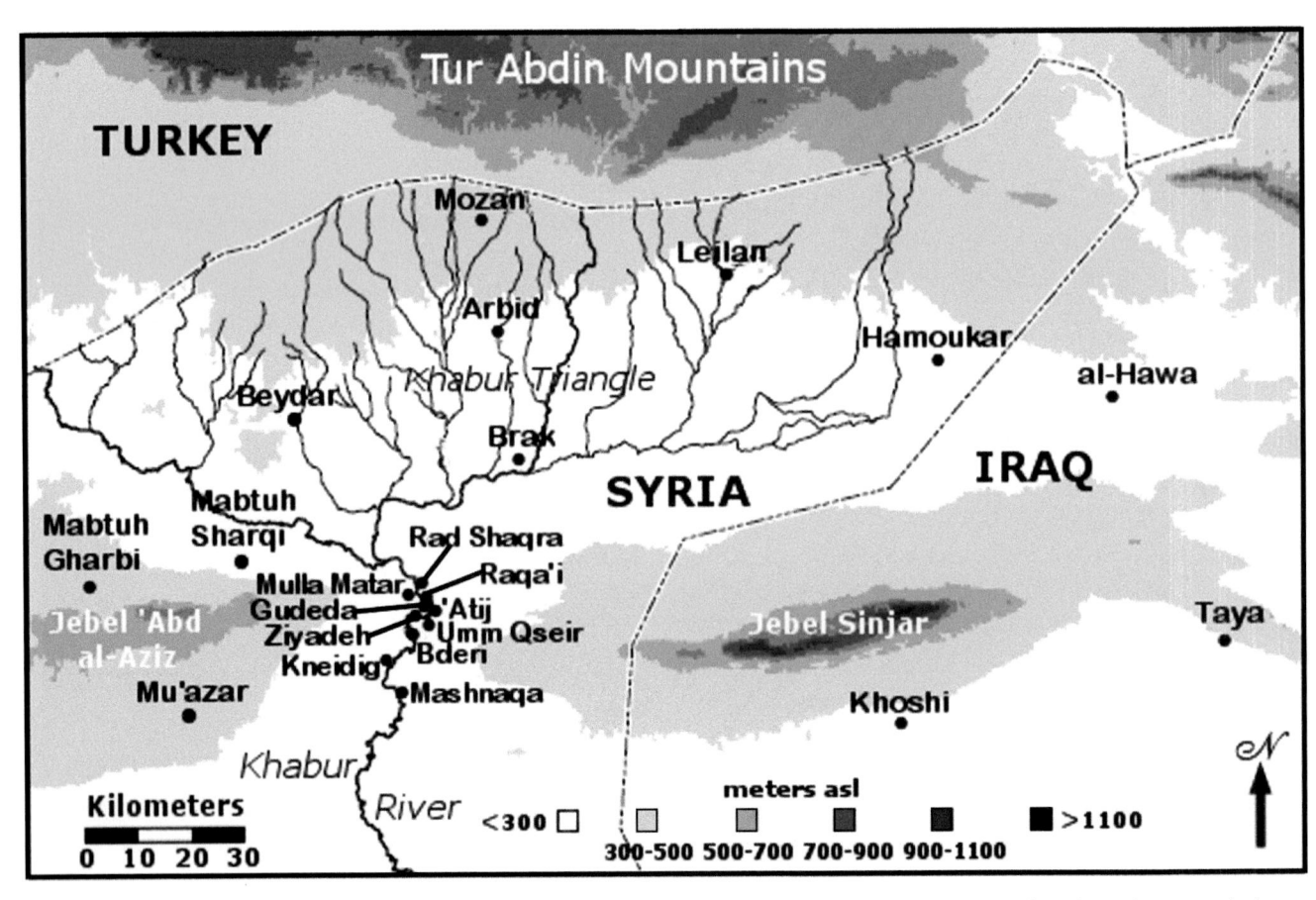

Map 28.1: Map of north-eastern Syria showing geographic features and important Early Bronze Age archaeological sites, including those mentioned in the text. Map by author.

combined with their location within what is today a marginal environment ill-suited to dry-farming practices (Hole 2007), have contributed to a certain air of mystery about the nature of these ancient settlements from early on in their history of excavation. As this history of fieldwork — along with the stratigraphy, architectural remains, recovered artefacts, periodization, and past environmental record for 'Atij — is fully described in earlier chapters, the details will not be repeated here. A very brief summary of the primary interpretation of the site's purpose and socioeconomic role does follow, however, as a means of framing the principal contribution that the zooarchaeological data make in terms of expanding the details of this interpretation.

As an archaeological site, Tell 'Atij consists of two mounds, located on the east bank of the modern Khabur River, and referred to simply as the primary mound and the secondary mound.[3] In antiquity, the mounds were separated by a shallow depression and are thought to have formed two small islands in the Khabur during the time of their occupation (Blackburn & Fortin 1994).[4] The primary tell has been interpreted by Fortin (1998a; 2001) as a walled depot devoted to the storage of agricultural surplus, primarily grain. The presence of numerous storage installations and associated accoutrements (plastered storerooms, grid-based buildings, vaulted silos, large storage vessels, counting tokens, measurement devices, etc.) running throughout the site's thirteen occupation layers certainly support this view. Fortin also points to the lack of any clear Early Bronze Age residential areas on either the primary or secondary mounds as additional evidence of the specialized economic function represented by 'Atij. Excavations at the secondary mound revealed only a poorly preserved set of contemporaneous architectural features, including the remains of what might have been a pier for mooring boats, as well as a set of tombs. In short, the primary mound is seen as having been a commercial station or trading post stocking up agricultural goods, and operated by people who lived elsewhere along the river, while the secondary mound perhaps served a dual purpose as both a port for receiving watercraft travelling on the river involved in trade, and as host to a small necropolis. Fortin views Mari, an urban centre that emerged to the south during the course of the first half of the third millennium BC, as the likely principal destination for grain and other products available at 'Atij (Gallet et al. 2020; Fortin & Schwartz 2003). An interesting suggested scenario is that 'Atij was under the direct control of Mari's administrative reach, being operated by southern elites who colonized the middle stretch of the Khabur in order to secure a stable agricultural supply to better mitigate the risks of maintaining a large population further south in a more arid environment (Fortin 1996; 1997; 2000). Climatic reconstructions for the Khabur Basin indicate that it likely experienced an unstable but overall wetter climate during much of the EBA (Barge & Moulin 2008). This perhaps allowed the area of the Middle Khabur to serve as a relatively rich agropastoral belt that supported the needs of growing nearby urban populations.

Analysis of the animal bone assemblage amassed during the excavation of Tell 'Atij provides an additional dataset for considering the nature of 'Atij and refining interpretations concerning its economic role. The scenario presented above for the site — a specialized trading outpost with few to no permanent residents focusing on agricultural products — raises questions that may be addressed through an examination of the zooarchaeological data. Beyond grain, were commodities obtained from livestock or wild animals also funnelled through the depot? Was obtaining wool — an important economic resource in Early Bronze Age Mesopotamia that fuelled a valuable textile trade (Sallaberger 2014a) — an important focus of the activities at 'Atij? Were the personnel who managed and operated the depot supplied with meat or dairy products for consumption on site? These questions, as well as others, will be explored here through a presentation and examination of the faunal data available for 'Atij. Following a brief summary of prior work involving the animal remains from 'Atij, the core zooarchaeological profiles for the site are presented in several sections, supporting a subsequent basic interpretation of the data. The information from 'Atij's animal bone assemblage will then be placed into context with respect to the zooarchaeological data available from nearby contemporaneous sites (principally Tell Raqa'i), leading to a concluding discussion of how the faunal analysis contributes to better understanding the purpose of Tell 'Atij during its period of occupation, and the role it may have played in the formation of urban networks within the Khabur Triangle during the Early Bronze Age.

---

3 Since excavation, the site has been flooded by the reservoir created by the construction of the Hasakah South dam and now lies underwater (Fortin 1998b, 17; Hole & Zaitchik 2007, 139).

4 This interpretation is contested by Hole (1999, 276-77), however, who argues that 'Atij was likely only periodically flooded during brief periods when the Khabur overflowed its banks.

Previous Zooarchaeological Analysis

The faunal assemblage recovered from Tell 'Atij has already been subjected to a preliminary zooarchaeological treatment as part of a broader study examining trends in the animal-based economy within the Khabur Basin over the course of several millennia. Building on her work with the sixth-millennium BC animal bone assemblage from the Halafian site of Umm Qseir (Zeder 1994) — which, along with the publications of Becker (1988; 1991; 1994), represents the earliest zooarchaeological analyses available for Khabur Basin sites — Melinda Zeder (1995) profiled the post-Neolithic evolution of the core subsistence strategies that were employed by communities along the Middle Khabur, as well as within the Khabur Triangle, over a period of more than 5,000 years, from 7000–1500 BC. Her previous work centreed on a survey of the animal bone yield of twenty occupation phases from eleven sites, whose names and relative chronological sequence are provided in Fig. 28.1 (with locations shown on Map 28.1), but Tell 'Atij and its Early Bronze Age neighbours in the Middle Khabur region were not included. As a means of quickly generating a zooarchaeological profile for the Khabur Basin, all recovered specimens from the involved sites were processed in order to determine the species represented and generate counts and weights for all taxonomic groups identified. No additional zooarchaeological data were systematically captured, nor were context-specific or extensive intra-site analyses conducted. The resulting data nonetheless provided a low-resolution but highly informative picture of changing subsistence preferences involving animals, both wild and domestic, over time.

Zeder's research documented chronological fluctuations in the relative abundances of wild versus domestic species at the Khabur Basin sites, variations that clearly signal a shift in emphasis from a mixed, more closely balanced reliance on wild and domestic resources to one focused almost exclusively on husbanded animals (Fig. 28.1, top graph). The data indicated that this switch occurred sometime between the end of the fourth and the middle of the third millennium, likely appearing earlier in the northern portion of the Khabur Basin compared to the southern steppes along the middle course of the Khabur River. Communities lying on the Middle Khabur were relatively underrepresented in these early studies, however, and no assemblages dating to the opening centuries of the third millennium BC (the Ninevite 5 period or Early Jezirah 1 in the ARCANE periodization) were present. This geographic and temporal gap in the Khabur Basin sequence of zooarchaeological assemblages was bridged following the first-phase analysis of animal remains from Tell 'Atij, as well as the nearby sites of Tell Gudeda, Tell Raqa'i, and Tell Ziyadeh, all of which were initially documented in unpublished reports of the Smithsonian Institution's Zooarchaeology Laboratory (Rufolo 1995; Zeder 1996, 1998c). In subsequent publications, Zeder (1998a; 1998d) reported that the taxonomic abundances for the Early Bronze Age sites confirm a later transition to a dramatic dominance of domesticates, primarily sheep and goat, in the southern Khabur Basin, additionally signalling that this change progressed gradually over the course of the early third millennium (Fig. 28.1, bottom graph). This steady shift is also generally reflected in the ratios of wild to domestic taxa, as calculated internally for the sites of 'Atij and Raqa'i (Fig. 28.2); the latest levels at 'Atij exhibit

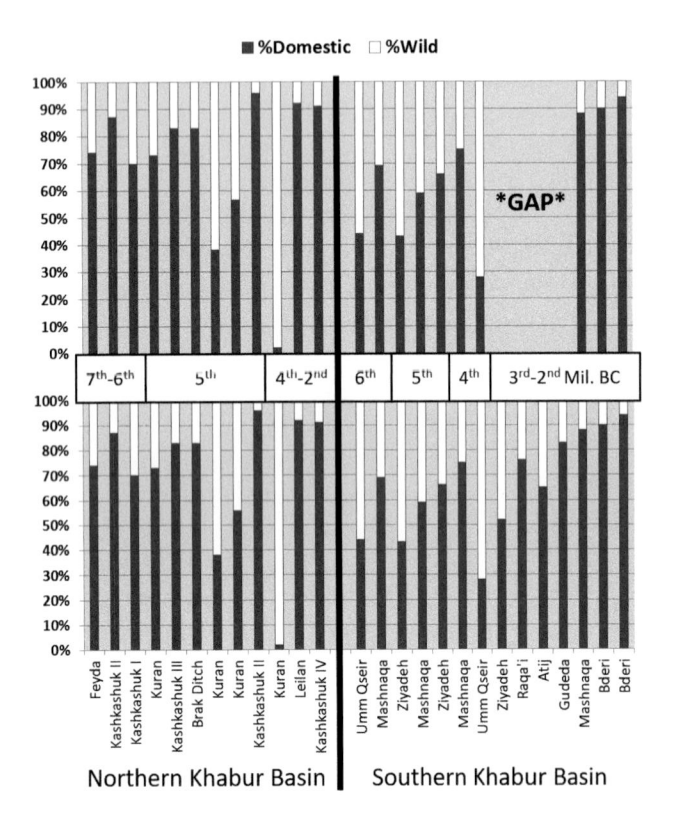

Figure 28.1: Percentages of wild versus domestic animal taxa recovered from various Khabur Basin sites as reported by Zeder (1995) [upper graph] and Zeder (1998a) [lower graph]. Assemblages from sites in the northern part of the basin (Khabur Triangle) are shown to the left of the bar bisecting the graphs, those from sites along the Middle Khabur in the south to the right. Chronological ordering, as indicated by the horizontal band separating the upper and lower graphs, reflects a more recent understanding of the chronology of the involved sites compared to that followed in Zeder's publications; sites with occupations dating to more than one period appear multiple times on the graphs.

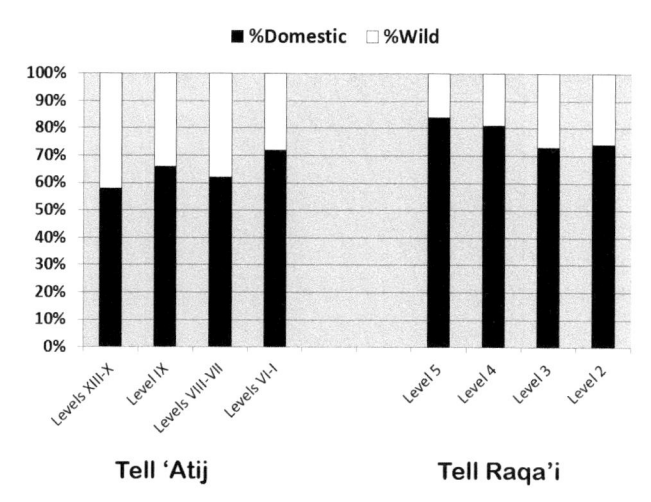

Figure 28.2: Percentages of wild versus domestic fauna by level for the sites of Tell 'Atij and Tell Raqa'i as reported by Zeder (1998a). Oldest levels are to the left. Analyzed assemblage sizes reported as NISP counts are as follows: 'Atij XIII-X = 227, IX = 396, VIII-VII = 331, VI-I = 326; Raqa'i 5 = 46, 4 = 1167, 3 = 949, 2 = 299.

mary and secondary mounds yielding assemblages. All thirteen Early Bronze Age occupation levels recognized for the primary mound are represented, albeit by very different quantities of animal bone specimens. Systematic screening of archaeological deposits for bone fragments was not undertaken, and neither were wet-screening nor flotation performed for targeted recovery of very small bones such as those of fish, birds, or small rodents. All faunal material was retrieved through hand-sorting of sediments during the excavation process. The total number of specimens recorded for the site as a whole is 7870, with 7279 of these coming from the primary mound and 591 from the secondary mound. Of these, 6352 specimens — representing the primary mound only — were amenable to full analysis. These numbers rank the 'Atij animal bone assemblage as one of the largest recovered and analyzed to date for a third-millennium BC site from the Middle Khabur, second only to Tell Raqa'i, whose excavation yielded over 10,000 faunal specimens dating to EBA contexts (Rufolo 2015).

Tables 28.1 and 28.2 partition the initial assemblage according to level and identifiability for the primary mound and the secondary mound, respectively. The first column in both tables displays the occupation level of origin assigned to specimens when they were bagged in the field. The initial number of specimens catalogued for a stratigraphic level or level grouping is shown in the second column. Of these recovered specimens, only a certain number — that shown in the third column of the tables — were selected for analysis based on affiliation with a secure archaeological context within a given stratigraphic designation in a process of prioritization that is explained further below. The fourth column records the number of specimens from secure contexts actually located at the time of analysis in the collections of the Smithsonian Institution's National Museum of Natural History, where the faunal material from Tell 'Atij was deposited. An overall small number (twenty in total) of specimens from the primary mound were perhaps misplaced or lost during shipment and initial processing, but it is suspected that most of the discrepancies are probably due to data entry errors that occurred at the time that the faunal assemblage was first tabulated in preparation for storage, with a higher number of specimens beingaccidentally recorded than was actually present. In the case of the secondary mound, an unknown number of animal bone specimens recovered from presumably EBA tombs could not be located at the time of analysis. This material was likely set aside at some point due to the fact that it was collected from a mortuary

the greatest proportions of sheep and goat remains at the expense of other domestic animals, notably the pig. Such a profile has generally been interpreted as indicating the development of a direct economic entanglement involving pastoral products between the Middle Khabur sites such as 'Atij with the growing cities of northern Mesopotamia (Fortin 1998b; Margueron 2000a; Schwartz 1994b; Zeder 1998a). Alternatively, it has been seen as a signal of a newly formed regionalized economic sphere, one peripheral to, but largely independent of, the urban zone and centreed on pastoral groups inhabiting the dry steppe south of the Khabur Triangle (Hole 1999). A more detailed study of the zooarchaeological data is the next step in attempting to determine which of these two general scenarios is more likely, as well as in providing greater resolution to the various modes of animal-based economic activity practised at 'Atij and related sites during the Early Bronze Age. Along with the EBA animal bone assemblages from four other Khabur Basin sites, the 'Atij faunal material was subjected to a more intensive study as the subject of a doctoral dissertation (Rufolo 2011). The information presented in this chapter is derived from the research conducted for the dissertation.

The Zooarchaeological Dataset: Assemblage Provenience, Taphonomic Concerns, and General Parameters

Faunal remains were retrieved during all but the first season of excavation at Tell 'Atij, with both the pri-

Table 28.1: Distribution of faunal remains by level for the *primary mound* of Tell 'Atij and the proportions prioritized for analysis.

Level	NSP	Prioritized Specimens	Analyzed Specimens	Recorded in Detail (NISP)	Weight (Detail)	Recorded in Bulk (NUSP)	Weight (Bulk)
I	20	20 (100%)	20 (100%)	11 (55%) [55%]	95.4	9 (45%) [45%]	10
II	22	15 (68.2%)	15 (68.2%)	8 (36.4%) [53.3%]	99.1	7 (31.8%) [46.7%]	38.2
III	51	24 (47.1%)	24 (47.1%)	17 (33.3%) [70.8%]	107	7 (13.7%) [29.2%]	15.7
IV	86	81 (94.2%)	81 (94.2%)	32 (37.2%) [39.5%]	328.9	49 (57%) [60.5%]	188.9
I–IV Combined	179	140 (78.2%)	140 (78.2%)	68 (38%) [48.6%]	630.4 g	72 (40.2%) [51.4%]	252.8 g
V	8	0 (0%)	0 (0%)	0 (0%) [0%]	0	0 (0%) [0%]	0
V/VI	17	0 (0%)	0 (0%)	0 (0%) [0%]	0	0 (0%) [0%]	0
VI	1300	848 (65.2%)	848 (65.2%)	222 (17.1%) [26.2%]	2022.1	626 (48.2%) [73.8%]	656.8
VI/VII	393	393 (100%)	393 (100%)	137 (34.9%) [34.9%]	1661.8	256 (65.1%) [65.1%]	585.4
VII	585	576 (98.5%)	81 (98.5%)	184 (37.5%) [31.9%]	1431.7	392 (67%) [68.1%]	526.4
VI–VII Combined	2278	1817 (79.8%)	1817 (79.8%)	543 (23.8%) [29.9%]	630.4 g	1274 (55.9%) [70.1%]	1768.6 g
VIII	1765	1764 (99.9%)	1764 (99.9%)	335 (19%) [19%]	3593.6	1429 (81%) [81%]	1654
IX	1681	1613 (96%)	1613 (96%)	556 (33.1%) [34.5%]	5749.8	1057 (63.9%) [65.5%]	1639.4
VIII–IX Combined	3446	3377 (98%)	3377 (98%)	891 (25.9%) [26.4%]	9343.4 g	2486 (72.1%) [73.6%]	3293.4 g
IX/X	6	6 (100%)	6 (100%)	3 (50%) [50%]	9.8	3 (50%) [50%]	12.9
X	263	261 (99.2%)	261 (99.2%)	136 (51.7%) [52.1%]	1221.5	125 (47.5%) [47.9%]	162.2
X/XI	10	0 (0%)	0 (0%)	0 (0%) [0%]	0	0 (0%) [0%]	0
XI	472	448 (94.9%)	446 (94.5%)	207 (43.9%) [46.4%]	3159.2	239 (50.6%) [53.6%]	430.8
X–XI Combined	745	709 (95.2%)	707 (94.9%)	343 (46%) [48.5%]	4380.7 g	364 (48.9%) [51.5%]	593 g
XI/XII	1	0 (0%)	0 (0%)	0 (0%) [0%]	0	0 (0%) [0%]	0
XII	194	190 (97.9%)	174 (89.7%)	61 (23.8%) [29.9%]	960.4	113 (58.3%) [64.9%]	109.3
XIII	142	139 (97.9%)	137 (96.5%)	207 (43.9%) [46.4%]	1149.3	57 (40.1%) [41.6%]	270.5
XII–XIII Combined	336	329 (97.9%)	311 (92.6%)	141 (23.8%) [29.9%]	2109.7 g	170 (50.6%) [54.7%]	379.8 g
X–XIII Combined	1081	1038 (96%)	1018 (94.2%)	484 (23.8%) [29.9%]	6490.4 g	534 (49.4%) [52.5%]	972.8 g
?	263	0 (0%)	0 (0%)	0 (0%) [0%]	0	0 (0%) [0%]	0

Percentages given in parentheses are in reference to the total amount of recovered material for a level as recorded in the second column (NSP = number of specimens); percentages presented in brackets represent the proportions of the total number of analyzed specimens for a particular level either recorded in detail (NISP = number of identified specimens) or recorded in bulk (NUSP = number of unidentified specimens). Weights are in grams.

context, but it is unclear if these remains were ever delivered to the Smithsonian Institution for storage. The remaining columns in Tables 28.1 and 28.2 display the counts and weights for the analyzed material that was either identifiable to a meaningful taxonomic category (generally family level or lower, listed under 'Recorded in Detail') or considered unidentifiable beyond very broad but still useful designations such as medium-sized mammal or unknown element from a bird (listed under 'Recorded in Bulk').

The final number of analyzed bones and bone fragments from which data was obtained for discussion here (6352 specimens) represents 87.3% of the specimens excavated from strata of the primary tell. This subset

Table 28.2: Distribution of faunal remains by level for the *secondary mound* of Tell 'Atij and the proportions prioritized for analysis.

Level	NSP	Prioritized Specimens	Analyzed Specimens	Recorded in Detail (NISP)	Weight (Detail)	Recorded in Bulk (NUSP)	Weight (Bulk)
0/I	12	0 (0%)	0 (0%)	0 (0%) [0%]	0	0 (0%) [0%]	0
I	571 + ?	17 (3%)	17 (3%)	4 (0.7%) [23.5%]	135.8	13 (2.3%) [76.5%]	47
II	?	0 (0%)	0 (0%)	0 (0%) [0%]	0	0 (0%) [0%]	0
III	20 + ?	20 (100%)	20 (100%)	6 (30%) [30%]	14.2	14 (70%) [70%]	0.3

Percentages given in parentheses are in reference to the total amount of recovered material for a level as recorded in the second column (NSP = number of specimens); percentages presented in brackets represent the proportions of the total number of analyzed specimens for a particular level either recorded in detail (NISP = number of identified specimens) or recorded in bulk (NUSP = number of unidentified specimens). Question marks in the table indicate material that could not be located at the time of the analysis. Due to the absence of this material, as well as the low number of specimens that could be associated with a secure archaeological context, no faunal remains from the secondary tell were included in the zooarchaeological analysis for 'Atij. Weights are in grams.

represents the material prioritized for a detailed examination through use of a coding system that was developed to classify recovered animal remains according to their archaeological provenience. In order to ensure a rigorous analysis, only specimens that could be reliably associated with third-millennium BC strata were pulled for study. The system employed to identify priority specimens is presented in detail elsewhere (Rufolo 2011, 332-334 and Appendix A) and will only be given a brief treatment here. To control for contexts that may be mixed or otherwise archaeologically unreliable, a context code was assigned to each bag of processed faunal material based upon the field notes and excavation database records associated with the excavation unit, level, and find spot identifiers assigned to the remains in the field. The codes consist of four-digit sequences, to which an alphabetic component is appended in certain cases requiring greater accuracy, and are organized into eight blocks that each encompass sequences designating contexts with equal degrees of archaeological certainty. Contexts included in the first block possess codes beginning with the number one and are regarded as being archaeologically secure, i.e. essentially certain to contain ancient material dating to a particular period, while each successive block (containing codes starting with 2, 3, etc. up to 8) represents less secure circumstances of recovery. Only the specimens assigned codes from the first four code blocks (which include material recovered from occupation surfaces; bounded contexts such as pits, middens, and burials; units sealed beneath mudbrick collapse; and general room fill associated with intact architecture) were prioritized for analysis; no material with a code of 5000 or higher (for mudbrick collapse, unstratified deposits, mixed contexts, etc.) was included in this study. The counts by specific context code for the prioritized and analyzed material are shown in Table 28.3, further broken down into the level groupings employed for this analysis.

Even though all thirteen occupation levels of the primary mound yielded animal bone remains, the small numbers recorded for some levels — as well as the fact that some material was collected from mixed sediments representing more than one level — required that they be combined with others or, as is the case for Level V, completely excluded due to uncertain archaeological context. Additionally, the analyzed assemblage may be organized according to the two excavation areas of the primary mound represented by the prioritized material; the first is the upper area of the southern slope of the tell — excavation squares B13, C13, D13-15, E13-15, F13-15, and G13-15 — and the second is the units of the mid-southern slope — excavation squares D16-18, E16-18, and F16-18. Both groups of excavation units may be subdivided into five stratigraphic blocks whose individual levels were correlated across the extent of the mound through a step trench (Fortin 1988b). The resulting breakdown is given in Table 28.4. Although nearly 600 specimens from the Early Bronze Age levels of the secondary mound were available for study, only 37 could be assigned to potentially secure archaeological contexts based on the provenience records for Tell 'Atij, as the numerous Roman era tombs and later intrusive structures that were emplaced on the mound in subsequent periods made tracing the depositional units very difficult. Considering their small number and the uncertain nature of the stratigraphic relationships for the secondary mound, these remains were excluded from the second-stage analysis altogether. All the faunal data presented in this chapter thus

Table 28.3: Breakdown of analyzed faunal assemblage for Tell 'Atij by context code and level grouping. Percentages shown are the proportion of the total analyzed material per level represented by each context code. For the entire analyzed assemblage of the primary mound (Levels I-XIII), the breakdown is as follows: *primary contexts* (priority 1) = 212 specimens (3.3%); *secondary contexts* (priority 2) = 40 specimens (0.6%); *tertiary contexts* (priority 3) = 4604 specimens (72.5%); *quaternary contexts* (priority 4) = 1496 specimens (23.6%).

Level:	I–V	VI–VIII	VIII	IX	X–XIII
Priority 1 codes					
1112 (floor, courtyard)	-	212 (11.7%)	-	-	-
Primary TOTAL	0 (0%)	212 (11.7%)	0 (0%)	0 (0%)	0 (0%)
Priority 2 codes					
2111 (Pit fill, unlined pit)	-	-	-	-	20 (2%)
2260 (Oven contents)	-	-	-	-	20 (2%)
Secondary TOTAL	0 (0%)	0 (0%)	0 (0%)	0 (0%)	40 (4%)
Priority 3 codes					
3110A (Collapse, interior w/o plaster)	9 (6.4%)	78 (4.3%)	-	334 (20.7%)	78 (7.7%)
3110B (Collapse, interior w/ plaster)	22 (15.7%)	-	-	-	-
3112A (Collapse, interior w/ mudbrick inclusions)	13 (9.3%)	-	-	92 (5.7%)	-
3120A (Collapse, exterior w/o plaster)	-	33 (1.8%)	-	-	14 (1.4%)
3130A (Collapse, general w/o plaster)	5 (3.6%)	531 (29.2%)	816 (46.3%)	623 (38.6%)	181 (17.8%)
3130B (Collapse, general w/ plaster)	-	553 98.7%)	-	-	-
3132A (Collapse, general w/ mudbrick inclusions)	52 (37.1%)	218 (12%)	52 (3%)	130 (8.1%)	-
3210A (Burnt collapse, interior w/o plaster)	-	-	-	-	9 (0.9%)
3212A (Burnt collapse, interior w/ mudbrick inclusions)	-	-	-	-	2 (0.2%)
3220A (Burnt collapse, exterior w/o plaster)	-	73 (4%)	79 (4.5%)	-	456 (44.8%)
3222A (Burnt collapse, exterior w/ mudbrick inclusions)	-	-	-	76 (4.7%)	-
3230A (Burnt collapse, general w/o plaster)	-	-	54 (3.1%)	-	21 (2.1%)
Tertiary TOTAL	101 (72.1%)	1486 (81.8%)	1001 (56.7%)	1255 (77.8%)	761 (74.8)
Priority 4 codes					
4110 (Room fill, general)	24 (17.1%)	20 (1.1%)	690 (39.1%)	175 (10.9%)	40 (3.9%)
4111 (Room fill, general w/ ash)	-	-	-	-	5 (0.5%)
4120 (Courtyard fill, general)	-	87 (4.8%)	52 (3%)	140 (8.7%)	-
4230 (Deposit bordering exterior surface of wall)	-	-	-	20 (1.2%)	-
4250 (Deposit associated w/ poorly preserved architecture)	15 (10.7%)	12 (0.7%)	21 (1.2%)	23 (1.4%)	165 (16.2%)
4251 (Deposit w/ ash associated w/ poorly preserved architecture)	-	-	-	-	7 (0.7%)
Quaternary TOTAL	39 (27.9%)	119 (6.5%)	763 (43.3%)	358 (22.2%)	217 (21.3%)

pertain to the primary mound, with most of the information being obtained from remains recovered from deposits exposed in the central excavation units (6142 specimens or 96.7%). The vast majority of the analyzed faunal assemblage is being derived from a core through the centre of the primary tell.

The level groupings followed in this chapter for the stratigraphic division of the zooarchaeological data for analysis are as follows (the details concerning the archaeological features of these levels and the overall stratigraphy of the site is found in Chapters 2 through 15 of this volume):

Table 28.4: Breakdown of the analyzed faunal assemblage for Tell 'Atij by level grouping and main excavation areas of the primary mound. Counts in the table represent the number of specimens (NSP, which includes both identifiable and unidentifiable material) for the final prioritized and periodized assemblage selected for examination. Excavation units found in the central slope and mid-southern slope areas are provided in the main text. All weights are in grams.

	Central Slope		Mid-Southern Slope		Total Assemblage	
Level	NSP	Weight	NSP	Weight	NSP	Weight
I–IV	122	738.9	18	144.3	140	883.2
VI–VII	1775	6742.2	42	142	1817	6884.2
VIII	1747	5093.3	17	154.3	1764	5247.6
IX	1483	6847.3	130	541.9	1613	7389.2
X–XIII	1018	7463.2	0	0	1018	7463.2
Total (I–XIII)	6145	26,884.9	207	982.5	6352	27,867.4

Levels I-IV: These levels represent the latest periods of Early Bronze Age occupation at Tell 'Atij. Few faunal remains were recovered from these deposits, which likely fall within a date range of approximately 2650-2600 BC (late phase of EJZ 2).

Level V: Level V produced only eight faunal specimens, none of which were found in secure archaeological contexts, and so this level is not represented in the faunal analysis.

Levels VI-VII: Ideally, these two occupation phases would have been analyzed separately, but as a significant number of specimens were recovered from contexts that could only be identified as either Level VI or VII, all the remains from these two levels were combined. Levels VI-VII fall into the approximate date range 2700-2650 BC (mid-EJZ 2).

Level VIII: Most of the exposed area of Level VIII appears to have been used as a refuse dump, the strata being rich in ash, animal remains, and lithic material. Level VIII dates to the early EJZ 2, about 2750-2700 BC.

Level IX: This level dates to the late EJZ 1 (approximately 2800-2750 BC).

Levels X-XIII: The earliest strata, falling somewhere in the range of 2900-2800 BC (EJZ 1).

As Level IX and X have not been grouped together for the analysis, data from the six specimens assigned to Level IX/X (Table 28.1) were simply excluded from consideration. The large storage complexes and granaries for which 'Atij is most known were located immediately to the north and south of the central area that produced most of the faunal remains. The animal bone specimens thus likely represent in large part the accumulation of waste in and around activity areas whose locations shifted about on the centre of the mound through time, a changing layout of work stations, storehouses, access ways, thoroughfares, and disposal areas. This is reflected in the context codes (Table 28.3), which show that much of the assemblage originates from general room fill, courtyard deposits, and exterior areas bordering architectural remains.

In order to assess the potential effect of fragmentation on the identifiability of specimens among the level groupings into which the Tell 'Atij faunal assemblage has been divided, the degree of specimen completeness for the sheep/goat remains is shown in Table 28.5. The categories in the first column of the table represent the percentage of a specimen estimated to be preserved at the time of analysis, with 100% meaning that a specimen was essentially recovered completely intact, 75% plus indicating that at least two-thirds of the original skeletal element was present, etc. The proportions of sheep/goat specimens falling into the various completeness categories are similar among the levels, if one ignores the data for Levels I-IV which are based on a much smaller sample size (21 specimens, whereas the other level groupings contain sheep/goat counts ranging from 95 specimens up to 244). The ranking of completeness units based on proportion is the same for the caprines for all levels, with the largest amount of material falling in the 75% plus category in each level grouping, specimens preserved in less than a quarter of their original extent forming the next largest group. Although not shown in Table 28.5, the remains for all major taxa (pig, cattle, gazelle, equid) are characterized by a roughly similar range in the degree of fragmentation (approximately 35% to 45% of specimens preserving three-quarters of more of the original element). No

Table 28.5: Distribution of skeletal element completeness estimates by level for the caprine specimens (615 specimens in total, representing the sheep/goat remains that could not be differentiated as belonging to one taxon over the other) identified in the analyzed faunal assemblage from the Tell 'Atij primary mound. Listed figures are percentages representing the proportion of specimens within a given level grouping falling into the completeness ranges shown in the first column.

Level:	I–V	VI–VIII	VIII	IX	X–XIII	Total (I–XIII)
Element Completeness						
100%	2.9%	17.9%	17.4%	14.3%	10.5%	15.1%
75%+	38.2%	38.5%	37.4%	38.8%	40%	38.6%
50–75%	0%	4.4%	5.2%	6.8%	5.3%	5%
25–50%	14.7%	13.5%	13%	12.2%	11.6%	12.9%
<25%	44.1%	25.8%	27%	25.9%	32.6%	28%
?	0%	0%	0%	2%	0%	0.5%

taxa would seem to have suffered from a significantly different chance of being identified due to greater or lesser fragmentation rates between levels, granting confidence to comparisons made among data from the different level groupings.

A number of additional taphonomic indicators were assessed in order to evaluate the effects of erosion and fragmentation upon the bone assemblage in general (Rufolo 2011, 237–74). Overall, it was determined that no unusual taphonomic forces were at play, the depositional environment at 'Atij having conformed closely to what is expected for a small tell site in the Middle East. The taphonomic parameters of a tell, particularly those formed in arid regions, generally present conditions more favourable to the preservation of discarded material and the information it contains regarding past activities than many other archaeological contexts (Rosen 1986, 117–18; Gé *et al.* 1993, 151). Only eight of the analyzed specimens from 'Atij bear clear and unmistakable signs of having been subjected to distinct diagenetic processes and exposure to the elements. These include one specimen with etch marks from plant roots and several fragments characterized by heavy exfoliation of the outermost layer of bone. Two display diffuse and faint spreads of scratching and surface polish, likely indicative of post-depositional abrasion. Irregular concentrations of small, shallow pits, surface flaking, and occasional apertures into the interior spongy bone were noted for an additional fifty-eight specimens, but the occurrence of these features is localized and often indistinct. These may be the result of post-burial conditions or were perhaps caused by carnivore chewing, but in all cases seem to have had only a small impact on the bone. Most of the 'Atij assemblage exhibits little to no surface deterioration other than fine fractures and mild flaking on a limited scale. The figures for burned specimens (108, or 5.4% of the entire analyzed assemblage) and for those unquestionably damaged by carnivore chewing or rodent gnawing (68, or 3.4%) also signal a relatively low degree of loss due to thermal alteration and scavenging. An examination of a range of such pre-depositional biasing factors (preferred selection of certain bones for use as tools, thermal alteration of bone during cooking, scavenging by dogs, gnawing by rodents) found that such taphonomic processes had little influence upon the assemblage and neither significantly affected the identifiability of remains nor appreciably skewed element frequencies and taxonomic abundances (Rufolo 2011, 264–70).

Table 28.6 presents summary statistics concerning the general degree of fragmentation for the 'Atij assemblage as a whole. The average fragment weights include separate values for both the specimens that could not be identified beyond broad categories such as medium-sized mammal, as well as material that was identifiable to a more specific taxon. As with Table 28.5, the completeness categories represent the estimated portion of an original whole skeletal element, such as a mandible or femur, preserved by a specimen. A complete femur would have been scored as 100%, one missing its upper or lower third as being 50–75% complete, etc. Half of the analyzed assemblage for 'Atij is composed of specimens preserved to an extent of 50% or more of their original entirety, a similar situation being found in those zooarchaeological analyzes of Near Eastern sites that report this type of data. Had the lack of screening seriously biased recovery of specimens based on size, one would expect greater representation of more complete specimens and a corresponding reduced presence of categories representing lesser degrees of completeness.

The fact that the employment of hand sorting alone in the field did not have a significant impact on speci-

Table 28.6: Summary fragmentation statistics for the Tell 'Atij animal bone assemblage. Identifiable material refers to specimens that could be associated with precise taxonomic categories (order, family, genus, species); unidentifiable material refers to specimens that were too poorly preserved to be identified beyond very general designations such as medium-sized mammal.

Tell 'Atij (Primary Mound) Summary Fragmentation Values	
Average Fragment Weight	
Total analyzed assemblage	4.4 g
Identifiable material	10.9 g
Unidentifiable material	1.4 g
Element Completeness	
100%	12.3%
75%+	31.3%
50-75%	7.1%
25-50%	14.7%
<25%	34.5%
?	0.3%

Table 28.7: Fragmentation indices for the Tell 'Atij animal bone assemblage based on the completeness of recovered caprine first phalanges, second phalanges, and calcanei.

Tell 'Atij (Primary Mound) Fragmentation Indices	
First Phalanx	
Number of Articular Ends	30
Specimen Count	18
Articular Ends/Count	1.67
Second Phalanx	
Number of Articular Ends	14
Specimen Count	7
Articular Ends/Count	2.00
Calcaneus	
Number of Articular Ends	12
Specimen Count	7
Articular Ends/Count	1.71

men recovery is also confirmed by the ratio of first to second phalanges for caprine (sheep and goat) specimens from 'Atij. This index is commonly calculated for the most frequently occurring taxon in an assemblage as a means of evaluating recovery bias based on specimen size. These articulated bones of the toe — which differ in size but possess a similar compact nature and skeletal density — do not correspond with an economically valuable cut of meat, and were therefore unlikely to have been intentionally disarticulated during the butchery process. The degree to which the smaller second phalanx is underrepresented in comparison to the larger first signals the extent to which smaller bones may have been missed during excavation. With eighteen caprine first phalanges and seven second, the ratio for 'Atij is 2.6:1.0 when calculated using the number of identified specimens (NISP) and 2.0:1.0 using the minimum number of whole elements (MNE) counts. The difference between NISP and MNE is explained later in the methods section, it being enough to note here that the MNE-based ratio given above may be more accurate as it compensates for the slightly greater rate of fragmentation likely experienced by the longer and somewhat less dense first phalanx. In assemblages where the recovery method greatly favours collection of larger specimens over smaller ones, the ratio is usually 4.0:1.0 or higher.

A more focused measure of fragmentation is gained by comparing the counts of first phalanx, second phalanx, and calcaneus specimens — elements of the foot representing compact but linear bones possessing dense ends connected by a more fragile shaft — with the total number of articular ends still present on these specimens (Table 28.7). If the total original length of each specimen is largely preserved, then each specimen would bear components of both articular surfaces. A ratio of end portions to total specimen count of two to one would therefore indicate little to no fragmentation at all (meaning all specimens are largely complete and possess both distal and proximal ends). Being over 1.5:1.0 for all three elements, these ratios suggest that the 'Atij assemblage has overall experienced relatively mild forces of breakage.

One final assessment of specimen integrity and representativeness of the Tell 'Atij faunal assemblage in terms of its original composition at the time of deposition is considered here: the pattern of fragmentation in relation to bone density. Charles Brain (1967, 1969, 1976) documented the direct relationship between bone density and the survival rate of skeletal elements following the death of an animal, and its potential for detecting signatures of human behaviour or carnivore activity that might have influenced the composition of a recovered bone assemblage. Following Brain's model, the numbers of 'Atij caprine specimens representing certain key elements are listed in Table 28.8, arranged in order of decreasing structural density from top to bottom. The mean fragment weight for each element is also indicated. If only post-depositional forces of fragmentation

Table 28.8: Specimen counts and average weight of fragments for sheep and goat material from Tell 'Atij ordered by bone density value in the fashion of Brain (1976); density values used here are those reported by Binford and Bertram (1977).

Element	NISP	Mean Weight (g)	Bone Density (g/ml)
Mandible	50	6.8	1.67
Innominate	21	5.0	1.62
Radius (Proximal)	16	10.1	1.60
Ulna (Proximal)	5	4.9	1.60
Scapula	15	9.4	1.58
Humerus (Distal)	19	14.7	1.58
Tibia (Distal)	18	12.8	1.52
Femur (Proximal)	7	6.6	1.43
Astragalus	8	4.7	1.41
Calcaneus	7	3.9	1.41
Tarsals (Remaining)	4	3.1	1.41
Radius (Distal)	3	9.2	1.37
Tibia (Proximal)	4	9.5	1.36
Carpals	9	1.1	1.35
Metacarpal (Proximal)	25	7.7	1.32
Metatarsal (Proximal)	14	6.8	1.32
Metacarpal (Distal)	17	8.1	1.27
Metatarsal (Distal)	5	14.0	1.27
Horn Core	4	14.4	1.20
Femur (Distal)	2	6.2	1.16
Humerus (Proximal)	6	13.7	.85
Patella	2	3.1	.76

affected an assemblage, then there should be an over-representation of the more dense and robust skeletal elements, as these would experience a higher degree of survival in a largely intact state. A linear regression run on the number of identified specimens (NISP) counts per element against average bone density figures indicates that correlation between the two is weak ($r = 0.51$, $r^2 = 0.26$). Bone density therefore accounts for less than 30% of the variation in element frequency, meaning that pre-depositional abiotic factors and diagentic processes have not greatly altered the composition of the death assemblage. Any consistent patterns present in skeletal element frequency are more likely due to anthropogenic influences such as husbandry strategies and food processing activities. The average fragment size per element does not decrease uniformly in relation to the corresponding bone densities, further testifying to the limited effects of general fragmentation processes on the Tell 'Atij animal bone assemblage. Similar results for the 'Atij material (Rufolo 2011, 260–62) were obtained using a different density-based approach developed by Stiner (1991; 2002).

The taphonomic profile presented above for Tell 'Atij is very similar to that constructed for the faunal assemblage recovered from Tell Raqa'i using the same indices (Rufolo 2015, 576–78). Most excavated sediment was screened during work at Raqa'i, being passed dry through a mesh with openings measuring one centimetre. The similarity of the animal bone assemblages between 'Atij and Raqa'i in terms of fragmentation and element completeness indicates that the collection of bone by hand without screening during the excavation of Tell 'Atij was undertaken with care. Comparison of the zooarchaeological data for these two sites should therefore also be valid due to their similar taphonomic histories and fragmentation patterns. Differences exhibited in taxonomic proportions and by abundance measures within the 'Atij assemblage over time, or between

'Atij and Raqa'i, are therefore likely genuine reflections of differences present in the composition of the assemblages being compared. As mentioned earlier, the vast majority of the analyzed assemblage for 'Atij was recovered from a relatively limited exposure in the central part of the mound. Therefore, no intra-site comparisons of different areas within a level grouping are possible.

Analytical Methods and Presentation of Data

The majority of the analysis of the Tell 'Atij animal bone assemblage was conducted in Washington, DC, in the Zooarchaeology Laboratory of the National Museum of Natural History, Smithsonian Institution. All identifications were made based on morphological criteria using the osteological reference collections of the Smithsonian's Archaeobiology Program, which are tailored for work with Middle Eastern zooarchaeological assemblages. The extensive osteological holdings of the museum's Department of Vertebrate Zoology were also consulted to confirm and refine identifications involving less frequent components of the assemblage such as bird and reptile remains. Taxonomic designations assigned to invertebrate material were vetted by a specialist in the archaeomalacology of Near Eastern sites (Çakırlar 2008). A small proportion of the faunal assemblage from 'Atij was identified using the osteology collection of the Vertebrate Zoology Section of the Canadian Museum of Nature in Ottawa. Anatomical criteria for separating sheep and goat specimens primarily follow those developed at the Smithsonian Institution (Zeder & Lapham 2010; Zeder & Pilaar 2010). The analysis presented here represents the second stage of data collection in the two-phase protocol developed at the Smithsonian's Zooarchaeology Laboratory for processing faunal assemblages (Zeder 1990; Zeder & Arter 1994; Miller *et al.* 2009).

The bone quantification units employed for this study are those identified by Lyman (2008) as being the most meaningful and having the broadest applicability: NISP (number of identified specimens), MNE (minimum number of elements), and MNI (minimum number of individuals). The total number of prioritized and analyzed animal bone specimens (the NSP value in Table 28.1) reported here for Tell 'Atij represents the number of specimens recorded in detail (= NISP, material generally identified to skeletal element and taxonomic level of family or lower) plus the overall more fragmentary remains processed in bulk and generally only assigned a size-qualified designation based on a taxonomic category no lower than class, e.g. large mammal, small-sized bird). Counts for the bulk, fragmentary components of the assemblage are reported as NUSP (number of unidentified specimens, Lyman's corollary to NISP). A zooarchaeological specimen as reported here refers to a single skeletal element or part thereof, although occasionally (thirty-two specimens in total) a group of elements, such as fused bones forming a fragment of a skull or other structure, were recorded together as a single specimen under identifications such as posterior skull or plastron fragment. These fused specimens were counted as one specimen each for calculating NISP. Association could also be established for a significant number of individual specimens not fused together based on clear anatomical fit or articulation, mostly teeth with their mandibles or maxillae (789 specimens, or 39.7% of the total analyzed assemblage, representing a maximum number of 179 individual animals). These specimens were assigned a linkage code in the database, linked material with the same code coming from the same individual organism, but each specimen has been counted individually in terms of NISP. As a measure, NISP counts are therefore not statistically independent of one another, for some material in an assemblage — even if it cannot be identified in the lab as articulating with other specimens — will likely have come from the same animal. Certain tests and evaluations require statistically independent data, however, so two statistics derived from the NISP counts, MNE and MNI, are employed in these cases to maintain statistical validity.

MNE (minimum number of elements) equals the most numerous components of each skeletal element (femur, scapula, mandible, etc.) by specimen count found for each taxon identified in the analyzed assemblage, be it the distal articular surface, mandibular symphysis, or any other osteological landmark of the particular skeletal element in question. Although specimens were coded to capture information about completeness and the portion of an element represented by a fragment, no attempt was made to assess fragment overlap or assign detailed portion codes such as those used by Dobney & Riley (1988) and Stiner (2002), because intensive methods for recording minute detail concerning element portions do not greatly improve general zooarchaeological measures of taxonomic abundance and skeletal part distribution (Marom & Bar-Oz 2008). MNE was used in calculating the fragmentation indices discussed in the previous section, in the construction of body part profiles as presented in a later section, and also in establishing MNI values. MNI (minimum number of individuals) is calculated based on the MNE of the most frequently occurring skeletal element for a particular taxon. The smallest number of individual animals necessary to account for the selected element total — taking into consideration the symmetry, fusion state, and number of times an element normally occurs in a skeleton — was recorded as the MNI. This value was calculated following initial processing from the collected data, and not by pulling specimens and visually assessing them based on size and other features that may have permitted a higher count, so it truly represents the minimum number of animals necessary to account for the bones recovered for a particular taxon. MNI data is influenced by the separation of assemblages into subsamples based on stratigraphy or context, so they have only been calculated for the entire assemblage as a single unit.

Epiphyseal fusion data and dental attrition sequences were used to estimate the age of an animal at death for certain taxa. The fusion state — whether or not the articular surfaces of certain bones that form in sections have fused to the main body of the bone — documents age groups for the first few years of life, and the patterns of tooth wear extend the reach of the data into the later years of an animal's existence. For sheep and goat, the fusion sequences and wear stage categories of Zeder (2006b) were used. Silver (1970) and Grant (1982) were followed for cattle and pigs, and the recent refinement of Munro et al. (2009) for gazelles. The method for manipulating the data to produce mortality profiles and survivorship curves is that outlined by Zeder (1991, 90-95) with slight modification to the way the information is presented graphically in the specific case of the tooth-based mortality figures (the histograms for the dental data have been constructed with bins of equal range to permit better visual assessment, but the supposed correction factors of Vigne & Helmer (2007, 20-21) have not been employed to alter the base counts).

In cases where specimens were preserved well enough to retain important reference points for defining standard osteological dimensions, these were measured using a Mitutoyo Absolute CD-6" CSX digital caliper or, for large specimens, a handmade osteometric board based on an Alvin R590-48 stainless steel ruler 121 centimetres in length. The suite of recorded measurements is based on a slightly modified version of the biometric indices outlined by von den Driesch (1976), with additional measurements taken for certain taxa as required. The complete set of measurements obtained from the Tell 'Atij faunal assemblage is presented in Appendix C of Rufolo (2011), with any alterations or additions to von den Driesch's system noted therein. Due to the vagaries of preservation and the small sample sizes that result when elements are partitioned into particular taxonomic categories, the range of measurements available for each of the taxa identified for 'Atij is limited overall, but could still be used to assist identification (such as distinguishing between wild and domestic forms) in some cases. The biometric data is not sufficient, however, for reliably determining finer details such as the proportions of males versus females represented in the bones for a particular taxon, or detecting the presence of domestic breed variation.

Although some categories of data are of insufficient size to permit a rigorous statistical analysis, the overall zooarchaeological information available for Tell 'Atij nonetheless permit several areas of interest in terms of human-animal interactions to be explored. Having produced an animal bone assemblage that is relatively large for sites of the Middle Khabur region, excavations at 'Atij have afforded a zooarchaeological dataset detailed enough to examine broad questions of species use, husbandry strategies, and butchery practices. The remainder of this chapter is devoted to exploring such questions in an effort to reconstruct certain aspects of the animal-based economy at 'Atij, beginning with a look at the species composition of the animal bone assemblage. This is followed by a presentation of the mortality profiles and body part distributions of several key species. The chapter will then conclude with an integrative interpretation of the zooarchaeological data and discussion of its relevance to understanding the nature of Tell 'Atij as a centre of human activity during the Early Bronze Age.

Species Identification and Taxonomic Composition

The taxonomic identifications for the analyzed animal bone assemblage recovered from the primary mound of Tell 'Atij considered as a single stratigraphic entity are presented in Table 28.9 (identifiable remains) and Table 28.10 (unidentifiable material). Counts, proportions, and weights are shown for the central excavation units, the units of the southern slope, and totalled for the site as a whole in the final columns. The MNI (minimum number of individuals) values for the primary taxonomic categories are provided in Table 28.11. As stated in the previous section, the assemblage did not furnish adequate metric data for refining the identifica-

ANIMAL BONE ASSEMBLAGE

Table 28.9: Taxonomic composition of the identifiable component of the Tell 'Atij faunal assemblage by excavation area of the primary mound.

	Central Slope			Mid-Southern Slope			Primary Mound (Total)		
	NISP	%	Weight	NISP	%	Weight	NISP	%	Weight
Sheep *Ovis orientalis* f.dom. *aries*	62	3.32	561.0	3	5.26	27.4	65	3.38	588.4
Goat *Capra aegagrus* f.dom. *hircus*	27	1.45	227.8	1	1.75	13.2	28	1.46	241.0
Sheep/Goat	615	32.96	3034.6	28	49.12	156.4	643	33.44	3191.0
Caprine (Total)	704	37.73	3823.4	32	56.14	197.0	736	38.27	4020.4
Pig *Sus scrofa* f.dom. *domesticus*	310	16.61	2488.1	2	3.51	89.2	312	16.22	2577.3
Horse *Equus ferus* f.dom. *caballus*	3	0.16	51.7	-	-	-	3	0.16	51.7
Cat *Felis lybica* f.dom. *catus*	2	0.11	?	-	-	-	2	0.10	?
Dog *Canis lupus* f.dom. *familiaris*	37	1.98	221.6	-	-	-	37	1.92	221.6
Bos sp.	144	7.72	1853.9	6	10.53	122.7	150	7.80	1976.6
Canis sp.	3	0.16	13.4	-	-	-	3	0.16	13.4
Mouflon (?) *Ovis orientalis*	1	0.05	15.8	-	-	-	1	0.05	15.8
Mountain Gazelle (?) *Gazella gazella*	2	0.05	43.9	-	-	-	2	0.10	43.9
Gazelle *Gazella* sp.	307	16.45	2090.9	7	12.28	61.1	314	16.33	2152.0
Fallow Deer *Dama dama*	1	0.05	22.5	-	-	-	1	0.05	22.5
Cervid (Deer)	1	0.05	1.8	-	-	-	1	0.05	1.8
Aurochs *Bos primigenius*	4	0.21	255.1	-	-	-	4	0.21	255.1
Equus sp.	302	16.18	9563.7	5	8.77	290.5	307	15.96	9854.2
Wolf *Canis lupus*	-	-	-	1	1.75	12.3	1	0.05	12.3
Red Fox *Vulpes vulpes*	10	0.55	14.5	4	7.02	4.0	14	0.73	18.5
Fox *Vulpes* sp.	3	0.16	2.8	-	-	-	3	0.16	2.8
Least Weasel *Mustela nivalis*	4	0.21	0.4	-	-	-	4	0.21	0.4
Mongoose *Herpestes ichneumon*	1	0.05	0.1	-	-	-	1	0.05	0.1
Gerbil	5	0.27	0.2	-	-	-	5	0.26	0.2
Rodent	1	0.05	0.1	-	-	-	1	0.05	0.1
Hare *Lepus capensis*	1	0.05	3.2	-	-	-	1	0.05	3.2

	Central Slope			Mid-Southern Slope			Primary Mound (Total)		
	NISP	%	Weight	NISP	%	Weight	NISP	%	Weight
Buzzard *Buteo* sp.	1	0.05	0.7	-	-	-	1	0.05	0.7
Sandgrouse *Pterocles* sp.	1	0.05	0.3	-	-	-	1	0.05	0.3
Bird	2	0.11	0.2	-	-	-	2	0.10	0.2
Tortoise *Testudo* sp.	1	0.05	0.6	-	-	-	1	0.05	0.6
Emydid (Turtle)	1	0.05	0.2	-	-	-	1	0.05	0.2
Toad *Bufo* sp.	7	0.38	0.8	-	-	-	7	0.36	0.8
Frog *Rana* sp.	1	0.05	0.2	-	-	-	1	0.05	0.2
Anuran (Frog/Toad)	1	0.05	0.1	-	-	-	1	0.05	0.1
Cyprinid (Fish)	2	0.11	2.8	-	-	-	2	0.10	2.8
Snail *Xeropicta* sp.	1	0.05	0.1	-	-	-	1	0.05	0.1
Cardiid (Cockle)	1	0.05	1.9	-	-	-	1	0.05	1.9
Bivalve	1	0.05	0.5	-	-	-	1	0.05	0.5
Total Identifiable	1866	30.37	20,475.5	57	27.54	776.8	1923	30.27	21,252.3

The percentages in the main body of the table represent the proportions of each taxon with respect to the total number of identifiable specimens (NISP), as summed in the last row, recovered for each excavation area (or the site as a whole in the case of the final column). The percentages reported in the last row at the bottom of the table indicate the proportion of the complete amount of analyzed material (unidentifiable plus identifiable specimens) represented by the total amount of identifiable specimens for the excavation area/site as a whole. The weight of the cat material, a mandible with an associated tooth, was accidentally not recorded. All weights are in grams.

tions of any of the larger mammalian species present in the assemblage, either domestic or wild. Many remains for these groups are therefore listed under genus only, particularly for the bovid (cattle or aurochs), equid (horse, donkey, or onager), and gazelle specimens. In the case of *Bos*, a few specimens could be attributed to the wild form (*B. primigenius*, the aurochs) based on observable size alone, but the remaining material did not contain a significant number of specimens preserved well enough to provide key measurements. These are all identified in the tables simply as *Bos* sp., although the general visual impression of their dimensions suggests that most are cattle remains rather than those of aurochs. Similarly, the counts for *Equus* sp. and *Gazella* sp. likely represent primarily the Asiatic wild ass (*E. hemionus*, the onager) and goitered gazelle (*G. subgutturosa*) respectively. Domestic equids and other gazelle species are present in the assemblage, however, as represented by a small number of specimens whose identification is discussed further below. The specimens recorded as *Canis* sp. could be either domestic dog or jackal and were therefore not included in either the domestic or wild categories of any of the comparisons.

In terms of broad categorization, the Tell 'Atij faunal remains exhibit a preponderance of domestic taxa over wild forms. The taxonomic composition of the identifiable material from the primary mound considered as a whole is shown graphically in Fig. 28.3. The total number of specimens representing domestic animals accounts for nearly 65% of the identifiable remains, accompanied by a smaller but — at over 35% — still sizeable proportion of wild species. Caprines make up the bulk of the domestic element, with an overall sheep to goat ratio of 2.4:1.0. Pigs have a lesser but still significant presence, representing a quarter of the domestic forms. The wild component is predominantly gazelle and equid, presumably onager; these animals each represent just over 45% of the non-domestic category. Larger wild game overwhelmingly dominates, with gazelle, onager, aurochs, and deer together representing over 90% of the material belonging to the non-domesticate category. Of

Table 28.10: Taxonomic composition of the unidentifiable component of the Tell ʿAtij faunal assemblage by excavation area of the primary mound. The percentages in the main body of the table represent the proportions of each taxon with respect to the total number of unidentifiable specimens (NUSP), as summed in the last row, recovered for each excavation area (or the site as a whole in the case of the final column). The percentages reported in the last row at the bottom of the table indicate the proportion of the complete amount of analyzed material (unidentifiable plus identifiable specimens) represented by the total amount of unidentifiable specimens for the excavation area/site as a whole. All weights are in grams.

	Central Slope			Mid-Southern Slope			Primary Mound (Total)		
	NUSP	%	Weight	NUSP	%	Weight	NUSP	%	Weight
Small Mammal	3	0.07	1.0	-	-	-	3	0.07	1.0
Medium Mammal	1830	42.77	2950.5	27	18.00	69.3	1857	41.93	3019.8
Large Mammal	608	14.21	2866.2	45	30.00	110.1	653	14.74	2976.3
Medium Artiodactyl	348	8.13	348.6	2	1.33	10.8	350	7.90	359.4
Large Artiodactyl	1	0.02	14.2	-	-	-	1	0.02	14.2
Medium Bovid	5	0.11	18.9	-	-	-	5	0.11	18.9
Unknown	1484	34.68	210.0	76	50.67	15.5	1560	35.22	225.5
Total Unidentifiable	4279	69.63	6409.4	150	72.46	205.7	4429	69.73	6615.1

Table 28.11: Minimum number of individual (MNI) counts for various taxa identified in the prioritized and analyzed faunal assemblage from the primary mound of Tell ʿAtij. The skeletal element on which the MNI numbers are based is given in the second column.

	Most Frequent Element	MNI
Caprine	Hemimandible (Right)	22
Sheep	Humerus (Distal)	6
Goat	Tibia (Distal)	2
Pig	Hemimandible (Right)	7
Cattle	Fourth Carpal	3
Dog	Hemimandible (Left)	4
Cat	Hemimandible (Left)	1
Gazelle	Horn Core (Left)	12
Fallow Deer	Scapula (Shaft)	1
Aurochs	Radius (Proximal)	1
Equid	Scapula (Proximal)	6
Wolf	Scapula (Proximal)	1
Red Fox	Hemimandible (Left)	2
Hare	Tibia (Proximal)	1
Weasel	Hemimandible (Right)	1
Mongoose	Maxilla (Left)	1
Gerbil	Hemimandible (Left)	1
Bird	Various by Taxon	3
Turtle/Tortoise	Ischium (Proximal)	1
Amphibian	Ilium (Proximal)	2
Fish	Craniomandibular Elements	2
Bivalve	Shell	1
Gastropod	Shell	1

the smaller wild taxa present, most likely represent animals that simply lived on or near the site as commensals or incidentals, although the hare and wolf probably do represent hunted species. This overall profile conforms with that produced by the first-stage zooarchaeological analysis of the 'Atij material (Zeder 1995; 1998a; 1998d), which also detected an emphasis on domestic animals as well as roughly similar proportions of sheep, goats, and pigs. The range of taxa identified in the Tell 'Atij faunal assemblage is similar to that reported for Kneidig and Mulla Matar (Vila 1997; 1998), two other Middle Khabur sites occupied during the first half of the Early Bronze Age. However, the smaller assemblages from these latter sites have a slightly higher proportion of domestic taxa, whose breakdown includes a smaller percentage of pig remains compared with 'Atij.

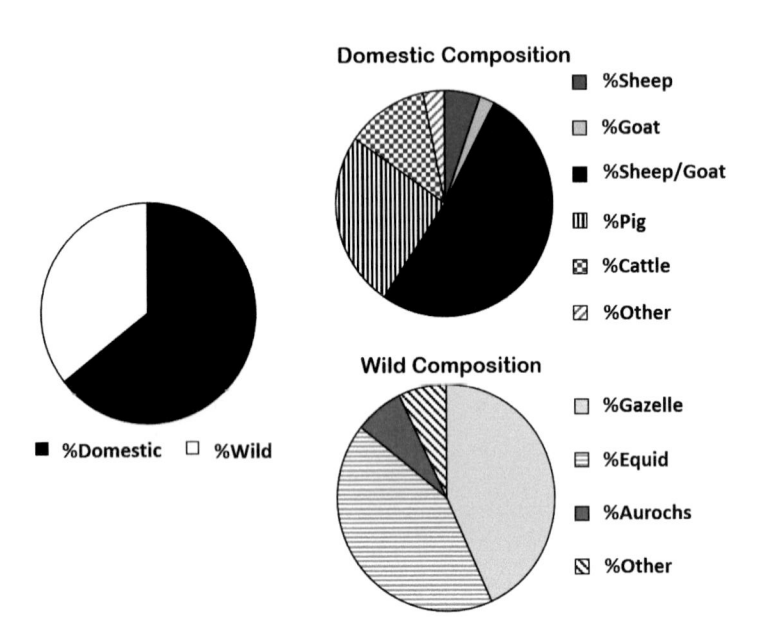

Figure 28.3: Basic taxonomic breakdowns of the identified material for the Tell 'Atij animal bone assemblage considered as a whole (primary mound, Levels I–XIII). All *Equus* sp. specimens are counted here as onager and all *Bos* sp. as being cattle. The domestic caprine category includes the single specimen that may be a wild sheep. The total sample size is 1920 specimens. The actual percentages are as follows: **Chart A** (domestic vs wild) — *domestic*, 64.5%; *wild*, 35.5% | **Chart B** (domestic taxa) — *sheep*, 5.33%; *goat*, 2.26%; *sheep/goat*, 51.94%, *pig*, 25.20%, *cattle*, 12.12%; *other domestic* (= cat, dog), 3.15% | **Chart C** (wild taxa) — *gazelle*, 46.41%; *equid*, 45.39%, *aurochs*, 7.69%; *other* (= deer, wolf, fox, mustelid, mongoose, hedgehog, rodent, hare, bird, reptile, fish, mollusk), 7.61%.

Preliminary study of the Tell 'Atij faunal material also noted an increase in the proportion of domestic taxa over time, as well as an apparent decrease in the presence of pigs from the earlier to the later strata (Zeder 1998c). These trends are confirmed in the larger set of remains analyzed here. Table 28.12 presents the taxonomic composition of the identified assemblage sorted by level, with this data shown graphically in Fig. 28.4. It can be seen that the domestic-to-wild proportions fluctuate somewhat over time but remain consistent in that, from the beginning of the site's occupation, husbanded animals form the majority component. In the earliest levels (Levels X–XIII), the domestic taxa stand at 58%, with the proportion rising to over 70% in Level IX, and then remaining at over 60% in all subsequent levels. The very high domestic percentage for Levels I–IV, the latest occupation phases, is likely somewhat exaggerated due to the much smaller sample size, but it nonetheless seems clear that a minor trend towards a greater reliance upon domestic animals over time was present at 'Atij. The diachronic profile for the components of the domestic category (Fig. 28.4B) confirms the greater presence of caprine taxa in later levels of the site, although the suspected decrease in pig is more difficult to assess. Levels V-VII essentially yielded no porcine material (<0.5% of the recovered domestic animal remains), but the proportion of pig bones in the much smaller assemblage from Levels I–IV approaches 20%. The great disparity in sample size between the latest level grouping and all the earlier levels prevents a concrete conclusion, but it seems certain that the figures for the latest levels cannot be taken as representative and that a great reduction in the number of pigs kept on site is likely to have occurred. Pig bones are generally more robust than those of sheep and goat, so in such a small sample, it is likely that pig bones would be overrepresented due to taphonomic factors. It can also be noted that the ratio of sheep to goat steadily increases through time, from 1.7:1.0 in the lowest levels to 2.3:1.0 in Level VIII and 3.3:1.0 in Levels VI-VIII. No distinct trends seem apparent for the wild fauna, although Level VIII exhibits a notably large proportion of gazelle remains in comparison with the other level groupings.

ANIMAL BONE ASSEMBLAGE

Table 28.12: Taxonomic composition of the identifiable component of the Tell 'Atij faunal assemblage by level for the central slope excavation units of the primary mound.

Level:	I–V			VI–VIII			VIII			IX			X–XIII		
	NISP	%	Weight	NISP	%	Weight	NISP	%	Weight	NISP	%	Weight	NISP	%	Weight
Sheep *Ovis orientalis* f.dom. *aries*	2	4.08	19.3	26	5.16	213.4	14	4.47	106.4	8	1.52	70.2	12	2.53	151.7
Goat *Capra aegagrus* f.dom. *hircus*	1	2.04	25.4	8	1.59	40.4	6	1.92	47.2	5	0.95	77.7	7	1.48	37.1
Sheep/Goat	21	42.86	117.9	244	48.41	1,172.6	108	34.50	567.1	147	27.95	688.9	95	20.04	488.1
Caprine (Total)	24	48.99	162.6	278	55.16	1,426.4	128	40.89	720.7	160	30.42	836.8	114	24.05	676.9
Pig *Sus scrofa* f.dom. *domesticus*	9	18.37	58.1	1	0.20	17.2	41	13.10	281.4	192	36.50	1,290.3	67	14.14	841.1
Horse *Equus ferus* f.dom. *caballus*	-	-	-	3	0.60	51.7	-	-	-	-	-	-	-	-	-
Cat *Felis lybica* f.dom. *catus*	-	-	-	-	-	-	2	0.64	?	-	-	-	-	-	-
Dog *Canis lupus* f.dom. *familiaris*	-	-	-	10	1.98	75.1	2	0.64	12.6	21	3.99	108.4	4	0.84	25.5
Bos sp.	1	2.04	34.9	30	5.95	549.8	19	6.07	311.1	2	0.38	97.4	92	19.41	860.7
Canis sp.	-	-	-	-	-	-	3	0.64	13.4	-	-	-	-	-	-
Mouflon (?) *Ovis orientalis*	-	-	-	1	0.20	15.8	-	-	-	-	-	-	-	-	-
Mountain Gazelle (?) *Gazella gazella*	-	-	-	-	-	-	2	0.64	43.9	-	-	-	-	-	-
Gazelle *Gazella* sp.	8	16.33	68.4	76	15.08	436.9	77	24.60	617.5	60	11.41	443.9	86	18.14	524.2
Fallow Deer *Dama dama*	-	-	-	1	0.20	22.5	-	-	-	-	-	-	-	-	-
Cervid (Deer)	-	-	-	1	0.20	1.8	-	-	-	-	-	-	-	-	-
Aurochs *Bos primigenius*	-	-	-	1	0.20	18.8	1	0.32	62.1	2	0.38	174.2	-	-	-
Equus sp.	6	12.24	153.2	97	19.25	2313.3	31	9.90	1286.8	73	13.88	2292.7	95	20.04	3517.7
Wolf *Canis lupus*	-	-	-	-	-	-	-	-	-	-	-	-	-	-	-
Red Fox *Vulpes vulpes*	1	2.04	1.5	-	-	-	2	0.64	1.3	6	1.14	8.6	1	0.21	3.1
Fox *Vulpes* sp.	-	-	-	3	0.60	2.8	-	-	-	-	-	-	-	-	-
Least Weasel *Mustela nivalis*	-	-	-	-	-	-	-	-	-	-	-	-	4	0.84	0.4

609

Level:	I–V			VI–VIII			VIII			IX			X–XIII		
	NISP	%	Weight	NISP	%	Weight	NISP	%	Weight	NISP	%	Weight	NISP	%	Weight
Mongoose *Herpestes ichneumon*	-	-	-	-	-	-	1	0.32	0.1	-	-	-	-	-	-
Gerbil	-	-	-	-	-	-	-	-	-	-	-	-	5	1.05	0.2
Rodent	-	-	-	-	-	-	-	-	-	-	-	-	1	0.21	0.1
Hare *Lepus capensis*	-	-	-	1	0.20	3.2	-	-	-	-	-	-	-	-	-
Buzzard *Buteo* sp.	-	-	-	-	-	-	-	-	-	-	-	-	1	0.21	0.7
Sandgrouse *Pterocles* sp.	-	-	-	-	-	-	1	0.32	0.3	-	-	-	-	-	-
Bird	-	-	-	-	-	-	-	-	-	-	-	-	2	0.42	0.2
Tortoise *Testudo* sp.	-	-	-	-	-	-	1	0.32	0.6	-	-	-	-	-	-
Emydid (Turtle)	-	-	-	-	-	-	1	0.32	0.2	-	-	-	-	-	-
Toad *Bufo* sp.	-	-	-	-	-	-	1	0.32	0.2	6	1.14	0.6	-	-	-
Frog *Rana* sp.	-	-	-	-	-	-	-	-	-	-	-	-	1	0.21	0.2
Anuran (Frog/Toad)	-	-	-	1	0.20	0.1	-	-	-	-	-	-	-	-	-
Cyprinid (Fish)	-	-	-	-	-	-	-	-	-	2	0.38	2.8	-	-	-
Snail *Xeropicta* sp.	-	-	-	-	-	-	-	-	-	1	0.19	0.1	-	-	-
Cardiid (Cockle)	-	-	-	-	-	-	-	-	-	-	-	-	1	0.21	1.9
Bivalve	-	-	-	-	-	-	-	-	-	1	0.19	0.5	-	-	-
Total Identifiable	49	40.16	478.7	504	28.39	4,935.4	313	17.92	3,352.2	526	35.47	5260.8	474	46.56	6452.9

The percentages in the main body of the table represent the proportions of each taxon with respect to the total number of identifiable specimens (NISP), as summed in the last row, recovered for each level or level grouping. The percentages reported in the final row at the bottom of the table indicate the proportion of the complete amount of analyzed material (unidentifiable plus identifiable specimens) represented by the total amount of identifiable specimens for the level grouping. The weight of the cat material, a mandible with an associated tooth, was accidentally not recorded. All weights are in grams.

ANIMAL BONE ASSEMBLAGE

Additional information concerning shifting patterns of animal usage at Tell 'Atij over time may be obtained by considering changes in taxonomic diversity. Using the methodology advocated by Kintigh (1989), two diversity measures — richness and evenness — are assessed for the 'Atij faunal material. Richness (H') is an index of the number of different types of fauna present in the assemblage and thus a statement about the information content of the data. It is measured through calculating the Shannon-Wiener Information Function (H' = $-\Sigma(p_i)(\log_e p_i)$, where p_i is the relative abundance of the ith taxon within the assemblage). The larger the resultant number, the more diverse the fauna. Evenness (V') is derived from the richness score, calculated as $H'/\log_e S$ where S is the total number of taxonomic categories. Evenness values provide an indication of the distribution of specimens among the taxonomic categories and ranges between 0 and 1, a value of 1 indicating that each taxonomic category possesses the same number of specimens. Comparing these diversity indices as calculated for each of the 'Atij level groupings employed here permits a more nuanced evaluation of the faunal trends at the site over time.

Table 28.13 presents the calculation of the richness and evenness scores as a single unit for the analyzed Tell 'Atij assemblage from the primary mound, both illustrating how the values are derived and providing site-wide numbers that may be employed later to compare the 'Atij zooarchaeological data with that from other sites. In determining the diversity values, the category of undifferentiated sheep/goat is eliminated, with the count for this taxonomic designation being distributed into the sheep and goat categories based on the proportion indicated by the sheep-to-goat ratio present in the specified caprine material. Furthermore, species likely to have been intrusive elements in a stratum (rodents, toads), of unclear domestic or wild affiliation (*Canis* sp.), or not likely to have had an appreciable economic role in terms of subsistence (herpestids, mustelids, domestic cats, mollusks) have been excluded. Some, such as avian species, have been conflated into a single category, in this case being simply labelled as 'bird'. For the site when taken as a whole, the richness (H') score is = 1.8368 and the evenness (V') score is 0.6783.

Of more interest here is a consideration of the changing abundance values over time within the site.

Similar tabulation and calculation to that summarized in Table 28.13 was performed for each of the

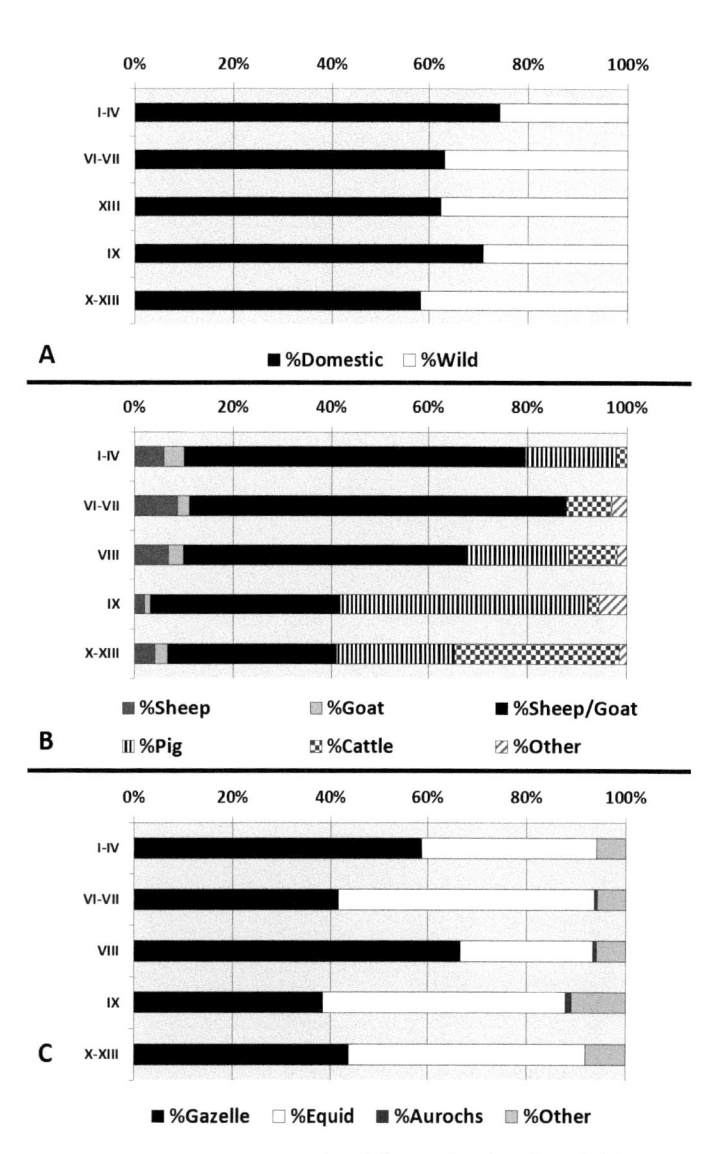

Figure 28.4: Basic taxonomic breakdowns for the identifiable faunal remains recovered from the central slope excavation units of the primary mound of Tell 'Atij by level grouping. Levels are ordered on the y-axis from earliest at the bottom to latest at the top. **Chart A**: proportions of wild versus domestic species; **Chart B**: breakdown of the domestic taxa; **Chart C**: breakdown of the wild taxa. See Figure 28.3 for a list of the taxa included in the Other categories and additional notes.

various level groupings with the exception of the youngest as Levels I–IV simply yielded too few specimens to generate meaningful measurements. The results indicate that richness and evenness generally decreased from the older levels to the younger:

Levels VI–VII: H' = 1.6129, V' = 0.5956

Level VIII: H' = 1.7716, V' = 0.6542

Level IX: H' = 1.8628, V' = 0.6879

Level X–XIII: H' = 1.7769, V' = 0.6562

Table 28.13: Specimen counts and associated values for the entire identified assemblage from the primary mound of Tell 'Atij, used for determining richness (H') and evenness (V') scores through the Shannon-Wiener Information Function. In this table, the NISP (number of identified specimens) values have been adjusted to account for specimens derived from the same individual (all specimens derived from the same animal as identified via clear articulation have been collapsed into a NISP count of 1). The second column (p_i) lists the proportion of the adjusted NISP total (1,305) represented by a particular taxon, the natural logarithm of this value appearing in the next column ($Log_e p_i$). The final column provides the product of the values of the previous two columns. The sum of the values in the final column multiplied by -1 provide H'. The value of V' is derived by dividing H' by the natural logarithm of the total number of taxonomic categories. Values in this table differ from those reported in Rufolo (2011, table 7.12) as the latter incorrectly used unadjusted NISP counts.

Taxon	NISP	p_i	$Log_e p_i$	$p_i \cdot Log_e p_i$
Sheep	371	0.2843	-1.2578	-0.3576
Goat	163	0.1249	-2.0802	-0.2598
Pig	143	0.1096	-2.2111	-0.2423
Cattle	68	0.0521	-2.9545	-0.1539
Dog	23	0.0176	-4.0385	-0.0712
Gazelle	248	0.1900	-1.6605	-0.3156
Deer	2	0.0015	-6.4808	-0.0099
Equid	263	0.2015	-1.6018	-0.3228
Aurochs	4	0.0031	-5.7877	-0.0177
Wolf	1	0.0008	-7.1740	-0.0055
Fox	10	0.0077	-4.8714	-0.0373
Hare	1	0.0008	-7.1740	-0.0055
Bird	4	0.0031	-5.7877	-0.0177
Turtle/Tortoise	2	0.0015	-6.4808	-0.0099
Fish	2	0.0015	-6.4808	-0.0099
SCORES	**H' = 1.8368**		**V' = 0.6783**	

This means that, during later occupation phases at Tell 'Atij, inhabitants made a less diverse use of faunal resources and concentrated on a smaller set of taxa, either by reducing the number of species in the repertoire or by focusing on one or two of them to a greater degree in terms of individual numbers. Considering the basic zooarchaeological data reported thus far, it seems likely that the trend is due to raising more caprines rather than eliminating a significant number of species from the diet. This is captured in the lowering of the evenness scores, which indicates that the assemblages recovered from later strata are not as evenly distributed among the taxonomic categories, instead exhibiting a certain degree of clustering within the domestic forms. Overall, however, none of the abundance trends for 'Atij are particularly marked, and it would seem that residents of the site continued to balance both domestic and wild resources in a similar fashion throughout the history of its inhabitation. The earliest inhabitants relied upon a slightly broader mix of domestic forms and a greater overall proportion of hunted animals than later occupants, who shifted to a distinctly increased but not overwhelming focus upon caprines. The ratio of sheep to goat remains among the identified material, an indicator of the level of pastoral specialization in terms of wool and dairy production, fluctuates within a range considered indicative of general subsistence strategies:[5]

Levels VI-VII: 3.3:1.0

Level VIII: 2.3:1.0

Level IX: 1.6:1.0

Level X-XIII: 1.7:1.0

Redding (1984; 1992) notes that the faunal signatures for societies heavily invested in extracting fibres for textile

---

[5] The ratios presented here were obtained using straight NISP counts so as to be comparable to those presented in the reports for other sites in northern Mesopotamia, which overwhelmingly use unadjusted NISP values. When using the adjusted NISP counts, the resulting sheep-to-goat ratios for Tell 'Atij remain nearly identical to those based on the unadjusted NISP values.

production or maximizing milk yield are generally characterized by a sheep-to-goat ratio of 6.0:1.0 or higher. Additionally, specialized pastoralism tends to generate a zooarchaeological signature marked by relatively high caprine-to-cattle ratios due to the greater presence of cattle in communities that are more strongly orientated towards raising crops. The overall caprine to cattle ratio for 'Atij is 4.9:1.0, which is in the range of figures that Redding provides for sites more focused on general agriculture over specialized pastoralism (Redding 1993, 87), although this ratio does rise from 1.2:1.0 in the lowest levels at 'Atij to 9.6:1.0 in Levels VI-VII. This fact, in addition to the increasing proportion of sheep at the site over time, does suggest that the greater emphasis on caprines was due to a developing but low-intensity, focused pastoralism, perhaps centred on a mixed set of goals seeking to provide a relatively small but steady supply of secondary products in addition to meat.

A final point to explore concerning the species identified in the Tell 'Atij faunal assemblage is the information available from the metric data. As previously mentioned, the measurements recorded for the 'Atij material are insufficient for closely examining size data for any species, domestic or wild. No taxon is represented by a large enough sample of any single skeletal element, the majority furnishing fewer than ten — and indeed, in most cases, under five — specimens of key elements preserving the sufficient components and contact points for the diagnostic measurements. The array of dimensions is thus much too small for the construction of meaningful scatter plots and population distribution profiles, for example in an effort to distinguish closely related species such as the different types of gazelle once common in Syria, or to estimate the distribution of males and females among the caprine remains. Despite the relative paucity of metric data, some useful information is to be gained from assessing as far as is possible the dimensions that could be recorded.

The specimens that were measured are listed in Rufolo (2011, Appendix C), grouped by taxon and with the full suite of metric data obtained for each element detailed. The conclusions drawn here have been made considering those few measurable elements present in numbers ranging from 8-12 specimens — amounts that provide too few data points to generate a rigorous statistical profile, but which are enough to be compared in a general fashion with what is known of the size ranges reported for various taxa identified in the zooarchaeological assemblages from nearby sites of a roughly similar age (Buitenhuis 1988; Cavallo 2000; Doll 2010; Vila 1998).

In the specific case of the equid remains, in addition to mensural means for distinguishing particular species, certain morphological features could also be appraised.

For the *sheep and goat* remains, there is one specimen (ATJ92-0061-E15-A19-1717, a humerus) that might represent a wild animal rather than a domestic form. Nine sheep humeri yielded values for the breadth of the distal end of the bone. Considered in isolation, the small sample size for this element prevents any conclusions from being drawn, although the range (27.77-36.92 mm) represents a larger spread than is commonly seen in the dimensions reported for domestic sheep or goats in the literature. When combined with the data of the few additional caprine humeri in the assemblage that provided this measurement (two goat specimens and one identified only as being either sheep or goat), the sample size becomes just large enough to separate out the sheep humerus presenting the largest distal breadth number as being an outlying value (Fig. 28.5). Combining caprine material in this way, creating a mixed sample set with specimens of both sheep and goat, is generally unwise. The two caprine species vary in size within their own distinct ranges. Mixed material is considered here due to the very small sample size and to permit comparison with similar mixed metric data presented by Cavallo (2000). As an additional means of assessment, the distal breadth of the caprine humerus bones is plotted against the breadth of the distal trochlea recorded from these same specimens in Fig. 28.6. The large sheep specimen is clearly separated from the others, which appear to form a cluster of two groups, possibly dividing male from female animals. This could all still be an artefact of small sample size or perhaps a case of a very large domestic ram being contrasted not only with other sheep but also a smaller breed of goat. However, the values for the large humerus are comparable with that of humeri identified as coming from wild sheep for remains from earlier periods recovered from the sites of Sabi Abyad and Lidar Höyük examined, respectively, by Cavallo (2000) and Kussinger (1988). For this reason, the specimen is listed in the tables as potentially being from a mouflon (*Ovis orientalis*, the wild progenitor of the domestic sheep) but the uncertainty is indicated by the presence of a question mark. It has, however, been counted with the domestic taxa in all the charts that compare wild and domestic proportions.

With respect to the other major taxa, the *gazelle* remains from Tell 'Atij contained a fair number of specimens overall that were amenable to measurement (one hundred specimens representing twenty-five different

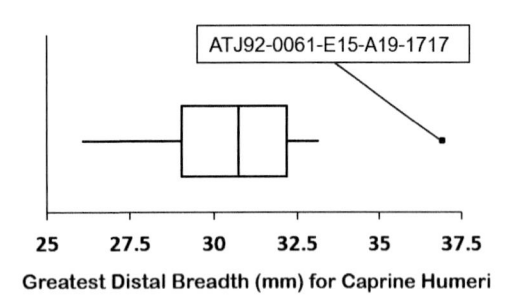

Figure 28.5: Box-and-whisker plot for the 12 distal breadth measurements recorded for caprine humeri from Tell 'Atij (identified assemblage, Levels I-XIII). The box encloses the range between the first and second quartile values and thus contains half of the total number of measurements in the distribution. The median is indicated by the internal vertical line. The single outlying value indicated by the small solid square belongs to the suspected wild sheep humerus (specimen ATJ92-0061-E15-A19-1717).

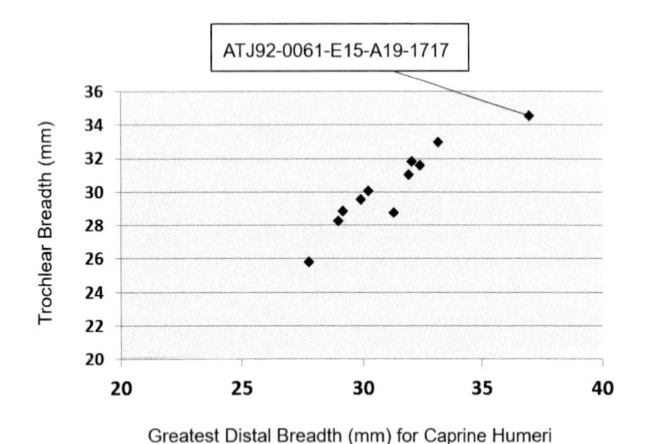

Figure 28.6: Greatest distal breadth plotted against the greatest breadth of the trochlea of the distal articulation for the eleven caprine humeri from Tell 'Atij (identified assemblage, Levels I-XIII) that provided both measurements. The large, potentially wild sheep (ATJ92-0061-E15-A19-1717) plots in the upper right.

elements). Unfortunately, considering the difficulty of distinguishing the different gazelle species based on osteology, the sample size is not sufficiently large to develop a detailed metric profile. Nor can the methodology established by Munro *et al.* (2011), used for assessing the potential representation of the different sexes within a gazelle bone assemblage based on the postcranial skeleton, be fruitfully employed. Only four skeletal elements are represented by ten or more specimens that provided metric data (ten horn cores, fourteen radii, ten tibiae, and eleven metatarsals). The horn cores compare well in shape and texture with those features of *Gazella subguttorosa*, the goitered gazelle, although the incomplete state of preservation that prevails in most specimens prevents a certain conclusion. Gazelle horn cores exhibit a high degree of sexual dimorphism in size, a fact reflected in the basal dimensions of the ten horn cores that could be measured: nine male specimens possess significantly larger diameters (30.50-35.28 mm) and corresponding circumferences (82.81-95.34 mm) at the base in comparison with the one female example (diameter = 9.66 mm, circumference = 30.65 mm). Two horn core fragments that were not intact enough to provide measurements nonetheless preserved sufficient areas of surface texture and basic form to suggest that they likely represent *Gazella gazella*, the mountain gazelle. These two specimens are tentatively assigned to this species in the tables. The range of certain measurements from the remaining elements (23.48-27.99 mm for the proximal breadth of the radius, 20.13-23.65 mm for the distal breadth of the tibia, and 17.23-21.12 mm for the proximal breadth of the metatarsal), while not providing definitive boundaries, are comparable to those reported for remains considered to be *Gazella subgutturosa* from other Syrian sites of fourth and third millennium age (Vila 1998, 41), including Mulla Matar on the Middle Khabur and Tell Chuera to the north-west. All the post-cranial gazelle material from Tell 'Atij is therefore regarded as most likely representing the goitered gazelle, but it has been listed simply as *Gazella* sp. in the tables.

A total of eighty-six post-cranial *equid* specimens supplied measurements, although few of these were preserved to a sufficient extent to permit taking more than one or two essential dimensions. It is unfortunately not possible to make any conclusive statements regarding the post-cranial material based on the metric data, nor can the metapodials be assessed in the manner developed by Eisenmann and Beckouche (1986) for differentiating equid taxa. Tell 'Atij did supply a number of equid tooth sequences, however, whose patterns of enamel ridges along the occlusal surface may be assessed for species-specific characteristics (Zeder 1986). Six mandibular and three maxillary tooth sequences exhibited the traits associated with hemiones, the onager or Asiatic wild ass, as demonstrated in the two uppermost examples of dental patterns illustrated in Fig. 28.7A and B. The occlusal pattern for the three upper premolars shown in Fig. 28.7C, which were recovered from Level VII, is clearly indicative of the horse (*Equus ferus* f.dom. *caballus*). This represents another attestation of the presence of the horse in Mesopotamia during the earlier third millennium BC, which can be added to those identified by Vila (2006). Horses were likely rare and valuable in the Middle East during the Early Bronze

Age, so the presence of this domestic animal may be a zooarchaeological indicator pointing to the presence of elite-status individuals at Tell 'Atij. The lowermost dental sequence illustrated in Fig. 28.7D is for a set of mandibular teeth uncovered on the secondary mound from a layer thought to be an Early Bronze Age deposit. As already indicated, the faunal material from the secondary mound has not been included in the study due to the highly disturbed stratigraphy, but these equid teeth exhibit weak asinine traits and may represent an African wild ass (*Equus africanus*) or donkey (*Equus africanus* f.dom. *asinus*). They are mentioned here simply to highlight the possibility that some of the post-cranial equid material from 'Atij's primary mound may be from these taxa.

Metric indices concerning equid teeth introduced by Zeder (1986) were calculated for the 'Atij specimens where possible. These involve several features on the chewing surface of the teeth formed by the enamel ridges. For the lower dentition, the maximum distance across the metaconid and protoconid divided by the maximum metastylid-hypoconid breadth — a measure of the symmetry of the 'double knot' formed by the metaconid and metastylid — ranges from 0.65 to 1.24 for the six suspected hemione specimens. This is similar to the spread reported by Zeder for modern hemione specimens from the collections of the Smithsonian Institution. A comparable index for the upper dentition, which gauges the relative length of the protocone by dividing the greatest mesiodistal dimension of this feature by the maximum occlusal length of the tooth, also fits within those calculated for reference hemiones (the 'Atij range equals 0.40–0.49). The values of such indices have a fairly large spread for each equid species, however, and a considerable range of overlap. Without a larger sample size, or other possible horse and ass specimens from 'Atij against which to compare, all that can be said about the metric data from the equid teeth is that they are largely consonant with those for hemiones, but they cannot be used to definitively determine the presence of this species. The same is true for the post-cranial measurements (Rufolo 2011, 639–45). Based on the dental patterns, which suggest a preponderance of hemiones, it is assumed that most of the 'Atij equid material represents the onager (*Equus hemionus*).

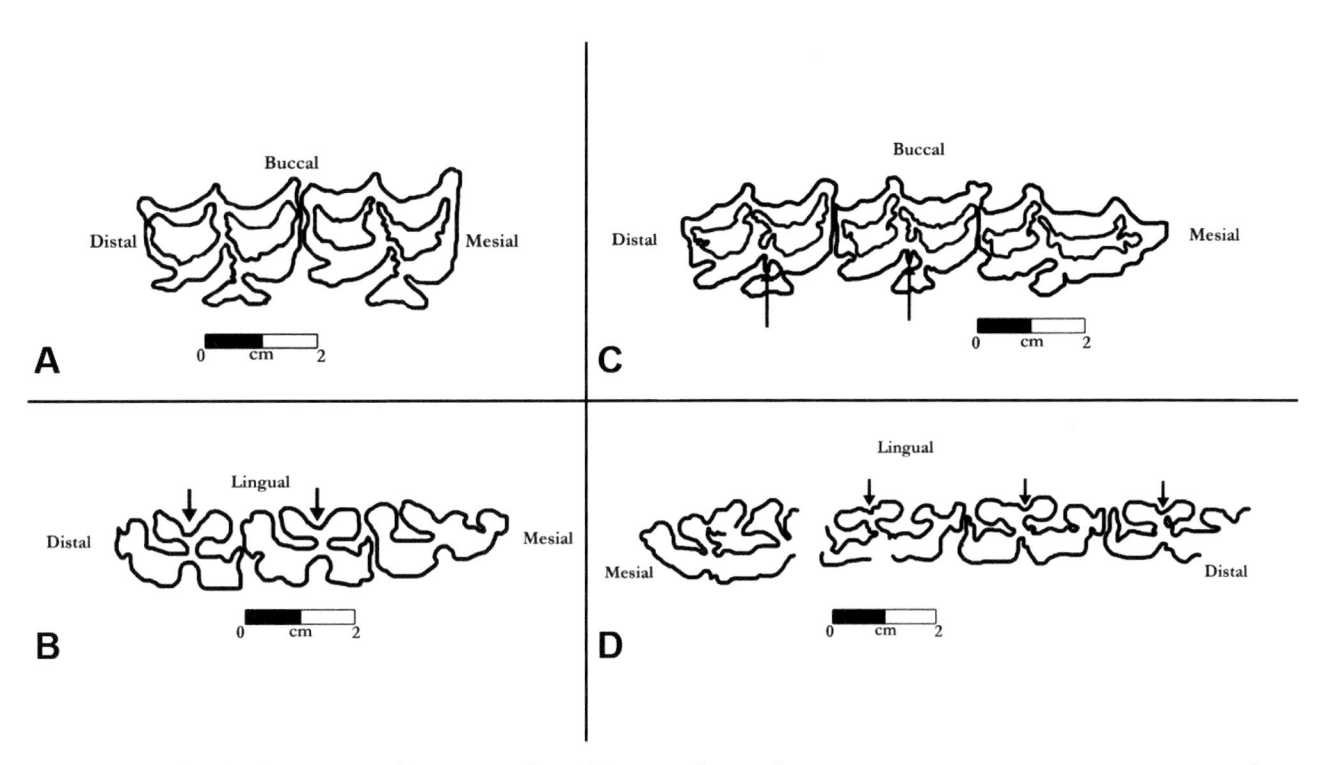

Figure 28.7: Occlusal ridge patterns of four series of equid dentition from Tell 'Atij. **A**. Specimens ATJ93-0068-E14-A23-1337 and 1338 (upper premolars 3 and 4), hemione. **B**. Specimens ATJ92-0268-D15-A37-1052, 1053, and 1054 (lower premolars 2, 3, and 4), arrows indicate the broad, V-shaped sulcus characteristic of hemiones. **C**. Specimens ATJ92-0087-E14-A12-1689, 1690, and 1691 (upper premolars 2, 3, and 4), arrows indicate the lingually-oriented pli caballine fold characteristic of horses. **D**. Specimens ATJ88-0211-GG17-A02-866, 867, 868, and 869 (lower second premolar, third or fourth premolar, and molars 1 and 2), arrows indicate the narrower V-shaped sulcus characteristic of the wild ass.

Mortality Profiles and Survivorship Curves

Domestic animals are generally managed to meet a particular set of needs, especially herds of sheep and goat. An essential decision to be made for any pastoralist is how many animals of each sex to retain in the herds, and at which age to kill them. Culling strategies relate to the ultimate goals in terms of obtaining animal-derived products, whether meat, a secondary product such as milk or wool, or a mixed focus seeking to balance yields of one or more resources is the primary desire. Information concerning the age and sex of animals at the time of death is thus necessary to access this past decision-making process, and such data is not only valuable for the domestic taxa. Demographic profiles for wild species provide insight regarding the timing and nature of hunting strategies. There is not enough information regarding the sex of animals represented in the Tell ʿAtij faunal remains to consider herd management strategies related to the selective slaughter of males or females, but a sufficient amount of material is available for the caprines as well as gazelles to estimate the age at death for many specimens identified to these taxa. The pig, cattle, and equid material did not afford enough specimens assigned to an age category to enable the construction of culling profiles for these taxa.

The age-at-death data serves as a foundation for plotting survivorship curves (graphs that show the percentage of animals in a hypothetical herd that survive over a given period of time, reconstructed from the age-related fusion patterns of certain post-cranial elements) and mortality profiles (graphs that show the cumulative loss of animals in a hypothetical herd over time, reconstructed from dental wear patterns correlated with age). Fusion data from 156 caprine elements (combining specimens identifiable as being either sheep or goat along with those positively identified to one caprine species or the other) were assembled to produce the survivorship curve shown in Fig. 28.8. Fluctuations present at the beginning and end of the curve which interrupt the downward trend are statistical artefacts due to the narrower range of elements that contribute to profiling the early and late age groups, as well as to the differential loss of the small unfused epiphyseal caps and less dense immature bone of the phalanges that provide information for the twelve-to-eighteen month range. These seeming increases in survivorship or 'rebounds' are therefore due to small sample sizes for the age ranges involved (Price et al. 2016, 162). The curve nonetheless signals a significant reduction in animal numbers in the range of one-and-a-half to three years of age, with an

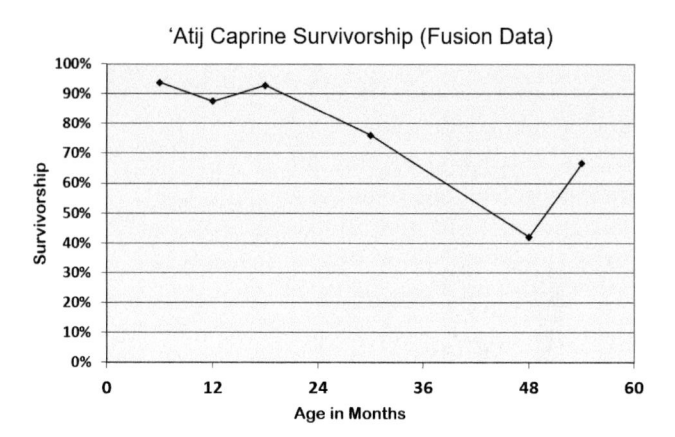

Figure 28.8: Survivorship curve based on caprine limb bone fusion data for Tell ʿAtij (156 specimens from the identified assemblage of the primary mound, Levels I-XIII). This curve is based on all the available caprine material, combining specimens identified as sheep, goat, and undifferentiated sheep/goat.

appreciable percentage (approximately 40%) surviving beyond the fourth year. This suggests a relatively simple husbandry strategy focused primarily on maximizing meat yield, with some animals reserved for obtaining secondary products such as milk or wool.

The mortality profile and corresponding survivorship curve generated using the dental wear data (Figs 28.9 and 28.10) generally confirm this picture of a low-intensity mixed strategy showing culling spikes in the ranges of eighteen to twenty-four months and three to four years, with approximately 34% of animals living beyond the age of four and 23% achieving the age of five. Essentially no animals reach their eighth year. In terms of the various model profiles discussed in the zooarchaeological literature, these trends most closely resemble Payne's meat-orientated curve or the energy/security profiles of Redding (1981), but the ʿAtij data demonstrate a higher proportion of animals reaching more advanced years than either of these models predict. The reason for this becomes clear when examining the independent profiles for the differentiated sheep and goat specimens (Fig. 28.11). With a smaller element count (fifty-one specimens in total), the fusion-based survivorship curve for the sheep exhibits some upward deviations (Fig. 28.11A), but still clearly shows that a large percentage of animals survived beyond early maturity. Lacking a significant drop in the initial age categories that would correspond to the removal of very young males from the herd, the sheep data signal the retention of both males and females beyond two years of age, the expected signature for wool production. In contrast, the goat curve (Fig. 28.11B) presents a very different profile. Although only based on twenty speci-

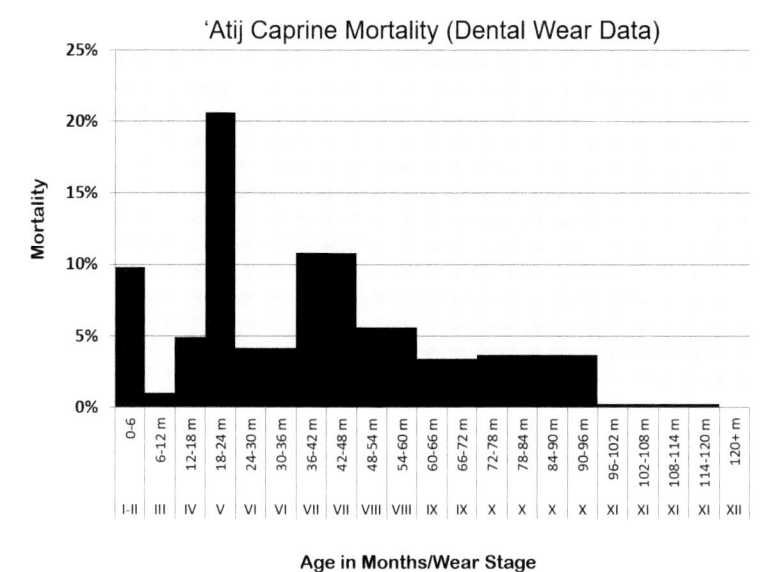

Figure 28.9: Mortality profile based on caprine dentition for Tell 'Atij (34 undifferentiated mandibles tagged as sheep/goat from the identified assemblage of the primary mound, Levels I–XIII). The data is presented as a histogram with the age groups partitioned into bins of six-month intervals. This graph shows the percentage of animals in a hypothetical herd killed within each age range.

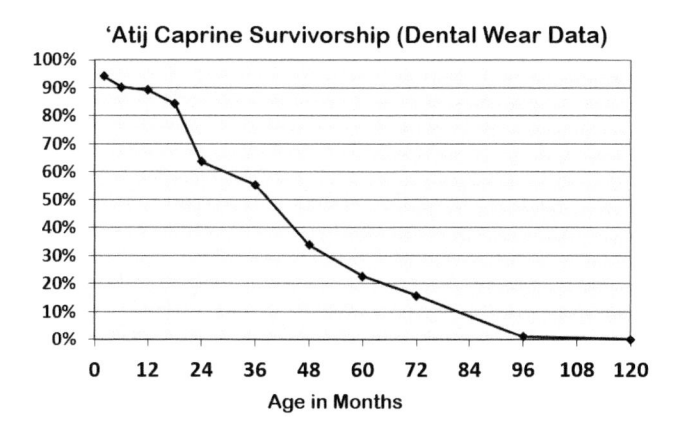

Figure 28.10: Survivorship curve based on caprine dentition for Tell 'Atij (34 undifferentiated mandibles tagged as sheep/goat from the identified assemblage of the primary mound, Levels I–XIII). This is based on the same data plotted in Figure 28.9, but it has been graphed here as the percentage of animals surviving past each age range in order to be comparable to the fusion-based curve shown in Figure 28.8.

mens, the goat fusion data reveal a considerable drop in survivorship between eighteen and forty-eight months. It would seem, then, that goats may have been raised at or near Tell 'Atij principally for their meat, with a large number being slaughtered between one to four years of age, and that the occupants of 'Atij were more interested in maintaining sheep flocks for the extraction of wool. Neither animal seems to have been the subject of a particularly intense pastoral specialization, however, as a more focused spike in animals at their peak age for meat yield — around two to three years — would be expected in a system organized to maximize the offtake of flesh. Similarly, if a large number of sheep were being hus-banded to produce wool, the elevation of survivorship in the general caprine data for ages beyond two years would likely be stronger.

The number of ageable caprine specimens is not sufficiently large to examine changes in survivorship patterns per level grouping in detail, although it is possible to partition the long bone specimens into earlier (Levels VIII–XIII) and later (Levels I–VII) stages to generate fusion-based survivorship curves with over sixty specimens in each division. These curves are not shown but are very similar to the pattern exhibited by the combined data for the site; it would therefore appear that caprine management strategies changed little over time at 'Atij.

Turning now to wild species, eighty-one gazelle limb elements furnished fusion data, permitting a single survivorship curve to be constructed for the Tell 'Atij assemblage as a whole (Fig. 28.12). Only three age categories spanning the first two years of life may be documented using gazelle post-cranial elements, and the resulting curve indicates that most of the gazelle material recovered from 'Atij strata represent adult animals. This conclusion is reinforced by the dental wear data, which was only available for ten individuals. Of these, however, six died at ages over three years and another three were killed between the ages of eighteen and thirty-six months. This leaves the impression that people at 'Atij took advantage of prime age adult animals individually or in small groups, and likely did not use tactics that involved corralling and slaughtering whole herds or large groups of animals as has been documented for other sites in the Khabur Basin (Zeder *et al.* 2013). If such

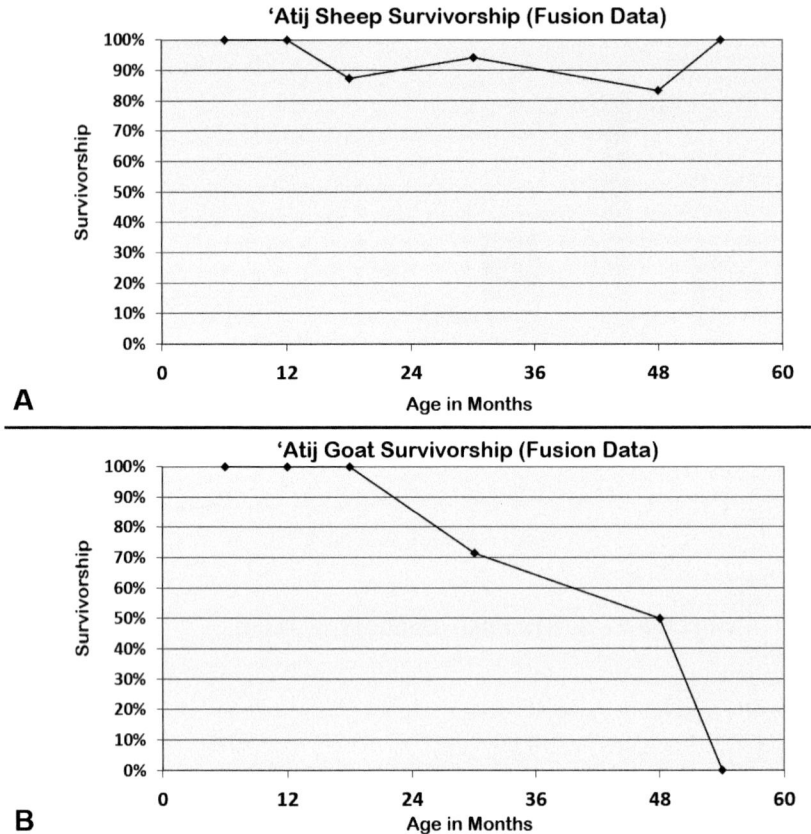

Figure 28.11: Survivorship curves based on post-cranial element fusion data for (A) fifty-one sheep specimens and (B) twenty goat specimens from Tell 'Atij (identified assemblage of the primary mound, Levels I-XIII).

were the case, it would be expected that the age profile would more closely mimic that of the standard demographic for a natural herd, with greater representation of both very young and older animals.

Body Part Distributions

The final set of zooarchaeological data that needs to be examined is the series of body part profiles for various taxonomic groupings and skeletal element divisions. Once butchered, an individual animal is no longer the focus of management but rather various segments of that animal's carcass become important in terms of factors such as meat yield, marrow content, value as a raw material (bone, sinew), etc. The body can thus be analytically partitioned into anatomical zones that represent units of economic interest and specimen counts divided according to the zone represented by each element per taxon. The resulting profiles of relative abundance among the anatomical categories provide a means for reconstructing how animal carcasses and their components were handled, potentially shedding light on the manner in which they were obtained, transported, butchered, and distributed. The body part profiles presented here follow the graphic conventions utilized by Zeder (1991), employing single specimen counts — both NUSP (number of unidentified specimens) and NISP (number of identified specimens) tallies — in order to compare representation of broad anatomical regions as well as specific elements that correspond to various useful anatomical subgroupings.

The first set of body part profiles to be considered here is shown in Fig. 28.13; this displays the proportions of the three basic anatomical regions (cranial, axial, appendicular) represented for the general size categories of medium mammal and large mammal in contrast with the standard proportions for a typical bovid (members of the family of ruminants, including cattle, sheep, goats, and gazelles) skeleton. The counts used to compile these bar graphs include all mammalian specimens, both unidentified and identified, thus combining both the material recorded in detail and in bulk. For the large mammal category, limb elements are noticeably overrepresented in the archaeological sample compared with the standard profile, while bones of the head and vertebral column are underrepresented. This pattern likely indicates that the slaughter and butchery of onager, and perhaps cattle, occurred mostly off site. Due to their size and weight, only the meat-bearing limbs of these large animals would have been carried onto the site with any frequency, flesh being stripped from the

ANIMAL BONE ASSEMBLAGE

ribs separately so that the unwanted axial elements and skulls could be left behind. The medium-sized mammal remains, on the other hand, are actually dominated by cranial elements, perhaps an indication of the smaller bovids being butchered on site or at least very close to the settlement, thus leaving most of the skeleton available for discard. This impression is reinforced by the pattern of anatomical proportions represented by the bovid specimens that could be identified to species, shown in Fig. 28.14. The cattle remains are dominated by limb bones, but exhibit a slight overrepresentation of cranial elements, likely an inflation caused by the fact that far fewer axial components such as ribs and vertebrae can be reliably assigned to the species level. The gazelle specimens fall into a more even representation of limb and head elements, but the caprine material is strongly represented by cranial elements. In fact, caprine limb elements are underrepresented with respect to the proportions of a standard bovid skeleton. For the smaller taxa, these patterns imply that both caprines and gazelles were butchered on site. Gazelle carcasses, obtained through hunting, were likely brought to the site relatively intact and processed as needed; sheep and goat were also probably slaughtered and their carcasses prepared within the compound, with the less meaty skulls thrown away as butchery waste.

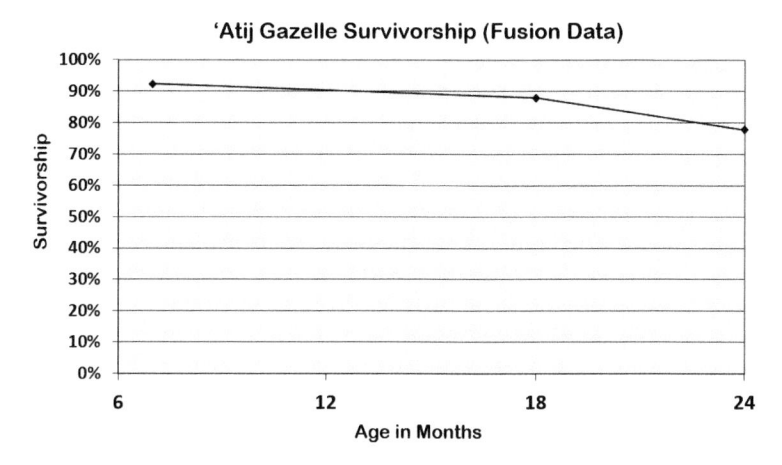

Figure 28.12: Survivorship curve based on post-cranial element fusion data for gazelle remains from Tell 'Atij (81 specimens from the identified assemblage of the primary mound, Levels I–XIII).

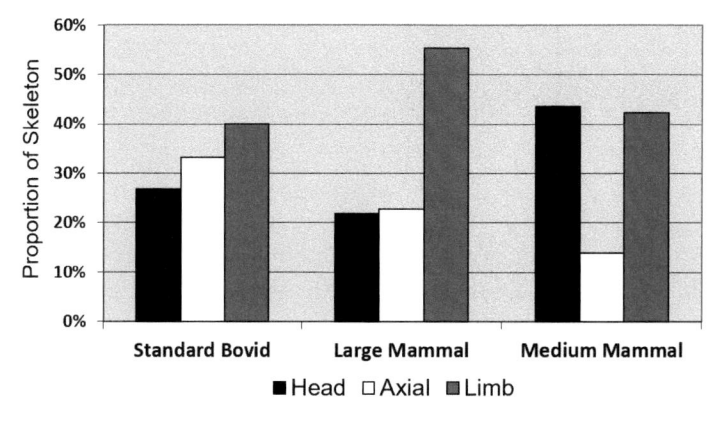

Figure 28.13: Profile of the three basic anatomical regions represented by all large- and medium-sized mammal specimens present in the entire Tell 'Atij assemblage (primary mound, Levels I-XIII), combining both the unidentifiable and identifiable prioritized remains. The standard bovid profile on the far left presents the proportions of elements in a typical bovid skeleton that fall into these anatomical regions.

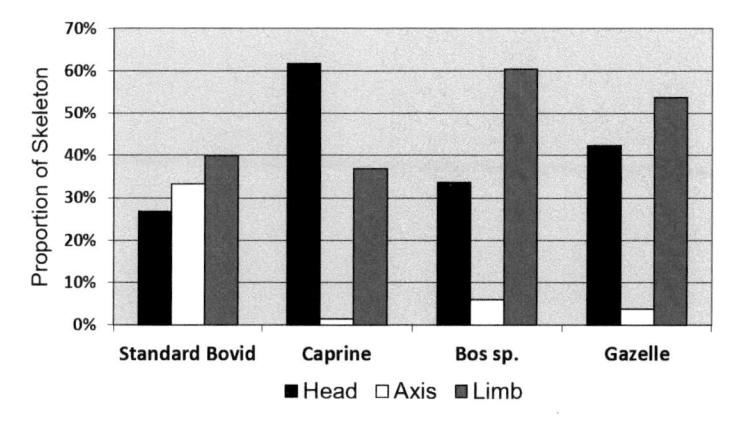

Figure 28.14: Profile of the three basic anatomical regions represented by the caprine, cattle, and gazelle specimens present in the identifiable Tell 'Atij assemblage (primary mound, Levels I-XIII). The standard bovid profile on the far left presents the proportions of elements in a typical bovid skeleton that fall into these anatomical regions.

The pattern present for the caprine and gazelle remains is repeated in the profile for the pig remains (Fig. 28.15), and similarly the cattle pattern is echoed in the profile for the equid material (Fig. 28.16). For the sheep, goats, and pigs, the overwhelming presence of cranial elements is likely due to the fact that these animals were slaughtered on site and their remains discarded in middens located in an unexcavated or eroded area of the mound — perhaps along the river's edge — from where they could be dragged to other parts of the site by dogs. The durability of the teeth and, in the case of the pig, the robust nature of the skull, resulted in a greater survivorship of these components, with the bar for cranial material on the body part profiles being elevated even further by the low number of ribs and vertebrae identifiable to a specific taxon, depressing the axial category. These profiles may speak against 'Atij having been an island in the Khabur River when occupied, as it seems reasonable to expect that the body part profiles for all taxa would be skewed greatly towards limb elements in such a situation. Herding live animals onto the site for slaughter would be difficult, and carrying whole carcasses into the compound for subsequent butchery seems unnecessarily burdensome, although certainly not outside the realm of possibility. It nonetheless remains seemingly more sensible to kill and butcher animals somewhere onshore, where messy butchery waste and its attendant odour could be kept away, and to then bring partially prepared, food-grade cuts into the compound. However, a consideration of the various components of the appendicular skeleton — the upper bones of which contain large amounts of muscle tissue — for the caprine material over time (Fig. 28.17) shows only relatively modest overrepresentation of the meatier upper-hind and upper-fore sections, and a generally balanced presence of the lesser quality lower-hind and foot elements. For the other bovid species, the situation is similar (Fig. 28.18).

In comparison with the bovid taxa, however, the pig and equid remains exhibit a different pattern (Figs 28.19 and 28.20). The limb remains for these species profile with a significantly greater presence of the meat-bearing upper limb elements when compared to the expected anatomical distribution of the standard skeleton This pattern is confirmed in examining the data through just two broad economic categories: meat-bearing bones with substantial amounts of associated muscle tissue versus skeletal elements that are surrounded by comparatively little flesh (Fig. 28.21). Such a partitioning also detects the trends shown by the more refined anatomical divisions previously examined. For the bovid species, cattle and gazelle exhibit slightly disproportionate amounts of elements from the meat-bearing category, a feature that is somewhat more marked for the caprines. The equid remains possess an overrepresentation of the meatier portions comparable to that of the caprine material. The pig profile demonstrates a preponderance of meat-bearing elements. It seems, therefore, that pig and perhaps equid butchery was carried out in a different fashion from that involving other species, with a stronger focus on procuring meaty cuts. This could be due to isolating the location in which these animals' carcasses were dismembered to specific areas on or off site, a signal of a different traditional treatment of their butchery, or perhaps even of the presence of specialist butchers. The other taxa (caprines, cattle, gazelles) exhibit signatures that suggest their carcasses were more often brought onto the site whole, or at least with a greater diversity of body parts, perhaps due to the use of their bones in tool manufacture. However, there does not appear to have been significant skewing of any one anatomical category which would imply a preference for particular bones to be used as implements. All taxa, however, domestic and wild, present profiles with an appreciable presence of all anatomical regions, indicating that a highly specialized butchery and distribution network was not in operation at 'Atij.

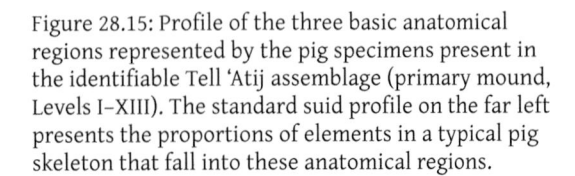

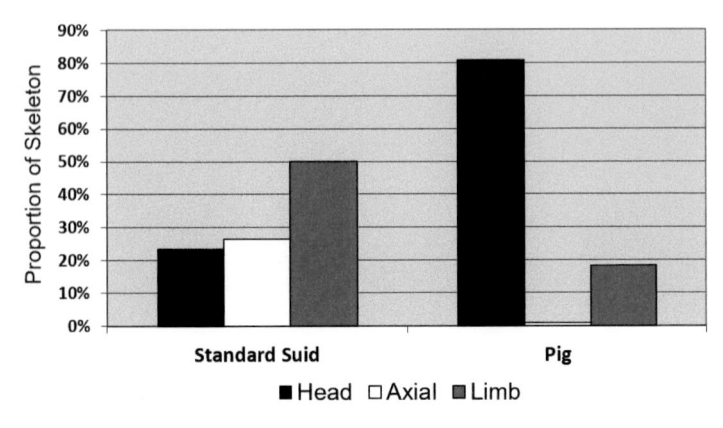

Figure 28.15: Profile of the three basic anatomical regions represented by the pig specimens present in the identifiable Tell 'Atij assemblage (primary mound, Levels I–XIII). The standard suid profile on the far left presents the proportions of elements in a typical pig skeleton that fall into these anatomical regions.

ANIMAL BONE ASSEMBLAGE

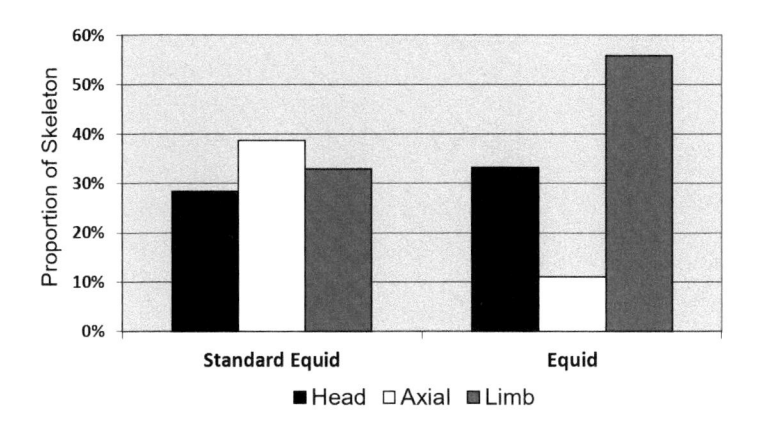

Figure 28.16: Profile of the three basic anatomical regions represented by the equid specimens present in the identifiable Tell 'Atij assemblage (primary mound, Levels I–XIII). The standard equid profile on the far left presents the proportions of elements in a typical onager skeleton that fall into these anatomical regions.

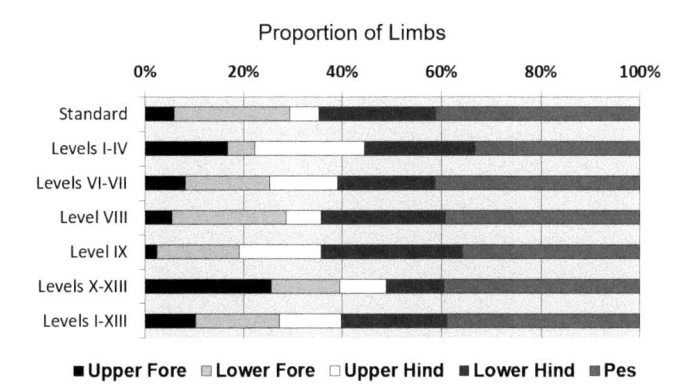

Figure 28.17: Limb-category part profiles for all caprine specimens (sheep, goat, and sheep/goat combined) from the identified assemblage by level grouping for Tell 'Atij. Skeletal elements from the forelegs and hind legs have been classified into the five basic anatomical regions of the limbs of a quadrupedal animal. The uppermost bar shows the proportional distribution of limb elements into these categories in a standard bovid skeleton.

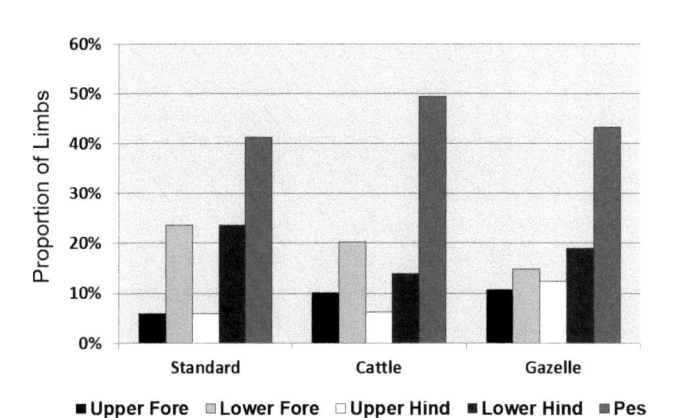

Figure 28.18: Limb-category part profiles for the specimens of non-caprine bovid taxa (cattle and gazelle) present in the identified faunal assemblage from Tell 'Atij (primary mound, Levels I–XIII). Skeletal elements from the forelegs and hind legs have been classified into the five basic anatomical regions of the limbs of a quadrupedal animal. The leftmost profile shows the proportional distribution of limb elements into these categories in a standard bovid skeleton.

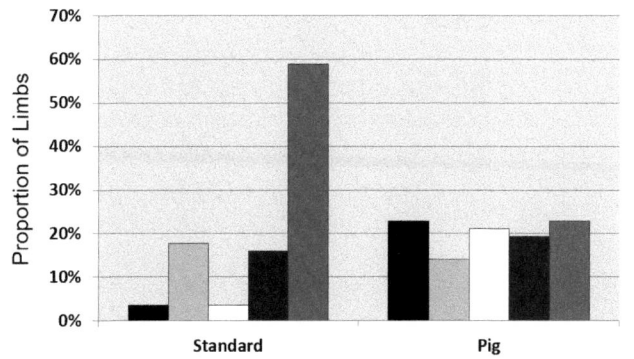

Figure 28.19: Limb-category part profiles for the pig specimens in the identified faunal assemblage from Tell 'Atij (primary mound, Levels I–XIII). Skeletal elements from the forelegs and hind legs have been classified into the five basic anatomical regions of the limbs of a quadrupedal animal. The leftmost profile shows the proportional distribution of limb elements into these categories in a standard pig skeleton.

Figure 28.20: Limb-category part profiles for the equid specimens in the identified faunal assemblage from Tell 'Atij (primary mound, Levels I–XIII). Skeletal elements from the forelegs and hind legs have been classified into the five basic anatomical regions of the limbs of a quadrupedal animal. The leftmost profile shows the proportional distribution of limb elements into these categories in a standard onager skeleton.

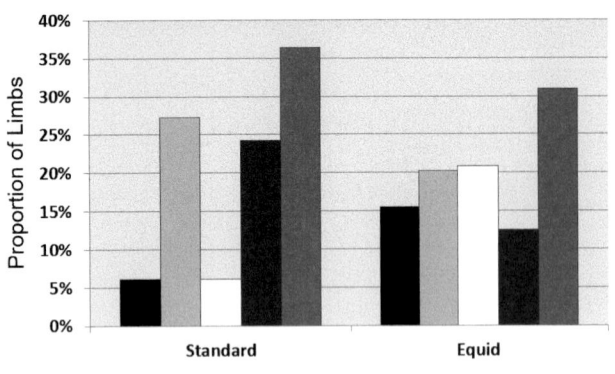

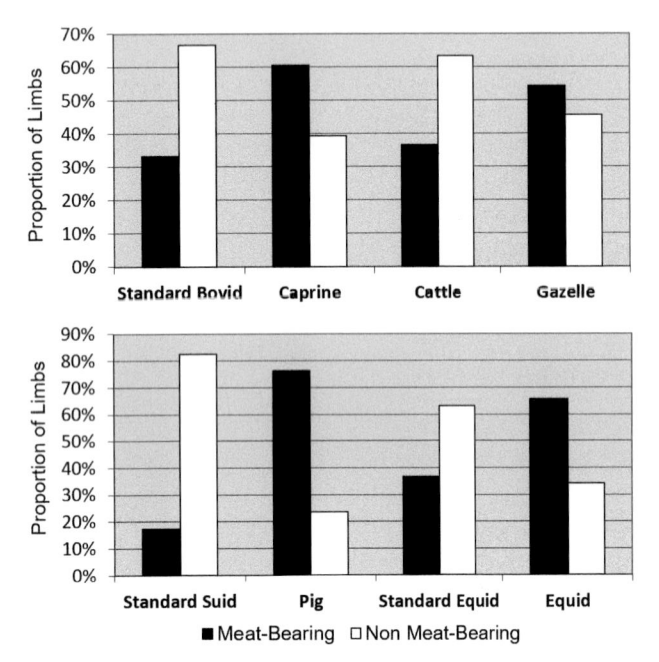

Figure 28.21: Limb element proportions based on relative meat yield for specimens of the major taxa from the identified assemblage as a whole for Tell 'Atij (primary mound, Levels I–XIII).

The occurrence of marks left by tools used in the process of butchering a carcass is rare in the Tell 'Atij faunal assemblage. Only 1% of the specimens in the identified assemblage bear tool marks, with this small number not providing a sufficient number of examples to permit a study of mark type and location. It can be said, however, that some bones from all of the commonly consumed species were found to have cut marks or chop marks (sheep, goat, pig, cattle, gazelle, equid). Two dog bones, as well as a single wolf bone, also show surface modifications due to contact with a tool. The wolf specimen is a scapula with a cut mark on the underside of the proximal end, a position that could indicate removal of the pelt. For the other species, the type and location of the limited set of tool marks present reflect what is expected for general butchery practices in which the target is to dismember the carcass into various cuts of meat. The small number of hack and slice marks are concentrated in areas such as the neck and important limb articulations that would have required more force and repeated actions to remove unwanted sections (head, lower limb) that yield little meat.

Discussion

The various sets of zooarchaeological data presented above paint a picture of Tell 'Atij as having benefitted from a low-intensity specialized pastoralism embedded within a general range of subsistence practices largely geared toward sustaining the needs of the site's occupants. The taxonomic composition of the assemblage maintains a small but significant focus on wild resources through time, and although caprines gain an increased presence by the later levels, a diverse set of domestic and wild taxa continue to supplement the animal-based economy. The ratio of sheep to goat never reaches the proportions exhibited by settlements supporting an extensive pastoral endeavour centred on generating large supplies of secondary products, nor do the caprine survivorship curves signal a management strategy geared towards a single economic focus. Neither do other indicators, such as the body-part profiles, indicate a system of butchery and meat distribution integrated into a larger, regional system. The faunal remains from 'Atij nonetheless demonstrate a certain level of specialization designed to provide wool and likely some dairy products as well, a specialism that clearly evolved over time, but there is no reason to believe it ever achieved a particularly large scale of practice.

Comparison of the faunal data from Tell 'Atij specifically with those from nearby Tell Raqa'i (Rufolo 2015) expands our interpretive capacity concerning the nature of the animal-based economy at 'Atij, as well as more broadly along the middle course of the Khabur River during the first half of the third millennium BC. Occupied for over 400 years for a period spanning the twenty-ninth to the twenty-fifth centuries (EJZ 1 to EJZ 3a in the ARCANE regional chronology for the Early Bronze Age Jezirah), and thus largely contemporaneous with the time that the 'Atij compound was in use, Raqa'i was a community with both residential as well as industrial areas and storage facilities devoted to economic activities including the storage of grain. Figures 28.22 and 28.23 provide a comparative view of the basic taxonomic compositions of both sites over time, with profiles shown for each of the main occupation phases arranged in rough chronological order. The representation of domestic animals exceeds 50% of the fauna of both Tell 'Atij and Tell Raqa'i from the earliest levels of occupation (Fig. 28.22, which profiles the proportions of domestic and wild taxa identified at each site), and there is a significant presence of pigs during the initial occupations of both sites (Fig. 28.23, which profiles the proportions of the main domestic species found in each occupation phase). Among the suite of domestic animals, cattle also have a significant presence in the earliest levels at Tell 'Atij, at 20% of the domestic total, before dropping to below 10% in the subsequent occupation phases. Cattle may have had more importance during the initial years of use as traction animals for preparing agricultural plots and for providing a significant amount of meat, but they lost this importance over time due to their greater water and forage needs when compared to the other domesticates. With the restricted amount of arable land along the Middle Khabur due to the absence of an irrigation network, it seems likely that the importance of cattle as vehicles for ploughing was also limited. Their presence in low but appreciable numbers likely reflects their value for occasional use as beasts of burden and for supplying a large amount of meat when necessary. Cattle remains at Arslantepe in Turkey are more common in the high-status contexts dating to the late fourth and early third millennia BC, likely reflecting a general preference for greater use of beef and also feasting among the elite (Bartosiewicz 2010). Perhaps the low but stable proportions of cattle at Tell 'Atij are — in addition to the identification of a horse among the faunal remains discussed earlier — another signal of elite personnel at the site. Similar overall percentages of cattle remains are found at other EBA sites in the central Khabur Basin such as Mulla Matar (Vila 1998), Raqa'i (Rufolo 2015), Mashnaqa (Zeder 1998a), and Bderi (Becker 1988), although they are somewhat higher at Kneidig (Vila 1997) and Raq Shaqra (Koliński & Piąkowska-Małecka 2008). Ranging from 1.7:1.0 to 2.0:1.0 in the earlier strata, the sheep-to-goat ratios for 'Atij and Raqa'i are initially rather low. Such values are generally considered indicative of a subsistence strategy that combines crop production with a relatively localized breeding of livestock that does not

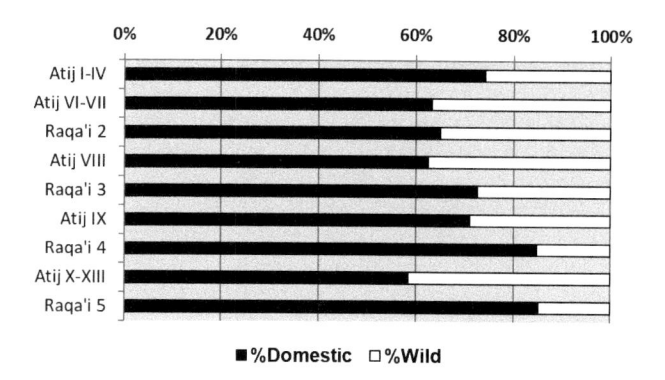

Figure 28.22: Percentages of domestic versus wild taxa identified in the zooarchaeological assemblages from Tell 'Atij and Tell Raqa'i, grouped by occupation phases and arranged in chronological order with the oldest phases charted at the bottom.

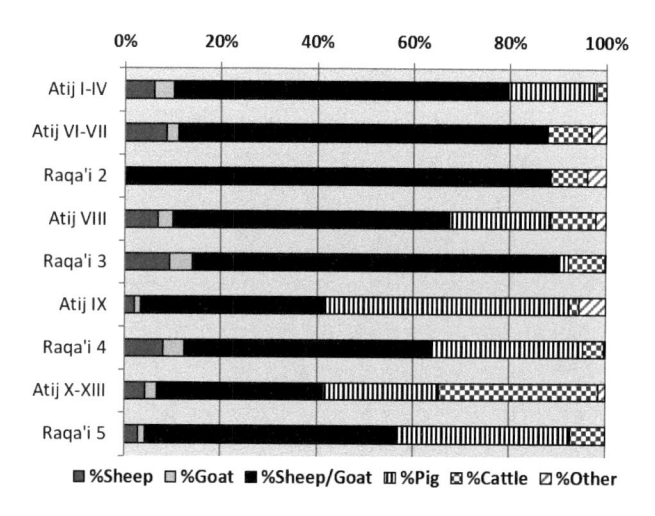

Figure 28.23: Breakdown of domestic taxa identified in the zooarchaeological assemblages from Tell 'Atij and Tell Raqa'i, grouped by occupation phases and arranged in chronological order with the oldest phases charted at the bottom. The Other category includes dog and cat remains.

include specialized pastoralism on a particularly large scale (Redding 1984). Herds would be managed to develop a secure demographic profile that ensured a stable reproduction rate and reliable supply of meat, as well aso permitting a low-intensity offtake of milk or even wool. However, animals were not subjected to a highly controlled and consistent culling pattern designed to maximize the yield of any one pastoral resource.

A shift in this general subsistence strategy appears to occur at both sites, however. At Tell 'Atij, a transition to a much greater reliance upon caprines begins with Level VIII and by Levels VII and VI the percentage of sheep and goat material has risen to nearly ninety per cent. This shift in domestic proportions is accompanied at 'Atij by an increase in the sheep-to-goat ratio, which as reported earlier has risen to 3.3:1.0 by Levels VI-VII. The Raqa'i data echoes this increased emphasis on caprines, indicating a stark shift between Levels IV and III, but the sheep-to-goat ratio actually remains essentially constant at 2.0:1.0 across levels at Raqa'i (Rufolo 2015, 589). At both sites, pigs would seem to have been kept in much smaller numbers in the later levels, likely a signal of the development of a community-wide economic system focused on caprines replacing a family-based subsistence sphere in which pigs, sheep, and goats were maintained mostly at the individual household level. The increased presence of caprines occurs at both sites around approximately 2700-2600 BC, the century leading up to the urban florescence experienced in northern Mesopotamia during the mid-Early Bronze Age. Neither site, however, seems to have been engaged in directly supplying the nascent urban centres with pastoral products.

As outlined earlier, the mortality profiles and survivorship curves for the Tell 'Atij sheep and goat remains presented in Figures 28.8 to 28.12 reveal a distinct decrease in survivorship between the period of eighteen to twenty-four months following birth, the age range at which meat yield in caprines is quite high in relation to the investment put into raising the animal (Redding 1981, 137–65). This is then followed by a gradual decline over the course of the older age groups spanning the range of three to eight years. Sheep, however, were permitted to survive in greater numbers than goats beyond the two-year mark, a pattern that likely reflects the culling of young adult goats for their meat and the less focused slaughter of older sheep as their productivity in terms of secondary products begins to decline. Accompanied by the observed increase in the number of sheep remains over time with respect to those from goats, the different management strategy for sheep suggests that a more specialized form of caprine husbandry developed near the end of the first half of the third millennium BC as urban centres to the north were consolidating. Nonetheless, a very structured emphasis on wool production is unlikely judging from the weak nature of the signals present in the zooarchaeological data. The proportion of sheep to goats is not overwhelmingly high in later levels at 'Atij, nor is the mortality rate in the older age ranges weighted that heavily towards animals five-to-six years of age or older. The latter would be expected if large numbers of sheep were being maintained for their fleece, as this species generally remains productive in terms of good-quality fibre for several years beyond maturity and so animals tend to be slaughtered in high numbers only after the age of seven (Payne 1973, 284). If 'Atij had been tightly integrated economically into a state-level system, the signals in the data would be much stronger, particularly if foreign officials or tribute demands were in place generating a strong incentive to maximize wool extraction.

Nonetheless, the population that used the facilities at Tell 'Atij appear to have plugged into a non-intensive form of specialized pastoralism that could have serviced the growing interests of nearby cities through general trade or simply supplied a more localized exchange network that developed at the periphery of the urban sphere. Basic herding strategies are sufficient to meet the needs of a small community for wool fibres in order to generate textiles and also to provide a surplus for participation in a small-scale economic network (Redding 1981, 31–34). As such the shifts in domestic proportions and evidence in the survivorship curves for non-generalized caprine husbandry orientated towards enhancing the production of wool reveal a certain degree of specialized economic focus. This is seen in the zooarchaeological data for Tell Raqa'i as well, although the inhabitants of this community — living on the banks of the Middle Khabur just a short distance from 'Atij — engaged in a different form of pastoral specialization. The caprine mortality data for Raqa'i (Rufolo 2015, 598-601) document a slightly greater drop in survivorship for the very young age groups below twelve months when compared with the 'Atij data. The data also highlight another contrast between the two sites, in that the Raqa'i curve lacks the higher survivorship seen in the older age groups at 'Atij. At first glance, then, caprine husbandry at Raqa'i seems to have been less focused on wool production and perhaps more interested in obtaining milk from the animals. The culling of infant males biases the sex composition of the herd towards adult females and limits competition for pasture and fodder to just a few breeding rams, thus maximizing the number and health of lactating animals (Payne 1973, 283; Redding 1981, 166–84). The lower survivorship over the older age range, however, as well as the minimal reduction of the herd before one year of age (highly specialized strategies for maximizing milk yield, usually culling nearly 50% of the herd during the juvenile period), indicates that dairy production was not the overriding concern. Maintaining a steady supply of meat remained the principal focus at Raqa'i, reducing the herd by about 20% early on to permit a heightened but not expansive generation of dairy products and also to supply a limited amount of very tender flesh for consumption. The unchanged ratio of sheep-to-goat throughout the occupation of Raqa'i and the lower survivorship seen in the site's fusion-based curve for sheep support the conclusion that fibre extraction was not a primary goal of the caprine pastoralism supported by residents of Raqa'i.

Although minor differences in the management of sheep and goats between the two sites characterize the animal-based economies of Tell 'Atij and Tell Raqa'i, it should also be noted that there is overall a general similarity that is particularly striking if Tell 'Atij is considered to have been a specialized trade depot, isolated on an island and lacking domestic quarters with permanently occupied homes. If 'Atij were staffed by a relatively small number of overseers and workmen, most if not all of whom actually resided elsewhere, it seems likely that there would be a restricted set of faunal material when compared to a site that served as a village hosting all aspects of community life. Both 'Atij and Raqa'i yielded comparably large animal bone assemblages, however, with a similar diversity of taxa, both domestic and wild. The body part profiles discussed earlier also indicate that butchery was likely taking place within the compound at 'Atij in a regular fashion without any specialized supply and distribution network being in place, perhaps suggesting the presence of domestic facilities. Caprine-specific body part profiles constructed according to the method of Stiner (1991) and presented by Rufolo (2011, 523–25) indicate that at both 'Atij and Raqa'i the sheep and goat remains are best interpreted as a mix of the discards from food preparation, meal refuse, and certain categories of butchery waste. Additionally, the absence of pronounced, isolated spikes at the meat-bearing upper limb categories in the data argues against a formalized distribution of food grade cuts by specialized butchers.

Conclusion

The basic zooarchaeological profile for Tell 'Atij paints an interesting picture of a generalized food production strategy involving a broader range of domestic and wild species that evolves over time to a more directed animal-based economy in which much of the protein consumed by the site's occupants was derived from domestic taxa, principally goats and sheep. It may be that, upon establishment in the early third millennium BC and for several decades into its initial period of use, the diet at 'Atij was founded in an agricultural practice intended primarily to support the basic needs of the people at the site. Groups of pigs as well as herds of caprines were maintained in appreciable numbers, and hunting remained an important component of the core subsistence strategy. Perhaps in tandem with a growing economic focus on the collection, storage, and shipment of grain, 'Atij also became the base for an increasingly specialized pastoralism that was orientated towards dairy and wool production, as reflected in the greater number of sheep remains documented in the faunal assemblage over time. With no clear signal of a strategic concentration on maximizing the generation of wool in the culling profiles reconstructed for 'Atij, the high-intensity extraction of fibres does not appear to have been a goal for the occupants of the site. Low-volume wool procurement is nonetheless likely evidenced by the simple fact that caprines, and sheep in particular, became so dominant. Their sheer numbers were enough to enhance production to meet at the very least local needs. At the site of Arslantepe in eastern Anatolia, it has been noted that late-fourth- and early-third-millennium contexts have yielded ample evidence of the tools used for processing fibres and weaving, but the zooarchaeological remains contain no strong signatures for specialized pastoral manipulation of the herds to maximize the offtake of wool beyond having large flocks of sheep (Frangipane et al. 2009; Laurito 2010). Spinning and weaving artefacts at Arslantepe during the late Chalcolithic and Early Bronze Age are restricted to domestic contexts and there is no evidence for a regionally orientated economic output, so the zooaechaeological data for Tell 'Atij are consistent with a local, small-scale endeavour. Curiously, though, there are relatively few artefacts related to textile manufacture attested in the literature for EBA Middle Khabur sites; perhaps, therefore, 'Atij was tapping into a low-grade but growing demand for raw wool that accompanied the emergence of urban centres in the northern Khabur Basin by the mid-third millennium.

In many respects, the Tell 'Atij faunal assemblage is similar to those from nearby contemporaneous sites such as Raqa'i (Rufolo 2015) and Bderi (Omar 2017). The size and composition of the animal bone remains are broadly comparable, and none provide evidence of large-scale economic specialization involving caprines or other species. The diversity and proportions of animals reflect a basic, broad-scaled subsistence economy among communities of the Middle Khabur region during the Early Bronze Age. There is some variety in the zooarchaeological profiles for these sites, however, indicating differences in the importance of wild game, pastoral strategies concerning secondary products, and varying degrees of economic integration on a localized scale over time. There does not appear to have been a highly specialized pastoral endeavour integrating the EBA communities of the central Khabur Basin into a regional urban economy that was strongly dominated by the economic demands of the cities. Each Middle Khabur site instead appears to have followed its own path for managing animals primarily to meet their immediate needs, with a secondary focus in some cases that was mostly orientated towards low-level specialization supporting interaction in a local economic sphere centred on the river and its surrounding steppe. At 'Atij, the secondary focus may well have developed over time to tie the local caprine husbandry into the peripheral urban zones, but it is doubtful that Tell 'Atij was ever the centre of a highly specialized economy involving the supply of animal-derived products to urban consumers. Commercial interactions with larger political entities composed of cities and their hinterlands, such as Mari to the south, or the large communities of the Khabur Triangle such as those at Tell Brak and Tell Leilan, may have been established in other agricultural produce such as grain, but neither wool, nor dairy, nor meat was funnelled through Tell 'Atij in amounts indicative of heightened economic output.

Chapitre 29

Conclusions : fonction et contexte historique

Petit établissement

Tell 'Atij est indéniablement un minuscule établissement avec sa superficie habitée d'un quart d'hectare seulement : 2360 m² (43 × 70 mètres), clairement délimitée par le périmètre d'un mur d'enceinte. Cette superficie atteint 3000 m² (50 × 78 m), soit un peu moins d'un tiers d'hectare, si on y ajoute la surface occupée par le rempart défensif lui-même (Chapitre 3). D'après des classements de sites en regard de leur superficie, tel celui issu de la prospection menée sur le territoire entourant le site de Tell Beydar/Nabada[1] dans le Haut Khabour, Tell 'Atij se situerait dans la catégorie des villages (Sallaberger & Pruss 2015, 124), voire dans une sous-catégorie regroupant les petits villages et les hameaux de moins de deux hectares (Sallaberger & Ur 2004, 62). À la lumière de ces récentes prospections dans la région, Tell 'Atij correspondrait aux vestiges d'un très petit village, ou mieux, d'un modeste hameau.

Peu peuplé

Selon les modes de calcul habituellement utilisés en archéologie orientale (Birch-Chapman *et al.* 2017, 2-3, avec références à des études antérieures, notamment Naroll 1962 ; LeBlanc 1971 ; Sumner 1979 ; Kramer 1980 ; Postgate 1994 ; Zorn 1994)[2], fondés sur des analyses ethnographiques de villages contemporains du Proche-Orient, le hameau de Tell 'Atij n'aurait été habité que par 25 à 50 personnes, 75 tout au plus. Ce fut donc un très petit établissement, très peu peuplé.[3]

Habitations en dur

Ses habitants occupaient de modestes et petites (10-25 m² en moyenne) maisons monocellulaires, de plan rectangulaire, construites en briques crues. Au vu de la minceur des murs formés d'une seule rangée de briques et de l'absence de cage d'escalier, elles ne devaient pas comporter d'étage. Les parements intérieurs des murs ainsi que les sols sont souvent enduits d'une couche de plâtre de gypse, ce matériau étant facilement accessible dans la région. Les intérieurs pouvaient être équipés d'un foyer, souvent central, et de banquettes à la base de certains murs. Des vases en céramique et des ustensiles en pierre polie en constituaient le mobilier. Cependant, peu d'individus pouvaient y loger, sachant par des études ethnoarchéologiques qu'une personne a besoin d'un espace vital variant entre 6 m² (Marfoe 1980 ; Kolb 1985 ; Postgate 1994) et 10 m² (Naroll 1962).

Plusieurs bâtiments ont été reconstruits les uns sur les autres, certains même réutilisant les murs des constructions antérieures. Cette continuité dans l'occupation des lieux a laissé sur le site une accumulation de neuf mètres de débris dans laquelle une séquence stratigraphique ininterrompue de treize niveaux a pu être reconnue. Une telle situation contraste totalement avec une installation « nomade » qui d'habitude se traduit au sol par une très modeste architecture en dur (Chang & Tourtellotte 1993 ; Cribb 1991 ; Banning & Köhler-Rollefson 1992 ; Eldar *et al.* 1992 ; Zarins 1992), lorsqu'elle existe ! C'est le constat qui a été fait par l'équipe de l'université Yale qui a conduit une prospection dans la région du Djebel Abd al-Aziz, non loin de la moyenne vallée du Khabour (Hole 1997, 42, 52-56), à savoir qu'un site occupé par des pasteurs nomades est dépourvu d'architecture (Hole & Tonoike 2019, 231 ; Hole 1980).

---

1 Tell Beydar fut occupé durant les périodes EJZ 3-4, donc immédiatement après l'occupation de Tell 'Atij (EJZ 1-2).

2 Soit entre 100 et 200 personnes par hectare, le nombre maximum pouvant atteindre 294.

3 Tellement que le modèle proposé par Altaweel & Paulette (2013) au moyen du logiciel de simulation ENKIMDU ne peut pas être pris en considération ici car il est fondé sur un village de 500 habitants.

Brève occupation

L'occupation de Tell 'Atij fut de courte durée : 300 ans seulement, de 2900 à 2600 av. J.-C. (Gallet, Fortin *et al.* 2020), soit durant les périodes *Early Jezirah* 1 et 2 dans la nomenclature ARCANE (Lebeau 2011, 1-17, 379) ; elles correspondent à la période précédemment nommée : « Ninive 5 ». Le hameau de Tell 'Atij fut fondé directement sur le sol vierge et le site ne fut pas réoccupé après son abandon, sauf de manière très ponctuelle et très partielle à l'époque romaine.

Localisation insulaire

Une particularité de ce hameau, selon notre étude géomorphologique du tell (Blackburn & Fortin 1994), est qu'il aurait été implanté sur un îlot au centre du Khabour qui était alors plus large (600 mètres) et donc facilement navigable (Graeve 1981, 17 ; Ergenzinger 1991, 175 ; Finet 1984 ; Kupper 1964, 115 ; Durand 1988, 156 note a).[4] Cette voie fluviale aurait même été complétée par un réseau de canaux de part et d'autre du Khabour afin de relier la région du Haut Khabour à celle de l'Euphrate (Monchambert & Geyer 2008), et ce dès le début du IIIe millénaire.[5]

Vocation fluviale

Les habitants de Tell 'Atij auraient su tirer profit du positionnement de leur établissement sur un îlot à en juger par la présence de plusieurs ancres de bateau en pierre (Fortin 2016a) afin de permettre l'accostage d'embarcations, vraisemblablement à fond plat vu le tirant d'eau. Une représentation schématique d'une telle barge ou chaloupe à voiles aurait été tracée sur la face d'une roue de chariot miniature en terre cuite [Tc48]. Ce qui n'a rien de très surprenant puisque des modèles réduits de bateaux en terre cuite ont été retrouvés à Tell Masnaqa, 18 km en aval, et à Tell Feres al Sharqi, 40 km en amont, dans des niveaux obeidiens. En ce qui concerne le IIe millénaire, nombre de lettres de Mari font référence au transport des marchandises par voie fluviale (Michel 1996, 397-403 ; Durand 1997, 322-324 ; Chambon 2017), notamment pour le grain pour qui c'était le moyen de transport privilégié car plus commode, plus sûr et plus facile à gérer (Birot 1964, 39-44 ; Finet 1969 ; Margueron 1989, 119-126 ; Kupper 1991, 51 ; Chambon 2017, 149). Certaines de ces lettres fournissent même des indications sur les types de bateaux de transport et leur tonnage (Burke 1964 ; Finet 1969, 41 ; Chambon 2017, 141-149). D'autres lettres encore font état de livraison par bateau au palais de Mari de grains récoltés dans le Moyen Khabour, notamment à proximité de la ville de Tâbâtum, récemment identifiée au site de Tell Taban situé à quelques kilomètres seulement en aval de Tell 'Atij (Birot 1964, 39-40).[6]

En plus d'ancres pour amarrer des embarcations, on a aussi découvert à Tell 'Atij des poids circulaires en basalte munis d'une perforation centrale qui auraient pu être enfilés à une corde afin de ralentir leur course en descendant le Khabour dont le courant était assez fort (Finet 1969, 42).

Zone pluviométrique

Tell 'Atij se trouvant dans une zone pluviométrique qualifiée « d'incertaine » (*zone of uncertainty*) (Wilkinson 2000b ; Wilkinson *et al.* 2014, 53-54), car il y tombe entre 250 et 200 mm de pluie annuellement en moyenne (Fig. 1.9) mais moins certaines années, la pratique de l'agriculture par ses habitants était très à risque (Wirth 1971, carte 3 ; Jas 2000, 250-257) à moins d'avoir recours à une forme élémentaire d'irrigation. Or, les analyses paléobotaniques réalisées sur les restes végétaux recueillis sur le site ont attesté le recours à une telle technique rendant possible la pratique de l'agriculture dans la vallée (McCorriston 1995 ; 1998a ; Proctor & McCorriston, ce volume).

L'orge domine l'assemblage paléobotanique de Tell 'Atij tandis que le pourcentage des légumes diminue avec le temps, signe manifeste d'un changement dans le mode de production agricole et de l'apparition d'une agriculture spécialisée (McCorriston 1998a, 50 ; McCorriston & Weisberg 2002, 492, 495). La présence de nombreuses bases de tiges d'orge indique que les plantes n'ont pas été coupées lors de la récolte mais déracinées, une technique qui est mentionnée dans une tablette de Mari au sujet des « arracheurs de sésame » (Birot 1964, 44) et qui se pratique encore chez certaines populations sédentaires traditionalistes du Proche-

---

4 Il le restera au moins jusqu'au Moyen Âge (Tardieu 1990, 71-135) alors que le commerce du coton, dont la région du Haut Khabour était – et est toujours – si riche, se faisait par la rivière (Strange 1905, 95 ; Lewy 1952, 2).

5 Ce qui a été mis en doute par certains auteurs (Göyünç & Hütteroth 1997, 75-76 ; Wossink 2009, 97).

---

6 Cependant, des auteurs pensent plutôt que la navigation sur le Khabour s'arrêtait à la ville de Qattunân, plus au sud (Chambon 2017, 141 ; Durand 1997, 322-323).

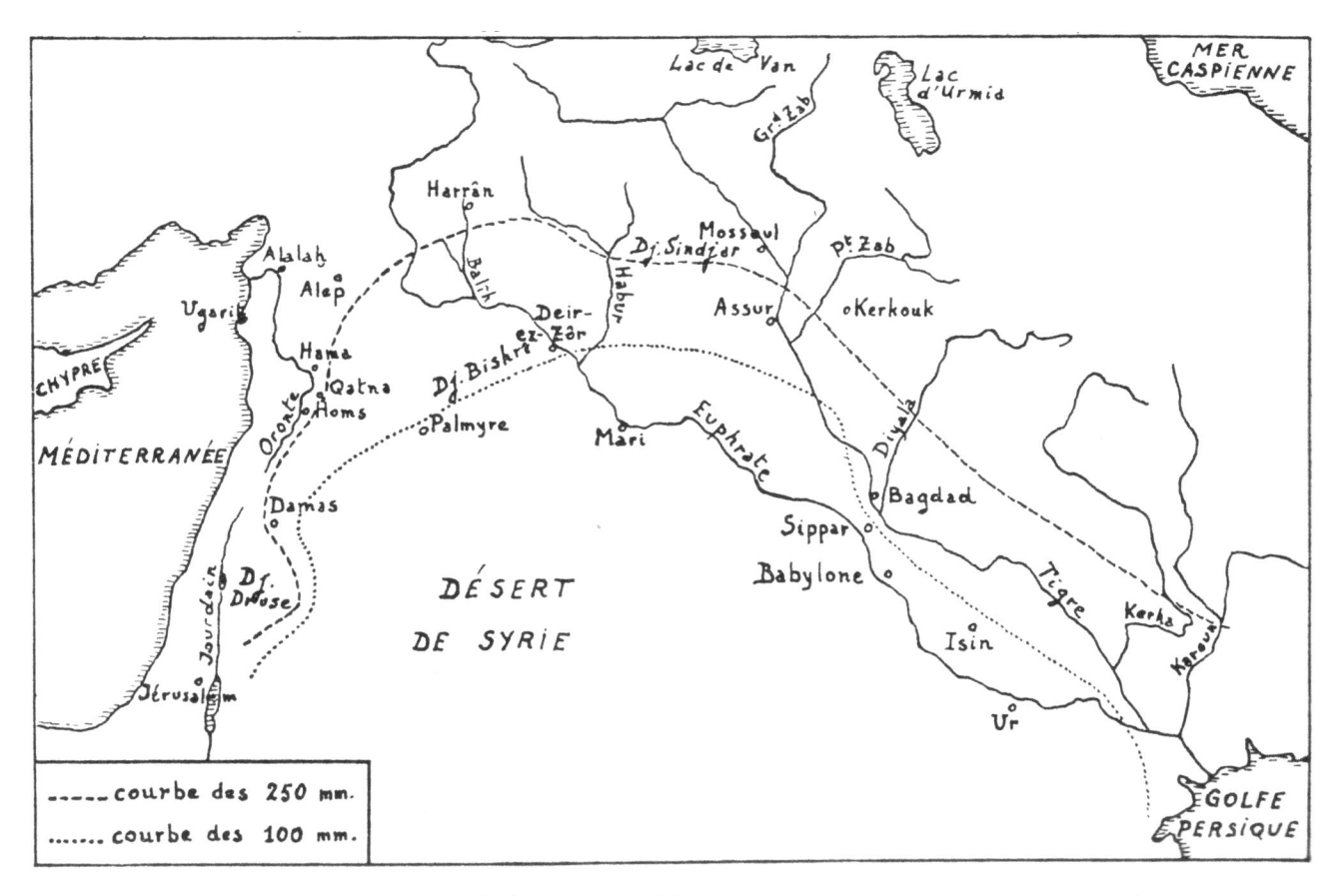

Figure 29.1 : Zone propice au développement de l'élevage des ovins (reproduit de Kupper 1959, 114).

Orient (Simms & Russell 1997 ; Palmer 1998, 150-151). Les épis ainsi récoltés auraient été ensuite dépiqués, pour obtenir les grains, à l'aide d'un tribulum, comme l'analyse tracéologique de plusieurs lames en silex l'ont démonté (Anderson & Chabot 2001 ; Chabot 2002) ; cette opération se serait sans doute déroulée sur des aires de battage à proximité du site mais qui ont disparu depuis. Enfin, les analyses paléobotaniques ont confirmé que Tell 'Atij a été habité en toutes saisons, donc sur une base annuelle et permanente (McCorriston 1995 ; 1998a), et non de manière saisonnière, au moment des périodes de transhumances seulement, même si l'orge ensilé sur ce site a vraisemblablement été utilisé comme fourrage pour les animaux élevés dans la région (McCorriston & Weisberg 2002, 495).

En effet, la moyenne vallée du Khabour avoisine une zone steppique semi-aride qui est très propice à l'élevage des chèvres et des moutons (Fig. 29.1). Toute cette zone est dite « dimorphique » (Rowton 1973b) dans la mesure où le nomadisme pastoral y est pratiqué en marge d'établissements permanents souvent installés dans des vallées (Rowton 1976, 20-21) (Fig. 29.2). Il s'agit d'une forme de symbiose économique entre l'agriculture pluviale et le nomadisme pastoral. À cet égard, il est pertinent de signaler qu'à Tell 'Atij ont été identifiés des grains d'un arbuste épineux (*Carthamus tinctorius*) d'habitude planté en haie en bordure de champs cultivés pour y empêcher l'intrusion des animaux (McCorriston 1998a, 51). En outre, les fleurs de cette plante entrent dans la fabrication de teintures. Comme cet arbuste pousse au début de l'été, il aurait pu servir de clôture pour les animaux qui auraient été conduits de la steppe vers la rivière alors que les fleurs, porteuses de teinture, auraient été disponibles au milieu de l'été lorsque les moutons sont tondus et la laine préparée. Incidemment, l'analyse microscopique de la surface de certaines meules en basalte de Tell 'Atij a révélé la présence d'éléments ayant pu avoir été des restes de teinture (Nancy Lease, comm. orale).

Dispositifs d'entreposage

Afin de conserver les grains récoltés dans les champs avoisinants, les habitants de Tell 'Atij ont construit de nombreux et impressionnants dispositifs d'entreposage : grenier hors terre en briques crues à silos multiples semi-voûtés, édifices au « plan en gril », petits

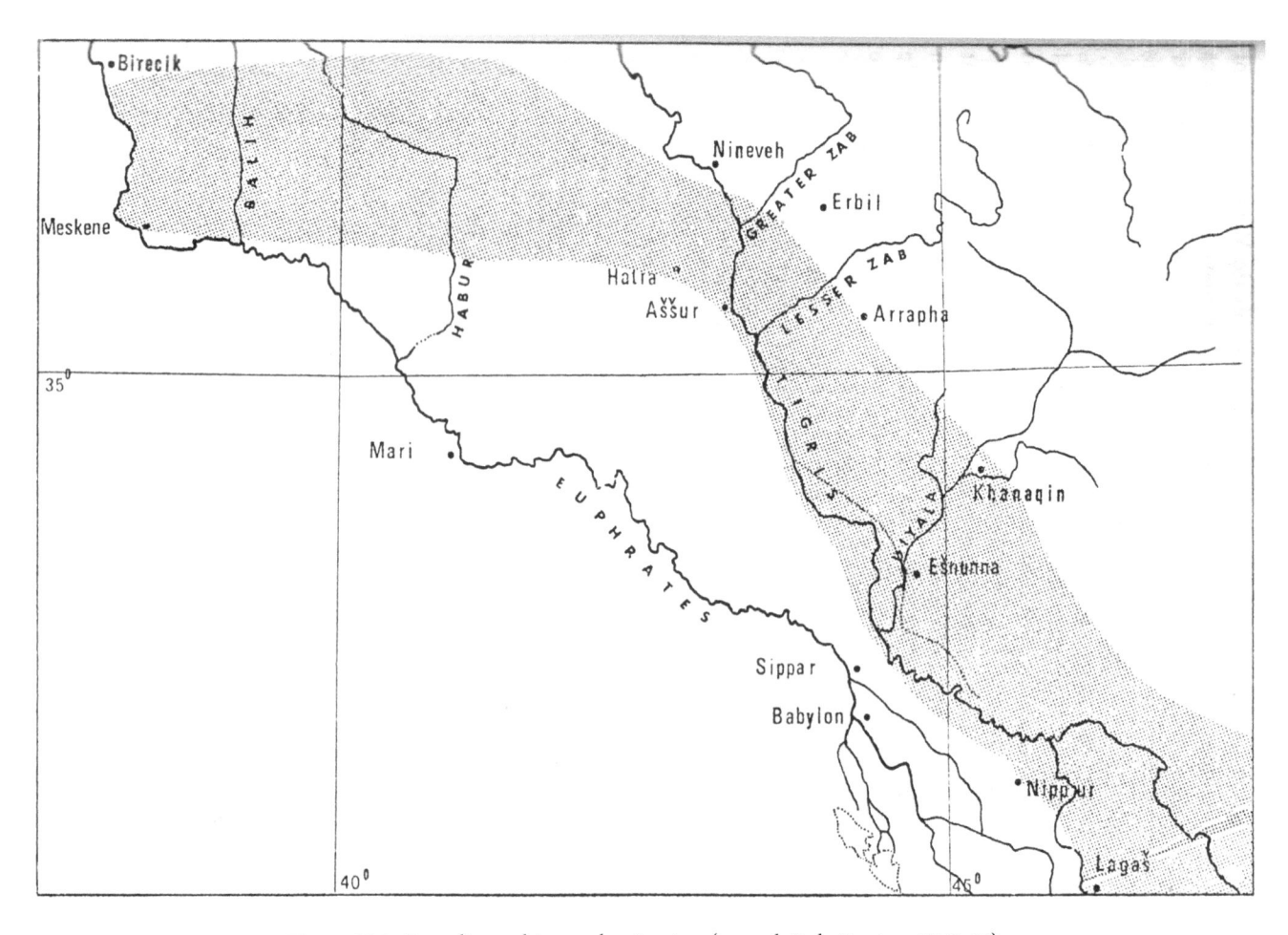

Figure 29.2 : Zone dimorphique selon Rowton (reproduit de Rowton 1976, 31).

entrepôts au toit voûté ou supporté par des arcades intérieures, salles au sol et aux murs plâtrés, etc. Toutes ces structures en dur supposent une bonne connaissance des techniques de construction de la part de cette communauté de sédentaires, à savoir la fabrication de briques crues en malaxant de l'argile avec de la paille hachée – un résidu de récoltes – comme liant, la préparation de plâtre à même le substrat gypseux local pour servir de revêtement et l'appareillage de briques moulées en encorbellement : « une technicité telle qu'elle est souvent le fait de maçons spécialisés » (Besenval 1984, 168). Que dire aussi de l'utilisation d'arches intérieures dans certains bâtiments, un trait architectural considéré comme la marque de bâtisseurs professionnels ayant accumulé plusieurs siècles d'expérimentation (Koliński 1996a, 140 ; Quenet 2012, 127).[7] Enfin, de telles constructions en briques crues, constamment exposées aux

éléments, avaient besoin d'être régulièrement entretenues, en toutes saisons, par des gens qui les occupaient de manière permanente : des villageois sédentaires.

Par ailleurs, les silos découverts à Tell 'Atij devaient être vidés chaque année du fait qu'ils n'étaient pas hermétiquement scellés. Des expérimentations ont montré que des grains peuvent être conservés jusqu'à cinq ans si un silo est scellé et enfoui dans le sol, tandis que des silos construits au-dessus du sol sont la marque d'un entreposage en vue d'une consommation prochaine (Reynolds 1974, 124 ; 1979a ; 1979b, 71-82). Donc, les stocks de Tell 'Atij étaient destinés à être utilisés dans l'année et non en prévision d'une éventuelle pénurie. De plus, les capacités de stockage de ces silos et autres dispositifs d'entreposage dépassaient les besoins du nombre très limité de personnes (25-50) ayant résidé à Tell 'Atij (Paulette 2015, 61-62). Il y a donc eu stockage de surplus agricoles, vraisemblablement en vue d'en faire une redistribution.

Dans les circonstances, il est difficile de croire que des pasteurs nomades, par définition mobiles

---

[7] De fait, considérant les techniques de construction en usage à cette époque dans la région, « it becomes pliable that 'professionalists', not 'amateurs' were responsible for house building on the North Mesopotamian sites of the EJZ period » (Koliński 1996a, 140).

(Khazanov 1984, 16 ; Nordman 1989, 12), se seraient mis à construire en dur des greniers en vue d'années de disettes. Pourquoi ne se seraient-ils pas contentés de simples caches à nourriture creusées dans le sol, comme c'est le cas dans nombre d'exemples ethnographiques modernes (ex. Ayoub 1985 ; Gast & Fromont 1985 ; Avni 1992, 246 ; Hivernel 1996 ; Gronenborn 1997 ; Munchaev & Amirov 2016, 583), que ce soit dans la vallée de l'Euphrate où, du VIIe au XXe siècle, les greniers en terre maçonnée étaient propres aux populations sédentaires (D'Hont 2001, 542), et dans la vallée du Khabour même il y a encore quelques années (Hole 1991, 19) ? Plutôt que de construire des greniers en dur, les pasteurs nomades gardaient en réserve des parcelles de territoire en prévision de sécheresses : le *hima* (Shoup 1990), ce qui s'harmonise mieux avec le nomadisme pastoral qui dans sa forme la plus pure se caractérise par l'absence d'agriculture, même pour faire des provisions (Bar-Yosef & Khazanov 1992, 2). L'entreposage lors d'une année d'abondance en vue d'une éventuelle pénurie est le propre des économies sédentaires (Halstead & O'Shea 1982, 93), et ce même pour les époques très anciennes : « Les systèmes à stockage sont donc caractérisés par une 'certaine' sédentarité » (Testart 1982a, 34).

Outils de gestion

La conservation de grandes quantités de grains dans des dispositifs d'entreposage et par la suite la redistribution des surplus de production ont nécessité la mise en place d'un système de gestion efficace, bien qu'élémentaire. Tell 'Atij a produit quelques-uns de ces rudimentaires outils de gestion typiques de cette période : une tablette numérique [Tb1], des jetons en argile crue (*calculi*) [Tc32-33, 43, 51-52, 64, 72, 74, 93-94, 105], un sceau-cylindre en pierre [L28]. Mais aucune empreinte de sceau (scellement) ni tablette cunéiforme n'ont été recueillis parmi les débris des structures d'entreposage. Par contre, des jarres de fabrique *Commune* de mêmes dimensions retirées du grenier septentrional pourraient avoir servi d'étalons de mesure pour le transvasement du grain d'autant que deux entonnoirs en céramique [C49 et C1163] retrouvés dans leur voisinage auraient facilité cette opération.

Ossements d'animaux

Comme il a été avancé plus haut, une partie des surplus agricoles aurait pu servir de fourrage à du petit bétail puisque l'analyse des ossements d'animaux de Tell 'Atij a montré que plus le temps passe, plus la domestication des chèvres et des moutons s'accentue, jusqu'à représenter 80% de l'assemblage au moment de l'occupation finale du site, signe manifeste d'un élevage spécialisé (Zeder 1998a, 62). En procédant ainsi, les habitants de Tell 'Atij auraient pratiqué une forme d'« entreposage indirect » (Flannery 1968, 87 ; 1987, 83 ; 1997 ; Halstead & O'Shea 1982, 93) : ils auraient transformé des denrées périssables en produits plus stables qui pouvaient être consommés plus tard. Cette nouvelle stratégie alimentaire s'inscrit dans une « secondary products revolution » (Sherratt 1981 ; 1983 ; Greenfield 1988) qui prend alors forme au Proche-Orient, c'est-à-dire une utilisation des produits secondaires de l'élevage tels les laitages, mais aussi la fibre : poils de chèvre et surtout laine de mouton qui, au début du IIIe millénaire en Mésopotamie, aurait commencé à remplacer le lin dans la production textile (McCorriston 1997 ; Huot 2000), lui conférant de ce fait une très grande valeur marchande (Sallaberger 2014a).

De plus, comme il a été observé ailleurs en Mésopotamie, l'élevage des ovins et la culture des céréales se pratiquaient à proximité l'un de l'autre, ces deux types de production agricole étant complémentaires et étroitement intégrés au point que les territoires qui leur étaient réservés se recoupaient et s'entremêlaient (Paulette 2013b, 130-134) ; ce qui correspond à la zone dimorphique de Michael Rowton (1973b ; 1976).

Organisation socio-politique

Le cas de Tell 'Atij n'était pas unique.

En effet, il existait à cette époque plusieurs petits établissements ruraux mésopotamiens du type de celui de Tell 'Atij, soit des hameaux isolés entièrement voués à des tâches agricoles. D'après la documentation textuelle disponible pour la seconde moitié du IIIe millénaire, cette production agricole se déroulait sous la supervision d'un centre provincial qui lui-même était placé sous l'autorité d'une capitale urbaine (Sallaberger & Ur 2004, 67-70 ; Sallaberger & Pruß 2015, 121-124 ; Ur & Wilkinson 2008, 313 ; Wilkinson 2000a, 14). Ainsi, des textes de la période d'Ur III provenant des cités d'Ur (Widell 2018) et d'Umma (Johnson 2017) de même que des documents paléo-babyloniens de Larsa (Breckwoldt 1995-1996) ont révélé l'existence dans ces cités-États d'une organisation centrale contrôlant l'importation de grains depuis des greniers construits sur de petits sites ruraux (Widell *et al.* 2013, 118-119) établis en réseau au bord d'un cours d'eau, afin de faciliter le transport des grains par bateau (Branting *et al.* 2013, 146-147), et à proximité de terres agricoles et d'aires à battre. La supervision des opérations agricoles sur le terrain était exercée par des représentants mandatés par la cité-État ou un centre provincial situé dans les environs.

Plus près de Tell 'Atij, des textes de Nabada/Tell Beydar datés de la deuxième moitié du IIIe millénaire font référence à la présence dans ce centre urbain en Djézireh de cinq *leading officials* qui, en plus de superviser la production agricole de ce dernier, contrôlaient aussi celle des villages provinciaux avoisinants. Ce contrôle s'étendait aussi à leurs entrepôts, aux bergers qui gardaient leurs troupeaux dans les pâturages des alentours et même à la réparation des chariots utilisés pour le transport des produits vers la capitale (Lerberghe 1996a, 119 ; 1996b, 117 ; Sallaberger & Ur 2004, 57-58 ; Riehl *et al.* 2012, 111 ; Sallaberger & Pruß 2015, 88, 121-123).

En nous inspirant de ces exemples bien documentés pour des époques moins anciennes, on pourrait imaginer que les activités agricoles du hameau de Tell 'Atij auraient été placées sous la supervision de gestionnaires envoyés par une cité-État située non loin de là. Voire d'un seul administrateur délégué par un centre provincial, considérant la petitesse du hameau de Tell 'Atij. Dans ce dernier cas, cet administrateur aurait formé à lui seul la *Managerial Class* (Steinkeller 2017, 56-57 ; Sallaberger 2019), car il est difficile de percevoir à Tell 'Atij la présence d'une élite socio-économique nombreuse à partir, par exemple, des quelques tessons de céramique peinte (Boileau 1997 ; Boileau & Fortin 2000) ou métallique découverts sur le site, ou de la dizaine de tombes de la nécropole qui sont plutôt ordinaires avec leur coffrage de briques crues et leur mobilier funéraire très modeste, même s'il est vrai que : « elites are often postulated, but the descriptions differ largely and remain vague » (Sallaberger 2019, 901).

Population dimorphique

Les fermiers sédentaires vivant dans les installations permanentes du hameau de Tell 'Atij et les pasteurs nomadisant avec leurs troupeaux dans la région se seraient livrés à une production agricole que l'on pourrait qualifier de « symbiotique ». La population de Tell 'Atij pourrait alors être définie comme « dimorphique » en ce sens que les bergers nomades auraient été socialement intégrés aux fermiers sédentaires qui y étaient établis. Les pasteurs nomades auraient même pu participer à la gestion communautaire (*communal management*) des opérations agricoles du hameau, ce type d'organisation étant devenu l'une des caractéristiques dominantes de l'économie et de la société mésopotamiennes au IIIe millénaire (Sallaberger & Pruß 2015, 69). Ainsi, à Tell Beydar, l'étude des figurines zoomorphes a démontré l'existence de cette intégration des pasteurs nomades aux sédentaires qui y vivaient (Pruß & Sallaberger 2003-2004). Or, plusieurs figurines zoomorphes ont été retrouvées à Tell 'Atij au point de former plus de 80% du corpus de figurines en terre cuite du site. Par ailleurs, la prospection menée par Frank Hole et son équipe dans la steppe flanquant la moyenne vallée du Khabour a montré que la première moitié du IIIe millénaire semble avoir correspondu à une période d'intense occupation de ce territoire par des pasteurs nomades installés dans des campements temporaires (Hole & Tonoike 2019). Ces derniers auraient pu entretenir une relation symbiotique harmonieuse avec des fermiers sédentaires, comme de récentes études tendent à le mettre en évidence pour cette époque (Szuchman 2009 ; Buccellati 2008 ; Casana 2013, 269) : « they were in fact integral components of the same social entities and political systems » (Porter 2012, 24).

Lien avec une cité-État

Cette forme de pastoralisme spécialisé, dit « nomadisme pastoral », apparaît d'habitude dans des régions où il existe une structure étatique urbaine disposant de moyens pour contrôler et gérer de manière efficiente la fragmentation et la spécialisation des tâches liées à la production, le transport et le système de redistribution des produits en question au sein d'une région (Zeder 1988 ; 1991), voire d'un important réseau d'échanges déjà en place (Halstead 1987 ; Chang & Tourtellotte 1993 ; Marx 1992). Ce modèle de contrôle étatique de pasteurs nomades, confirmé pour la période paléo-babylonienne, est toutefois contesté par certains auteurs pour le IIIe millénaire (Porter 2012, 238-240), tandis que d'autres établissent un lien direct et fonctionnel entre l'exploitation de grands troupeaux de caprinés et la formation des premières cité-États mésopotamiennes (Grossman & Paulette 2020).

Échanges

Par ailleurs, les habitants sédentaires et permanents de Tell 'Atij auraient profité de la position stratégique de leur hameau sur un îlot au milieu d'une rivière qui servait aux échanges entre le sud et le nord de la Mésopotamie pour s'approprier, au passage, des matériaux nécessaires à la production de certains de leurs objets d'usage courant et même des produits finis provenant de régions septentrionales (ex. l'Anatolie centrale et orientale) : le basalte qui a servi à fabriquer les meules et autres instruments de mouture (Lease & Laurent 1998 ; Lease 2000 ; Lease *et al.* 2001a) ; le silex avec lequel ont été taillées, sur le site même, des lames cananéennes (Chabot 1998 ; 2002 ; Chabot & Pelegrin 2012, 195)[8] ; le bitume utilisé comme adhésif pour tenir en place des lames cananéennes insérées dans un tribulum[9] (Anderson & Chabot 2001 ; Chabot 2002) ; l'obsidienne dont le nucléus découvert à Tell 'Atij (Chabot *et al.* 2001) prouve bien qu'on débitait sur place et qu'on n'importait pas uniquement des produits finis, fabriqués dans ce matériau ; le cuivre qui aurait même été importé sous forme de minerai puisque des traces de broyage ont été observées sur certaines meules en basalte et qui, une fois transformé, aurait été refondu dans de petits creusets pour la réparation de certains outils (Chénier *et al.* 2001 ; Chénier 2002) ; les vases de fabriques *Métallique*, *Ninive peinte* et *Ninive incisée/excisée* qui eux étaient façonnés ailleurs. Il est manifeste que Tell 'Atij se trouvait sur la route d'un réseau d'échanges et que ses habitants s'appropriaient au passage certains des produits, finis ou bruts, en provenance du nord. En ce sens, le lien que des auteurs ont récemment établi entre les inhumations d'ânes sur des sites du début du Bronze Ancien (Milevski & Horwitz 2019) et la mise en place de réseaux d'échanges prend tout son sens à Tell 'Atij où une inhumation d'ânon a été pratiquée à même le sol vierge.

La situation géographique particulière de Tell 'Atij, propice aux échanges, prit encore plus d'importance durant la période EJZ 2 avec la résurgence graduelle du processus d'urbanisation (Weiss 1990a ; 1990b ; Schwartz 1994a ; 1994b) dans le cadre duquel les échanges ont joué un grand rôle : « Elites could increase their power by establishing innovative, beneficial roles as intermediaries of a new system of long-distance trade between southern Mesopotamia and Anatolia » (Valentini 2015, 112).

Enceinte fortifiée

L'acquisition de ces produits d'échanges et le stockage de surplus de produits agricoles expliqueraient en grande partie la construction tout autour du site d'un imposant et massif mur d'enceinte en briques crues. Cependant, comme ce dernier a été mis en place dès la fondation du hameau, il faut en conclure que son édification est à mettre en lien direct avec la décision d'habiter ce lieu et que la nécessité de le fortifier ne s'est pas imposée avec le temps et l'accumulation de richesses. On imagine mal des pasteurs nomades se lancer dans la construction d'un tel rempart défensif qui auraient exigé de nombreux jours (138) de travail à une équipe d'une dizaine de briqueteurs expérimentés – sachant préparer la brique crue et l'assembler correctement – pour chaque hauteur d'un mètre.[10] Comme il fut rehaussé au fur et à mesure de l'accumulation de débris au fil des treize niveaux d'occupation jusqu'à atteindre plus d'une dizaine de mètres au final, l'entretien de ce mur d'enceinte aurait exigé des efforts constants, pendant toute la durée d'occupation du site. Ce n'était certes pas une tâche appropriée à des pasteurs nomades. Au contraire, selon Abdud Jawad (1965, 71), les enceintes fortifiées érigées sur certains sites de Mésopotamie septentrionale durant la période de Ninive 5 auraient été destinées à protéger les richesses qui y étaient conservées. Elles ont également été conçues pour protéger les habitants de la campagne avoisinante face à un ennemi, ce qui sous-entend l'existence d'espaces libres de toutes constructions à l'intérieur de l'enceinte pour les accommoder (Oates 1985, 586).

Si on retenait l'hypothèse de Peter Pfälzner (2002a) qui voit sur plusieurs sites EJZ 1-2 de la moyenne vallée du Khabour des dépôts à grains collectifs, voisins les uns des autres, destinés à une communauté de sédentaires locaux, comment justifier alors la présence sur plusieurs de ces sites d'enceintes défensives semblables à celle de Tell 'Atij ? Puisque tous ces sites devaient être occupés par des membres d'un même groupe social, ils n'avaient pas besoin de se protéger ainsi les uns des autres. En revanche, la nécessité d'une protection dissuasive s'imposait si une menace venait de l'extérieur et visait tous les sites pareillement.

Au sein d'un réseau

Comme je viens d'y faire allusion, d'autres sites contemporains situés dans la moyenne vallée du Khabour et possédant d'imposants dispositifs d'entreposage ont eux aussi été fortifiés. Étant visibles les uns

---

[8] Lesquelles ont toujours été trouvées jusqu'à maintenant dans des villages occupés par des populations sédentaires.

[9] Un instrument agricole largement diffusé en Mésopotamie septentrionale au début du IIIe millénaire (Ataman 1992 ; Anderson & Inizan 1994 ; Anderson 1994) pour dépiquer les grains de l'épi et hacher la paille en vue de l'inclure dans la brique crue, une tâche de bâtisseurs sédentaires plutôt que de pasteurs nomades.

[10] Voir les calculs détaillés de Martin Sauvage annexés au Chapitre 3 du présent volume.

des autres, ils formaient donc une espèce de réseau rapproché qui n'occupait qu'une partie de la vallée. Tell 'Atij faisait donc partie de ce réseau défensif bien structuré. Dans quels desseins des pasteurs nomades, habitués aux grands espaces de la steppe, auraient-ils disposé, dans un petit secteur de la moyenne vallée du Khabour, une dizaine de grands dépôts à grains fortifiés érigés à peu de kilomètres d'intervalle les uns des autres de manière à former une sorte de réseau d'établissements également distancés ? Surtout si ces silos étaient uniquement destinés à nourrir leurs troupeaux, de temps à autre...

Les nombreux indices matériels recueillis à Tell 'Atij ne concordent pas du tout, selon moi, avec un établissement de type nomadique : une station de ravitaillement fréquentée de manière saisonnière, voire occasionnelle, par des pasteurs nomades lors de leur transhumance annuelle avec leurs troupeaux de chèvres et de moutons. Ils correspondent plutôt à une sorte de dépôt à grains et de produits secondaires de l'élevage – avec l'aide de pasteurs nomades locaux, certes – fonctionnant sur une base annuelle au sein d'un réseau d'échanges contrôlé par une entité politique suprarégionale, c'est-à-dire une cité-État si on s'en réfère aux données historiques connues pour la Mésopotamie septentrionale à cette époque.

Mais alors, quelle était cette puissance régionale étatique englobant Tell 'Atij et la dizaine d'autres sites de la moyenne vallée du Khabour durant la première moitié du IIIe millénaire (EJZ 1-2) ?

Nagar/Tell Brak, au nord

Dans la foulée de son étude des ossements d'animaux trouvés à Tell 'Atij, Melinda Zeder (1995 ; 1998a, 65 ; 2003, 170-175), tout en établissant que cet assemblage était représentatif d'un site spécialisé dans l'élevage et que ce type d'élevage se développe en lien avec une entité urbaine et étatique, conclut que ce hameau isolé devait entretenir des liens économiques avec une cité-État dans le Haut Khabour, nommément Nagar/Tell Brak.

Pareillement, au terme de leur prospection autour de Tell Beydar (anc. Nabada), Walther Sallaberger et Jason Ur (2004, 68) proposèrent que les sites de la moyenne vallée auraient fait partie du territoire ou royaume contrôlé par Nagar (mod. Tell Brak), sachant que le centre urbain provincial de Nabada, placé sous l'autorité de Nagar, avait absolument besoin d'importer de la nourriture de ses villages satellites afin d'assurer la survie de sa population (Sallaberger & Pruss 2015, 112-113 ; Ur & Wilkinson 2008, 313). Mais cette situation prévaut durant la période EJZ 3-4, soit après l'abandon de Tell 'Atij.

Si la suggestion de Sallaberger & Ur (2004, 68) peut être défendable pour la période EJZ 3, puisqu'il y a alors en Haute Mésopotamie une reprise de l'urbanisation et une résurgence de l'importance de Nagar (Ur 2014, 56-58), en revanche les périodes EJZ 1 et 2 correspondent plutôt à une récession puisque le nombre de sites occupés autour de Tell Brak diminue considérablement (Eidem & Warburton 1996, 55) et la ville elle-même voit son étendue réduite (Ur 2014, 56) ; conséquemment, la ville basse fut délaissée et le territoire de Nagar occupé uniquement par de petits villages (Ur 2010a, 400). Une sorte de « désurbanisation » de la Djézireh succéda donc à l'urbanisation urukéenne, le territoire étant alors (EJZ 1-2) parsemé de petits établissements, comparables à celui de Tell 'Atij, avec ici et là quelques petites villes de 15 à 25 hectares (Ur 2010a, 402 ; Matthews 2003, 133).

La période EJZ 1, soit celle qui a vu la fondation de Tell 'Atij, a plutôt connu une économie rurale à petite échelle (Akkermans & Schwartz 2003, 211-232 ; Lebeau 2011, 367-368) fondée sur une exploitation des surplus agricoles (Valentini 2015, 112) conservés dans des entrepôts collectifs localisés dans de petits villages (Rova 1988, 186-200) contrôlés par une classe élitiste ; un niveau de complexité socio-politique du type des chefferies pré-étatiques (Schwartz 1987, 98 ; 1994a). En résumé, les cités-États de la Djézireh ont exercé durant la période EJZ 1 une forme de pouvoir politique modeste fondée sur l'appropriation des surplus de production agricole des villages avoisinants (Wilkinson 1994, 504 ; Riehl *et al.* 2012, 128).

Cette situation commença à se modifier durant la période suivante (EJZ 2) avec une résurgence progressive du processus d'urbanisation (Weiss 1990a ; 1990b ; Schwartz 1994a ; 1994b ; Akkermans & Schwartz 2003, 211-232) qui aboutira au milieu du IIIe millénaire (EJZ 3a) – après l'abandon de Tell 'Atij – à ce qu'il est convenu d'appeler la « Seconde Révolution Urbaine » (Akkermans & Schwartz 2003, 233-287 ; Lebeau 2011, 368-370). D'un point de vue économique, les traditions locales sont réapparues durant la période EJZ 2 et les communautés rurales, caractérisées par une économie spécialisée, ont été intégrées à un réseau économique plus vaste, ce qui laisse supposer qu'une organisation centrale contrôlait les troupeaux de moutons et de chèvres et que les greniers communautaires urbains étaient approvisionnés en grains par les fermiers des établissements secondaires (Sallaberger 2004; Riehl *et al.* 2012, 116-117), tel le centre urbain de Nabada à la période suivante qui tirera profit de son réseau de petits villages satellites (Sallaberger & Ur 2004; Riehl *et al.* 2012, 111; Sallaberger & Pruß 2015, 88, 121-123). Les échanges économiques auraient aussi joué un certain rôle du fait que les élites auraient accru leur pouvoir en s'attribuant un rôle d'intermédiaire dans un nouveau système d'échanges entre la Mésopotamie méridionale et l'Anatolie (Valentini 2015, 112).

Mari/Tell Hariri, au sud

Plutôt que de regarder vers le nord afin d'identifier une cité-État contrôlant la production agricole de Tell 'Atij, pourquoi ne pas se tourner vers le sud?

En effet, alors que la Djézireh connaissait une « désurbanisation », à 250 km en aval de Tell 'Atij, la cité-État de Mari était fondée au début du IIIᵉ millénaire, ce qui correspond, selon Pascal Butterlin (2021, 35), le fouilleur de Mari, au deuxième cycle d'urbanisation en Mésopotamie[11] axé sur une économie d'échanges à longue distance avec notamment les zones semi-arides. Incidemment, Mari se trouve dans une zone subdésertique de l'Euphrate ne recevant annuellement qu'entre 140 et 150 mm de pluie, donc très peu propice à la mise en culture des champs avoisinants, sans parler des graves problèmes liés à la remontée du sel (Geyer 1985; Sanlaville 1985; 1990; Geyer & Monchambert 1987; Margueron 1988a; 1998; 2000b, 916; 2000c, 63-67; 2004, 17-38). Elle fut créée dans cette région non pas en raison d'un terroir fertile mais plutôt pour contrôler les échanges sur l'Euphrate, entre la Basse et la Haute Mésopotamie : « ce sont les relations d'échange qui ont créé Mari » (Margueron 2000c, 70-71); c'était sa raison d'être (Margueron 1987; 1988b; 1989; 1991; 1996a; 2000a; 2000b; 2004, 39-82; Muller 2014) (Fig. 29.3). Mari se trouve donc à être alors (EJZ 1-2) la seule cité-État d'importance, à proximité de Tell 'Atij et des autres sites contemporains de la moyenne vallée du Khabour, qui puisse avoir été à la recherche de sources d'approvisionnement complémentaires pour sa population nombreuse (Fortin 1988a, 170; 1990c, 566; 2000, 122; Margueron 1991; 2000a; 2004, 120). Les rares agglomérations urbaines situées alors dans la fertile plaine du triangle du Khabour où l'agriculture pluviale était facilement pratiquée n'avaient théoriquement pas de problèmes d'approvisionnement en grains[12] ou en produits de l'élevage même si apparemment les pâturages étaient limités autour des villages agricoles et la région en général considérée comme capricieuse d'un point de vue environnemental (Wilkinson 2003, 121-122; Smith & Wilkinson 2020).

Même que durant la période de puissance de Nagar mentionnée plus haut (EJZ 3), d'après la documentation textuelle et notamment les tablettes d'Ébla, Mari (Ville II) était la puissance hégémonique en Haute Mésopotamie et son influence politique s'étendait jusque dans le triangle du Khabour (Sallaberger 2014b, 341). La cité-État de Mari, ou plutôt le royaume de Mari puisque cette ville était dirigée par un roi (Margueron 2013, 366-367), imposa son autorité sur Nagar puisque son territoire s'étendait jusque-là.[13] Sa domination fut toutefois contestée par une alliance de Nagar avec Ébla qui aboutit, après la destruction de Nagar (Brak, phase L), à la défaite de Mari et la victoire d'Ébla vers 2353 av. J.-C.; celle-ci fut momentanée, Ébla étant détruite un peu plus tard par les troupes mariotes (Archi & Biga 2003; Sallaberger 2007, 422; Sallaberger & Pruss 2015, 85). La nécessité de former une telle alliance pour vaincre Mari montre bien l'étendue de son emprise jusqu'en Djézireh.

Quant à expliquer la présence de Mari dans cette région septentrionale de Mésopotamie, éloignée de l'Euphrate, elle tient au fait que les mariotes y passaient notamment pour s'approvisionner en Anatolie en métal, une ressource nécessaire à leurs activités métallurgiques qui sont en grande partie à l'origine de la prospérité de la ville dès le début du IIIᵉ millénaire (Montero Fenollós 2001; 2003; 2007; 2014; 2016; Montero Fenollós & Montero Ruiz 2004; Margueron 2004, 106-109). À propos, le matériau des objets métalliques trouvés à Tell 'Atij provient lui aussi de mines anatoliennes (Chénier 2002; Chénier *et al.* 2001).

Enfin, il devient très pertinent de faire remarquer que Tell 'Atij fut fondé (2900 av. J.-C.) en même temps que la cité-État de Mari. Le parallélisme prend encore plus de

---

11 À ne pas confondre avec la deuxième révolution urbaine du milieu du IIIᵉ millénaire (Butterlin 2021, 35).

12 Elles n'avaient donc nullement besoin d'une aide complémentaire des habitants des petits sites ruraux de la moyenne vallée du Khabour installés dans une zone semi-aride à risque, contrairement à l'hypothèse mise de l'avant par Bertille Lyonnet (1998; 2001; 2004; 2009, 180) en lien avec l'apparition des villes circulaires (*kranzhügel*) de Djézireh qui, contrairement à ce qu'elle a prétendu, n'ont pas été construites par des populations nomades (Castel 2020, 8-9).

13 Même si certains auteurs estiment que Mari « is largely southern Mesopotamian in orientation » (Ur 2010a, 388)!

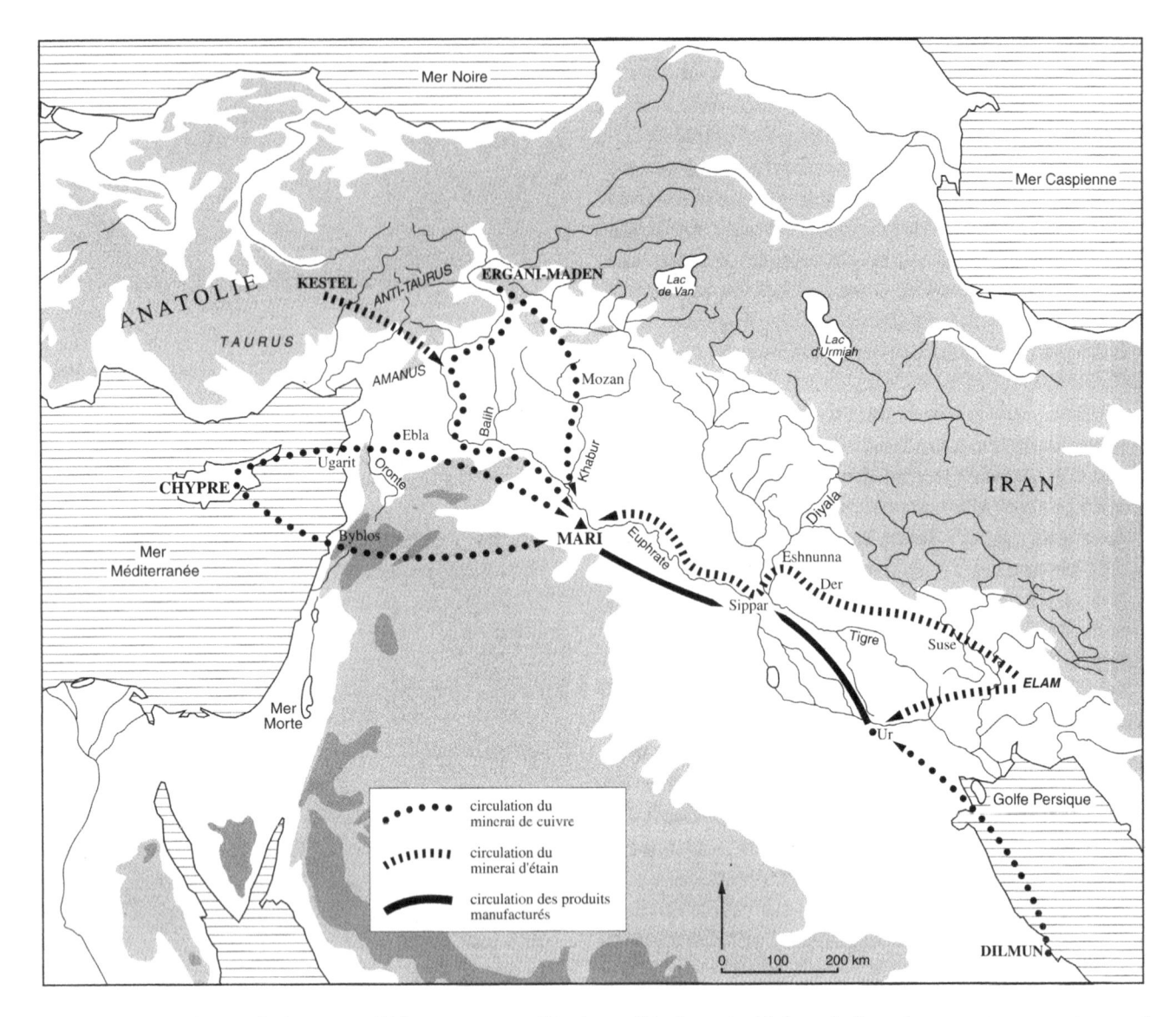

Figure 29.3 : Mari à la croisée des routes d'échanges au ᵉ millénaire ; Tell 'Atij est situé le long de l'une de ces routes menant au nord (reproduit de Margueron 2004, 118, fig. 99).

signification lorsque l'on constate, suite à la récente analyse archéomagnétique de tessons de Tell 'Atij, que sa période d'occupation de 300 ans (EJZ 1-2) coïncide exactement avec celle de la ville I de Mari (Gallet, Fortin *et al.* 2020, fig. 7). Tell 'Atij fut donc fondé et abandonné en même temps que Mari I était, elle aussi, mise en place puis délaissée trois siècles plus tard. Une coïncidence qui n'est peut-être pas fortuite ! En effet, à l'instar d'autres grandes capitales de cette époque, la fondation de Mari implique l'existence d'un réseau de centres provinciaux et de villages satellites de dimensions variées établis dans la vallée de l'Euphrate, où ils restent à trouver toutefois (Margueron 2000c, 70 ; 2004, 79), mais aussi dans la moyenne vallée du Khabour ; Tell 'Atij aurait fait partie de ce dernier réseau.

Le royaume de Mari : données historiques

Examinons de plus près la situation de la cité-État de Mari en regard du Haut et du Moyen Khabour afin d'y déceler un possible lien avec Tell 'Atij et les autres sites contemporains de la moyenne vallée du Khabour dotés de structures d'entreposage destinées à recevoir des surplus de production agricole.

Pour ce faire, plusieurs documents de la période paléo-babylonienne nous permettent peut-être de transposer certaines situations de cette époque au IIIᵉ millénaire, comme certains auteurs l'ont récemment avancé (Edzard 1981 ; Fleming 2004, 36-39), que ce soit au sujet de l'organisation socio-économique : « The communal organization documented also at Ebla or pre-Sar-

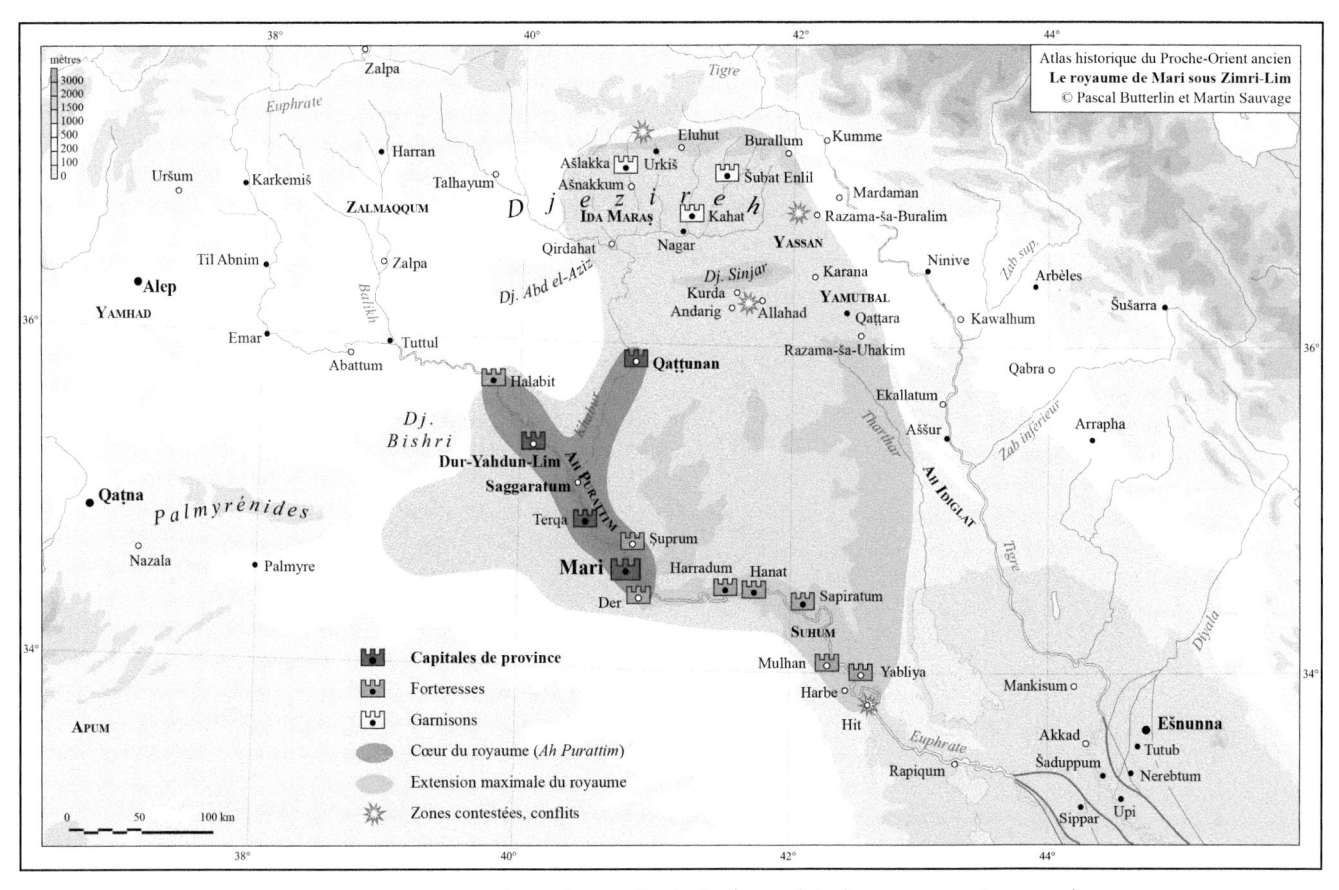

Figure 29.4 : Le royaume de Mari sous Zimrī-Lîm (reproduit de Sauvage et al. 2020, 82).

gonic Mari (before 2350 B.C.) can be seen as a typical feature of the society and economy of early Mesopotamia that lasted through the third millennium » (Riehl et al. 2012, 117), ou en regard du nomadisme pastoral : « it is likely that the patterns of mobility and tribal organization visible in the Mari texts can be traced back at least into the third millennium BC » (Paulette 2013b, 132) ?[14]

Le contexte environnemental de Mari témoigne également en ce sens étant donné que sa raison d'être suppose une assise territoriale pérenne qui a nécessairement été mise en place dès sa fondation, au début du IIIe millénaire (Margueron 2013, 367). Ainsi, des textes paléo-babyloniens nous apprennent que la moyenne vallée du Khabour faisait alors partie de la province de Qattunân (Birot 1993,7 ; Joannès 1996, 337 ; Durand 2004, 130-131 ; Charpin 2008, 258 ; 2010, 57, 59 ; Ziegler 2011a ; Ziegler & Langlois 2017) (Fig. 29.4) qui était la zone la plus excentrée du royaume de Mari, immédiatement au sud du triangle du Khabour, ce « Haut Pays » (Lafont 2001, 319) dont la prospérité agricole constituait la motivation première derrière cette expansion territoriale (Durand 2010, 65). Un itinéraire indiquait même au roi le chemin à suivre pour aller de Mari au « royaume de Haute Mésopotamie », via la vallée du Khabour (Fig. 29.5) ; il passait peut-être même par Tell 'Atij (Charpin 2009, 66 ; 2010, 40 ; Ziegler 2011a, 7), alors abandonné évidemment, car cet itinéraire mentionne la ville de Magrisa qui correspondrait à Tell Tuneinir, situé à 700 m au sud de Tell 'Atij et sur la même rive (Ziegler 2011a, 6-7 ; Ziegler & Langlois 2017). Cette route transitait aussi par Tâbatum (mod. Tell Taban), 10 km en aval de Tell 'Atij (Ziegler 2011a, 7-8 ; 2011b ; Ziegler & Langlois 2017), une ville qui faisait indubitablement partie de la sphère d'influence de Mari puisqu'elle était considérée comme la porte nord de la province de Qattunân ; étant fortifiée, elle devait protéger le royaume de Zimrī-Lîm d'une attaque venue du Haut Khabour (Marti 2009, 292 ; 2011). C'était également le « lieu où se rassemblent les

---

14 Et ce, même si aucun document textuel ne vient le confirmer, car l'histoire ne commence pas qu'avec l'écriture... D'autant que même lorsqu'il y a des textes, la réalité est parfois difficile à démontrer, telle cette situation fort à propos relative à l'Ida-Maras : « archaeological surveys suggest that the area southwest of the Jaghjagh was not densely inhabited. The epigrapher may be surprised by this result, since texts mention the existence of numerous towns and villages shared by several countries, though very small, and most toponyms cannot be located » (Guichard 2014, 152).

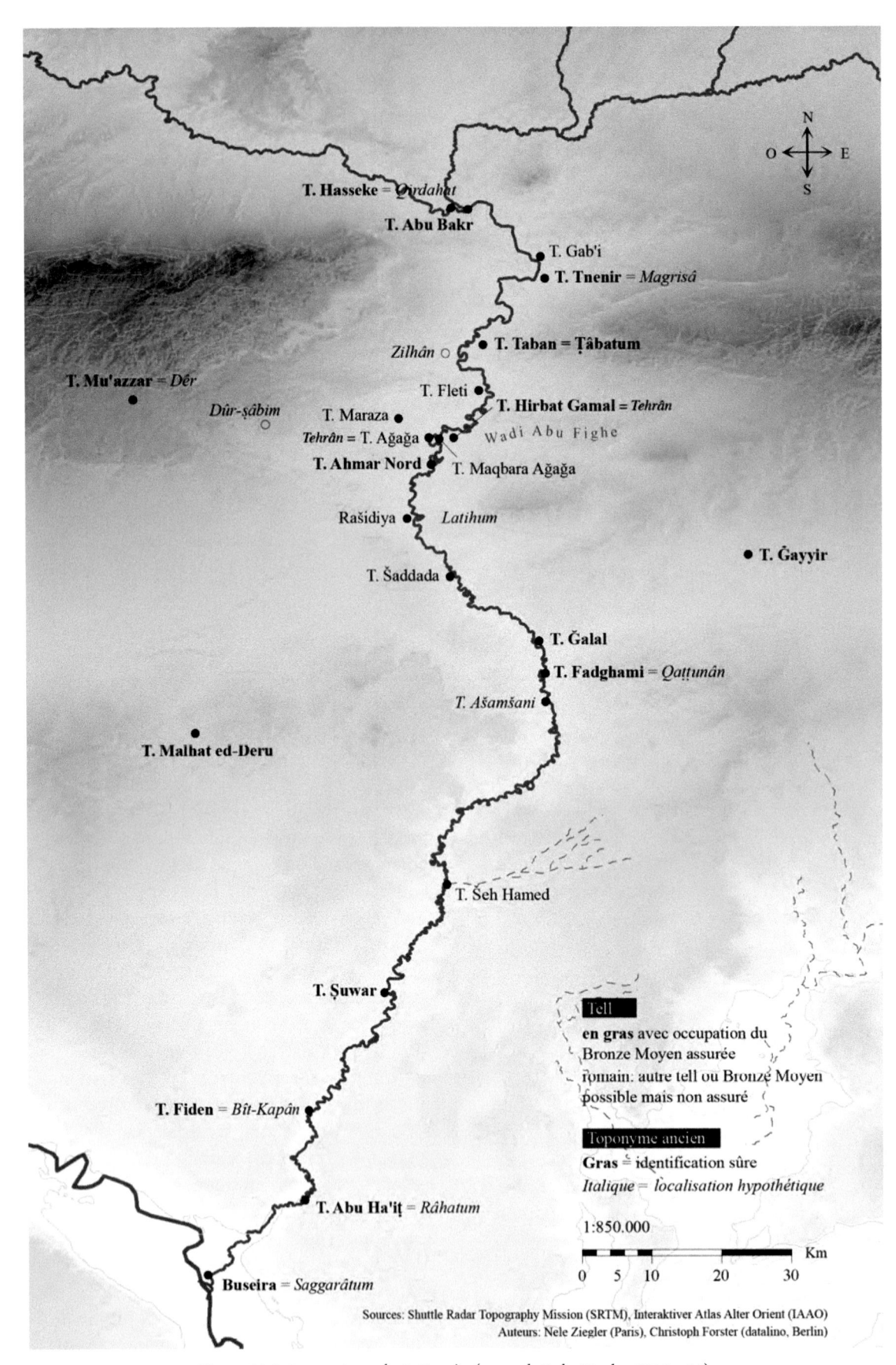

Figure 29.5 : La province de Qaṭṭunân (reproduit de Ziegler 2011a, 16).

CONCLUSIONS : FONCTION ET CONTEXTE HISTORIQUE

gens venant du Nord pour aller à Mari » (Durand 2004, 130-131), dans un sens, et dans l'autre, « une étape importante sur les routes qui menaient vers le nord ou le nord-est » (Ziegler 2011a, 8). Une situation qui perdura après la chute de Mari considérant que le royaume paléo-babylonien de Hana qui lui succéda s'étendait jusqu'à Tâbatum (Shibata 2011, 177) où était en poste un gouverneur en ce « pays de Mari » (Charpin 2011, 44-45) : une désignation visant à montrer la détermination des princes de ce royaume à maintenir l'intégrité du territoire mariote jusque dans la moyenne vallée du Khabour, avec toujours Qattunân comme centre administratif (Durand 1994 ; 2010, 62).

D'autres textes des archives royales de Mari font état d'expéditions vers le Haut Khabour afin de s'approprier des pâturages d'été dans les régions de Kahat et de l'Ida-Maras (Charpin & Durand 1986 ; Charpin 1990 ; Guichard 2015, 41-42). Cette dernière région était même carrément sous l'hégémonie du royaume de Mari durant le règne de Zimrī-Lîm (Lafont 2001, 218 ; Charpin *et al.* 2004, 138, 195 ; Charpin 2008, 253-254 ; Guichard 2014, 157), voire avant (Charpin 1994 ; 2008, 250 ; Charpin & Ziegler 2003, 46, 186-229). On le sait notamment par des lettres venant de « chefs de pâture » qui surveillaient la zone de pâturage que le roi de Mari essayait de garder sous son contrôle (Durand 2004 ; Guichard 2013) ainsi que de hauts fonctionnaires, appelés « grands serviteurs », installés dans des villes de l'Ida-Maras où certains jouaient le rôle de gouverneur, contrôlant ainsi la ville et son territoire avoisinant (Guichard 2014, 149).

Mais ces expéditions dans le Haut Khabour étaient davantage destinées à approvisionner, par voie fluviale, la capitale euphratique en grains (Finet 1969, 44 ; 1984 ; Kupper 1991, 41, 47, 51).[15] En effet, l'agriculture irriguée que les mariotes pratiquaient dans la vallée de l'Euphrate et du Bas Khabour, et qui constituait le fondement de leur économie de subsistance (Riehl *et al.* 2012, 117), « était essentiellement tournée vers la production de céréales [surtout d'orge] qui formaient la base alimentaire des populations sédentaires et fournissaient un fourrage d'hiver au bétail présent dans la vallée » (Reculeau 2008, 343). Or, la « zone mariote » produisait peu (Marti 2008, 288) et le Palais comptait pour s'approvisionner sur des silos à grains construits en des endroits situés à l'extérieur de cette zone rapprochée (Chambon 2011 ; 2018, 26, 61). Ce sont des lieux difficiles à préciser parce que l'origine géographique des chargements arrivant au Palais n'était pas systématiquement indiquée dans les textes quoique dans un cas on fait clairement référence à de la farine provenant d'une ville de l'Ida-Maras (Chambon 2018, 29-30).

De surcroît, les stocks du Palais devenaient parfois insuffisants (Finet 1959 ; Kupper 1991, 41, 47) en raison de pénuries de céréales causées par différents facteurs (Michel 1996, 391 ; Marti 2008, 287).[16] L'approvisionnement de Mari en grains[17] était donc instable, voire précaire (Durand 1990b, 108 ; Reculeau 2008, 339), d'où l'intérêt des rois mariotes pour les terres agricoles du Haut Khabour et, au passage, du Moyen Khabour (Durand 2009, 42). Ainsi, la correspondance des gouverneurs de Qattunân fait souvent référence à une agriculture irriguée mise en œuvre dans la région du Khabour par les rois de Mari, notamment autour de la cité de Terḫān (Reculeau 2010, 192-193), au sud de Hassaké[18], donc dans la moyenne vallée du Khabour. D'autres textes encore font allusion au riche terroir agricole de la ville de Tâbatum/Tell Taban, 10 km en aval de Tell 'Atij, « capable de fournir du grain, en période de pénurie » (Birot 1993, 8 ; Reculeau 2010, 194), et à la grande capacité de stockage de l'entrepôt royal de cette ville pour des grains préparés sur ses aires à battre (Ziegler 2011b, 20). Enfin, à Qattunân même, fut conçu un projet de construction d'un palais afin de garantir un approvisionnement en grains, toujours problématique (Reculeau 2010, 201). Bien que ce projet ne fut jamais réalisé, « il y avait ... certainement une structure palatiale économique à Qattunân, qui devait consister surtout en silos et en bâtiments pour le personnel » (Durand 2009, 42).

De quel personnel s'agit-il ? D'administrateurs provinciaux qui semblent avoir été réquisitionnés par les gouverneurs de Qattunân pour s'occuper du creusement et de l'entretien des canaux d'irrigation ainsi que

---

15 Même si Hervé Reculeau (2010, 201 n. 98), du même souffle, soutient que Mari était plus ou moins auto-suffisante en grains, « yet, this self-sufficiency was fragile, and constantly threatened by human (war) or natural (flood, locusts) risks, and it is no wonder that the king of Mari tried to develop his grain supply ». Quant à Lionel Marti (2008, 288), dans la foulée, il déclare, à la lumière évidemment des textes connus..., que l'« on ne voit jamais de grain arriver par le Habur depuis la Haute-Djéziré à Mari ». D'où le rejet par Jean-Marie Durand (1997, 355) d'une quelconque velléité de contrôle de la part des rois de Mari sur la riche plaine de Haute Djézireh au IIIe millénaire.

16 Des auteurs pensent toutefois que cette situation était ponctuelle et saisonnière (Michel 1996, 394 ; Marti 2008, 287).

17 Sur l'identification des céréales concernées et des différents types de produits céréaliers, à partir des documents d'archives, voir Grégory Chambon (2018, 25-29).

18 Quoique la localisation exacte de cette ville n'est pas encore établie avec certitude (Ziegler 2011a, 9-10 ; Ziegler & Langlois 2017).

du bon déroulement, en général, de la culture irriguée (Reculeau 2018a, 15). Ils se sont peut-être aussi occupés des greniers tels ces hauts fonctionnaires de la cité-État d'Umma durant la période d'Ur III (Steinkeller 2004, 68-72) : des textes provenant de cette ville décrivent un certain Arad comme étant « 'the chief official' in charge of grain processing, storage, and distribution at Umma » (Paulette 2016, 96). Il y est précisé qu'il supervisait une série d'entrepôts, situés dans la ville d'Umma et dans la campagne avoisinante, qui étaient gardés par des fonctionnaires (Heimpel 2009, 328). On apprend aussi qu'il y avait des porteurs qui transportaient, au moyen de sacs chargés sur des bateaux, des grains depuis différents endroits vers un entrepôt ou un grenier à Garshana, une ville voisine d'Umma (Heimpel 2009, 308-316). Cette structure administrative n'est pas sans rappeler celle de Nabada/Tell Beydar (Sallaberger & Ur 2004, 57-58 ; Sallaberger & Pruß 2015, 88, 121-123 ; Pruß 2020).

Le rôle déterminant joué par les réseaux de villages ou de hameaux dotés de dispositifs d'entreposage de grains au sein d'une infrastructure étatique a été clairement démontré pour la période d'Ur III en Mésopotamie méridionale, notamment pour la cité-État d'Umma (Steinkeller 2007, 190-193 ; Borrelli 2020) ou celle de Larsa (Breckwoldt 1995-1996). Ces petits établissements ruraux, éparpillés dans la campagne, étaient des lieux d'entreposage et de traitement des grains avant qu'ils soient expédiés par bateau vers la cité-État dont ces « minimal settlements », pour reprendre l'expression de Piotr Steinkeller, dépendaient (Paulette 2016, 96). Ce scénario a déjà été avancé par Jean-Pierre Grégoire (1992 ; 1999) au sujet des grandes minoteries néo-sumériennes placées sous le contrôle d'une cité-État au même titre que les terres céréalières et les greniers où les grains étaient entreposés en attendant d'être moulus aux minoteries puis la farine expédiée dans les centres urbains. Les cités-États mésopotamiennes, fondamentalement agraires, reposaient « on the production, stockpiling, and redistribution of grain, and they invested an enormous amount of energy in managing and monitoring the grain supply » (Paulette 2016, 85).

À la lumière de toutes ces observations, il me semble donc raisonnable d'interpréter Tell 'Atij et les autres sites contemporains de la moyenne vallée du Khabour comme des dépôts à grains collectifs qui auraient été administrés par du personnel relevant de l'autorité du gouverneur de la province équivalent à cette époque à celle de Qattunân au IIe millénaire. Cette hypothèse m'apparaît d'autant plus plausible que la Haute Mésopotamie était un « pays de fermes », probablement isolées, et de bourgs ruraux formés de quelques fermes (Reculeau 2008, 350) alors que Mari se trouvait dans une zone peu propice à la mise en culture des champs avoisinants, avec ses 140 mm de pluies annuelles en moyenne (Geyer 1985 ; Sanlaville 1985 ; 1990 ; Geyer & Monchambert 1987 ; Margueron 1988a ; 1998 ; 2000b, 916 ; 2000c, 63-67 ; 2004, 17-38) : elle comptait donc nécessairement sur un approvisionnement provenant de son arrière-pays. Une situation qui prévalut durant cette période de trois siècles au cours de laquelle la ville I de Mari fut occupée et qui coïncide précisément avec la courte période d'existence de Tell 'Atij. Du reste, lors de sa prospection de la moyenne vallée du Khabour, Jean-Yves Monchambert (1984, 215) souligna sa soudaine occupation au Bronze Ancien, ce qui fut confirmée par les fouilles de sauvetage qui suivirent.[19] La fonction de Tell 'Atij aurait donc été celle d'un lieu de stockage en réponse aux besoins d'approvisionnement de la nouvelle cité-État de Mari. Un rôle que Tate Paulette (2016, 85) décrit comme « pivotal ... in the rhetoric and the logistics of state making in Mesopotamia » parce que, selon lui, les systèmes d'entreposage des grains à grande échelle ont souvent joué un rôle : « in political projects aiming to extract and accumulate agricultural surpluses for use by centralized powers » (Paulette 2013a, 108).

Pasteurs nomades au temps de Mari

En plus de nous révéler la détermination de l'administration mariote à développer une agriculture institutionnelle à proximité de Qattunân, la correspondance des gouverneurs de ce centre urbain provincial nous rend compte aussi des difficultés liées à l'organisation des récoltes (Birot 1993, 9-13). En effet, il y avait un sérieux problème de main d'œuvre du fait que la population sédentaire locale était limitée au point qu'elle ne suffisait pas à la tâche (Reculeau 2010, 201) ; il fallait compter sur la population qui nomadisait dans la région (Lafont 2001, 219), celle des pasteurs nomades « qui vivent sous des tentes » (Durand 2008, 299 ; 1992, 13-14 ; Fleming 2004, 148-159) ou, autrement dit, des « hommes de la steppe », des bédouins.[20] Ces derniers

---

19 Voir l'introduction du présent volume.

20 « Bédouin » est un terme arabe qui se traduit par « habitant du désert », c'est-à-dire « pasteur nomade » (Frendo 1996, 4-5) ; pendant tout le XIXe siècle et jusqu'au Mandat français (Velud 1993), la steppe syrienne et ses marges n'étaient pas cultivées mais en grande partie peuplée de nomades (Lewis 1993, 45), d'où l'appellation *badiyah* ou « territoire bédouin » (Lewis 1987, 1) pour désigner cette région.

pratiquaient l'élevage et, suivant les saisons, transhumaient avec leurs troupeaux sur une grande distance dans la steppe afin de trouver de bons pâturages pour leurs bêtes (Reculeau 2008, 328 ; Michel 2014, 236). Ils se retrouvaient souvent en situation conflictuelle au sujet de droits de pâture et de vols de troupeaux (Luke 1965). Néanmoins, ils parvenaient à échanger des bêtes et des produits de leur élevage contre des produits agricoles des fermiers sédentaires (Matthews 1978 ; Fleming 2004 ; Guichard 2014, 158). Ainsi, au printemps, les pasteurs nomades dans la province de Qattunân déplaçaient leurs troupeaux de bœufs et de moutons vers les pâturages de l'Ida-Maras (Birot 1993, 9), puis, après les moissons, s'approvisionnaient en grains dans des villages agricoles de l'Ida-Maras (Guichard 2014, 153) ; en échange de présents, les fermiers sédentaires remettaient aux bergers nomades des sacs remplis de grains dans le cadre d'une cérémonie probablement annuelle (Guichard 2013, 61 ; Miglio 2014, 74). En somme, il s'agissait d'une économie faisant une large part à une interaction entre sédentaires et pasteurs nomades, voire une intégration des populations nomades au sein d'une entité politique fondée sur des établissements permanents (Fleming 2009, 236 ; Riehl *et al.* 2012, 117).

Dimorphisme socio-économique

Nous inspirant de ce modèle, nous pouvons imaginer qu'en plus d'avoir été occupée par des établissements permanents peuplées de sédentaires, la moyenne vallée du Khabour aurait pu avoir été visitée par des populations de nomades accompagnant leurs troupeaux dans leur transhumance annuelle. Ces pasteurs nomades auraient donc pris place au sein d'une zone sédentarisée, leurs pâturages ayant formé une espèce d'enclave (*enclosed nomadism*) en périphérie d'un centre sédentarisé (Rowton 1973a ; 1974 ; 1980, 294). Cette forme d'organisation politique dite « dimorphique » (Rowton 1973b ; 1976 ; Paulette 2013b, 135) se serait reflétée non seulement dans l'économie mais aussi dans la société car certains segments de la population auraient habité des installations permanentes dans les vallées, alors que d'autres se seraient déplacés au rythme des saisons avec leurs troupeaux, quoique ces bergers auraient toujours transhumé entre les mêmes endroits de la vallée et de la steppe, comme cela a été observé au début du XXe siècle chez les Agedat du Moyen Euphrate (D'Hont 1994, 209-211).

L'intégration des nomades aux populations sédentaires est telle que Zimrī-Lîm, le dernier roi de Mari, était lui-même d'origine nomade. Son prédécesseur, Yahdun-Lim, aussi ; ce dernier portant même le titre de : « roi de Mari et du pays bensim'alite [du pays bédouin] » (Reculeau 2008, 328), ce qui signifiait que son autorité s'étendait aux territoires parcourus par les troupeaux des Bensim'alites (Charpin *et al.* 2004, 137). Les derniers rois de Mari portaient également dans leur titulature la mention « roi du pays de Hana » ou « roi du pays des Hanéens » (Charpin & Durand 1986), ce qui laisse entendre qu'ils exerçaient une souveraineté sur ces territoires septentrionaux riches en pâturages qui accueillaient les troupeaux des « Bords-de-l'Euphrate » (Charpin & Durand 1986, 149 ; Charpin 1990). Ce titre est même traduit par certains épigraphistes par : « king... of the land of the mobile pastoralists » (Miglio 2014, 70) ou « the land of the mobile herdsmen » (Fleming 2009, 230-231), car sous le règne de Zimrī-Lîm les pasteurs nomades se sont mêlés de plus en plus aux populations sédentaires établies sur les rives de l'Euphrate. Dominique Charpin (2008, 249) parle même d'une monarchie dimorphique puisque le roi de Mari « gouvernait un territoire occupé par une population sédentaire, mais aussi des nomades qui se déplaçaient hors des frontières du royaume, tout en le reconnaissant exclusivement comme souverain ».

En dépit de relations souvent tendues, des liens relativement étroits et harmonieux se sont tissés entre les pasteurs nomades et les habitants de Mari (Kupper 1957 ; 1959 ; Luke 1965 ; Briant 1982, 137-139) parce que l'élevage d'ovins exige une relation particulière avec une zone proprement agricole, une forme d'interdépendance économique et écologique entre nomades et sédentaires, en somme, une symbiose socio-économique (Rowton 1976). Celle-ci serait même un élément essentiel dans le développement des sociétés urbaines et étatiques, et notamment en Mésopotamie où « nomadic pastoralism appear to be found in an adaptation to state society » (Chang & Koster 1986, 106). Ce qui n'a pas néanmoins empêché les sédentaires de Mari d'être méfiants au point de construire un mur d'enceinte autour de leur ville (Aurenche 1993, 30-31).

Les tensions entre les sédentaires de la région du Khabour et les nomades des steppes avoisinantes sont bien documentées pour le début du IIe millénaire (Kupper 1957 ; 1959, 113-127 ; Durand 2008, 319-320 ; Fleming 2009, 228). Cette animosité ne concernait pas seulement l'usage des pâtures dans la vallée mais également l'accès aux salines situées au sud du Sindjar et le long du cours du Moyen Khabour (Durand 2008, 314). En effet, le sel était une matière rare et convoitée : il entrait dans la composition d'engrais pour l'agriculture, il était utilisé pour assaisonner le fourrage des ovins en hiver et il servait à la salaison des viandes (Durand 1987, 201 ; 1990a, 634 ; 2004, 137 ; Michel 1996, 422). Si l'exploitation des salines était réalisée par des nomades, elle était toutefois placée sous le contrôle du Palais (Guichard 1997) qui cherchait à tout prix à éviter qu'ils s'installent sur les berges du Khabour pour consommer sur place du sel et ainsi en diminuer la production (Durand 1990a, 629 ; Michel 1996, 422).

La présence des murs d'enceinte autour des dépôts à grains de la moyenne vallée du Khabour trouverait sa justification dans un aspect politique de l'*enclosed nomadisme*, à savoir une zone contrôlée par une ville ou une agglomération fortifiée (Rowton 1973a ; 1974, 22-30 ; 1980, 297). Par exemple, à l'époque paléo-babylonienne, la population de l'Ida-Maras dispersée dans des villages se réfugiait dans les villes entourées d'un mur d'enceinte de crainte d'avoir à affronter les pasteurs nomades dont les qualités militaires étaient supérieures à celles des sédentaires (Guichard 2014, 153-155). Des tensions entre nomades et sédentaires ont même obligé le gouverneur de Qaṭṭunân à s'occuper de l'entretien du mur d'enceinte de la ville dont une section s'était effondrée « du fait des eaux » (Birot 1993, 14, 120-122). Si une telle situation existait déjà au IIIe millénaire, ainsi s'expliquerait l'existence d'un mur d'enceinte aussi imposant à Tell 'Atij, car « why anyone at a poverty-stricken site in an area of collapse in one of the obscurest corners of the world would want to build a wall to protect goods ? » (Warburton 2013, 504). À moins que le hameau de Tell 'Atij ait contrôlé une petite zone dimorphique ayant réuni agriculteurs sédentaires et pasteurs nomades. Une explication qui prend encore plus de sens si on suppose que Tell 'Atij aurait fait partie d'un réseau de petits villages fortifiés dans la moyenne vallée du Khabour qui aurait été géré par un centre urbain extérieur.

Dans un tel contexte, par conséquent, les populations locales de pasteurs nomades, ou plutôt semi-nomades, s'adonnant à la transhumance entre la steppe semi-aride et la vallée verdoyante du Khabour, auraient joué un rôle important en regard de ces villages-dépôts à grains situés le long des rives du Moyen Khabour : non pas celui de bâtisseurs de ces derniers comme certains l'ont prétendu (Hole 1991 ; 1997 ; 1999 ; Lyonnet 1998, 186-187 ; 2001, 22-23 ; 2004, 29-31 ; 2009, 180)[21] mais plu-

tôt, à mon avis, de fournisseurs de produits secondaires de leur élevage aux habitants de ces établissements ruraux. Le produit secondaire par excellence de cet élevage pastoral aurait très bien pu être la laine qui, à l'âge du Bronze Ancien en Mésopotamie, était considérée comme un produit de très grande valeur marchande (Sallaberger 2014a). Cette situation correspond tout à fait à ce qui a été observé ailleurs en Mésopotamie, à savoir que « sheep/goat herding and cereal cultivation were practiced in close proximity to one another, making use of intermingling and overlapping territories. These two basic forms of production complemented one another economically and were often closely integrated in terms of daily practice and short- and long-term planning » (Paulette 2013b, 130). Les territoires pour l'élevage et la culture céréalière se recoupaient et s'entremêlaient donc (Paulette 2013b, 134).

À partir de nombreux textes trouvés dans des agglomérations urbaines de la Mésopotamie méridionale, il a été établi que le contrôle des troupeaux de moutons et le commerce de la laine en Mésopotamie durant le IIIe millénaire était placé sous l'autorité palatiale des cités-États et leurs gouverneurs locaux (Sallaberger 2014a, 99). Conséquemment, les bergers de ces troupeaux étaient incorporés, en quelque sorte, à une communauté urbaine et à une économie palatiale. Les pas-

---

21 Cette hypothèse s'inspire d'une situation qui avait cours dans cette région avec les tribus moutonnières (Müller 1931, 98) il y a encore quelques années et que Frank Hole (1991, 19) présume qu'elle aurait pu remonter aux époques très anciennes. Or, plu-

sieurs anthropologues mettent en garde contre le recours à de tels modèles ethnographiques récents, notamment en raison d'éléments anachroniques (Khazanov 2009, 122 ; Makarewicz 2013 ; Potts 2014 ; Rosen 2016, 213 ; Arbuckle & Hammer 2019, 395). Ainsi, dans le cas des tribus moutonnières du Moyen Euphrate (Charles 1939), et en particulier chez les Agedat, on oublie qu'elles n'ont adopté des installations en dur que tout récemment (D'Hont 1994, 212). De fait, un document fiscal rédigé au début de la période ottomane ne mentionne aucun village construit sur les rives du Khabour (Hütteroth 1990, 181). La sédentarisation de populations nomades dans des villages dans les régions steppiques de Syrie ne se généralisa qu'après les années 1940 (Jaubert 1993, 161-163), voire 1960 dans le cas des habitants de Saba Skour qui ont participé aux fouilles de Tell 'Atij. Le mode d'occupation du territoire autour de Tell 'Atij par des nomades tel que proposé par Hole diffère du nomadisme pastoral comme on le conçoit d'habitude (Abdi 2015 ; Arbuckle & Hammer 2019), car il y voit un simple va et vient entre la steppe, où les bergers auraient fait paître leurs troupeaux lors des saisons humides, et la vallée, où, en été, ils auraient donné à leurs animaux du fourrage qu'ils y auraient récolté eux-mêmes. Ces pasteurs auraient pu toutefois demeurer dans la steppe durant toutes les saisons si l'année était particulièrement pluvieuse ! Ce qui les aurait amenés à délaisser, pendant plus d'un an, les structures d'entreposage érigées sur les rives du Khabour qui devaient être vidées annuellement pour éviter la pourriture des denrées entreposées et entretenus afin de prévenir leur désagrégation sous les effets de l'érosion.

teurs recevaient des organisations communautaires des allocations mensuelles d'orge en échange de la laine de leurs moutons, d'où la nécessité pour les communautés sédentaires de disposer de surplus de produits agricoles dans leurs silos et autres dispositifs d'entreposage (Bates & Lees 1977 ; Chang & Koster 1986, 105). Dans le cas de la ville de Nabada, les tablettes qui y furent trouvées montrent que ce contrôle allait jusqu'à établir le nombre de bêtes confiées à un berger et le poids de la laine tondue à chaque printemps (Sallaberger 2014a, 102). Par ailleurs, l'étude des figurines de chèvres et de moutons en terre cuite retrouvées en grand nombre dans les habitations de Tell Beydar – en passant, la moitié des figurines zoomorphes découvertes à Tell 'Atij représentent des chèvres et des moutons – semble confirmer que ces pasteurs nomades étaient bien intégrés, autant économiquement que socialement, à l'administration communautaire urbaine de Nabada (Pruß & Sallaberger 2003-2004 ; Sallaberger 2014a, 101-102).

Ce type d'interaction socio-économique de type mutualiste entre pasteurs nomades et sédentaires a déjà été observé dans d'autres contextes culturels (Barfield 1993, 8-12) mais toujours en lien avec une structure étatique (Bates 1971 ; Lees & Bates 1974) plutôt qu'au sein d'un modèle coercitif dans lequel une entité politique externe exerce une forme de domination politique sur la région dont les produits étaient exploités de manière non-réciproque : *colonial enclave* ou *emissary trading* (Renfrew 1975 ; Potts 1993, 395-396). Cette relation mutualiste procure un niveau de vie supérieur aux cultivateurs sédentaires et permet aux pasteurs nomades d'entrer en contact avec le monde extérieur (Khazanov 1984). Mais comme ces derniers devaient se déplacer en marge d'une organisation étatique afin de pouvoir échanger les produits de leur élevage avec des communautés sédentaires (Salzman 1980), certains anthropologues en ont conclu que le nomadisme pastoral ne peut se pratiquer qu'au sein d'économies complexes fondées sur l'accumulation de surplus telle que les civilisations urbaines l'ont connue (Marx 1992, 255-256), d'une part, et, de l'autre, qu'en produisant de la viande, de la laine et d'autres produits secondaires de l'élevage pour des marchés urbains. Ce faisant, les pasteurs nomades se rendent totalement tributaires des populations sédentaires. De manière plus précise encore, Anatoly Khazanov (2009, 125) considère que les pasteurs nomades du Proche-Orient ancien ont été intégrés à des sociétés agraires urbaines et ont partagé avec elles une organisation sociopolitique. Il ajoute : « The majority had to supplement stock-raising with cultivation, procurement of natural resources, specialized production of secondary products …, intermediary exchange and trade, or other occupations » (Khazanov 2009, 214). En effet, outre la laine des moutons qu'elles élevaient, les populations nomadisant dans la région du Moyen Khabour auraient également pu participer à la circulation, via la vallée du Khabour, de certaines matières premières en demande par les centres urbains plus au sud, telle l'obsidienne, comme cela a déjà été démontré (Chataigner 1994).

Abandon de Tell 'Atij

La fin de l'occupation de Tell 'Atij peu après 2600 av. J.-C. correspondrait, d'après la récente étude archéomagnétique de tessons de Tell 'Atij (Gallet, Fortin *et al.* 2020, fig. 8), à une variation notable du champ magnétique terrestre. D'autre part, selon des études paléobotaniques, l'abandon pacifique du site pourrait peut-être s'expliquer par une dégradation de son environnement naturel causée par la croissance du pâturage des troupeaux de chèvres et de moutons (Riehl & Bryson 2007, 534 ; Riehl 2012, 116-117 ; 2017, 244 ; Riehl & Deckers 2012, 20). Comme Tell 'Atij se trouve dans cette zone pluviométrique qualifiée « d'incertaine » (*zone of uncertainty*) (Wilkinson 2000b ; Wilkinson *et al.* 2014, 53-54), car il y tombe entre 250 et 200 mm de pluie annuellement en moyenne, mais moins certaines années, y rendant la pratique de l'agriculture très à risque (Wirth 1971, carte 3 ; Jas 2000, 250-257), on peut imaginer qu'une série d'années de sécheresse ou de faible pluviométrie auraient pu forcer les bergers nomadisant dans les steppes flanquant la moyenne vallée du Khabour à quitter la région avec leurs troupeaux vers des pâturages mieux arrosés ; conséquemment, les habitants de Tell 'Atij auraient été amenés à délaisser les dispositifs d'entreposage de leur hameau qu'ils peinaient à remplir avec leurs maigres récoltes. Conséquemment, le dépôt à grains de Tell 'Atij n'aurait plus été en mesure de continuer à approvisionner la ville I de Mari. Le synchronisme des dates d'abandon de ces deux sites trouverait ainsi une explication (Gallet & Butterlin 2015 ; Gallet, Fortin *et al.* 2020, fig. 8).

En résumé

Tell 'Atij fut un hameau d'un tiers d'hectare peuplé d'une cinquantaine d'habitants pendant trois siècles au cours de la première moitié du IIIe millénaire av. J.-C. Au vu de la densité de son bâti sur treize niveaux d'occupation ininterrompue et de la particularité de certains de ses bâtiments en briques crues souvent enduits de plâtre de gypse et dotés de contreforts arqués voire de toits voûtés, il est clair que ses villageois maîtrisaient parfaitement bien des techniques de construction acquises après des années d'expérimentation. Ce type d'occupation permanente en dur d'un site n'est pas du tout compatible avec un mode de vie nomade caractérisé par des installations temporaires en matériaux périssables. Il m'apparaît inconcevable de croire que les bâtiments de Tell 'Atij auraient été construits par des pasteurs nomadisant dans la région et ensuite utilisés pendant trois siècles de manière saisonnière, voire seulement à l'occasion d'années de disette.

Les nombreux dispositifs d'entreposage de Tell 'Atij dont les capacités de stockage excèdent les besoins alimentaires de sa population auraient été tout à fait appropriés à une production agricole, notamment céréalière, visant à générer des surplus qui étaient ensuite redistribués. Toutes ces structures nécessitaient une attention assidue, en toutes saisons, afin d'assurer leur entretien et de remplacer, dans une année, les grains qui y étaient conservés avant qu'ils ne pourrissent. Des préoccupations méconnues des nomades qui ne les auraient utilisées qu'épisodiquement.

Les pasteurs nomades qui déplaçaient leurs troupeaux de chèvres et de moutons dans les steppes en marge de la moyenne vallée du Khabour auraient néanmoins participé, à leur façon, à la vie économique et même sociale du hameau de Tell 'Atij. De fait, ils auraient non seulement contribué aux activités agricoles de Tell 'Atij mais aussi à celles de la dizaine d'autres petits villages de la vallée occupés eux aussi par des fermiers sédentaires.

En effet, Tell 'Atij, avec son imposante enceinte disproportionnée par rapport à sa petitesse et ses nombreux dispositifs d'entreposage que l'on retrouve également à cette époque sur d'autres sites voisins, aurait fait partie d'un réseau de petits établissements ruraux dans la moyenne vallée du Khabour – une dizaine fouillée à ce jour – mis en place sur les berges de cet affluent de l'Euphrate et supervisé par un centre provincial – qui reste à découvrir – situé en marge d'un territoire contrôlé par une puissante cité-État. À mon avis, cette cité-État devait être Mari, sur l'Euphrate, qui fut fondée en même temps que ce réseau de bourgs ruraux, dont Tell 'Atij faisait partie, était implanté sur le Moyen Khabour. Ce scénario économique suivant lequel la production agricole de petits villages est placée sous la supervision d'un centre régionale, lui-même dépendant d'une agglomération urbaine, est attesté en Djézireh, par une documentation textuelle, pour la seconde moitié du IIIe millénaire (Nabada) et le début du IIe millénaire (Mari).

En plus d'expédier vers cette capitale urbaine ou son centre régional, par barques à voiles – dont une silhouette a été gravée sur une roue de chariot miniature – ou voie terrestre, une partie des grains ensilés ou ensachés dans leurs installations, les villageois de Tell 'Atij aurait pu en distribuer une autre partie aux troupeaux de chèvres et de moutons gardés par des bergers transhumant dans la région et qui en exploitaient les produits secondaires tels que la laine, alors très valorisée.

La raison d'être du hameau de Tell 'Atij résiderait donc dans le rôle subsidiaire, approvisionnement en grains et produits secondaires de l'élevage, qu'il aurait joué, avec les autres bourgs ruraux établis sur les rives du Moyen Khabour, en lien avec l'instauration d'un système de cités-États en Mésopotamie septentrionale au début du IIIe millénaire.

Bibliographie

Abdi, Kamyar
2015 « Towards an Archaeology of Pastoralism: The Near East and Beyond », *International Journal of the Society of Iranian Archaeologists* 1/2 : 1-27.

Akkermans, Peter M. M. G. & Duistermaat, Kim
1997 « Of Storage and Nomads – The Sealings from Late Neolithic Sabi Abyad, Syria », *Paléorient* 22/2 : 17-44.

Akkermans, Peter M. M. G. & Schwartz, Glenn M.
2003 *The Archaeology of Syria. From Complex Hunter-Gatherers to Early Urban Societies (ca. 16000-300 B.C.).* Cambridge University Press, Cambridge.

Alachkar, Sawssan
2017 « La céramique métallique dans le Haut-Khabur : l'apport de nouvelles données issues de prospection », *Syria* 94 : 157-179.

Alarashi, Hala
2016 « Butterfly Beads in the Neolithic Near East: Evolution, Technology and Socio-cultural Implications », *Cambridge Archaeological Journal* 26/3 : 493-512.

Algaze, Guillermo
2008 *Ancient Mesopotamia at the Dawn of Civilization. The Evolution of an Urban Landscape.* University of Chicago Press, Chicago.

Algaze, Guillermo (éd.)
1990 *Town and Country in Southeastern Anatolia. Vol. : The Stratigraphic Sequence at Kurban Höyük* (OIP 110). Oriental Institute of the University of Chicago, Chicago.

Altaweel, Mark & Paulette, Tate Sewell
2013 « Modeling Nomad-Settlement Interactions », in Tony James Wilkinson *et al.* (éds), *Models of Mesopotamian Landscapes. How Small-scale Processes Contributed to the Growth of Early Civilizations* (BAR International Series 2552). Archaeopress, Oxford : 204-218.

Amiran, Ruth
1978 *Early Arad: The Chalcolithic Settlement and Early Bronze City I. First-Fifth Seasons of Excavations 1962-1966.* Israel Exploration Society, Jerusalem.

Anderson, Patricia C.
1994 « Interpreting Traces of Near Eastern Neolithic Craft Activities: An Ancestor of the Threshing Sledge for Processing Domestic Crops? », *Helinium* 34/2 : 306-321.

Anderson, Patricia C. & Chabot, Jacques
2001 « Functional Analysis of Glossed Blades from Northern Mesopotamia in the Early Bronze Age », in Michel Fortin (éd.), *Journée d'étude du Groupe de recherches en archéométrie du CELAT (1997-1999).* CELAT, Québec : 257-276.

Anderson, Patricia C. & Inizan, Marie-Louise
1994 « Utilisation du tribulum au début du ᵉ millénaire : des lames 'cananéennes' lustrées à Kutan (Ninive V) dans la région de Mossoul, Iraq », *Paléorient* 20/2 : 85-103.

Andersson Strand, Eva
2012 « The Textile *Chaîne Opératoire*: Using a Multidisciplinary Approach to Textile Archaeology with a Focus on the Ancient Near East », *Paléorient* 38/1-2 : 21-40.
2013 « The Basics of Textile Tools and Textile Technology: From Fibre to Fabric », in Cécile Michel & Marie-Louise Nosch (éds), *Textile Terminologies in the Ancient Near East and Mediterranean from the Third to the First Millennia* (Ancient Textile Series 8). Oxbow Books, Oxford : 10-22.

Andersson Strand, Eva & Nosch, Marie-Louise B.
2015 « Introduction to the CTR Database », in Eva Andersson Strand & Marie-Louise Nosch (éds), *Tools, Textiles and Contexts. Investigating Textile Production in the Aegean and Eastern Mediterranean Bronze Age* (Ancient Textiles Series 21). Oxbow Books, Oxford : 145-151.

Andersson Strand, Eva ; Felluca, Elena ; Nosch, Marie-Louise & Peyronel, Luca
2010a « New Perspectives on Bronze Age Textile Production in the Eastern Mediterranean. The First Results with Ebla as a Pilot Study », *Proceedings of the 6ᵗʰ International Congress of the Archaeology of the Ancient Near East. 5 May – 10 May 2009*, « Sapienza », Università di Roma. Harrassowitz, Wiesbaden : 159-176.
2010b « Old Textiles – New Possibilities », *European Journal of Archaeology* 13/2 : 149-173.

Araus, José Luis ; Slafer, Gustavo Ariel ; Romagosa, Ignacio & Molist, Miquel
2001 « FOCUS : Estimated Wheat Yields during the Emergence of Agriculture Based on the Carbon Isotope Discrimination of Grains: Evidence from a 10ᵗʰ millennium Site on the Euphrates », *Journal of Archaeological Science* 28 : 341-350.

Arbuckle, Benjamin S. & Hammer, Emily L.
2019 « The Rise of Pastoralism in the Ancient Near East », *Journal of Archaeological Research* 27 : 391-449.

Archi, Alfonso
1998 « The Regional State of Nagar According to the Texts of Ebla », in Marc Lebeau (éd.), *About Subartu. Studies Devoted to Upper Mesopotamia. Vol. : Culture, Society, Image. À propos de Subartu. Études consacrées à la Haute Mésopotamie. Vol. : Culture, Société, Image* (Subartu 4/2). Brepols, Turnhout : 1-15.

Archi, Alfonso & Biga, Maria Giovanna
2003 « A Victory over Mari and the Fall of Ebla », *Journal of Cuneiform Studies* 55 : 1-44.

Artzy, Michal
2003 « Mariners and their Boats at the End of the Late Bronze Age and the Beginning of the Iron Age in the Eastern Mediterranean », *Tel Aviv* 30 : 232-246.

Ascalone, Enrico & Peyronel, Luca
2006a « Early Bronze IVA Weights at Tell Mardikh-Ebla. Archaeological Associations and Contexts », in Maria Emanuela Alberti *et al.* (éds), *Weights in Context. Bronze Age Weighing Systems of Eastern Mediterranean. Chronology, Typology, Material and Archaeological Contexts. Proceedings of the International Colloquium, Rome 22ⁿᵈ-24ᵗʰ November 2004* (Studi e Materiali 13). Istituto Italiano di Numismatica, Rome : 49-70.
2006b *I Pesi da Bilancia del Bronzo Antico e del Bronzo Medio* (Materiali e Studi Archeologici di Ebla 7). Università degli Studi di Roma 'La Sapienza', Rome.

Ashkenazi, Hai
2019 « Sometimes Defence is Just an Excuse: Fortification Walls of the Southern Levantine Early Bronze Age », *Cambridge Archaeological Journal* 30/1 : 45-67.

BIBLIOGRAPHIE

Åström, Paul. & Svensson, Bengt

2007 « Stone Anchors at Hala Sultan Tekke », in Paul Åström & Karin Nys (éds), *Hala Sultan Tekke 12: Tomb 24, Stone Anchors, Faunal Remains and Pottery Provenance* (SIMA 45/12). Åström Editions, Sävedalen : 31-49.

Atalay, Sonya

2013 « Clay Balls, Mini Balls and Geometric Objects », in Ian Hodder (éd.), *Substantive Technologies at Çatalhöyük. Reports from the 2000-2008 Seasons: Çatalhöyük Research Project 9* (British Institute at Ankara Monograph 48). British Institute at Ankara – Cotsen Institute of Archaeology at UCLA, Ankara : 247-252.

Ataman, Kathryn

1992 « Threshing Sledges and Archaeology », in Patricia C. Anderson (éd.) *Préhistoire de l'agriculture. Nouvelles approches expérimentales et ethnographiques.* Éditions du CNRS, Paris : 305-309.

Aurenche, Olivier

1977 *Dictionnaire illustré multilingue de l'architecture du Proche Orient Ancien* (Collection de la maison de l'Orient méditerranéen ancien 3 ; série archéologique 2). Maison de l'Orient, Lyon.

1981 *La maison orientale. L'architecture du Proche Orient ancien des origines au milieu du quatrième millénaire* (BAH 109). Geuthner, Paris.

1993 « Du nomade magnifié au nomade mystifié : point de vue sur l'histoire de la steppe », in Riccardo Bocco et al. (éds), *Steppes d'Arabies. États, pasteurs, agriculteurs et commerçants : le devenir des zones sèches* (Cahiers de l'IUED-Genève). PUF, Paris : 19-34.

Aurenche, Olivier & Maréchal, Claudine

1985 « Note sur la fabrication actuelle du plâtre à Qdeir (Syrie) », *Cahiers de l'Euphrate* 4 : 221-226.

Avni, Gideon

1992 « Survey of Deserted Bedouin Campsites in the Negev Highlands and its Implications for Archaeological Research », in Ofer Bar-Yosef & Anatoly Khazanov (éds), *Pastoralism in the Levant. Archaeological Materials in Anthropological Perspectives* (Monographs in World Archaeology 10). Prehistory Press, Madison : 241-254.

Ayoub, Abderrahman

1985 « Les moyens de conservation des produits agricoles dans le nord-ouest de la Jordanie actuelle », in Marceau Gast et al. (éds), *Les techniques de conservation des grains à long terme. Leur rôle dans la dynamique des systèmes de cultures et des sociétés, III/1.* CNRS, Paris : 155-169.

Baccelli, Giulia

2014 « The Spinning and Weaving Material from Tell Beydar », in Lucio Milano & Marc Lebeau (éds), *Tell Beydar. Environmental and Technical Studies. Volume* (Subartu 33). Brepols, Turnhout : 3-15.

Badre, Leila

1980 *Les figurines anthropomorphes en terre cuite à l'âge du Bronze en Syrie.* Geuthner, Paris.

Bagg, Ariel M.

2001 « Wasserhebevorrichtungen im Alten Mesopotamien », *Wasser & Boden* 53/6 : 40-47.

2012 « Irrigation », in Daniel T. Potts (éd.), *A Companion to the Archaeology of the Ancient Near East*, Wiley-Blackwell, Malden : 261-278.

Bahnassi, Afif

1984 « Appel international pour la sauvegarde des antiquités du Moyen Khabour », *Lettre d'Information archéologie orientale* 7 : 127-129.

Bailey, Douglass W.

2005 *Prehistoric Figurines: Representation and Corporeality in the Neolithic.* Routledge, Londres.

Bains, Roseleen; Vasié, M.; Bar-Yosef Mayer, Daniella E.; Russell, N.; Wright, Katherine I. & Doherty, Chris.
2013 « A Technological Approach to the Study of Personal Ornamentation and Social Expression at Çatalhöyük », in Ian Hodder (éd.), *Substantive Technologies at Çatalhöyük. Reports from the 2000-2008 Seasons: Çatalhöyük Research Project 9* (British Institute at Ankara Monograph 48). British Institute at Ankara – Cotsen Institute of Archaeology at UCLA, Ankara: 331-363.

Bakker, Jan Albert; Kruk, Janusz; Lanting, Albert E. & Milisauskas, Sarunas
1999 « The Earliest Evidence of Wheeled Vehicles in Europe and the Near East », *Antiquity* 73: 778-790.

Balme, Jane & Morse, Kate
2006 « Shell Beads and Social Behaviour in Pleistocene Australia », *Antiquity* 80: 799-811.

Banning, Edward B. & Köhler-Rollefson, Ilse
1992 « Ethnographic Lessons for the Pastoral Past: Camp Locations and Material Remains near Beidha, Southern Jordan », in Ofer Bar-Yosef & Anatoly Khazanov (éds), *Pastoralism in the Levant. Archaeological Materials in Anthropological Perspectives* (Monographs in World Archaeology 10). Prehistory Press, Madison: 181-204.

Barber, Elizabeth J. W.
1991 *Prehistoric Textiles. The Development of Cloth in the Neolithic and Bronze Ages with Special References to the Aegean.* Princeton University Press, Princeton.
1994 *Women's Work. The First 20,000 Years. Women, Cloth and Society in Early Times.* W.W. Norton, New York.

Barfield, Thomas J.
1993 *The Nomadic Alternative.* Prentice Hall, Englewood Cliffs.

Barge, Olivier & Moulin, Bertrand
2008 « The Development of the Syrian Steppe during the Early Bronze Age », in Hartmut Kühne *et al.* (éds), *Proceedings of the 4th International Congress on the Archaeology of the Ancient Near East, 29 March–3 April 2004, Freie Universität Berlin, Volume 1—The Reconstruction of Environment: Natural Resources and Human Interrelations through Time; Art History: Visual Communication.* Harrassowitz, Wiesbaden: 19-28.

Barrelet, Marie-Thérèse
1968 *Figurines et reliefs en terre cuite de la Mésopotamie antique. I - Potiers, termes de métier, procédés de fabrication et production.* Geuthner, Paris.

Barthélemy de Saizieu, Blance & Bouquillon, Anne
2001 « Émergence et évolution des matériaux vitrifiés dans la région de l'Indus du 5e au 3e millénaire (Merhgarh-Nausharo) », *Paléorient* 26/2: 93-111.

Bartosiewicz, László
2010 « Herding in Period VI A: Development and Changes from Period VII », in Marcella Frangipane (éd.), *Economic Centralisation in Formative States: The Archaeological Reconstruction of the Economic System in 4th Millennium Arslantepe* (Studi di Preistoria Orientale 3). Dipartimento di Scienze Storiche Archeologiche e Antropologiche dell'Antichità, Università degli Studi di Roma 'La Sapienza', Rome: 119-148.

Bar-Yosef, Ofer
1997 « Symbolic Expressions in Later Prehistory of the Levant: Why are They so Few? », in Margaret W. Conkey *et al.* (éds), *Beyond Art: Pleistocene Image and Symbol* (Wattis Symposium Series in Anthropology; Memoirs of the California Academy of Sciences 23). California Academy of Sciences, San Francisco: 161-187.

Bar-Yosef, Ofer & Khazanov, Anatoly (éds)
1992 *Pastoralism in the Levant. Archaeological Materials in Anthropological Perspectives* (Monographs in World Archaeology 10). Prehistory Press, Madison.

Bar-Yosef Mayer, Daniella E.
2005 « The Exploitation of Shells as Beads in the Paleolithic and Neolithic of the Levant », *Paléorient* 31/1 : 176-185.

2013 « Towards a Typology of Stone Beads in the Neolithic Levant », *Journal of Field Archaeology* 38/2 : 129-142.

Bar-Yosef Mayer, Daniella E. & Porat, Naomi
2009 « Glazed Steatite Paste beads in the Chalcolithic of the Levant: Long Distance Trade and Manufacturing Processes », in Steven A. Rosen & Valentine Roux (éds), *Techniques and People. Anthropological Perspectives on Technology in the Archaeology of the Proto-historic and Early Historic Periods in the Southern Levant* (Mémoires et travaux du centre de recherche français à Jérusalem 9). De Boccard, Paris : 111-123.

Bar-Yosef Mayer, Daniella E. ; Porat, Naomi ; Gal, Zvi ; Shalem, Dina & Smithline, Howard
2004 « Steatite Beads at Peqi'in: Long Distance Trade and Pyro-technology during the Chalcolithic of the Levant », *Journal of Archaeological Science* 31 : 493-502.

Bass, George Fletcher & Wachsmann, Shelley
1997 « Ships and Boat », in Eric M. Meyers (éd.), *The Oxford Encyclopedia of Archaeology in the Near East*. Vol. 5. Oxford University Press, New York-Oxford : 30-34.

Bates, Daniel G.
1971 « The Role of the State in Peasant-nomad Mutualism », *Anthropological Quarterly* 44/3 : 109-131.

Bates, Daniel G. & Lees, Susan H.
1977 « The Role of Exchange in Productive Specialization », *American Anthropologist* 79 : 824-841.

Battini, Laura
2010 « Des théories archéologiques : le cas du Proche-Orient ancien », *Syria* 87 : 3-19.

Beaune, Sophie A. de
2000 *Pour une archéologie du geste. Broyer, moudre, piler, des premiers chasseurs aux premiers agriculteurs.* CNRS Éditions, Paris.

Becker, Cornelia
1988 « Die Tierknochenfunde vom tell Bderi 1985 », *Damaszener Mitteilungen* 3 : 379-386.

1991 « Erste Ergebnisse zu den Tierknochen aus Tall Šēḫ Ḥamad: Die Funde aus Raum A des Gebäudes P », in Hartmut Kühne (éd.), *Die rezente Umwelt von Tall Šēḫ Ḥamad und Daten zur Umweltrekonstruktion der assyrischen Stadt Dūr-katlimmu* (Berichte der Ausgrabung Tall Šēḫ Ḥamad/Dūr-katlimmu 1). Dietrich Reimer Verlag, Berlin : 117-131.

1994 « Elfenbein aus den syrischen Steppen? Gedanken zum Vorkommen von Elefanten in Nordostsysrien im Spätholozän », in Mostefa Kokabi & Joachim Wahl (éds), *Beiträge zur Archäozoologie und prähistorischen Anthropologie*. K. Theiss Verlag, Stuttgart : 169-181.

2008 « Die Tierknochenfunde aus Tall Seh Hamad/DurKatlimmu – eine zoogeographischhaustierkundliche Studie », in Hartmut Kühne (éd.), *Umwelt und Subsistenz der assyrischen Stadt DurKatlimmu am unteren Habur* (Berichte der Ausgrabung Tell Seh Hammad/Dur-Katlimmu 8). Harrassowitz, Wiesbaden : 61-131.

Bellemare, France
1989 « Contribution à l'étude de l'outillage lithique du Dynastique Archaïque en Mésopotamie » (mémoire de maîtrise inédit, Université Laval).

Bennett, E. Andrew ; Weber, Jill ; Bendhafer, Wejden ; Champlot, Sophie ; Peters, Joris ; Schwartz, Glenn M. ; Grange, Thierry & Geigl, Eva-Maria
2022 « The Genetic Identity of the Earliest Human-made Hybrid Animals, the Kungas of Syro-Mesopotamia », *Science Advances* 8/2. <https://www.science.org/doi/10.1126/sciadv.abm0218>

Bennison-Chapman, Lucy E.
2013 « Geometric Clay Objects », in Ian Hodder (éd.), *Substantive Technologies at Çatalhöyük. Reports from the 2000-2008 Seasons: Çatalhöyük Research Project 9* (British Institute at Ankara Monograph 48). British Institute at Ankara – Cotsen Institute of Archaeology at UCLA, Ankara : 253-276.
2018a « Reconsidering 'Tokens': The Neolithic Origins of Accounting or Multifunctionnal, Utilitarian Tools? », *Cambridge Archaeological Journal* 29/2 : 233-259.
2018b « Clay Objects as 'Tokens'? Evidence for Early Counting and Administration at Late Neolithic Tell Sabi Abyad, Mesopotamia », *Levant* 50/3 : 305-337.

Besenval, Roland
1984 *Technologie de la voûte dans l'Orient ancien* (Synthèse 15). Éditions Recherche sur les Civilisations, Paris.

Beyer, Dominique
1985 « Scellements de portes du palais de Mari », in Jean-Claude Margueron & Jean-Marie Durand (éds), *À propos d'un cinquantenaire : Mari, bilan et perspectives. Actes du colloque international du CNRS 620 (Strasbourg, 29-30 juin, 1er juillet 1983)* (M.A.R.I. 4). Éditions Recherche sur les Civilisations, Paris : 375-384.
1998 « Mashnaqa 1997 : travaux de la mission archéologique française (Mission de l'IFAPO Damas) », *Orient Express* : 8-11.

Bianchi, Alice & Franke, Kristina A.
2011 « Metal », in Marc Lebeau (éd.), *Jezirah* (ARCANE 1). Brepols, Turnhout : 201-237.

Bieliński, Piotr
1990 « Polish Excavations in North East Syria 1988-1989 », *Polish Archaeology in the Mediterranean* 1 : 17-25.
1991 « The Third Season of Excavations in North-East Syria – 1980 », *Polish Archaeology in the Mediterranean* 2 : 94-101.
1992 « The First Campaign of Excavations on Tell Rad Shaqrah (Haseke Southern Dam Basin) », *Polish Archaeology in the Mediterranean* 3 : 77-85.
1993 « Tell Rad Shaqrah 1992 – The Fifth Season of Explorations in Northeast Syria », *Polish Archaeology in the Mediterranean* 4 : 119-127.
1994 « Tell Rad Shaqrah 1993 », *Polish Archaeology in the Mediterranean* 5 : 154-163.
1995 « Tell Rad Shaqrah 1994 », *Polish Archaeology in the Mediterranean* 6 : 109-117.
1996 « Tell Rad Shaqrah. Excavations 1995 », *Polish Archaeology in the Mediterranean* 7 : 160-170.
2005a « Tell Arbid. Report on the Syrian-Polish Explorations in 2005. The Tenth Season », *Polish Archaeology in the Mediterranean* 17 : 451-471.
2005b « Arcaded Houses from Tell Djassa el-Gharbi and Tell Rad Shaqrah », in Piotr Bielinski & Franciszek M. Stepniowski (éds), *Au pays d'Allat. Mélanges offerts à Michal Gawlikowski*. Instytut Archeologii Uniwersytet Warszawski, Varsovie : 31-42.

Binder, Anne-Birte
2020 *The Glyptic of Tell Chuera. Seals and Sealings of the 3rd Millennium* (Vorderasiatische Forschungen der Max Freiherr von Oppenheim-Stiftung 2, IX). Harrassowitz, Wiesbaden.

Binford, Lewis R. & Bertram, Jack B.
1977 « Bone Frequencies and Attritional Processes », in Lewis R. Binford (éd.), *For Theory Building in Archaeology*. Academic Press, New York : 77-153.

Birch-Chapman, Shannon; Jenkins, Emma; Coward, Fiona & Maltby, Mark
2017 « Estimating Population Size, Density and Dynamics of Pre-Pottery Neolithic Villages in the Central and Southern Levant: An Analysis of Beidha, Southern Jordan », *Levant* 49/1 : 1-23.

Birot, Maurice
1964 « Les lettres de Iasîm-Sumû », *Syria* 41/1-2 : 25-65.
1993 *Correspondance des gouverneurs de Qattunân* (ARM 27). Éditions Recherche sur les Civilisations, Paris.

Black, E. W.
1981 « An Additional Classification of Granaries in Roman Britain », *Britannia* 12 : 163-165.

Blackburn, Michel
1995 « Environnement géomorphologique du centre de la moyenne vallée du Khabour, Syrie », *Bulletin of the Canadian Society for Mesopotamian Studies* 29 : 5-20.
1998 « Paléosols du ^{e} millénaire et sols contemporains de tell 'Atij en Syrie du Nord », in Michel Fortin & Olivier Aurenche (éds), *Espace naturel, espace habité en Syrie du Nord (10e-2e millénaires av. J.-C.). Natural Space, Inhabited Space in Northern Syria (10th-2nd millennium B.C.). Actes du colloque tenu à l'Université Laval (Québec) du 5 au 7 mai 1997* (TMO 28). Canadian Society for Mesopotamian Studies – Maison de l'Orient Méditerranéen, Québec : 69-82.

Blackburn, Michel & Fortin, Michel
1994 « Geomorphology of Tell 'Atij, Northern Syria », *Geoarchaeology* 9 : 57-74.

Bofill, Maria; Procopiou, Hara; Vargiolu, Roberto & Zahouani, Hassan
2013 « Use-Wear Analysis of Near Eastern Prehistoric Grinding Stones », in Patricia C. Anderson *et al.* (éds), *Regards croisés sur les outils liés au travail des végétaux. An Interdisciplinary Focus on Plant-Working Tools* (Rencontres internationales d'archéologie et d'histoire d'Antibes 33). Éditions APDCA, Antibes : 219-236.

Boileau, Marie-Claude
1997 « La céramique peinte en Mésopotamie septentrionale au ^{e} millénaire avant notre ère » (mémoire de maîtrise inédit, Université Laval).
2001 « Étude archéométrique de la céramique de tell 'Atij et de tell Gudeda en Syrie du nord (3000-2500 av. J.-C.) » (thèse de doctorat inédite, Université Laval).
2005 *Production et distribution des céramiques au ^{e} millénaire en Syrie du Nord-Est. Étude technologique des céramiques de tell 'Atij et tell Gudeda* (Référentiels 2). Éditions de la Maison des sciences de l'homme-Épistèmes, Paris.

Boileau, Marie-Claude & Fortin, Michel
2000 « Particularités de la céramique peinte de la moyenne vallée du Khabour au Bronze Ancien (période de Ninive 5) », *Proceedings of the First International Congress on the Archaeology of the Ancient Near East, Rome, May 18th-23rd 1998*. Università degli studi di Roma 'La Sapienza', Rome, vol. : 483-489.

Boileau, Marie-Claude; Argyropoulos, Vasilike; Kennedy, Greg & Fortin, Michel
2001 « Une approche scientifique dans l'étude de la céramique de Tell 'Atij », in Michel Fortin (éd.), *Journées d'étude du Groupe de recherches en archéométrie du CELAT (1997-1999)*. CELAT, Québec : 121-135.

Bollweg, Jutta
1999 *Vorderasiatische Wagentype: im Spiegel der Terracottaplastik bis zur Altbabylonischen Zeit* (OBO 167). Universitätsverlag Freiburg–Vandenhoeck & Ruprecht, Fribourg.

Bolt, Dianna & Green, Anthony
2003 « The Burial of the Dead », in Elena Rova & Harvey Weiss (éds), *The Origins of North Mesopotamian Civilization: Ninevite 5 Chronology, Economy, Society* (Subartu 9). Brepols, Turnhout : 519-562.

Bonnardin, Sandrine

2009 *La parure funéraire au Néolithique ancien dans les Bassins parisien et rhénan* (Mémoire de la Société préhistorique française 49). Société Préhistorique Française, Paris.

Borrelli, Noemi

2020 « Institutional Grain Storage and its Control Network in the Ur III Province of Ĝirsu/Lagaš », in Noemi Borrelli & Giulia Scazzosi (éds), *After the Harvest. Storage Strategies and Food Processing in Bronze Age Mesopotamia* (Subartu 43). Brepols, Turnhout : 45-63.

Bouzouggar, Abdeljalil ; Barton, Nick ; Vanhaeren, Marian ; Errico, Francesco d' ; Collcutt, Simon ; Higham, Tom ; Hodge, Edward ; Parfitt, Simon ; Rhodes, Edward ; Schwenninger, Jean-Luc ; Stringer, Chris ; Turner, Elaine ; Ward, Steven ; Moutmir, Abdelkrim & Stambouli, Abdelhamid

2007 « 82,000-year-old Shell Beads from North Africa and Implications for the Origins of Modern Human Behavior », *Proceedings of the National Academy of Science of the United States of America* 104/24 : 9964-9969.

Brain, Charles Kimberlin

1967 « Hottentot Food Remains and Their Bearing on the Interpretation of Fossil Assemblages », *Scientific Papers of the Namib Desert Research Station* 32 : 1-11.

1969 « The Contribution of Namib Desert Hottentots to Understanding of Australopithecine Bone Accumulations », *Scientific Papers of the Namib Desert Research Station* 39 : 13-22.

1976 « Some Principles in the Interpretation of Bone Accumulations Associated with Man », in Glynn Llywelyn *et al.* (éds), *Human Origins: Louis Leakey and the East African Evidence* (Perspectives on Human Evolution 3). W. A. Benjamin, Menlo Park, CA : 121-138.

Branting, Scott ; Wilkinson, Tony James ; Christiansen, John ; Widell, Magnus ; Hritz, Carrie ; Ur, Jason ; Studevent-Hickman, Benjamin & Altaweel, Mark

2013 « The 'External Economy': Networks and Trade », in Tony James Wilkinson *et al.* (éds), *Models of Mesopotamian Landscapes. How Small-scale Processes Contributed to the Growth of Early Civilizations* (BAR International Series 2552). Archaeopress, Oxford : 140-151.

Breckwoldt, Tina

1995-1996 « Management of Grain Storage in Old Babylonian Larsa », *Archiv für Orientforschung* 42-43 : 64-88.

Breniquet, Catherine

2001 « Figurines ophidiennes », in Catherine Breniquet & Christine Kepinski (éds), *Études mésopotamiennes. Recueil de textes offert à Jean-Louis Huot*. Éditions Recherche sur les Civilisations, Paris : 45-55.

2008 *Essai sur le tissage en Mésopotamie des premières communautés sédentaires au milieu du ᵉ millénaire avant J.-C.* (Travaux de la Maison René-Ginouvès 5). De Boccard, Paris.

2014 « The Archaeology of Wool in Early Mesopotamia: Sources, Methods, Perspectives », in Catherine Breniquet & Cécile Michel (éds), *Wool Economy in the Ancient Near East and the Aegean. From the Beginnings of Sheep Husbandry to Institutional Textile Industry* (Ancient Textiles Series 17). Oxbow Books, Oxford : 52-78.

Brézillon, Michel

1969 *Dictionnaire de Préhistoire*. Larousse, Paris.

Briant, Pierre

1982 *État et pasteurs au Moyen-Orient ancien*. Cambridge University Press – Éditions de la Maison des sciences de l'homme, Cambridge.

Broman Morales, Vivian

1983 « Jarmo Figurines and Other Clay Objects », in Linda S. Braidwood *et al.* (éds), *Prehistoric Archaeology along the Zagros Flanks* (OIP 105). Oriental Institute of the University of Chicago, Chicago : 369-423.

1990 *Figurines and Other Clay Objects from Sarab and Çayönü* (OIC 25). Oriental Institute of the University of Chicago, Chicago.

Broodbank, Cyprian

2010 « 'Ships a-sail from over the rim of the sea': Voyaging, Sailing and the Making of Mediterranean Societies *c.* 3500–800 », in Atholl Anderson *et al.* (éds), *The Global Origins and Development of Seafaring*. McDonald Institute for Archaeological Research, Cambridge : 249-264.

Brüning, Merel

2014 « Beads and Pendants », in Peter M. M. G. Akkermans *et al.* (éds), *Excavations at Late Neolithic Tell Sabi Abyad, Syria. The 1994-1999 Field Seasons* (Papers on Archaeology from The Leiden Museum of Antiquities 11). Brepols, Turnhout : 174-177.

Buccellati, Federico

2014 « Understanding Households – A Few Thoughts », in F. Buccellati *et al.* (éds), *House and Households Economies in 3rd Millennium B.C.E. Syro-Mesopotamia* (BAR International Series 2682). BAR Publishing, Oxford : 35-42.

Buccellati, Giorgio

2008 « The Origins of the Tribe in Syro-Mesopotamia », in Hans Barnard & Willike Wendrick (éds), *The Archaeology of Mobility: Old World and New World Nomadism*. The Cotsen Institute of Archaeology at UCLA, Los Angeles : 141-159.

Buccellati, Giorgio ; Buia, Daniela & Reimer, Stephen

1991 « Tell Ziyada: The First Three Seasons of Excavation (1988–1990) », *Bulletin of the Canadian Society of Mesopotamian Studies* 21 : 31-61.

Buitenhuis, Hijlke

1985 « The Animal Remains of Tell Sweyhat, Syria », *Palaeohistoria* 25 : 131-144.

1988 *Archaeozoölogisch onderzoek langs de Midden-Eufraat: Onderzoek van het faunamateriaal uit zes nederzettingen in Zuidoost-Turkije en Noord-Syrië daterend van ca. 10.000 tot 1400*. Biologisch-Archaeologisch Instituut, Rijksuniversiteit Groningen, Groningen.

Burke, Madeleine Lurton

1964 « Lettres de Numušda-Naḫrâri et de trois autres correspondants à Idiniatum », *Syria* 41/1-2 : 67-103.

Butterlin, Pascal

2021 « Du monde proto-urbain aux villes mésopotamiennes. Questions d'échelle et de morphogénèse », *Histoire Urbaine* 61 : 9-40.

Butterlin, Pascal & Margueron, Jean-Claude

2006 « Deux roues à Mari et le problème de l'invention de la roue en Mésopotamie », in Pierre Pétrequin *et al.* (éds), *Premiers chariots, premiers araires. La diffusion de la traction animale en Europe pendant les e et e millénaires avant notre ère* (CRA Monographie 29). CNRS Éditions, Paris : 317-328.

Çakırlar, Canan

2008 « Final Report: Environment and Long-Distance Trade in 3rd Millennium North Syria – The Archaeomalacological Evidence » (Rapport non publié soumis dans le cadre d'une bourse postdoctorale du programme d'archéobiologie du musée national d'histoire naturelle des États-Unis).

Çakırlar, Canan & Genz, Hermann

2016 « Artefacts made out of Bone and Related Materials: Raw Material, Manufacture, Typology and Use », *Levant* 48/2 :152-153.

Çakirlar, Canan & Şeşen, Ridvan
2013 « Reading between the lines: $\delta^{18}O$ and $\delta^{13}C$ isotopes of *Unio elongatulus* shell increments as proxies for local palaeoenvironments in mid-Holocene northern Syria », *Archaeological and Anthropological Sciences* 5/2 : 95-94.

Calderone, Laura & Weiss, Harvey
2003 « The End of the Ninevite 5 Period at Tell Leilan », in Elena Rova & Harvey Weiss (éds), *The Origins of North Mesopotamian Civilization: Ninevite 5 Chronology, Economy, Society* (Subartu 9). Brepols, Turnhout : 193-220.

Camps, Gabriel
1979 *Manuel de recherche préhistorique.* Doin, Paris.

Camps-Fabrer, Henriette & D'Anna, A.
1977 « Fabrication expérimentale d'outils à partir de métapodes de mouton et de tibias de lapin », in Henriette Camps-Fabrer (éd.), *Méthodologie appliquée à l'industrie de l'os préhistorique : 2ᵉ Colloque international sur l'industrie de l'os dans la préhistoire, Abbaye de Sénanque (Vaucluse), 9-12 juin 1976* (Colloques internationaux du CNRS 568). Éditions du CNRS, Paris : 311-323.

Camps-Fabrer, Henriette
1990 « 1. Fiche poinçon d'économie », in Henriette Camps-Fabrer et al. (éds), *Fiches typologiques de l'industrie osseuse préhistorique. Cahier III : Poinçons, pointes, poignards, aiguilles.* Université de Provence, Aix-en-Provence : 1-2.

Camps-Fabrer, Henriette ; Ramseyer, Denis ; Stordeur, Danielle ; Buisson, Dominique & Provenzano, Noëlle
1990 *Fiches typologiques de l'industrie osseuse préhistorique. Cahier III : Poinçons, pointes, poignards, aiguilles.* Université de Provence, Aix-en-Provence.

Canard, Marius
1965 « al-Djazira », in Bernard Lewis et al. (éds), *Encyclopédie de l'Islam, Nouvelle Édition, Volume 2 : C-G.* Brill, Leiden : 536-537.

Carrera, Espartaco
2001 « La moyenne vallée du Khabour raisonnée. Discussion sur son intégration économique au troisième millénaire avant notre ère » (mémoire de maîtrise inédit, Université Laval).

Castel, Corinne
2020 « Syrian Circular Cities of the Third Millennium : A Syrian Urban Model », in Corinne Castel et al. (éds), *Circular Cities of Early Bronze Age Syria* (Subartu 42). Brepols, Turnhout : 3-22.

Carter, Robert
2006 « Boat Remains and Maritime Trade in the Persian Gulf during the Sixth and Fifth Millennia », *Antiquity* 80 : 52-63.
2012 « Watercraft », in Daniel T. Potts (éd.), *A Companion to the Archaeology of the Ancient Near East.* Wiley-Blackwell, Malden : 347-372.

Carter, Robert & Crawford, Harriet
2010 *Maritime Interactions in the Arabian Neolithic. Evidence from H3, As-Sabiyah, an Ubaid-Related Site in Kuwait* (American School of Prehistoric Research Monograph Series 8). Brill, Leyde-Boston.

Casana, Jesse
2013 « Radial Route Systems and Agro-pastoral Strategies in the Fertile Crescent: New Discoveries from Western Syria and Southwestern Iran », *Journal of Anthropological Archaeology* 32 : 257-273.

Casson, Lionel

1971 *Ships and Seamanship in the Ancient World.* Princeton University Press, Princeton.

Castel, Corinne

2016 « Des outils agricoles en pierre du Bronze ancien de Syrie : les têtes d'araires », in Bérengère Perello & Aline Tenu (éds), *Parcours d'Orient. Recueil de textes offert à Christine Kepinski.* Archaeopress, Oxford : 49-60

Cavallo, Chiara

2000 *Animals in the Steppe: A Zooarchaeological Analysis of Later Neolithic Tell Sabi Abyad, Syria* (BAR International Series 891). John and Erica Hedges Ltd, Oxford.

Chabot, Jacques

1998 « Analyse spatiale et stratigraphique des artefacts de pierre sur éclats de tell 'Atij-centre (3000-2500 av. J.-C.) », in Michel Fortin & Olivier Aurenche (éds), *Espace naturel, espace habité en Syrie du Nord (10ᵉ-2ᵉ millénaires av. J.-C.). Natural Space, Inhabited Space in Northern Syria (10th-2nd millennium B.C.). Actes du colloque tenu à l'Université Laval (Québec) du 5 au 7 mai 1997* (TMO 28). Canadian Society for Mesopotamian Studies – Maison de l'Orient Méditerranéen, Québec: 257-269.

1999 « Étude des artéfacts de pierre sur éclat découverts à tell 'Atij et à tell Gudeda en Syrie du nord (3000-2500 av. J.-C.) » (thèse de doctorat inédite, Université Laval).

2002 *Tell 'Atij et Tell Gudeda. Industrie lithique. Analyse technologique et fonctionnelle* (Cahiers d'archéologie du CELAT 13). CELAT, Québec.

Chabot, Jacques ; Poidevin, Jean-Louis ; Chataigner, Christine & Fortin, Michel

2001 « Caractérisation et provenance des artefacts en obsidienne de Tell 'Atij et de Tell Gudeda (ᵉ millénaire, Syrie) », in Michel Fortin (éd.), *Journées d'étude du Groupe de recherches en archéométrie du CELAT (1997-1999).* CELAT, Québec : 241-256.

Chabot, Jacques & Pelegrin, Jacques

2012 « Two Examples of Pressure Blade Production with a Lever: Recent Research from the Southern Caucasus (Armenia) and Northern Mesopotamia (Syria, Iraq) », in Pierre M. Desrosiers (éd.), *The Emergence of Pressure Blade Making. From Origin to Modern Experimentation.* Springer, New York : 181-198.

Chambon, Grégory

2011 « Les *mâdidum* et le commerce du grain sur l'Euphrate », *Revue d'assyriologie et d'archéologie orientale* 105 : 193-198.

2017 « La navigation fluviale sur l'Euphrate au second millénaire av. J.-C. : usages, enjeux et communautés de pratiques », in Pascal Arnaud & Philip de Souza (éds), *The Sea in History: The Ancient World. La mer dans l'histoire : l'Antiquité.* Boydell Press, Martlesham : 138-150.

2018 *Florilegium marianum XV : les archives d'Ilu-Kân. Gestion et comptabilité du grain dans le palais de Mari* (Mémoire de NABU 21). SEPOA, Paris.

Chanesaz, Moheb

2006 *Le Maṭrūf, le Madras et le Beqūf. La fabrication de l'huile d'olive au Liban. Essai d'anthropologie des techniques* (TMO 44). Maison de l'Orient et de la Méditerranée, Lyon.

Chang, Claudia & Koster, Harold A.

1986 « Beyond Bones: Toward an Archaeology of Pastoralism », *Advances in Archaeological Method and Theory* 9 : 97-148.

Chang, Claudia & Tourtellotte, Perry A.

1993 « Ethnoarchaeological Survey of Pastoral Transhumance Sites in the Grevena Region, Greece », *Journal of Field Archaeology* 20/3 : 249-264.

Charles, Henri

1939 *Tribus moutonnières du Moyen-Euphrate* (Documents d'Études Orientales 8). Institut français de Damas, Beyrouth.

Charles, Michael

1998 « Fodder from Dung: The Recognition and Interpretation of Dung-Derived Plant Material from Archaeological Sites », *Environmental Archaeology* 1 : 111-122.

Charpin, Dominique

1990 « A Contribution to the Geography and History of the Kindgom of Kahat », in Seyyare Eichler *et al.* (éds), *Tall Al-Hamidiya 2: Symposium: Recent Excavations in the upper Khabur Region, Berne, December 9-11, 1986* (OBO series archaeologica 6). Universitätsverlag Freiburg – Vandenhoeck & Ruprecht, Fribourg: 67-85.

1993 « Un souverain éphémère en Ida-Maras : Isme-Addu d'Asnakkum », *M.A.R.I.* 7 : 165-191.

1994 « Une campagne de Yahdun-Lîm en Haute Mésopotamie », in Dominique Charpin & Jean-Marie Durand (éds), *Florilegium Marianum II. Recueil d'études à la mémoire de M. Birot* (Mémoires de NABU 3). SEPOA, Paris : 177-200.

2008 « Tell Hariri/Mari : textes. III. Histoire et vie politique de Mari à l'époque Amorrite », *Supplément au dictionnaire de la Bible* 77-78 : 248-275.

2009 « Un itinéraire paléo-babylonien le long du Habur », in Eva Cancik-Kirschbaum & Nele Ziegler (éds), *Entre les fleuves – I. Untersuchungen zur historischen Geographie Obermesopotamiens im 2. Jahrtausend v. Chr.* (Berliner Beiträge zum Vorderen Orient 20). PeWe-Verlag, Gladbeck : 59-74.

2010 « An Old Babylonienne Itinerary along the Habur », in Hartmut Kühne (éd.), *Dūr-Katlimmu 2008 and Beyond* (Studia Chaburensia 1). Harrossowitz, Wiesbaden : 33-46.

2011 « Le 'pays de Mari et des Bédouins' à l'époque de Samsu-iluna de Babylone », *Revue d'assyriologie et d'archéologie orientale* 105 : 41-59.

2019 « *Tu es de mon sang* » : *Les alliances dans le Proche-Orient ancien*. Les Belles Lettres, Paris.

Charpin, Dominique & Durand, Jean-Marie

1986 « 'Fils de Sim'al' : les origines tribales des rois de Mari », *Revue d'Assyriologie et d'Archéologie orientale* 80/2 : 141-183.

Charpin, Dominique ; Edzard, Dietz Otto & Stol, Marten

2004 *Mesopotamien. Die Altbabylonische Zeit* (OBO 160/4). Academic Press-Vandenhoeck & Ruprecht, Fribourg-Göttingen.

Charpin, Dominique & Ziegler, Nele

2003 *Florilegium marianum V : Mari et le Proche-Orient à l'époque Amorrite. Essai d'histoire politique* (Mémoire de NABU 6). SEPOA, Paris.

Chataigner, Christine

1994 « Les propriétés géochimiques des obsidiennes et la distinction des sources de Bingöl et du Nemrut Dag », *Paléorient* 20/2 : 9-17.

Chavane, Marie-José

1987 « Instruments de bronze », in Marguerite Yon (éd.), *Ras Shamra-Ougarit III : Le centre de la ville, 38e-44e campagnes (1978-1984)*. Éditions Recherche sur les Civilisations, Paris : 357-374.

Chénier, Nadine

2002 « Contribution à l'histoire de la métallurgie antique en Mésopotamie septentrionale au début du e millénaire av. J.-C. » (mémoire de maîtrise inédit, Université Laval).

Chénier, Nadine ; Fortin, Michel ; Fiset, Michel & Gariépy, Clément
2001 « Contribution aux recherches archéométallurgiques en Syrie du Nord », in Michel Fortin (éd.), *Journées d'étude du Groupe de recherches en archéométrie du CELAT (1997-1999)*. CELAT, Québec : 17-32.

Childe, Vere Gordon
1936 *Man Makes Himself*. 1st ed. Watts and Company, Londres.
1950 « The Urban Revolution », *Town Planning Review* 21/1 : 3-17.

Claassen, Cheryl
1998 *Shells* (Cambridge Manuals in Archaeology). Cambridge University Press, Cambridge.

Cocks, Phillip Stanley & Osman, Abdalla El Nour
1996 « Productivity and Botanical Composition of Communally-owned Mediterranean Grasslands in the Marginal Farming Areas of North Syria », *Journal of Arid Environments* 33 : 389-398.

Coessens, Bart
1989 « Bent Pins in the Near East in the Third Millennium B.C. », in Léon De Meyer & Ernie Haerinck (éds), *Archaeologica Iranica et Orientalis, Miscellanea in Honorem Louis Vanden Berghe*, vol. 1. Peeters, Ghent : 85-98.

Cole, Steven W. & Gasche, Hermann
1998 « Second and First Millennium Rivers in Northern Mesopotamia », in Hermann Gasche & Michel Tanret (éds), *Changing Watercourses in Babylonia. Towards a Reconstruction of the Ancient Environment in Lower Mesopotamia*, vol. 1 (MHEM V/1). University of Ghent–Oriental Institute of the University of Chicago, Ghent : 1-64.

Colledge, Sue
2001 *Plant Exploitation on Epipalaeolithic and Early Neolithic Sites in the Levant* (BAR International Series 986). BAR Publishing, Oxford.

Collet, Pieter & Spoor, Richard H.
1996 « The Ground-stone Industry », in Peter M. M. G. Akkermans (éd.), *Tell Sabi Abyad. The Late Neolithic Settlement. Report on the Excavations of the University of Amsterdam (1988) and the National Museum of Antiquities Leiden (1991-1993) in Syria* (PIHANS 76). Vol. . Nederland Historisch-Archaeologisch Instituut, Istanbul : 415-438.

Collon, Dominique
1987 *First Impressions. Cylinder Seals in the Ancient Near East*. British Museum Publications, Londres.

Collon, Dominique & Symington, Dorit
2007 « Miscellaneous Clay Artifacts, Beads, Loomweights, Spindle Whorls, Metalwork, Smaller Stone Artifacts », in Nicholas Postgate & David Thomas (éds), *Excavations at Kilise Tepe, 1994-98. From Bronze Age to Byzantine in Western Cilicia* (British Institute at Ankara Monograph Series 30). MacDonald Institute for Archaeological Research & British Institute at Ankara, Cambridge : 449-529, 559-566.

Comfort, Anthony Martin
2008 « Roads on the Frontier between Rome and Persia » (thèse de doctorat inédite, University of Exeter).

Coqueugniot, Eric
2003 « Figurines et représentations animales dans les villages néolithiques du Proche-Orient », *Anthropozoologica* 38 : 35-48.

Costello, Sarah Kielt
2000 « Memory Tools in Early Mesopotamia », *Antiquity* 74 : 475-476.

Courty, Marie-Agnès
1994 « Le cadre paléogéographique des occupations humaines dans le bassin du Haut-Khabur (Syrie du Nord-Est). Premiers résultats », *Paléorient* 20/1 : 21-59.

Couturaud, Barbara
2019 *Les incrustations en coquille de Mari* (Subartu 40). Brepols, Turnhout.

Crewe, Lindy
1998 *Spindle Whorls. A Study of Form, Function and Decoration in Prehistoric Bronze Age Cyprus* (SMAL, Pocket-Book 149). Paul Åströms förlag, Jonsered.

Cribb, Roger
1991 *Nomads in Archaeology*. Cambridge University Press, Cambridge.

Crouwel, Johan H.
2004 « Der Alte Orient und seine Rolle in der Entwicklung von Fahrzeugen », in Mamoun Fansa & Stefan Burmeister (éds), *Rad und Wagen. Der Ursprung einer Innovation. Wagen im Vorderen Orient und Europa*. Philipp von Zabern, Mayence : 69-86.
2007 « Rad (Wheel). B. Archäologisch », *Reallexikon der Assyriologie und vorderasiatischen Archäologie* 11 : 217-221.
2019 « Wheeled Vehicles and their Draught Animals in the Ancient Near East – an Update », in Peter Raulwing *et al.* (éds), *Equids and Wheeled Vehicles in the Ancient World. Essays in Memory of Mary A Littauer* (BAR International Series 2923). BAR Publishing, Oxford : 29-48.

Crowfoot, Grace Mary
1931 *Methods of Hand Spinning in Egypt and Sudan* (Bankfield Museum Notes 2nd Series No.12). F. King & Sons Ltd., Halifax (Angleterre).

Currid, John D.
1985 « The Beehive Granaries of Ancient Palestine », *Zeitschrift des Deutschen Palästina-Vereins* 101 : 97-109.

Curvers, Hans & Schwartz, Glenn M.
1990 « Excavations at Tell al-Raqa'i: A Small Rural Site of Early Urban Northern Mesopotamia », *AJA* 94/1 : 3-23.

Curvers, Hans
2020 « Tell al-Raqa'i, Syria (2900-2450   ): A Mytho-Poetic Approach », in Alexander Ahrens *et al.* (éds), *Drawing the Threads Together. Studies on Archaeology in Honour of Karin Bartl*. Zaphon, Münster : 337-360.

Czichon, Rainer M.
1998a « Figürliche Plastik », in Rainer M. Czichon & Peter Werner, *Tall Munbaqa-Ekalte I: Die bronzezeitlichen Kleinfunde* (WVDOG 97). Saarbrücker Druckerei und Verlag, Sarrebruck : 22-91.
1998b « Steingeräte », in Rainer M. Czichon & Peter Werner, *Tall Munbaqa-Ekalte I: Die bronzezeitlichen Kleinfunde* (WVDOG 97). Saarbrücker Druckerei und Verlag, Sarrebruck : 242-306.

Czichon, Rainer M. & Werner, Peter
1998 *Tall Munbaqa-Ekalte I: Die bronzezeitlichen Kleinfunde* (WVDOG 97). Saarbrücker Druckerei und Verlag, Sarrebruck.

D'Alpoim Guedes, Jade & Spengler III, Robert N.
2014 « Sampling Strategies in Paleoethnobotanical Analysis », in John M. Marston *et al.* (éds.), *Method and Theory in Paleoethnobotany*. University of Colorado Press, Boulder, CO : 77-94.

Davis, Simon J. M.
1987 *The Archaeology of Animals*. Yale University Press, New Haven.

Deckers, Katleen

2005 « Anthracological Research at the Archaeological Site of Emar on the Middle Euphrates, Syria », *Paléorient* 31/2 : 153-167.

2011 « The 'Dung-as-Fuel' Model Tested at Two Syrian Jezirah Sites », in Katleen Deckers (éd.), *Holocene Landscapes Through Time in the Fertile Crescent* (Subartu 28). Brepols, Turnhout : 143-156.

Deckers, Katleen & Pessin, Hugues

2010 « Vegetation Development in the Middle Euphrates and Upper Jazirah (Syria/Turkey) during the Bronze Age », *Quaternary Research* 74 : 216-226.

2011 « Vegetation Development in Relation to Human Occupation and Climatic Change in the Middle Euphrates and Upper Jazirah (Syria/Turkey) during the Bronze Age », in Katleen Deckers (éd.), *Holocene Landscapes through Time in the Fertile Crescent* (Subartu 28). Brepols, Turnhout : 33-48.

Deckers, Katleen & Riehl, Simone

2007 « Fluvial Environmental Contexts for Archaeological Sites in the Upper Khabur Basin (Northeastern Syria) », *Quaternary Research* 67 : 337-348.

Delaporte, Louis

1923 *Catalogue des cylindres, cachets et pierres gravées de style oriental, vol. II. Acquisitions.* Paris, Hachette.

D'Errico, Francesco ; Henshilwood, Christopher ; Vanhaeren, Marian & van Niekerk, Karen

2005 « *Nassarius kraussianus* Shell Beads from Blombos Cave: Evidence for Symbolic Behaviour in the Middle Stone Age », *Journal of Human Evolution* 48 : 3-24.

D'Hont, Olivier

1989 « Production pastorale et consommation citadine : lait et laitages en Syrie orientale », in Jean Bisson (éd.), *Le Nomade, l'oasis et la ville. Actes de la table ronde tenue à Tours les 21-22-23 sept. 1989* (Fascicule de Recherches 20). Centre d'Études et de Recherches URBAMA, Tours : 213-222.

1994 *Vie quotidienne des ʿAgedat. Techniques et occupation de l'espace sur le Moyen-Euphrate.* Institut français d'études arabes, Damas.

2001 « Note sur l'alimentation des populations rurales de la moyenne vallée de l'Euphrate du [e] au [e] siècle », in Sophie Berthier (éd.), *Peuplement rural et aménagements hydroagricoles dans la moyenne vallée de l'Euphrate fin [e]- [e] siècle. Région de Deir ez Zōr – Abu Kemāl (Syrie).* Institut français de Damas, Damas : 540-549.

Dobney, Keith & Rielly, Kevin

1988 « A Method for Recording Archaeological Animal Bones: The Use of Diagnostic Zones », *Circaea* 5 : 79-96.

Doll, Monika

2010 « Meat, Traction, Wool: Urban Livestock in Tell Mozan », in Katleen Deckers *et al.* (éds), *Development of the Environment, Subsistence and Settlement of the City of Urkeš and its Region* (SUN A/3). Harrassowitz, Wiesbaden : 191-360.

Dornemann, Rudolph H.

1986 *A Neolithic Village at Tell El Kowm in the Syrian Desert* (SAOC 43). The Oriental Institute of the University of Chicago, Chicago.

Dossin, Georges

1951 *Correspondance de Šamši-Addu* (ARM 4). Geuthner, Paris.

Doumet-Serhal, Claude

2009 « New Cylinder Seal Impressions from Sidon », *Archaeology & History in the Lebanon* 29 : 2-10.

Driesch, Angela von den

1976   *A Guide to the Measurement of Animal Bones from Archaeological Sites* (Peabody Museum Bulletin 1). Peabody Museum of Archaeology and Ethnology, Cambridge, MA.

1993   « Faunal Remains from Habuba Kabira in Syria », in Hijlke Buitenhuis & A. T. Clason (éds), *Archaeozoology of the Near East. Proceedings of the First International Symposium on the Archaeozoology of Southwestern Asia and Adjacent Areas*. Backhuys, Leyde : 52-59.

Driesch, Angela von den & Falkner, Gerhard

1989   « Molluskenfunde vom Tell Chuera (Nordostsyrien) », *Heldia* 1/5-6 : 149-160.

Driesch, Angela von den ; Brückner, Helmut ; Obermaier, Henriette & Zander, Anja

2008   « The Hunt for Wild Dromedaries at the United Arab Emirates Coast during the 3rd and 2nd Millennia . Camel Bones from the Excavations at Al Sufouh 2, Dubai, UAE », in Emmanuelle Vila *et al.* (éds), *Archaeozoology of the Near East VIII. Actes des huitièmes Rencontres internationales d'Archéozoologie de l'Asie du Sud-Ouest et des régions adjacentes* (TMO 49). Maison de l'Orient et de la Méditerranée, Lyon : 487-497.

Drower, Margaret Stefana

1957   « Water-supply, Irrigation, and Agriculture », in Charles Singer *et al.* (éds), *A History of Technology, vol. : From Early Times to Fall of Ancient Empires*. Clarendon Press, Oxford : 520-557.

Dubreuil, Laure & Grosman, Leore

2009   « Ochre and Hide-working at a Natufian Burial Place », *Antiquity* 83 : 935-954.

Duistermaat, Kim

1996   « The Seals and Sealings », in Peter M. M. G. Akkermans (éd.), *Tell Sabi Abyad. The Late Neolithic Settlement. Report on the Excavations of the University of Amsterdam (1988) and the National Museum of Antiquities Leiden (1991-1993) in Syria* (PIHANS 76). Vol.   . Nederlands Historisch-Archaeologisch Instituut, Istanbul : 339-401.

2012   « Which Came First, the Bureaucrat or the Seals? Some Thoughts on the Non-administrative Origin of Seals in Neolithic Syria », in Ilona Regulski *et al.* (éds), *Seals and Sealing Practices in the Near East. Developments in Administration and Magic from Prehistory to the Islamic Period* (Orientalia Lovaniensia Analecta 219). Peeters, Louvain : 1-19.

Dunham, Sally

1993   « Beads for Babies », *Zeitschrift für Assyriologie und Vorderasiatische Archäologie* 83 : 239-257.

1994   « An Early Percussion Instrument from Tell al-Raqa'i, North Syria », *Source Notes in the History of Art* 13/4 : 36-43.

2015   « The Small Finds », in Glenn M. Schwartz (éd.), *Rural Archaeology in Early Urban Northern Mesopotamia: Excavations at Tell Al-Raqa'i* (Monumenta Archaeologica 36). Cotsen Institute of Archaeology Press, Los Angeles : 297-437.

Dunseth, Zachary C. ; Fuks, Daniel ; Langgut, Dafna ; Weiss, Ehud ; Melamed, Yoel ; Butler, Don H. ; Yan, Xin ; Boaretto, Elisabetta ; Tepper, Yotam ; Bar-Oz, Guy & Shahack-Gross, Ruth

2019   « Archaeobotanical Proxies and Archaeological Interpretation: A Comparative Study of Phytoliths, Pollen and Seeds in Dung Pellets and Refuse Deposits at Early Islamic Shivta, Negev, Israel », *Quaternary Science Reviews* 211 : 166-185.

Dupré, Sylvestre

1993   *Bestiaire de Cappadoce. Terres cuites zoomorphes anatoliennes du ^{e} millénaire avant J.-C. au musée du Louvre*. Réunion des Musées Nationaux, Paris.

Durand, Jean-Marie

1987   « Villes fantômes de Syrie et autres lieux », *M.A.R.I.* 5 : 199-205.

1988   *Archives épistolaires de Mari I/1*. Éditions Recherches sur les Civilisations, Paris.

1990a « Le sel à Mari (II) : les salines sur les bords du Habur », *M.A.R.I.* 6 : 629-634.

1990b « Problèmes d'eau et d'irrigation au royaume de Mari », in Bernard Geyer (éd.), *Techniques et pratiques hydro-agricoles traditionnelles en domaine irrigué*. IFAPO, Damas : 101-142.

1992   « Unité et diversité au Proche-Orient à l'époque Amorrite », in Dominique Charpin & Francis Joannès (éds), *La circulation des biens, des personnes et des idées dans le Proche-Orient ancien. Actes de la 38e Rencontre Assyriologique Internationale, Paris, 8-10 Juillet 1991*. Éditions Recherche sur les Civilisations, Paris : 97-128.

1994   « Administrateurs de Qattunân », in Dominique Charpin & Jean-Marie Durand (éds), *Florilegium Marianum II. Recueil d'études à la mémoire de M. Birot* (Mémoires de NABU 3). SEPOA, Paris : 83-114.

1997   *Les documents épistolaires du palais de Mari, 1* (Littératures anciennes du Proche-Orient 16). Les éditions du Cerf, Paris.

2004   « Peuplement et sociétés à l'époque amorrite : (I) les clans bensimalites » in Chistophe Nicolle (éd.), *Nomades et sédentaires dans le Proche-Orient ancien. Compte rendu de la XLVIe Rencontre Assyriologique Internationale (Paris, 10-13 juillet 2000)* (Amurru 3). Éditions Recherche sur les Civilisations, Paris : 111-197.

2008   « Tell Hariri/Mari : textes. V. Environnement et occupation de l'espace. I. Les nomades », *Supplément au Dictionnaire de la Bible* 77-78 : 298-324.

2009   « La vallée du Habur à l'époque amorrite », in Eva Cancik-Kirschbaum & Nele Ziegler (éds), *Entre les fleuves – I. Untersuchungen zur historischen Geographie Obermesopotamiens im 2. Jahrtausend v. Chr.* (Berliner Beiträge zum Vorderen Orient 20). PeWe-Verlag, Gladbeck : 39-57.

2010   « Dur Kalim(m)u/Šēḫ-Ḥamad, how and why? Réflexions sur la logique d'une frontière sur le Habur », in Hartmut Kühne (éd.), *Dūr-Katlimmu 2008 and Beyond* (Studia Chaburensia 1). Harrossowitz, Wiesbaden : 49-66.

2019   *Les premières années du roi Zimrî-Lîm de Mari. Première partie* (ARM 33). Peeters, Louvain.

Durand, Jean-Marie & Guichard, Michaël

1997   « Les rituels de Mari (textes n° 2 à n° 5) », in Dominique Charpin & Jean-Marie Durand (éds), *Florilegium marianum III : Recueil d'études à la mémoire de Marie-Thérère Barrelet* (Mémoire de NABU 4). SEPOA, Paris : 19-78.

Ebeling, Jennie R. & Yorke, Rowan M.

2004   « The Archaeology of the Daily Grind: Ground Stone Tools and Food Production in the Southern Levant », *Near Eastern Archaeology* 67/2 : 108-117.

Edzard, Dietz Otto

1981   « Mesopotamian Nomads in the Third Millennium B.C. », in Jorge Silva Castillo (éd.), *Nomads and Sedentary Peoples*. Colegio De Mexico, Mexico : 37-45.

Eidem, Jesper & Warburton, David Alan

1996   « In the Land of Nagar: A Survey around Tell Brak », *Iraq* 58 : 51-64.

Eisenmann, Véra & Beckouche, Sophie

1986   « Identification and Discrimination of Metapodials from Pleistocene and Modern *Equus*, Wild and Domestic », in Richard H. Meadow & Hans-Peter Uerpmann (éds), *Equids in the Ancient World* (Beihefte zum Tübinger Atlas des Vorderen Orients, Reihe A 19/1). Dr. Ludwig Reichert, Wiesbaden : 117-163.

Eldar, Iris ; Nir, Yaacov & Nahlieli, Dov

1992   « The Bedouin and Their Campsites in the Dimona Region of the Negev: A Comparative Model for the Study of Ancient Desert Settlements », in Ofer Bar-Yosef & Anatoly Khazanov (éds), *Pastoralism in the Levant. Archaeological Materials in Anthropological Perspectives* (Monographs in World Archaeology 10). Prehistory Press, Madison : 205-217.

Elliott, Carolyn
1991 « The Ground Stone Industry », in Marguerite Yon (éd.), *Ras Shamra-Ougarit VI : Arts et industries de la pierre*. Éditions Recherche sur les Civilisations, Paris : 9-99.

Emberling, Geoff ; Cheng, Jack ; Larsen, Torben E. ; Pittman, Holly ; Skuldboel, Tim B. ; Weber, Jill & Wright, Henry T.
1999 « Excavations at Tell Brak 1998 : Preliminary Report », *Iraq* 61 : 41.

Epstein, Claire
1985 « Laden Animal Figurines from Chalcolithic Period in Palestine », *BASOR* 258 : 53-62.

Ergenzinger, Peter J.
1987 « Big Hydraulic Structures in Ancient Mesopotamia in North-East Syria », *Die Erde* 118 : 33-36.
1991 « Geomorphologische Untersuchungen im Unterlauf des Habur », in Hartmut Kühne (éd.), *Die rezente Umwelt von Tall Šēḫ Ḥamad und Daten zur Umwelrekonstruktion der assyrischen Stadt Dūr-Katlimmu*. Dietrich Reimer Verlag, Berlin : 35-50.

Ergenzinger, Peter J. & Kühne, Hartmut
1991 « Ein regionales Bewässwerungssystem am Habur », in Hartmut Kühne (éd.), *Die rezente Umwelt von Tall Šēḫ Ḥamad und Daten zur Umwelrekonstruktion der assyrischen Stadt Dūr-Katlimmu*. Dietrich Reimer Verlag, Berlin : 163-190.

Ergenzinger, Peter J. ; Frey, Wolfgang ; Kühne, Harmut & Kurschner, Harald
1988 « The Reconstruction of Environment, Irrigation and Development of Settlement on the Habur in North-East Syria », in John Bintliff *et al.* (éds), *Conceptual Issues in Environmental Archaeology*. Edinburgh University Press, Edinburgh : 108-128.

Evrin, Volkan ; Gülay, Öke ; Türkmenoglu, Asuman G. & Demirci, Sahinde
2002 « Stone Anchors from the Mediterranean Coasts of Anatolia, Turkey : Underwater Surveys and Archaeometrical Investigations », *The International Journal of Nautical Archaeology* 31/2 : 254-267.

Eygun, Guilmine
1992 « Les figurines humaines et animales du site néolithique de Ganj Dareh (Iran) », *Paléorient* 18/1 : 109-117.

Falb, Christian
2010 « Grabungen im Bereich H West », in Jan-Waalke Meyer (éd.), *Ausgrabungen in Tell Chuēra in Nordost-Syrien II. Vorbericht über die Grabungskampagnen 1998 bis 2005*. Harrassowitz, Wiesbaden : 83-171.

Falb, Christian ; Porter, Anne & Pruß, Alexander
2014 « North-Mesopotamian Metallic Ware, Jezireh Stone Ware, North-Mesopotamian Grey Ware and Euphrates Banded Wares », in Marc Lebeau (éd.), *Ceramics* (ARCANE Interregional I). Brepols, Turnhout : 171-199.

Fechner, Kai & Mesnil, Marianne (éds)
2002 *Pain, fours et foyers des temps passés. Archéologie et traditions boulangères des peuples agriculteurs d'Europe et du Proche Orient/Bread, Ovens and Hearths of the Past : Archaeology and Baking Traditions of Agriculture Civilisations in Europe and the Near East. Textes rassemblés en hommage à l'œuvre de Max Währen, à l'occasion de son quatre-vingtième anniversaire* (Civilisations 49/1-2). Institut de sociologie de l'Université Libre de Bruxelles, Bruxelles.

Felli, Candida
2015 « Glyptic and Art », in Uwe Finkbeiner *et al.* (éds), *Middle Euphrates* (ARCANE 4). Brepols, Turnhout : 203-265.

Ferdière, Alain

2015 « Essai de typologie des greniers ruraux de Gaule du Nord », *Revue archéologique du centre de la France* 54 [En ligne : <http://racf.revues.org>].

Finet, André

1959 « Une affaire de disette dans un district du royaume de Mari », *Revue d'assyriologie et d'archéologie orientale* 53/2 : 57-69.

1969 « L'Euphrate route commercial de la Mésopotamie », *AAAS* 19 : 37-48.

1984 « Le Habur dans les archives de Mari », *AAAS* 34 : 89-97.

Finkbeiner, Uwe. (éd.)

2019 *Final Reports of the Syrian-German Excavations at Tell el-'Abd. Vol. : Small Objects and Environmental Studies* (marru 5/2). Zaphon, Münster.

Firth, Richard

2015 « Mathematical Analysis of the Spindle Whorl and Loom Weight Data in the CTR Database », in Eva Andersson Strand & Marie-Louise Nosch (éds), *Tools, Textiles and Contexts. Investigating Textile Production in the Aegean and Eastern Mediterranean Bronze Age* (Ancient Textiles Series 21). Oxbow Books, Oxford-Philadelphie : 153-190.

Fischer, Peter M.

2008 « Tell Abu al-Kharaz. A Bead in the Jordan Valley », *Near Eastern Archaeology* 71/4 : 196-213.

Fisher, William Bayne

1963 *The Middle East: A Physical, Social and Regional Geography*. Methuen, Londres.

Flannery, Kent V.

1968 « Origins and Ecological Effects of Early Near Eastern Domestication », in Peter J. Ucko & G. W. Dimbleby (éds), *Domestication and Exploitation of Plants and Animals*. Duckworth, Londres : 73-100.

Fleming, Daniel E.

2004 *Democracy's Ancient Ancestors: Mari and Early Collective Governance*. Cambridge University Press, Cambridge.

2009 « Kingship of City and Tribe Conjoined: Zimri-Lim at Mari », in Jeffrey Szuchman (éd.), *Nomads, Tribes, and the State in the Ancient Near East. Cross-disciplinary Perspectives* (OIS 5). Oriental Institute of the University of Chicago, Chicago : 227-240.

Forest, Jean-Daniel & Vallet, Régis

2008 « Tell Feres al Sharqui 2006 : rapport préliminaire sur la première campagne », *Chronique archéologique en Syrie* 3 : 121-129.

Fortin, Michel

1987 « Résultats de la première saison de fouilles de la mission canadienne à tell 'Atij, sur le Moyen Khabour, printemps 1986 », *AAAS* 36-37 : 144-163.

1988a « Rapport préliminaire sur la première campagne de fouilles (printemps 1986) à tell 'Atij, sur le moyen Khabour (Syrie) », *Syria* 65 : 139-171.

1988b « Mission archéologique de l'Université Laval en Syrie sur les sites de tell 'Atij et de tell Gudeda (ème millénaire av. J.-C.) », *Echos du Monde Classique/Classical Views* n.s. 7 : 103-115.

1989 « Trois campagnes de fouilles à tell 'Atij : un comptoir commercial du ème millénaire av. J.-C. en Syrie du Nord », *Bulletin de la Société Canadienne des Études Mésopotamiennes* 18 : 35-56.

1990a « Rapport préliminaire sur la seconde campagne de fouilles à tell 'Atij et la première à tell Gudeda (automne 1987), sur le moyen Khabour », *Syria* 67 : 219-256.

1990b « Résultats de la 3ᵉ campagne de fouilles à tell 'Atij et de la 2ᵉ à tell Gudeda, en Syrie du Nord », *Echos du Monde Classique/Classical Views* 34 n.s. 9 : 115-127.

1990c « Rapport préliminaire sur la 3ème campagne de fouilles à tell 'Atij et la 2ème à tell Gudeda, sur le Khabour (automne 1988) », *Syria* 67 : 535-577.

1991a « Tell Gudeda: un site 'industriel' du IIIème millénaire av. J.-C. dans la moyenne vallée du Khabour ? », *Bulletin de la Société canadienne des études mésopotamiennes* 21 : 63-77.

1991b « Récentes recherches archéologiques dans la moyenne vallée du Khabour (Syrie) », *Bulletin de la société canadienne des études mésopotamiennes* 21 : 5-15.

1992 « Une mission archéologique québécoise en Mésopotamie (Syrie) », in Michel Fortin (éd.), *Fouilles archéologiques québécoises à travers le monde*. Musée de la civilisation, Québec : 145-178.

1993 « Résultats de la 4ème campagne de fouilles à tell 'Atij et de la 3ème à tell Gudeda, Syrie », *Echos du monde classique/Classical Views* 37 n.s. 12 : 97-121.

1994a « Rapport préliminaire sur la quatrième campagne à tell 'Atij et la troisième à tell Gudeda (printemps 1992) », *Syria* 71 : 361-396.

1994b « Résultats de la 5ème campagne de fouilles à tell 'Atij et de la 4ème à tell Gudeda, Syrie », *Echos du monde classique/Classical Views* 38 n.s. 13 : 117-140.

1995 « Rapport préliminaire sur la cinquième campagne à tell 'Atij et la quatrième à tell Gudeda (printemps 1993) », *Syria* 72 : 23-53.

1996 « On the Fringe of Urbanization in Northern Mesopotamia (3000-2500 B.C.) », in Daniel A. Meyer et al. (éds), *Debating Complexity. Proceedings of the 26th Annual Chacmool Conference*. The Archaeological Association of the University of Calgary, Calgary : 476-484.

1997 « Urbanisation et 'redistribution' de surplus agricoles en Mésopotamie septentrionale (3000-2500 av. J.-C.) », in Walter E. Aufrecht et al. (éds), *Aspects of Urbanism in Antiquity. From Mesopotamia to Crete*. Sheffield Academic Press, Sheffield : 50-81.

1998a « L'habitat de la station commerciale de tell 'Atij, sur le moyen Khabour, au ᵉᵐᵉ millénaire av. J.-C. », in Michel Fortin & Olivier Aurenche (éds), *Espace naturel, espace habité en Syrie du Nord (10ᵉ-2ᵉ millénaires av. J.-C.). Natural Space, Inhabited Space in Northern Syria (10ᵗʰ-2ⁿᵈ millennium B.C.). Actes du colloque tenu à l'Université Laval (Québec) du 5 au 7 mai 1997* (TMO 28). Canadian Society for Mesopotamian Studies – Maison de l'Orient Méditerranéen, Québec-Lyon : 229-242.

1998b « New Horizons in Ancient Syria: A View from 'Atij », *Near Eastern Archaeology* 61/1 : 15-24.

1998c « Les fouilles canadiennes à Tell 'Atij (ᵉ mill.), sur le Moyen Khabour, en Syrie du Nord », in *XXXIVème Rencontre Assyriologique Internationale*. Istanbul : 407-412.

1999a « Le *facies* archéologique du Moyen Khabour au ᵉᵐᵉ millénaire av. J.-C. », in Gregorio del Olmo Lete & Juan Luis Montero Fenollós (éds), *Archaeology of the Upper Syrian Euphrates The Tishrin Dam Area. Proceedings of the International Symposium Held at Barcelona, January 28ᵗʰ-30ᵗʰ 1998*. Editorial Ausa, Barcelone : 497-522.

1999b *Syrie, terre de civilisations*. Le Musée de la civilisation – Les Éditions de l'Homme, Québec.

2000 « Économie et société dans la moyenne vallée du Khabour durant la période de Ninive 5 », in Olivier Rouault & Marcus Wäfler (éds), *La Djéziré et l'Euphrate syriens de la protohistoire à la fin du ᵉ millénaire av. J.-C. Tendances dans l'interprétation historique des données nouvelles* (Subartu 8). Brepols, Turnhout : 111-136.

2001 « Mise en valeur des terres de la moyenne vallée du Khabour au 3ᵉ millénaire », in Bernard Geyer (éd.), *Conquête de la steppe et appropriation des terres sur les marges arides du Croissant fertile* (TMO 36). Maison de l'Orient Méditerranéen, Lyon : 27-54.

2003 « Les fouilles de la mission canadienne dans le Khabour. Tell 'Atij et Tell Gudeda (1986-1993) », *AAAS* 45-46 : 107-122.

2006 *Tell 'Acharneh 1998-2004. Rapports préliminaires sur les campagnes de fouilles et saison d'études. Preliminary reports on excavation campaigns and study season* (Subartu 18). Brepols, Turnhout.

2016a « Ancres de pierre ou pierres d'ancrage du ᵉ millénaire trouvées à Tell 'Atij, dans la moyenne vallée du Khabour, en Syrie du Nord », in Julie Patrier et al. (éds), *Mille et une empreintes. Un Alsacien en Orient. Mélange en l'honneur du 65ᵉ anniversaire de Dominique Beyer* (Subartu 36). Brepols, Turnhout : 125-146.

2016b « La vallée du Ghab du Bronze ancien à l'époque ottomane : résultats sommaires de la prospection syro-canadienne (2004-2006) », in Dominique Parayre (éd.), *Le fleuve rebelle. Géographie historique du moyen Oronte d'Ebla à l'époque médiévale* (Syria supplément 4). IFPO, Beyrouth : 281-301, 458-463.

Fortin, Michel & Bouchard, Daniel
1995 « Le système de gestion informatisée des données de la mission archéologique canadienne en Syrie », *Bulletin de la Société canadienne des études mésopotamiennes* 29 : 55-65.

Fortin, Michel & Cooper, Lisa
1994 « Canadian Excavations at Tell 'Atij (Syria), 1992-1993 », *Bulletin of the Canadian Society for Mesopotamian Studies* 27 : 33-50.

Fortin, Michel ; Routledge, Bruce & Routledge, Carolyn
1994 « Canadian Excavations at Tell Gudeda (Syria), 1992-1993 », *Bulletin of the Canadian Society for Mesopotamian Studies* 27 : 51-63.

Fortin, Michel & Schwartz, Glenn M.
2003 « The Middle Habur in the Third Millennium B.C. », in Elena Rova & Harvey Weiss (éds), *The Origins of North Mesopotamian Civilization: Ninevite 5 Chronology, Economy, Society* (Subartu 9). Brepols, Turnhout : 221-248.

Fortin, Michel ; Cooper, Lisa & Boileau, Marie-Claude
2014 « Rapport préliminaire et études céramologiques sur les campagnes de fouilles 2009 et 2010 à Tell 'Acharneh, vallée du Ghab, Syrie », *Syria* 91 : 173-220.

Francis, Peter
1982 « Experiments with Early Techniques for Making Whole Shells into Beads », *Current Anthropology* 23/1 : 713-714.

Frangipane, Marcella ; Andersson Strand, Eva ; Laurito, Romina ; Möller-Wiering, Susan ; Nosch, Marie-Louise ; Rast-Eicher, Antoinette & Wisti Lassen, Agnete
2009 « Arslantepe, Malatya (Turkey): Textiles, Tools and Imprints of Fabrics from the 4th to the 2nd Millennium », *Paléorient* 35/1 : 5-29.

Freikman, Michael & Garfinkel, Yosef
2009 « The Zoomorphic Figurines from Sha'ar hagolan: Hunting Magic Practices in the Neolithic Near East », *Levant* 41/1 : 5-17.

Frendo, Anthony J.
1996 « The Capabilities and Limitations of Ancient Near Eastern Nomadic Archaeology », *Orientalia* 65 : 1-23.

Friberg, Jöran
2001 « Bricks and Mud in Metro-mathematical Cuneiform Texts », in Jens Høyrup & Peter Damerov (éds), *Changing Views on Ancient Near Eastern Mathematics* (Berliner Beiträge zum Vorderen Orient 19). D. Reimer, Berlin : 61-154.

Fritz, Gayle & Nesbitt, Mark
2014 « Laboratory Analysis and Taxonomic Identification », in John M. Marston *et al.* (éds.), *Method and Theory in Paleoethnobotany*. University Press of Colorado, Boulder, CO : 115-146.

Frost, Honor
1963 « From Rope to Chain. On the Development of Anchors in the Mediterranean », *The Mariner's Mirror* 49/1 : 1-20.
1969a « The Stone-anchors of Byblos », *Mélanges de l'Université Saint-Joseph* 45 : 425-442.

1969b « The Stone-anchors of Ugarit », in Claude Frédéric-Armand Schaeffer (éd.), *Mission de Ras Shamra XVII. Ugaritica VI*. Geuthner, Paris : 235-245.

1970a « Stone-anchors as Indications of Early Trade Routes », in Michel Mollat (éd.), *Sociétés et compagnies de commerce en Orient et dans l'océan Indien. Actes du huitième colloque international d'histoire maritime (Beyrouth – 5-10 septembre 1966)*. S.E.V.P.E.N., Paris : 55-61.

1970b « Some Cypriot Stone-anchors from Land Sites and from the Sea », *RDAC* : 14-24.

1973 « Anchors, the Potsherds of Marine Archaeology: On the Recording of Pierced Stones from the Mediterranean », in David John Blackman (éd.), *Marine Archaeology*. Butterworths, Londres : 397-406.

1984 « Khirokitia : une pierre d'ancrage », in Alain Le Brun (éd.), *Fouilles récentes à Khirokitia (Chypre) 1977-1981*. Éditions Recherche sur les Civilisations, Paris : 125-126, fig. 77, pl. XXX.

1985a « The Kition Anchors », in Vassos Karageorghis & Martha Demas (éds), *Excavations at Kition V.1 : The Pre-Phoenician Levels*, The Department of Antiquities, Cyprus, Nicosie : 281-322.

1985b « Fishing Tackle: Three Limestone Weights », in Marguerite Yon & Annie Caubet (éds), *Kition-Bamboula III : le sondage L-N 13 (Bronze Récent et Géométrique I)* (Maison de l'Orient méditerranéen Mémoire 53). Éditions Recherche sur les Civilisations, Paris : 169-171, 194, pl. 43.

1985c « Stone Anchors as Clues to Bronze Age Trade Routes », in Micheline Galley & Leïla Ladjimi Sebai (éds), *L'homme méditerranéen et la mer*. Salammbô, Tunis : 20-26.

1991 « Anchors Sacred and Profane. Ugarit-Ras Shamra, 1986 ; the Stone Anchors Revised and Compared », in Marguerite Yon (éd.), *Ras Shamra-Ougarit VI : Arts et Industries de la pierre*. Éditions Recherche sur les Civilisations, Paris : 355-410.

1997 « Stone Anchors. The Need for Methodological Recording », *International Journal of History of Science* 32/2 : 121-126.

Fugmann, Ejnar

1958 *Hama. Fouilles et recherches de la fondation Carlsberg, 1931-1938*. Nationalmuseet, Copenhague.

Fukai, Shinji ; Horiuchi, Kiyoharu & Matsutani, Toshio

1974 *Telul eth Thalathat. The Excavation of Tell V. The Fourth Season (1965)*. The Institute of Oriental Culture – The University of Tokyo, Tokyo.

Fuller, Michael & Fuller, Neathery

1987-1998 « Tell Tuneinir on the Khabur: Preliminary Report on Three Seasons », *AAAS* 37-38 : 279-290.

1991 « Tuneinir », *AJA* 95/4 : 738-740.

1994 « Tuneinir », *AJA* 98/1 : 157-158.

1997 « Tuneinir », *AJA* 101/1 : 144-145.

1998 « Archaeological Discoveries at Tell Tuneinir, Syria », *Journal of Assyrian Academic Studies* 12/2 : 69-82.

Fuller, Michael ; Fuller, Neathery & Bagho, Abdul Masih Hanna

2018 « The Churches at Tell Tuneinir and Tell Hasseke, Syria », *ARAM* 30/1-2 : 91-111.

Füzes, Endre

1981 « Die traditionelle Getreideaufbewahrung im Karpatenbecken », in Marceau Gast & François Sigaut (éds), *Les techniques de conservation des grains à long terme. Leur rôle dans la dynamique des systèmes de cultures et des sociétés, II*. CNRS, Paris : 66-83.

Gagnon, Isabelle

2002 « L'utilisation des matières dures animales au Proche-Orient ancien » (mémoire de maîtrise inédit, Université Laval).

Gailhard, Nicolas

2009 *Transformation du cuivre au Moyen-Orient du Néolithique à la fin du 3ème millénaire. Étude d'une chaîne technologique* (BAR International Series 1911). Archaeopress, Oxford.

Galili, Ehud
1985 « A Group of Stone Anchors from Newe-Yam », *The International Journal of Nautical Archaeology and Underwater Exploration* 14/2 : 143-153.

Galili, Ehud ; Sharvit, Jacob & Artzy, Michal
1994 « Reconsidering Byblian and Egyptian Stone Anchors Using Numeral Methods: New Finds from the Israeli Coast », *The International Journal of Nautical Archaeology* 23/2 : 93-107.

Galili, Ehud ; Rosen, Baruch & Sharvit, Jacob
2002 « Fishing-gear Sinkers Recovered from an Underwater Wreckage Site, off the Carmel Coast, Israel », *The International Journal of Nautical Archaeology* 31/2 : 182-201.

Galili, Ehud ; Zemer, Avshalom & Rosen, Baruch
2013 « Ancient Fishing Gear and Associated Artifacts from Underwater Explorations in Israel – A Comparative Study », *Archaeofauna* 22 : 143-166.

Galili, Ehud ; Rosen, Baruch ; Weinstein-Evron, Mina ; Hershkovitz, Israel ; Eshed, Vered & Horwitz, Liora Kolska
2020 « Israel: Submerged Prehistoric Sites and Settlements on the Mediterranean Coastline – the Current State of the Art », in Geoff Bailey *et al.* (éds), *The Archaeology of Europe's Drowned Landscapes* (Coastal Research Library 35). Springer, Londres : 443-481.

Gallet, Yves & Butterlin, Pascal
2015 « Archaeological and Geomagnetic Implications of New Archaeomagnetic Intensity Data from the Early Bronze High Terrace 'Massif Rouge' at Mari (Tell Hariri, Syria) », *Archaeometry* 57 (Suppl. 1) : 263-276.

Gallet, Yves ; Fortin, Michel ; Fournier, Alexandre ; Le Goff, Maxime & Livermore, Philip
2020 « Analysis of Geomagnetic Field Intensity Variations in Mesopotamia during the Third Millennium with Archaeological Implications », *Earth and Planet Science Letters* 537 : 116183.

Garcia, Dominique
1997 « Les structures de conservation des céréales en Méditerranée nord-occidentale au premier millénaire avant J.-C. : innovations techniques et rôle économique », in Dominique Garcia & Dimitri Meeks (éds), *Techniques et économie antiques et médiévales. Le temps de l'innovation. Actes du Colloque d'Aix-en-Provence, mai 1996* (Travaux du Centre Camille Jullian 21) (Archéologie aujourd'hui). Errance, Paris : 88-95.

Garfinkel, Yosef & Miller, Michele A.
2002 *Sha'ar Hagolan 1: Neolithic Art in Context*. Oxbow, Oxford.

Garfinkel, Yosef ; Ben-Shlomo, David & Kuperman, Tali
2009 « Large-scale Storage of Grain Surplus in the Sixth Millennium : the Silos of Tel Tsaf », *Antiquity* 83 : 309-325.

Gast, Marceau
1965 « Les 'pilons' sahariens. Études technologiques », *Libyca* 13 : 311-324.

Gast, Marceau & Fromont, Marie-Christine
1985 « Silos souterrains et magasins à grains à Thula (République arabe du Yémen) », in Marceau Gast *et al.* (éds), *Les techniques de conservation des grains à long terme : leur rôle dans la dynamique des systèmes de cultures et des sociétés*. Vol. 3, fasc. 1. Éditions du CNRS, Paris : 193-210.

Gates St-Pierre, Christian
2007 « Bone Awls of the St. Lawrence Iroquoians: A Microwear Analysis », in Christian Gates St.-Pierre & Renée B. Walker (éds), *Bones as Tools: Current Methods and Interpretations in Worked Bone Studies* (BAR International Series 1622). Archaeopress, Oxford : 107-118.

Gates St-Pierre, Christian & Walker, Renée B. (éds)
2007   *Bones as Tools: Current Methods and Interpretations in Worked Bone Studies* (BAR International Series 1622). Archaeopress, Oxford.

Gaulon, Alain
2008   « Human Activities and Environment in Halaf Communities as Revealed by Hunting Practices », *Proceedings of the 4th International Congress of the Archaeology of the Ancient Near East. 29 March – 3 April 2004, Freie Universität Berlin. Vol. 1: The Reconstruction of Environment: Natural Resources and Human Interrelations through Time. Art History: Visual Communication*. Harrassowitz, Wiesbaden : 77-93.

Gauthier-Pilters, Hilde & Dagg, Anne Innis
1981   *The Camel. Its Evolution, Ecology, Behavior, and Relationship to Man*. University of Chicago Press, Chicago.

Gé, Thierry ; Courty, Marie-Agnès ; Matthews, Wendy & Wattez, Julia
1993   « Sedimentary Formation Processes of Occupation Surfaces », in Paul Goldberg *et al.* (éds), *Formation Processes in Archaeological Context* (Monographs in World Archaeology 17). Prehistory Press, Madison : 149-163.

Genz, Hermann
2016   « Simple Bone Tools from Early Bronze Age Tell Fadous-Kfarabida (Lebanon): A Household Approach », *Levant* 48/2 : 154-166.
2019   « Bone Objects », in Uwe Finkbeiner (éd.), *Final Reports of the Syrian-German Excavations at Tell el-'Abd 3: Small Objects and Environmental Studies* (marru 5/2). Zaphon, Münster : 73-80.

Gernez, Guillaume
2018   « Metal Weapons », in Marc Lebeau (éd.), *Artefacts* (ARCANE Interregional II). Brepols, Turnhout : 39-76.

Geyer, Bernard
1985   « Géomorphologie et occupation du sol de la moyenne vallée de l'Euphrate dans la région de Mari », in Jean-Claude Margueron & Jean-Marie Durand (éds), *À propos d'un cinquantenaire : Mari, bilan et perspectives. Actes du colloque international du CNRS 620 (Strasbourg, 29-30 juin, 1er juillet 1983)* (M.A.R.I. 4). Éditions Recherche sur les Civilisations, Paris : 27-39.

Geyer, Bernard & Monchambert, Jean-Yves
1987   « Prospection de la moyenne vallée de l'Euphrate : rapport préliminaire : 1982-1985 », *M.A.R.I.* 5 : 203-344.

Gibbs, Kevin T.
2008   « Pierced Clay Disks and Later Neolithic Textile Production », *Proceedings of the 5th International Congress on the Archaeology of the Ancient Near East. Madrid, April 3-8 2006*. Vol. 2. Universidad Autónoma de Madrid Ediciones, Madrid : 89-96.

Gibert, André & Fevret, Maurice
1953   « La Djézireh syrienne et son réveil économique », *Revue de géographie de Lyon* 28 : 1-15, 83-99.

Ginouvès, René
1992   *Dictionnaire méthodologique de l'architecture grecque et romaine. Tome II : Éléments constructifs : supports, couvertures, aménagements intérieurs*. École française d'Athènes et École française de Rome, Paris.

Good, Irene
2012   « Changes in Fiber Use and Spinning Technologies on the Iranian Plateau: A Comparative and Diachronic Study of Spindle Whorls ca. 4500-2500   », *Paléorient* 38/1-2 : 111-126.

Göyünç, Nejat & Hütteroth, Wolf-Dieter
1997   *Land an der Grenze. Osmanische Verwaltung im heutigen türkisch-syrisch-irakischen Grenzgebiet im 16. Jahrhundert.* Eren Yayincilik, Istanbul.

Graeve, Marie-Christine de
1981   *The Ships of the Ancient Near East (c. 2000-500 B.C.)* (Orientalia Lovaniensia analecta 7). Université de Louvain-Département Oriëntalistiek, Louvain.

Grant, Annie
1982   « The Use of Tooth Wear as a Guide to the Age of Domestic Ungulates », in Bob Wilson *et al.* (éds), *Ageing and Sexing Animal Bones from Archaeological Sites* (BAR British Series 109). British Archaeological Reports, Oxford : 91-108.

Greenfield, Haskel Joseph
1988   « The Origins of Milk and Wool Production in the Old World: A Zooarchaeological Perspective from the Central Balkans », *Current Anthropology* 29/4 : 573-593.

Greenfield, Haskell Joseph ; Greenfield, Tina L. ; Shai, Itzhaq ; Albaz, Shira & Maier, Aren M.
2018   « Household Rituals and Sacrificial Donkeys. Why are There so Many Domestic Donkeys Buried in an Early Bronze Age Neighborhood at Tell es-Sâfi/Gath ? », *Near Eastern Archaeology* 81/3 : 202-211.

Grégoire, Jean-Pierre
1992   « Les grandes unités de transformations des céréales : l'exemple des minoteries de la Mésopotamie du sud à la fin du ᵉ millénaire avant notre ère », in Patricia C. Anderson (éd.), *Préhistoire de l'agriculture : nouvelles approches expérimentales et ethnographiques. The Prehistory of Agriculture: New Experimental and Ethnographic Approaches* (Monographie du CRA 6). Éditions du CNRS, Paris : 321-339.
1999   « The Grain-Grinding Households (e_2 HAR.HAR) of Southern Mesopotamia at the End of the 3rd Millennium of the Common Era », *Bulletin of the Anglo-lsrael Archaeological Society* 17 : 7-38.

Gremmen, W. H. E. & Bottema, Sytze
1991   « Palynological Investigations in the Syrien Gazira », in Hartmut Kühne (éd.), *Die rezente Umwelt von Tall Šēḫ Ḥamad und Daten zur Umwelrekonstruktion der assyrischen Stadt Dūr-Katlimmu.* Dietrich Reimer Verlag, Berlin : 105-116.

Greenberg, Raphael ; Ashkenazi, Hai ; Berger, Alice ; Iserlis, Mark ; Paz, Yitzhak ; Rotem, Yael ; Shimelmitz, Ron ; Tan, Melissa & Paz, Sarit
2017   « The Circles Building (Granary) at Tel Bet Yerah (Khirbet el-Kerak): A New Synthesis (Excavations of 1945-1946, 2003-2015) », *BASOR* 378 : 163-202.

Groman-Yaroslavski, Iris & Bar-Yosef Mayer, Daniella E.
2015   « Lapidary Technology Revealed by Functional Analysis of Cornalian Beads from the Early Neolithic Site of Nahal Hermar Cave, Southern Levant », *Journal of Archaeological Science* 58 : 77-88.

Gronenborn, Detlef
1997   « An Ancient Storage Pit in SW Chad Basin, Nigeria », *Journal of Field Archaeology* 24 : 431-439.

Grossman, Kathryn
2014a   « Ninevite 5 Ceramics », in Marc Lebeau (éd.), *Ceramics* (ARCANE Interregional I). Brepols, Turnhout : 83-100.
2014b   « Fire Installations in a Late Ninevite 5 Complex at Hamoukar, Syria », *Proceedings of the 8th International Congress on the Archaeology of the Ancient Near East. 30 April – 4 May 2012, University of Warsaw.* Vol. 3. Harrassowitz, Wiesbaden : 47-59.

Grossman, Kathryn & Paulette, Tate

2020 « Wealth-on-the-Hoof and the Low-power State: Caprines as Capital in Early Mesopotamia », *Journal of Anthropological Archaeology* 60 : 101207.

Gruchy, Michelle de ; Deckers, Katleen & Riehl, Simone

2016 « A Diachronic Reconstruction of the Northern Mesopotamian Landscape (4th to 2nd millennia) from Three Separate Sources of Evidence », *Journal of Archaeological Science : Reports* 8 : 250-267.

Guichard Michaël

1997 « Le sel à Mari (III). Les lieux du sel (textes n° 15 à n° 21) », in Dominique Charpin & Jean-Marie Durand (éds), *Florilegium marianum III : Recueil d'études à la mémoire de Marie-Thérère Barrelet* (Mémoire de NABU 4). SEPOA, Paris : 167-200.

2013 « Bédouins et sédentaires au pays de l'Ida-Maras », *Semitica* 55 : 61-74.

2014 « Political Space – Local Political Structures in Northern Syria: The Case of the Country of Ida-Maras in the Eighteenth Century », in Eva Cancik-Kirschbaum *et al.* (éds), *Constituent, Confederate, and Conquered Space. The Emergence of the Mitanni State* (Topoi. Berlin Studies of the Ancient World 17). De Gruyter, Berlin : 147-160.

2015 « Les rapports entre les régions du Haut-Khabur et de l'est du Tigre : le cas des deux Ida-Maras », in Lionel Marti *et al.* (éds), *Recherches en Haute-Mésopotamie II. Mission archéologique de Bash Tapa (campagnes 2012-2013) et les enjeux de la recherche dans la région d'Erbil* (Mémoires de NABU 17). SEPOA, Paris : 37-49.

Gur-Arieh, Shira

2018 « Cooking Installations through the Ages at Tell es-Sâfi/Gath », *Near Eastern Archaeology* 81/1 : 66-71.

Gut, Renate V.

1995 *Das prähistorische Ninive: Zur relativen Chronologie der frühen Perioden Nordmesopotamiens* (Baghdader Forschungen 19). Philipp von Zabern, Mayence.

Haddad, Lanah

2014 « Introducting the Anthropomorphic Terracotta Figurines from 3rd millennium B.C. Tell Chuera », in Federico Buccellati *et al.* (éds), *House and Household Economies in 3rd Millennium B.C.E. Syro-Mesopotamia* (BAR International Series 2682). BAR, Oxford : 53-60.

Halstead, Paul

1987 « Man and Other Animals in Later Greek Prehistory », *Annual of the British School at Athens* 82 : 71-83.

1997 « Storage Strategies and States on Prehistoric Crete. A Reply to Strasser (*JMA* 10 [1997] 73-100 », *Journal of Mediterranean Archaeology* 10/1 : 103-107.

Halstead, Paul & O'Shea, John

1982 « A Friend in Need Is a Friend Indeed: Social Storage and the Origins of Social Ranking », in Colin Renfrew & Stephen Shennan (éds), *Ranking, Resource and Exchange* (New Directions in Archaeology). Cambridge University Press, Cambridge : 92-99.

Hamilton, Naomi ; Marcus, Joyce ; Bailey, Douglass ; Haaland, Gunnar ; Haaland, Randi & Ucko, Peter J.

1996 « Can we Interpret Figurines? », *Cambridge Archaeological Journal* 6/2 : 281-307.

Hammade, Hamido

1994 *Cylinder Seals from the Collections of the Aleppo Museum, Syrian Arab Republic. 2. Seals of Unknown Provenance* (BAR International Series 597). Archaeopress, Oxford, Tempus Reparatum.

Hamon, Caroline & Le Gall, Valérie

2013 « Millet and Sauce: The Uses and Functions of Querns among the Minyanka (Milet) », *Journal of Anthropological Archaeology* 32 : 109-121.

Hastorf, Christine A.
1990 « The Effect of the Inka State on Sausa Agricultural Production and Crop Consumption », *American Antiquity* 55/2 : 262-290.

Hauser, Rick
1998 « The Equids od Urkesh: What the Figurines Say », in Giorgio Buccellati & Marilyn Kelly-Buccellati (éds), *Urkesh and the Hurrians. Studies in Honor of Lloyd Cotsen* (Bibliotheca Mesopotamica 26). Undena, Malibu : 63-74.

2007 *Reading Figurines. Animal Representations in Terra Cotta from Royal Building AK* (Bibliotheca Mesopotamia 28). Undena, Malibu.

Heide, Martin
2010 « The Domestication of the Camel », *Ugarit-Forschungen* 42 : 338-382.

Heide, Martin & Peters, Joris
2021 *Camels in the Biblical World* (History, Archaeology, and Culture of the Levant 10). Eisenbrauns, University Park, Pensylvanie.

Heimpel, Wolfgang
2009 *Workers and Construction Work at Garšana* (Cornell University Studies in Assyriology and Sumerology 5). CDL Press, Bethesda.

Heinz, Marlies
1994 « Die bearbeiteten Tierknochen », in Jan-Waalke Meyer & Alexander Pruß, *Ausgrabungen in Halawa 2 : Die Kleinfunde von Tell Halawa A* (Schriften zur vorderasiatischen Archäologie 6). Saarbrücker Druckerei und Verlag, Sarrebruck : 255-279.

Helmer, Daniel & Stordeur, Danielle
2000 « Les outils en os d'El Kowm 2-Caracol : matière sauvage ou domestique ? », in Danielle Stordeur (éd.), *El Kowm 2, une île dans le désert. La fin du Néolithique précéramique dans la steppe syrienne*. CNRS Éditions, Paris : 265-280.

Helms, Tobias
2010 « Wagenradmodelle oder Spinnwirtel? Überlegungen zum Gebrauchswert der Keramikscheiben mit zentraler, durchbohrter Verdickung aus Tell Chuera », in Jörg Becker *et al.* (éds), *Kulturlandschaft Syrien. Zentrum und Peripherie. Festschrift für Jan-Waalke Meyer* (Alter Orient und Altes Testament 371). Ugarit-Verlag, Münster : 207-226.

2018 « Fortress Communities of the 3rd Millennium : The Example of Tell Chuera, NE Syria », *Proceedings of the 10th International Congress on the Archaeology of the Ancient Near East. 25-29 April 2016, Vienna*. Vol. 2. Harrassowitz, Wiesbaden : 337-355.

Helms, Tobias ; Tamm, Alexander & Meyer, Jan-Waalke
2017 *Tell Chuēra. Ausgrabungen in der südöstlichen Unterstadt – Bereich W* (Vorderasiatische Forschungen der Max Freiherr von Oppenheim-Stiftung 2, VI). Harrassowitz, Wiesbaden.

Helms, Tobias B. H. & Quenet, Philippe
2020 « The Fortification of Circular Cities: The Examples of Tell Chuera and Tell Al-Rawda », in Corinne Castel *et al.* (éds), *Circular Cities of Early Bronze Age Syria* (Subartu 42). Brepols, Turnhout : 77-99.

Hempelmann, Ralph
2020 « The Origin and Early Development of Tell Chuera and Neighbouring Settlements », in Corinne Castel *et al.* (éds), *Circular Cities of Early Bronze Age Syria* (Subartu 42). Brepols, Turnhout : 47-59.

Hillman, Gordon

1981 « Reconstructing Crop Husbandry Practices from Charred Remains of Crops », in Roger Mercer (éd.), *Farming Practice in British Prehistory*, University Press, Edinburgh : 123-162.

1984a « Interpretation of Archaeological Plant Remains: The Application of Ethnographic Models from Turkey », in Willem van Zeist & W. A. Casparie (éds.), *Plants and Ancient Man: Studies in Palaeoethnobotany. Proceedings of the Sixth Symposium of the International Work Group for Palaeoethnobotany, Groningen, 30 May-3 June 1983*. A. A. Balkema, Rotterdam : 1-41.

1984b « Traditional Husbandry and Processing of Archaic Cereals in Recent Times: The Operations, Products and Equipment Which Might Feature in Sumerian Texts. Part I: The Glume Wheats », *Bulletin on Sumerian Agriculture* 2 : 114-152.

1985 « Traditional Husbandry and Processing of Archaic Cereals in Recent Times: The Operations, Products and Equipment That Might Feature in Sumerian Texts. Part II: The Free-Threshing Cereals », *Bulletin on Sumerian Agriculture* 2 : 1-31.

Hivernel, Jacques

1996 « Le stockage des céréales en milieu désertique : le *GHIRD*, dune garde-manger (Égypte). Note de recherche », *Techniques & culture* 27 : 153-173.

Hopfinger, Hans

1984 « Ein neues Staudamm- und Bewässerungs-grossprojekt am nordostsyrischen Khabour: Grundzüge und Probleme seiner Planung », *Geographische Zeischrift* 72/3 : 189-195.

Hole, Frank

1980 « The Prehistory of Herding: Some Suggestions from Ethnography », in Marie-Thérèse Barrelet (éd.), *L'archéologie de l'Iraq : Perspectives et limites de l'interprétation anthropologique des documents*. Éditions du CNRS, Paris : 119-127.

1991 « Middle Khabur Settlement and Agriculture in the Ninevite 5 Period », *Bulletin of the Canadian Society for Mesopotamian Studies* 21 : 17-29.

1997 « Evidence for Mid-Holocene Environmental Change in the Western Khabur Drainage, Northeastern Syria », in H. Nüzhet Dalfes *et al.* (éds), *Third Millennium Climate Change and Old World Collapse* (NATO ASI Subseries I 149). Springer, Berlin : 30-66.

1999 « Economic Implications of Possible Storage Structures at Tell Ziyadeh, NE Syria », *Journal of Field Archaeology* 26 : 267-283.

Hole, Frank & Johnson, Gregory A.

1987 « Umm Qseir on the Khabur: Preliminary Report on the 1986 Excavation », *AAAS* 36-37 : 172-220.

Hole, Frank & Tonoike, Yukiko

2016 *Homesteads on the Khabur. Tell Ziyadeh and Others Settlements* (BAR International Series 2827). BAR Publishing, Oxford.

2019 « Traces of Third Millennium Pastoralism in the Jebel Abd al-Aziz Region », in Stefasno Valentini & Guido Guarducci (éds), *Between Syria and the Highlands. Studies in Honor of Giorgio Buccellati & Marilyn Kelly-Buccellati* (SANEM 3). Arbor Sapientiae, Rome : 227-237.

Hole, Frank A. & Zaitchik, Benjamin F.

2007 « Policies, Plans, Practice, and Prospects: Irrigation in Northeastern Syria », *Land Degradation and Development* 18/2 : 133-152.

Hughes-Brock, Helen

1999 « Mycenaean Beads: Gender and Social Contexts », *Oxford Journal of Archaeology* 18/3 : 277-296.

Huot, Jean-Louis
2000 « Existe-t-il une 'révolution de la laine' au début de l'âge du Bronze oriental ? », *Proceedings of the Ist International Congress on the Archaeology of the Ancient Near East. Rome, May 18th-23rd 1998*. Università degli studi di Roma 'La Sapienza', Rome, vol. I : 640-642.

Hütteroth, Wolf
1990 « Villages and Tribes of the Gezira under Early Ottoman Administration (16th century): A Preliminary Report », *Berytus* 38 : 179-190.

Ialongo, Nicola; Hermann, Raphael & Rahmstorf, Lorenz
2021 « Bronze Age Weight Systems as a Mesure of Market Integration in Western Eurasia », *Proceedings of the National Academy of Sciences* 118/27: e2105873118. https://doi.org/10.1073/pnas.2105873118

Ii, Hiroyuki
1989 « Finds from Tell Gubba: Beads-Pendants-Rings, Glass Objects, Spindle Whorls, Metal and Bone Objects », *al-Rafidan* 10 : 169-243. [en japonais]

Ingold, Tim
1983 « The Significance of Storage in Hunting Societies », *Man* 18 : 553-571.

Ishoev, Sergey & Greenberg, Raphael
2019 « Khirbet Kerak WSare (Kura-Araxes) Andirons at Tel Bet Yerah: Functional Analysis and Cultural Context », *Tel Aviv* 46 : 21-41.

Işıklı, Mehmet & Greenberg, Raphael
2018 « Andirons », in Marc Lebeau (éd.), *Artefacts* (ARCANE Interregional II). Brepols, Turnhout : 77-84.

Issavi, Justine ; Pawlowska, Kamilla ; Vasić, Milena & Veropoulidou, Rena
2020 « Common Ground. Reevaluating Open Spaces at Çatalhöyük », *Near Eastern Archaeology* 83/2 : 110-119.

Jans, Greta & Bretschneider, Joachim
1998 « Wagon and Chariot Representations in the Early Dynastic Glyptic 'They came to Tell Beydar with wagon and equid' », in Marc Lebeau (éd.), *About Subartu. Studies Devoted to Upper Mesopotamia. Vol. 2: Culture, Society, Image. À propos de Subartu. Études consacrées à la Haute Mésopotamie. Vol. 2 : Culture, Société, Image* (Subartu 4/2). Brepols, Turnhout : 155-194.
2011 *Seals and Sealings from Tell Beydar/Nabada (Seasons 1995-2001). A Progress Report* (Subartu 27). Brepols, Turnhout.

Jas, R. M.
2000 « Land Tenure in Northern Mesopotamia: Old Sources and the Modern Environment », in R. M. Jas (éd.), *Rainfall and Agriculture in Northern Mesopotamia: Proceedings of the Third MOS Symposium* (PIHANS 88). Nederlands Historisch-Archaeologisch Instituut te Istanbul, Leyde : 247-263.

Jasim, Sabah Abboud
1985 *The Ubaid Period in Iraq. Recent Excavations in the Hamrin Region* (BAR International Series 267). BAR Publishing, Oxford.

Jaubert, Ronald
1993 « Évolution des systèmes agro-pastoraux et politiques de développement des régions sèches de Syrie », in Riccardo Bocco *et al.* (éds), *Steppes d'Arabies. États, pasteurs, agriculteurs et commerçants : le devenir des zones sèches* (Cahiers de l'IUED-Genève). PUF, Paris : 161-177.

Jawad, Abdud Jalil
1965 *The Advent of the Era of Townships in Northern Mesopotamia*. Brill, Leyde.

Jean-Marie, Marylou
1999 *Tombes et nécropoles de Mari* (BAH 153). IFAPO, Beyrouth.

Jiménez-Jáimez, Victor & Suárez-Padilla, José
2019 « Understanding Pit Sites: Storage, Surplus and Social Complexity in Prehistoric Western Europe », *Journal of Archaeological Method and Theory* 27: 799-835.

Joannès, Francis
1996 « Routes et voies de communication dans les archives de Mari », in Jean-Marie Durand (éd.), *Mari, Ébla et les Hourrites. Dix ans de travaux. Première partie. Actes du colloque international (Paris, mai 1993)* (Amurru 1). Éditions Recherche sur les civilisations, Paris : 323-361.

Johnson, Hannah
2017 « Feeding the People: The Social and Economic Role of the Granary in Ur III Umma » (thèse de doctorat inédite, The University of Liverpool).

Jones, Glynis
1984 « Interpretation of Archaeological Plant Remains: Ethnographic Models from Greece », in Willem van Zeist & W. A. Casparie (éds.), *Plants and Ancient Man: Studies in Palaeoethnobotany. Proceedings of the Sixth Symposium of the International Work Group for Palaeoethnobotany, Groningen, 30 May-3 June 1983*. Balkema, Rotterdam : 43-61.
1991 « Numerical Analysis in Archaeobotany », in Willem van Zeist et al. (éds.), *Progress in Old World Palaeoethnobotany: A Retrospective View on the Occasion of 20 years of the International Work Group for Palaeoethnobotany*, Blakema, Rotterdam : 63-80.

Kadowaki, Seiji
2008 « Ground Stone Tools, Refuse Structure, and the Life Histories of Residential Buildings at Ayn Abu Nukhayla, Southern Jordan », in Yorke M. Rowan & Jennie R. Ebeling (éds), *New Approaches to Old Stones. Recent Studies of Ground Stone Artifacts* (Approaches to Anthropological Archaeology). Equinox, Londres : 230-257.

Kampschulte, Ingrid & Orthmann, Winfried
1984 *Gräber des 3.Jahrtausends im syrischen Euphrattal. 1. Ausgrabungen bei Tawi 1975 und 1978* (Saarbrücker Beiträge zur Altertumskunde 38). Dr. Rudolf Habelt GMBH, Bonn.

Kanafani-Zahar, Aida
1994 *Mune. La conservation alimentaire traditionnelle au Liban*. Éditions de la Maison des sciences de l'homme, Paris.

Kapitän, Gerhard
1984 « Ancient Anchors – Technology and Classification », *The International Journal of Nautical Archaeology and Underwater Exploration* 13/1 : 33-44.

Kaplan, Jacob
1969 « Ein el Jarba: Chalcolithic Remains in the Plain of Esdraelon », *BASOR* 194 : 2-39.

Keith, Kathryn
1998 « Spindle Whorls, Gender, and Ethnicity at Late Chalcolithic Hacinebi Tepe », *Journal of Field Archaeology* 25/4 : 497-515.

Khazanov, Anatoly M.
1984 *Nomads and the Outside World*. Cambridge University Press, Cambridge.
2009 « Specific Characteristics of Chalcolithic and Bronze Age Pastoralism in the Near East », in Jeffrey Szuchman (éd.), *Nomads, Tribes, and the State in the Ancient Near East. Cross-disciplinary Perspectives* (OIS 5). Oriental Institute of the University of Chicago, Chicago : 119-127.

Kingery, W. David ; Vandiver, Pamela B. & Prickett, Martha
1988 « The Beginning of Pyrotechnology, Part II: Production and Use of Lime and Gypsum Plaster in the Pre-Pottery Neolithic Near East », *Paléorient* 15/2 : 219-244.

Kingsley, Sean A. & Raveh, Kurt
1996 *The Ancient Harbour and Anchorage at Dor, Israel. Results of the Underwater Surveys 1976-1991* (BAR International Series 626). BAR Publishing, Oxford.

Kintigh, Keith W.
1989 « Sample Size, Significance, and Measure of Diversity », in Robert D. Leonard & George T. Jones (éds), *Quantifying Diversity in Archaeology*. Cambridge University Press, Cambridge : 25-36.

Klein, Harald
1992 *Untersuchung zur Typologie bronzezeitlicher Nadeln in Mesopotamien und Syrien* (Schriften zur vorderasiatischen Archaäologie 4). Sarrebruck, Saarbrücker Druckerei & Verlag.

Klein, Harald & Hempelmann, Ralph
1995 « Zur Typologie der anthropomorphen Terrakotten aus Tell Chuera », in Winfried Orthmann *et al.* (éds), *Ausgrabungen in Tell Chuera in Nordost-Syrien, I: Vorbericht über die Grabungskampagnen 1986 bis 1992*. Sarrebruck, Saarbrücker Druckerei & Verlag : 227-258.

Klengel-Brandt, Evelyn
1978 *Die Terrakotten aus Assur im Vorderasiatischen Museum Berlin*. Staatliche Museen zu Berlin, Berlin.

Klengel-Brandt, Evelyn ; Kulemann-Ossen, Sabina & Matin, Lutz
2005 *Tall Knēdiğ. Die Ergebnisse der Ausgrabungen des vorderasiatischen Museums Berlin in Nordost-Syrien von 1993 bis 1998*. Saarländische Druckerei & Verlag, Saarwellingen.

Klucas, Eric E. & Schwartz, Glenn M.
2015 « Spatial and Social Organization of Level 3 », in Glenn M. Schwartz (éd.), *Rural Archaeology in Early Urban Northern Mesopotamia: Excavations at Tell Al-Raqa'i* (Monumenta Archaeologica 36). Cotsen Institute of Archaeology Press, Los Angeles : 177-191.

Köhler-Rollefson, Ilse
1993 « Camels and Camel Pastoralism in Arabia », *Biblical Archaeologist* 56/4 : 180-188.

Koliński, Rafal
1993-1994 « Early Dynastic Potter's Marks from Polish Excavations in Northern Syria », *Berytus* 41 : 5-27.
1996a « Building a House in Third Millennium Northern Mesopotamia: When Vision Collides with Reality », in Klass R. Veenhof (éd.), *Houses and Households in Ancient Mesopotamia. Papers read at the 40e Rencontre Assyriologique Internationale. Leiden, July 5-8, 1993* (PIHANS 78). Nederlands Historisch-Archaeologisch Instituut te Istanbul, Istanbul : 137-144.
1996b « Tell Rad Shaqrah 1991-1995 », *Orient Express* 3 : 67-69.

Koliński, Rafal & Lawecka, Dorota
1992 « Report of Polish Excavations at Tell Abū Hafūr, North Syria 1988-1989. Area A », *Damaszener Mitteilungen* 6 : 177-246.

Koliński, Rafał & Piąkowska-Małecka, Joanna
2008 « Animals in the Steppe: Patterns of Animal Husbandry as a Reflection of Changing Environmental Conditions in the Khabur Triangle », in Hartmut Kühne *et al.* (éds), *Proceedings of the 4th International Congress of the Archaeology of the Ancient Near East, 29 March-3 April 2004, Freie Universität Berlin, Vol. 1: The Reconstruction of Environment—Natural Resources and Human Interrelations Through Time/Art History—Visual Communication*. Harrassowitz, Wiesbaden : 115-127.

Kolb, Charles C.
1985 « Demographic Estimates in Archaeology: Contributions from Ethnoarchaeology on Mesoamerican Peasants », *Current Anthropology* 26 : 581-600.

Korfmann, Manfred
1972 *Schleuder und Bogen in Südwestasian von den frühes Belegen bis zum Beginn des historischen Stadt-staaten.* Rudolf Habelt Verlag, Bonn.

Kouchoukos, Nicholas
1998 « Landscape and Social Change in Late Prehistoric Mesopotamia » (thèse de doctorat inédite, Yale University).

Kramer, Carol
1980 « Estimating Prehistoric Populations: An Ethnoarchaeological Approach », in Marie-Thérèse Barrelet (éd.), *L'archéologie de l'Iraq : Perspectives et limites de l'interprétation anthropologique des documents.* Éditions du CNRS, Paris : 315-334.
1982 *Village Ethnoarchaeology: Rural Iran in Archaeological Perspective.* Academic Press, New York.

Krzyszkowska, Olga
1990 *Ivory and Related Materials.* Institute of Classical Studies, Londres.

Kuhn, Steven L. ; Stiner, Mary C. ; Reese, David S. & Güleç, Erksin
2001 « Ornaments of the Earliest Upper Paleolithic: New Insights from the Levant », *Proceedings of the National Academy of Science of the United States of America* 98/13 : 7641-7646.

Kühne, Hartmut
1988 « The Reconstruction of Environment, Irrigation and Development of Settlement on the Habur in NE-Syria », in John L. Bintliff *et al.* (éds), *Conceptual Issues in Environmental Archaeology.* Edinburgh University Press, Edinburgh : 108-128.
1990a « The Effects of Irrigation Agriculture: Bronze and Iron Age Habitation along the Khabur, Eastern Syria », in Sytze Bottema *et al.* (éds), *Man's Role in the Shaping of the Eastern Mediterranean Landscape.* Balkema, Rotterdam : 15-30.
1990b « Ein Bewässerungssystem des Ersten Jahrtausends v. Chr. am Unteren Habur », in Bernard Geyer (éd.), *Techniques et pratiques hydro-agricoles traditionelles en domaine irrigué.* Geuthner, Paris : 193-215.
2018 « Politics and Water Management at the Lower Ḫābūr (Syria) in the Middle Assyrian Period and Beyond – A New Approach », in Harmut Kühne (éd.), *Water for Assyria* (Studia Chaburensia 7). Harrassowitz, Wiesbaden : 137-194.

Kühne, Hartmut & Röllig, Wolfgang
1974-1997 « Zur historischen Geographie am Unteren Habur. Vorläufiger Bericht über die archäologische Geländebegehung », *Archiv für Orientforschung* 25 : 249-255.
1977-1998 « The Lower Habur. First Preliminary Report on a Survey in 1975 », *AAAS* 27-28 : 115-140.
1978-1999 « Zur historischen Geographie am Unteren Habur. Zweiter, vorläufiger Bericht über eine archäologische Geländebegehung », *Archiv für Orientforschung* 26 : 181-195.
1983 « The Lower Habur. Second Preliminary Report on a Survey in 1977 », *AAAS* 33/2 : 187-199.

Kuijt, Ian. & Chesson, Meredith S.
2005 « Lumps of Clay and Pieces of Stone: Ambiguity, Bodies, and Identity as Portrayed in Neolithic Figurines », in Susan Pollock & Reinhard Bernbeck (éds), *Archaeologies of the Middle East. Critical Perspectives* (Blackwell Studies in Global Archaeology 4). Blackwell, Malden-Oxford-Victoria : 152-183.
2007 « Imagery and Social Relationships: Shifting Identity and Ambiguity in the Neolithic », in Colin Renfrew & Ian Morley (éds), *Image and Imagination. A Global Prehistory of Figurative Representation.* McDonald Institute for Archaeological Research, Cambridge : 211-226.

Kupper, Jean-Robert

1957 *Les nomades en Mésopotamie au temps des rois de Mari*. Les Belles Lettres, Paris.

1959 « Le rôle des nomades dans l'histoire de la Mésopotamie ancienne », *Journal of the Economics and Social History of the Orient* 2/2 : 113-127.

1964 « Correspondance de Kibri-Dagan », *Syria* 41 : 105-116.

1988 « L'irrigation à Mari », *Bulletin on Sumerian Agriculture* 4 : 93-104.

1991 « Le commerce à Mari », *Bulletin de la Classe des lettres et des sciences morales et politiques, Académie Royale de Belgique* 2/1 : 41-57.

Kussinger, Sonja

1988 « Tierknochenfunde vom Lidar Hüyük in Südostanatolien (Grabungen 1979-1986) » (thèse de doctorat inédite, Ludwig-Maximilians-Universität München).

Kuzucuoglu, Catherine

2007 « Climatic and Environmental Trends during the Third Millennium B.C. in Upper Mesopotamia », in Catherine Kuzucuoglu & Catherine Marro (éds), *Sociétés humaines et changement climatique à la fin du troisième millénaire : une crise a-t-elle eu lieu en Haute Mésopotamie ? Actes du Colloque de Lyon (5-8 décembre 2005)* (Varia Anatolica 19). Institut Français d'Études Anatoliennes-Georges Dumézil, Istanbul : 459-480.

Lackenbacher, Sylvie

1988 « Lettres d'Abimekim », in Dominique Charpin *et al.* (éds), *Archives épistolaires de Mari I/2* (ARM 26). ERC, Paris : 371-399.

Laessøe, Jørgen

1953 « Reflexions on Modern and Ancient Oriental Water Works », *Journal of Cuneiform Studies* 7/1 : 5-26.

Lafont, Bertrand

2001 « Relations internationales, alliances et diplomatie au temps des royaumes amorrites. Essai de synthèse », in Dominique Charpin et Jean-Marie Durand (éds), *Mari, Ébla et les Hourrites : dix ans de travaux. Deuxième partie. Actes du colloque international (Paris, mai 1993)* (Amurru 2). ERC, Paris : 213-328.

Lancaster, William & Lancaster, Fidelity

1991 « Limitations on Sheep and Goat Herding in the Eastern Badia of Jordan: An Ethno-archaeological Enquiry », *Levant* 23 : 125-138.

Laurito, Romina

2010 « Textile Tools and Textile Production: The Archaeological Evidence of Weaving at Arslantepe », in Marcella Frangipane (éd.), *Economic Centralisation in Formative States: The Archaeological Reconstruction of the Economic System in 4th Millennium Arslantepe* (Studi di Preistoria Orientale 3). Dipartimento di Scienze Storiche Archeologiche e Antropologiche dell'Antichità, Università degli Studi di Roma 'La Sapienza', Rome : 275-285.

2012 « Changes in Textile Production at Arslantepe during the 4th and 3rd Millennia », *Origini* 34 : 317-328.

Ławecka, Dorota

2008 « Heating Places and Ovens of the 3rd millennium in Sector SD on Tell Arbid », *Polish Archaeology in the Mediterranean* 18 : 562-569.

Lazzari, Alessandro

1986 « Per una classificazione tipologica degli spilloni dell'Anatolia nell'eta del Bronzo », *Contributi e Materiali di Archeologia Orientale* I : 67-211.

Lease, Nancy

2000 « Étude pétrologique de la provenance des artefacts en basalte du ᵉ millénaire av. J.-C. en Syrie du Nord dans le contexte des centres volcaniques régionaux » (thèse de doctorat inédite, Université Laval).

Lease, Nancy & Laurent, Roger

1998 « Étude des sources d'approvisionnement en basalte en Syrie du Nord durant le troisième millénaire », in Michel Fortin & Olivier Aurenche (éds), *Espace naturel, espace habité en Syrie du Nord (10ᵉ-2ᵉ millénaires av. J.-C.). Natural Space, Inhabited Space in Northern Syria (10th-2nd millennium B.C.). Actes du colloque tenu à l'Université Laval (Québec) du 5 au 7 mai 1997* (TMO 28). Canadian Society for Mesopotamian Studies – Maison de l'Orient Méditerranéen, Québec : 83-91.

Lease, Nancy ; Laurent, Roger ; Blackburn, Michel & Fortin, Michel

2001a « Caractérisation pétrologique d'artefacts en basalte provenant de Tell 'Atij et de Tell Gudeda en Syrie du Nord (3000-2500 av. J.-C.) », in Michel Fortin (éd.), *Journées d'étude du Groupe de recherches en archéométrie du CELAT (1997-1999)*. CELAT, Québec : 227-240.

Lease, Nancy ; Blackburn, Michel & Fortin, Michel

2001b « Caractérisation de couches cendreuses à Tell 'Atij, Syrie », in Michel Fortin (éd.), *Journées d'étude du Groupe de recherches en archéométrie du CELAT (1997-1999)*. CELAT, Québec : 199-209.

Lebeau, Marc

1993 *Tell Melebiya. Cinq campagnes de recherches sur le Moyen-Khabour (1984-1988)* (Akkadica Supplementum 9). Peeters, Louvain.

Lebeau, Marc (éd.)

2011 *Jezirah* (ARCANE 1). Brepols, Turnhout.

Lebeau, Marc & Pruß, Alexander

2011 « Introduction », in Marc Lebeau (éd.), *Associated Regional Chronologies for the Ancient Near East and the Eastern Mediterranean, Volume 1: Jezirah* (ARCANE 1). Brepols, Turnhout : 1-17.

Lebeau, Marc & Suleiman, Antoine (éds)

2007 *Tell Beydar. The 2000-2002 Seasons of Excavations, The 2003-2004 Seasons of Architectural Restoration. A Preliminary Report* (Subartu 15). Brepols, Turnhout.

Lebeau, Marc ; Gubel, Éric & Monchambert, Jean-Yves

1985 « Rapport préliminaire sur la première campagne de fouilles à Tell Melebiya (Moyen Khabour – printemps 1984) », *Akkadica* 45 : 1-31.

Lebeau, Marc ; Buch, Pierre ; Fauconnier, Françoise ; Lira, Antonio ; Pillen-Vandermeersch, Kristien ; Schneider, Malou ; Talon, Philippe & Geyer, Bernard

1986 « Rapport préliminaire sur la deuxième campagne de fouilles à Tell Melebiya (Moyen Khabour – printemps 1985) », *Akkadica* 46 : 1-49.

Lebeau, Marc ; Fauconnier, Françoise ; Leyniers, Anne ; Martin, Dominique & Schneider, Malou

1987 « Rapport préliminaire sur la troisième campagne de fouilles à Tell Melebiya (Moyen Khabour – automne 1986) », *Akkadica* 51 : 1-74.

Lebeau, Marc ; Leyniers, Anne ; Martin, Dominique ; Pillen-Vandermeersch, Kristien ; Schneider, Malou, Vilvorder, Fabienne & Stevens, André

1989 « Rapport préliminaire sur la quatrième campagne de fouilles à Tell Melebiya (Moyen Khabour – printemps 1987) », *Akkadica* 61 : 1-31.

LeBlanc, Steven
1971 « An Addition to Naroll's Suggested Floor Area and Settlement Population Relationship », *American Antiquity* 36/1 : 210-211.

Le Brun, Alain
1981 *Un site néolithique précéramique en Chypre : Cap Andreas-Kastros.* Éditions Recherche sur les Civilisations, Paris.

Lechtmann, Heather & Klein, Sabine
1999 « The Production of Copper-arsenic Alloys (Arsenic Bronze) by Cosmelting: Modern Experiment, Ancient Practice », *Journal of Archaeological Science* 26 : 497-526.

Le Dosseur, Gaëlle
2004 « Fiche travail de l'os au Proche-Orient durant l'Épipaléolithique récent (Natoufien) », in Denis Ramseyer (éd.), *Matières et techniques* (Fiches de la Commission de nomenclature sur l'industrie de l'os préhistorique. Cahier 11). Éditions Société Préhistorique Française, Paris : 89-98.

Lees, Susan H. & Bates, Daniel G.
1974 « The Origins of Specialized Nomadic Pastoralism: A Systemic Model », *American Antiquity* 39/2 : 187-193.

LeMoine, Geneviève M.
2007 « Bone Tools and Bone Technology: A Brief History », in Christian Gates St. Pierre & Renée B. Walker (éds), *Bones as Tools: Current Methods and Interpretations in Worked Bone Studies* (BAR International Series 1622). Archaeopress, Oxford : 9-22.

Lerberghe, Karel Van
1996a « The Beydar Tablets and the History of the Northern Jazirah », in Ismail Farouk *et al.* (éds), *Administrative Documents from Tell Beydar (Seasons 1993-1995)* (Subartu 2). Brepols, Turnhout : 119-122.
1996b « The Livestock », in Ismail Farouk *et al.* (éds), *Administrative Documents from Tell Beydar (Seasons 1993-1995)* (Subartu 2). Brepols, Turnhout : 107-117.

Leroi-Gourhan, André
1945 *Milieu et techniques.* Albin Michel, Paris.
1962 « Société primitive », in Maurice Daumas (éd.), *Histoire générale des techniques, I : Les origines de la civilisation technique.* PUF, Paris : 9-53.
1971 *L'homme et la matière. Évolution et techniques* (2e ed.). Albin Michel, Paris.

Leroi-Gourhan, André ; Bailloud, Gérard ; Chavaillon, Jean & Laming-Emperaire, Annette
1968 *La préhistoire* (Nouvelle Clio 1). PUF, Paris.

Leroy-Prost, Christiane
1975 « L'industrie osseuse aurignacienne. Essai régional de classification : Poitou, Charentes, Périgord », *Gallia Préhistoire* 18 : 65-156.

Lesure, Richard G.
2002 « The Goddess Diffracted. Thinking about the Figurines of Early Villages », *Current Anthropology* 43/4 : 587-610.
2007 « Modes of Explanation for Prehistoric Imagery: Juggling Universalist, Historicist, and Contextualist Approaches in the Study of Early Figurines », in Colin Renfrew & Iain Morley (éds), *Image and Imagination. A Global Prehistory of Figurative Representation.* McDonald Institute for Archaeological Research, Cambridge : 31-45.
2011 *Interpreting Ancient Figurines. Context, Comparison, and Prehistoric Art.* Cambridge University Press, Cambridge.

2017 « Comparative Perspectives in the Interpretation of Prehistoric Figurines », in Timothy Insoll (éd.), *The Oxford Handbook of Prehistoric Figurines*. Oxford University Press, Oxford : 37-60.

Levy, Janet & Gilead, Isaac
2012 « Spinning in the 5th Millennium in the Southern Levant: Aspects of the Textile Economy », *Paléorient* 38/1-2 : 127-139.

Lewis, Norman N.
1987 *Nomads and Settlers in Syria and Jordan, 1800-1980*. Cambridge University Press, Cambridge.
1993 « Peuplement et développement de la steppe en Syrie (1800-1920) », in Riccardo Bocco *et al.* (éds), *Steppes d'Arabies. États, pasteurs, agriculteurs et commerçants : le devenir des zones sèches* (Cahiers de l'IUED-Genève). PUF, Paris : 45-60.

Lewy, Julius
1952 « Studies in the Historic Geography of the Ancient Near East », *Orientalia* 21 : 1-12.

Liebowitz, Harold A.
1997 « Bone, Ivory, and Shell: Artifacts of the Bronze and Iron Ages », in Eric M. Meyers (éd.), *The Oxford Encyclopedia of Archaeology in the Near East*. Vol. 1. Oxford University Press, New York : 340-343.
1988 *Terra-cotta Figurines and Model Vehicles* (Bibliotheca Mesopotamica 22). Undena, Malibu.
2008 « Wear Patterns on Ground Stone Implements from Tel Yin'am », in Yorke M. Rowan & Jennie R. Ebeling (éds), *New Approaches to Old Stones. Recent Studies of Ground Stone Artifacts* (Approaches to Anthropological Archaeology). Equinox, Londres : 182-195.

Littauer, Mary Aiken & Crouwel, Johan, H.
1973 « Early Metal Models of Wagons form the Levant », *Levant* 5 : 102-126.
1979 *Wheeled Vehicles and Ridden Animals in the Ancient Near East*. Brill, Leyde.
2001 « The Earliest Evidence for Metal Bridle Bits », *Oxford Journal of Archaeology* 20/4 : 329-338.

Liu, Robert K.
1978 « Spindle Whorls: Part 1. Some Comments and Speculations », *The Bead Journal* 3 : 87-103.

Loon, Maurits N. Van (éd.)
1988 *Hammam et-Turkman I. Report on the University of Amsterdam's 1981-84 Excavations in Syria II* (PIHANS 63). Nederlands Historisch-Archaeologisch Instituut, Istanbul.
2001 *Selenkahiye. Final Report on the University of Chicago and University of Amsterdam Excavations in the Tabqa Reservoir, Northern Syria, 1967-1975*. Nederlands Historisch-Archaeologisch Instituut, Istanbul.

Lowie, Robert H.
1936 *Manuel d'anthropologie culturelle*. Payot, Paris.

Luke, John Tracy
1965 « Pastoralisms and Politics in the Mari Period: A Re-examination of Character and Political Significance of the Mayor West Semetic Tribal Groups on the Middle Euphrates, ca. 1828-1758 B.C. » (thèse de doctorat inédite, University of Michigan).

Lyman, Richard Lee
2008 *Quantitative Paleozoology* (Cambridge Manuals in Archaeology). Cambridge University Press, Cambridge.

Lyonnet, Bertille
1998 « Le peuplement de la Djéziré ocidentale au début du 3e millénaire, villes circulaires et pastoralisme : questions et hypothèses », in Marc Lebeau (éd.), *About Subartu, Studies devoted to Upper Mesopotamia. Vol. I: Landscape, Archaeology, Settlement. À Propos de Subartu, Études consacrées à la Haute Mésopotamie. Vol. I : Paysage, archéologie, peuplement* (Subartu 4/1). Brepols, Turnhout : 179-193.

2001 « L'occupation des marges arides de la Djéziré : pastoralisme et nomadisme aux débuts du 3ᵉ et du 2ᵉ millénaire », in Bernard Geyer (éd.), *Conquête de la steppe et appropriation des terres sur les marges arides du Croissant fertile* (TMO 36). Maison de l'Orient Méditerranéen, Lyon : 15-26.

2004 « Le nomadisme et l'archéologie : Problèmes d'identification ; le cas de la partie occidentale de la Djéziré aux 3ᵉ et début du 2ᵉ millénaire avant notre ère » in Chistophe Nicolle (éd.), *Nomades et sédentaires dans le Proche-Orient ancien. Compte rendu de la XLVIe Rencontre Assyriologique Internationale (Paris, 10-13 juillet 2000)* (Amurru 3). Éditions Recherche sur les Civilisations, Paris : 25-49.

2009 « Who Lived in the Third-millennium 'Round Cities' of Northern Syria ? », in Jeffrey Szuchman (éd.), *Nomads, Tribes, and the State in the Ancient Near East. Cross-disciplinary Perspectives* (OIS 5). Oriental Institute of the University of Chicago, Chicago : 179-200.

Mabry, Jonathan B.

2003 « The Birth of the Ancestors: The Meanings of Human Figurines in Near Eastern Neolithic Villages », in Beth Alpert Nakhai (éd.), *The Near East in the Southwest. Essays in Honor of William G. Dever* (Annual of ASOR 58). ASOR, Boston : 85-116.

Maekawa, Kazuya

1986 « The Agricultural Texts of Ur III Lagash of the British Museum (IV) », *Zinbun: Memoirs of the Research Institute for Humanistic Studies, Kyoto University* 21 : 91-157.

Makarewicz, Cheryl A.

2013 « A Pastoralist Manifesto: Breaking Stereotypes and Re-conceptualizing Pastoralism in the Near Eastern Neolithic », *Levant* 45 : 159-174.

Makowski, Maciej

2007 « Anthropomorphic Figurines of the Third Millennium from Tell Arbid. Preliminary Report », *Polish Archaeology in the Mediterranean* 17 : 472-481.

2014 « Terracotta Equid Figurines from Tell Arbid. New Evidence on Equids, their Equipment and Exploitation in North Mesopotamia During Third and First Half of Second Millennium », *Institut des cultures méditerranéennes et orientales de l'Académie polonaise des sciences. Études et Travaux* 27 : 257-278.

2015a « Zoomorphic Clay Figurines from Tell Arbid. Preliminary Report », *Polish Archaeology in the Mediterranean* 24 : 627-656.

2015b « Of Men and Equids. Piercing The Clay Images from Tell Arbid Back Together », *Institut des cultures méditerranéennes et orientales de l'Académie polonaise des sciences. Études et Travaux* 28 : 121-140.

2016 *Tell Arbid I. Clay Figurines*. Institute of Mediterranean and Oriental Studies, Polish Academy of Sciences & Polish Centre of Mediterranean Archaeology, University of Warsaw. Varsovie.

2020 « Third Millennium Clay Figurines from Tell Djassa El Gharbi, Tell Abu Hafur and Tell Rad Shaqrah (Syria) », *Egypt and the Levant* 30 : 461-482.

Mallowan, Max Edgar Lucien

1936 « The Excavations at Tall Chagar Bazar, and an Archaeological Survey of the Habur Region, 1934-5 », *Iraq* 3/1 : 1-86.

1937 « The Excavations at Tall Chagar Bazar and an Archaeological Survey of the Habur Region. Second Campaign, 1936 », *Iraq* 4/2 : 91-177.

Mallowan, Max Edgar Lucien & Rose, J. Cruikshank

1935 « Excavations at Tall Arpachiyah, 1933 », *Iraq* 2/1 : 1-178.

Marangou, Christina

1991 « Maquettes d'embarcations : les débuts », in Robert Laffineur & Lucien Basch (éds), *Thalassa. L'Égée préhistorique et la mer. Actes de la troisième Rencontre égéenne internationale internationale de l'Université* de Liège, Station de recherches sous-marines et océanographiques (StaReSO), Calvi, Corse (23-25 avril 1990) (Aegaeum 7). Université de Liège, Liège : 21-42.

Marchetti, Nicolo

2000 « Clay Figurines of the Middle Bronze Age from Northern Inner Syria: Chronology, Symbolic Meaning and Historical Relations », *Proceedings of the First International Congress on the Archaeology of the Ancient Near East. Rome, May 18th-23rd 1998*. Università degli studi di Roma 'La Sapienza', Rome, vol.   : 839-867.

2001 *La coroplastica eblaita e siriana nel Bronzo Medio. Campagne 1964-1980* (Materiali et studi archeologici di Ebla 5). Università degli studi di Roma 'La Sapienza', Rome.

Marcus, Joyce

1996 « The Importance of Context in Interpreting Figurines », *Cambridge Archaeological Journal* 6/2 : 285-291.

Maréchal, Claudine

1982 « Vaisselles blanches du Proche-Orient : El Kowm (Syrie) et l'usage du plâtre au néolithique », *Cahiers de l'Euphrate* 3 : 217-251.

1995 « Éléments de parure de Tell Aswad », in Henri de Contenson, *Aswad et Ghoraifé. Sites néolithiques en Damascène (Syrie) aux   ème et   ème millénaires avant l'ère chrétienne*. Institut français d'archéologie du Proche-Orient, Beyrouth : 131-162.

2000 « Éléments de parure et petits objets en pierre d'El Kowm 2 », in Danielle Stordeur (éd.), *El Kowm 2. Une île dans le désert. La fin du Néolithique précéramique dans la steppe syrienne*. CNRS Éditions, Paris : 209-220.

Marfoe, Leon

1980 « Compte rendu de Amiran, Ruth. *Early Arad* », *Journal of Near Eastern Studies* 39 : 315-322.

Margueron, Jean-Claude

1980 « Remarques sur l'organisation de l'espace architectural en Mésopotamie », in Marie-Thérèse Barrelet (éd.), *L'archéologie de l'Iraq, perspectives et limites de l'interprétation des documents*. CNRS, Paris : 157-169.

1987 « État présent des recherches sur l'urbanisme de Mari – I », *M.A.R.I.* 5 : 483-498.

1988a « Espace agricole et aménagement régional à Mari au début du   e millénaire », *Bulletin on Sumerian Agriculture* 4 : 49-60.

1988b « Mari et Emar : deux villes neuves de la vallée de l'Euphrate à l'âge du bronze », in Jean-Louis Huot (éd.), *La ville neuve : une idée de l'Antiquité ?* Errance, Paris : 37-60.

1989 « Problèmes de transports au début de l'âge du Bronze », in Marc Lebeau & Philippe Talon (éds), *Reflets des deux fleuves. Volume de mélanges offerts à André Finet* (Akkadica Supplementum 6). Peeters, Louvain : 119-126.

1991 « Mari, l'Euphrate et le Khabur au milieu du   e millénaire », *Bulletin de la société canadienne des études mésopotamiennes* 21 : 79-100.

1996a « Mari : reflet du monde syro-mésopotamien au   e millénaire », *Akkadica* 98 : 11-25.

1996b « La maison orientale », in Klass R. Veenhof (éd.), *Houses and Households in Ancient Mesopotamia. Papers read at the 40e Rencontre Assyriologique Internationale. Leiden, July 5-8, 1993* (PIHANS 78). Nederlands Historisch-Archaeologisch Instituut te Istanbul, Istanbul : 17-38.

1997 « Les maisons syriennes du Néolithique au premier millénaire », in Corinne Castel *et al.* (éds), *Les maisons de Syrie antique du   e millénaire aux débuts de l'Islam. Pratiques et représentations de l'espace domestique. Actes du Colloque International, Damas 27-30 juin 1992* (BAH 150). Institut français d'archéologie du Proche-Orient, Beyrouth : 3-8.

1998 « Aménagement du territoire et organisation de l'espace en Syrie du Nord à l'âge du Bronze : limites et possibilités d'une recherche », in Michel Fortin & Olivier Aurenche (éds), *Espace naturel, espace habité en Syrie du Nord (10e-2e millénaires av. J.-C.). Natural Space, Inhabited Space in Northern Syria (10th-2nd millennium B.C.). Actes du colloque tenu à l'Université Laval (Québec) du 5 au 7 mai 1997* (TMO 28). Canadian Society for Mesopotamian Studies – Maison de l'Orient Méditerranéen, Québec : 167-178.

2000a « Mari et le Khabur », in Olivier Rouault & Marcus Wäfler (éds), *La Djéziré et l'Euphrate syriens de la protohistoire à la fin du $\text{}^e$ millénaire av. J.-C. Tendances dans l'interprétation historique des données nouvelles* (Subartu 8). Brepols, Turnhout : 99-110.

2000b « Mari : derniers développements des recherches conduites sur le tell Hariri », *Proceedings of the First International Congress on the Archaeology of the Ancient Near East. Rome, May 18th-23rd 1998*. Vol. . Università degli studi di Roma 'La Sapienza', Rome : 909-928.

2000c « La naissance des cités et l'urbanisme volontaire dans l'Euphrate syrien aux $\text{}^e$ et $\text{}^e$ millénaires », in Jean-Claude David & Mohamed al-Dbiyat (éds), *La Ville en Syrie et ses territoires : héritages et mutations* (Bulletin d'Études Orientales 52). Institut français du Proche-Orient, Damas : 53-71.

2004 *Mari. Métropole de l'Euphrate au $\text{}^e$ et au début du $\text{}^e$ millénaire av. J.-C.* Picard/ERC, Paris.

2008 « Tell Hariri/Mari : Archéologie », *Supplément au dictionnaire de la Bible* 77-78 : 17-212.

2010 « L'adoption de la roue et les débuts de la civilisation urbaine », in Jorg Becker *et al.* (éds), *Kulturlandschaft Syrien. Zentrum und Peripherie. Festschrift für Jan-Waalke Meyer* (Alter Orient und Altes Testament 371). Ugarit-Verlag, Münster : 331-347.

2013 *Cités invisibles. La naissance de l'urbanisme au Proche-Orient. Approche archéologique*. Geuthner, Paris.

Marom, Nimrod & Bar-Oz, Guy

2008 « 'Measure for Measure' : A Taphonomic Reconsideration of the Kebaran Site of Ein Gev I, Israel », *Journal of Archaeological Science* 35 : 214-227.

Marston, John M.

2014 « Ratios and Simple Statistics in Paleoethnobotanical Analysis : Data Exploration and Hypothesis Testing », in John M. Marston *et al.* (éds), *Method and Theory in Paleoethnobotany*. University of Colorado Press, Boulder, CO : 163-180.

Mårtensson, Linda ; Nosch, Marie-Louise & Andersson Strand, Eva

2009 « Shape of Things : Understanding a Loom Weight », *Oxford Journal of Archaeology* 28/4 : 373-398.

Marti, Lionel

2008 « Tell Hariri/Mari : textes. IV. Le monde à l'époque de Mari. II. Les échanges : commerce et cadeaux entre rois », *Supplément au dictionnaire de la Bible* 77-78 : 285-298.

2009 « Données nouvelles sur le 'pays de Mari' », in Eva Cancik-Kirschbaum & Nele Ziegler (éds), *Entre les fleuves – I. Untersuchungen zur historischen Geographie Obermesopotamiens im 2. Jahrtausend v. Chr.* (Berliner Beiträge zum Vorderen Orient 20). PeWe-Verlag, Gladbeck : 277-301.

2011 « Se réfugier à Tâbatum », *Revue d'assyriologie et d'archéologie orientale* 105 : 35-40.

Martin, Louise & Meskell, Lynn

2012 « Animal Figurines from Neolithic Çatal Höyük : Figural and Faunal Perspectives », *Cambridge Archaeological Journal* 22/3 : 401-419.

Martin, Lutz & Wartke, Ralf B.

1993-1994 « Tall Abu Hğeira 1987-1990 », *Archiv für Orientforschung* 40-41 : 200-215.

Martín Galán, Rodrigo & al-Othman, Ali

2003 « Archaeology and Ethnography : Two Case Stories », in Marc Lebeau & Antoine Suleiman (éds), *Tell Beydar, the 1995-1999 Seasons of Excavations. A Preliminary Report* (Subartu 10). Brepols, Turnhout : 507-519.

Martín Galán, Rodrigo & Trokay, Madeleine

2014 « Aménagements domestiques et artefacts en basalte. Tradition et environnement à Tell Beydar », in Lucio Milano & Marc Lebeau (éds), *Tell Beydar. Environmental and Technical Studies. Volume* (Subartu 33). Brepols, Turnhout : 123-149.

Martinez-Sève, Laurianne
2003 « Sur les figurines animales de Suse », *Anthropozoologica* 38 : 49-59.

Marx, Emanuel
1992 « Are There Pastoral Nomads in the Middle East? », in Ofer Bar-Yosef & Anatoly Khazanov (éds), *Pastoralism in the Levant. Archaeological Materials in Anthropological Perspectives* (Monographs in World Archaeology 10). Prehistory Press, Madison : 255-260.

Mas, Juliette
2013 « Maison, architecture domestique et société dans le Moyen Euphrate et la Djézireh syrienne à l'âge du Bronze » (thèse de doctorat inédite, Université Lumière Lyon 2).
2014a « Bronze Age Domestic Architecture in Eastern Syria: Familiar, Social and Economic Implications », *Proceedings of the 8th International Congress on the Archaeology of the Ancient Near East. 30 April – 4 May 2012, University of Warsaw*. Vol. 1. Harrassowitz, Wiesbaden : 251-270.
2014b « Early Bronze Age Houses in Upper-Mesopotamia: Evidence of Dwellings or Private Enterprises? », in Juliette Mas & Palmiro Notizia (éds), *Working at Home in the Ancient Near East* (Archaeopress Ancient Near Eastern Archaeology 7). Archaeopress, Oxford : 33-54.
2020 « *Oikoi* and the State. Households and Production Evidence in 3rd Millennium Upper Mesopotamia », in Federico Buccellati *et al.* (éds), *House and Households Economies in 3rd Millennium B.C.E. Syro-Mesopotamia* (BAR International Series 2682). BAR Publishing, Oxford : 99-102.
2022 « Bronze Age Upper Mesopotamian Houses : A Ritualized Space ? », in Laura Battini et al. (éds), *No Place Like Home. Ancient Near Eastern Houses and Households.* (Archaeopress Ancient Near Eastern Archaeology 9). Archaeopress, Oxford : 237-246.
Sous presse a « Espaces et fonctions. Le cas des maisons de Haute Mésopotamie à l'âge du Bronze », in Laura Battini (éd.), *Penser l'espace en Mésopotamie : entre aménagements et interprétations* (Archaeopress Ancient Near Eastern Archaeology). Archaeopress, Oxford.
Sous presse b « Les aménagements immobiliers des maisons de Haute Mésopotamie : problèmes d'identification et d'interprétation », in Laura Battini (éd.), *Penser l'espace en Mésopotamie : entre aménagements et interprétations* (Archaeopress Ancient Near Eastern Archaeology). Archaeopress, Oxford.

Matthews, Donald M.
1997 *The Early Glyptic of Tell Brak. Cylinder Seals of Third Millennium Syria* (OBO, Series Archaeologica 15). University Press Fribourg–Vandenhoeck & Ruprecht, Fribourg.

Matthews, Roger J.
1991 « Fragments of Officialdom from Fara », *Iraq* 53 : 1-15.
2002 « Seven Shrines of Subartu », in Lamia al-Gailani Werr *et al.* (éds), *Of Pots and Plans. Papers on the Archaeology and History of Mesopotamia and Syria Presented to David Oates in Honour of his 75th Birthday*. Nabu Publications, Londres : 186-190.

Matthews, Roger J. (éd.)
2003 *Excavations at Tell Brak. Vol. 4: Exploring an Upper Mesopotamian Regional Centre, 1994-1996*. McDonald Institute for Archaeological Research, Cambridge.

Matthews, Victor Harold
1978 « Pastoral Nomadism in the Mari Kinngdom (ca. 1830-1760) » (ASOR Dissertation Series 3). American Schools of Oriental Research, Cambridge (MA).

Matuschik, Irenäus
2006 « Invention et diffusion de la roue dans l'Ancien Monde : l'apport de l'iconographie », in Pierre Pétrequin *et al.* (éds), *Premiers chariots, premiers araires. La diffusion de la traction animale en Europe pendant les ᵉ et ᵉ millénaires avant notre ère* (CRA Monographie 29). CNRS Éditions, Paris : 279-297.

Maxwell-Hyslop, Kathleen Rachel

1971 *Western Asiatic Jewellery c. 3000-612*. Methuen, Londres.

Mazar, Amihai

2001 « On the Significance of the Early Bronze III Granary Building at Beit Yerah », in Samuel R. Wolff, *Studies in the Archaeology of Israel and Neighboring Lands in Memory of Douglass L. Esse* (SAOC 59-ASOR Books 5). The Oriental Institute of the University of Chicago – The American Schools of Oriental Research, Chicago : 447-463.

McCaslin, Dan E.

1978 *Hala Sultan Tekke 4: The 1977 Underwater Report* (SIMA 45 :4). Astrom Editions, Göteborg.

1980 *Stone Anchors in Antiquity: Coastal Settlements and Maritime Trade-routes in the Eastern Mediterranean ca. 1600-1050 B.C.* (SIMA 61). Astrom Editions, Göteborg.

McCorriston, Joy

1995 « Preliminary Archaeobotanical Analysis in the Middle Habur Valley, Syria and Studies of Socioeconomic Change in the Early Third Millennium », *Bulletin of the Canadian Society for Mesopotamian Studies* 29 : 33-46.

1997 « The Fiber Revolution. Textile Extensification, Alienation, and Social Stratification in Ancient Mesopotamia », *Current Anthropology* 38/4 : 517-549.

1998a « Landscape and Human-Environment Interaction in the Middle Habur Drainage from the Neolithic Period to the Bronze Age », in Michel Fortin & Olivier Aurenche (éds), *Espace naturel, espace habité en Syrie du Nord (10e-2e millénaires av. J.-C.). Natural Space, Inhabited Space in Northern Syria (10th-2nd millennium B.C.). Actes du colloque tenu à l'Université Laval (Québec) du 5 au 7 mai 1997* (TMO 28). Canadian Society for Mesopotamian Studies – Maison de l'Orient Méditerranéen, Québec : 43-53.

1998b « Syrian Origins of Safflower Production: New Discoveries in the Agrarian Prehistory of the Habur Basin », in A. B. Damania *et al.* (éds.), *The Origins of Agriculture and Crop Domestication*. ICARDA, Alep (Syrie) : 39-50.

2007 « Cultural and Environmental History in Archaeological Charred Woods from the Khabur Drainage, Upper Mesopotamia », in Catherine Kuzucuoglu & Catherine Marro (éds), *Sociétés humaines et changement climatique à la fin du troisième millénaire : une crise a-t-elle eu lieu en Haute Mésopotamie ? Actes du Colloque de Lyon (5-8 décembre 2005)* (Varia Anatolica 19). Institut Français d'Études Anatoliennes-Georges Dumézil, Istanbul : 503-522.

McCorriston, Joy & Weisberg, Sanford

2002 « Spatial and Temporal Variation in Mesopotamian Agricultural Practices in the Khabur Basin, Syrian Jazira », *Journal of Archaeological Science* 29 : 485-498.

McDonald, Helen ; Curtis, John & Maxwell-Hyslop, Rachel

2001 « Third-Millennium Metalwork », in David Oates *et al.* (éds), *Excavations at Tell Brak. Vol. 2: Nagar in the Third Millennium*. McDonald Institute for Archaeological Research–British School of Archaeology in Iraq, Cambridge : 233-254.

McMahon, Augusta

2020 « Early Urbanism in Northern Mesopotamia », *Journal of Archaeological Research* 28/3 : 289-337.

Médard, Fabienne

2000a « La préhistoire du fil en Europe occidentale : méthodes et perspectives », in Dominique Cardon & Michel Feugère (éds), *Archéologie des textiles, des origines au ^{e} siècle. Actes du colloque de Lattes, octobre 1999* (Monographies instrumentum 14). Éditions Monique Mergoil, Montagnac : 23-34.

2000b *L'artisanat textile au Néolithique. L'exemple de Delley-Portalban II (Suisse) 3272-2462 avant J.-C.* Édition Monique Mergoil, Montagnac.

Merluzzi, Emanuela

2000 « Basalt Tools at Ebla: An Exemple of 'Ground Stone' Industry in a Central Syria Site of the Bronze Age Period », *Proceedings of the First International Congress on the Archaeology of the Ancient Near East. Rome, May 18th-23rd 1998*. Vol. . Università degli studi di Roma 'La Sapienza', Rome : 1061-1071.

2003 « Ground Stone Artifacts from Ebla and Tell Afis: A Preliminary Analysis of the Cutting and Percussion Tools », *Berytus* 47 : 29-61.

Meskell, Lynn

2007 « Refiguring the Corpus of Çatalhöyük », in Colin Renfrew & Iain Morley (éds), *Image and Imagination. A Global Prehistory of Figurative Representation*. McDonald Institute for Archaeological Research, Cambridge : 137-149.

2017 « The Archaeology of Figurines and the Human Body in Prehistory », in Timothy Insoll (éd.), *The Oxford Handbook of Prehistoric Figurines*. Oxford University Press, Oxford : 17-36.

Meskell, Lynn ; Nakamura, C. ; King, R. & Farid, S.

2008 « Figured Lifeworlds and Depositional Practices at Çatalhöyük », *Cambridge Archaeological Journal* 18/2 : 139-161.

Meyer, Jan-Waalke

2020 « The Birth of the Circular Cities », in Corinne Castel *et al.* (éds), *Circular Cities of Early Bronze Age Syria* (Subartu 42). Brepols, Turnhout : 37-44.

Meyer, Jan-Waalke & Alexander Pruß

1994 *Die Kleinfunde von Tell Halawa A* (Schriften zur vorderasiatischen Archäologie 6). Saarbrücker Druckerei und Verlag, Sarrebruck.

Michel, Cécile

1996 « Le commerce dans les textes de Mari », in Jean-Marie Durand (éd.), *Mari, Ébla et les Hourrites. Dix ans de travaux. Première partie. Actes du colloque international (Paris, mai 1993)* (Amurru 1). Éditions Recherche sur les Civilisations, Paris : 385-426.

2014 « Wool trade in Upper Mesopotamia and Syria according to Old Babylonian and Old Assyrian texts », in Catherine Breniquet & Cécile Michel (éds), *Wool Economy in the Ancient Near East and the Aegean: From the Beginnings of Sheep Husbandry to Institutional Textile Industry* (Ancient Textile Series 17). Oxbow, Oxford : 232-254.

Milevski, Ianir & Horwitz, Liora Kolska

2019 « Domestication of the Donkey (*Equuus asinus*) in the Southern Levant: Archaeozoology, Iconography and Economy », in Rotem Kowner *et al.* (éds), *Animals and Human Society in Asia. Historical, Cultural and Ethical Perspectives* (The Palgrave Macmillan Animal Ethics Series). Palgrave Macmillan, Cham : 93-148.

Miller, Naomi F.

1988 « Ratios in Paleoethnobotanical Analysis », in Christine A. Hastorf & Virgina Popper (éds.), *Current Paleoethnobotany. Analytical Methods and Cultural Interpretations of Archaeological Plant Remains*. University of Chicago Press, Chicago : 72-85.

1996 « Seed Eaters of the Ancient Near East: Human or Herbivore ? », *Current Anthropology* 37/3 : 521-528.

Miller, Naomi F. & Marston, John M.

2012 « Archaeological Fuel Remains as Indicators of Ancient West Asian Agropastoral and Land-Use Systems », *Journal of Arid Environments* 86 (November) : 97-103.

Miller, Naomi F. & Smart, Tristine L.

1984 « Intentional Burning of Dung as Fuel: A Mechanism for the Incorporation of Charred Seeds into the Archaeological Record », *Journal of Ethnobiology* 4/1 : 15-28.

Miller, Naomi F.; Zeder, Melinda A. & Arter, Susan R.

2009 « From Food and Fuel to Farms and Flocks: The Integration of Plant and Animal Remains in the Study of Agropastoral Economy at Gordion, Turkey », *Current Anthropology* 50/6 : 915-924.

Mina, Maria

2008 *Anthropomorphic Figurines from the Neolithic and Early Bronze Age Aegean. Gender Dynamics and Implications for the Understanding of Early Aegean Prehistory* (BAR International Series 1894). BAR Publishing, Oxford.

Mohen, Jean-Pierre

1990 *Métallurgie préhistorique. Introduction à la paléométallurgie* (Préhistoire). Masson, Paris.

Monchambert, Jean-Yves

1983 « Le Moyen Khabour. Prospection préliminaire à la construction d'un barrage », *AAAS* 33/2 : 233-237.

1984a « Prospection archéologique sur l'emplacement du futur lac du Moyen Khabour. Rapport préliminaire », *Akkadica* 39 : 1-7.

1984b « Le futur lac du Moyen Khabour : rapport sur la prospection archéologique menée en 1983 », *Syria* 61 : 181-218.

1985 « Mashnaqa 1985. Rapport préliminaire sur la 1ère campagne de fouilles », *Syria* 62 : 219-250.

1987 « Mashnaqa 1986. Rapport préliminaire sur la deuxième campagne de fouilles », *Syria* 64 : 47-78.

Monchambert, Jean-Yves & Geyer, Bernard

2008 « Canaux et aménagement du territoire à l'âge du Bronze en Syrie orientale », in *Proceedings of the 4th International Congress of the Archaeology of the Ancient Near East. 29 March – 3 April 2004, Freie Universität Berlin. Vol. 1: The Reconstruction of Environment: Natural Resources and Human Interrelations through Time. Art History: Visual Communication*. Harrassowitz, Wiesbaden : 157-166.

Montero Fenollós, Juan Luis

2001 « Mari, centre international du commerce des métaux », in Juan Luis Montero Fenollós et al. (éds), *De la Estepa al Mediterraneo : actas del 1er Congreso de Aequeología e Historia Antigua del Oriente Próximo : Barcelona, 3-5 de abril de 2000* (Monografies Eridu 1). Eridu, Barcelone : 125-133.

2003 « Mari, capital del metal en el país siriomesopotámico. La aportación española a su conocimiento », *Cervantes* (revista del Instituto Cervantes en Damasco) 4 : 50-61.

2007 « Le travail du cuivre et du bronze de Mari, un projet archéo-métallurgique », *Akh Purattim* 1 : 215-219.

2014 « De Uruk a Mari. Innovaciones tecnológicas de la Primera Revolución Urbana en el Medio Éufrates meridional », *Anejos de Nailos* 1 : 139-155.

2016 « Royauté, rites de fondation et métal dans la région syro-mésopotamienne : la ville de Mari au ᵉ millénaire av. J.-C. », in Julie Patrier et al. (éds), *Mille et une empreintes. Un Alsacien en Orient. Mélange en l'honneur du 65e anniversaire de Dominique Beyer* (Subartu 36). Brepols, Turnhout : 339-348.

Montero Fenollós, Juan Luis & Montero Ruiz, Ignacio

2004 « Los vestigios más antiguos de la actividad metalúrgica en la ciudad sirio-mesopotámica de Mari », *Aula Orientalis* 22 : 229-241.

Moorey, Peter Roger Stuart

1994 *Ancient Mesopotamian Materials and Industries. The Archaeological Evidence*. Clarendon Press, Oxford.

2003 *Idols of the People. Miniature Images of Clay in the Ancient Near East*. Oxford University Press, Oxford.

Moortgat, Anton

1962 *Tell Chuera in Nordost-Syrien. Vorläufiger bericht über die dritte Grabungskampagne 1960* (Wissenschaftliche Abhandlungen der Arbeitsgemeinschaft für Forschung des Landes Nordrhein-Westfalen 24). Westdeutscher Verlag, Köln und Opladen.

Moortgat, Anton. & Moortgat-Correns, Ursula

1976 *Tell Chuera in Nordost-Syrien. Vorläufiger bericht über die siebente Grabungskampagne 1974* (Schriften der Max Freiherr von Oppenheim-Stiftung 9). Gebrüder Mann Verlag, Berlin.

Morandi Bonacossi, Daniele

2005 « The Late Chalcolithic and Early Bronze Age I Sequences of Area D », in Luc Bachelot & Frederick Mario Fales (éds), *Tell Shiukh Fawqani 1994-1998* (History of the Ancient Near East. Monographs 6). S.A.R.G.O.N. Editrice e libreria, Padoue : 21-248.

Morillon, Gaëlle ; Fouillet, Nicolas & Poux, Matthieu

2017 « Les greniers maçonnés ruraux antiques à plancher surélevé dans les provinces des Gaules et des Germanies », in Frédéric Trément (éd.), *Produire, transformer et stocker dans les campagnes des Gaules romaines. Problèmes d'interprétation fonctionnelle et économique des bâtiments d'exploitation et des structures de production agro-pastorale. Colloque international AGER XI (Clermont-Ferrand, 11-13 juin 2014)* (Aquitania. Supplément 38). Fédération Aquitania, Bordeaux : 389-405.

Morris, Pat

1979 *Agricultural buildings in Roman Britain* (BAR British series 70). British Archaeological Reports, Oxford.

Mortensen, Peder

1970 *Tell Shimshara. The Hassuna Period.* Det Kongelige Danske Videnskabernes Selskab, Copenhague.

Mulder-Heymans, Noor

2002 « Archaeology, Experimental Archaeology and Ethnoarchaeology on Bread Ovens in Syria », in Kai Fechner & Marianne Mesnil (éds), *Pain, fours et foyers des temps passés. Archéologie et traditions boulangères des peuples agriculteurs d'Europe et du Proche Orient/Bread, Ovens and Hearths of the Past : Archaeology and Baking Traditions of Agriculture Civilisations in Europe and the Near East. Textes rassemblés en hommage à l'œuvre de Max Währen, à l'occasion de son quatre-vingtième anniversaire* (Civilisations 49/1-2). Institut de sociologie de l'Université Libre de Bruxelles, Bruxelles : 197-221.

Muller, Béatrice

2002 *Les « maquettes architecturales » du Proche-Orient ancien* (BAH 160). IFAPO, Beyrouth.

2014 « La Ville I de Mari : un bilan 1933-2004 », in Pascal Butterlin *et al.* (éds), *Mari, ni Est, ni Ouest* (Syria Supplément 2). IFPO, Beyrouth : 43-79.

Müller, Victor

1931 *En Syrie avec les Bédouins. Les tribus du désert.* Librairie Ernest Leroux, Paris.

Munchaev, Rauf Magomedovich & Merpert, Nicolai Yakovlevich

1994 « Da Hassuna a Accad. Scavi della Missione Russa nella Regione di Hasseke, Siria di Nord-Est, 1988-1992 », *Mesopotamia* 29 : 5-48.

Munchaev, Rauf Magomedovich & Amirov, Shakhmardan N.

2016 *Tell Hazna I. Religious and Administrative Center of IV-III millennium in North-East Syria. Volume 2.* Taus, Moscou.

Munro, Natalie D. ; Bar-Oz, Guy & Hill, Austin C.

2011 « An Exploration of Character Traits and Linear Measurements for Sexing Mountain Gazelle (*Gazella gazella*) Skeletons », *Journal of Archaeological Science* 38/6 : 1253-1265.

Munro, Natalie D. ; Bar-Oz, Guy & Stutz, Aaron J.

2009 « Aging Mountain Gazelle (*Gazella gazella*): Refining Methods of Tooth Eruption and Wear and Bone Fusion », *Journal of Archaeological Science* 36/3 : 752-763.

Nadel, Dani; Danin, Avinoam; Werker, Ella; Schick, Thomas; Kisley, Mordechai E. & Stewart, Kathlyn
1994 « 19,000-Year-Old Twisted Fibers from Ohalo II », *Current Anthropology* 35 : 451-458.

Nakamura, Carrie & Meskell, Lynn
2013 « Figurine Worlds at Çatalhöyük », in Ian Hodder (éd.), *Substantive Technologies at Çatalhöyük. Reports from the 2000-2008 Seasons: Çatalhöyük Research Project 9* (British Institute at Ankara Monograph 48). British Institute at Ankara – Cotsen Institute of Archaeology at UCLA, Ankara : 201-234.

Nanoglou, Stratos
2005 « Subjectivity and Material Culture in Thessaly, Greece: the Case of Neolithic Anthropomorphic Imagery », *Cambridge Archaeological Journal* 15/2 : 141-156.
2006 « Regional Perspectives on the Neolithic Anthropomorphic Imagery of Northern Greece », *Journal of Mediterranean Archaeology* 19/2 : 155-176.
2008 « Representation of Humans and Animals in Greece and the Balkans during the Earlier Neolithic », *Cambridge Archaeological Journal* 18/1 : 1-13.

Naroll, Raoul
1962 « Floor Area and Settlement Population », *American Antiquity* 27/4 : 587-589.

Neufang, Bausta & Pruß, Alexander
1994 « Wagenmodelle », in Jan-Waalker Meyer & Alexander Pruß (éds), *Die Kleinfunde von Tell Halawa A* (Schriften zur vorderasiatischen Archäologie 6). Saarbrücker Druckerei und Verlag, Sarrebruck : 156-180.

Newcomer, Mark H.
1974 « Study and Replication of Bone Tools from Ksar Akil (Lebanon) », *World Archaeology* 6/1 : 138-153.

Nibbi, Alessandra
1993 « Stone Anchors: The Evidence Re-assessed », *The Mariner's Mirror* 79 : 5-26.

Nielsen, Karen-Hanne Stœrmose
2005 « A Preliminary Classification of Shapes of Loomweights », in Frances Pritchard & John Peter Wild (éds), *Northern Archaeological Textiles. NESAT VII: Textile Symposium in Edinburgh, 5th-7th May 1999*. Oxbow Books, Oxford : 129-135.

Nieuwenhuyse, Olivier; Berghuijs, Koen & Muehl, Simone
2012 « A Late Neolithic 'Fishing Net' From Kurdistan, Northern Iraq? », *Paléorient* 38 : 141-147.

Nonne, Letizia
2008 « Les perles et éléments de parure non métalliques à Tell Beydar au Bronze Ancien », in Marc Lebeau & Antoine Suleiman (éds), *Beydar Studies 1* (Subartu 21). Brepols, Turnhout : 3-61.

Nordman, Daniel
1989 « Le 'Nomadisme', ou le nomadisme d'un mot et d'un concept », in Jean Bisson (éd.), *Le Nomade, l'oasis et la ville. Actes de la table ronde tenue à Tours les 21-22-23 sept. 1989* (Fascicule de Recherches 20). Centre d'Études et de Recherches URBAMA, Tours : 11-20.

Oates, David
1982 « Excavations at Tell Brak, 1978-81 », *Iraq* 44/2 : 187-224.
1985 « Walled Cities in Northern Mesopotamia in the Mari Period », in Jean-Claude Margueron & Jean-Marie Durand (éds), *À propos d'un cinquantenaire : Mari, bilan et perspectives. Actes du colloque international du CNRS 620 (Strasbourg, 29-30 juin, 1er juillet 1983)* (M.A.R.I. 4). Éditions Recherche sur les Civilisations, Paris : 585-594.

Oates, David ; Oates, Joan ; McDonald, Helen (éds)

1997 *Excavations at Tell Brak. Vol. 1: The Mitanni and Old Babylonian Periods.* McDonald Institute for Archaeological Research – British School of Archaeology in Iraq, Cambridge.

2001 *Excavations at Tell Brak. Vol. 2: Nagar in the Third Millennium* . McDonald Institute for Archaeological Research – British School of Archaeology in Iraq, Cambridge.

Oates, Joan

1969 « Choga Mami, 1967-68: A Preliminary Report », *Iraq* 31 : 115-152.

2001 « Equid Figurines and 'Chariot' Models », in David Oates *et al.* (éds), *Excavations at Tell Brak. Vol. 2: Nagar in the Third Millennium* . McDonald Institute for Archaeological Research – British School of Archaeology in Iraq, Cambridge : 279-293.

2003 « A Note on the Early Evidence for Horse and the Riding of Equids in Western Asia », in Marsha Ann Levine *et al.* (éds), *Prehistoric Steppe Adaptation and the Horse.* McDonald Institute for Archaeological Research, Cambridge : 115-125.

Oates, Joan ; Molleson, Theya & Soltysiak, Arkadiusz

2008 « Equids and an Acrobat: Closure Rituals at Tell Brak », *Antiquity* 82 : 390-400.

Odell, George Hamley

1998 « Awl », in Guy E. Gibbon & Kenneth M. Ames (éds), *Archaeology of Prehistoric Native America: An Encyclopedia.* Garland, New York : 39.

Oguchi, Kazumi

1998 « Beads from Area A of 'Usiyeh », *Al-Rafidan* 19 : 75-117.

Oleson, John Peter

2000 « Water-Lifting », in Örjan Wikander (éd.), *Handbook of Ancient Water Technology.* Brill, Leyde : 217-302.

Olmo Lete, Gregorio del (éd.)

1994 *Tell Qara Qūzāq-I. Campañas I-III (1989-1991)* (Aula Orientalis-Supplementa 4). Ausa, Barcelone.

2001 *Tell Qara Qūzāq-II. Campañas IV-VI (1992-1994)* (Aula Orientalis-Supplementa 17). Ausa, Barcelone.

Olmo Lete, Gregorio del & Montero Fenollós, Juan Luis

1998 « Du temple à l'entrepôt : un exemple de transformation de l'espace urbain à tell Qara Qûzâq en Syrie du Nord », in Michel Fortin & Olivier Aurenche (éds), *Espace naturel, espace habité en Syrie du Nord (10ᵉ-2ᵉ millénaires av. J.-C.). Natural Space, Inhabited Space in Northern Syria (10th-2nd millennium B.C.). Actes du colloque tenu à l'Université Laval (Québec) du 5 au 7 mai 1997* (TMO 28). Canadian Society for Mesopotamian Studies – Maison de l'Orient Méditerranéen, Québec : 295-304.

Olofsson, Linda ; Anderson Strand, Eva & Nosch, Marie-Louise

2015 « Experimental Testing of Bronze Age Textile Tools », in Eva Andersson Strand & Marie-Louise Nosch (éds), *Tools, Textiles and Contexts. Investigating Textile Production in the Aegean and Eastern Mediterranean Bronze Age* (Ancient Textiles Series 21). Oxbow Books, Oxford : 75-100.

Olsen, Sandra L.

2007 « Conclusions: Bone Artifacts and their Importance to Archaeology », in Christian Gates St. Pierre & Renée B. Walker (éds), *Bones as Tools: Current Methods and Interpretations in Worked Bone Studies* (BAR International Series 1622). Archaeopress, Oxford : 175-182.

Omar, Lubna

2017 « Animal Exploitation at Tell Bderi (Syria) during the Early Bronze Period », in Marjan Mashkour & Mark Beech (éds), *Archaeozoology of the Near East 9: In Honour of Hans-Peter Uerpmann and François Poplin, Volume 1.* Oxbow Books, Oxford : 183-196.

Orrelle, Estelle
2014 *Material Images of Humans from the Natufian to Pottery Neolithic Periods in the Levant* (BAR International Series 2592). Archeopress, Oxford.

Orrelle, Estelle ; Eyal, Ruth & Gopher, Avi
2012 « Spindle Whorls and their Blanks », in Avi Gopher (éd.), *Village Communities of The Pottery Neolithic Period in the Mernashe Hills, Israel. Archaeological Investigations at the Sites of Nahal Zehora*, vol. . Institute of Archaeology, Tel Aviv University, Tel Aviv : 632-656.

Orthmann, Winfried ; Hempelmann, Ralph ; Klein, Harald ; Kühne, Cord ; Novak, Mirko ; Pruß, Alexander ; Vila, Emmanuelle ; Weicken, H.-M. & Wener, A.
1995 *Ausgrabungen in Tell Chuera in Nordost-Syrien, I: Vorbericht über die Grabungskampagnen 1986 bis 1992* (Vorderasiatische Forschungen der Max Freiherr von Oppenheim-Stiftung 2). Saarbrücker Druckerei und Verlag, Sarrebruck.

Otte, Marcel & Noiret, Pierre
2010 *Les gestes techniques de la préhistoire.* de Boeck, Bruxelles.

Ovadia, Eran
1992 « The Domestication of the Ass and Pack Transport by Animals: A Case of Technological Change », in Ofer Bar-Yosef & Anatoly Khazanov (éds), *Pastoralism in the Levant. Archaeological Materials in Anthropological Perspectives* (Monographs in World Archaeology 10). Prehistory Press, Madison : 19-28.

Özgen, Engin
1986 « A Group of Terracotta Wagon Models from Southeastern Anatolia », *Anatolian Studies* 36 : 165-171.

Palmer, Carol
1998 « 'Following the plough': The Agricultural Environment of Northern Jordan », *Levant* 30 : 129-165.

Parayre, Dominique
1987-1998 « Tell Leilan 1987 : sceaux et empreintes de sceaux », *Les Annales Archéologiques Arabes Syriennes* 38-39 : 128-141.
2003a « The Ninevite 5 Sequence of Glyptic at Tell Leilan », in Elena Rova & Harvey Weiss (éds), *The Origins of North Mesopotamian Civilization: Ninevite 5 Chronology, Economy, Society* (Subartu 9). Brepols, Turnhout : 271-310.
2003b « Les figurines animales dans le Proche-Orient ancien aux époques historiques », *Anthropozoologica* 38 : 17-34.

Parker, Bradley J.
2011 « Bread Ovens, Social Networks and Gendered Space: An Ethnoarchaeological Study of *Tandır* Ovens in Southeastern Anatolia », *American Antiquity* 76/4 : 603-627.

Parker, Bradley J. & Uzel, M. Barış
2007 « The Tradition of *Tandır* Cooking in Southeastern Anatolia: An Ethnoarchaeological Perspective », in Turan Takaoğlu (éd.), *Ethnoarchaeological Investigations in Rural Anatolia IV.* Ege Yayınları, Istanbul : 7-43.

Parrot, André
1956 *Mission archéologique de Mari, I : Le temple d'Isthar.* Geuthner, Paris.
1962 « Les fouilles de Mari. Douzième campagne (Automne 1961) », *Syria* 39 : 151-179.
1968 *Mission archéologique de Mari, IV : Le trésor d'Ur.* Geuthner, Paris.
1975 « Fouilles de Mari, XXIème campagne, Automne 1974 », *AAAS* 25 : 9-15.

Paul, Jarrad W.
2019 « An Assessment of Worked Bone Terminology: A Case Study of Prehistoric Northwest and Western Anatolia », *Ancient Near Eastern Studies* 56, 163-187.

Paulette, Tate Sewell
2013a « Consumption and Storage in the Bronze Age », in Tony James Wilkinson et al. (éds), *Models of Mesopotamian Landscapes. How Small-scale Processes Contributed to the Growth of Early Civilizations* (BAR International Series 2552). Archaeopress, Oxford : 102-111.
2013b « Pastoral Systems and Economies of Mobility », in Tony James Wilkinson et al. (éds), *Models of Mesopotamian Landscapes. How Small-scale Processes Contributed to the Growth of Early Civilizations* (BAR International Series 2552). Archaeopress, Oxford : 130-139.
2015 « Grain Storage and the Moral Economy in Mesopotamia (3000-2000   ) » (thèse de doctorat inédite, Université de Chicago).
2016 « Grain, Storage, and State Making in Mesopotamia (3200-2000   ) », in Linda R. Manzanilla & Mitchell S. Rothman (éds), *Storage in Ancient Complex Societies. Administration, Organization, and Control*. Routledge, New York : 85-109.

Pavlů, Ivan ; Ridky, Jaroslav ; Wawruschka, Celine & Gülçur, Sevil
2007 « Grinding Stones and Handstones from the Chalcolithic Site of Güvercinkayasi (1996-2004) », *Anatolia Antiqua* 15 : 17-48.

Payne, Sebastian
1973 « Kill-Off Patterns in Sheep and Goats: The Mandibles from Aşvan Kale », *Anatolian Studies* 23 : 281-303.

Pearsall, Deborah
2000 *Paleoethnobotany: A Handbook of Procedures*. Academic Press, San Diego.

Pedergnana, Antonelia ; Cristiani, Emanuela ; Munro, Natalie ; Valletta, Franscesco & Sharon, Gonen
2021 « Early Line and Hook Fishing at the Epipaleolithic Site of Jordan River Dureijat (Northern Israel) », *PLOS ONE* 16/10 : e0257710.

Peltenburg, Edgar
2013 « Conflict and Exclusivity in Early Bronze Age Societies of the Middle Euphrates Valley », *JNES* 72/2 : 233-252.

Peregrine, Peter
1991 « Some Political Aspects of Craft Specialization », *World Archaeology* 23/1 : 1-11.

Perrot, Jean
1966 « Le gisement natoufien de Mallaha (Eynan), Israël », *L'Anthropologie* 70/5-6 : 437-484.

Petty, Alice
2006 *Bronze Age Anthropomorphic Figurines from Umm el-Marra, Syria. Chronology, Visual Analysis and Function* (BAR International Series 1575). Archaeopress, Oxford.

Peyronel, Luca
2004 *Gli Strumenti di Tessitura dall'Età del Bronzo all'Epoca Persiana* (Materiali e Studi Archeologici di Ebla 4). Missione archeologica italiana in Siria, Rome.
2007 « Spinning and Weaving at Tell Mardikh-Ebla (Syria): Some Observations on Spindle-Whorls and Loom-Weights from the Bronze and Iron Ages », in Carole Gillis & Marie-Louise Nosch (éds), *Ancient Textiles. Production, Craft and Society*. Oxbow Books, Oxford : 26-35.
2014a « From Weighing Wool to Weaving Tools. Textile Manufacture at Ebla during the Early Syrian Period in the Light of Archaeological Evidence », in Catherine Breniquet & Cécile Michel (éds), *Wool Economy in*

the Ancient Near East and the Aegean. From the Beginnings of Sheep Husbandry to Institutional Textile Industry.* Oxbow Books, Oxford : 124-138.

2014b « Temples and Figurines. The Coroplastic from Area II at Ebla (Syria) during the EB IVB Period », *Proceedings of the 8th International Congress on the Archaeology of the Ancient Near East. 30 April - 4 May 2012, University of Warsaw. Vol. 1.* Harrassowitz, Wiesbaden : 613-632.

2016 « Bone and Ivory Manufacturing at Ebla (Syria) during the Early and Middle Bronze Age (*c.* 2500-1600) », *Levant* 48/2 : 184-196.

Peyronel, Luca & Pruß, Alexander

2018 « Animal Figurines », in Marc Lebeau (éd.), *Artefacts* (ARCANE Interregional II). Brepols, Turnhout : 85-105.

Pfälzner, Peter

1986a « A Short Account of the Excavation in tell Bderi 1985 », *AAAS* 36-37 : 276-288.
1986b « The Excavations at tell Bderi 1986 », *AAAS* 36-37 : 292-303.
1988 « Tell Bderi 1985 : Bericht über die erste Kampagne », *Damaszener Mitteilungen* 3 : 223-386.
1990 « Tell Bderi – the Development of a Bronze Age Town », in Susanne Kerner (éd.), *The Near East in Antiquity. German Contributions to the Archaeology of Jordan, Palestine, Syria, Lebanon and Egypt. Vol. 1.* Al-Kutba, Amman : 63-79.
1997 « Wandel und Kontinuität im Urbanisierungprozess des 3. Jtsds. v. Chr. in Nordmesopotamien », in Gernot Wilhelm (éd.), *Die Orientalische Stadt : Kontinuität, Wandel, Bruch.* Saarbrücker Druckerei und Verlag, Sarrebruck : 239-265.
2001 *Haus und Haushalt. Wohnformen des Dritten Jahrtausends vor Christus in Nordmesopotamien* (Damaszener Forschungen 9). Philipp von Zabern, Mayence.
2002a « Modes of Storage and the Development of Economic Systems in the Early Jezireh-Period », in Lamia al-Gailani Werr *et al.* (éds), *Of Pots and Plans. Papers on the Archaeology and History of Mesopotamia and Syria Presented to David Oates in Honour of his 75th Birthday.* Nabu Publications, Londres : 259-286.
2002b « Early Bronze Age Houses in the Syrian Djezireh », in Michel Al-Maqdissi *et al.* (éds), *The Syrian Jezira. Cultural Heritage and Interrelations. Proceedings of the International conference held in Deir ez-Zor April 22nd-25th, 1996* (Documents d'archéologie syrienne I). Direction Générale des Antiquités et des Musées, Damas : 231-237.
2011 « Architecture », in Marc Lebeau (éd.), *Jezirah* (ARCANE 1). Brepols, Turnhout : 137-200.

Philip, Graham

1989 *Metal Weapons of the Early and Middle Bronze Ages in Syria-Palestine* (BAR International Series 526). Oxford, B.A.R.
1997 « The Metal Objects », in David Oates *et al.* (éds), *Excavations at Tell Brak, Vol. 1 : The Mitanni and Old Babylonian Periods.* McDonald Institute for Archaeological Research – British School of Archaeology in Iraq, Cambridge : 113-124.

Piel-Desruisseaux, Jean-Luc

2007 *Outils préhistoriques. Du galet taillé au bistouri d'obsidienne* (5e éd.). Dunod, Paris.

Piperno, Dolores R. ; Weiss, Ehud ; Holst, Irene & Nadel, Dani

2004 « Processing of Wild Cereal Grains in the Upper Paleolithic Revealed by Starch Grain Analysis », *Nature* 430 : 670-673.

Pittman, Holly

2013 « Imagery in Administrative Context : Susiana and the West in the Fourth Millennium », in Cameron A. Petrie (éd.), *Ancient Iran and its Neighbours. Local Developments and Long Range Interactions in the Fourth Millennium B.C.* (The British Institute of Persian Studies Archaeological Monograph Series 3). Oxbow, Oxford : 293-336.

Poidebard, Antoine

1927 « Les routes anciennes en Haute-Djezireh », *Syria* 8 : 55-65.

1934 *La trace de Rome dans le désert de Syrie. Le limes de Trajan à la conquête arabe. Recherches aériennes (1925-1932)* (BAH 18). Geuthner, Paris.

Poissonnier, Bertrand

2002 « Pilons, broyeurs, bouchardes, marteaux et autres percuteurs : les interprétations fonctionnelles au risque de l'expérimentation », in Hara Procopiou & René Treuil (éds), *Moudre et broyer. L'interprétation fonctionnelle de l'outillage de mouture et de broyage dans la Préhistoire et l'Antiquité.* CTHS, Paris : 141-152.

Ponomarev, B. Y. & Biushev, A. S.

1966 *The Geological Map of Syria.* Department of Geological and Mineral Research, Damas.

Popper, Virginia

1988 « Selecting Quantitative Measurements in Paleoethnobotany », in Christine A. Hastorf & Virginia S. Popper (éds), *Current Paleoethnobotany. Analytical Methods and Cultural Interpretations of Archaeological Plant Remains.* University of Chicago Press, Chicago : 53-71.

Porter, Anne

2012 *Mobile Pastoralism and the Formation of Near Eastern Civilizations. Weaving Together Society.* Cambridge University Press, Cambridge.

Postgate, J. Nicholas

1994 « How Many Sumerians per Hectare? – Probing the Anatomy of an Early City », *Cambridge Archaeological Journal* 4/1 : 47-65.

Potts, Daniel T.

2004 « Camel Hybridization and the Role of *Camelus Bactrianus* in the Ancient Near East », *Journal of Economic and Social History of the Orient* 47/2 : 143-165.

2012 « Fish and Fishing », in Daniel T. Potts (éd.), *A Companion to the Archaeology of the Ancient Near East*, Wiley-Blackwell, Malden : 220-235.

2014 *Nomadism in Iran: From Antiquity to the Modern Era.* Oxford University Press, New York.

Potts, Tavis F.

1993 « Patterns of Trade in Third-Millennium Mesopotamia and Iran », *World Archaeology* 24/3 : 379-402.

Poux, Matthieu

2017 « Le *granarium* des Buissières à Panossas : contribution à l'étude des réseaux d'entrepôts de grande capacite dans les Gaules et les Germanies (ᵉʳ- ᵉ s. ap. J.-C.) », in Frédéric Trément (éd.), *Produire, transformer et stocker dans les campagnes des Gaules romaines. Problèmes d'interprétation fonctionnelle et économique des bâtiments d'exploitation et des structures de production agro-pastorale. Colloque international AGER XI (Clermont-Ferrand, 11-13 juin 2014)* (Aquitania. Supplément 38). Fédération Aquitania, Bordeaux : 407-434.

Powell, Marvin A.

1992 « Metrological Notes on the Esagila Tablet and Related Matters. Appendix II: Bricks as Evidence for Metrology », *Zeitschrift für Assyriologie* 72 : 116-123.

1987-1990 « Maße und Gewichte », *Reallexikon der Assyriologie und vorderasiatischen Archäologie* 7 : 457-517.

Price, Max D. ; Wolfhagen, Jesse & Otárola-Castillo, Erik

2016 « Confidence Intervals in the Analysis of Mortality and Survivorship Curves in Zooarchaeology », *American Antiquity* 81/1 : 157-173.

Procopiou, Hara & Treuil, René (éds)
2002 *Moudre et broyer. L'interprétation fonctionnelle de l'outillage de mouture et de broyage dans la Préhistoire et l'Antiquité*. CTHS, Paris.

Procopiou, Hara ; Mouamar, Georges & Abbes, Frédéric
2019 « L'araire en Méditerranée orientale durant la protohistoire : de l'expérimentation à l'ethnographie participative en Tunisie », *ArchéOrient – LeBlog*. <https://archeorient.hypotheses.org/11526>

Proctor, Lucas
2021 « Fueling Socio-Political Complexity: Examining Fuel Use and Fuel Economies during the Chalcolithic and Iron Ages of Northern Mesopotamia » (thèse de doctorat inédite, University of Connecticut).

Prost, Christiane
1971 « Première note relative à l'orientation des objets en os », *Bulletin de la Société préhistorique française* 68 : 46-47.

Proust, Christine
2007 *Tablettes mathématiques de Nippur*. Institut français d'études anatoliennes-De Boccard, Istanbul-Paris (Varia Anatolica 18).

Pruß, Alexander
2000 « The Metallic Ware of Upper Mesopotamia: Definition, Chronology and Distribution », in Catherine Marro & Harald Hauptmann (éds), *Chronologies des pays du Caucase et de l'Euphrate aux IVe-IIIe millénaires* (Varia Anatolica 11). De Boccard, Paris : 193-203.
2011 « Figurines and Model Vehicles », in Marc Lebeau (éd.), *Jezirah* (ARCANE 1). Brepols, Turnhout : 239-254.
2012 « Compte rendu de Hauser, Rick: *Reading Figurines. Animal Representations in Terra Cotta from Royal Building AK* », *Zeitschrift für Assyriologie* 102 : 354-358.
2014 « The 2010 Excavations in Field P », in Marc Lebeau & Antoine Suleiman (éds), *Tell Beydar. The 2010 Season of Excavations and Architectural Restoration – A Preliminary Report. Rapport préliminaire sur la campagne de fouilles et de restauration architecturale 2010* (Subartu 34). Brepols, Turnhout : 119-148.
2018 « Model Vehicles », in Marc Lebeau (éd.), *Artefacts* (ARCANE Interregional II). Brepols, Turnhout : 173-191.
2019 « Animal Figurines, Model Vehicles, Rattles and Architecture Models », in Uwe Finkbeiner (éd.), *Final Reports of the Syrian-German Excavations at Tell el-'Abd 3: Small Objects and Environmental Studies* (marru 5/2). Zaphon, Münster : 49-72.
2020 « Grain Storage and Grain Distribution at Tell Beydar », in Noemi Borrelli & Giulia Scazzosi (éds), *After the Harvest. Storage Strategies and Food Processing in Bronze Age Mesopotamia* (Subartu 43). Brepols, Turnhout : 29-36.

Pruß, Alexander & Link, Christine
1994 « Zoomorphe Terrakotten », in Jan-Waalke Meyer & Alexander Pruß, *Ausgrabungen in Halawa 2: Die Kleinfunde von Tell Halawa A* (Schriften zur vorderasiatischen Archäologie 6). Saarbrücker Druckerei und Verlag, Sarrebruck : 111-155.

Pruß, Alexander & Sallaberger, Walther
2003-2004 « Tierhaltung in Nabada/Tell Beydar und die Bilderwelt der Terrakotten als Spiegel von Wirtschaft und Umwelt », *Archiv für Orientforschung* 50 : 293-307.

Quenet, Philippe
2007 « Un sceau-cylindre inédit de Tell Khuera (Syrie du nord) et sa place au sein de la glyptique géométrique du Bronze Ancien en Mésopotamie », *Revue d'assyriologie et d'archéologie orientale* 101 : 3-34.
2011 « Stratigraphy », in M. Lebeau (éd.), *Jezirah* (ARCANE 1). Brepols, Turnhout : 19-47.

2012 « L'arche perdue d'Abu Hujeira », in Philippe Quenet & Michel al-Maqdissi (éds), *« L'heure immobile ». Entre ciel et terre. Mélanges en l'honneur d'Antoine Souleiman* (Subartu 31). Brepols, Turnhout :121-136.

2018 « Semi-Precious Stones », in Marc Lebeau (éd.), *Artefacts* (ARCANE Interregional II). Brepols, Turnhout : 193-201.

2020 « Spatial and Temporal Distribution of Circular Cities in Early Bronze Age Syria: A Reappraisal », in Corinne Castel *et al.* (éds), *Circular Cities of Early Bronze Age Syria* (Subartu 42). Brepols, Turnhout : 23-35.

Raccidi, Mattia

2012a « Chariot Terracotta Models from Tell Arbid », *Polish Archaeology in the Mediterranean* 21 : 605-626.

2012b « Chariot Terracotta Models from Tell Arbid and Tell Barri. A Typological and Functional Analysis », *Proceedings of the 7th International Congress on the Archaeology of the Ancient Near East. 12 April – 16 April 2010, the British Museum and UCL, London.* Vol. 3. Harrassowitz, Wiesbaden : 673-682.

2014 « From Models to Chariot », *Proceedings of the 8th International Congress on the Archaeology of the Ancient Near East. 30 April – 4 May 2012, University of Warsaw.* Vol. 1. Harrassowitz, Wiesbaden : 633-648.

Rahmstorf, Lorenz

2006 « In Search of the Earliest Balance Weights, Scales and Weighing Systems from the East Mediterranean, the Near and Middle East », in Maria Emanuela Alberti *et al.* (éds), *Weights in Context. Bronze Age Weighing Systems of Eastern Mediterranean. Chronology, Typology, Material and Archaeological Contexts. Proceedings of the International Colloquium. Roma 22nd-24th November 2004* (Studi e Materiali 13). Istituto Italiano di Numismatica, Rome : 9-45.

2014 « Early Balance Weights in Mesopotamia and Western Syria: Origin and Context », *Proceedings of the 8th International Congress on the Archaeology of the Ancient Near East. 30 April – 4 May 2012, University of Warsaw.* Vol. 2. Harrassowitz, Wiesbaden : 428-441.

2015 « An Introduction to the Investigation of Archaeological Textile Tools », in Eva Andersson Strand & Marie-Louise Nosch (éds), *Tools, Textiles and Contexts. Investigating Textile Production in the Aegean and Eastern Mediterranean Bronze Age* (Ancient Textiles Series 21). Oxbow Books, Oxford : 1-23.

Ramos Soldado, José Luis

2016 *Structured Deposition of Animal Remains in the Fertile Crescent during the Bronze Age.* Archaeopress, Oxford Access Archaeology.

Rassmann, Philipp M.

2008 « Stones on Stone: Assessing the Use of Handstones as Tools to Process Stone Artifacts at PPNB Ba'ja in Southern Jordan », in Yorke M. Rowan & Jennie R. Ebeling (éds), *New Approaches to Old Stones. Recent Studies of Ground Stone Artifacts* (Approaches to Anthropological Archaeology). Equinox, Londres : 82-98.

Recht, Laerke

2019 « Animals as Social Actors: Cases of Equid Resistance in the Ancient Near East », *Cambridge Archaeological Journal* 29/4 : 593-606.

Reculeau, Hervé

2008 « Tell Hariri/Mari : textes. V. Environnement et occupation de l'espace. II. Les sédentaires », *Supplément au Dictionnaire de la Bible* 77-78 : 324-356.

2010 « The Lower Ḫābūr before the Assyrians. Settlement and Land Use in the First Half of the Second millennium », in Hartmut Kühne (éd.), *Dūr-Katlimmu 2008 and Beyond* (Studia Chaburensia 1). Harrossowitz, Wiesbaden : 187-215.

2011 *Climate, Environment and Agriculture in Assyria in the 2nd Half of the 2nd Millennium* (Studia Chaburensia 2). Harrassowitz, Wiesbaden.

2018a *Florilegium marianum XVI : l'agriculture irriguée au royaume de Mari. Essai d'histoire des techniques* (Mémoire de NABU 21). SEPOA, Paris.

2018b « On Some Metrological Issues Affecting Yield Estimates in Second-Millennium   Upper Mesopotamia », *Journal of Cuneiform Studies* 70 : 87-114.

Redding, Richard William, Jr.
1981 « Decision Making in Subsistence Herding of Sheep and Goats in the Middle East » (thèse de doctorat inédite, University of Michigan).
1984 « Theoretical Determinants of a Herder's Decisions: Modeling Variation in the Sheep/Goat Ratio », in Juliet Clutton-Brock & Caroline Grigson (éds), *Animals and Archaeology 3: Early Herders and Their Flocks* (BAR International Series 202). British Archaeological Reports, Oxford : 223-242.
1992 « Egyptian Old Kingdom Patterns of Animal Use and the Value of Faunal Data in Modeling Socioeconomic Systems », *Paléorient* 18/2 : 99-107.

Reese, David S.
1990 « Marine and Worked Shells », in Guillermo Algaze (éd.), *Town and Country in Southeastern Anatolia Vol. II: The Stratigraphic Sequence at Kurban Höyük* (OIP 110). Oriental Institute of the University of Chicago, Chicago : 410-416.
1991 « The Trade of Indo-Pacific Shells into the Mediterranean Basin and Europe », *Oxford Journal of Archaeology* 10/2 : 159-196.
2002 « On the Incised Cattle Scapulae from the East Mediterranean and Near East », *Bonner zoologische Beiträge* 50/3 : 183-198.
2009 « On Incised Scapulae and *Tridacna* », *Eretz-Israel* 29 : 188-193.

Rehhoff, Lea ; Akkermans, Peter M. M. G. ; Leonardsen Erik & Thuesen, Ingolf
1990 « Plasters: Gypsum or Calcite? A Preliminary Case Study of Syrian Plasters », *Paléorient* 16/2 : 79-87.

Reiche, Andrzej & Smogorzewska, Anna
2013 « Ninevite 5 Kitchen from Tell Arbid (Sector W) », *Polish Archaeology in the Mediterranean* 22 : 371-386.

Renfrew, Colin
1975 « Trade as Action at a Distance: Questions of Integration and Communication », in Jeremy A. Sabloff & Carl C. Lamberg-Karlovsky (éds), *Ancient Civilization and Trade*. University of New Mexico Press, Albuquerque : 3-59.

Retsö, Jan
1991 « The Domestication of the Camel and the Establishment of the Frankincense Road from South Arabia », *Orientalia Suecana* 40 : 189-219.

Reynolds, Peter John
1974 « Experimental Iron Age Storage Pits: An Interim Report », *Proceedings of the Prehistoric Society* 40 : 118-131.
1979a « A General Report of Underground Grain Storage Experiments at the Butser Ancient Farm Research Project », in Marceau Gast & Françoise Sigaut (éds), *Les techniques de conservation des grains à long terme*. Vol. 1. Éditions du CNRS, Paris : 70-88.
1979b *Iron-Age Farm. The Buster Experiment*. British Museum, Londres.

Rickman, Geoffrey
1971 *Roman Granaries and Store Buildings*. Cambridge University Press, Cambridge.
1980 *The Corn Supply of Ancient Rome*. Clarendon Press, Oxford.

Ridout-Sharpe, Janet
2015 « Mollusca », in Edgard Peltenburg (éd.), *Tell Jerablus Tahtani, Syria, I: Mortuary Practices at an Early Bronze Age Fort on the Euphrates River* (Levant Supplementary Series 17). Oxbow, Oxford-Philadelphie : 221-224.

Riehl, Simone

2012 « Variability in Ancient Near Eastern Environmental and Agricultural Development », *Journal of Arid Environments* 86 : 113-121.

2017 « Regional Environments and Human Perception: The Two First Important Variables in Adaptation to Climate Change », in Felix Höflmayer (éd.), *The Late Third Millennium in the Ancient Near East. Chronology, C14, and Climate Change* (OIS 11). Oriental Institute of the University of Chicago, Chicago : 237-260.

Riehl, Simone & Bryson, Reid

2007 « Variability in Human Adaptation to Changing Environmental Condition in Upper Mesopotamia during the Early and the Middle Bronze Age », in Catherine Kuzucuoglu & Catherine Marro (éds), *Sociétés humaines et changement climatique à la fin du troisième millénaire : une crise a-t-elle eu lieu en Haute Mésopotamie ? Actes du Colloque de Lyon (5-8 décembre 2005)* (Varia Anatolica 19). Institut Français d'Études Anatoliennes-Georges Dumézil, Istanbul : 523-548.

Riehl, Simone & Deckers, Katleen

2012 « Environmental and Agricultural Dynamics in Northern Mesopotamia during the Early and the Middle Bronze Age », in Nicola Laneri *et al.* (éds), *Looking North. The Socioenonomic Dynamics of Northern Mesopotamian and Anatolian Regions during the Late Third and Early Second Millennium*. Harrasowitz, Wiesbaden : 11-24.

Riehl, Simone ; Pustovoytov, Konstantin ; Dornauer, Aron & Sallaberger, Walther

2012 « Mid-to-Late Hollocene Agricultural System Transformations in the Northern Fertile Crescent: A Review of the Archaeobotanical, Geoarchaeological, and Philological Evidence », in Liviu Giosan *et al.* (éds), *Climates, Landscapes, and Civilizations* (American Geophysical Union, Geophysical Monograph 198). Wiley, Washington, DC : 115-136.

Rigillo, Maria Torcia

1991 « Sealing Systems on Uruk Doors », *Baghdader Mitteilungen* 22 : 175-222.

2009 « A Case of Survival of an Ancien Locking System. From the Ancient Uruk (Iraq) to the Modern Egypt », *Africa. Rivista trimestrale di studi e documentazione dell'Istituto italiano per l'Africa e l'Oriente* 64/3-4 : 540-544.

Ritter, Hellmut

1919 « Mesopotamische Studien: I. Arabische Flussßfahrzeuge auf Euphrat und Tigris », *Der Islam* 9/2 : 121-143.

Robert, Manon

1995 « L'architecture domestique en Mésopotamie durant la période de Ninive 5 » (mémoire de maîtrise inédit, Université Laval).

Robson, Eleanor

1999 *Mesopotamian Mathematics 2100-1600, Technical Constants in Bureaucracy and Education*. Clarendon Press, Oxford.

Rollefson, Gary

1986 « Neolithic 'Ain Ghazal (Jordan): Ritual and Ceremony », *Paléorient* 12/1 : 45-52.

Röllig, Wolfang & Kühne, Hartmut

1977 « The Lower Habur. A Preliminary Report on a Survey Conducted by the Tübinger Atlas Des Vorderen Orients in 1975 », *Les Annales Archéologiques Arabes Syriennes* 27-28 : 115-140.

Roodenberg, Jacobus Johannes

1986 *Le mobilier en pierre de Bouqras. Utilisation de la pierre dans un site néolithique sur le Moyen Euphrate (Syrie)*. Nederlands Historisch-Archaeologisch Instituut, Istanbul.

Rooijakkersl, Tineke

2012 « Spinning Animal Fibres at Late Neolithic Tell Sabi Abyad, Syria? », *Paléorient* 38/1-2 : 93-109.

Rooijakkers, Tineke. & Vincent van Exel

2014 « Spindle Whorls », in Peter M. M. G. Akkermans *et al.* (éds), *Excavations at Late Neolithic Tell Sabi Abyad, Syria. The 1994-1999 Field Seasons.* Brepols, Turnhout : 165-166.

Rosen, Arlene Miller

1986 *Cities of Clay: The Geoarchaeology of Tells.* Prehistoric Archaeology and Ecology Series). University of Chicago Press, Chicago.

Rosen, Steven A.

2016 *Revolutions in the Desert: The Rise of Mobile Pastoralism in the Southern Levant.* Taylor and Francis, Londres.

Rosenberg, Danny

2009 « Flying Stones – The Slingstones of the Wadi Rabah Culture of the Southern Levant », *Paléorient* 35/2 : 99-112.

Rosenberg, Danny. & Garfinkel, Yosef

2014 *Sha'ar Hagolan 4: The Ground-stone Industry: Stone Working at the Dawn of Pottery Production in the Southern Levant.* Israel Exploration Society/Institute of Archaeology, Hebrew University of Jerusalem, Jerusalem.

Rosenberg, Michael ; Nesbitt, Mark ; Redding, Richard W. & Strasser, Thornas F.

1995 « Hallan Çemi Tepesi: Some Preliminary Observations Concerning Early Neolithic Subsistence Behaviors in Eastern Anatolia », *Anatolica* 21 : 1-12.

Rossmeisl, Inge & Venema, Petra

1988 « The Other Clay Finds », in Maurits N. Van Loon (éd.), *Hammam et-Turkman I. Report on the University of Amsterdam's 1981-84 Excavations in Syria*, vol.   (PIHANS 63). Nederlands Historisch-Archaeologisch Instituut te Istanbul, Istanbul : 561-603.

Rothman, Mitchell S.

2002 *Tepe Gawra: The Evolution of a Small Prehistoric Center in Northern Iraq* (University Museum Monograph 112). University of Pennsylvania-Museum of Archaeology and Anthropology, Philadelphie.

Routledge, Bruce

1998 « Making Nature Human: Small-scale Production and Specialization at Tell Gudeda in the Middle Khabour Valley », in Michel Fortin & Olivier Aurence (éds), *Espace naturel, espace habité en Syrie du Nord (10e-2e millénaires av. J.-C.). Natural Space, Inhabited Space in Northern Syria (10th-2nd millennium B.C.). Actes du colloque tenu à l'Université Laval (Québec) du 5 au 7 mai 1997* (TMO 28). Canadian Society for Mesopotamian Studies-Maison de l'Orient Méditerranéen, Québec-Lyon : 243-256.

Roux, Valentine

1985 *Le matériel de broyage. Étude ethnoarchéologique à Tichitt, Mauritanie* (Mémoire 58). Éditions Recherche sur les Civilisations, Paris.

Rova, Elena

1988 *Distribution and Chronology of the Nineveh 5 Pottery and of its Culture* (Contributi e materiali di archeologica orientale 2). Università degli studi di Roma 'La Sapienza', Rome.

2008 « Seal Impressions from Tell Beydar (2002-2006 Seasons) », in Marc Lebeau & Antoine Suleiman (éds), *Beydar Studies 1* (Subartu 21). Brepols, Turnhout : 63-194.

2011 « Ceramic », in Marc Lebeau (éd.), *Jezirah* (ARCANE 1). Brepols, Turnhout : 49-127.

2013 « The Ninivite 5 Period in Northeast Syria », in Winfried Orthmann *et al.* (éds), *Archéologie et Histoire de la Syrie, I : La Syrie de l'époque néolithique à l'âge du fer.* Harrassowitz, Wiesbaden : 107-118.

2014 « Tannurs, Tannur Concentrations and Centralised Bread Production at Tell Beydar and Elsewhere: An Overview », in Lucio Milano & Francesca Bertoldi (éds), *Paleonutrition and Food Practices in the Ancient Near East. Towards a Multidisciplinary Approach. Proceedings of the International Meeting Methods and Perspectives Applied to the Study of Food Practices in the Ancient Near East. Venezia, June 15th-17th, 2006* (History of the Ancient Near East Monographs 14). SARGON, Padoue : 121-170.

Rowan, Yorke M. & Ebeling, Jennie R. (éds)

2008 *New Approaches to Old Stones. Recent Studies of Ground Stone Artifacts* (Approaches to Anthropological Archaeology). Equinox, Londres.

Rowton, Michael B.

1973a « Autonomy and Nomadism in Western Asia », *Orientalia* 42 : 247-258.

1973b « Urban Autonomy in a Nomadic Environment », *JNES* 32 : 201-215.

1974 « Enclosed Nomadism », *Journal of the Economic and Social History of the Orients* 17/1 : 1-30.

1976 « Dimorphic Structure and Topology », *Oriens Antiquus* 15 : 17-31.

1980 « Pastoral and the Periphery in Evolutionary Perspective », in Marie-Thérèse Barrelet (éd.), *L'archéologie de l'Iraq : Perspectives et limites de l'interprétation anthropologique des documents*. Éditions du CNRS, Paris : 291-301.

Rufolo, Scott James

1995 « The Khabur Basin: A View of the Dynamics of the Neolithic Revolution through the Analysis of Faunal Remains from Three Third Millennium B.C. Sites » (document non publié soumis dans le cadre du programme de formation à la recherche du Musée national d'histoire naturelle des États-Unis).

2011 « Specialized Pastoralism and Urban Process in Third Millennium Northern Mesopotamia. A Treatment of Zooarchaeological Data from the Khabur Basin of Syria » (thèse de doctorat inédite, The Johns Hopkins University).

2015 « The Animal Remains from Tell al-Raqa'i », in Glenn M. Schwartz (éd.), *Rural Archaeology in Early Urban Northern Mesopotamia: Excavations at Tell al-Raqa'i* (Monumenta Archaeologica 36). Cotsen Institute of Archaeology, Los Angeles : 571-626.

Ryck, Ivan de ; Adriaens, Annemie & Adams, Freddy C. V.

2005 « An Overview of Mesopotamian Bronze Metallurgy during the 3rd Millennium », *Journal of Cultural Heritage* 6/3 : 261-268.

Ryder, Michael L.

1983 *Sheep & Man*. Duckworth, Londres.

1993 « Sheep and Goat Husbandry with particular Reference to Textile Fibre and Milk Production », *Bulletin on Sumerian Agriculture* 7 : 9-32.

Saghieh, Munhata

1991 « The Lebanese University Recent Excavations at Tell Kerma: a Salvage Operation on the Middle Khabur, N.E. Syria », in *Mésopotamie et Élam. Actes de la XXXVIème Rencontre Assyriologique Internationale, Gand 10-14 juillet 1989* (Mesopotamian History and Environment / Occasional publications). University of Ghent, Ghent : 171-184.

Sahrhage, Dietrich

1999 *Fischfang und Fischkult im alten Mesopotamien*. Peter Lang, Berne.

Sakal, Ferhan

2012 « Compte rendu de Hauser, Rick: *Reading Figurines. Animal Representations in Terra Cotta from Royal Building AK* », *Bibliotheca Orientalis* 69/5-6 : 639-644.

2013 *Die anthropomorphen Terrakotten der Region am syrischen Mittleren Euphrat im 3. Jahrtausend v. Chr.* (Subartu 32). Brepols, Turnhout.

2018 « Anthropomorphic Terracotta Figurines », in Marc Lebeau (éd.), *Artefacts* (ARCANE Interregional II). Brepols, Turnhout : 221-243.

2019 « Anthropomorphic Figurines », in Uwe Finkbeiner (éd.), *Final Reports of the Syrian-German Excavastions at Tell el-'Abd 3: Small Objects and Environmental Studies* (marru 5/2). Zaphon, Münster : 21-47.

Sallaberger, Walther

1998 « The Economic Background of a Seal Motif: A Philological Note on Tell Beydar's Wagons », in Marc Lebeau (éd.), *About Subartu. Studies Devoted to Upper Mesopotamia. Vol. II: Culture, Society, Image. À propos de Subartu. Études consacrées à la Haute Mésopotamie. Vol. II : Culture, Société, Image* (Subartu 4/2). Brepols, Turnhout : 173-175.

2004 « A Note on the Sheep and Goat Flocks. Introduction to Texts 151-167 », in Lucio Milano *et al.* (éds), *Third Millennium Cuneiform Texts from Tell Beydar (Seasons 1996-2002)* (Subartu 12). Brepols, Turnhout : 13-21.

2007 « From Urban Culture to Nomadism », in Catherine Kuzucuoglu & Catherine Marro (éds), *Sociétés humaines et changement climatique à la fin du troisième millénaire : une crise a-t-elle eu lieu en Haute Mésopotamie ? Actes du Colloque de Lyon (5-8 décembre 2005)* (Varia Anatolica 19). Institut Français d'Études Anatoliennes-Georges Dumézil, Istanbul : 417-456.

2014a « The Value of Wool in Early Bronze Age Mesopotamia. On the Control of Sheep and the Handling of Wool in the Presargonic to the Ur III Periods (c. 2400-2000   ) », in Catherine Breniquet & Cécile Michel (éds), *Wool Economy in the Ancient Near East and the Aegean. From the Beginnings of Sheep Husbandry to Institutional Textile Industry* (Ancient Textiles Series 17). Oxbow, Oxford : 94-114.

2014b « Urban Organizations for Offerings, Overland Traffic and the Euphrates Trade at Pre-Sargonic Mari », in Pascal Butterlin *et al.* (éds), *Mari, ni Est, ni Ouest* (Syria Supplément 2). IFPO, Beyrouth : 341-354.

2019 « Who is Elite? Two Exemplary Cases from Early Bronze Age Syro-Mesopotamia », in Grégory Chambon *et al.* (éds), *De l'argile au numérique. Mélanges assyriologiques en l'honneur de Dominique Charpin*. Peeters, Louvain : 893-921.

Sallaberger, Walther & Pruß, Alexander

2015 « Home and Work in Early Bronze Age Mesopotamia: 'Ration Lists' and 'Private Houses' at Tell Beydar/Nabada », in Piotr Steinkeller & Michael Hudson (éds), *Labor in the Ancient World* (The International Scholars Conference on Ancient Near Eastern Economies 5). ISLET-Verlag, Dresde : 69-136.

Sallaberger, Walther & Ur, Jason

2004 « Tell Beydar/Nabada in its Regional Setting », in Lucio Milano *et al.* (éds), *Third Millennium Cuneiform Texts from Tell Beydar (Seasons 1996-2002)* (Subartu 12). Brepols, Turnhout : 51-71.

Salonen, Armas

1965 *Die Landfahrzeuge des alten Mesopotamiens* (Annales Academiae Scientiarum Fennicae, Ser. B, Tom.72,3). Helsinki University Press, Helsinki.

Salzman, Philip Carl

1980 *When Nomads Settle. Processes of Sedentarization as Adaptation and Response*. Praeger, New York.

Sanlaville, Paul

1985 « L'espace géographique de Mari », in Jean-Claude Margueron & Jean-Marie Durand (éds), *À propos d'un cinquantenaire : Mari, bilan et perspectives. Actes du colloque international du CNRS 620 (Strasbourg, 29-30 juin, 1er juillet 1983)* (M.A.R.I. 4). Éditions Recherche sur les Civilisations, Paris : 15-26.

1990 « Milieu naturel et irrigation en Syrie », in Bernard Geyer (éd.), *Techniques et pratiques hydro-agricoles traditionnelles en domaine irrigué*. Geuthner, Paris : 3-21.

2000 *Le Moyen-Orient arabe. Le milieu et l'homme* (coll. U). Armand Colin, Paris.

Sarre, Friedrich & Herzfeld, Ernst

1911 *Archäologische Reise im Euphrat- und Tigris-Gebiet* (Forschungen zur islamischen Kunst 1). Verlag von Dietrich Reimer, Berlin.

Sauvage, Martin

1998 « La construction des ziggurats sous la troisième dynastie d'Ur », *Iraq* 60 : 45-63.

2015 « La gestion de la construction publique sous la Troisième dynastie d'Ur », in Cécile Michel (éd.), *De la maison à la ville dans l'Orient ancien : bâtiments publics et lieux de pouvoir* (Cahiers des thèmes transversaux ArScAn, 12). MAE, Nanterre : 103-115.

2020 « Mathematical Computations in the Management of Public Construction Work in Mesopotamia (End of the Third and Beginning of the Second Millennium) », in Cécile Michel & Karine Chemla (éds), *Mathematics, Administrative and Economic Activities in Ancient Worlds* (Why the Sciences of the Ancient World Matter 5). Springer, Genève : 201-237.

Sauvage, Martin (éd.)

2020 *Atlas historique du Proche-Orient ancien.* Institut français du Proche-Orient-Les Belles Lettres, Beyrouth-Paris.

Sayre, Edward V. ; Joel, Emile C. ; Blackman, M. James ; Yener, Aslihan K. & Özbal, Hadi

2001 « Stable Lead Isotope Studies of Black Sea Anatolian Ore Sources and Related Bronze Age and Phrygian Artefacts from Nearby Archaeological Sites. Appendix: New Central Taurus Ore Data », *Archaeometry* 43/1 : 77-115.

Schmandt-Besserat, Denise

1981a « Decipherment of the Earliest Tablets », *Science* 211 : 283-285.

1981b « From Tokens to Tablets: A Re-evaluation of the So-called 'Numerical Tablets' », *Visible Language* 15/4 : 321-344.

1982 « The Emergence of Recording », *American Anthropologist* 84/4 : 871-878.

1988 « Tokens at Uruk », *Baghdader Mitteilungen* 19 : 1-175.

1992 *Before Writing. Vol. : From Counting to Cuneiform. Vol. : A Catalog of Near Eastern Tokens.* University of Texas Press, Austin.

Schroeder, Bruce

1991 « Natufian in the Central Béqaa Valley, Lebanon », in Ofer Bar-Yosef & François R. Valla (éds), *The Natufian Culture in the Levant.* International Monographs in Prehistory, Ann Arbor : 43-80.

Schuitema, Karin

2014 « Pierced and unpierced discs », in Peter M. M. G. Akkermans *et al.* (éds), *Excavations at Late Neolithic Tell Sabi Abyad, Syria. The 1994-1999 Field Seasons* (PALMA 11). Brepols, Turnhout : 166-169.

Schwartz, Glenn M.

1985 « The Ninevite V Period and Current Research », *Paléorient* 11/1 : 53-70.

1986 « Mortuary Evidence and Social Stratification in the Ninevite V Period », in Harvey Weiss (éd.), *The Origins of Cities in Dry-Farming Syria and Mesopotamia in the Third Millennium B.C.* Four Quarters, Guilford : 45-60.

1987 « The Ninevite V Period and the Development of Complex Society in Northern Mesopotamia », *Paléorient* 13/2 : 93-100.

1994a « Before Ebla: Models of Pre-State Political Organization in Syria and Northern Mesopotamia », in Gill Stein & Mitchell S. Rothman (éds), *Chiefdoms and Early States in the Near East. The Organizational Dynamics of Complexity.* Prehistory Press, Madison : 153-174.

1994b « Rural Economic Specialization and Early Urbanization in the Khabur Valley, Syria », in Glenn M. Schwartz & Steven E. Falconer (éds), *Archaeological Views from the Countryside. Village Communities in Early Complex Societies.* Smithsonian Institution Press, Washington : 19-36.

Schwartz, Glenn M. (éd.)

2015 *Rural Archaeology in Early Urban Northern Mesopotamia. Excavations at Tell Al-Raqa'i* (Monumenta Archaeologica 36). Cotsen Institute of Archaeology Press, Los Angeles.

Schwartz, Glenn M. & Chomowicz, Peter

2015 « Ceramics », in Glenn M. Schwartz (éd.), *Rural Archaeology in Early Urban Northern Mesopotamia : Excavations at Tell Al-Raqa'i* (Monumenta Archaeologica 36). Cotsen Institute of Archaeology Press, Los Angeles : 193-295.

Schwartz, Glenn M. & Curvers, Hans

1992 « Tell al-Raqa'i 1989 and 1990: Further Investigations at a Small Rural Site of Early Urban Northern Mesopotamia », *AJA* 96 : 397-419.

1993-1994 « Tall ar-Raqa'i 1986-1993 », *Archiv für Orientforschung* 40-41 : 246-257.

2000 « Perspectives on Rural Ideologies: the Tell Al-Raqa'i 'Temple' », in Olivier Rouault & Marcus Wäfler (éds), *La Djéziré et l'Euphrate syriens de la protohistoire à la fin du ^{e} millénaire av. J.-C. Tendances dans l'interprétation historique des données nouvelles* (Subartu 8). Brepols, Turnhout : 163-182.

Schwartz, Glenn M. & Klucas, Eric E.

1998 « Spatial Analysis and Social Structure at Tell al-Raqa'i », in Michel Fortin & Olivier Aurenche (éds), *Espace naturel, espace habité en Syrie du Nord (10e-2e millénaires av. J.-C.). Natural Space, Inhabited Space in Northern Syria (10th-2nd millennium B.C.). Actes du colloque tenu à l'Université Laval (Québec) du 5 au 7 mai 1997* (TMO 28). Canadian Society for Mesopotamian Studies – Maison de l'Orient Méditerranéen, Québec-Lyon : 199-207.

Sconzo, Paola

2013 *Final Reports of the Syrian-German Excavations at Tell el-'Abd. Vol. : Pottery and Potmarks at an Early Urban Settlement of the Middle Euphrates River Valley, Syria* (Altertumskunde des Vorderen Orients 16/2). Ugarit-Verlag, Münster.

Seeden, Helga

1982 « Ethnoarchaeological Reconstruction of Halafian Occupational Units at Shams ed-Din Tannira », *Berytus* 30 : 55-95.

1985 « Aspects of Prehistory in the Present World: Observations Gathered in Syrian Villages from 1980 to 1985 », *World Archaeology* 17/2 : 289-303.

Seeden, Helga & Kaddour, Muhamed

1984 « Space, Structures and Land in Shams ed-Dīn Tannīra on the Euphrates: An Ethnoarchaeological Perspective », in Tarif Khalidi (éd.), *Land Tenure and Social Transformation in the Middle East*. American University of Beirut, Beyrouth : 495-526.

Shea, John J.

2013 *Stone Tools in the Paleolithic and Neolithic Near East. A Guide*. Cambridge University Press, Cambridge.

Sherratt, Andrew

1981 « Plough and Pastoralism: Aspects of the Secondary Products Revolution », in Ian Odder *et al.* (éds), *Pattern of the Past: Studies in Honour of David Clarke*. Cambridge University Press, Cambridge : 261-305.

1983 « The Secondary Products Revolution of Animals in the Old World », *World Archaeology* 15 : 90-104.

Shoup, John

1990 « Middle Eastern Sheep Pastoralism and the Hima System », in John G. Galaty & Douglas L. Johnson (éds), *The World of Pastoralism. Herding Systems in Comparative Perspective*. Guilford Press and Belhaven Press, Londres : 195-215.

Shibata, Daisuke

2011 « The Origin of the Dynasty of the Land of Māri and the City-God of Tābetu », *Revue d'assyriologie et d'archéologie orientale* 105 : 165-180.

Sigaut, François

1978 *Les réserves de grains à long terme. Techniques de conservation et fonctions sociales dans l'histoire.* Maison des Sciences de l'Homme, Paris.

1979 « La redécouverte des silos à grains en Europe occidentale, 1708-1880 », in Marceau Gast & François Sigaut (éds), *Les techniques de conservation des grains à long terme. Leur rôle dans la dynamique des systèmes de cultures et des sociétés, I.* CNRS, Paris : 15-50.

1981 « Identification des techniques de conservation et de stockage des grains », in Marceau Gast & François Sigaut (éds), *Les techniques de conservation des grains à long terme. Leur rôle dans la dynamique des systèmes de cultures et des sociétés, II.* CNRS, Paris : 156-180.

Silver, Ian A.

1970 « The Ageing of Domestic Animals », in Don R. Brothwell & Eric S. Higgs (éds), *Science in Archaeology: A Survey in Progress and Research.* Praeger, New York : 283-302.

Simms, Steven R. & Russell, Kenneth W.

1997 « Bedouin Hand Harvesting of Wheat and Barley: Implications for Early Cultivation in Southwestern Asia », *Current Anthropology* 38/4 : 696-702.

Smith, Alexia

2014 « The Use of Multivariate Statistics within Archaeobotany », in John M. Marston *et al.* (éds.), *Method and Theory in Palaeoethnobotany.*, University Press of Colorado, Boulder CO : 181-204.

Smith, Alexia ; Dotzel, Krista ; Fountain, Joyce ; Proctor, Lucas & Baeyer, Madelynn Von

2015 « Examining Fuel Use in Antiquity: Archaeobotanical and Anthracological Approaches in Southwest Asia », *Ethnobiology Letters* 6/1 : 192-195.

Smith, Alexia ; Proctor, Lucas ; Hart, Thomas C. & Stein, Gil J.

2019 « The Burning Issue of Dung in Archaeobotanical Samples: A Case-Study Integrating Macro-Botanical Remains, Dung Spherulites, and Phytoliths to Assess Sample Origin and Fuel Use at Tell Zeidan, Syria », *Vegetation History and Archaeobotany* 28/3 : 229-246.

Smith, Stefan L. & Wilkinson, Tony J.

2020 « The Circular Cities of Northern Syria in Their Environmental Context », in Corinne Castel *et al.* (éds), *Circular Cities of Early Bronze Age Syria* (Subartu 42). Brepols, Turnhout : 151-160.

Smogorzewska, Anna

2010 « Andirons from Tell Arbid. Archaeological and Ethnoarchaeological Study », *Centre d'archéologie méditerranéenne de l'Académie polonaise des sciences. Études et Travaux* 23 : 142-155.

2012 « Fire Installations in Household Activities, Archaeological Study from Tell Arbid (North-East Syria) », *Paléorient* 38/1-2 : 227-247.

2014 « Cooking, Heating and Processing, the Function of Fire Installations in Household Activities at Tell Arbid (NE Syria) », *Proceedings of the 8th International Congress on the Archaeology of the Ancient Near East. 30 April – 4 May 2012, University of Warsaw.* Vol. 3. Harrassowitz, Wiesbaden : 17-30.

2016 « The Final Stage of Ninevite 5 Pottery: Morphological Types, Technology and Diachronic Analysis from Tell Arbid (North-East Syria) », *Iraq* 78 : 175-214.

2019 *Tell Arbid. House and Household in a Changing Town. Excavations in Area D* (PAM Monograph Series 9). University of Warsaw-Polish Centre of Mediterranean Archaeology, Varsovie.

Sophronidou, Marina & Tsirtsoni, Zoï

2007 « What Are the Legs for? Vessels with Legs in the Neolithic and Early Bronze Age Aegean », in Christopher Mee & Josette Renard (éds), *Cooking up the Past. Food and Culinary Practices in the Neolithic and Bronze Age Aegean.* Oxbow, Oxford : 247-269.

Sparks, Rachel Thyrza

2007 *Stone Vessels in the Levant* (Palestinian Exploration Fund Annual 8). Maney, Leeds.

Speiser, Ephraim Avigdor

1935 *Excavations at Tepe Gawra, vol. : Levels I-VIII.* University of Pennsylvania Press, Philadelphie.

Spengler III, Robert N.

2019 « Dung Burning in the Archaeobotanical Record of West Asia: Where Are We Now? », *Vegetation History and Archaeobotany* 28/3 : 215-227.

Spoor, Richard H. & Collet, Pieter

1996 « The Other Small Finds », in Peter M. M. G. Akkermans (éd.), *Tell Sabi Abyad. The Late Neolithic Settlement. Report on the Excavations of the University of Amsterdam (1988) and the National Museum of Antiquities Leiden (1991-1993) in Syria* (PIHANS 76). Vol. . Nederlands Historisch-Archaeologisch Instituut, Istanbul : 449-473.

Spycket, Agnès

1992 *Les figurines de Suse. Volume I - Les figurines humaines : ᵉ- ᵉ millénaires av. J.-C.* (Mémoires de la Délégation archéologiques en Iran 52). Gabalda, Paris.

Stede, V. van der

2010 *Les pratiques de stockage au Proche-Orient ancien du Natoufien à la première moitié du troisième millénaire avant notre ère* (Orientalia Lovaniensa Analecta 190). Peeters, Louvain.

2012 « De l'usage des figurines et statuettes anthropomorphes dans les sépultures du Bronze ancien et moyen en Syrie », in Tom Boiy et al. (éds), *The Ancient Near East, A Life! Festschrift Karel Van Lerberghe* (Orientalia Lovaniensia Analecta 220). Peeters, Louvain : 599-616.

Stein, Gil J.

2004 « Structural Parameters and Sociocultural Factors in the Economic Organization of North Mesopotamian Urbanism in the Third Millennium », in Gary M. Feinman & Linda M. Nicholas (éds.), *Archaeological Perspectives on Political Economies.* University of Utah Press, Salt Lake City : 61-78.

Stein, Gil J., & Wattenmaker, Patricia

1990 « The 1987 Tell Leilan Regional Survey, Preliminary Report », in Naomi F. Miller (éd.), *Economy and Settlement in the Near East, MASCA Research Papers Vol. 7 Supplement*, University of Pennslyvania University Museum, Philadelphia : 5-18.

Steinkeller, Piotr

2004 « The Function of Written Documentation in the Administrative Praxis of Early Babylonia », in Michael Hudson & Cornelia Wunsch (éds), *Creating Economies Order: Record-Keeping, Standardization, and the Development of Accounting in the Ancient Near East.* CDL Press, Bethesda : 65-88.

2007 « City and Countryside in IIIrd-Millennium Southern Babylonia », in Elizabeth C. Stone (éd.), *Settlement and Society: Essays Dedicated to Robert McCormick Adams.* Cotsen Institute of Archaeology, University of California, Los Angeles : 185-211.

2009 « Camels in Ur III Babylonia ? », in J. David Schloen (éd.), *Exploring the longue durée. Essays in Honor of Lawrence E. Stager.* Eisenbrauns, Winona Lake : 415-419.

2017 *History, Texts and Art in Early Babylonia. Three Essays* (Studies in Ancient Near Eastern Records). De Gruyter, Boston-Berlin.

Stiner, Mary C.

1991 « Food Procurement and Transport by Human and Non-Human Predators », *Journal of Archaeological Science* 18/4 : 455-482.

2002 « On *in situ* Attrition and Vertebrate Body Part Profiles », *Journal of Archaeological Science* 29/6 : 979-991.

Stordeur, Danielle

1977a « Classification multiple ou grilles mobiles de classification des objets en os », in Henriette Camps-Fabrer (éd.), *Méthodologie appliquée à l'industrie de l'os préhistorique : 2ᵉ Colloque international sur l'industrie de l'os dans la préhistoire, Abbaye de Sénanque (Vaucluse), 9-12 juin 1976* (Colloques internationaux du CNRS 568). Éditions du CNRS, Paris : 235-238.

1977b « La fabrication des aiguilles à chas, observation et expérimentation », in Henriette Camps-Fabrer (éd.), *Méthodologie appliquée à l'industrie de l'os préhistorique : 2ᵉ Colloque international sur l'industrie de l'os dans la préhistoire, Abbaye de Sénanque (Vaucluse), 9-12 juin 1976* (Colloques internationaux du CNRS 568). Éditions du CNRS, Paris : 251-256.

1978 « Proposition de classement des objets en os selon le degré de transformation imposé à la matière première », *Bulletin de la Société préhistorique française* 75 : 20-23.

1979 *Les aiguilles à chas au Paléolithique* (Supplément Gallia-Préhistoire 12). Éditions du CNRS, Paris.

1988 « L'industrie osseuse de Cafer dans son contexte anatolien et proche-oriental », *Anatolica* 15 : 203-213.

1989 « Vannerie et tissage au Proche-Orient néolithique : ᵉ- ᵉ millénaire », in *Tissage, Corderie, Vannerie. Approches archéologiques, ethnologiques, technologiques. Actes des rencontres 20-21-22 octobre 1988*. Éditions APDCA, Juan-les-Pins : 19-39.

1993 « Outils et parures en os de Ganj Dareh (Iran, ᵉ millénaire B.C.) », *Cahiers de l'Euphrate* 7 : 245-296.

Stordeur, Danielle (éd.)

1987 *La main et l'outil. Manches et emmanchements préhistoriques* (TMO 15). Maison de l'Orient Méditerranéen, Lyon.

Stork, Leigh

2014 « On Pins and Needles : Understanding the Role of Metal Pins in the Upper Euphrates Valley during the Early Bronze I-II », *Levant* 46/3 : 321-338.

2016 « The Relationship between Pins and Textiles in the Carcheminsh Region during the Early 3ʳᵈ Millennium », *Proceedings of the 9ᵗʰ International Congress on the Archaeology of the Ancient Near East*. Vol. 2. Harrassowitz, Wiesbaden : 323-332.

Stos-Gale, Zofia Anna & Gale, Noël H.

1994 « Metals », in A. Bernard Knapp et John F. Cherry (éds), *Provenience Studies and Bronze Age Cyprus. Production, Exchange and Politico-Economic Change* (Monographs in World Archaeology 21). Prehistory Press, Madison : 92-121.

Strange, Guy le

1905 *Lands of the Eastern Caliphate. Mesopotamia, Persia, and Central Asia from the Moslem Conquest to the Time of Timur*. Cambridge University Press, Cambridge.

Strommenger, Eva

2010 « Anthropomorphic Figuren », in Eva Strommenger *et al.* (éds), *Ausgrabungen in Tall Bi'a/Tuttul V : Altorientalische Kleinfunden* (WVDOG 126). Harrassowitz Verlag, Wiesbaden : 2-50.

Stuart, Barbara

2015 « Burials », in Glenn M. Schwartz (éd.), *Rural Archaeology in Early Urban Northern Mesopotamia: Excavations at Tell Al-Raqa'i* (Monumenta Archaeologica 36). Cotsen Institute of Archaeology Press, Los Angeles : 439-492.

Stuart, Barbara. & Curvers, Hans H.

1994 « Tell al-Raqa'i : een dorp op het platteland van noord-mesopotamië (3000-2400 voor chr.) », *Phoenix* 40/1 : 16-32.

Studer, Jacqueline & Schneider, Annegret
2008 « Camel Use in the Petra Region, Jordan: 1st century to 4th century », in Emmanuelle Vila *et al.* (éds), *Archaeozoology of the Near East VIII. Actes des huitièmes Rencontres internationales d'Archéozoologie de l'Asie du Sud-Ouest et des régions adjacentes* (TMO 49). Maison de l'Orient et de la Méditerranée, Lyon : 581-596.

Suleiman, Antoine & Nieuwenhuyse, Olivier (éds)
2002 *Tell Boueid II. A Late Neolithic Village on the Middle Khabur (Syria)* (Subartu 11). Brepols, Turnhout.

Suleiman, Antoine & Quenet, Philippe
2003 *Trois campagnes de fouilles syriennes à Tell Abu Hujeira I (1988-1990). Première partie : le chantier B – Architecture et stratigraphie* (Documents d'archéologie syrienne 3). Direction Générale des Antiquités et des Musées, Damas.
2004 *Trois campagnes de fouilles syriennes à Tell Abu Hujeira I (Hassakeh) (1988-1990). Deuxième partie : les sondages 2 et 3 – Stratigraphie. Troisième partie : les tombes* (Documents d'archéologie syrienne 5). Direction Générale des Antiquités et des Musées, Damas.
2012 *Trois campagnes de fouilles syriennes à Tell Abu Hujeira I, Hasseke (1988-1990). Cinquième à septième parties : inventaire analytique des objets, étude des outils de silex et annexes* (Documents d'archéologie syrienne 17). Direction Générale des Antiquités et des Musées, Damas.
2019 « La 'tombe de la Princesse' de Tell Kashkashok III (Syrie du Nord-Est) », *Syria* 96 : 293-308.

Sumner, William M.
1979 « Estimating Population by Analogy: An Example », in Carol Kramer (éd.), *Ethnoarchaeology: Implications of Ethnography for Archaeology*. Columbia University Press, New York : 164-174.

Sürenhagen, Dietrich
1990 « Ausgrabungen in Tall Mulla Matar 1989 », *MDOG* 122 : 125-152.
1991 « Mulla Matar », *AJA* 95 : 714-715.

Szeląg, Dariusz
2010 « Shell Objects from Tell Rad Shaqrah (Syria) », *Polish Archaeology in the Mediterranean* 22 : 587-616.
2011 « Two Ovens from the First Half of the 3rd millennium at Tell Arbid. Evidence for Grain Processing ? », *Swiatowit* 49/A (2009-2010) : 113-120.
2012 « Adult Burials of Ninevite 5 Date on Tell Arbid (2007-2008) », *Polish Archaeology in the Mediterranean* 21 : 585-604.
2014 « Amulets? On the Possible Function of Zoomorphic Pendants from Child Burials in Tell Rad Shaqrah (Syria) », *Polish Archaeology in the Mediterranean* 23/2 : 145-160.

Szeląg, Dariusz & Wygnańska, Zuzanna
2019 « Infant Burials in the Ninevite 5 Mortuary Landscape », in Agnieszka Pieńkowska *et al.* (éds), *Stories Told Around the Fountain. Papers Offered to Piotr Bieliński on the Occasion of His 70th Birthday*. The University of Warsaw Press, Varsovie : 687-712.

Szuchman, Jeffrey
2009 « Integrating Approaches to Nomads, Tribes, and the State in the Ancient Near East », in Jeffrey Szuchman (éd.), *Nomads, Tribes, and the State in the Ancient Near East. Cross-disciplinary Perspectives* (OIS 5). Oriental Institute of the University of Chicago, Chicago : 1-13.

Talalay, Lauren E.
1984 « Neolithic Initiation Rites: A New Interpretation of Anatolian Figurines », *AJA* 88 : 262.

Talon, Philippe. & van Lerberghe, Karel (éds)
1997 *En Syrie, aux origines de l'écriture*. Brepols, Turnhout.

Tardieu, Michel
1990   *Les paysages reliques. Routes et haltes syriennes d'Isidore à Simplicius* (Bibliothèque de l'école des Hautes Études, Sciences Religieuses 94). Peeters, Louvain-Paris.

Ter Braak, Carl J. F.
1995   « Ordination », in R. H. G. Jongman, Carl J. F. ter Braak & O. F. R. Van Tongeren (éds), *Data Analysis in Community and Landscape Ecology*. Cambridge University Press, Cambridge : 91-173.

Ter Braak, Carl J. F. & Šmilauer' Petr
2002   *CANOCO Reference Manual and CanoDraw for Windows User's Guide: Software for Canonical Community Ordination (Version 4.5)*. Microcomputer Power, Ithaca, NY.

Testart, Alain
1982a   *Les chasseurs-cueilleurs ou l'origine des inégalités*. Société d'anthropologie, Paris.
1982b   « The Significance of Food Storage among Hunther-Gatherers: Residence Patterns, Population Densities, and Social Inequalities », *Current Anthropology* 23/5 : 523-537.

Thalmann, Jean-Paul
2003   « Transporter et conserver : jarres de l'âge du Bronze à Tell Arqa », *Archaeology & History in Lebanon* 17 : 25-37.
2007   « A Seldom Used Parameter in Pottery Studies: the Capacity of Pottery Vessels », in Manfred Bietak & Ernst Czerny (éds), *The Synchronization of Civilizations in the Eastern Mediterranean in the Second Millennium B.C.* (Contributions to the Chronology of the Eastern Mediterranean 9). Österreichische Akademie der Wissenschaften, Vienne : 431-438.

Thévenin, Michaël
2021   « The Ornamental Cane-screens (çîx) of Iraqi Kurdish Nomadic Breeders: An Object of Enchantment among Mantik Families? », in Aline Averbouh *et al.* (éds), *Nomad Lives: From Prehistoric Times to the Present Day*. Publications scientifiques du Muséum, Paris : 219-241.

Thuesen, Ingolf
1991   « The Danish Archaeological Expedition to Tell Mashnaqa 1991 », *Orient-Express* 2 : 11.
2000   « Ubaid Expansion in the Khabur. New Evidence from Tell Mashnaqa », in Olivier Rouault & Marcus Wäfler (éds), *La Djéziré et l'Euphrate syriens de la protohistoire à la fin du ^{e} millénaire av. J.-C. Tendances dans l'interprétation historique des données nouvelles* (Subartu 8). Brepols, Turnhout : 71-79.

Tonussi, Monica
2008   « Metal Workshops and Metal Finds from Third-Millennium Tell Beydar/Nabada (1992-2005 Seasons) », in Marc Lebeau & Antoire Suleiman (éds), *Beydar Studies 1* (Subartu 21). Brepols, Turnhout : 195-257.

Toueir, Kassim
1978   *The Syrian Archaeological Expedition to Tell Al'Abd Zrejehey: Clay Figurines of the Third Millennium B.C.* (Syro-Mesopotamian Studies 2/4). Undena, Malibu.

Treuil, René
1985   « Les figurines néolithiques : idoles ou jouets ? », *Le Grand Atlas de l'Archéologie*. Encyclopedia Universalis, Paris : 66-67.

Tringham, Ruth & Conkey, Margaret
1998   « Rethinking Figurines: A Critical View from Archaeology of Gimbutas, the 'Goddess' and Popular Culture », in Lucy Goodison & Christine Morris (éds), *Ancient Goddesses: The Myths and the Evidence*. British Museum Press, Londres : 22-45.

Trokay, Madeleine

2014 « Le commerce des meules en basalte entre la Syrie du nord et la Basse Mésopotamie au cours de la première moitié du ᵉ millénaire avant J.-C. », in Lucio Milano & Marc Lebeau (éds), *Tell Beydar. Environmental and Technical Studies. Volume* (Subartu 33). Brepols, Turnhout : 325-330.

Tsuneki, Akira & Miyake, Yutaka (éds)

1998 *Excavations at Tell Umm Qseir in Middle Khabur Valley, North Syria: Report of the 1996 Season*. Department of Archaeology-University of Tsukuba, Tsukaba.

Tylecote, Ronald F.

1991 « Early Copper Base Alloys: Natural or Man-made? », in Jean-Pierre Mohen & Christiane Éluère (éds), *Découverte du métal* (Millénaires 2). Picard, Paris : 213-221.

Ucko, Peter J.

1962 « The Interpretation of Prehistoric Anthropomorphic Figurines », *The Journal of the Royal Anthropological Institute* 92 : 38-54.

1968 *Anthropomorphic Figurines of Predynastic Egypt and Neolithic Crete, with Comparative Material from the Prehistoric Near East and Mainland Greece* (Royal Anthropological Institute Occasional Paper 24). Andrew Szmidla, Londres.

1996 « Mother Are You There? », *Cambridge Archaeological Journal* 6/2 : 300-303.

Uerpmann, Hans-Peter

1987 *The Ancient Distribution of Ungulate Mammals in the Middle East. Fauna and Archaeological Sites in Southwest Asia and Northeast Africa* (Tubinger Atlas des Vorderen Orients A/27). Dr. Ludwig Reichert Verlag, Wiesbaden.

Ur, Jason Alik

2010a « Cycles of Civilization in Northern Mesopotamia, 4400-2000 », *Journal of Archaeological Research* 18/4 : 387-431.

2010b *Urbanism and Cultural Landscapes in Northeastern Syria: The Tell Hamoukar Survey, 1999-2001* (OIP 137). Oriental Institute of the University of Chicago, Chicago.

2014 « Urban Form at Tell Brak across Three Millennia », in Augusta McMahon & Harriet Crawford (éds), *Preludes to Urbanism. The Late Chalcolithic of Mesopotamia*. McDonald Institute for Archaeological Research, Cambridge : 49-62.

Ur, Jason A. & Wilkinson, Tony James

2008 « Settlement and Economic Landscapes of Tell Beydar and its Hinterland », in Marc Lebeau & Antoine Suleiman (éds), *Beydar Studies I* (Subartu 21). Brepols, Turnhout : 305-327.

Valentini, Stefano

2008 « Ritual Activities in the 'Rural Shrines' at Tell Barri, in the Khabur Rgion, during the Ninevite 5 Period », *Proceedings of the 5th International Congress on the Archaeology of the Ancient Near East. Madrid, April 3-8 2006*. Vol. 3. Universidad Autónoma de Madrid Ediciones, Madrid : 345-357.

2011 « Burials and Funerary Practices », in Marc Lebeau (éd.), *Jezirah* (ARCANE 1). Brepols, Turnhout : 267-286.

2015 « Communal Places of Worship: Ritual Activities and Ritualised Ideology during the Early Bronze Age Jezirah », in Nicola Laneri (éd.), *Defining the Sacred. Approaches to the Archaeology of Religion in the Near East*. Oxbow Books, Oxford : 102-117.

Vallet, Régis

2014 « Tell Feres 2010: Recent Discoveries on the Ubaid and Late Chalcolithic in North Syria », *Proceedings of the 8th International Congress on the Archaeology of the Ancient Near East. 30 April – 4 May 2012, University of Warsaw*. Vol. 2. Harrassowitz, Wiesbaden : 271-287.

2018 « Tell Feres, a Failed Pathway towards Urbanism in Northern Mesopotamia », in Vincent Déroche *et al.* (éds), *Études Mésopotamiennes - Mesopotamian Studies*. N° 1 – 2018. Archaeopress, Oxford : 156-172.

Vanhaeren, Marian
2010 *Les fonctions de la parure au Paléolithique supérieur : de l'individu à l'unité culturelle*. Éditions universitaires européennes, Sarrebruck.

Velud, Christian
1993 « La politique mandataire française à l'égard des tribus et des zones de steppe en Syrie : l'exemple de la Djézireh », in Riccardo Bocco *et al.* (éds), *Steppes d'Arabies. États, pasteurs, agriculteurs et commerçants : le devenir des zones sèches* (Cahiers de l'IUED-Genève). PUF, Paris : 61-86.

Verhoeven, Marc
1999 *An Archaeological Ethnography of a Neolithic Community. Space, Place and Social Relations in the Burnt Village at Tell Sabi Abyad, Syria* (PIHANS 83). Nederlands Historisch-Archaeologisch Instituut, Istanbul.
2007 « Losing One's Head in the Neolithic: On the Interpretation of Headless Figurines », *Levant* 39 : 175-183.

Vigne, Jean-Daniel & Cucchi, Thomas
2005 « Premières navigations au Proche-Orient : les informations indirectes de Chypre », *Paléorient* 31/1 : 186-194.

Vigne, Jean-Denis & Helmer, Daniel
2007 « Was Milk a 'Secondary Product' in the Old World Neolithisation Process? Its Role in the Domestication of Cattle, Sheep and Goats », *Anthropozoologica* 42/2 : 9-40.

Vila, Emmanuelle
1997 « Erste paläozoologische Ergebnisse », *Mitteilungen der deutschen Orient-Gesellschaft zu Berlin* 129 : 80-83.
1998 *L'exploitation des animaux en Mésopotamie aux ^{e} et ^{e} millénaires*. CNRS Éditions, Paris.
2006 « Data on Equids from Late Fourth and Third Millennium Sites in Northern Syria », in Marjan Mashkour (éd.), *Equids in Time and Space: Papers in Honour of Véra Eisenmann* (Proceedings of the 9th ICAZ Conference, Durham 2002). Oxbow Books, Oxford : 101-123.
2014 « L'âne domestique en Syrie : réflexions sur les données nouvelles de Mari », in Pascal Butterlin *et al.* (éds), *Mari, ni Est, ni Ouest* (Syria Supplément 2). IFPO, Beyrouth : 425-436.

Voet, Gabriella & Bretschneider, Joachim
1997 « Les pratiques administratives : glyptique et écriture », in Philippe Talon & Karel van Lerberghe (éds), *En Syrie, aux origines de l'écriture*. Brepols, Turnhout, 61-82.

Voigt, Mary M.
1983 *Hajji Firuz Tepe, Iran: The Neolithic Settlement* (University Museum Monograph 50). University of Pennsylvania-The University Museum, Philadelphie,
2000 « Çatal Höyük in Context. Ritual at Early Neolithic Sites in Central and Eastern Turkey », in Ian Kuijt (éd.), *Life in Neolithic Farming Communities. Social Organization, Identity, and Differentiation* (Fundamental Issues in Archaeology). Kluwer Academic/Plenum Publishers, New York : 253-293.
2007 « The Splendour of Women: Late Neolithic Images from Central Anatolia », in Colin Renfrew & Iain Morley (éds), *Image and Imagination. A Global Prehistory of Figurative Representation*. McDonald Institute for Archaeological Research, Cambridge : 151-169.

Vosteen, Markus
2006 « Une double invention : véhicules à roues et traction animale », in Pierre Pétrequin *et al.* (éds), *Premiers chariots, premiers araires. La diffusion de la traction animale en Europe pendant les ^{e} et ^{e} millénaires avant notre ère* (CRA Monographie 29). CNRS Éditions, Paris : 239-246.

Wachsmann, Shelly

1981 « The Ships of the Sea Peoples », *The International Journal of Nautical Archaeology and Underwater Exploration* 10/3 : 187-220.

1990 « The Anchors », *'Atiqot* 19 : 107-110.

1997 « Seafaring », in Eric M. Meyers (éd.), *The Oxford Encyclopedia of Archaeology in the Near East*. Vol. 4. Oxford University Press, New York : 505-509.

1998 *Seagoing Ships & Seamanship in the Bronze Age Levant*. Chatham, Londres.

Wapnish, Paula

1997a « Bone, Ivory, and Shells », in Eric M. Meyers (éd.), *The Oxford Encyclopedia of Archaeology in the Near East*. Vol. 1. Oxford University Press, New York : 334-340.

1997b « Camels », in Eric M. Meyers (éd.), *The Oxford Encyclopedia of Archaeology in the Near East*. Vol. 1. Oxford University Press, New York : 407-408.

Warburton, David Alan

1985 « Previous Archaeological Work in the Ḫābūr Region », in Seyyare Eichler *et al.* (éds), *Tall al-Ḥamīdīya 1: Vorbericht 1984* (Orbis Biblicus et Orientalis, Series Archaeologica 4). Universitätsverlag Freiburg/Vandenhoeck and Ruprecht, Fribourg/Göttingen : 13-30.

2013 « Revue de Lebeau, M. (éd.) – Jezirah (ARCANE 1). Brepols, Turnhout, 2011. », *Bibliotheca Orientalis* 70/3-4 : 499-507.

2015 « Civil Society: Typology, Stratigraphy & North Mesopotamian Architectural History », *Akkadica* 136 : 157-199.

Wasse, Alexander

2002 « Final Results of an Analysis of the Sheep and Goat Bones from Ain Ghazal, Jordan », *Levant* 34 : 59-82.

Way, Kenneth C.

2011 *Donkeys in the Biblical World. Ceremony and Symbol*. Eisenbrauns, Winona Lake.

Weber, Jill A.

2008 « Elite Equids: Redefining Equid Burials of the Mid- to Late 3rd Millennium from Umm el-Marra, Syria », in Emmanuelle Vila *et al.* (éds), *Archaeozoology of the Near East VIII. Actes des huitièmes Rencontres internationales d'Archéozoologie de l'Asie du Sud-Ouest et des régions adjacentes* (TMO 49). Maison de l'Orient et de la Méditerranée, Lyon : 499-519.

2017 « Elite Equids 2: Seeing the Dead », in Marjan Mashkour & Mark J. Beech (éds), *Archaeozoology of the Near East 9. In Honour of Hans-Peter Uerpmann and François Poplin, 2*. Oxbow, Oxford : 340-352.

Sous presse « The Faunal Remains from Third-Millennium Umm el-Marra », in Glenn M. Schwartz (éd.), *Animals, Ancestors and Ritual in Early Bronze Age Syria: An Elite Mortuary Complex from Umm el-Marra*. Cotsen Institute of Archaeology Press, Los Angeles.

Weiss, Harvey

1986 « The Origins of Tell Leilan and the Conquest of Space in Third Millennium Mesopotamia », in Harvey Weiss (éd.), *The Origins of Cities in Dry-Farming Syria and Mesopotamia in the Third Millennium B.C.* Four Quarters, Guilford : 71-109.

1990a « 'Civilizing' the Habur Plains: Mid-Third Millennium State Formation at Tell Leilan », in Paolo Matthiae *et al.* (éds), *Resurrecting the Past. A Joint Tribute to Adnan Bounni*. Nederlands historisch-archaeologisch institut, Istanbul : 387-407.

1990b « Tell Leilan 1989: New Data for Mid-Third Millennium Urbanization and State Formation », *MDOG* 122 : 193-218.

Weiss, Harvey; Courty, Marie-Agnès; Wetterstrom, Wilma; Guichard, F.; Senior, L.; Meadow, Richard & Curnow, A.
1993 « The Genesis and Collapse of Third Millennium North Mesopotamian Civilization », *Science* 261 : 995-1004.

Welton, Lynn & Cooper, Lisa
2014 « Caliciform Ware », in Marc Lebeau (éd.), *Ceramics* (ARCANE Interregional I). Brepols, Turnhout : 325-353.

Wengrow, David
1998 « 'The Changing Face of Clay': Continuity and Change in the Transition from Village to Urban Life in the Near East », *Antiquity* 72 : 783-795.
2003 « Interpreting Animal Art in the Prehistoric Near East », in Timothy Potts *et al.* (éds), *Culture through Objects. Ancient Near Eastern Studies in Honour of P. R. S. Moorey*. Griffith Institute, Oxford : 139-160.

Werner, Peter
1998 « Steingefaße », in Rainer M. Czichon & Peter Werner, *Tall Munbaqa-Ekalte I: Die bronzezeitlichen Kleinfunde* (WVDOG 97). Saarbrücker Druckerei und Verlag, Sarrebrucke : 233-241.

Wheeler, Margaret
1982 « Loomweights and Spindle Whorls », in Kathleen M. Kenyon & Thomas A. Holland, *Excavations at Jericho. Volume Four: The Pottery Type Series and Other Finds*. British School of Archaeology in Jerusalem, Londres : 623-637.

Widell, Magnus
2018 « The Administration of Storage in Early Babylonia », *Orient* 53 : 23-34.

Widell, Magnus; Gibson, McGuire; Wilkinson, Tony James; Studevent-Hickman, Benjamin & Tenney, Jonathan
2013 « Household & Village in Early Mesopotamia », in Tony James Wilkinson *et al.* (éds), *Models of Mesopotamian Landscapes. How Small-scale Processes Contributed to the Growth of Early Civilizations* (BAR International Series 2552). Archaeopress, Oxford : 112-129.

Wilhem, Gernot & Zaccagnini, Carlo (éds)
1993 *Tell Karrana 3. Tell Jikan. Tell Khirbet Salih* (Baghdader Forschungen 15). Philipp von Zabern, Mayence.

Wilkinson, Toby C.
2014 *Tying the Threads of Eurasia: Trans-regional Routes and Material Flows in the Transcaucasia, Eastern Anatolia and Western Central Asia, c. 3000-1500* . Sidestone Press, Leyde.

Wilkinson, Tony James
1994 « The Structure and Dynamics of Dry-Farming States in Upper Mesopotamia », *Current Anthropology* 35/5 : 483-520.
2000a « Archaeological Survey of the Tell Beydar Region, Syria, 1997: A Preliminary Report », in Karel Van Lerberghe & Gabriella Voet (éds), *Tell Beydar: Environmental and Technical Studies* (Subartu 6). Brepols, Turnhout : 1-37.
2000b « Settlement and Land Use in the Zone of Uncertainty in Upper Mesopotamia », in Remigius Marinu Jas (éd.), *Rainfall and Agriculture in Northern Mesopotamia: Proceedings of the Third MOS Symposium, Leiden, May 21-22 1999* (PIHANS 88, MOS 3). Nederlands Historisch-Archaeologisch Instituut te Istanbul, Leyde : 3-35.
2003 *Archaeological Landscapes of the Near East*. University of Arizona Press, Tucson.

2009 « Political Landscapes and States in Upper Mesopotamia and the Levant », in Steven E. Falconer & Charles L. Redman (éds), *Politics and Power: Archaeological Perspectives on the Landscapes of Early States*. University of Arizona Press, Tucson : 152-162.

Wilkinson, Tony James ; Philip, Graham ; Bradbury, Jennie ; Dunford, Robert ; Donoghue, Danny ; Galiatsatos, Nikolaos ; Lawrence, Dan ; Ricci, Andrea & Smith, Stefan L.
2014 « Contextualizing Early Urbanization: Settlement Cores, Early States and Agro-pastoral Strategies in the Fertile Crescent during the Fourth and Third Millennia », *Journal of World Prehistory* 27 : 43-109.

Wirth, Eugen
1971 *Syrien. Eine geographische Landeskunde*. Wissenschaftliche Buchgesellschaft, Darmstadt.

Wissing, Anne
2009 « Die Tonobjekte », in Jan-Waalke Meyer (éd.), *Ausgrabungen 1998-2001 in der zentralen Oberstadt von Tall Mozan/Urkeš*. Harrassowitz, Wiesbaden : 13-427.

Wossink, Arne
2009 *Challenging Climate Change. Competition and Cooperation among Pastoralists and Agriculturalists in Northern Mesopotamia (c. 3000-1600)*. Sidestone Press, Leyde.

Wrede, Nadja
2003 *Uruk. Terrakotten I. Von der Ubaid-bis zur altbabylonischen Zeit* (Ausgrabungen in Uruk-Warka 25). Philipp von Zabern, Mayence.

Wright, Katherine I.
1991 « The Origins and Development of Ground Stone Assemblages in Late Pleistocene Southwest Asia », *Paléorient* 17/1 : 19-45.
1992 « A Classification System for Ground Stone Tools from the Prehistoric Levant », *Paléorient* 18/2 : 53-81.
1993 « Early Holocene Ground Stone Assemblages in the Levant », *Levant* 25 : 93-111.
1994 « Ground-Stone Tools and Hunter-Gatherer Subsistence in Southwest Asia: Implications for the Transition to Farming », *American Antiquity* 59/2 : 238-263.
2008 « Craft Production and the Organization of Ground Stone Technologies », in Yorke M. Rowan & Jennie R. Ebeling (éds), *New Approaches to Old Stones. Recent Studies of Ground Stone Artifacts* (Approaches to Anthropological Archaeology). Equinox, Londres : 130-143.

Wright, Katherine I. ; Critchley Pat ; Garrard, Andrew ; Baird, Douglas ; Bains, Roseleen & Groom, Simon
2008 « Stone Bead Technologies and Early Craft Specialization: Insights from Two Neolithic Sites in Eastern Jordan », *Levant* 40/2 : 131-165.

Wygnańska, Zuzanna & Bar-Yosef Mayer, Daniella
2018 « Beads », in Marc Lebeau (éd.), *Artefacts* (ARCANE Interregional II). Brepols, Turnhout : 283-294.

Yener, K. Aslihan
2000 *The Domestication of Metals. The Rise of Complex Metal Industries in Anatolia* (Culture and History of the Ancient Near East 4). Brill, Leyde.

Yener, K. Aslihan ; Sayre, Edward V. ; Joel, E. C. ; Özbal, Hadi ; Barnes, Ivan Lynus & Brill, Robert H.
1991 « Stable Lead Isotope Studies of Central Taurus Ore Sources and Related Artifacts from Eastern Mediterranean Chalcolithic and Bronze Age Sites », *JAS* 18 : 541-577.

Yon, Marguerite
1981 *Dictionnaire illustré multilingue de la céramique du Proche-Orient ancien* (CMO 10). Maison de l'Orient Méditerranéen, Lyon.

Zaccagnini, Carlo
1993 « Appendix I: Comments on the Parallel Wall Structures », in Gernot Wilhem & Carlo Zaccagnini (éds), *Tell Karrana 3. Tell Jikan. Tell Khirbet Salih* (Baghdader Forschungen 15). Philipp von Zabern, Mayence: 29-33.

Zarins, Juris
1992 « Pastoral Nomadism in Arabia: Ethnoarchaeology and the Archaeological Record – A Case Study », in Ofer Bar-Yosef & Anatoly Khazanov (éds), *Pastoralism in the Levant. Archaeological Materials in Anthropological Perspectives* (Monographs in World Archaeology 10). Prehistory Press, Madison: 219-240.

Zeder, Melinda A.
1986 « The Equid Remains from Tal-e Malyan, Southern Iran », in Richard H. Meadow & Hans Peter Uerpmann (éds), *Equids in the Ancient World* (Beihefte zum Tübinger Atlas des Vorderen Orients, Reihe A 19/1). Dr. Ludwig Reichert, Wiesbaden: 366-412.
1988 « Understanding Urban Process through the Study of Specialized Subsistence Economy in the Near East », *Journal of Anthropological Archaeology* 77/2: 1-55.
1990 « Animal Exploitation at Tell Halif », *Bulletin of the American Schools of Oriental Research (Supplementary Studies)* 26: 24-30.
1991 *Feeding Cities. Specialized Animal Economy in the Ancient Near East*. Smithsonian Institution Press, Washington.
1994 « After the Revolution. Post-Neolithic Subsistence in Northern Mesopotamia », *American Anthropologist* 96/1: 97-126.
1995 « The Archaeobiology of the Khabur Basin », *Bulletin of the Canadian Society for Mesopotamian Studies* 29: 21-32.
1996 « Origins of Specialized Pastoral Economy in the Khabur Basin: Report on the Analysis of the Animal Remains from Tell Raqa'i » (rapport non publié préparé pour Glenn Schwartz de l'université Johns-Hopkins).
1998a « Environment, Economy, and Subsistence on the Threshold of Urban Emergence in Northern Mesopotamia », in Michel Fortin & Olivier Aurenche (éds), *Espace naturel, espace habité en Syrie du Nord (10ᵉ-2ᵉ millénaires av. J.-C.). Natural Space, Inhabited Space in Northern Syria (10th-2nd millennium B.C.). Actes du colloque tenu à l'Université Laval (Québec) du 5 au 7 mai 1997* (TMO 28). Canadian Society for Mesopotamian Studies – La Maison de l'Orient Méditerranéen, Québec: 55-67.
1998b « Pigs and Emergent Complexity in the Ancient Near East », in Sarah M. Nelson (éd.), *Ancestors for the Pigs: Pigs in Prehistory* (MASCA Research Papers in Science and Archaeology 15). University of Pennsylvania Museum of Archaeology and Anthropology, Philadelphia: 109-122.
1998c « Preliminary Faunal Analysis (Tell Ziyadeh) » (rapport non publié préparé pour Frank A. Hole de l'université Yale).
1998d « Regional Patterns of Animal Exploitation in the Khabur Basin, 7000 to 1500 », in Peter Anreiter et al. (éds), *Man and the Animal World: Studies in Archaeozoology, Archaeology, Anthropology, and Palaeolinguistics In Memoriam Sándor Bökönyi* (Archaeolingua 8). Archaeolingua Foundation, Budapest: 569-582.
2001 « A Metrical Analysis of a Collection of Modern Goats (*Capra hircus aegagrus* and *C. h. hircus*) from Iran and Iraq: Implications for the Study of Caprine Domestication », *Journal of Archaeological Science* 28: 16-79.
2003 « Food Provisioning in Urban Societies. A View from Northern Mesopotamia », in Monica L. Smith (éd.), *The Social Construction of Ancient Cities*. Smithsonian Institution Press, Washington: 156-183.
2006a « A Status Report Based on the Eighth Meeting of the Archaeozoology of Southwest Asia and Adjacent Areas Working Group 2006 (Lyon, June 28th-July 1st 2006) », *Paléorient* 32/1: 137-147.
2006b « Reconciling Rates of Long Bone Fusion and Tooth Eruption and Wear in Sheep (*Ovis*) and Goat (*Capra*) », in Deborah Ruscillo (éd.), *Recent Advances in Ageing and Sexing Animal Bones* (Proceedings of the 9th ICAZ Conference, Durham 2002). Oxbow, Oxford: 87-118.

Zeder, Melinda A. & Arter, Susan R.
1994 « Changing Patterns of Animal Utilization at Ancient Gordion », *Paléorient* 20/2 : 105-118.

Zeder, Melinda A. ; Bar-Oz, Guy ; Rufolo, Scott James & Hole, Frank A.
2013 « New Perspectives on the Use of Kites in Mass-Kills of Levantine Gazelle: A View from Northeastern Syria », *Quaternary International* 297 : 110-125.

Zeder, Melinda A. ; Emshwiller, Eve ; Smith, Bruce D. & Bradley, Daniel G.
2006 « Documenting Domestication: The Intersection of Genetics and Archaeology », *Trends in Genetics* 22/3 : 139-155.

Zeder, Melinda A. & Lapham, Heather A.
2010 « Assessing the Reliability of Criteria Used to Identify Postcranial Bones in Sheep, *Ovis*, and Goats, *Capra* », *Journal of Archaeological Science* 37/11 : 2887-2905.

Zeder, Melinda A. & Pilaar, Suzanne E.
2010 « Assessing the Reliability of Criteria Used to Identify Mandibles and Mandibular Teeth in Sheep, *Ovis*, and Goats, *Capra* », *Journal of Archaeological Science* 37/2 : 225-242.

Zeist, Willem van & Bottema, Sytze
1982 « Vegetational History of the Eastern Mediterranean and the Near East during the Last 20,000 Years », in John L. Bintliff & Willem van Zeist (éds), *Palaeoclimates, Palaeoenvironments and Human Communities in the Eastern Mediterranean Region in Later Prehistory* (BAR International Series 133). BAR, Oxford : 277-321.
2003 *Reports on Archaeobotanical Studies in the Old World*. Groningen.

Zeist, Wilhem van ; Waterbolk-van Rooijen, Willemina & Bottema, Sytze
1988 « Some Notes on the Plant Husbandry of Tell Hammam Et-Turkman », in M. Van Loon (éd.), *Hammam Et-Turkman. Vol. 1*. Nederlands Historisch-Archaeologisch Instituut te Istanbul, Istanbul : 705-15.

Zelsmann, Nicole
2014 « Households in Domestic Contexts: A Case Study at Tell Chuera, Area K », in Federico Buccellati *et al.* (éds), *House and Households Economies in 3rd Millennium B.C.E. Syro-Mesopotamia* (BAR International Series 2682). BAR Publishing, Oxford : 125-132.

Ziegler, Charlotte
1962 *Die Terrakotten von Warka* (Ausgrabungen der Deutschen Forschungsgemeinschaft in Uruk 6). Gebr. Mann, Berlin.

Ziegler, Nele
2011a « La province de Qaṭṭunân à l'époque de Zimrî-Lîm », *Revue d'assyriologie et d'archéologie orientale* 105 : 5-16.
2011b « Iddin-Dagan, un gestionnaire à Tâbatum », *Revue d'assyriologie et d'archéologie orientale* 105 : 17-34.

Ziegler, Nele & Langlois, Anne-Isabelle
2017 *Les toponymes paléo-babyloniens de la Haute-Mésopotamie : La Haute-Mésopotamie au ᵉ millénaire av. J.-C.* (Matériaux pour l'étude de la toponymie et de la topographie I/1). Collège de France, Paris.

Zohary, Michael
1966 *Flora Palaestina*. The Israel Academy of Sciences and Humanities, Jerusalem.

Zorn, Jeffrey R.
1994 « Estimating the Population Size of Ancient Settlements: Methods, Problems, Solutions, and a Case Study », *BASOR* 195 : 31-48.

Zukerman, Alexander ; Horwitz, Liora Kolska & Lev-Tov, Justin Samuel Elan
2007 « A Bone of Contention? Iron Age IIA Notched Scapulae from Tell es-Sâfi/Gath, Israel », *BASOR* 347 : 57-81.

SUBARTU

All volumes in this series are evaluated by an Editorial Board, strictly on academic grounds, based on reports prepared by referees who have been commissioned by virtue of their specialism in the appropriate field. The Board ensures that the screening is done independently and without conflicts of interest. The definitive texts supplied by authors are also subject to review by the Board before being approved for publication. Further, the volumes are copy-edited to conform to the publisher's stylebook and to the best international academic standards in the field.

Titles in Series

Stefano Anastasio, *The Archaeology of Upper Mesopotamia: An Analytical Bibliography for the Pre-Classical Periods* (1995)

Farouk Ismail, Walther Sallaberger, Philippe Talon, & Karel Van Lerberghe, *Administrative Documents from Tell Beydar (Seasons 1993-1995)* (1997)

Tell Beydar, Three Seasons of Excavations (1992-1994): A Preliminary Report, ed by Marc Lebeau & Antoine Suleiman (1997)

About Subartu: Studies Devoted to Upper Mesopotamia — Volume I: *Landscape, Archaeology, Settlement*; Volume II: *Culture, Society, Image*, ed. by Marc Lebeau (1998)

Roger Matthews, *The Early Prehistory of Mesopotamia* (2000)

Tell Beydar: Environmental and Technical Studies, ed. by Karel Van Lerberghe & Gabriella Voet (2000)

Olivier Rouault & Markus Wäfler, *La Djéziré et l'Euphrate syriens de la protohistoire à la fin du second millénaire av. J.C.: Tendances dans l'interprétation historique des données nouvelles* (2000)

Maria Grazia Masetti-Rouault, *Cultures locales du Moyen-Euphrate. Modèles et événements (IIe-Ier millénaires av. J.-C.)* (2001)

Tell Boueid II: A Late Neolithic Village on the Middle Khabur (Syria), ed. by Olivier Nieuwenhuyse & Antoine Suleiman (2002)

The Origins of North Mesopotamian Civilization: Ninevite 5 Chronology, Economy, Society, ed. by Harvey Weiss & Elena Rova (2003)

Tell Beydar, The 1995 to 1999 Seasons of Excavations: A Preliminary Report, ed. by Marc Lebeau & Antoine Suleiman (2003)

Lucio Milano, Walther Sallaberger, Philippe Talon, & Karel Van Lerberghe, *Third Millenium Cuneiform Texts from Tell Beydar (Seasons 1996-2002)* (2004)

Atlas of Pre-Classical Upper Mesopotamia including a Supplement to 'The Archaeology of Upper Mesopotamia. An Analytical Bibliography for the Pre-Classical Periods' and an Analytical Repertory of Archaeological Excavations, ed. by Stefano Anastasio, Marc Lebeau, & Martin Sauvage (2004)

Das mittelassyrische Tontafelarchiv von Giricano/Dunnu-Sha-Uzibi. Ausgrabungen in Giricano 1, ed. by Karen Radner (2004)

Tell Beydar, the 2000-2002 Seasons of Excavations, the 2003-2004 Seasons of Architectural Restoration: A Preliminary Report, ed. by Marc Lebeau & Antoine Suleiman (2004)

Si un homme... Textes offerts en hommage à André Finet, ed. by Phillipe Talon & Véronique Van der Stede (2005)

Les espaces syro-mésopotamiens. Dimensions de l'expérience humaine au Proche-Orient ancien Volume d'hommage offert à Jean-Claude Margueron, ed. by Pascal Butterlin, Marc Lebeau, J.-Y. Monchambert, J.L. Montero Fenollós, & B. Muller (2007)

Tell 'Acharneh 1998-2004 : Rapports préliminaires sur les campagnes de fouilles et saison d'études. Preliminary Reports on Excavation Campaigns and Study Season, ed. by Michel Fortin (2006)

Adelheid Otto, *Alltag und Gesellschaft zur Spätbronzezeit: Eine Fallstudie aus Tall Bazi (Syrien)* (2006)

Andreas Schachner, *Bilder eines Weltreichs: Kunst- und kulturgeschichtliche Untersuchungen zu den Verzierungen eines Tores aus Balawat (Imgur-Enlil) aus der Zeit von Salmanassar III, König von Assyrien* (2007)

Tell Beydar, the 2000-2002 Seasons of Excavations, the 2003-2004 Seasons of Architectural Restoration. A Preliminary Report, ed. by M. Lebeau, A. Suleiman (2007)

Beydar Studies 1, ed. by Marc Lebeau & Antoine Suleiman (2008)

Philippe Quenet, *Les Echanges du Nord de la Mésopotamie avec ses voisins proche-orientaux au IIIe millénaire (ca. 3100-2300 Av. J.-C.)* (2008)

A propos de Tepe Gawra, le monde proto-urbain de Mésopotamie ; About Tepe Gawra, a Proto-Urban World in Mesopotamia, ed. by Pascal Butterlin (2009)

Stefano Anastasio, *Atlas of the Assyrian Pottery of the Iron Age* (2010)

Emar After the Closure of the Tabqa Dam: The Syrian-German Excavations 1996–2002 — Volume I: Late Roman and Medieval Cemeteries and Environmental Studies, ed. by Uwe Finkbeiner & Ferhan Sakal (2010)

Alexander Pruss, *Die Amuq-Terrakotten. Untersuchungen zu den Terrakotta-Figuren des 2. und 1. Jahrtausends v. Chr. aus den Grabungen des Oriental Institute Chicago in der Amuq-Ebene* (2010)

Holocene Landscapes through Time in the Fertile Crescent, ed. by Katleen Deckers (2011)

Greta Jans & Joachim Bretschneider, *Seals and Sealings from Tell Beydar/Nabada (Seasons 1995-2001): A Progress Report* (2012)

Khashuri Natsargora: The Early Bronze Age Graves. Publications of the Georgian-Italian Shida Kartli Archaeological Project I, ed. by Elena Rova & Marina Puturidze (2012)

'L'Heure immobile' entre ciel et terre. Mélanges en l'honneur d'Antoine Souleiman, ed. by Philippe Quenet & Mīšāl al- Maqdisī (2012)

Ferhan Sakal, *Die anthropomorphen Terrakotten der Region am syrischen Mittleren Euphrat im 3. Jahrtausend v. Chr.* (2013)

Tell Beydar: Environmental and Technical Studies, Volume II, ed. by Lucio Milano & Marc Lebeau (2014)

Tell Beydar. The 2010 Season of Excavations and Architectural Restoration: A Preliminary Report / Rapport préliminaire sur la campagne de fouilles et de restauration architecturale 2010, ed. by Marc Lebeau & Antoine Suleiman (2014)

Proceedings of the 1st Kültepe International Meeting, Kültepe, September 19—23, 2013. Studies Dedicated to Kutlu Emre. Kültepe International Meetings 1, ed. by Fikri Kulakoğlu & Cécile Michel (2015)

Mille et une empreintes : Un Alsacien en Orient. Mélanges en l'honneur du 65e anniversaire de Dominique Beyer, ed. by Julie Patrier, Philippe Quenet, & Pascal Butterlin (2016)

Emmanuel Laroche, *Études anatoliennes*, ed. by Alfonso Archi & Hatice Gonnet (2016)

At the Northern Frontier of Near Eastern Archaeology: Recent Research on Caucasia and Anatolia in the Bronze Age/An der Nordgrenze der vorderasiatischen Archäologie: Neue Forschung über Kaukasien und Anatolien in der Bronzezeit. Publications of the Georgian-Italian Shida-Kartli Archaeological Project 2, ed. by Elena Rova & Monica Tonussi (2017)

Proceedings of the 2nd Kültepe International Meeting, Kültepe, 26-30 July 2015. Studies Dedicated to Klaas Veenhof. Kültepe International Meetings 2, ed. by Fikri Kulakoğlu & Gojiko Barjamovic (2017)

Barbara Couturaud, *Les incrustations en coquille de Mari* (2019)

Thomas L. McClellan, *El-Qitar: A Bronze Age Fortress on the Euphrates* (2019)

Andreas Schachner, *Die chalkolithische Siedlung von Giricano am Oberen Tigris: Die Ausgrabungen in Giricano II* (2020)

After the Harvest: Storage Practices and Food Processing in Bronze Age Mesopotamia, ed. by Noemi Borrelli & Giulia Scazzosi (2020)

Circular Cities of Early Bronze Age Syria, ed. by Corinne Castel, Jan-Waalke Meyer & Philippe Quenet (2020)

Integrative Approaches to the Archaeology and History of Kültepe-Kaneš: Kültepe, 4-7 August, 2017, ed. by Fikri Kulakoğlu, Cécile Michel & Güzel Öztürk (2020)

Cultural Exchanges and Current Research at Kültepe and its Surroundings: Kültepe, 1-4 August, 2019, ed. by Fikri Kulakoğlu, Guido Kryszat & Cécile Michel (2021)

Interdisciplinary research on the Bronze Age Diyala: Proceedings of the Conference Held at the Paris Institute for Advanced Study, 25-26 June, 2018, ed. by Carlos Gonçalves & Cécile Michel (2021)

Andrea Ricci, *Settlement, Mobility, and Land Use in the Birecik-Carchemish Region: (Fifth-Third Millennium BCE)* (2023)

In Preparation

Kültepe at the Crossroads between Disciplines: Society, Settlement and Environment from the Fourth to the First Millennium BC, ed. by Fikri Kulakoğlu & Cécile Michel

DATE DUE